구약개론 신학

최종태 교수

이 가난한 자가 주께 부르짖었더니 그가 들으시고 그를 모든 염려에서 건지셨도다
주의 사자가 주를 경외하는 자를 둘러 진치고 저를 건지시는도다
모든 육체는 풀과 같고 그 영화는 들의 꽃과 같으나 하나님의 말씀은 영영히 서리라!
천지는 변해도 하나님의 말씀은 일점일획도 없어지지 아니하고 다 이루리라

서문

주님이 못 박혀 죽으시고 부활, 승천하신 이후로 사도들의 전도와 선교로 복음은 시리아, 키프로스, 터키, 헬라, 로마 등 로마 제국 전역으로 전파되었고, 주후 313년에는 로마 제국에서 기독교가 합법화되고, 380년에는 로마 제국의 국교(國敎) 자리에 올랐다.

중세기 동안에 간혹 성경 이해를 돕기 위해 "개론"이란 제목의 책들이 나타났었다. 그런데 초대교회 시절부터 좀 안다는 사람들이 성경을 비평하거나 문제를 제기했었다. 특히 이방인 중에 철학자로 이름이 높은 폴피리 (주후 234-305) 같은 이는 다니엘서는 주전 6세기의 저작일 수 없고, 다니엘서가 예언하는 그 주전 2세기 안티오쿠스 4세 치하 때 기록된 것이 분명하다고 했다.

교회사를 통해 볼 때, 성경에 대한 가장 파괴적인 비평은 모세 오경과 다니엘, 이사야서에 대하여 가해졌다. 전통적으로 유대교나 기독교에서 오경은 모세의 저작이라 믿어져왔었고, 우리 주님이나 사도들도 오경을 모세의 저작으로 언급했다면 (막 12:26, 요 1:17, 행 13:39 등), 달리 생각할 이유가 없을 것이다. 이사야서도 주님이나 사도들은 전체가 다 이사야의 저작이라는 입장을 피력하였고, 다니엘서 역시 사건을 목도한 자가 다니엘의 이름을 도용하여 저술한 '거짓 예언들'이 아니라 주후 70년에 일어난 예루살렘 파멸을 예고한 주전 6세기에 살았던 다니엘의 예언임을 주님이 직접 증거해 주기도 하셨다 (마 24:15).

비평가들은 근본적으로 예언이나 초자연적인 영감이나 계시를 믿지 아니한다. 이스라엘의 종교나 예언은 본질상 여타 다른 민족들의 그것들과 다를 바가 없었다고 생각한다. 이스라엘이 종교적 재능은 탁월했지만, 그런 재능은 헬라의 철학, 로마의 법과 건축술 등 여러 민족들이 장점으로 무엇인가 하나 갖는 그런 특질과 다를 바 없는 인간적 특질이라는 것이다. 또한 비평가들은 여타 종교처럼, 물신 숭배 (fetishism), 정령숭배(animism), 토템숭배 (totemism) 같은 원시 신앙에서 점차 발전하여 유일신론으로 진화해 갔다고 종교 발전설을 믿는다. 이런 비평가들에게 창세기의 내용들은 모두 신화, 민담, 전설, 동화일 뿐이다. 그것도 수 세기에 걸쳐 입에서 입으로 구전(口傳)으로 전해지면서 원래 것이 이리저리 왜곡되고 현재로는 형편없는 상태로 원형은 흔적조차 찾기 어렵다 한다.

필자는 미국 미시간 주의 그랜즈 래피즈란 도시에 위치한 칼빈 신학교에서 신약과 구약의 석사 과정을 (Th. M.) 한 적이 있는데, 구약 교수 중에 약간 진보적인 경향의 교수들도 있었다. 거기서 석사를 마치고 시카고 근교에 위치한 트리니티 신대원에서 아처 (Gleason Archer, Jr.) 박사 밑에서 성경 아람어가 어느 시대의 아람어인지를 (고 아람어 [주전 8세기 이전], 제국 아람어 [주전 8-4세기], 중기 아람어 [주전 300-주후1세기], 후기 [주후 200이후] 등) 분석하는 논문을 썼는데 (역사 언어학), 그 이유는 칼빈에서 공부할 때 여러 신신학적 경향에 충격을 받고 다니엘서가 과연 주전 2세기에 예언인 양 기록한 '거짓 예언'인가 (vaticinia ex eventu) 하는 문제로 고민하고 있었기 때문이다. 그 연구 결과는 내게 말씀에 대한 확신을 얻게 해 주었다.

구약 개론의 중요한 목표는 구약 이해를 돕는 서론적 소개이므로, 그 범위는 무궁무진할 수 있지만, 점차 구약신학, 고고학, 구약 역사, 본문비평, 고대 역본들, 문법 등의 제 분야로 독립 출가(出家)시키고, 저자와 저작 연대, 그 본문의 여러 문제들, 그리고 해석학의 제 문제들로 국한시키게 되었다.

이 책의 구상과 기원에 대하여 한 마디 하자면, 원래 ACTS 신대원 영어 과정 학생들을 위한 "구약 개론" 참고서로 만든 영어 강의안에서 기원하는데, 교육부 인정 '학점 은행제' 사이버 신학교인 "사이버 총신"에서 "구약 개론" 과목 강의를 위해 한글로 번역하고, 다듬어서 현재 모습이 나타나게 되었다.

제목을 "구약개론 신학"이라 칭한 것은 전통적인 구약개론에 구약 신학과 해석학 주제들을 대폭 강화시켰기 때문에 고심 끝에 그렇게 했다. 본서는 특히 구약성경의 현재적 활용에 초점을 맞추었다. 고대 이스라엘의 신앙에서 형성되었고, 또 그 신앙을 위해 사용되었던 구약이 오늘을 사는 신약 성도들에게 갖는 의미가 중요하기 때문이다.

끝으로, 이 책이 아름다운 활자와 모습으로 이렇게 태어나기까지에는 선교 횃불의 박현미 다자이너의 전문가다운 섬세한 손길이 있었다. 여러 가지 어려움을 극복하고 애쓴 수고가 결코 헛되지 않을 것임을 믿으며, 또한 이 책의 출판을 흔쾌히 허락해 준 김수곤 사장도 여러 면으로 힘이 되어 주셨다.
이 글이 교회를 세우는데 일조(一助)하도록 축복하소서. 아멘.

2011년 2월, 저자 최종태

차례

본서에 사용된 약어(略語):

ELB (독어 역본, Elberfelder 1993 년 개정역)

KB[3] (L. Koehler and W. Baumgartner, The Hebrew and Aramaic Lexicon of the Old Testament, 3 판)

LSG (불어 역본, Louis Segond 1910 년)

TNK (유대교 구약 영역본, 1985; TaNaK 의 약칭)

기타 – 현금에 통용되는 방식을 따른다

1. 구약개론 신학 도입

1-1. 구약 개론 신학의 목표

구약 개론 강의는 초점을 어디에 두느냐? 에 따라, 그 범위가 사람마다 달라질 수 있다. 독일의 비평 신학자 베르너 쉬미트는 (Werner H. Schmidt) 그의 '구약 총론' (Einfuehrung in das Alte Testament) "서문" 에서 우리 말로 모두 "서론" 이라 (Intro-duction) 번역 될 수 있는 두 독일어 단어 Einleitung과 Einfuehrung 을 구분하면서 전자는 성경 각 책의 문헌 형성사에 (literary criticism) 초점을 둔다면, 후자는 마인홀트의 "구약 길잡이" 란 책과 같은 것이라 하고, 그것은 이스라엘의 역사, 문헌 형성사, 구약 신학 등 세 분야를 다룬다고 지적하면서, 자기 책은 바로 이 후자에 속한다고 소개한다.

해리슨의 (R. K. Harrison) "구약 개론" 은 구약 비평사, 구약 고고학, 고대 근동 연대기, 구약 사본, 정경, 구약 역사, 구약 종교, 구약 신학, 해석 원리, 성경의 권위, 구약 신학의 문제점들 등을 총론에서 다루고, 다른 책에서 각론을 다루는데 각론은 오경, 전 선지서, 후 선지서의 대 선지서, 소 선지서, 성문학, 외경 까지 다룬다. 반면 대개의 구약 개론들은 역사 – 비평학이 제기한 구약의 본문의 문제나 구약 저자의 문제, 저작 연대 등 구약 문헌 형성사에 치중하는데, 차일즈의 (B. S. Childs) "구약 정경 개론" 은 역사 비평적 문제들에 더하여, 각 책의 정경적 형태와 (해석적 구조, 정경 형성, 역사적 전승, 정경적 구조), 신학적, 해석학적 의미들 까지 다룬다. 차일즈의 구약 개론은 전통적인 역사 – 비평적 구약 개론이 구약의 정경적 의의를 해체시켜 버렸다는 인식하에, 각 책의 정경적 의의를 되살리고자 노력한다. 그럼에도 차일즈의 계시관은 순전히 인본주의적인 것이고, 역사 – 비평적 접근법을 그대로 수용하고 있기 때문에, 그의 시도는 가상 (嘉尙) 하나 결과는 절반의 효과에 머물렀다고 판단된다. 복음주의적이면서도 약간 진보적인 경향을 보이는 딜러드 – 롱맨의 구약 개론은 각 책에서 역사 – 비평적 접근법이 제기한 문제들을 다루면서도, 새롭게 신학계에서 각광을 받고 있는 문학적 접근법에 의한 각 책의 분석을 시도하고, 각 책의 신학적인 메시지나 구약에 대한 신약적 이해까지 (정경적 접근) 다룬다. 앞서 언급했던 쉬미트의 Einleitung 과 Einfuehrung 의 구분과 연관하여, 현금의 구약 개론들을 단순화시켜 이 두 부류로 구분해 본다면, 드라이버나 아이스펠트, 오토 카이저, 젤린 – 포흐러 등의 구약 개론을 위시한 역사 – 비평적 입장에 선 구약 개론들은 문헌 형성사에 치중하는 Einleitung 이 될 것이다. 해리슨이나 쉬미트, 딜러드 – 롱맨의 책은 그것들보다 더 포괄적인 Einfuehrung 에 해당되고, 차일즈의 구약 개론은 아마도 둘 사이의 중간 정도가 되지 않을까? 이 Einfuehrung 이란 것은 구약 성경 구석구석을 안내하는 '길잡이' 정도로 이해할 수 있을 것이다. 우리로서는 구약 문헌 형성사 중심이 아니라, "구약개론 신학" 이란 책 제목이 암시하듯, 해리슨이나 쉬미트, 딜러드 – 롱맨 등의 체재를 따라서 구약 역사, 구약 문헌사, 문학적 이해, 정경적 시각 등 제 분야를 비중 있게 다루되, 해석학적 이슈들, 곧 신학적 문제들에 중점을 두고자 한다.

1-2. 구약 성경의 근본 주제

구약은 창조와 타락, 그리고 구속이란 세 주제를 가지고 전개된다. 그런데 창조에 대하여는 얼마간의 지면이 할당되었을 뿐, 거의 전부가 타락한 인류의 모습과 그들을 구원하시려는 하나님의 구원 역사에 할당되고 있다. 구속은 타락한 인간 중에서 "전체를 위한 일부" 를 택하여 그 사람과 그 후손을 통해 만민을 구원하시는 방식으로 전개된다. 여기서 일부는 아브라함과 그 후손 이스라엘이다. 구약 신학의 주제를 "구원 역사 (Heilsgeschichte)" 라고 하기도 하지만, 그런 주제까지 포함하는 성경 전체의 근본 주제는 "하나님의 통치" 라고 보아야 한다. 구원만 있는 것이 아니라, 성경에는 그분의 심판도 나타난다. 구원이나 심판이나 모두 하나님의 통치 행위이다. 따라서 구원 역사보다 더 포괄적인 하나님의 통치 / 나라 주제가 성경 전체를 관통하는 핵심 주제이다.

제Ⅰ부 구약역사

제I부 구약역사

성경은 세상의 첫 창조 때로부터 세상 인류에 대한 마지막 심판까지, 그리고 영원한 천국의 모습까지를 보여준다. 아우어바흐의 "미메시스" 에서 성경과 호머의 서사시들을 비교하는 대목은 성경이 갖는 문학적 특징을 잘 포착했다고 보인다:

호머의 서사시들은 비록 그 지적, 언어적, 그리고 무엇보다 구문론적 문화가 구약보다 훨씬 고도로 발전된 듯이 나타나긴 해도, 인간들의 묘사에서 구약과 비교하여 훨씬 단순하다. 육체적인 존재에서 찾는 그 즐거움이 호머 서사시의 전부이다. 그 최고의 목적은 결국 그 즐거움을 우리에게 나누어주려는 것이다. 전투나 고난, 모험이나 위험들 와중에서 우리는 사냥, 연회, 궁궐, 목자들의 오두막집, 경기, 목욕하는 날 등을 본다. 이렇게 제시하는 것은 우리로 영웅들의 일상적인 삶을 훔쳐봄으로써 저들이 풍미로운 현재를 즐기는 방식에서 쾌락을 취하도록 만들기 위함이다. 자주 호머에게 가해진 그 비난, 곧 그는 거짓말쟁이란 비난은 그의 의도를 모르는 소치이다. 호머는 자기 이야기를 역사적 사실에 근거할 필요가 없다. 그는 사실을 만들어 그것으로 우리를 매혹시키고 우리를 꽉 붙들어 맨다. 그것으로 호머는 족한 것이다. 우리가 매료당하여 끌려 들어가는 그가 산출하는 이 작품의 세계는 그 자체로 독립하여 존재한다. 호머의 시들은 아무것도 숨기지 않는다. 아무것도 가르치고자 하거나 은밀한 다른 의미를 담고 있지 않다. 호머는 분석될 수 있을 뿐 해석될 수는 없다.

성경에서는 모든 것이 달라진다. 성경의 목적은 우리 감각들을 매혹시키거나 사로잡는 것이 아니다. 그럼에도 그런 효과를 자아내는 까닭은 성경이 초점으로 삼는 그 도덕적, 종교적, 심리적 현상들이 감각적인 세계, 곧 구체적인 세계 내에서 일어나기 때문이다. 호머의 서사시들은 그 시공간의 경계들이 분명하게 제한되는 일련의 사건들의 복합체를 제시해준다. 그 복합체 이전에, 그것 곁에, 그리고 그것 이후에, 그것에 의존치 않는 다른 일련의 사건들이 충돌이 없이, 모순이 없이 생각될 수가 있다. 그러나 구약 성경은 보편적인 역사를 제시해 준다. 구약은 시간의 시작, 곧 세계 창조와 함께 시작하여 언약의 성취인 마지막 날들로 끝이 난다. 세상에서 일어나는 모든 다른 것은 이 시작과 끝 사이에 위치하는 한 요소로 간주된다. 세상에 대하여 알려진 모든 것, 적어도 유대인의 역사와 접하는 모든 것이 이 시작과 끝 사이에, 하나님의 계획의 한 요소로 들어맞아야한다. 이것은 구약에 기록되는 새로운 자료를 해석함으로써 되어진다. 해석의 필요는 원래의 유대적 실체 영역을 넘어간다. 예컨대, 앗시리아, 바벨론, 페르시아, 그리고 로마 역사 등. 일정한 방향으로의 해석이 실체를 이해하는 일반적인 방법이 된다. 이제 조망되는 새롭고 기이한 세계가 제시되는 그런 방식으로, 유대 종교틀 안에서는 전혀 활용될 수 없는 것으로 드러나지만, 시작과 끝 사이에 자리를 잡을 수 있는 방식으로 해석되어야 한다.

성경에서 모든 사건들이 처음부터 끝까지 줄줄이 연결되어 나타난다. 그것도 일관된 목표를 향해 역사가 진행되는 모습을 제시한다. 하나님께서 모든 사건들의 주장자이시고, 세상만사가 그의 섭리 하에서 그의 목적을 이루는 방향으로 주장되어진다. 따라서 구약 역사도 신약 역사처럼 신학적인 역사인데, 그것은 하나님의 견지에서 세상 역사를 조망하고 있기 때문이다.

따라서 우리가 구약 역사를 조망할 때도, 성경의 견지를 따라야 한다. 그렇게 함으로 우리는 계몽되지 아니한 신화적 역사를 기술한다고 비난을 받을지 모른다. 성령님의 영감으로 전능자적 위치에서 세상 역사를 조망하는 성경 기자들의 처지에 우리가 설 수는 없으므로 그들의 시각을 최대한 존중하여 21세를 사는 우리의 눈으로 성경 역사를 우리의 것으로 살려내는 것이다.

A. 역사 자료와 (史料) 역사관

[본서 말미에 이 분야 참고문헌 참조]

1. 구약사에 대한 사료 (史料)

구약 역사에 대한 1 차 사료는 물론 구약 성경이다. 이 성경 외에 고대 근동의 여러 문헌들이나 고고학적 발굴물들이 2 차 자료이다. 비평가들은 성경 외 세속 문헌들을 1 차 자료로 보고 성경을 오히려 2 차 자료로 절하시키기도 한다. 고대 근동의 여러 문헌들은 대개 ANET 라 약칭되는 "고대 근동의 문헌들" 이란 (*Ancient Near Eastern Texts*) 책이나 "성경의 배경" 이란 (*The Context of Scripture*; COS 로 약칭) 3 권 분량의 대형 책에 번역 수록되어 있다.

구약 역사의 원 사료 (史料)

방금 언급했던 ANET 나 COS 에 수록된 고대 근동의 문헌들은 우리가 구약사를 연구할 때 참조할 수 있는 좋은 세속 문헌들이지만, 동시에 구약 역사를 기술했던 모세나, 선지자들, 혹은 후대 역사가들도 고대 근동 문헌들을 참조했을 가능성도 있다. 그렇지만 조심해야 할 것은 이방인들의 세속 문헌들을 성경 기자들이 참조는 했으되, 그것을 근거로 비로소 자신들의 역사를 제시했다고 생각하지 말아야 한다. 예컨대, 메소포타미아 홍수 기사가 (길가메쉬) 창세기의 노아 홍수 기사와 유사하지만, 그 차이점은 너무나 근본적으로 심대하다. 둘 사이에는 분명 어떤 연관성이 있지만, 모세가 이방 홍수 기사를 근거로 노아 홍수 기사를 작성한 것이 아니다. 하나님의 계시가 개입되었으므로, 모세의 홍수 기사는 정확하고 원래적인 것이라면, 이방인의 홍수 기사는 심하게 왜곡되고 변질되었음이 분명하다.

2. 역사 기술 방식

1) 기전체

고대 중국에서 사마천의 사기 (史記) 가 기전체의 (紀傳體) 모본으로 간주되는데, 기전체란 (紀傳體) 역대 제왕들의 본기와 (本紀) 왕을 제한 걸출한 인물들의 전기인 열전 (列傳) 에서 기와 (記) 전을 (傳) 딴 것이다. 사기는 (史記) 본기, 열전 외에도, 제후들의 전기인 세가(世家), 연표(年表), 문물제도를 주제별로 다룬 서(書: 禮, 樂, 律, 歷, 天官, 封禪, 하거河渠, 평준平準) 등의 5 대 체제로 구성되었다. 김부식의 삼국사기도 (三國史記) 사기의 체제를 따랐지만, 세가를 제외하고, 본기 (28 권), 연표 (3 권), 지 (9 권), 열전 (10 권) 의 체제로 구성했다. 여기서 지는 (志) 사기의 서에 (書) 해당되는데, 제사, 악 (樂), 의복, 거기 (車騎), 기용 (器用), 거사 (居舍), 지리, 직관 (職官) 등의 주제를 다루고 있다. "한서 (漢書)" 등 25 사가 기전체로 편찬된 정사 (正史) 이다. 우리나라의 경우 "삼국사기" 와 "고려사" 가 이에 해당한다. 기전체에서 본기와 열전이 기본으로, 인물 중심의 종합적 역사 서술 방식이라고 할 수 있다.

2) 편년체

이에 비해 편년체는 (編年體) 사실을 (史實) 연(年), 월(月), 일(日) 순서로 기록하는 서술 방식으로, 공자의 (孔子) "춘추" 가 (春秋) 그 효시이고, 송 (宋) 대 사마광의 (司馬光) "자치통감" 이 (資治通鑑) 대표적 편년체 역사서이다. 우리나라에서는 "삼국사절요 (三國史節要)" , "고려사절요 (高麗史節要)" , "동국통감 (東國通鑑)," "조선 왕조 실록 (朝鮮王朝實錄)" 등이 편년체 역사서이다.

3) 기사 본말체

다른 방식은 기사본말체 (紀事本末體) 역사 기술인데, 이는 사건의 명칭을 제목으로 내걸고 그 사건과 관련된 기사를 모두 모아 그 사건의 원인, 발단과 결말을 기술하는 방법이다. 편년체가 사건 발생 연대순 기록이라면, '기사본말체' 는 사건의 원인과 경과 중심의 기록이라 할 수 있다. 남송의 (南宋) 원추가 (袁樞) "자치통감"을 개편한 "통감기사본말"이 (通

鑑紀事本末) 그 최초의 것이고, 우리나라에서는 조선 후기의 이긍익(李肯翊)이 쓴 "연려실기술" 이(燃藜室記述) 이 체제이다.

4) 성경 내러티브

성경은 이스라엘 왕국사를 기술할 때, 기전체도 그렇다고 편년체도 아니다. 그렇다고 기사본말체도 아닌 듯 보인다. 성경은 사사기를 예로 들자면, 반드시 연대적 순서를 따라 사건을 기술하는 것도 아니며, 그렇다고 주제별로 기술하는 것도 아니다. 둘을 섞어서 기술하되, 내러티브 형식을 취하여 역사를 신명기 신학을 따라 평가하고 기술한다. "내러티브"란 하나의 문학 장르인데, 창세기에서 열왕기까지가 거의 내러티브로 제시되었다. 그것은 줄거리가 있고 등장인물이 있으며 역사적 사건들을 기술하되 영적인 측면에서, 신학적 가치관을 가지고 구약 역사를 제시한다.

3. 역사 기술의 목표 : 감계주의와 상고주의

고대 중국의 역사 기술이나 그를 답습한 고대 한국의 역사 기술 목적은 포폄(褒貶),* 감계주의, 상고(尙古)주의로 요약할 수 있다.

1) 감계주의

포폄은 (褒貶) 붓으로 역사의 잘잘못을 따지는 것을 말하며, 감계는 (鑑戒) 거울처럼 과거의 좋은 면이나 악한 면을 거울삼아, 현재를 비추어 보는 것을 말한다.

[* 포폄 (褒貶) 포는 (褒) 포의 (褎) 약자인데, 포를 (褒) 보면 옷 '의' 에서 (衣) '두' 가 (亠) 떨어져 '보' (保) 위에 붙고, '의' (衣) 나머지가 '보' (保) 아래에 위치하는 모습이다. 이 '포' 는 (褒) 아름다운 옷을 상으로 주다, 칭찬하다, 격려하다를 의미한다. 다음에 낮출 '폄' 은 (貶) 돈을 의미하는 '패' (貝) 변 옆에 결핍을 의미하는 '핍' 이 (乏) 위치한다. 그래서 이 폄은 (貶) 혹평하다, 강등시키다, 평가절하 하다 등 부정적인 의미를 전한다. 이 포와 폄이 합하여 "포폄" 은 (褒貶) 동사로, 평가하다, 칭찬하고 멸시하다; 명사로 비평 (criticisms) 코멘트 등을 의미한다. "감계"에서 (鑑戒) 감은 (鑑) 청동 거울, 경고, 교훈, 거울로 비추다, 검사하다, 교훈을 얻다 등을 의미한다. 감독(監督) 할 때의 감(監) 은 사실 감 (鑑) 의 이형이다 (variants). 감 (鑒) 도 마찬가지이다. 감 (監) 과 감 (鑒) 을 비교해 본다면, 명 (皿) 이 금 (金) 에 자리를 내어주기 위해 그물 망 (罒) 으로 모양을 바꾸어 죽 (竹) 의 한 변 아래에 붙었다. 계 (戒) 는 두 손으로 받들다를 의미하는 공 (廾) 이 창을 (戈) 들고 위협하는 모양인데, 훈계하다, 경고하다란 의미이다]

(1) 사마천의 사기 (史記)

중국 집권 왕조가 인정하는 역사란 의미의 "정사" 의 (正史) 모범이자, 기전체의 효시가 되었는데, 역사 인물 중심으로 기술한다는 것은 앞서 언급한 바 있지만, 어떤 역사적 인물을 기술한 후에, 논찬을 통해 그의 인물됨을 자신의 견지에서 판단한다. 진시황의 경우를 들자면, 사마천은 자신의 판단을 대신하여 가생의 (賈生 주전 200-168 년) 논평을 싣고 있다. 가생은 진시행이나 그의 후계자 이세 등을 이렇게 논평하고 있다:

진시황은 자만하여 남에게 자문을 구하지 않고 끝내는 잘못을 저지르고도 고칠 줄을 몰랐다. 이세는 부친의 과오를 그대로 이어받아서 고치지 않았고, 포학무도하여 화를 가중시켰다. 이세의 후계자 자영은 (子嬰) 외톨이로서 가까운 피붙이가 없었으며, 유약하였음에도 불구하고 아무도 보살피는 이가 없었다. 이 세사람의 임금은 미혹되었으면서도 죽는 날까지 잘못을 깨닫지 못했으니 파멸에 이른 것은 당연한 것이 아니겠는가? 그 당시 세상에 생각이 깊고 시세변화를 아는 인물이 없었던 것이 아니었건만, 과감하게 충성된 마음을 다하여 황제의 잘못을 막지 못했던 이유는 진나라의 습속에 꺼리고 피해야 할 금기가 많아서 충성스러운 간언을 하는 사람은 말도 끝나기 전에 목숨을 잃게 되었기 때문이다. 따라서 천하의 선비들로 하여금 귀를 기울여 듣게만 하고, 두 다리를 한데 모은 채 입을 꾹 다물고 아무 말도 하지 못하게 하였다 (사마천, 사기 "진시황 본기").

(2) 사마광의 자치통감

송 대에 사마광은 "바른 정치에 재산이 되는 '통사'" 란 (通史 ; "통사" 란 한 왕조의 역사만 아니라, 여러 왕조들을 아우르는 전체 역사인데, "감" [鑑] "거울" 이란 의미로, 이전에는 역사를 '거울' 로 생각했기 때문에, 통감이 [通鑑] '통사' 란 [通史] 의미가 된다) 의미의 "자치통감" 이란 역사서를 저술했는데, 이 '자치통감' 은 전국(戰國)시대부터 (주전 403년), 송나라 왕조까지 (959년) 역사를 기술하면서, 사마천이 채용했던 제왕과 신하들로 구분하여 인물중심으로 기록한 기전체(紀傳體) 대신 (사기 史記), 연대 중심의 '편년체' 를 (編年體) 사용하였다.

자치통감에서 사마광은 역사를 기술한 다음에, 자신의 "논찬" 을 첨가하여 포폄과 (褒貶) 감계의 (鑑戒) 역사 판단을 수행한다. 예컨대, 진왕 19년 (주전 218년) 전국 말기, 진나라가 맹위를 떨치고 있을 무렵, 연나라의 태자 단은 진왕을 암살하기로 마음먹고 있는데, 마침 진나라 장수 번오기가 죄를 짓고 연나라로 도망 왔다. 태자는 번오기를 받아들이고, 형가를 (荊軻) 사신으로 진나라에 파송해서 진왕을 죽이도록 했다. 형가는 자신이 진왕을 암살하려면 그를 가까이서 접견해야 하는데, 그럴만한 신임을 얻으려면 번오기의 목이 필요하고 연나라의 지도를 가져가야 한다고 번오기를 설득하여 번오기가 진왕을 암살함이 자신도 절치부심(切齒腐心) 하던 일이라 동의하고 자결하여 자기 목을 가져가게 한다. 형가는 계획대로 진왕을 (나중 진시황) 접견하고 비수를 꺼내어 암살을 시도했으나 흥분한 나머지 실패하고, 진노한 진왕은 연나라를 쳐서 멸하게 된다. 이런 역사를 제시한 후, 사마광은 논찬(論贊)에서 연(燕) 태자의 (太子) 인물됨을 붓으로 난도질하는데, 연 태자 단은 (丹) 하찮은 분을 참지 못하고 호랑이 같은 진을 건드려 경솔한 생각과 얕은꾀로 원한을 (怨) 되받고 화를 (禍) 재촉하여 소공의 묘에 제사가 끊기게 하고 나를 망하게 했으니, 이보다 더 큰 잘못은 없다! 고 했다. 논찬 부분에서 사마광의 가치관, 도덕관, 정치관, 세계관이 모조리 드러난다.

(3) 김부식의 삼국사기

김부식의 "삼국사기" 도 중국의 정사 체제를 답습하면서 그 논찬이라는 포폄 형식까지 도입했다. 김부식의 논찬은 본기와 열전에 도합 30칙이 (則) 삽입되었다. 그의 포폄의 내용은 전반적으로 유교적 가치관에 중국을 높이고 자기 나라는 낮추는 사대주의(事大主義) 사고를 드러낸다. "사대주의" 라는 사고가 우리에게는 낯 뜨겁고 수치스러운 것이지만, 우리 조상들에게는 아주 자연스러운 가치관, 세계관이었다. 예컨대, 선덕여왕 편에서, 김부식은 이렇게 논평하고 있다:

신은 들으니 옛날에는 여와 (女媧) 씨란 이가 있었으나 이는 바로 천자는 (天子) 아니었고 복희를 도와 구주를 다스렸을 뿐이며, 여치와 (呂雉 한고조의 왕비 여후 [呂后]) 무조 (武照 당 고종의 왕비 무후 [武后]) 같은 이에 이르러서는 유약한 임금을 만나 조정에 임하여 정령을 발하였으나 사서에는 공공연하게 왕이라고 일컫지는 아니하고, 다만 각각 고황후여씨, 측천황후무씨라고만 썼을 뿐이니, 하늘로 말하면 양은 (陽) 강하고 음은 (陰) 유하며 (柔), 사람으로 말하면 남자는 높고 여자는 낮거늘 어찌 모구로 (蹢躅할머니) 규방에서 나와 국가의 정사를 재단케 하리요. 신라는 여자를 세워 왕위에 있게 하였으니 진실로 난세의 일이며 이러고서 나라가 망치 아니한 것은 다행하다 할 것이다. 서경에 빈계지신 (牝鷄之晨 암탉이 때를 알린다) 이라 하고 역경에 리돈부척촉 (羸豚孚蹢躅암돼지가 껑충껑충 뛰기 시작한다, 길하지 못한 징조) 이라 하였으니 이 어찌 경계할 일이 아니랴.

신라의 경순왕 편에서, 김부식은 자신이 송나라에 사신 이자량을 수행하여 갔을 때 거기서 우신관이란 곳에서 여선의 (女仙) 상을 모신 신당을 본 일이 있는데, 그 때 사신 접대관 (館伴) 학사 왕보가 설명하길, 옛적에 중국 어느 제실(帝室) 의 여인이 남편도 없이 아이를 배어 남에게 의심을 받자 배를 타고 진한(辰韓)에 이르러 아들을 낳았는데, 그 아이가 해동의 첫 임금이 되고 제녀는 (帝女) 땅의 신선이 되어 선도산에 있다 하는데, 이 상이 바로 그 신선의 상이라고 했다고 한다. 이렇게 신라의 박씨, 석씨가 알에서 나오고, 김씨는 하늘로부터 금궤에 들어 탄생하였다는 설화가 중국의 그것과 연결됨을 보이고, 김부식은 정사를 행함에는 간편히 하며 지성으로 중국을 섬기어 제항 (梯航) 조빙(朝聘)의 사신이 끊이지 아니하고 항상 자제를 조정에 (중국) 보내어 숙위케 하고 또는 국학에 입학하여 강습케 하였다. 이로써 성현의 풍화를 (교화) 모습 (冒襲) 하고 홍황의 (鴻荒 야만미개) 습속을 고치어 예의의 나라가 되었다고 기술하고 있다.

고구려 보장왕 편에서는 고구려의 멸망을 기술하고 (22권) 그 멸망의 원인을 논하면서 지세의 불리, 수 당 중국에 대한 불순한 태도 그리고 내부석인 학정을 들었다. 김부식은 현토, 낙랑은 본시 조선의 땅으로 기자가 봉함을 받았다고 지적하고, 기자가 백성을 교화하여 예의와 양잠, 직조 등을 가르치고, 8조 금법을 베풀므로, 백성이 도적질 아니 하고 부인은 정조를 지키는 등 예의 국가가 되었다고 평한다. 곧 이어 고구려는 진, 한 이후 중국의 동북 모퉁이에 위치하여 그 북부 인근은 모두 천자의 유사이나 (有司 관리) 난세가 되면 영웅이 일어나서 명칭을 참절하는 (僭竊 훔치다) 자이므로,

다구의 (多懼 아주 위태하다) 땅에 있다고 할 수 있는데도 겸손의 뜻이 없고 중국 봉장을 (封場) 침요하여 (侵擾 침입하여 소란시키다) 원수가 되고, 그 군현에 들어와서 살았다. 이 때문에 전쟁이 잇달았고, 화를 맺어 거의 편안할 해가 없었다고 비판하고 있다.

마치 중국인이 조선 사람의 무례함을 꾸짖는 식인데, 이런 사대주의 사고가 유교사상으로 배태되고 한국의 고대인들의 사고에 팽배하였다. 일본의 히데요시나 후금의 홍타이지가 (청태종) 비록 조선의 침략자로 원수이긴 하지만, 그들 당대의 견지에서 저들이 위대했던 점은 중국 중원 통치의 야망을 가지고 실천에 옮겼다는 사실 때문이다. 이런 야망은 갖지 못할망정 중국에 비굴하게 복속하는 것을 자신들의 의무라고 여겼던 조상들의 사고는 수치스럽다.

성경의 역사는 창세기에서 열왕기까지, 혹은 에스라, 느헤미야, 역대기 등의 역대기 역사서도 포폄주의, 감계주의 경향을 드러낸다. 소위 "신명기 역사서" 라 불리는 여호수아서에서 열왕기에 이르는 역사 기술에서 우리는 여호와 보시기에 "정직하게 행하다" (왕상 15:5, 11, 22:43, 왕하 12:2, 14:3, 15:3, 34, 16:2, 18:3, 22:2) 혹은 "악을 행하다. 악하다" (삼하 11:27, 왕상 14:22, 15:26, 34, 16:19, 25, 30, 21:20, 25, 22:52, 왕하 3:2, 8:18, 27, 13:2, 11, 14:24, 15:9, 18, 24, 28, 17:2, 17, 21:2, 6, 16, 20, 23:32, 37, 24:9, 19) 는 식의 판단을 본다. 이러한 신학적 판단은 신명기 신학 사상에 근거한 선악의 판단이다. 이런 판단이 '감계주의' 에 해당될 것이다. 사도 바울은 고전 10:6, 11 에서 이스라엘의 광야 여정 시의 원망 불평, 반역 등과 같은 기록은 (민수기) "우리의 거울" 이 된다고 하였다.

"다윗이 야웨 보시기에 정직을 행하다" 란 (ʿāśāʰ dāwīḏ ʾeṯ-hayyāšār bəʿênê yhwh) 표현이나 그 반대의 "유다가 야웨 보시기에 악을 행하다" 란 (wayyaʿaś yəhûḏāʰ hāraʿ bəʿênê yhwh) 표현은 구체적으로 무슨 의미인가? 어떤 목사님이 다윗의 예를 들면서 다윗은 모든 일에 "정직하게" 행하였다는 점을 강조하였다. 그러나 여기 고려중인 표현은 우리가 보통 생각하는 그런 "정직하게" 행하였다는 의미가 아니다. 이 표현들을 설명해 줄 수 있는 연관 구절은 신 6:18, 12:8, 25, 28, 13:19, 21:9, 왕상 9:4 등이다. 이 중 세 구절만 골라서 살펴보자.

우리가 오늘날 여기서는 각기 자기 보기에 옳은 일을 하였으나 (한, 자기 소견대로) 너희가 거기서는 하지 말지니라 (신 12:8 lōʾ ṯaʿăśûn kəḵōl ʾăšer ʾănaḥnû ʿōśîm pōʰ hayyôm ʾîš kol-hayyāšār bəʿênāyw)

너는 피를 먹지 말라 네가 이같이 야웨께서 의롭게 여기서는 일을 행하면, 너와 네 후손이 복을 누리리라 (신 12:25 lōʾ tōʾḵəlennû ləmaʿan yîṭaḇ ləḵā ûləḇāneʸḵā ʾaḥăreʸḵā kî-ṯaʿăśeʰ hayyāšār bəʿênê yhwh)

네가 만일 네 아비 다윗의 행함 같이 마음을 온전히 하고 바르게 하여 내 앞에서 행하며 내가 네게 명한대로 온갖 것을 순종하여 나의 법도와 율례를 지키면 (왕상 9:4; wəʾattāʰ ʾim-tēlēḵ ləpānay kaʾăšer hālaḵ dāwīḏ ʾāḇîḵā bəṯom-lēḇāḇ ûḇəyōšer laʿăśôṯ kəḵōl ʾăšer ṣiwwîṯîḵā ḥuqqay ûmišpāṭay tišmōr)

신 12:8 에서는 야웨 보시기에 정직한 일 / 옳은 일 / 의로운 일이, 자기 보기에 옳은 일과 대조되었다. 즉 야웨 보시기에 정직한 일을 행하는 것은 내가 양심껏 판단해서 "정직하게" 행하는 일이 아니라, 그분이 판단하시기에 옳은 일을 행하는 것을 가리킨다. 기준은 하나님이시다. 그렇다면 어떻게 하나님의 마음을 알 것인가? 그분의 마음이 바로 신명기에 제시된 언약 조항들이다 (율법). 그 율법을 따라서 행할 때, 그것이 야웨 보시기에 정직한 일을 행하는 것이다. 이런 이해는 왕상 9:4 에서 분명하게 입증된다. 왜냐하면 "내 앞에서 마음의 완전함과 정직함으로 행하는" 일과 하나님께서 율법을 통해 명하신 바를 "순종하여" 그분의 "법도와 율례를 지키는" 일이 병행 사고로 제시되고 있기 때문이다. 또한 신 12:25 에서 "야웨 보시기에 정직한 일을 행하는 것" 의 구체적인 예는 그분이 먹지 말라! 명하신 "피" 를 먹지 아니함에 있다. "피" 를 마시거나 마시지 않는 일은 우리가 생각하는 "정직하게" 행하는 일과 무관할 수 있다. 그러나 하나님의 기준에서, 그분이 주신 율법에 비추어 보면, '피' 를 마시는 일은 "악" 을 행하는 일이다.

2) 상고 (尙古) 주의

고대의 요순 (堯舜) 시대를 이상시대로 보고, 그것을 오늘에 회복하려는 복고주의 사상이다. 중국인은 역사란 직선적으로 목표를 향해 발전해 나간다고 보기보다, 오행의 요소들에 따라 순환한다고 믿기도 했다.

역대기 역사의 경우, 다윗과 솔로몬 시대를 이상시대의 모델로 제시하여 추방 후 귀환 공동체에게 하나님 중심, 예배 중심의 삶을 살도록 유도한다 (상고주의). 창세기의 경우, 에덴동산에서의 무죄 시대가 '이상시대' 로 제시된다.

중국 역사에서 유가 (儒家) 적 상고주의는 요순 (堯舜) 임금 시대나 주나라 성왕 (成王) 시대를 이상적인 시대로 삼는데, 도가 (道家) 사상을 반영 하는 듯 보이는 조선 후기 실학자 홍대용의 (1731–1783) 「의산문답」에서는 (醫山問答) 천지만물이 지나온 과정을 수고 (邃古) 시대와 중고시대로 양분한다 (임형택 2000:176).

홍대용의 "의산문답" 은 의무려산에 (醫巫閭山) 숨어 사는 실옹과 (實翁) 조선의 학자 허자 (虛子) 사이에 대화체로 쓰인 글인데, 지구 자전 (自轉) 설, 우주 무한론으로 전개되는 상대주의 세계관을 드러낸다. 예컨대, 중국과 조선 또는 서양까지를 상대화하여 어느 쪽이 '화' 이고 (華 본질, 중심, 영광) 어느 쪽이 '이' 일 (夷 야만) 수 없다고 중국 중심적인 화이론을 (華夷論) 부정한다. 또한 인간과 자연은 어느 쪽이 더 우월한 것도 아니라는 주장을 펼침으로써 과거의 인간 중심적 (人本的) 사고방식을 부정하고 인간을 다른 생명체와 똑같은 것으로 상대화하였다. 이런 사고는 당시 사회 계급과 신분적 차별을 반대하고, 교육의 기회 균등, 재능과 학식에 따른 일자리 고용 등의 주장으로 이어졌다.

수고시대는 인과 (人) 물이 (物) 기화로 (氣化) 생성되었는데 중고시대에 내려와 태화로 (胎化) 바뀌었다 한다. 인간의 역사를 넘어서는 까마득한 옛날 옛적의 기화 단계는 천진이 (天眞) 온전한 상태로서 태화의 (太和) 세상을 이루었다면, 중고시대 태화 시대에는 점차 천지의 조화가 흩어지고 순방이 (純厖) 닦여져서 결국 우주적 재앙이 비롯되고 있다고 했다. 이런 상고주의 사상은 원래 인간이 가졌던 그 무죄의 낙원시대의 향수가 인류의 가슴에 희미하게나마 간직되어 전해진다는 뜻이 아니겠는가?

3) 성경의 목적 사관 (史觀), 교훈 사관 (史觀)

성경의 역사 기술 목적에 대하여 바울 사도는

성경은 능히 너로 하여금 그리스도 예수 안에 있는 믿음으로 말미암아 구원에 이르는 지혜가 있게 하느니라 16 모든 성경은 하나님의 감동으로 된 것으로 교훈과 책망과 바르게 함과 의로 교육하기에 유익하니 17 이는 하나님의 사람으로 온전케 하며 모든 선한 일을 행하기에 온전케 하려 함이니라 (딤전 3:15–17)

두 가지로 파악했다. 즉 예수님을 믿어 구원에 이르게 하는 지혜를 주기 위해, 또는 그렇게 믿은 하나님의 사람을 교훈하고, 책망하며, 바르게 하고, 의로 교육하는 의도이다. 베드로 사도는 구약 성경에 대하여, "예언은 언제든지 사람의 뜻으로 낸 것이 아니요 오직 성령의 감동하심을 입은 사람들이 하나님께 받아 말한 것임이니라" 고 하였다 (벧전 1:21).

이런 구약 이해는 구약 성경이 하나님의 의도를 전달하기 위해 기록된 신학적 (주관적) 역사임을 보여준다. 그래서 비평가들은 구약 역사는 역사적 신빙성이 없는 민담이나 전설, 신화 정도로 평가 절하시킨다. 하나님이 등장하고 개입하는 기술이 나오면 그것은 벌써 객관적 역사적 사실로서의 가치가 떨어지고 신화나 민담 차원의 이야기로 평가된다. 그러나 성경은 전체 기술에서 하나님이 개입하시고 역사하시는 것으로 제시한다.

어떤 역사서이건 그것은 객관적인 사실 그대로의 기록이 아니라, 정도의 차이는 있을망정 역사가의 판단에 따른 주관적 기술이 될 수밖에 없다. 글은 사실을 있는 그대로 기록할 수가 없고, 어느 각도에서 무슨 목적으로 기록하느냐에 따라 크게 편향되기 때문이다. 사진사가 찍은 사신 한 장에 비유한다면, 그 사진을 사실 그대로의 촬영이라 하겠지만, 사진사가 찍은 위치, 찍은 시간 (아침이냐 저녁이냐, 구름 낀 날이냐? 밝은 날이냐? 등등) 등에 따라 사진 안의 인물이나 풍경이 주는 인상은 크게 달라질 수 있다.

우리의 의도를 전달하기 위해, "역사"를 의미하는 영어 history 와 독일어 Geschichte 의 어원을 따진다면, 둘은 모두 "역사" 를 의미하지만, 약간 뉴앙스가 다르다. 영어 '히스토리' 는 헬라어 "히스토리아" 에서 유래하는데, 이는 탐구, 탐구로 획득된 지식을 가리킨다면, 독어 '게쉬흐테' 는 과거에 일어난 사실을 가리킨다. 그 어원적 의미를 따르자면, 독일어 "게쉬흐테" 는 객관적 사실로서의 역사를, 영어의 history 는 역사가가 탐구하여 재구성한 역사를 가리킬 것이다.

독일의 랑케 (Leopold von Lanke 1795-1886) 는 객관적 역사를 강조했다면, 크로체 (Benedetto Croce 1866-1952 이탈리아) 는 역사가의 주관적 판단을 중시하였다. 카르 (E. H. Carr 1892-1982 영국) 는 "사실을 갖지 못한 역사가는 뿌리를 박지 못한 무능한 존재이다. 역사가가 조명하지 않는 (역사적) 사실은 생명 없는 무의미한 존재이다. 따라서 역사란 역사가와 사실 사이의 상호 작용의 부단한 과정이며 현재와 과거 사이의 끊임없는 대화이다" 라고 중간 입장을 견지 했다.

성경의 역사 기술은 랑케 식의 객관적 역사적 사실을 기술하는 것과 약간 거리가 있다. 북 왕국 이스라엘에 대한 역사 기술에서 한 예를 들자면, 오므리 왕가의 창건자 "오므리" 는 엘라 왕의 군대 장관으로 있을 때, 반란이 일어나 혼란한 시기에 군대의 지지를 얻어 왕위에 올라 8 년을 (주전 888-880 년 어간에 경쟁자와 함께, 880-874 년가 단독으로) 통치했는데, 모압의 왕 메사 비문에서 메사는 자기가 "오므리의 아들" 을 이겼다고 언급하고, 앗시리아의 왕들은 오므리의 후계자들을 "오므리 가" 에 (Bit Hu-um-ri-a) 속한 왕이라고 언급할 정도로 대외적으로 명성이 날릴 정도로 여러 업적을 이룬 듯 하지만, 정작 열왕기서 저자는 그에 대하여 기술하는 것이 그가 12 년 왕으로 통치하며, 사마리아 산을 사서 그 위에 성을 건축했다는 사실 외에는 달리 없다 (왕상 16:24). 달랑 한 줄이다. 더구나 저자는 오므리에 관하여,

오므리가 여호와 보시기에 악을 행하되 그 전의 모든 사람보다 더욱 악하게 행하여 느밧의 아들 여로보암의 모든 길로 행하며 그가 이스라엘로 죄를 범하게 한 그 죄 중에 행하여 그 헛된 것으로 이스라엘 하나님 여호와의 노를 격발케 하였더라

고 그를 극히 부정적인 평가를 내리고 그가 행한 다른 일들에 대하여는 "오므리의 행한 그 남은 사적과 그 베푼 권세가 이스라엘 왕 역대지략에 기록되지 아니하였느냐?" 고만 (왕상 16:27) 언급하고 그에 관한 기술을 마감해 버린다.

소위 신명기 역사서의 (여호수아 – 열왕기서) 역사관은 신명기 신학을 기준하여 역사를 판단하는 관점이라면, 역대기 역사서의 (에스라, 느헤미야, 역대기) 관점도 강조점에서 전자와 차이를 보이지만, 근본적으로 전자의 것과 크게 다르지 않다. 폰 라트는 이 둘의 차이에 대하여 지적하길, "보응 사상" 은 (doctrine of retribution) 신명기 역사서에서 이스라엘 백성 전체를 겨냥한다면, 역대기 역사서에서는 어떤 개인을 더 겨냥하고 더구나 그의 생애의 어느 특정한 지점을 겨냥한다고 했다 (von Rad 1930:10 이하). 그런데 이런 진술은 신명기 역사서와 역대기 역사서가 근본적으로 그 시각에서 다르다는 언급이 아니다. 왜냐하면, 노트도 인정하듯 (M. Noth 1987:172, n.4), 신명기 역사서 역시 보응 사상을 개인들 특히 왕들에게 작용시키고 있기 때문이다. 왕들의 형통과 실패는 저들이 모세법에 제시된 하나님의 뜻에 대한 순종 여부에 따라 결정된다고 신명기 역사가는 지적하고 있다.

그럼에도 폰 라트가 지적한 바는 일리가 없지 않다. 그가 지적한 대로 역대기 역사가는 보응 사고를 왕들 개개인의 성공 실패에 보다 구체적으로 적용시키면서 역사를 판단하고 있기 때문이다.

예컨대, 아사 왕의 경우 신명기 역사서는 아사를 대체로 경건한 왕으로 긍정적 평가를 하면서, 그의 말년에 그가 발병을 (足病) 얻었다고만 언급하고 (왕상 16:23b), 북 왕국 이스라엘 왕 바아사가 유다를 치러 올라가서 라마를 건축할 때, 아사가 성전 창고에 남았던 모든 은금과 왕궁의 보물들을 취하여 아람 왕 벤 – 하닷의 아들 다브림몬에게 보내어 이스라엘의 바아사 왕과의 동맹 관계를 끊어 바아사가 유다를 침공하는 데서 돌이키도록 해 달라고 간청한 사실을 보도한다. 아사의 전략은 적중하여 아람과 유다의 동맹 소식에 바아사는 군대를 되돌려 돌아갔다 (왕상 15:17-20).

그런데, 역대기 역사 기자는 아사 왕 제 36 년에 일어난 바아사의 유다 침공 사실을 보도하는 것으로 끝나지 않고, 선지자 하나니가 일어나 아사 왕이 아람 왕을 의지하고 야웨 하나님을 의지하지 아니한 점을 책망하는

사건을 보도한다. 선지자는 아사의 불신앙적 행태 때문에 이제부터 전쟁이 있으리라고 심판을 선고한다(대하 16:9). 이런 메시지를 들은 아사는 회개하기는커녕 그를 대하여 노를 발하고 어떤 사람들을 학대하였다고 기술한다. 그리고 나서 역대기 기자는 아사 왕 39 년에 그의 발에 병이 나서 중하게 되었지만, 주를 찾지 아니하고 의사(醫師) 들만 찾았다고 정죄한다(대하 16:12).

신명기 역사서에서는 아사 왕이 아람 왕에게 도움을 간청하는 것에 대하여 선악간 판단을 보류했지만, 역대기 기자는 그의 불신앙적 행위 때문에 앞으로 전쟁이 있으리라고 심판을 선고했고, 발병이 났지만, 주를 의지하는 대신 의사만 의지했다고 정죄한다. 이렇게 역대기 역사서 기자는 신명기 역사서 기자보다 어떤 왕의 신앙 행태를 보다 구체적으로 선악간에 판단하고 있다.

고대 중국의 역사서 중에서 최고의(最古) 역사서는 서경(書經 = 尙書)인데, 이는 왕들의 칙령이나 훈시 등을 중심으로 요순(堯舜) 시절부터 하, 은, 주나라 문왕, 무왕, 성왕 중심으로 제시되고 있다. 상고시대에 왕의 말씀을 기록하는 좌사와 (左史) 그들의 행적을 기록하는 우사가(右史) 있었고, 서경은 (書經) 공자가 그런 이전 기록들을 근거로 편찬했다고 하는데, 유가(儒家) 사상이 그 기조를 이루고 있는 순전(舜典)과 익직편 (益稷篇), 탕서 (湯誓) 편 등은 후대 유가들의 개작인 듯 보인다.

흥미롭게도, 서경에 (書經) 일관되게 흐르는 사상은 주나라 (주전 1122-221년경) 초기부터 퍼진 천명(天命) 사상이다. 상제의 (上帝 = 天) 명을 받은 자가 천자의 자리에 올라 그의 뜻을 따라 백성을 다스린다는 사상이다. 상제를 섬기는 제사가 봉선(封禪)이고, 교사(郊祀 = 郊祠)인데 수도 근교에서 봄과 가을에 하늘에 제사를 지내는 것이다. 이는 청나라 때까지 지속된 역대 왕조의 최고 제사 의식이며, 이전에는 태산(泰山)에서 드렸으나, 명, 청 시대에는 북경의 천단(天壇)에서 교사 (郊祀) 의식이 거행되었다. 중국의 고전을 (古典) 거의 영역했던 영국인 중국 선교사 제임스 레게 (James Legge) 는 이런 중국의 교사 (郊祀) 의식 문서나 서경 같은 문헌에 부각되는 상제 혹은 천은 (天) 바로 성경의 "하나님"에 해당되는 개념이라고 강조한 바 있다. 천명 사상은 고대로부터 내려온 천(天)의 개념과 가족 개념인 자가 (子) 합쳐진 천자 (天子) 사고를 근본으로 한다. 하늘은 하늘의 아들인 천자에게 백성 통치를 위임했다는 것이다. 그런데 천자는 천명을 (天命) 보전하기 위해 끊임없이 덕을 함양하는 노력을 기울여야 한다. 천자가 덕치에서 떠날 때, 천은 천명을 철회하여, 왕조를 교체하는 역성 (易姓) 혁명이 가능하게 되기 때문이다. 결국 천명사상이란 왕조의 합법성을 내세우기 위한 방편임과 동시에, 왕조 교체를 가능케 하는 사상적 지반이며, 왕들의 덕치주의(德治主義)를 간접으로 유도하는 사상이라 할 수 있다. 그런데 중국의 천명사상은 천자가 (天子) 천의 명을 받들어 천하를 통치하므로, 천자에게 굴복하지 않는 나라는 모두 야만족이며 이방인이라고 보는 중화 (中華) 사상과 불가분리의 관계이며, 천명 사고는 중국 중심의 유교적 정치사상이다. 이를 거꾸로 말하면, '유교' 의 수용은 학문적, 사상적 측면에서만 볼 것이 아니라, 정치적으로 결국 중국의 천하 통치론에 대한 굴복에 다름 아니었다. 이런 의미에서 고려나 조선 시대의 유교 사상의 득세는 중국에 대한 사대 (事大) 사고의 심화를 의미했다.

성경의 역사 기술은 시내산 언약과 그 갱신인 모압들 언약 (신명기) 조항들을 근거로 역사를 판단한다면, 시내산 언약이나 모압들 언약서가 바로 고대 중국의 "천명 (天命)" 사상에 비견될 수 있을 것이다. 고대 중국에서 은나라는 천자가 하늘의 뜻을 전달하는 정교 (政教) 일치 사상을 가졌다면, 주나라에서는 천자를 천의(天意) 의 전달자가 아니라 천의 통치를 대신하는 대리자로 정교 분리의 사고로 나아갔다. 고대 이집트에서는 정교(政教) 일치의 사고가 강하여, 바로 왕이 신의 현현이었다면, 메소포타미아 지역에서는 왕을 신과 백성 사이의 중보자 정도로 보았다. 이스라엘에서는 이집트나 메소포타미아의 왕권(王權) 사상과 달라서, 왕은 어디까지나 인간에 불과하고 하나님의 선택을 받아 그분의 뜻을 펼칠 하나님의 아들로 입양된 신자로 (神子) 간주되었다 (삼하 7:14, 시 2:7). 이스라엘 왕은 언약서를 곁에 두고 늘 읽어 그것을 따라 백성을 공과 의로 통치해야 했다 (신 17:14-20). 따라서 성경의 역사기술은 왕들을 판단할 때, 그 언약서에 왕이 순종하였는지 여부에 초점을 맞추었다.

4. 현대 비평가들의 구약역사 평가

벨하우젠이 1883 년 출간한 "이스라엘 역사 서론" 은 (*Prolegomena zur Geschichte Israel*) 구약 역사의 파괴적 재구성인데, 그 책이 구약 이해에 끼친 파괴적 영향은 천문학에서 코페르니쿠스의 지동설(地動說) 책자 "천계의 운행에 관하여" (*Revolutionibus Orbium Coelestium*, 1543), 생물학에서 다윈의 "종의 기원" 에 (1859 년) 비견된다. 구약 성경이 말하는 역사를 180 도 거꾸로 보게 만들어 버렸기 때문이다. 그가 재구성한 구약 역사는 선지서를 이스라엘 최초의 책들로, 오경을 거의 끝으로 돌려 버렸다. 오경에 담긴 족장 역사는 모두 10 세기나 9 세기에 저술된 J 문서나 E 문서가 당대 역사를 자신들의 먼 조상들의 시대로 투사시켜 만들어낸 허구에 불과하다고 판단했다. 현재 우리가 가진 오경은 주전 5 세기에 처음 생겨났다고 했다.

이런 벨하우젠의 견해는 사무엘 데이빗슨 (Samuel Davidson 1806–98), 체인 (Thomas Kelly Cheyne 1840–1915), 스미쓰 (William R. Smith 1846–94), 드라이버 (Samuel R. Driver 1846–1914) 등을 통해 영어권에 신속하게 전파되었다. 새로운 신학 사상의 도입과 전파는 영국과 미국에서는 전통신학과의 대결로 나타났다. 영국의 콜렌소 감독이 (John W. Colenso) 1867 년에, 스미쓰가 1881 년에, 미국의 남침례 교단의 토이가 (C. H. Toy) 1879 년에, 미국 장로 교단의 브릭스가 (Charles A. Briggs) 1892 년에, 역시 미국 장로교단의 스미쓰가 (Henry P. Smith) 1892 년에 자기 교단으로부터 이단 정죄를 받는다. 이런 충돌과 거센 배척은 세월의 흐름과 함께 무디어지고 신학계는 점차 벨하우젠의 비평 사고의 권세 하에 굴복하기 시작한다. 불신앙의 승리였다. 이리하여 전통적인 이스라엘 역사 대신에 스미쓰 (H. P. Smith 1903), 케임브리지 고대사 (1923–27), 외스털리와 로빈슨 (Oesterly & Robinson 1932), 로즈 (Lods 1930–37), 마틴 노트 (M. Noth 1958[2]) 등의 급진 비평적으로 재구성된 이스라엘 역사가 출간되기 시작했다.

벨하우젠의 "이스라엘 역사" 가 세상에 나타났을 즈음에는 벌써 근동 지역에서 여러 고고학적 발굴이 진행되어 구약사에 관한 새로운 정보가 표출되기 시작하고 있었지만, 벨하우젠은 그런 성경 외 문헌들이 제공하는 새로운 정보를 싹 무시해 버렸다. 벨하우젠이 대신 따른 것은 그 당시의 시대정신이었던 "진화론" 이었다. 다윈이 생물학에, 칼 마르크스가 (K. Marx) 경제학에 대입시켰던 그 진화론을, 벨하우젠은 바트케의 (J. K. W. Vatke) 영향으로 이스라엘 종교사에 대입시켜, 이스라엘 역사를 전연 새롭게 재구성했던 것이다. 이리하여 성경은 하나님의 영감을 받아 그분이 계시하신 바를 기록한 책이 아니라, 인간이 사색하고 체험하여 점진적으로 발견한 하나님에 관한 사고를 담은 책으로 간주되었다. 그런 이스라엘 역사의 재구성은 선지자 이전 시대, 선지자 시대, 도덕적 유일신론 시대 등으로 구분되었다.

방금 언급했던 벨하우젠의 비평적 역사 재구성에 학적으로 영향을 크게 받았다가 고고학적 발굴을 통해서 혹은 비평가들의 불신앙 사상적 기조에 충격을 받고 성경을 그대로 믿는 보수적 신앙으로 혹은 적어도 급진 비평적 성경이해에서 돌이킨 이들이 적지 않다. 그런 이들 중에 홈멜 (F. Hommel), 할레비 (J. Halevy), 올브라잇 (W. F. Albright) 등이 대표적이다.

그러한 사상적 회심을 (回心) 촉발시킨 고고학적 발굴물은 어떤 것들이었나? 우선 모세 시대의 문자나 문헌의 부재를 확신했던 비평가들의 사고는 전연 잘못된 것임이 드러났다. 족장 시대는 모든 문자나 문헌이 생겨나기 이전 시대였기에, 창세기에 제시된 모세 이전 시대 묘사는 모두 그 전설적 성격에 대한 확실한 증거라고 주장하였던 슐츠는 (H. Schultz 1892:1,25) 무식하고 어리석었던 자신의 말을 주워 담아야 했다. 벌써 주전 2 천 수백 년 전에 근동 지역에서는 여러 문헌들이 산출되었고 이집트에서 신성문자가, 메소포타미아 지역에서는 수메르어, 그의 후손인 악카드어가 사용되고 있었다.

족장사는 주전 10 세기나 9 세기 당대인들이 자기 시대를 멀리 투사시켜 기술한 허구라고 보았던 벨하우젠, 궁켈, 아이스펠트 (O. Eissfeldt 1965:42) 등의 사고는 근동 지역에서의 고고학적 발굴로 그릇됨이 입증되었다.

구체적인 예를 하나 들자면, 비평가들은 1900 년대 초까지도 성경에 언급된 헷 (힛타이트) 족속의 존재를 아예 부인하고 있었다. 영국 박물관의 벗지가 (E. A. Budge 1902:136) 그런 사람이었다. 그런데 1906 년 베를린의 빙클러가 (H. Winkler) 힛타이트 족속의 수도 핫투사를 터키 중앙부인 보가즈 – 코이에서 발굴하였고, 거기서 수많은 문헌들이 발굴되었다. 특히 힛타이트 족속의 문헌들 중에서 주변 봉신국들과 맺은 종주권 조약의 형식은 신명기에 담긴 모압들 언약의 형식이나 시내산 언약 형식과 흡사하여 오경의 고대성과 역사성에 좋은 증거로 판단되기도 한다.

또한 사 20:1 에 언급된 앗시리아의 사르곤, 단 5 장에 언급된 바벨론의 마지막 왕 벨사살 등은 모두 비평가들이 역사적 존재를 부인했던 인물들이다. 그러나 모두 고고학적 발굴로 그들의 역사성이 입증되었고 따라서 그 부분의 성경의 신빙성도 확증되었다.

성경의 신빙성에 대한 평가 정도

학자들은 구약성경이 진술하는 바와 고고학적 증거들이 서로 상충되거나, 구약성경은 진술하나 고고학적 증거가 없을 때, 어떤 판단을 내리는지에 따라서 성경 극우파와 (Biblical maximalists) 극좌파로 (Biblical minimalists) 나누어진다.

극우파는 성경 본문이 진술하는 바는 그 반대 증거가 없는 한 정확한 것으로 취해야 한다는 입장을 가지고, 본문을 문자적으로 해석하고, 고고학적 증거보다 성경 본문을 더 우선시한다. 이에 반해 극좌파는 성경보다는 세속문헌이나 고고학적 증거들을 우선시하고, 성경을 신앙 고백적, 비역사적 진술로 이해하여 그 역사성을 의심한다. 그래서 극좌파는 고고학적 증거를 기준하여 구약 역사를 기술하고, 성경은 고고학적 증거에 일치할 때만 보충 자료로 취한다. 이 극우파는 보수적 복음주의자라면, 극좌파는 극단 비평가들이다.

복음주의 학자 야마우치 (Edwin M. Yamauchi) 는 그의 "돌들과 성경들" 이란 책에서 보수적 입장을 이렇게 제시하고 있다:

고대 역사를 기술하는 역사가들은 고고학적 증거를 활용하는데 있어서 종종 우리가 다룰 수 있는 증거가 얼마나 하찮은 것인지를 인식하지 못할 때가 많다. 우리가 가진 증거는 가능한 증거의 1/5 의 1/4 의 1/3 의 1/2 의 하나에 불과하다.

야마우치는 우리가 가진 고고학적 증거물은 실제 파묻힌 것들의 1/1000 정도나 될지 모른다고 추정한다. 이에 반해, 극단 비평가들은 현재까지 발굴된 바는 무작위로 발굴되었고, 남아서 발굴을 기다리는 것들의 아주 전형적인 대표적 샘플이라고 생각한다. 이들은 주장하길, 한 때 존재했던 고고학적 자료의 더 많은 양이, 성경을 오류가 없다고 믿고 문자적으로 해석한 해석을 지지하기보다 반대한다고 주장한다.

비평가들은 구약 성경이 언제, 누구에 의해, 무슨 목적으로 기록되었는지를 파악하면 그 성경에 기록된 내용의 역사적 신빙성이 보다 더 확실하게 평가될 수 있다고 믿는다. 다시 말해, 비평가들은 (문서설) 오경이 주전 6 세기에 최종 편집되었고, 오경을 구성하는 네 주요 문헌들은 각기 주전 10 세기, 9 세기, 7 세기, 6 세기에 기록되었다고 보기 때문에, 출애굽 사건이 일어난 시기보다 수백 년이나 나중에 기록되었으므로 그 역사적 정확성이 현저하게 떨어지리라 가정해 버린다. 그렇지만, 보수적 복음주의자들은 오경이 원래 네 개의 독립 문서들로 존재하다가 나중 현재 모습으로 편집되었다는 주장도 하나의 가설이며 그 가설은 여러 면에서 견지되기 어려운 난점들을 내포한다는 점을 지적한다. 이렇게 두 입장은 결코 타협의 여지가 없다.

이런 사실에 비추어, 오늘날 구약사를 기술할 때 구약 성경에 대하여 학자들이 취하는 자세는 대개 세 가지로 구분할 수 있다.

(1) 구약을 역사적으로 신빙성 있는 역사서로 인정하는 복음주의 입장

레온 우드 (Leon Wood), 쉐아 (W. H. Shea), 야마우치 (E. M. Yamauchi), 키친 (K. A. Kitchen), 글리슨 아처 (G. Archer, Jr.), 와이즈만 (D. J. Wiseman), 밀라드 (Alan R. Millard), 빔손 (John Bimson) 등.

(2) 온건 비평주의

올브라잇이나 (William F. Albright) 그의 학파가 (John Bright 등) 고대 근동 지역의 고고학적 발굴물을 근거로 창세기의 기사는 역사적으로 신빙성이 크다고 판정한다. 알트와 노트 학파의 이스라엘 역사 기술법을 비판했던 존 브라잇도 그렇게 성경 자료를 신임하는 것 같지 않다. 예컨대, 나단의 다윗 언약 예언 같은 것도 다윗 왕실이나 솔로몬 왕실 신학자들의 고안으로 보지 진정한 예언으로 보지 않기 때문이다 (John Bright 1995:305, 306).

(3) 극단 비평주의

알브레히트 알트나 (Albrecht Alt) 마틴 노트 (Martin Noth) 등이 여기에 속한다. 존 브라잇에 의하면, 알트, 노트 학파의 역사 해석법으로 이스라엘의 전승들은 공중에 날려가 버리고, 유효한 객관적 통제가 불가하게 되며, 가나안 정착 이전 이스라엘 역사는 모두 백지장으로 화한다 (John Bright 1955:55). 밀러도 (J. Maxwell Miller) 극단 비평주의에 속한다. 밀러는 이스라엘 역사 기술에서 히브리어 성경을 사용해야 하는가? 하지 말아야 하는가? 라고 묻지 말고, 어떻게 사용해야 할까?를 물어야 한다고 하고, 그 내적 모형론이나 고고학자들이 자료를 제시해 주는 층서학에 (stratigraphy) 비추어 조심스럽게 비평적으로 성경을 접근하고, 다른 증거들과 함께 조심스럽게 성경을 역사 기술의 재료로 사용해야 한다고 주장한다.

층서학은 지층의 분포, 상태, 역사, 화석 등을 연구하여 지층의 시간적, 공간적 관계 및 발달사를 밝히는 과학 분야로 역사 지질학의 (historical geology) 기초를 제공하며, 층서학의 원리와 방법은 석유지질학, 고고학 등의 분야에 응용된다. 층서학적 연구는 주로 퇴적암을 대상으로 이루어지지만, 층상의 화성암 (예를 들면 연속적인 용암류로부터 형성되는 층상 화성암) 및 분출암이나 퇴적암으로부터 형성되는 변성암도 층서학적 연구대상에 포함된다. 층서학적 연구의 공통적인 목표는 일련의 암층을 지도상에 표시할 수 있는 단위로 세분하고, 암층에 내포되어 있는 시간적인 관계를 결정하며, 도처에 나타나는 암층들을 서로 대비하는 것이다 (브리태니커 사전).

보다 최근에는 가르비니 (Giovanni Garbini), 톰슨 (Thomas L. Thompson), 데이비스 (P. R. Davies), 렘체 (Niels Peter Lemche) 등이 극단적 비평 입장을 제시하였다. 데이비스에 의하면, 역사적 이스라엘은 고고학적 잔해에 묻혀 있고, 그것의 드러난 증거만이 참 역사적 이스라엘을 보여주며, 성경은 성경적 이스라엘 모습을 보여 줄 뿐 실제 역사에 존재한 이스라엘의 모습이 아니라고 부정한다. 또한 비평 학자들이 (올브라잇 학파나 알트–노트 학파?) 재구성한 "고대 이스라엘" 은 역사적 이스라엘도 아니고 그렇다고 성경적 이스라엘도 아닌 짬뽕에 불과하다고 혹평한다.

핀켈쉬타인 (Israel Finkelstein), 마자르 (Amihai Mazar), 쉬미트 (Brian B. Schmidt) 등이 공동 저술한 "역사적 이스라엘의 탐구" 란 책은 요시야 종교개혁시대를 기준하여, 그 시대에 근접할수록 구약역사 기술은 고고학적 발굴에 비추어 정확하고, 그 시대에서 거슬러 올라갈수록 점점 정확성이 떨어진다는 주장을 했다. 그리고 말하길, 아마 요시야 시대에 구약 문헌들이 편집되었기 때문에 그런 결과가 나오리라고 한다.

시대마다 어떻게 성경을 보는 입장이 달라지는지는 시대마다 판을 새롭게 출간한 브리태니커 사전의 "노아 홍수" 항목을 점검해 보면 드러난다. 1771년 초판에서 노아 기사와 방주 기사는 본질상 역사적인 것으로 간주되었고 그 과학적 증거도 제시되었다:

부테오와 (Buteo) 키르처는 (Kircher) 큐빗을 1.5 피트로 (45 센티) 계산하여 그 방주가 모든 짐승들을 싣기에 충분한 것을 기하학적으로 입증하였다... 짐승들의 종류들의 수자는 보통 사상된 것보다 훨씬 적을 것이다. 네 발 짐승들의 종류는 약

일백 종이 넘지 않는다.
제 8 판에서는 입장이 180 도 달라졌다. 집필진이 달라졌기 때문이다:
생존하는 모든 짐승들의 종류가 그 방주에 들어갔다고 믿기에 해결할 수 없는 난제들이 있는데, 그런 난제는 스틸링플리트 주교가 (Bishop Stillingfleet) 제안했고, 풀리가 (Matthew Poole) 인정한 제안을 채택하면 해결될 것이다. 즉 노아 홍수는 그 당시 인류가 거주하던 지역 이상을 넘지 아니한 국부적인 것에 불과했다고 보는 것이다.
1875 년 판에서는 과학적 사실과 노아 기사를 서로 중재시키고자 아니한 채로 설명 없이 노아 홍수를 언급하였다. 1960 년 판에서는 "노아 방주" 항목에서 다음과 같이 기술하고 있다:
고등 비평 이전, 종들의 기원에 관한 근대적 과학적 견해가 나타나기 전에, 방주에 실린 짐승들의 수자에 관하여 학자들 중에 많은 의논이 있었고, 여러 기이하고 이상한 가설들이 제기되었다.
2007 년도 판에서는
노아 홍수 기사는 바벨론의 묵시적 홍수 신화들과 아주 유사한데, 그 바벨론 신화에서 우트나피쉬팀이 노아에 상응하는 역할을 한다. 그런 바벨론 홍수 신화들이 성경 홍수 기사의 원본이다.
이런 브리태니커 사전의 사고 상의 변천은 과학이 발전하고 시대가 지날수록 서구 지식인들의 "지식" 은 늘어났으나, 하나님을 경외하고 그 말씀을 신뢰하는 "믿음과 지혜" 는 상대적으로 고갈되어 사라지고 있음을 생생하게 입증해 준다. 지식은 사람을 교만하게 하고, 하나님을 경외하는 "지혜" 가 사람을 구원하고 형통케 한다.

B. 구약 역사

1. 오경의 역사 : 모세의 역사 기록

모세가 하나님의 계시로 또한 그가 가졌을 여러 역사 자료들도 활용하여 기록한 창세기는 언제쯤 기록되었을까? 그것은 아마도 그의 말년이 아닐까? 모세 혼자서 오경 전체를 기록할 수도 있지만, 그가 소명을 받고 이스라엘을 이집트에서 해방시킨 이후에, 광야를 거쳐 가나안 땅 건너편 모압 들판에 도착했던 시기까지의 어느 시기에 그의 조력자들을 동원하여 자신의 구술을 받아 적게 했는지도 모른다. 우리가 오경을 모세가 저술했다고 할 때 그가 오로지 계시로 하나님의 구술 지시를 받아 적었다고 말하는 것은 아니다. 그런 기계적 영감설은 여러 증거 때문에 지지받기 어렵다. 오히려 모세가 성령님의 감화 가운데 자신의 자료들도 활용하여 자신의 문체와 자신의 입장에서 기술했다고 말해야 적절하다.
기록한 목적은 무엇이었나? 구약 정경은 언약 체결에서 기원을 갖는다고 할 수 있다. 출 20-23 장의 시내산 언약서가 최초의 정경인 셈이다. 시내산 언약의 형식은 고대 힛타이트 제국이 주변 봉신국들과 맺은 종주권 조약과 형식이 유사하다는 점이 알려졌다 (G. E. Mendenhall 1955). 그가 제시한 둘 사이의 병행들은 다음과 같다:

종주권 조약	모압들 언약	세겜 언약	시내산 언약
전문 (종주 대왕 소개)	신 1:1-5	수 24:2a	출 20:1
역사서언(종주의 은혜)	신 1:6-4:43	수 24:14, 15	출 20:3-17
규정들 (기본/ 세부)	신 4:44-11:32/ 12:1-26:19	수 24:16-25	출 21-23장
조약서 보관, 정기 낭독	신 27:1-26	수 24:26a	출 25:16, 34:1
증인들		수 14:26b, 27	
위협과 축복	신 28:1-68	수 24:27	레위 26:3-45

여기서 역사 서언 부분은 종주 대왕이 봉신국에 베푼 은혜를 열거하고, 이 역사 서언 다음에 봉신이 종주대왕을 섬겨야 하고 지켜야 할 규정들이 제시된다. 즉 은혜를 받았으므로 봉신은 종주 대왕을 섬겨야 마땅하므로, 봉신국이 지켜야 할 조약 규정을 제시한다. 그 규정들은 (stipulations) 일반적인 규정과 세부 규정들로 구분되

는데, 시내산 언약의 경우 십계명이 일반 규정이라면 (헌법), 세부 규정은 법률이라 할 수 있다.
시내산 언약은 이스라엘 백성과 하나님이 맺은 언약인데, 그 언약이 체결되어 이스라엘이 하늘 대왕이신 하나님만 섬기고 사랑해야 할 이유는 그가 이집트에서 구속하셨기 때문이다 (출 20:1). 그런데 더 넓게 본다면, 창세기 전부가 시내산 언약의 역사 서언이기도 하다. 왜냐하면 창세기에는 하나님께서 이스라엘의 조상 족장들에게 무슨 은혜를 베푸셨나를 기술하고 있기 때문이다. 출 애굽기 1-18 장 역시 성격상 '역사 서언' 에 해당된다. 언약 체결 후의 성막 건축 보도는 언약한 쌍방의 영적 결혼 생활을 위한 아파트 장만 기사와 같고, 레위기는 신부인 이스라엘이 신랑 되신 하나님께 나아가는 정결 의식 곧 제사를 다루고 있다. 민수기의 가나안을 향한 광야 여정은 신혼여행 기사와도 같다. 신명기는 시내산 언약의 갱신이다.
이렇게 볼 때, 오경은 언약적 맥락에서 이해할 수 있다. 즉, 모세는 시내산 언약과 연관하여 창조로부터 이스라엘의 족장들에 베푸신 하나님의 은혜로운 처사들과 출 이집트, 그리고 언약 체결 이후에 약속의 땅으로의 행진 등을 기술하여 언약 백성의 정체를 분명히 후대에게 전하고자 했다. 그런 모세의 뜻은 하나님의 지시에 의한 것이었음이 분명하다.

1-1. 원시 역사

1) 천지 창조

천지를 창조하실 때, 그 태고적 상황은 "땅이 혼돈하고 공허하며 흑암이 깊음 위에 있고 하나님의 신은 수면에 운행하시니라" 고 라 했다 (창 1:2). 창조 사역이 시작되기 전에 존재했던 이런 세상의 혼돈의 상태를 말씀으로 질서와 조화를 잡으신다.

창세기 첫 구절은 창조 사역의 시작에 대한 기술로 볼 수가 없고 창조기사의 표제에 해당된다. 창조의 시작은 3 절부터 시작되고, 2 절은 창조 시작 이전의 상태를 보여준다. 달리 이해하기 어려운 것은 창세기 첫 3 구절의 구문의 형식 때문이다. 문장 단위만 다룬 전통적인 히브리어 문법서들로는 이 부분을 제대로 파악할 수가 없었으므로 여러 구문 분석에 혼란이 개입되어 왔다. 오늘날 텍스트 - 언어학이란 분야의 연구로 문장들의 결합 곧 본문이 어떻게 조직되는지를 다루면서, 창세기의 첫 구절들의 해석도 확실한 지반 위에서 진행될 수 있게 되었다.

"땅이 혼돈하고 공허하다" 는 표현을 추상적으로 생각하지 말고, 좀 더 실감나게 주변의 어떤 것들과 결부시켜 본다면, 우리나라에서는 찾아 볼 수 없는 저 중동 이스라엘 남부 브엘세바의 황량한 광야 지방이나 시내 광야의 그 흙과 돌들만 뒹구는 그런 황무지의 모습에 근사하다고나 할까?
그렇지만 그런 광경을 우리 눈앞에 당겨 본 것은 어떤 생동감을 불어넣어 상상력을 자극하려 한 것이지만, 정확한 것은 아니다. 왜냐하면 땅이 무질서하고 뒤죽박죽의 상태로 물과 함께 섞인 교질의 (膠質) 상태로 흑암에 덮여 있었다고 하기 때문이다. 그런 상태에서 유일하게 소망을 주는 움직이는 존재가 있었으니 곧 하나님의 신이었다. 그분은 창조 사역을 준비하려 그 캄캄한 깊음의 수면 위를 새가 부단히 어떤 지점 상공에서 빙빙 돌듯 운행하고 계셨다.
창조의 사역은 "빛이 있으라!" 는 태고적 울려 퍼진 하나님의 우레 소리 같은 음성으로 시작되었다. 그분의 소리는 많은 물소리와 같고 우레 소리와 같이 장중하고 온 우주를 울리는 소리였을 것이다. 그의 음성은 어둠의 정적을 깨고, 빛을 어둠의 세상에 산출하였다. 그 명령대로 흑암은 빛 앞에서 순식간에 내어 쫓기고 광명의 빛이 온 우주를 덮었다. 스위치를 켜자 순식간에 어둠이 사라지듯 흑암은 수면 위에서 사라졌다. 그러나 그 깊음 가운데는 어둠이 여전했을 것이다.
계속하여 하나님은 차례로 궁창을 (穹蒼) 만드시고 물과 물을 나누셨다. 이렇게 창조는 1 주일간 지속되었는데, 창조의 마지막 날인 제 6 일 되는 날 하나님은 마지막으로 흙을 빚어 자신의 형상과 모양대로 인간을 남녀로 창조하셨다. 하나님은 모든 만물을 창조하신 후에 인간을 만드시고, 동방에 에덴동산을 창설하시고 그곳에 인간을 두셔서, 하나님을 섬기고 (아바드), 그분의 계명을 지키도록 (쇠마르) 하셨다 (창 2:15). 동산지기가 아니라, 성소 (聖所) 인 에덴동산에서 하나님과 교제하며 하나님을 섬기는 제사장으로 그리고 만물을 정복하고 통치하는 왕적인 존재로 세움을 입었던 것이다. 후대 성경 기자들이 지적하듯, 인간을 창조하신 목적은 그분을 찬양하고 그분을 경배하며, 사랑하고, 경외하는 일을 위함이었다 (사 43:21, 신 6:5, 전 12:13, 엡 1:6, 12).

인간의 창조 목적에 대한 이런 우리의 해석은 창 2:15 에 등장하는 두 동사의 조합이 (섬기다 + 지키다) 구약에서 거의 전부 하나님을 섬기고 그분의 계명을 지키는 일을 가리킨다는 사실로 지지된다 (예컨대, 신 30:15-20 참조). 사랑하다, 지키다, 경외하다, 행하다 등도 같은 의미를 전달하는 동사들의 조합일 것이다.

2) 타락

그러나 인간은 신약의 보다 완전한 조명을 받아 이해한다면, 사단의 하수인으로 행동한 뱀의 유혹으로 (계 12:9, 20:2) 교만의 영에 사로잡혀, 하나님의 금하신 선악과를 따 먹으므로 스스로 하나님의 지위에 오르고자 하였다. 그것은 하나님의 창조하신 목적과 주권에 대한 정면 도전이었고 반역이었다. 그에 대한 심판으로 아담과 그의 아내 하와는 에덴동산에서 추방되고 저주로 척박해진 땅을 땀을 흘리며 수고하여 생계를 겨우 꾸려야 하는 고통이 시작되었다. 더구나 인간은 이제 죽어 자신이 취해진 흙으로 다시 돌아가야 할 운명에 떨어졌다.

인간의 모든 비극과 고통은 하나님의 망극한 은혜를 배반한 이런 인간의 반역에서 기인되었다. 사도 바울의 지적한대로 죄로 인하여 사망이 세상에 들어와 인간을 주장하며 왕 노릇하게 되었다 (롬 5:12 이하).

고대 근동의 종주권 조약의 종주와 봉신의 관계에 첫 사람 아담과 하나님의 관계를 비유할 수도 있는데, 봉신이 종주 대왕을 반역하는 날에는 봉신의 영토나 주권만 아니라 봉신 왕에게 속한 백성까지 모두 처벌을 당해야 했듯, 만물의 왕적인 존재로 세워졌던 인간의 반역으로 종주 대왕은 봉신인 인간의 왕적 지위를 박탈하고 그에게 복속하던 만물까지 인간을 따라 저주에 던지셨다. 그래서 사도 바울은 피조물이 허무한데 (썩음) 굴복하는 것은 자기 뜻이 아니요 오직 굴복케 하시는 이로 말미암음이라 고 했다 (롬 8:20).

하나님을 배반한 인간은 죄로 인하여 하나님의 형상도 파괴되었고 그의 삶의 목적도 세월이 흘러 갈수록 희미해지고, 나중에는 허무주의에 사로잡혀 전도자처럼,

헛되고 헛되며 헛되고 헛되니 모든 것이 헛되도다
사람이 해 아래서 수고하는 모든 수고가 자기에게 무엇이 유익한고
한 세대는 가고 한 세대는 오되 땅은 영원히 있도다 (전 1:2-4)

탄식하게 되었다. 하나님을 떠난 인간의 불안정과 허무함은 성경 여기저기서 지적되고 있다:

내일 일을 너희가 알지 못하는도다 너희 생명이 무엇이뇨?
너희는 잠간 보이다가 없어지는 안개니라 (약 4:14)

3) 구원 계획과 태아 (胎芽) 복음

저주와 사망에 처한 죽을 인생을 하나님은 인간의 범죄한 그 순간부터, 아니 후대의 계시에 의하면 이미 창조 이전에 인간의 타락을 아시고, 저들의 구원을 계획하셨다. 그 구원 계획은 여자의 씨와 뱀의 씨가 서로 원수가 되게 하고, 여자의 씨가 뱀의 머리를 박살내게 하리라는 하나님의 선고에서 처음 인간에게 알려졌다 (창 3:15). 이 희미한 "태아 복음" 은 역사가 진행하면서 보다 선명하고 보다 구체적인 모습으로 형체를 띠게 된다.

이것이 어떻게 "인간 역사" 라고 할 수 있느냐? 신화적 이야기가 아니냐? 라고 묻겠지만, 앞서 언급한대로 성경의 역사관은 하나님의 시각이므로, 방금 우리가 제시한 바는 그분이 모세에게 계시한 바를 우리가 재 진술한 것에 불과하다. 창조 직후에 에덴동산에서 일어난 사건들에 대하여 아담과 하와가 후손에게 전하고, 그 후

손이 후손에게 전하여 모세에게까지 전달이 되었겠지만, 그런 인간적 기억의 전달보다 하나님께서 모세에게 에덴동산에서 일어났던 일들을 직접 알려 주심으로 창세기에 그 때의 사건들이 정확하게 기술될 수 있었다.
창세기는 진행될수록 타락한 인간을 구원하시려는 하나님의 구원 역사에 초점을 맞추는데, 일부 신학자들이 창조와 타락 기사를 혹은 소위 "원시 역사" 전체를 (창 1-11 장) 이스라엘의 구원 역사의 서론격으로 격하시켜 버리고자 하지만, 창조 기사가 이스라엘의 구원역사의 들러리일 수는 없다. 그럴 경우 창조가 이스라엘을 위한 것이 되어 버릴 것이다. 아니다. 거꾸로 이스라엘의 선택이 창조 질서를 회복시키고자 함이었다.

4) 죄의 무서운 기세와 하나님의 제지

모세의 관점이 하나님의 관점인데, 왜냐하면 베드로 사도가 지적한대로 예언은 인간의 뜻에서 난 것이 아니라, 성령님께서 감동하여 기술되었기 때문이다. 모세의 견지에서 기술된 인간의 타락과 그 이후의 역사는 창 6 장에서 하나님의 아들들과 사람들의 딸들 사이의 결혼과 그로 인한 세상의 급속한 부패와 그에 따른 하나님의 홍수 심판 사건으로 인간의 힘으로 제지될 수 없는 죄의 무서운 기세와 그에 대한 하나님의 제지를 보여준다.
일단 타락한 인간은 가인의 형제 살해에서 보듯, 죄에 죄를 쌓고 거기에 타락한 천사들의 개입으로 인간사에서 타락은 하나님의 제재를 초래할 수밖에 없게 되었다. 이런 죄와 심판 사이의 관계는 역사를 통해서 되풀이되며, 최후 심판에서 그 절정에 달할 것이다.
"하나님의 아들들" 이란 명칭은 구약에서 천사들을 지칭하며, 베드로서나 유다서 역시 탈굼이나 외경 (예컨대, 에녹서, 희년서) 처럼 창 6 장의 사건을 타락한 천사들의 범죄로 이해하고 있다 (벧전 3:19-22, 유 1:6).
다른 한편으로 하나님의 은혜도 모세의 역사에서 캄캄한 세상에 밝은 한 줄기 빛으로 나타나곤 하는데, 그것은 홍수 심판의 인류 전멸에서 노아와 그의 가족을 보존하시고 그를 통해 새로운 출발을 허락하신 은총이다. 하나님은 노아와 그 가족들 그리고 생물들과 함께 언약을 세우시는데, 즉 약속을 저들에게 주시는데, 그 언약의 내용은 다시는 홍수로 만물을 심판하지 않으리라는 것이다. 이런 내용 때문에 노아 언약은 "보존 언약" 이라 불린다. 이런 세상의 보존은 그분이 인간의 생육과 번성, 그리고 땅의 정복과 통치를 다시 명한데서 보듯, 인류를 첫 사람 아담처럼 왕적 지위에 세우시고 구원하시려는 계획을 이루기 위한 조처였다.
모세는 노아 언약을 보도한 후에, 노아가 포도 농사를 시작하여 술에 만취해서 실수하는 장면도 묘사한다. 노아는 벌거벗고 무아지경에 떨어진 가운데 막내아들 함과 그의 손자 가나안이 아마도 성적 범죄를 (동성애?) 저질렀던 모양이다. 모세는 완곡하게 그 장면을 처리하고 지나치는데, 노아가 술에서 깨어 가나안에게 바라는 저주는 그의 범죄가 심각한 것이었음을 암시해 준다.

5) 민족들의 족보

이제 영감 받은 기자는 인류의 계보를 제시하는데, 70 개 민족이 제시되었다 (창 10 장). 이 민족들은 모두 홍수 이후에 노아의 세 아들, 곧 장자인 야벳, 셈, 막내 아들인 함에게서 태어난 자들의 후손으로, 야벳 후손은 대략 가나안을 기준하여 지중해 너머 서편이나 북편에 거주하고, 함 족은 남편, 셈족은 북편이나 동편에 거주하게 되었다.
모세는 이 민족들의 계보에서 "에벨은 두 아들을 낳고 하나의 이름을 벨렉이라 하였으니 그 때에 세상이 나뉘었음이요" 라는 수수께끼 같은 언급을 한다 (창 10:25). 이는 "벨렉" 의 (분리) 출생과 함께 한 언어를 사용하며 함께 동거하던 사람들이 언어가 분리되고 뿔뿔이 다른 지역으로 흩어졌음을 암시한다. 왜냐하면 창 10 장은 '에벨' 의 두 아들 벨렉과 욕단에 대한 기술로 끝나고, 곧 이어 바벨탑 사건이 창 11:1-9 에서 기술되기 때문이다. 또한 바벨탑 사건 이후에는 곧장 두 번째 셈족의 족보가 나타나서 아브라함의 부르심으로 이어짐으로,

바벨탑 사건이 두 셈족 족보들 사이에 끼인 배열 위치가 그 사건이 벨렉과 욕단 시대에 일어나서 인류가 나누어지고 흩어졌다는 암시를 준다. 동시에 중세기 유대인 주석가 베코르 쇼르의 지적대로 '벨렉' 시대에 일어난 바벨탑 사건 이후로 사람들의 수명이 급격히 줄기 시작하는 하나의 분수령을 이루었다는 점도 의미심장하다.
이 인류의 분산 사건 이후에 모세는 셈족의 족보를 10 장에 기술된 세대들 이후로 더 한층 보여준다. 앞서 언급한대로 에벨이 낳은 벨렉과 욕단, 그 자녀들 대에서 10 장의 셈의 족보가 끝이 났다면, 11:10–26 까지 다시 제시된 셈의 족보는 셈에서 벨렉에 이르는 계보와, 벨렉 이후 아브람의 부친 데라에 이르는 세대까지를 다 제시한다. 이렇게 셈의 족보를 추적함으로 마침내 저자는 이스라엘의 조상 아브람을 독자들에게 소개할 차비를 갖춘 것이다.

1–2. 족장 역사

비평가들은 구약 역사를 기술하면서, 이스라엘의 역사를 언제부터 기술할 수 있는지 문제를 가지고 논란한다 (J. M. Miller 1985:7; 1996:33). 마틴 노트 같은 극단 비평가들은 사사기 이전 시대는 역사적 신빙성이 없다고 판단해 버린다. 따라서 창세기의 족장사는 말할 나위도 없이 역사적 신빙성이 없는 신화나 전설 정도에 불과하다고 간주된다.
그러나 올브라잇 학파는 창세기의 족장사도 역사적 신빙성이 있다고 보고 고고학적 발굴물과 연관시키고자 노력했다. 그럼에도 많은 내용들이 비역사적인 것으로 기각된다. 우리는 족장사나 사사 시대 이전의 기사들이 모두 역사적 진실이라 믿는다. 오경의 말씀이 분명 신앙의 관점에서 기록한 것이긴 하나, 역사에 지반을 두지 아니한 신앙은 거짓 신앙에 불과하다. 우리가 사도신경을 고백할 때 그것은 신앙적 행위지만, 동시에 역사적으로 일어난 그리스도의 죽으심과 부활, 승천, 보좌에 앉으심 등과 같은 역사적 사실들을 진실이라고 고백하는 것이다.

1) 아브라함, 이삭, 야곱

아브라함의 가나안 이주는 그의 나이 75 세 때 일어났다. 그 연대를 성경 구절들을 근거로 설정하고자 할 때, 출발점은 주전 701 년이다. 이때 앗시리아의 산헤립 대왕이 유다의 히스기야 왕을 공격한 것으로 세속 문헌이 확실하게 기록하고 있기 때문이다. 거꾸로 거슬러 올라가면, 솔로몬은 주전 970 년에 즉위하여 제 4 년 되던 해인 주전 966 년에 성전을 건축하기 시작했다. 성전 건축은 출 이집트 480 년 후이므로 (왕상 6:1), 출 이집트는 그 480 년 전인 주전 1446 년에 일어났다 (출 이집트의 초기설).
출 12:40 은 이집트 체류 기간을 430 년으로 제시하므로, 130 세 된 야곱이 이집트에 이주한 시기는 주전 1876 년이 되고 야곱이 태어난 시기는 130 년을 더 거슬러 올라가야 하므로 주전 2006 년이 되고, 그 때 이삭이 60 세였으므로, 이삭의 태어난 시기는 주전 2066 년이 된다. 그 때가 아브라함의 100 세이므로, 아브라함이 가나안으로 이주한 75 세 때는 2091 년, 그가 태어난 시기는 주전 2166 년이 된다.
성경 연대기에 의하면, 아브람은 기원전 2166 년에 출생하였고, 그가 하란에서 가나안으로 출발한 시기는 75 세였으므로, 그 해는 주전 2091 년이었다. 그렇다면, 그가 이주해 들어갈 때의 가나안의 상황은 어떠했을까? 창세기가 제시하는 상황은 중앙 정부 권력이 없거나 아주 미약해서 지방 군웅들이 자기 제한된 지역에 권세를 행사하는 도시 국가 상태로, 반 유목민이었던 아브라함 일행은 비교적 자유롭게 이주할 수 있었다.
고대 가나안 지역 상황을 알려주는 성경 외, 고대 가나안 문헌들은 고대 메소포타미아나 이집트의 문헌들에 비해 현저하게 미약하다. 청동기 후기 시대의 쐐기 문자로 토판에 기록된 유가릿 문헌들, 에블라, 마리, 알라라크 등의 문헌들이 현존하는 것들인데, 파피루스에 기록된 것은 이집트에서는 많이 현존하나, 가나안의 것은 하나도 전해지는 것이 없다. 가나안에서 사람들이 많이 거주했던 지역들의 습한 기후 탓에 모두 썩어 없어졌을 것이다.

고고학적으로 주전 2200 년에서 2000 년 시기는 청동기 중기에서 후기로의 변환기에 해당되며, 일반적으로 청동기 초기의 도시 문화에서 중기와 후기의 (주전 2000–1200 년) 가나안 유목 문화에로 전환이 일어났다고 말들 한다. 다시 말해 초기의 도시 중심의 생활은 변두리 지역으로 거민들이 이동하면서 쇠퇴하고, 농경 경제에서 유목 생활 경제로 변환되었다.

이집트로 눈을 돌려 본다면, 주전 2600–2200 년 어간이 고대 이집트 문명이 처음으로 개화하였던 고왕국 제 3 왕조에서 6 왕조 시기로, 저 유명한 기자의 (Giza) 피라밋이나 그 보다 더 작은 계단 피라밋 등이 이 시대에 건축되었다. 보통 인류 문명이 원시적인 생활에서 진화 발전했다고 생각하지만, 성경이나 이집트 고대 문명은 이런 가정이 항상 옳은 것은 아니라는 점을 증거해 준다. 창세기는 인류 초기의 수렵생활에서 점차 농경생활로 변천이 있었다고 보지 않고, 에덴동산에서 쫓겨난 직후부터 땅의 경작이 시작되었고 수렵도 병행된 것으로 묘사한다. 그리고 앞서 언급한대로 이집트의 거대하고 정교한 피라밋 건축은 우리가 일반적으로 생각하는 그런 원시 시대에 산출되었다는 점에서 문명의 진화론적 발전설을 부정해 버린다.

2) 이집트에서

야곱 가족이 이집트에 내려갈 때, 성경 연대기에 의하면, 야곱의 나이 130 세였고 주전 1876 년에 해당된다. 이는 요셉이 이집트에 내려간 후 22 년 만의 일이다. 요셉이 이집트의 총리로 높여진 1885 년부터 그가 죽을 때인 1805 년까지 기간에 이집트는 12 왕조 시대로 (주전 1991–1786 년), 세소스트리스 2 세 (1897–1878 년), 세소스트리스 3 세 (1878–1843 년), 아메네메스 3 세 (1842–1797 년) 등이 통치하였다.

야곱 가족의 이집트 이주를 12 왕조 시대로 이해하는 견해는 몇 가지로 지지된다. 1) 그 당시 왕궁이 델타에 위치했다 (창 47:5–11, 27), 2) 이 왕조의 왕들이 돌이 아니라 벽돌로 많은 건축을 하였다 (출 1:14). 그 정부 형태는 지방 관리들이 (nomarchs) 각 주를 통치하고 왕에게 보고하는 봉건 (封建) 제였으나 (창 41:41–46, 42:6), 세소스트리스 3 세부터는 정부 형태가 직접 통치로 바뀌어 왕이 스스로 모든 것을 감독했다 (출 1:8–14). 동시에 재상이 (Mentuhotep) 있어 왕의 대리로 국정을 총괄했다 (창 41:41–46). 그 때에 기근이 발생했다 (창 41:54–47).

12 왕조 당시 수도는 멤피스 남부 이티 – 타위 (Ith-taui; Ity-tawy) 였고, 멤피스, 아바리스, 파윰 등에도 궁궐들이 있었다. 이런 상황은 야곱 가족이 이집트로 내려와 고센 땅에 거주한 것과 연관시켜 고려할 수 있을 것이다. 종교적 중심지는 그 당시 태양의 도시로 후대에 알려진 (Heliopolis) "온" 이었다.

12 왕조의 둘째 왕이었던 세소스트리스 1 세 시대에 '아메니' 라 불리는 한 관리의 비문이 베니 핫산 (Benni Hassan) 에서 발굴되었는데, 거기에는 요셉의 7 년 풍년, 7 년 흉년과 연관하여 의미심장한 글들이 나타난다:

> 내가 통치한 날들에는 누구도 불행하지 않았다. 심지어 기근의 때에도 그러했다. 나는 마 (Mah) 주 (州) 에서 (nome) 남에서 북의 경계까지 모든 농지들을 경작했었기 때문이다. 그리하여 나는 그 거민들의 생애를 연장시켰고, 그 경지가 생산했던 식량을 보관하였다. 그 주에는 아무도 굶주린 자가 없었다. 나는 결혼한 부인에게나 과부에게 공평하게 분배했다. 내가 나누어 주는 일에 있어서 큰 자라고 비천한 자보다 더 우대한 일은 없었다 (Brugsch 1881:158; *ANET*, 31).

아메니란 관리는 어쩌면 요셉 총리 밑에서 식량을 거두고 분배했던 관리였는지 모른다 (창 41:48 에 기술된 임무). 브룩쉬는 이 비문에 대하여 기술하길,

> 이 비문의 결론적 진술은 아메니가 자신을 칭찬하는 말들인데, 어쩌면 이집트에 체류한 요셉의 체류, 특히 7 년 흉년을 암시할지도 모른다는 추정을 하게 하기도 했다. 그러나 이 비문의 연대가 요셉의 시기와 어울리지 않는다

라고 했다 (158). 그러나 브룩쉬가 만약 성경 연대기를 따른다면, 이 비문은 요셉 시기와 연관시키는데 문제가

없을 것이다.
현재 카이로 근교인 헬리오폴리스에는 방첨석탑이 (obelisk) 하나 서 있는데, 이는 세소스트리스 1세가 건축한 것으로, 오늘날에는 "'온' 의 기둥" 이라 열려지고 있다. 창 41:45 에서 이집트 왕 바로가 온 제사장 보디베라의 딸 아스낫을 요셉에게 주어 아내를 삼게 하였다고 하는데, 만약 요셉이 힉소스 시대에 이집트에서 일했다면, 이런 온 제사장과 연관된 사건은 상상할 수 없는 일이 될 것이다.
파윰 (Faiyum) 에는 메이둠 서편 사막에 거대한 오아시스가 있는데, 오늘날 약 2 백만 인구를 먹여 살린다. 이 거대한 오아시스가 개발된 것이 바로 12 왕조 시대였다. 12 왕조 시대에, 운하를 파서 물이 그 전체 지역에 공급되도록 했던 것이다. 이 운하는 오늘날 "바르 요셉" 혹은 요셉의 운하라 알려지고 있다. 이런 이름은 운하가 7 년 흉년을 대비하여 처음 만들어진 때부터 사용되었을 것이다.
세소스트리스 1세 밑에는 '멘투호텝' 이란 이름의 재상이 한 명 있었는데, 브룩쉬는 그에 대하여 말하길, "한 마디로 우리의 멘투호텝은 여러 제사장적 위엄들을 부여받은 바로의 재무상으로, 그는 왕의 또 다른 화신(化身)이었다 (the alter ego of the king); 그가 나타나면 고관들은 그 앞에서 왕궁 바깥문에서 모두 엎드렸다" 고 한다 (Brugsch 1881:162). 창 41:42, 43 에서

자기의 인장 반지를 빼어 요셉의 손에 끼우고 그에게 세마포 옷을 입히고 금 사슬을 목에 걸고 자기에게 있는 버금 수레에 그를 태우매 무리가 그 앞에서 소리 지르기를 엎드리라 하더라 바로가 그로 이집트 전국을 총리하게 하였더라

이런 상황은 이집트 재상에게 주어진 특별한 영예였고, 멘투호텝에게 그런 영예가 주어졌었다.
카이로 남부 240 킬로 지점에 위치한 베니 핫산에는 12 왕조의 크눔호텝이란 (Knumhotep) 귀족의 무덤이 있는데, 그 무덤의 벽면들에는 이집트에 내려온 어떤 아시아계 민족을 묘사하는 그림이 그려져 있다. 야곱 일행이 12 왕조 때의 일이고, 멘투호텝이 그 때의 사람이라면, 이 묘실 벽화들은 어쩌면 야곱 일행의 모습인지도 모른다.

3) 출 이집트

출 1:8 이하에서 요셉을 알지 못하는 새로운 왕이 일어나서 이스라엘 자손을 박해하는 상황을 기술하는데, 그 왕이 요셉을 몰랐다고 하기보다, 요셉이 이집트에 행한 여러 일들을 무시하고 인정하지 않으려 했다고 봄이 좋을 것이다. 요세푸스는 기술하길, 요셉에게서 받은 여러 은총들을 시간이 지남에 따라 망각해 버렸다. 특히 왕이 다른 가문에서 일어나면서 저들은 이스라엘을 아주 학대하고, 여러 모로 핍박해 마지않았다 (유대인들의 고대기, 1권, 9장, 1절).
가나안과 이집트 사이의 주요 연결도로는 시내 반도의 북부 연안 지역을 따라 달린다. 성경의 인물들은 대개 이 길을 따라 이집트로 왕래했다. 이집트인들에게 그 길은 "호루스의 길" 이라 알려졌고, 성경에서는 "블레셋을 통과하는 길" 로 언급된다 (출 13:17). 그 도로는 델타 동편 고센 지역에서 끝이 났다. 바로 그 고센 지역에 야곱 가족들이 거주했었다.
야곱 가족이 이집트로 내려가 살았던 성읍은 나중 14 왕조 시기인 18 세기에 '아바리스' 로 개명되는 '로와티' 였는지 (Rowaty) 모른다. 새 이름의 의미는 "그 지역의 (왕의) 토대" 인데, 그 동일 지역은 시대는 달라도, 이름은 달라도 지속적으로 힉소스 시대 동안 통치의 중심지였다. "힉소스" 란 이름은 신성문자에서 '이방인 통치자들' 이란 의미이고, 가나안에서 나일 델타 지역으로 이주하여 아바리스에 중심지를 마련하고 자신들의 지도자를 "바로"란 이름으로 칭하고, 108년 동안 이집트 북부 지역을 (하 이집트) 통치했다 (주전 1674–1567년). 힉소스 왕조는 15 왕조라 지칭되는데, 아바리스가 저들의 수도였고, 출 1:8–12 에 묘사된 요셉을 알지 못하는 새로운 왕은 바로 이 힉소스 계통의 왕일 것이다. 힉소스 통치자들이 이스라엘 자손들을 강제 노역에 종사케

하고, 국고성 비돔과 라암세스를 건축하도록 했을 것이다.

18 왕조의 창건자 '아모시스' 의 지도하에 이집트인들은 힉소스 족속을 주전 16 세기 중반에 몰아내는데 성공한다. 저들은 아바리스란 이름을 "페루 – 네페르" (행복한 여행) 라고 개명했을지 모른다. 출 2 장에는 모세의 출생 기사가 나타난다. 바로 왕의 공주가 나일 강에 목욕하러 내려갔다가 모세를 발견하는데 (출 2:5) 이 공주가 핫쉡수트 (Hatshpsut, 주전 1504-1482 년) 로 추정되며, 나중 스스로 바로가 되는 여인이다.

창 47:11, 27 에 의하면, 야곱의 가족들은 라암세스 땅에 정착하였고 거기서 산업을 얻고 생육하고 번성하였다. 나중에 이스라엘 자손은 노예로 전락하여 라암세스 성을 건축하는데 동원되었고 (출 1:11), 저들이 이집트에서 탈출할 때도 라암세스로부터 떠났다고 한다 (출 12:37). 따라서 저들은 라암세스 지역 중심으로 거주했음이 분명하다.

그 라암세스 지역은 텔 엘 – 다바 (el-Daba) 지역인지 모른다. 그곳은 나일 강의 펠루시움 지류에 위치하며, 지중해로 연결된다. 그리고 동편으로 향하는 '호루스 도로'의 출발점이 된다. 그 이름은 시대를 따라 변했지만, 그 전략적 위치는 변함이 없었다.

"라암세스" 란 이름은 이스라엘 자손이 이집트에 내려가서 정착한 그 때의 이름은 아니었고, 19 왕조 라암세스 왕조시대에 라암세스 2 세가 (주전 1304-1237 년) 고대 로와티 / 아바리스 / 페루 – 네페르 등의 이름들로 불린 지역에서 (나일 동편 델타 지역) 약간 북동편으로 떨어진 곳에 성읍을 건축하고 자기 이름을 따서 그렇게 명명한 것이다. 이집트 신성 문자로 "피 – 라메세스" 란 이름은 "라암세스의 성읍" 이란 의미로, 오늘날 콴티르 (Qantir) 근방일 것이다. 그러므로 라암세스 성읍은 이스라엘이 이집트에서 탈출한 이후에, 이스라엘 자손이 거주했고, 저들이 건축했던 그 성읍에 붙여진 이름이다. 이스라엘 자손이 "라암세스" 에 정착했고, "라암세스" 를 건축했고, "라암세스" 로부터 출발했다고 할 때, 이는 시대착오적 언급이지만 후대 서기관이 성경 본문을 개정할 때, 그곳 이름은 후대인들이 더 이상 알지 못하므로 "라암세스" 란 후대 이름으로 고친 것이라 추정할 수 있다.

시 78:12, 43 등에 의하면, 하나님은 이집트의 소안 들에서 기이한 일들을 행하셨다고 한다. "소안"이란 (Zoan) 헬라어로 '타니스' 라 알려진 곳인데, 오늘날 산 엘 하갈이라 불리는 지역이며, 라암세스 11 세 통치 때 (주전 1113-1085 년) 처음 "라암세스" 란 명칭 대신 그렇게 불렸고, 21 왕조의 (주전 1085-945 년) 수도였다. 그러므로 소안, 라암세스, 페루 – 네페르, 아바리스, 로와티 등은 같은 지역의 다른 이름이며, 오경의 '라암세스' 란 지명이 시대착오적 후대 서기관의 교정이듯, '소안' 역시 그렇게 보인다.

그러나 이런 고대 지명의 현대화 개명 (改名) 이론보다 더 좋은 설명은 라암세스 2 세 (19 왕조) 훨씬 이전부터 "라암세스" 란 이름이 힉소스 왕들에 의해 사용되고 있었다고 보는 것이다. 라암세스 왕가의 조상은 힉소스 왕가로 연결되기 때문이다 (아래 참조).

앞에서 언급했지만, 18 왕조가 힉소스 족속을 몰아내고, 신 왕국을 창건하는데 (18 왕조), 이들도 이스라엘을 노역으로 괴롭게 하였고, 성경 연대기에 의하면 아멘오피스 2 세 치하에 (주전 1450-1425 년) 모세의 영도 하에 이스라엘은 이집트를 탈출한다.

출 이집트의 연대를 설정함에 있어서, 우리는 성경의 연대 언급을 그대로 따르고 (왕상 6:1, 출 12:40, 삿 11:26 등) 이집트 거주 기간도 215 년이 (출 12:40 의 70 인역, 갈 3:17) 아니라 430 년이라 본다.

출 12:40 의 70 인역과 사마리아 오경, 갈 3:17 은 모두 430 년 기간을 족장들의 가나안 체류 기간과 야곱 후손의 이집트 체류 기간을 합산한 기간으로 이해한다. 아브라함이 가나안으로 이주한 때는 주전 2091 년, 야곱이 이집트로 이주한 때는 주전 1876 년이므로, 족장들의 가나안 거주 기간은 215 년이 된다. 따라서 70 인역이나 갈 3:17 을 따르면, 이스라엘의 이집트 체류 기간은 215 년에 불과하게 된다 (430 년 - 215 년 =215 년). 하지만 창 15:1 에서 아브라함 후손이 "이방" 땅에서 400 년을 체류하리라 했고 (따라서 가나안은 제외된다), 출 12:40 은 "이스라엘 자손" 이 체류한 기간이 430 년이라 했다 (따라서 "족장들" 의 가나안 체류는 제외된다). 따라서 430 년은 이집트에서만의 체류기간이다.
문제는 창 15:13 에서 400 년간 이방인들이 이스라엘을 괴롭히리라 언급한다는 사실인데, 이는 430 년에 근사한 대략적인 수치로, 창 15:16 의 "사대 만에" 돌아오리라는 언급과 같다. 아브라함의 나이가 이삭을 낳을 때 100 세였으므로 4 대란 대략 400 년을 지시한 것이라 볼 수 있을 것이다. 이집트에 내려가서 400 년간 핍박을 받았는가? 하면, 반드시 그렇게 볼 이유는 없다. 출 이집트 하기 전 얼마 기간 동안 핍박을 받았을 가능성도 있기 때문이다.
성경 연대기를 무시하고 후기 출 이집트 연대를 주장하기도 하는데, 그 근거들을 본다면,

(1) 모세는 레위의 4 대 자손이다

출 6:16–20 에서 유다의 아들 레위, 레위의 아들 고핫, 고핫의 아들 아므람, 아므람의 아들 모세 이런 식으로 모세는 레위이 4 대 자손에 해당된다. 한 세대가 100 년에 미치지 못하므로, 430 년 체류와 4 대는 어울리지 않는다는 주장인데, 출 6:16–20 의 족보는 중간 세대를 생략한 족보로 볼 수도 있다. 대상 7:22–27 에서, 요셉이 이집트에서 얻은 아들 에브라임에서 출 이집트 당시 모세의 수종자였던 눈의 아들 여호수아까지 10 세대가 언급된다. 요셉의 형인 레위에서 모세까지 4 대에 불과하다는 것은 요셉의 아들 에브라임에서 모세의 당대인 여호수아까지 10 대라는 사실에 비추어 볼 때, 출 6:16–20 의 족보가 생략된 족보라는 점을 암시해 준다. 에브라임의 후손들은 브리아, 레바와 레셉, 델라, 다한, 라단, 암미훗, 엘리사마, 눈, 여호수아이다.

(2) 라암세스 성읍의 건축

출 1:11 에서 이스라엘은 국고성 비돔과 라암세스 건축에 동원된다. 후기 연대설을 주장하는 결정적 근거가 되는 구절인데, 라암세스 성읍이란 이름은 라암세스 2 세가 (주전 1304–1237 년) 자신이 건축한 성읍에 자기 이름을 붙인 것이라고 앞서 언급했지만, 이미 이스라엘은 주전 1446 년에 이집트를 탈출하였으므로, 이 라암세스와 이스라엘 사이에는 아무런 연관도 없다. 그렇다면, 이스라엘이 강제 노역에 동원되어 건축했던 그 라암세스 성읍이란 언제 건축된 것을 가리키는가? 즉 출 1:11 의 건축 공사는 어느 시대에 일어난 것을 가리키는가? 후기설을 주장하는 이들은 출 1:11 은 바로 라암세스 2 세의 건축 공사를 지시한다고 하지만, 반드시 그렇게 볼 이유는 없다.
이것과 연관하여 가장 주목할 만한 사항은 올브라잇의 지적에서 나타나는데, 그는 다음과 같이 말한다:

> 라암세스 왕가는 그 조상이 힉소스 왕조에게로 연결된다 – 그 힉소스 왕의 시대는 타니스의 '400 년 석비' 에 기념된 연대보다 400 년 이전에 고착되었다. 라암세스 2 세의 증조부는 분명 이전 타니스 가문 출신으로 힉소스 계통일 가능성이 아주 크다. 왜냐하면 그의 이름은 세토스 (Sethos, Suta) 였기 때문이다. 이 수타는 아마르나 문헌들에서 여러 번 언급되는 궁수(弓手) 대장으로 나타난다. 라암세스 2 세는 자기 수도와 거처를 타니스에 건축하고 "라암세스 궁" 이라 이름 지었고, 거기에 이전 타니스 사람들이 섬겼고, 후대 힉소스 왕조가 섬긴 셋 (Seth; 그 때에는 Sutekh 라 발음) 신을 위해 거대한 신전을 건축하기도 하였다 (Albright, 1946 : 223–224).

이렇게 라암세스 2 세의 조상이 힉소스 왕가라면, 힉소스 왕조에서도 성읍을 건축하고, 그 성읍을 라암세스라 불렀을 것이다. 즉 출 1:11 을 반드시 라암세스 2 세와 연관시킬 이유는 없다. 그의 조상인 힉소스 왕조 시대에 벌써 라암세스 성읍이 건축되었고, 이스라엘은 그 건축에 동원되어 강제 노역을 해야 했었다.

(3) 이집트의 수도

출 이집트의 초기 연대설은 출 이집트 연대를 주전 1446 년 곧 이집트 18 왕조의 아멘오피스 2 세 시대에

(1450-1425 년) 위치시킨다. 그런데 문제는 그 시대의 이집트 수도는 나일 강 델타 지역이 아니라, 한참 나일 강 상류로 올라가서 '테베' 란 지역이었다. 그리고 라암세스 2 세가 속하는 19 왕조 시기에 다시 이전 힉소스 왕조의 수도 '아바리스' 에 북방 수도를 정하였다. 따라서 후기 연대설 주장자들은 모세의 10 재앙 시기에 모세가 바로와 빈번하게 접촉했다는 사실은 바로의 궁궐이 델타 가까운 지역에 위치했다는 사실을 증거해 주므로, 출 이집트는 18 왕조가 아니라, 19 왕조 시대의 일이라고 주장한다.

그런데 툿모세 3 세나 (주전 1504-1450 년), 아멘오피스 2 세의 경우 수도는 델타 지역에서 수 백 킬로 남쪽인 '테베' 에 두었다 해도 델타 지역에서 상당 기간을 머물며 여러 활동들을 했었다. 툿모세 3 세는 남쪽 테베의 재상 외에, 북부 지역의 통치를 위해 헬리오폴리스에 재상을 한 명 두었는데, 이는 그가 북부 지역을 아주 중시했다는 증거이다. 그 까닭은 힉소스란 이방 민족의 침입이란 뼈아픈 경험 때문이었을 것이다. 더구나 툿모세 3 세는 헬리오폴리스에 자신이 세운 두 개의 붉은 화강암 방첨석탑들에 "헬리오폴리스의 주인" 이란 글을 새겨, 자신이 헬리오폴리스의 주라고 천명하고 있다. 이는 태양신 라의 (Ra 혹은 Re) 숭배 중심지 헬리오폴리스를 그가 크게 중시했다는 증거이다.

갑충석이 (풍뎅이를 새긴 호신護身과 장식품 scarab) 발견되었는데, 거기에 툿모세의 아들 아멘오피스 2 세가 고대 이집트의 수도였던 멤피스에서 출생했다고 언급되었다. 이는 툿모세의 왕비가 북부 멤피스에 거했다는 것을 암시하고, 동시에 왕자의 탄생에 관심을 가졌을 툿모세 3 세의 멤피스 체류도 암시해 주는 것이다.

또한 툿모세 3 세는 가나안 지역 북방의 힛타이트 제국과 미타니 왕국에 대하여 여러 번 원정을 감행했는데, 이런 북방으로의 원정에서 출발지는 항상 나일 델타 지역이었고, 군수 보급품 기지도 델타였다. 툿모세 3 세의 이런 북방 원정은 힉소스 족속의 침입의 경험에 근거한 자국 방위를 위한 국경을 가급적 이집트에서 멀리 북방으로 확대시키려는 정책의 실현이었다. 이런 제국 건설 정책에서 델타 지역은 중시될 수밖에 없었다.

툿모세 3 세의 아들 아멘오피스 2 세 혹은 아멘호텝 2 세와 나일 델타 지역의 관계도 그 부친이상으로 긴밀했다. 일찍이 1887-1889 년에 네이빌이 (Naville) 고대 성읍 부바스티스인 텔 바스타에서 붉은 화강암 석비를 발견했는데, 거기에 아멘오피스 2 세가 페루네페르에 거하는 아몬 - 라 신 앞에서 경배하는 모습으로 그려져 있다. 아멘오피스 2 세 청년기에는 멤피스 근처 조선소가 위치했던 페루네페르의 군 사령관으로 지명되어 상당 기간 복무하기도 했다 (L. Wood 1986:82).

이런 저런 사실들은 출 이집트 당시에 이집트 바로는 델타 지역에 체류하며 모세와 대결했다고 판단할 수 있게 해준다.

(4) 아마르나 문헌들

카이로 남방 300 킬로 지점, 나일 강 동편 제방에 위치하는 하지 콴딜 (Hajji Qandil) 마을 근처에서 380 개 정도의 토판들이 발견되었다. 학자들은 그 발굴지를 그곳 거주 부족이름을 (베니 아므란) 따서 엘 - 아마르나라 부른다. 그곳은 고대 이집트의 종교 개혁자 아케나텐 왕의 (1379-1362 년) 수도 아케타텐 (Akhetaten) 이었고 그 발굴지는 바로 왕의 왕실 도서관 혹은 문서 보관소였다.

그 토판들의 내용을 보면, 단어장들, 신들의 목록, 음절 문자표 (예컨대, 일본어 50 음도 같은), 이집트 신성 문자와 악카드어 사전, 신화 문학 등이 32 개이고, 나머지 토판들 중에서 300 개 이상이 가나안 도시국가들과 이집트의 종주 대왕 사이에 보내진 외교 서신들이다. 나머지 44 개 토판들은 이집트와 다른 강대국들 사이에 보내진 외교 서신들이다.

이 아마르나 외교 서신들은 아케나톤 왕의 부친 아멘오피스 3 세 (1417-1379 년) 시대의 서신들로부터 아케나톤의 후계자 수멘카레와 투탄카멘 왕 (각기 1364-1361, 1361-1352 년) 4 년까지의 것들이다. 즉 대략 주전

1400–1360 년의 40 년 기간의 외교 문서들이다. 이 시기는 출 이집트 초기설에 의하면, 여호수아 지도하에 이스라엘이 가나안을 정복하던 시기인데, 이 시대에 가나안 도시 국가들이 "하비루" 라 불리는 집단이 침공하니 우리를 긴급하게 도와 달라고 자기들의 종주 대왕인 이집트 왕에게 호소하고 있다. 이전에는 바로 이 "하비루" 가 "히브리" 를 가리킨다고 간주되어, 출 이집트 초기설을 지지하는 근거로 사용된 적도 있지만, "하비루" 집단의 소유가 힛타이트 제국의 수도인 보가즈코이, 마리, 누지, 바벨론 문헌들에서도 언급된다는 사실에 비추어 그 말은 어떤 특정 종족를 지칭하는 말이라기보다, 일정한 거주지가 없이 떠돌이로 사회 불안을 야기하는 폭력배 집단 혹은 난적들이란 사회학적 용어로 판단되면서, 하비루 = 히브리 란 등식은 깨어지고 말았다.
아마르나 서신들에 언급된 하비루는 히브리 민족이 아니며, 이스라엘의 가나안 정복은 하비루 집단의 사회적 소요 사건 이전에 일어났을 것으로 추정된다 (M. Kline 1957).

(5) 세티 1 세와 라암세스 2 세의 해외 원정

세티 1 세는 (1318–1304 년) 즉위 첫 해에 북으로 원정을 감행하여 팔레스틴 북부에서 적군과 접전하였다. 나중 원정들에서는 훨씬 북으로 진격하여 오론테스 강 부근의 카데스까지 올라갔고, 거기서 힛타이트 왕 무와틸리스 (1315–1296 년) 와 조약을 맺었다. 라암세스 2 세 (1304–1237 년) 는 통치 5 년, 25 년 등에 원정을 감행하였고 (*ANET*, 255 이하) 주전 1283 년에는 힛타이트의 핫투실리스 3 세 (1289–1265 년) 와 상호 불가침 조약을 체결하였다.
이집트의 이런 북방 원정 시에 이스라엘이 이미 가나안 땅에 정착하고 있었다면, 왜 이집트 군대의 침공에 대하여 사사시대의 기록에서 언급이 없겠는가? 라고 후기 연대설 주장자들은 지적한다. 세티 1 세나 라암세스 2 세는 가나안의 벳산에 석비를 남겼는데 (*ANET*, 255), 세티 1 세는 그 석비에서

이 날에, 보라 어떤 자가 와서 폐하께 아뢰었다 : 야르무타 산의 (벳산 북부) 아피루가 (Apiru) 테에르와 함께 일어나 레헴의 아시아인들을 습격했다. 그러자 폐하는 말씀하길, 어떻게 이 가련한 아시인들이 무기를 들고 더 한층의 사회 불안을 야기하리라 생각할 수 있는가?... 폐하는 자기 보병과 수많은 병거들 중 특정한 무리들에게 명하여, 그들의 얼굴을 이방 나라 자히로 (Djahi) 돌리도록 하셨다. 이틀 후에, 그들이 Ye 나라로부터 승리의 개선을 하였다

라고 '아피루' (하비루) 집단과의 접전을 기록하고 있다. 그렇다면 왜 사사기는 이집트와 이스라엘 사이의 군사적 충돌을 언급치 않는 것인가? 출이집트 초기 연대설을 따라 이스라엘이 주전 1400 년 경에 가나안에 진입했다고 볼 때, 세티 1 세나 라암세스 2 세의 원정은 이스라엘의 가나안 정착 이후에 일어난 일이다. 그런데 출 이집트 후기 연대설을 따르면, 가나안 정착은 주전 1230 년대로 내려가는데, 저 유명한 메르네프타 (Merneptah 주전 1236–1223 년) 왕의 원정이나 라암세스 3 세의 (주전 1198–1166 년) 원정은 이 후기설에 따른 이스라엘의 가나안 정착 이후에 일어난 사건들임에도, 사사기에 언급이 없다. 따라서 이 이집트 왕들의 원정 사건들은 초기설이나 후기설을 결정하는데 어떤 도움이 되지 못한다. 이집트 왕 메르네프타 (Mer–ne–Ptah) 석비에서 (*ANET*, 376) "이스라엘" 이란 이름이 처음으로 등장하는데 (성경 외 문헌들 중) 대략 주전 1230 년 일어난 그의 승리를 찬미하는 내용이다. 그 중에서 이스라엘이 언급되는 구절을 보면,

왕들이 엎드려 "긍휼을 !" (솰람) 라고 외친다. 아홉 활들 이집트의 전통적인 아홉원수들 중에서 머리를 그 누구도 들지 못한다. 테헤누가 황폐해졌고, 핫티가 평정되었으며, 가나안은 약탈을 당했고, 아스글론은 옮겨졌고, 게셀은 함락 당했고, 야노암은 존재하지 않는 것처럼 변했다. 이스라엘은 황폐하게 되어 그 씨는 있지 않다 (*ANET*, 378).

이렇게 세속 문헌에도 등장하는 이집트 왕의 이스라엘 원정도 사사기에서는 침묵한다. 그렇게 침묵하는 이유는 하나님의 구원사에 초점을 맞추면서 이스라엘의 범죄, 그에 대한 이방 민족에 의한 압제, 고통 중의 부르짖음, 사사를 보내 구원하심, 평화의 도래 등의 사이클을 부각시키는 사사기의 기록 목적에 이집트의 침공이 별로 의미가 없었기 때문인지 모른다. 이집트 군대가 이스라엘을 정복하여 지배하지 않고 그냥 지나치면서 쳤

으므로 압제의 기간이 없었기 때문일 것이다.

4) 시내산 언약

모세의 지도하에 이스라엘은 마침내 이집트에서의 종살이를 마감하고 탈출을 감행하여 홍해를 건너고 광야를 지나 시내산에 이르러 거기서 하나님의 언약 백성으로 세움을 입는다. 이 시내산 언약은 이스라엘을 하나님의 백성으로서의 그 정체성을 확립해 준 사건으로 하나님은 저들을 구원하신 왕으로 (출 15:18) 대대로 저들을 통치하시며, 또한 저들을 언약 백성으로 세우신 건국자요 아버지로 저들의 섬김의 대상이 된다 (신 32:6).
이집트에서 시내산 까지는 대략 2, 3 개월 정도 소요되었고 (출 19:1, 2) 거기서 율법을 받고 언약을 체결하며 성막을 건축하고, 인구 조사를 실시하는 등의 일들을 하는데 약 11 개월의 기간이 소요되었다 (민 10:11). 출이집트 1 년 1 월 14 일 저녁에 이집트를 출발하여, 3 월 14 일 경에 시내 광야에 도착했고 (출 19:1), 그 다음 해인 2 년 2 월 20 일에 시내 광야를 떠나 바란 광야로 향했기 때문이다.

5) 광야 방랑

민 10:11 이하부터 광야 여정이 기록되는데, 사실 광야에서 일어난 사건들은 반란과 원망 뿐, 그 외에 기록할 좋은 일들이 별로 없었다. 그래서 여정 자체보다는 그런 여정에서 하나님의 주신 보충적인 법규들이나 기타 반란 사건 등을 묘사할 뿐이다. 신 2:14 에 의하면 가데스 바네아에서 세렛 시내를 건널 때까지 38 년의 기간이 소요되었다 한다. 민 14 장에 묘사된 반란에 대한 처벌로 저들은 광야를 빙빙 돌며 출 이집트 1 세대가 다 죽어 없어지도록 방랑해야 했다. 신 1:1 이하에 의하면 출 이집트한 지 40 년 되던 해 11 월 1 일에 이스라엘은 여리고 성읍 맞은 편 모압 들에 모여 모세의 마지막 설교 형식을 통한 언약 갱신 의식을 거행하였다.

2. 소위 신명기 역사서

2-1. 소위 신명기 역사서 (Deuteronomistic History) 가설

마틴 노트 (Martin Noth) 는 주장하길, 언어적인 면에서나 문화적 내용에서 신명기에서 열왕기하까지 일관된 연속성이 있다고 했다 (1957 2 판). 노트는 신명기에서 열왕기하까지가 "신명기 역사가" 라는 (The Deuteronomist) 한 저자의 작품이라 한다. 그 역사가는 추방 생활 하면서 (주전 6 세기 중엽), 추방 이전 자료를 편집하여 지금 우리가 보는 신명기에서 열왕기하에 이르는 부분을 하나의 책으로 저술했다고 한다. 노쓰에 의하면, 신 4:44-28:69 장이 원래 있던 '원 (原) 신명기' 이고, 여기에 신 1:1-4:40 과 31:1-30, 34:1, 4, 5-6 은 신명기 역사가가 원 신명기에 새로운 서론과 결론으로 첨가했다. 그리고 34:1a, 7-9 는 P 라 한다.
그렇다면 소위 신명기 역사서가 일관된 하나의 책이라는 증거는 무엇인가? 그는 무엇보다 언어적 증거를 언급한다. 노트에 의하면, 소위 신명기 역사서의 언어는 직설적이며, 어떤 치장이나 화려함을 갖지 않는다. 구약에서 가장 단순한 히브리어 문체라 한다. 제한된 표현들을 사용하다 보니, 동일한 단순 표현이나 문장 구조들이 반복되고 있다 한다. 이런 문체나 어휘, 문장 구조 등은 여호수아서에서 열왕기서까지 지속되는 것으로 논란의 여지가 없고 (M. Noth 1981:5), 자세히 고려할 필요도 없다 한다.
더 중요한 통일성의 증거는 여호수아 - 열왕기서의 배열이 갖는 특정한 국면들을 주목함으로 얻어진다 한다. 특히 그 역사 전개의 중요한 시점들에서, 신명기 사가는 주요 인물들을 등장시켜 길거나 짧거나 연설을 하게 한다. 그 연설은 사건들의 경과를 해석하는 시도에서 앞으로 바라보거나 과거를 회고한다. 그리하여 이제 백성이 무엇을 해야 할지 적절한 실제적 결론을 끌어낸다.
예컨대, 수 1 장의 시초에 야웨께서 여호수아에게 하신 서론적 말씀이 제시된 다음, 여호수아는 간단하게 이스라엘 모든 지파들 앞에서 트랜스 – 요르단 지파들에게 연설한다. 여호수아는 요단강 서편에 있는 땅의 점유 사명을 간략하게 개괄한다.

이스라엘이 땅을 정복한 후에는 신명기 사가는 여호수아로 하여금 23 장에서 모인 지파들에게 엄숙하고도 긴 설교를 하게 한다. 여기서 여호수아는 이스라엘이 이제 소유하게 된 그 땅에서 가장 중요한 행동 요령을 제시한다. 이 설교를 통해 내러티브는 사사시대로 이동해 들어간다.

이제 이 사사 시대로부터 왕정 시대로의 이동을 위해서 신명기 사가는 삼상 12 장에서 사무엘로 하여금 상당히 긴 설교를 하게 한다. 그 설교에서 지금까지 역사의 부침(浮沈)에서 얻어야 할 교훈들이 백성들에게 제시된다. 그리고 그 설교는 백성들에게 장래에 관한 훈계를 제시함으로 결론지어진다.

끝으로, 예루살렘 성전을 완공한 후에 – 그것은 신명기 사가의 신학적 역사 해석에 근본적으로 중요한 것이다 – 솔로몬은 하나님께 드리는 기도 형태로 꼼꼼한 설교를 한다. 그 설교는 새 성소가 현재와 특히 미래에 (왕상 8:14 이하) 갖는 의의를 철저하게 해부해 준다.

다른 곳에서는 역사에 대한 요약적 반추들이 내러티브의 일부로 신명기 사가에 의해 직접 제시된다 (M. Noth 1981:6). 그 이유는 아마도 연설을 하게 할 적절한 인물이 없어서였거나, 아니면 그런 반추들이 연설로 재생되지 않았기 때문일 것이다. 그런 경우는 수 12 장에서 땅의 점유의 결과에 관한 사고나, 삿 2:11 이하에 언급된 사사기서를 위한 프로그램적 진술에서 나타난다. 이는 사사 시대에 나타날 역사 전개의 주기적 성격에 대한 예기적 개괄을 제시한다. 그것은 신명기 사가의 견지가 갖는 제한들 안에서 이해할 수 있는 그런 방식으로 제시되고 있다.

유사하게 기자는 이스라엘의 파멸 기사에 이스라엘과 유다의 왕정 시대가 비극적인 결과에 이른 것을 회고하면서 반추하는 사고를 첨가하고 있다 (왕하 17:7 이하). 역사에서 중요한 시점들에 장래를 예고하거나 과거를 회상하는 반추들을 삽입하는 관례는 구약에서 신명기 역사서 외에서는 예를 찾을 수 없다. 이 점이 바로 신명기 역사서가 일관성을 지닌 하나의 독립체로 고안되었다는 증거이다.

더구나 앞에 언급된 그 구절들은 역사에 대한 단순하고 통합된 신학적 해석의 요소들을 담고 있으며, 따라서 그것들은 주제에서 서로 간 공통점을 많이 갖고 있다. 그 공통 요소들은 예컨대, 인간 행위에 특정한 요구를 하는 하나님의 음성에 순종해야 할 것을 반복하여 강조하는 것에서 나타난다. 혹은 어디서나 아주 현저하게, 심지어 왕상 8 장에서도, 제의 관례들에 대한 모든 긍정적 관심의 결여나, 하나님의 보응 역사가 전체 인간에 대하여 어떻게 나타나는지를 분명하게 보여주는 역사 과정의 묘사와 해석에 관한 관심도 그런 공통 요소에 해당된다.

노트는 소위 신명기 역사서가 하나의 일관된 통일체라는 사고에 반대하는 주장 중에서 루돌프의 (W. Rudolph) 사고를 분석 비판하고, 결론짓길, 현재로 신명기 사가는 전승된 사료를 사용하여 통합된 계획을 가지고 여호수아 – 열왕기서에 이르는 자기 백성의 역사를 계획하여 그 역사를 주제에 따라 나누었다고 한다 (9).

노트에 의하면, 신명기 사가는 단순히 편집자가 아니라, 역사가로서 아주 다양한 전승들로 전해진 사료들을 하나로 묶어 세심하게 고안된 계획에 따라 배열하였다 (10). 일반적으로 말해, 신명기 사가는 자기가 취득할 수 있었던 활용 문헌들을 그대로 재생하거나, 고립된 문단들에는 연결 내러티브를 제공한다. 그럼에도 때로 그는 활용 가능한 사료를 의도적으로 선별한다. 사실들에 관한한, 사료들은 전승에 주어진 대로 배열되었다. 예컨대, 열왕들의 역사 전체 혹은 사사시대를 땅의 점유와 왕정 시대 사이에 삽입하는 것들이 그러하다. 때로 순서는 보다 오래된 전승으로 결정되는데, 예컨대 가나안 정복 이전의 사건들에서 그러하다. 다른 곳에서는 신명기 사가는 자기 판단대로 사료를 배열하였는데, 예컨대 사사들의 역사에서 그러하다. 이처럼 신명기 사가의 기술 방식은 아주 투명하다. 여기에 근접하는 병행은 헬라나 로마 역사가들로서 저들은 보다 오래된 기사들을 활용하여 자기들의 시대가 아닌 먼 과거사를 기술했다 (11).

2-6. 분열왕국 시대

연대 문제

열왕기서의 연대기 문제는 구약 난제 중의 하나이다. 비평가들은 열왕기서에 제시된 연대 언급들은 연구한 후에, 도저히 맞지 않으므로, 이런 언급들은 아주 중구난방으로 엉터리가 분명하다는 결론에 이르기도 하였다. 그러다가 틸레 (E. Thiele 1990) 의 연구로 실마리가 풀렸다. 우리가 이렇게 단정적으로 말할 수 있을 정도로 그의 연구는 획기적인 전기를 마련했다고 보인다.

틸레의 연대 계산

틸레의 계산 방식은 즉위년, 무즉위년, 그리고 7 월부터 1 년이 시작인가, 1 월부터인가? 이런 변수들을 적절하게 고려한다. 즉위년이란 어떤 왕이 주전 800 년 5 월에 즉위했다 하자. 그러면 그 왕의 통치 연수를 주전 800 년을 즉위년으로 치고 (선왕의 통치한 해로 돌려 드린다), 그 다음해인 799 년을 1 년, 798 년을 2 년 이런 식으로 계산한다면 이것이 즉위년 계산법 (accession-year system) 이다. 그러나 아예 즉위한 그 해부터 통치 1 년을 계산해 나간다면 이를 무즉위년 계산법 (non-accession-year system) 이다. 이런 식으로 열왕기서에 제시된 즉위 년도와 통치 연수 등을 잘 조정하면 아주 기막히게 연대가 들어맞는 것이다. 물론 틸레는 한두 군데서 아직 명쾌하게 설명을 하지 못하고 있다. 그것도 조만간 해결되리라 본다 (Siegfried H. Horn; Leslie McFall).

틸레 연구의 신학적 의의

벨하우젠은 주장하길, 열왕기서나 역대기의 연대기는 책에 기술되고 있는 사건들보다 훨씬 후대에 인위적으로 짜깁기로 맞추어진 것으로, 기본적으로 역사적 신빙성이 없는 것이다 라 했다 (J. Wellhausen 1957:151). 그러나 벨하우젠의 판단은 그릇된 것으로 판명이 났다. 그의 문서설 전체는 사실 지지하던 기둥들이 하나 둘 비판의 충격을 견디지 못하고 쓰러진 상태이다. 여전히 어떤 이들이 쓰러진 것들을 붙잡고 힘겹게 떠받치려고 하고 있기는 하지만 말이다. 하나님의 말씀은 아직 명쾌하게 설명이 어렵다고 이것은 엉터리라고 섣불리 판단하려 말고, 기다려야 한다 (벧후 1:19).

밀러는 (J. M. Miller) 틸레의 공헌을 인정하기는커녕 이렇게 폄하하고 있다: "틸레 연대기의 대단한 정확성과 내적 복합성은 실제보다 더 크게 방법론적으로 건전하다는 인상을 주고, 그는 성경 수치들의 정확성을 입증했다는 잘못된 인상을 심어 주었다" (1985:15). 밀러는, 맛소라 사본에 제시된 수치를 맞추기 위해, 이런 저런 알려지지 아니한 변수들을 동원해서 적당하게 맞추는 일은 70 인역에서도 가능할 것이라 한다. 그렇다면 밀러는 틸레가 한 대로, 즉위년, 무즉위년 계산법에 의한 수치의 조정, 1 년을 봄철부터 계산할지 아니면 가을부터 계산할지 등의 여러 변수들의 조정을 통해 70 인역의 연대기를 조정해서 결과를 글로 발표한 후에 그런 이야기를 해야 할 것이다. 아무리 변수들을 조정한다 해도, 원래부터 맞지 않는 수치는 맞출 수가 없는 것이다.

영어권에서 틸레의 계산법 외에 올브라잇의 연대기도 (W. F. Albright 1945) 많이 사용되는데, 그는 텔레와 달리 성경에 언급된 여러 연대상의 수치가 서로 조화되지 않으면 필사 과정에서 오류라든가 여러 실수의 개입을 전제하고 서슴없이 조화를 위한 조정을 시도했다. 그럼에도 틸레의 연대기와 그렇게 큰 차이는 없어 보인다. 독일 학자들은 틸레보다는 올브라잇의 접근법에 접근하는 베그리히의 연대기와 (J. Begrich 1929) 그것에 근거하여 발전시킨 엡슨과 한하르트의 (A. Jepsen and R. Hanhart 1964) 연대기를 따르는 경향이 있다.

왕국의 분열

주전 930 년 솔로몬의 사망과 그의 아들 르호보암의 즉위는 솔로몬의 우상숭배에 대한 처벌로 왕국이 분열되는 신호였다. 솔로몬의 신하였던 여로보암이 독립하여 북에 이스라엘 왕국을 건설하고, 남의 유대 왕국과 대치하는데, 그런 남북 분단기가 주전 721 년 북왕국이 앗시리아에 멸망당하기 까지 지속된다.
이 분열 왕국 시기의 국제 정세를 본다면, 남방 이집트에는 22 왕조부터 (주전 945–730 년) 23–25 왕조를 거쳐 (각기 817–730 년, 730–715 년, 715–656 년) 26 왕조에 (664–525 년) 이르는데 이런 왕조들은 약체에 불과하여 앗시리아의 랍사게의 조롱대로 '상한 갈대' 에 다름 아니었다 (사 36:6, 왕하 18:21). 메소포타미아 지방에서는 앗시리아가 소위 신 – 앗시리아 제국 시대를 전개하는데 (주전 911–609 년), 약 300 년 어간에 남북 왕조는 앗시리아의 침공과 압제에 시달려야 했다. 주전 605 년 갈그미스 전투에서 앗시리아가 패망하고 바벨론이 근동의 패권자로 등극하여 주전 539 년 페르시아에 패망하기까지 유대 왕국을 지배하거나 패망시킨다.
사무엘서, 열왕기서 등은 신명기의 신학 견지에서 역사를 조망하는데, 그래서 비평가들은 "신명기 역사서" 란 (The Deuteronomistic History) 말을 사용한다. 우리는 앞에서 이런 가설에 대하여 언급한 바 있다. 아래에서 우리는 앗시리아, 바벨론, 구스, 이집트 등과 같은 이스라엘 주변 강대국과 이스라엘과 유대 왕국 사이의 관계를 대략 제시하지만, 성경 기자의 견지는 이런 대국 (大國) 중심이 아니라, 하나님의 언약 백성들이 그 언약에 따라 사는지 여부에 따라서 대국도 이스라엘에 대하여 압제를 하거나 혹은 도움을 주거나 하는 방식으로 하나님의 손에서 움직인다고 지적한다. 구약 시대 '열방 (列邦)' 은 사실 교회인 이스라엘을 중심으로 움직이는 들러리였다. 어디까지나 중심은 이스라엘이었고, 하나님의 섭리가 세상 열국을 이스라엘을 위해 혹은 이스라엘을 대적하도록 주장하고 있었다는 것이 성경 기자의 관점이다.

선지자 기사들 (Prophetic Narratives)

열왕기서에 포함된 선지자 내러티브들과 연관하여 비평가들은 역사적 신빙성이 있는지와 그것들이 현재 위치한 문맥은 본래의 문맥인지 등을 문제 삼았는데, 전자에 대하여는 대개 역사성이 있는 것으로 의견의 일치를 보았다 (J. M. Miller 1985:16). 반면 후자에 대하여는 문제 제기를 하곤 하는데, 오므리 왕조 시대는 오므리 자신만 아니라 그 아들 아합 시대에 이스라엘은 안정되었고 강력한 나라를 유지했다는 증거들이 많은데 비해 선지자 기사들 중 일부에서 (왕하 2 장, 4:1–8:15, 13:14–21 [엘리사 기사], 왕상 20 장, 22:1–38 [아합과 벤하닷의 세 차례 전투]) 오므리 왕조 시대상과 동 떨어진 묘사가 나온다는 것이다. 이런 본문들은 오므리 왕조 시대에 이스라엘이 아주 비참할 정도로 약화되었고, 선지자들로부터는 영적 공격을, 아람 왕들로부터는 군사적 공격을 당했던 시대로 묘사한다. 퀴넨이나 (A. Kuenen) 킷텔은 (R. Kittel) 엘리사 기사들 가운데 일부는 오므리 왕조 시대보다는 그 후대인 예후 왕조 시대에 더 잘 어울린다고 주장했다. 엡슨도 (A. Jepsen) 엘리사 기사 전체는 예후 왕조 시대에 속하며, 왕상 20 장에 나오는 아합 시대의 두 차례 전투 기사도 역시 그러하다고 주장했다 (A. Jepsen 1942). 이런 비평가들의 주장들은, 성경기사보다는 성경 밖의 세속 문헌의 작은 증거에 더 의존하는 비평가들의 경향을 잘 보여준다.

	남유다	통치기간	북이스라엘	통치기간
통일	사울	1050-1010	통일왕국 틸레의 (E.Thiele) 연대기 따름	
	이스보셋	1010-1008		
	다윗	1010-970		
	솔로몬	970-930		
분단왕국	르호보암	970-913	여로보암 1	930-909
	아비야	913-910	나답	909-908
	아사	910-869	* 바아사	908-886
			엘라	886-885
			* 시므리	885
			디브니	885-880
			* 오므리	885-874
	여호사밧	(872)869-841	아합	874-853
			아하시아	853-852
	여호람	(853)848-841	요람	852-841
	아하시아	841	* 예후	841-814
	아달랴	*841-835	여호아하스	814-798
	요아스	*835-796		
	아마샤	796-767	요아스	798-782
	웃시야	(792)767-740	여로보암 2	(793)782-753
			스가랴	753
			* 살룸	752
	요담	(750)740-732	므나헴	752-742
			브가히야	742-740
			* 베가	752-732
	아하스	(735)732-715	* 호세아	732-723
			사마리아함락	722
	히스기야	715-686	* 는 쿠데타로 집권 ( ) 는 섭정 두 왕국의 도표에서 보듯 , 북이스라엘은 통치기간이 상대적으로 짧고 쿠데타의 연속이었음 .	
	므낫세	(696)686-642		
	아몬	642-640		
	요시야	640-609		
	여호아하스	609		
	여호야김	609-598		
	여호야긴	598-597		
	시드기야	597-586		
	예루살렘함락	587-586		

1) 앗시리아와 이스라엘 , 그리고 유대 왕국

(1) 살만에셀 3 세 (주전 859–854 년)

앗시리아와 이스라엘이 처음으로 접전하는 것은 성경이 언급하지 않지만 , 앗시리아의 살만에셀 3 세 통치 시대였다 . 반 – 앗시리아 동맹의 맹주 다메섹의 하닷에셀 왕이 지도하는 12 개 동맹국들이 앗시리아의 살만에셀 3 세 휘하의 10 만 대군과 콰르콰르 (Qarqar) 에서 회전할 때 이스라엘의 아합 왕도 (874–853 년) 아람의 동맹으로 참전했던 것이다 (주전 853 년). 그 전투에 참전한 아람 – 이스라엘 동맹들은 모두 12 개국인데, 6 만 보병에, 2450 대의 병거, 1900 의 기마병, 1000 의 약대병 들이 10 만의 앗시리아 군과 접전했다. 아합 왕은 2 천대의 병거와 1 만의 보병을 거느리고 참전했고, 다메섹의 하닷에셀은 1200 대의 병거와 2 만의 보병으로 참전했다. 살만에셀의 쿠르크 비문은 (Kurkh stela; *ANET*, 279) 14000 명을 사살했다고 자랑하지만, 그 전투는 거의 무승부였던 것으로 보인다.
아합의 후계자 예후는 (주전 841–814 년) 주전 841 년에 살만에셀 3 세에게 조공을 바친다.

(2) 아닷니라리 3 세 (811–783 년)

성경은 아닷니라리 3 세의 원정에 대하여도 언급을 아니한다 (R. E. Tappy 1992:II,506–611). 명조 (名祖 eponym) 경전에 의하면, 이 앗시리아 왕은 28 년 통치하는 동안 사방으로 원정하였고, 니느웨에 나부 신전을 건축했다. 주전 796 년 그는 벤하닷 3 세의 다메섹을 포위 공격함으로, 다메섹의 기를 꺾어, 아람에게 학대를 당하던 이스라엘의 요아스나 여로보암 2 세가 아람에게 빼앗겼던 땅을 수복할 기회를 제공했다. 이런 국제 관계도 성경은 영적인 시각에서 기술한다 : 왕하 13:2 (예후의 아들 여호아하스가 [주전 798–782 년])
여호와 보시기에 악을 행하여 이스라엘로 범죄케 한 느밧의 아들 여로보암의 죄를 좇고 떠나지 아니하였으므로 3 여호와께서 이스라엘을 향하여 노를 발하사 늘 아람 왕 하사엘의 손과 그 아들 벤하닷의 손에 붙이셨더니 4 아람 왕이 이스라엘을 학대하므로 여호아하스가 여호와께 간구하매 여호와께서 들으셨으니 이는 저희의 학대 받음을 보셨음이라 5 여호와께서 이에 구원자를 이스라엘에게 주시매 이스라엘 자손이 아람 사람의 손에서 벗어나 전과 같이 자기 장막에 거하였으나 6 저희가 이스라엘로 범죄케 한 여로보암 집의 죄에서 떠나지 아니하고 좇아 행하며 또 사마리아에 아세라 목상을 그저 두었더라 7 아람 왕이 여호아하스의 백성을 진멸하여 타작마당의 티끌같이 되게 하고 마병 오십과 병거 십 승과 보병 일만 외에는 여호아하스에게 남겨두지 아니 하였더라
여호아하스 시대에 아람의 공격으로 이스라엘이 아주 쇠약하게 된 것은 여호아하스의 죄 때문이었다 (암 1:3, 5 참조). 그런데 여호아하스가 고통 중에 하나님께 간구하니, 하나님은 구원자를 보내셔서 이스라엘이 아람인의 학대를 벗어나게 하셨다. 이 "구원자" 는 누구인가? 바로 아람을 침공했던 앗시리아의 아닷니라리 3 세일 것이다 (*ANET*, 281–82; Hallow 1960, 1962; Haran). 쿡은 (S. A. Cook) 여기 "구원자" 가 역시 시리아와 전쟁하고 있던 하맛의 '자키르' 라 한다 (III, 367). 그러나 자키르의 그런 활동은 주전 785 년으로 추정되므로 여호아하스 시대보다 후대 사건이며, 자기를 공격하던 시리아 동맹군에 대한 반격이었으므로 여호아하스 통치와 직접 관련이 없다. 그레이는 "구원자" 가 '엘리사' 라고 주장하는데 (John Gray 1977:592–95), 사사기에서 이방인의 압제에서 이스라엘을 구원하는 사사 같은 군사적 활동을 엘리사가 했다고 보는 것이다.
흥미로운 언급은 이스라엘이 아람 사람의 손에서 벗어나 "전과 같이 자기 장막에 거하였으나" (5 절) 라는 표현이다. 팔레스틴의 평지에 거처를 마련하고 거주하는 일은 안전 때문에 가능치 아니한 일이었다. 마을은 대개 산꼭대기에 위치하거나 사람들은 성벽이 있는 성읍들에 거주하였다. 그런데 이제 평화가 도래하여 사람들이 안전 문제를 걱정하지 않고 평지에서 천막생활도 할 수 있게 되었다.

(3) 디글랏빌레셀 3 세 (주전 745–727 년)

이사야의 사역이 시작되기 전인 주전 745 년경에 앗시리아의 디글랏빌레셀 3 세는 (왕하 15:19 의 '불') 바빌로니아 지역을 병합시켰고, 또한 지금의 아르메니아 지역의 '우라르투' 도 패퇴시켰다. 타드몰은 이 디글랏빌레셀 왕의 통치는 고대 근동 세계 역사에 분수령이었다고 주장한다 (H. Tadmor 1994:3). 그의 제국 확장책으로 진정한 신 – 앗시리아 제국 시대가 시작되었다. 군대를 재조직하고, 전략의 개발과 공성 (攻城) 전을 위한 병기의 개선 등을 통해 정복전의 능력이 향상된 때문이다.

디글랏빌레셀은 신-힛타이트와 시리아, 푀니시아 등지를 원정하기 전 메대도 복속시켰다. 주전 740년에는 3년간의 공성 끝에 '아르밧' 을 함락시켜 한 주로(州) 병합시키고, '하맛' 도 조공국으로 복속시켰다. 그 해에 또한 강성했던 유다의 아사랴도(웃시아, 대하 26장) 제압한 것으로 칼라에서 (Calah) 발견된 석판들에 새겨진 "연보들" 에서 (annals) 나타난다 (*ANET*, 282).

주전 738년에 디글랏빌레셀은 시리아와 푀니시아를 복속시키고, 734년까지는 북부와 (우라르투) 동부 (메대) 지역에 관심을 집중시켰다. 이 기간이 지중해 연안의 시리아나 북 왕국 이스라엘, 그리고 블레셋에게는 호흡을 가다듬고 앗시리아의 침공을 저지할 군사력을 강화시킬 절호의 기회였다.

디글랏빌레셀의 침공과 연관하여 성경 역사와 직접 관련되는 사건이 앗시리아의 침공을 저지하기 위해 북왕국 이스라엘의 베가와 (주전 740-732) 아람 왕 르신이 (주전 750?-732) 체결한 아람-에브라임 동맹 (Syro-Ephraimite League) 이고, 이 동맹에 에돔과 블레셋까지 가세하였고, 남왕국 유다의 아하스는 (주전 732-716) 가담하기 거절하므로, 동맹국들이 유다를 침공하게 된다 (사 7:1, 왕하 15:37, 16:5, 대하 28:5-6).

이 동맹국들의 유다 침공의 저의가 무엇이었는지에 대하여 의견이 분분한데, 이전에는 유다를 반-앗시리아 동맹에 끌어들이고자 함이었다는 의견이 주를 이루었으나, 보다 근년에는 영토적 야욕 곧 트랜스-요르단 지역을 취하고자 함이었다는 의견이 우세하다 (B. Oded). 푀니시아나 블레셋이 반-앗시리아 동맹에 가세하여 남 왕국 유다에 침공한 것은 반-앗시리아 전선을 구축하고자 하는 의도보다는, 자신들의 국익에 사활이 걸린 지중해 연안의 항구와 대상 무역로를 취하기 위함이었다 한다. 이 동맹국들은 지중해 연안의 무역 항구들이나, 세 무역로, 곧 해안 도로와 (유다를 통과하는) 산지 루트, 그리고 트랜스-요르단 지역의 왕의 대로 등을 관할하고 있었다 (M. Cogan-H. Tadmor 1988:191). 그런데 다른 각도에서 본다면, 이런 동맹들의 경제적 이익추구나 영토 확장 활동은 앗시리아가 보기에는 분명 반-앗시리아 행동이었다.

베가는 유다의 병사 12만 명을 살육하고 20만 명을 포로로 잡아갔다 (대하 28:5-8). 유다는 트랜스-요르단 지역을 상실했다. 이렇게 크게 굴욕을 당한 아하스는 디글랏빌레셀에게 원병을 요청한다. 그러나 "앗수르 왕 디글랏빌레셀이 이르렀으나 '돕지 아니하고 도리어 군박하였'" 고 아하스가 "여호와의 전과 왕궁과 방백들의 집에서 재물을 취하여 앗수르 왕에게 주었으나 '유익이 없었다'" (대하 28:20-21). 이사야는 아하스의 친-앗시리아 정책을 극력 반대했었다 (사 7장). 어떤 이들은 이사야의 반대에도 불구하고, 아하스의 그런 외교술이 시리아와 이스라엘처럼 멸망하는 운명에서 나라를 건지게 했다고 평가한다.

성경에 의하면, 앗시리아는 디글랏빌레셀 3세 때부터 세계적인 세력으로 자리매김하였다. 앗시리아는 그 당대 통용되던 통치의 원리를 따라 행했다. 저들은 봉신국들에게 충성을 요구했고, 조약을 깨고 반란하는 자들은 가차 없이 처벌했다. 앗시리아는 충성하는 봉신국들에게 신의를 지켜 저들을 보호하고자 했다. 물론 봉신국들은 앗시리아에 상당한 조공(朝貢)을 바쳐야 했다. 성경에 의하면, 이스라엘의 멸망은 이스라엘의 죄악을 처벌하는 하나님의 계획의 일부였다. 이 목적을 이루기 위해 하나님은 앗시리아를 자기 몽둥이로 들어 사용하셨고 (사 10:5), 저들 자신이 교만해지고 부패하므로 또 바벨론을 들어 저들을 쳐서 멸했다. 이처럼 세계사는 하나님께서 자기 백성을 중심으로 감독 연출하시는 연극과 같은 것이다.

(4) 산헤립 (주전 705-681년)

디글랏빌레셀의 후계자 살만에셀 5세는 (주전 727-722년) 호세아의 반란에 이스라엘을 침공하여 사마리아 공성(攻城) 중에 죽고 사르곤 2세가 (722-705) 등극하여 사마리아를 함락시키고 그 거민들은 앗시리아 다른 지역으로 이거 시키고 (2차 포로) 다른 이방인들을 그 땅으로 이송해 살게 했다 (왕하 17장).

사르곤의 후계자 산헤립은 (705-681) 반-앗시리아 정책을 취한 히스기야의 남왕국 유다를 침공하여 46개 성읍들을 함락시키고 예루살렘을 포위했다 (왕하 18–20 장). 그러나 이사야 선지자의 예언대로 (왕하 20:6), 산헤립은 예루살렘 공략에 실패하고 18 만 5 천의 시체만 남겨두고 철군한다 (왕하 18 장). 이는 앗시리아가 한 때 이스라엘을 치는 몽둥이였다 해도, 주께 충성스러운 (왕하 18:3) 히스기야를 치는 채찍이 될 수는 없었다. 산헤립의 교만은 큰 대가를 치러야 했다. 물론 히스기야는 국제적 종주권 조약에 반하여 앗시리아에 반기를 들었다가 산헤립 대군의 침공을 맞이했었다. 그러므로 산헤립의 행동은 정당한 것이었다고도 할 수 있다. 히스기야는 처음에 자기 잘못을 시인하고 앗시리아에 대한 복속의 표시로 조공을 바쳤다 (왕하 18:13–16). 그러나 산헤립은 히스기야의 공물을 받고도 그를 완전히 꺾고자 철군하지 아니했었다. 이것이 산헤립의 교만이었다. 산헤립은 하나님의 계획을 알지 못하고 스스로 교만해져서 하나님을 대적하는 자가 되었다. 그것이 앗시리아의 비극이며 멸망의 궁극적 원인이다. 그는 예루살렘으로부터 철군한 후에, 동방으로 진군하여 바벨론을 함락시키고 엘람 일부를 정복하는 대 성과를 거두었다. 그러나 이사야의 예언대로 나중 자기 아들들에게 살해당한다 (왕하 19:35–37).

(5) 에살핫돈 (주전 681–669 년)

산헤립의 후계자는 에살핫돈인데 이 왕의 정복전에 대하여도 성경은 침묵한다. 곧 히스기야의 후계자들인 므낫세와 (주전 687–642) 아몬의 (642–640) 시대를 묘사하는 왕하 21 장에는 앗시리아가 등장하지 아니한다. 에살핫돈은 679 년에 이집트 시내 변에 위치한 '아르자니' 란 도시를 함락하고, 674 년에는 시돈 왕이 이끄는 반란을 진압하기 위해 원정을 감행했다. 그는 671 년에 블레셋을 통과하여 이집트를 정복하는 성과를 이룩했다. 그의 후계자 앗수르바니팔 (주전 698–627 년) 은 부친의 확장책을 추진하여 이집트의 반란을 진압하고 (주전 667 년) 앗시리아 영토를 엘람에서 이집트까지 확장시켰다. 이 기간 동안 유다는 앗시리아의 복속국으로 행세해야 했다 (J. Japhet 1994:1000–1004). 그러나 이집트에 대한 앗시리아의 지배는 그다지 오래 가지 못했다. 주전 653 년 앗시리아 군은 이집트에서 패퇴당하고 말았다. 앗시리아는 이미 이 왕의 치하에서 기울고 있었던 것이다 (J. Pecirkova). 주전 612 년에는 바벨론과 메대 군이 니느웨를 함락시켰다.

(6) 앗시리아에 대한 마지막 언급

마지막으로 앗시리아가 언급되는 구절은 왕하 23:29 인데, 요시야 왕 시대에 (주전 640–609) 이집트의 바로 느고 (Necho II, 주전 609–594 년) 가 앗시리아를 돕고 (한역은 "앗수르 왕을 치고자") 바벨론을 치고자 북진하면서 유다의 요시야 왕의 요격 (邀擊) 을 물리치고 요시야는 전사한다. 요시야 당시 앗시리아는 612 년에 수도 니느웨가 바벨론 군에 함락당하고, 거의 소생할 가망이 없어진 때였다.

열왕기서 기자는 '앗시리아' 라는 그 당대의 최고 강대국을 다룰 때, 전체적 역사에 관심이 없고 오직 유다와 이스라엘과 연관되는 한에서 그것도 신학적으로 의의가 큰 것들 중심으로 언급하고 있다 (Peter Dubovsky). 예컨대, 살만에셀이 (Shalmaneser V, 주전 726–722 년) 이스라엘의 호세아를 쳐서 이스라엘을 멸망시키는 것은 호세아가 주의 목전에 악을 행했기 때문이고 (왕하 17:2), 앗시리아의 침공은 강자의 약자에 대한 우발적인 욕보임이 아니라, 호세아가 앗시리아와 맺은 종주권 조약을 파기했기 때문이었다 (왕하 17:3–6). 이 모든 원인들과 함께 이스라엘 멸망의 근본적인 이유는 왕하 17:7–23 에 기술된 대로 이스라엘이 자기 하나님을 배반했기 때문이다.

2) 구스, 이집트, 그리고 유대 왕국

이집트인들이 "구스" 라 부른 그 "누비야" 란 나라는 주전 2000 년부터 그 역사 흔적을 (누비야 비문들, 유적들, 이집트나 로마의 기록 문헌들) 추적할 수 있는 아프리카에서 가장 오래된 문명 중의 하나에 속한다. 고대의 누비아는 금광, 흑단 (ebony), 상아, 향품 등의 보고로서 이웃 나라의 탐하는 자연 상품들로 가득하였다. 당시 이집트는 지배권이 미친 남방 한계선인 제1 폭포 지역 (오늘날 아스완) 남부로부터 금, 향품, 흑단, 상아, 열대 지방 특유의 이국적 동물들을 누비아를 통해 수입하였다. 이집트 제 6 왕조 시대에 (대략 주전 2350-2190), 누비아는 여러 일련의 소국들로 분할되었다.

(1) 구스와 이집트

누비아 - 이집트 관계는 수 세기에 걸쳐 아주 복합적으로 진행되었다. 이집트는 누비아를 정복하고 그 지역들을 이집트의 속주로 편입하였지만, 이집트 제 25 왕조로 불리는 시대는 누비아가 이집트를 지배하여 세운 누비아 (구스) 왕조였다. 그리고 그 전에 제 12 왕조도 (주전 1963-1786 년) 아스완 지역에서 유래하여 조각이나 부조는 누비아적 특징이나 색깔을 보여준다. 말하자면 누비아 출신의 바로가 등극하여 통치한 시대였다. 신왕국 시대에는 누비아인들과 이집트인들이 서로 아주 긴밀하게 교통하여 서로 분간하기 어려울 정도이다. 심지어 누비아가 완전히 이집트 문화에 동화되었다고까지 하기도 한다. 앞서 언급한 그 누비아 (구스) 왕조가 이집트를 통합하여 통치한 그 25 왕조 시대에도 그 문화는 결정적으로 이집트적이었다. 제 3 폭포 지역까지 여기저기 흩어진 누비아 신전들은 그 스타일이나 장식에서 그 당대의 이집트 신전들의 스타일이나 장식과 다를 바가 없어 구분이 불가할 정도이다.

(2) 시삭 (Shishak = Shoshenq I, 945-924) 의 유대 침공

르호보암을 치는 이집트의 제 22 왕조 바로 시삭의 군대 중에서 훕과 숩과 구스 사람이 불가 (不可) 승수였고 (대하 12:3; 주전 925 년), 시삭의 후계자인 오소르콘 I 세 (Osorkon I, 924-889) 시대에, 그의 군대장관 (?) 구스인 세라가 (Zerah) 지휘하는 구스, 리비아 연합 대군이 아사 왕의 유대 왕국을 침공하기도 했다 (대하 14:8-9, 12-13, 16:8; 아사 14 년, 주전 897 년경).

(3) 구스 왕조 (이집트의 25 왕조)

앞서 언급했던 누비아인들의 구스 왕조는 (이집트의 25 왕조) 거의 100 년간 이집트를 통치하였다 (주전 747-656 년). 상 이집트 아래의 구스 (누비아) 지역에 (나파타, 제 4 폭포) 위치한 왕국이 북으로 세력을 확장시켜 이집트를 장악하기 시작하였다. 이 구스 왕국은 신왕국 이후 리비아 왕조가 들어선 이집트가 미약하여 이집트 남부 지역까지 힘이 미치지 못한 틈을 타서 세력을 확장시킨 것이다. 저들은 이미 이집트 남부 지역의 '아문' 신을 받아들여 여러 면에서 이집트화가 진행된 상태였다. 구스의 카쉬타 왕은 누비아 남부와 테베 지역을 장악했고, 그의 아들 피안키는 (주전 747-716 년) 누비아 전체와 상 이집트 지역을 장악하고, 북으로 세력을 확장시켰다. 델타 지역은 군웅들이 할거하는 형국이었으나, 델타 서부 지역에 거점을 둔 테프나흐트라 (Tefnakht) 불리는 군웅이 점차 세력을 확장시키며 남하하고 델타 동편으로도 세력을 뻗쳐 델타 지역의 맹주로 자처하자, 구스 왕조는 북부에 등장한 경쟁 세력의 확장을 모른 체 할 수가 없었다. 피안키는 북으로 진격하여 24 왕조의 치하에 있던 멤피스를 (놉) 정복하고 델타 지역을 평정했으나 테프나흐트는 멤피스에서 자기 본거지로 도피하고, 나중에야 사신을 통해 항복한다는 표시를 하였다. 지금 카이로에 있는 피안키 비문은 왕의 통치 21 년 되던 해, 그가 어떻게 북상하여 반란을 진압하고, 형통했는지를 묘사한다 (A. J. Spalinger). 헤르모폴리스에서 항복을 받은 후, 거대한 성벽의 도시 멤피스를 급습하여 굴복한 원수들에게서 충성과 공물을 맹세 받는다. 그 비문에서 특히 흥미를 끄는 사항은 피안키의 인품에 관한 것을 은연 중 드러내는 서술이다. 곧 그는 그의 원수들을 용서하고 피 흘리는 것을 피하고자 했으며(앗시리아 왕들과 달리), 굴복한 북부 성읍들의 신들에게 특별한 헌신을 표하였다. 승리했음에도, 피안키는 북부를 직접 통치하고자 아니하고, 테베와 서부 사막 오아시스 지역에 대한 지배권만 확실히 하고, 나파타로 철수하였다 (K. A. Kitchen 1973).

ANET 3 판은 Piankhi 에 관한 자료를 담고 있지 않다. 다만 각주에서 (270) "통치자에게 승리를 선포한 신은 아몬이었다" 라는 문구가 핫-쉡숫에서부터 주전 720 년경의 피안키에 이르기까지 나타난다는 언급에 잠시 등장할 뿐이다. 반면 보다 최근의 자료집인 *The Context of Scripture*, II, 42–51 에서 피안키 승리비의 본문이 제시되고 있다. 지금까지 Piankhy 로 이 왕의 이름을 적었지만, 사실은 Pi 혹은 Piye 였다고 학자들이 제시한다 (R. A. Parker, J. von Beckerath, G. Vittmann).

솨바카가 즉위한 후에 델타 지역에서는 바켄레네프라는 (Bakenrenef) 사이 왕조의 새 왕이 구스 왕조에 도전하며, 멤피스를 왕도로 하여 델타 지역의 맹주로 자처하였다. 이에 솨바카는 델타 지역으로 침공하여 바켄레네프를 굴복시켰다. 솨바카는 멤피스를 자기 수도로 정하고 사이 왕조에는 누비야 총독을 세웠다. 솨바카의 델타 지역 침공이나 정복에 관한 세부 사항은 기록이 없고, 다만 헬라-로마 고전 작가들의 문헌을 통해 간접적으로 알 수 있을 뿐이다. 솨바카는 자기 본국의 수도 나파타로 귀환하기 보다는 멤피스를 왕도로 삼아 거기 영주하며 이집트의 바로로 통치권을 행사하였다. 솨바카가 이렇게 이집트 본토에 (멤피스) 거주하며 이집트를 통치하였으므로 어떤 고전 작가들은 그를 25 왕조의 창건자로 보기도 한다.

누비야 왕실의 가족 관계는 아직까지 분명하게 밝혀진 것이 없다. 이전 학자들은 솨바카가 피안키의 동생이라고 추정했으나, 최근에는 솨바카가 카쉬타의 아들이며, 아문 신의 아내로 자처한 아메니르디스 I 세의 (Amenirdis I) 형제라고 추정한다.

솨바카의 행적을 말해 주는 직접 사료(史料)로는 현무암으로 된 솨바카 비문이 있다. 그 비문의 문체는 이집트 고 왕국의 피라밋 문헌들을 상기시키는 문체이다. 솨바카 비문은 멤피스 만신전의 (萬神殿) 창조신인 '프타' 의 역할 (*ANET*, 4), 멤피스가 이집트의 두 땅들에 대하여 어떤 관계를 갖는지 등이 기록되어 있다. 이 솨바카 비문은 이전 고대 문서의 누비야 복사판인지, 아니면 의도적으로 고어체로 기록한 누비야 작품인지 확실치 않으나, 25 왕조의 이집트 고 왕조들에 대한 동경 혹은 관심을 보여준다는 것은 의심할 여지가 없다.

그 비문의 첫 부분은 다음과 같다:

그의 화신(化身)이(왕을 신의 화신으로 지칭) 이 문서를 그의 부친 프타, 곧 그의 성벽 남쪽 집에서 새롭게 복사하였다. 이는 그의 화신이 선조들이 만든 그것을 보았을 때, 그것이 낡고 처음부터 끝까지 알 수 없었기 때문이다. 그래서 그의 화신이 그것을 새롭게 복사하여, 이제 그것은 이전 상태보다 더 좋다. 그렇게 한 것은 그의 이름이 영구히 존속되고, 그에 대한 기억이 그의 부친 프타의 집에서 영속적으로 남게 하기 위함이었다.

멤피스는 이집트의 제 1 왕조의 수도였다. 그 후로 멤피스는 여러 차례 이집트의 정치 중심지로 기능하는데, 구스 왕조의 이집트 통치도 멤피스에 본거지를 두었다. 멤피스의 부상은 멤피스의 신학적 중요성으로 뒷받침되어야 했다. 그래서 멤피스 왕실 학자들은 멤피스의 신 프타가 모든 다른 알려진 창조-신들에 우선하는 제 1 원리라고 선포하기에 이르렀다. 멤피스는 이집트의 두 땅들이 연합되는 장소이며, 프타 신전은 상하 이집트의 무게 중심이라고 선포되었다. 프타 신은 그 마음에 우주의 요소들을 잉태하여 말을 발함으로 그것들을 생기게 한다. 말하자면 성경의 로고스 사상과 유사하다. 그런데 이런 멤피스 창조 신학은 바로 구스 왕조의 솨바카 왕의 비문에 기록되어 있다. 그래서 멤피스 창조 신학은 후기의 산물이라고 보이지만, 학자들은 그 비문의 기록이 언어학적으로, 어휘면에서, 정치 지리학적 측면에서 2000 년 이상 오래된 원본에서 유래한 것이라고 추정한다.

구스인들이 이집드에서 쫓겨난 것은 앗시리아가 이집트를 침공하여 구스인들을 남부로 내 몰았기 때문이었다. 결국 구스인들은 남부로 내몰려 주전 590 년에는 제 5, 6 폭포 사이 지역인 메로에에 (Meroe) 수도를 정하게 되었다. 이 시대의 구스 왕 중에서 가장 이름이 널리 알려진 이는 디르하가 (주전 690–664 년) 일 것이다.

특히 이사야서에서는 이집트와 구스가 긴밀한 관계를 가지고 언급되는데 (사 18 장이 구스, 19 장이 이집트를 치는 설교 ; 사 20:3-5, 43:3, 45:14), 이는 이사야 당대에 구스 왕조가 이집트의 25 왕조로 이집트까지 통치했기 때문이다. 그 당시 구스 왕으로는 사 37:9 에 (= 왕하 19:9) '디르하가' 가 언급된다. 나훔 3:9 도 그 구스 왕조 시대를 반영한다.
그런데 중국을 침입했던 이족들이 중국 문화에 동화되어 자기 정체성을 상실했던 것처럼, 구스 왕조도 이집트 문화에, 특히 종교나 예술 등에서 동화되어 갔다.

(4) 구스와 앗시리아

구스 왕국과 당시 중동의 패권국 앗시리아 사이의 관계를 좀 언급해 보자. 앗시리아가 점차 세력을 확장하면서 주전 722 년 북왕국 이스라엘을 멸망시키고, 유대 왕국까지 세력권에 넣게 되었다. 사르곤 II 세 때에 (주전 722-705 년) 이집트의 구스 왕국과 충돌하게 된 것은 앗시리아의 팽창책의 필연적인 결과였다. 사르곤은 블레셋을 정복하고 유대 왕국을 복속시켜 동 지중해 해상 무역을 장악하고자 했다. 그런 상황에서 블레셋이나 유대 왕국은 이집트에 원병을 요청했으므로, 이집트와 앗시리아는 직접 대결을 피할 수 없었다.
주전 726 년에 이스라엘의 호세아는 앗시리아의 침공에 대항하여 이집트의 바로 '소' 에게 원병을 요청하는데 (왕하 17:4), 그 당시 이집트는 통일 왕국이 아니라, 군웅할거 시대였으므로, 그 바로가 누구인지 확인하기 어려우나, 대개는 22 왕조의 마지막 왕 오소크론 IV 세로 추정한다. 주전 720 년, 앗시리아의 사르곤이 이집트의 가장 가까운 이웃인 블레셋으로 (가자) 진격하여, 이집트 델타 지역의 여러 군웅 중의 한 명에게서 군수품 지원을 받았던 블레셋을 정복하였다. 당시 앗시리아는 이집트 본토로 진격할 의사는 없었던 것 같다. 그 4 년 후, 블레셋을 속주로 만든 앗시리아의 왕에게 델타 지역의 오소르콘 IV 세가 선물을 보내어 블레셋 합병을 인정하고 정치적으로 유대 관계를 맺고자 했다.
구스 왕조도 델타 지역의 지방 정권들처럼, 처음에는 앗시리아와 충돌을 원치 않았다. 주전 713 년 블레셋 남부 지역 아스돗을 사르곤이 공격하자, 그 통치자 야마니가 이집트로 도피했으나, 앗시리아와 좋은 관계를 원한 구스 왕조의 솨바카는 야마니를 앗시리아로 인도한다 (K. A. Kitchen 1973:380).
주전 701 년 산헤립이 (주전 705-689 년) 히스기야의 유대 왕국까지 완전히 정복하고자 예루살렘을 침공하자, 히스기야는 이집트 구스 왕조에게 원병을 요청한다. 이집트인들과 구스, 리비아족으로 구성된 군대가 앗시리아 군에 대항하여 북상하였으나, 엘테케 전투에서 패배하고 철수하고 말았다. 이때의 정황은 왕하 18:13-19:37 에서 묘사하고 있는데, 앗시리아 문헌도 언급한다 (*ANET*, 287-88). 그 당시 구스 군은 디르하가 장군이 통솔하였다. 비록 이집트 원군은 패배하고 물러갔지만, 앗시리아의 예루살렘 침공은 실패했다 (사 36-37 장).
엘테케 전투는 그 당시 국제 정세의 단면을 잘 보여준다. 중동이 절대 패권자로 앗시리아가 군림했지만, 그럼에도 이집트의 세력들은 앗시리아가 자기 영토 근방에서 기세를 떨치는 것을 방관하고자 아니했다. 그 후 바로가 된 디르하가 시대에 (690-664 년), 구스 왕국과 앗시리아는 한 번 이상 서로 접전하게 된다. 주전 674 년 경, 앗시리아의 에살핫돈이 이집트로 침공하고자 했으나, 디르하가는 격퇴할 수 있었다. 그러나 주전 671 년 다시 침공하여 이번에는 구스 왕조를 멤피스에서 몰아내는데 성공한다.

(5) 앗시리아의 이집트 지배

에살핫돈의 사후 앗수르바니팔은 고삐를 늦추지 아니하고, 이집트에 재침공하여 디르하가를 이집트에서 완전 추방하고 이집트 남부지역까지 장악하였다. 하지만, 이집트를 지배하게 된 앗시리아는 약 50 여년 전 구스 왕조가 이집트에서 당면했던 것과 동일한 문제에 직면하게 되었다. 그것은 이집트가 하나의 강력한 중앙 집권국

가로 있다 앗시리아에 굴복한 것이 아니라, 느슨하게 이집트 전역을 통치하던 구스 왕조가 나파타로 철수했지만, 각 지방의 실권은 여전히 지방 군벌들에게 있었기 때문에 나타나는 통치상의 어려움이었다. 미국이 이라크를 침공하여 후세인을 몰아내는 데는 성공했지만, 이라크인들의 반미 저항 운동으로 미국은 골머리를 썩인 것과 유사하다고나 할까?

앗시리아의 이집트 통치 전략도 구스 왕조의 그것과 대략 유사하였다. 그것은 각 지방 정권들은 그대로 두고, 명목상으로 앗시리아 속주로 복속시켜 통치했다. 앗수르바니팔은 주전 668 년과 664 년 각기 이집트에 침공하여, 멤피스를 재정복하고, 남하하여 테베까지 정복하였다. 이런 반복되는 정복은 그 중간에 앗시리아를 대적하는 반란이 일어났고 구스 왕조가 이집트에서 다시 세력을 행사했다는 반증이다. 구스 왕조의 탄웨타마니가(Tanwetamani) 북상하여 멤피스를 탈환하였으나, 재침한 앗수르바니팔의 앗시리아 군에 의해 패배하고 멤피스와 테베에서 철수해야 했다. 이후로 구스는 누비아에 갇혀 다시는 북상할 수 없었다.

앗시리아는 이집트 지방 정권들의 협조 하에 구스 왕조를 이집트에서 완전히 몰아내었지만, 이집트 지방 정권들이 완전히 앗시리아에 굴복한 것도 아니었다. 앗수르바니팔은 수년간 구스 왕조를 대항하는 선봉장으로 유명했던 사이스의 (Sais) 느고 1 세를 (주전 672–66 년) 괴뢰 정권으로 후원하여 남부의 구스를 대항하게 했다. 앗시리아가 직접 이집트를 통치하지 못한 것은 이집트의 각 지방에서 실권을 행사하던 지방 군벌들 때문만도 아니었다. 앗시리아 자체로 바벨론에서 반란이 일어나고, 동부 지역에서 위협이 야기되고, 아랍에서도 반란 조짐이 보였던 것이다. 앗시리아가 쇠해 갈 때, 사이스의 느고 2 세는 앗시리아를 돕기 위해 바벨론을 치고자 북진하기도 했었다.

3) 바벨론과 유대 왕국

"바벨론" 은 "신의 대문 (大門)" 이란 (bab–ilu) 의미로, 창 10:10 에서 니므롯이 바벨론 도시국가를 창설한 것으로 언급된다. 이 도시국가는 시대에 따라 부침을 (浮沈) 거듭하였는데, 주전 18 세기의 함무라비 왕 때에는 주변 메소포타미아 지역을 점령하여 제국을 형성했다. 어떤 이는 추정하길, 주전 1770–1670 년 어간에, 그리고 다시 주전 612–320 년 어간에 바벨론이 세계 최대의 도시로 최초로 20 만 이상의 인구를 지닌 도시였으리라 한다.

함무라비 사후 바벨론은 쇠약해지고, 신 앗시리아의 흥기와 함께 그 속국으로 전락한다. 이사야 시대의 (주전 740–690 년 사역) 바벨론은 앗시리아에 복속된 상태였다. 앗시리아 산헤립의 통치 기간 (주전 705–681 년) 동안 바벨론은 반란을 거듭하다, 주전 689 년에는 그 신전들과 성벽들, 궁궐들이 완전 파괴당하는 운명에 처했다. 산헤립은 주전 681 년에 자기 아들들에 의해 살해당하는데, 당대인들은 이를 바벨론 신들의 심판이라 간주했다. 산헤립의 후계자 에살핫돈은 (주전 681–669) 이런 정서를 감안하여 신속하게 바벨론을 재건하고 거기서 왕으로 등극하고, 년 중 일정 기간은 바벨론에 기거했다. 그가 죽고 바벨론은 그의 장자 쇠마쉬 – 슘 – 우킨이 지배하게 되고, 에살핫돈의 작은 아들인 앗수르바니팔이 (주전 668–627) 앗시리아 제국의 통치자로 앉았다. 이 바벨론 통치자는 주전 652 년 자기 동생 앗수르바니팔에게 도전장을 내밀고 자신이 전 제국의 왕이라 주장하다가 결국 패배하여 죽게 되는데, 주전 626 년에 바벨론의 나보폴라살이 (주전 626–605) 앗시리아의 속박에서 벗어나 독립을 쟁취한다.

새롭게 흥기한 바벨론은 메대와 연합하여 주전 612 년 앗시리아의 수도 니느웨를 함락시키고, 605 년에는 갈그미스 전투를 통해 앗시리아 잔당과 그를 후원하는 이집트군을 격파하고 근동의 패권을 장악하게 된다. 근동의 패권을 장악한 바벨론의 젊은 군주 느부갓네살은 신 – 바벨론 제국의 대명사로 (주전 605–562) 남왕국 유대를 침공하여 몇 차례 포로들을 끌어가고 (주전 605 년 다니엘 일행 ; 주전 597 년 여호야긴과 에스겔 등), 마침내 주전 586 년에는 완전히 멸망시켜 수많은 포로를 사로잡아 끌고 갔다.

포로로 잡혀 끌려간 사람들만 피해자가 아니라, 제사장들, 고관들, 군 지도자들을 위시한 유대 지도층 인사 상당수가 리블라에 주둔하고 있던 느부갓네살에게 끌려가 처형당했고 (왕하 25:18–27, 렘 52:24–27), 어떤 이들은 도망하였으나 그 도피의 삶의 고통은 상상하기 어렵지 않으며, 또 어떤 이들은 굶주림과 질병으로 죽었을 것이다 (애 2:11, 12, 19–21, 4:9, 10).

예루살렘이 함락당한 이후, 유대 전국의 성읍들은 파괴되고, 경제는 파탄 상태였다. 지도층 인사들은 모두 끌려갔거나 처형당하였다. 유대 땅에 남은 자들은 반란을 일으킬 소지가 없어 보이는 빈농 (貧農) 들 뿐이었다 (왕하 25:12, 렘 52:16). 바벨론 당국은 유대 귀족 출신 그달리야를 총독으로 임명해서 바벨론 제국의 세금 징수를 위한 유대 지방 안정화를 꾀하였다. 예루살렘은 폐허로 화하여 더 이상 거주지로 적합지 못했으므로, 그달리야는 미스바에 총독 관저를 두고 통치했다. 그달리야는 최선을 다해 유대를 위해 일하고자 했지만, 게릴라 부대로 변한 저항 세력은 그달리야를 바벨론의 앞잡이로 간주하여, 속임수로 그를 암살하고 말았다. 그달리야는 아마 몇 개월 총독 자리에 있었을 것이다.

이러한 저항 세력의 유대 총독 암살은 멀리 볼 때 유대인들에게 결코 유익한 일이 아니었다. 정확한 것은 확인하기 어려우나 유대 속주는 폐지되고, 그 지역이 사마리아 속주로 편입되지 않았을까 추정된다. 그리고 유다의 약화로 아랍인들이 유다 남부 지역으로 점차 이주하여 결국 에돔인들이 그곳을 차지하고 말았다 (에스드라 1 서 4:50).

바벨론에 끌려간 유대인 포로들은 여러 가지 고초를 당했을 것이다. 포로들은 메소포타미아 남부 지역 여기저곳에 집단 수용된 듯 보인다 (겔 3:15, 라 2:59, 8:17). 그런데 이 바벨론에 끌려간 포로들은 주전 594 년 반란 사건에 연루되어 그 지도자들 몇이 처형당했다 (렘 29 장).

앞서 언급한 대로 유대 왕국이 망하고 그달리야를 총독으로 세워 유대를 통치하고자 했던 느부갓네살의 구상은 끝나고, 유대 지역은 사마리아 속주로 편입 당했다. 유대 땅에서 게릴라 저항전을 펼쳤던 무리가 그달리야 총독 암살 이후에, 바벨론의 보복을 두려워하여 예레미야를 붙잡아 이집트로 피난을 갔다 (렘 42 장 이하). 이들만 아니라, 다른 무리들도 이집트로 도피해서 살거나, 이집트 용병으로 지원하여 거기서 근무했을 것이다 (렘 44:1).

겔 30:6 에는 "믹돌에서부터 수에네까지 무리가 그 가운데서 칼에 엎드러지리라" 는 진술이 나오는데, '믹돌에서 수에네까지' 는 이집트 북단에서 남단까지를 일컫는 표현이다. 여기서 "수에네" 는 사 49:12 에 언급된 "시님"과 같은 장소일 것이다. 페르시아 시대에 '수에네' 는 페르시아 제국 최남단 지역으로 국경 수비대가 그곳 요새들에 주둔하고 있었다. 그런데 주후 1900 년대 초 어간에 그곳에서 다량의 아람어, 신성문자 (hieratic) 혹은 민용 문자로 (demotic) 기록된 파피루스들이 (Elephantine papyri) 발굴되었는데 (1906 년 처음으로 출간됨), 그 문헌들은 (대개는 아람어 문헌) 페르시아 시대에 그곳 섬 엘레판틴에 살던 유대인 공동체가 산출한 문헌들로 주전 400 년대 유대인들의 관습들을 파악하는데 귀중한 정보를 제공하고 있다. 오늘날 '아스완' 이라 불리는 곳에 엘레판틴 (코끼리) 섬이 (나일강) 위치하며, 그 지역은 그 당대에 '엡'이라 (Yeb 역시 "코끼리"라는 뜻) 불렸고 (이전에 코끼리가 누비아 지역에서 수입되었던 모양이다), 그곳에 유대인 중심의 페르시아 요새가 있었으며, 그 섬의 동편 나일강변에 위치한 '수에네' 에는 (Syene, 오늘날 아스완) 아람인 중심의 페르시아 요새가 자리 잡고 있었다. 수비대 용병들 중에는 헬라인, 바벨론 사람들, 이집트인들도 있었다. 그곳 유대인들은 그곳에 성전 건물을 가지고 유월절이나 안식일 등을 준수한 것으로 언급되며, 이집트인 노예를 부리는 등 상당히 부유한 자들이 있었던 것 같다.

이 성전은 카울리가 (Cowley) 편집한 엘레판틴 아람어 파피루스 C 30:13, 14 에 의하면, 페르시아의 캄비세스가 애굽을 침공하여 (주전 525 년) 세웠다 한다. 신명기 12:10 이하는 한 곳 외에 다른 곳의 성소를 허용치 않는다고 규정한다. 따라서 유대인들은 약속의 땅에서도 다른 성전을 금지했을 뿐 아니라, 하물며 이방 땅에 성전을 건축하는 것을 용납할 수 없었다. 그런데도 엘레판틴 거주 유대인들은 성전을 건축했고, 한 문헌에서는 그 성전이 애굽의 크눕 (Khnub 수양 머리를 가진 사람 모양의 신) 신전 제사장들이 비드랑가라 (Vidranga) 불리는 군인 일당의 파괴공작으로 인해 크게 손상당했으므로 복구가 필요하다고 호소하고 있다. 아마 유대인 성전에서 양이나 소외에 수양도 제물로 바쳤으므로, 자기네 신을 무시한다는 불만감도 그런 파괴 행위 이면에 자리 잡고 있었을 것이다. 다른 문헌에 의하면, 주전 410 년에 그 성전은 완전히 파괴당했다 (C 30:4 이하). 이 성전 외에 이방 땅에 세워진 다른 유대인 성전으로는 마카비 시대에, 오니아스 4 세가 (Onias IV) 나일 동편 델타 지역, 헬리오폴리스에서 수 킬로 북부 레온토폴리스 성전에 (오늘날의 텔 – 엘 – 야후다) 세운 이 있었다. 한편 이사야는 애굽에 관한 심판 메시지 말미에서 (19:17–25) 애굽 중앙에 야웨를 위한 제단이 세워지리라 예언한 바 있다. 오니아스 4 세는 (요세푸스, 유대인 전쟁기 vii, x.2) 바로 이 이사야 구절에 근거하여 애굽에 야웨의 성전을 세웠다 한다.

그곳 거주 유대인들이 언제부터 그곳에 정착했는지는 확인하기 어렵다. 어떤 이는 므낫세 왕이나, 시드기야 왕 때라고도 추정하는데, 성경에서 확실하게 확인할 수 있는 시기는 느부갓네살 왕이 예루살렘을 멸망시키자 많은 유대인들이 광야 지역으로 도피했다가 그달리야가 유다 총독된 것을 듣고 모였으나, 왕족 이스마엘이 그달리야를 살해하는 바람에 (왕하 25:25), 이스라엘의 남은 자들 다수가 애굽으로 피신하게 되었다.

이 당시 유대인들 다수가 애굽으로 피난한 것은 사실 그 조상들의 행태를 답습한 것에 불과했다. 아브라함부터, 요셉, 야곱의 가족들이 모두 애굽으로 기근 때문에 피난했으며, 어려운 일이 있을 때는 그곳에 기대기도 했다. 이사야는 애굽에 의지하여 앗시리아를 대항하려는 친 이집트 당에 대하여 경고를 발하기도 했다 (사 30:1, 31:1). 그런데 엘레판틴 지역은 페르시아 시대 훨씬 이전에도 고대 이집트인들에게 이집트의 남단을 (南端) 상징했다. 왜냐하면 그곳 남부 지역은 지금의 '수단' 지역인데 고대에는 '누비아' (구스) 문명이 자리 잡고 이집트를 노렸기에 국경으로서 혹은 남부와의 교역지로서 중요했기 때문이다.

또한 페르시아가 이집트를 정복하기 전, 앗시리아 에살핫돈과 (주전 671 년) 그의 아들 앗수르바니팔 역시 애굽을 정복한 바 있다 (주전 664 년). 앗시리아는 자기들이 정복한 정복지를 파수하기 위하여 많은 이방인 용병을 채용하였는데, 그 때에 아마 유대인들이 앗시리아 용병으로 채용되어 저 '수에네' 지역에 파견되어 근무하면서 유대인 공동체가 생겨났는지도 모를 일이다. 그렇다면, 이사야 시대에 벌써 수에네 지역에 유대인들이 거주했다는 의미가 된다. 이집트 주둔 앗시리아 수비대의 용병이 아니라면, 앗시리아가 이스라엘과 남 왕국 유대를 침공할 때 (주전 701 년의 산헤립 침공시나, 주전 734 년 어간의 아람 – 에브라임 동맹 전쟁 이전), 아예 이집트로 피난해 버린 유대인들도 있었는지 모른다 (호 9:3–6). 예레미야 선지자는 자기 당대에 "이집트 땅에 거하는 모든 유다인 곧 믹돌과 다바네스와 놉과 바드로스 지방에 거하는 자에 대하여 말씀" 을 하나님께로부터 받기도 했었다 (렘 44:1).

3. 역대기 역사서

3–1. 포로기

바벨론 포로기에 열왕기서가 저술되어 왜 우리가 망했나 ? 라는 문제를 영적인 시각에서 조명하였다. 그것은 언약을 깬 당연한 결과라는 사실을 역사적으로 제시해 준다. 에스겔 선지자나 다니엘의 활동은 모두 이 포로기 시대에 일어났다.

바벨론의 느부갓네살은 예루살렘을 함락시킨 이후, 585 년에 두로를 포위 공격하여 함락시키지는 못했지만 바벨론의 종주권을 인정받았다. 주전 582 년에는 (렘 52:30) 다시 바벨론 군대가 유대 지방을 침공하여 다수의 유대인들을 포로로 잡아 갔다. 그달리야 암살에 대한 뒤 늦은 보복 공격인지 모른다.

수전 570 년 이집트의 왕 호브라가 (렘 44:30 에 언급된 Hophra 혹은 Apries, 주전 588–568 년 [26 왕조]) 구레네의 헬라인들에게 패배당하는 사건이 일어났다. 이 때 호브라의 군대 사령관 아마시스가 반란을 일으켜 호브라를 제하고 스스로 왕위에 올랐다 (주전 568–526 년). 주전 568 년 이집트의 혼란기를 틈타 바벨론의

느부갓네살이 이집트를 침공한다 (*ANET*, 308). 그에 관한 본문은 다음과 같다 :
통치 37 년에 바벨론 왕 느부갓네살이 이집트를 침공하여 전쟁하였다 . 이집트의 [아마] 시스가 [자기 군대를 소집해서] . . . [이하 부분은 읽기 어려운 파편]
느부갓네살은 이집트를 완전히 정복하지는 못했지만 , 아마도 이집트가 다시 북상하여 바벨론 제국을 건드리지 못하도록 경고는 단단히 한 셈이다 . 느부갓네살은 562 년 죽고 , 그를 이어 에빌므로닥 (주전 561–560 년), 느리글리사르 (559–556 년), 라바쉬 – 마르둑 (556 년 [3 개월]), 나보니더스 (555–539 년), 벨사살 (549–539 년 부친 대신 섭정) 등으로 이어지며 , 단 5 장이 묘사하듯 벨사살의 주연 (酒宴) 때에 , 페르시아 고레스 군대가 바벨론을 함락시키고 바벨론 제국은 멸망당한다 .

3–2. 귀환 공동체 : 페르시아 시대 (주전 539–332 년)

[에스더 , 학개 , 스가랴 , 에스라 , 느헤미야 , 말라기]

주전 539 년 페르시아가 바벨론을 함락하고 근동의 패권을 장악한 사건은 예레미야 선지자가 선포했던 (렘 25 장) 바벨론 포로 70 년 기간이 끝나는 신호였다 . 페르시아의 대왕 고레스 왕은 유대인 해방령을 선포하고 유대인들의 고국 귀환과 성전 건축을 허용했다 :

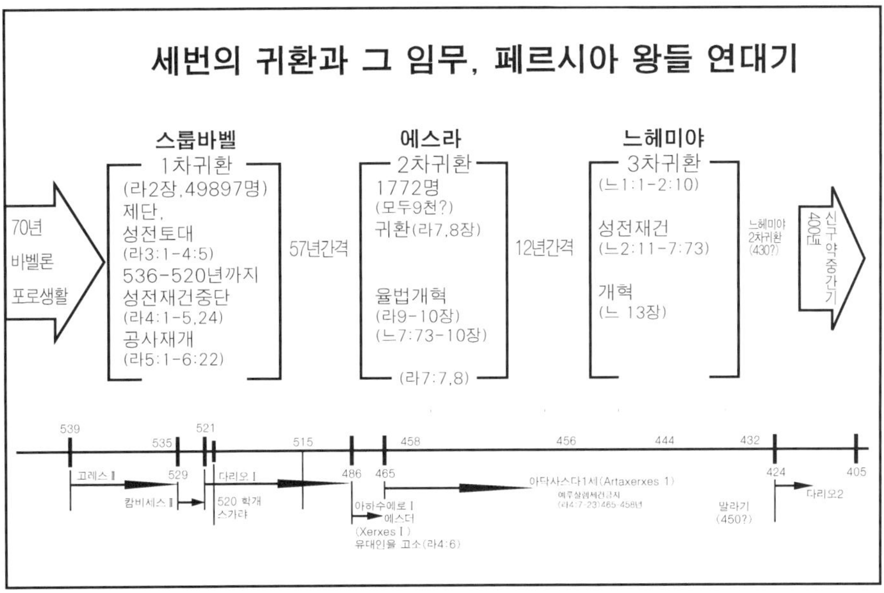

바사 왕 고레스는 말하노니 하늘의 신 여호와께서 세상 만국으로 내게 주셨고 나를 명하여 유다 예루살렘에 전을 건축하라 하셨나니 너희 중에 무릇 그 백성 된 자는 다 올라갈지어다 너희 하나님 여호와께서 함께하시기를 원하노라 (대하 36:23).
2 바사 왕 고레스는 말하노니 하늘의 신 여호와께서 세상 만국으로 내게 주셨고 나를 명하사 유다 예루살렘에 전을 건축하라 하셨나니 3 이스라엘의 하나님은 참 신이시라 너희 중에 무릇 그 백성 된 자는 다 유다 예루살렘으로 올라가서 거기 있는 여호와의 전을 건축하라 너희 하나님이 함께 하시기를 원하노라 4 무릇 그 남아있는 백성이 어느 곳에 우거하였든지 그 곳 사람들이 마땅히 은과 금과 기타 물건과 짐승으로 도와주고 그 외에도 예루살렘 하나님의 전을 위하여 예물을 즐거이 드릴지니라 (라 1:1–4)
고레스의 등장은 이사야 선지자도 예언한 바였는데 (사 44:28, 45:1 등), 선지자들은 세상 제국들을 하나님의 사용하는 도구들로 이해하였다. 앗시리아는 배교하는 이스라엘과 유대를 치는 몽둥이였고 (사 10:15, 24), 바벨론 역시 그러했다 (합 1:6 이하, 사 13:3, 39:7, 렘 21:10 등).

바벨론 추방에서의 귀환은 여러 차례에 걸쳐 있었는데, 1 차는 스룹바벨 지도하에, 2 차는 에스라 지도하에, 3 차는 느헤미야 지도하에 각기 주전 538 년, 457 년, 445 년에 일어났다. 귀환자는 1 차시에 약 5 만명, 2 차시에 성인 남자만 1800 명 가량 (1800 x 5 = 9000 인) 귀환했다. 1 차 귀환 후부터 성전 재건을 시작했으나, 내적으로는 호구지책 (糊口之策) 마련 때문에, 외적으로는 인근 이방 민족들이나 사마리아 혼혈족의 방해와 고소 때문에 진척이 중단되어 학개와 스가랴 선지자의 등장이 있고서야 비로소 재개되었다. 그러니까 주전 520 년 곧 다리오 1 세 2 년에 가서야 16 년 만에 성전 개건 공사가 재개되어 약 4 년 만인 516 년에 완공되었다. 이것이 스룹바벨 성전 혹은 솔로몬 성전에 비해 2 차 성전이라 하고, 나중 헤롯 대왕이 주전 20 년에 증축하고 장식하기 시작하여 46 년간에 완성시킨 그 성전이다.

1) 에스라서의 연대기, 그 변칙 연대 기술

에스라서에 언급된 연대들을 일목요연하게 정리하자면 다음과 같다.

연 대	사 건	성 구
538	유대인 1차 귀환	라 1-2장
538-536	제단과 성전 터 건설	3장
538년 이후	도움제안 거절 후, 방해시작	4:1-5
486	아하수에로 치하 방해	4:6
465이후	아닥사스다 치하 방해, 왕께 고소	4:7-16
465이후	아닥사스다 왕의 조서, 성벽 재건금지	4:17-23
520-516	다리오 2년까지 건축지연; 학개 스가랴 독려로 재개; 닷드내 조사; 다리오 승인 하에 성전 재건	4:24-6:22
458	에스라 귀환	7:1-8:36
458	혼합결혼 문제, 해결	9:1-10:44

이 도표를 본다면, 4:6, 7 에서 주전 486 년과 465 년 사건이 언급되고, 4:8-23 에서 458 년 이후 사건이 언급된다. 그런데 그렇게 후대 일이 언급된 후에, 4:24-6:22 에서는 다시 과거로 돌아가서 520-515 년 어간에 일어난 성전 건축 재개와 완공을 기술한다.

에스라서의 연대기가 헝클어져 나타나는데, 이에 대하여 세 가지 반응들이 나타난다: 1) 어떤 이들은 현재 내러티브의 순서를 연대기 순서로 뜯어서 재 배열한다; 2) 내러티브 순서를 인정하고, 그것이 정당하다고 주장한다; 3) 내러티브의 순서는 저자의 의도적인 전략에서 나온 것이라 판단하고 그 신학적 의의를 찾고자 한다. 이 마지막 시도가 가장 적절하다고 여겨진다 (A. Philip Brown; Meir Sternberg 1990:81).

에스라서의 연대기 헝클어짐에 대한 저자의 신학적 의도를 설명하기 전에 해결해야 할 문제가 에스라와 느헤미야 사이의 연대적 전후관계 설정이다. 에스라, 느헤미야서의 현재 본문은 에스라가 느헤미야 보다 먼저 예루살렘에 귀환하였고, 느헤미야가 나중 예루살렘에 유다 총독으로 부임했을 때에도 에스라가 예루살렘에서 활동했다고 보도한다. 느헤미야는 주전 444 년 아닥사스다 1 세 때 귀환했다는 것도 학자들이 일치되게 인정한다.

문제는 에스라 – 느헤미야서에서 에스라와 느헤미야 상호 연관성에 관하여 별로 언급을 아니 한다는 점이다. 여기에 더하여 에스라가 느헤미야보다 후대인이 아닐까 하는 의구심을 갖게 하는 구절들이 있다. 예컨대, 느

3:1 에서 느헤미야 총독 재임시에 대제사장 엘리아십이 그 형제 제사장들과 양문을 건축했다고 한다. 반면 라 10:6 에서는 "에스라가 하나님의 전 앞에서 일어나 엘리아십의 아들 여호하난의 방으로 들어가니라" 고 한다. 이 두 구절을 함께 놓고 보면, 느헤미야는 대 제사장 엘리아십과 동시대인이라면, 엘리아십의 아들 여호하난은 에스라와 동시대인이다는 인상을 가질 수 있다.

또한 느 12:10–11 에 제시된 제사장 족보에서 요야김, 엘리아십, 요야다, 요나단, 얏두아 등으로 이어지고, 느 12:22 에서는 엘리아십, 요야다, 요하난, 얏두아 때라고 나타난다. 이 둘을 비교하면, 엘리아십의 손자는 요나단 혹은 요하난으로 달리 나타나고 있다.

이제 이 제사장 족보와 앞에 언급한 느 3:1, 라 10:6 을 함께 고려한다면, 엘리아십, 요야다, 요나단 (= 요하난 = 여호하난) 등의 계통이 형성되고, 엘리아십은 느헤미야, 그의 손자 요하난은 에스라 시대인이라는 도식이 성립하게 된다. 비평가들은 이런 근거에서 에스라는 느헤미야보다 후대인이라는 주장을 하게 된다.

그런데 이런 주장에 대하여, 우리가 말할 수 있는 것은 라 10:6 에서 엘리아십의 아들 여호하난의 방에 에스라가 들어갔다는 진술에서 에스라나 여호하난의 연령을 추론할 수 없다는 점이다. 단지 에스라가 여호하난의 방에 들어갔다고 할 뿐이다. 에스라가 나이가 많고 여호하난은 젊은 나이일 수도 있는 것이다. 더구나 라 10:6 에 언급된 엘리아십이 느 3:1 의 그 대제사장 엘리아십과 동일인물인지 여부도 확인할 수 없다. 이런 불확실한 사실을 근거로, 성경이 분명하게 제시하는 사실, 곧 에스라가 느헤미야에 앞서 예루살렘에 왔다는 역사적 전후관계를 변경시키려 하는 것은 현명치 못하다. 또한 에스라와 느헤미야가 동시대인이라면 12 년 이상 함께 한 기간에 대하여 왜 아무런 언급이 없는가? 라는 문제제기도 성경이 언급하지 않는 바에서 무슨 주장을 끌어내려는 논법으로 설득력이 약하다. 느 8–10 장에서 에스라가 느헤미야와 함께 개혁 작업을 했다고 언급하는데, 이것은 별로 대수롭지 않게 여기고, 왜 12 년간 상호 관계에 대하여는 침묵하느냐? 고 물을 이유도 없다.

에스라는 느헤미야보다 12 년 일찍 예루살렘에 귀환하여 자기 나름대로 성경 말씀을 근거로 개혁 운동을 일으키다가, 나중 귀환한 느헤미야와 함께 개혁 운동을 지속했다고 본다. 이런 전제 하에서 에스라 변칙 연대 기록을 고려해 보자.

(1) 첫째 변칙 연대 기술

연대기적으로 혼란을 일으키는 것은, 후대 사건이 진술되고 나서 다시 이전 사건들을 기술한다는 것이다. 538 년 이후 사건 → 486 년 → 465 년 → 458 년 이후 → 520–515 년 → 458 년 등의 순서로 기술된 셈이다. 연대기 순으로 보자면, 4:6, 7, 8–23 은 4:24–6:22 부분 다음에 위치해야 한다. 그러니까 연대기의 도치는 (倒置) 4:23 과 4:24 에서 일어나고 있다.

사건들을 현재 순서로 본다면, 1–2 장은 고레스 치하의 귀환을 다루고, 3 장에서 고레스 치하 7 월 1 일 유대인들이 예루살렘에 모여 제단을 재건하고 제사를 재개한다. 그리고 3:8 에서 약 2 년 후에 대제사장 여호수아와 총독 스룹바벨의 격려로 귀환자들은 성전 터를 쌓고 성전 개건을 시작한다. 사마리아인들이 자기들도 성전 재건에 참여하겠다고 제안했지만, 거절하자 그때부터 방해를 놓기 시작하여 15 년간 다리오 치하 (주전 521–486) 때 이룬 완공 때까지 방해한다 (라 4:1–3).

그런데 문제는 성전 완공이 끝난 후인 아하수에로 치하에서 (주전 486–465) 원수들이 유대인의 예루살렘 성 재건을 시도하는 유대인들을 페르시아 왕국에 기소하고 (라 4:6), 아닥사스다 왕 치하에서 (주전 465–424) 두 번의 성벽 재건 방해가 있었던 사실까지 기술한다는 점이다 (라 4:7–23). 이 두 번째 방해로 왕의 조사가 있고 나서 예루살렘 성벽 재건 금지 조서가 발표된다.

성전 완공이 끝난 후에 있었던 아하수에로 왕과 아닥사스다 왕 시대의 방해들은 예루살렘 성벽 재건을 방해한 것인데도, 성전 방해 사건과 함께 모아 언급했고, 이렇게 방해 사건들을 함께 제시한 다음에 라 4:24 에서 그 때에 예루살렘 하나님의 전 공사가 페르시아 왕 다리오 1 세 통치 2 년까지 중단되었다고 기술한다.
다시 내용에 따라, 기술 순서를 제시하면, 성전 재건 시작→ 사마리아인들 참여 제안 (라 4:1–2) → 거절 (라 4:3) → 다리오 때까지 성전 건축 방해 (라 4:4–5) → [성전 다리오 때 완공] → 아하수에로 (라 4:6), 아닥사스다 치하에서 (라 4:7–16) 예루살렘 성 재건 방해 사건들 → 페르시아 궁정 예루살렘 사건 조사, 성벽 재건 금지 (라 4:17–23) → 성전 완공 언급 (라 4:24). 이런 도식을 보면, 성전 완공 때까지 방해 공작, 성전 완공 후의 성벽 재건 방해 공작 등이 함께 언급되고, 끝으로 성전 완공을 언급한다. 우리가 보기에는 성전 완공에 대한 언급을 라 4:5, 6 절 사이에 넣고, 성전 완공 이후에 나타난 성벽 재건 방해 공작들은 그 후에 일어난 일로 제시했더라면 좋았을 것이다. 그렇지만, 에스라서 기자는 방해 공작들을 함께 모아 언급한 후에 (그것들의 성격이 약간 달라도) 성전 완공을 언급한다.
라 4:24 에서 성전 완공을 언급한 후에, 5 장, 6 장에서는 다시 다리오 시대의 성전 재건 사건과 그것을 방해하려는 원수들의 방해 공작이 (4 장에 잠시 언급) 세세하게 묘사되고, 방해 공작에도 불구하고 유대인들이 다리오 왕에게 올린 해명서를 근거로 이전 역사를 살핀 왕이 성전 건축을 승인하여 결국 성전이 완공되는 모습을 기술한다.
라 5, 6 장의 내용들은 학개, 스가랴 성전 건축 독려와 재건 재개 (5:1, 2) →강 서편 총독 닷드내 등 방해 (5:3), 조서를 궁정에 올림 (5:4–17) →다리오 왕의 답서 도착 (성전 재건 승인과 지원 지시 ; 6:1–12) → 총독 닷드내 왕명으로 성전 재건 지원 (6:13) → 성전 재건 완공 (6:14–15) →봉헌식 (6:16–22) 등이다.
이제 왜 에스라는 현재 모양으로 역사를 기술했을까? 하는 질문을 고려해 보자. 우선 라 4:23 과 4:24 에서 "중단하다" 란 동사가 (브탈) 각기 나타난다. 저자는 성벽 재건 방해로 그 재건 공사가 중단되었다고 하고, 다시 성전 재건 공사가 중단되었다고 언급함으로, 성전이나 성벽이나 원수의 방해 공작으로 재건 공사가 중단되었다는 점에서 둘은 성격이 같다는 점을 부각시키고 있다.
4:23 에서 성벽 재건 방해 공작이 성공하여 성벽 재건 공사가 중단됨으로 사마리아인들이 성공했다는 것을 암시한다. 이런 성공은 성전 재건과 완공 사건 훨씬 후의 일이었으나 앞서 언급하고, 원수들이 성공한 것을 기록했다. 이제 5 장에서 에스라는 원수들이 다리오 왕에게 원수들이 글을 올려 성전 재건을 고소하는 사건을 기술하고, 6 장에서 다리오의 답서를 제시한다. 다리오는 이전 고레스 왕의 조서를 창고에서 발견하고, 성전 재개를 금하지 말고 오히려 지원할 것을 명한다. 이로 인하여 사마리아인들은 패배하고, 성전 건축은 신속하게 진전되어 마침내 완공되고 봉헌식을 올리게 된다.
이런 방식의 사건 기술은 독자들로 먼저 좌절을 느끼게 한 다음, 원수들의 패배와 이로 인한 짜릿한 승리감을 맛보도록 해 준다. 비록 연대기적으로는 전후가 뒤바뀐 상태지만, 독자들이 읽을 때에 그 얻는 기분은 패배와 좌절감에서 승리와 환희로 일순간에 전환되어 버리는 것이다. 저자는 라 6:22 에서 "즐거우므로 칠일 동안 무교절을 지켰으니 이는 여호와께서 저희로 즐겁게 하시고 또 앗수르 왕의 마음을 저희에게로 돌이켜 이스라엘의 하나님이신 하나님의 전 역사하는 손을 힘 있게 하도록 하셨음이었느니라" 함으로, 하나님께서 이스라엘에 주신 도움과 승리의 기쁨을 독자들에게 강조하고 있다. 이 한 마디를 위해 저자는 연대기를 무시하고 사건들을 현재의 방식대로 제시하였던 것이다.
에스라는 7 장에서 제시하는 대로, 아닥사스다 왕 7 년에 예루살렘에 귀환하여 (주전 458 년) 어쩌면 성벽 재건을 방해하는 원수들의 공작으로 재건 공사가 중단된 채 (느 1:3) 패배감으로 좌절하는 동족을 대하였을 것이다. 라 4:23 이 언급된 성벽 재건 공사의 중단이 느 1:3 에 기술된 하나니가 느헤미야에게 전한 슬픈 소식의 원인이었을 것이다. 에스라는 현재 좌절감에 깊이 빠진 동족들을 격려해야 했다. 그 일을 위해서 그는 과거에 기적같이 도움을 주셨던 하나님의 역사를 저들에게 들려주어야 했다. 과거에도 유사하게 원수들이 방해 공작을 했지만, 저들은 패배했고 하나님의 선한 손의 도우심으로 우리는 승리한 적이 있다. 이제 우리는 다시 그 분의 도우심을 믿고 일어나자! 라고 에스라는 독자들에게 역설한다. 그 목적으로 에스라는 연대를 무시하고 현재의 방식대로 역사를 기술하였다. 그것은 독자들의 마음에 희망의 불꽃을 지피려는 것이다.

(2) 두 번째 변칙 연대 기술

라 1–6 장은 고레스 원년 사건부터 다리오 2 년까지의 사건을 성전 재건 공사와 그 방해를 중심으로 기술한다. 약 21 년의 기간에 해당된다. 그러나 앞서 언급한대로 4:6–23 부분에는 아닥사스다 왕 (주전 465–424) 때 일어난 성벽 재건 공사 방해 공작도 언급되었으므로, 고레스 원년에서 에스라가 예루살렘에 귀환했던 아닥사스다 왕 7 년까지 계산하면, 539–458 년 = 81 년 기간이 된다.

라 7:1 에서 에스라는 "이 일들 후에" 라고 언급하여 사건들의 연대기적 전후 관계 설정을 시도한다. 여기서 "이 일들" 이란 두 가지로 생각해 볼 수 있는데, 우선 1–6 장에 언급된 사건들 즉, 성전 재건과 방해 공작, 그리고 성벽 재건 방해 공작들까지 포함하는 것으로 이해할 수 있다. 그런 사건들이 있고 난 후에, 에스라는 예루살렘에 귀환했다. 그간에 성벽 재건을 시도했으나 원수들의 방해 공작으로 실패했다. 그래서 저들은 의기소침한 중에 있다. 에스라가 예루살렘에 왕의 전폭적 지원을 가지고 도착한 것은 원수들에 대한 이스라엘의 승리였고, 하나님의 선하신 손길의 역사였다.

반면, "이 일들" 을 달리 생각할 수도 있다. 4:7–23 에 언급된 아닥사스다 왕 때 원수들이 행했던 성벽 재건 공사의 방해 공작은 7:7 에 언급된 에스라의 귀환 년대인 아닥사스다 7 년과 시간적으로 어떻게 전후관계가 성립되는지 모호하다. 한 가지 암시는 원수들 곧 르훔과 심새가 아닥사스다 왕에게 올린 글에서 (4:12) "유다 사람들이 우리의 곳 예루살렘에 이르러 이 패역하고 악한 성읍을 건축하는데" 라고 하여 유대인들이 "우리의 곳" 예루살렘에 이르렀다고 지적한다. 유 대인들이 예루살렘에 당도한 것을 자기들과 아닥사스다 왕 당대 사건으로 언급한 셈이다. 아닥사스다 왕 때의 바벨론에서 예루살렘 귀환은 에스라의 무리 외에는 성경에 언급이 없다.

어떤 이들은 세스바살과 스룹바벨의 정체성이 불확실한 까닭에, 1–2 장에 언급된 것은 한 차례의 귀환 그 이상의 여러 번의 귀환들이 있었으리라 가정하기도 한다. 그러나 그런 가정을 지지할 어떤 근거는 본문에 없다.

에스라는 세스바살을 네 번 언급한다 (1:8, 11, 5:14, 16), 그리고 유다의 방백 (1:8) 세스바살은 고레스 왕이 "총독" 으로 임명했다고 (5:14) 언급한다. 스알디엘의 아들 스룹바벨은 귀환자들의 지도자로 더욱 부각되지만, 그의 이름에 어떤 공적 직책은 더해진 바 없다. 4:3 에서 그는 이스라엘의 우두머리들 중 하나였다는 점이 언급될 뿐이다. 학개는 스룹바벨이 성전 건축 당시 "유다 총독"이었다고 기술한다 (학 1:1). 스가랴는 스룹바벨이 성전 토대를 놓았다고 언급한다 (슥 4:9). 반면 에스라는 세스바살이 성전 기명들을 귀환자들과 함께 바벨론에서 옮겨왔다고 언급한다 (1:8, 11, 5:15–16). 그리고 성전의 토대를 놓은 것도 세스바살이다 (5:16).

이런 자료들에서 얻을 수 있는 자연스런 결론은 세스바살은 곧 스룹바벨이라는 인물이며, 두 이름은 한 사람을 가리키는 것이라는 것이다.

에스라 무리의 귀환만 있었다고 가정한다면, 4:7–23 에 언급된 그 아닥사스다 왕의 성벽 재건 금지 조서는 에스라 무리의 귀환 이후 (아닥사스다 7 년 이후), 느 1:3 에 언급된 예루살렘 성벽 파괴의 서글픈 현실 이전 (에스라 무리의 귀환) 시기에 일어난 것으로 보아야 한다. 곧 에스라 귀환 → 성벽 재건 방해 및 금지 → 성벽 파괴에 관한 하나니의 느헤미야에게 보고 (느 1:3) 순서이다.

이렇게 보면, 7:1 의 "이 일들" 은 1–6 장에 언급된 사건들 전체가 아니라, 5–6 장에 언급된 닷드내의 성전 재건 방해 공작과 다리오의 재건 승인, 성전 완공 등만 언급한다고 보아야 한다. 이 두 번째 이해가 적절하다 보인다. 이제 사건들의 순서를 정하면, 4:24–6:22 (다리오 시절의 성전 재건 완공) 부분이나 7–10 장의 에스라 귀환 사건들은 4:7–23 에 기술된 성벽 재건 방해 공작 사건 이전의 일들이다. 그런데도 나중 사건을 (4:24 부터 10 장까지) 앞의 사건 (4:7–23 성벽 재건 방해) 다음에 배치시킨 까닭은 무엇인가? 그것은 에스라서의 내러티브들의 순서를 보건대 대략 네 가지로 파악된다. 1) "원수들" 이란 말의 정당성, 2) 사마리아인들이 제안한 도움을 거절한 일의 정당성, 3) 앞으로 기술될 이혼의 불가피성, 4) 하나님의 은혜로운 주권의 위대성 등.

이제 하나하나 고려해 본다. 먼저 에스라는 4:1 에서 "유다와 베냐민의 대적들" 이란 말을 사용했다. 4 장에 제시된 저들의 행적은 그런 용어가 타당함을 웅변적으로 증명해 준다. 저들은 하나님의 일을 사사건건 반대하고 방해했기 때문이다. 저들은 70 년이 넘는 기간 동안 지속적으로 하나님의 일을 방해함으로, "우리도 너희같이 너희 하나님을 구하노라" 는 (4:2) 말이 얼마나 빈 말인지를 증거해 주었다. 만약 에스라가 7–10 장을 먼저 제시하고, 다음에 원수들의 방해 공작들을 언급했다면, 원수들의 대적 행위는 그만큼 희석되어 독자들에게 전달되었을 것이다.

두 번째로, 원수들의 반복된 대적 행위는 저들의 도움 제안을 거절한 것이 (4:3) 타당했음을 입증해 준다. 스룹바벨과 여호수아와 기타 이스라엘 족장들의 말, 곧 "우리 하나님의 전을 건축하는데 너희는 우리와 상관이 없느니라 바사 왕 고레스가 우리에게 명하신 대로 우리가 이스라엘 하나님 여호와를 위하여 홀로 건축하리라" 는 말은 도움을 제안하는 사람들에게 하는 말치고, 일견 아주 거칠고 정이 없이 냉정하게 들린다. 그러나 그들의 행동에 대한 묘사를 살피다보면 유대 지도자들의 판단이 적절했다는 것이 드러날 것이다. 하나님을 경외하는 이웃의 도움을 거절한 것이 아니라, 혼합주의 사고에 잡힌 (왕하 17:24–41 참조) 이교도나 마찬가지인 사마리아인들의 도움 제안을 거절한 것이었다.

셋째로, 원수들의 대적 행위들에 대한 총체적인 묘사는 에스라가 그렇게 단호하게 저들과 혼합 결혼을 파기시키기 위해 극단적 조처를 취하지 않으면 안 될 이유를 분명하게 보여준다. 불 신앙인들과의 결혼은 불 신앙인을 회개시키기보다, 신앙인을 불신앙으로 끌고 갈 위험이 더 많다.

마지막으로, 에스라의 전략적 역사 기술은 하나님의 은혜로운 조처를 더욱 부각시켜 준다. 사마리아인들의 대적 행위를 종합적으로 모아 제시함으로 그들의 대적 행위와 대비되는 하나님의 은혜로운 조처가 선명하게 부각된다. 하나님은 페르시아 왕들의 마음을 움직여 이스라엘 백성에게 호의를 베풀고 하나님의 일을 성사되도록 하셨다 (라 6:22, 7:27, 28, 9:8–9). 대적들의 대적 행위와 하나님의 은혜로운 처사의 대비는 대적들의 여인들과 결혼한 것이 얼마나 잘못된 것임을 은연중에 강조해 준다.

에스라의 전략적 자료 배치가 이런 점들을 부각시키는 효과를 독자들에게 야기시켰다면, 더 나아가, 라 7:1 에서 "이 일들 후에" 라는 표현을 사용하여 1–6 장 부분과 7–10 장 부분을 이분하는 구조를 제시함으로 두 가지 중요한 문학적 목표를 달성한다. 비록 연대기적으로는 좀 인위적인 배치였으나, 라 1–6 장과 7–10 장의 두 부분 구조를 통해 우선, 5, 6 장의 사고적 연속성을 유지하여 독자들의 마음에 반전의 느낌을 더해 준다. 본문의 사고는 다리오의 지원에서 아닥사스다의 에스라에 대한 후원으로 진전한다. 아닥사스다 치하에서 일어났던 부정적인 일들은 이미 4 장에서 처리되었으므로, 7 장에서 제시되는 아닥사스다의 후원은 정책의 반전을 드러내어 준다. 에스라는 그런 반전을 통해 독자들의 마음에 소망을 불러일으킨다. 과거에 왕들의 마음을 움직여 이스라엘에 호의를 베풀게 하셨던 하나님은 장래에도 그렇게 하실 것이다.

둘째로, 라 1–6 장과 7–10 장 사이에 사고상의 병행이 부각된다. 7–8 장에 제시된 에스라의 귀환은 1–2 장에 제시된 이스라엘의 1 차 귀환과 병행된다. 3–6 장에 제시뒤 외적인 문제 해결은 9–10 장에 제시된 내적 문제와 해결과 병행된다. 에스라는 연대를 무시하고 귀환자들의 외적 문제들을 1–6 장에 모두 배치시킴으로, 7–10 장을 따로 제시할 수 있게 되고, 이로 인하여 하나님의 백성이 직면했던 가장 당면하고도 중요한 문제인 내적 문제에 독자들의 초점을 향하게 할 수 있었다. 귀환자들은 자기들이 당면한 문제는 외적인 것이라 생각했을 것이다:

사마리아인들이 성전 재건과 성벽 재건을 방해했다. 그러나 에스라가 보기에 그런 외적 방해는 백성의 핵심 문제가 아니었다. 약속의 땅에 돌아와서 예배를 재개하고, 제단을 재건하고 성전을 재건하는 것들은 모두 외적인 문제이다. 이 모든 외적 노력들은 경배자들의 마음이 순전하고 그 삶이 율법에 순종하지 않는다면 모두가 허사가 되고 마는 것이다. 불순종은 귀환자들로 다시 조상의 전철을 밟아 파멸로 나아가게 할 뿐이었다.

(3) 셋째 변칙 연대 기술

라 6:14 에서 "유다 사람의 장로들이 선지자 학개와 잇도의 손자 스가랴의 권력으로 인하여 전 건축할 일이 형통한지라 이스라엘 하나님의 명령과 바사 왕 고레스와 다리오와 아닥사스다의 조서를 좇아 전을 건축하며 필역하되" 라고 했다. 이 진술은 성전 재건이 완공된 516 년보다 무려 50 년 이상 뒤에 나타난 아닥사스다 조서까지 성전 건축에 도움이 된 양 기술하고 있다.

고레스왕의 조서를 찾은 다리오는 강 서편 총독 닷드내에게 답서를 보내 유대인들의 성전 건축을 방해하지 말고, 신속하게 지원하라고 명한다. 그 결과는 라 6:13-15 에 이렇게 제시되었다:

13 다리오 왕의 조서가 내리매 강 서편 총독 닷드내와 스달보스내와 그 동료들이 신속히 준행한지라 14 유다 사람의 장로들이 선지자 학개와 잇도의 손자 스가랴의 권력으로 인하여 전 건축할 일이 형통한지라 이스라엘 하나님의 명령과 바사 왕 고레스와 다리오와 아닥사스다의 조서를 좇아 전을 건축하며 필역하되 15 다리오 왕 육년 아달월 삼일에 전을 필역하니라

[아바르-나하라 abar-naharah 라는 표현은 에스라에서 14 번 언급되는데, "강 서편" 이라 번역되거나 (West-of-Euphrates 혹은 west of the Euphrates, 한역, NLT, NAB) 유프라테스 건너편 Trans-Euphrates (NIV, NJB), 강 이편 this side the river (KJV), 강 건너편 Beyond the river (KJV, NASB), 강 저편 the other side (pera(n)) 혹은 강 서편 west (espera) of the river" (LXX) 등으로 번역된다. 이 표현은 "고유 명사" 로 처리되어야 한다: Abar-Naharah].

여기서도 주제상의 진전이 연대기적 순서에 우선한다. 라 6:14 에서 아닥사스다의 이름을 언급함으로 예루살렘 성전을 지원한 페르시아 왕들을 한 곳에 모은다. 즉 고레스의 성전 재건 승인에서 아닥사스다의 성벽 재건으로 성전의 보호 혹은 미화(美化)까지 페르시아 왕들은 하나같이 하나님의 일에 호의적으로 참여하였다. 이는 야웨께서 역사의 주인되심을 웅변적으로 입증한다.

신학적으로 6:14 의 구문은 의미심장하다. 에스라는 성전 재건의 성공적인 완수를 우선 하나님의 명령 덕분으로 돌리고, 다음에 고레스, 다리오, 그리고 아닥사스다의 명령 덕분으로 돌린다: 이스라엘 하나님의 명령과 바사 왕 고레스와 다리오와 아닥사스다의 조서를 좇아 전을 건축하며 필역하되. 이런 순서의 단어 배치는 하나님의 명령과 세 왕들의 각기 다른 조서들을 서로 인과 관계를 지닌 사건들로 연결시켜 준다. 하나님의 명령이 있었기에, 고레스와 다리오와 아닥사스다의 명령이 나타난 것이다.

(4) 넷째 변칙 연대 기술 : 시작을 언급하기 전에 끝을 언급

7:1 에 언급된 "이일들 후에" 와 연관된 연대기적 도전들이 너무나 커서 주석가들은 에스라가 자신의 귀환과 연관된 날짜들을 재배치하는 일을 간과하고 말았다. 정상적인 역사 기술 관례에 반하여, 이스라엘의 시간 표시는 에스라의 여행 시작을 언급하기도 전에 그의 여행 끝을 드러냈다. 에스라는 끝 시간으로부터 시작하고 있다. "이 에스라가 바벨론에서 올라왔으니 . . . 8 이 에스라가 올라왔으니 왕의 칠년 오월이라." 그리고 나서 다음 구절은 그가 여행을 출발하던 때를 기술한다: 9 정월 초하루에 바벨론에서 길을 떠났고. 이렇게 끝을 시작에 앞서 배치하는 것은 2 차 귀환 전체에 해당된다. 독자들은 에스라와 그의 무리가 예루살렘에 도착한 해와 달과 날을, 그 여행의 배경이나 준비, 그에 따를 위험들 등을 듣기 전에 벌써 듣는 것이다.

여행의 끝 날짜와 시작 날짜를 제시한 후, 에스라는 여행에 앞선 사건들을 기술하는데 정력을 쏟는다: 아닥사스다의 호의 (7:12–26), 백성을 모음 (8:1–14), 귀환할 레위인을 찾음 (8:15–20), 여행 보호를 위한 기도 (8:21–23), 성전 기명들을 맡김 (8:24–30) 등. 4 개월 가량 걸린 그 긴 여행의 사건들은 거의 전부 생략되고, 오직 우리 하나님의 손이 우리 위에 있어, 그가 우리를 원수의 손에서와 길에 매복한 자들의 손에서 건지셨다고 할 뿐이다 (8:31).
에스라는 흥미롭게도, 그가 이미 기술 초기에 제시한 그 시간 표시를 다시 반복하지 않는다. 귀환자들이 언제 도착했는지 언급하고 (7:8–9), 그는 그들이 도착해서 도착 후에 얼마나 오래 그들이 쉬었는지 만 언급할 뿐이다 (8:32).
이렇게 여러 번 반복되는 에스라의 변칙적 연대 기술은 비평가들에게 자주 시대착오적이라거나 칠칠한 역사 기술이라는 소리를 하게 했지만, 실상 그런 에스라의 기술 방식은 하나님의 백성에 대한 대적 행위와 미래에 대한 소망, 율법에 대한 순종의 중요성, 하나님의 역사에 대한 주권, 그분의 은혜와 선하심을 부각시키려는 전략적 기술 방식이다.

2) 귀환 공동체의 영적 침체

포로 귀환기의 영적 생활은 에스라, 느헤미야, 학개, 스가랴, 말라기서 등이 묘사해 주듯, 침체되고 이방여인들과의 결혼, 율법에 대한 무관심, 예배의 침체 등으로 공동체는 활력을 상실하고 선지자들의 활동도 중단되어 세례 요한의 등장 때까지 **신구약 중간기**라 불리는 영적 암흑기를 맞는다.

4. 신구약 중기

대략 주전 430 년 경의 말라기 선지자로부터 세례 요한 때까지 약 400 년의 기간을 "신구약 중간기" 라 부르기도 한다. 이 기간은 정치적으로 페르시아와 (주전 539–332 년), 헬라 (주전 332–63 년), 로마 (주전 63 이후) 등으로 외국의 지배를 벗어날 수 없었고, 주전 143 년에 헬라에서 독립을 인정받아 독립 운동에 헌신한 마카비 가문의 하스모니아 왕조가 세워졌으나 주전 63 년에 로마의 침공으로 무너지고, 로마 식민지로 전락한다. 이 때 간사하게 로마에 기대어 권력을 쟁취한 에돔 후손인 이두매 족속 출신 헤롯이 유대의 왕으로 세움을 받는다.

4–1. 헬라 시대 (주전 332– 주전 143 년)

1) 헬라 시대 사료 (史料)

이 부분의 역사 사료들로는 헬라 역사가 폴리비우스 (Polybius, 주전 203–120 년 ; 주전 220–146 년의 역사를 다루는 Histories), 디오도루스 시쿨루스 (대략 주전 60–30 년), 로마 역사가 리비 (주전 59– 주후 17 년), 마카비상과 (주전 100 년경) 마카비하 (주전 124 년경), 요세푸스, 아피안 (Appian, 주후 2 세기), 제롬이 언급하는 폴피리의 저작 등이 있다. 이런 1 차 사료에 더하여, 여러 원 자료들을 근거로 마케도냐 제국들의 역사를 조직적으로 제시하는 2 차 역사서들도 좋은 참고가 될 것이다

2) 후계자 전쟁

1 차 주전 322–320 년 ;　2 차 주전 319–315 년
3 차 주전 314–311 년　;　4 차 주전 307–301 년

주전 323 년 바벨론에서 후계자에 대한 대책도 없이 젊은 나이에 갑작스레 임종을 맞은 알렉산더 대제 사후, 제국의 지배권을 두고 장군들 (diadochi) 사이에 실력대결이 시작 되었다. 기마병 대장 페르디카스가 대제 임종 시에 대제로부터 '반지' 를 받은 일이 결정적 계기가 되어 후계자는 알렉산더의 아내 록사네의 (Roxane) 태중에 있는 아기로 하기로 하고, 반지를 받은 자기가 그의 섭정으로 제국을 안정시켜야 하지 않겠는가? 라고 제안한다. 그러나 보병 대장 멜레아그로스를 (Meleager) 비롯한 보병들은 남아일지 여아 (女兒) 일지 모르는 록사네의 태중의 아기를 (이후에 출산한 아이는 Alexander IV Aegus) 기다리는 것보다, 현재 바벨론에 있는 알렉산더 대제의 이복 (異腹) 형제 아리다이우스를 (Philip

III Arrhidaeus; 비록 정신박약자이지만) 왕으로 세워야 한다고 페르디카스의 제안에 정면으로 도전했다. 그 일로 저들 간에 분위기가 험악하게 되었으나, 결국 의견들을 조합하여 타협안이 채택되었다.

섭정 페르디카스는 인격이 별로였던지 병사들에게 인기가 없었고 병사들은 단지 그를 두려워 할 뿐이었다. 그의 섭정으로서의 지휘권은 동료 장군들 사이에서 그렇게 존중되지 못하였다. 특히 톨레미나, 안티파테르 등은 노골적으로 그의 지도력에 반감을 표현했다. 이에 동료 장군들을 제압할 필요를 느낀 페르디카스가 막강한 제국 군대를 이끌고 이집트를 친히 원정했지만, 나일 도강(渡江) 작전 중에 수천 명의 병사들이 강물에 떠내려가거나 악어 밥이 되는 등 개죽음을 당하자 사기가 급락한 병사들 중에 분위기가 험악해지고, 그 여파로 참모들은 자기네 대장을 살해하고 말았다. 이로 인하여 제국은 본격적으로 군웅할거의(群雄割據) 전초전에 돌입하게 된다. 그런데 놀라운 일은 여러 장군들이(각기 총독으로 자리 분배를 받았다) 서로 합종연횡의(合從連衡) 동맹을 맺어 각축전을 벌였으나, 결국 단 8:8 의 예언대로 대략 네 왕국으로 분할되었다는 것이다. 곧 이집트의 톨레미, 동방의 셀루커스, 마케도냐 본국, 그리고 트라케의 리시마쿠스 등.

톨레미는 이집트를 보다 확실하게 방어하기 위한 완충지로 시리아 주를(州) 손에 넣기 원했다. 마침 제국의 섭정(攝政) 안티파테르가 죽고 그의 친구 폴리페르콘 장군이 섭정에 오르자 시리아를 손에 넣기 위한 기회가 도래했다고 판단했다. 그래서 지금의 이스라엘, 레바논, 시리아 등을 전부 총괄하던 시리아의 총독 라오메돈에게 거금을 제공하며 시리아 통치권을 넘길 것을 요청했지만, 거절당하자 육해군을 동원하여 신속하게 시리아 정복을 단행하여 라오메돈을 사로잡는 성과까지 거두었다(주전 320 년).

그러나 시리아의 지배는 단명으로 끝이 났다. 대부분 지역을 유메네스에게 상실했고, 다음에는 안티고누스가 유메네스를 쳐서 그 지역을 장악했다. 이제 톨레미에 대한 위협은 소아시아로부터(지금 터키) 시리아, 이란까지 전부 장악한 안티고누스였다. 주전 315 년 안티고누스가 바벨론의 총독 셀루커스를 해임시키자 셀루커스는 톨레미에게로 도피했다. 이에 톨레미는 카산더, 리시마쿠스 등과 연합하여 안티고누스에 영토 할양을 요구했다. 톨레미는 물론 시리아 할양을(割讓 땅을 쪼개어 내어 줌) 요청했다. 이즈음에 안티고누스가 먼저 헬라 도시들의 지원을 얻고자, 저들에게 자유를 약속했다. 이에 질세라 톨레미도 뒤이어 똑 같은 선언을 하였다.

그러나 이 3 차 후계 장군들의 전쟁은 톨레미에게 불리하게 전개되었다. 안티고누스가 가자와 욥바를 점령하고 팔레스틴을 확보하였다. 외눈박이 안티고누스는 자기 아들 더메트리우스를 이 지역에 남기고 자신은 마케도냐를 치기 위해 북상했다. 톨레미는 312 년에야 반격에 나서 가자에서 더메트리우스를 패배시킬 수 있었다. 311 년 체결된 평화 조약에서 톨레미는 이집트의 지배권만 인정받았을 뿐 시리아는 얻지 못했다. 톨레미는 312 년에 키프루스를 방문하고 그곳을 확보하여 우수한 해군 기지를 손에 넣게 되었다. 주전 308 년에는 잠시 안티고누스와 동맹하여 펠로폰네스 지역에 마케도냐의 지배자로 헬라를 점유한 카산더를 치고자 대규모 원정 함대를 파견하기도 했다. 그러나 헬라에서 지지를 받지 못하고 철수하고 말았다.

주전 307 년에 제 4 차 후계 장군들의 전쟁이 발발한다. 이제 전쟁의 주 무대는 헬라와 에게 해였다. 306 년에는 로데를 (Rhodes) 동맹으로 확보할 수 있었다. 그러나 안티고누스의 아들 더메트리우스가 306 년 키프루스를 침공하여 살라미스 해전에서 톨레미 해군을 격파시킨다. 이 기회에 안티고누스와 그 아들은 모두 왕위에 등극한다. 톨레미는 305 년 안티고누스가 이집트 원정을 포기하자, 스스로 왕위에 등극한다. 이제 너도 나도 장군복을 벗고 왕으로 행세했다. 더메트리우스는 키프로스 승전 이후 로데로 (Rhodes) 진격하여 포위공격을 감행했다(주전 305-304 년). 이 때 톨레미 해군은 안티고누스의 대 함대망을 뚫고 로데에 (Rhodes) 물자를 공급하는데 성공한다.

톨레미는 안티고누스를 대항하는 동맹을 체결하는데(주전 303 년 리시마쿠스, 카산더, 셀루커스, 톨레미) 이 때 각자가 군대를 내어 안티고누스를 치기로 협약했다. 그러나 주전 301 년 입수스 전투로 동맹이 승리했으나, 톨레미는 자신의 군대를 파송하지 못하고, 오직 현재 네르 에르-케비르라 불리는 엘리우테루스 강까지 (Eleutherus, 오늘날 레바논 북부 국경) 정복하는 데 머물렀다. 코일레-시리아라 (Coele-Syria 시리아 계곡) 불린 시리아는 승전한 동맹의 영토 분배에서 셀루커스에게 할당되었다. 참전하지 못한 톨레미가 현재 시리아를 지배하고 있었지만, 참전하지 아니하여 영토 분배에서 배제당하고, 명목상 지배권은 이제 셀루커스에게 돌아갔다.

이리하여 당시 코일레-시리아 지역의(오늘날 가자에서 시리아까지) 향배가 불투명하게 되고 말았다. 셀루커스에게 시리아가 할당되었지만, 실질적으로 이 지역은 현재 톨레미 지배하에 있었기 때문이다. 톨레미에게 이전에 크게 신세를 졌던 셀루커스로서는 '입수스' 전투 결과로 자기에게 할당된 시리아를 내어 놓으라고 톨레미에게 당당하게 요청할 처지가 되지 못했다. 불운한 처지에 있었을 때 자기에게 베푼 톨레미의 은공을 결코 모른 체 할 수 없었기 때문이다. 그래서 어정쩡하게 시리아에 대한 톨레미의 지배를 묵인하는 수밖에 없었다. 이것이 이제 단 11 장에 기술되는 소위 일련의 "시리아 전쟁들" 의 직접 원인이었다.
주전 294 년 톨레미는 당시 헬라 지배권에 관심을 집중하던 더메트리우스에게서 키프루스를 탈환하고 288/7 년에는 시돈과 두로를 점령한다. 80 대에 들어선 톨레미는 285 년에 정무를 중단하고 자기 아들 톨레미 2 세에게 정권을 맡기고 283 년에 천수를 (天壽) 마쳤다. 280 년에는 셀루커스가 살해당한다. 이로써 시리아 지배권에 직접 연관된 당사자들이 사라졌다.

3) 시리아 전쟁 : 톨레미 왕조와 셀루커스 왕조 사이 (단 11:3–45)

성경이 세계 역사를 언급할 때는 항상 하나님의 백성 이스라엘과 연관하여 그리한다. 여기서도 시리아 전쟁을 세세히 언급하는 이유는 그 당시 이스라엘이 시리아 주에 속하여 그 귀속의 향방이 이스라엘 백성에게 직접 연관되었기 때문이다.
팔레스틴 지방을 놓고 톨레미 왕조와 셀루커스 왕조 사이에 "시리아 전쟁" 이라 불리는 6 차에 걸친 혈전이 벌어졌는데, 두 왕조 사이의 충돌은 시리아 (팔레스틴 + 시리아) 쟁탈이 핵심 목표이긴 했어도, 두 군대의 충돌은 에게 해 지역의 지배권이나 소아시아 지역에 대한 지배권 등과도 연관이 있었다. 단 11 장에서 언급되는 시리아 전쟁들은 (Syrian Wars) 2 차 (260–253 년, 6 절), 3 차 (246–241 년, 7–9 절), 4 차 (219–217 년, 10–14 절), 5 차 (202–195 년, 15–20 절), 6 차 (171–168 년, 21–28 절) 등이다.
단 11 장 예언은 아주 세세하게 역사적으로 성취되었다. 이에 대한 반응은 두 가지인데, 하나는 성경을 하나님의 말씀으로 신뢰하는 이들의 반응이요 다른 하나는 부정하고 비평하는 이들의 반응이다. 전자는 예언의 정확성에 놀란다. 반면 비평적인 합리주의자들은 이런 세세한 역사적 예언은 있을 수 없는 일이며, 이런 기록은 예언이 아니라 역사적 사건들이 일어난 후에 예언인 양 기록한 '거짓 예언 (vaticinium ex eventu)' 이라 한다. 비평가들이 대개 다니엘서를 주전 165 년경의 저작물로 보는 중요한 이유가 바로 여기 11 장의 예언이 너무 세세하게 역사적 사실과 부합된다는 사실 때문이다.
섭정 페르디카스 사후 시리아 북부 트리파라디수스에서 열린 회의에서 (Treaty of Triparadisus) 바벨론을 분배받았던 셀루커스가 새로운 강자 안티고누스에게 굴복하길 거절하고, 바벨론에서 도피하여 톨레미의 이집트로 망명하여 거기서 3 년간 머물며, 바벨론을 다시 정복하고 세력을 만회하는데 톨레미에게 절대적 신세를 졌기 때문에, 301 년 입수스 전투에서의 승자들인 셀루커스와 리시마커스, 카산더 등의 영토 분배 시 자기 몫으로 떨어진 시리아 남부를 (Coele Syria) 현재 점령하고 있는 톨레미에게 내어 놓으라고 말할 계제가 되지 못했다는 것은 앞서 언급한 바와 같다. 그런데 이것이 두고두고 양국 간의 분쟁의 불씨가 되고 전쟁의 동기로 작용하게 될 줄 누가 알았겠는가?

톨레미 왕조	유대인	사독계 제사장	셀루커스 왕조
톨레미 I Lagi 323-285		Onias I 323-300 (or 290)	Seleucus I Nicanor 312/280
301 년에 팔레스틴 점령	톨레미 지배	Simeon I the Just 오니아스 아들	Anitochus I Soter 280-261
Ptolemy II Philadelphus 285-246	Ben Sire 출생 250 년경	Manasse (Simeon I 의 삼촌)	Antiochus II Theos 261-246
Ptolemy III Euergetes 246-221	264-241 년 1 차 포에니 전쟁		Seleucus II Callinicus 246-226
			Seleucus III Ceraunus 226-223
Ptolemy IV Philopator 221-203	219-201, 년 2 차 포에니전쟁	Onias II (Simeon I 의 아들 , 219 死)	Antiochus III 대제 223-187
	셀루커스왕조지배	Simeon II (Onias2 아들) 219-196	팔레스틴 정복 (200-198)
Ptolemy V Epiphanes 203-181	벤 시라 지혜서 180 년경 출간	Onias III (Simeon II 의 子)196-174	Seleucus IV Epiphanes 175-164
	성전 훼파 (167 년 12 월)		
Ptolemy VI Philometor 181-146 170164 Ptolemy VII 공동통치		Menahem (Menelaus) 171-162 (비 - 사독계 찬탈자)	Antiochus V 164-162 Demetrius I 162-150
		Jacim (Alcimus), 비합법적 사독계 162-159	
	Judas Maccabeus 166-16	마카비 대 제사장들	Alexander Balas 150-145
Ptolemy VII Ptryskon Euergetes 146-11	성전 재 봉헌 (164 년 12 월)	Jonathan 152-143/2 Simon 142/42-134 John Hyrcanus I (134-104) Aristobulus I(104-103) Alexander Jannaeus (103-76) Salome Alexandra (76-67) Hyrcanus II (67-66, 63-40)-Rome Aristobulus II (66-63) Antigonus (40-37)-Parthia	Demetrius II 145-140
			Antiochus VI 145-142
			Tryphon 142/141 -138
			Anitochus VII 138-129
			Demetrius II (2 차) 129-126/5
	벤시라헬라어번역 117 년 이후	Herod the Great (37BC-4AD)	Alexander Zebinas 128-122

4–2. 하스모니아 왕조 (주전 142–63 년)

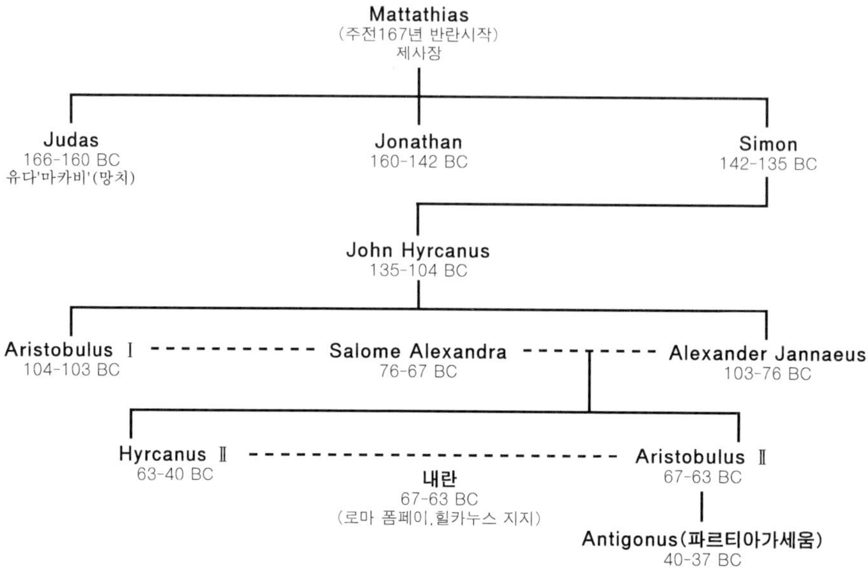

팔레스틴을 놓고 톨레미 왕조와 셀루커스 왕조 사이에 벌어졌던 시리아 전쟁은 6 차로 종결되고, 팔레스틴은 셀루커스 소유로 귀착되었다. 안티오쿠스 4 세는 자기 제국 내의 안정을 도모하고자 사상 통일의 일환으로 (마카비상 1:41 "그 후 안티오쿠스 왕은 온 왕국에 영을 내려 모든 사람은 자기 관습을 버리고 한 국민이 되어야 한다고 했다") 특이한 종교 관습으로 타 민족에 배타적인 유대민족의 유대교를 박멸하기로 결심하고, 안식일 금지, 율법책 소지 금지, 할례 금지, 제단에 돼지를 제물로 제사 지내도록 강제, 성전에 제우스 제단 세우고 돼지 제물 바쳐 더럽히는 등의 극단적인 억압 조치를 취했다. 이를 어길 시는 무조건 사형에 처했다.

이런 가운데 다수의 유대인들이 배교했으나, 모디인 (Modiin) 출신 제사장 맛다디아는 주전 167 년 셀루커스 정부 관리가 헬라 신들에게 제사를 지내도록 명하자, 거절할 뿐 아니라 제사 지내고자 제단으로 나서는 동족 유대인을 자기 손으로 쳐 죽이고, 그 관리까지 쳐 죽이고 "누구든지 율법을 위한 열성을 가진 자, 언약을 지키는 자는 나를 따르라!" 고 외쳤다. 그의 아들 유다 마카비, 요나단, 시몬 등이 게릴라전으로 막강한 셀루커스의 정규군을 괴롭히고 놀라운 승리를 거두기 시작했다.

이런 독립 전쟁은 주전 167 년부터 시작되었고, 주전 164 년에는 예루살렘 성읍과 성전도 탈환하여 성전에서 우상을 제거하여 정결케 하고 재 봉헌(奉獻)하였다 (수전절, 하누카). 이후로 지속된 독립 전쟁에서 승기를 (勝機) 잡은 마카비 무리는 마침내 주전 142 년 셀루커스 왕조에 의해 독립을 보장받고, 맛다디아의 아들 시몬을 시작으로 그의 후손들이 왕 – 제사장의 신정(神政) 통치를 하는 하스모니아 왕조가 수립되었다 (마카비상 14:41). 로마 원로원은 주전 139 년에 하스모니아 왕가의 독립을 인정했다.

4–3. 로마시대 (주전 63 년 이후)

하스모니아 왕가는 시몬 (주전 142–135 년), 힐카누스 I 세 (주전 135–104 년), 아리스토불루스 1 세 (주전 104–103 년), 얀내우스 (주전 103–76 년), 살로메 알렉산드라 (주전 76–67 년), 힐카누스 II 세 등으로 계승되었는데, 힐카누스 2 세가 즉위하여 3 개월 정도 통치했을 때, 동생 아리스토불루스 2 세의 반란이 일어나 형제간의 왕권 쟁탈전이 벌어졌다. 여리고 근방에서 접전할 때, 힐카누스 휘하 병사들 다수가 아리스토불루스 편으로 넘어감으로 힐카누스는 패배하고 말았다. 힐카누스가 예루살렘 요새로 피신했지만, 아리스토불루스가 성전을 점령하여 결국 힐카누스는 항복했다. 힐카누스는 왕권과 대제사장직을 포기하고 대신 대제사장의 사례비만 받기로 계약을 맺었다. 그러나 힐카누스의 참모였던 이두메인 안티파테르가 형제 사이의 불신을 적극 조장하고, 아리스토불루스가 당신을 죽이려 한다고 부채질함으로 힐카누스는 결국 나바티아 왕 아레다스 3 세에게로 피신한다. 안티파테르는 이미 나바티아 왕에게 하스모니아 왕조에서 탈취한 아라비아 성읍들을 되돌려 주기로 약속하고 힐카누스를 유대 왕으로 복귀시켜 주기를 요청했던 것이다. 나바티아 왕은 5 만의 군사로 예루살렘을 공격하여 수개월을 포위하였고, 포위 기간 동안에 힐카누스 추종자들은 당시 대 제사장 오니아스를 돌로 쳐서 죽였다.

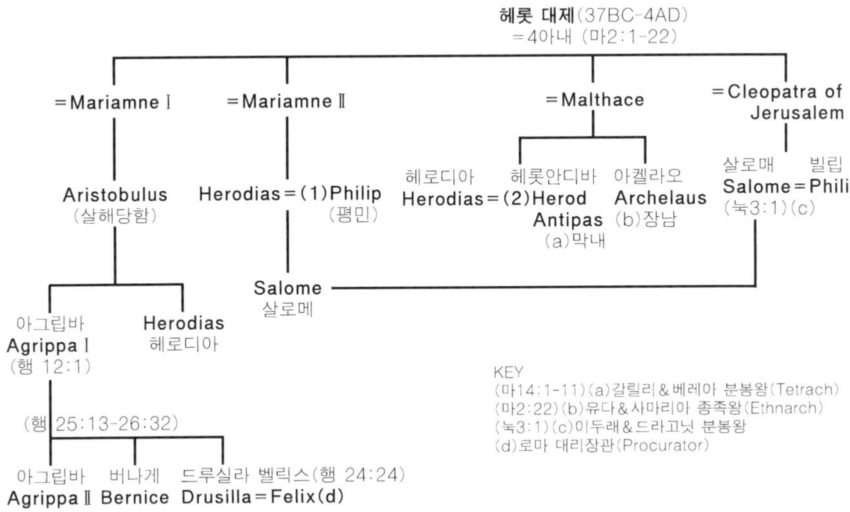

이런 내란 기간에, 로마의 폼페이(Pompey, 주전 106-48 년) 장군은 폰투스와 (Pontus; 지금의 터키 북동부) 셀루커스 왕국을 패퇴시키고 부장 마르쿠스 스카우루스를 보내 셀루커스 왕조의 시리아를 접수하도록 했다. 스카우루스는 아리스토불루스의 뇌물에 눈이 멀어 그를 지지하고 나바티아 군에게 퇴각을 명했다. 주전 63 년에 폼페이가 시리아에 도착하자, 하스모니아 왕가 양편의 사절과 하스모니아 왕가를 아예 제거해 달라는 제 3 자 사절단이 폼페이를 만나 자신의 주장을 내세운다. 폼페이는 현재 약자이지만 장자인 (長子) 힐카누스가 로마 제국에 유익하리라는 판단 하에 힐카누스를 지지하여 그를 대제사장직에 복귀시키지만, 왕권은 돌리지 않고 대신 그의 참모였던 나중 헤롯 대왕이 되는 헤롯의 부친 안티파테르에게 정치적 실권을 부여한다.

주전 40 년 유다의 형세는 다시 소용돌이로 변한다. 당시 로마에 맞설 수 있었던 유일한 강국 파르티아 (Parthia) 가 유다를 침공하여, 아리스토불루스의 아들 안티고누스를 왕과 대 제사장으로 세웠기 때문이다. 안티고누스는 자기 큰 아버지 힐카누스를 잡아서 귀를 잘라 영원히 대제사장의 자격을 제거해 버렸다. 힐카누스는 파르티아인들에 의해 바빌로니아로 잡혀 갔고, 거기서 4 년을 지냈다.

주전 36 년 다시 정국은 돌변했다. 안티파테르의 아들 헤롯이 로마의 지원을 업고 안티고누스를 패배시킨 때문이다. 헤롯은 힐카누스가 파르티아인들을 사주하여 다시 예루살렘을 침공할 것을 염려하여 그에게 대제사장직 수여를 조건으로 귀국하도록 종용하였고, 이에 귀국한 그를 환대하는 척 하다 나중 누명을 씌워 처형시켜 버렸다.

안티파테르는 교활하고 능란한 외교술로 폼페이 편에 가담하여 그의 환심을 사고, 폼페이가 율리우스 시저와 대결할 때는 유리한 시저 편에 붙어 그의 환심을 샀다. 로마를 등에 업고 그는 자신의 정치적 입지를 다진 후에, 자기 아들 파사엘과 (Phasael) 헤롯을 (후에 헤롯 대왕) 예루살렘과 갈릴리 총독으로 각기 세우는데 성공한다. 에돔 후손인 이두메인 헤롯은 하스모니아 왕가의 마리암과 (Mariamne) 결혼하여 유대적 합법성도 취득하려 했고, 로마의 신임을 얻어 유대 왕의 자리까지 얻는다. 이 교활한 헤롯 대왕 통치기에 우리 주님은 베들레헴에서 태어나셨다 (마 2:1-22).

4-4. 유대교 역사

유대교는 (Judaism) 기독교나 기타 다른 종교와 구분되는 유대인들이 종교이다. 저들은 주일 대신 토요일을 안식일로 지키고, 그 날 자기들의 회당에 모여 예배를 드린다. 저들은 구약 성경만을 정경으로 가지며, 구약 율법을 문자적으로 지키고자 시도한다. 예컨대, 안식일에 하지 말아야 할 것 39 가지가 (mela'kot) 있는데 (미쉬나 Shabbat 7.2),

그것들은 1) 땅을 기경하는 일, 2) 씨 뿌리기, 3) 수확, 4) 곡식 단 묶기, 5) 탈곡, 6) 키질, 7) 선별 (selecting), 8) 곡식 빻기, 9) 체질, 10) 반죽, 11) 빵 굽기, 12) 양털 깍기, 13) 양털 씻기 (표백), 14) 양털 썰기 (beating wool), 15) 양털 염색, 16) 실잣기 (spinning), 17) 베 짜기, 18) 두 고리 만들기 (making two loops 뜨개질), 19) 두 실 꼬기 (weaving two threads) 20) 두 꼬인 실타래 풀기 (separating two threads), 21) 뜨개에서 매듭 (tying), 22) 풀기 (untying), 23) 두 땀 꿰매기 (sewing stitches), 24) 꿰매기 위해 찢는 일 (tearing), 25) 사냥 함정 놓기 (trapping), 26) 도살, 27) 껍질 / 가죽 벗기기, 28) 소금으로 절이기 혹 무두질 (tanning), 29) 짐승가죽 보존, 30) 가죽 문지르기 (scraping hide), 31) 가죽 잘라 모양 만들기 (cutting hide to shape), 32) 두 세 글자 쓰기, 33) 쓰기 위해 두 세 글자 지우기, 34) 건축, 35) 건물 파괴, 36) 불끄기, 37) 불 지피기, 38) 어떤 일 마무리 (망치로 치기), 39) 어떤 물건을 개인 영역에서 공적 영역으로 옮기기, 공적 영역 내에서 4 큐빗 거리 옮기기 등이다.

유대교의 역사는, 1) 구약시대 (주전 586 년까지), 2) 구약 이후시대 (주후 70 년까지, 3) 팔레스틴 시대 (주후 375 년까지 유대 학교들이 팔레스틴에 있을 때), 4) 동방 시대 (바벨론에 유대교 중심이 있을 때, 주후 1000 년까지), 5) 유럽 남서부 시대 (1492 년 스페인에서 추방되기까지), 6) 강제로 유대인 거주 지역에만 (게토) 사는 시대 (19 세기 초반까지), 7) 현재까지 등의 일곱 시대로 구분할 수 있다 (J. Morgenstern 1920:8).

구약 이해에 탈무드와 미드라쉬와 같은 유대교 문헌을 빼 놓을 수가 없고, 이들을 산출한 제 2 성전 파괴 이후 유대교의 발전사를 약간 언급해야 한다. 주후 70 년에 예루살렘 성전이 파괴당하고, 이제 유대교는 성전과 제사장이 아니라, 회당들과 랍비들 중심으로 발전하기 시작한다. 그래서 이후 유대교를 "랍비 유대교" 라 할 수 있다. '랍비' 란 개신교의 목사, 구교의 신부에 (神父) 해당되는 유대교의 성직자들이다. 성전이 없어지고 회당에서 랍비들의 인도 하에 예배를 드림으로 제사 대신 기도와 성경 말씀 연구가 크게 부각되었다. 이런 변화로 인하여 유대교 신자들의 삶을 규정하는 오경의 법규에 대한 주석인 '미쉬나' 와 (탈무드) 유대교 회당에서의 성경 강해집이라 할 수 있는 '미드라쉬' 가 발전한다.

유대교에서는 오경을 근본 영감된 책으로, 선지서나 성문서는 2 차적 영감된 책들로 이해한다. 매일의 삶은 율법의 준수를 통해 이루어져야 하므로, 오경이 가장 중시된다. 음식법규나 (카쉬룻 Kashrut) 안식일 규정들, 매일의 기도나 주간, 월간, 년간 단위의 '기도문들' 이 발전하고 태어난 지 8 일 만에 남아는 '할례' 를 받아 하나님의 언약 백성으로 받아들이고, 13 세에는 자신의 영적 생활에 책임을 지는 성년으로 ('바 미츠바,' 율법 [계명] 의 아들) 유대교 공동체에 영입되었다.

바울 신학과 유대교 사상에 대한 새로운 시각

근년에 기독교 학자들의 유대교 사상에 대한 이해에서 큰 변화가 있었다. 바울 사도가 랍비 유대교의 율법주의를 정죄한다는 전통적 기독교 해석은 유대교와 바울 사고에 대한 오해라고 주장한 샌더스를 (E. P. Sanders) 필두로 나타난 새로운 시각의 등장 때문이다. 전통적 기독교의 유대교나 바울 이해는 주로 개인주의 측면에서 접근하면서 집단적 특권 혹은 혜택의 사고를 무시했다고 한다. 전통적인 기독교의 바울 이해에 의하면, 바울 사도는 율법을 지킴으로 구원을 얻는다는 유대교의 주장에 대하여, 그리스도를 믿음으로써만 구원을 얻는다고 주장했다는 것이었다.

그러나 샌더스는 유대교도 율법을 지킴으로써가 아니라, 믿음으로 구원을 받았다고 주장하고, 기독교 이전 유대교와 바울 사도의 가르침 사이의 근본 차이는 오히려 "어떻게 한 사람이 하나님의 백성의 일원이 되는가?" 하는 사고에서 발견된다고 했다. 샌더스는 유대교의 사상을 "언약 율법주의 (covenantal nomism)" 라 부르는데, 유대인은 하나님께서 아브라함과 맺은 그 언약 덕분에 하나님의 백성의 일원이 되었고, 율법을 지킴으로 그 언약 안에 머문다고 주장한다. 샌더스에 의하면, 바울의 사고는 "참가자 종말론"이며 (participationist eschatology), 그 사고에서 하나님의 백성의 일원이 되는 것은 그리스도를 믿음으로만 가능하고 따라서 옛 언약은 더 이상 충분치 않다는 것이다. 그런데 일단 기독인이 되면, 기독인으로서 따라야 할 행동 원리가 있다. 그 원리는 구약 성경에도 근거하나, 구약의 전체 국면을 다 포함하지는 않는다. 유대교에서나 기독교에서 모두 하나님의 선택의 은혜와 그 은혜로 지원되는 개개인의 적절한 행위가 필요하다. 그러므로 유대교와 기독교를 가르는 경계선은 그리스도에 대한 믿음이다.

샌더스는 바울 사도의 "참가자 종말론" 의 근거를 몇 가지로 제시하는데 (E. P. Sanders 1977:453 이하), 1) 성도는 그리스도 몸의 지체들이다. 고전 6:15 에서 "너희 몸들은 그리스도의 지체들이라" (τὰ σώματα ὑμῶν μέλη Χριστοῦ ἐστιν) 했고, 고전 10:16 에서 "우리가 축복하는바 축복의 잔은 그리스도의 피에 참예함이 아니며 우리가 떼는 떡은 그리스도의 몸에 참예함이 아니냐?" 고 말하고 (κοινωνία 참여), "떡이 하나인 것처럼, 우리가 많지만 한 몸이다; 왜냐하면 우리가 다 한 떡에 참예하기 때문이다" 라고도 (NJB) 한다. 이와 유사한 구절들로는 고전 12:12, 13, 갈 3:25–29, 롬 12:4–6 등이 있다.

2) 주와 합한 자는 그와 한 영이 되었다 (고전 6:17). 고전 12:13 에서 성도들은 "다 한 성령으로 세례를 받아 한 몸이 되었고 또 다 한 성령을 마시게 하셨느니라" 고 말씀한다. 성도들은 성령님이 그 안에 거하시는 성전이다. 거꾸로 우리는 성령님 안에 거한다 (롬 8:9–11). 성도는 자기 안에 성령님을 모시고 있고, 성령님 안에 있으므로, 성령님으로 우리는 행해야 하고, 성령님으로 인도를 받아 성령님의 열매를 맺어야 한다 (롬 8:9–14, 고전 6:19, 갈 5:16–25).

3) "그리스도 안에" 있으면 새로운 피조물이다 (고후 5:17). 그리스도 예수 안에 있는 자들에게는 결코 정죄함이 없다 (롬 8:1). 4) 성도는 그리스도의 것, 그리스도의 종이다. 성도가 그리스도 안에 있고, 그분이 내 안에 계신다면, 당연한 귀결이 우리는 그에게 속하였다. 곧 그의 것이라는 것이다. 그러므로 우리는 사나 죽으나 주의 것이다 (롬 14:8).

이런 여러 사고들을 종합한다면, 하나님은 그리스도를 세상의 주와 구세주로 임명하셨다. 그를 믿는 자는 누구나 미래에 다가올 완전한 구원의 보증으로서, 또한 현재로 그리스도의 몸에 참여하는 것으로 간주되고 그리스도와 함께 한 영이 되는 보증으로 성령님을 갖는다. 이렇게 그리스도께 속하여 성령님으로 행하는 자는 이미 장래 영원한 나라에 참여한 자들이다.

이런 샌더스의 주장은 제임스 던이 적극 옹호하고 발전시킨다 (J.D.G.Dunn 1983, 1990:183–214). 던은 특히 율법의 사회적 역할에 주목했다. 던은 "정체성" 과 "경계선" 을 말하는데, 마카비 시대에 특히 유대교에서 할례와 음식법, 안식일 준수 등이 참 하나님 백성의 정체성과 저들을 이방인들에게서 구분하는 경계선 역할을 하게 되었다고 지적한다. 즉 그것들만이 유대교를 이교들에서 구분하는 정체성 표지가 된 것은 아니었지만, 안티오쿠스 4 세의 공격 때문에 마카비 시대에 그런 것들이 유대교에 대한 충성의 리트머스 시험지 역할을 하게 되었고 그 후로 유대교에서 하나님의 백성을 이방인과 구분하는 근본 표지들로 작용하게 되었다는 것이다. 바울 사도는 바로 이런 것들을 직접 공격하면서 그런 것들이 하나님의 백성의 정체성을 결정하는 요소는 아니라고 한다.

기독교로 개종한 유대인들 중에서 여전히 유대교적 사고에 물든 유대주의자들은 그리스도를 믿었어도 구약의 율법을 준수해야 한다고 주장했다. 예컨대, 할례를 받아야 하고 안식일을 지켜야 하며 음식법을 지켜야 한다고 했다. 그렇지 않으면 구원을 받을 수 없다는 생각이었다. 그러나 바울 사도는 그런 율법 준수는 구원과 무관하며 오직 믿음으로 구원을 얻는다고 주장했다.

유대주의자들은 그렇다면, 믿음으로 구원을 얻어 믿음의 백성의 표지로 율법의 여러 조항을 지켜야 한다고 생각하는 유대교 사상에서도 더 나아가, 기독인들은 (그리스도를 믿었어도) 율법을 지켜야 구원을 얻는다고 좀 별다른 사상을 가졌던 것인가? 즉 믿음으로 구원 얻는다는 사상을 가진 유대교에서의 퇴보인가? 적어도 구약 전체의 사고에 비추어 본다면, 샌더스가 지적한 유대교의 사고는 적절한 것이다. 왜냐하면 구약에서 율법은 구원을 얻는 방편으로 주어진 것이 아니라, 믿는 백성들에게 믿음의 길을 안내하기 위한 길잡이로 주어졌기 때문이다.

제II부 총 론

제II부 총 론
A. 구약 연구사
1. 서론적 고찰

“(성경) 개론” 이란 말의 유래

“구약 개론” 이란 (Introduction to the Old Testament) 말은 원래 “성경개론” 으로 (Biblical Introduction) 신구약 전체를 다루는 학문 분야였다. 이 말은 성경에 대한 올바른 주해에 예비적인 그런 주제들이나 질문들 전체를 다루는 분야라는 의미였다. 그 다루는 내용으로는 성경의 기원, 성경이 기록된 원래 언어들, 그 번역본들, 성경 본문의 역사 등이 포함되고, 성경 전체에 해당되는 사항을 다루는 총론과 각 책을 다루는 특별 각론으로 구성되었다.

“개론” 이란 (영어 Introduction, 독어 Einleitung) 말을 처음 사용한 이는 안디옥 학파 소속 헬라인 수도사 하드리안인데 (Adrianus 주후 450 년경 사망) 그가 사용한 말은 Eisagoge eis tas Theias Graphas (‘에이사고게’ 에이스 타스 테이아스 그라파스 (「신적 책들에 대한 ‘서론’」). 헬라어 “에이사고게” 란 말은 후대 헬라어 문헌들에서만 나오며, 아드리안은 (성경에 대한 바른 이해의) “서론” 이란 의미로 사용했다. 아드리안의 그 책은, 성경을 잘 모르는 이들을 돕기 위해 성경에 나오는 특이한 표현들이나 단어들을 이해하기 쉽게 설명하는 목적으로, 다빗 호셸이 (David Hoschel) “아드리안의, 설명을 곁들인 헬라 성경에 대한 서론” 이라 제하에 처음 출판되었다 (Augustse Vindobonae, 1602, 4 권 ; 나중 “거룩한 비평에서 [Critici Sacri] 재판). 아드리안 이전에도 유사한 작품에 대한 필요를 느끼고 있었고, 유사한 경향의 책들이 이미 통용되고 있었지만, “에이사고게” 란 제목을 갖지는 아니했다. 주후 2 세기 후반의 인물인 사데의 멜리토 (Melito of Sardis) 는 “헤 클레이스” 란 (He Kelis* 열쇠 [신구약 성경의 ‘열쇠’] 제목의 책을 저술하였다. 후대에 저술된 “렉세이스” 란 * (말씀들) 제목도 유사한 성격의 책들이다.

[* 헬라어 ἡ κλείς 열쇠 ; λέξεις 말씀들 ; 라틴어 clavis 열쇠, 못]

성경 개론의 간략한 역사

시 18 편에는 “성가대 지휘자를 위하여. 야웨의 종 다윗의 시편. 주께서 다윗을 그의 모든 원수들의 손에서와 사울의 손에서 건져낸 때에 다윗이 이 노래를 야웨께 불렀다” 는 표제가 붙어 있다. 이는 시 18 편을 소개하는 서론과 같은데, 이 시편과 병행되는 삼하 22:1 에는 “여호와께서 다윗을 모든 대적의 손과 사울의 손에서 구원하신 그 날에 다윗이 이 노래의 말씀으로 여호와께 아뢰어” 라는 서론이 제시되었다. 이런 한 시편에 대한 서론은 어떤 성경 (구약) 책에 대한 저자, 저작 장소나 때에 관한 정보를 기술하던 유대교 회당 전통으로 볼 수 있다. 초대 교회에서나 중세 교회에서도 유대교 회당이 제시한 그런 정보를 얻어서 각 책에 대한 정보를 다듬어 발전시켰다 (L. Diestel 1869:196 이하).

그런 예는 제롬이 성경 각권에 첨가한 서문들에서 전형적으로 나타난다. 제롬처럼, 각 책에 대한 간단한 소개에 머물지 않고, 언어, 지리, 역사, 주석 등에 관한 여러 설명들을 제시하는 연구들도 간간히 나타났다. 앞에서 언급된 “하드리안” 의 성경 개론 외에, 티코니우스 (410 년경), 어거스틴 (430 년경), 유닐리우스 아프리카누스 (550 년경), 마그누스 아우렐리우스 카시오도루스 (585 년경), 중세기의 시빌레의 이시도레 (636 년경), 리라의 니콜리스 (1340 년경) 등이 그런 것들인데, 특히 이 리라의 니콜라스는 유대인 학자들인 라쉬 (주전 1105 년), 이븐 에스라 (1167 년) 등의 작품들을 기독교인들에게 소개하는 기여를 하였다.

“히브리어 성경과 현대 해석자들” 이란 책의 편집자들은 (D. A. Knight, Gene M. Tucker 1985:xiii) 교회사를 통한 성경 연구들을 몇 문장으로 요약하면서 계몽 시대 이전에는 성경 연구가 대개 신앙적 이유 때문이었지만 (교부들의 교리 정립을 위한 성경연구와 중세기 목회적 필요에 의한 주석들; 유대교 맛소라 학자들의 히브리어 본문 고착과 전달 등), 17-18 세기에 역사 – 비평적 방법론이 등장하면서 성경 연구의 "의도" 에서 결정적 변화가 생겨났다고 지적했다. 계몽 시대 이후로 성경연구의 의도는 신앙적인 것이 아니라, 성경을 여타 문헌들과 동일한 차원에 두고 신앙과 무관하게 고전 문헌의 하나로서 연구하게 되었다. 성경연구의 "의도" 는 더 이상 신앙과 교회를 위한 것이 아니라, 그 반대인 경우가 허다하다. 성경을 역사 – 비평적으로 연구함으로 전통적으로 믿어져 온 바를 허물고, 교회의 신앙을 약화시키려는 반 – 교회적 의도가 다분히 작동한다.

독일의 칼쉬타트 (1520), 프랑스의 리차드 시몽 (구약 비평사 1685), 화란의 스피노자 (신정론 1670), 독일의 요한 젬러 (정경에 대한 자유로운 비평론 *Abhandlung von freier Untersuchung des Kanon* [1771-75], 구약에 대한 자유로운 해석 장치 *Apparatus ad liberalem Veteris Testamenti interpretationem* [1773]) 등이 성경에 비판적 시각을 드러냈는데, 이런 성경에 대한 비평적 경향은 근본적으로 말해 신앙의 타락에 다름 아니었다.

상황이 이렇게 전개된 이면에는 몇 가지 요인들이 존재한다: 1) 종교 개혁 이전에 유행한 휴머니즘 사고 (성경도 여타 문헌과 동일하게 비평적으로 취급함으로 후대 역사 비평적 성경연구의 효시가 되었다; J. H. Bentley 1983:40); 2) 로마 카톨릭의 일부 학자들이 (예컨대, 리차드 시몽) 개신교의 "오직 성경만으로" 라는 슬로건을 쳐부수기 위해 성경에 대한 비평적 연구를 시도; 3) 종교 개혁 시기의 루터의 성경에 대한 자유로운 비판 정신은 루터파 학자들에게 부정적인 선례를 남겼다; 4) 자연과학과 역사 연구, 지리적 발견 등으로 순진하게 성경으로 세계사와 자연현상을 전부 설명하고자 했던 전통적 교회 해석이 도전과 비판에 직면하다 (G. Hornig 1988:222; K. Scholder 1966:56-104); 5) 영국에서 발흥한 이신론 (Deism) 의 전파로 인간 이성과 충돌하지 않는 한에서만 계시가 유효하다는 사고가 팽배해지다.

앞서 언급한 젬러의 "정경에 대한 자유로운 비평론" 은 성경에 대한 조직적인 비평적 연구의 효시인데 (曉示), 그는 가소롭게도 자신의 불신앙 때문에 그런 책이 기술되었다고 바로 고백하지 아니하고, 자신의 시도는 전체 성경이 하나님의 말씀이라는 정통 신앙적 견해를 의심하면서도 감히 신학자들에게 그런 의심을 발설할 수 없는 목회자들이나 신학생들의 불안과 두려움을 그것이 야기된 케케묵은 성경관에서 해방시키고자 한다고 했다.

1780-83 년에 출간된 아이히혼 (J. G. Eichhorn) 의 구약 개론은 (*Einleitung in das A. T.*) 근대적 의미의 역사 – 비평적 구약 개론의 시작이라 할 수 있는데, 이이히혼이 그의 구약 개론에서 다룬 제 문제들은 주로 정경의 형성, 본문의 역사, 각 책의 기원 등의 문제였고, 현대 구약 비평학계에서는 이런 아이히혼의 개론 방식을 그대로 답습한다.

구약 개론의 범위

구약 개론은 초대교회부터 시작된 성경개론의 전통에 비추어 본다면, 구약 전체와 각 책에 대한 이해를 돕는 것이므로, 그 다룰 주제나 범위는 무궁무진하다 할 수 있다. 그러나 한 과목에서 다 다루기 어렵기 때문에, 점차 여러 과목들로 분화되어 갔다. 예컨대, 문법서, 사전, 지리, 고고학, 곤대 근동역사, 구약 신학, 구약 각 책의 주석, 본문 비평, 고대 역본 연구 등으로 분화되어 나가고, 오늘날에는 비평학계에서는 앞서 언급한대로 아이히혼의 방식을 따라 정경 형성사, 각 책의 기원, 본문 전달사 등에 초점을 맞추는 경향이지만, 학자들에 따라서는 각 책의 신학과 문학적 분석, 해석사 등까지 다루기도 한다.

2. 초대교회

380 년경에 도나티스트 티코니우스는 "성경해석 원리들" 이란 책을 저술했고 (F. C. Burkitt), 어거스틴에게 성경 해석에 관한한 지대한 영향을 끼쳤다고 평가된다. 1 천년 간 가톨릭 교회의 성경 해석 원리를 제공했던, 어거스틴의 "기독교 교리" (*De Doctrin Christiana*) 3 권 302 에서 마치 열쇠로 문을 열 듯 성경의 신비한 의미를 여는 일곱 원리들에 관하여 말하고 있는데, 이는 도나티스트파 평신도 티코니우스의 통찰력을 근거로 확대한 것이라 할 수 있다.

티코니우스는 이렇게 말하고 있다:

나는 그 어떤 것을 쓰기 이전에, 율법의 비밀들에 대한 열쇠들과 창문들과 같은 그 무엇을 제공하는 글을 쓰야 한다는 생각이 들었다. 전체 율법의 깊이를 주장하지만, 일반 사람의 눈에 진리의 보물들을 숨기는, 특정한 신비로운 원리들이 있

기 때문이다. 만약 우리가 여기 제시하는 그런 원리들의 논리를 편견 없이 받아들인다면, 모든 닫힌 문은 열릴 것이며, 빛이 모든 모호한 부분들에 비취게 될 것이다. 말하자면, 빛의 길들에서 이런 원리들로 인도를 받아, 예언이란 깊은 숲으로 들어간다면, 오류에서 보호를 받게 되리라 (Dockery 1992:142).

이렇게 말한 티코니우스는 다음과 같은 성경 해석의 일곱 원리들을 제시하고 있다 (G. G. Willis 1950:20) :

1. De Domino et corpore eius (주님과 그의 몸에 관하여)
그리스도와 교회는 하나이며, 성경은 종종 몸과 머리를 함께 가리킨다. 우리는 이성으로 어느 것이 어느 것에 속하는지를 결정할 수 있다.
2. De Domini corpere bipertito (주의 좌우편 몸에 관하여)
교회에서 알곡과 가라지가 함께 공존한다.
3. De promissis et lege (약속들과 율법에 관하여)
하나님은 모두에게 믿음을 주셔서 그리스도를 위한 고난을 견딜 수 있도록 하셨다.
4. De specie et genere (종류들과 종에 관하여)
이는 우리가 예언서 해석 원리로 주장하는 "겉옷과 알맹이 원리" 에 해당되며, 예레미야서, "예루살렘, 다윗 왕가, 레위인의 회복" 부분에서 이 원리의 적용 참조.
5. De temporibus (시간들에 관하여)
어거스틴에 의하면, 이는 일부로 전체를 가리키는 제유법과 (synecdoche) 같은 수사법과 연관된다
6. De recapitulatione (중복에 관하여)
성경은 엄격한 연대기적 순서를 따르지 않을 수 있고, 사건들이 제시된 순서와 달리 일어났을 수 있다. 이 원리는 계시록 해석에 큰 영향을 미쳤다.
7. De diabolo et eius corpore (마귀와 그의 몸에 관하여)
마귀와 그의 몸은 그리스도와 그의 몸과 유사하게 병행된다.

어거스틴은 그의 "기독교 교리"란 책에서 성경의 성취와 목적은 하나님 사랑과 이웃 사랑이라 했다 (1 권 35 장). 그는 2 권 7 장에서 지혜로 가는 단계들을 언급하는데, 첫째가 하나님 경외, 둘째가 경건, 셋째가 지식, 넷째가 결단, 다섯째가 조언, 여섯째가 마음의 청결 등이라 했다. 기독교 교리 3 권 30 장 이하에서는 도나티스트파 티코니우스의 해석 원리를 검토한다. 그는 티코니우스의 일곱 해석 원리들을 따라가면 성경을 해석하는데 크게 도움이 되리라고 긍정적인 평가를 하면서 동시에 다른 해석 방법들도 더 필요하다고 했다. 어거스틴은 또한 티코니우스가 이런 원리들로 도나티스트파를 잘 논박하였으면서도 그 집단에서 떠나지 아니한 것은 자기모순이라고도 비난도 했다.

주후 310 년 경의 교부였던 유대인 출신 에피파니우스는 시몬이란 어떤 사람이 오경과 선지서의 영감과 진정성을 부인했다고 기록한다 (*Patrologia Graeca* [헬라어 교부 저작집 ; 이하 PG; Migne, XLI, 292). 클레멘트의 이름을 도용한 가짜 클레멘트 – 설교집에서도 (Clementine–Homilies) 시몬이 구약 성경의 의인법적 표현들을 (anthropo–morphology) 비난하는 것으로 언급된다 (PG, II, 436). 영지주의 분파인 이집트의 독사 형제파라 (Ophites; 헬라어 "오피스" [뱀]) 불리는 자들은 구약의 하나님을 무지하고 사악하다고 비난했다 (PG, VII, 641 이하, 675 이하).

초대 교회에서 구약에 대한 최첨예한 공격은 영지주의자로 알려진 마르키온으로부터 (Marcion) 왔다. 그는 문자적 해석을 통해 구약의 하나님은 유약하고, 불공평하며, 변덕스러운 이라 결론 짓는다 (*Patrologia Latina* [라틴어 교부 저작집]; 이하 PL; Migne, II, 263 이하). 그 결과는 구약은 성경이 아니라는 판단으로 이어졌고, 정경 목록에서 구약은 완전히 빼 버렸다.

구약 성경에 대한 공격 중에서 후대 역사 – 비평법의 발호와 함께 각광을 받게 된 이론적 동기를 제공한 자로 유명한, 신 플라톤주의자 폴피리는 (Porphyry, 233–305) "기독교를 논박함" 이란 책에서, 다니엘서는 주전

6 세기의 기록이 아니라, 그 책이 세밀하게 기술하는 안티오쿠스 4 세 때 (주전 175–163 년) 기록된 것이라고 주장했다. 폴피리가 그렇게 주장한 이유는 어떻게 주전 6 세기의 다니엘이 주전 2 세기에 일어날 일을 그렇게 세밀하게 기록할 수 있었겠는가? 라는 전제 때문이었다. 폴피리의 논리를 이후 비평가들이 그대로 채용했다는 점은 흥미롭다.

제롬은 히브리어 원문에서 라틴어로 각책을 번역하면서, 각 책에 번역자 서문을 남겼는데, 그것들을 읽어보면, 왜 70 인역이 있는데 또 무슨 번역을 하는가? 라고 당대 지도자들이 비난했다는 말도 있다. 각 책마다 다 서론이 있는 것은 아니고 그의 서론이 뭐 중요한 내용이 있는 것 같지도 않은데, 그가 무슨 말을 했는지 예를 들자면, 에스겔 서문에서 이렇게 말하고 있다:

에스겔 선지자는 여호야긴 왕과 함께 바벨론에 포로로 잡혀가서 거기서 자기와 포로된 자들에게 예언을 하였다... 그의 문체는 그렇게 수려한 것도 아니고 그렇다고 과도하게 거칠지도 않고 둘 사이에 적절하게 균형을 잡고 있다. 그는 예레미야처럼 제사장이었는데 그 책의 시작과 끝은 오리무중에 싸여있다.

다니엘서 서문에서는

구세주의 교회들에서는 선지자 다니엘의 글을 70 인역으로 읽지 않고, 데오도션 번역을 읽고 있다. 왜 그렇게 되었는지 나로서는 모르겠다. 다니엘서의 일부가 아람어로 되어 있어서, 70 인역 역자들이 번역에서 동일한 행을 지키지 아니하고자 했는지, 혹은 그 책이 아람어를 제대로 알지 못하는 알려지지 않은 누가 그들의 이름으로 편집을 했는지, 알 수가 없다. 나로서는 그것이 종종 사실과 다르고, 적절하게 판단하면 배척되어야 한다는 사실을 확인할 수 있다.

이상에서 보듯, 제롬은 각 책의 저자나 본문 등의 지극히 일반적인 사항을 번역 서문에서 언급하고 있다.

우리가 앞서 언급했지만, 주후 5 세기의 것으로 추정되는 하드리안의 "성경 총론" 은 (*Eisagoge eis-tas theias graphas*) 성경의 다양한 문법적, 수사적 특징들을 다루고 있다.

550 년경, 카시오도루스는 (Cassiodorus) "신의 가르침" 이란 (Institutiones Divinae) 책을 저술했는데, 그는 "성경 서론" 에서 (Introductores Divinae Scripturae) 성경 연구에 종사했던 다섯 사람들을 언급했고, 제 10 장에서는 그들에 대하여 말하길, "성경에 대한 안내자들에게로 열심히 돌아가자" 고 했다. 즉, 티코니우스의 '원리들,' 어거스틴의 '기독교 교리,' 하드리안의 '개론,' 유세비우스나 유닐루스의 (Junillus) 책들에로 돌아가자! 이 책들은 내가 부지런히 수집한 책들인데, 유사한 목적의 책들을 하나로 결합하기 위해서였다 라고 밝히고 있다. 이후로, "성경 개론" 이란 (Introductio in Scripturam Sacrum) 제목이 널리 통용되었고, 성경 연구의 서론적인 문제들을 다루는 모든 책들의 제목이 되었다.

서방 교회에서는 (라틴) 1 천년 동안, 카시오도루스가 수집한 책들에 다른 첨가는 거의 없었다. 동방 교회에서는 이 기간 동안에 언급할 만한 가치가 있는 책으로는 겨우 두 권이 나타났는데, 그것들은 모두 "수놉시스 테스 테이아스 그라페스" 란 (성경 개론) 제목을 가졌는데, 각기 아타나시우스와 크리소스톰이 썼다고 하지만 모두 무명의 저작이다.

맛소라 학자들의 히브리어 성경 보존과 전달

중세 휴머니즘과 종교개혁 때까지 구약 히브리어 본문과 그 전달은 주로 유대인들의 관심사였을 뿐, 초대 교회는 구약의 헬라어역인 70 인역을 주로 사용했고, 그 후 서방 교회는 라틴어 벌게잇역을 표준 성경을 간주해 왔었다. 히브리어 본문 전달의 기본 골격을 세워진 주후 10 세기까지, 히브리어 본문 전달자들은 팔레스틴의 서방 맛소라 학자들과 바빌로니아 유대인들 중의 동방 맛소라 학자들로 구분된다. 서방 맛소라 학자들은 주후 3 세기 말까지, 그리고 8 세기에서 10 세기까지 갈릴리 티베리아를 근거지로 활동했고, 동방에서는 수라 (Sura), 네하르데아 (Nehardea), 나중에는 품베디타 (Pumbeditha) 등을 근거지로 삼았다. 10 세기와 11 세기 바빌로니아 유대교 학교들이 사라지면서 티베리아 학파가 유대교의 중심지가 되었고, 이 서방 맛소라 학자들은 자기들의 전통과 다른 모든 본문들은 흔적까지 지워버리고자 노력했다. "맛소라 (Massorah)" 는 히브리어 성경을 보존하기 위해 사용된 모음부호들, 액센트 기호들, 혹은 여타 표지들을 가리킨다. 이런 기호들과 표지들을 발전시키고 전달해준 학자들은 맛소라 학자들이라 (Masoretes) 부르고 대략 주후 500년에서 950 년 어간에 활동했다.

유대교 문헌은 탈뭇 시대 말까지 (주후 600 년경) 양 가죽으로 만든 양피지 (羊皮紙 parchment) 두루마리 형태로 기록되었다. 이 양피지에는 한 면만 기록했고, 둘둘 말아서 보관했다. 현재의 책과 같은 형태의 '코덱스' 형태는 (Codex) 주후 700 년 이후에야 사용되기 시작한 듯 보인다.

오늘날 우리가 가진 히브리어 두루마리 중에서 가장 오래된 것은 쿰란 동굴에서 나온 사해 두루마리들인데 주전 2 세기 어간의 산물들이다. 사해 두루마리들도 후대 성경 두루마리들에서 표준화된 여러 표기 관례들 일부가 나타난다. 예컨대, 후대 맛소라 사본들에서 보이는 페투홋이나 (petuhot 열린 문단) 세투못 (setumot 닫힌 문단) 등과 같은 문단 구분들이 (paragraph divisions) 그 예이다. 회당에서 예배의식에 사용되는 두루마리들은 "토라의 책들" 이라 (시프레 토라) 불렸는데, 여기에는 '오경' 과, '오축' (five megillot; 아가, 룻기, 애가, 전도서, 에스더) 그리고 '하프타롯' ("결론" ; 오경의 일부를 낭독한 후에 선지서들에서 한 장을 읽는데, 그 선지서 부분) 등이 포함된다. 이 회당 예배용 두루마리에는 맛소라 부호들이 일체 없이 원래 형태대로 본문이 보존되었다. 오직 예배와 무관한 두루마리들에만 맛소라 기호들이 첨자 첨가되기 시작한 것이다. 회당용 두루마리들에 기록된 글자들은 보통 "장식용 획들" 로 (tagim 그림 참조) 글자 위를 장식한다.

구약 전체를 포함하는 사본들 중에서 가장 오래된 사본들은 알렙포 사본, 사쑨 사본 (Sasoon MS 1053), 그리고 레닌그라드 사본 등이다. 이 사본들은 모두 티베리아 중심 맛소라 전통을 대변하는데, 티베리아 맛소라 학자들은 주후 600 년에서 800 년 어간에 활동을 시작하여 915 년경의 아하론 벤 아쉐르에게서 절정에 이른다. 주후 10 세기 중반까지, 맛소라 학자들 중 마지막 학자의 히브리어 성경이 완성될 때까지 티베리아 맛소라 전통은 완전히 정착되었다. 그 이전까지 약간씩 맛소라 기호들에서 달랐던 것이다. 최근까지 1524-25 년에 베니스에서 야곱 벤 하임이 출간한 구약 성경이 벤 아쉐르의 전통을 대변했다고 여겼지만, 실상은 여러 전통들의 혼합물임이 밝혀졌다.

알렙포 사본은 솔로몬 벤 부야의 (Solomon ben Buya' a) 필사본인데, 그 사본이 완성된 지 100 년 후에 기록된 콜로폰에 (colophon) 의하면, 아하론 벤 아쉐르 자신이 모음 부호와 액센트 기호, 맛소라 기호들을 알렙포 사본에 기입했다. 오랫동안 시리아 알렙포에 보관되었는데, 1948 년 알렙포 유대인들을 치는 폭동이 일어나 회당이 불타고, 그 사본이 소실되었다고 간주되었다. 그러나 대부분이 보존되어 이스라엘로 옮겨졌다. 380 페이지 중에서 294 페이지가 보존되었다 (알레포 사본은 두루마리가 아니라 코덱스 형태). 오경 대부분은 유실되고 창 26:34-27:30, 신 4:38-6:3, 28:17 에서 마지막까지 보존되었고, 왕하 14:21-18:13 을 제한 전선지서 전체, 렘 29:9-31:35, 32:2-4, 9-11, 15-18, 22-24 를 제한 후 선지서 전체, 암 8:13- 미가 5:1, 습 3:20- 슥 9:17 을 제한 소선지서 전체가 보존되었다. 성문서에서 대하 35:7-36:19 를 제한 역대기서 전체, 시 15:1-25:1 을 제한 시편 전체, 욥기, 잠언, 룻기, 아가 1:1-3:1 등도 보존되었다. 그러나 아가서 나머지, 전도서, 애가, 에스더, 다니엘, 에스라, 느헤미야서 등은 소실되었다.

레닌그라드 사본은 1009 년 필사된 것으로 알렙포 사본과 가장 가까운 친척 관계를 보여준다. 칼레는 (Kahle) 바로 이 레닌그라드 사본을 BHK 본문으로 삼았다. 동시에 BHS 본문도 레닌그라드 사본에 근거한다.

르네상스와 17 세기 히브리어에 대한 관심

경험론 철학자로 알려진 프란체스코 수도사 로저 베이컨이 (Roger Bacon 1214-1294) "하사 안드레아스, 영국인" 이라 (MagisterAndreas, natione Anglus) 불렀고, 히르쉬가 (S. R. Hirsh) 1150 년에 살았던 어거스틴 수도회 수도사로 확인하는 그 사람은 히브리어 원전 성경을 읽을 수 있었다 한다. 베이컨 자신도 어느 정도 히브리어를 터득했었다. 그러나 히브리어 성경과 성경 이후 유대인 문헌을 포함한 고전 문헌들에 대한 관심을 고조시킨 것은 15 세기 말 르네상스와 종교개혁 운동이었다. 에라스무스의 친구 부클리디우스는 (Hieronymus Buclidius) 루뱅에 히브리어 강좌를 개설하도록 2만 프랑 이상을 기부했다. 파리 대학의 히브리어 교수로 프란시스는 비테르보의 이지디우스 (Egidius of Viterbo) 추기경의 친구였던 레비타 (Elia Levita 1469–1549)를 초대했으나 당사자는 거절했다. 추기경 그리마니나 다른 종교 정치 고관들도 유대인 교사들에게 히브리어와 카발라 사상을 공부했다. 피코가 (Pico de la Mirandola 1494 사망) 처음으로 히브리어 사본들을 수집했고, 로이힐린이 (Reuchlin) 근대적 히브리어 문법을 처음 저술하였다. 이 당시 관심사는 구약 성경 원문과 그 주석들을 읽는 일이었다.
레비타 (Elia Levita 1469–1549)는 당대 히브리어에 대한 관심과 함께 기독인들에게 히브리어 공부를 비범한 방식으로 촉진시킨 유대인이었다. 레비타의 히브리어 문법 관련 저술들은 Bachur (1518), Harkaba (불규칙 어휘 형태들을 알파벳 순서로 배열하고 설명), 동사나 명사 활용변화표, Pirke Elijahu (음운론, 기타 문법 1520), 모세 김히의 히브리어 문법 주석 (1508 히브리어 입문서), 첫 탈굼 사전 (Meturgeman, 1541), 히브리어 사전 (Tishhi 1542; 김히와 나단 벤 엘리엘의 사전들의 보충으로 712개 새 히브리어 어휘를 설명), Massoreth Hamasoreth (1538; 영역은 Chr. D. Ginsburg, London, 1867; 맛소라의 내용과 역사를 처음으로 체계적으로 설명한 책) 등이 있는데, 특히 히브리어 성경의 모음 부호는 후대에 생겨났다고 주장하여 후대에 큰 영향을 끼쳤다.
16세기에 들어서자 히브리어 문법과 유대인 주석이 큰 관심을 끌게 된다. 기독교 학자들은 유대인 교사들에게 배우기를 부끄러워 아니하였다. 세바스찬 뮌스터는 (**Sebastian Münster** 1552 사망) 히브리어 문법가로, 펠리칸스 (Pellicanus 1556 사망), 파그니니우스는 (Pagninius 1541 사망) 히브리어 사전 편찬자들로, 봄버그는 (Daniel Bomberg 1549 사망) 히브리어 책들 인쇄업자로 알려졌다. 아리우스 몬타누스는 (Arius Montanus 1598 사망) 마소라를 편집했다. 바타블은 (**Vatablé** 1547 사망) 유대인 주석가 라쉬의 주석을 활용했고, 콘라드 게스너는 (Conrad Gesner 1565 사망) 히브리어 책들의 목록을 작성했다.
17세기 벅스토르프 (Johannes Buxtorf 1629 사망)는 기독교 학자들의 유대인 문헌 연구에 전환점을 이루었다. 그는 탈굼과 탈뭇을 연구했을 뿐 아니라, 유대인의 역사를 이해하고자 시도했고, 그는 실제적 의미에서 첫 서지학자였다 (bibliographer). 벅스토르프의 영향으로 성경 이후 유대인들의 문헌을 이해하려는 진지한 시도가 되어졌고, 여러 유대인 문헌들이 라틴어로 번역되었다. 이와 연관하여 다음과 같은 학자들을 언급할 수 있을 것이다: Coccejus (d. 1667); L' Empereur (d. 1648); Lightfoot (d. 1675); Leusden (d. 1699); 미쉬나를 완역한 Surenhuis (1698); 유대교 신학은 Carpzov (d. 1699), Wagenseil (1705), Rittangel (1641) 등이 연구했고, Samuel Bochart (d. 1667), Hottinger (d. 1667), Hyde (d. 1700), Trigland (d. 1705), Breithaupt (1707), Johann Jakob Schudt (d. 1722) 등의 유대인의 고대사를 연구했다. 이제 기독교 신학자들은 자기 신학 전공을 시작하기 전에 먼저 히브리어를 배우고 랍비들의 문헌을 연구하였다. 유대인들의 구약 연구서는 Schickard (1635), Hody (d. 1706), Richard Simon (d. 1712) 등이 탐독하였다.

3. 중세 교회와 종교개혁

중세기 유대교 학자들은 주석 활동에 열심을 내었는데 어쩌면 기독교 교회의 구약 해석을 반격하기 위한 변증적 의도가 다분하게 있었을 것이다. 정통 유대교 학자들은 저자나 본문, 정경성의 문제 등은 자기들의 전통적인 견해를 그대로 따랐다. 그러나 이븐 에스라나 게르소니데스 (Gersonides, Ralbag 이라 불림 = 랍비 레비 벤–게숀의 머리글자 약칭; 1288–1345) 등은 오늘날 구약 개론에서 다루는 구약 책들의 비평적인 문제들을 언급하였다. 이런 유대인 학자들은 그 당대의 확립된 견해에 (유대교나 기독교회) 반하는 의견을 서슴없이 제시하였다.
16세기에 들어, 구약 연구는 문예부흥과 (르네상스) 종교개혁으로 새로운 동기가 부여되었다. 파그니누스는 (Santes Pagninus) "성경 총론" 에서 (1536) 해석학과 신학, 성경에 관한 여러 전통적인 교회 자료를 언급하고 있다. 식수투스 세넨시스는 (Sixtus Senensis) "거룩한 전집" 에서 (1566) 유대교나 기독교의 전통적인 견해를 따라, 구약 각책의 저자, 내용, 정경성의 문제 등을 다루었다. 그러나 신 34 장과 같은 경우와 같이 논쟁의 여지가 있는 부분에 대하여는 전통적인 견해와 다른 자기 견해를 제시하였다.

중세기에 구약 본문에 대한 비평적 연구를 위한 자극제는 단연 다국어 성경의 출판이었다. 그 첫째가 콤플루텐시아 다국어 성경이다 (콤플루텐시아란 말은 "콤플루툼에 고유한" 이란 의미인데, 콤플루툼은 로마 제국 시대에 로마인들이 스페인의 "알칼라 드 헤나레스" 에 이주하여 개척한 식민 거주지 이름이였다 ;The- Complutensian Polyglot Bible, 1514-17). 알칼라의 추기경 키메네스가 (Ximenes) 주동이 되어 만든 다국어 성경이 콤플루텐시아 다국어 성경인데, 여기에는 히브리어 (맛소라, 사마리아 오경), 헬라어, 아람어, 시리아어, 라틴어,아랍어 성경을 나란히 대조하여 실었다. 둘째 다국어 성경은 안트웨르프에서 (Antwerp, 1569-72), 셋째는 파리에서 (1629-45), 넷째는 가장 광범위한 것으로 런던에서 왈톤과 카스텔이 (B. Walton, E. Castell) 편집했다.

트렌트 공의회의 결정으로 로마 가톨릭 교도들은 성경 연구에서 자유롭지 못했으나, 개신교 성도들은 여러 분야에서 성경을 열심히 탐구하였다. 일리리아인 마티아스 플라시우스는 (Matthias Flacius) "성경 지팡이" 란 책에서 (Basle, 1567) 성경 해석학을 다루었다. 이것보다 더 탁월한 것이 방금 언급했던 왈톤이 자신이 편집한 다국어 성경에 덧붙인 "서론" 이다 (Prolegomena).

이 다국어 성경과 함께 언급해야 할 것은 히브리어 성경 (맛소라 사본) 인쇄본의 출현이었다. 이런 성경은 히브리어 맛소라 본문과 아람어 탈굼역, 그리고 여러 랍비들의 주석들을 나란히 실었다. 그래서 이런 성경을 "랍비 성경" 이라 불렀다. 랍비 성경의 첫째는 펠릭스 프라텐시스가 (Felix Pratensis) 편집한 것으로, 베니스에서 다니엘 봄버그가 (Daniel Bomberg, 1516-17) 출판했고, 둘째는 여러 스페인의 사본들에 근거하여 야콥 벤-하임이 (Jacob Ben-Hayyim) 출판했다. 둘째 랍비 성경은 첫째 것에 없던 맛소라 대소 (大小) 각주 비평들을 첨가했다.

종교개혁자 마틴 루터에게, 삶과 행동의 모든 권세는 교황이나 교회 공의회 결정 같은 전통이 아니라, "오직 성경만으로" (sola scriptura) 라는 슬로간에서 보듯, 성경이었다. 루터는 당대 로마교의 제한에서 자유로운 성경 연구를 시도하는데, 독일어로 성경을 번역한 것과 주석, 신학 논문, 설교 등을 통해 자신의 생각들을 전파하였다. 그는 구약 각 책들에 대한 서론을 기술하면서, 여러 신학적 문제들과 관련된 성경 내용에 초점을 맞추었다. 그러나 종종 전통적인 교회의 견해와 다른 자기주장을 제시하기도 했다. 특히 신약에서 그리스도를 기준하여 히브리서, 야고보서, 유다서, 요한계시록 등의 정경성에 대하여 의심을 표명했다. 이런 이미 확정된 교회의 정경에 대한 종교개혁자의 비평적 자세가 후대 개신교 특히 루터파 학자들에게 몹시 좋지 않은 선례가 되었을 것은 틀림이 없다. 전 세계적으로 루터가 갖는 교회사적 의의에 비추어 본다면, 그의 신약 비평은 크게 우를 (愚) 범한 것이었다.

루터에서 더 나아가, 종교개혁 사상의 조직화로 종교개혁에 굳건한 토대를 마련한 존 칼빈은 성경 본문과 저자, 저작 등에 관하여 루터보다 한층 조직적인 관심을 기울였다. 예컨대, 여호수아서와 사무엘서의 저자 문제를 고려하고 여호수아와 사무엘이 각 책의 저자였을 수 없다고 결론지었다.

4. 계몽시대와 (17-18 세기) 그 이후

이렇게 16 세기에 르네상스와 종교 개혁으로 성경연구에 획기적인 자극제가 주어졌다면, 이제 개신교 교회의 학자들은 여전히 전통적인 입장을 고수하면서도 조심스럽게 자신들의 전통적인 견해와 다른 견해들을 피력할 수 있었다. 이 당시에 성경 각 책들의 저자, 본문상의 문제, 정경성, 해석학 등의 문제는 introductio (서론 ; 라틴어), isagoge (서론 ; 헬라어), 거룩한 비평 (critica sacra; '거룩한 비평' 이란, 결국 거룩한 [책] 성경 비평을 의미한다) 등으로 불리는 학문 분야로 발전해 나갔다.
'거룩한 비평' 의 고전적 예는 앙드레 리베투스의 (Andre Rivetus) "성경 총론" 이란 부제를 지닌 Isagoge 였다 (1627). 루터교 학자 발터의 (M. Walther) "최근 드러난 성경 작업" 은 (1636) 전체 총론과 특수 각론을 구분한 첫 작품일 것이다.
하이데거는 (J. H. Heidegger) "성경 길잡이" 란 책에서 (1681) 성경 각 책들의 구조, 내용 등을 분석했고, 영국의 청교도 프랜시스 라버츠는 (Francis Roberts) "성경 지팡이"란 (1648) 책에서 유사하게 성경 각 책을 다루었다.
이 시대에 나타난 유사한 저작들로는 칼로비우스 (Abraham Calovius, *Criticus Sacer Biblicus* [Vitembergae, 1643]); 홋팅거 (Hottinger, *Thesaur. Philologicus, seu Clavis Script. Sac.* [Tiguri, 1649]); 화란인 로이스덴 (Leusden, *Philologus Hebraeus,* Utrecht, 1656; *Phiololgus Hebr. – Graecis Generalis,* [Utrecht, 1670]); 파이퍼 (Pfeiffer, [Ultraj. 1704]); 퐌 틸 (Van Til 1720–22); 뒤 핀 (Du Pin 1701); 칼멧 (Calmet 1720); 몰덴하너 (Moldenhauer 1744); 브르너 (Bbrner 1753); 골다겐 (Goldhagen 1765–8); 바그너 (Wagner 1795) 등이다.
개혁파 목사요, 사우무르 신학교 교수였던 카펠 (Louis Cappel) 은 "드러난 모음부호의 비밀" 이란 책에서 (1624) 구약 히브리어 본문의 모음 부호는 자음과 같이 시작했다는 "랍비 전문가" (Master of the Rabbins) 벅스토르프의 (Johannes Buxtorf 1620) 주장을 반박하고, 모음이 자음에 더해진 것은 주후 600 년 경의 일이라고 주장하고 (오늘날 학자들도 그렇게 생각한다), 히브리어 문자 초기 형태는 '사마리아 오경' 에 사용된 그 문자이며, 현재 우리가 보는 구약의 정방형 문자는 아람어이며, 추방기에 대체된 것이라 했다. 그의 다른 작품인 "거룩한 비평" 은 (Critica Sacra [Parisiis, 1650]) 성경 필사 때에 끼어든 오류들이나 여러 독법들, 고대 역본들의 차이들, 여러 중요한 논문들을 담았지만, 축자적 (逐字的) 영감설을 (verbal inspiration) 옹호하던 교회가 크게 싫어하여 출간이 늦어졌다.
화란의 국제법 학자로 널리 알려진 유고 흐로티우스 (Hugo Grotius 1644) 는 전도서의 솔로몬 저작권을 부인하고, 아가서에 대한 알레고리 해석을 배척했다. 욥기서는 추방 이후 시대 저작이라 주장하고, 에스더서의 역사성에 의심을 표했다. 흐로티우스의 예언해석에서의 합리주의 경향은 "콕세이우스는 성경 도처에서 그리스도를 발견했고, 흐로티우스는 사실상 그 어디서도 그분을 찾지 못했다" 라는 말로 17 세기에 회자 (膾炙) 될 정도였고, 선지자들의 예언은 예외 없이 당대나 가까운 장래사에 관한 것이며, 먼 장래의 메시야 예언이 아니라고 강조했다. 예컨대, 사 53 장의 고난당하는 "야웨의 종" 은 예레미야에 관한 예언이지 메시야에 관한 것이 아니라고 했다. 오직 "신비적 의미" 에서만 (sensus mysticus) "그리스도" 를 가리킨다고 인정했다. 즉, 1 차적 의미는 근접 미래사이며, 오직 부차적 의미에서만 메시야 예언이란 것이다.
라 뻬이레르 (Isaac La Peyrere 1651) 는 "아담 이전 사람들" 이란 책에서 모세의 저작권을 부인했다. 그 근거로는 세 가지를 들었는데, 가정된 내적인 모순들, 이방인의 역사서들, 여행 문헌, 신천지나 종족들의 새로운 발견 등이었다. 어셔 (Ussher) 주교가 구약 창조 연대를 주전 4004 년이라 계산한 것을 따른다면, 이집트나 중국의 역사는 그것보다 훨씬 이전부터 시작되므로 구약의 아담과 하와는 인류의 조상일 수 없고, 구약 역사는 이스라엘의 역사일 뿐이라고 지적했다. 노아의 홍수나 여호수아의 멈춘 태양 등은 한 지역적 현상일 뿐이라고도 주장했다. 또한 라 뻬이레르는 롬 5:12–14 의 말씀은, "만약 아담이 도덕적으로 정의를 내릴 수 있는 의미에서 범죄 했다면, 아담의 행위를 판단할 아담의 법이 있었어야 했다; 만약 율법이 아담과 함께 시작되었다면, 아담 이전은 법 없는 세상이었다" 는 의미로 해석되어야 한다고 주장했다. 이는 곧 두 번의 창조가 있었다는 말과 같다. 곧 첫 창조는 이방인들의 창조였고, 다음이 유대인들의 조상인 아담의 창조라 한다. 가인이 아벨을 죽인 후에 아내를 취해 성을 쌓고 생활했다는 것은 아담 이전에 사람들이 살고 있었다는 증거라 지적했다.
영국의 철학자이자 정치 이론가 토마스 홉스 (Thomas Hobbes) 는 자신의 정치 이론을 발전시키기 위함이었지만, 성경의 저자와 연대 문제 등에 관한 자신의 의문을 풀고자 하는 마음에서 성경을 근거로 "리워야단" 이란 책을 출간했는데, 모세와 연관된 부분을 제하면 오경은 모세 이후의 저작이라 결론짓고 (1651:III,33) 여호수아서, 사사기는 묘사하는 상황 이후의 저작이며, 사무엘서, 열왕기서는 모두 추방 후의 저작이라 생각했다. 욥기서에 대하여는 역사적 사건에 대한 기록이라기보다 왜 의인이 고난당하는지의 문제를 다루는 논문이라 판단했고, 요나서가 요나 선지자가 선포한 말씀이 아니라 그의 행적에 대한 기록이라는 지적도 빼놓지 않았다.

홉스는 영국의 내란 중에 "리워야단"을 출간했는데, 내란의 (內亂) 혼란은 "만인의 만인을 대적하는 전쟁"이요 (Bellum omnium contra omnes) "자연 상태" 인데, 오직 강력한 중앙 정부가 있을 때 제거된다고 주장하고, 정권이란 '사회 계약' 에서 출발하며, 절대군주가 통치해야 한다고 강조했다.

18 세기에 들어서면 성경 각 책들에 대한 전통적인 견해에 대한 여러 이의들에 대하여 답하면서 전통적인 견해를 방어하는 입장들이 크게 부각된다. 예컨대, 라이프찌히 히브리어 교수였던 카르프조프 (J. G. Carpzov 1721) 의 "구약 정경에 대한 서론" 에서 여러 구약 책들에 관한 전통적인 입장을 변증하고 있다. 성경 비평이라면 극단을 달리는 하바드 신학부 히브리어 교수인 토이는 (Crawford Howell Toy) 카르프조프에 대하여 평하길,

그는 성경 연구에서 진보와 퇴보를 대변한다. 진보라면 자료의 풍성함과 배열의 분명함인데, 그의 "개론" 은 그 말에 걸맞는 최초의 작품이다. 퇴보라면, 성경의 비평 연구에서 구약 히브리어 본문의 문자적 영감설에 집착하여, 시몬, 스피노자, 클레리쿠스 등의 보다 비평적인 입장을 극력 반대했기 때문이다. 그의 골동품적 작품들은 여전히 흥미롭고 유용하다 (Jewish Encyclopedia).

스피노자는 자신의「신정론」에서 (1670 년) 오경의 모세 저작권을 부인하는 근거로 1) 3 인칭 시점, 2) 창 12:6 이 정복 이후 시대를 암시한다; 3) 창 22:14 의 하나님의 산은 성전 건축 이전에 그렇게 불리기 어려웠을 것이다; 4) 모세는 후대에 나타난 선지자들과 비교되었다; 5) 후대에야 생겨난 이름들로 어떤 성읍들이 불린다; 6) "요단 건너편" 이란 표현은 가나안 시각을 보여 준다 등을 지적했다. 그가 지적한 이런 증거들은 후대 역사 – 비평학의 발호와 함께 근대 비평가들의 오경 비평의 고전적 근거가 된다.

스피노자는 철학자로 명성이 높은데, 데카르트의 저 유명한 명제 "나는 생각한다; 그러므로 나는 존재 한다" 는 (Cogito ergo sum; 일단 모든 것을 의심하고 나서, 지금 내가 생각하고 있다는 사실만큼은 의심할 수 없다; 그래서 나는 존재한다고 확신할 수 있다) 인식 (認識) 의 방법론이 시사하는 바, 설득되기까지 충분한 사유 없이는 모든 것을 사실이라 받아들일 수 없다는 입장에 완전동의였다. 스피노자는 성경은 오직 도덕율일 뿐이며, 예언도 사람의 의견이나 상상력일 뿐이라고 판단했고, 그리스도의 말씀만이 하나님의 직접 계시이고, 하나님은 자연법의 창시자이므로 기적은 일어날 수가 없다고 믿었다. 스피노자는 성경은 아무런 전제가 없이 해석해야 한다고 19 세기 계몽사상 이후의 비평가들의 입장을 대변하는 듯한 말을 벌써 17 세기에 하고 있었다.

구약 각 책들에 대한 철저한 문헌 역사 연구는 프랑스의 리샤르 시몽에게서 (Richard Simon 1678) 나타났다. 시몽은 성경 개론에서 "신약" 을 떼어내고 "구약 개론" 을 처음으로 독립시킨 장본인이다. 그는 오경의 모세 저작권을 배척하고 에스라 시대의 대회당 서기관들의 저작이라 보았다. 그가 의도했던 로마교를 위한 성경 비평의 책이었지만 출간되자마자 로마교의 검열에 걸려 모두 수거되어 폐기 처분 되고 말았다.

르 클레리쿠스는 (Johannes Le Clericus) 암스테르담 항론파 (알미니안주의) 신학교 교수로 리차드 시몽의 "구약의 비평사" 를 겨냥해서 글을 발표했는데 (1685), 르 클레리쿠스도 역시 모세의 저작권을 부인하기는 마찬가지였고, 세 개의 백과사전들을 편집하는 기여를 남겼지만, 지혜문헌들인 전도서, 욥기, 잠언, 아가서 등은 영감된 것이 아니라고 부인했다. 그리고 "야웨께서 이같이 말씀하시느니라" 는 사신 도입문이 있는 부분만 하나님의 말씀이고 다른 부분은 모두 인간의 의견일 뿐이라고 주장하고 시편의 저주들은 인간의 열정일 뿐이라 했다. 그는 신약을 전부 새롭게 번역하기도 했는데, 딤후 3:16 에 가서는 "모든 성경은 영감되었다" 고 번역하는 대신 "영감된 모든 성경은 . . . 하기에 적절하다" 고 자기 입맛대로 번역했다.

시몽과 클레리쿠스 사이의 열띤 논쟁은 여러 가지 구약에 관한 저들의 견해를 표출하게 만들었다. 가톨릭 오

러토리 수도회 신부였던 시몽은 개신교의 성경 만으로라는 입장에 흠집을 내려고 벼루었다면, 개신교 학자 클레리쿠스는 가톨릭의 흠집을 내고자 안달이었다. 그 당대 보쉬에 (Bossuet), 림보흐 (Limborch), 투레틴 (F. Turretine), 아놀드 (Arnauld) 등은 모세 저작권과 성경의 신적 영감을 강력하게 주장하고, 시몽이나 클레리쿠스의 입장을 강력하게 성토하였다.

오경 '문서설' 의 발흥

1) 문서설의 초기 이론

화란의 콕세이우스의 제자였으나 좀 진보적 성향을 보였던 비트링가 (Campegius Vitringa 1689) 는 오경은 족장시대로부터 전해져 내려온 고대 자료나 여러 다른 자료들을 사용하여 모세가 기록했으리라 주장하는데, 이런 가정은 매독과 (梅毒) 성병 (性病) 관련 전공 논문을 세계 최초로 발표한 (1753) 것으로 유명한 의사 장 아스트뤽 (Jean Astruc) 가 "창세기의 저술에서 모세가 사용했다고 보이는 원래 자료들에 관한 추정 : 이런 추정들을 지지하거나 조명해주는 말들과 함께" 란 책을 (1753) 출간하여 더욱 발전시켰다. 그가 지적한 바는 1) 같은 사건에 대한 중복 기사들 ; 2) 엘로힘과 여호와라는 신명의 교체 사용 ; 3) 연대기적 혼동 등이었다. 이런 문제점들을 해결하기 위해 그는 창세기 본문을 (1610 년의 제네바 프랑스어 성경) A, B, C, D 네 칼럼으로 배치하고, A 와 B 는 맨 옆에, C, D 는 그들 가운데 두었다. A 는 엘로힘 문서, B 는 여호와 문서, C 는 7:20, 23-24, 34 장, D 는 비 이스라엘계 자료, 나머지 9 개 E-M 는 복합 자료 등으로 구분한 것이다. 모세가 이런 네 칼럼을 모두 기록했지만, 나중 좀 둔한 필사자가 칼럼을 무시하고 그냥 뒤죽박죽으로 만들어 버렸다는 것이다. 평신도다운 순전한 추정들이다. 아스트뤽의 자료 구분 증거들로 제시된 것들은 19 세기 비평가들이 단골로 사용하는 것들이 되었다 : 신명의 차이, 중복 기사, 모순.

리차드 시몽이 시도했던 바는 이제 독일인 젬러 (Johann Semler 1771-75) 의 연구로 재현된다. 구약 전체가 거룩한 하나님의 말씀으로서 통일성을 견지한다는 전통적인 입장을 배격하고, 구약의 책 하나 하나는 자체의 역사를 가진 사람의 작품일 뿐이라고 주장한다. 그는 성경 전체의 영감설이나 정경의 신적 권위 등을 일체 부인하고 그렇게 보는 이유를 제시한 최초의 인물로 기록된다.

흔히 오늘날 역사 - 비평법, 합리주의적 "구약 개론" 의 원조라 (元祖) 간주되는 아이히혼 (J. G. Eichhorn 1780-1783) 은 영감설이나 성경의 권위를 무시하고, 구약 문헌들을 문학 장르별로 분류하고, 예언도 신적인 역사보다는 인간 정신의 특이한 발로로 이해했다. 아이히혼은 장 아스트뤽가 제시한 오경의 "여러 자료 가설" 을 나중 "문서설" 이라 (documentary hypothesis) 일컬어지는 학설의 원형이라 할 정도로 더욱 발전시켰다.

2) 단편설과 보충설

일겐은 (K. D. Ilgen 1798) 아이히혼의 학설을 더 한층 다듬었고, 스코틀랜드의 가톨릭 사제 알렉산더 게데스는 (Alexander Geddes 1800) "단편설" 로 (fragmentary theory) 불리는 문서 가설을 주장한다. 여러 단편 자료들이 엘로힘 학파와 야웨 학파에서 유래했는데, 후대 편집자가 그것들을 지금의 오경으로 편집했다는 것이다. 바터는 (J. S. Vater 1802-1805) 오경은 자그마치 30 개가 넘는 여러 단편 자료들을 편집한 것이라고 하는데 반해, 드 비테 (W. M. L. De Wette 1850) 는 오경의 법규들은 비교적 후대의 것이며, 신명기 법은 요시야가 성전에서 발견한 그 책이라고 주장하고, 오경은 하나의 기본 문서에 여러 단편들이 보충되었다는 "보충설 (supplementary theory)" 을 주장했다.

에발트는 (H. Ewald 1823) 그 기본 문서가 엘로힘 문서라 주장하고, 그것이 창세기에서 여호수아까지 지속되며, 최종 편집자인 야웨 기자의 문서로 '보충' 되었다고 했다. 나중 에발트는 그런 주장을 철회했으나, 그의 견해는 블릭과 (F. Bleek 1836) 투흐의 (F. Tuch 1838) 저작에서 재생된다.

3) 문서설의 집대성

휴펠트 (H. Hupfeld 1853) 는 창세기에서 엘로힘 문서 1, 엘로힘 문서 2, 야웨 문서 등 세 개의 기본 문서를 지적하고, 리임은 (E. Riehm 1854) 여기에 신명기를 (D) 더하여, 오경은 네 개의 기본 문서로 이루어졌다고 주장한다.

그라프 (K. H. Graf 1866) 는, 로이스, 조지, 바트케 등의 (E. G. Reuss, J. F. L. George, W. Vatke) 견해를 조합하여 엘로힘 문서 1 은 (나중 제사장 문서 P 라 불린다) 최초가 아니라 최종 산출된 것이라고 주장했다. 퀴넨의 「이스라엘의 종교」 는 (아래서, 그 내용 참조) JEDP 의 순서로 네 문서들이 산출되었다는 입장을 확고히 만들었다.

이렇게 오경에 대한 비평 가설이 발전되어, 마침내 그 가설의 집대성은 문서설의 스타 벨하우젠의 (J. Wellhausen) 손에 맡겨진다. 이제 역사 – 비평법에 근거한 합리주의적 구약 이해가 신학계를 주도하는 조건이 마련된 것이다. 콘일 (C. Cornill), 젤린 (E. Sellin), 쉬토이어나걸 (Carl Steuernagel), 퀴넨 (A. Kuenen), 로즈 (A. Lods), 스미쓰 (W. R. Smith), 드라이버 (S. R. Driver), 뷰어 (J. A. Bewer), 크릴만 (H. Creelman) 등이 벨하우젠을 추종했고, 리임이나 (E. Riehm) 쾨니히 (E. Koenig) 등은 약간 중간자적 입장을 취하는데 그럼에도 비평적 견해를 배격하지 아니한다. 1934 년에는 아이스펠트 (O. Eissfeldt), 외스털리 (W. O. E. Oesterley), 그리고 로빈슨 (T. H. Robinson) 등이 역사 – 비평적 입장에서 각기 구약 개론을 출간했고, 아주 꼼꼼하게 따지는 파이퍼 (R. H. Pfeiffer) 등도 그 당대 비평가이다.

정통신학의 반격

이런 역사 – 비평적, 합리주의 신학 사조에 맞서 가톨릭의 요한 얀 (Johann Jahn), 독일 개신교 학자 헹스텐버그 (E. W. Hengstenberg) 등이 분기했다. 헹스텐버그는 해버닉 (H. A. C. Haevernick), 카일 (C. F. Keil), 스튜아트 (Moses Stuart), 그린 (W. H. Green), 윌슨 (R. D. Wilson), 묄러 (W. Moeller), 워필드 (B. B. Warfield), 영 (E. J. Young) 등으로 이어지는 보수적 학자들의 선두 주자였고 가장 특출한 학자로 부르기에 손색이 없다.

고대 근동의 새로운 발굴물은 보수적 학자들의 입장을 지지해 주는 듯 보였다. 이에 세이스 (A. H. Sayce), 오르 (James Orr), 카일 (M. G. Kyle), 키친 (K. A. Kitchen), 해리슨 (R. K. Harrison), 클라인 (M. G. Kline), 글리슨 아처 (G. Archer, Jr.) 등은 이런 기회를 십분 활용하였다.

이 마지막에 언급한 클라인은 특별히 기독교의 신구약 정경 확립의 기원이 시내산 언약이나 신명기 모압들 언약, 그리고 예수님의 새 언약 체결의 언약서라는 획기적인 사고를 제시하였다. 지금까지 정경이 막연하게 생각되었다면, 하나님과 믿음 공동체 사이의 언약체결 시에 기록되고 선포되는 언약서로서의 기능을 강조함으로 성경의 실제적 기능을 분명하게 부각시킨 시각이라 아니할 수 없다.

20 세기 초 가톨릭 학계에서는 비구루 (F. Vigouroux), 코넬리 (Karl Josef Rudolph Cornely), 회플 (H. Hoepfl) 등이 전통적인 입장을 대변하였다.

분열된 유대교의 입장

유대교 학자들은 개신교 내에 불어 닥친 역사 – 비평적 합리주의 접근법에 대하여 다양한 반응을 보일 수밖에 없었다. 우선 기독교 학자들이라는 점에 대한 거부감이 있을 것이다. 그렇지만, 합리주의라는 우산 아래에 유대교나 개신교나 함께 용신할 수 있는 무대가 있어 결국 유대교 학자들도 개신교의 비평적 사고에 유인되기 시작한다. 반면 일단의 유대교 학자들은 오경의 문서설을 배격한다. 그들 중에는 호프만 (D. Hoffmann), 비너 (H. M. Wiener), 캇수토 (U. Cassuto) 등이 있다. 유대교 학자들이 보이는 다양한 반응은 "유대교 백과사전" 에서 (Encyclopedia Judaica) 여실하게 드러나는데, 어떤 주제에 대하여 전통적인 입장을 기술한 후에, 역사 – 비평적 입장을 또 한 번 기술하는 것이다.

5. 한국에서의 성경 비평

한국에서 신신학이 대두하기 시작하는 시점은 1930 년대로 본다. 1926 년 캐나다 연합교회 선교사 윌리엄 스코트는 (William Scott, 서고도) 함흥에서 개최된 사경회에서 성경에는 지리적, 역사적 오류가 있다고 주장하여 한국 목회자들과 논쟁을 벌였다. 미국 유학에서 돌아온 김관식, 조희염 등이 서고도의 주장에 동조했다. 조선 교회 주류는 그 당시 장로교였는데, 조선을 선교했던 미국이나 캐나다 선교사들의 신학 성향에 따라서 조선 신학도나 성도들의 신학사상이 좌우될 것은 뻔했다. 캐나다 연합교회는 신신학 경향이라면 미국 북장로교는 당시 보수적이었다. 그런데 1929 년 미국 보수주의 신학의 보루였던 프린스톤 신학교에 신신학의 태풍이 몰아쳤다. 메이천을 (J. Gresham Machen) 필두로 8 명의 교수와 다수의 학생들이 프린스톤에서 이탈하여 웨스트민스트 신학교를 세워 오늘까지 보수신학의 파수 역할을 감당하고 있다. 미국에서의 이런 신학적 변화는 한국에서 그대로 반영되었다.

1934 년 서울 남대문 교회 김영주 목사가 창세기의 모세 저작권을 부인하자 강병주 목사가 총회에 문의하고, 총회는 평양신학교 교장 라부열을 위원장, 박형룡을 서기로 연구 위원회를 조직하여 연구하여 보고케 했는데, 1935 년 9 월 6–13 일간 평양 서문밖 교회에서 열린 총회에서 그런 신신학적 사고를 단죄하는 연구 위원회의 보고서가 채택되었다. 김영주 목사는 총회의 결의에 순응하여 자신의 견해를 취소함으로 이 문제는 일단락이 되었다. 1935 년 총회에 제기된 또 다른 문제는 황해 노회의 헌의로 제기된 감리교 유형기 목사의 지도하에 출간된 아빙돈 단권 주석의 문제였다. 그 주석 번역진에 장로교의 송창근, 채필근, 한경직, 김현근, 문재린, 김명선, 윤인구, 김재준 목사 등이 끼어 있었는데, 장로교 총회는 이 주석이 성서를 파괴적인 고등 비평의 원칙으로 해석하며 계시의 역사를 종교적 진화의 선입견으로 분석하고 있다는 연구 위원회의 판단을 따라 "그것이 장로교의 교리에 위배되는 점이 많음으로 교회로서는 강독치 않을 것이며" 집필자들에게는 공개 사과를 받기로 결의하였다 (조선 예수교 장로회 총회 제 24 회 회록 [1935.9], 19, 53).

또 한 가지 다른 문제는 김춘배 목사가 기독신보에 (1934 년 8 월 22 일자) "장로회 총회에 올리는 말씀" 이란 제하에 고전 14:33–34 의 "모든 성도의 교회에서 함과 같이 여자는 교회에서 잠잠하라 저희의 말하는 것을 허락함이 없나니 율법에 이른 것같이 오직 복종 할 것이요" 라는 말씀은 2 천 년 전 한 지방 교회의 교훈과 풍습을 만고불변의 진리로 아는 것은 허황되다고 주장하였는데, 역시 1935 년 장로회 총회에서 창세기 저작권 문제와 같이 연구위원회의 보고로 정죄 되었다. 그 말씀은 한 지방 교회의 교훈이 아니라, 만고불변의 진리의 말씀이라는 것이 연구 위원회의 보고였다.

한국에서 자유주의 신학의 선구자, 대변자로 알려진 이가 김재준 목사였다. 그의 학력을 보면, 일본 청산 (靑山) 학원 신학부 3 년 (1925–1928), 피츠버그의 웨스턴 신학교 3 년 (1929–1932), 프린스턴 1 년 등이다. 귀국하여 신학 사상 때문에 평양 신학교 교수는 거절당하고 평양 숭인고와 용정 은진중학교에서 성경 교사로 6 년을 (1933–1939) 일하였다. 편집인 남궁혁의 배려로 김재준은 신학지남에 글을 기고하다가 박형룡의 제재로 계속할 수 없었다. 김재준의 글 중에 문제가 된 것이 신학지남 1934 년 1 월호에 실린 사 7:14 의 "이사야의 임마누엘 예언 연구" 였다. 그는 "주께서 친히 징조로 너희에게 주실 것이라 보라 처녀가 잉태하여 아들을 낳을 것이요" 라는 본문에서 "처녀" 란 말은 (hāʿalmāh) "젊은 여자" 라는 번역이 본문의 의미에 더 가깝다고 주장했다. 그리고 "징조" 는 (ʾôṯ) 반드시 "이적" 으로 이해할 이유가 없다고 하여 그 초자연적 출생을 부인하듯 말하였다. 이런 일을 계기로 김재준은 박형룡과 신학적인 사상 차이로 대립하게 된다. 1938 년 장로교 총회는 27 회 총회에서 신사(神祀)가 종교가 아니라, 국가 의례일 뿐이라는 사고로 신사참배를 결의하는 결정적 우를 범하였고, 그 전에 벌써 신사참배를 반대한 숭실 전문학교나 평양신학교는 폐교 당했다.
박형룡은 1938 년 봄에는 일본으로 망명했다가, 1943 년 여름에는 만주로 가서 그곳 봉천 신학교에서 교수 생활을 시작하였다. 평양신학교가 사라지자, 신신학을 표방하던 이들은 1940 년 4 월 승동 교회에서 조선 신학교를 개교하여 비평적 성경 연구를 가르치기 시작했다. 1949 년에는 남부 총회 직영으로 인준을 받았다. 1947 년에는 신학생 51 명이 김재준의 신신학을 총회에 고발하는 사건이 일어난다. 1952 년 37 차 총회에서 김재준은 파문하고, 조선신학교는 직영을 취소하였다. 김재준은 자신의 추종자들과 함께 1953 년 기독교 장로회 총회 교단을 (기장) 설립하고 조선 신학교는 한국 신학대학으로 개명하였다.
이것이 한국의 장로교가 신학 사상 문제로 분열되는 첫 사건이었다. 이후로는 WCC 가입 문제로 1959 년 합동, 1960 년 통합측 장로회 총회 교단이 각기 설립되어 분리하였다. 1962 년에는 성결교회도 신학사상 문제로 기성과 예성으로 분리되었다.

6. 역사 – 비평 신학의 창설자들의 사고

앞에서 살펴본 구약 연구사를 보충하는 방식으로, 비평 신학의 대표자들의 입장을 보다 자세히 들여다보자.

1) 드 비테 (de Wette)

드 비테는 "구약 정경과 외경 개론" 에서, 많은 분량을 구약 본문 비평에 할애하고, 나머지에서 구약과 외경을 다루는데, 오경이나 전 선지서는 역사적 신화(神話)라고 간주했다. 그는 "신정적 – 종교적 실용주의 원리" 란 말을 사용하는데, 이스라엘 역사가들은 그 실용주의 원리를 사용하여, 모든 인간사가 다 전능하신 하나님의 섭리로 일어난 양 글을 적고 있다고 한다. 드 비테에 의하면, 그러므로 오경이나 전 선지서의 역사는 역사적 기록이 아니라, 전설적 성격을 갖는다. 더구나 드 비테는 여러 역사 전설들이 오랜 기간 동안 입에서 입으로 구전(口傳)되다가 오랜 후에 기록되었고 한다 (de Wette 1850:II,40).
이런 사고가 벌써 1800 년대 초에 이런 비평가의 머리를 주장했다는 것은 의미심장하다. 즉, 1900 년대 초에 궁켈이 창세기 주석을 출간하면서 서론에 창세기가 수 세기에 걸쳐 구전으로 전해지다 기록된 민담들이라고 (saga) 주장한 것의 선구자인 셈이다. 이런 사고는 아이히혼의 성경 개론에서도 나타난다. 이렇게 비평가들의 그릇된 사상은 대를 이어 전해지면서 점차 과격해지고 점차 확대되기 마련이다. 드 비테는 장 아스트뤽의 신명들에 근거한 문서 분류의 전례를 그대로 답습하면서 오경을 엘로힘 문서와 야웨 문서 두 칼럼으로 대조 제시하기도 한다 (de Wette 1850:II,83 이하).
드 비테는 신명기에 담긴 법규들을 언급하면서 그것들이 모세 시대에 주어졌다고 책이 주장하지만 신명기가 기록된 요시아 시대에 만들어진 것이라 주장했다 (de Wette 1850:II,141 이하). 예컨대, 어떤 법규들은 (신 12 장, 16:1–7) 예루살렘 성전을 언급한다; 어떤 법규들은 레위인들의 상태를 묘사하는데, 민 35 장에 제시된 대로, 자기들에게 할당된 성읍들을 소유하지 못하고, 여러 성읍들에 흩어져 사는 양 묘사된다. 또한 민 18:20 이하에 묘사된 저들에게 마땅히 주어져야 할 십일조를 받지 못하고 십일조 절기 잔치에 초대 받는 양 (신 12:12, 18, 19, 14:22–29, 16:11, 14, 26:12) 언급된다. 그렇지만 제사장들은 사법적 권위를 행사한다 (신 17:8–13, 18 19:17, 21:5, 31:9).
[드 비테가 레위인들과 연관하여 언급한 구절들은 레위인들이 장차 여러 지파 성읍들에 흩어져 거주할 때, 그들을 잔치에 초대하라는 인도주의적 사고를 포함하는 장차 시행될 법규 구절들인데, 거기서 어떻게 십일조를 받지 못했다고, 성읍들을 분배받지 못한 채 살아가는 양 해석하는가?]
다음으로 왕들이나 선지자들을 언급한다 (신 17:14–20, 18:1- 5, 18:9–22). 레위인 제사장들이란 표현은 주목을 요청한다고 했다 (신 21:10). 또 신명기 어떤 법규들은 보다 후대의 전쟁 법규를 언급한다고 주장한다 (신 16:18–20, 17:8–13). 재판관들과 장로들도 언급된다 (19:17, 21:2–6, 19, 25:8–20).
[고전적 문서설의 창설자 벨하우젠에 의하면, 레위 지파는 제사장 계층과 무관하다. 레위지파가 고대에 존재했지만, 왕

정 시대 이전에 사라졌고, 신명기가 산출된 요시아 왕 시대에 제사장들이 생겨났다 한다. 왕정 이전시대의 제사장들은 레위 지파인도 아니었고, 요시아 왕 때 생겨난 새로운 제사장 계층이 처음으로 레위 제사장이라 지칭되는데, 그들이 레위 지파 출신이기 때문이 아니라, 자기들끼리 결속을 도모하기 위한 차원에서 먼 조상 레위의 이름을 활용했을 뿐이라 한다. 벨하우젠은 신 18:6-7, 왕하 23:9 등에 근거해서 제사장과 레위인들 사이의 구분은 에스겔서에서 처음 되어졌고, 다음에 출애굽기, 레위기, 민수기 등에 산재한 제사장 문서에서, 마지막으로 역대기 기자에 의해 도입되었다 한다].

이런 것들 외에 후대 것들로 보이는 다음과 같은 언급들도 있다고 했다. 예컨대, 천체(天體) 숭배(신 4:19, 17:3), 돌로 쳐 죽임(신 13:11, 17:5, 22:21, 24, 21:21; 출 21-23 장의 야웨 문서에서는 오직 짐승만 그리한다; 레위 20:2, 27 에서는 사람만 그리한다고 했다), 초막절이란 명칭 (16:16) 등이 그렇다 한다. 드 비테에 의하면 이런 보다 최근의 법규들은 오경의 책들이 완성된 이후에, 첨가적으로 삽입되었으리라 추정한다 (de Wette 1850:II,144).

신명기는 그렇다면 언제 저작되었는가? 드 비테는 판단하길, 신명기는 31-34 장의 저자일 수 없다 (31:24-26, 33:1, 34 장). 2:12, 3:14, 14:14, 34:1 등의 시대착오적 기록은 모세 이후로 보게 한다. 예루살렘 성전 대한 암시는 야웨 문서 시대로 내려가게 한다. 다른 책들에 대한 언급은 신명기를 다른 책들보다 더 후대로 내려가게 한다. 왕들, 선지자들, 레위인들에 관한 법, 중앙 성소법 등은 솔로몬 시대 이후로, 성소 중앙화가 이루어진 요시야 시대로 내려가게 한다.

신 31:26 에서 율법서를 언약궤에 안치하라고 명한다. 그러나 성전을 성별할 때 (왕상 8:9) 율법서는 그곳에 없었다 (**궤 안에는 두 돌판 외에 아무것도 없으니 이것은 이스라엘 자손이 이집트 땅에서 나온 후 여호와께서 저희와 언약을 세우실 때에 모세가 호렙에서 그 안에 넣은 것이더라**).

[드 비테는 신 31:26 에서 율법서를 언약궤 속이 아니라, "야웨의 언약궤 '곁에' 두라" 고 (wəśamtem ʾōṯô miṣṣaḏ ʾărôn bərîṯ-yhwh) 했다는 사실을 알지 못했던가? 솔로몬 시대에 언약궤 안에는 두 돌비 외에 없었다고 하는 말은 언약궤 곁에 율법서가 없었다는 말이 아니다.]

드 비테에 의하면, 신 32:5-33 의 탄식은 이스라엘이 불행한 상태에 빠졌던 시대에 기록되었음이 분명하다. 신 4:27, 28:25, 36, 64-68, 29:28 등은 열 지파의 추방을 암시한다고 한다. 이렇게 말한 다음, 드 비테는 얀 (Jahn), 하르트만 (Hartmann), 헹스텐버그 (E. W. Hengstenberg), 해버닉 (Haevernik) 등처럼 비평적 검토 없이 기만을 당해서는 안 되고, 역사서나 다른 구약 문헌의 저자가 언급하거나 아니면 그런 책들에 소개된 사람들이 '오경' 을 언급하거나 암시하는 것은, 역사에 존재하는 사실들로부터 인출된 증거로부터 구분해야 한다고 주장한다 (II,152). 그런 오경에 대한 언급이나 암시는 원 문서들을 지시하는지, 아니면 오경의 첫 네 권과 현재 형태의 신명기를 지시하는지를 물어야 한다고도 한다.

수 24:26 에 언급된 하나님의 율법책은 현재 형태의 오경일 수 없다. 삼상 15:2, 3 에서 오경의 흔적을 찾고자 하거나, 삼상 10:25 에서 사무엘이 나라의 제도를 백성에게 말하고 그것을 책에 기록했다고 할 때, 그 나라의 제도에 관한 법은 신 17:14 이하를 암시한다고 하거나, 왕상 8:9 에서 신 31:26 에 대한 암시를 찾거나 하는 일은 다 허사일 뿐이라 한다. 주전 880 년 경 요아스 대관식 때 (왕하 11:12) "여호야다가 왕자를 인도하여 내어 면류관을 씌우며 율법 책을 주고 기름을 부어 왕을 삼" 을 때 언급된 그 율법서가 오경일 수 있지만, 그것이 오경의 현재 형태라고 확인하기 어렵다 한다.

오히려 결정적인 증거는 주전 624 년경 요시야 왕 때 성전에서 발견된 그 율법서가 (왕하 22 장) 오경의 현재 형태에 대한 가장 분명한 언급이라 한다 (II,154). 왕하 22:16, 17, 대하 34:24 등은 모두 그 율법서가 신명기였다는 것을 말해 준다. 역사서들에서 오경의 어떤 법규들이 실천되지 않았다는 증거들이 나타나는데, 오직 요시야 때에 신명기 12 장의 중앙 성소법이 시행되는 것으로 보아, 신명기는 요시야 시대에 저작되었음이 분명하고 한다 (II,158).

드 비테에 의하면, 엘로힘 문서 저자는 여러 고대 문헌들을 (사료들) 갖고 있었다는 점은 부인할 수가 없지만, 오경 문체가 균일한 것으로 보아, 엘로힘 기자가 수정 없이 편집했다고 보기 어렵게 한다. 즉 엘로힘 기자가 그 이전 문서들을 자기 말로 새롭게 저술했다. 그런데 그 기자는 모세 사후 400 년, 아브라함 사후 1 천년 이후에 활동했으므로, 자기 당대의 여러 모세 기관들의 전승도 참조했을 것이라 한다.

야웨 기자는 출 17:14, 24:4, 7, 34:27, 민 33:2 등에서 모세의 저작을 언급한다. 그러나 출 21-23 장은 모세 저작이라 그 기자가 말하고자 하지만, 야웨 기자의 저작일 것이다. 야웨 문서에는 민 21 장을 제하면, 고대 문서들에 대한 언급이 없다.

신명기 저자는 신명기 전체가 모세의 저작이라 믿게 하고자 한다. 모세가 그 책을 언급하는 것으로 말하기 때문이다 (신 17:18, 19,

28:58, 61, 29:20, 21, 27, 31:9, 19, 22, 24, 30). 그러나 이런 주장들의 모호성과 부당함 때문에 그것들은 증거로서 가치가 없다. 신명기 기자는 자신의 역사적 진술들을 오로지 오경의 첫 네 권에서 가져오고, 그의 법규들은 자기 당대에 시행된 여러 모세 제도들로부터 차용했다. 더구나 신명기 기자는 그것들을 아주 자유롭게 처리했다 (de Wette 1850:II,160).

2) 퀴넨 (A. Kuenen)

그는 "이스라엘의 종교" 란 책에서 (1874) 그는 사람의 귀를 솔깃하게 하는 말로 시작한다.

이스라엘 사람들이 살았던 땅은 아주 자그마해서 벨기에의 크기에 불과했고, 그것도 엉성하게 사람들이 여기 저기 흩어져 살았으며, 더구나 저들만 아니라 그곳 페니키아인들이나 블레셋 사람들도 같이 살았었다고 지적한다 (1874:i,1). 이스라엘은 차례로 접촉했던 주변국들, 곧 이집트, 앗시리아, 바빌로니아, 페르시아 등에 비하면 그야말로 새 발의 피 정도로 작은 나라요 보잘 것 없는 민족으로, 정치적으로 결코 주도적 지위를 점했던 적이 없었다. 오히려 저들은 언제나 주변국의 먹이가 되곤 했다. 이방의 압제를 본의 아니게 받아야 했고 또 이방 땅에 포로로 끌려가기도 했다...

그렇게 약하고 작은 나라 이스라엘 사람들은 그럼에도 고대의 아주 주목 할만한 민족이었던 것은 그 강력한 압제자들은 이미 오래 전에 역사의 무대에서 사라져 버렸지만, 자기들 나라에서 추방당했던 저들은 여전히 여기 흩어져 살면서 짓이겨지고, 이 잡듯 사냥감이 되어 부셔졌음에도 여전히 자기들의 과거 전통을 지키면서 존속하고 있다는 사실 때문이다. 저들은 발람의 예언을 따른다면, 저들은 자기들끼리 "홀로" (alone) 살고 있다 (아마 1948 년 이스라엘이 독립해서 주변국들의 침략을 방어하면서 건재하고 있다는 사실을 알았다면 지하에서 벌떡 놀라 일어나지 않았을까?).

이런 현상의 원인은 찾기 어렵지 않다. 이스라엘 사람들이 그렇게 끈질기게 자기 정체성을 간직하고 생존한 까닭은 저들이 자기들의 종교를 꼭 붙잡았기 때문이다. 그렇지만 이런 종교에의 집착은 그들이 믿는 신앙이 진리라는 증거는 아니다. 오류도 그 참된 친구들을 가지고 있고, 순교자도 배출한다. 저렇게 시대와 다양한 공격을 견딜 수 있었던 종교 형태는 분명 우리의 관심을 끌기에 충분하다.

그런 관심은 이스라엘이 종교 분야에서 행사한 그 영향력을 고찰하면 금방 뜨거워진다. 기독교와 이슬람이 이스라엘에서 파생되었다. 이 두 종교를 믿는 세계의 수십 억 인구가 아브라함이 하나님, 이삭과 야곱의 하나님께 기도하고 있다. 이들에게 이스라엘의 역사는 신성하다... 우리는 기독인으로서 한시도 우리가 이스라엘에게 빚진 자란 점을 잊을 수 없다... 우리는 여기서 작은 일들의 날이라고 멸시하지 말아야 한다는 사실을 알게 된다. 가장 작은 조그만 겨자씨가 자라서 모든 채소 중에 가장 높이 자라 나무가 되고, 공주의 새들이 와서 그 가지에 거한다 (마 13:31, 32)(1874:i,2).

여기까지 보면 이런 말들이 과연 저 합리주의자 퀴넨에게서 나온 말일까? 의심이 들 정도이다. 이제 퀴넨은 당대 교회의 입장과 크게 대조되는 자신의 입장을 밝히는데, 그렇게 하지 않으면 듣는 청중들은 퀴넨은 정말 이상한 말만 하네, 왜 저렇게 불신앙적인 말만 할까? 라고 이해하지 못할 것이기 때문이라고 한다 (1874:i,4).

그는 "우리의 입장" 이란 제목을 달고 "우리에게 있어서, 이스라엘의 종교는 여러 종교들 중의 하나이다; 덜도 아니고 더도 아니다" 라고 한다 (1874:i,5). 그는 말하길, "이스라엘 종교나 역사에 초자연적 요소가 개입되었다고 가정하는 것은 교회의 입장일 뿐이다." 현대 과학적 신학은 그런 입장을 배격한다고 한다. 유대교나 기독교가 그 기원에서 어떤 특별한 신적 계시나 초자연적 계시에 근거한다는 점은 일체 배격된다 (1874:i,5, 6).

그리고 주장하길, 교회의 견해에 반대되는 현대 과학적 신학의 입장을 완전히 논증해 보이라고 요청할 수 없다고 잘라 말한다. 그런 현대적 입장은 반대자들이 주장하듯, 억지 주장이 아니라, 지난 세기 동안에 유럽에서 일어난 지적 발전의 당연한 귀결에 불과하다 (1874:7).

고대에 이스라엘 사람들은 생각하길, 참 유일하신 하나님은 모든 세상 족속들 중에서 우리만 아셨다라고 했다 (암 3:2). 그런데 그렇게 믿었던 것은 자기들 구미에 당기기도 해서였지만, 동시에 저들이 접촉했던 다른 민족들과 그들의 종교들이 그렇게 생각하지 못하도록 막지 아니했기 때문이기도 하다 (1874:8). 시간이 흘러 유대교에서 기독교가 파생되었고, 이제 하나님은 기독교회에 역사하신다. 작은 겨자씨가 자라서 큰 나무가 되었고 새들이 가지에 깃들이고 있다.

사정이 이렇게 변했는데도, 유대인들은 여전히 자기들의 종교는 언젠가 세계를 제패하리라고 꿈을 꾸고 있다. 기독인들은 유대교의 그런 생각을 헛된 망상이라고 비웃을 것이다. 마찬가지로 기독인들도 지금까지 하나님은 우리를 택하셨고 우리만 사랑하신다는 생각을 고쳐야 한다. 많은 새로운 이방 세계가 우리 눈앞에 나타나고 있기 때문이다 (9). 지구는 어마어마한 우주의 한 귀퉁이에 불과하다. 그런데도 하나님이 이 조그만 지구의 소수 기독인들만 택하셨다고 해야 하는가? 우리가 그렇게 생각하는 것은 유대인들이 아직도 유대교도가 하나님은 자기들만 사랑하시고 언젠가 세계를 정복하리라고 생각하는 것과 무엇이 다른가?

퀴넨은 말하길, 전체로 보면, 구약은 초자연주의를 증거해 준다고 말할 수 있을지 모르나, 그러나 구약 각 부분들을 비평의 빛에 비추어 자세히 고찰해 보면, 이스라엘 종교는 자연 발생적이며, 그 하늘 기원에 대한 신념도 자연 발생적임을 볼 수 있을 것이라 한다 (1874:11).

이렇게 자기주장을 은근하게 돌려 주장하면서, 이제 구약의 문헌들에 대한 자신의 비평적 이해를 청중에게 제시하여 청중들을 자기의 올무에 가두어 버린다. 지금까지 우리는 너무 피상적으로 주관적으로 구약을 생각해 왔지만, 이제 근대적 과학적, 객관적 연구를 통해 구약 이스라엘의 종교도 사실 여타 종교나 별 다를 바가 없는 자연 발생적 종교에 불과하다는 주장을 하는 것이다.

그가 "이스라엘의 종교" 란 대중적 강연을 통해 청중들의 마음을 끌면서, 자신의 비평적 구약 이해를 들려 줄 때쯤이면 이런 말이 들려온다. 이사야 후반부는 히스기야 당대의 책이 아니라 주전 6 세기 중엽의 (주전 550 년경) 책이며, 다윗의 것이란 표제가 붙은 시편들도 다수가 잘못된 것이며, 다니엘서도 주전 165 년 마카비 반란 발발 얼마 전에 기록된 책에 불과하다 (1874:15). 저 출 이집트 기사나 광야 여정 기사는 일러도 주전 800 년 이전에는 기록될 수가 없었다. 그러니 주전 1320 년경에 일어난 출 이집트 역사를 5 백 년 후에 기록한 셈인데, 그런 역사가 신빙성이 있다고 할 수 있는가? (1874:17) 수 백 년을 입에서 입으로 전해지면서 얼마나 많은 왜곡과 변질이 생겨났을 것인가? 이스라엘의 초기 역사를 다루는 문헌들은 역사적인 신빙성이 전연 없다 (1874:18). 고대 이스라엘 사를 말해주는 여러 문서들은 (아마, JEDP?) 서로 간에 세부사항에서 다르고 모순된다. 그런 것이 구약 이스라엘 역사를 기술하는 문헌들의 성격이다. 이스라엘 고대사를 묘사하는 구약 문헌들이란 그 성격상 다른 나라들이 자기들의 상고사를 기술하는 저들 고대 역사 기록과 하등 다를 바가 없다 (1874:22). 입에서 입으로 전해지면서, 점점 정확성이 사라지고 침소봉대되어 마침내 우리가 가진 모습으로 둔갑해 버린 것이다 (1874:23). 이런 상태가 우리의 정보 원천이 되는 문헌들이라면 우리가 어떻게 그것들을 통해 역사적 진실에 다다르리라 상상할 수 있겠는가? (24)

퀴넨은 "선지자들과 예언" 이란 책에서도 (1877) 분명한 입장을 표명한다. "예언" 이란, 이 새로운 견해에 의하면, 하나의 현상으로, 종교 역사에서 아주 중요하고 특이한 현상 중의 하나인데, 바로 그렇기 때문에 그것은 이스라엘에서 나와 이스라엘에게 주어진 인간적 현상인 것이라고 강조한다 (1877:4).

파이퍼 (R. H. Pfeiffer) 는 그의 구약 개론, 다니엘서 부분에서 주장하길,

본서를 (다니엘서) 액면 그대로 받아들이는 전통적인 견해는 초자연적 실재와 그것이 내포하는 계시의 신적 기원을 전제한다. 이와 같은 이적들은 역사적 사실들 테두리 바깥에 위치한다... 역사적 연구는 자연적 가능성의 범위 내에 들어 있는 확실한 사실들만 취급하여 초자연적 사건에 대한 진리를 보증하는 일은 피한다. 다니엘서를 역사적 기록으로 보는 견해는 믿음이지 객관적인 과학적 진리는 아니다... 성경을 역사적 사실로 연구하는 일은 신앙에 근거한 방법으로 객관적이 아니라 주관적인 것으로 적절하지 못하다 (1941:755).

역사 – 비평법의 창시자들인 바트케, 둠, 벨하우젠, 쉬타데, 쉬멘트 등도 퀴넨의 합리주의 사고에서 오십보백보인데, 이들의 생각이 어떠한 것인지는 우리의 저 유명한 궁켈의 창세기 기사들에 대한 생각을 살펴보면 될 것이다.

3) 궁켈 (H. Gunkel)

궁켈은 그의 창세기 주석의 서론에서 (1910) 창세기 기사들이 역사가 아니라 사가에 (Sage) 불과하다고 주장했다. 그에 의하면, 역사를 기록하는 일은 사람의 선천적 특성이 아니라, 인류 역사가 진행되면서 후대에 비로소 역사 기술이 되어졌다. 미개한 문명에서는 역사 기록은 상상도 못했다. 저들은 자기들의 경험을 객관적으로 기록하여 후대에 전한다는 생각조차 할 수가 없었다. 무지했던 종족들은 역사적 사건들을 오직 시의 형태로만 – 노래나 사가 형식으로 – 보도할 수 있었다. 경험한 바들은 기억에서 거의 사라져 버리고, 사실과 상상이 함께 혼합된 채로, 노래 형식으로 입에서 입으로 전달되었던 것이다. 그러다가 시간이 많이 흘러, 사건을 객관적으로 기록하여 후손들에게 남겨 주어야 한다는 민족적 자각 같은 것이 생겨난 것이다. 그렇게 역사 기록이 시작될 때 주제는 대개 공적 사건들이나 대중적인 지도자들이나 왕들의 행위 혹은 전쟁 같은 것들이었다. 따라서 역사 기록의 전제는 어떤 형태건 정치조직이 있던 시대이다.

궁켈에 의하면, 창세기의 족장들은 부족들을 상징한다. 창세기에서는 개인들 간의 갈등으로 묘사되고 있지만, 실상은 부족들 간의 갈

등과 전쟁을 그리는 것이다. 예컨대, 야곱의 딸 디나가 세겜에게 강간당하고 디나의 오빠들이 세겜에 복수하는 사건의 경우, 디나는 이스라엘의 한 가족을 의미하는데, 가나안 족의 세겜 성읍에게 압도당하자, 가장 가까운 시므온과 레위 지파가 기만적으로 보복을 감행했던 일을 상징적으로 그리는 것이다 (1901:x).

궁켈에 의하면, 블레셋과 아브라함, 이삭과의 언약 체결, 혹은 아브람의 이주 같은 것은 역사 민담 (historische Sagen), 야곱과 에서의 갈등 같은 것은 부족 민담 (ethnographische Sagen), 어떤 것을 설명하기 위한 기사는 어떤 것의 기원을 설명하는 기원 / 원인 민담 (aetiologischen Sagen) 이다. 이 마지막 민담은 원시인들이 하도 궁금증이 많아서 이것 저것이 어떻게 유래 했나 궁금증을 풀기 위해 만들어 낸 것이란다 (1901:xi). 그렇게 궁금증을 가지고 묻고 이렇지 않을까 답을 구하는 연구 자세가 배양되어, 이런 기원 민담이 결국 오늘날 과학의 시발점이 되었다 한다. 그림 형제가 (Jacob Grimm 1785–1863; Wilhelm Grimm 1786–1859) 수집한 "독일 민담들" 에 (Grimm, Deutsche Sagen) 담긴 민담들과 같은 것들이 창세기에 담겨 있다 (1901:xiii).

이런 민담들은 원래 어떤 개인이 창안해 낸 것이 입에서 입으로 전해지면서, 그런 구전의 시대에는 특별히 전문적인 이야기꾼들이 옛 전설이나 민담들을 수집하고 입담 좋게 꾸며서 전달하여, 그것들은 원시 부족들의 전승(傳承)이 되고 창세기에 수록된 것이다 (1901:xvii, xviii). 그렇지만, 민담들이 순수한 상상의 산물인 (einfach freie Erfindungen der Phantasie) 것은 아니다 (1901:xxxiv). 많은 묵상, 전통 / 전승, 고찰 등의 자료들을 근거로 이렇게 저렇게 상상을 가미하여 꾸미고 확장시켜 오늘의 모습에 이른 것이다. 전문적인 이야기꾼들이 민담 형성에 결정적 기여를 했다고 하는데, 저들은 보통 좋은 머리가 아니었을 것이다. 이래저래 사람들이 듣기에 모순이 없어야 하고, 그럴 듯 해야 하고, 더구나 재미도 있어야 하고, 이런 저런 요소들을 다 짜 맞추어야 했기 때문이다.

그러니까 원래 어떤 시인이 창안한 이야기가 후일의 민담으로 기록되기까지는 수 세기의 오랜 기간이 흘렀고, 그런 오랜 전달의 역사에서 원래 형태가 이렇게 저렇게 새 요소가 첨가되거나 삭제되어 변형되었다. 그런 전달의 과정을 통해서 마침내 한 민족이나 부족의 공동 전승 / 전통으로 자리잡게 되었다.

[전승 (傳承) 혹은 '전통' 이란 영어의 tradition 의 번역인데, 이 영어 단어는 라틴어 traditionem 에서 (전달, 후대에 전함을 의미하는 traditio 란 말의 대격) 유래한다. tradition 이란 말은 몇 가지 의미로 사용되는데, 1) 한 세대 사람이 다음 세대 사람들에게 가르쳐준 (특히 입에서 입으로) 신념들이나 관습들 (beliefs or customs); 이 경우 그렇게 전해진 이야기들이 전승이라 불린다 (예컨대, 출이집트 전승, 시내산 전승, 가나안 정복 전승 등); 2) 어떤 관습들 (예컨대, 성탄절 전승 / 전통; 설날 전통); 3) 교단들이나 교파들, 곧 공통의 역사, 관습, 문화, 교리 등을 가진 신앙 집단들로 구성된 신앙 운동 (예컨대, 장로교 전통, 루터교 전통) 등]

궁켈은 창세기 기사들이 계시로 주어진 것이라는 것을 부인하고 옛날 옛적 알 수 없는 어떤 개인들의 창안물로 생겨나 오랜 전달의 과정을 통해 민담들이 서로 엉키고 설켜서 큰 복합체들을 (Sagenkranzen 민담 사이클들) 구성하게 되고, 그 복합 전승 / 전통들이 이스라엘 민족의 공동 전승 / 전통으로 정착하여 저들의 책인 창세기에 담긴 것이다. 그러니까 궁켈은 창세기의 기사를 계시로 보는 대신, 인간들이 창안하고 전달해서 기록된 전통 / 전승으로 보는 것이다 (1901:xix).

복합 전승이란 원래 민담은 개개 별개였으나 전해지면서 이리저리 엉켜서 이루게 되었다고 가정된 하나의 큰 덩어리, 민담 사이클들을 (Sagenkranzen) 가리킨다. 예컨대, 아브라함 사이클 (cycle), 이삭 사이클, 야곱 사이클, 요셉 사이클 등으로 족장 기사를 구분하는데, 각 사이클이 복합 전승에 해당된다. 예컨대, 아브라함 사이클이란 아브라함 사화군 (史話群), 즉 아브라함 기사들의 모음집 정도가 될 것이다. 여기에는 1) 아브람과 롯의 가나안 이주 민담 2) 벧엘에서 둘이 갈라선 민담 3) 헤브론에서의 신현 민담 4) 소돔 멸망 민담 5) 암몬과 모압 출생 민담 6) 이삭 출생 민담 등이 속한다 (1901:xx).

궁켈에 의하면, 창세기 기사는 앞서 언급한대로 오랜 구전을 (口傳) 통해 전달되어 오다 첫 창안 이후 수 세기 후에 기록되었으므로, 어떤 민담을 제대로 해석하려면, 그 민담의 현재 기록된 모습이 아니라, 입에서 입으로 전해지던 때에 지녔을 단편적 모습들을 찾아내고자 해야 하고, 민담들이 낭송된 그 자리들을 잘 고찰해야 한다. 궁켈은 현재 오경이 원래 네 개 정도의 주요 독립 문서들의 결합으로 생겨났다는 벨하우젠이 체계화시킨 문서설은 인정하되, 그 주요 문서들에 대한 이해에서 당대 비평가들과 달랐다. 그는 비판하길, "지금껏 학자들은 원래 문서들을 (JEDP 같은) 오경의 구성단위들로 간주하고 다루는 것을 당연시 했다." 보다 정확한 견해에 대한 증거가 없지 않아 있었는데도 말이다 (1901:xix). 그가 말하는 증거란 다음과 같은 것들이다. 예컨대, (E. G. E. Reuss 1890:73: "원래 족장들의 민담들은 서로 연결되지 아니한 서로 간 독립적인 개별적인 것들로 생겨났었다" ; J. Wellhausen 1876:9 "대중적인 구전에서 전승 / 전통은 오직 개별적인 민담들만 있었다").

궁켈에 의하면, 현재 오경을 이룬다고 가정된 하나, 하나의 문서는 (예컨대, JEDP) 방금 설명한대로, 오랜 구전의 (口傳) 전달 과정을 통해 전달되다가 최종적으로 기록된 최종 결정체일 뿐 그것은 하나의 통일된 문서가 아니다. 즉 J 문서라면 J 라는 문서는 오랜 구전의 전달 과정을 통해 하나의 문서로 고착되었지만, 그 문서는 여러 다양하고 다양한 요소들이 섞여있는 혼합물에 불과하다.

그러니까 벨하우젠이 오경에서 대개 네 개의 원래 문서들로 좍좍 가르고 절단하는 일에 그쳤다면, 궁켈은 그것에 만족하지 않고, 하나의 내러티브 혹은 민담을 원래 모습으로 복원하고자 이리저리 가르고 절단하고자 하는 것이다. 현재 우리가 보는 본문의 형태 이전에 입에서 입으로 전해질 때 존재하리라 믿는 가상의 실체를 찾아 구만리 여행을 떠난다. 그렇게 가상의 실체들을 무수히 만들어서 이것이 원래 형태다 라고 판단하는 것이 양식 비평 작업이다. 양식이란 문학적 작은 단위 형태를 (form) 가리킨다. 그 결과는 현재 본문은 사라지고, 무수한 단편 조각들로 본문은 콩가루가 되고 만다. 현재 본문 이전에 존재했다고 가정된 그 가상 실체들이 무엇이건 간에 중요한 것은 현재 우리가 지닌 영감된 본문이 아니겠는가? 궁켈에게 그런 생각은 없다. 오로지 원래 것을 찾아내야 현재 본문을 바로 이해할 수 있다는 일념 밖에 없기 때문이다.

벨하우젠이나 그 추종자들에 대한 다른 비판은 벨하우젠 학파가 이스라엘이 주변국들과의 상호 교류가 없이 고립된 상황에서 자기들의 작품을 산출했다고 간주했다는 점이다. 궁켈은 창세기에 담긴 민담들이 많은 경우 이방 나라들에서 들어온 것들일 것이라 추정한다 (1901:xli 이하). 예컨대, 홍수 기사, 바벨탑 기사, 에덴동산 기사 등 시작과 연관된 기사들은 바벨론에서, 족장 기사들은 가나안 족속에게서, 요셉 기사는 이집트에서 기원한 것인데, 이 민족에게서 저 민족에게로 전해지다가, 마침내 이스라엘에게도 전달되어, 이스라엘은 그런 이야기들을 자기들 방식으로, 특히 다신론적 요소들을 제하고 유일신론적 시각으로 고치고, 외국인들은 더 친숙한 이스라엘 사람들로 대체시키고, 장소는 외국이 아니라 가나안의 어느 곳인 양 대체하며, 신화적인 요소들은 제하거나 (xlvii; 창 1:2 의 혼돈의 물이나 6:1-4 의 네피림 등) 역사화 하는 그런 방식으로 고쳐 자기들의 전승으로 삼았다 한다 (1901:xliii). 세상 각처에서 기원한 여러 민담들을 모아서 이방인들보다 더 고상한 고등 종교의 정신을 채워 넣는 작업은 이스라엘 민족이 이룩한 가장 찬란한 업적이라 (Die Amalgamierung dieser Sagen und ihre Erfüllung mit dem Geiste der höheren Religion ist eine der glänzendsten Taten des Volkes Israel).

구약을 역사적 사건들에 대한 기록으로 인정하길 거부하는 사고의 전형적인 모습은 구약에 제시된 이스라엘 역사를 재구성해 비평적 역사를 기술하는 역사가들의 글에서 빈번하게 나타난다:

문헌 분석으로 창세기에서 열왕기하가지 기사는 처음부터 끝까지 여러 자료의 편집을 통한 복합체라는 것이 드러났다. 원래 독립 자료들이었던 이야기들, 노래들, 족보들, 법규들 등이 이렇게 저렇게 연결되어, 우리가 보는 창 - 왕하까지의 광범위한 기사가 된 것이다. 그 독립 자료들은 원래 자기 자신의 이슈들과, 해석의 문제, 역사적 함의 등을 가졌던 서로 간 별개의 것들이었다. 이런 다양한 자료들이 편집되어, 이제는 어느 정도 통일성과 일관성을 갖춘 복합 기사로 변한 것이다. 그럼에도 여러 곳에 너덜거리는 연결고리들이 남아 있어, 진지한 독자라면 짜깁기라는 사실을 파악할 수 있고, 어떤 경우에는 서로 간에 아주 황당한 모순도 나타난다 (Hayes-Miller 1977:61).

우리는 그래서 이스라엘의 초기 역사에 대한 재구성 시도를 포기하며, 역사 기술을 이스라엘 왕정 수립 전야에 팔레스틴 거주 지파들에게 존재했다고 보이는 상황들에 대한 기술부터 시작하기로 한다. 우리의 주요 정보 자료는 사사기서에 제시된 내러티브들이 될 것이다 (Hayes-Miller 1977:79).

밀러와 헤이스의 말은 역사 - 비평법을 따르는 모든 비평가들의 입장을 대변하는 말이기도 하다. 그들의 말을 달리 바꾸자면, 사사기 이전의 책들은 역사적 사실들에 대한 기록으로 인정할 수 없다는 말에 다름이 아니다. 창세기의 기사들은 말할 것도 없고, 출이집트나 시내산 사건, 광야 여정 등 가나안 정착 이전의 모든 이스라엘 역사는 현재 구약 성경의 자료로는 알 수 없는 오리무중의 상태로 보는 것이다. 이런 사고에서 창세기의 기록들은 모두 신화, 민담, 전설, 동화에 불과한 것이다.

이렇게 사람들의 사고가 불신앙적으로 흐른 데는 계몽사상의 여파로 교회와 성경에 대한 권위를 인정하지 않는 점, 그리고 성경도 여타 역사 문헌처럼 비평적으로 접근해야 한다는 E. 트뢸취의 역사 비평적 접근법이 크게 영향을 미쳤다.

4) 트뢸취의 역사 비평법

트뢸취 (Ernst Troeltsch) 는 "신학에 있어서 역사적 방법과 신학적 방법에 관하여" 에서 (1913) 비판 (Kritik), 유비 (Analogie), 상관관계 (Korrelation) 등을 역사 비평의 원리들로 제시했다.
(1) 비판 개념은 방법론적 회의 (懷疑) 라고도 하는데, 일단 모든 역사 문헌은 이성적 비판의 대상이라 본다. 성경도 예외가 아니다. "역사적 영역에는 단지 개연성 판단 (Wahrscheinlichkeitsurteile) 만이 있다" 라는 사실에서 나온다. 역사적 사실은 "가장 높은 개연성에서 가장 낮은 개연성에 이르기까지" 개연성의 다양한 정도를 지니고 있다. 따라서 모든 전승 사실은 "개연성 정도" 에 따라서 측정된다. 이러한 역사적 사고는 성경 권위에 의존하는 사고를 "교의적 사고" 라고 비판한다.
(2) "비판이 비로소 가능할 수 있는 수단은 유추의 (類推) 적용이다." 유비란 우리의 눈앞에서 일어나고 주어지는 사실들을 비교하는 것이다. 따라서 유비는 "비판에의 열쇠" 이다. 특별한 것, 비정상적이고, 비규범적인 것, 비 규칙적이고, 기적인 것은 여태까지 잘 숙지되고, 일상적인 것으로 측정되고, 해석되어야 한다. 따라서 트뢸취는 "모든 역사적 사건의 원리적인 유사성" 의 가설 위에서 "유비의 전능" 을 (Allmacht der Analogie) 주장한다. 현재 가능치 않은 것은 과거에도 가능치 아니했다. 폰 라트의 구약 신학도 이런 전능한 유추의 원리를 따라 건설되었다.
(3) 모든 역사적 사건과 존재는 고립되어 있지 않고, 서로 연관되어 있으며, 서로 관계되어 있는 흐름의 한 부분이다. 이것이 "모든 사건의 상관관계" 의 가설이다. 따라서 유비의 전능 법칙과 더불어 상호 작용의 법칙이 역사 비평의 대상에 동시적으로 적용된다. 기독교의 문헌이라도 이러한 상관관계의 법칙에서 벗어날 수 없다.
이런 서구의 역사 비평 신학적 전제로 성경을 접근할 때, 하나님이 일하실 초자연적 사건들의 무대는 사라져 버린다. 성경은 결국 이성이 합리적이라고 판단하는 윤리 도덕규범으로 전락하고 만다. 성령님이나, 귀신, 기적, 지옥이나 천국 등은 미신적인 사고일 것이고, 동정녀 탄생, 부활, 승천 등도 원시적 사고나 전설, 신화 정도로 이해될 것이다. 이런 성경의 초자연적 계시성을 부인하는 한 성경은 결코 이해될 수 없을 것이다. 성경은 오직 성령님으로 거듭난 자만이 제대로 이해할 수 있기 때문이다 (고전 2:10–16). 역사적으로 이런 사고는 "성령님의 내적 조명" 이란 말로 표현되어 왔는데, 성령님으로 거듭난 자들 안에서 역사하시는 성령님의 내적 조명이 없이는 결코 성경을 이해할 수가 없다.

5) 비평가들이 재구성한 이스라엘의 고대 종교

자, 오늘날 서구 신학계를 주장하는 듯이 보이는 역사 – 비평적 구약 접근의 실체가 어떤 사상에 의해 체계화 되었는지 상상하기 어렵지 않다. 초자연적 하나님의 기적이나 영감, 초자연적 계시를 배제하고 고대 이스라엘인들이 기록한 그 오류투성이의 문헌들을 통해 이스라엘의 고대 역사를 재구성할 때, 이제 도입되는 사고는 진화론적 발전 가설이다. 오경의 복잡하고 정교한 제사법은 모세 시대의 것일 수 없다. 오히려 바벨론 추방을 통해 발전한 바벨론의 여러 종교 제의들을 체험한 이들이 체계화시킨 법임이 분명하다. 이런 진화론적 발전 가설을 뒷받침하기 위해 창세기나 구약 여기 저기 나타나는 고대인들의 미신적 관습이나 (예컨대, 돌기둥이나 성소 곁에 나무를 심는 일) 여러 원시적 종교 관례들을 발견하고자 하는 것이다. 물신 숭배 사고 (fetishism; 어떤 물건에 주술적, 영적 능력이 있다고 믿는 대상을 섬기는 일), 정령숭배 (animism 영국의 인류학자 E. B. 타일러가 1871 년 처음 사용 ; 애니미즘적 사고방식은 꿈과 죽음의 경험에서 추리되어 성립되었을 것이라 ; 육체와 유리되어 활동하는 원리, 즉 영혼을 상정하게 되었다 ; 사람이 죽고 난 뒤에도 영혼은 독립하여 활동하기 때문에 그것을 숭배하는 데서 종교가 비롯되었으며, 동물이나 나아가서는 자연물에까지 영혼을 인정함으로써 신의 관념이 생겨났다고 가정), 조상숭배, 토템숭배 (totemism), 돌 숭배, 인간 제사 등이 그런 고대인들의 종교인데, 고대 이스라엘인들도 이런 원시 종교를 가지고 살다가 점차 일신론으로 발전시켜 지금 우리가 보는 구약의 종교로 다듬어 졌다고 한다.

예컨대, 벨하우젠은 그의 "이스라엘 역사" 에서 (18, 30, 325 등) 이스라엘 사람들은 가나안에 들어갈 때 이전 가나안 족속들의 성소들을 자기 것으로 삼고 나중에 족장들의 전설을 그 성소들과 함께 연관시켰다 한다. 쉬타데 같은 이는 헤브론의 막벨라 동굴이나 세겜 등은 원래 조상 숭배 성소였는데, 나중 야웨의 제단으로 둔갑되었다 한다 (1888:I,451–52).

나무나 우물에 신이 거한다는 애니미즘적 사고를 비평가들은 브엘세바나 다른 곳에서의 우물 사건과 결부시킨다 (B. Stade 1888:I,456). 제단을 큰 나무 아래 만들거나 (창 13:18), 때로 나무들을 제단 곁에 시는 일, 마므레 상수리 나무들 곁에 아브라함이 거한 일 (창 13:18, 14:13, 18:1), 리브가의 유모 드보라를 벧엘 상수리 나무 아래 묻은 일 (창 35:8) 등이 그런 원시 종교적 관례라 한다.

물신 숭배나 돌 숭배는 언약궤 안의 두 돌비, 야곱의 돌기둥 등이 증거로 지적된다. 그 두 돌비에 야웨께서 거하셨다고 믿었다는 것이다 (B. Stade 1888:I,448–49, 457; A. Kuenen 1874:I,233). 물론 벧엘에 야곱이 세운 돌 기둥이나 야곱과 라반이 길르앗 산에 세운 돌기둥, 여호수아가 세겜에 세운 돌기둥, 사무엘이 에벤에셀에 세운 돌기둥 등도 돌 숭배의 증거라고 간주해 버린다.

인간 제사도 고대 이스라엘 종교의 한 부분이었다 하는데, 퀴넨에 의하면 야웨는 원래 몰렉 신과 연관되었다고 하고, 그에게 사람을 제물로 드려야 했었다 한다 (1874:I,228, 237).

6) 알브레히트 알트, 조상의 신

여기에 우리는 알브레히트 알트 (Albrecht Alt) 의 "조상들의 하나님" 이란 (1929) 책을 상기하게 되는데, 족장들은 원래 가나안 족속이 섬기던 신들을 섬겼는데, 후에 야웨 하나님으로 세탁했다고 한다. 폰 라드의 구약 신학은 바로 알트의 족장들의 종교에 의존하는 바가 많다. 알트에 의하면 족장시대에는 여러 곳들에 가나안 족속들의 신당들이 많았는데 이런 지방 성소들에서는 각기 다른 지방 신들을 섬겼다. 그래서 각 지방 성소의 신들의 이름은 창세기에서 여러 모양으로 달리 나타난다. 예컨대, 이삭의 경우는 "파하드 이츠하크" (이삭의 경외하는 자) 라 불리는가 하면, 야곱의 경우는 "아비르 야아콥" (야곱의 힘센 자) 라 불린다. 브엘세바에서는 "엘 올람" (영생의 신) 이라 불리고, 세겜에서는 "엘 베릿" (언약의 신) 이라 불린다. 그렇다면 이 조상들이 섬기던 잡신들이 어떻게 야웨 신을 섬기는 유일신 신앙으로 변화되었는가? 알트에 의하면 헬라의 아텔라와 델피의 아폴로 신은 국가적으로 공히 섬겼지만, 각 부족들이 자기 신들을 섬기는데 있어서는 방해를 받지 않았던 것처럼, 야웨 신도 국가 신으로 공히 섬겼지만 여타 지방 신들이 부인된 것은 아니었다 한다. 그러다가 차츰 야웨 신앙의 배타성이 강조되고 모든 잡신들이 배격되었다 한다.

지금 우리가 가진 구약의 기록 중에서 가장 이른 것은 알트에 의하면 (벨하우젠 이래로 비평가들의 의견에 의하면) 다윗 왕궁이나 솔로몬 왕궁에서 궁중 신학자 혹은 역사가들이 비로소 이전의 역사를 기술하기 시작하였기에, 저들에게 전해진 전승들은 이미 오랜 먼 옛날의 사건들에 관한 것들로 이미 그 신빙성을 의심할 수밖에 없는 것들이었다. 그 전승들은 아주 오랫동안 수세기에 걸쳐서 입에서 입으로 전해져 내려오던 것들이었다 (이런 이야기는 앞서 궁켈이나 퀴넨의 진술을 통해 접한 바 있다). 이스라엘 백성이 존재하게 된 것은 저들의 지파들이 야웨 신을 경배하는 일을 중심으로 하나가 되었을 때였다. 정치력이나 공통의 문화적 유산 때문에 저들 민족이 존재하게 된 것은 아니었다. 저들이 어떻게 한 공통의 신 야웨를 경배하게 되었는지, 과정은 아주 복잡하게 생성되었을 것이라 한다.

이런 종교 진화론을 가지고 이스라엘의 종교를 순전히 인간적 발상이라 보는 비평가들이 구약 각 책들을 어떻게 대할 것인지는 명약관화 해진다. 오경은 모세 같은 오랜 옛 시절에 기록이 될 수 없었다. 그 복잡하고 정교한 오경에 담긴 제사법이며, 신명기의 중앙 성소법 등이 어떻게 모세 시대에 가능할 것인가? 더구나 이스라엘 초기 역사에서 중앙 성소에서만 제사가 드려졌다는 기록도 없다. 심지어 한 때는 비평가들이 모세 시대에는 글을 기록할 줄도 문자도 없었다고 생각했다. 예컨대, 폰 볼렌이나 (Von Bohlen) 하르트만 (Hartmann) 같은 비평가가 그렇게 생각했고, 딜만 같은 이도 그의 민수기 – 여호수아 주석에서, 기록술은 (art of writing) 이스라엘 역사 초기에 일반적으로 퍼지지 않았다고 모세 저작설을 반대하는 주장을 한다 (1886:594). 그러나 모세보다 수백 년 전에 벌써 함무라비 법전이 돌 판에 기록되었고, 함무라비 이전 수백 년 전에 벌써 다른 지역에서도 법전이 기록되어 전해진 것이 발굴됨으로 저들의 생각이 그릇되었음을 밝히 보여주었다.

7) 복음주의, 개혁주의 신학의 책무

미국에서는 보수적 신학을 복음주의 (evangelical) 신학이라 칭하는데, 독일에서 "복음주의 신학" 이라 (Evangelische Theologie) 하면, 카톨릭 신학 (Katholische Theologie) 에 대비되는 종교개혁으로 나타난 개신교 신학을 가리킨다. 한국에서 "개혁주의 신학"이라 (혹은 개혁 신학) 하면, 대개 종교개혁자들의 신학 전통, 특히 칼빈의 신학 전통을 따르는 신학을 가리킨다. 칼빈을 따른다고 하면서도 칼 바르트의 신정통 신학을 따르면서 개혁신학이라 칭하기도 하는데, 그것은 정통 개혁신학과 거리가 먼 변질신학이다.

성경에 대한 역사 비평법은 원천적으로 초자연적, 영적 사실들을 기록하는 성경을 적절하게 다루기에 합당치 아니한 방법론이다. 객관적, 과학적 학문이라고 주장하지만, 실은 계몽 철학에 근거한 확실히 반(反)– 초자연적인 입장을 견지하는 지극히 주관적인 방법론이다. 우리 믿음의 선조들이 "성령님의 내적 조명" 이 없으면 성경이해가 불가하다고 강조했다면, 그것은 아주 적절한 지적이다. 신앙을 가지고 성경을 접근하는 것이 주관적이라면, 모든 초자연적 사고를 배제하는 계몽철학에 근거한 역사 – 비평법으로 성경을 접근하는 것 역시 주관적 연구법이다. 가다머가 (Hans–Georg Gadamer, Truth and Method) 지적한대로, 계몽주의 사상가들이 생각하듯 이성이란 역사적 맥락과 지평선에서 자신을 해방시키는 절대능력이 결코 아니다. 오히려 개개인의 이성 자체도 역사적 맥락에 지배를 받고 자신의 편견적 시각으로 세상을 판단하는 지극히 편향되고 제한된 인간의 사고 능력이다. 성경은 신앙을 가진 자들의 작품이며, 성령님의 감동으로 기록된 계시이다. 그러므로 "성령님의 내적 조명" 이 없이 순전한 이성적 능력으로만 성경을 바로 해석할 수 없다.

복음주의 혹은 개혁주의 신학은 계몽사상의 여파로 일어난 성경에 대한 역사 – 비평적 접근법이 제기한 문제들을 나름대로 고민해야 하겠지만, 그것을 가지고 너무 시간을 낭비할 이유는 없다고 본다. 오히려 어거스틴, 루터, 칼빈, 헤르만 바빙크 등의 전통적인 정통 개혁신학의 바통을 이어받아 이 시대에 맞게 그리고 미래를 대비하는 개혁신학을 정립해야 할 책무를 지닌다. 오늘날에는 통신수단과 인쇄술의 발전으로 신학에 있어서 장로교, 감리교, 침례교, 루터교 등 교파나 교단, 심지어 구교, 개신교, 유대교, 정교회 등의 경계선이 사라지고 있다. 이제 경계선은 복음주의 (혹은 개혁주의냐)? 아니면 신신학이냐? 이렇게 구분하는 시대라고 보인다.

복음주의 신학은 역사 – 비평신학이 깨뜨린 진리 등대를 일으켜 세우고 손질해서 밖으로는 불신 세상에 전도의 빛을 비추고, 안으로는 역사 비평 신학에 침몰한 난파 승객들을 (신신학에 몰입한 형제들) 구조해야 할 시대적 사명을 지닌다. 역사 비평신학의 폐해는 특별히 "구약" 분야에 집중되어 있다. 오늘날 "도올" 들이 (도올 김용옥 개인을 폄하하는 의도는 없고, 불신앙적, 자아 중심적, 신성 모독적 자세로 성경을 연구하는 자들의 '아이콘' 으로서) 성경을 난도질하는 세상에서 소명을 받은 우리는 자신의 위치를 잘 지켜야 한다.

B. 계시, 영감, 성경의 명칭들

우리가 성경의 영감과 계시를 말할 때, 영감은 하나님의 성령께서 각 성경 기자의 마음에 역사하셔서 그가 하나님의 뜻을 기록하도록 지도하시고 인도하셨으며, 기자가 어떤 오류가 없도록 보호 감독하셨다는 의미이다. 반면 계시란 하나님께서 자신의 뜻과 자신의 성품을 그렇지 않으면 인간이 알 수 없었을 방식으로 드러내신 것과 그 드러내신 내용을 가리킨다.

1. 계시

계시란 (啓示) 무대 뒤에 숨겨진 배우나 장치들이 무대 휘장을 걷어낼 때 드러나 보이듯, 우리 인간의 제한된 능력으로 알 수 없는 초자연의 존재이신 초월하신 하나님께서 자신을 인간에게 드러내시는 것, 그렇게 드러난 것을 가리키는 말이다. "계시하다" 란 사고는 히브리어에서 "갈라" 인데 (삼상 2:27, 단 2:47), 헬라어에서는 "아포칼룹토" 라 (마 11:25, 27, 16:17, 눅 10:21, 갈 1:16, 빌 3:15) 한다. 라틴어로 "계시하다" 는 revelare 이고, 계시는 revelatio 이다. 여기서 영어의 reveal 이나 revealation 이 유래한다.

우리 주님은 하나님께서 그리스도의 정체를 베드로에게 계시해 주셨다고 말씀하셨다 (마 16:17). 인간으로 자기 앞에 서 계신 주님의 정체를 베드로가 자기 머리로 어떻게 알겠는가? 물론 주님을 따라 다니면서 그의 행하시는 이적들이나 말이나 행동을 통해 아, 저 분은 인간과 다르시구나! 라는 것은 어렴풋이 느꼈겠지만, 그 분이 구약이 예언하는 그 "그리스도" 이시고 (왕, 제사장, 선지자 직분을 한 몸에 감당하시는 구세주) 또한 하나님의 아들, 곧 하나님께서 친히 이 세상에 인간의 몸으로 오신 분임을 그가 어떻게 알았겠는가? 성령님으로 베드로는 깨달음을 얻은 것이다.

마찬가지로, 사도 바울은 자기에게 하나님은 예수 그리스도를 계시해 주셨다고 지적한다 (갈 1:16). 다메섹으로 가는 도상에서 사울이 주님의 영광의 현현을 체험했다 (행 9:3–6). 이 사건 이전에 그는 그리스도를 알지 못하므로 그리스도를 추종하는 무리들을 이단으로 몰아 처형하고 투옥시키는 일에 앞장섰다. 그래서 그는 고백하길, "내가 전에는 훼방자요 핍박자요 포행자이었으나 도리어 긍휼을 입은 것은 내가 믿지 아니할 때에 알지 못하고 행하였음이라" (딤전 1:13) 하였다. 그가 믿게 된 것은 계시를 통해 그리스도의 정체를 깨달았기 때문이고, 그를 믿게 된 것도 하나님께서 그런 믿음을 주셨기 때문에 (엡 2:8) 믿을 수가 있었다.

우리는 앞에서 구약에 대한 역사 – 비평적 접근법을 창설한 자들의 사상이 어떠했나를 살핀 적이 있다. 저들의 사상은 이런 초자연적인 계시나 성령님의 영감을 구약 성경에서 보지 못하고 있다. 이스라엘의 종교도 여타 종교들과 다를 바 없는 자연발생적 소산일 뿐이라는 것이 저들의 사고였다. 아브라함을 부르시고, 자신을 계시해 주신 하나님, 모세를 부르시고 자신을 계시해 주셨던 하나님, 사무엘을 부르시고 말씀하셨던 하나님, 선지자들에게 말씀하셨던 그 하나님을 비평가들은 왜 알지 못할까? 어떻게 해서 궁켈이나 알브레히트 알트, 혹은 쉬타데, 퀴넨 같은 순전히 인본주의적인 구약 이해가 가능하였을까?

시 19 편은 두 계시를 노래한다. 하나는 "자연 계시" 혹은 "일반 계시" 이고 다른 하나는 "특별 계시" 혹은 말씀 계시이다. 자연 계시는 하늘이 하나님의 영광을 선포하고 궁창이 그 손으로 하신 일을 드러낸다고 노래하듯, 자연 만물이 하나님의 솜씨와 지혜를 드러낸다는 것이다. 자연은 하나님을 드러내는 그림책이다.

사도 바울은,

창세로부터 그의 보이지 아니하는 것들 곧 그의 영원하신 능력과 신성이 그 만드신 만물에 분명히 보여 알게 되나니 그러므로 저희가 핑계치 못할찌니라 (τὰ γὰρ ἀόρατα αὐτοῦ ἀπὸ κτίσεως κόσμου τοῖς ποιήμασιν νοούμενα καθορᾶται, ἥ τε ἀΐδιος αὐτοῦ δύναμις καὶ θειότης, εἰς τὸ εἶναι αὐτοὺς ἀναπολογήτους)

(롬 1:20) 하셨다. 창조 이래로, 하나님의 보이지 아니한 것들, 곧 그의 영원한 능력, 그분의 신성이 그분이 만드

신 만물을 통해 드러난다는 것이다. 그러나 이 자연 계시는 타락한 인간이 제대로 이해하지 못한다. 이해하기는 커녕 하늘 천체들을 신격화시키고, 자연 만물을 신격화시켜 그 앞에 절하고 섬기는 우준한 모습을 보이고 있다. 그래서 특별 계시인 성경이 필요하다. 이 특별 계시는 바로 우리가 공부하고자 하는 구약과 신약의 말씀이다. 이것을 일반계시와 구분하여 특별 계시라 부름은 특별한 사람들에게만 주어진 계시이기 때문이다. 일반 계시는 누구에게나 다 주어졌지만, 이 특별 계시는 성령님으로 거듭난 자만이 제대로 이해할 수 있다. 자연 계시는 이 특별계시라는 안경을 쓰고 바라볼 때 초점이 분명하게 맞추어져서 바로 이해될 수 있게 된다.

2. 영감

아우어바흐가 설파하듯, 성경은 여타의 어떤 세상 책들과 달리 아주 독단적으로 유일하게 참 진리를 담고 있다고 선언하며, 아주 배타적이며 절대적 진리성을 주장한다. 그리고 성경은 세상 여타 책들과 달리 처음부터 끝까지 역사가 한 하나님의 섭리 아래서 다 연결되어 창세기에서 시작된 바를 알지 못하면 그 후의 성경 역사는 이해할 수가 없게 된다. 호머의 일리아드나 오디세이가 각 시대나 장면마다 단절이 되고 그 특정한 시대나 상황에서의 사건들의 기술을 통해 독자들의 흥미를 돋우고 즐거움을 선사한다면 성경은 인물이나 사건의 줄거리에서 창조의 시작에서 마지막 심판까지 한 줄거리로 인물들까지 다 연결되어 움직이는 것이다. 이것은 시대는 달라도, 기록 인물은 달라도 모든 성경 기자들이 한 성령님의 영감을 통해 오류가 없이 하나님께서 기록하게 하신 바를 기록했기 때문에 가능한 일이다.

성경 영감과 (靈感) 연관하여, 기억해야 할 두 가지 핵심 사항은 사상과 표현의 고양과 (高揚 elevation), 오류로부터의 보호 감독이다 (supervision from making errors). 성령께서 인간 저자들의 마음을 감동, 고양시켜 하나님의 뜻을 기록하게 하시되 오류가 없도록 보호 감독하셨다. 이것이 성경 영감설의 (靈感) 두 기둥이다.

바울 사도는 구약 성경에 대하여 딤전 3:16–17 에서 말씀하길,

모든 성경은 하나님의 감동으로 된 것으로 교훈과 책망과 바르게 함과 의로 교육하기에 유익하니 17 이는 하나님의 사람으로 온전케 하며 모든 선한 일을 행하기에 온전케 하려 함이니라 (πᾶσα γραφὴ θεόπνευστος καὶ ὠφέλιμος πρὸς διδασκαλίαν, πρὸς ἐλεγμόν, πρὸς ἐπανόρθωσιν, πρὸς παιδείαν τὴν ἐν δικαιοσύνῃ 17 ἵνα ἄρτιος ᾖ ὁ τοῦ θεοῦ ἄνθρωπος, πρὸς πᾶν ἔργον ἀγαθὸν ἐξηρτισμένος)

"하나님의 감동" 이란 말은 theopneustos (하나님께서 호흡을 불어 넣으셨다 God–breathed) 이다. 하나님을 구약 성경의 저자로 제시한다. 인간 저자는 여기에 언급조차 없다. 하나님의 영감으로 모든 성경은 (구약 성경) 산출되었다. 그럼에도 하나님의 영감으로 인간 저자들이 성경을 기록할 때, 그냥 하나님께서 지시하는 대로 (dictation) 받아 적은 것이 아니다. 그런 경우도 있었으리라는 것은 렘 36:4, 18 에 의하여 부인할 수 없다.

렘 36:4 바룩이 예레미야의 구전대로 여호와께서 그에게 이르신 모든 말씀을 두루마리 책에 기록하니라 (wayyiḵtōḇ bārûḵ mippî yirməyāhû ʾeṯ kol-diḇrê yhwh ʾăšr-dibber ʾēlāyw ʿal-məḡillaṯ-sēp̄er And Baruch wrote on a scroll at Jeremiah' s dictation all the words of the LORD that he had spoken to him, NRSV)

그러나 성경 각 책들은 저자에 따라서 문체나 사용된 어휘가 다르고 여러 각책에 특이한 요소들이 있는 것으로 미루어 하나님께서 일방적으로 모든 말씀을 받아 적게 하신 것은 아니다. 그렇게 생각하는 것을 **기계적 영감설**이라 한다. 반면 우리가 믿는 바는 모든 말씀을 인간 저자가 기록하되 자기의 학식이나 능력을 다 동원하여 사기 나름대로의 책을 기술하였으되, 하나님은 하나님대로 자기의 뜻을 따라 기록하도록 하셨고, 또 오류가 없도록 감독하셨다. 이렇게 보면, 하나님께서 100 퍼센트, 인간 100 퍼센트 작품이다. 이렇게 보는 것을 **유기적 영감설**이라 한다.

교회사에서 17 세기 독일의 상황을 들여다본다면, 독일 국교인 정통 루터교 신학은 성경을 하나님께서 구술하여 (dictation) 저자들이 받아 적은 양 생각하고 있었음이 드러난다. 기계적 영감설 혹은 문자적 영감설을 (verbal inspiration) 믿었다. 비단 그 시대에는 독일 루터교만 아니라 모든 개신교나 로마교가 그러했을 것이다. 그렇지만 성경의 원문을 아는 이들은 금방 책들의 문체가 다르고 문법이나 표현 방식이 다르다는 점을 알게 된다. 그래서 기계적 영감설이 의문시되었다. 한 하나님께서 성경 전부를 인간 저자들에게 들려주어 기록하게 하셨다면 왜 이런 차이가 나겠는가? 라고. 그래서 정통 신학은 이제 그런 책들 간의 문체상의 차이를 설명하기 위해 적응설을 (accommodation theory) 주장하게 된다. 성령께서는 성경 저자들의 문체나 표현 방식에 맞추어 각기 달리 구술하는 적응의 자세를 취하셨다는 것이다. 그리고 정통 신학자들은 성경 기자들은 항상 세계의 사물을 정확하게 실제 그대로 묘사하였다고 믿었다.

이와 대조적으로 그 당시 비평 신학자들은 (Joh. Clericus 1657-1736, Thom. Burnet, Will. Whiston 등) 적응설을 약간 다른 의미로 이해하여, 성경 기자들은 그 당시대의 세상 사람들의 세계관에 자신들을 적응시켜 사물들에 관하여 기술했다고 생각했다 (Woodbridge 1988).

성령께서 성경 기자들의 언어적 표현에 적응하신 것이 아니라, 성경기자들이 과학 이전 시대 사람들의 견해에 자신을 적응시켜 여러 사실들을 기록했다고 하는 것이다. 적응시킨다는 것은 나쁘게 보면 잘못된 사고이지만, 그대로 수정하지 않고 용인하듯 받아서 기록했다는 것이다. 예컨대, 귀신이나 지옥 같은 사고는 과학적 세계관을 알지 못하던 세상 사람들의 세계관을 성경기자들이 용인하여 기록한 것에 불과하다고 했다.

18 세기 말경에 적응설은 여러 가지 형태로 나타났는데 신학자들 중에서 아주 뜨거운 이슈가 되었다. 브렛쉬나이더는 (K. G. Bretschneider) 1763-1817 년 어간에 적응설을 다루는 작품들이 31 개나 발간되었다고 지적한다 (143 이하). 비평 신학자들 중에서 논쟁의 이슈는 예수님과 사도들이 그들의 설교에서 어느 정도로, 세상 사람들의 세계관이나 종교관에 자신들을 적응 시키셨는지였다. 근대 과학적 지식에 비추어 신약의 케케묵은 요소들이 어느 정도인지를 판단하려고 들었다.

지난 1979 년에는 잭 로저스와 도널드 맥킴이 (B. Rogers & D. K. MacKim) "성경의 권위와 해석" 이란 책을 출판하는데 (1979), 그 책은 "적응설" 을 근거로 교회사적으로 신학자들이 성경의 무오성을 주장했는지 여부를 분석했다. 적응설을 말하면 그 사람은 성경 무오성을 믿지 않는 신학자로 분류되는 것이다. 그러나 존 우드브리지 교수는 (John D. Woodbridge) 그런 분석이 방법론적으로 얼마나 오류인지를 지적했다 (1982). 어거스틴, 루터, 칼빈 등은 성경을 믿음과 과학의 영역으로 구분한 적이 없으며, 성경 기자들이 당대의 그릇된 세계관에 자신을 적응시켰다는 그런 의미에서 적응설을 주장한 적도 없었다. 칼빈도 물론 "적응" 사고를 (divine accommodation) 종종 말하지만, 그가 말한 적응설은 비평가들이 가정한 그런 적응설과 달리, 전능하시고 완전하신 하나님께서 율법을 주실 때 자신을 낮추시어 그 당시 관습의 수준에 맞추어 주셨다는 식으로 말한다. 간호사가 갓난아이에게 말을 하듯, 하나님은 자신을 낮추시고 인간이 알아들을 수 있게 말씀하신다.

사도 베드로는 사도 바울의 글에 대하여 이렇게 말씀하고 있다:

또 우리 주의 오래 참으심이 구원이 될 줄로 여기라 우리 사랑하는 형제 바울도 그 받은 지혜대로 너희에게 이같이 썼고 16
또 그 모든 편지에도 이런 일에 관하여 말하였으되 그 중에 알기 어려운 것이 더러 있으니 무식한 자들과 굳세지 못한 자들이 다른 성경과 같이 그것도 억지로 풀다가 스스로 멸망에 이르느니라 (벧후 3:15-16)

즉 사도 베드로는 사도 바울의 글도 (신약) 구약 성경처럼 권위 있는 것으로 간주하고 있다. 또한 사도 베드로는 구약 성경이 성령님의 감동으로 된 것임을 증거하고 있다 (벧후 1:20-21):

20 먼저 알 것은 경의 모든 예언은 사사로이 풀 것이 아니니 21 예언은 언제든지 사람의 뜻으로 낸 것이 아니요 오직 성령의 감동하심을 입은 사람들이 하나님께 받아 말한 것임이니라 (τοῦτο πρῶτον γινώσκοντες ὅτι πᾶσα προφητεία γραφῆς ἰδίας ἐπιλύσεως οὐ γίνεται· 21 οὐ γὰρ θελήματι ἀνθρώπου ἠνέχθη προφητεία ποτέ, ἀλλὰ ὑπὸ πνεύματος ἁγίου φερόμενοι ἐλάλησαν ἀπὸ θεοῦ ἄνθρωποι)

여기서 성령의 감동하심이란 성령님에 의해서 마치 물결이 바람에 움직이듯 사람들이 움직였다는 의미이다. 성경의 영감에 대하여 언급하는 구절들은 행 1:16, 20 (시 69:25, 109:8), 28:25 (사 6:9-10), 히 3:7 (시 95 편), 10:15-16 (렘 31:31-34), 마 22:43 (시 110 편), 벧후 1:20-21 (모든 예언, 구약), 딤후 3:16 (모든 성경, 구약) 등에서 볼 수 있다.

형제들아 성령이 다윗의 입을 의탁하사 예수 잡는 자들을 지로한 유다를 가리켜 미리 말씀하신 성경이 응하였으니 마땅하도다 (행 1:16 은 시 69:25 를 언급하나).
히 3:7 그러므로 성령이 이르신 바와 같이 오늘날 너희가 그의 음성을 듣거든
마 22:43 그러면 다윗이 성령에 감동하여 어찌 그리스도를 주라 칭하여 말하되
44 주께서 내 주께 이르시되 내가 네 원수를 네 발 아래 둘 때까지 내 우편에 앉았으라 하셨도다 하였느냐
행 28:25 성령이 선지자 이사야로 너희 조상들에게 말씀하신 것이 옳도다
26 일렀으되 이 백성에게 가서 말하기를 너희가 듣기는 들어도 도무지 깨닫지 못하며 보기는 보아도 도무지 알지 못하는도다
히 1:1 옛적에 선지자들로 여러 부분과 여러 모양으로 우리 조상들에게 말씀하신 하나님이
2 이 모든 날 마지막에 아들로 우리에게 말씀하셨으니 이 아들을 만유의 후사로 세우시고
또 저로 말미암아 모든 세계를 지으셨느니라

3. 하나님의 말씀의 성격 , 기능 , 주신 목적

1) 보내신 하나님의 뜻을 이룬다

사 55:8 여호와의 말씀에 내 생각은 너희 생각과 다르며 내 길은 너희 길과 달라서 9 하늘이 땅보다 높음 같이 내 길은 너희 길보다 높으며 내 생각은 너희 생각보다 높으니라 10 비와 눈이 하늘에서 내려서는 다시 그리로 가지 않고 토지를 적시어서 싹이 나게 하며 열매가 맺게 하여 파종하는 자에게 종자를 주며 먹는 자에게 양식을 줌과 같이 11 내 입에서 나가는 말도 헛되이 내게로 돌아오지 아니하고 나의 뜻을 이루며 나의 명하여 보낸 일에 형통하리라

성경 66 권은 진공 (眞空) 상태에서 나타난 것이 아니라, 그 말씀이 주어진 구체적인 역사적, 지형적, 문화적 자리가 있다. 그 원래 청중들에게 주어진 말씀이 기록되어 우리에게까지 전해졌는데, 그 말씀이 원래 주어진 때, 첫 청중들에게 전달하고자 했던 의미를 역사적 – 문법적 해석을 통해서 밝혀야 한다. 그것으로 우리의 해석이 끝나는 것이 아니다. 오늘 내가 그 말씀을 대할 때 성령님은 그 말씀으로 다른 각도에서 말씀하실 수 있다. 그것이 그 말씀의 내게 주시는 의미이다. 이렇게 본다면, 말씀의 의미는 시대마다 사람에 따라 달리 취해질 수 있다는 결론이 난다. 칼빈의 주석이 훌륭하지만, 그 시대적 상황에서 해석된 것이라는 한계를 갖는다. 그래서 오늘을 사는 우리는 우리의 관점에서 성경을 해석해야 한다. 하나님은 같은 말씀을 가지고 오늘을 사는 우리에게는 달리 말씀하시기 때문이다. 그렇다고, 성경 말씀의 의미가 근본적으로 달라질 수 있다는 말은 아니다. 시대가 다르고 각자의 보는 각도가 달라도 그 의미가 그렇게 크게 근본적으로 달라질 수는 없기 때문이다.

목회자들은 설교를 준비할 때, 바로 주석 책으로 달려가는 경우가 많다. 자기가 무릎을 꿇고 말씀을 묵상하면서 내게 말씀하시는 하나님의 음성을 들을 생각을 아니하고, 남들의 시각만 듣고자 덤비는 자세와 같다. 물론 문맥의 흐름과 대략적 의미를 파악하기 어려운 경우에 주석의 도움을 받을 수도 있지만, 그런 경우를 제하면 특히 설교를 준비하고자 한다면, 말씀과 내가 일대 일로 만나야 한다. 물론 성령님의 조명을 간구하며 깊이 묵상하는 가운데 반드시 말씀에서 부각되는 사상들이 있기 마련이다.

신학생들이 성경과 연관된 페이퍼를 (한국에서는 Report 라 하는데, 미국에서는 Paper 라 한다) 준비할 때도 본문을 정했으면, 그 본문을 내가 나름대로 묵상하고 단어도 찾아보고 해서 내 관점에서 파악하고자 노력해야 한다. 자기의 생각이나 묵상은 없고 타인의 책을 인용하거나 베끼기에 바쁘다면 앞으로 학문의 발전은 기대할 수도 없고, 설교에 독창성을 기대하기도 어려울 것이다. 한국 신학생들은 말씀을 스스로 묵상하고 깊이 생각하는 훈련이 부족하다. 객관식 단답형은 잘 쓰는데 논술 (論述) 훈련이 부족해서 주관식 문제는 풀지 못하는 경우도 많다. 왜 ? 라는 물음표를 던지면서 성경 본문을 묵상하다보면 좋은 설교나 페이퍼 착상이 많이 나온다. 그것을 기반으로 자꾸 묵상하면 여러 가지 아이디어들이 붙어나서 페이퍼나 설교는 차고도 남는 것이다.

2) 영원하다

사 40:6 말하는 자의 소리여 가로되 외치라 대답하되 내가 무엇이라 외치리이이까 ? 가로되 모든 육체는 풀이요 그 모든

2. 성경 번역사

1) 구약 성경 : 히브리어 , 아람어

원래 구약 성경은 히브리어와 아람어로 (단 2:4b-7 장, 라 4:8-6:18, 7:12-26, 렘 10:11) 기록되었다. 현재 우리가 가진 히브리어 성경의 문자는 아람어인데, 이는 바벨론 추방 후에 이스라엘 사람들이 아람어를 사용하면서 자신들의 히브리어 문자 대신 아람어 문자로 (Aramaic script) 히브리어 성경을 기록했기 때문이다. 구약 일부를 구성하는 아람어 부분은 아람어가 국제어로 통용되던 주전 6 세기 정황을 반영해 준다.

한글을 인도네시아 찌아찌아 족속에게 처음으로 수출했다고 하는데, 이는 한글 문자(文字)를 수출했다는 의미이지 언어로서의 한글이 아니다. 저들의 언어를 한글 '문자' 로 표기할 뿐이다. 영어 문자로 한글을 기록한다면, "말이 말처럼 신속하게 달린다" 는 mal-i mal-churum sinsog-hage dalinda 가 될 것이다. 마찬가지로 현재 우리가 가진 구약 성경은 히브리어 언어를 아람어 문자로 기록했다는 것이다.

(1) 맛소라 사본 (Masoretic Text)

우리가 지금 사용하는 히브리어 성경본문은 (BHS) "맛소라 사본" 이라 (MT) 한다. 왜냐하면 "맛소라" 라 불리는 유대인 학자들이 원래 자음만으로 되었던 히브리어 본문에 "모음" 과 "액센트" 기호를 첨가하고, 본문 여백에 기타 여러 비평 각주들을 (para-textual elements) 달아서 전달해 주었기 때문이다 (C. D. Ginsburg 1897; Page H. Kelly et al 1998; Yeivin 1980).

구약 정경의 마감 시기를 대략 에스라, 느헤미야 시대로 잡는다면, 그 때에 표준적 구약 정경 본문이 확정되었다고 본다. 그 후에 귀환 공동체의 영적 쇠퇴와 영적 결속력의 와해, 그리고 주전 332 년 알렉산더 대제의 중근동 패권 차지 이후 자유분방한 헬라 문화의 전래 등으로 유대인들 가운데 정통 유대교 외에 여러 다양한 종파들이 생겨나고, 각 종파들은 자기들의 예배 시에 사용할 구약 본문을 자기들의 전통에서, 에스라 - 느헤미야의 구약 본문을 전수(傳受) 발전시키면서 본문들이 약간씩 차이를 보이기 시작했다고 추정된다. 예컨대, 정통 유대교는 맛소라 본문의 전통을 고수하고, 쿰란 에센파는 자기들 전통에서, 사마리아 공동체는 오경만으로 된 자기네 구약 성경을 전수 발전시켰다.

주후 70 년 성전 파괴는 정통 유대교만 아니라, 유대인 전체 사회에 말로 할 수 없는 충격으로 다가왔고, 특히 기독교의 놀라운 성장에 시기와 적대감이 팽배하면서 정통 유대교나 종파들이나 무론하고 기독교에 대항하기 위한 의도에서 구약의 표준화에 나섰다고 본다. 기독인들은 점차 히브리어를 모르는 이방인들이 주도권을 잡기 시작하면서 구약 성경도 히브리어 성경이 아닌 헬라어로 된 70 인역을 표준 성경으로 간주하고, 유대교 공동체는 자기들이 번역한 70 인역이 기독교인들의 손에서 중시되는 것에 반발하여 다른 헬라어 역본을 산출하기도 했다.

주후 800 년대 부터는 일단의 유대인 학자들이 (맛소라, 전통) 구약 시대 서기관의 전통을 이어받아, 유대교에서 표준 본문으로 간주하는 구약 자음 본문에 모음과 액센트, 그리고 여러 본문 보호 장치들을 각주에 달아 표준 본문의 전달에 심혈을 기울였다. 이 맛소라 본문이 오늘날 기독교나 유대교나 공통으로 사용하는 표준 히브리어 구약 본문이다.

(2) 사마리아 오경

사마리아 오경은 사마리아 공동체가 사용하는 오경만의 구약 성경으로, "초기" 히브리어 문자로 기록되었다. 물론 맛소라 학자들과 무관하므로, 자음만으로 된 본문이다. 아마도 주전 721 년 북왕국 이스라엘이 멸망하면서 (왕하 17:24-33), 사마리아인들이 유대교와 다른 구약 성경을 발전시키다가 (이사야나 기타 선지자들의 활동은 남왕국 유다에 국한됨) 에스라 – 느헤미야 시대에 결정적으로 유대교와 결별하고 사마리아 오경을 자기들의 경전으로 고착시켰을 것이다.
김경래에 의하면, 사마리아 오경과 70 인역은 964 군데서 일치되게 맛소라 본문과 차이를 보이고, 이 중에서 471 개의 경우는 사소한 차이에 불과하고 나머지 493 군데 중에서, 328 군데는 공통의 조화시키는 번역이다 (Kim 1994).

2) 아람어 : 탈굼

(1) 기원

유대인들이 바벨론에 추방당하여 그곳에서 사는 동안 그곳에서 쉬운 "아람어" 를 사용하게 되었다. 추방지에서 귀환한 백성들은 아람어에 익숙하고 히브리어 성경을 이해할 수 없었으므로 에스라가 귀환 공동체 사람들에게 말씀을 강론할 때는 "아람어" 로 성경을 번역하거나 통역하는 일이 필요했다. 예컨대, 느 8:8 에서 "하나님의 율법책을 낭독하고 '번역하여' 그 의미를 제시하니, 백성이 그 낭독하는 것을 깨달았다" 라고 (**wayyiqrəʾû b̲assēp̄er bəṯôraṯ hāʾĕlōhîm məp̄ōrāš wəśôm śek̲el wayyāb̲înû bammiqrāʾ**; 사역 私譯) 하는데, 한역이 "해석하여" 라고 번역한 말은 (**məp̄ōrāš**) KB[3] 가 "어떤 본문을 즉석에서 번역하다" 란 의미라고 정의하고 있다. 귀환한 자들은 아람어는 잘해도, 히브리어는 알아듣지 못했으므로, 즉석 통역이 필요했던 것이다. 구약의 아람어 성경을 "탈굼"이라 부르는데, 이 "탈굼"이란 (타르구마, 타르굼) 말 자체가 아람어로 "번역" 이란 의미이다. 에스라의 집회에서 보듯, 추방자들의 귀환 공동체에서 아람어 번역의 필요성이 절실하였으므로, 그 때부터 아마 구약 성경이 아람어로 번역되기 시작했으리라 추정할 수 있다.

(2) 바벨론 탈굼

유대교에서 인정하는 아람어 역본들로는 오경의 번역인 옹켈로스의 탈굼과, 선지서의 번역인 요나단의 (Jonathan Ben Uzziel) 탈굼 등이다. 오경과 선지서는 유대교 회당 예배에서 공식적으로 읽었지만, 성문서는 공 예배식의 낭독과 무관했으므로, 성문서에 대한 아람어 번역은 공식적인 것이 없다. 탈뭇 므길라 3a 에 의하면 '요나단 벤 웃지엘' 이 성문서 탈굼도 준비했지만, 하늘의 소리가 (바트 콜) 금지했다 한다. 그 이유는 성문서는 메시아 도래의 날짜를 예고하기 때문에 그것이 그러나는 것을 금지하는 때문이라 한다. 그럼에도 에스라, 느헤미야, 다니엘을 제외한 성문서들에 대한 탈굼 역이 존재한다. 그러나 공식적인 사용이 없다보니 오경이나 선지서의 그것에 비해 빈약하다.

(3) 예루살렘 탈굼

앞에 언급된 유대교의 두 공식 탈굼역은 바벨론 역본들이고, 예루살렘에서 되어진 탈굼역도 있는데, 탈굼 예루살렘 I ('가짜 요나단 탈굼' 이라고도 불림), 탈굼 예루살렘 II (단편들), 카이로 게니자 탈굼 단편들, 탈굼 네오피티 1 (1956 년 발견된 것으로 그 산출 시기는 주후 1, 2 세기, 4, 5 세기, 16 세기 등 다양하게 추정; 오경 전체를 담고 있지만 몇 군데 파손상태) 등이다. 바벨론 탈굼에 비해 더 의역 (意譯) 하는 번역 방식이다.

(4) 아람어의 역사적 변천

탈굼에 사용된 아람어는 구약 성경의 아람어 부분에 (단 2:4a–7 장, 라 4:8–6:18, 7:12–26, 렘 10:11, 창 31:47) 나타나는 아람어에 비해 후기 아람어에 속한다 (Jongtae Choi 1994). 탈굼역은 신약 기자들의 구약 이해에 큰 영향을 끼쳤다고 평가된다. 탈굼역은 아주 의역인 경우가 많고, 메시야 사고를 분명하게 드러내는 점에서 신약의 구약 이해와 아주 유사한 부분들이 많다.

(5) 페쉬타

아람어의 한 방언인 시리아어로 된 역본은 "페쉬타" 라 (Peshitta 단순역본) 불린다. 이전에는 이 페쉬타역이 아람어 탈굼역에 근거한 번역이라 이해되었지만, 오늘날에는 히브리어 맛소라 사본이나 그와 같은 전통의 사본에 근거한 번역이라 간주된다 (M. P. Weitzman 1999). 바이츠만에 의하면, 페쉬타 역은 정통 유대교 공동체에서 이탈한 소수 유대인 공동체가 (어쩌면 에뎃사 중심의) 주후 150–200 년 어간에 산출한 것이다. 그들은 처음에는 유대교를 따르다 결국 기독교로 개종했다 한다. 바이츠만에 의하면, 탈굼 옹켈로스와 페쉬타 역 사이의 유사성은 상호간의 직접 의존성 때문이라기보다, 두 역본의 역자들이 모두 유대인으로서 어휘, 주석, 번역 전통들이 동일하기 때문이다.

플린트는 시편 쿰란 사본들에 대한 연구서에서 제안하길, 시편 쿰란 사본과 (11QPs[a]) 페쉬타 시편 사이에는 공통의 독법과 구성이 존재한다고 했다 (P. W. Flint 1997). 하지만, 카르바호사는 시 120–134 편을 (올라가는 노래들) 연구하고 페쉬타의 히브리어 대본은 쿰란 시편 사본의 (11QPs[a]) 전통을 따르지 아니하고, 공통의 독법들은 번역상의 기교들 때문이라고 주장했다 (Ignacio Carbajosa 2004).

3) 헬라어역

(1) 70 인역 (LXX, Septuagint)

주전 332 년 마케도냐의 알렉산더 대제가 근동 세계를 정복하여 헬라어가 그 지역 공통어로 퍼지면서 사람들은 헬라어를 많이 사용하게 되었다. 특히 이집트를 지배한 톨레미 헬라 왕조 시대에 유대인들이 알렉산드리아에 (이집트의 항구) 많이 거주했는데, 헬라어를 사용하다보니, 구약을 헬라어로 번역할 필요가 생겼다. 그렇게 해서 구약의 헬라어 성경인 70 인역이 생겨났다 (대략 주전 300 년 어간).

70 인역의 기원에 관한 이야기는 "아리스테아스의 서신" 으로 알려졌는데, 그 서신은 이집트의 톨레미 왕이 (Philadelphus II, 285–247 BC) 알렉산드리아에 있던 자기 도서관을 채우기 위해 히브리어 성경을 헬라어로 번역하도록 72 인을 번역위원으로 위촉했다고 진술한다. 톨레미는 예루살렘의 대 제사장 엘레아살에게 편지를 보내, 이스라엘의 12 지파에서 각기 6 명의 번역자를 뽑을 것을 요청했다. 72 인 번역자들이 (나중 판본에서 70 인 혹은 75 인으로 변경) 이집트에 도착하여 주전 282 년 톨레미의 환대 속에 토라를 72 일 만에 번역했다.

톨레미의 오경 프로젝트가 끝난 후에, 구약 다른 부분들은 다른 번역자들이 번역을 했다고 추정한다. 그러나 언제 누가 어떤 책을 어디서 헬라어로 번역했는지는 확실치 않다. 나중 70 인역이라 불리게 된 이 헬라어 역본의 오경은 톨레미의 프로젝트에 의해 일관성을 유지했다고 판단되지만, 구약의 책마다 번역 방식이 다르다고 평가된다. 전도서의 경우 아주 문자적인 번역이지만, 잠언서의 경우는 의역이다. 번역의 질이 책마다 다른 것이다.

종종 70 인역은 히브리어 표준 본문인 맛소라 사본과 (MT) 다른 본문을 제시한다. 그 중에서도 가장 현저하게 차이를 보이는 책들은 다음과 같다:

예레미야서 70 인역은 MT 보다 1/8 정도가 짧고, 배열순서도 다르다.

욥기 70 인역은 MT 보다 1/6 정도가 짧고, 히브리어 사본에 없는 말미를 (욥 42:17 이 아주 길다) 갖는다.

에스더서 70 인역의 약 절반 정도는 MT 에 없다.

출애굽기 70 인역과 MT 는 여러 곳에서 절들의 순서, 단어들의 포함 혹은 제외 등의 차이를 보인다.

70 인역은 번역 방식이나 히브리어 지식 정도가 다른 여러 번역자들의 번역들의 모음이라고 간주되는데, 따라서 70 인역을 구약 본문 비평에 사용할 때 일률적으로 그 가치를 평가하기는 어렵다. 70 인역은 어쨌거나 헬라

어를 사용하는 해외 유대인들에게 자기들에게 익숙한 언어로 구약을 읽을 수 있게 해 주었다. 동시에 70 인역은 이방인들도 구약을 연구할 수 있는 기회를 제공해 주었다 (행 8:26, 27 참조). 이런 사실은 기독교에 아주 의미심장한 것이었다. 왜냐하면 이제 기독교의 복음을 이방인들에게 전할 때, 이방인들이 읽고 이해할 수 있는 70 인역이 제시하는 여러 사고들과 연관시켜 전할 수 있었기 때문이다. 헬라어를 사용하던 초대 교회에서 70 인역은 표준적 구약 성경으로 자리 잡게 되었다.

이런 상황의 발전은 유대교 공동체를 아주 곤란한 궁지로 몰아넣었다. 자신들이 번역했고 자신들이 높이 평가했던 헬라어 구약 성경이 이제 기독교인들의 손에서 아주 유용하게 사용되면서, 유대교와 기독교가 서로 논쟁할 때 기독인들이 자주 70 인역에 근거해서 주장을 펼쳤기 때문이다. 예컨대, 그리스도의 동정녀 탄생을 주장하면서 기독인들은 사 7:14 에 대한 헬라어 번역본을 근거했다. 유대인들은 "처녀" 가 (partenos) 아니라 "젊은 여인" 이라고 (neanis) 주장하지만, 기독인들은 당신네 유대인들이 번역한 70 인역에도 "처녀" 로 되어 있지 아니한가? 라고 답하는 것이다.

더구나 기독인들은 점차 자신들의 번역을 70 인역에 삽입하기 시작했다 (additamenta christiana). 글자 하나에도 의미를 부여하던 유대인 해석자들이 보기에, 어떤 구절들에서 느슨한 70 인역의 번역이 달가울 리 없었다. 이런 저런 사정으로 유대교는 한 때 필수불가결하고 신성한 번역본이라 여겼던 70 인역을 배척하고 정죄하기에 이른다.

이에 따라 헬라어를 사용하던 유대교 공동체는 70 인역이 아닌 다른 구약의 헬라어 역본의 필요를 느끼게 되었다. 이런 헬라어 사용 유대교 공동체의 필요에 부응해서, 아퀼라 역본과 데오도션의 개정판 등이 나타났고, 유대인 기독인 공동체인 에비온파를 위해서는 심마쿠스 역이 만들어졌다.

(2) 아퀼라 (Aquilla) 역본

폰투스 (Pontus) 지역의 시노페 (Sinope) 출신이자, 랍비 아키바의 제자였던 아퀼라가 주후 130 년경 노예적이다 싶을 정도로 히브리어 본문을 문자적으로 번역하여 유대인들에게 인기가 좋았다. 유스티니아 황제의 유언보충 146 번에서, 아퀼라 역본은 영감받은 70 인역본과 함께 회당에서 사용해도 좋다고 언급되고 있다. 아퀼라 역본은 문헌들에 전해지는 인용들이나 헥사플라 단편들, 카이로 게니자에서 나온 6 세기경의 재활용 양피지 (palimpsests) 등에서 현존한다.

아퀼라의 문자적 번역의 실례를 들어 본다. 창 1:1 의 히브리어 본문 **bərēʾšîṯ bārāʾ ʾĕlōhîm ʾēṯ haššāmayim wəʾēṯ hāʾāreṣ** 은 70 인역에서 ἐν ἀρχῇ. ἐποίησεν ὁ θεὸς τὸν οὐρανὸν καὶ τὴν γῆν 인데, 아퀼라는 εν κεπαλαιω εκτισεν ηο τηεοσ συν τον ουρανον ,και. συν τεν γεν 라 (머리에, 하나님께서 그 하늘과 함께, 그 땅과 함께 창조하셨다) 번역했다. 이는 헬라어로 볼 때 부자연스러운 문장이고, 목적어가 없는 억지 헬라어나 같다. "태초에" 대신 "머리에" 라고 번역해서 히브리어 "브레쉬트"가 히브리어에서 "머리" 와 연관된 단어임을 강조하였고, 번역하지 말아야 할 목적어 표시 불변사 eth 를 구지 헬라어로 (sun) 번역하여, "하늘과 땅을" 이라 해야 할 것을 "하늘과 함께, 그리고 땅과 함께" 라고 번역했다.

(3) 심마쿠스 (Symmachus) 역

주후 170 년경 히브리어 원문에 대한 문자적인 번역에 충실하면서도 헬라어 의미도 훌륭하게 통하도록 하려는 복적으로 번역했고, 헥사플라 파편들에서만 현존한다.

(4) 데오도션 (Theodotion) 역

새 번역을 만든 것이 아니라, 기존의 헬라어 역본을 히브리어 본문을 근거로 개정하였다. 데오도션이 개정한 헬라어 본문이 70 인역이었는지는 (Rahlfs) 논쟁거리이다. 일반적으로 인정된 바는 다니엘서의 데오도션 역본은 거의 모든 사본들에서 70 인역 본문을 대체했다는 사실이다. 그런데 쉬미트는 (A. Schmitt) 다니엘서의 데오도션 역은 데오도션 자신의 것으로 돌릴 수 없다고 주장했다 (8).

(5) 라틴어역 (Vulgate)

우리가 아는 대로 로마 제국은 예수님 당시에 지중해 전역을 지배하던 대 제국이었다. 헬라 왕국들이 쇠하고 대신 로마가 근동 지역을 장악하게 되면서 라틴어가 이제 퍼지게 되고, 특히 주후 313 년 기독교가 합법화되고, 380 년에는 로마 제국의 국교가 되면서 라틴어는 기독교에 아주 중요한 요소가 되었다.

참고 : 데살로니가 칙령에 의한 기독교 국교화

우리가 (세 로마 황제들) 바라는 바는, 우리의 관용과 절제에 복속한 여러 민족들이 모두 하나님의 사도 베드로가 로마인들에게 전했고, 신실한 전승으로 보존되었으며, 이제는 로마 교황 다마수스와 사도적 거룩함의 사람 알렉산드리아 주교 피터가 고백하는 그 종교를 지속적으로 고백하는 것이다. 사도들의 가르침과 복음서의 교리에 따라서, 성부, 성자, 성령님이 동등한 위엄을 지니신 한 하나님으로 성 삼위일체이심을 고백하자. 우리는 이 법을 따르는 자들에게 '가톨릭 기독인들' 이란 칭호를 갖도록 권한을 부여한다. 그러나 다른 이들에 관하여는, 우리가 보기에 그들은 어리석은 미치광이들이므로, 우리는 그들을 수치스러운 이단들로 낙인찍고, 그들이 모이는 집회처들을 '교회' 라는 이름으로 불리길 허락지 않는다. 그들은 무엇보다 하나님의 정죄의 징계를 받을 것이고, 다음으로 하늘의 뜻에 따라 우리가 가하는 처벌을 받게 될 것이다.

제롬이란 학자가 405 년까지 시편을 제외한 구약 전체를 (외경 제외) 히브리어에서 라틴어로 직접 번역했다. 시편의 경우는 헬라어역에서 (70 인역) 라틴어로 번역했다. 제롬 이전에 나돌던 구 라틴어 역본들은 (Vetus Latina) 라틴어 사용 교회들의 필요에 따라서 임시방편으로 70 인역에서 라틴어로 번역한 것들이 대부분으로 성경 전체에 일관된 번역 원리를 따라 일군 (一群) 의 번역자들이 팀으로 번역한 것이 아니라, 이 사람 저 사람 다양한 사람들의 손으로 번역된 것이기 때문에 아주 다양한 번역들로 혼선을 초래했다.

제롬은 달마치아의 (지금 알바니아 지역) 스트리돈에서 태어나 (주후 331, 340, 347 등 여러 의견) 386 년 베들레헴에 정착하여 수도원의 영적 지도자로 활동하며 420 년 죽기까지 거기서 금욕적 생활을 통해 저술활동에 종사했다.

교황 다마스커스는 구 라틴역 본문에 여러 다양한 독법들이 있어 불편하므로 사복음서의 구 라틴역을 개정해 주도록 제롬에게 요청했다. 제롬은 대개 학자들이 긍정하듯, 여타 신약 라틴어역도 개정했으리라 추정된다.

로마에 잠시 체류하던 제롬은 루씨안 역을 포함하고 있던 70 인역의 시편을 근거로 구 라틴어 시편을 개정하였다. 이 제롬의 시편은 로마에서 예배 때 사용되었으므로 "로마 시편" 이라 불린다. 제롬은 387 년 베들레헴에서 오리겐의 헥사플라에 (6 개 국어 대조 구약성경 ; 히브리어, 히브리어를 헬라어로 음역, 시노페의 아퀼라, 심마쿠스, 70 인역 개정본, 데오도션 역 등) 관심이 끌렸고, 구 라틴어 시편을 헥사플라의 다섯째 칼럼 70 인역에 근거하여 개정했다. 이 시편은 골 (Gaul) 지방에서 예배 때 사용되었으므로 "골 시편" 이라 (Gallican Psalter) 불리며, 이 시편이 후에 로마의 라틴어 벌게잇 역본의 일부가 되었다.

제롬은 이렇게 구약 정경 전부를 헥사플라에 따라 라틴어로 번역했는데, 이 중에 전해지는 것은 골 시편, 욥기서, 잠언서 서문과 단편들, 전도서, 아가서, 역대기 서문 등이다 (Lusseau-Collomb 1936:456).

390 년에는 구약을 히브리어 성경에서 직접 라틴어로 번역하는 작업에 착수하였다. 그런 계획을 세운 까닭은 유대인들의 지속적인 비방 때문이었다. 유대인들은 공격하길, 기독교는 진정한 70 인역이 없고, 기독교의 신학적 주장들은 라틴어역이나 헬라어역에 근거할 뿐, 어떤 신빙성이 없다고 했다 (이사야서 서문에서).

제롬은 사무엘 – 열왕기서, 토비야 ? (390 년), 시편 (391 년), 16 권의 선지서들 (392 년), 욥기 (393 년), 에스라 – 느헤미야 (395 년), 역대기 (396 년), 잠언, 전도, 아가 (397 년), 오경 (398–404 년), 여호수아, 사사기, 룻, 에스더, 유딧 ? (405 년 이후) 등 순서로 번역했다. 외경인 지혜서, 집회서, 바룩서, 마카비상하를 제하고 16

년간에 걸쳐 대업을 달성했다.

오늘날 가톨릭 성도들이 사용하는 라틴어 벌게잇역은 그러므로 다음과 같은 내용으로 구성된 것이다:

a 헬라어 원문에서 번역한 신약의 사 복음서, b 추정컨대 제롬이 역시 개정한 기타 신약 책들, c 시편을 제외하고 히브리어 성경에서 직접 번역한 구약 전부 (d 시편은 헥사플라에 근거한 번역), 외경으로는 e 아람어에 근거한 토비아와 유딧서, f 제롬이 개정하지 아니하고, 70 인역에 근거한 구 라틴어 역본에서 가져온 지혜서, 집회서, 바룩서, 마카비 상하, g 데오도션역에 근거한 "다니엘서 첨가" (단 3:24–90, 13, 14 장), h 70 인역에 근거한 "에스더 첨가 부분" (더 10:4–16, 25) 등이다. 따라서 라틴어 벌게잇역의 구약은 시편의 경우 히브리어에서 직접 번역한 것이 아니다.

(6) 독어 성경

최초의 독일어 성경 번역은 주후 381 년경 울필라스가 (Ulfilas) 라틴어와 헬라어로부터 고딕어로 번역한 것이다. 오늘날 사용되는 독일어 기독교 용어들 다수가 바로 이 울필라스의 역본에서 유래한다. 나중 샬마뉴 대제가 (Charlemagne 혹은 Karl der Große) 프랑크어 (Frankish 혹은 Germanic) 성경 번역을 장려한다. 1466 년 독어 성경이 인쇄되기 전까지 여러 독일어 역본들이 나타났다. 1350 년의 아우그스부르거 성경은 (Augsburger Bibel) 신약 전체를, 1389 년의 벤첼 성경은 (Wenzel Bible) 구약 전체를 담았다.

요한 구텐베르그가 (Johannes Gutenberg) 마인츠에서 인쇄한 소위 42 행 성경은 라틴어 성경이었다. 인쇄술의 발명으로 성경은 이제 어떤 언어로나 아주 싼 값으로 다량 찍어낼 수 있게 되었다. 1466 년 멘텔 (Mentel) 성경이라 불리는 구텐베르그의 인쇄술로 첫 독어 성경이 출간되었다. 이는 라틴 벌게잇의 문자적 독어역이으로 1522 년 루터의 새 번역이 나오기까지 18 판을 거듭했다.

루터는 히브리어와 헬라어로부터 직접 독어 역본 성경을 출간하였는데, 해를 거듭하여 개정판이 나왔고 독어권에서 가장 영향력있는 성경이다. 루터는 아이젠나흐 근처 바르텐부르그 (Wartenburg) 성에 숨어 피신하는 동안 10 주 만에 신약성경을 번역 완료했다 (1522). 1534 년에는 신구약을 완전 번역했고 계속 개정 작업을 하였다. 루터 번역본에 대항하여 독일 가톨릭 교회에서는 에은제어 (Ernser) 성경을 발간하였다. 루터의 독어역본은 덴마크, 네델란드, 스웨덴어 번역의 근간이 되었다.

(7) 영어 성경

14 세기 후반에 위클립은 (John Wycliff) 영어로 전체 성경을 번역했다. 존 후스는 체코 말로 그 즈음에 성경을 전부 번역했다.

로마교가 지배적일 때는 자국어 번역이 금지되었다. 그 때에는 목숨을 걸고 번역을 해야 했다. 루터는 프레드릭의 보호를 받았지만, 화란의 안트베르프 (Antwerp) 상인들 가운데 숨어서 번역하던 틴데일은 (William Tyndale) 스페인 당국에 발각되어 화형에 처해졌다 (1536 년). 종교개혁으로 이제 로마교의 압제에서 벗어난 개신교 나라들에서 성경 자국어 번역이 가능해졌다. 커버데일이 (Coverdale) 영역을 완간했다 (1535 년). 1604–1611 년 어간에 47 인의 영국인들이 틴데일이나 커버데일의 것들을 참조하면서, 저 유명한 킹 제임스 영역본을 완성했다. 이 성경이 대영제국의 발전 근간을 이루었다고 본다. 이 성경은 13 세기 켄터베리의 대주교 스티픈 랭톤 (Stephen Langton) 의 장 구분법과 로버트 에스티엔느 (Robert Estienne, 1551 년) 의 절 구분법을 도입하였다. 이 번역은 1611–1881 년까지 최고의 영향력을 발휘하였다.

그 후로 영역본은 여러 차례 개정되었고 오늘날 영역본들은 다양하다. 오늘날 널리 사용되는 영역본들로는 NIV (복음주의 진영), NRSV (진보주의 진영), TNK (유대인들), NASB (문자적 번역), NAB (북미 가톨릭계; 좀 자유롭지만, 어떤 부분에서 탁월), NJB (최근 학문성과를 최대 반영; 가톨릭) 등이 있다.

(8) 중국어 성경

1800 년 인도 캘커타에 포트 윌리암의 앵글로 – 힌두 대학이 설립된 이후 성경을 아시아 언어들로 번역하는 작업이 그 대학 한 학과에서 시작되었다. 1813 년에 신약성경이 완역되고, 세람포르의 (Serampore) 침례교 선교사들에 의해 1822 년에 신구약 전체가 중국어로 번역되었다 (遺詔全書). 이것과 별도로 중국에 파송된 영국의 선교사 라벗 모리슨이 1813 년에 신약을, 구약은 모리슨과 윌리엄 밀느가 (William Milne) 함께 1823 년에 번역 출간하였다 (神天聖書). 1853 년과 1867 년에 각기 인도에서 출간된 중국어 신약성경의 정본이 출간되었다. 모리슨의 성경도 개정이 이루어졌다.

중요한 역본들로는 和合本 (1904–1919; 개신교 역본), 思高譯本 (1935–1968; 가톨릭 역본), Lu Zhenzhong (1970), 當代聖經 (1974), 現代中文譯本 (1979), 聖經新譯本 (1993), 牧靈聖經 (1991–1999), 聖經新世界譯本 漢語版 (2001), 聖經恢復本 (2003) 등이 있고, 그 외 중국어 방언들로 된 번역들도 많다.

(9) 한글 성경

한글 성경은 스코트랜드 연합 장로회 선교사 로스와 (John Ross) 한국인 이응찬, 백홍준은 1883 년에 누가복음 3 천부를 발행했다. 1887 년에 로스 목사는 같은 계통에서 파송된 매킨타이어와 (John McIntire) 함께 신약성경 전부를 번역했다. 한편 일본에서는 한국 관비 유학생 이수정이 1884 년에 마가복음을 번역하여, 1885 년에 언더우드 목사와 아펜젤러 목사가 그 성경을 가지고 한국에 들어왔다. 1887 년에 아펜젤러 역 마가복음, 1890 년에 언더우드역 누가복음과 스크랜톤 역 로마서, 1892 년에 3 인 공역인 마태복음, 1894 년에 펜윅 (Fenwick) 역 요한복음, 1895 년에 사복음서와 사도행전, 1897 년에 골로새서와 베드로전. 후서, 1900 년 5 월에 신약성경 전부가 완역되었다. 이렇게 낱권 성경이 지속적으로 번역되어 오다, 1911 년에 구약도 완역되었다. 1937 년에 개정하고, 1952 년 성경전서 개역 한글판, 1977 년 개신교와 가톨릭 합작인 공동번역, 1985 년 현대인의 성경 (생명의 말씀사), 1991 년 현대어 성경 (성서교재 간행사), 1993 년 표준 새번역 (성서공회), 1998 년 개역 개정판 (성서공회), 2007 년 한국 성경공회의 "바른 성경" 출간 등으로 이어진다. 이 마지막 성경의 출간은 한국에서 성경 번역과 보급에서 대한 성서공회의 독점 체제에 제동을 거는 획기적인 일로 선의의 경쟁을 통해 더 좋은 한글 성경의 출판이 기대된다.

구약 성경의 한글 번역과 연관하여, 러시아계 유대인 '알렉산더 피터스' 가 (A. A. Peters) 등장하는데, 정통 유대교도 가정에서 태어나 철저한 유대 교육을 받은 피터스는 돈벌이를 위해 미국에 갔다가 예수님을 믿게 되었고, 미국성서공회의 권서인으로 한국에서 일하면서 1898 년 시편을 한글로 번역했다. "시편촬요" 는 65 쪽 분량으로 1898 년 10 월과 11 월 두 차례에 걸쳐 약 2500 부가 서울의 감리교 삼문 출판사를 통해 간행되었는데, 출판되자마자 매진되었다. '시편촬요'는 1911 년에 출간된 한글 구약성경 시편 번역에 절대적인 공헌을 했다. 그 시편 번역은 한자어를 피하고 한글을 많이 쓰는 번역 원칙을 가지고 있고, 시편의 운율을 번역문에서도 표출하기 위해 노력했고, 히브리어 성경을 많이 참조하여 원문에 충실한 번역을 하고자 노력했던 점 등에서 아주 의미 있는 번역의 선례였다.

F. 성경연구의 방법론

여기서 우리는 구약을 접근하는 몇 가지 방법들을 제시한다.

1. 역사 비평 : 오경의 문서설 (Documentary Hypothesis)

[이 부분과 연관하여 "구약연구의 역사" 부분도 참조]

1) 문서설 (Documentary Hypothesis) 혹은 문헌비평

전통적으로 모든 성경을 정확 무오한 하나님의 말씀으로 믿었던 서구 교회들은 종교 개혁 후, 특히 계몽사상의 여파로 성경을 여타 책들과 같은 수준에 놓고 인간의 작품으로 간주하고, 여타 역사 문헌들처럼 비평하며 그 인간적 산출 과정에 지대한 관심을 기울이게 된다.

독일 학자 젬러의 (J. S. Semler, 1725–1791) "하나님의 말씀과 기록된 성경은 전혀 동일하지 않다" 는 명제가 그런 비평적 정신을 잘 대변해 준다. 리츨은 성경도 여타 역사 문헌들처럼 역사 – 비평적 방법으로 연구해야 할 것을 제창했다. 그가 말하는 성경 해석의 전제들은 (1) 방법론적 회의; (2) 유추의 원리; (3) 상관관계와 인과의 원리 등이다. 첫째 원리는 역사가는 모든 문헌을 의심하는 마음으로 접근해야 하고, 그의 연구 결과는 다만 개연성을 제시하는 것이지 결코 확실한 것일 수 없다는 것이다. 둘째는 과거에 일어난 일들의 성격에 관해서는 우리 자신들의 현재 경험에서 얻은 바에 유추하여 판단해야 한다. 오늘날 홍해 기적이 없다면 과거에도 있었을리 만무하다는 식이다. 셋째는 역사 속에서 발생하는 모든 사건은 자연 인과율의 지배를 받고 상호관계 하에서만 일어난다. 즉, 기적들이나 초자연적인 일들은 원천적으로 일어날 수가 없다는 것이다.

이런 전제는 한 마디로 계몽 철학으로 성경을 연구하라는 것인데, 이런 역사 비평법은 전제가 아예 초자연적인 것을 부인하는 철학으로 지배되므로, 영적 세계, 초자연적인 역사를 말하는 성경의 성격과 근본적으로 상충된다. 즉 성경연구 방법론으로서 전연 적절하지 않다.

구약에 대한 연구가 역사 – 비평적 연구로 결정적으로 선회하게 된 계기는 벨하우젠의 (J. Wellhausen, 1844–1918) 1878 년 이래 출판된 「이스라엘의 역사 서설」 이 (Prolegomena zur Geschichte Israels) 제시한 오경이 J,

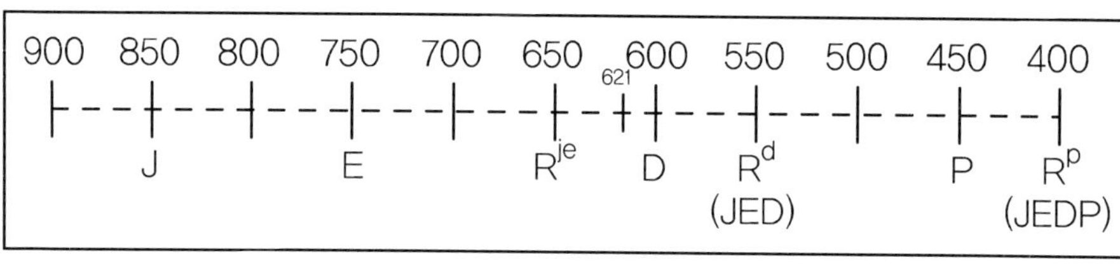

E, D, P 등 네 개의 문서를 편집한 것이라는 문서 가설이다. 그 내용을 고찰해 본다. 문서 가설은 오경이 원래 네 개의 다른 문서들을 모아 편집된 것이라는 학설이다.

(1) J 문서 (야웨 문서, Jahwistic Document): 모세 이전부터 하나님의 이름을 야웨라 (Jahweh 독일어) 부른 것과 이 문서의 기록된 곳이 유다 (Judah) 였으리라 하여 첫 글자 J 를 땄다. 주전 950–850 년 어간에 산출되었다 한다. 이렇게 연대를 정하는 것은 J 문서에 속하는 구절들이 (창 15:18, 27:40) 솔로몬 시대의 영토 확장 암시를 주고, 유다 지파의 흥기를 암시하기 (창 49:8–12) 때문이라고 한다. J 문서는 창조로부터 (창 2:4b) 창세기, 출이집트기, 민수기 등에까지 이어진다고 한다.

(2) E 문서 (엘로힘 문서, Elohistic Document): 시내산 계시 (출 3:14) 이전에 하나님을 주로 '야웨' 가 아니라 엘로힘이라 (Elohim) 부른 것과 이 문서의 기록된 곳이 북 왕국 에브라임 (Ephraim) 이었으리라는 사실에서 첫 글자 E 를 따 붙였다. 주전 850–750 년 어간에 산출되었다 한다. E 문서는 창 15 장의 아브라함 기사부터 시작한다고 한다.

(3) D 문서 (신명기 법전, Deuteronomy): 요시야 왕 18 년에 (621 B.C) 예루살렘 성전을 수리하다가 율법

서를 발견하게 되었다 (왕하 22:8, 23:2). 그것이 현재 우리 성경의 신명기 중심부라 (신 12:–26 장) 하여 Deuteronomy 의 D 를 땄다. 그 신명기는 모세의 저작이 아니라, 요시야 시대의 사상가들이 모세의 이름을 빌어 자기들의 종교개혁 사상을 기록한 책이라 한다. 말하자면 가짜 모세의 책이다. 그 책을 성전에 발견될 만한 곳에 두었다가 대제사장 힐기야가 그것을 발견하여 왕에게 바치니 왕은 모세의 율법서인 줄 믿고서 종교개혁을 일으키게 되었다는 가정이다.

(4) 제사법전 P 문서 : 이 말은 Priester Kodex 혹은 Priest Code 란 말의 첫 글자이다. 이 제사 법전은 주로 제사법이나 족보, 의식 등을 다루는 부분이라 한다. 이 제사장 문서는 족보나 제사나 성막 관련 기사들이 대부분이고 (창 1 장 [아주 상투적이고 딱딱한 문체이기 때문에], 레위기, 출 25–31 장, 35–40 장 ; 민수기의 제의 관련 구절들) 추방 후에 완성되었다 한다.

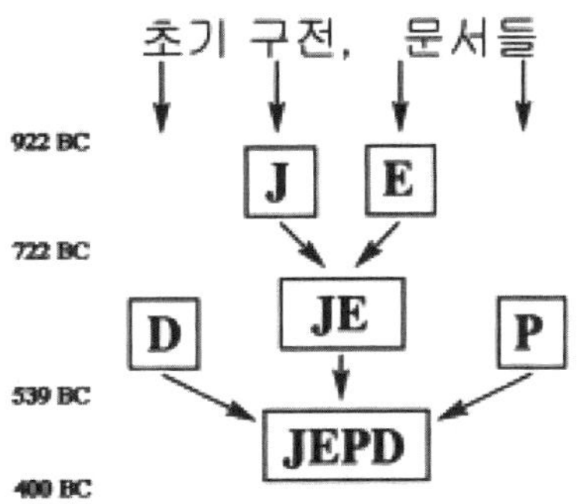

이 네 개의 문서는 지금 언급한 순서대로 생겨났다고 한다. 이렇게 주장하는 근거는 사상적으로 종교사적으로 단순한 것에서 복잡한 것으로 진화 발전된다는 전제 때문이다. 제사의식은 복잡하고 정교하다. 그래서 그것은 바벨론 추방을 통해 바벨론에서 발전된 제사 의식을 보고 모방해서 만들었음이 분명하다고 보는 것이다. 그래서 맨 후에 나타난 것으로 본다. 소위 원시 역사 (창 1–11 장), 족장 역사 (창 12–50 장) 등을 담고 있는 J 나 E 문서는 먼 과거의 사실들은 이러했으리라고 10, 9 세기에 살았던 J 와 E 문서의 저자들이 자기들의 시대의 관례를 기준하여 추정하여 자기 조상들의 삶에 투사하여 기술된 역사서이다.

D 는 앞서 말한 대로 요시야 시대 (주전 7 세기) 산물이라는데, 그렇게 보는 근거는 신명기에 기록된 법이 이스라엘의 역사 초기에 시행된 흔적이 역사서에 나타나지 않고, 신명기에 특유한 어휘나 표현들이 주전 7 세기 이전의 성경에는 나타나지 않기 때문이라 한다. 이 후자의 주장은 객관성을 결한다. 그리고 역사서에 이른바 신 12 장의 중앙 성소법이 시행된 흔적이 없다는 것은 그 법이 이스라엘이 가나안에 정착한 이후 사방에 안식을 얻은 후에 시행되도록 만들어진 법이기 때문이다. 곧 솔로몬 시대에 성전을 건축하고 그 때부터 중앙성소법은 시행될 수 있었다. 그리고 신명기가 모세의 이름을 빌린 가짜 저작이라는 주장은 우리를 경악케 한다. 그런 가짜 모조품이 성경일 수 있겠는가? 또한 주전 7 세기 문맥에서 가나안 족속을 진멸하라는 명령은 전연 합당하지도 않다.

이렇게 문서설은 이스라엘의 역사를 거꾸로 만들어 버린다. 시내산에서 선포된 레위기의 제사법이나 민수기의 제사 관련 법규는 추방 후에 나타난 것에 불과하고, 모압들에서 모세가 선포한 메시지인 신명기는 주전 7 세기에 나타난 가짜 저작이며, J 나 E 가 기술하는 이스라엘의 초기 역사는 역사적 근거가 별로 없는 자기 당대 역사의 먼 과거로의 투사라는 사고는 성경을 완전히 거짓과 오류투성이라고 판단함에 다름 아니다.

그렇다면, 이렇게 오경을 네 개의 문서로 구분하는 근거가 무엇일까? 그것은 대개 1) 신명의 차이 (야웨, 엘로힘 등), 2) 문체상, 어휘상의 차이 ; 3) 신학의 차이 ; 4) 쌍둥이 기사들, 중복 기사들 ; 5) 아주 발전된 신학 사상들 등이다.

2) 문서설의 평가

(1) 오경에 언급된 하나님의 여러 이름들 때문에, 오경을 여러 독립문서들로 구분할 수 있다고 생각하는 것이 얼마

나 순진한 생각인지는 고대 근동의 여러 주변국들의 문헌들을 검토한다면 금방 드러나게 될 것이다. 예컨대, 이집트의 이케르노프렛 (Ikhernofret) 비문 하나만 놓고 보아도, 거기에는 오시리스란 신을 오시리스란 명칭 외에도 웬노페르 (Wennofer), 켄트 – 아멘티우 (Khent–amentiu), 아비도스의 주 (Neb–Abdju), 누테르 (신) 등 다양하게 부르고 있다 (*ANET*, 329–330). 만약 문서설대로 하자면, 이 비문 하나도 오시리스 문서, 웬노페르 문서, 켄트 – 아멘티우 문서, 아비도스의 주(主) 문서, 누테르 문서로 나누어야 할 것 같다. 이 작은 한 비문은 여러 신명들 때문에, 여러 세기에 걸쳐 편집자들이 손질을 했고, 이 문서 저 문서가 이렇게 저렇게 조립되어 산출된 것이라고 해야 할까?

이집트만 그런 것일까? 메소포타미아에서도 사정은 마찬가지였다. 엔릴이란 신은 누남니르라 불리기도 하고 (리핏 – 이쉬타르 법전, *ANET*, 159), 이난나는 이쉬타르라고도, 텔리툼이라고도 불리며, 닌투는 마마라고도 불린다 (함무라비 법전 서문에서; *ANET*, 164–165). 모르면 가만히 있었으면 좋으련만 신명(神名)이 여럿이니 문서가 다른 것이 분명하다는 순진한 발상은 평신도 머리에서 나왔다 하지만, 그래도 여러 종교 문헌들을 섭렵했을 신학자들이 그렇게 순진하게 신명의 차이를 따라 J 니 E 니 하고 문서를 구분하려 들었을까? (K. A. Kitchen 1967:121)

(2) "여종" 을 가리키는 여러 단어들이 (예컨대, 아마, 쉬프하) 나오면 그것은 문서들이 달랐기 때문이라 판단해 버린다. 비평가들은 어느 세상 사람들이기에, 동의어나 병행어도 모르는 것인가? 이집트의 카모세 (Kamose, 대략 1560 년경) 왕의 비문에서는 배들을 가리키는 말이 무려 한 비문 안에서 다섯 개나 등장하고 있다: 아하우, 이무, 바우, 미크, 디아트 (*ANET*, 554). 리디아의 기게스 (Gyges of Lydia) 프리즘 비문에서는 앗시리아 왕 앗수르바니팔이 사신(使臣)을 가리키는 말로 "라크부" 와 "마르 – 쉬프리" 란 말을 같이 사용하고 있다.

문체가 어떤 것은 부드럽고 목가적이라면, 어떤 것은 좀 딱딱하고 거칠다. 어떤 것은 아주 상투적인 표현만 쓴다. 이 상투적인 표현은 제사 문서의 특징이라 한다. 문체가 차이 나는 것은 사실 같은 사람이라도 기분이나 기술하는 글의 주제나 내용에 따라 얼마든지 달라진다. 기도하고 글을 쓰는가? 기도 없이 글을 적는가? 에 따라서도 달라지고 만다. 이것을 기준으로 한 사람의 글을 여러 사람들의 글로 판단해 구분하는 것은 객관적인 판단 근거로 부족하다.

(3) 신학 사상의 차이란 것과 연관하여, 여기서도 아주 유치하게 문서들을 구분하고 있다는 것이 금방 드러나는 좋은 예를 들어 보겠다. 출 19 장 신현과 연관하여 비평가들은 말하길, 하늘의 처소는 J 의 강림이나 (19:18, 20) E 의 거주와 (19:17, 20:21b) 달리 다른 문서를 가정케 한다고 비평가들은 지적한다 (M. Noth, *Exodus*, 175–76). 그러나 20:22 은 백성의 관점에서 볼 때 하늘에서 그분이 말씀하신 것과 같다. 백성은 산발치에 서서 위로 산꼭대기에서 들리는 음성을 들어야 했다. 이는 하늘에서 들리는 것이나 다름없었다. 구름이 산 봉오리를 둘러싸고 하늘을 채우고 있으니 산 위에서 들리는 소리는 하늘에서 들리는 소리였다. 아주 단순하게 생각하면 문제가 하나도 없을 것을 이렇게 "신학상의 차이" 니 하면서 문서를 구분하려 든다.

(4) 쌍둥이 기사란 창 12, 20, 26 장 등에 나타나는 아내를 누이라 부르는 사건들이 대표적이다. 원래 같은 사건인데 시대가 흐르고 입에서 입으로 전해지다 보니 결국 현재처럼 다른 버전들이 생겨났고, 다른 문서들에 담겼던 것이 이제 오경에 함께 모아지게 되었다는 것이다. 이런 주장은 역사가 반복된다는 소리를 무시하고 있다. 이삭과 아브라함은 부자지간으로 아버지의 전철을 아들이 밟고 있다. 그렇게 하지 말았어야 하는데 그렇게 부친의 잘못된 점을 답습한 것이다. 그것이 역사이므로 그렇게 둘을 기록했다. 그런데 머리가 좋은 사람은 반대로 생각한다. 원래 하나였는데 전해지면서 다른 이야기로 둔갑되었다는 것이다.

(5) 너무 발전한 신학 사상들은 모세 시대에 나왔다고 생각할 수 없다고 한다. 비평가들은 진화론적 종교 발전을 신봉한다. 모세 시대나 족장 시대에는 아주 유치하고 원시적인 사고나 가능했었어야 하고, 오경에서 보는

발전된 신학 사고나 발전된 제사 의식이나 세계적 시야는 추방 이후에 바벨론에서 보고 들은 바일 것이라 본다. 또 다른 예를 들자면, 모빙켈은 시 67 편과 관련하여, 하나님은 한 민족만 아니라 온 세상을 다스린다는 사고는 비교적 후기에 생겨났다고 주장하는데 (Mowinckel 1955:29), 벌써 주전 3000 년대부터 근동 지방에서 그런 사고가 등장하고 있는데 무슨 소리를 하고 있는 것인가? 올브라잇은 이미 1957 년에 그런 점을 지적하고 있는데 말이다 (Albright 1946:213-217).

이제 문서설이 주장하는 증거들 외에 문서설이 갖는 난점과 약점이 무엇인지 언급해 보자.

(1) 드 비테의 판단에 의하면 (de Witte 1850), 엘로힘 문서는 왕들을 언급하므로 (창 17:6, 16, 36:11, 31) 왕정 시대에 기록되었는데, 북 왕국 창건자 여로보암 1 세가 벧엘을 성소로 만들기 전에 기록되었다 (창 35:15). 왜냐하면 창세기 기록 당시 벧엘은 성소로 간주되었는데 여로보암 1 세가 그곳을 우상 숭배지로 바꾸어 더 이상 성소로 간주되지 않았기 때문이란다 (호 4:15, 5:8, 10:5, 8). 다윗 시대 이전에 기록되었다고 주장하는데 에돔은 아직 독립을 유지하는 것으로 기록되었기 때문이다 (창 36 장). 결국 엘로힘 문서는 사무엘이나 사울 시대에 기록되었으리라 추정한다 (1850:II,158).

야웨 문서는 모세 이후 (신 34:10-12), 가나안 족속이 사라진 후에 (창 12:6, 13:7), 사사 시대 이후에 (민 32:41 에서 삿 10:4 에 사사로 언급된 야일이 언급되므로), 사울이 아말렉을 쳐 승리한 후에 (민 24:7 에서 이스라엘 왕은 아각보다 더 높으리라 하기 때문에; 삼상 15:2-8 에서 사울 왕이 아각을 정복), 다윗이 에돔과 모압 족속을 이긴 후에 (창 25:23, 27:29 에돔이 이스라엘을 섬기리라 하므로; 민 24:17-19; 삼하 8:2 에서 다윗이 모압을 치고, 에돔도 정복한다), 오빌에 이르는 무역로가 개척된 후 (창 10:29), 다윗이 영토를 유프라테스 강변까지 확대한 후에 (창 15:18, 출 23:31), 시므온이 유다 지파와 함께 섞여 버린 이후에 (신 33 장 예언에서 시므온은 나타나지 않으므로; 왕상 12:21, 23), 성전 건축 이후에 (출 23:19, 15:13 에서 성전 암시), 에돔이 독립을 쟁취하고자 노력하던 때 (창 27:40) 곧 에돔이 반란하여 독립한 요람 왕 때 기록되었으리라 한다 (149). 그러나 민 24:20 에서 아말렉의 진멸이 암시되므로, 히스기야 왕 때에 기록되었을 수도 있지만 (대상 4:43), 민 21:4-9 에 언급된 장대에 달린 구리 뱀을 히스기야가 종교개혁으로 제거했기 때문에 (왕하 18:4) 히스기야 이전이어야 한다.

드 비테의 경우에서 보듯, 오경을 구성하는 문서들을 가정한 후에, 그 문서들의 산출 시기를 정하면서, 순전히 불신앙적인 판단을 하고 있음이 드러난다. 즉 본문이 예언으로 말씀하는 것을 마치 현실에 대한 기술인 양 취급하고 있지 아니한가? 이삭이 예언한 것을 어떻게 왕정 시대에 일어난 에돔 족속과 이스라엘 사이의 갈등으로 받아들이는가? 이런 식의 성경 이해는 비평가들의 판단이 얼마나 영적으로 어리석은 것인지를 단적으로 증거해 줄 뿐이다.

(2) 드 비테에 의하면 E 문서는 사울 왕 (주전 1050-1011 년) 시대에, J 문서는 요람 왕 때 (주전 853-841) 기록되었고, D 는 요시야 왕 시대였다. 그런데 그 이후 문서설에서는 드 비테의 E 와 J 구분도 많은 부분들에서 차이가 날뿐더러, 그 연대도 거꾸로 바꾸어 버렸다. 예컨대, 드 비테가 E 로 보았던 창 1:1-2:3 은 P 란 새 문서로 둔갑되고 (여기서 우리가 참조한 문서설은 Ernst Sellin-Georg Fohrer 1978:147 (J), 153 (E), 179 (P), 159 이하), 드 비테가 E 로 보았던 창 5 장의 족보, 6:9-22 의 홍수와 노아 기사, 9:1-7 노아 언약, 11:10-26 아브람까지 족보, 17 장 아브라함과 언약, 23 장 막벨라 동굴 기사 역시 후대 비평가들의 손에서 P 에 돌려진다. 드 비테가 J 문서라 분석했던 10 장 족보는 후대 비평가들의 손에서 J 와 P 두문서의 편집으로 분석되고, 벨하우젠 이후로 J 가 주전 10 세기경, E 는 주전 9 세기 경이라 한다. J 는 유대 왕국에서, E 는 북왕국에서 산출되었다고 다른 소리를 한다.

창 22 장을 보면, 드 비테는 1-13 절은 E, 14-18 절은 J 라 분석했는데 (II, 99), 젤린-포러는 22:1-19 전체를 E 로, 22:20-24 는 J 로 분석한다. 분명 야웨란 이름 때문에 J 로 분석했을 터인데, 무시되었다. 드라이버는

1-14 는 E, 15-18 은 J, 19 는 E, 20-24 는 J 라 분석했다. 이들 서로 간에는 누구도 일치하지 않는다. 포러는 1-19 절을 모두 E 로 보는데 왜 드 비테와와 드라이버는 각기 14-18 을 J, 15-18 을 J 라고 하는가?

창 25 장을 보자. 드 비테는 25:1-21, 24-26 을 E, 25:22, 23 은 J 라 했지만, 젤린 – 포러는 25:18, 27-28 은 J, 25:1-6, 11b, 21-26, 29-34 는 N, 25:11a, 27* 은 E, 25:7-10, 12-17, 19-20 은 P 로 돌린다 (이런 쓸모도 근거도 없는 짓을 따라가노라니, 화가 난다). 드라이버는 1-6, 11b, 21-26a, 27-34 를 J 라 하였다. 이렇게 하나도 맞는 것이 없다. 저마다 이렇게 새 문서를 (N) 발견했다느니, 이것은 이 문서에 속한다느니 하는 바람에 문서 분석은 '혼동' 그 자체이다.

젤렌 – 포러가 N 이라 부른 것은 아이스펠트가 평신도 문서라고 L 이라 지칭했던 것인데, 이들은 평신도가 그렇게 발전된 신학을 가질 수 있냐고 하면서, 유목민 문서라고 (Nomadic Source Staratum) N 이라 부른다고 한다 (Ibid., 160).

(3) 베르너 쉬미트는 문서설에서 학자적 양심이 있어서인지 불안감을 느낀다. J 나 E 와 상관이 없는 독립 문서라는 D 가 창 50:24, 출 3:8, 17 등에서 단편적으로 나타나는 점, 혹은 D 가 아닌 오경의 어떤 본문들에서 (출 13 장, 23:20 이하, 32:7 이하, 33 장, 34:10 이하 등) 단편적이 아니라 좀 더 광범하게 D 나 신명기적 문헌에 (곧 여호수아 – 열왕기서) 유사한 주제나 표현들이 나타난다는 점이다. 그럼에도 의문의 여지가 없이, 이런 식의 신명기적 주제나 표현들은 D 나 신명기적 문헌에서처럼 (예레미야도 포함) D 를 제한 오경의 여타 부분에서 그렇게 광범위하게 나타나지 않는다는 점이 좀 위안이 된다고 한다. 그러한 D 의 첨가는 모세의 부르심부터 시작하여 증가하는 듯 보인다고 지적한다. D 나 신명기적 편집자들은 모세에 아주 특별한 관심을 기울인다고도 한다.

쉬미트는 더구나 창 22:15-18, 출 4:13 이하, 19:3 이하 등에서, JEDP 도 아닌 편집자의 첨가가 나타난다고 지적한다. 비평가들은 창 14 장은 아예 이방 자료를 불쑥 삽입시킨 것이라고도 한다.

(4) 쉬미트가 (Werner H. Schmidt) 여전히 문헌 비평의 남겨진 숙제라 (open questions of literary criticism) 부르는바 중에 (개정판에서는 이 부분을 웬일인지 삭제해 버렸다), 신명기와 호세아 혹은 8 세기 선지자들 사이의 관계도 있다. 8 세기 선지자들이 모세의 저작인 신명기 법규에 근거하여 언약 백성을 기소하고 심판 메시지를 선포했다는 사실은 너무나도 자명한 사실임에도, 비평가들은 자기들 멋대로 신명기가 요시야 시대에 (주전 7 세기 후반) 모세의 이름을 도용하여 산출된 가짜 문헌이라 가정한 다음부터 자기들의 전제에 호세아나 다른 8 세기 선지자들의 글에 나타나는 신명기적 표현이나 사고가 나타난다는 사실을 끼워 맞추기 위해 안달이다. 비평가들은 신명기 편집자들이 호세아나 다른 8 세기 선지자들의 글에도 손을 대서 자기 식으로 개정을 해 버렸다고 생각한다. 그래도 쉬미트는 양심이 좀 있는지, 신명기와 호세아 혹은 8 세기 선지자들 사이의 관계에서 어떤 편이 영향을 끼쳤고 어떤 편이 영향을 받았는가? 라고 등거리 외교, 양다리 걸치는 질문을 던지고 있다. 비평가들은 학자로서 이런저런 가정을 할 권리가 있다고 할 것이지만, 성령님의 은혜를 받은 신학자라면 어떻게 그렇게 제멋대로 가정할 수 있겠는가? 8 세기 선지자의 글을 후대인이 멋대로 개정하고 바꾸어 버렸다? 그 말은 신약에 적용하자면, 사도 바울의 글을 후대 어느 무명 인사들이 제멋대로 바꾸어 버렸다는 것과 다를 바 없고, 정경적 권위를 지닌 복음서를 후대 무명 인사들이 바꾸었다는 말과 다를 바 없다.

(5) 오경을 여러 문서들의 짜집기로 분석하는 것에서 그치지 않고, 궁켈 같은 이나 다른 양식 비평가들은 이전 비평가들이 분석해낸 그 오경의 문서들의 통일성도 믿지 않는다. 그 문서 하나하나도 제각기 다른 오랜 구전의 역사와 전달의 역사를 갖고 있다고 보는 것이다. 그래서 J 면 J 에서, 혹은 E 면 E 에서 수도 없는 수많은 작은 문학 단위들이 분리되고 쪼개지고, 그렇게 원자화되고 본문은 의미나 메시지를 줄 수 없는 불구자로 전락하고 만다. 완전히 본문의 해체가 역사 – 비평적 접근에 의해 단행되고 공중 분해되어 흔적도 없이 사라지고 마는 것이다. 중요한 것은 현재 우리가 가진 본문 자체이다. 중요한 것은 모세가 무슨 자료를 사용했느냐?

하는 것보다, 현재 본문 그 자체를 두고 우리는 그것이 전하고자 하는 메시지를 듣고자 해야 한다. 현재 기록된 본문이 하나님의 성령님의 영감으로 기록된 계시의 말씀이기 때문이다.

(6) 문서설이나 그 이후의 전승사 비평에 가장 치명적인 비판을 가한 이는 아마도 휘브레이 (N. Whybray) 가 아닌가 여겨진다. 그는 영국 성공회 신부인데 1952–1965 년까지 도쿄의 중앙 신학대학에서 가르치기도 하였고, 그 가르치는 어간에도 짬을 내어 옥스퍼드의 드라이버 (G. R. Driver) 밑에서 박사 논문을 썼다. 휘브레이의 문서설과 전승사 비평에 대한 신랄한 비판은 그의 "오경의 형성 : 방법론적 연구" (1987) 에서 되어졌다. 로울리는 (H. H. Rowley) 문서설이 흠이 있는 가설이지만, 우리가 가질 수 있는 최상의 이론이기에 계속 갖는다고 했다면 (장신대의 박동현도 유사하게 말한다), 요셉 블렌킨솝은 (Joseph Blenkinsopp) 단도직입적으로 "이제 널리 알려진 바는 문서설이 심각한 문제에 빠져 있다" 라고 했다 (1989:138).

휘브레이는 우선 벨하우젠이 바트케, 헤겔 등의 영향으로 이스라엘 종교가 원시적인 것에서 점차 고등 종교로 발전했다는 진화론적 발전설을 받아들여 오경을 구성하는 네 문서가 각기 다른 시대적 종교사상을 드러내기 때문에, 다른 근거들에 우선하여 그런 사상적 특징을 근거로 네 문서들을 구분한다는 점을 비판한다. 야웨 종교와 유대교의 발전이 그렇게 단선적으로 이루어진 것이 아니라, 여러 복합적 양상을 띠며 따라서 네 문서들을 시대적으로 구분하는 것도 아주 불확실하기 그지없다고 지적한다 (1987:44). 다음으로 히브리어 언어 문제에서 현재 우리가 가진 구약 성경의 히브리어는 역대기, 에스라, 에스더, 전도서 등과 같이 후기 저작을 제하면 표준 히브리어라는 쿠처의 (Kutscher 1982:12 이하) 지적을 근거로, P 의 언어적 특징으로 드라이버가 (S. R. Driver) 제시한 34 개의 어휘들이나 표현들이 문서의 시대적 구분에 아무런 도움이 되지 못한다고 비판한다.

문서설은 문학적 작품 활동에 초점을 맞추는데, 휘브레이가 보기에 고대 근동에서 일어났던 작품 활동의 방식을 벨하우젠은 무시하고 편집자들이 여러 문헌들을 나란히 끝까지 나열했다고 그릇되이 생각하였다고 지적한다. 예컨대, 역대기 기자는 사무엘 – 열왕기서를 대본으로 놓고 자기 견지에서 새롭게 역사를 기록할 때, 원 자료들을 처음부터 끝까지 함께 결합시키는 것이 아니라, 그 대본에서 인용하거나 개조하여 자기의 내러티브에 전체적으로 하나가 되도록 하는 방식으로 삽입하였을 뿐이었다.

그리고 휘브레이는 벨하우젠이나 문서설 비평가들은 19 세기 유럽인들의 방식을 기준으로 고대 이스라엘 작가들의 저작 활동을 판단했다고 비판한다 (46). 그에 의하면, 폰 라트가 주장하듯, J 와 E 는 주전 10 세기나 9 세기에 나타난 인류 최초의 뛰어난 역사책들이었다고 생각할 수 없다. 그처럼 이른 시기에 인류 역사에 류가 없는 역사의식이나 역사 기술이 나타났다고 상상할 수 없기 때문이라고 한다.

휘브레이는 문서설을 비판하지만, 그는 추방 이후에 어떤 한 저자가 (문서설이 가정하듯) 어떤 자료들을 서로 함께 결합하는 방식의 짜깁기가 아니라, 자기 견지에서 오경을 기술했다고 주장한다. 우리는 휘브레이의 오경 문서설에 대한 비판이 가장 무게가 있다고 간주하지만, 그렇다고 휘브레이의 오경 형성 사고가 옳다고 인정하는 것은 아니다. 문서설이 그릇된 판단을 오경에 내렸다는 점을 적절하게 지적하고 있다는 점을 높이 평가하는 것이다. 휘브레이 자신의 오경관도 역시 하나님의 초자연적 계시를 믿지 아니한다는 점에서 동일한 비판의 대상이 된다.

오경의 문서들을 확인하고 재구성하는 것은 각 문서가 사상이나 언어, 문체에서 자체로 일관성을 견지한다는 전제 하에서 되어졌다. 만약 이런 일관성의 개념이 없다면, 문서설이란 가설은 일시에 무너지고 말 것이다. 그럼에도 이 문서설은 편집자들의 작품이라고 가정된 보다 더 큰 작품이 (곧 현재의 오경) 일관성이 없다는 개념에 의존한다. 다시 말해, 비평가들이 어떤 구절이나 문단, 표현을 서로 다른 문서들에 속했다고 구분하는 근거는 편집자들이 두 단어나 표현 혹은 문단을 서로 모순됨에도 고치지 않고 그대로 방치했다는 전제이다. 이렇게 보건대, 문서설은 일관성이 여러 문서들의 특징이지만, 일관성 없음은 편집자들의 특징이라는 사고에 근거하는 셈이다 (49).

그럼에도 불구하고, 문서설 창설자들은 고대 저자는 한 진술을 반복할 수 없고, 사소한 문제일지라도 절대 모순되게 말하지 않았다는 전제를 가지고 문서들을 구분해 내고 있다. 그런 절대적 일관성은 19 세기 문서설 창설자들의 작품에서나 찾을 수 있을지 몰라도 19 세기나 그 전 시대의 소설들, 특히 아주 장문의 소설이나 산만한 소설들의 경우 얼마든지 작품들 안에서 서로 모순되거나 중복되는 것들을 찾아 낼 수 있다. 하물며 오경과 같이 오랜 과거의 작품에서랴!

한 저자의 작품으로 인정되는 쿰란에서 나온 성전 두루마리 문서는 (11QTemple Scroll[a]) 문서설 창설자들이 잡아내는 그런 여러 모순들을 담고 있다. 현대 문서설 창설자들의 사고는 현대적 일관성의 개념을 고대의 저자들에게 투사하여 저들에게 없었던 개념으로 저들을 판단하려 덤비는 격이다. 엥그넬이 (Ivan Engnell) 말한 대로, 우리 서구인의 책상 논리는 셈족의 사고방식을 제대로 이해하기 어렵다. 베스터만이나 (Claus Westermann) 알터가 지적했듯, 같은 사건을 두 가지 판본으로 나란히 병열 배치하는 것은 (예컨대, 창 1 장과 2 장) 두 다른 문서들로부터 가능한 많은 자료를 자기 저술에 포함시키고자 함이 아니라, 그 사건을 두 다른 각도에서 조명하려는 신학적 의도 때문이다. 이런 의도가 문서설 창설자들이 좋아하는 '일관성' 개념을 무시하게 만들었다는 것이다.

문예술적 견지에서도 문서설의 일관성 개념을 적용한 짜깁기 분석을 비판할 수 있다. 다음을 보라.

창 42:27 한 사람이 객점에서 나귀에게 먹이를 주려고 자루를 풀고 본즉 그 돈이 자루 아구에 있는지라
28 그가 그 형제에게 고하되 내 돈을 도로 넣었도다 보라 자루 속에 있도다 이에 그들이 혼이 나서 떨며 서로 돌아보며 말하되 하나님이 어찌하여 우리에게 이 일을 행하셨는고 하고 35 각기 자루를 쏟고 본즉 각인의 돈뭉치가 그 자루 속에 있는지라 그들과 그 아비가 돈 뭉치를 보고 다 두려워하더니

문서설을 따르는 주석가들은 J 이야기를 (27–28 절) E 내러티브에 삽입했다고 판단한다. 알터는 여기 본문에 논리적 모순이 있다는 점을 부인하지는 않는다. 알터는 주장하길, 저자는 그 모순을 충분히 숙지하고 있지만, 그것은 피상적인 것이라 무시한다. 저자가 그 사건을 제시할 때마다 다른 강조점을 부각시키면서 두 번 제시하는 것은 의도적이다. 저자는 자기 주제의 두 다른 차원들을 부각시키는 두 다른 판본을 제시함으로 다양한 국면을 가진 진리의 효과를 추구한다.

문서설이나 알터나 결국 같은 것 아니냐? 하겠지만, 문서설은 편집자가 무작정 문서들을 결합시켰다고 말하지만, 알터는 창 42 장의 요셉 기사를 한 뛰어난 작가의 작품으로 간주하고, 그 작가가 자기 내러티브 내에 일관성이 없다는 것을 숙지하면서도 그런 것은 유동적으로 처리했다고 보는 것이다. 즉 때로 그런 일관성 없음은 그 저자의 다른 의도에 종속(從屬)되고 만다는 것이다.

문서설을 따르는 비평가들은 각 문서들의 예술적 특질들을 (aesthetic qualities) 평가할 수 있다고 자신한다. 예컨대, 궁켈은 창세기 주석에서 J 는 가장 생동감 있고 생생한 내러티브를 제시하고 E 는 구슬픈 감동적인 이야기들을 제시하며, P 는 지루한 방식이 특징이라 한다 (xciii). P 는 궁켈에게 다른 많은 학자들에게처럼 시적 감각은 찾아볼 수 없는 사람으로 찍혔다. 궁켈만 이런 판단을 내리는 것이 아니라, 거의 모든 비평적 구약 개론이 그렇게 문서들을 판단하고 있다. 그런데 많은 문서설 추종자들은 문서들의 저자들은 어떤 예술적 작품의 저자들이라기보다 단순히 떠도는 구전들의 수집자에 불과했다고 본다. 그렇다면 어떻게 그런 문서가 그런 심미적 자질들을 갖게 되었을까? 그런데도 궁켈은 이스라엘의 민담들은 특히 창세기의 민담들은 지상에서 알려진 가장 아름답고 가장 심오한 것일지 모른다고 하면서도 (xii), J 니 E 니 하는 문서의 저자들은 우선적으로 구전들을 충실하게 보존 전달하는 일을 감당했다고 한다. 예술적 작품의 작가들이 아니라, 그냥 구전들을 모아 수집하고 전하는 일을 했다면, 어떻게 그런 예술작품이 나왔을까? 사실 문제는 이런 질문이 아니라, J 나 E 가 구전들에 충실한 전달자에 불과했다면, 어떻게 해서 하나는 아주 생동적인 이야기들만 전하고, 다른 하나는 구슬픈 이야기들만 그것도 시대가 다른 두 사람이 전할 수 있었을까? 라는 점이다. 궁켈은 두 수집가들이 두 다른 구전 자료들을 사용했기 때문이라 하는데, 왜 그런지 설명을 하지 못한다. 다소간 같은 역사를 기술하는 J 나 E 문서가 어떻게 그렇게 비교적 짧은 시간적 차이를 두고 하나는 생동적인 이야기들, 하나는 구슬픈 이야기들만 가지게 되었는지 문서설의 전제로는 설명이 불가하다.
이런 모순된 사고를 잘 드러내주는 사실들은 폰 라트에게서 나타난다. 폰 라트는 창 37-50 장의 요셉 기사를 이집트의 잘 알려진 단편 소설 (novella) 장르와 비교한 후에, 요셉 기사는 정말로 놀랍고 놀라운 훌륭한 소설이라고 특징짓는다 (1953:121). 그럼에도 그는 창세기 주석에서는 요셉기사가 J 와 E 의 짜깁기로 만들어졌다고 생각한다. 이런 두 의견을 조화시키는 방법은 편집자가 J 나 E 보다 더 훌륭한 작품이 되는 방식으로 둘을 공교하게 짜깁기 해내었다! 라는 것이다. 요셉 기사를 훌륭한 작품이라 판단했다면, 문서설을 포기하던지 해야 학자적 양심일 테지만, 한 번 묶인 마음은 좀처럼 거기서 해방할 시도조차 아니 한다.
(7) 아덜 벌린은 창 37:18-30 의 문서설적 분석과 자신의 문예적(文藝的) 분석을 비교한 후에 다음과 같이 말한다 (1983:128):

내가 창 37 장과 몇몇 반복되는 중복들에 대한 문예적 접근법은 그런 문달들의 현재 본문이 통일체, 하나로 통합된 전체이지 결코 문서들의 복합체나 문서설이나 양식비평이 말하듯 그런 여러 전승의 층들이 아니라는 것을 보여준다. 보다 정확하게 말하여, 그 이야기가 묘사되는 그 담화 (discourse), 그 단어들은 하나의 조각이지 (one piece) 여러 다른 담화들에서 끌어온 짜깁기가 아니라는 것이고, 한 사람의 작품이라는 것이다.

그러나 강조해야 할 것은 어떤 본문이 하나로 통합된 전체라고 말하는 것은 그것이 어떤 역사를 갖지 아니했다는 말은 아니다. 그 본문은 두 종류의 선행사들을 가질 수 있다. 한 종류는 모티프들이나 주제들, 플롯들, 심지어 전체 이야기들 (기록된 것이거나 구전이거나) 형태로 된 것일 수 있다. 그런 것들을 저자가 자기 목적으로 모아서 한데 통합시킨 것이다. 어떤 작품이건 진공상태로부터 산출되지 아니한다. 대개는 이전의 작품들에서 빌려오는 것이다. 성경도 그렇지 않다고 말할 이유는 없다. 그러나 이런 종류의 차용은 편집이 아니다. 그런 것은 여전히 저자가 새로운 문학 작품을 창출했다고 그에게 공을 돌려야 한다. 다른 종류의 선행사는 동일한 작품의 이전 형태이다. 최종 본문에 아주 근사한 그 무엇이다. 혹은 그 일부일 수 있다. 이 경우 최종 본문의 산출자는 편집자일 것이다. 그는 그 작품을 개정했다. 그러나 새로운 것을 창안한 것은 아니다. 이는 그렇지만 문서설이 생각하는 그런 종류의 편집자라고 말하는 것이 아니다. 그는 여전히 본문의 발전에 창조적으로 기여한 것이다. 말을 다시 고치고 자료를 재배치함으로 그리하였다.
문서설이 하듯 본문을 난도질 하는 것은 정경의 본문을 불구자로 만들어 버리는 일로, 학문적 욕구 충족 외에 달리 어떤 의미를 갖는지 알기 어렵다.

3) 양식비평 (Form Criticism), 전승사 비평

양식 비평이나 전승사 비평은 문서설을 대체하는 것이 아니라, 그 위에 서서 한 발 더 나가려는 시도들이다. 양식 비평이나 전승사 비평은 극단적으로 말해, 오경을 문서들로 분해시킨 것에 만족하지 않고 그 문서들 안에 담긴 여러 문학 단위들을 혹은 전승 단위들을 찾아내어 더 세밀하게 쪼개고 난도질하여, 본문을 완전히 공중 분해시켜 버리는 오경에 대한 철저 파괴적 비평이다. 문서설에서는 J 라면 유다에서 주전 10 세기 경에 산출되어 나름대로 하나의 이스라엘 역사를 (그것이 신화적이건 전설적인 성격의 것이건) 구성했다고 보는데 반해, 양식 비평이나 전승사 비평은 그 문서에 담긴 여러 잡동사니 문학 양식들이나 전승 블록들이 구전을 통해 전해진 내력을 분석해 내려고 한다.
이 두 접근법은 모두가 문서로 고착되기 이전에 수 세기에 걸쳐 입에서 입으로 떠돌아다니던 구전(口傳) 시대를 가정하고, 원래 처음 문학 양식이 무엇일까, 그 문학 양식이 생겨난 자리를 근거로 추적해 가는 것이다. 이것은 그야말로 봉사 문고리 잡는 식인데, 얼마나 비평가의 주관대로 움직이는지 기가 막힐 지경이다.
양식 비평은 궁켈의 공으로 돌려지는데, 시편에서 그의 방법론은 시편 해석에 혁명적인 변화를 가져 왔다면, 창세기에서는 모든 것을 신화적, 민담적, 전설적 차원에서 생각하게 함으로, 성경을 독일의 그림 형제가 수집해 엮어 놓은 그 호랑이 담배 피던 시절의 민담집 정도로 만들어 버렸다. 특히 궁켈은 창세기의 기사들을 신화나 민담으로 간주하면서 이스라엘 주변국들의 신화들과 비교하고, 창세기의 민담들은 이스라엘 자체에서 수 세기 동안 입에서 입으로 회자(膾炙)되면서도 원형은 알 수도 없이 왜곡 변질되어 버렸다고 하는데서 그치는 것이 아니라, 창조 기사나 홍수 기사 등과 같은 신화들은 바벨론에서 가져와서 자기 나름대로 변화시킨 것에 불과하다고 본다. 그러한 궁켈의 연구는 1895 년에 출간된 "태초와 종말에서 창조와 혼돈" 이란 제하의 책으로 나타났다.
궁켈의 제자 그레스만은 "모세와 그의 시대" 란 책에서 출이집트기에 궁켈의 양식 비평법을 적용하였다 (1913). 폰 라트는 궁켈의 접근법을 육경 전체에 적용시키고 있다 (1938). 폰 라트는 출 이집트나, 시내산, 정착 등에 관한 전승들을 여러 성소들과 결부시켜 그 기원을 설명하고 있다. 예컨대, 원래 출 이집트 전승이나 시내산 전승, 정착 전승 등은 모두 서로 상관이 없는 독자적인 이야기들로, 각기 생겨난 성소가 있었다 한다.
폰 라트에 의하면, 지난 150 년 어간에 (그의 전성기는 1960 년대) 역사 비평은 교회가 성경에 근거하여 사실로 받아 들였던 이스라엘 역사의 모습을 파괴시켜 버렸다. 이스라엘의 기원을 기술하는 육경(六經)은 아주 복잡한 과정을 통해 오랜 구전과 기록의 과정을 통해 만들어진 복합체라 하고, 그것은 몇 개의 옛 주제들(모티프) 주변에 수많은, 제멋대로 유포되고 있던 전승들이 합쳐진 결과물이라 한다. 그 옛 주제들과 독립 전승들은 그 성격상 신앙 고백적이다 (confessionalistic). 다시 말해 모든 것은 역사적 사실에 근거한 것이 아니라, 믿음으로 형성된 것이다. 심지어 저 이집트에서의 구원이라는 웅대한 구원의 과정을 구성하는 사건들도 역사적 기술이 아니라, 자체로 신적 지도력에 대한 신앙을 고백한 것에 불과하다.
보다 이전의 문헌 비평은 (문서설) 여러 개개 전승들의 민담적 성격을 (Sagenhaftigkeit) 가정하긴 했어도, 육경의 역사적 구조틀을 파괴하기에 충분한 지점까지 나아가지 못했다. 그러므로 폰 라트는 육경의 기사들을 그 양식들과 전승들에 따라 재구성하여 이스라엘 역사의 객관적인 모습을 찾아내야 한다고 벼른다. 폰 라트에게 있어서 "합리적이고 객관적인 역사" 는 트뢸취의 (Ernst Troeltsch) 세 개의 역사 비평의 원리가 적용되어 모든 비역사적인 껍데기를 벗겨버리고 남은 것을 조립함으로 만들 수 있다. 그 세 원리 중에서 "유추의 원리" 를 보면, 모든 역사적 사건들은 다 동일한 자연법의 지배하에 있으므로 '유추의 원리' 를 적용하면 구약에 기록된 모든 초자연적인 사건들은 역사적 사건에서 신화나 전설 차원으로 격하되어 버린다. 홍해를 마른 땅 같이 건넜다거나 요단강을 그리했다는 것은 오늘날 가능하지 않으니, 이전에도 그런 일은 일어났다고 생각할 수 없다. 또 다른 원리는 "상관성의 원리" 인데, 이것은 모든 사건들이 다 인과(因果) 원리로 얽혀 있기 때문에 초자연적인 기적이 자리할 여지가 역사적 사건들에는 도무지 없다는 것이다.

양식비평과 전승사 비평의 평가

트뢸취가 주창했고, 폰 라트를 비롯한 비평가들이 따르는 역사 – 비평의 세 가지 원리는 계몽사싱의 한 표현인데 '기적' 을 인간 역사에서 배제하고 하나님의 간섭을 원천적으로 인간사에서 차단시켜 버리는 전제를 갖는다. 이런 철학적 전제는 하나님의 초자연적인 역사를 원천적으로 성경에 기록된 역사로부터 배제한다.
이 말은 폰 라트가 사용하고 비평가들이 사용하는 성경 접근법은 성경이 증언하는 영적 세계나 초자연적 사건들의 의미나 실체를 파악할 수 없는 '장님' 이라는 말에 다름 아니다. 그러므로 성경과 같은 하나님의 위대한 일들을 제시하는 작품을 다루기에 전연 무능하다.

폰 라트가 의존하는 그 방법론의 오류를 지적해 보자. 폰 라트는 그의 구약 신학에서 구약 신학의 방법은 성경이 이스라엘 역사를 기술하는 방식을 '재 기술' 하는 것이라 주장 하면서도 성경이 말하는 방식을 거부하고 역사를 자기 멋대로 재구성해 버린다. 폰 라트는 아이히로트의 구약 신학 방법론에 이의를 제기하면서 이스라엘의 증거와 신앙 고백은 야웨께서 역사 가운데 행하신 일에 대한 것이지, 이스라엘 사람들의 사고들의 패튼이나 그들의 신앙 세계에 대한 것이 아니라고 했다. 그래서 구약 신학은 야웨께서 행하신 일에 대한 그들의 증언(證言)을 되풀이 하는 것이어야 하고, 이스라엘 사람들의 정신적, 신학적 세계로 들어가 그것들을 묘사하는 방식이 될 수 없다고 주장했다 (1962:I, 112). 그의 지적은 바르다. 하지만 정작 자기가 채용하는 구약 신학방법은 기껏 이스라엘의 고백을 역사 비평법으로 재단(裁斷)하고 절단하여 성경이란 옷을 발발이 찢은 다음, 그 조각들을 자기 임의대로 기워서 이것이 이스라엘이 하나님께서 역사에 행하신 일들에 대하여 선포했던 고백이요 증언이다! 라고 말하고 있으니, 이런 신학 활동을 제정신을 가진 자의 것으로 볼 수 있는가? 즉 성경의 증언과 그가 제시하는 역사 비평법으로 재구성된 증언은 천양지차가 있다.

헷세는 (F. Hesse) 진정한 구원사 (Heilsgeschichte) 는 성경이 그것들을 기술하는 대로의 사건들로 구성되는 것이 아니라, 실제로 일어난 일들로 구성된다고 주장 한다. 이는 문제가 있는 주장이다. 왜냐하면 우리는 성경이 기술하는 사건들에 대하여 달리 알 방도가 없기 때문이다. 고고학이 어떤 증거들을 제시한다고 그것은 우리에게 구원사의 요소라고 할 수가 없다. 그것은 해석되어야 하기 때문이다. 오직 성경이 기술하는 방식대로만 우리는 구원사를 알 수가 있다. 따라서 헷세의 주장은 자체로 문제가 있지만, 폰 라트에게 초점을 맞춘다면, 폰 라트는 구약이 스스로 말하게 하라! 고 한다. 혹은 이스라엘 자신이 직접으로 야웨에 관하여 말한 바로부터 우리는 작업해야 한다고 주장한다. 그러나 정작 그는 성경의 증언에는 귀를 막고, 오직 자기가 생각하는 식으로 성경을 싹 바꾸어 버린다.

폰 라트는 아이히로트의 신학은 조직신학적이고 정적(靜的)인 이스라엘의 사상사 묘사에 불과하다고 비평하면서, 이스라엘의 역사마다 나타난 저들의 하나님께서 행하신 일에 대한 고백과 증언을 되풀이 하는 것이 구약 신학의 임무라고 했다. 즉 그는 확실히 아이히로트에 비해, 역사적 흐름을 중시한다. 구원사의 흐름을 말하고 있다. 그런데 그가 말하는 '구원사' 란 실제로 역사에서 하나님께서 자기 백성을 위해서 행하신 위대한 일들이 아니라, 이스라엘이 믿음으로 고백한 (현대 역사비평으로 분석할 때 아무런 역사적 근거가 없는) 허구적인 증언에 불과하다. 더구나 그가 보기에, 이스라엘의 여러 시대마다 나타난 신앙 고백이나 그분의 하신 일에 대한 증언들은 여러 잡다한 것들과 함께 합쳐지고 변형되어 하나의 큰 복합체 전승이 되었다. 그런 복합체 전승 안에는 서로 모순되는 여러 가지 요소들이 들어 있고, 전승들끼리도 서로 상충된다. 그래서 그의 구약 신학 제목은 "이스라엘의 역사 전승들의 신학" 이라 한다. 하나의 통일성을 가질 수 없었다고 보는 것은 구약이 순전히 인간들의 사색과 사상의 집합에 불과하다 보기 때문이다.

우리가 폰 라트의 사고에서 이스라엘의 증언은 모두 허구적인 것에 불과하다 보는 근거는 그가 육경이 어떻게 생성되었는지를 사색하는 과정이나 결론에서 나타난다. 폰 라트는 신 26:5b-9, 6:21-25, 수 24:2b-13 이 고대 이스라엘이 신앙을 고백하던 오경에서 가장 오래된 짧은 "역사 신조" 의 본보기라고 한다. 역사 신조 (historical creed) 란, 믿음 공동체가 자신들의 신앙으로 고백한 여러 구원 사건들의 나열을 내용으로 한다 (1938). 신 26:5b-9 에 언급된 기도는 그 주변 문학 문맥보다 아주 오래된 것으로 제사 의식에 사용하던 최고 오래된 고백문이라 한다 (1938:12). 그러니까 폰 라트는 이 기도가 실제로 이집트에서의 구원을 체험했거나 그런 체험한 자들의 진술에 근거한 의식용 기도라기보다, 믿음의 개념들이 제시된 정경적 형태의 반영이라 본다 (13). 정경적 형태라는 말은 특정한 성소에서 제사 의식 때 낭송하기 위해 만들어져서 규범적 의식문으로 자리 잡은 제사 의식 전례 (典禮) 문이라는 의미이다.

예컨대, 사도신경을 우리가 예배 때 신앙을 고백하는 의식문으로 사용하는데 그것은 누구도 변경할 수 없는 정경적 지위를 점하고 있다. 사도신경은 신앙 고백문이기도 하지만, 동시에 그것은 역사에 근거한 사실 진술이기도 하다. 마찬가지로 신 26:5b-9 의 기도는 단순히 그냥 예배를 위해서 오랜 옛날에 만들어진 역사적 근거도 없는 그런 의식문에 불과한 것이 아니라 역사적 사실에 근거한 신앙 고백문이다. 그러나 폰 라트에 의하면 역사적 사실을 그런 고백에서 찾으려 해서는 안 된다고 보는 것이다. 왜냐하면 그것은 그냥 '신앙' 고백문이기 때문이다. 우리가 사도 신경에서 우리 주님이 고난당하시고 부활하시고 승천하사 하나님 보좌 우편에 앉으셨다고 고백할 때, 그것은 역사적으로 일어난 사건에 대한 고백을 하는 것이 아니라, 우리가 그렇게 믿는다고 단지 고백하는 것이라고 말함과 같을 것이다. 주님이 역사적으로 그렇게 부활 승천하시고 보좌에 앉으신 것을 우리가 보았기 때문이 아니라, 사도들이 체험한 바를 우리에게 전수해 주었기 때문에 그렇게 고백한다.

사도들은 그렇다면 하늘 보좌에 앉는 모습을 어떻게 알았을까? 알 수 없는 사실이다. 그래서 폰 라트는 그것 보아라, 출이집트 사건도 마찬가지이다. 누가 그런 홍해가 갈라지는 일을 역사적 사실이라고 믿을 수 있겠는가? 라고 목소리를 높일 것이다. 그렇지만, 한 가지 폰 라트가 간과한 것이 있다. 그것은 다름 아니라, 하늘 보좌 우편에 앉은 것을 사도들이 보지 않았다고 말할 수 없다는 사실이다. 예컨대, 스데반은 분명 하늘이 열리고 주님께서 보좌 우편에 앉으셨다가 벌떡 일어서신 모습을 환상 중에 보았다 (행 7:55). 이런 현상을 체험해 보지 못한 사람은 믿을 수가 없다. 당연히 믿을 수가 없다. 어떻게 하늘에서 일어나는 일을 땅의 사람이 알 수 있겠는가? (요 3:12) 폰 라트는 체험을 하지 못했으므로 알 리가 없다. 그러나 영적인 체험을 가진 자들은 내가 성령님으로 거듭나고, 여러 기이한 섭리로 내게 말씀하시고 역사하신 하나님은 유사한 영적 원리로 사도들에게 역사하셨고 우리가 지금 체험하지 못하는 놀라운 일들을 체험했고 그것을 우리에게 전해 주었다.

사도 바울은 삼층 천(天) 낙원에까지 올라가서 말로 표현할 수 없는 놀라운 천상의 장면을 보았고 (고후 12), 사도 요한은 밧모 섬에서 하늘이 열리고 하늘의 놀라운 광경을 체험했다 (요한 계시록). 이런 체험은 우리가 지금 성령님으로 체험하는 영적인 사건들과 원리상 동일한 것이다.

그런데 폰 라트는 앞서 언급한 자신이 말하는 최고 오래된 신조라고 하는 그 기도문에 이상한 현상이 하나 있다고 지적한다. 그것은 다름 아니라, "시내산 전승" 이 쏙 빠져 있다는 점이란다. 여기에 더하여, 신 6:21-24 도 문맥에서 딱 잘라내어 문맥에서 떼어 놓고는 말하길, 보라, 여기에도 "시내산 전승" 에 관하여는 언급이 없지 않느냐? 라고 말한다. 그는 신 6:21-24 도 고착된 정경적 지위의 '신앙 고백문' 이라 한다. 이 모든 규례를 지키라고 명하셨다고 하면서도 시내산 언급은 쏙 빠져 있다는 점이 더 놀랍지 아니하냐? 고 폰 라트는 아주 자신 있게 말한다. 더더욱 그를 자신 있게 만드는 것은 수 24:2b-13 에서도 "시내산 전승" 은 언급이 없다는 점이다.

이런 사실들은 폰 라트에게 무엇을 말하느냐? 바로 "시내산 전승" 은 이전에 출 이집트 전승과 아무런 상관이 없는 별개 전승이었다는 것이다. '전승' 이란 어떤 집단이 전해주어 후손들이 믿고 순종하는 권위 있는 어떤 전통과 관습 혹은 그런 전통에 관한 이야기를 말한다.

앞서 언급된 세 문단들은 모두 구속의 정경적 패튼을 제시하는데, 그 패튼은 모두가 시내산 전승을 빼고 있다 한다. 따라서 시내산 전승은 오직 후대에야 정경적 패튼에 첨가되었다고 한다. 따라서 시내산 전승은 부차적 성격의 것으로 "광야 방랑의 전승" 에 삽입되었다 한다. 시내산 전승과 출 이집트 – 정복 전승은 별개의 성소 제사 의식들을 통해 보존되었다고 한다. 시내산 전승은 신년 절기의 기초였고, 세겜 성소에서는 신년 절기가 초막절 절기에 준수되었다 한다. 그렇게 보는 근거는 신 31:10b-11, 느 8, 수 24 장 등이다.

폰 라트에 의하면, 앞서 언급된 그런 신앙 고백문들은 고대 이스라엘 성소들에서 예배 때마다 낭송된 제의 의식의 일부였다고 한다. 그것들은 믿음 공동체의 신조이거나 (신앙 고백문) 공동체에 주는 교훈적 설교문이었고, 현재 육경 형성에 근본 토대로 작용했다 한다. 한 마디로 이런 낭송문들이 성소에서 고백되어지고 사용되면서 그 주변에 다른 잡다한 전승들이 첨가되어 현재의 육경으로 발전되었다고 보는 것이다.

그렇다면 어떻게 그렇게 발전되어 갔나? 그것들은 여러 단계들을 거쳤다는데, 첫 단계에서 신조를 제사에서 낭송하기 편리하도록 운율들로 수정이 되어졌고 (삼상 12, 시 78, 105, 136, 출 15 장 등이 그런 성소 의식용 시들의 예라 한다), 문학 형태가 왕정 시대에 느슨하게 풀렸으나, 기본 형태는 원래 패튼을 유시했다 한다.

둘째 단계는 선승들을 그 원래 성소 의식에서 분리시켜 야웨 기자가 원래 별개 전승들이었던 것들을 서로 결합하는 시기이다. 정착 전승에, 시내산 전승, 족장 전승, 원시사 전승들이 이 시기에 하나로 결합되었다 한다. 야웨 기자의 손에서 족장의 전설들이 족장에게 주신 약속들을 성취하는 가나안 정착 전승의 서론으로 기능하도록 배열되었다. 그리고 야웨 기자의 손에서 족장과의 언약이 시내산 언약과 약속과 성취라는 방식으로 연결시켜 졌다. 땅의 수여는 이 신조에서 야웨께서 행하신 구원 행위의 마지막 것이라 한다. 정착 전승은 다른 모든 기사들이 향하는 목표였다 한다. 후대인들은 원래 그 오래된 신앙 고백문들에다가 한 층씩 층을 더하고 첨가시켰다 한다. 그러므로 육경에서 우리가 원래의 층들을 밝혀내어야만 그것들이 원래 가지고 있던 신학들을 알아낼 수 있으므로, 층들을 육경에서 추적해야 한다고 주장한다.

이것이 문서설에서 말하는 J 에 대하여 폰 라트가 가정하는 J 의 형성 역사이다. E 도 유사한 과정을 거쳐 형성되고 D 와 P 도 그렇다고 할 것이다. 그렇게 복잡하게 문서가 만들어졌으니, 벨하우젠이나 그라프 같은 이전 선배들이 들었더라면 야, 너희들은 우리보다 훨씬 고 단수로다! 고 감복할지, 아니면 우리가 쪼갠 것이 부족해서 너희들은 아주 콩 가루를 만들고 있구나! 라고 탄식할지!

폰 라트가 어떻게 성경을 자기 멋대로 문맥에서 찢어내어 그것을 자기 생각대로 고대 어느 성소들에서 제사 의식 때 사용된 낭송문이라고 하는지를 보았다. 왜 시내산 사건이 그가 지적한 세 군데의 본문에서 나타나지 않고 있는가? 그것은 신명기 문맥을 그가 무시하고, 제 멋대로 그 문단들을 절단해 버렸기 때문에 나타난 현상이지 그 문단들이 위치한 신명기 문맥을 고려하면 구지 시내산 사건을 언급할 이유가 없는 것이다. 여호수아서의 경우도 마찬가지이다. 독자들은 여호수아가 세겜에서 언약을 갱신할 때, 하나님께서 이전에 행하신 일들을 상기시키면서 (수 24:2b–13; 역사 서언), 시내산 사건은 왜 빠뜨렸을까? 라고 궁금해 할지 모른다.

이 문단의 7 절에서 하나님은 이렇게 말씀하신다:

7b 내가 이집트에서 행한 일을 너희가 목도하였으며 또 너희가 여러 날을 광야에 거하였었느니라

8 내가 또 너희를 인도하여 요단 저편에 거하는 아모리 사람의 땅으로 들어가게 하매

하나님은 이집트에서 행하신 열 가지 재앙들을 언급한 후에, 곧장 광야 생활과 모압들로 인도하신 일을 말씀하신다. 시내산은 언급이 없다. 그렇게 생략된 이유는 지금 하나님은 (여호수아를 통해) 시내산 언약을 갱신하고 있기 때문이다.

첨가하자면, 양식 비평은 좀 작은 구전 단계의 문학 양식들, 형식들을 말하고, 전승사 비평이란 구전 단계를 가정하지만, 좀 더 큰 복합체들, 곧 시내산 전승이니, 정착 전승이니 하면서 보다 큰 덩어리들의 역사를 추적한다고 구분하면 될 것이다.

2. 문학적 접근법 (Literary Approach)

전통적으로 구약 성경 연구에서 언제나 역사 – 문법적 해석이 최우선이었다. 그러다가 계몽사상의 여파로 세속 역사 문헌에 대한 역사 – 비평적 원리가 구약에 그대로 적용되고, 종교사적 비교 연구도 중시되었다. 그 결과 창세기나 출 이집트기의 기사들이 신화나 민담으로 간주되었고 오경은 다수의 문서들로 분할되고 난도질 당하여 그것이 의도하고자 한 신학적 기능은 완전 무장해제 (武裝解除) 당하고 말았다. 이런 역사 – 비평법의 전횡에 다른 활로를 모색하는 목소리가 차츰 들리기 시작하였다. 그 중에서 차일즈가 제안한 정경비평법과 60 년대 이후부터 점차 가시화된 "새로운 문학적 접근법" 의 (Newer Literary Criticism) 등장으로 전기를 (轉機) 맞게 된다.

정경비평은 구약이 구약인 것은 그것이 믿음 공동체의 정경이라는 사실이란 점에 착안하여, 현재 본문의 발전사, 곧 본문의 통시적 (通時的 diachronic) 역사를 탐구하는 역사 비평법의 결과도 인정하지만, 한편으로 무엇인가 교회에 메시지를 줄 수 있는 현재 우리가 가진 구약 본문에 대한 공시적 (共時的 synchronic) 연구도 필요하다는 사실을 중시하여, 현재 우리가 가진 본문 그대로에서 메시지를 찾고자 하는 시도였다. 이런 정경적 비평법은 역사 비평적 원리를 그대로 수용하면서, 그것과 결별을 하지 않은 가운데 진행되므로, 사실상 그 결과는 절반 이하의 성공이었다.

정경 비평과 한 부분에서 일치를 보이면서도, 역사 비평법과 접근하는 방법에서 분명하게 대조되는 접근법이 새로운 문학 접근법이다. 이는 "이전의 문학비평" 에 (Older Literary Criticism, Documentary Hypothesis 문서설) 대비시켜 "새로운 문학 비평" 이라 (Newer Literary Criticism) 하기도 한다. 역사 비평적 접근법이 현재 우리가 가진 본문의 이면(裏面)에 있었으리라 가정한 여러 원래 모습들을 찾는데 주력하는 통시적 (diachronic) 방법이라면, 문학접 접근법은 현재 우리가 가진 본문을 전체로 그대로 놓고 거기서 메시지를 찾고자 하는 공시적 (synchronic) 접근법이다.

1) 문학적 접근법은 현재 우리가 가진 본문의 형태에 초점을 맞춘다.
2) 문학적 접근법은 본문의 전체적인 통일성을 강조한다.
3) 문학적 접근법은 현재 본문 자체를 최종적인 것으로 본다.
4) 문학적 접근법은 말 – 행동 이론의 (speech – act theory) 의사 소통 모델에 근거를 둔다.

이상 네 가지가 역사 비평과 구별되는 문학적 접근법의 고유한 특징이다.

문학접 접근법은 현재 본문을 근거로 연구한다는 장점도 있지만, 성경을 역사 허구(虛構) 곧 사실과 상관없는 역사 소설 정도로 이해하기도 한다는 점에서 우리를 경각시킨다. 그러나 우리가 이 문학접 접근법을 사용하되, 전제는 역사 소설로 보는 이들의 전제를 배격하면 될 것이다. 라벗 알터는 역사를 '역사화된 산문체 소설' (Historicized prose fiction), 즉 소설화된 역사라고 말한다.

1) 로벗 알터 (R. Alter)

⑴ 성경 사화(史話)에는 정형, 즉 이야기 전개의 전형적인 장면(type-scene)이 있다 (1983:60). 그 예로는 아이를 못 낳는 여인 (창 11:30, 15:2 [사라], 29:31 [라헬], 삼상 1:2 [한나]), 우물가의 만남 (창 24:11 이하 [이삭], 29:2 이하 [야곱], 출 2:15 [모세]), 아내를 누이라고 소개하는 일 (창 12, 20 [아브라함], 26 장 [이삭]), 야곱이 이삭을 속이고 다시 야곱이 라반에게 속임을 당하는 일 등이다. 하지만 이런 반복은 성경기자의 글쓰기 방식이며, 이 반복되는 정형(定型)은 항상 어떤 변화를 수반하는데, 그 변화가 바로 상황, 주제, 도덕적 비전도 변화시킨다고 한다.

⑵ 내레이터가 (narrator) 이야기를 서술하는데 있어서 '대화' 가 무엇보다도 중요한 장치이다. 내레이터는 말하는 형태의 글쓰기를 하면서 자주 등장인물의 내면적 생각까지 직접화법을 사용한다. 대화를 통해서 등장인물의 됨됨이를 알 수 있다. 그러므로 우리는 등장인물의 대화를 주의 깊게 살펴야 한다.

⑶ 성경의 내레이터가 '주인공' 이나 '등장인물' 의 묘사를 하는 방법이 독특함에 주의를 기울인다. 내레이터가 등장인물의 생김새, 의상, 자태, 태도, 의도 등을 직접 서술할 수도 있으며, 또는 등장인물의 대화나 행동을 묘사함으로써 간접적으로 언급하기도 한다.

알터는 사무엘서의 "다윗 왕" 기사를 새롭게 번역하고 주석을 달면서 자신의 문학적 접근법을 뽐내고 있다 (2000). 그는 다윗 왕의 이야기가 여기 저기 헤어진 곳에 헝겊을 대고 기움질해서 편집된 여러 자료들의 모음집이 아니라 하나의 문학 작품이라고 주장한다. 이런 그의 견해는 사무엘서 본문에 여기저기 어설픈 연결 고리들을 지적하며 여러 모순되는 다른 전승들을 담은 문서들의 편집이라 보는 앵커 (Anchor) 주석 시리즈의 사무엘서의 편집자 카일 맥카터와 (Kyle McCarter) 대조된다. 알터에게 중요한 것은 사무엘서 저자가 무슨 자료를 사용했는지 여부보다 그가 어떻게 자신이 가진 자료들을 하나의 문학 작품으로 변화시켰는지 그 창조적 작품성이다.

알터의 번역은 원문의 리듬이나 구문 배열, 말 유희 등을 포착하여 번역에 반영하고자 노력했다. 그런데 알터가 토론토 어느 회당에 초청 강연을 하면서, 다윗 이야기를 읽을 때 우리는 세익스피어의 역사 드라마를 읽는 그런 방식으로 읽어야 한다고 강조했다. 다윗 이야기는 대략적인 정보에 근거한 위대한 문학 작품이라는 생각이다. 정확하게 역사적 사실을 기술 했다기보다, 어떤 저자가 여러 사료들을 근거로 다윗 기사를 기록했지만, 부족한 부분들은 자기의 상상력을 창조적으로 발휘하여 하나의 멋진 작품으로 만들었다는 것이다.

알터가 그려내는 다윗 이야기는 빛나가는 군주들과 표리(表裏)가 있는 장군들이 지배하는 배신과 복수의 암흑세계를 배경으로 한다. 등장인물들은 하나같이 권세와 부를 추구하면서도 하나님을 또한 기쁘게 하고자 하는 이율배반적인 행동을 한다. 알터의 눈에는 하나님도 그렇게 썩 매혹적인 분으로 나타나지 않는다. 그분은 쉽게 상처를 입으시고, 자신의 명성을 걱정하시며, 자기 지위를 인정받기 열망하고, 어린 양들의 번제를 탐하며, 그의 공의는 기껏해야 변덕스러운 것이다. 토론토 벳 체덱 회당에서 강연할 때, 누군가 청중이 어떤 행동은 하나님이 정말 영감을 하셨는가? 라고 묻자, 알터는 "그것은 개인적인 신앙 문제" 라고 대답했다.

알터의 시각에서 다윗의 장인(丈人) 사울 왕은 아주 나아질 가망이 없는 망상증(妄想症) 살인자로 성경의 '스탈린' 이다. 다윗은 그보다는 월등하지만, 그렇다고 다윗이 고상한 사람은 절대 아니다. 그는 위대한 용사이지만, 자기가 살아남기 위해서는 무슨 짓이건 서슴없이 감행하는 위인이다. 예컨대 블레셋에 피신하여 거기서 자기 나라를 배신하고 목숨을 부지하고자 하기까지 했다. 자기 장군 우리아의 아내 밧세바를 잉태케 하고는 우리야로 최전선으로 내 몰아 죽게 만들고 밧세바를 자기 첩으로 만들어 버린다. 알터가 보기에 음악과 시에 재능을 가진 목동 출신의 다윗은 50년간 권좌에 있으면서 문학에 있어서 첫 마키아벨리 군주로 등극한 셈이다. 알터는 다윗 왕의 이야기가 영국의 아더왕 이야기 같은 민족 전설이 아니라고 강조한다. 만약 3천 년 전의 서기관들이 어떤 애국적 신화를 저술하고자 했다면 다윗의 좋은 면만 기록했을 것이기 때문이다. 오히려 그런 다윗의 양면성을 그대로 제시한 것은 그 이야기가 여러 역사적 사실들에 근거한다는 것을 암시한다. 그러나 거인 골리앗 이야기는 민담인데 다윗 이야기에 삽입되었다 한다.

우리가 보기에 알터는 성경을 하나님의 영감으로 된 책으로 믿지 않는 것이 분명하다. 그럼에도 그는 성경의 문헌들을 여러 자료들의 조합이나 편집 정도로 이해하는 비평가들에 비해 양반이다. 왜냐하면 그는 현재 우리가 가진 본문이 하나의 창조적 작품이라는 사고를 가지고 있기 때문이다. 그가 비록 우리와 같은 계시관을 공유하지는 아니한다 해도 현재 가진 성경 본문의 완전성은 (integrity of the text) 인정하는 것이다.

2) 마이어 스턴버그 (Meir Sternberg)

스턴버그는 성경 내러티브가 세 가지 기능을 가지고 있다고 「성경 내러티브의 기교」 서언에서 말한다 (1985:xii). 성경 사화는 단순한 역사나 문학이 아니라 '이념적 (ideological), 역사 기록적 (historiographic) 그리고 심미적 (aesthetic) 기능' 을 가지고 있다. 이러한 기능을 다시 강조하며 "이념적인 논술을 최상의 예술로 변형" 시킨 것이 성경의 가장 큰 자랑이다. 성경 내러티브를 이야기로 만드는 성경 내러티브의 기법에는 내레이터 (narrator), 사화(史話) 내의 다양한 관점, 주인공의 모호성, 플롯 (plot 줄거리), 시간의 불연속성, 등장인물 등이 있다. 그 한 예로 내레이터는 (narrator) 모든 것, 즉 주인공의 마음과 생각까지 이미 알고 있다는 것이다. 하지만 내레이터가 (narrator) 보여주고자 하는 것은 하나님의 관점을 인간의 관점으로는 넘어설 수 없다는 것이다.

내러티브의 (narrative) 문학적 기교로 두 가지, 즉 "간격 메꾸기" 와 "반복" 이 중요하다. '간격' 은 내레이터가 독자의 참여를 유도하여 흥미를 유발시키고, 극대화시키는 기능을 하고 또한 성경이 바라는 이념적 기능을 스스로 독자 자신도 모르게 깨닫게 하는 역할을 한다. 다음으로 '반복' 은 미시적 차원에서는 단어부터 거시적 차원의 플롯과 주제까지 다양한 범위에 적용될 수 있다. 반복은 확실한 관점을 각인시키고, 두 개의 사건을 연결시키고, 하나님의 전능성(빛 창조)까지 드러내는 역할을 한다고 말한다.

3) 아델 벌린 (Adele Berlin)

Poetics and Interpretation of Biblical Narrative 에서 그의 문예 접근법을 살펴본다.

내러티브는 (narrative) 히브리어 성경에서 현저한 기술 방식이다. 창세기에서 시작된 내러티브는 열왕기하까지 이르고 있다. 룻기나, 에스더, 요나 같이 짧은 내러티브도 있다. 선지서들에서도 내러티브로 된 부분들이 있고 삿 5 장이나 시 105 편 같이 내러티브 시도 있다. 그렇다면 성경 본문을 이해하기 위해서 우리는 성경 내러티브의 기본들을 알아야 할 필요가 있다. 그 구조나 그 상투적 관례들 (conventions), 그 구성 기교 등, 다시 말해 내러티브가 어떻게 기술하는지를 알아야 한다. 무엇보다 우리는 내러티브가 연출의 (representation) 한 형식이라는 점을 염두에 두어야 한다. '창세기의 아브라함' 은 '사과 그림' 이 '실제 과실' 이 (果實) 아님과 같이 '실제 사람' 이 아니다. 우리말을 오해하지 말아야 한다. 사과 그림이 실제 사과를 표현한 한 표현 형태이듯, 아브라함이 역사적 인물이 아니라는 말이 아니라 아브라함 기사 역시 아브라함에 대한 한 묘사라는 것이다. 역사적 인물과 그에 대한 내러티브 묘사를 혼동하지 말아야 한다.

우리는 사과 그림에는 문제가 없다. 우리는 그림이 사과들이 2 차원적인 것에 불과하지만 그 그림이 사과를 묘사한 것임을 안다. 그러나 그 그림이 항상 크기나 색깔에서 실제와 같은 것은 아니다. 거꾸로, 그림 속의 사과는 실제가 아니다 는 점을 안다. 만약 우리가 그것들을 잘라도 즙이 나오는 법이 없다. 만약 그것들을 심는다고 그것들이 자랄 리도 만무하다. 우리는 어떤 대상을 그린 사실주의 그림이 그 실물을 묘사한 한 형태임을 안다. 그 그림을 통해 실제 사과를 연상하게 된다. 우리는 그런 표현 방편의 관례를 알기 때문에 그림을 실체로 연결시킬 수 있다. 고대 예술 형태들을 보면, 우리에게 익숙치 않은 관례들이 있어 이해하지 못할 때도 있다. 그것들을 모른다 할지라도 우리는 그것들의 관례들을 발견하거나 아니면 연상시킬 수 있을지 모른다. 그 좋은 예가 니므룻에 있는 앗수르나시르팔의 궁궐을 지키는 '라맛수 (Lamassu)' 라 불리는 거대한 조상(彫像 statue) 이다. 그것을 보면, 다리가 다섯 개의 사자의 몸체에 날개가 달린 괴물인데 머리는 앗시리아 왕의 모습을 하고 있다. 그 조상은 현실 세계에는 존재하지 않는 물체를 표현한 것인데, 그럼에도 그것은 현실 세계에 존재하는 양 만들어졌다. (우리는 상상적인 것들을 표현하거나 연상시킬 수 있다). 그 조상은 몸과 다리는 사자인데, 머리는 인간이고 두 날개를 가졌다. 이 세 가지 모두는 실제 세계에서는 따로 존재하지만, 그것들이 하나의 작품에 결합된 것이다. 그런데 다시 보자. 다리가 다섯인데, 사자들이 다리가 다섯 개인 놈을 보았던가? 다리가 다섯 달린 사자를 표현하는 것이 그 공예가의 의도였을까? 아니다! 다리는 다섯 개이지만, 그것들은 네 개의 다리를 표현할 뿐이다. 고대의 관례는 옆에서 보는 시각에서는 네 개의 다리를, 앞면에서 보는 시각은 두 개의 다리를 표현하도록 되어 있었다. 그 두 시각이 결합되었지만, 각 시각은 자기 시각에 충실해야 한다. 그래서 부분들의 총합이 실제의 다리들 총합보다 많은 것이다. (한 다리는 이중 기능을 감당한다; 즉 측면 시각과 정면 시각 모두에 속하는 것이다). 비록 우리가 고대 앗시리아 사람은 아니지만, 그리고 이런 예술적 관례를 더 이상 사용하지 않지만, 우리는 이런 조상을 어려움 없이 이해할 수 있다. 그러나 지적하기 전에는 다리가 '다섯' 이란 점을 거의 알지 못한다. 그 사자의 다리들은 실제에 대한 표현이 항상 실체와 세부 사항에서 일치하지 않는다는 점을 주지시켜 준다. 예술에서는 이 점이 문학에서보다 문제가 아니 된다. 우리는 예술품은 하나의 예술적 표현이라는 것을 잘 알기 때문이다. 그런데 문학도 하나의 예술적 표현이라는 점을 잊고 만다. 우리가 내러티브를 읽을 때, 특히 성경 내러티브를 읽을 때, 우리는 계속 표현된 '모사' 를 (模寫 mimesis) '실체' 로 착각하게 된다. '실체' 에 대한 '한 표현' 인 것을 '실체 자체' 로 간주하는 것이다. 거꾸로 우리는 내러티브 그림 한 점에 대하여 눈이 멀 수 있다. 왜냐하면 우리는 그 내러티브 그림이 어떻게 그려지는지를 깨닫지 못하기 때문이다.

우리는 성경을 읽을 때, 성경적인 내러티브에 관한 기본 지식과 성경 본문의 언어적, 문학적 구조에 대한 지식을 알아야 한다. 역사 비평법을 활용한 성경 연구가 (문서설 등) 성경 본문의 문학적 구조의 중요성을 무시하고, 히브리어 내러티브 문법에 대한 무지에 근거하여 얼마나 여러 가지 터무니없는 결론들을 내렸던지 열거할 필요도 없다. 그렇지만 동시에 성경을 그대로 역사적 사실 혹은 실체라고 믿는 성경 지상주의자들에게 강조하고자 하는 것은 모든 내러티브는 성경 내러티브를 포함하여 모두가 공통 요소들을 갖고 있다는 점이다. 그것이 구전(口傳)이건 기록된 것이건, 민담이건 신화건, 역사건 허구이건 간에 모든 내러티브는 공통 요소들을 지닌다. 벌린은 성경이, 역사적이건 전설적이건 간에 구전으로 구성되었다는 것을 증거하는 과시적 증거들이 있다고 생각한다.

내러티브학은 (narratology) 문예술의 (poetics) 한 분과이다. 문예술은 문학 과학으로 해석적 노력이 아니며, 어떤 본문에서 의미를 도출해 내고자 하지도 않는다. 오히려 그것은 문학의 구성 블록들을 찾고자 하며, 그 구성 블록들이 어떻게 조립되는지의 원리들을 찾고자 한다. 문예술을 하나의 학문 분야로 설명하고자 할 때, 언어학적 모델이 자주 제시된다: 문예술은 언어학이 언어를 다루듯 문학을 다루는 것이다. 언어학적 모델은 우발적인 것이 아니다. 왜냐하면 비록 문예술이 아리스토텔레스와 같이 오랜 전통을 가졌지만, 현대의 문예술의 다수는 특히 구조주의 문예술은 언어학에서 유래한다. 그럼에도 구조주의 – 언어학적 연관성을 탈피하기 위해, 그리고 문예술과 문헌 비평 혹은 해석을 분리시키기 위해, 벌린은 다른 비유를 제안한다. 만약 '문헌' 이 하나의 빵에 비유된다면, '문예술' 은 요리법이고, '해석' 은 그것을 어떻게 먹는지를 말해 준다.

요리법을 알면 빵을 만드는 법은 상대적으로 쉽다. 그러나 빵에서 출발하여 어떻게 빵이 만들어졌는지를 아는 것은 쉽지 않다. 바로 '문예술' 이 하고자 하는 바가 정확하게 그것이다. '문예술' 은 여러 빵들을 샘플로 비교하여 그 요리법을 알아내고자 하는 것이다. 그렇다면 '문예술' 이란 여러 실제 문학적 본문들에서 나타나는 문학 일반 원리들을 그 본문들에 다양한 방식으로 제시된 원리들의 표출들로부터 추출해내고자 하는 귀납법적 학문이다.

가장 광범위한 적용에서, 문예술은 아주 추상적이다. 그것은 하나의 특정한 작품이나 한 종류의 작품들에 관심을 기울이지 않는다. 오히려 문예술은 모든 기존의 작품들과 잠재적 작품들에 관심을 갖는다. 물론 그 분야를 좁히는 것이 가능하고, 종종 논의를 문예술의 한 특정 분야에 한정시키는 것이 바람직할 수도 있다. 벌린은 성경 내러티브의 문예술이 갖는 몇 가지 국면들을 다루고자 한다. 그렇게 할 때, 본문들의 범위를 제한된 시기와 맛소라 본문에 나타나는 형태로 성경 히브리어로 된 내러티브들에 국한시키켜 연구한다. 분명히, 드러날 바는 그것이 무엇이건 간에 오로지 성경 내러티브에만 적용이 가능할 것이다. 원리로부터 시작하지 않고 본문 자체로부터 시작하여, 특정한 표출들로부터 일반 원리들을 추출해 내고자 한다.

우리의 추구는 문학적인 것이므로 우리는 문학적 현상들에만 의지해야 한다. 문예술은 문학 과학으로 토도로프 (Tzvetan Todorov 1939~) 가 "내적" 이라 부르는 바이다. 그것은 문학 작품 자체로부터 원리들을 찾고자 한다. 즉 문학 바깥의 심리학이나 사회학과 같은 외부 학문들에 의지하지 않는다. 성경 연구의 경우에는 역사나 고고학 등도 외부적인 것에 해당될 것이다. 벌린에 의하면, 토도로프는 본문의 세계를 실제 세계로부터 단절시킴으로 신비평의 (New Criticism) 죄를 범하는 것이 아니다. 그는 단지 문학 작품들은 다른 학문 분야가 아닌, 문학의 원리를 따라서 분석되어야 한다는 사고를 강조했을 뿐이다. 여하간, 생물학을 심리학의 원리들로 설명하지 않을 것이다. 이런 식으로 토도로프는 문학 작품과 그것이 다루는 학문 모두의 자율성을 세우는 것이다. 작품은 본질상 문학 작품이다. 그러므로 문학 방식으로 설명되어야 한다. 그것을 심리적, 사회적 원리들의 문학적 형태로 표현된 것이라 간주하지 말아야 한다.

토도로프에게 동의하여 문예술을 그것에 앞서는 다른 학문들과 동등 차원에 둘 수 있을 것이다. 즉 문예술을 다른 과학들의 시녀로 보지 아니하는 것이다. 그러나 어떤 경우 문예술 학자들은 자기들의 분야를 다른 분야와 연관시킬 필요도 있다. 문예술 원리들은 실로 어떤 고차원에서는 심리적 혹은 사회적 원리들과 상관되는 것이다. 확실히, 이것이 앞으로 우리가 연구해야 할 과제이다. 우선, 문예술의 원리들이 발견되고 분명하게 규정되어야 한다.

벌린은 문예술의 당면한 목적이 무엇인지, 특히 그것이 해석에 어떻게 연관되는지를 다음과 같이 설명한다. 문예술에 관한 많은 서론들은 문예술과 해석을 예리하게 구분한다. 벌린도 그렇게 했다. 이는 둘이 어떻게 다른지를 보이는데 필수적이라 보기 때문이다. 동시에 둘은 공생적 (symbiotic) 관계를 갖는다는 점도 강조한다. 문예술과 해석 사이의 관계는 최고의 (par excellence) 보충 관계라는 것이다. 해석은 문예술을 선행하고 또 뒤 따른다 (Todorov, *Introduction to Poetics*, 7). 문예술은 고립될 때 쓸모가 없다. 본문의 구성 원리들을 아는 일은 본문을 읽기 원할 때만 유용하다.

문예술의 공헌하는 바가 무엇인지는 요나단 쿨러 (Jonathan Culler) 의 말에서 찾는다. 그것은 본문들이 말이 된다는 것을 찾고자 하는 시도, 문학 자체가, 하나의 사회 규칙으로서 (institution) 그 위에 근거하는 해석 작용들이 무엇인가를 분명하게 분석하는 시도라 한다 (*Structuralist Poetics*, viii). 다시 말해, 문예술은 본문들이 어떻게 의미를 만드는지 깨닫게 한다. 문예술은 해석을 돕는다. 만약 우리가 본문이 어떻게 말이 되는지를 안다면 우리는 특정한 본문이 무엇을 의미하는지 발견하는데 더 유리한 고지에 서게 된다.

의미와 그것이 발견되는 방식들은 항상 성경 연구에서 중심지위를 점해 왔다. 문예술은 그 현대적 형태에서 이 분야에서 신참자에 불과하다. 그럼에도 의미를 탐색하는 오랜 과정에서 성경 해석의 오랜 역사에서 구성의 일반 원리들이 파악될 수 있었고, 또 일종의 원시적 문예술이 발달한 것도 사실이다. 여하간, 토도로프의 진술을 진지하게 취한다면 해석은 문예술로 우리를 이끌 것이다.

미드라쉬 주석들이 하나의 좋은 참조점이 된다. 그것들은 기본적으로 어떤 의미에서 문학적 접근법으로 본문을 아주 세심히 고찰하고 있기 때문이다. 실로 미드라쉬의 관심사 일부는 현대 문예술 학자들의 관심이기도 하다. 미드라쉬는 시작들에서의 표현들과 문단들의 끝, 특정한 문단들의 배치 순서와 다양한 의미 (semantic) 용례들을 주목했던 것이다. 그러나 미드라쉬 문예술과 벌린의 문예술 사이에는 본질적 차이가 있다. 미드라쉬는 의미로부터, 그가 시적 (문예적) 현상들이라 간주하는 바의 의미 설명들로부터 자신을 완전히 해방시키지 않는다.

창 34:25 에 대한 "디나의 형제들" 이란 표현에 대한 주석을 비교해 보면, 미드라쉬 주석과 벌린이 생각하는 현대적 문예술 사이의 차이가 확실하게 드러날 것이다. 창세기 랍바는 시몬과 레위를 지칭함에서 기이함을 주목하고 다음과 같이 설명했다:

그녀는 그들 둘만의 누이였던가? 그녀는 모든 다른 지파들의 누이가 아니었나? 그러나 이들만이 그녀를 위해 자기 목숨을 내 걸었기 때문에 그녀는 그들의 오빠라고 지칭된 것이다. 유사하게 출 15:20 에서 여선지자 미리암, 아론의 누이가 취하였다고 한다. 미리암은 아론만의 누이였나? 그녀는 모세와 아론 둘의 누나가 아니었나? 그러나 아론이 그녀를 위해 자기 길을 나갔기 때문에 그녀는 아론의 누이라 불린 것이다. 유사하게 (민 25:18) 미디안 족장의 딸 고스비, 그들의 누이 라고 한다. 그녀는 실제로 그들의 누이였나? 그녀는 그들 민족의 딸이 아니었나? 그러나 그녀는 자기 민족을 위해 자기 생명을 내어주었기 때문에 그녀는 그녀의 백성의 누이라 불린 것이다 (창세기 랍바 80:10).

미드라쉬는 등장인물들이 언급되는 방식에 의미심장한 그 무엇이 있다는 것을 주목했다. 그러나 그 설명은 문예술의 견지에서 볼 때 만족스러운 것은 아니다. 우선, 인용된 유사 구절들이라 간주된 것들은 "형제" 나 "누이" 라는 말에 제한되고 있다. "아들" 이나 "아내" 같은 유사한 용례들도 적합하다는 점을 보지 못했다. 즉, 미드라쉬는 이런 식의 용례를 우리가 할 수 있는 데까지 일반화시키지 못했다. 둘째로, 미드라쉬는 그런 표현이 나타나는 이야기들의 줄거리가 모두 유사한 것들을 발견하여 설명하고자 했다. 즉 "생명을 주다" 란 표현이 사용된 곳만 주목하고 유사성을 강조했던 것이다. 그리함으로 미드라쉬는 문예술 설명이 아니라 의미적 설명을 가하고 있다. 미드라쉬는 특이한 표현을 기능 대신 의미와 연결시키고 있다. 이는 형태상의 유사함이 의미상의 유사성이라는 미드라쉬 원리와 일치한다.

현대 문예술은 그런 표현들의 의의를 찾기 위해, 어떤 이가 자기 생명을 내어 걸거나 타인을 위해 큰 댓가를 치르는 그런 이야기들에만 국한시키지 않는다. 오히려 내러티브가 특정한 인물들 사이의 특정한 관계에 주목을 요청하는 방식을 주목하는 것이다. 시몬과 레위는 여기서 디나의 형제들이라 불리는데 (야곱의 아들들이라는 표현에 더하여) 그렇게 한 것은 그들이 여기서 그녀를 위해서, 그녀의 영예를 지키기 위해, 그녀를 세겜의 집에서 구출하기 위해 행동하기 때문이다. 이런 지칭들은 성경에서 아주 흔하고, 그것들이 인물 묘사에서 하는 기능에 혹은 관점을 세우는데 중요하다.

미드라쉬에 사실인 것은 대소 간에 성경 해석사의 대부분에 대하여도 적용된다. 의미에 대한 탐구는 문예적 의의를 가진 고찰들을 하게 했지만, 그 문예술적 의의는 발전시키지 못했다. 이것은 수사학 비평, 전체 해석 등과 같은 비교적 현대적 문학 접근법들에서도 마찬가지이다. 그런 분야들은 단어들이나 의미들, 모티프들, 다양한 패튼 방식들을 본문에서 주목하고 연구한다. 기껏해야 이런 접근법들은 훌륭한 문학 비평으로, 어떤 본문에서 표면상의 패튼 방식이나 (patternings) 심층적 의의를 설명할 뿐이다. 그것들은 본문의 미묘함이나 완전성을 새롭게 깨닫게 해 주었다. 그러나 문예술에 이르지는 못했다. 왜냐하면 그것들은 작품의 일반 원리를 반결하고자 시도하지 않았기 때문이다. 미드라쉬처럼 (물론 다른 방식으로) 그것들은 그 발견들의 의미적 의의를 주목한다. 그것들이 어떻게 어떤 의미를 가리키는지를 주목하지만, 그 패튼 방식들과 장치들이 (교차 대구법이나 반복 등) 보다 일반화된 구성 기능을 하는지 여부를 생각하는 일은 거의 없다.

그러나 문예적 접근법들이라 불릴 수 있는 접근법들이 있다. 그것들은 종종 아주 고도로 추상적 연구들로 구성되는데, 보통 구조주의의 변종으로 (structuralist variety) 이루어진다. 그 구조주의 변종은 일반 문학 이론의 용어나 모델들을 채용하여 성경에 덮어씌운다. 성경학자들은 이런 것들에 어려움을 갖는다. 왜냐하면 그들은 문학적인 소양이 부족하고 그런 연구들을 제대로 깨달을 수 없기 때문이다. 그러나 그런 연구들이 문예적 연구들이다. 그것들은 성경 본문이 구성되는 원리들을 찾고자 한다. 문제는 이런 종류의 문예술이 너무 추상적이고 이론적이어서 어떤 본문들으로부터 그것이 왔으며 어떤 본문들에 그것이 적용될 수 있을지 상상하기 어렵다는 것이다. 대개 그것이 의미가 없는 까닭은 해걱에 이르지 못하기 때문이다. 즉 성경을 읽는데 별로 도움이 되지 않는다.

벌린이 주창하고자 하는 문예술의 방식은 성경 연구에 그다지 이질적이 것이 아니다. 왜냐하면 그것은 성경에서 왔고 성경에 국한되기 때문이다. 그는 모든 내러티브에 적용 가능한 어떤 이론을 구하는 것이 아니라 오직 성경 내러티브에 관한 이론을 추구하는 것이다. 이런 구체적 문예술은 그것이 기술하고자 하는 문학에서 유래해야 한다. 다른 이질적인 문학에서 끌어다 덮어씌우면 안 된다. 일반 이론은 우리가 추구해야 할 바가 무엇인지를 제안하지만 우리가 발견할 바를 우리에게 말할 수 없다.

이런 종류의 문예술은 본문으로부터 시작하여 아주 세심히 본문을 바라보고 고찰하여 언어적 구조들이나 패튼들, 용례들, 반복되는 장치들과 통상적이 아닌 것들을 찾는다. 그런 특징적 요소들의 의미를 찾는 것이 아니라 (물론 누구도 의미론에서 완전 자유로울 수는 없지만), 그것들이 문학 작품에서 기능하는 기능들을 찾는 것이다. 만은 언어 구조들이 특히 절이나 문장 단위에서 문예적 의의를 지닌다. 예컨대, 시작과 끝냄, 장면 변화 등은 문예적으로 의미가 있다. 그렇다면 문예술을 기술하고자 한다면 언어적 준비가 좀 필요하다는 결론이 나온다.

그러나 언어적 지식만 가지고는 충분치 않다. 동시에 광범한 문학적 연구 소양을 가지고 있어야 한다. 예컨대, 줄거리 (plot), 등장인물, 모티프 등. 이런 것들도 문학 구성에 중요한 요소들이기 때문이다.

끝으로 성경연구나 주석들에 담긴 여러 다양한 정보를 무시하지 말아야 한다. 여하간 본문을 세심히 보는 일이 우리 문예술의 기본인데, 주석들은 그런 활동의 결과물인 것이다. 그러나 주석들과 달리 우리는 한 본문에만 아니라 많은 본문들에 주목해야 한다. 우리는 본문이 무엇을 말하느냐? 만 아니라 어떻게 그것을 말하느냐? 를 주목해야 한다. 만약 동일한 것들이 말해지고, 동일한 방식으로 언급된다면 그것으로 충분히 일반 결론들이 도출될 수 있다. 즉 어떤 문예적 원리들이 발견될 수 있다. 이런 원리들은 다음에 본문으로부터 끌어낼 수 있고, 그리하여 본문과 접촉하는 문예술로 자리를 잡는다. 그리고 개개 문단들에 대한 비평에로 쉽게 이동할 수 있게 된다. 그런 접근법은 이미 마이어 스턴버그나 시몬 바르 - 에프랏, 라벗 알터 등의 작품에서 성공적인 결과를 성취하기 시작하였다.

3. 정경 비평 (Canonical Criticism)

차일즈가 "정경 비평" 이란 (canonical criticism) 성경 접근법을 제창하고 그의 구약 개론도 정경 비평의 관점에서 기술하는데, 정경비평이란 믿음 공동체 의해, 변경될 수 없이 딱 고착된 구약 39 권의 배열이나 고착된 현재의 본문에 초점을 맞추고 연구하자는 것이다. 그렇다고 차일즈는 역사 - 비평법이 무효라거나 필요 없다고 평가절하 하는 것도 아니다. 그는 원래 대학생 선교회 출신으로 경건 운동에서 자랐다고 하는데 독일에 건너가서 비평신학에 세뇌된지라, 비평신학도 포용하고, 경건적 과거도 다 무시할 수 없으므로, 함께 적당히 아우르는 방식을 택한 듯 보인다. 그의 정경비평은 현재 본문의 이면에 있다고 가정된 원래 문서라든지, 아니면 구전으로 전해질 때의 작은 문학 단위를 찾으려고 파헤치지 말고, 현재 본문의 형태를 존중하고 그것을 전체로 보고 메시지를 찾아내자는 주장인데, 역사 비평법은 본문을 해체시켜 버리고, 정경으로서의 기능을 무력화시켜 버리기 때문에 그렇게 말하는 것이다.

구약이 구약인 것은 그것이 기독교의 정경이기 때문인데, 정경의 기능을 무력화시키는 그런 연구에 목을 매달 수 없지 않겠는가? 본문을 콩가루로 만드는 역사 비평법은 본문을 해체시켜 그 정경적 기능을 할 수 없게 불구자로 만들어 버린다는 인식을 했기에 이런 정경 비평을 주창할 수 있게 되었을 것이다.

4. 성경 해석의 원리들

중세기 내내 유행했던 성경 해석법은 이른바 4 중 의미 해석법이었다. 그 4 중 의미란 1) 문자적 (역사적) 차원, 2) 알레고리 (예표론적) 차원, 3) 도덕적 (tropological) 차원, 4) 신비적 (anagogical, 종말론적) 차원 등이다. 예를 들자면, 출 이집트 사건은 문자적으로 이스라엘 백성이 이집트를 떠나 유월절을 지키는 등 역사적 사건을 가리킨다. 풍유적 (알레고리) 차원에서 이스라엘은 교회 성도들인데, 이들이 세상의 죄악에서 구원을 받은 것을 가리킨다. 도덕적으로는 기독인들이 죄악에서 은혜로 옮겨졌고 죄인이 의인이 되었다는 것이다. 네 번째로 신비적 차원에서 (종말론) 한 영혼이 이 세상의 속박에서 벗어나 영원한 세상으로 옮겨지는 것을 가리킨다.

이런 4 중 해석법은 성경 본문을 여러 각도에서 조망하려 했다는 점에서 긍정적 의미도 있지만, 많은 경우 본문이 말하고자 하는 바의 역사적, 문법적 근거를 이탈하여 걷잡을 수 없는 혼란 곧 주관적 해석의 범람을 방지할 길이 없다는 단점을 갖는다.

종교개혁과 함께 보다 본문의 문자적 의미를 중시하는 긍정적 방향 전환이 이루어진다. 특히 칼빈의 해석은 그 점에서 상당히 획기적인 발전이었다. 그런데 계몽사상의 여파로 역사 – 비평법이 등장하면서 트뢸취의 역사주의 철학을 근거한 역사 비평법의 3 대 원리가 성경에 적용되기 시작했다. 이는 대단히 파괴적이어서 정경으로서의 성경 본문의 기능 마비와 해체를 가져왔다. 성경의 초자연적인 사건들에 대한 기록도 여타 역사 문헌과 똑 같은 차원에서, 거듭나지 아니한 인간 이성의 회의 대상이 되어야 하고, 이른바 전능한 힘으로 불리는 "유추의 원리" 곧 오늘날 일어날 수 없는 일은 과거에도 일어날 수 없었다! 는 명제를 성경의 기적들에 들이댐으로, 성경의 모든 초자연적 사건들은 오늘날 불가능하다고 생각하는 불신 이성의 눈에 민담과 신화 차원으로 격하되었다. 또한 상관성의 원리나 인과의 원리도 유사하게 어떤 역사적 사건이건 원인과 결과의 상관관계에 의한 자연 발생으로 파악함으로 기적의 개입을 원천적으로 차단해 버렸다.

이런 역사주의 철학 사고는 객관적 학문이란 미명하에 무분별하게 성경 연구에 도입되어, 오늘날 우리가 보는 서구 신학계의 대규모 배교 신학의 출현을 야기하였다. 배교 신학이란 파괴적 고등 비평이 득세하는 신학계의 현실을 가리킨다. 역사 – 비평 신학은 교회와 상관없이 학문을 위한 학문을 주장하고, 이성과 신앙, 학문과 신앙의 분리를 주장한다. 그것이 신학의 객관적 학문성을 보장한다고 한다.

그러나 역사 비평법도 어디까지나 계몽사상의 여파로 일어난 초자연적 사건들의 역사 개입을 부인하는 철학 사상을 따른 것으로, 신앙 고백적 성경 접근법이나 동일하게, 하나의 주관적 접근법이다. 하나님을 인정하는 주관인가? 부인하는 주관인가? 가 다를 뿐, 둘은 모두 자신의 입장에서 역사를 해석한다는 점에서 동일하다. 이것이 객관적이고 저것은 주관적이라 말할 수가 없다. 불신앙인의 눈에 신앙 고백적 해석법은 주관적인 해석법이라 보이겠지만, 반대로 신앙인의 눈에는 역사 – 비평적 접근법이 불신앙적 주관적 해석법인 것이다.

성경은 자체로 하나님의 영감된 말씀이라 증언하고 있으므로, 하나님과 기적을 배제하는 역사 – 비평법은 성경에 대한 접근법으로서 전연 부적절하다. 왜냐하면 역사 – 비평법이 전제하는 기적을 배제한 세계 이상의 초자연적 사건들을 다루기 때문이다. 비유하자면, 286 컴퓨터로는 오늘날 만들어진 대용량, 초고속 게임을 다룰 수가 없음과 같다.

다음과 같은 해석 원리들이 성경 해석에서 중요하다.

1) 성령님의 내적증거의 원리 (Inner Testimony of the Holy Spirit)

바울 사도는 고전 2:10–15 에서 성령님의 내적 조명이 없을 때 하나님께서 우리에게 은혜로 주신 것들을 알 수 없다고 선언하였다. 하나님께서 우리에게 은혜로 주신 것은 우리의 생명 (창조) 과 그 생명의 구속 (구원) 이다. 이것이 성경의 전체 내용이다. 이것을 이해하려면 성령님의 내적 조명이 절대로 필요하다. 어떤 박사 (博士) 도 중생하지 못했다면 성경을 바로 이해할 수 없다. 이것은 오늘날 신신학자들의 비평적 성경해석이 얼마나 그릇된 지를 말해준다. 많은 소위 구약 비평학자들은 구약이 그리스도나 신약교회와 상관없이 이해되어야 한다고 주장하거나, 성경을 오류를 담고 있는 일반 역사문헌과 동일시하고자 한다. 이러한 주장은 신. 구약 성경의 일체성과 계시성을 알지 못하기 때문에 나타난다. 성령님으로 중생한 사람들은 그분의 조명을 받을 때

신. 구약 말씀이 정확 무오한 하나님의 말씀임을 확신하고 영의 양식으로 기뻐하게 된다 (최종태 1997).

2) 문법적 - 역사적 원리

성경은 글로 기술된 텍스트이다. 텍스트는 그 기록된 언어의 문법에 따라 이해되어야 한다. 구약은 원래 히브리어와 아람어 (라 4:8-6:18, 7:12-26, 단 2:4 하 -7:28, 렘 10:11) 로 기록되었다. 신약은 헬라어로 원래 기록되었다. 따라서 성경의 바른 해석은 이런 원어 (原語) 들의 이해에서 출발해야 한다. 역사적이라 함은 성경의 기록이 역사적 사건들의 기록임을 말한다. 성경의 이해는 기록된 역사적 사건들의 역사적 정황들에 대한 이해를 요청한다.

히브리어 문법은 게세니우스가 저술하고 이후에 개정되고 영어로 번역된 GKC 문법책이나 프랑스인 쥬옹이 저술한 것을 일본인 무라오카가 개정하고 영역한 문법책, 혹은 기타 기존의 모든 문법서들은 히브리어 본문의 문장 단위만 분석이 가능했다. 그래서 해석상 혼란이 많이 초래되었지만 (예컨대, 창 1:1-3 의 구문 이해), 오늘날 텍스트 - 언어학의 발전으로 히브리어 문법에서도 문장 단위가 아니라, 본문 단위로 문법을 고려해야 한다. 그것은 문장들이 어떻게 결합되는지, 어떤 문장의 구문 형식이 어떠한지 여부에 따라 그 문장이 동작의 진전을 지시하는지 아니면 배경 설명을 제시하는지 달라지는 점도 주목해야 한다.(예컨대, A.Niccacci 1990; W. R. Bodine 1995).

3) 신학 통일성의 원리 (Theological Consistency)

성경은 창세기에서 계시록까지 하나님의 성령님의 감동으로 기록된 것이다 (딤후 3:16). 그러므로 자기모순이 없으신 하나님의 뜻의 표현에 모순되는 사상이 개입될 리 없다. 따라서 우리는 겉으로 보기에 모순되는 듯 보이는 구절들도 전체 성경에 흐르는 큰 사고의 흐름에 비추어 그것들을 조화시켜 이해해야 한다.

예컨대, 야고보서는 행함으로 구원받는다고 하고 (약 2:21-26), 사도 바울은 육체의 행함으로 의롭다 하심을 얻을 육체가 없다고 단언하고 있다 (롬 3:20, 28, 갈 2:16). 그렇다면 누가 옳은 것이냐? 사도 바울은 유대인들 중에서 주님을 믿고 기독교인이 된 자들 중에서 여전히 유대교의 율법을 준수해야 한다고 주장하던 그 당시 유대주의자들과 싸우면서 구원은 오직 믿음으로써만 (Sola fide) 얻는다고 강조하고 있다. 반면 야고보는 믿음 후에, 행함이 없이 믿음으로만 구원 얻으니 우리는 아무렇게나 살아도 좋다고 자유방임주의로 흐르는 자들과 싸우고 있다.

보편 구원론이냐? (universalism, 요 3:16, 딤전 2:14) 제한 구원론이냐? (particularism, 요 10:26-28) 이것도 얼핏 보기에 모순되는 듯해도, 사실은 모순이 아니다. 하나님은 모두가 구원을 받기 원하시나, 실제로는 제한된 일부만 구원에 이른다.

4) 문학적 원리

성경은 역사 이야기 (Narrative), 시, 비유, 환상 문학, 법 등 다양한 문학 장르로 구성되었다. 따라서 각 장르는 장르에 맞추어 해석되어야 한다. 단 7-12 장은 묵시 문학으로 (환상 문학) 상징적 메시지를 찾아야 한다. 계시록도 그러하다. 그러므로 문자적인 해석을 묵시 문헌에 적용시키면 오착 (誤錯) 이다. 오경의 법규들은 그 나름대로의 문학적 특징이 있다. 알트는 오경의 법이 문학적 형식에 비추어, 절대법과 사례법, 두 가지로 구분된다고 지적했다. 선지서도 예언 문학의 양식이 있고, 내러티브는 내러티브 장르에 따라 이해하고자 해야 한다. 물론 잠언이나 시편 등은 시적인 장치들을 (그 중에서 "병행법" 이 가장 중요) 주목해야 한다.

5) 텍스트 – 상관성 (Textuality) 원리

텍스트의 소단위 (In–Textuality), 중단위 (Inner–Textuality), 대단위 (Inter–Textuality), 정경 문맥 (Con–Textuality) 등을 고려하는 해석원리이다. 소단위 내에서는 가장 작은 문학 단위 (예컨대, 문단이나 특정한 본문 안에서) 내에서의 단어들 간의 응집성 (표면적; cohesion), 사고나 개념들 간의 일관성을 (심층적; coherence) 주목하며, 중 (中) 단위는 소단위보다는 크지만, "같은 저자" 의 작품 내에서의 (예컨대, 창세기와 신명기 사이) 단어들, 개념들의 일관성 내지 상관성을 고려하며, 대단위에서는 성경 내 "다른 저자들" 간의 (예컨대, 오경과 이사야 사이) 단어들, 개념들의 상관성을 고려한다. 정경 문맥은 (Con–Textuality) 정경의 배열순서가 자연스럽게 하나의 "문맥" 을 구성하는 것을 염두에 두는 해석이다. 예컨대, 유대인들의 정경에서는 룻기가 잠언서 다음에 두어진다. 이런 정경 문맥을 고려한다면, 잠언서 마지막 부분에 (잠 31:10–31) 언급된 현숙한 여인은 룻이다.

텍스트 – 언어학에서 응집성 (cohesion) 은 문장들 사이나 본문의 구성 요소들 사이에 분명한 언어장치들 곧 독자가 이전의 진술들을 다음에 나오는 진술들과 연계시키도록 돕는 "유사한 단어들이나 표현들" 을 사용한 결속력을 가리킨다. 이런 결속력은 재론 (reference), 생략 (ellipsis), 대체 (substitution), 단어들을 통한 결속 (lexical cohesion), 접속사 (conjunction) 등으로 표시된다. 응집성은 (cohesion) 문장들 사이에 단어들이나 문법적 연관성을 통해 결정되지만, 일관성은 (coherence) 사고나 개념상의 관계에 근거한다.

응집성 원리를 해석에 적용하는 예를 본다면, 창 1:2 에서 하나님의 신은 수면에 "운행하시니라" 고 (müraHepet) 했는데, "운행하다" 란 말은 히브리어에서 "라하프" 동사의 분사형이다. 이 단어가 무슨 의미인지를 알기 위해서 (여기서 무슨 의미로 사용되었는지 해석하기 위해서) 우리는 그 단어가 다른 데서 또 사용되었는지 살펴보는 것이다. "라하프" 동사를 구약 전체에서 검색해 보면, 세 구절이 나타난다: 창 1:2, 신 32:11, 렘 23:9 등. 그런데 렘 23:9 에서는 칼형이라면 (기본형), 창 1:2, 신 32:11 에서는 그 동사의 "피엘형" 이 사용되었다. 그래서 창 1:2 에 사용된 "라하프" 동사의 의미 파악에 가장 도움이 되는 용례가 신 32:11 이다. 더구나 창세기와 신명기는 같은 모세의 저작으로 중단위 텍스트를 (Inner–Textuality) 구성하고, 응집성 원리에 따라 두 구절을 함께 비교하면 창 1:2 에서의 의미가 보다 분명하게 드러날 것이다. 신 32:11 에서 "라하프" 동사는 날개를 치면서 독수리가 새끼 위에 (혹은 먹이감 위에) 빙빙 돌며 배회하는 (hovering) 모습을 묘사한다. 헬리콥터가 어떤 목표물 상공에서 제자리에 맴돌 듯 하는 그런 생물체의 움직임을 묘사한다는 것이다. 한역의 "운행하다" 란 번역은 중국 화합본을 모방한 듯 하다: 神的靈運行在水面上 (신의 영이 수명 위에 운행하다). "운행 (運行)" 이란 "움직이다" (move), "궤도를 돌다" 란 (orbit) 의미인데, KJV, NASB, LSG 등의 번역과 유사하다. 서구 역본들에서 보다 최근의 경향은 "공중을 선회하다" 나 (NIV, ELB, NLT), "휩쓸다" 로 (TNK, NRSV, NJB, NAB) 등이다. 공중을 선회하다란 번역이 바로 독수리가 날개를 치며 공중에서 빙빙 도는 동작을 묘사한다면, "휩쓸다" 란 (sweep over) 번역은 바람이 수면에 내리치면서 휩쓸고 지나가는 동작을 묘사한다. 이렇게 일부 역본들이 "라하프" 를 "휩쓸다" 로 번역하는 이유는 이 동사의 주어인 "하나님의 신" 을 (rûaḥ ʾĕlōhîm) "하나님의 바람" 곧 가장 강한 바람으로 이해하기 때문이다.

여기 창 1:2 의 문맥에서는 하나님의 바람이 수면을 "휩쓸다" 란 사고보다는, 하나님의 신이 수면 위에 배회하다로 이해함이 보다 적절하다. 왜냐하면, 신 32:11 에서 그 동사는 생물을 주어로 하여 나타났기 때문에, 창 1:2 에서도 주어를 무생물인 바람으로 이해하기보다 인격체이신 성령님으로 이해함이 더 적절하고, 또한 창조의 이전 상황 혹은 배경을 묘사하는 창 1:2 에서 1:3 에 묘사된 창조 사역의 준비가 성령님으로 진행되고 있다고 볼 수 있기 때문이다. 더구나 고대 이집트에서 영은 (카) 새로 종종 비유되는데, 신약에서 성령님도 비둘기로 비유된다는 (눅 3:22) 점을 고려할 때 창 1:2 에서 강한 바람이 수면을 "휩쓸다" 란 이해보다는, 성령께서 수면 위에 새처럼 "배회하다" 로 봄이 더 적절한 것이다.

이제 일관성 (coherence) 의 원리의 예를 들자면, 표면상 단어나 표현들에서 유사점이나 대조성이 드러나지는 않지만, 심층적 사고나 개념 측면에서 서로 연결이 될 때, 두 구절들을 연결시켜 해석하는 것이다. 예컨대, 창 3:15 에서 "여자의 후손은 네 머리를 상하게 할 것이요" 라는 이른바 원시 복음 (proto–evangelium) 의 약속은 사도 바울의 간구에서 (롬 16:20 평강의 하나님께서 속히 사단을 너희 발아래서 상하게 하시리라) 반향되고 있다. 또한 골 1:15 에서 "정사와 권세를 벗어버려 밝히 드러내시고 십자가로 승리하셨느니라" 고 하실 때, 악령의 세력이 (정사와 권세) 주님의 십자가 사건으로 무장 해제되어 버린 사건임을 선언하는데, 이는 사고상 창 3:15 의 사고와 연결되는 것이다.
우리는 구약의 오경의 말씀과 구약의 범위를 벗어나는 신약의 말씀을 사고상으로 연결시켰다. 이런 해석법은 성경 전체의 통일성과 일관성을 부인하는 비평가들에게 거부감을 일으킬 것이 분명하다. 왜 창세기의 말씀을 전연 동떨어진 시대와 역사적 배경을 가진 신약 구절과 연결시키는가? 라고 항의할 것이다. 그러나 구약과 신약은 하나의 일관성과 통일성을 갖는 하나님의 계시로, 신약이 없는 구약이나 구약이 없는 신약은 미완성품에 불과하다.
어거스틴은 신국(神國) 4:33 에서 "구약에 신약이 감추어져 있다" 고 했고, 요리문답 § 129 에서는 *Novum testamentum in vetere latet; vetus testamentum in novo patet* (신약은 구약에 감추어져 있고, 구약은 신약에서 밝히 드러나 있다) 고 했다. 이것은 신구약 성경을 하나의 통일체로 볼 때 성립될 수 있는 말이다.

6) 오경 중심의 원리

선지자는 언약 사신이었다. 곧 이스라엘과 하나님께서 시내산에서 체결한 그 언약과 그것의 갱신인 모압들 언약이 (신명기) 이스라엘에게 헌법이요 법률이었다. 언약 사신(使臣)이란, 그 언약 관계를 파수하기 위해 하나님께서 파견하신 사신이라는 것이다. 선지자들은 언약 조항들을 근거로 이스라엘의 언약 관계 파기를 기소하고, 기소에 근거하여 심판을 선고하는 영적 검사(檢事)요 판사(判事)였다. 따라서 선지자들의 메시지는 오경에 근거함이 당연하다. 따라서 선지서의 이해는 오경의 이해를 필요로 한다. 이런 사고는 오경을 여러 후대 문헌들의 편집이라 생각하는 역사비평법의 사고와는 상충된다.

7) 구원사 변천의 원리

그리스도의 십자가, 부활, 승천, 즉위라는 일련의 구원사적 사건들로 새 시대가 도래했다. 새 창조가 시작되었다. 이로써 구약의 모든 예언들이 성취되기 시작하였고, 성취 도중에 있다. 이를 우리는 "개시된 종말론" (inaugurated eschatology) 혹은 "실현 도중에 있는 종말론" 이라 부른다(안토니 후크마 2002:26 이하; 헤르만 리델보스 1979:40–41).
구약의 모든 예언들은 그리스도 안에서 성취되었고, 또 교회를 통해서 성취 도중에 있다는 것은 신약 성경이 구약을 해석하는 방식이다. 예컨대, 다음과 같은 구절들은 그리스도의 강림과 사역을 역사에 나타난 하나님의 성취 사역의 계시와, 위대한 구원 시대의 도래로 제시하고 있다:

"때의 충만이 오매" (elthen to pleroma tou xronou) 하나님이 그 아들을 보내사 여자에게서 나게 하시고 율법 아래 나게 하신 것은 (갈 4:4)

9 그 뜻의 비밀을 우리에게 알리셨으니 곧 그 기쁘심을 따라 그리스도 안에서 "때가 찬" (pleroma ton kairon) '경륜'을 (oikonomia) 위하여 예정하신 것이니 10 하늘에 있는 것이나 땅에 있는 것이 다 그리스도 안에서 통일되게 하려 하심이라 (엡 1:9–10)

여기서 "때가 차다" 란 말은 구속 역사의 큰 구조틀 안에서 특정한 일의 성숙만 아니라, 절대적 의미에서 시간의 성취를 의미한다. 세계의 시간은 그리스도의 초림으로 결론에 이르렀다. 이 성취는 잠정적 성격을 여전히 가지며, 그 최종완성은 여전히 미래에 놓여 있지만, 그럼에도 "때의 참"은 (pleroma) 이미 효력을 내고 있으며, 원리상 이미 확정된 사실로 언급되고 있다.
헬라어에서 "카이로스" 와 "크로노스" 가 앞에 언급된 구절들에서 동의어로 사용되었다는 것이 분명하다. 그럼에도 구지 그 어원적 의미를 따져 보자면, 후자는 연대기적 시간, 전자는 어떤 특정한 시점에 초점을 맞춘다. 그래서 갈 4:4 의 "크로노스의 충만" 은 세계사의 흐름에서 시간의 완성 혹은 충만을 의미한다면, 엡 1:10 에서의 "카이로스의 충만" 은 구약에 예언된 약속들이 성취되는 그 예언 성취, 다시 말해 구원사에서의 성취에 초점을 맞춘다.

그렇다면 구원사와 세계사는 나누어 질 수 있을까? 우리는 세계사가 구원사의 들러리라고 본다. 따라서 엄밀하게 구분하기 어렵다. 그럼에도 둘이 동일시 될 수는 없다.

바울 사도의 모든 설교는 그리스도의 강림, 죽으심, 그리고 부활로 말미암아 시작된 종말론적 구원 시대의 선포와 해명으로 요약될 수 있다 (H. Ridderbos 1977:44). 바울 사도는 이 구원사적 때의 참을 구약의 한 구절을 인용하여 강조하고 있다:

보라 지금은 은혜 받을만한 때요 보라 지금은 구원의 날이로다 (고후 6:2)

이 구절은 사 49:8 의 "은혜의 때에 내가 네게 응답하였고 구원의 날에 내가 너를 도왔도다!" 는 말씀을 근거로 한다. 그런데 여기 은혜 받을 만한 때요, 구원의 날이라는 것은 단순히 어떤 사람이 움켜잡아야 하고, 다시 금방 사라져 버릴 어떤 특정한 구원 사건이나 기회를 의미하는 것이 아니라, 선지자들이 오랫동안 예고해 왔던 메시야를 통한 이스라엘의 회복의 날, 시편의 야웨 왕권시들이 (시 47, 93, 96–99 편) 예고한 야웨의 강림과 세상 통치의 종말론적 때를 의미한다. 종말론적 때라 함은 인류 역사의 마지막 단계란 의미이다.

사도 바울께서 고후 5:17 에서

그런즉 누구든지 그리스도 안에 있으면 "새로운 피조물" 이라 (καινὴ κτίσις) 이전 것은 지나갔으니 보라 '새것' 이 (καινά) 되었도다

라고 할 때, "새로운 피조물" 은 개개인이란 의미에서의 한 새 피조물이란 의미가 아니라, 그리스도 안에서 하나님께서 새롭게 창조하시는 전체 새 창조의 세계를 (a new creation) 가리킨다. 이렇게 보아야 할 이유는 "이전 것은 (τὰ ἀρχαῖα) 지나갔으니 보라 '새것' 이 (καινά) 되었도다!" 라고 할 때, "옛것" 과 "새것" 은 모두 중성 복수형이란 사실 때문이다. 따라서 "옛것들" 과 "새것들" 은 NJB 가 번역하듯, 옛 체제가 (the old order) 새로운 질서 체제로 대체되었다는 대조를 보인다.

옛 것들과 새 것들이란 구원사적, 종말론적 의미에서 두 다른 질서 체제를 지시한다. 옛 것들은 죄 아래 있는 구원받지 못한 비참한 세계를, 새것들은 그리스도로 시작된 부활과 구원, 재창조를 가리킨다. 따라서 그리스도 안에 있는 자는 하나님이 그리스도를 통해 가져오신 새로운 세계에 속하는 새 "피조물" 이다 (ktisis). 이 "피조물" 은 개별적 인간이나 개개인적 존재란 의미에서 "피조물" 이란 의미가 아니라, 하나님의 전능하심으로 불러내어진 새 생명이란 의미이다 (엡 2:10, 15, 4:24, 골 3:10).

이렇게 놀라운 새 창조의 도래, 곧 새 질서 체제의 도래는 신약 여러 구절들이 "비밀"이란 말로 표현하고 있다:

나의 복음과 예수 그리스도를 전파함은 영세 전부터 감취었다가 26 이제는 나타내신바 되었으며 영원하신 하나님의 명을 좇아 선지자들의 글로 말미암아 모든 민족으로 믿어 순종케 하시려고 알게 하신 바 그 비밀의 계시를 좇아 된 것이니 이 복음으로 너희를 능히 견고케 하실 (롬 16:25, 26)

이 비밀은 만세와 만대로부터 옴으로 감취었던 것인데 이제는 그의 성도들에게 나타났고 (골 1:26)

그 뜻의 비밀을 우리에게 알리셨으니 곧 그 기쁘심을 따라 그리스도 안에서 때가 찬 경륜을 위하여 예정하신 것이니 10 하늘에 있는 것이나 땅에 있는 것이 다 그리스도 안에서 통일되게 하려 하심이라 (엡 1:9, 10)

4 이것을 읽으면 그리스도의 비밀을 내가 깨달은 것을 너희가 알 수 있으리라 5 이제 그의 거룩한 사도들과 선지자들에게 성령으로 나타내신 것같이 다른 세대에서는 사람의 아들들에게 알게 하지 아니하셨으니 (엡 3:4–5)

오직 비밀한 가운데 있는 하나님의 지혜를 말하는 것이니 곧 감취었던 것인데 하나님이 우리의 영광을 위하사 만세 전에 미리 정하신 것이라 (고전 2:7)

9 하나님이 우리를 구원하사 거룩하신 부르심으로 부르심은 우리의 행위대로 하심이 아니요 오직 자기 뜻과 영원한 때 전부터 그리스도 예수 안에서 우리에게 주신 은혜대로 하심이라 10 이제는 우리 구주 그리스도 예수의 나타나심으로 말미암아 나타났으니 저는 사망을 폐하시고 복음으로써 생명과 썩지 아니할 것을 드러내신지라 (딤후 1:9, 10)

이 '비밀' 은 오랫동안 감추어오다 이제 나타났다고 한다. 이런 사고는 역사에 아직 실현되지 않고 하나님이 경륜 안에서만 있었던 사항이 그리스도로 말미암아 역사에 그 모습을 드러내었다는 예언 성취의 국면을 강조한다. 이런 말씀들은 구원사에서의 약속과 성취 혹은 예언과 성취의 관계를 표명할 뿐, 세대주의 신학이 이해하듯 구약에서 없었던 사상이 갑자기 신약에 출현하였다는 그런 의미가 아니다. 만약 구약에서 언급도 없던 것이 갑자기 신약에서 나타난다면 그것은 계시의 점진적 성격에 비추어 볼 때, 있을 수 없는 일이다. 즉, 구약에 언급되지 아니한 사상이 신약에서 갑자기 나타난다면 그것은 이단적 가르침이거나 용납될 수 없는 사상이다.

세대주의 신학은 방금 인용한 구절들에서 감춰었던 비밀의 내용의 핵심을 구약 예언에 없던 이방인 "교회" 의 출현이라 이해하는데, 이런 사고는 신구약 계시의 연속성을 부인하는 극히 비 – 성경적 사고이다. 세대주의 신학은 신약 기자들이 구약을 어떻게 해석하고 있는지, 그 "겉옷과 알맹이의 원리" 와 "구원사의 변천의 원리" 를 알지 못하거나 무시하고 있다.

8) 겉옷과 알맹이의 원리 (Outer Covering Nature)

예언들은 자주 신약시대의 축복들을 구약시대의 색깔로 표현하고 있다. 이스라엘이 고토에 회복되는 모습을 묘사한 아모스 9:15 을 베드로는 예수님의 초림으로 성취된 것으로 이해한다 (행 15:16). 구약 예언의 이스라엘은 신약시대의 "교회" 를 나타낸다. 선지자들은 앞으로 장차 나타날 하나님의 나라를 자기들 식으로 묘사할 수밖에 없었다. 예컨대, 거룩한 땅 이스라엘과 예루살렘이 영화롭게 된 하나님 나라의 중심지가 될 것이었다. 그리고 회복된 이스라엘이 열방의 으뜸이 될 것이었다. 하나님 나라를 대적하는 대적들은 그 당대의 원수들인 에돔, 앗시리아, 바벨론 등으로 표현되었다.

그러나 계시의 성령님께서는 역사가 진전되면서 구약 선지자들이 예언했던 바가 문자적으로 성취되지 않고 영적인 방식으로 성취된다는 것을 깨우쳐 주시었다. 예언자들은 자신들이 발하는 그 예언들이 어떤 형태로 이루어질 지에 대하여 정확하게 알지 못하고 있었다고 할 수 있다 (벧전 1:10–12).

그렇다고 구약 선지자들이 채용했던 그 외적인 의복, 곧 내용을 표현하는 외적 형식들이 군더더기에 불과했다고 과소평가할 수는 없다. 구약 예언들이 신약에서 성취되는 방식을 보건대 그 놀라울 만큼 정확하게 상응되는 방식은 구약 예언 형식들이 예언의 본질을 위해 얼마나 필수 불가결한 것이었나를 확신하게 해준다. 다음에서 그 예들을 고려해 본다면 우리의 이 말을 수긍할 수 있게 될 것이다.

구약 예언들은 당대인들이 알아들을 수 있는 당대의 지명이나 관습을 기준으로 말씀하나, 그 알맹이는 영적으로 교회에서 일어날 일들을 말씀한다.

(1) 땅 : 예루살렘, 가나안 땅 회복 → 썩지 않고 쇠하지 않는 하늘의 기업, 영생

(2) 백성의 증가 : 예루살렘 거민 → 신약 교회의 (새 이스라엘) 부흥

(3) 두 언약 사이의 대조 :

구 언약 ↔ 새 언약

세상 임금 사단 ↔ 예수 그리스도

이스라엘 (만민의 복의 근원, pars pro toto 전체를 위한 일부의 선택) ↔ 교회 (만민의 복의 근원); 유대인 ↔ 참 이스라엘 (롬 2:28–29)

12 지파 ↔ 12 사도를 중심한 새 이스라엘 (영적 이스라엘, 계 21:12, 14)

육신적 원수 (모압, 에돔 등) ↔ 공중의 권세 잡은 자 (엡 2:1–3, 6:12)

할례 (창 17 장) ↔ 성령 세례 (롬 2:29)

옛 것 ↔ 새 것 (사 42:9, 43:19, 48:6, 고후 6:2, 지금 nun)

시온 ↔ 새 예루살렘 (사 62 편, 시 46 편, 계 21:9–27, 히 12:22)

다윗 왕국 ↔ 천국 (행 15:7–20 에서 암 9:11–15 인용), 그리스도의 몸인 교회 (엡 2:5–6, 계 20:4–6)
에덴 ↔ 새 예루살렘 (계 22:1–3)
섬기다 : 에덴에서 (창 2:15), 구속 (출 3:12) ↔ 영원 천국에서 (계 22:3)
생육 번성 정복 ↔ 만민에게 복음 전파 (영적 정복과 번성)
때 (약속) ↔ 성취 (때의 충만 , 막 1:15, 갈 4:4)
비밀 (무스테리온) ↔ 드러남 (역사적 실현 , 지식적 이해 , 롬 11:25, 16:26, 고전 2:7, 엡 1:9, 3:3, 9, 골 1:26)
겉옷 (그림자 , 모형 type) ↔ 알맹이 (실체)(히 8:5, 9:23)
나이 : 족장 시대와 예언 (사 65:20) ↔ 영생 (요 3:16)

생명 연장 : 출 20:5, 6 (나를 사랑하고 내 계명을 지키는 자에게는 천대까지 은혜를 베푸느니라), 12 (네 부모를 공경하라 그리하면 너의 하나님 나 여호와가 네게 준 땅에서 네 생명이 길리라), 23:26 (네 나라에 낙태하는 자가 없고 잉태치 못하는 자가 없을 것이라 내가 너의 날 수를 채우리라)

생명 단축 : 레위 26:16 (내가 너희에게 놀라운 재앙을 내려 폐병과 열병으로 눈이 어둡고 생명이 쇠약하게 할 것이요 너희의 파종은 헛되리니 너희의 대적이 그것을 먹을 것임이며),

번영과 빈곤 : 사 62:8, 9 (8 여호와께서 그 오른손 , 그 능력의 팔로 맹세하시되 내가 다시는 네 곡식을 네 원수들에게 식물로 주지 아니하겠고 너의 수고하여 얻은 포도주를 이방인으로 마시지 않게 할 것인즉 9 오직 추수한 자가 그것을 먹고 나 여호와를 찬송할 것이요 거둔 자가 그것을 나의 성소 뜰에서 마시리라), 렘 31:5 (네가 다시 사마리아 산들에 포도원을 심되 심는 자가 심고 그 과실을 먹으리라), 암 9:14, 15 (14 내가 내 백성 이스라엘의 사로잡힌 것을 돌이키리니 저희가 황무한 성읍을 건축하고 거하며 포도원들을 심고 그 포도주를 마시며 과원들을 만들고 그 과실을 먹으리라 15 내가 저희를 그 본토에 심으리니 저희가 나의 준 땅에서 다시 뽑히지 아니하리라)

신 28:30 이하 (30 네가 여자와 약혼하였으나 다른 사람이 그와 같이 잘 것이요 집을 건축하였으나 거기 거하지 못할 것이요 포도원을 심었으나 네가 그 과실을 쓰지 못할 것이며 31 네 소를 네 목전에서 잡았으나 네가 먹지 못할 것이며 네 나귀를 네 목전에서 빼앗아감을 당하여도 도로 찾지 못할 것이며 네 양 을 대적에게 빼앗길 것이나 너를 도와 줄 자가 없을 것이며 32 네 자녀를 다른 민족에게 빼앗기고 종일 생각하고 알아봄으로 눈이 쇠하여지나 . . .33 네 토지소산과 네 수고로 얻은 것을 네가 알지 못하는 민족이 먹겠고 너는 항상 압제와 학대를 받을 뿐이리니 35 여호와께서 네 무릎과 다리를 쳐서 고치지 못할 심한 종기로 발하게 하여 발바닥으로 정수리까지 이르게 하시리라)

전쟁과 평화 ↔ 검을 주러 오시다 (마 10:34)
전쟁 연습 (사 2:2–4), 완전한 평화 (사 11:1–10) ↔ 천국의 점진적 발전성 (마 13 장)
열방의 모임과 예루살렘 침공 (슥 12, 14 장 , 욜 3 장 , 겔 38, 39 장 , 사 37 장 , 시 46, 48 편 [시온의 공격과 실패]) ↔ 아마겟돈 전쟁 (계 16:16), 곡과 마곡의 전쟁 (계 20:8)
네 짐승 (단 7 장), 작은 뿔 안티오쿠스 에피파네스 (단 11:21–45) ↔ 적 그리스도 (살후 2:3), 바다에서 나온 짐승 (계 13:1–10), 육지에서 나온 짐승 (거짓 선지자 , 계 13:11–18)
구약 예언의 최고봉은 단 9:24–27 → 그리스도의 십자가 사건과 주후 70 년 예루살렘 함락 사건 예언
첫째 부활 (엡 2:5, 6) ↔ 둘째 부활 (육체 부활)
둘째 사망 (불못 계 20:4–6) ↔ 첫째 사망 (육체 사망)

9) 그리스도 완결의 원리 (Christotelic Principle) 혹은 교회 완결의 원리 (Ecclesiotelic P.)

이는 구약 모든 예언이 그리스도와 그 교회에서 성취된다는 전제이다. 미국 웨스터민스터 신학교의 피터 엔즈 (Peter Enns 2003:263–287, 2005) 는 "사도 해석학" 혹은 "그리스도 완결적 해석" 이란 용어를 사용하여, 신약의 구약 해석법에 대한 새로운 사고를 주창하는데, "'그리스도 완결' 해석법" 이란 용어는 (Christotelic Interpretation) 두 단어 "그리스도" 와 "텔로스" 를 (목표, 끝, 완성) 합하여 (그리스도 + 완성 = 그리스도

완성) 생긴 말이다. 이는 그리스도께서 율법의 끝이요, 완성이요, 목표임을 말씀하는 롬 10:4 에 근거한다. 그리스도 완결적 해석법이란 신약 성경 기자들은 곧 사도들은 구약성경을 해석할 때, 통상적인 역사-문법적 해석을 구약 본문에 가하는 것이 아니라, 그것을 초월하는 그리스도를 통한 구약의 성취와 완성이란 견지에서 구약 본문을 신학적으로 접근한다는 것이다. 달리 말하자면, 구약 본문에서 그리스도의 사역을 찾는 것이 아니라, 그리스도의 완성하신 구속 사건들에 구약 본문을 비추어 보는 것이다. 그리스도께서 그 전체가 자신을 증거한다고 말씀하신 (요 5:39, 눅 24:44-47) 그 구약 본문은 그리스도의 구속 사건들 앞에 설 때 그 의미가 분명하게 드러날 것이기 때문이다. 그리스도 완결적 해석은 "교회 완결적 해석 (Ecclesiotelic Interpretation)" 이라고 해도 틀린 말은 아닐 것이다. 구약 모든 예언들은 그리스도와 그의 몸인 교회를 통해 완성되기 때문이다.

그리스도의 십자가, 부활, 승천, 보좌 우편에 앉으심 등의 구속 사건들은 모든 구약 예언의 완전 성취이며, 따라서 그리스도의 구속 사건으로 일어난 종말 시대 곧 성취의 시대의 도래에 비추어 구약의 모든 예언들은 해석되어야 한다. 여기에 예외는 없다. 그리스도의 초림에서 재림 때까지 구약 예언은 교회를 통해 전부 성취된다. 이런 해석법은 역사적-문법적 해석으로 설명할 수 없는 사도들의 구약 해석 방식을 설명해 주는데 좋은 열쇠가 될 것이다 (황창기 2008:163-187).

한 신학생은 이런 고백을 하였다: 피터 엔즈의 글은 내가 웨스터민스터 신학교에 온 이래로 읽은 가장 중요한 논문들 중의 하나이다. 포이쓰레스의 (Poythress 교수) 해석학 강의는 때로 실험실에서 실험하는 기분을 느끼게 했는데, 왜냐하면 구약 본문을 현미경으로 정밀하게 쪼개고 분석하여 그 "원래 의미" 를 추출하고자 애를 썼기 때문이다. 그런데, 엔즈의 그리스도 완결적 해석법을 대하니, 이제 비로소 전체 성경을 정말 완전한 의미에서 기독인의 시각에서 볼 수 있게 되었다!

한편 세대주의의는 구약의 "이스라엘" 과 신약의 "교회" 를 완전히 별개의 것으로 구분하고, 구약에는 신약의 교회에 대한 예언이 전무하다고 본다. 그래서 구약 예언은 이스라엘에게 주어졌으므로, 이스라엘에게서 이루어지리라고 이해하는 것이다. 세대주의는 과도한 문자적 해석에 집착한 결과 신약기자들이 구약을 해석하는 방식을 간과하고, 구약 예언들은 전부 유대인들에게 주어졌으므로 유대인들에게 전부 성취되어야 하며, 그런 성취는 아직 일어난 적이 없고, 오직 가정된 천년 왕국 시대에야 나타나리라 기대하고 있다.

이런 세대주의 접근법의 근본적인 오류는 구원사의 변천을 무시하고 ("때의 충만" 을 알지 못한다), 구약 시대에 특징적이었던 한 종족 단위의 이스라엘 중심 사고를 구원사 전체에 적용시키려 한다는 점이다. 구원역사는 구약 시대와 신약 시대로 엄연히 구분되며, 신약 시대는 세대주의가 말하듯 임시방편으로 나타난 "괄호시대" 가 아니라, 구약의 모든 약속이 예언된 메시야 예수 그리스도의 오심으로 세우진 '새 이스라엘,' 곧 교회를 통해 온전히 이루어지는 성취의 시대이다. 또한 가정된 문자적인 지상 천년왕국 사고는 구원사를 직선적 전진이 아니라 성경에 이질적인 순환적 패튼으로 이해하고자 한다. 우리는 창조, 타락, 구속의 역사 - 구약과 신약, 종말의 도식으로 성경 역사의 흐름을 파악할 수 있다. 그런데 지상 천년왕국 사고는 이런 직선적인 흐름이 아니라, 창조, 타락, 구속의 역사, 구약, (임시적 괄호, 신약시대), 구약의 재현, 종말의 도식으로 파악하고자 한다. 교회 시대를 임시적 "괄호시대" 로 본다는 것은 구약예언에 없던 "교회" 가 갑자기 임시적으로 나타나므로 "괄호" 속에 끼어둔다는 것인데, 그렇게 하나님의 계획에 없던 "교회" 가 갑자기 임시방편으로 세워진 까닭은 유대인들이 오신 메시야를 배척하자 하나님께서 부랴부랴 임시방편으로 교회를 세우시고, 임시로 이방인 중심으로 구원사를 전개하게 되었기 때문이라! 하나님의 계획의 불완전성과 그분의 우발적 임시변통의 구원 실시를 주장함에 다름 아니다.

이런 세대주의 신학사고는 아브라함의 선택이 전체를 위한 일부의 선택임을 (pars pro toto) 무시하거나 그것에 무지하여 나타난 것임이 분명하다.

실제로 세대주의 신학은 이스라엘의 선택 목적을 1) 제사장 나라와 거룩한 나라로 만들고 (출 19:6), 2) 계시의 수납자와 기록자 (신 4:5-8, 6:6-9, 롬 3:1-2), 3) 유일하신 하나님의 교리를 전파하기 위해 (신 6:4), 4) 메시야를 산출하기 위해 (롬 9:5, 히 2:16-17, 7:13-14) 등이라 한다 (A. Fruchtenbaum). 여기에는 만민의 복의 근원이 되도록 선택하셨다는 사고는 없다. 신 6:4 을 근거로 "유일하신 하나님의 교리를 전파하도록" 선택했다고 하는데, 이스라엘이 유일하신 하나님을 고백하도록 하는 구절을 근거로 이스라엘의 근본적 선택 목적인 열방의 복이 되는, 곧 열방에 선교하는 사명을 끌어낼 수는 없을 것이다. 따라서 말은 유일하신 하나님의 교리를 전파하도록 선택했다고 하나, 이스라엘의 선택이 자신들만을 위한 것이 아니라, "전체를 위한 일부의 선택" 이었다는 사고를 알지 못함이 분명하다.

메시야를 산출하기 위해 선택받았다는 사고는 "전체를 위한 일부의 선택" 사고에 근접하나, 이스라엘이 구약 시대에는 선교적 사명이 없었다가 메시야를 통해 선교하게 된다는 뉘앙스를 풍기므로, 이것 역시 이스라엘의 선교적 사명을 저들의 근본 선택 목적으로 보는 것과 거리가 있음이 분명하다.

제Ⅲ부 구약각론

제Ⅲ부 구약 각론
A. 오 경

1. 오경 총론

오경은 각 권의 저자, 저작 연대, 저작 장소 등이 동일하므로 여기서 함께 언급한다.

1-1. 명칭과 오경 각권 이름들

유대교에서는 오경(五經)을 "토라"라 (율법) 혹은 "토랏 모쉐"라 (모세의 토라) 부른다. 랍비들은 오경을 "율법의 다섯 오분지 일들" 이라 (하미솨 후므쉐 핫토라; the five fifths of the Law) 불렀다. 이는 오경이 다섯 부분으로 구성되었다는 것을 일컫는 책명이다.
벤 시라의 지혜서에서 오경은 "토라" 라 불렸는데, 신약에서도 그렇게 부른다 (마 12:5, 22:36, 40, 눅 10:26, 요 8:5, 17). 신약에서는 때로 "모세" 라고 불리기도 한다 (눅 24:27). 방금 언급한 누가의 언급에서 (마 11:13, 요 1:45; 사해 문헌 1QS 1:3, 4QDibHam 3:12) 구약의 일부는 "모세와 및 모든 선지자들" 이라 지칭되고 있다. 구약 전체는 눅 24:44 에서 "모세의 율법과 선지자의 글과 시편" 이라 지칭된다. 여기서 "시편" 은 물론 오경과 선지서를 제한 구약 나머지 모든 책들, 곧 성문서를 (the Writings) 가리킨다. 성문서 대신 성문서의 대표로 시편을 언급한 것이다.

앞에 언급된 사해 문헌 1QS 의 (공동체 규율서; 세페르 세렉) 첫 부분은 이렇게 시작된다:

...(파편) 공동체 규율서: 하나님을 찾되, 온 마음을 다해, 온 영혼을 다해 찾아, 그분 앞에서 선하고 바른 것을 행하려 함이다; 곧 그분이 모세와 그의 모든 종들, 그 선지자들을 통해 명령하신 대로; 그리고 그가 선택하신 모든 것을 사랑하고, 그가 배척하신 것을 모두 미워하기 위함이다; 모든 악에서 멀리 한다 (1:1-4).

쿰란 공동체에서도 신약에서처럼 구약은 모세와 선지자들의 책으로 언급되고 있다. 한편, 신약은 구약 전체를 "율법" 이라 부르기도 한다 (마 5:18, 눅 16:17, 요 7:49, 10:34, 12:34). 요 15:25, 롬 3:19 에서는 시편을 인용하면서 "율법" 이라 칭한다. 고전 14:21 에서는 이사야를 인용하면서 율법에서 인용한다고 말한다. 즉, 이런 구절들은 "율법" 이란 말을 사용하여 구약 전체를 지칭할 때, "율법" 을 구약 전체의 대표로 말한다 (a potiori parte, 더 나은 부분을 통해 by the better part). 이는 오경이 구약의 첫 부분이자, 구약의 근본이라 보는 견해의 반영일 것이다.

70 인 역자들은 오경을 "펜타튜코스" 라 불렀다. 이는 오경이 다섯 부분으로 구성된 책이란 의미이다. 여기서 라틴어와 영어의 Pentateuch 가 유래한다. 모세의 율법책을 70 인 역자들이 다섯 부분으로 구분하여 "펜타튜코스" 란 (오경) 이름을 붙였으리라 추정된다. 그렇게 보는 이유는 히브리어 사본들에서 오경은 다섯 부분으로 구분되지 않고 전체가 한 덩어리로 나타나기 때문이다. 그렇게 보는 또 다른 이유는 유대교에서 오경은 248 개의 "하지 말라!" (Don't) 의 부정적 계명들과 365 개의 "하라" 의 (Do!) 계명들로 구성되었다고 간주했기 때문이다. 248 개는 랍비들이 계수했던 우리 몸의 기관들의 개수라면, 365 는 1 년의 날수들 혹은 우리 몸의 정맥의 수이다. 그래서 유대교인들은 613 개의 계명들을 늘 준수해야 한다고 가르침을 받았다.

오경 각권의 이름들은 다음과 같다 :

	히브리어 책명	헬라어 책명	라틴어 책명	한글 책명
첫권	브레쉬트	ΓΕΝΕΣΙΣ	Genesis	창세기
둘째	쉐못	ΕΞΟΔΟΣ	Exodus	출애굽기
셋째	바이크라	ΛΕΥΙΤΙΚΟΝ	Leviticus	레위기
넷째	미드바르	ΑΡΙΘΜΟΙ	Numeri	민수기
다섯째	드바림	ΔΕΥΤΕΡΟΝΟΜΙΟΝ	Deuteronomium	신명기

오경의 히브리어 명칭 :

고대 근동인들은 어떤 책의 이름을 그 책의 첫 글자를 따서 불렀는데, 오경도 그런 관례를 따라, 창세기는 창세기의 첫 글자인 "브레쉬트"라 (태초에) 불리고, 출애굽기는 그 첫 부분이 "엘레 쉐못"인데 (이것들은 이름들이라), "엘레" 는 (이것들) 다른 책의 첫 글자와 겹치므로 건너 띄고, 둘째 글자인 "쉐못" 을 (이름들) 따서 불렀다. 레위기는 첫 글자 "바이크라"를 따서 (그가 [야웨] 부르셨다) 그렇게 불렀고, 민수기의 경우에는 그 첫 부분이 "바예답베르 야웨 엘 – 모쉐 브미드바르" (광야에서 야웨께서 모세에게 말씀하셨다) 인데, 다른 책들과 겹치거나 아니면 흔한 글자를 건너 띄어 네 번째 글자인 "브미드바르" 까지 이르는데, 이 표현에서 전치사를 제하고 명사만 취하여 "미드바르" 라 (광야) 불렀다. 신명기의 경우에는 그 첫 부분이 "엘레 하드바림" (이것들은 말씀들이라) 인데, 첫 글자는 다른 책과 겹치므로 건너 띄고 둘째 글자를 따서 "드바림" 이라 (말씀들) 불렀다.

오경의 헬라어 명칭 :

게네시스, 엑소도스, 류이티콘, 아리트모이, 듀테로노미온 등; 라틴어 : 게네시스, 엑소두스, 레비티쿠스, 누메리, 듀테로노미움; 이 헬라어와 라틴어는 영어로 Genesis, Exodus, Leviticus, Numbers, Deuteronomy 등으로 음역(音譯) 혹은 의역(意譯) 되었다. 의역은 민수기의 경우에 헬라어 "아리트모이"를 라틴어로 "숫자들"이란 의미의 Numeri 로 번역했는데, 이를 영어로 의역하여 Numbers 라 했다. 나머지 책명들은 헬라어를 그대로 음역해서 사용했다.

헬라어의 명칭들을 설명하자면, "게네시스" 는 "기원" 을 의미하고 (세상의 기원), "엑소도스" 는 "떠남" 을 (departure) 의미한다. 출 이집트기의 내용을 이집트에서 떠났다는 데 초점을 맞추어 그렇게 이름 지었다. "류이티콘" 은 레위기가 레위인들에 관한 책이란 의미에서 그렇게 불렀고, 민수기를 "아리트모이" 라 (숫자들) 부른 것은 민수기의 첫 장들과 26 장에서 '인구조사' 가 나타나기 때문이며, 신명기를 "듀테로노미온" 이라 (둘째 율법) 부른 것은 신 17:18 을 잘못 이해하여 "율법의 둘째" 가 아니라, "둘째 율법" 으로 읽은 까닭이다.

오경의 한글 명칭 :

한글 명칭인 창세기, 출애굽기, 레위기, 민수기, 신명기 등은 중국 화합본에서 創世記 (창세기), 出埃及記 (출애급기), 利未記 (리미기), 民數記 (민수기), 申命記 (신명기) 등으로 나타나는데, 중국이 책명에서 "레위기" 를 제하면 한글 책명은 중국어 책명을 그대로 따랐다. "레위기" 는 중국어 책명이 영어의 Levi 를 (혹은 히브리어) 음역(音譯) 한 듯 보인다. 왜냐하면 중국어에서 '리미' 는 (利未) "리웨이" 로 (li wei) 발음되어 "레위" 와 비슷하기 때문이다. 한어 (漢語) 에서 창세기는 세상의 창조에 관한 책, 출애급기는 애급에서 (이집트) 탈출한 것에 관한 책, 민수기는 백성을 계수하는 것에 관한 책, 신명기는 둘째 명령 / 법에 관한 책 등의 의미를 지닌다. 한어(漢語) 신은 (申) "설명하다" 혹은 "되풀이 하다" 란 의미도 있고, 명사로 "중복" 이란 의미도 있다. 따라서 '신명기' 는 (申命記) 율법을 설명하는 책 혹은 중복 율법서, 곧 둘째 율법서란 의미를 가질 것이다.

1-2. 오경의 저자, 저작 연대

오경은 영어로 Pentateuch (다섯 부분으로 구성된 책), 히브리어로는 토라 (율법) 혹은 모세 오경 등으로 불리는데, 구약의 첫 다섯 권을 한 뭉치로 보고 부르는 말이다. 이는 전통적으로 모세가 주전 1400 년 어간에 모압들에서 기록한 것으로 간주되었다. 그러나 문서설은 J, E, D, P 라는 원래 네 개의 문서가 현재 형태로 추방 이후에 편집되어 만들어졌다고 한다.

1) 모세가 저자라는 증거들

(1) 오경 자체의 주장

출 17:14 에서 "이것을 기념으로 '그 책' 에 기록하라" 고 하신다 (kəṯōḇ zōʾṯ zikkārôn bassēp̄er). "기록된 문자가 남는다" 는 (litera scripta manet) 라틴어 속담을 상기시킨다. 그런데 이상하게도 현대 서구 역본들은 하나같이 출 17:14 에 언급된 '그 책' 이란 말을 "하나의 문서" 정도로 (a document) 번역한다. "책" 에는 정관사가 붙어 "그 책"이다. LSG만이 정관사를 살려 번역하고 있다: Écris cela dans le livre, pour que le souvenir s'en conserve (그것을 '그 책' 에 기록하여, 그 기억이 보존되도록 하라).
이 정관사가 붙은 "그 책" 은 필시 모세가 기록하던 하나의 어떤 더 큰 문서일 것이다. 거기에 이 르비딤에서 아말렉과 싸운 사실도 기록하여 첨가해야 한다. 이 더 큰 문서에 " 내가 아말렉을 도말하여 천하에서 기억함이 없게 하리라!" 는 한 구절만 달랑 적었겠는가? 그렇게 생각하기 곤란하다. 오히려 아말렉과의 전쟁이 일어난 이유나 그 경과를 기술했을 것이다.
십계명은 모세가 받았고 (출 20:19, 20), 출 24:3-7 에서 "모세가 와서 여호와의 모든 말씀과 그 모든 율례를 백성에게 고하매 . . . 모세가 여호와의 모든 말씀을 기록하고"라 했다. 그렇게 기록한 "언약서" 를 모세는 "취하여 백성에게 낭독하여 들려주었다" (출 24:7). 이 언약서는 출 20-23 장의 말씀을 담은 책을 가리킨다. 또한 금송아지 우상 숭배로 언약이 깨어지고, 다시 갱신될 때도 하나님은 "너는 이 말들을 기록하라 내가 이 말들의 뜻대로 너와 이스라엘과 언약을 세웠음이니라" 고 모세에게 명하셨다 (출 34:27).
출 25-31 장에 제시된 성막 건축 지시는 모세가 받았다. 출 39, 49 장에서 성막은 야웨께서 모세에게 명한대로 건축되었다고 강조한다. 여호와께서 모세에게 말씀 하셨다 라는 진술이 35 번 나타나고, 출 26:46, 27:34 에서는 시내산에서 율법을 주신 것과 그 진술이 연관된다.
민 33:2 에서 "모세가 여호와의 명대로 그 노정을 따라 그 진행한 것을 기록하였으니" 라고 한다. 모세는 광야 여정을 기록으로 남겼다. 또한 신 31:19 에서 하나님은 모세에게 "그러므로 이제 너희는 이 노래를 써서 이스라엘 자손에게 가르쳐서 그 입으로 부르게 하라!" 고 명하신다. 그리고 24 절에서 "모세가 이 율법의 말씀을 다 책에 써서 마친 후에" 라고 한다.
신명기는 모세가 모압들에서 출 이집트 한지 40 년 되던 해에 이스라엘 백성에게 선포한 언약 갱신의 말씀이다. 신명기는 곧 가나안 땅에 진입하여 정착생활을 할 이스라엘에게 새로운 환경에서 하나님의 언약 백성으로서 순종의 생활을 권면하고 있다. 신 31:9, 24 에서 모세가 율법을 책에 기록했고, 31:26 에서는 레위인들에게 자신이 기록한 율법책을 언약궤 옆에 두도록 명령한다. 신 32, 33 장에서 모세의 노래가 나타난다. 이런 사실들을 종합해 보면, 신명기 전체가 모세의 저작임을 분명하게 증거해 준다.
수 24:26 에서 여호수아도 모세와 유사하게 기록하는 모습을 보인다: 여호수아가 이 모든 말씀을 하나님의 율법책에 기록하고. 즉 세겜에서 언약을 맺고 그 내용을 책에 기록했다는 것이다.
벨하우젠이나 그 당대 비평가들은 모세 시대에는 기록하는 문자가 없었으므로, 이런 구절들은 후대의 첨가라고 했다. 고고학의 발굴들로 그런 사고는 얼마 지나지 않아 역사에 대한 무지로 판명이 났다.

(2) 구약 다른 책들의 증거

여호수아서에는 모세가 자주 언급되는데, 그 중에서 "오직 너는 마음을 강하게 하고 극히 담대히 하여 나의 종 모세가 네게 명한 율법을 다 지켜 행하고 좌로나 우로나 치우치지 말라 그리하면 어디로 가든지 형통하리니"(수 1:7) 라는 말씀은 모세가 명한 율법을 언급한다. 이하에서 몇 군데 모세의 율법책을 언급하는 구절들을 제시한다:

수 8:31 이는 여호와의 종 모세가 이스라엘 자손에게 명한 것과 모세의 율법 책에 기록된 대로 철 연장으로 다듬지 아니한 새 돌로 만든 단이라 무리가 여호와께 번제와 화목제를 그 위에 드렸으며
수 8:32 여호수아가 거기서 모세의 기록한 율법을 이스라엘 자손의 목전에서 그 돌에 기록하매
수 22:5 크게 삼가 여호와의 종 모세가 너희에게 명한 명령과 율법을 행하여 너희 하나님 여호와를 사랑하고 그 모든 길로 행하며 그 계명을 지켜 그에게 친근히 하고 너희 마음을 다하며 성품을 다하여 그를 섬길지니라
삿 3:4 남겨두신 이 열국으로 이스라엘을 시험하사 여호와께서 모세로 그들의 열조에게 명하신 명령들을 청종하나 알고자 하셨더라
왕상 2:3 네 하나님 여호와의 명을 지켜 그 길로 행하여 그 법률과 계명과 율례와 증거를 모세의 율법에 기록된 대로 지키라 그리하면 네가 무릇 무엇을 하든지 어디로 가든지 형통할지라
왕하 14:6 왕을 죽인 자의 자녀들은 죽이지 아니하였으니 이는 모세의 율법책에 기록된 대로 함이라
왕하 18:6 곧 저가 여호와께 연합하여 떠나지 아니하고 여호와께서 모세에게 명하신 계명을 지켰더라
왕하 21:8 만일 이스라엘이 나의 모든 명령과 나의 종 모세의 명한 모든 율법을 지켜 행하면 내가 그들의 발로 다시는 그 열조에게 준 땅에서 떠나 유리하지 않게 하리라 하셨으나
대하 23:18 여호야다가 여호와의 전의 직원을 세워 제사장 레위 사람의 수하에 맡기니 이들은 다윗이 전에 그 반차를 나누어서 여호와의 전 에서 모세의 율법에 기록한대로 여호와께 번제를 드리며 자기의 정한 규례대로 즐거이 부르고 노래하게 하였던 자더라
대하 33:8 만일 이스라엘 사람이 내가 명한 일 곧 모세로 전한 모든 율법과 율례와 규례를 지켜 행하면 내가 그들의 발로 다시는 그 열조에 게 정하여 준 땅에서 옮기지 않게 하리라 하셨으나
느 9:14 거룩한 안식일을 저희에게 알리시며 주의 종 모세로 계명과 율례와 율법을 저희에게 명하시고
말 4:4 너희는 내가 호렙에서 온 이스라엘을 위하여 내 종 모세에게 명한 법 곧 율례와 법도를 기억하라

이렇게 구약 여기저기서 모세의 율법이 언급된다.

(3) 신약 성경의 증거

예수님은 유대인들이 정경으로 받아들인 구약 성경을 그대로 받아 들이셨다. 예수님은 유대인들의 구약 해석은 이의를 제기하셨지만, 구약 정경이나 그 권위에 대하여는 그대로 받으신 것이다. 신약 모세에 대하여 언급하는 대표적인 구절들을 제시한다:

마 8:4 예수께서 이르시되 삼가 아무에게도 이르지 말고 다만 가서 제사장에게 네 몸을 보이고 모세의 명한 예물을 드려 저희에게 증거 하라 하시니라
마 22:24 선생님이여 모세가 일렀으되 사람이 만일 자식이 없이 죽으면 그 동생이 그 아내에게 장가들어 형을 위하여 후사를 세울지니라 하였나이다

막 12:26 죽은 자의 살아난다는 것을 의논할찐대 너희가 모세의 책 중 가시나무떨기에 관한 글에 하나님께서 모세에게 이르시되 나는 아브라함의 하나님이요 이삭의 하나님이요 야곱의 하나님이로라 하신 말씀을 읽어보지 하였느냐
눅 16:29 아브라함이 가로되 저희에게 모세와 선지자들이 있으니 그들에게 들을지니라
눅 24:27 이에 모세와 및 모든 선지자의 글로 시작하여 모든 성경에 쓴바 자기에 관한 것을 자세히 설명하시니라
눅 24:44 또 이르시되 내가 너희와 함께 있을 때에 너희에게 말한 바 곧 모세의 율법과 선지자의 글과 시편에 나를 가리켜 기록된 모든 것이 이루어져야 하리라 한 말이 이것이라 하시고
요 7:19 모세가 너희에게 율법을 주지 아니하였느냐 너희 중에 율법을 지키는 자가 없도다 너희가 어찌하여 나를 죽이려 하느냐
행 15:1 어떤 사람들이 유대로부터 내려와서 형제들을 가르치되 너희가 모세의 법대로 할례를 받지 아니하면 능히 구원을 얻지 못하리라하니
행 28:23 저희가 일자를 정하고 그의 우거하는 집에 많이 오니 바울이 아침부터 저녁까지 강론하여 하나님 나라를 증거하고 모세의 율법과 선지자의 말을 가지고 예수의 일로 권하더라
고후 3:15 오늘까지 모세의 글을 읽을 때에 수건이 오히려 그 마음을 덮었도다
히 10:28 모세의 법을 폐한 자도 두 세 증인을 인하여 불쌍히 여김을 받지 못하고 죽었거든

(4) 교회 역사의 증거

주전 200 년경 기록된 벤 시라의 집회서 (Ecclesiasticus) 45:5 –"그는 (야웨) 그에게 (모세) 자신의 음성을 들려 주셨으며 그를 캄캄한 구름 속으로 인도하시고 그 목전에게 그에게 계명을 주셨다. 마카비하 7:30 는 모세가 준 율법을 언급한다. 탈무드는 모세가 오경을 썼다는 것을 부인하면 낙원에서 추방당하리라 하였다 (산헤드린).

2) 모세의 저작권에 반하는 증거들이라 제시된 구절들

(1) 그 때에 가나안 사람들이 그 땅에 있었다 (창 12:6)

오경의 저자 당시에 가나안 사람들이 없었는데, 아브라함 시대에는 그들이 그 땅에 있었다는 의미로만 볼 이유가 없다. 거꾸로, 아브라함이 그 땅에 들어갈 때 그곳에는 빈 곳이 아니라, 이미 가나안 사람들이 자리를 잡고 있었다. 즉 그곳을 하나님은 그에게 주시리라 약속하셨지만 현실은 성취의 가능성을 보여주지 아니했다는 의미로도 취할 수 있다.

(2) 단 (창 14:14)

이 단이 삿 18:28, 29, 수 19:47 의 라이스 단, 곧 사사 시대에 단 지파 사람들이 북으로 이동하여 원래 라이스였던 곳을 정복하고 자기들의 지파 이름을 따라 "단" 이라 이름 붙였던 그 "단" 과 동일한 지명이 아니다. 라이스 단은 훌레 호수 정북 방향의 17 킬로 지점, 요단강의 중심 원천인 텔 엘 카디의 (Tell el Qadi) 엘 레단에 위치하였기 때문이다. 이 요단강 원류는 싯딤 골짜기로부터 다메섹으로 가는 길이나 요단에서 다메섹으로 가는 두 길 어느 곳에도 접하지 않는다. 여기 창세기의 단은 길르앗에 속하였고 (신 34:1), 삼하 24:6 에서 길르앗과 연관하여 언급된 단 – 야안 (Dan–jaan) 과 동일 지명일 것이다.

(3) 이스라엘을 다스리는 왕이 있기 전에 (창 36:31)

이미 창 17:16, 신 17:14, 15, 28:36 등에서 이스라엘의 왕이 장차 나타날 것이 예고되었다. 모세는 이집트의 왕궁에서 살았다. 이집트의 왕정을 잘 알았으므로 장차 이스라엘에도 왕이 세워질 것을 바라보았다.
특히 창 36:31 이하에 제시된 에돔 왕들의 목록을 자세히 본다면, 그들은 통치하는 장소가 다르고, 그 아들에게 왕위가 세습되지 않고 타인에게 매번 이동한다. 이로 보건대, 세습적인 군주제의 왕이라기보다, 이스라엘의 사사나 추장들처럼, 왕정 이전에 있었을 통치체제가 분명하다. 다시 말해, 에돔 왕이라 지칭되었지만,

"멜렉" 이란 말은 여기서 반드시 "왕" 이 아니라, 왕정 이전의 어떤 통치자를 지시할 것이다. 그렇다면, 구지 이 문제시되는 구절이 이스라엘의 왕정이 실시된 이후에 기록되었다고 볼 수 없을 것이다.

(4) "요단 저 편" (bəʿēḇer hayyardēn)

이 표현은 이스라엘에 정착한 관점에서 요단 동편을 지시한다고 이해된다. 이런 지적은 이븐 에스라가 처음 지적하였다. 가나안 땅에 들어가지도 아니한 모세의 저작이라면 왜 가나안 땅의 견지에서 모압들을 지시했겠는가? 하는 것이다. 결론부터 말하자면, 이 표현은 구약 전체의 용례로 보면, 결코 "저편" 이나 "건너편" 만 가리키는 것이 아니라, "이편" 도 가리킨다. 즉 이 표현 자체로 오경이 가나안에 정착한 자의 견지를 말하고 있다고 주장할 수 없다.

민 35:1 에서 "여호와께서 여리고 맞은편 요단 가 모압 평지에서 모세에게 일러 가라사대" 라고 할 때 (wayəḏabbēr yhwh ʾel-mōšeʰ bəʿarḇōṯ môʾāḇ ʿal-yardēn yərēḥô lēʾmōr), 이스라엘은 아직 가나안에 들어가지 않았지만, 여리고를 기준하여, 여리고(의) 요르단 강가 모압 평지라 기술한다. 민 35:14 에서는 "세 성읍은 요단 이 편에서 주고 세 성읍은 가나안 땅에서 주어 도피성이 되게 하라" (ʾēṯ šəlōš heʿārîm tittənû mēʿēḇer layyardēn wəʾēṯ šəlōš heʿārîm tittənû bəʾereṣ kənāʿan ʿārê miqlāṭ tihyeʸnāʰ) 하시는데, 여기서 가나안 땅의 세 성읍들과 "요단 이편에서" (mēʿēḇer layyardēn) 세 성읍은 구분되고 있다. 여기 "메에베르 라야르덴" 은 "요단 저편" (beyond the Jordan, TNK, NRSV, NAB, LSG), "요단 건너" (across the Jordan, NASB), "요단 이편" (on this side of the Jordan, KJV, NIV,ELB), "요단의 다른 편" (on the other side of the Jordan, NJB, LXX) 등으로 번역된다. 이는 가나안 땅 건너 요단 동편을 지시한다. 여기서도 가나안 땅을 기준하여 요단 건너편을 지시하고 있다.

여기 문제가 되는 표현은 "메에베르" 라는 전치사구와, 그것과 유사한 (요단) "브에베르" (bəʿēḇer [hayyardēn]) 이다. 그런데 이 말은 요단강과 연관하여 나타날 때, 오늘날 트랜스-요르단 지역만 아니라, 가나안 지역도 가리킨다는 것이 분명하다. 이 두 표현이 저자의 견지에서 항상 "다른 편" 곧 저자에게서 먼 지역, 건너편을 가리킨다는 가정은 그릇된 것이다.

그 증거는 대상 26:30 에서 "헤브론 자손 중에 하사뱌와 그 동족 용사 일천 칠백인은 요단 서편에서 이스라엘을 주관하여 여호와의 모든 일과 왕을 섬기는 직임을 맡았으며" 라고 할 때 (laḥeḇrônî ḥăšaḇyāhû wəʾeḥāyw bənê-ḥayil ʾelep̄ ûšəḇaʿ-mēʾôṯ ʿal pəquddaṯ yiśrāʾēl mēʿēḇer layyardēn maʿrāḇāʰ ləḵōl məleʾḵeṯ yhwh wəlaʿăḇōḏaṯ hammeleḵ), "메에베르 라야르덴" 은 "요단 건너편" 곧 가나안을 기준하여 건너편 요단 동편을 지시하는 것이 아니다. 여기서는 현대 서구 역본들이 "요단 서편" 이라 번역하듯 (TNK, NASB, NRSV, NIV, ELB), 가나안의 견지에서 요단 이편을 가리킨다. 그런데 LSG 는 여기서 "요르단 저편" 이라고 (de l'autre côté du Jourdain) 오역하고 있다.

왕상 4:24 에서 (한역, 5:4) "솔로몬이 하수 이편을 딥사에서부터 가사까지 모두 다스리므로 하수 이편의 모든 왕이 다 관할한 바 되매" 라 한다 (kî-hûʾ rōḏeʰ bəḵol-ʿēḇer hannāhār mittip̄saḥ wəʿaḏ-ʿazzāʰ bəḵol-malḵê ʿēḇer hannāhār). 여기서 "에베르 한나하르" 는 문자적으로 "(유프라테스) 강 건너편" 이란 의미인데, 솔로몬이 유프라테스 구원사편 모든 왕을 관할한 적은 없다. 따라서 여기서 "강 이편" 이라 해야 옳다. 여기서도 LSG 는 "강 저편이라" (de l'autre côtédu fleuve) 오역하고 있다.

느 2:7 에서 수사에 거하는 느헤미야는 페르시아 왕에게 "강 서편 (ʿēḇer hannāhār) 총독들에게 내리시는 조서를 내게 주사" 라고 왕에게 요청한다. 그리고 9 절에서 "내가 강 서편에 (ʿēḇer hannāhār) 있는 총독들에게 이르러 왕의 조서를 전하였더니" 라 한다. 느 3:7 에서는 "강 서편 총독의 관할에 속한 기브온 사람들과" (ʿēḇer hannāhār) 라고 한다. 라 4:9-10, 5:3 에서 "그 구원사" 란 표현은 모두 유프라테스 강 서편 지역을 지시하는데, 이 표현은 원래는 순전히 지형적 의미로 사용되다, 앗시리아, 바빌로니아, 페르시아 시대를 거쳐 모두 행정 구역을 지시하는 말로 사용되었다 (Williamson 1985:62). 에스라나 (4:10, 11, 5:3, 6, 6:6, 8, 8:36) 느헤미야에 언급된 이런 표현들을 보라 (E. W. Hengstenberg 1857:1,258 이하).

창 50:10, 11 에서

그들이 요단 건너편 (bəʿēḇer hayyardēn) 아닷 타작마당에 이르러 거기서 크게 호곡하고 애통하며 요셉이 아비를 위하여 칠일 동안 애곡하였더니 11 그 땅 거민 가나안 백성들이 아닷 마당의 애통을 보고 가로되 이는 애굽 사람의 큰 애통이라 하였으므로 그 땅 이름을 아벨미스라임이라 하였으니 곧 요단 건너편이더라 (bəʿēḇer hayyardēn) 라 했다.

지금 야곱의 장례 행렬은 헤브론으로 향했다. 개리 올러는 (Garry H. Oller) 이 구절에 언급된 "아닷 타작마당" 이란 항목을 앵커 성경 사전에 기고하면서 이 아닷은 "요단 건너편" 곧 "요단 동편 지역이므로 어딘지 확인이 곤란하다고 한다. 그리고 주후 6 세기에 마데바의 모자익 지도에 벧 아글라 근처 알론 아닷이란 지역으로 표시한 것은 요단강의 그릇된 지역에서 찾은 것이라고 비난한다. 그러나 " 베에베르 하야르덴"을 요단 건너편으로만 인식하는 고지식한 올러의 사고가 그릇된 것이다.

민 32:32 에서 "우리가 무장하고 여호와 앞에서 가나안 땅에 건너가서 '요단 이편' 으로 우리의 산업이 되게 하리이다" ; 민 35:14 에서 "세 성읍은 '요단 이 편' 에서 주고 세 성읍은 가나안 땅에서 주어 도피성이 되게 하라" 하였다. 여기서 동일한 표현이 모두 "트랜스 - 요르단" 지역을 가리키고 있다.

결론적으로, "베에베르" 나 "메에베르" 란 표현은 말하는 자의 견지에서 결코 "건너편" 혹은 "저편" 만 가리키는 것이 아니라, "이편" 도 가리킨다. 따라서 이 표현을 근거로 가나안의 견지에서 오경이 말한다고 주장할 수가 없다. 이런 연구는 이미 오래 전에 헹스텐버그가 했던 것이고, 문제시 될 것이 없다.

(5) 모세의 죽음과 장사 (신 34 장)

필로와 요세푸스는 (고대기 4.8.48) 모세가 자신의 죽음을 예언적으로 기록했다고 했다. 탈무드 바바 바트라 14b 는 이 말씀들은 여호수아가 기록했다고 한다.

(6) 오늘날까지

신 10:8 에서 "그 때에 여호와께서 레위 지파를 구별하여 여호와의 언약궤를 메이며 여호와 앞에 서서 그를 섬기며 또 여호와의 이름으로 축복하게 하셨고 그 일은 '오늘날까지' 이르느니라" 한다. 이는 시내산에 있었을 때 일어난 사건이고, 약 40 년이 지난 지금까지 그렇다는 것이겠다. 그래서 비평가들은 이는 그런대로 보아 줄만 하다고 생각한다.

창 19:37, 38, 22:14, 26:33, 32:33, 35:20, 47:26 등에서 "오늘까지" 는 모세 시대와 수 세기 간격이 있으므로, 문제 삼지 않는다. 신 2:22 에서 "마치 세일에 거한, 에서 자손 앞에 호리 사람을 멸하심과 일반이라 그들이 호리 사람을 쫓아내고 대신하여 오늘까지 거기 거하였으며" 도 창세기에서의 그 표현처럼 모세 시대와 많이 떨어진 시대의 사건을 언급하므로 문제 삼지 않는다.

문제는 신 3:14 에서 "므낫세의 아들 야일이 그술 족속과 마아갓 족속의 경계까지의 아르곱 온 지방을 취하고 자기의 이름으로 이 바산을 하봇야일이라 칭하여 오늘까지 이르느니라" 한다는 말씀이다.

비평가들은 "오늘까지" 란 표현은 아무 먼 기간을 암시한다고 하고, 그래서 제롬은 이런 표현은 아마도 에스라가 오경을 개정한 흔적이 아닐까 의문시했다고 한다.

야일은 언제 바산을 취하고, 그곳 이름을 하봇야일이라 불렀던가? 민 32:39-42 에 의하면, 마길과 야일은 옥과 시혼을 패배시킨 후에, 모세가 그곳을 갓, 르우벤 지파와 므낫세 반 지파에게 그곳을 분배한 이후에 정복한 듯 보인다.

39 므낫세의 아들 마길의 자손은 가서 길르앗을 쳐서 취하고 거기 있는 아모리인을 쫓아내매 40 모세가 길르앗을 므낫세의 아들 마길에게 주매 그가 거기 거하였고 41 므낫세의 아들 야일은 가서 그 촌락들을 취하고 하봇야일이라 칭하였으며 42 노바는 가서 그낫과 그 향촌을 취하고 자기 이름을 따라서 노바라 칭하였더라

그러나 좀 더 고려해 본다면, 형식상 수여가 그 때였고, 그곳을 취하여 명명한 일은 그 이전에 되어졌다. 민 21:35 에서 "이에 그와 그 아들들과 그 백성을 다 쳐서 한 사람도 남기지 아니하고 그 땅을 점령하였더라" 고 할 때, 마길과 야일의 정복도 포함하여 언급한다. 이것은 신 3:4-6 과 3:14 을 함께 고려하면 분명해진다:

4 그 때에 우리가 그들에게서 빼앗지 아니한 성읍이 하나도 없이 다 빼앗았는데 그 성읍이 육십이니 곧 아르곱 온 지방이요 바산에 있는 옥의 나라이라 5 그 모든 성읍에 높은 성벽이 둘려 있고 문과 빗장이 있어 견고하며 그 외에 성벽 없는 고을이 심히 많았느니라 6 우리가 헤스본 왕 시혼에게 행한 것과 같이 그 성읍들을 진멸하되 각 성읍의 남녀와 유아를 진멸하였으나 ... 10 우리의 취한 것은 평원의 모든 성읍과 길르앗 온 땅과 바산의 온 땅 곧 옥의 나라 바산의 성읍 살르가와 에드레이까지니라 ... 12 그 때에 우리가 이 땅을 얻으매 아르논 골짜기 곁에 아로엘에서 부터 길르앗 산지 절반과 그 성읍들을 내가 르우벤 자손과 갓 자손에게 주었고 13 길르앗의 남은 땅과 옥의 나라이었던 아르곱 온 지방 곧 온 바산으로는 내가 므낫세 반 지파에게 주었노라 바산을 옛 적에는 르바임의 땅이라 칭하더니 14 므낫세의 아

들 야일이 그술 족속과 마아갓 족속의 경계까지의 아르곱 온 지방을 취하고 자기의 이름으로 이 바산을 하봇야일이라 칭하여 오늘까지 이르느니라

여기서 이스라엘 자손이 정복한 일과 야일이 정복한 일은 동일한 것이다. 민 32:39-40 에 의하면, 모세가 마길에게 그가 정복한 땅을 수여한 것은 정복 이후의 일이다. 즉, 수여하니 정복한 것이 아니었다. 유추에 의하여, 민 32:41-42 에서 야일과 노바도 그렇게 했다고 추정할 수 있다. 이렇게 본다면, 모세의 모압들 설교와 야일의 정복 사이에는 시간상의 차가 있었다.

이제 지적해야 할 것은 "오늘까지" 란 말이 항상 긴 기간을 의미한다는 주장은 그릇되다는 것이다. 그런 표현은 절대적으로 긴 기간이 아니라, 상대적인 기간이 될 수밖에 없다. 그 언급되는 대상이 "오늘까지" 변함없이 그대로인가 아니면, 변화되었는가? 이것에 초점이 맞추어지고 있다. 그래서 상대적이라 하는 것이다. 어떤 것은 며칠이나 몇 달 만에 바꾸어질 수 있고, 어떤 것은 수 세기 간 그대로 존속할 수 있다.

신약의 예를 보면, 마 27:8 (그러므로 오늘날까지 그 밭을 피밭이라 일컫느니라), 28:15 (군병들이 돈을 받고 가르친 대로 하였으니 이 말이 오늘날까지 유대인 가운데 두루 퍼지니라) 등도 참조. 또한 수 22:3, 23:9 등도 참조.

특히 열왕기서 저자는 아무런 주저 없이 이전 자료에 담긴 "오늘까지" 라는 표현을 그대로 사용하고 있다. 그 표현들을 조사해 본다면, 정확하게 그 표현을 사용한 것이 아니라, 아주 관용적으로 여기저기서 사용하고 있다는 점이 드러난다.

왕상 8:8 채가 긴 고로 채 끝이 내전 앞 성소에서 보이나 밖에서는 보이지 아니하며 그 채는 오늘까지 그곳에 있으며

왕상 9:13 이르기를 나의 형이여 내게 준 이 성읍들이 이러하뇨? 하고 이름하여 가불 땅이라 하였더니 그 이름이 오늘까지 있으니라

왕상 9:21 곧 이스라엘 자손이 다 멸하지 못하므로 그 땅에 남아 있는 그 자손들을 솔로몬이 노예로 역군을 삼아 오늘까지 이르렀으되

왕상 10:12 왕이 백단목으로 여호와의 전과 왕궁의 난간을 만들고 또 노래하는 자를 위하여 수금과 비파를 만들었으니 이같은 백단목은 전에도 온일이 없었고 오늘까지도 보지 못하였더라)

왕상 12:19 이에 이스라엘이 다윗의 집을 배반하여 오늘날까지 이르렀더라

왕하 8:22 이와 같이 에돔이 배반하여 유다의 수하에서 벗어났더니 오늘날 까지 그러하였으며 그 때에 립나도 배반하였더라

왕하 10:27 바알의 목상을 헐며 바알의 당을 훼파하여 변소를 만들었더니 오늘날까지 이르니라

왕하 14:7 아마샤가 염곡에서 에돔사람 일만을 죽이고 또 셀라를 쳐서 취하고 이름을 욕드엘이라 하였더니 오늘까지 그러하니라

왕하 16:6 당시에 아람 왕 르신이 엘랏을 회복하여 아람에 돌리고 유다 사람을 엘랏에서 쫓아내었고 아람 사람이 엘랏에 이르러 거하여 오늘날까지 이르렀더라

왕하 17:23 여호와께서 그 종 모든 선지자로 하신 말씀대로 심지어 이스라엘을 그 앞에서 제하신지라 이스라엘이 고향에서 앗수르에 사로잡혀 가서 오늘까지 미쳤더라

왕하 17:41 그 여러 민족이 여호와를 경외하고 또 그 아로새긴 우상을 섬기더니 그 자자손손이 그 열조의 행한 것을 좇아 오늘까지 그대로 하니라

왕하 20:17 여호와의 말씀이 날이 이르리니 무릇 왕궁의 모든 것과 왕의 열조가 오늘까지 쌓아 두었던 것을 바벨론으로 옮긴바 되고 하나도 남지 아니할 것이요

왕하 21:15 이는 이집트에서 나온 그 열조 때부터 오늘까지 나의 보기에 악을 행하여 나의 노를 격발하였음이니라 하셨더라

(7) 추방의 위협

레위 26:33-45, 신 28:64-68 에 예고된 열방으로의 추방 예언을 오경이 추방 이후에 기록되었다는 확실한 증거로 삼는다. 그렇지만, 이것보다 더 큰 영적인 무지가 있을까? 모세는 이집트에서 살아본 경험이 있었다. 그래서 타국에서 종살이한다는 것이 무엇을 의미하는지도 잘 알았다. 성령님으로 모세는 이스라엘의 장래를 훤히 바라보고 있었다.

요컨대, 모세의 저작권을 부인하는 증거들이라 제시된 바들은 이처럼 정밀하게 검토해 본다면, 별로 설득력이 없다.

1-3. 오경의 신학

데이빗 클라인즈 (David J. A. Clines) 는 오경의 주제는 족장들에게 주신 약속 혹은 축복들의 부분적 성취라

고 주장했다 (1989:29). 그 약속 혹은 축복은 인간의 주도 행위가 항상 재앙으로 끝나는 세계에서 하나님의 주도 행위이고, 인간을 위한 원래적 하나님의 의도의 재확인이라 했다. 클라인즈에 의하면 그 약속은 자손, 신인(神人) 관계, 땅의 삼중 요소를 갖는다. 창 12–50 에서는 그 약속의 자손 요소가 주로 나타나고, 출이집트기나 레위기에서는 하나님과 사람 사이의 관계가 강조되며, 민수기와 신명기에서는 땅이 강조된다고 한다. 그러니까 클라인즈에 의하면, 오경의 주제는 원래 타락 이전에 인간을 향해 하나님께서 가지셨던 그 의도가 자손과 그들이 거할 땅, 그리고 하나님과 인간 사이의 관계 등의 요소로 구성된 족장들에게 주신 약속 혹은 축복을 통해 재확인되어, 부분적으로 성취되는 것이다. 부분 성취라 함은 땅의 약속이 오경을 벗어난 여호수아서에서 완전히 성취되기 때문이다.

오경의 중심 주제에 대한 이런 클라인즈의 제안은 문서설과 양식 비평, 전승사 비평 등과 같은 역사 – 비평법으로 난도질당하고 그 통일성과 일관성이 완전 해체되는 비평 신학계의 상황에 비추어 본다면, 가상한 시도라 칭찬을 받아 마땅하다. 클라인즈는 현금의 (1978 년 저술 당시 기준) 구약 연구들의 2 대 경향이 콩가루주의(atomism) 와 발생주의 (geneticism 유전주의) 라 지칭하고, 자기의 책은 그런 경향에 대한 도전이라고 선언한다 (David J. A. Clines 1989:7). 콩가루주의란 오경을 JEDP 등의 문서들로 분할하고, 그 여러 문서들의 신학을 말하거나 (문서설), 그 문서들 하나하나도 여러 이질적인 수많은 만학단위들의 집합으로 이해하는 양식 비평 등으로 대표될 것이다. 예컨대, 볼프의 (Hans Walter Wolff) "야웨 기자의 케리그마" 나 (1966) "오경에서의 엘로힘 조각들" (1972) 혹은 브루그만의 (Wlater Bueggemann) "제사자장 기자들의 케리그마" (1972) 혹은 엘리스의 (Peter F. Ellis) "성경의 첫 신학자 야웨 기자" (1969) 등을 보라. 이런 콩가루 만들기 주의에 대하여 클라인즈는 보다 전체론적 (holistic) 접근법을 주장한다.

발생주의 혹은 유전주의란 다른 말로 통시적 접근법이라 (diachronic approach) 불리는데, 어떤 작품의 기원과 산출에 초점을 맞추는 연구이다. 오경의 기원, 그 전승의 단계들, 그 최종 결과물 등에 모든 관심을 쏟는다. 그 현저한 특징은 확인할 수 없고 검증될 수 없는 과거 상황에 대한 아주 심한 가정들에 빈번히 의존한다는 점이다. 클라인즈는 이런 유전주의 접근법의 대표적 작품으로 폰 라트의 "육경의 문제" 와 (1966) 마틴 노트의 "오경의 전승사" 란 책을 지적한다 (1972).

이런 발생주의 접근법에 대하여, 브리바드 차일즈나 (1978, 1980) 알론소 쇠켈 (1975), 혹은 발터 빙크 (1973) 등이 항의의 목소리를 높인 적이 있다. 심지어 폰 라트 같은 발생주의자도 정작 창세기를 주석할 때는 따른 소리를 하고 있다:

원래 본문들을 (가정하여) 재구성하는 일은 주석의 주 임무가 아니다... 현재 본문의 이전 단계들에 대한 지식이 많아서 우리가 잘못된 해석에서 피한다 할지라도, 창 2, 3 장의 내러티브 내에 여러 부분들 간의 모순들과 불규칙들이 있다 해도, 개개 개정판들의 파편 무더기가 아니라, 일관된 사고를 가진 하나의 전체로 이해되어야 한다. 무엇보다, 주석가는 현재 우리가 가진 복합적 단일성을 직시해야 한다 (1972:75)[폰 라트는 자신이 그렇게 말해놓고도, 창 6–9 장에 이르면, 또 변신을 시도하는데, 거기서는 J 문서와 P 문서를 따로 다루고 있다].

클라인즈의 접근법처럼, 우리는 현재 우리가 가진 본문의 형태, 곧 본문의 최종형태에 초점을 맞추어야 한다. 그 본문이 생겨난 과정이나 기원에 대하여 여러 가지 가설들을 세우고 추적한들 그것이 무슨 도움이 될지 아무리 생각해도 의문이다. 왜냐하면 하나님의 감동으로 기록된 성경은 현재 우리가 가진 최종 본문 형태가 영감된 것이지, 그 이전의 여러 자료들이나 형성 단계들은 별로 의미가 없기 때문이다. 비유컨대, 현재 우리가 살고 있는 건물의 용도나 활용이 그 건물 사용자들에게 중요한 것이지, 그것이 무엇으로 만들어졌는지 건물을 해체하여 분석하는 일은 별 의미가 없음과 같다. 그렇게 건물을 해체시켜 분석하는 일은 혹시 건축가들에게 관심사가 될 수 있을지도 모르겠다. 하지만, 성경의 경우, 건물을 해체 분석하여 새 건물을 건축하고자 하는 건축가들에 상응하는 사람은 있을 수 없다. 성경을 그렇게 분해 연구해서 새 성경을 만들 수는 없기 때문이다.

성경은 영원히 원래 모습대로 성경인 것이다.

다시 오경의 중심 주제로 돌아가서, 폰 라트는 창 1–11 장의 소위 원시 역사의 주제를 I 과 II 로 구분하여 고려하는데, 물론 그는 문서설을 근거로 야웨 기자의 (J) 내러티브만 근거해서 그런 주제를 언급한다. 원시사의 주제를 둘로 생각하는 것은 하나의 주제로는 "원시사" 전체를 다룰 수 없다는 이해 때문이다.J 의 '원시사' 범위는 드라이버 (1892), 젤린 – 포흐러의 (1968) 분석을 따르자면, 2:4b–3:24, 4:1–16, [17–24], 25–26, [6:1–4], 5–7, 7:1–8:22, 9:18–20, 21–27], 28–29, 10:8–19, 21, 24–30, 11:28–30 등인데, [ ] 의 구절들은 포흐러에 의하면 유목민 자료로 (N), J 에서 분리된다. 12 장의 경우 [12:1–2], [4a], [6–20] 로 분석된다. 드라이버의 경우는 포흐러의 유목민 자료 N 도 J 로 취급한다.

이제 주제 I 과 II 의 내용을 제시하면 다음과 같다:

주제 I: 범죄 – 선고 – 완화 (mitigation) – 처벌

주제 II: 죄의 퍼짐 – 은혜의 퍼짐

	범죄	선고	완화	처벌	죄인(들)
타락	창 3:6	창 3:14–19	창 3:21	창 3:22–24	개인
가인	창 4:8b	창 4:11–12	창 4:15	창 4:16b	공동체
하나님의 아들들	창 6:1–2	창 6:3	창 6:8, 18 이하	창 7:6–24	
홍수	창 6:5–7	창 6:5–7	창 6:8, 18 이하	창 7:6–24	
바벨탑	창 11:4	창 11:6–7	창 12:1–3*	창 11:8–9	
가나안 저주	창 9:22	창 9:24–25		[창 14, 19, 수 1–12]	개인

* 은 클라인즈의 첨가; [ ] 은 필자의 첨가

주제 I 의 사고에 의하면, 행복과 재앙을 주시는 분은 야웨 하나님이시다. 하나님은 죄를 찾아내시고, 처벌하시는 재판장이시다. 범죄자가 개인일 때 그 개인을 다루시나, 집단일 때는 공의의 심판을 그 집단에 내리신다. 홍수 심판에서는 노아 가족만 예외로 처벌을 면하였다.

주제 II 의 사고에 의하면, 죄가 점점 증대하면서, 은혜도 점점 증대된다. 에덴에서 범죄, 가인의 범죄, 라멕의 범죄, 하나님의 아들들의 범죄, 홍수 시의 범죄 등에서 보듯 죄가 더 심화되고 확대된다. 동시에 심판의 강도도 죄의 증대와 함께 강화된다. 예컨대, 에덴에서의 추방, 경작지에서의 추방, 인간 수명 단축, 인류의 전멸 (노아 가족 제외), 인류 통일성 해체 (바벨탑) 등. 이와 대조적으로 하나님의 은혜도 증대된다: 아담과 하와의 처벌 (죽음을 연기), 가인 추방과 보호 표지, 홍수 가운데서 노아 자족 보존으로 인류의 씨가 보존되다 등.

원시사의 주제를 하나 더 보탠다면, 그것은 클라인즈가 제시한대로 창조 – 창조해체 (Un-creation) – 재창조 (Recreation) 가 될 것이다. 노아의 홍수 기사가 창조 파괴와 재창조의 역사를 보여준다. 홍수는 그 시대 사람들의 죄를 처벌하는 것으로 그치지 않고 창조 질서를 해체시키고 세상을 종말로 몰아넣는다. 그리고 노아 식구를 통해 새로운 시대가 열린다. 홍수 이후의 재창조는 바다와 뭍의 새로운 구분으로 되어진다. 노아 방주에 보존된 생물에 대하여 하나님은 "이것들이 땅에서 생육하고 땅에서 번성 하리라" 고 원래 창조시에 주신 축복을 반복하신다 (창 8:17). 세상 질서의 존속을 보존하며 (창 8:22), 창조 질서를 재 선포하신다 (창 9:1–7, 창 1:9 이하 / 9:8–17). 인간은 10 장에 제시된 대로 생육이 재개되고, 땅을 충만케 하기 시작한다. 이런 각도에서 본다면, 창 3–6 장은 창조 해체 기사이다.

(1) 원시사와 족장사의 연결

그런데 여기서 한 가지 언급할 것은 전통적인 원시사와 족장사 구분에 의하면 (창 1-11 장, 창 12-50 장), 바벨탑 범죄와 처벌에서는 "완화" 사고가 나타나지 아니한다. 그리고 그런 구분법에서는 원시사와 족장사 사이의 사고상의 발전이 그렇게 분명하지 않고, 원시사는 보편 세계사, 족장사는 구원사로 둘은 서로 대립되거나 전자가 후자에 종속되는 것으로 이해된다. 원시사는 바벨탑 심판 사건으로 종결된다면, 족장사는 축복과 구원의 역사를 제시한다.

그렇지만 주목할 점은 원시사와 족장사는 그렇게 깔끔하게 단절되는 그런 상태로 제시된 것이 아니란 사실이다. 원시사의 마지막 장으로 간주되는 창 11 장은 사실 족장사의 도입이기도 하다. 창 11 장을 면밀히 살핀다면, 원시사와 족장사가 거기서 서로 연결되어 부드럽게 전환되고 있다는 점이 드러날 것이다. 바벨탑 사건 기사는 (창 11:1-9), 이미 10 장에서 제시된 셈의 족보의 확장으로 이어진다 (창 11:10-26). 여기 11 장에 제시된 셈의 정체는 창 10 장의 민족들의 족보를 보아야 파악이 된다 (창 10:21-31). 셈에 대한 더 한층의 정보는 창 9:26 에 제시된 노아가 자기 아들 셈에게 선언한 그 말씀에서 (셈의 하나님 여호와를 찬송하리로다! 가나안은 셈의 종이 되고) 또한 나타난다. 이렇게 창 11 장의 셈의 족보는 원시사와 뗄 수 없는 관계로 연결되어 있다.

또 다른 한편으로, 그 셈의 족보는 족장사의 시작인 아브라함 족보를 (창 11:26-30) 담고 있다. 족장사의 시작으로 여겨지는 창 12 장의 기사는 창 11 장 말미아의 셈의 족보를 떠나 바로 이해할 수가 없고, 더구나 창 9:26 의 셈에 대한 예언을 떠나 제대로 파악할 수 없다.

창 11 장은 이렇게 원시사의 마지막 장이면서도 족장사의 시작이기도 하다. 장 구분이 후대의 일이라면, 원래 창세기 저자는 후대 학자들이 구분하듯, 원시사와 족장사를 보편 세계사와 구원사로 대비되는 두 부분으로 병행 배열한 것이 아니라, 원시사에서 족장사가 발전된 것임을 제시하고자 했음이 분명하다. 이렇게 본다면, 두 개의 중요한 통찰을 얻을 수 있는데, 하나는 족장에게 주신 하나님의 약속 혹은 축복은 (창 12:1-3) 클라인즈가 제안한대로 (1978:78), 창 11 장에 묘사된 바벨탑 범죄에 대한 처벌의 "완화" 로 이해할 수 있고, 동시에 창 1 장에서 원래 인간에게 하나님께서 주셨던 그 축복의 재확인으로도 이해할 수 있다.

창 1:26 이하에서 하나님은 1) 생육하고 번성하라; 2) 땅을 충만케 하고 정복하라, 3) 하나님은 인간을 자기 형상으로 창조하시고, 4) 하나님은 인간을 축복하셨다. 이러한 하나님의 원래 인간을 향하신 의도가 창 12:1-3 에 제시된 아브라함에게 주신 약속에서 재확인되고 창조질서는 족장들의 구원사를 통해 회복이 될 것임이 예고된다.

이런 시각은 아브라함과 그 후손들의 선택과 부르심이 결코 저들을 편애하신 결과가 아니라, 창조 질서의 회복을 위한, 다시 말해 전체를 위한 일부의 선택임을 분명하게 드러내어 준다. 동시에 대다수 비평가들이 그러하듯, 창조 기사는 결코 이스라엘 구원사의 들러리나 서론 정도가 아니라, 구원사의 토대를 이룬다는 점도 부각시켜 준다. 이스라엘의 구원사를 위해 창조 신학이 도입된 것이 아니라, 이스라엘 구원사가 창조 질서의 회복을 위해 도입된 것이다. 이런 논리적, 연대기적 전후관계를 결코 도치시키려 해서는 안 된다.

족장들에게 주신 약속의 부분 성취가 오경의 주제라는 클라인즈의 제안은 공가루 만들기 방식과 유전 발생주의적 오경 접근법에 대한 적절한 대안이이며, 동시에 족장들에게 주신 약속이 창 1 장의 재확인이라는 그의 주장은 오경의 신학적 사고의 통일성을 인정하는 중요한 주장이다. 족장들에게 주신 약속은 클라인즈의 판단에 삼중 요소로 구성되었다고 앞서 언급되었지만, 아브라함의 자손과 그 자손들이 거할 땅의 약속이 창 1 장에 제시된 창조시에 첫 인류에게 주신 축복의 재확인이란 점은 설명할 필요도 없이 자체로 분명한 사실이다.

그렇다면, 클라인즈가 족장에게 주어진 약속의 셋째 구성 요소로 지적한 하나님과 인간과의 관계는 무엇인가? 클라인즈는 그런 신인 관계는 출이집트기나 레위기서에서 부각되고 있다고 한다 (47). 그의 의도는 분명하다. 그가 말하는 신인 관계란 출이집트기나 레위기서에 제시된 시내산 언약으로 하나님과 이스라엘이 언약관계로 맺어짐을 가리킨다. 그 언약관계는 이스라엘이 하나님을 섬기고 (출 3:12, 7:16, 8:1, 20, 9:1 등), 하나님이 이스라엘의 하나님이 되시고, 이스라엘이 하나님의 백성이 되는 (출 6:3, 6, 7) 그런 관계이다. 출이집트기에서는 그런 언약 관계의 설정이 제시된다면, 레위기에서는 그런 관계의 지속적인 유지의 수단이 제시된다.
족장들에게 주신 약속에서 그런 관계가 어떻게 약속되었으며, 창 1 장에서는 어떻게 묘사되었던가? 클라인즈는 그런 관계 언급이 창 12:2, 3, 17:1–11, 16, 17 이하, 26:2, 3, 24, 28:13, 15, 35:9, 10, 46:3, 48:21, 출 3:6, 12, 15, 16, 4:5, 23, 5:1, 6:6 이하, 7:16, 레위 26:12 등에서 약속되고 있다 한다 (33–34). 이런 신인 관계의 약속은 때로, 축복으로 표현되거나 (하나님께서 족장과 후손을 축복하신다), 함께 하심 혹은 인도, 혹은 이전 족장들과의 관계를 하나님 자신이 특정 인간에게 기술하심으로 제시된다.
렌토르프는 (Rolf Rendtorff) 축복의 약속은 자손과 땅의 약속과 별개로 혹은 그 약속의 서론으로 (창 35:9 이하, 48:3, 4), 혹은 그 약속 안에서 (창 12:2, 26:3, 28:4) 나타난다고 한다 (1977:48). 가장 빈번하게는 축복의 약속이 자손들의 약속과 연계되어 나타난다 (창 17:16, 20, 22:17, 26:24, 28:3). 그렇지만 그런 축복과 족장에게 주신 약속을 구분하는 것은 별로 의미가 없다. 왜냐하면 하나님께서 "함께 하심" 이나 "땅의 소유" (창 26:3, 28:4), "자손들의 번성" 은 (창 12:2) 자체로 모두가 하나님의 축복이기 때문이다.
함께 하심의 약속 (창 26:3, 24, 28:15, 31:3, 5, 35:3, 31:42, 48:21 등), 인도의 약속 (창 28:15, 46:4 등), 하나님 자신이 이전 족장들과의 관계를 특정 인간에게 스스로 기술하심 (창 46:3, 출 3:15 등) 등은 하나같이 클라인즈가 하나님과 인간의 관계를 지시한다고 파악했다 (35).

(2) 창조와 구원사의 연결

이제 우리는 클라인즈가 제시한 오경의 주제를 좀 더 보충하고 심화시키고자 한다. 우선 창 12:1–3 에 제시된 족장에게 주신 약속은 창 1 장 축복의 재확인이라고 한 사항이다. 족장에게 주신 자손의 번성과 그들이 거할 땅의 약속은 창 1 장에 언급된 인간에게 주신 축복의 회복으로 이해할 수 있다.
그런데 창 1:26 이하의 축복과 창 12:1–3 의 축복을 상호 연관시켜 고려한다면, 창 1:26 이하의 생육과 번성, 그리고 땅의 정복과 통치의 의미가 창 12:1–3 의 말씀으로 보다 분명하게 드러날 수 있다. 아브라함의 씨의 번성은 족장사가 보여주듯, 육신적 자녀의 번성이 아니라, 약속 자녀의 증대를 목표로 한다. "약속의 자녀"가 신약적 표현이라면 (롬 9:8, 갈 4:28), 말라기에서 언급한 "경건한 자손"으로 (zeraᶜ ʾĕlōhîm; 말 2:15) 이해할 수도 있다.
그렇다면, 타락 이전에 하나님께서 인류에게 주신 생육하고 번성하여, 땅을 정복하고 다스리라고 명하신 그 축복도 유사하게 영적 자녀의 번성과 영적 정복으로 보아야 한다. 그런데 타락하기 전에는 사실 영적인 자녀나 육적인 자녀의 구분이 필요하지 않다. 반면 영적 정복이란 점은 타락 이전이라 해도 분명하다. 왜냐하면 에덴동산에서 뱀의 출현과 그 뱀의 유혹을 통한 인류의 타락에서 보듯, 어떤 영적 적대세력이 인류를 유혹하고 대적하고 있었음이 분명하기 때문이다.
원래 인류에게 주신 땅의 정복과 통치는 어떤 적대적인 영적 세력을 정복하고 통치해야 할 것임이 분명해졌다면, 그 영적 정복과 통치는 이스라엘의 가나안 정복과 점령으로 조명될 수 있을 것이다. 분명 타락 이전에 아담과 하와 외에 다른 인간은 없었다. 그러나 신약의 더 진전된 계시가 보여주듯, 뱀을 조종한 사단의 세력이 세상에 역사하고 있었다고 생각할 수 있으므로, 그 사단의 세력을 대적하여 인류는 싸우고 정복해야 했다. 그러나 이런 영적 전쟁과 정복의 실제는 구체화하기 어려운 난점이 있다. 성경에 타락 이전 상황에 대한 정보가 거의 없기 때문이다.
욥기서 26:7–13 에서 창조 사고와 혼돈과의 전쟁 사고가 나타나는데, 창조 시에 하나님은 적대 세력을 제압하신 것인가?
7 그는 북편 하늘을 허공에 펴시며 땅을 공간에 다시며
8 물을 빽빽한 구름에 싸시나 그 밑의 구름이 찢어지지 아니하느니라
9 그는 자기의 보좌 앞을 가리우시고 자기 구름으로 그 위에 펴시며
10 수면에 경계를 그으셨으되 빛과 어두움의 지경까지 한정을 세우셨느니라
11 그가 꾸짖으신즉 하늘 기둥이 떨며 놀라느니라
12 그는 권능으로 바다를 흉용케 하시며 지혜로 라합을 쳐서 파하시며
13 그 신으로 하늘을 단장하시고 손으로 날랜 뱀을 찌르시나니

얼핏 보기에 이 구절들에서 창조 시에 혼돈의 세력인 라합이나 날랜 뱀 리워야단을 제압하시고 세상에 질서를 세우셨다는 것처럼 들린다. 그런데 여기서의 초점은 하나님의 권능과 그분의 위대하심에 두어진다. 비록 신화적 괴물들의 표상을 차용하긴 했어도, 창조 제 3 일의 사건, 곧 물에서 뭍을 분리시킨 사건을 시적으로 노래하면서 하나님의 위대하심을 부각시키고자 시인은 이방인들의 신화적 표상들을 차용한 것이다 (최종태 2007).

욥 25:2 에서 "하나님은 권능과 위엄을 가지셨고 지극히 높은 곳에서 화평을 베푸시느니라" 고 하는데, 여기서 하늘에서 적대 세력을 제압하신다는 사고가 나타나는 듯 보이지만, 그것이 언제의 일인지는 분명치 않다.

이제 우리는 클라인즈가 말한 신인간의 관계 설정에 대하여 언급하고자 한다. 창 1:28 에 제시된 하나님의 말씀은 그분의 축복 말씀이다: "하나님이 그들에게 복을 주시며 그들에게 이르시되" (wayəḇārek̲ ʾōṯām ʾĕlōhîm wayyōʾmer lāhem ʾĕlōhîm). 그 축복을 클라인즈는 관계 설정이라 이해했는데, 보다 정확한 관계 설정에 대한 언급은 오히려 창 2:15–17 에서 나타난다:

15 여호와 하나님이 그 사람을 이끌어 에덴동산에 두사 "그것을 다스리며 지키게 하시고" (ləʿoḇḏāh ûləšomrāh) 16 여호와 하나님이 그 사람에게 명하여 가라사대 동산 각종 나무의 실과는 네가 임의로 먹되 17 선악을 알게 하는 나무의 실과는 먹지 말라 네가 먹는 날에는 정녕 죽으리라 하시니라

대개의 번역과 달리 15 절 후반부의 바른 번역은 인간을 에덴동산에 두시고 "그것을 섬기며, 그것을 지키도록" 하셨다 이다. 여기서 첫 동사는 "아바드" 로 한역과 반대적 의미이다 (섬기다). 섬기다 동사와 (아바드) 지키다 동사는 (솨마르) 함께 나타날 때, 하나님을 섬기고 그분의 말씀을 지키다란 의미로 나타난다 (민 3:7–8; 8:26, 18:5–6 에서 레위인들의 직무). 이 두 동사의 조합과 유사한 것이 "사랑하며 지키다" (출 20:6, 신 7:9, 11:1, 30:16, 요 14:15, 23) "경외하며 지키다" (신 6:2, 24, 13:4, 시 111:10, 전 12:13 등) 등을 들 수 있을 것이다 (최종태 1999).

"섬기다" 동사와 연관하여 그 목적어를 에덴동산으로 보고 "동산을 경작하다" 란 의미로 취할 수도 있지만, 그런 노동 (勞動) 은 창 3:23 에서 보듯, 타락 이후에 저주로 임한 것이지, 타락 이전에 동산을 경작하는 농사일을 인생의 본분으로 주신 것은 아니다. "섬기다" 동사가 하나님을 목적어로 취할 경우, 하나님을 섬기다 곧 "예배하다" 를 의미한다. 그런데 그 섬김은 노예로서의 섬김이 아니라, 기쁨의 섬김이다 (시 22:31, 욥 21:15, 렘 2:20, 말 3:14).

인간의 원래 임무는 제사장이었다. 그분을 경배하고 찬양하고 그분의 말씀을 지키는 삶이었다. 이것이 인간의 영적 본성을 보여준다. 반면 동산지기 정도로 이해하면 인간의 가치란 보이는 현상 세계에 초점을 맞추는 일꾼밖에 되지 아니한다. 인간이 인간인 것은 위로 하나님을 섬기고 그분의 말씀을 준수하는 사실에 있지 아니한가?

(3) 인간의 원래적 사명

원래 인간이 제사장적 존재였다는 것은 방금 증거한 바이다. 그런데, 창 1:28 에서 정복하다, 다스리라는 축

복의 말씀은 인간을 하나님께서 왕적 존재로 세우셨다는 것을 의미한다 : 땅을 정복하라, 바다의 고기와 공중의 새와 땅에 움직이는 모든 생물을 다스리라 ! 여기서 통치의 대상은 모든 피조물로 나타나지만, 앞서 언급한 대로, 영적 세력에 대한 정복도 암시되었다고 이해할 수 있다.

이렇게 인간이 왕적, 제사장적 존재였다는 시각을 가지고, 타락 이후에 전개된 원시사를 본다면, 우리는 창 4:16–24 에 제시된 가인 족보와, 창 4:25–5:32 에 제시된 셋의 족보가 대조되어 부각될 것이다. 즉, 가인의 족보는 불경한 자들의 족보인데, 여기서 타락한 인간의 세속적 성향과 그 결과가 제시되는 반면, 경건한 자들의 자손들을 다루는 5 장의 셋의 족보에서 하나님과 동행하는 삶에 초점을 맞추는 영적 삶이 제시된다.

4:17 아내와 동침하니 그가 잉태하여 에녹을 낳은지라 가인이 성을 쌓고 그 아들의 이름으로 성을 이름하여 에녹이라 하였더라 18 에녹이 이랏을 낳았고 이랏은 므후야엘을 낳았고 므후야엘은 므드사엘을 낳았고 므드사엘은 라멕을 낳았더라 19 라멕이 두 아내를 취하였으니 하나의 이름은 아다요 하나의 이름은 씰라며 20 아다는 야발을 낳았으니 그는 장막에 거하여 육축 치는 자의 조상이 되었고 21 그 아우의 이름은 유발이니 그는 수금과 퉁소를 잡는 모든 자의 조상이 되었으며 22 씰라는 두발가인을 낳았으니 그는 동철로 각양 날카로운 기계를 만드는 자요 두발가인의 누이는 나아마이었더라 23 라멕이 아내들에게 이르되

아다와 씰라여 내 소리를 들으라 / 라멕의 아내들이여 내 말을 들으라

나의 창상을 인하여 내가 사람을 죽였고 / 나의 상함을 인하여 소년을 죽였도다

24 가인을 위하여는 벌이 칠 배일진대 / 라멕을 위하여는 벌이 칠십 칠 배이리로다 하였더라

4:26 셋도 아들을 낳고 그 이름을 에노스라 하였으며 그 때에 사람들이 비로소 여호와의 이름을 불렀더라

5:22 므드셀라를 낳은 후 삼백년을 하나님과 동행하며 자녀를 낳았으며 23 그가 삼백 육십오 세를 향수하였더라 24 에녹이 하나님과 동행하더니 하나님이 그를 데려 가시므로 세상에 있지 아니하였더라

창 4 장의 족보에서 우리는 성의 건축, 목축업, 음악 (예술), 공업 (기계), 일부다처제와 살인 등을 듣는다면, 셋의 족보인 창 4:26, 5:22–24 에서 우리는 예배, 하나님과 동행하는 삶, 자녀 양육, 생명 (승천) 등을 듣는다. 세상 문명의 발전이나 여러 타락한 인간의 악행이 가인의 족보에서 발생한다면, 셋의 후손에게서는 야웨의 이름을 부르는 예배, 자녀 양육과 하나님과 동행하는 경건 생활 등을 들을 수 있다.

이런 원시사의 전개는 족장사에서 족장의 부르심과 저들의 삶에 비추어 볼 때, 셋의 후손들의 영적인 삶은 셈의 후손인 아브라함과 그 후손들에게로 전수되어 갔고, 이와 대조적으로 가인 후손들의 세속적인 삶은 아브라함과 그 후손을 제외한 세상 인류의 공통적인 삶으로 전달되었다고 이해할 수 있다. 아브라함과 그의 후손들의 삶의 초점은 하나님을 섬기는 예배의 삶이었다. 그 예배의 삶에서 영적인 자녀들을 낳고 양육해야 했고, 그 영적 자녀들의 거할 땅은 하나님께서 가나안 땅으로 정해 주셨다.

그 가나안 땅은 하나님의 임재가 있는 거룩한 땅으로, 그곳에서 하나님은 두루 행하여 (임재를 나타내시어), 저들의 하나님이 되시고, 저들은 하나님의 백성이 되는 것이다. 이런 믿음 공동체의 설립과 그들을 통한 예배 생활, 곧 하나님과 동행하며 섬기는 삶은 구약 시대에 이스라엘에 국한되었으나, 저들을 부르신 이유는 만민도 그러한 영적인 축복을 받도록 하기 위함이었다. 따라서 이스라엘의 선택은 만민을 향한 부르심이었고, 선교사 사명자로서의 부르심이었다. 선택에 동반된 특권들과 함께 저들은 하나님을 섬기고, 만민에게 참 하나님을 증거함으로 복을 나눌 선교사로 세움을 입었던 것이다.

이스라엘의 예배 생활은 이방인들의 우상 숭배에 물들고 점차 형식화되고 결국 하나님의 징벌과 처벌로 그 공동체는 해체되고 이방 땅의 포로 신세로 전락했다. 이후 귀환 후에 믿음 공동체가 세워졌으나, 다윗과 솔로몬 시대의 영적 역동력을 상실하고 무기력하게 지내나가 (에스라, 느헤미야, 말라기) 암흑기 400 년을 지나 마침내 메시야의 도래를 맞게 된다.

(4) 오경을 넘어

메시야가 오신 목적은 새로운 이스라엘 믿음 공동체를 일으키기 위함이었다 (사 49:5-6). 그리스도는 (= 메시야) 그 목적을 위해서 12 지파를 상징하는 12 제자를 세우셨고, 십자가 제사와 부활, 그리고 승천과 즉위, 오순절 성령 부으심 등의 일련의 구속 사건들을 통해 새로운 믿음 공동체가 세워졌다. 그것이 신약 교회인데, 이는 구약 교회인 이스라엘을 완전히 갱신하는 인류 역사상 마지막 종말론적 믿음 공동체이다.

이 교회에 사 53:10 이 예고한 그 야웨의 고난 받는 종이 고난을 통해 얻을 많은 씨 곧 영적 자손들이 유대인 남은 자들과 이방인들 중에서 일어난다. 이 영적 자손들이 바로 "아브라함의 씨" 와 성격상 하나님의 자녀로서 동일하다. 구약의 모든 약속들은 이제 이런 교회 공동체에 유효하게 적용되고 거기서 성취된다.

이제 우리는 이 신약 믿음 공동체에 속하여 믿음생활을 영위한다. 이 종말의 시대에 우리는 "소명" 개념을 새롭게 정립할 이유가 있다. 종교개혁자들이 성직자에 국한되었던 '소명' 개념을 일반화시켜 모든 성도가 다 '소명' 을 받았으며 모든 성도의 직업은 그것이 무엇이건 간에, 죄악이 아닌 이상 전부 '천직(天職)' 으로 충성해야 한다는 사고를 퍼뜨렸다. 그런데 그것이 너무 좌편(左便)으로 치우쳐 오늘날 직장에 매여 영적인 삶에 큰 방해를 받는 것이 확실하다. 직업을 영적 삶의 방편으로 생각하지 못하고, 직업 자체를 신성시하고 교회에서의 '예배' 와 직장에서의 '전도' 사명은 뒷전으로 돌리는 것이다.

모든 성도의 일이 다 신성하고 모든 성도의 직업이 다 신성한 것은 아니다. 그것들은 이 세상을 사는 동안 밥벌이의 수단일 뿐 그것 자체가 중시되어야 할 이유가 없다. 그렇다고 경멸할 이유도 없지만, 중시해야 할 것은 하나님과의 관계이며, 그분을 섬기는 삶이어야 한다. 직장생활에서 하나님과 무관한 모든 작업은 다 의미가 없는 세속적인 일에 불과하다. 다시 말해 직장에서 내가 영적으로 하나님을 섬기고자 하는 목표를 상실하고 그냥 돈벌이 수단으로 일을 한다면 의미가 없다는 말이다. 내가 처한 직장에 영적 의미를 부여할 수 있을 때 내 직장이 신성한 장소, 하나님을 섬기는 처소가 될 것이다.

창 1:28 의 축복을 "문화 명령" 이라고 이해하곤 했는데, 문화 명령이 아니라, "복음 전파" 의 시각에서 그 명령도 이해해야 옳다. 앞에서 우리는 '땅의 정복과 통치' 가 영적인 것임을 지적한 바 있다. 우리의 가정과 직장은 바로 그 영적 정복의 전초기지인 것이다. 그 점을 염두에 두지 아니하는 세상에서의 삶은 하나님 앞에 죽은 삶에 불과하다.

(5) 신인관계의 최종완성 (Consummation of the Divine-human Relationship)

우리는 여전히 오경 너머 저 메시야 시대, 곧 신약 시대를 조망하고 있다. 이 시대에 메시야의 도래로 새로운 종말론적 성전이 세워지고 (엡 2:20-22, 고전 3:16, 고후 6:16) 그 성전에서 신인관계의 최종 완성이 진행되고 있다. 성령께서 신령한 성전(聖殿)된 성도 개개인과 성도들의 무리 가운데 오셔서 동거하신다는 것은 성소로서의 에덴동산에서, 혹은 이동성전인 성막에서, 혹은 솔로몬 성전과 스룹바벨 성전에서 예표된 바의 목표가 완성됨을 의미한다. 신령한 성전은 신인관계의 최종 완성 단계이지만, 이는 여전히 부분적 성취의 성격을 지닌다. 신천신지는 이미 시작되었고 그 가운데서 신령한 성전이 건축되는 중이며, 주님의 재림과 함께 최종 완성될 것이다.

그리스도께서 이 지상에 육신을 입고 오셨을 때, "말씀이 육신이 되어 우리 가운데 거하시매 그 영광을 보니 아버지의 독생자의 영광이요 은혜와 진리가 충만" 하였다 (요 1:14). 그리스도께서 사람들 가운데 거하심은 이전 성막이나 성전에 혹은 여러 모양과 방식으로 인간들에게 자신의 임재를 나타내신 그 신현의 (theophany) 구체화 내지 완성이었다.

유일하신 자의 성육신에 의한 하나님과 인간의 동거와(同居) 교제는 이제 성령님이 성도 안에 내주하시는 것으로 보다 신령화 내지 심화되었다. 성령님을 모신 성도는 이제 신인 합일의 특권을 향유하는 것이다 (요 6:56, 14:20, 15:5, 17:21). 이런 신비로운 연합은 신인관계의 최종 완성이면서도 여전히 그 완전한 완성은 주의 재림 이후 혹은 개개인이 지상을 떠나 영원 천국에 들어갈 때 이루어질 것이다 (계 22:1-5).

(6) 요약과 결론

창조 시에 인간에게 주신 그 생육과 번성, 땅의 정복과 통치, 땅에 충만케 되는 축복은 오늘날 그 완전한 성취가 그리스도 안에서 이루어지고 있다. 성소로서의 에덴동산에 두어진 인간에게 왕적 제사장적 지위를 부여하셨던 하나님은 이제 우리 안에, 우리가 그분 안에 거함으로 신인합일의 신비로운 연합을 통해 왕같은 제사장으로서의 삶을 가능케 하신다. 내 안에 내주하시는 그분을 왕으로 섬기며, 그분의 능력과 지혜를 통해 우리는 세상을 영적으로 통치한다. 이제 복음에 의한 땅의 정복과 하나님 나라 / 통치권의 확대가 교회를 통해 이루어지고 있다.
생육과 번성은 영적인 생육과 번성이며, 땅의 정복과 통치도 영적인 정복과 통치이다. 원래 주셨던 생육과 정복, 통치의 사명은 그리스도의 영으로 충만한 자들에 의해 감당되고 있다. 이러므로 원래 인간에게 주셨던 축복, 곧 자손 (생육과 번성), 땅 (정복과 통치), 신인 관계 (왕 같은 제사장) 등의 삼중 요소는 아브라함과 그 후손을 통해 이루어져야 할 것이었다면, 구약 시대 이스라엘은 그 약속을 이루는데 실패했고, 이제 '새 이스라엘' 인 그리스도인들에게서 완전히 성취되어지고 있다. 삼중 요소의 상호 관계는 신인관계의 완성인 신인 합일의 축복에서 출발하여 자손과 땅의 요소로 진행된다. 신비로운 연합이 먼저 행하고 자손과 땅의 축복이 뒤 따른다. 구약시대와 달리 오늘날에 땅과 자손은 저 팔레스틴과 이스라엘 민족의 좁은 제약을 벗어나서 온 세상과 만민을 대상으로 한다.

2. 오경 각 책

오경 각 책의 명칭과 저자, 저작 연대는 따로 다루지 아니하고, 이미 앞에서 다룬 바 있으므로 생략한다.

2-1. 창세기

1) 내용분해

(1) 원시 역사 (1:1–11:26)

a. 창조 (1:1–2:25)
1. 창조 개괄 (1:1–2:3);
2. 창조 사역 한 부분의 확대 묘사 (2:4–25)

b. 타락과 죄의 흥왕 (3:1–8:22)
1. 타락과 구원 계획 선포 (3 장);
2. 죄의 퍼짐 (4:1–16);
3. 가인과 셋의 계보 (4:17–26, 5:1–32);
4. 타락한 천사와 인간의 결혼, 심판 (6:1–8:22)

C. 보존과 구원의 은혜 (9:1–11:26)
1. 노아 언약 (9:1–17);
2. 가나안의 저주 (9:18–29);
3. 민족들의 계보와 바벨탑 (10, 11:1–9);
4. 셈의 계보 (11:10–26)

(2) 족장 역사 (11:27–50:26)

a. 아브라함 (11:27–25:18)
1. 아브라함 선택과 아브라함 언약 (11:27–15:21)
2. 아브라함의 유혹과 시험을 통한 믿음의 성장 (16:1–22:19)
3. 시험 이후의 축복된 삶 (22:20–25:11)
4. 이스마엘의 족보 (25:12–18)

b. 이삭 (25:19–35:29)
  1. 야곱과 에서의 갈등 (25:19–28:22);
  2. 야곱의 객지 생활 (29–32)
  3. 야곱의 귀향 (33–35);
  4. 에서의 족보 (36:1–37:1)
c. 야곱 (37:2–50:26)
  1. 요셉이 노예로 팔려감 (37:2–36);
  2. 다말과 유다 (38:1–30);
  3. 요셉과 보디발, 감옥 (39:1–40:23);
  4. 요셉의 승귀 (41:1–57);
  5. 요셉 형제들의 1 차 이집트 방문 (42:1–38);
  6. 2 차 방문 (43:1–45:28);
  7. 3 차 방문 (46:1–47:31);
  8. 야곱과 요셉의 말년 (48:1–50:26)

* 창세기의 내용 분해를 할 때 보통 "톨레돗" 이란 (족보, 기사) 말을 근거로 10 대분하는데, 우리가 보기에 그런 톨레돗을 근거로 하는 내용 구분은 피상적일 뿐, 실제 창세기 내용과 상당한 차이가 있다고 본다. 따라서 우리는 그런 구분을 배격한다.

2) 창세기는 무엇을 가르치는가?

창세기는 왜 기록되었을까? 아니 오경은 왜 무슨 목적으로 주셨던가? 중세 랍비 라쉬는 순전히 모세 시대의 이스라엘 사람들의 견지에서 말하길, 하나님은 지금 가나안을 정복하려는 저들에게 창조 기사를 기록하게 하셔서 이웃 이방인들이 왜 너희들은 남의 나라를 빼앗는 강도질을 하느냐? 고 할 때 아, 이것은 모두 하나님이 만드신 땅인데 그가 자기 원하는 자에게 주신다고 답할 말을 주기 위함이라 했다. 창조 기사를 오경의 첫 부분에 둔 것은 바로 그런 이유에서 강조하기 위함이다. 라쉬에 의하면 오경의 첫 부분은 이스라엘에게 하나님이 주신 첫 계명을 (출 12:2 이 달로 너희에게 달의 시작 곧 해의 첫 달이 되게 하고) 기록해야 마땅하지만 앞서 언급한 이유 때문에 창조 기사가 우선 배치된 것이라.

오늘날 비평적인 구약 신학자들은 창조 신학은 이스라엘의 구원사에 들러리라고 부차적인 것으로 취급한다. 왜 그렇게 생각하는가 하면, 창조 사고는 이스라엘이 추방 이후에 발전한 것이라는 그릇된 생각을 하기 때문이다. 그러나 창조신학이 근본이고, 이스라엘의 구원사 사상은 그 다음이다. 이 순서를 바꾸면 전체 성경의 사상이 거꾸로 전도(顚倒)되어 버린다. 다시 말해 하나님께서 세상을 지으시고, 인생을 하나님을 섬기고, 그분의 계명을 지키도록 에덴동산에 두셨는데, 인간이 하나님의 주권에 도전함으로 하나님께 버림을 받고 저주 하에 처하게 되었다.

이 타락 때문에 이스라엘은 온 세상 만민의 전도자로서 선택을 받은 것이다. 창조가 이스라엘을 위해 되어진 것은 아닌 것이다. 즉, 창조 신학은 결코 이스라엘의 역사 후기에 나타난 사상이 아니며, 이스라엘의 구원사의 들러리 역할을 하는 것은 더더욱 아니다.

창세기는 오경 중에서도 머리에 해당되고, 전체 성경에서의 배열상의 위치나 사상적 측면에서도 단연 최선두이다. 모든 것의 시작을 말씀하기 때문에 그러한 배치나 사상적 (신학적) 측면에서 최우선의 순서를 점하는 것이 당연하다. 창세기는 세상 만물의 시작과 기원을 알려주며, 결혼과 가정의 시작도 알려준다. 민족들이 원래 한 사람 아담에게서 유래하며 노아의 세 아들을 통해 퍼졌으며, 바벨탑 사건으로 하나였던 언어가 쪼개어졌고, 그로 인하여 사람들이 끼리끼리 뿔뿔이 온 세상 지면으로 흩어졌다고도 말씀한다.
자, 왜 창세기를 기록하게 하셨던가? 오경 전체는 모세 계시라고 할만하다. 모세를 통해 주셨기 때문이다. 어떤 이들은 아담 계시, 아브라함 계시, 모세 계시 등등 말하는데 이것은 정확한 것이 아니다. 하나님께서 오늘날 우리에게 주신 오경의 계시는 모세에게 주신 것이지 결코 아담이나 아브라함에게 주신 것이 아니었다. 아담에게나 아브라함에게 물론 하나님은 말씀하셨다. 그렇지만 그 모든 것들은 모세를 통해서 기록되어 우리에게 전해질 뿐, 다른 하나님에 관한 기록은 전무하다. 따라서 우리에게는 모세 계시만 있을 뿐, 아브라함이나 아담의 계시는 없다.
그렇다면 모세를 통해 왜 창세기를 기록하게 하셨던가? 모세는 이스라엘의 구원자로 보냄을 입었고, 이스라엘의 건국자였다. 물론 모세는 하나님을 대신하는 이스라엘과 하나님 사이의 중보자였지만 하나님은 모세를 통해서 일하셨던 것이다. 그렇다면 모세에게 오경을 기록하게 하신 목적은 몇 가지로 생각해 볼 수 있다.

첫째로, 창조와 타락

타락한 인간은 자신이 어디서 와서 어디로 가며 무엇 때문에 사는지 알지를 못하고 바람 부는 대로, 물결치는 대로 살아가고 있다. 혹시 목표가 있다 해도, 순전히 인본주의적이고 자신의 참 정체성과 가치, 목적을 알지 못하고 있다. 고작 좋은 여자/남자 만나 결혼하여 행복한 가정을 꾸리고, 아들딸 낳고 잘 길러 교육시키고 그리고 행복하게 인생을 즐기다 세상을 하직하는 것, 뭐 대개 이런 꿈을 모두들 가지고 살 것이다. 그러나 인간의 삶의 근본적 의미는 그런 것이 아니다. 즉 인생의 행복이 그의 삶의 목표가 아니다.
왜 자기를 지으신 하나님과는 무관하게 자신의 행복만을 생각하게 되었던가? 그것은 바로 인간이 하나님을 배반하고 영이 죽었기 때문이다. 그래서 인간은 하나님을 알지 못하고, 그분께 감사할 줄도, 영화롭게 하지도 아니하고 자기 멋대로, 자기를 위해 살고자 한다. 간혹 좀 고상한 삶을 살고자 하는 이들도 있다. 그들은 타인을 위해 인류를 위해 자기 삶을 바치기도 한다.
알버트 슈바이처 (Albert Schweitzer 1875-1965) 는 "생의 경외" 라는 철학을 가지고 (「문화철학」 Kulturphilosophie 1923) 일생을 적도 부근의 가봉의 랑바레네라는 (Lambarene) 열악한 환경에서 아프리카인들을 위해 바쳤다. 슈바이처는 신학과 철학, 의학과 음악 분야에서 학위를 받은 엘리트 기독인이고 성자 (聖者) 라고도 불리는데, 그가 왜 불신자의 삶의 전형인가? 슈바이처는 "원시림의 끝에서" 란 제하의 (On the Edge of the Primeval Forest) 책 서문에서 "아프리카 적도 지역에 의사로 가고자, 나는 스트라스부르그 대학교의 교수직과 저작 활동, 오르간 연주를 포기하였다; 어떻게 그렇게 되었나?" 라고 적고 있다. 그의 이유를 들어보면, 선교사들로부터 원시림에 거주하는 토인들의 비참한 생활상을 듣고, 관련 서적들을 대할 때, 부자와 나사로 비유에서 "부자" 는 바로 부유한 유럽인들이고, 그 문간의 거지는 저 아프리카 토인들이라는 느낌을 받았다 한다. 부자는 자신을 거지의 위치에 두고 생각해 보지도 않았고, 양심에 무엇을 해야 할지를 묻지도 아니함으로 거지에게 큰 죄를 지었듯, 유럽인들도 남의 나라 이야기로 흘려보냄으로 큰 죄를 짓고 있다. 슈바이처에 의하면, 사회는 일반적으로 인도주의적 활동을 인정해야 하고, 의사들은 자원하여 자신을 필요로 하는 지역에 가되 사회의 지원을 받아 거지들이 필요로 하는 지역에 가는 때에, 비로소 세계 문명의 계승자들인 우리에게 놓인 토인들을 향한 책임을 인정하고 행동하기 시작하는 일이 될 것이다. 이런 사고들에 사로잡힌 슈바이처는 30 세에 의학공부를 시작해서 자기 생각을 시험해 보기로 행동에 착수한다. 그는 간호사인 아내와 함께 아프리카 적도 지역으로 떠났다. 물론 파리 개신교 선교회의 파송을 받아 갔는데, 그는 세상에 되어져야 할 인도주의적 활동은 인류의 일원으로서 해야지 어떤 특정 국가나 종교 단체의 일원으로 해서는 안 된다는 확신을 피력했다.
이런 그의 관한 정보는 슈바이처가 우리가 생각하는 거듭난 기독인으로서 주님의 선교 명령에 순종하여 의술 선교사로 영혼과 육신을 구하러 나간 것이 아니라, 순전히 고통당하는 서지에 대한 공통의 인류애의 감정에서 비참한 토인들의 고통을 경감시키기 위함이었다는 사실을 확인시켜 준다. 이런 그에 대한 우리의 첫 인상은 그의 여러 신학 저작들을 읽다보면 보다 분명하게 다져진다. 슈바이처는 자신의 입장을 "윤리적 신비주의" 라 (ethical mysticism) 칭하는데, 이는 불가지론에다 (agnosticism) 정령적 범신론 사고가 (animistic pantheism) 더해진 사고이다. 슈바이처의 이러한 사상은 근본적으로 칸트의 영향인데, 자연 철학에 대한 낙관적 세계관을 가질 수 없다는 입장이다. 다시 말해, 우주에 대한 고찰에서, 자연과학에 근거해서 우주의 제 1 원인자, 완전한 창조자의 존재나 지속적으로 진보하는 궁극적 목표인 세계 계획을 귀납적으로 얻기 불가하다 (Oskar Kraus 1944:5).

타락한 인간은 성령님으로 거듭나지 않는 한 그 어떤 선행도 선행이 아니라, 악일뿐이다. 절대 기준에 비추어 그렇게 판단해야 한다. 이사야는 "대저 우리는 다 부정한 자 같아서 우리의 의는 다 더러운 옷 같으며 우리는 다 쇠패함이 잎사귀 같으므로 우리의 죄악이 바람 같이 우리를 몰아가나이다" 라고 탄식하지 않았던가? (사 64:6) 이 세상의 모든 사람들은 주님을 영접하기 전에는 모두가 다 하나님 앞에 죄인이요, 어떤 선행을 하건 그것이 그의 죄인됨을 바꾸어 줄 수가 없다. 오히려 그의 죄인됨을 그의 의가 숨길 뿐이다.

오늘날 진화론이란 괴물이 나타나서 사람을 미혹시키고 인간을 우연의 산물과 진화의 산물로 간주함으로 인간의 정체성에 혼란을 일으키고 고상한 인간을 적자생존의 (適者生存) 원칙으로 살아남은 생물의 한 종류에 불과하다고 주장하여, 인간의 가치와 존엄성을 본질적으로 손상시키고 있다. 창조 기사는 분명, 하나님께서 각 생물들을 "그 종류대로" 창조하셨다고 언급하고 있다 (창 1:24). 원숭이는 원숭이 종류로, 사람은 사람의 종류로 만드신 것이지, 원숭이가 진화하여 사람이 될 수는 없는 일이다.

1920 년대 미국의 20 개주 이상에서 진화론에 반대하는 법을 심의하도록 했고 아칸소, 미시시피, 오클라호마, 테네시 등 4 개주의 공립학교에서 진화론을 가르치는 것을 금지하도록 만들었다. 그러나 1968 년 미국 연방대법원은 공립학교에서 진화론 강의를 금하는 것은 헌법에 위배된다고 판결했다. 그 이후 창조론을 옹호하는 기독인들이 여러 주에 진화론과 창조론을 균형 있게 가르칠 것을 입법 청원했고 1980 년대 들어 아칸소, 루이지애나 주에서 양자를 균형 있게 가르칠 것을 내용으로 하는 법안을 통과시켰으나, 이에 반대하는 사람들은 이 법안이 정치와 종교를 분리한다는 헌법에 위배된다는 점을 들어 법안을 철회시켰다. 진화론은 과학이고, 성경은 종교문헌에 불과하므로, 창조론은 안 되고, 진화론은 된다는 사고인데, 이렇게도 인간은 어리석게 굴고 있다.

둘째로, 인간의 창조 목적

하나님께서 인간을 지으시고 에덴동산에 두실 때, 인간에게 목표를 분명하게 주셨는데 그것은 창 2:15 에 있다.

여호와 하나님이 그 사람을 이끌어 에덴동산에 두사 그것을 다스리며 지키게 하시고

(wayyiqqaḥ yhwh ʾĕlōhîm ʾeṯ-hāʾāḏām wayyannīḥēhû ḇəgan-ʿēḏen ləʿoḇḏāh ûləšomrāh)

창 2:15 에는 두 동사가 부정사형으로 나타나는데, "그것을 섬기고, 그것을 지키도록" (현대 역본들은 하나같이, "동산을 경작하고, 그것을 지키도록" 에덴동산에 두어졌다고 한다. 그러나 한글 개정판이 "다스리다" 로 번역한 말은 정반대로 "섬기다" 란 의미의 "아바드" 동사이고, 다음에 오는 동사가 "지키다" (쇠마르) 이다. 이 두 동사의 조합 (組合) 을 구약에서 찾아본다면, 십중팔구 하나님을 섬기고, 그분의 계명을 지키는 일을 의미한다. 따라서 인간을 왜 하나님께서 만들어 동산에 두셨는가 하면, 하나님을 섬기고 그분의 계명을 지키도록 하기 위함이라 할 수 있다 (최종태 2003: 제 1 장). 그렇다면 창 1:28 의 말씀 "생육하고 번성하여 땅에 충만하라, 땅을 정복하라, 바다의 고기와 공중의 새와 땅에 움직이는 모든 생물을 다스리라 하시니라" 는 축복은 무엇인가? 이것은 인간의 삶의 목적이라기보다, 축복이다. 하나님께서 목적을 위해 즉 자기의 본질적 설계도대로 순응하여 사는 인간에게 주신 하나님의 축복 말씀이다.

만약 인간이 하나님의 의도하신 바에서 어긋나게 되면, 그 축복은 거두어 질 것이었다. 우리는 노아 홍수로 타락한 인간들이 몽땅 물로 죽임을 당하는 끔찍한 심판을 보는데, 그것은 저들이 하나님의 창조하신 목적에서 크게 벗어났기 때문이었다.

인간은 하나님의 지으신 피조물로서, 그분을 섬기고, 그분의 계명을 지키도록 성소 (聖所) 였던 에덴동산에 두어졌다. 이 목적은 다른 표현으로도 종종 나타나는데, 그것들은 하나님을 사랑하다 (출 20:6, 신 5:10, 7:9, 11:1, 30:16, 느 1:5, 사 56:6, 단 9:4) 혹은 경외하다와 계명을 지키다, 법규를 행하다, 그의 도에 행하다 등이다 (신 6:2, 13:4, 전 12:13, 시 119:63).

우리 주님은 너희가 나를 사랑하면 나의 계명을 지키리라! 고 하시는데 (요 14:15) 인간의 목적에 관한 구약의

사고와 다르지 않다. 주님은 또한 인간이 해야 할 본문에 관한 구약의 가르침을 요약하여 두 가지로 제시하셨는데, 곧 "네 마음을 다하며 목숨을 다하며 힘을 다하며 뜻을 다하여 주 너의 하나님을 사랑하고 또한 네 이웃을 네 몸과 같이 사랑하라" 고 명하셨다 (눅 10:27, 그 병행구들).
창조 때의 인간의 목적이나, 이스라엘을 이집트의 종살이에서 구속해 내실 때의 목적이나 (출 3:12), 인간이 영원한 세상, 영화로운 천국에서의 삶의 목적이 (계 22:3) 모두 그분을 섬기는 것, 그분을 예배드리는 일이다. 특히 천국에서의 삶에 대하여 요한 사도는 말하길, "3 다시 저주가 없으며 하나님과 그 어린 양의 보좌가 그 가운데 있으리니 그의 종들이 그를 섬기며 4 그의 얼굴을 볼 터이요 그의 이름도 저희 이마에 있으리라" 고 한다 (계 22:3–4). 그의 종들은 다름 아니라, 하나님의 택하신 바 되고, 예수님을 믿는 모든 성도를 지칭한다. 그들이 하나님을 섬기리라 한다. 여기 계시록에서는 헬라어 "라트류오" 란 단어가 사용되었는데, 이 헬라어에서 영어의 liturgy 란 (예배 의식) 단어가 유래한다. 하나님을 섬기는 자 복되도다!

셋째로, 결혼과 생육

창세기는 남녀가 결합하여 가정을 이루고 생육하고 번성하여 이 땅을 충만히 채우고, 땅을 정복하고 다스리는 축복을 누려야 함을 가르친다. 앞에서 우리는 이 말씀이 (창 1:28) 인간의 목적이라기보다 축복이라고 했다. 즉 인간은 원래 축복을 누리는 존재로 지음을 받았다. 그러나 죄로 저주가 들어오고 병과 죽음이 세상에 들어왔다. 하나님은 창세기를 통해 이것을 인간에게 분명하게 가르치시고자 하신다. 이 축복은 이제 타락한 인간에게서 거두어졌다. 그래서 인간은 모두 저주 하에 신음하고 있다. 병을 무서워하고, 죽음을 두려워한다. 그리고 귀신들이나 여러 불시에 덮칠 재앙을 두려워한다. 이러한 삶은 축복된 삶과 거리가 멀다. 평안이 없고 기쁨이 없는 삶이 무슨 축복이겠는가?
하나님은 원래 인간을 남녀로 만드시고, 남녀가 한 몸으로 결합하여 생육하고 번성하여 땅을 충만케 하길 원하셨다. 여기서 우리는 결혼과 가정, 자녀 양육의 시작을 보게 된다. 결혼은 하나님이 정하신 것이며, 주목할 것은 오직 한 남자와 한 여자를 만드시고 둘을 짝 지워 주셨다는 것이다. 이것은 일부일처제를 제정하셨다는 의미이다. 그러므로 비록 모세법에서 일부다처제가 용인되었다는 인상을 준다 해도, 창조 질서에 비추어 본다면 인간은 일부일처제를 따라야 함이 마땅하다.
근자에 미국에서는 어떤 신실한 기독인들이 일부다처(一夫多妻)제가 성경적이라고 운동을 일으키고 있다고 한다. 구약이나 신약에서 일부다처제를 정죄하는 구절은 없다는 주장이고, 아브라함이나 야곱, 모세, 다윗, 솔로몬, 이스라엘의 역대 왕들은 모두가 일부다처제를 따랐다는 것이다. 그리고 유대인 랍비들도 대략 4 명의 부인까지는 용인하였다. 유대인들에게서 일부다처제가 금지된 것은 비교적 최근의 일이다.
모세법이 일부다처제를 허용하고, 다윗에게 하신 말씀도 일부다처제를 허용하시는 것 같아도, 일부다처제는 원래 하나님의 뜻이 아니었다. 만약 그러했다면 남자 한 명에 여자 5 명이나 10 명을 만들어 함께 살도록 하셨지 않겠는가? 그리고 창세기에 묘사되는 일부다처제를 따른 라멕의 악행, 야곱 가정의 복잡하고 추악한 아내들 간의 싸움이나 배다른 형제들 간의 시기와 살기, 그리고 다윗 가정에 일어난 여러 배 다른 형제 누이들 간의 음행과 살인, 사무엘 시대의 하나와 브닌나 사이의 암투와 질시는 모두 일부다처제를 간접적으로 비판하고 있다.

넷째로, 원수 사단에게서 인류를 구원할 여자의 씨

하나님은 범죄한 인간에게 심판을 선고하시면서, 하와에게 여자와 뱀이 서로 원수 되게 하시고 그녀의 씨가 뱀의 머리를 상하게 하리라고 예언하셨다 (창 3:15). 이것을 "원시 복음 (proto-evangelium)" 즉, 태아처럼 희미하지만 그럼에도 분명하게 사단의 머리를 깨뜨릴 구원자가 올 것을 예고하는 '복음' 이라 부른다.

이 구원 계획의 선포에는 뱀 곧 사단의 머리를 박살 낼 구원자 "메시야" 의 모습이 묘사되는데, 눈 여겨 볼 세 가지 특징이 그에게 있다: 1) 여자의 씨, 2) 정복자, 3) 고난당할 자 등이다. 먼저 사단의 머리를 박살낼 구원자는 "여자의 씨"라 언급되었다. 마 1장의 족보에서 보듯, 혹은 창세기에 언급된 족보들에서 보듯 (창 4:16-24 [가인], 4:25-5:32 [셋], 10:1-32 [민족들], 11:10-32 [셈]), 족보는 남성 위주로 기록되며, "씨" 라는 말 (히, 제라; 헬, 스페르마) 자체가 남성의 정자를 (精子) 암시하는 단어이다. 따라서 "여자의 씨" 라는 표현 자체가 메시야의 특이한 출생을 암시한다.

이 표현은 사 7:14 에서 "처녀가 잉태하리라" 는 예언으로 이어지고, 마 1:23 에서 주의 천사를 통해 사 7:14 의 예언이 동정녀 마리아를 통해 성취될 것이 선포됨으로 그 의미가 보다 구체화되었다. 창 3:15 의 "여자의 씨" 는 갈 4:4 에서 "때가 차매 하나님이 그 아들을 여자에게서 나게 하시고" 라는 진술에서도 반향 (反響) 되는데, 이런 신약 기자들의 사고는 메시야께서 성령님을 통해 동정녀 마리아에게 잉태되고 출생하신 기적적 출생을 암시하는 것이다.

다음으로 메시야는 여자의 원수인 뱀 곧 사단의 머리를 박살내는 정복자로 제시되었다. 인류를 불행에 떨어지게 한 그 대적자 사단의 머리가 깨어짐은 그 대적자의 치명상을 의미하고 이는 반대로 인류에게는 구원을 의미한다. 같은 동사가 (슈프) 여자의 씨와 뱀에게 모두 사용되었지만, 여자의 씨는 뱀의 머리를 "깨뜨리고" 뱀은 여자의 씨의 발꿈치를 "무는" 것이다. 이렇게 같은 동사지만 주어에 따라 달리 번역해 줄 필요가 있다.

뱀의 머리통을 깨는 일은 십자가에서의 대속적 죽으심과 연결되는데, 골 2:14-15 에서 십자가로 정사와 권세를 무장 해제시키셨다고 할 때 그런 연결을 찾을 수 있다. 십자가 상에 일어난 사건은 영적으로 뱀의 머리통을 박살내는 일인데, 이는 고전 15:56 에서 "죄의 권능은 율법이라" 는 진술에 비추어 다음과 같이 추론할 수 있다. 구약에서 사단은 인간의 죄를 기소하는 검사로 나타난다 (욥기서에서나, 슥 3 장). 십자가에서 인간의 죄목을 기록한 기소장에 (의문의 증서) 적힌 죄의 목록을 도말하심으로 (양피지에 적힌 글자를 완전히 지워 버림) 주님은 자기를 믿는 자들을 사단의 기소와 정죄에서 해방시키셨다. 이리하여 사단은 더 이상 성도들에게 아무런 권한이 없어지게 된 것이 결국 그 놈의 머리통이 박살난 상태라고 '상징적' 으로 묘사할 수 있을 것이다. 영적인 실체인 사단을 쇠사슬로 묶는 일이나 무저갱에 가두는 일 (계 20:1-3), 머리통을 박살내는 일 등은 모두 상징적 표현일 뿐, 문자적으로 그렇게 하기란 어려운 일이다. 여하간 창 3:15 에 제시된 구원자는 인류의 대적자 사단을 정복하는 자이다.

마지막으로 구원자는 자신의 발꿈치를 상케 한다. 곧 고난을 당할 자이다. 메시야의 고난은 유대교에서 상상할 수 없는 일이다. 유대교에서 메시야는 영광스러운 정복자로 왕으로 올 것만 기대되기 때문이다. 유대교 랍비들은 하나같이 사 53 장에 묘사된 고난 받는 야웨의 종을 "이스라엘" 민족이라 집합적 해석을 가한다. 이는 사 41:8-16, 42:24-43:18 등에서 이스라엘이 야웨의 종으로 지칭되고 있기 때문에, 야웨의 종은 한 개인 메시야가 아니라 이스라엘 전체라고 이해하는 것이다. 유대교의 비극은 메시야의 고난을 알지 못했다는 점이다. 그 결과 메시야를 십자가에 못 박아 죽여 버렸다. 저들이 기대한 메시야 상과 예수님의 모습과는 전혀 어울리지 않았기 때문에 저들은 오신 메시야를 알아보지 못하고 이단으로 몰아 그렇게 잔인하게 제거해 버린 것이다.

이제 우리는 이 메시야 예언이 어떻게 우리 기독인들과 연관되는지 고려해야 한다. 여기 예고된 구원자를 후대인들은 "메시야" 라 불렀는데, 메시야는 이스라엘의 왕정 시대에 가장 중요한 세 직책을 가질 자들에게 하나님께서 기름을 부었다는 사실에서 유래한 단어이다. 그 의미는 기름부음 받은 자인데, 왕이나 선지자, 혹은 제사장 직책에 세울 사람들을 하나님은 지명하여 부르시고, 기름을 그 머리에 부어 성령 충만의 은혜가 임할 것을 상징적으로 예시하셨다.

구약에서 모든 왕들, 모든 선지자들, 모든 제사장들이 "메시야" 가 되는 셈인데, 그러나 보통 우리가 요즘 사용하는 "메시야" 란 말은 그 세 직책을 한 몸에 가지고 행사하는 예수님을 지칭하는 칭호이다. 헬라어로는 "그리스도" 인데, 이것 역시 기름부음 받은 자를 의미한다.

주님께서 베드로에게 너희는 나를 누구라 하느냐? 고 물으셨는데 그 때 베드로는 주는 그리스도시오, 살아계신 하나님의 아들이시니이다 라고 하였다. 그 때 베드로는 자기 이성으로가 아니라 하나님께서 그 점을 알려 주셨다고 주님은 지적하셨다. 예수께서 바로 구약의 세 직책을 한 몸에 지니고 이루실 분이시라는 것이 베드로의 대답이었다. 주님은 이 지상에 오셔서 선지자로서 하나님의 말씀을 선포하셨고, 십자가에 자기 몸을 제물로 내어 놓으심으로 제사장 직분을 완전 성취하셨고, 따라서 더 이상의 제사는 없다. 부활 승천하여 하늘 보좌 우편에 앉으심으로 왕으로 등극하셨다. 이제 그분은 왕으로 통치하시는데 온 세상을 통치하시나 특히 말씀과 성령님으로 교회를 곧 성도들을 통치하신다. 이제 그에게 연합한 성도 역시 왕이자 제사장이며 선지자이다. 왜냐하면 성도는 성전이며, 성도들 역시 집합적으로 성전으로서 성령님이 거하신다. 성령님 곧 하나님을 모신 우리는 왕으로 죄와 사단의 세력을 다스리고 정복해야 하는 것이다. 또한 선지자로서 하나님의 기름 부으심을 입어 하나님의 말씀을 선포해야 한다. 끝으로 우리는 제사장이라 한다. 이는 우리 자신을 주님처럼 죄를 속하는 제물로 드릴 수 있다는 의미가 아니다. 이 점에서는 우리와 주님 사이에 분명한 직책 상 구분이 필요한데, 왕과 선지자의 직책은 우리가 주님처럼 기도 많이 하여 감당할 수 있지만, 제사장으로 죄를 속죄하는 일은 할 수가 없다. 그 속죄의 일은 무죄한 주님만 감당하실 수 있었고, 그분이 온전히 다 이루셨으므로 더 이상 속죄의 제물은 필요치 않기 때문이다.
우리가 제사장이란 말은 우리가 하나님을 섬기는, 곧 경배하는 자리에 있다는 것을 말한다. 우리의 삶의 모든 목표가 그분 앞에서 서서 그분을 섬기는 것이어야 한다. 우리를 부르신 목적이 그분을 찬양하며 (사 43:21), 그분이 그저 주신 은혜를 찬양하도록 하기 위함이었다 (엡 1:6, 12, 2:7).
우리는 이미 그리스도와 함께 일으킴을 받았고 그와 함께 살리심을 얻었으며, 그와 함께 하늘 (보좌에) 앉힘을 받았다 (엡 2:5–6). 그래서 지금 주 안에 거하는 자들은 당당한 왕인 것이다. 왕으로서 죄와 사단의 세력을 정복해야 한다. 이는 지금이 우리가 왕 노릇하는 천년왕국 시대임을 암시해 준다 (계 20:4–6).
우리가 '왕' 이라는 사실을 숙고해 보라. 왕자가 아니라 왕이다. 천사들은 우리의 수종자들이다. 우리는 하나님의 아들들이기 때문이다. 하나님의 나라는 이미 임했고, 사단의 세력은 이제 쫓겨나고 저주와 병마 (病魔) 는 주님의 이름으로 몰아내야 한다. 담대하게 기도하고 복음을 선포함으로 불신 세상을 영적으로 정복해야 할 왕들이다. 능력을 받아야 사실 왕으로서 기능할 수 있다. 왕인데 왜 사단의 졸개들인 귀신들이 우리 성도에게 굴복하지 않고 유혹하고 넘어뜨리는가? 무릎을 꿇고 그분의 능력으로 덧입지 않았기 때문이다.

한편 메시야 예언은 오경에서 현저한 위치에서 나타나고 있는데, 창 3:15 에서 시작된 메시야 예언은 창 49:8–10 에서 (실로), 민 24:17 (한 별), 신 18:9–22 (나 같은 선지자) 등에서 언급되었다. 또한 선지서들에서 가지, 순, 목자, 야웨의 고난받는 종, 남은 자 등으로 나타나고 있고, 단 7:13 에서는 인자같은 이로 나타난다. 특히 삼하 7:14 이하에서는 다윗의 씨로 나타나는데 그 다윗의 씨는 다윗의 보좌에 앉아 영원히 왕 노릇할 자로 언급된다. 그리고 시 2:7 에서는 하나님의 아들로 지칭된다.
구약 메시야 예언에서 가장 중요한 구절은 삼하 7:14 인데, 하나님의 아들로 지칭될 것이고, 다윗의 씨로 나타나리라 예고되었다. 그는 평화의 왕, 영존자 (영원한 아버지), 기묘자, 모사 등으로도 불린다. 하나님의 아들이란 칭호는 신약에서 "인자" 와 함께 자주 등장하는데, 인자와 하나님의 아들을 각기 사람의 아들과 하나님의 아들로 대비시켜 전자는 예수님의 인성, 후자는 그분의 신성을 의미한다고 잘못 이해되기도 한다. 하나님의 아들이라 불리는 것은 구약적 배경을 갖는 것으로, 그분의 신성을 의미하는 것이 아니라, 다윗의 씨로 왕 위에 영원히 통치할 그의 왕적 지위를 암시하고, 하나님의 아들로서 하나님을 섬기는 기능을 부각시킨다. 곧 신약에서 하나님의 아들이란 칭호는 인류 구원의 목적을 위해 그리스도께서 이 땅에 오셔서 하나님의 아들의 위치에서, 다윗의 자손의 위치에서 그분을 섬기는 기능에 강조점을 둔다. 그러므로 생물학적인 부자 관계를 의미하는 것이 아니다. 다윗의 씨로 그의 왕위에 앉아 통치할 자는 하나님의 아들이라 칭해지리라 했다면 바로 그 왕적 기능 측면을 강조하는 칭호이다.

다섯째로, 만민의 선교사

아브라함은 왜 부르셨던가? 그를 편애하셔서가 아니라, 만민의 복의 근원이 될 자로 세우시기 위함이었다. 다른 말로 그와 그의 후손은 이 땅에서 사명자로, 복음을 전해야 할 사명자로 부르심을 받았다.
이스라엘은 선민 (選民) 이라 불린다. 그런 지위는 대단한 특권이다. 앞에서 "하나님의 종" 이란 칭호가 대단히 영예로운 칭호라고 했지만, 하나님의 '선민' 이란 칭호 역시 대단히 영예로운 칭호이다. 이스라엘을 하나님은 가장 "보배로운 자" 로 (세굴라), 제사장적 왕적 권세자들로 세우셨다 (출 19:6). 세상 만민과 구분되어, 하나님의 임재 앞에 나아가 하나님을 섬기는 특권적 자리에 두어졌다는 것을 의미한다.

구약 시대에는 이스라엘에게만 영광과 언약, 율법과 예배, 약속 등이 주어졌다 (롬 9:4). 따라서 구약 시대를 통해 저들은 큰 특권을 받은 지위에 있었다. 그런데 특권은 의무를 동반한다. 그 의무가 하나님을 섬기고, 그 분의 말씀을 준수하며, 복을 만민에게 나누는 일이다. 복은 참 하나님을 알고 섬기는 것이 핵심인데, 왜냐하면 하나님을 알고 그분을 섬기는 자에게는 만복이 주어지기 때문이다. 그분이 만복의 근원이시기에 그분을 알고 믿도록 한다는 것은 호박을 덩굴째 안겨 주는 일이 아닐 수 없다. 만복을 안기는 일이 곧 참 하나님을 증거하는 일이다.

이스라엘은 안타깝게도 이 책무를, 그 특권에 동반되는 자신들의 의무를 감당하지 못하고 넘어지고 말았다. 저들은 추방을 당했고, 추방 후 귀환했으나 여전히 연약하였다 (말라기가 증언해 주듯 영적으로 쇠퇴하였다). 인류 전체를 복 주시려고 이스라엘을 택하셨다는 사실은 창세기 12:3 에서 언급되고 있고, 그 외 구절들에서도 (창 18:18, 22:18, 26:4) 그와 그 후손을 통해 만민이 복을 받으리라고 하셨다. 이는 이스라엘의 선교적 사명을 지적하는 말씀이다.

오늘날 우리가 이제 '새 이스라엘' 로서 하나님의 선민의 지위에 세움을 입었다. 그렇다면 오늘 우리에게도 하나님은 창세기를 통해서 너희가 이제 선민의 지위에 있으니 특권과 함께 네 책무를 다할지어다 라고 말씀하신다. 구약 이스라엘이 실패했다면 우리는 실패하지 말고 세계 만민에게 복의 근원이 되어야 한다. 그것은 세계 만민에게 복음을 전파함으로 되어진다. 현재로 미국이 5 만여 명, 한국이 2 만 명, 영국이 8 천명 순서로 세계에 선교사를 많이 파송한다고 한다. 이것이 국력, 영적 국력의 바로미터가 아니겠는가?

창세기는 정경적 맥락에서 "언약 서론" 더 정확하게는 시내산 언약의 '역사 서언' 의 기능을 감당한다. 시내산에서 이스라엘은 하나님과 언약을 체결하였는데, 그 언약의 형식은 고대 근동의 종주권 조약을 닮았다. 예컨대, 전문(前文)과 역사 서언(序言), 언약 조항들, 상벌 규정, 증인들, 보관과 정기 낭독 조항들이 언약서를 구성하는 것이다. 전문에서는 언약을 허락하는 종주 대왕이 누구인지를 확인해 주고, 역사 서언은 언약 조항들 곧 언약 쌍방의 관계를 설정하는 법규의 서론으로 종주 대왕이 봉신에게 베푼 사랑을 상기시킨다. 다른 각도에서 본다면, 역사 서언에서 종주 대왕은 봉신에게 충성을 요청할 수 있는 근거를 제시하는 셈이다.

"역사서언" 에서는 하나님께서 이스라엘의 조상들에게 베푸신 선택과 인도, 보호, 축복의 사랑을 기술한다. 하나님께서 모세를 부르실 때 자신을 아브라함과 이삭과 야곱의 하나님이라 소개하신 이유는 모세가 이집트의 종살이에서 이끌어낼 이스라엘의 조상들에게 약속하신 바를 이제 이루고자 하시기 때문이다. 즉, 이스라엘은 자기들을 구원하려 오시는 하나님은 바로 자기 조상들을 사랑하사 선택하시고 인도하시고 그 후손들에 관하여 이방 땅에서 400 년간 종살이 할 것을 말씀하셨던 바로 그 하나님임을 알아야 했다.

창세기에 담긴 창조와 이스라엘 조상인 아브라함의 부르심과 돌보심은 바로 이스라엘에게 오늘이 있게 해 준 하나님의 행사였다. 시내산 언약의 직접 맥락에서 "역사서언" 은 출 이집트의 구원이지만, 좀 더 시야를 넓힌다면 시내산 언약의 "역사 서언" 은 창세기 전체가 된다.

하나님은 아브라함과 그 후손을 택하시고 구분하여 자기 백성을 삼으셨다. 그러한 선택과 인도와 보호하심은 이스라엘이 하나님을 충성되이 섬겨야 할 충분조건이 되고도 남는다. 그 섬김은 예배와 함께 만민에게 복의 근원이 되는 일이었다. 이는 제사장적 왕적 권세자들로서 저들이 특권을 지닌 자들이었음을 의미한다 (출 19:6). 하나님 임재 앞에 나아가 그분을 경배하고, 세상에서는 영적으로 정복하고 통치해야 했다. 이것이 원래 인간에게 부여되었던 특권적 지위인데, 타락으로 상실하였다가 구속된 이스라엘에게 주어진 것이었다.

여섯째로, 죄악과 심판

현재 인류의 거처인 지구는 홍수 심판을 통해 크게 변화되었고 인간의 수명도 크게 단축된 것을 가르치기 위함이다. 죄는 언제나 심판을 초래하고 저주를 야기시킨다. 이 점을 창세기는 우리에게 가르쳐 준다. 노아 홍수 심판은 천사들이 타락하여 사람의 딸과 결혼하여 네피림 거인들을 산출한 것과 연관되어 언급되는 듯 보인다 (창 6:1–8). 그렇게 창조질서가 깨어지고, 그렇게 태어난 잡종이 온 인류에게 죄악을 크게 퍼뜨림으로 홍수 심판이 인간에게 임한 것이다. 하나님의 아들을 경건한 자가 아니라 천사로 보는 이유는 베드로 사도나 유다서 저자가 그렇게 보기 때문이다 (벧전 3:18–20, 유 6).

소돔과 고모라가 불 심판을 받은 것도 저들의 죄악 때문이었다. 나중 여호수아서에 묘사되는 여호수아 장군의 지도하에 이스라엘이 가나안 족속을 진멸하도록 명령받는데, 왜 가나안 족속이 그렇게 비참한 처지에 떨어졌던가? 하면 저들의 죄악 때문이었다.

노아의 홍수심판은 미래의 세계 심판, 곧 최종 심판의 모형이기도 하다 (마 24:37 병행구들). 최후 심판 때에도 오직 의인은 구원을 받고, 나머지는 모두 심판을 받아 영원한 지옥 형벌에 처해질 것이다. 노아 홍수 심판만 아니라, 우리는 소돔과 고모라에 내린 불 심판도 미래 최후 심판의 모형임을 알아야 한다.

일곱째로, 하나님의 인류사랑

창세기의 초점은 이스라엘의 선택이나 이스라엘의 구원사가 아니라, 이스라엘의 선택을 통해 저주 하에 처한 인류를 복 주시려는 세계 구원사이다. 하나님께서 온 인류를 창조하셨고, 저들을 축복해 주셨다. 그러나 인간은 범죄하여 타락함으로 모두가 저주 하에 처하게 되었다. 노아 홍수를 통해 범죄한 인간은 심판하셨지만, 동시에 노아 언약을 통해서 하나님은 장차 미래 태어날 인류를 다시 홍수로 심판하지 않고 세상을 보존하여 하와에게 희미하게 예고하신 바와 아브라함 언약을 통해 보다 구체적으로 드러난 만민을 복 주시려는 구원 계획이 이루어질 수 있도록 하셨다.

하나님의 공의는 노아 때 홍수 심판으로 죄악을 심판하게 하셨지만, 그분의 긍휼의 성품은 인류를 죄악에서 구원하여 내기를 요청한다. 그 구원을 위하여 인류의 생존 무대를 보존하는 노아 언약을 허락하신 것이고, 그리하여 인류는 오늘날까지 생육 번성하며 역사가 지속될 수 있었다. 노아 언약 때문에 인류는 지금 생존하고 있으며 우리는 이 세상에 태어나서 그 오랜 이전에 하나님께서 행하신 일들을 묵상하는 것이다.

아브라함을 통한 이스라엘의 선택은 온 인류의 구원을 위한 "전체를 위한 일부 (pars pro toto)" 의 선택이었다 (창 12:3, 18:18, 22:18, 26:4, 갈 3:14). 그분이 이스라엘을 편애하신 것이 아니라, 모든 인류를 구원하시고자 먼저 저들을 사명자들로 일으키신 것이다. 구약 역사를 이스라엘 시각에서 조명하면, 세대주의 신학이 되어 버린다. 구약 역사는 창조와 타락, 그 창조 질서의 회복과 타락한 인류의 구원의 견지에서 조명되어야 한다. 하나님께서 이스라엘만 편애하실 이유가 전혀 없는 것이다. 저들은 인류 구원을 위한 도구로 선택받았을 뿐이다. 오늘날 나를 왜 구원하셨나? 나도 구원하시지만, 나를 통해 내 가족과 친지, 이웃을 구원하시려고 나를 부르시고 은혜를 주신 것이다.

창세기가 말씀하는 이런 놀라운 일들을 묵상할 때 우리는 하나님의 인류 사랑과 하나님의 인류 사랑을 이루시고자 이 세상에 오셨고, 십자가에서 속죄 양으로 죽으셨다 부활하신 예수 그리스도의 희생을 찬양하지 않을 수 없다.

여덟째로, 한 혈통으로 인류를 지으시고

창세기에서 우리는 온 인류가 다 한 하나님의 피조물임을 듣는다. 인류의 첫 조상 아담과 하와에게서 오늘날 이 지상에 거하는 모든 60 억 이상 인생들이 시작된 것이다. 하나님이 지으신 첫 조상이 범죄하여 타락함으로, 아브라함을 불러 택하시고 온 인류를 구원하기 위한 선교사로 세우셨다. 아브라함의 후손인 이스라엘은 이렇게 하나님의 구원을 세상에 증거해야 할 증인들이었다. 이 하나님의 선택받은 민족 이스라엘도, 일본이나 여타 민족들이 주장하듯 어떤 신적 후손들이 아니라, 창 10 장의 민족들의 계보가 보여주듯, 여러 열방 중의 하나로 하나님의 임무를 위해 선택을 받았을 뿐이다. 즉 이스라엘은 신적 조상을 가진 열방과 구분되는 특수 민족이 아니었다. 오직 하나님의 사랑과 호의로 그분의 목적을 위해 구약 시대에 선택을 받았을 뿐이다.
이 점이 구약 성경을 이해하는 데나, 오늘 복음을 통해 구원에 참여한 성도들의 사명과 정체성을 확립하는 데에 있어서 대단히 중요하다. 구약 이스라엘이나 신약 시대 성도들은 열방의 하나로서 열방을 향해 구원의 증인들이어야 한다.
오늘날 "다문화 가정" 이 늘어나는 한국의 맥락에서도 창세기의 인류 "한 혈통" 사고는 대단히 중요하다. 필리핀 모친을 둔 어느 딸은 학교에서 친구들이 얼굴이 검다고 놀리고, 필리핀으로 가라고 하고, 친구가 없어 소외당하는 가운데 많은 상처를 입었다. 이런 예는 허다하다. 대대로 한국인은 단일 민족임을 강조하였기 때문에, 타민족과 함께 공존하는 법을 알지 못한다. 교회가 이를 제대로 가르쳐야 한다. '왜놈,' '떼 놈,' '오랑캐' 하는 식으로 아직도 일본인이나 중국인을 경멸하는 말이나 사고를 은연중에 표현하는 경우도 많다. 아예 기독인들은 이런 표현이나 사고를 머리에서 삭제해 버려야 한다. 모든 민족은 하나님의 피조물로 구원을 받아야 할 대상인 것이다. 저들을 모두 그리스도의 십자가를 통해 바라보아야 한다.

마지막으로, 하나님의 절대 주권과 우주 통치자되심

우리는 창세기를 통해 하나님의 절대 주권과 그분의 우주적 왕되심을 듣는다. 그분이 인간을 창조하셨으므로 그분은 인간이 반역하고 죄악된 길로 나갈 때 반드시 심판하셨다. 이는 그분이 우주의 주인이시기 때문이다. 그리고 그분은 자기 임의로 아브라함을 부르시고 그에게 믿음의 길, 진리의 길, 생명의 길을 가르쳐 주셨다. 그를 통해 태어날 후손들을 통해 만민이 복을 받아야 했다. 이런 모든 일들은 하나님께서 절대 주권자이심을 보여 준다. 만물이 그에게서 나오고, 그로 말미암아 진행되고, 그에게로 돌아간다는 사도 바울의 선언은 (롬 11:36) 창세기의 사고를 요약한 진술이다.
모든 것은 그분의 뜻 가운데서 고려해야 한다. 하나님의 기쁘신 뜻을 따라서 국제 문제도, 각 나라의 문제도, 개인, 가정 사회 문제도 해결하고자 해야 한다. 창 14 장에 기록된 국제 전쟁은 창 9 장에 선포된 노아 예언과 연관시켜 이해한다면, 죄가 서로 간에 지배 혹은 피 지배 관계로 얽히게 한다는 점이 분명해 진다. 죄 때문에 모든 문제는 파생된다. 죄 때문에 전쟁이 일어나고 죄 때문에 살인이 일어난다. 이 죄의 문제를 해결하는 것이 모든 문제의 해결책이다.
그 일을 위해서 하나님은 모든 민족이 순종할 유다 지파에서 태어날 메시야를 예언하신다 (창 49:10, 3:15). 인류를 창조하신 분도, 타락한 인류를 구원하실 분도 하나님이시다. 그분은 창조의 하나님, 구원의 하나님, 그리고 세상만사를 주장하시는 우주의 대왕이시다. 그분의 절대 주권의 관점에서 창세기는 기록되고 있다.
평범하게만 보이는 이삭과 리브가의 가정사에서, 사도 바울은 저 선택의 원리, 구원사의 원리, 남은 자의 원리, 하나님의 절대주권이란 신학적 사고를 이끌어내고 있다 (롬 9:10 이하). 하나님은 아직 태어나지도 아니한 때에 무슨 선이나 악을 행하지 아니 한 때에 택하심을 따라 되는 하나님의 뜻이 행위로 말미암지 않고 오직 부르시는 이에게로 말미암아 서게 하려 하시려고, 리브가에게 이르시되 큰 자가 어린 자를 섬기리라 하셨다 (롬 9:11, 12). 에서가 야곱보다 먼저 태어났지만, 전자가 후자에게 굴복당하는 일은 하나님의 절대 주권이 개입된 사건이라는 것이다.
롬 9–11 장에서 사도 바울이 전개하는 논지도 구원사의 원리가 혈육의 계승이 아니라, 하나님의 선택으로 나타나는 남은 자들의 원리라는 것이다. 이스라엘이 아니라 이삭, 에서가 아니라 야곱이며, 다윗의 여러 아들 중에서 솔로몬이 하나님의 선택을 받았다. 엘리야 시대에도 다 주를 배반했지만, 우상에게 무릎 꿇지 아니한 7 천인의 남은 자가 있었고, 바울 사도 시대에도 온 이스라엘이 주를 배반하고 십자가에 못 박은 것 같았으나, 사도 바울을 비롯해 12 제자들 그리고 믿는 유대인들이 있었다. 시대를 통해서 항상 남은 자만 구원을 받는다. 이 남은 자들은 하나님의 선택을 받은 자들이다.
우리는 이 하나님의 절대 주권과 선택, 예정(豫定) 등의 사고가 우리 인간의 이성의 사색으로 다 이해될 수 있다고 믿지 않는다. 그분의 깊은 뜻을 누가 다 헤아릴 수가 있겠는가?
깊도다! 하나님의 지혜와 지식의 부요함이여

그의 판단은 측량치 못할 것이며 그의 길은 찾지 못할 것이로다
누가 주의 마음을 알았느뇨 ? 누가 그의 모사가 되었느냐 ? (롬 11:33–34)

칼빈주의자들은 인간의 자유의지와 하나님의 절대 주권을 "어항 속의 금붕어" 에 비유하곤 한다. 인간은 어항 속의 금붕어 마냥 완전히 자유하다. 그러나 어항 안에서만 그러하다. 그리고 어항 안에서 100 퍼센트 자유하나, 그의 모든 생명은 인간에게 달린 것처럼 인간도 하나님의 손에 달려 있다. 이 진리를 안다면, 어떻게 창세기를 한낱 인간들이 여기저기서 주워 모은 전설 모음집 정도로 간주할 수 있겠느냐? 크신 하나님께서 자신의 뜻을 계시하는 말씀을 그런 식으로 생각하는 자들의 영적인 무지와 유치함만 드러낼 뿐이다.

2–2. 출애굽기

1) 책명과 저자 , 저작 연대

"출 이집트기" 란 명칭은 역시 헬라어 성경 역자들이 본서의 내용을 근거로 붙인 명칭이며, 70 인역에서 라틴어역의 명칭으로, 다음에 영어 명칭으로, 이렇게 해서 한역에까지 이른 것이다. 유대인 랍비들은 고대 근동의 관례를 따라 책 첫 글자로 책명을 삼았는데, 출 이집트기의 경우 첫 문장은 "이것들은 이스라엘 아들들의 이름들이다" (wəʾēlle^{h} šəmôṯ bənê yiśrāʾēl) 인데, 여기서 첫 글자는 "베엘레" (그리고 이것들) 이지만, 사용된 단어가 특별하지가 않고 지시 대명사에 불과하다. 그래서 첫 글자는 지나치고, 다음 글자인 "쉐못"을 (이름들) 본서의 책명으로 불렀다. 책의 저자는 오경의 저자인 모세이며, 저작 연대는 대략 주전 1400 년 경이다.

2) 내용 분해

a. 이집트에서 구원해 내심 (1–18 장)
  1. 이집트에서 압제당하는 이스라엘 (1 장)
  2. 이집트에 이스라엘을 구원할 자 (2–4 장)
  3. 이집트에서 모세가 바로와 싸우다 (5:1–12:36)
  4. 이집트에서 이스라엘을 구출하다 (12:37–18:27)
    ㄱ. 이집트에서 홍해까지 (12:37–13:22);
    ㄴ. 홍해를 건넘 (14);
    ㄷ. 모세의 노래 (15:1–21);
    ㄹ. 홍해변에서 시내산까지 (15:22–18:27)

b. 시내산 언약 체결 (19–40 장)
  1. 하나님과 이스라엘의 언약 체결 (19–31 장)
    ㄱ. 신현 (19);

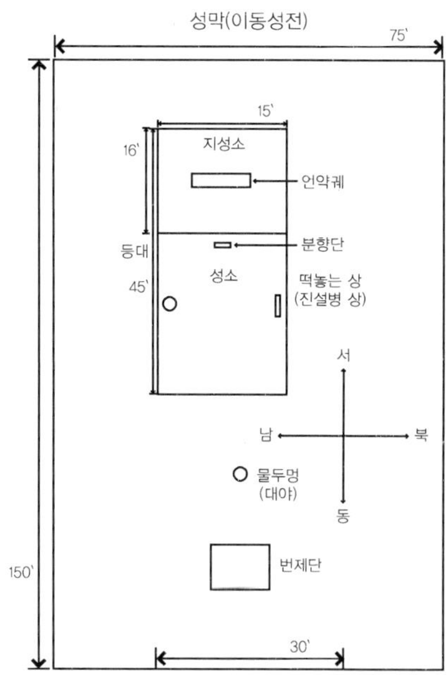

ㄴ. 언약서 (20:1-23 장);
ㄷ. 언약 비준과 성막 건축 지시 (24:1-31:18)
2. 배교와 언약 갱신 (32-34 장)
ㄱ. 언약 파기 (32:1-33:6);
ㄴ. 언약 갱신 (33:7-34:35)
3. 성막 건축 (35-40 장)
ㄱ. 건축 준비 (35:1-36:7);
ㄴ. 성막 건축 (36:8-39:31);
ㄷ. 준공과 동거 (39:32-40:38)

3) 출 이집트기는 무엇을 가르치는가?

출 이집트기는 오경의 일부분이므로 오경을 주신 목적이겠으나, 출 이집트기에 국한하여 생각한다면, 이 책은 하나님의 택한 아브라함, 이삭, 야곱의 후손들이 이집트인들의 종살이에서 하나님의 보내신 종 모세를 통해 해방을 받는 해방과 해방된 이들이 모세의 인도로 시내산에 이르러 하나님과 언약을 맺는 것을 다룬다. 이 점을 염두에 두고 왜 출 이집트기가 주어졌을까? 를 고려해 보자.

첫째로, 시내산 언약의 축복

출 20-23 장 부분은 '언약서' 라 불리는데, 그 '언약서' 는 이스라엘의 헌법과 법률이었다. 출 20 장의 십계명은 헌법, 21-23 장의 법규들은 법률에 상응한다. 이 법규들은 십계명의 원리를 실제 삶에 적용시키는 사례법적 성격을 갖는다. 예컨대, 길을 가다가 다른 사람, 그것도 원수의 나귀가 짐의 무게에 눌려 길에 엎드려져 있다면 못 본체 지나지 말고 반드시 도와주라고 한다 (출 23:5). 이 법규는 십계명에서 5-10 계명의 정신, 곧 네 이웃 사랑하기를 네 몸과 같이 하라는 이웃 사랑에 관한 것이다.

이 언약서는 하나님과 이스라엘이 맺은 언약의 내용인 언약 조항들을 담고 있지만, 하나님께서 이스라엘과 동등한 조건에서 여러 사항들을 통해 쌍방(雙方) 간의 관계를 설정하는 것이 아니라, 하나님께서 일방적으로 이스라엘에게 주셔서 이스라엘로 지키게 하시는 법규들이다. 그 언약서에 담긴 언약 조항들을 이스라엘이 순종하고 지킬 때에 저들은 하나님의 백성의 신분을 유지하고, 하나님은 저들의 하나님이 되신다.

이전에 하나님께서 노아나 아브라함 같은 개인에게 언약을 허락하셨다면, 이제는 '이스라엘' 이란 한 민족에게 언약을 허락 하신다. 언약을 허락하신다는 것은 하나님의 일방적인 행사임을 의미한다. 하나님께서 어떤 대상에게 언약을 허락하시는 것은 그분이 일방적으로 베푸시는 은총이라 할 수 있다. 언약이 그분이 일방적으로 베푸시는 은총이라면, 왜 그런 은총을 "언약" 이라고 할까? 언약은 오늘 우리가 사용하는 말로 하면 "계약" 인데, 하나님이 어떤 사람 혹은 사람들과의 관계 설정을 의미하는 "계약" 을 허락하시는 일을 그분의 은총이라 함은 그 계약이 하나님의 일방적인 "약속" 의 성격을 지니기 때문이다.

예컨대, 아브라함에게 하나님은 만민의 복이 될 무수한 자손들과 그들이 발 딛고 거주할 "땅" 을 약속하실 때, 그것을 아브라함 언약이라 부르는데, 아브라함 언약은 하나님께서 아브라함에게 주신 "약속" 이었다. 그런데도 "아브라함 언약" 이라 부르는 이유는 그것이 하나님과 아브라함이라는 쌍방 사이의 관계에서 나타나기 때문이다. "언약" 을 의미하는 히브리어 "베리트" 는 문맥에 따라서 "약속," "언약," "의무," "법규" 등 다양한 뉴앙스를 전할 수 있다.

하나님께서 허락하시는 언약은 하나같이 그 언약의 대상이 되는 개인이나 집단에게 축복이며 영광이다. 바인펠트에 의하면 (M. Weinfeld 1970:184), 아브라함 언약이나 (창 15, 17 장) 다윗 언약은 (삼하 7:8 이하) 성격상 고대 근동 사회에서 왕이 자기에게 지속적으로 충성을 바친 어떤 사람에게 땅이나 집을 하사 (下賜) 하는 "왕의 하사 (royal grant)" 언약처럼 무상의 은총을 베푸는 무조건적 언약이라면, 시내산 언약은 (출 19–24 장) 그 성격상 고대 근동 사회에서 종주 대왕과 그에게 복속하는 봉신 왕 사이에 맺어진 종주권 조약처럼 조건적 언약이다. 바인펠트는 아브라함 언약과 다윗 언약을 지칭할 때는 "언약과 인자" 곧 "은혜로운 언약" 이라 (hendiadys 이사일의 二辭一意) 부른다면 (신 7:9–12, 왕상 8:23), 시내산 언약을 지칭할 때는 그냥 "언약" 이라고만 (신 5:2, 9:9, 11) 부른다고 지적한다 (189).

이런 바인펠트식의 예리한 구분은 여러 학자들도 동의하는 바인데, 과연 그러한 분명한 구분이 한편으로 아브라함 언약과 다윗 언약, 다른 한편으로 시내산 언약 사이에 가능할까? 시내산 언약도 아브라함과 다윗 언약처럼 하나님의 은총의 산물이기 때문이다. 시내산 언약이 율법으로 불리고, 이스라엘이 율법을 지킬 때, 그 언약 관계가 지속된다는 조건적 성격이 강조되는 반면, 아브라함 언약이나 다윗 언약은 모두 하나님께 저들이 보인 충성의 보상으로 주신 무조건 언약이라고 말들 하지만, 그런 예리한 구분은 사실상 가능하지 않다.

예컨대, 신 4:6–8, 시 147:20 등에서 율법은 열방이 결코 소유할 수 없는 것으로 이스라엘에게만 주어진 축복으로 제시되고 있지 아니한가? 신 30:11–14 에서는 그 율법은 지키기 어려운 것이 아니라 얼마든지 지킬 수 있다는 점을 강조하고, 신 4:6 은 이스라엘이 율법을 지킬 때에 세상 나라가 놀랄만한 지혜와 지식이 있는 백성으로 인정을 받게 될 것이라 한다. 그리고 시 19:7–11 에서는 율법의 여러 기능들과 축복들이 노래되고 있는데, 율법은 영혼을 소생시키고, 눈을 밝히며, 순결하고 의로운 것이다. 또한 시내산 언약은 신 29:10–13 이 강조하듯, 이스라엘을 "세워 자기 백성을 삼으시고 자기는 친히 네 하나님이 되시려 함" 이었다. 이처럼 시내산 언약도 하나님의 베푸신 은총의 산물이었고 축복이었다. 물론 그 율법을 이스라엘이 지켜야 한다는 것을 부정하려는 의도는 없다.

반대로, 다윗 언약에도 시내산 언약처럼 하나님의 말씀에 순종해야 할 것이 명시되고 있고 (삼하 7:14, 시 132:12), 아브라함 언약도 할례를 받아야 하고 (창 17:1, 9–14), "여호와의 도를 지켜 의와 공도를 행" 하여야 했다 (창 18:19; 창 26:5 내 말을 순종하고 내 명령과 내 계명과 내 율례와 내 법도를 지켰음이니라).

시내산 언약은 아브라함 언약에 기초한 것으로 (출 2:4, 3:6, 16, 4:5, 6:3–8, 신 4:31, 8:18, 29:13) 아브라함 언약의 성취이자 보충이었다. 다윗 언약도 아브라함 언약과 (창 17:6, 16) 시내산 언약에 (삼하 7:14, 시 89:3–4, 132:11–12; 출 19:6 [아래에서 주석 참조]) 기초하면서 이전 언약들을 보다 구체화하는 보충적 의미를 지닌다. 이제 시내산 언약 체결에 앞서 하나님께서 중보자 모세를 통해 이스라엘에게 전하신 예비적 제안이면서도 (영적 결혼으로 본다면, 이 예비적 제안은 "결혼 프로포즈" 에 해당) 시내산 언약의 성격을 가장 분명하게 드러내는 출 19:4–6 말씀을 고찰해 보자.

4 나의 이집트 사람에게 어떻게 행하였음과 / 내가 어떻게 독수리 날개들 위에 너희를 날라 /
내가 너희를 내게로 인도하였음을 너희가 보았느니라 (ʾattem rəʾîṯem ʾăšer ʿāśîṯî ləmiṣrāyim / wāʾeśśāʾ ʾeṯḵem ʿal-kanpê nəšārîm / wāʾāḇīʾ ʾeṯḵem ʾēlāy)
5a 너희가 내 말을 온전히 듣고 내 언약을 지키면 (조건절, 5a)
(wəʿattāʰ ʾim-šāmôᵃʿ tišməʿû bəqōlî ûšəmartem ʾeṯ-bərîṯî)
b 너희는 열국 중에서 내 보물이 되리라 (귀결절, 5bc6a) (wihyîṯem lî səḡullāʰ mikkol-hāʿammîm)
c 곧 온 땅이 내게 속하지만 (kî-lî kol-hāʾāreṣ)
6a 너희는 내게 대하여 제사장적 왕적 존재들이 되며 (wəʾattem tihyû-lî mamleḵeṯ kōhănîm)
b 거룩한 백성이 되리라 (wəḡôy qāḏôš)(사역 私譯)

하나님께서 행하신 세 가지 일들 (출 19:4)

4 절에서 세 가지 하나님의 하신 일이 언급되었다. 첫째는 그분이 이집트 사람들에게 행하신 일이다. 이집트에서 이집트인들을 10 가지 재앙으로 치신 일, 홍해에서 바로의 군대를 수장시키신 일이 여기에 속할 것이다. 이집트 바로나 그의 신하들은 하나님의 백성 이스라엘을 노예로 사로잡고 부리는 압제자들로, 영적으로 비유하자면 사탄적 세력이었다. 하나님은 저들을 치시고 이스라엘을 구원하셨다. 둘째로, 이스라엘에 행하신 일인데, 광야 여정 때에 행하신 일인데, 독수리 날개들 위에 자기 백성을 나르는 표상이 하나님의 인도를 묘사하기 위해 활용되었다. 신 32:11–12 에서도 출 이집트 사건, 특히 광야 여정 때의 일을 독수리 표상으로 묘사한다.

"독수리 표상" 의 의미는 고대 이집트나 메소포타미아 지역에서 독수리를 어떻게 묘사했는지에 비추어 찾을 수 있는데,

이집트의 신전들에서 신전 천장의 중앙 축에 그려진 연속 단계들을 보여주는 벽화들이 있는데, 거기서 독수리는 바로가 성소 내의 신에게로 걸어갈 때 바로를 경호하고 안내하는 모습으로 나타난다 (H. H. Nelson 1961). 또한 앗시리아의 왕이 적군과 전쟁할 때의 그림에는 독수리나 매의 형상을 한 앗수르 신이 그 왕의 머리 위에 함께 한다 (John W. Kleinig 1978). 이처럼 고대 근동세계에서 독수리나 매는 인간이 활동 영역을 벗어난 초월적 세계에서 활동하는 신적 존재를 묘사하는데 활용되었다. 특히 전쟁이나 어떤 일에서의 형통과 성공의 보장과 연관되어 나타난다.

마지막으로 4절 말미에서 하나님은 자신이 이스라엘 백성을 "자기에게로" (내게로, '엘라이') 인도하셨다고 언급한다. 출애굽 여정 내내 하나님은 이스라엘과 동행하셨지만, 동시에 이스라엘의 여행 목표는 하나님 자신이었다. 하나님은 시내산에서 정식으로 저들을 만나주셨기 때문이다 (출 19, 24장). 탈굼 옹켈로스역은 "내가 너희를 '나를 섬김에로' 인도하였다" 고 했다. 하나님께서 이스라엘을 자기에게로 인도하신 것은 저들에게 베푸신 최상급적 은혜였다. 그렇게 인도하신 목적은 출 3:12에서 언급하였듯, 저들로 하나님을 섬기도록 하기 위함이었다. 그 섬김은 예배인데, 예배를 그분께 드리기 위해서 이스라엘은 그분의 백성으로 세움을 입어야 했다. 그 목적을 위해 시내산 언약이 주어졌다. 하나님은 이스라엘을 자신의 임재 속으로 인도하여 저들과 언약을 맺으시고 저들을 자기 백성으로 세우셨다.

조건절 (출 19:5a)

이제 5a절에서 하나님은 이스라엘에게 조건을 제시하는데, "내 말을 잘 듣고 내 언약을 지키면" 이 그것이다. "내 언약" 은 곧 하나님께서 이스라엘과 체결하실 그 시내산 언약을 예기(豫期)적으로 언급한 것이다. 백성들은 하나님의 제시한 조건에 "여호와께서 우리에게 명하신대로 다 행하리이다" 로 응답하였다 (출 19:8).

이 5a절의 조건절과 연관하여, 이스라엘이 하나님의 말씀을 잘 듣고, 그의 언약을 잘 지킬 때에, 이스라엘이 열방과 구분되어 하나님의 특별한 개인 소유물이 되어, 거룩한 백성, 제사장적 왕적 권세자들이 되리라고 이해하고, 아브라함 언약이나 다윗 언약의 "무조건성" 과 대비되도록, 시내산 언약의 "조건성" 을 강조한다면, 잘못된 이해일 것이다.

"너희가 내 말을 온전히 듣고 내 언약을 지키면" (5a) 이라 하실 때, 네가 순종하면 너희를 열국 중에서 구분하여 내 특별한 소유물이 되게 하겠고, 그렇지 않으면 내가 취소하겠다는 식의 조건절로 이해할 수 없기 때문이다. 오히려 여기서는 하나님께서 이스라엘에게 권위적으로 명령하시듯 말씀하신다고 보아야 한다: 너는 마땅히 내 말을 잘 듣고 내 언약을 지켜라! (내가 너를 내 보물로 삼을 것이다).

이렇게 이해해야 할 이유는 무엇보다 여기 약속된 것과 유사한 이스라엘의 특권적 지위를 언급하는 신명기 구절들은 하나같이 그런 특수한 지위가 하나님의 은총의 산물로 주어진 것을 강조하기 때문이다 (신 7:6-11, 14:2, 26:18-19). 즉 이스라엘이 자신의 노력으로, 그분의 법규를 지킴으로 그런 특별한 지위에 올라서는 것이 아닌 것이다. 그런 특별한 지위는 어디까지나 하나님의 무상의 선물이요 은총의 표시였다. 우선 신 7:6-11을 보자.

6 너는 여호와 네 하나님의 성민이라 네 하나님 여호와께서 지상 만민 중에서 너를 자기 기업의 백성으로 택하셨나니 7 여호와께서 너희를 기뻐하시고 너희를 택하심은 너희가 다른 민족보다 수효가 많은 연고가 아니라 너희는 모든 민족 중에 가장 적으니라 8 여호와께서 다만 너희를 사랑하심을 인하여 또는 너희 열조에게 하신 맹세를 지키려 하심을 인하여 자기의 권능의 손으로 너희를 인도하여 내시되 너희를 그 종 되었던 집에서 애굽 왕 바로의 손에서 속량하셨나니 9 그런즉 너는 알라 오직 네 하나님 여호와는 하나님이시요 신실하신 하나님이시라 그를 사랑하고 그 계명을 지키는 자에게는 천대까지 그 언약을 이행하시며 인애를 베푸시되 10 그를 미워하는 자에게는 당장에 보응하여 멸하시나니 여호와는 자기를 미워하는 자에게 지체하지 아니하시고 당장에 그에게 보응하시느니라 11 그런즉 너는 오늘날 내가 네게 명하는 명령과 규례와 법도를 지켜 행할지니라

하나님은 만민 중에서 이스라엘을 사랑하시고 자기 기업의 백성으로 택하셨다. 그리고 열조 아브라함과 이삭, 야곱 등에게 하신 맹세를 지키고자 이스라엘을 이집트에서 권능의 손으로 이끌어 내셨다. 여기 본문에는 시내산 언약 체결에 대한 언급은 없지만, 이스라엘을 하나님께서 이스라엘에게 베푸신 사랑과 은총을 제시한 후

에, "그런즉 너는 내가 네게 명하는 명령과 규례와 법도를 지켜 행할지니라!" 라고 하신다. 이미 은혜를 받았으므로 저들은 말씀에 순종해야 한다. 신 14:2 을 보자.

1 너희는 너희 하나님 여호와의 자녀니 죽은 자를 위하여 자기 몸을 베지 말며 눈썹 사이 이마 위의 털을 밀지 말라 2 너는 너의 하나님 여호와의 성민이라 여호와께서 지상 만민 중에서 너를 택하여 자기의 기업의 백성을 삼으셨느니라 3 너는 가증한 물건은 무엇이든지 먹지 말라

여기서 2 절에서 이스라엘의 특권적 지위와 그분이 베푸신 은총을 언급하는데, 그런 지위에 있기 때문에 이스라엘은 그분의 법규를 지켜야 했다. 신 26:18–19 도 보자.

16 오늘날 네 하나님 여호와께서 이 규례와 법도를 행하라고 네게 명하시나니 그런즉 너는 마음을 다하고 성품을 다하여 지켜 행하라 17 네가 오늘날 여호와를 네 하나님으로 인정하고 또 그 도를 행하고 그 규례와 명령과 법도를 지키며 그 소리를 들으리라 확언하였고 18 여호와께서도 네게 말씀하신 대로 오늘날 너를 자기의 보배로운 백성으로 인정하시고 또 그 모든 명령을 지키게 하리라 확언하셨은즉 19 여호와께서 너의 칭찬과 명예와 영광으로 그 지으신 모든 민족 위에 뛰어나게 하시고 그 말씀하신 대로 너로 네 하나님 여호와의 성민이 되게 하시리라

여기서도 특별한 은총을 베풀어 자신의 보배로운 백성을 만드신 그 은총 때문에 이스라엘은 그분의 말씀에 순종해야 할 것을 강조한다.

출 19:5a 의 말씀은 문법상 조건절이지만, 그 내용의 조건성을 강조할 수 없는 또 다른 이유는 5a 의 조건과 5bc6ab 의 귀결절을 서로 대비시켜 볼 때, 제시된 조건이 충족될 때, 귀결절의 내용이 나타나는 것이 아니라, 조건절은 귀결절에 담긴 축복 내용과 성격을 규정해 준다 (Dale Patrick 1977).

조건절 : 5a 너희가 내 말을 온전히 듣고 내 언약을 지키면
귀결절 : b 너희는 열국 중에서 내 보물이 되리라 / c 곧 온 땅이 내게 속하지만
6a 너희는 내게 대하여 제사장적 왕적 존재들이 되며 b 거룩한 백성이 되리라

다시 말해, 이스라엘이 열방과 구분되는 하나님의 보물이 되어, 열방과 대조적으로, 하나님의 제사장적 왕적 권세자들이 되는 일은 그분의 말씀을 순종하고 그분의 언약을 지키는 것을 동반하는 것이다. 둘은 조건과 결과의 관계라기보다, 서로 함께 나란히 나아가는 철도 레일과 같다. 하나님은 이미 이스라엘을 선택하셨고 이집트 바로 왕의 손에서 건져내셨으며, 시내산의 자기에게까지 인도하셨다. 이런 일들은 이스라엘이 이미 하나님의 계획안에서 열방과 구분되는 하나님의 특별한 보물임을 확정시키는 사건들이다. 지금 하나님은 이스라엘에게 자신의 계획을 선포하시고 이스라엘은 이를 기쁨으로 받아들인다 (8 절).

여기 강조점은 "이렇게 네가 하면, 나도 이렇게 하겠다" 는 (quid-pro-quo) 맞교환 제안이 아니라, 하나님의 크신 은총의 선포에 두어진다. 이스라엘은 이미 아브라함의 후손으로서 하나님의 자녀이며, 그런 관계 하에서 하나님은 이미 이스라엘을 구원하셨고 여기까지 인도하셨으며 (출 19:4) 이제 더 한층의 큰 은총을 선포하시는데, 그 은총들은 이스라엘의 지속적인 충성의 동기였고 근거였다. 그렇다면 백성이 이 시점에서 하나님의 선포하시는 그 은총에 감사하여 '아멘' 으로 화답하는 것 외에 다른 도리가 있으리라 생각할 수 있는가?

이렇게 하나님의 은총에 강조점을 두어야 할 이유는 이스라엘의 선택, 저들의 구원과 인도하심의 은총들이 전적으로 하나님의 일방적인 역사였다면, 지금 시내산 발치에서 선포하시는 열방과 구분되는 이스라엘의 특수한 지위의 축복도 그분의 일방적 역사이기 때문이다. 그런 축복은 이스라엘이 순종하고 언약을 지킴으로 얻는 조건적 순종의 열매가 아니다. 만약 이스라엘의 순종과 그 결과라는 방향을 강조한다면, 선택과 출애굽, 그 이후의 모든 돌보심과 인도 보호도 하나님의 일방적 은총의 역사라기보다 이스라엘의 순종의 결과로 보아야 할 것이다.

이스라엘의 선택, 출애굽의 구원 역사, 그 이후의 인도와 돌보심 등은 이미 이스라엘이 열방과 구분되는 하나님의 특별한 소유임을 증거하는 사건들이었다. 이제 저들의 정체성을 보다 분명하게 확인시키고 규정하는 작

업이 남았을 뿐이다. 그것이 바로 시내산 언약 체결로 주어질 언약 조항들인데 (율법) 그것을 지킴으로 비로소 저들이 하나님의 특별한 소유가 되는 것이 아니다. 저들은 이미 선택받았었고, 구원받았었고, 돌보심을 받음으로 특별한 소유임이 누차 확인되었던 바였다. 그러나 그 특별한 소유의 의미가 무엇인가? 하는 것이 시내산 언약을 통해 보다 분명하게 드러날 것이다. 이제 주어질 그 언약 조항들을 준수함으로 이스라엘은 하나님의 특별한 소유의 내용을 입증해야 한다.

이를 비유하자면, 기독인들이 자기 공로로 행위로 왕같은 제사장적 지위를 얻었던가? (벧전 2:9) 아니다. 결코 아니다. 성도들은 은혜로 구원을 받았다: "너희가 그 은혜를 인하여 믿음으로 말미암아 구원을 얻었나니 이것이 너희에게서 난 것이 아니요 하나님의 선물이라" (엡 2:8). 그리스도를 영접하고 새 피조물이 되어 왕같은 제사장의 축복을 받았다. 하나님은 나를 구원하셨다. 내게 믿을 마음도 주셨고 새 영을 내 속에 주셔서 믿어지게 하셨고, 죄에서 건지셨다. 그리고 구원의 의미가 그 순간적인 영적 변화로 그치지 않고 이 세상에서 사는 동안 거룩함을 지속적으로 이루고 세상에 대하여 그리스도의 증인으로서의 삶과 하나님 앞에 담대히 나아가 그분의 베푸시는 매일의 은총을 받는 것임을 알게 해 주셨다. 이스라엘은 지금 이러한 기독 성도에 비유하자면, 선택, 소명, 회개, 중생, 칭의, 양자됨, 성화 (聖化) 등의 일련의 구원사적 단계들에서 성화 (聖化) 의 단계에 도달한 것이다. 그 단계에서 하나님은 지속적인 거룩에로의 삶으로 이스라엘을 초대하시는 것이다. 그러한 삶에서부터 자연스럽게 왕같은 제사장적 권세가 나타나고, 모든 불신자와 구분되는 거룩한 백성의 삶은 나타나는 것이다. 일련의 구원사적 단계들은 (소위 구원 단계들 ordo salutis) 끊어질 수 없는 연결고리들로 결속되어 어느 한 순간에 끊어지고 버림을 받는 일은 생각할 수 없다 (적어도 칼빈주의 5 대 교리를 확신하는 견지에서 볼 때). 그 구원의 제 단계들에서 성도가 '노!' 하고 연결고리를 끊고 불순종의 길로 들어서고, 그 결과 완전히 타락하여 죽음에서도 불신앙 가운데 세상을 떠났다면, 그는 선택을 받은 자가 아니었던 것이다. 선택받은 자라면, 그는 구원의 제 단계들을 거쳐, 성화를 이루고 마지막 단계인 영화 (榮華) 까지 하나님의 손길로 보존되고 마는 것이다 (성도의 보존 preservation of the saints).

선택받은 이스라엘, 이집트 왕 바로의 손에서 건짐을 받은 이스라엘, 광야를 지날 때 돌보심과 인도, 보호를 받은 이스라엘, 그들은 이제 시내산 발치에 서서 거룩에로의 초대를 받고 있다. 선택받은 저들이 여기서 그 초대를 물리치고 다른 길을 택할 수도 없고 그런 생각조차 할 수가 없다. 그러므로 결론은 출 19:5a 의 조건절을 너무 강조하여 마치 이스라엘이 그 조건을 지킬 때에 비로소 하나님의 놀라운 축복이 저들에게 주어지는 양 생각지 말아야 한다. 이미 저들은 하나님의 특별한 소유이며, 열방과 구분되는 거룩한 백성이며, 제사장적 왕적 권세자들로 부르심을 입었다. 이 단계에서 저들에게 주어진 선택권은 지속적인 충성이었지, 지금부터 새로운 관계의 시작을 위한 조건적 및 교환적 제안에 대한 것이 아니었다.

우리의 이런 이해와 대조되는 이해가 세대주의적 사고인데, 예컨대 세일하머는 그의 여러 면에서 탁월한 책에서 거듭 거듭 이스라엘이 실패하여 하나님은 원래 계획에 없었던 율법을 주시고, 또 주시고 이렇게 해서 여러 율법들이 첨가적으로 주어졌다고 해석한다 (존 H. 세일하머 1994: 상 113-128). 보다 구체적으로 세일하머는 출 19:1-16a 와 16b-25 절 부분을 예리하게 구분하고, 전자에서 언약의 유일한 조건은 이스라엘이 믿고 (19:9) 순종하는 것이었다면 (19:5), 후자에서는 십계명과 율법을 지키는 것이라 (렘 7:22-23, 겔 20:18-26 등도 참조) 한다. 여기에 더하여, 전자에서는 이스라엘 전체가 제사장 나라인데 (19:6), 후자에서는 백성 중에 제사장 계급이 있는 나라라 (19:22-24) 한다. 전자에서는 백성들이 하나님 앞으로 올라오라고 초청하는데, 후자에서는 올라오는 것이 금지되었다 (19:12-13a, 21-23 절) 한다.

이렇게 두 부분을 대비시키는 이유는 백성의 실패로 하나님의 원래 계획이 좌절되고 이스라엘의 반응에 따라 새로운 율법이 주어졌다는 식의 이해 때문이다. 하나님의 원래 의도는 (19:13b) 산 위에서 백성들을 만나려는 것이었는데, 저들이 하나님을 두려워했으므로 (19:16b) 백성으로 산에 오르지 못하게 했다고 하고, 백성들은 두려움 때문에 산에 오를 수 없었던 것처럼 하나님을 만나기 위하여 성막 안으로도 들어갈 수가 없었으므로 제사장과 중재자의 필요성이 대두되었다 한다. 이런 식의 사고는 예수님의 초림과 연관해서도 세대주의 해석에서 등장하는데, 예수께서 유대인들에게 왕이 되시고자 오셨으나 저들은 그를 대적하고 죽임으로 결국 원래 계획은 철회되고 대신 구약에 언급도 없는 (따라서 하나님의 원래 계획에도 없었던) 교회를 임시방편으로 세우시고 이방인들에게 복음을 돌아가게 했다 한다. 교회가 임시방편이기 때문에 구약 예언에도 없는 것이기 때문에, 하나님의 원래 구원 역사에는 "괄호 시대" 로 처리되어야 한다고 한다. 이 괄호시대 동안 멈추어 섰던 구약 예언 성취의 시계가, 괄호시대가 끝나는 시점에 주님이 재림하시면, 그 때부터 다시 째깍 거리며 돌아가기 시작한다고 한다. 하나님의 영원한 구원 계획을 그런 식으로 인간의 반응 여하에 따라 실패하자 다시 급조하여 임시변통한다고 생각하는 것인가? 있을 수 없는 일이다.

귀결절 (출 19:5bc6a)

이제 이스라엘이 감당해야 할 바를 기술하는 조건절에 부속되는 귀결절을 살펴보자. 귀결절에서 이스라엘에게 베푸실 하나님의 은총이 명기된다. 이 은총의 내용은 우리가 앞에 제시한 그 번역에서 드러나듯, 이스라엘은 열방 중에서 하나님의 "보물(세굴라)" 이 되도록 하는 것이다. "세굴라" 는 대상 29:3 과 전 2:8 에서 왕국의 부와 구분되는 왕의 개인 소유물을 지시하고 있다 ("나의 사유의 금은"). 대개는 "세굴라" 가 이스라엘이 하나님과의 관계에서 갖는 상징적 지위를 가리킨다 (신 7:6, 14:2, 26:18, 말 3:17, 시 135:4). 예컨대, 시 135:4 에서 "여호와께서 자기를 위하여 야곱 곧 이스라엘을 자기의 '특별한 소유' 로 택하셨음이로다" 라고 한다.

이스라엘이 하나님께 대하여 갖는 특수한 지위를 표시하는 이런 "세굴라" 의 용례는 고 바벨론 시대에 어떤 신이 어떤 왕을 특별한 호의로 사랑한다고 할 때, 이 세굴라에 상응하는 단어인 "시킬투" 를 (sikiltu) 사용하여, 저는 나의 "특별한 소유" 이다 혹은 "보물" 이라고 했다.

유가릿어의 sglt 도 히브리어 "세굴라" 에 상응하는데, 종주대왕을 잘 섬기는 봉신 왕을 "종" 과 "보물" 이라 지칭한다: "신의 종이며 위대한 왕인, 솨란의 아들 아반은 (Abban) . . . 신의 사랑받는 자요, 신의 보물이다 . . ." (D. J. Wisemann 1953:28-30).

이스라엘은 열방 중의 하나에 불과하지만, 하나님과의 관계에서는 "열방과 구분되어" 특수한 지위를 하나님께 갖는 것이다. 그분의 호의와 사랑을 받는 특별 소유물이다. 솔로몬은 성전 헌당식 기도에서 이스라엘의 그러한 특별한 지위에 대하여 언급하길, "주께서 세상 만민 가운데서 저희를 구별하여 주의 산업을 삼으셨나이다" 라고 고백했다 (왕상 8:53).

이스라엘은 세상에 속한 자들이 아니다. 세상에서 분리되어야 했다. 저들은 거룩한 백성으로 열방과 달리, 구분되이 따로 살아야 한다 (민 23:9): "이 백성은 홀로 처할 것이라 그를 열방 중의 하나로 여기지 않으리로다!"

5 절 말미에 위치한 "온 땅이 내게 속한다" 는 문장 초두에는 불변사 "키" 가 위치하는데, 대개 이 말은 '이유' 표시로 ("왜냐하면" NASB, NJB, ELB, LSG, KJV, LXX) 혹은 '양보'절을 유도하는 접속사로 ("비록" NIV), 혹은 "단호한 주장" 표시로 (실로, NRSV, TNK) 이해된다. 그런데, 이 불변사 "키" 를 6 절 상반절까지 커버하여, 5ab 에 제시된 바를 부연 설명하는 문장들을 유도하는 "설명적" 불변사로 보고 (R. Mosis 1978) 번역한다면

(5a 너희가 내 말을 온전히 듣고 내 언약을 지키면 5b 너희는 열국 중에서 내 '보물' 이 되리라)
곧 ('키') 온 땅이 내게 속하였지만, 너희는 내게 제사장적 왕적 존재들이 되리라

가 된다.

이렇게 "키" 를 5ab 를 부연 설명하는 5c6a 를 도입하는 설명적 기능을 갖는 것으로 파악한다면, 5c 의 "온 땅" 과 6a 의 "너희" (이스라엘) 사이에 대조가 선명하게 부각된다. 특히 6a 에 사용된 독립 인칭 대명사는 (**wəʾattem**) 이런 대조적 번역을 지지해 준다.

이런 이해에 의하면, 5b 의 "내 보물" 은 (세굴라 리) 5c6a 절로 부연 설명된다. "하나님의 보물" 이란 말의 의미가 무엇인가 하면, "온 땅이 하나님께 속하였지만, 이스라엘은 열방과 구분되어 하나님의 제사장적 왕적 존재들이 되고, 거룩한 백성이 되는 것" 이다.

이제 남은 것은 6ab 의 의미를 밝히는 일이다. 우리가 "제사장적 왕적 존재들" 이라 번역한 표현은 히브리어로 "마믈레켓 코하님" 이다 (**mamleḵeṯ kōhănîm**). 현대 역본들은 대개 "제사장들의 나라" 라고 (a kingdom of priests) 번역한다. 그렇다면 "제사장들의 나라" 가 무슨 의미인가? 제사장들로 구성된 나라, 제사장들이 다스리는 나라 등의 의미로 취하기도 한다. "나라" 혹은 "왕국" 이라면 그 나라의 왕은 누구인가? 이스라엘의 근본적인 통치자는 하나님이실 것이다. 그래서 하나님의 왕국에서 이스라엘은 제사장들이라는 의미인가?

우리는 약간 달리 이해하고자 한다. 여기 "마믈레켓" 은 "마믈라카" 의 속격으로 이해되는데, "통치권, 왕권, 왕의 절대권, 왕" 등의 의미로 정의된다 (KR[3]). 왕권이란 추상적 사고는 그 왕권을 휘두르는 구체적인 인물 곧 "왕" 을 지시할 수도 있다 (abstractum pro concreto 추상명사를 구체명사로 이해)(삼상 10:18, 왕상 5:1, 10:20, 사 13:4, 렘 1:15, 25:26, 암 7:13, 시 68:33, 135:11, 애 2:2, 대하 12:8, 17:10; Zorell 1984:445).

그래서 히브리어 "마믈레켓 코하님" 은 직역하자면 "제사장들의 왕" 이 된다. 그런데 이 고려중인 표현은 6b

에 언급된 "거룩한 백성" 과 (ḡôy qāḏôš) 병행된다고 보고, "제사장적 왕" 이라 (70 인역은 "왕적 제사장" βασίλειον ἱεράτευμα ροψαλ πριεστηοοδ) 번역한다. "거룩한 백성" 은 "백성" 이란 명사를 "거룩한" 이란 형용사가 수식하는 구조인데, "제사장들의 왕" 에서 사용된 "제사장" 이란 히브리어 "코헨" 이나 거기서 파생된 동사 "키헨" 의 (제사장으로 행동하다) 어근 khn 은 형용사가 없다.

그래서 여기서 비록 명사 복수형이 (제사장들) 사용되었지만, 그 앞의 명사를 (왕, 왕권) 수식하는 위치에 있으므로, 형용사적으로 처리하여 "제사장적" 이라 이해한 것이다.

"제사장적 왕" 은 단수이지만, 이스라엘 백성 전체를 받기 때문에, 집합적으로 이해하여 "제사장적 왕들" 이라 이해할 수 있고 (C. A. Briggs 1889:102), 이에 병행되는 사고가 "거룩한 백성" 이다. 제사장적 = 거룩한, 왕들 = 백성의 등식이 성립한다고 보는 것이다.

어떤 이들은 이 두 사고가 병행이 아니라, 별 다른 실체를 지시한다고 이해한다. 예컨대, 모란에 의하면, "거룩한 백성" 은 일반 백성이라면, 제사장적 나라는 그 나라 안의 제사장 그룹들을 가리킨다고 한다 (W. L. Moran 1962b). 이렇게 구분하는 해석이 모란과 같은 가톨릭 사제에게는 현재의 로마교 체제에 더 어울릴 것이다.

결국 6 절의 사고는 이스라엘 백성 전체가 하나님의 임재 앞에 나아가는 특권을 가진 거룩한 백성, 제사장적 존재들이며, 동시에 왕적 존재들이라는 것이다. 이런 특수한 지위가 바로 그들이 하나님의 "보물" 이란 의미이다.

제사장적 특권과 의무

구원의 최종 완성 단계에서 누리는 완전한 임재와 (계 22:3-4) 달리, 구약 시대 이스라엘 백성이 향유할 수 있었던 그 신적 임재는 간헐적일 수밖에 없었다. 예컨대, 이스라엘의 대표들이 하늘 궁정으로 초대를 받아

9 모세와 아론과 나답과 아비후와 이스라엘 장로 칠십인이 올라가서 10 이스라엘 하나님을 보니 그 발아래에는 청옥을 편 듯하고 하늘 같이 청명하더라 11 하나님이 이스라엘의 존귀한 자들에게 손을 대지 아니하셨고 그들은 하나님을 보고 먹고 마셨더라 (출 24:9-11)

할 때, 왕의 궁정에 초대를 받아 거기서 왕의 얼굴을 대하며 먹고 마시는 친밀한 교제를 (삼상 20:29, 삼하 9:7, 11:13, 왕상 2:7, 18:19, 왕하 25:29) 저들은 가졌던 것이다. 이런 교제는 모세에게 주어진 특권으로 묘사되기도 한다:

9 모세가 회막에 들어갈 때에 구름 기둥이 내려 회막문에 서며 여호와께서 모세와 말씀하시니 10 모든 백성이 회막문에 구름 기둥이 섰음을 보고 다 일어나 각기 장막문에 서서 경배하며 11 사람이 그 친구와 이야기함 같이 여호와께서는 모세와 대면하여 말씀하시며 모세는 진으로 돌아오나 (출 33:9-11, 민 12:8)

후대에 이사야나 미가야 같은 선지자도 환상 중에 하늘 궁정의 임재 속에 들어가곤 했는데 (사 6:1-11, 왕상 22:19-22), 이런 황홀경 체험들은 이스라엘 백성 전체가 기도 가운데, 거룩한 체험을 통해 언제든지 가질 수 있는 특권이었다. 이스라엘에게는 하나님과 교제하는 제사장적 영적인 특권이 주어졌던 것이다. 따라서 출 19:6 이 묘사하는 이스라엘에게 주어진 특권은 저들이 하나님을 섬기는 제사장적 직무에 초점이 두어진 것이 아니라, 열방에 대조되는 영적 특권, 축복이 초점이다. 그래서 혹자는 여기서 저들의 제사장적 직무가 열방을 위해 중보 기도하는 일이라거나, 선교하는 일이라고 (J. P. Hyatt 1971; B. S. Childs 1974) 할 때, 본문의 정당한 해석의 뒷받침이 결여된 양 부정적으로 말하지만 (John A. Davies 2004:97), 그럼에도 오경 전체 문맥에서 본다면, 이스라엘의 선택은 "만민에게 복의 근원" 이 되기 위함이라는 사실에 비추어, 저들의 특별한 지위는 열방에 대한 저들의 선교적 사명이란 의무를 동반했다는 점을 부인할 수 없다.

그런데 출 19:6 에서 제시된 열방과 구분되어, 이스라엘이 하나님께 대하여 갖는 특별한 지위와 신분은 저들이 하나님의 임재 앞에 나아갈 수 있는 거룩한 백성, 하나님의 임재를 향유할 수 있는 제사장적, 왕적 존재들이라는 점이라면, 이스라엘 내의 아론 계통의 제사장 집단이나 다윗 후손들로 대표되는 왕들이 일반 백성들과 구분되어 존재했다는 사실과 충돌하는 사고가 아닌가? 그래서 어떤 이는 원래 하나님의 의도에서는 모두가 왕적 존재요 제사장적 존재가 되는 것이었지만, 이스라엘이 하나님의 임재 앞에 나아가기를 두려워하고 중

보자를 통해 말씀하길 요청함으로 (출 19:16–25, 20:18–21) 결국 원래 계획이 변경되어 일반 백성과 구분되는 제사장들과 왕적 집단이 주어졌다고 이해하기도 한다 (W. C. Kaiser 1978:109). 하지만 그런 이해는 본문에 근거가 없다. 왜냐하면 출 19, 20 장에서 백성이 요청한 것은 선지자적 중보자였지, 제사장적 중보자가 아니었기 때문이다. 더구나 신 18:15–17 에서 하나님은 백성의 중보자 요청이 옳았다고 인정하고 계시다.

그래서 전체 백성이 왕적 존재요, 제사장적 존재라는 사실과 이스라엘 내에 엄연히 왕과 제사장 집단이 존재했다는 사실 사이의 긴장은 이스라엘 백성이 전체로 "열방과 대조적으로" 하나님의 임재 앞에 나아가는 제사장적 특권을 부여 받았다는 사실이 그 말씀의 강조점이라 이해한다면 해소될 것이다. 하나님의 임재 앞에 나아가는 일은 거룩함이란 하나님의 속성을 소유할 때 가능해진다. 그 거룩함의 자질은 하나님께서 백성들에게 부으시는 은혜와 말씀으로 (출 20–23 장의 언약서) 나타나게 될 것이다.

구약의 율법은 그것을 지킴으로 구원을 얻도록 하는 구원의 수단으로나, 세일하머식으로 이스라엘이 실패하자 원래 없었던 계획을 수정해서 임시변통으로 주신 것이 아니라, 선택받고 구원 얻은 백성들을 주변 불신 이방 사람들과 구분시키는 삶의 울타리로 주신 것이다. 이방인들은 유대인들의 사고에서 자주 "개" 에 비유되곤 했는데, 어디서나 오줌을 싸거나 자기 족보도 모르고 어머니와 상관해서 새끼를 낳거나 하는 개처럼, 이방인들은 음란하고, 하나님을 섬길 줄도 모르고 피조물을 신격화하여 섬기는 족보도 모르는 자라고 경멸했기 때문이다. 유대인들은 이방인들을 지옥의 땔감이라고 경멸해 마지않았고, 이방인들을 부를 때는 "저 할례도 받지 아니한 놈!"이라고 했다. 이런 영적 우월감은 한편으로 정당한 것이었고 다른 한편으로는 부당한 것이었다. 부당했다는 것은 저들이 하나님의 선택과 사랑을 입은 까닭이 이방인을 경멸하라는 것이 아니라, 이방인들에게 빛이 되고 만민의 복의 근원이 되도록 하기 위함이었기 때문이다. 정당하다고 한 것은 자신들이 이방 불신자들과 달리 하나님의 백성으로 구분되었다는 자기 정체성을 확인하고 있다는 점에서 옳다고 한 것이다.

"제사장 나라가 되며 / 거룩한 백성이 되리라"는 말씀을 (출 19:6) 전후반절이 하나의 사고를 전달하는 동의(同意) 병행법으로 취할 때, 후반절의 "거룩한"이란 말은 "제사장"과 상응한다. "거룩"이란 개념의 근본은 "구분"으로, 열방과 구분되는 생활이다. 이 구분되는 삶을 영위하도록 부르심을 받은 자가 바로 제사장이다. 제사장은 세상과 자신을 구분하여, 하나님의 임재 앞에 나아가서 그분을 섬기는 자이다. 왕의 신하가 왕의 궁정에 들어가 그 앞에서 섬기듯, 제사장은 하늘 궁정의 복사판인 지상(地上) 성소에서 (출 25:9, 40, 26:30, 민 8:4, 대상 28:11–19) 섬기는 것이다. 한편으로 세상에서 자신을 구분해야 하고 (거룩), 한편으로 그분의 임재 앞에 나아가는 자가 제사장이다. 이렇게 출 19:6 의 동의 병행법은 전후반절의 사고가 서로 연관된다. 후반절의 사고는 전반절 사고의 강화(强化)인 셈이다.

한편 겔 36:22–23 에 비추어, 우리는 제사장적 백성인 이스라엘과 열방 사이의 관계를 조명해 볼 수 있다.

22 그러므로 너는 이스라엘 족속에게 이르기를 주 여호와의 말씀에 이스라엘 족속아 내가 이렇게 행함은 너희를 위함이 아니요 너희가 들어간 그 열국에서 더럽힌 나의 거룩한 이름을 위함이라 23 열국 가운데서 더럽힘을 받은 이름 곧 너희가 그들 중에서 더럽힌 나의 큰 이름을 내가 거룩하게 할지라 <u>내가 그들의 목전에서 너희로 인하여 나의 거룩함을 나타내리니</u> 열국 사람이 나를 여호와인 줄 알리라 나 주 여호와의 말이니라

한 마디로 비록 이스라엘이 범죄하여 이방 땅에 추방당했지만, 하나님은 저들과 불가분리였던 자기 이름을 위하여 저들을 아주 멸하지 않으시고, 저들을 다시 고국으로 귀환하도록 조처하셨다. 그리함으로 열방이 보는 가운데 하나님의 사심과 그분의 거룩하심 (곧 이방 신들과 구분되는 전능자이심을) 드러내시는 것이었다.

앞에서 우리는 "거룩" 이란 개념은 근본적으로 "구분" 사고라 했다. 그런데 하나님과 무관한 세상 사람들과의 구분을 근본으로 하되, 그것은 출발이고, 거기서 하나님의 임재로 나아가야 한다. 예를 들자면, 세속과 동떨어진 수도원 생활만 한다고 거룩한 자라 할 수 없다. 그러한 구분의 생활 가운데서 부단히 하나님을 앙모하고 그분의 임재를 사모하는 가운데 그분을 영적으로 체험하는 것이다. 그렇게 하나님이 임재에 지속적으로 자신

이 노출될 때, 그는 거룩한 하나님의 성품을 입게 될 것이다.

동시에 여기서 거룩한 제사장의 사명이 끝나는 것이 아니다. 거룩하신 하나님을 체험할 때 우리는 저 '거룩' 과 동떨어진 채 세속에 쌓여 멸망 길로 달려가는 영혼들을 향한 사명을 반드시 갖게 된다. 하나님을 체험한 사람치고 세상을 향한 사명을 받지 못한 자는 성경에 아무도 없다. 하나님은 자신에게로 부르신 자마다 세상을 향한 사명을 주신다. 아브라함, 모세, 사무엘, 베드로, 바울, 교회역사상 주님을 체험한 수많은 사람들은 하나같이 세상을 향한 선교적 사명을 받았던 것이다.

따라서 데이비스가 (John A. Davies 2004:99) 출 19:6 에서 제사장 나라, 거룩한 백성의 의미를 해석하면서 열방과 무관하게 하나님의 임재 앞에 나아가는 것에만 초점을 맞추는 것은 적절한 접근법이라 인정할 수 없다. 6 절의 강조점은 그가 지적하듯, 이스라엘이 제사장적 나라, 거룩한 백성이라는 것이 열방을 향한 사명이 아니라, 열방과 구분되는 만민 가운데서 선택된 하나님의 특별한 소유라는 지위에 두어진다고 해석된다 할지라도, 이스라엘이 열방 가운데서, 열방과 구분되어 독특한 지위를 얻는 그 자체가 열방을 향한 사명을 내포하는 것이기 때문이다.

데이비스에 의하면, 6 절은 이스라엘의 "세굴라" 의 지위가 "만민과 구분되는" 특수한 특권적 지위라는 점을 강조하기 위해 열방이나 온 땅을 언급할 뿐, 이스라엘의 갖는 그런 특수한 지위가 열방에 대하여 어떤 사명을 갖는다는 사고는 전무하다. 열방이나 온 땅에 대한 이스라엘의 사명을 언급하기 위해 그런 단어들이 사용되지 않은 것은 분명하다. 그러나 데이비스가 간과한 것은 바로 열방 중에서 이스라엘이 존귀한 지위에 앉도록 선택된 그 특권 자체가 선교적 의무를 동반한다는 사실이다 (창 12:2, 18:18, 22:17, 26:4). 이스라엘이 전체로 제사장적 백성이 되어 (아래에서 이 사고의 여러 증거들 참조) 하나님의 임재 앞에 나아가는 일이 6 절의 강조점이라 해도, 세상 만민 중에서 유일하게 세상의 창조주 하나님께 나아가는 그런 특권을 왜 받았던가? 하는 질문을 본문의 최종 형태를 존중할 것을 주장하는 (John A. Davies 2004:24 이하 참조) 데이비스가 회피할 수는 없을 것이다. 출 19:6 은 본문의 최종 형태상, 그리고 정경적 위치에서 오경의 일부인 것이다. 오경은 정경적 맥락에서 하나의 책인데, 출 19:6 의 사고를 오경 전체의 사고에 비추어 이해해야 함은 아주 당연한 것이다.

데이비스는 로울리가 (H. H. Rowley 1950:45–49) 출 19:4–6 을 핵심 구절로 하여 선택은 섬김을 위함이라는 선교적 선택 사고를 주장하는 대표자임을 지적하면서, 그런 주장은 본문에 근거가 없다고 기각시켜 버린다면, 그가 목표하는 "본문들 간의 상관성" 을 중시하는 해석방식에도 (그의 책 제목 *A Royal Priesthood: Literary and Intertextual Perspectives on an Image of Israel in Exodus 19.6*) 배치되는 일이다. 아브라함의 선택과 그 후손 이스라엘의 열방 중에서의 특별한 지위는 열방에 저들이 복의 근원이 되는 선교적 사명을 위함이었지, 저들만을 위한 편애적 호혜 조처는 결코 아니었던 것이다. 만약 이스라엘에게 열방에 대한 사명과 무관하게 그런 편애적 특권을 허락하셨다면, 신약과 구약의 관계를 보는 시각도 전혀 그릇된 방향으로 편향되어 버릴 것이다. 즉 세대주의 신학이 말하듯, 주님이 이스라엘의 왕이 되시려고 오셨는데, 유대인들이 배척하고 죽여 버림으로 결국 하나님은 교회를 급히 임시방편으로 만드시고 이방인들에게 마지못해 복음이 흘러가도록 해 버리셨다고 말해야 할 것이다.

실제로 행 2 장에 대한 세대주의 해석을 진행하면서 핫지는 행 2 장에 묘사된 성령강림의 역사는 유대인들의 불신앙 때문에 구약이 예고한 (슥 12 장) 이스라엘의 거국적, 민족적인 회심을 이루지도 못했고, 욜 2:28 이하의 예언도 절반 성취로 끝났으며, 결국 별 볼일 없는 시시한 일이 되고 말았다는 식으로 말하였고, 더구나 행 28:28 을 인용하면서 유대인들이 완악하게 행동함으로 원래 계획은 유대인 구원이었고 다윗 왕국의 재건이었지만, 결국 "하나님의 구원이 이방인들에게로 보내지고 말았다" 고 강조하는 것이다 (Zane C. Hodges 172).

그러나 핫지는 부활하신 주님이 구약 예언의 성취를 어떻게 말씀 하셨나를 들어야 할 것이다.

44 또 이르시되 내가 너희와 함께 있을 때에 너희에게 말한바 곧 모세의 율법과 선지자의 글과 시편에 나를 가리켜 기록

된 "모든 것" 이 이루어져야 하리라 한 말이 이것이라 하시고 45 이에 저희 마음을 열어 성경을 깨닫게 하시고 46 그가 그들에게 말씀하시되, 이처럼 기록되었느니라! 그리스도가 고난을 받고 제 삼일에 죽은 자 가운데서 살아날 것과 47 또 그의 이름으로 죄 사함을 얻게 하는 회개가 예루살렘으로부터 시작하여 모든 족속에게 전파되리라 48 너희는 이 모든 일의 증인이라 (눅 24:44-48; 46-47 은 원문대로 私譯)

부활하신 그리스도는 두 제자들에게 구약 전체에 기록된 그리스도에 관한 예언의 내용이 이제 곧 (성령강림과 함께) 성취될 것인데, 그것은 그리스도의 고난, 부활, 그리고 그의 이름으로 죄 사함의 회개가 예루살렘에서부터 세상 만민에게 전파되는 일이라고 확실하게 증거하고 계시다. 그분의 예고대로 행 2 장의 성령강림으로 인하여 예루살렘에서부터 죄 사함의 회개가 나타났고, 복음은 안디옥으로, 로마 제국 전체로, 그리고 온 세상으로 퍼져나갔다. 이렇게 구약 예언들은 그리스도의 해석에 의하면, 그분의 십자가 죽으심과 부활, 그 이후의 성령강림과 복음 전파를 통해 온전히 전부 성취되었고 성취되는 도중에 있다.

이런 그리스도의 해석을 무시하고, 우리는 핫지같은 세대주의자들에게 동조해서, 주님 초림 당시에 유대인들이 예수님을 "전 민족적으로" 믿고 회개하여 순종했더라면, 예루살렘에 다윗 왕국이 재건되고, 구약이 예언하는 그 찬란한 영광과 물질적 풍요가 이루어지고, 이사야서에서 특히 부각되는 열방이 유대인들에게 보물을 가져와서 바치고 저들의 발의 티끌을 밟으며 굴복하는 반민주적인 기이한 현상들이 나타났으리라 말해야 할 것인가?

전혀 아니다. 주님의 초림 때에 일어난 일은 구약 선지자들이 예언한 바의 "완전한 성취" 이며 (물론 신약 시대 전 기간에 걸쳐 성취가 일어나고 있다), 더 이상의 다른 구약 예언의 성취를 주님의 재림 이후에 가정된 천년왕국에서 기대할 이유가 하나도 없다. 사도행전 2 장에서 묘사되는 성령강림 사건은 욜 2:28 이하의 완전 성취이며, 유대인의 남은 자들이 구원받고 열방이 구원에 참여하여 복음이 세계적으로 퍼진 것은 모두가 구약 예언의 "완전" 성취이다. 주님의 십자가 고난과 대속의 죽음은 레위기가 묘사하는 모든 구약 제사들의 완전한 성취이며 (히 8, 9 장), 단 9:24 의 완전 성취이다. 주후 70 년에 일어난 예루살렘 파멸과 성전 파괴로 나타난 제사의 중단은 단 9:24-27 의 완전 성취였다.

구약 예언은 "유대적 색깔" 로 "겉옷" 이 입혀졌지만, 그 "알맹이" 는 신약에서 구원 역사가 전개되면서 드러났듯이, 유대인 남은 자와 열방 가운데 선택받은 자들이 하나가 되어 교회를 구성하고 하나님을 섬기며 물질적, 영적인 축복을 누리는 교회적, 영적 축복이다. 유대인들에게 열방이 비굴하게 굴복하는 비민주적인 "그런" 다윗 왕국 재건 사고나 "7 년 대 환란," "천년 왕국" 같은 사고들은 구약 예언에 대한 그릇된 문자적 해석의 결과일 뿐이다. 하나님은 원래 아브라함을 부르실 때 만민을 복 주시려는 기관으로 세우기 위하여 택하셨고, 이스라엘의 특권적 지위 역시 그러하며, 이스라엘의 최종 남은 자인 야웨의 고난 받는 종 예수 그리스도를 통해서 그 원래적 계획이 지금 여기서 교회를 통해 "완전" 성취되고 있는 것이다.

이스라엘 전체 백성의 제사장적 지위

이스라엘 백성이 전체로 제사장적 지위에 있었다는 사실은 몇 가지로 입증할 수 있다 (Alex T. M. Cheung 1986). 우선, 대 제사장은 자기 복부에 흉패를 달고 하나님 앞에 나아가는데 (출 28:15 이하), 그 흉패에는 12 보석이 박혔고, 그 12 보석에는 이스라엘 지파의 이름들이 새겨졌다 (출 28:21). 이렇게 하여 대제사장이 하나님 앞에 나아갈 때, 사실 전체 이스라엘 백성이 그분 앞에 나아감과 동일시되었다.

또한 레위 4:3 에서

만일 기름 부음을 받은 제사장이 범죄하여 백성으로 죄얼을 입게 하였으면 그 범한 죄를 인하여 흠 없는 황소로 (한역, 수송아지) 속죄 제물을 삼아 여호와께 드릴지니

라고 하는데, 제사장의 범죄는 결국 온 백성의 죄로 간주되었고, 레위 4:13 이하에 묘사된 바대로, 이스라엘 온 회중이 범죄할 때도 제사장이 범죄할 때와 동일하게 "황소" 한 마리를 속죄 제물로 드렸다. 이는 제사장과 전체 백성을 하나로 보는 것과 같다. 레위 10:17 에서는 "이는 너희로 (제사장들) 회중의 죄를 담당하여 그들을 위하여 여호와 앞에 속하게 하려고 너희에게 주신 것이니라" 고 말씀하고 있다.

슥 3:4, 9 에서 대 제사장 여호수아의 죄를 제할 때, 온 백성의 죄가 제거된 것으로 나타난다. 대제사장의 사망은 온 민족적 사건으로 그 기회에 도피성에 피한 부지중에 살인한 자들이 모두 석방될 수 있었다 (민 35:25, 28, 32, 수 20:6).

출 28:2, 40 에서 대제사장을 위하여 거룩한 옷과 관, 속옷, 띠 등을 지어 입혀 그를 영화롭고 아름답게 하라고 명하신다. 이는 어쩌면 인류를 영화롭고 아름답게 하시려던 그 하나님의 원래 목적의 회복을 암시할 것이다 (시 8:5)(M. Kline 1999:75). 또한 사 62:1-3 에서 구속된 이스라엘을 제사장적 모습으로 묘사하면서 이스라엘이 열방 앞에 영광이 되리라 예고한다.

이런 구속받은 이스라엘의 제사장적 모습은 에덴동산에서 원래 인간이 지녔던 그 왕적 제사장적 지위를 회복한 것이다. 그리고 신약 시대에 계시록 기자가

4 또 내가 보좌들을 보니 거기 앉은 자들이 있어 심판하는 권세를 받았더라 또 내가 보니 예수의 증거와 하나님의 말씀을 인하여 목 베임을 받은 자의 영혼들과 또 짐승과 그의 우상에게 경배하지도 아니하고 이마와 손에 그의 표를 받지도 아니한 자들이 살아서 그리스도로 더불어 천년 동안 왕노릇하니 6 이 첫째 부활에 참여하는 자들은 복이 있고 거룩하도다 둘째 사망이 그들을 다스리는 권세가 없고 도리어 그들이 하나님과 그리스도의 제사장이 되어 천년 동안 그리스도로 더불어 왕노릇하리라

할 때 (계 20:4, 6) 반향되고 있다. 여기 "첫째 부활" 은 육적 부활에 (둘째 부활) 대비되는 영적인 부활, 곧 중생을 의미한다. 중생(重生)한 자들은 지금 여기서 그리스도와 연합하여 왕같은 제사장으로 통치하며 그분의 임재 앞에 나아가는 것이다. 에베소서 기자는

5 허물로 죽은 우리를 그리스도 예수 안에서 살리셨고(너희가 은혜로 구원을 얻은 것이라)
6 또 함께 일으키사 그리스도 예수 안에서 함께 하늘에 앉히시니

라고 했다면, 여기 "살리다, 일으키다"가 모두 계 20:4 에서 "살아서"와 연결된다. 신약 성도는 이미 "천년 왕국"의 통치에 참여하고 있으며, 제사장으로서 그분의 임재 앞에 나아가고 있다 (계 1:6, 5:10, 20:6). 저들의 드리는 '기도' 는 구약 제사장이 사른 (출 30:34–38, 민 16:40, 대하 26:16 이하) 그 분향단의 분향(焚香)에 비유되고 있다 (계 5:8, 8:3–4).

사도 바울은 자신이 이방인을 위한 복음의 일군이 된 자기 사명이 "하나님의 복음의 제사장 직무를 하게 하사 이방인을 제물로 드리는" 일이라고 고백하고 있다 (롬 15:16, 사 66:19–20). 빌립보 교인들의 헌금은 향기 나는 받으실만한 제물로 묘사되고 (빌 4:18), 모든 성도는 자기 몸을 하나님이 받으실만한 산 제물들로 바쳐야 한다 (롬 12:1). 사도 바울이 영적 전쟁과 연관하여 성도의 전신갑주를 묘사할 때 (엡 6:11), 그 출처가 되는 사 59:17, 61:10 은 분명하게 제사장적 의복을 언급한다 (M. Klines 1999:83). 계 19:8 에서 구속받은 성도와 연관하여, 빛나고 깨끗한 세마포를 입게 하셨은즉 이 세마포는 성도들의 옳은 행실이로다 라고 제사장적 의복으로 성도의 행실을 비유한다.

이는 영원 천국에서 완전 성취되는데 그 완전한 성취의 국면에 대하여 계시록 기자는

3 다시 저주가 없으며 하나님과 그 어린 양의 보좌가 그 가운데 있으리니 그의 종들이 그를 섬기며
4 그의 얼굴을 볼 터이요 그의 이름도 저희 이마에 있으리라 (계 22:3–4)
그들이 하나님의 보좌 앞에 있고 또 그의 성전에서 밤낮 하나님을 섬기매 보좌에 앉으신 이가 그들 위에 장막을 치시리니 (계 7:15)

라 하였다. 섬기다란 예배를 드림을 의미하고, 그분의 얼굴을 뵌다는 것은 그분의 임재 속에 거하리라는 것이다.

베드로 사도가 성도를 향해서 "너희는 왕같은 제사장" 이라 할 때 (벧전 2:9), 만인 제사장직 교리를 말하는데, 이를 오해해서는 안된다. 앞에서 우리가 지적한대로, 신약 시대 성도가 제사장인 것은 성도 모두가 목사나 전도사 같은 성직자로서 '기능' 할 수 있다는 의미가 아니라, 성도의 "존재론적 거룩" 의 상태와 하나님의 임재 앞에 나아갈 수 있는 제사장적 특권을 강조하는 것이다. 하나님 앞에 믿음으로 나아가 그분의 얼굴을 뵈옵고 그분과 교제하는 특별한 지위를 얻은 것이지, 모든 성도가 목회하는 목자로 세움을 입었다는 말은 아닌 것이다.

그렇게 보아야 할 이유는 사도 바울이 에베소서에서 (4:11–12) "사도들," "선지자들," "목사들 (牧師 목자) 곧 교사들" 을 (τοὺς δὲ ἀποστόλους, τοὺς δὲ προφήτας, τοὺς δὲ εὐαγγελιστάς, τοὺς δὲ ποιμένας καὶ διδασκάλους; 정관사나 불변사 de 가 사도들, 선지자들, 목사들과 교사들 세 그룹에 두어지고 있으므로, "목사와 교사" 는 별개가 아니라 한 직분의 양면성을 언급했다고 본다) 그리스도께서 교회에 선물로 주셔서 여타 "성도를 온전케 하고 봉사의 일을 하게 하였다" 고 지적하는 점과 고전 12:29 에서 "다 사도겠느냐 다 선지자겠느냐 다 교사겠느냐? 다 능력을 행하는 자겠느냐?" 라고 일반 성도와 직분자들을 구분하고 있다는 사실, 그리고 현실적으로 하나님은 특별한 소명을 주셔서 자기 일군들을 (목회자들) 일으키신다는 사실 등 때문이다.

하나님의 임재 앞에로의 접근의 특권

제사장적 특권의 근본은 그분의 임재 앞으로 들어갈 수 있는 권리이다. 하늘 대왕 알현권이라고 할 수 있다. 광야 성막에서 일반 성도는 번제단 옆의 마당까지 접근이 가능했다. 거기서 경배드리고 찬양과 기도를 올릴 수 있었다. 오직 제사장만이 성소에 들어갈 수 있었고, 대 제사장만이 지성소까지 들어가는데, 그곳에의 접근은 오직 대 속죄일에만 접근이 가능했다. 앞에서 살핀대로 대 제사장은 흉패에 이스라엘 12 지파의 이름들을 새겨 가슴에 달고 하나님의 임재 앞에 나아갔다. 이는 모든 성도를 대표하여 대 제사장이 하나님의 임재 앞에 들어가는 것을 의미할 것이다. 그렇다면, 대제사장의 지성소 접근은 결국 모든 성도가 그를 통해 하나님의 임재 앞에 들어감과 같은 일이 된다. 성도가 대제사장을 통해 간접으로 그분의 임재 하에 들어갔기 때문이다.

광야의 성막을 하늘 성소의 모형이라 생각하고 고려한다면, 오늘날 성도는 성소의 어디까지 접근이 가능한가? 구약 시대에는 대제사장을 통해 지성소에 접근할 수 있었다면, 신약에서는 어떠한가? 우리가 제사장, 주님이 대 제사장이므로, 우리는 성소까지 접근이 가능한 것인가? 아니다, 구약 대제사장이 백성의 이름을 가슴에 달고 임재 가운데로 들어갔듯이, 성도는 주님의 임재가 있는 지성소까지 접근이 가능하다. 구약 시대에는 대 제사장을 통한 간접 접근이었다면, 신약시대에는 히 4:16 에서 “우리가 긍휼하심을 받고 때를 따라 돕는 은혜를 얻기 위하여 은혜의 보좌 앞에 담대히 나아갈 것이니라!” 라고 말씀하시는 데서 보듯, 그분의 보좌 앞에까지 직접적 접근이 허용되고 있다. 어떻게 그분의 보좌 앞에까지 나아가는가? 그리스도의 피로 속죄함을 입은 성도는 담대하게 하나님의 보좌 앞에 나아가는데, 그것은 기도로 가능하다. 그러나 대개 성도는 성소 마당에서 몇 마디 기도하고 성소를 나서고 만다. 어떤 사람은 좀 더 접근하여 성소 앞까지 접근하기도 하고, 어떤 성도는 성소 안으로 들어가기도 한다. 그러나 주님의 보좌 앞, 은혜의 보좌 앞, 언약궤 시은(施恩)좌까지 나아가는 성도는 과연 몇일까? 그분의 얼굴을 구하여 그분의 은혜의 보좌 앞에 까지 나아가서 매일 그분과 친밀한 교제를 할 수 있는 대왕 알현권이 주어졌지만, 그 특권을 제대로 이해하고 활용하고 누리며 사는 성도는 얼마 되지 않아 보인다.

왜 이 대왕 알현권이 특권 중의 특권이요 축복 중의 축복인가? 솔로몬이 꿈 가운데 하나님의 임재를 경험했고, 하나님의 축복을 받았다. 그가 직접으로 기도하여 축복을 받은 것이 아니라, 꿈 가운데서 하나님께서 솔로몬에게 네게 무엇을 줄꼬? 라고 물으셨고, 솔로몬은 지혜를 구하여 받았으며 또 구하지 아니한 다른 축복까지 다 받는다. 이는 솔로몬이 평소에 기도한 소원이 꿈에 성취된 것으로 나타난 것인지, 아니면 솔로몬이 예상하지도 못했던 바를 하나님께서 꿈 가운데서 솔로몬에게 가장 적합한 축복을 주시고자 그렇게 꿈의 내용을 솔로몬에게 감독 출연하셨는지 확실치 않으나, 분명한 것은 솔로몬은 꿈 가운데서라도 임재의 축복을 받았고 임재의 축복이 전대미문의 축복을 그에게 안겨 주었다는 것이다. 하나님의 얼굴을 대면한 자들마다 존귀한 자들로 인정을 받고 능력과 은사를 받고, 거룩함과 영적 순결을 체험한다. 이것 외에 달리 더 무슨 축복을 바라는가? 이 대왕 알현권보다 더 큰 축복이 다시 있을까?

왕적 권세

출 19:6a 에서 하나님은 이스라엘을 향해 “너희는 거룩한 백성” 이요 “제사장적 왕적 권세자들” 이라 약속한다. 그렇다면 왕적 권세는 무엇인가? 이에 대하여 브릭스는 이스라엘은 거룩한 왕의 신민(臣民) 일뿐 아니라, 하나님의 통치에 참여함으로 왕적 권세를 행사하는 자들이기도 하다고 했다 (C. A. Briggs 1889:102). 그런 사고는 창조 때에 인간에게 부여되었던 왕적 지위 곧 정복하고 다스리는 (창 1:28) 왕적 존재로서의 인간 사고와도 연관된다. 하나님은 창조 시에 인간을 지상 대리자로 세우시고 만물을 통치하도록 하심으로, 자신의 통치에 참여하도록 초대하셨기 때문이다.

창 1:28 에서는 바다의 고기, 공중의 새, 땅에 움직이는 모든 생물들이 통치의 대상인 양 제시되었는데, 창 3 장의 타락기사에서 보듯, 뱀을 입고 나타난 영적 미혹자와 (신약적으로 사단, 계 12:9, 20:2) 같은 영적 세력도 정복과 통치의 대상임이 분명하다. 아담이 짐승들의 이름을 짓는 일도 어쩌면 왕적 권세의 행사였을 것이다. 이름을 짓는 일은 어떤 대상의 성격과 자질을 제대로 판단할 때 가능한 일이고, 이름을 부름으로 그것들에 대한 지배권을 행사하는 것이다. 비유컨대, 미지의 섬이 있는데 발견해서 이름을 지어 불렀다. 그렇게 해서 그 섬은 그 발견자의 나라 소유가 된다.

왕이면서 제사장이었던 인물로는 아담 외에, 멜기세덱이 있는데 (창 14:18, 시 110:4), 사사였던 사무엘도 아마 그런 이중직분의 수행자로 볼 수 있을 것이다. 사무엘은 사실 왕(사사), 제사장, 선지자의 삼중 직분을 수행한 자였다고 할 수 있고, 모세 역시 왕, 제사장, 선지자의 삼중 직분의 소유자였다고 할 수 있다. 그러나 이런 불완전한 구약적 삼중(三重) 혹은 이중(二重) 직분의 이상(理想)은 예수 그리스도에게서 완전 성취된다. 그는 이 땅에 계실 때에 선지자로서 하나님의 뜻을 다 선포하셨고, 자기 몸을 제물로 십자가에 드리심으로 대제사장적 직무를 수행하셨으며, 부활 승천 후에 보좌에 앉으심으로 메시아 왕으로 즉위하셔서 지금 통치하시고, 제사장적 직무도 함께 수행하고 계신 것이다 (왕 [히 1:1, 3, 8:1], 제사장 [히 1:3, 2:17, 3:1, 4:14, 15, 5:5 등], 선지자 [마 13:57, 행 3:22, 23]).

그렇다면 현실적으로 오늘날 성도가 왕적 존재라면 구체적으로 무엇을 의미하는가? 그것은 영적으로 죄악과 사단의 세력을 짓밟고 승리하는 영적 권세와 복음 전파를 통해 영혼들을 사단의 세력에서 빼앗아 하늘나라로 옮겨오는 영적 정복전의 수행을 통해 일어난다고 말할 수 있다. 기도에 많은 시간을 쏟고 진리의 검인 말씀으로 무장하여 성령님의 권능을 입을 때 귀신들은 주님의 이름으로 쫓겨나고 병자들은 고침을 받고 죄를 회개하는 역사가 나타난다면 그것이 바로 왕적 권세가 행사되는 증거들이 될 것이다. 그러한 역사는 하나님의 통치권이 나를 통해 행사되는 증거들이며, 내가 왕이라는 사실의 직접적인 표현이다. 나를 통해 영혼들이 그리스도를 알게 되고 믿게 되어진다면, 그것도 역시 영적 권세가 있다는 것을 입증해 준다. 우리는 지금 여기서 은혜 안에서 왕 노릇해야 한다.

둘째로, 잡신들과 우상숭배

출 32 장에 묘사된 금송아지 우상 숭배 사건은 하나님의 진노를 촉발시켜 저들이 진멸당할 위기에 처하게 만들었다. 이 때 중보자 모세의 기도가 아니었더면 저들은 진멸을 당하고 말았을 것이다. 오늘날 영적으로 금송아지 우상 숭배는 우리의 세속적인 생활에서 나타나는 온갖 탐욕과 음행이다. 이런 일을 인하여 하나님의 진노가 하늘로부터 임하는 것이다 (골 3:6).

이 금송아지 사건을 통해 드러나는 또 한 가지 중요한 교훈은 하나님은 모세의 중보기도 때문에 범죄한 이스라엘을 멸하지 않으셨다는 점이다. 즉 중보 기도자의 중요성이다. 한 사람의 중보 기도자가 한 민족을 멸망에서 건져낸다!

이것과 연관하여 또 고려해야 할 사항은 이집트에 내려진 10 재앙은 모두 이집트인들이 섬기던 잡신들에 대한 심판이기도 했다 (출 12:12). 아래 도표를 참조해 보라. 고대 이집트인들의 눈에 모든 만물이 다 신적인 존재였다. 어찌면 이렇게 인간이 타락했던가?

오늘날 이집트는 세계에 유수한 관광대국인데, 이전의 선조들이 섬기던 잡신들의 신전이 그들의 관광 수입의 터전이 되고 있다. 한국에서는 경주 불국사나 기타 절간들이 그런 관광 사업의 지반이 되고 있다. 우상숭배와 연관된 것을 빼면 한국에 문화재가 없을지도 모른다.

재앙	이집트 신들에 대한 처벌	가게 하라	바로의 마음	기적	나는 야웨니라
지팡이가 뱀	뱀 신		7:13	7:10-12	7:12
나일강 피	Hapi, Osiris, Isis, Khnum	7:16	7:14, 22	7:19-21	7:17
개구리	Heqet 개구리머리 출산여신	8:1	8:15	8:5—7	8:10
이	Set 광야 신	8:20	8:19, 32	8:16-18, 24	8:19, 22

파리	Re, Uatchit			8:20-32	
가축 종기	Hathor암소머리; Apis황소 신	9:1	9:7	9:6	9:4
짐승 독종	Sekhmet질병, Sunu역병, Isis치유	9:13	9:12	9:10	9:14, 17
우박	Nut하늘, Osiris작물, Set폭풍	9:35	9:34	9:22-26	9:29
메뚜기	Nut하늘, Osiris작물	10:4	10:1, 20	10:12-15	10:2, 3
흑암	Re태양, Horus태양, Nut하늘, Hathor하늘	10:24-26	10:27	10:22, 23	
장자의 죽음	Heqet출산, Isis자녀보호	11:8, 12:31	11:10	11:9, 12:29, 30	11:7, 12:12

모두가 우상숭배와 연관된다. 불교만 아니라, 유교적 사상이나 도교 사상, 풍수 사상 등 성경의 진리에 배치되는 모든 것들이 한국의 사상과 행동을 지배한 결과이다.

언젠가 잡신들이나 우상숭배자들은 한 가지로 하나님의 진노의 심판을 받을 것이라는 점을 우리는 알아야 한다.

사 2:8 그 땅에는 우상도 가득하므로 그들이 자기 손으로 짓고 자기 손가락으로 만든 것을 공경하여
9 천한 자도 절하며 귀한 자도 굴복하오니 그들을 용서하지 마옵소서 17 그 날에 자고한 자는 굴복되며 교만한 자는 낮아지고 여호와께서 홀로 높임을 받으실 것이요 18 우상들은 온전히 없어질 것이며 19 사람들이 암혈과 토굴로 들어가서 여호와께서 일어나사 땅을 진동시키는 그의 위엄과 그 광대하심의 영광을 피할 것이라 20 사람이 숭배하려고 만들었던 그 은 우상과 금 우상을 그 날에 두더쥐와 박쥐에게 던지고
21 암혈과 험악한 바위틈에 들어가서 여호와께서 일어나사 땅을 진동시키시는 그의 위엄과 그 광대하심의 영광을 피하리라 (사 2:8-9, 17-21)

셋째로, 하나님의 자기 계시

하나님은 모세에게 자신을 계시(啓示)하셨다. 계시하신다는 것은 우리와 차원이 달라 우리 피조물된 인간이 도저히 이해할 수 없고 감지할 수 없는 그 하나님께서 자신을 인간이 감지할 수 있는 방식으로 드러내 보이셨다는 것이다.

출 3:14 하나님이 모세에게 이르시되, 나는 스스로 있는 자니라 (ʾehyeʰ ʾăšer ʾehyeʰ)
또 이르시되, 너는 이스라엘 자손에게 이같이 이르기를
스스로 있는 자가 나를 너희에게 보내셨다 하라

출 6:2 하나님이 모세에게 말씀하여 가라사대 나는 여호와로라! 3 내가 아브라함과 이삭과 야곱에게 전능의 하나님으로 나타났으나 나의 이름을 여호와로는 그들에게 알리지 아니하였고 (wāʾērāʾ ʾel-ʾaḇrāhām ʾel-yiṣḥāq wəʾel-yaʿăqōḇ bəʾēl šaddāy ûšəmî yhwh lōʾ nôḏaʿtî lāhem)
4 가나안 땅 곧 그들의 우거하는 땅을 주기로 그들과 언약하였더니 5 이제 이집트 사람이 종을 삼은 이스라엘 자손의 신음을 듣고 나의 언약을 기억하노라

하나님은 족장들에게 "'야웨' 라는 이름으로 알리지 않으시고, 오직 '전능의 하나님으로'" (브엘 솨다이) 나타났었다고 (자신을 계시하셨다) 하신다. 이 말은 "야웨" 라는 이름을 족장들에게 알리지 않으시고 "엘 솨다이"로 알리셨다는 의미가 아니다. 요 17:6 에서 주님은 "세상 중에서 내게 주신 사람들에게 내가 '아버지의 이름'을 나타내었나이다" 라고 하시는데, 하나님 아버지의 "이름" 을 제자들이 몰라서 그 이름을 알려 주셨다는 의미가 아닌 것과 같다. 하나님의 이름을 "야웨" 라는 이름인데, 이것을 제자들이 몰랐다는 것이 아니다. 주님은 자신의 모든 말씀과 행동을 통해서 하나님의 이름, 곧 그분의 인격과 성품을 계시하셨다는 것이다. 이름은 '인격' 혹은 '그 사람 자체' 를 지시한다.

여기 출 6:3 에서도 족장들에게 "야웨" 라는 이름의 속성, 야웨라는 하나님의 인격을 이제 출 이집트의 대 역사를 통해 드러내실 그런 방식으로는 결코 전에 계시하신 적이 없다는 것이다.

하나님은 "내가 내 손을 이집트 위에 펴서 이스라엘 자손을 그 땅에서 인도하여 낼 때에야 이집트 사람이 나

를 여호와인 줄 알리라" 고 (출 7:5) 하신다 (출 7:17, 10:2, 14:18, 16:12 등). 이는 이집트 사람들이 야웨 하나님의 정체, 그분이 누구신지, 그분이 어떤 분이신지, 그분이 얼마나 권능과 능력과 지혜가 많으신지, 이제 행하실 출 이집트의 역사를 통해 알게 되리라는 예고이다.

10 재앙으로 야웨의 권능이 나타났고, 홍해를 마른 땅 같이 건너게 하셨고, 광야에서 만나와 메추라기를, 반석에 물을 내게 하셨으며, 낮에는 구름 기둥, 밤에는 불기둥으로 이스라엘을 인도하셨다. 이것이 다 "야웨의 이름으로" 자신을 드러내시는 위대한 일들인데, 가장 중요한 일은 그분이 시내산에서 이스라엘과 언약을 맺으시고 이스라엘의 하나님이 되시고, 이스라엘은 그 하나님의 백성이 되도록 하신 일이다.

그 시내산 언약을 통해 "야웨" 하나님은 족장들에게 약속하신 대로, 이스라엘이 온 세상 만민에게 복의 근원이 되는 선민으로 세우신 것이다. 야웨 하나님은 아브라함에게 예고하신대로, 이스라엘을 이방 땅의 종살이에서 건져 내셨고, 저들을 자기 백성으로 세우셨다. 이런 일련의 위대한 일들을 통해 야웨 하나님이 자기의 약속을 얼마나 신실하게 이루시며, 그분이 얼마나 권능과 능력이 무한하신지를 드러내신 것이다.

"(엘) 솨다이" 와 "야웨" 라는 두 하나님의 칭호 사이에 출 6:3 에서 대비가 되어졌다면, 전자는 70 인역이 "판토크라토르"라 번역했는데 이는 영어로 Almighty 에 해당된다 (all [pan] + might [kratos] = 전능). 그런데 "엘"이 (하나님) 첨가되면 "전능자 하나님" 이 (Almighty God) 된다.

히브리어 "솨다이" 의 의미는 여러 가지 추정들이 있지만, 어원적으로 의미가 확실치 않고 그 말이 등장하는 구절들의 문맥에 비추어 추정해야 한다. 그래서 70 인역의 "판토크라토르"를 참조하여 "전능자"라 이해하는 것이다.

전능하신 하나님은 (엘 솨다이) 야웨 하나님과 무엇이 대비되었던가? 족장들에게는 출 이집트의 대역사와 같은 큰일들을 행하신 적이 없으셨다. 간헐적으로 저들이 곤경에 처했을 때 꿈으로 이방 왕들에게 역사하사 저들을 곤경에서 건지시거나, 아니면 육신적으로 불가능한 잉태와 출산을 사라나 라헬에게 허락하신 일 등에서 보듯 개인적이고 간헐적이며, 출 이집트의 대 역사나 그 이후의 인도와 시내산 언약 체결 시의 강림과 영광의 현현 등에 비추어 볼 때 크게 대비된다.

그런 위대한 사건들을 통해 야웨 하나님의 속성은 그분의 전지, 전능, 신실하심, 용서, 자비, 은혜로우심 등으로 드러났다.

용서와 자비의 속성을 드러내는 그분의 성품 계시는 출 34:4–6 에서 고전적으로 나타났다.

5 여호와께서 구름 가운데 강림하사 그와 함께 거기 서서 여호와의 이름을 반포하실새
6 여호와께서 그의 앞으로 지나시며 반포하시되 여호와로라 여호와로라
자비롭고 은혜롭고 노하기를 더디하고 인자와 진실이 많은 하나님이로라
7 인자를 천대까지 베풀며 악과 과실과 죄를 용서하나
형벌 받을 자는 결단코 면죄하지 않고 아비의 악을 자여손 삼사 대까지 보응하리라
(wayyiqrāʾ b̲əšēm yhwh 6wayyaʿăb̲ōr yhwh ʿal-pānāyw wayyiqrāʾ
yhwh yhwh ʾēl raḥûm wəḥannûn ʾerek̲ ʾappayim wərab̲-ḥesed̲ weʾĕmet̲
7nōṣēr ḥesed̲ lāʾălāp̄îm nōśēʾ ʿāwōn wāp̄ešaʿ wəḥaṭṭāʾā^{h}
wənaqqē^{h} lōʾ yənaqqe^{h} pōqēd̲ ʿăwōn ʾāb̲ôt̲ ʿal-bānîm
wəʿal-bənê b̲ānîm ʿal-šillēšîm wəʿal-ribbēʿîm)

여기 묘사된 바는 모세가 앞에서 구했던바 두 가지, 곧 하나님의 길들을 알게 하시고 (33:13), 그의 영광을 보게 해 주시라는 (33:18) 간구에 대한 응답이다. 하나님의 놀라운 영광의 임재가 모세 앞에서 지나감은 (6a) 두 번째 간구의 응답이라면, 여호와의 속성들의 계시는 (6b–7) 첫째 간구에 대한 응답이다. 여기서는 신현에 동반되는 그 여러 가지 자연의 대 격변 현상에 대한 언급은 없다. 하나님의 자기 현시는 오직 그분의 도덕적 성품들만 말로 선포되었을 뿐이다.

여기서 보듯, 그분의 "이름계시" 는 그분의 '이름' 이 이렇게 불린다 라는 것이 아니라, 그분의 "속성 (屬性 nature) 계시" 임이 드러난다. 그분의 이름은 그분 자신을 가리키기 때문이다. 그분은 1) 자비로우시다 ; 2) 은혜로우시다 ; 3) 노하기를 더디하신다 ; 4) 인자와 진실이 많으시다. 바로 야웨 하나님은 그런 속성의 하나님이시다. "인자" 는 (헤세드) 언약에 근거한 불변 사랑이다. 범죄자는 반드시 처벌하시나 언약에 근거하여 언약 백성이 회개할 때 용서하시고 그를 다시 받으시고 거룩한 길로 걷게 하시고 축복하신다. 그분은 변덕스러운 분이 아니라, 언약을 굳게 지시키는 분이시다. 그래서 인자는 인자 (仁慈) 하다, 너그럽다 정도의 개념이 아니라, 언약과 연관되는 개념으로 언약의 하나님이 언약의 말씀에 신실하게 자기 백성을 대하신다는 뉴앙스가 부각된다.

아비의 죄를 자손 삼대, 사대까지 갚으신다는 것은 앞에 인자를 천대까지 베푸신다는 것과 대비시켜 이해해야 한다. 천대면 한 세대를 50 년으로 쳐도 5 만년이다. 그러나 범죄자에 대한 처벌은 120 년 내지 150 년에 불과하다. 이처럼 그분의 인자는 풍성하시고 그분의 진노는 상대적으로 잠깐이다. 150 대 50,000 = 1.5 대 500 가 되는데, 다시 0.3 대 100, 즉 1000 분지 3 정도의 비율이다. 다시 333 대 1? 333 배나 인자가 진노보다 크시다. 그래서 만약 범죄 했거든 333 을 기억하고, 하나님의 인자를 붙들어야 한다.

여호와의 이름은 그분의 인격, 그분의 성품을 증거한다. 우리는 그분의 이름을 부름으로 그분을 만나게 된다. 주 예수여, 나를 불쌍히 여기소서 ! 라고 외침으로 소경들은 주님을 만나고 고침을 받을 수 있었다. 마찬가지로 출 이집트기에서 우리는 그분의 이름이 계시되고 그분의 이름을 부르며 교제하는 성도들의 모습을 본다.

"야웨" 란 이름은 히브리어 자음 네 개로 이루어졌으므로, '네 글자' 라 (tetragrammaton) 불리는데, 야웨란 이름 네 글자를 족장들이 몰랐다는 의미가 아니라, 그 이름의 속성, 이름의 성격을 제대로 하나님은 이제 출 이집트 사건을 통해 계시하는 그런 웅대하고 멋진 방식으로 한 번도 족장들에게 계시하신 적이 없었다고 말씀하시는 것이다.

야웨 하나님은 여러 놀라운 권능으로 이스라엘을 이집트인들의 손에서 해방시키셨고, 홍해를 가르시고 마른 땅 같이 이스라엘로 건너게 하셨다. 그리고 저들을 시내산으로 인도하시고 시내산에서 저들과 언약을 맺으시고 자기 백성을 삼으신다. 영적인 결혼식이 거행된 것이다. 하나님의 이름 계시는 출 34:4–6 에서 계시된 대로, 자비로우시며, 은혜로우시고, 인자가 풍성하시며 인자가 풍성하신 성품 계시였다. 이름은 어떤 사람의 인격이기 때문이다.

이 은혜로우시고 인자가 풍성하신 하나님은 누구에게 그렇게 하시나 ? 그분이 인자를 베푸시고 은혜롭게 대하는 대상은 누구에게나 가 아니라, 그의 언약을 지키고 그의 계명을 행하는 자들에게이다 (시 103:8–18).

오늘날 누구에게 하나님의 긍휼과 인자가 나타나는가 ? 그것은 그분을 사랑하여 자신을 거룩하게 세상에서 지키고 그분 앞에서 그분의 뜻을 행하는 성도들에게이다. 하나님의 이름 계시는 모세에게 나타났는데, 오늘날 모세는 누구인가 ? 모세의 열성과 헌신을 가진 성도가 아니겠는가 ? 모세가 공주의 아들이라 칭함을 거절하고, 이집트의 보화보다 하늘이 상급을 바라보고 그리스도와 함께 능욕 받기를 자원했던 것처럼 이 세상에서의 안일과 행복이 목표인양 행동하지 말고 세상이 주는 평안과 행복을 경멸하며 하늘의 상급을 바라보고 영원한 가치를 위해 사는 자가 복 되도다 !

어떤 이들은 하나님이 한 번만 자기에게 나타나시면 믿겠다고 하는데, 정반대이다. 믿어야 하나님은 자신을 나타내신다. 모세도 믿기 전에 하나님이 자신을 계시하셔서 믿게 된 것 아니냐 ? 고 항변할 수도 있지만, 특별한 경우에 그렇게 하시지만, 일반적인 원리는 믿는 자에게 자신의 친밀한 종들에게 자신의 하실 일을 계시하신다. 하나님의 은밀한 일, 혹은 그분의 어전 회의를 구약에서 "야웨 소드" 라 하는데, 하나님은 자기 종들에게 자기 비밀을 알지 않고는 결코 행하시는 법이 없으시다 (창 18:17, 암 3:7, 시 25:14).

넷째로, 세속 정부, 일반은총

오늘날 우리는 칼빈이 구상했던 기독교가 온전히 주관하는 그런 '신정국' 을 꿈꾸어서는 안 된다. 꿈을 꾸지 말라는 것이 아니라 그런 이상적인 '유토피아' 는 이 지상에 결코 가능치 않다고 말하는 것이다. 구약 시대는 다시 반복되지 않는다. 이제 구원사의 변천으로 각 나라마다 세속 정부가 있어 기독인은 100 퍼센트 기독교적인 사회를 이룰 수가 없다. 그래서 더욱 치열하게 우리는 영적으로 싸워야 하고 더욱 기도해야 한다.

이집트에서 요셉은 그 나라의 부패하고 우상숭배 정부에서 요직을 점하고 지혜롭게 처신하여 기근으로 대량 아사했어야 할 백성을 살려 내었다. 그 때 바로의 정부가 아무리 우상숭배자들이 득실거리고 부패했다 해도, 역시 무정부의 혼란 상태에 비하면 양반이었다. 나중 다니엘도 유사하게 바벨론 제국에서 정부 관리로 일을 했고, 페르시아 정부에서도 일을 했다. 그들이 자신의 위치에서 정직하게 양심을 따라 하나님을 섬기면서 세상 정부에서도 일을 했던 것이다.

오늘날 일제(日帝) 시대에 친일파 인사가 누구였나를 가린다고 야단인데 어리석은 짓이다. 민족 반역자를 처단한다고 다음에 그런 사람들이 나오지 않을 것이라고 가정해야 하는가? 성경적으로 본다면, 다니엘도 친일파의 선조라고 할 수 있다. 그는 자기 나라를 멸망시키고 성전을 파괴한 흉악한 원수들의 나라에서 정부 고위직에 올랐고, 다름 아닌 그 예루살렘 파괴와 성전 파괴의 원흉인 느부갓네살 앞에서 그를 섬기는 관리였기 때문이다. 단 2 장이나 4 장에서 다니엘은 느부갓네살의 안녕을 진심으로 위하고 걱정하는 모습으로 묘사된다. 오늘날 한국식으로 바꾼다면 이 나라를 침략하고 삼켜버린 일본 왕 앞에서 그의 안녕을 위해 기도하고, 그를 위해 충심으로 섬기고 충성하는 친일파 중의 친일파인 셈이다. 그렇게 자기 나라 중심으로 판단하면 다니엘을 왜 이스라엘의 문헌에 기록했겠는가? 하나님의 시각에서 보기 때문에 성경이 성경인 것이고, 그래서 다니엘도 이스라엘인의 손으로 기록된 구약 성경의 일부가 된 것이다.

오늘날 우리는 민족중심의 국수주의(國粹主義)적 시각을 버려야 한다. 그렇다고 우리 민족임을 부정하자는 말은 아니다. 지상에서 한민족의 일원으로 태어난 것도 하나님의 섭리에 의한 것이고, 각 민족들을 각 나라별로 지역별로 분정하신 이도 하나님이시다 (신 32:8, 4:19). 그렇지만 자기 민족, 자기 나라의 견지에서 남의 나라나 민족들을 대하게 되면 복음의 우주적 성격을 가리게 된다. 복음 증거자는 천국 시민으로서 행세해야 한다. 이 세상 어떤 나라에 내가 매일 이유가 무엇인가? 한국이 월드컵에서 진다고 속상해 하고 이긴다고 흥분할 이유가 있을까? 그 골이 뭐 어떻다고? 그러나 우리는 자기가 처한 나라나 지역에서 믿음 생활을 평안한 중에 할 수 있도록 그 나라를 위해 기도해야 한다. 그 나라의 지도자들을 위해서도 기도해야 한다 (딤전 2:2).

요셉이 재직할 때, 신전 제사장들은 바로의 공급을 받았기 때문에, 기근 시에도 저들이 가진 땅을 요셉에게 곧 바로에게 팔지 않아도 되었다고 했다. 우상숭배자들이었지만, 그런 원리와 유사하게 서구 민주국가들에서의 전통은 기독교화된 로마 제국의 영향을 통해서겠지만, 교회와 성직자에게 세금을 부과하지 않는다. 교회나 성직자는 이익을 위해 존재하는 것이 아니라, 사회의 복리를 위해 인간의 심성 개조를 위해 희생하는 원리 위에 세워졌기 때문이다. 다른 종교들도 마찬가지라고 주장할 것이다. 여하간 이 세상이 존속하는 한 이제 기독교 국가는 있을 수 없는 일이고, 세속 정부 하에서 살아갈 때 그 정부의 지도자들이 모두 기독인으로 채워지도록 하고, 기독교적 원리가 사회의 지도 원리가 되도록 많은 기도와 희생이 필요하다.

다섯째로, 영원한 삶의 도덕적 기준

그 기준이 바로 10 계명이다. 십계명은 인간 행복을 위한 대 헌장이다. 십계명과 유사한 것이 불교에도 있다.

불교 경전의 한 특징은 세계적으로 단일 경전이 없다는 점인데, 지역, 언어, 종파에 따라 자기들의 경전을 갖고 있다 (Lewis R. Lancaster). 불교 경전은 그 내용에 따라 교리와 (다르마 dharma) 도덕 계율로 (비나야 Vinaya) 구분되는데, 이해를 위해 초대 교회의 설교를 구원 교리와 (케리그마) 가르침으로 (디다케) 구분하고자 했던 다드를 (C. H. Dodd 1937) 따라 임시로 둘로 구분해 불교의 다르마와 계율에 상응한다고 해보자.

불교의 계율에서 핵심은 승려의 일체 "성행위" 를 완전 금지한다는 점이다. 모든 계율의 초점이 그 방면으로 맞추어진다. 근본적인 네 개의 계율은 (parajikas 패배들) 1) 성행위, 2) 살인, 3) 도적질, 4) 거짓말 등의 금지 등인데, 이 순서로 불경에서 언급되는 것으로 보아서도 승려나 비구니의 일체 성행위를 금하여 독신 수도생활을 보호하고자 하는 목적이 최우선임을 볼 수 있다.

중요성에서 차등이 있는 18 개의 계율이 성행위를 다루는데, 최고 중한 범죄 목록 1 호는 의도적 성관계로 이런 범법자는 공동체에서 출교시킨다. 성관계 계율은 비구나 비구니가 남자들, 여성들, 남녀 양성자 (hermaphrodites), 고자(孤子), 어떤 생물, 시체, 죽어 가는 자와는, 술에 취했거나 정신이 온전하거나 간에 성관계를 금지한다. 자거나 깨거나, 신참이건 비구니건, 근친상건, 수음(手淫 자위), 어떤 도구를 사용한 자극 등도 일체 금지한다. 말로 음란한 말을 해서도 안된다. 이를 범하는 자는 죄의 경중에 따라 출교에서 구금, 권리 행사의 일시 정지, 공동체와 접촉 금지 등의 처벌이 부과된다.
살생 금지는 어떤 생물도 죽이는 것을 금지한다. 분노나 불만 때문에 물리적 폭력을 행사하거나, 말로 폭력을 행사하는 것도 금지된다. 다음으로 타인이 주지 않은 것을 취하는 것은 무조건 도적질로 간주된다. 거짓말, 특히 승려나 비구니가 자신의 영적 능력이나 영적 성취에 관하여 거짓말 하는 것은 중범죄에 해당된다.
이런 네 가지 기본 계율은 여러 사례들과 예증 이야기들로 분명하게 제시되고 있다. 이 네 계율에 더하여, 초기 경전에서 여섯 계율들이 포함되어 10 계를 이루는데, 이 나머지 6 개는 대개 자신의 신체 치장과 연관되거나 성적 유혹을 막기 위한 조처들이다. 5) 술이 금지되고 6) 정오가 지난 다음에는 음식을 섭취해서 안 되며, 7) 언제 어디서나 춤과 노래(歌舞) 같은 여흥도 금지된다. 8) 장신용 보석이나 향수를 사용할 수 없고, 9) 호사스런 침대에서 잠을 자서도 안 되며(성적 유혹), 10) 금은을 만지는 것도 금지된다.
최고 오래된 팔리어 비나야에서 비구는 227 개, 비구니는 311 개의 계율이 있다. 그 227 개의 계율은 8 그룹으로 분류되는데, 출교 (4 개), 공동체 회의 (13 개), 미결정 (2), 몰수 (30 개), 속죄 (92 개), 고백 (4 개), 예절 (5 개), 판결 (7 개) 등이다.
재가(在家) 신도는 1) 살생 금지, 2) 도적질 금지, 3) 음행 금지, 4) 거짓말 금지, 5) 음주금지 등의 5 계를 평소에 지켜야 하고, 매달 6 일 정도는 6) 정오 지난 후 음식 금지, 7) 가무나 음악 금지, 8) 장신용 보석이나 향수 금지, 9) 호사스런 침대 금지, 10) 금은 금지 등 10 계에서 8 계까지를 지켜야 한다. 10 계 정부는 출가승들이 지켜야 한다.
출 이집트기의 십계명과 불교의 십계명을 비교하면, 1), 2), 3), 4) 등이 공통이고, 나머지는 불교에 특수한 것이다. 불교의 십계를 보면, 저들의 목표가 금욕을 통해 자신을 세상 인연(因緣)에서 자유롭게 되는 것임을 알 수 있다. 살생, 도적질, 거짓말 등을 제하면, 나머지 7 가지는 전부 성적 유혹이나 범죄를 방어하려는 조처들임이 드러난다. 구약 시대에 나실인이 자신을 일정 기간 혹은 평생 하나님께 드리기로 헌신할 경우 포도와 연관되는 일체가 금지되고, 머리를 깍지 말고 골육지친이 죽어도 장례식 참여가 금지되었다. 제사장은 포도와 연관된 금지는 없으나, 가까운 친척을 제하면 죽은 자의 장례식 참여가 금지된다 (레위 21:1-3). 그리고 제사장은 이혼녀나 과부, 기생, 부정한 여인과 결혼해서는 안 되고 오직 처녀와만 결혼해야 했다. 이런 점들을 보면, 나실인이 제사장보다 더 한층 엄격한 제재를 받았다는 것이 드러난다.
구약의 제사장을 불교의 승려와 비교하면, 제사장은 포도주나 여인 (아내) 등에 금욕할 필요가 없었다. 오늘날 가톨릭 사제들의 결혼금지와 금욕 생활은 자기 모순적인 점이 있다. 왜냐하면 술이나 담배는 허용하기 때문이다.

성경의 십계명에 특수한 것은 다른 신을 섬기지 말고, 우상을 만들어 절하거나 섬기지 말라 (1, 2 계명), 하나님의 이름 존중 (3 계명), 안식일 준수 (4 계명), 부모 공경 (5 계명) 등이다. 불교의 십계에 비교하여, 가장 근본적인 차이는 유일신 하나님만을 섬겨야 하고 그 외의 모든 잡신은 금지되고, 신의 형상을 만들어 섬기거나 절하는 일이 일체 금지된다는 점이다. 즉 성경의 십계명은 우상숭배를 가장 가중하게 여기고 엄금하는데 초점을 맞춘다. 하나님을 온 맘 다해 사랑하고 다음에 이웃을 네 몸 같이 사랑하라는 두 가지 큰 원리로 십계명은 요약될 수 있다 (마 22:37-40).

구약에는 많은 계명들이 있다고 생각하겠지만, 십계명이 근본으로 헌법적 원리를 제시하고, 나머지 계명들은 모두 십계명의 적용으로 볼 수 있다. 십계명을 앞서 말한 대로 요약하면 하나님 사랑, 이웃 사랑이다. 이 둘을 연결시키는 고리가 5 계명인 부모 공경이다. 부모 공경이 가정에서의 교육으로 실천되어야 하나님 사랑도 본궤도에 오르고 이웃 사랑도 가능해질 것이다. 구약의 모든 계명을 하나로 요약한다면 하나님 사랑이다 (신 6:5, 10:12). 이것은 우리가 창세기에서 다루었지만, 인간의 근본 목적이 하나님을 섬기고 (경외하고 사랑하며 경배한다), 그분의 계명을 지키는 일이라는 사실에 비추어 볼 때, 인간의 본질이며 목적이며, 한 인간의 가치를 가늠케 하는 덕목이다. 하나님을 알지 못하고 그분을 섬기지 아니하고 감사치 아니하며, 영화롭게 아니하는 자들은 인간이 아니라 짐승에 불과하다 (롬 1:21). 인간이 인간인 것은 하나님을 사랑하고 섬김에 있기 때문이다.

하나님을 사랑하게 될 때, 이웃 사랑도 가능해 진다. 그분이 사랑이시며 (요일 4:8, 16), 우리를 먼저 사랑하셨기 때문에 (요일 4:10), 우리가 그분을 사랑함이 마땅하다. 우리가 아직 죄인 되었을 때 예수 그리스도를 세상에 보내사 우리의 죄를 담당할 속죄 제물이 되게 하신 것은 그가 우리를 먼저 사랑하셨다는 증거이다. 그런데 구약 시대에 믿지 아니하는 이방인들은 이런 은총을 받지 못했다. 오직 이스라엘만 선택을 받아 하나님의 사랑을 받은 셈이다. 그래서 이방인은 억울한 면이 없지 않다. 그런데 거꾸로 생각하면, 인간이 스스로 범죄하여 타락한 가운데 이스라엘을 먼저 구원하여 저들로 만민에게 구원의 복음을 전하도록 하시려는 계획이 실행되어, 구원 받을 자격이 없는 이방인들이 아브라함의 후손 예수 그리스도를 믿어 구원을 받게 된 것이 은혜이다. 이런 은혜를 받았기에 우리는 오늘날 구약 십계명을 유대인의 옛 유물로 경시하지 말고, 새 이스라엘인 내가 따라가야 할 천국 안내도 혹은 천국 지도로 삼아야 한다.

살인, 도적질, 간음, 거짓 증거, 이웃 것의 탐욕 등은 인류의 양심에 새겨진 인류 보편의 도덕율일 것이다. 부모 공경도 유사하게 말할 수 있다. 그러나 우상숭배나 잡신의 금지, 안식일 준수 등은 오직 십계명에만 있는데, 기독교는 유대교로부터 이런 계명을 구약성경과 더불어 받아서 가르친다. 혹자는 구약을 기독인과 무관한 옛 전승이라 홀대하라고 할지 모른다. 그러나 바른 자세는 아니다. 구약은 신약의 근거가 되고 근본이다. 구약의 율법은 문자적으로 기독인에게 해당되지는 않는다. 문자적으로 우리가 제사를 짐승을 잡아 드리거나 문자적으로 유월절, 초막절, 칠칠절을 지킬 이유가 없다. 예수 그리스도께서 십자가로 그런 모든 제사를 완성하셨기 때문이다. 이제 예수 그리스도를 믿는 성도는 새 이스라엘 사람으로 십계명의 정신과 그 영적 원리를 따라 불신자라 다르게 살아야 한다. 이것이 구약을 성취하는 그리스도의 정신인 것이다.

그리스도는 마태복음에서 말씀하시길, 자신은 율법을 폐하러 오신 것이 아니라 성취하러 오셨다고 하셨다. 율법의 일점일획도 곧 구약 성경의 일점일획도 다 이루어져야 한다고 가르치셨다. 간음하지 말라는 계명에 대하여, 여자를 보고 음욕만 품어도 간음한 것이라고 그 법의 동기를 내면화시키고 있다. 외적으로 우리가 여자와 모텔에 가서 잠을 자지 않았다고 간음은 한 적이 없다고 할 것인가? 아니라는 것이다. 마음으로 범죄하여도 간음을 범했다는 것이 그리스도의 더 강력한 해석이다.

그렇다면, 오늘날 구약의 율법은 어떻게 지켜야 하는가? 문자적으로 율법을 지킬 수는 없다. 예컨대, 안식일에 불을 피우거나 나무를 했다고 사형시킬 수는 없다. 우리가 사는 나라가 신정국이 아니기 때문이다. 또한 십일조를 제사장이나 레위인에게 바치는 것도 아니다. 건물로서의 어떤 중앙 성전이나 그것에 부속되는 여러 제사장 계급이 있는 것도 아니다. 따라서 구약 율법의 문자적 준수는 불가하다. 그렇다고 구약 율법이 신약 성도들에게 무관한 것은 아니다.

율법의 삼중 용도

조직신학에서는 보통 "율법의 삼중 용도" 를 말한다. **첫째가 신정국 이스라엘에서 율법은 정치적, 사회적 법규였다.** 성속의 (聖俗) 구분이 없었던 신정국에서는 하나님의 율법이 곧 그 나라의 헌법이요 법률이었다. **둘째는 엘렝틱스 (usus elenchticus) 혹은 교육적 용도이다.** 율법은 사람들에게 죄책감을 야기 시키고, 자신이 죄인임을 깨닫게 한다. 자신은 율법의 정죄에서 벗어날 길이 없음으로 고민하다, 결국 죄를 담당하신 구세주 그리스도를 찾게 된다. **마지막으로 교훈적 혹은 규범적 용도이다 (usus didacticus).** 이는 기독 성도들의 삶의 기준이 되어, 하지 말아야 할 것과 해야 할 것을 분간하게 해 준다. 오늘날 율법 폐기론자들은 (Antinomians) 이런 율법의 용례를 부인한다. 구원받은 우리라도 삶의 기준이 있어야 한다. 국가마다 헌법과 법규가 있지만, 그것은 세속적인 철학에 근거한 것이라면, 하나님의 절대적인 뜻을 표현해 주는 율법은 비록 문자적 준수는 아니라 해도, 그 영적, 정신적 의의를 오늘을 사는 성도의 기준으로 삼아야 한다.

루터교나 개혁주의 신학은 모두 이 율법의 삼중 용도를 인정하나, 루터교는 둘째 용도를 강조한다. 율법이란 사람을 죄책감 아래로 몰아서 구세주 예수 그리스도를 찾게 한다는 것이다. 루터교는 제 3 의 용도를 인정하면서도, 경시하는 경향이 있다. 성도들은 더 이상 율법 아래 있지 않다고 보기 때문이다. 저들은 성도들이 여전히 죄인일 때에 제 3 의 용도는 필요하다고 본다. 루터교 신학은 특히 구약의 율법과 신약의 복음을 아주 예리하게 구분하면서, 모든 성경구절에서 이런 구분을 하는데, 율법을 복음과 그렇게 대조시킬 이유가 없다. 율법도 정죄만 하는 것이 아니라, 하나님이 우리에게 주신 은혜의 법이다.

예컨대, 출 22:1 에서 "사람이 소나 양을 도적질하여 잡거나 팔면 그는 소 하나에 소 다섯으로 갚고 양 하나에 양 넷으로 갚을지니라" 고 하는데, 이것을 정죄의 측면에서만 볼 것이 아니라, 은혜의 측면에서도 보아야 한다. 즉 도적질 당한 사람의 쓰린 심정을 생각해 보라. 그 사람에게 이 법은 복음이 아니고 무엇인가? 도적을 잡았는데, 그냥 은혜로 용서해 주라고 한다면, 얼마나 많은 도적이 횡행하여 도적을 당하여 쓰린 심령들이 얼마나 많겠는가? 도적을 잡았으면 배상을 받을 때, 율법의 존재에 감사하지 않겠는가?

출 22:19 에서 "짐승과 행음하는 자는 반드시 죽일지니라" 고 하는데, 이런 기준이 없다면 결혼한 남녀간의 간통은 음행이지만, 짐승과는 괜찮다는 이상한 사고가 생겨서 인간을 짐승으로 비하시켜 버리지 않았을까? 또한

출 22:25 네가 만일 너와 함께한 나의 백성 중 가난한 자에게 돈을 꾸이거든 너는 그에게 채주같이 하지 말며 변리를 받지 말 것이며 26 네가 만일 이웃의 옷을 전당잡거든 해가 지기 전에 그에게 돌려보내라 27 그 몸을 가릴 것이 이뿐이라 이는 그 살의 옷인즉 그가 무엇을 입고 자겠느냐 그가 내게 부르짖으면 내가 들으리니 나는 자비한자임이니라

이런 법이 왜 정죄의 율법인가? 가난한 자를 보호해주는 자비로운 은혜의 법이 아니겠는가? 또 "네가 만일 너를 미워하는 자의 나귀가 짐을 싣고 엎드러짐을 보거든 삼가 버려두지 말고 그를 도와 그 짐을 부리울지니라" 는 (출 23:5) 법이 어디 정죄의 법인가? 고통당하는 나귀나 그 주인에게 복음의 법이 아니겠는가? 그러므로 구약의 율법을 복음과 대조시켜 부정적으로만 생각하지 말고, 그것도 하나님께서 우리에게 주신 은혜의 법이라고 이해해야 한다.

루터교와 달리 개혁주의 신학에서는 율법의 제 3 의 용도를 성도의 성화(聖化) 교리와 연관시켜 중시한다. 성도들은 성화의 길을 걸을 때 기준을 가져야 하는데 율법은 바로 선악간 판단하게 해주는 기준이 된다.

루터교에서 "오직 은혜로!" 라는 종교개혁의 슬로건처럼 은혜를 강조하는 것도 좋다. 그런데 루터교 성도들이 성화의 길을 걸을 때 개혁주의 신학을 따르는 장로교 성도들보다 더 무절제하고 방종한 예가 교회사적으로 증거되고 있다. 모든 것은 은혜로! 은혜로 하다 보니, 은혜 받은 이후에 삶에서 자신을 제재하고 길을 가르쳐 줄 '율법' 은 경시되어, 결국 무절제한 방종에 곤두박질치게 된다는 것이다. 그러나 모든 것을 "하나님의 영광을 위해서!" 라는 슬로건을 더 좋아하는 개혁주의 성도들은 모든 면에서 근검절약하고 거룩한 삶, 절제의 삶을 살고자 하되, 율법의 교훈도 기준으로 갖고 있으므로 아무래도 은혜로만 외치는 사상을 따르는 이들보다 그래도 낫다는 것이다. 물론 이는 너무 단순화시킨 주장이지만, 일리가 전연 없는 것은 아니다.

"오직 은혜로!" 라는 말은 "말씀을 기준으로" 라는 제한 수식어가 동반되어야 한다. 오늘날 기독인이라 하면서 너무나 비윤리적인 행동을 자행하는 이들이 많다. 은혜를 받았음에도 윤리적인 면에서도 훈련이 안 된 경우가 많다. 예컨대, 큰 교회의 금요 철야 집회에서 느끼는 바인데, 그렇게 은혜를 사모하고 뜨겁던 이들이 예배 끝날 무렵이면 썰물처럼 축도도 하기 전에 빠져 나간다. 교인들의 '달리기 경주' 가 시작되는데 버스의 '좌석' 을 먼저 차지하기 위함이다.

2-3. 레위기

1) 책명

"레위기" 란 명칭은 구약의 헬라어역인 70 인역에서 레위기서의 내용이 레위인들, 레위 제사장들에 관한 책이라고 판단하고 붙인 책명이다. 그것이 라틴어로, 영어로, 한글 명칭으로 연결된 것이다.

유대인 랍비들은 고대 근동의 관례를 따라 책의 첫 글자를 책명으로 삼았는데, 레위기 첫 문장은 "그가 모세를 부르셨다" (wayyiqrāʾ ʾel-mōšeʰ) 인데, 여기서 첫 글자가 "바이크라" (그가 부르셨다) 이다. 곧 유대인들은 "레위기" 라 부르지 않고 본서를 "바이크라" 라 불렀다.

저자는 오경의 저자 모세인데, 대략 주전 1400 년경에 기록된 것으로 본다.

2) 내용분해

(1) 제사를 통해 하나님께 나아가는 길 (1–16)

a. 제사법들 (1–7)

1. 백성위한 제사 규정 (1:1–6:7)

도입 (1:1–2);

번제 (1:3–17);

소제 (2:1–16);

화목제 (3:1–17);

속죄제 (4:1–5:13);

속건제 (贖愆祭) (5:14–6:7)

2. 제사장 위한 제사 규정 (6:8–7:38)

b. 제사장 임직과 제사 시작 (8–10)

c. 부정에 관한 법 (11–15)

1. 음식법 (11);

2. 출산법 (12);

3. 피부 전염병 (13–14);

4. 유출병 (15)

d. 대속죄일 (16)

(2) 분리를 통한 성결의 삶 (17–27)

a. 제사법 , 피 금지 (17)

b. 언약 도덕법 , 이방 습관 금지 (18–20)

1. 근친상간 금지 (18); 2. 거룩한 삶 (19); 3. 사형제 (20)

c. 제사장과 제사의 거룩 (21–22)

1. 제사장의 조건 (21); 2. 제물의 조건 (22)

d. 절기들 (23)

1. 도입 (23:1–4);

2. 유월절 , 무교절 , 오순절 (23:5–22);

3. 초막절 (23:23–43);

4. 결론 (23:44)

e. 각종 법규 (24)

1. 매일 , 주중의 성막 사역 (24:1–9);

2. 신성모독의 한 예 (24:10–23)

f. 안식년 , 희년 (25)

1. 안식년 (25:1–7); 2. 희년 (25:8–55)

g. 시내산 언약의 상벌규정 (26)

1. 서론 (26:1–2);

2. 순종의 상급 (26:3–13);

3. 불순종의 처벌 (26:14–45);

4. 결론 (26:46)

h. 성소 기금 (27)

1. 백성과 짐승과 연관한 서원들 (27:1–13);
2. 가옥과 땅의 기부 (27:14–25);
3. 다른 예물 (27:26–33);
4. 결론 (27:34)

	레위기 제사들의 의의, 예표					
	헌 신			화 목	속 죄	
	번제	소제	전제	화목	속죄	속건
계기	자원하여; 때로 강제, 절기 따라	번제와 화목제에 동반; 빈자의 속죄제	번제, 화목제 동반; 속죄, 속건제와는 따로 동반하지 않음	감사, 자원, 서원	부지중 범한 죄,	손해, 보상
특징	전체 사름 (레1:9)	피 제물의 보조		하나님 앞에서 먹음		제사와 배상
신학	헌신	헌신		감사, 기쁨	속죄	속죄와 배상
예표	그리스도	그의 성품, 헌신		그리스도의 죽으심이 화목의 근거	그리스도 희생으로 죄용서	죄가 야기한 손해, 그리스도 죽음 보상

3) 왜 레위기를 주셨나 ?

첫째로 , 그리스도의 십자가와 구약 제사

레위기 제사들은 일차적으로 구약 성도들에게 하나님께 나아가는 속죄의 길과 그분과 교제하는 방법을 알려 주었다. 부지중에 율법을 범하므로 언약을 깨뜨린 성도가 속죄제를 드림으로 하나님과의 관계를 복원했다. 속건제 (贖愆祭) 는 타인이나 성소의 물건에 손상을 입혔거나 손해를 끼쳤을 때 , 하나님께 속죄제인 속건제를 드리고 파손된 물건이나 끼친 손해 배상을 120 퍼센트로 해 줄 때 드린다. 번제는 특별히 국가적 행사가 있을 때 전체 민족의 죄를 속죄하거나 개인이 자원해서 헌신을 표시할 때 드렸다. 소제 (素祭 곡식 제사) 는 짐승 제물로 드리는 제사에 (번제 , 화목제 , 속죄제 , 속건제) 동반되는 부차적 제사이다. 음식으로 치면 , 고기가 (짐승 제사) 주식 (主食) 이라면 , 부식 (副食) 인 (소제) 밥과 반찬이라고나 할까 ? (우리는 '곡식' 이 주식이지만)

화목제 (쉘라밈) 는 영어로 fellowship offering 이라 하거나 sacrifice of peace offering, 혹은 sacrifice of well-being 등 여러 가지로 번역되는데 , 이는 히브리어 "쉘라밈" 의 의미를 확실하게 파악하기 어렵다는 반증 (反證) 이다. 여기 화목제에는 감사제 (토다), 서원제 (네데르), 자원제 (네다바) 등이 속한다. 이 화목제는 감사할 제목이 있을 때, 서원할 때 혹은 서원 기도가 응답되었을 때, 자원하여 아무런 조건 없이 드리는 등, 속죄와 무관하게 그분과의 만남과 교제에 초점을 두는 제사이다. 전제(奠祭)는 포도주를 부어 드리는 제사인데, 음식으로 치면 음료에 해당된다. 거제나 (擧祭) 요제 (搖祭) 라는 제사는 두 손으로 받들어 드리는 시늉을 내는 경우나 두 손으로 제물을 받들어 좌우로 흔들어 드리는 제사 방식을 가리킨다 . 그런데 이 두 용어는 히브리어에서 , 각기 "테루마" 와 (거제) "테누파" (요제) 인데 , 밀그롬 (Jacob Milgrom) 을 필두로 이 두 단어의 의미를 새롭게 정의하여 완전히 거꾸로 바꾸어 번역하기도 한다 . 예컨대 , TNK 는 (유대인 번역의 구약 성경) 출 29:27, 28 에서 전통적으로 "요제" 와 "거제" 로 번역하는 말을 "거제 (evelation offering, 테누파)" 와 "예물 (gift offering, 테루마)" 로 번역한다 . 이는 히브리어를 상응하는 셈족어와 비교한 후에 새롭게 정의하고 번역한 경우이다 .

어쨌거나, 구약의 제사는 하나님께 나아가는 길과 하나님과 교제하는 방식을 보여준다. 신약 성도들은 구약 성도들처럼 짐승이나 곡식으로 제단에 태워 제사를 지내지 않는다. 유대교에서도 구약의 제사는 드리지 않고 회당에서 예배만 드린다. 유대교 신자들은 다른 모든 율법은 문자적으로 지키고자 하면서 왜 짐승 제사나 소제를 드리려고 않는지 모른다. 결국 예수 그리스도를 배척한 유대교는 자기모순에 봉착해 있다. 현대에 짐승 제사를 드리자니 야만족처럼 보일 것이고, 그렇다고 안 드리자니, 다른 모든 율법은 지키면서 왜 짐승 제사는 지키지 않느냐? 고 질문 공세에 시달릴 것이다. 주후 70 년 하나님은 로마군을 통해 예루살렘 성전을 깨뜨리셨다. 그것이 구약 제사에 근거한 모든 하나님과의 관계를 보장했던 구언약이 이제 완전히 무대에서 제거되고, 그 언약에 대신하여 새 언약이 도래했다는 점을 암시해 준다 (단 9:24-27).

성전의 구원사적 변천과 그 목표

구약에서 에덴 성소 → 이동 성전인 성막 → 성전 (솔로몬 성전 혹은 제 1 성전, 솔로몬이 건축) → 제 2 성전 (스룹바벨, 헤롯은 나중 증축) → 예수 그리스도의 성육신 → 그리스도인 혹은 그리스도인들 등으로 하나님의 성령님의 성전이 변천되어 왔다. 이런 성전 발달사에서 최종 단계가 지금 성도들의 몸이 하나님의 성전 되는 단계이다. 새 언약을 통해 성령님이 우리 몸 가운데 오셔서 거하시고, 우리 몸이 혹은 집합적으로 성도들의 모임에 성령님이 임재하시는 신령한 성전이 세워져 간다 (고전 3:16, 엡 2:20-22). 이리하여 천국에 들어갈 때 우리는 거기서 하나님과 영원히 함께 하는 완전한 임재 가운데서의 교제를 누릴 것이다 (계 21:22, 22:4).

구약 제사의 성취와 제사장 된 '나'

구약 제사가 그리스도의 십자가를 통해 완전 성취되었다는 사실에 대하여는 히브리서가 유려한 헬라어 문체로 증거해 주고 있다. 히브리서 기자는 구약 시대의 제사는 그림자요, 예수 그리스도께서 실체라고 증언한다 (히 10:1 이하).

10 이 뜻을 좇아 예수 그리스도의 몸을 단번에 드리심으로 말미암아 우리가 거룩함을 얻었노라
11 제사장마다 매일 서서 섬기며 자주 같은 제사를 드리되 이 제사는 언제든지 죄를 없게 하지 못하거니와
12 오직 그리스도는 죄를 위하여 한 영원한 제사를 드리시고 하나님 우편에 앉으사
13 그 후에 자기 원수들로 자기 발등상이 되게 하실 때까지 기다리시나니
14 저가 한 제물로 거룩하게 된 자들을 영원히 온전케 하셨느니라 (히 10:10-14)

예수 그리스도께서 십자가상에서 자기 몸을 인류의 속죄 양으로 드리심으로 정결케 하는 일을 마치시고, 이제 하늘에 승천하여 하나님 우편에 왕으로 등극하시고, 만물을 통치하신다 (히 1:3). 그리스도의 죽으심과 부활, 승천, 보좌 우편에 앉으심 등은 그리스도의 신분에 획기적인 변화를 가져다준다. 동시에 그리스도와 연합한 성도들의 신분에도 극적인 변화를 준다.

레위기의 제사가 그리스도의 십자가 대속의 죽음을 통해 완전 성취되었다는 사실을 히브리서가 가장 분명하게 제시했다면, 레위기의 제사가 그리스도를 통해 성취된 이후에 어떤 일이 영적으로 일어나는지는 계시록이 가장 분명하게 보여준다. 계시록은 7 번 신약 시대 전 기간이 "반복" 제시되는 구조라고 (recapitulation 혹은 "점진적 병행법 (progressive parallelism)" 파악되는데, 이는 어떤 사건을 처음에 간략하게 묘사하고, 다시 반복하면서 다른 각도에서 혹은 보다 세세하게 묘사하는 방식이다. 이런 반복의 문학 기교는 단 2 장과 7 장의 주제상의 병행, 혹은 단 8 장과 11 장에서 안티오쿠스 4 세의 반복 제시 등에서도 확인할 수 있다. 스가랴서에서도 그런 점이 감지된다 (계시록에서 점진적 병행들을 보는 이들로는 M. F. Sadler, S. L. Morris, B. B. Warfield, William Hendriksen, A. Hoekema 등을 들 수 있다).

계시록에서 우리는 서론과 7 교회 및 후기를 제하고, 적어도 7 번의 병행을 보게 된다:

서론 (1:1-8)
일곱 (전투하는) 교회 (1:9-3:22)
Ⅰ 일곱인들 (4:1-8:1)
Ⅱ 일곱 나팔들 (8:2-11:19)
Ⅲ 두 증인과 14 만 4 천의 선택받은 자들 (12:1-14:20)
Ⅳ 일곱대접들 (15:1-16:21)

Ⅴ 음녀 바벨론의 심판 (17:1–19:10)
Ⅵ 백마심판 (19:11–21)
Ⅶ 백보좌심판 (20:1–21:8)
새 예루살렘 (21:9–22:5)
마지막교훈 (22:6–20)
작별인사 (22:21)

등이다. 모든 부분들에서 초림부터 재림까지 어간의 사건들이 제시되나, 뒷장으로 갈수록 재림 시기 전후의 사건들이 더 집중 조명된다. 제 1 주기에서 (1st cycle 계 4:1–8:5) 초점은 십자가 죽으심과 부활, 승천 이후에 하늘에서 일어난 그리스도의 메시야 왕으로의 등극이다 (4, 5 장). 그 즉위 이후에 그분이 메시야 왕으로서 통치하시는 역사가 계 6:1–8:5 까지 제시된다. 우리는 그리스도의 십자가 죽으심과 부활 그리고 승천 이후에 하늘에서 일어나는 일들을 알 수가 없었다. 그러나 하나님은 사도 요한에게 환상을 통해 영적으로 하늘에서 일어난 일을 계시해 주셨다. 계 4 장에서 사도 요한이 환상 중에 하늘로 올라가서 우주의 중심인 하나님의 보좌와 그 주변 광경을 보는데, 5 장에 들어가면 초점이 이제 우주의 왕으로 등극하시는 죽임 당하신 어린 양에게로 향한다. 그분이 우주를 통치할 대권을 받으신다 (7 인으로 봉함된 책; 단 7:14 의 성취 환상이며, 마 28:18 에 상응하는 환상).

제 2 주기에서 제 7 주기까지 모두 그리스도의 초림에서 재림까지 일어나는 일들을 영적인 측면에서 환상을 통해 성도들에게 알려 주신다. 제 1 주기에서는 초림과 부활 승천 그리고 그리스도의 등극에 초점이 주어졌다면, 계시록 후반부로 갈수록 신약 전 시대를 묘사하면서도 재림 시기에 초점을 맞추는 것이다. 이런 환상들은 성도들의 눈에 가려진 보이는 현상 세계의 배후인 영적 세계를 보여준다. 그 모든 환상들이 강조하는 바는 신약 시대 전반에 걸쳐 치열한 영적 전쟁이 벌어지는데, 참 성도는 반드시 어린 양의 피와 자기의 증거하는 말을 인하여 원수를 이긴다는 진리이다 (계 12:11). 사도 바울이 실제 현실에서 고백한 바가 계시록 환상의 주제로 등장한다:

롬 8:35 누가 우리를 그리스도의 사랑에서 끊으리요 환난이나 곤고나 핍박이나 기근이나 적신이나 위협이나 칼이랴! 36 기록된바 우리가 종일 주를 위하여 죽임을 당케 되며 도살할 양같이 여김을 받았나이다 함과 같으니라 37 그러나 이 모든 일에 우리를 사랑하시는 이로 말미암아 우리가 넉넉히 이기느니라

계시록은 이렇게 볼 때, 신약 시대를 사는 성도들에게 주어진 최고의 영적 전쟁 교본이다. 왜 내가 이렇게 영적 싸움에서 실패하는가? 의아한 생각이 든다면, 계시록을 많이 묵상해야 한다. 십자가에서 우리 죄를 대속하려 "죽임 당하신 어린 양" 은 (계 5:6) 지금 하늘과 땅의 모든 권세와 (7 뿔, 계 5:6) 전지하신 능력으로 (7 눈) 우주의 왕으로 통치하신다. 죽임 당하신 어린 양께 보좌 주변의 네 생물과 (모든 피조물들의 상징?) 24 장로들이 (신구약 교회의 대표를 상징?) 엎드려 새 노래로 찬양하길,

계 5:9 책을 가지시고 그 인봉을 떼기에 합당하시도다 일찍 죽임을 당하사 각 족속과 방언과 백성과 나라 가운데서 사람들을 피로 사서 하나님께 드리시고 10 저희로 우리 하나님 앞에서 "왕(들)과 제사장" 을 삼으셨으니 저희가 땅에서 왕 노릇하리로다 (KJV, NJB, ELB 참조)

라 하였다. 십자가 죽임 당하심의 신학적 의미가 얼마나 심대한 것인지 여기에 제시되었다. 구약 모든 사고의 핵심인 예배 혹은 제사를 레위기의 말씀이 십자가 사건으로 성취되었고, 그 성취는 신약 성도들의 신분을 일약 왕같은 제사장으로 올려주었다. 그래서 저들은 지금 여기서 그리스도와 더불어 왕 노릇해야 한다 (엡 2:5–6, 계 20:4–6). 십자가 사건은 죄를 제거하고, 그리스도를 믿는 자에게 의와 거룩을 제공함으로 저들이 하나님의 자녀가 되고, 왕 같은 제사장의 신분을 입도록 만들었다. 레위기의 말씀을 읽을 때, 우리는 그것이 강조하는 하나님께 나아가는 길인 "제사" 와 그 제사를 통해 거룩하게 되고 그로 인하여 성도가 향유하게 되는 하나님의 임재와 교제의 축복을 생각해야 한다. 그런 레위기를 읽을 때마다, 우리는 그 레위기의 말씀이 그리스도의 십자가 사건을 통해 모두 성취되어, 그리스도를 믿는 자들이 이제 왕 같은 제사장으로 하나님의 임재 하에 들어가 그분과 교제하며, 또 한편으로 세상에서 은혜로 죄와 사단의 세력을 짓밟고 세상을 통치하는 왕적 권세자들로 살아야 함을 확인해야 한다.

우주에서 일어나는 그 어느 것 한 가지도 존귀케 되신 죽임 당하신 어린 양의 통치권에서 벗어나는 것은 없다. 환경을 탓하고, 사람을 탓하지 말고, 세상 역사를 움직이고 바꾸는 힘은 바로 그분이 우리에게 베푸신 왕같은 제사장 신분에 어울리는 삶에 있음을 알라! 구약 제사장을 보면서 이제는 내가 그리스도와 연합하여 제사장임을 확인하고, 구약 왕들을 보면서 이제 내가 그리스도와 연합하여 그분의 통치에 참여하는 왕적 존재임을 확인해야 한다. 이것이 레위기를 오늘의 성도가 읽을 때 가져야 할 자의식이다.

그렇다면, 왕같은 제사장 된 나는 어떻게 행동해야 하는가? 모든 것은 승귀(昇貴) 하신 어린 양이 주장하시니, 그분에게 끊임없는 간구와 중보를 올리는 제사장이 되어라. 그것이 모든 삶에서 승리의 비결이다! 계시록은 오늘을 사는 우리 왕같은 제사장된 성도들에게 문제 해결의 열쇠가 보좌에 앉으신 하나님 아버지와 어린 양에게 올리는 "기노" 라고 알려 준다.

계 8:3 또 다른 천사가 와서 제단 곁에 서서 금향로를 가지고 많은 향을 받았으니 이는 모든 성도의 기도들과 합하여 보좌 앞 금단에 드리고자 함이라 ... 5 천사가 향로를 가지고 단 위의 불을 담아다가 땅에 쏟으매 뇌성과 음성과 번개와 지진이 나더라

성도가 올리는 기도는 금향로에 많은 향과 함께 담아서 보좌 앞 금 제단에 드려진다. 그런데 향로에 다시 금 제단 위의 불을 담아 땅에 쏟으니 뇌성, 음성, 번개, 지진이 일어났다. 이것은 무엇을 말하는가? 성도들이 올리는 간구, 기도, 도고와 감사는 금향로에 담기는데, 그곳에 함께 담기는 많은 향은 그리스도와 성령님의 성도를 위한 중보 기도인가? (롬

8:27, 34, 시 141:2; 계 5:8 에서는 "향" = 성도의 기도) 그렇게 성도들의 기도는 하늘 보좌 앞 금 제단 위에 올려지고, 그 금향로에 불이 담기면, 다시 세상에 쏟아 부어지는데, 그 때에 세상에는 역사가 일어난다. 곧 세상 역사는 성도의 올리는 기도로 움직이고 변화된다!

그렇지만 안타깝게도 계시록을 예수님의 재림 직전이나 재림 시 혹은 그 이후에 일어날 사건들에 대한 기술이라고 그릇되이 이해하는 이들도 있다. 예컨대 계 4-22 장을 소위 가정된 7 년 대환난기와 그 이후에 유대인들에게 일어날 일들이라고 이상근은 해석한다 (1975; 기타 세대주의 해석) 그렇다면, 계시록은 신약 시대를 사는 우리 신약 성도들에게 아무런 의미가 없다는 말이다. 지금 유용하지도 아니한 책을 왜 주님은 초대교회 시대에 (대략 주후 68/69 년경 "네"황제의 해에 기록된 것으로 본다) 주셨을까? 아니다. 그러한 해석은 계시록을 전연 제대로 파악하지 못하고 있다. 오히려 계시록은 로마 제국의 황제 신격화와 황제 숭배를 거절하고 핍박당하던 시대 성도들에게, 그리고 오고 오는 신약 시대 전반에 걸쳐 영적 전쟁을 치러야 할 성도들에게, 그 영적인 눈을 열어서 예수 그리스도와 함께 우리는 하늘 보좌에 앉은 (이상적 견지에서) 왕같은 제사장으로 통치하는 존귀한 자들임을 보이고 끊임없는 제사장적 기도를 드릴 것과 왕적 신분에 어울리도록 담대할 것을 요청하는 것이다.

신약 성도들은 십자가를 통해 속죄 받고, 십자가를 통해 담대히 하나님 앞에 나아간다. 십자가에 모든 죄 짐을 던져 버리고 우리는 자유인이 되어 하나님을 섬기는 왕같은 제사장의 지위에 올라선다. 그러므로 레위기를 대할 때 우리는 십자가의 속죄 어린 양을 바라보고, 왕같은 제사장된 나의 신분을 생각해야 한다. 그래서 레위기에서 혹은 구약에서 제사장이 나오면, 왕이 나오면 내 이름을 넣어 읽어 보자.

둘째로, 최상의 것으로 하나님을 섬김

레위기는 제물이나 제사장이나 흠이 없어야 할 것을 말씀한다. 레위 21:17 이하에서, 육체에 흠이 있는 자는 제사장이 될 수 없다고 규정한다 (소경, 절뚝발이, 코가 불완전한 자, 지체가 더한 자나, 발 부러진 자, 손 부러진 자, 곱사등이, 난장이, 눈에 백막이 있는 자, 괴혈병이나 버짐이 있는 자, 불알 상한 자 등). 이는 신체장애자를 차별하는 말씀이 아니다. 거룩하고 완전하신 하나님 앞에서 창조의 원래 모습이 깨뜨려지지 아니한 자들만이 그분 앞에서 제사장의 존귀한 직분을 감당하도록 직분의 거룩함을 강조할 뿐이다. 그리고 기억해야 할 것은 이 말씀은 구약 시대로 국한된 말씀이라는 것이다.

그 영적의미는 우리가 일관되이 주장하듯, 신약 성도들에게도 해당된다. 오늘날 누가 제사장인가? 그리스도를 믿는 모든 성도가 제사장이다 (벧전 2:9). 제사장은 하나님 앞에 나아가 중보기도하고, 백성에게 율법을 가르치며 법에 따라 재판하며, 제사를 주관하였다. 그렇다면 오늘날 제사장된 우리는 육체적 완전함이 상징하는 영적인 완전함으로 하나님 앞에 나아가 세상을 위해 중보기도하며, 성령충만 받아 말씀을 가르치며 선포하며, 자기 몸을 신령한 산제사로 하나님 앞에 드려야 한다 (롬 12:1-2).

분명 목사는 선지자, 사도, 복음 전하는 자, 목사, 교사 등의 목록에서 보듯 하나님의 선물로 교회에 주어진 직분자들이다 (엡 4:11). 이 직분자들은 "성도를 온전케 하며 봉사의 일을 하게 하여" 그리스도의 몸을 세우도록 만드는 일을 한다 (엡 4:12). 즉 평신도들을 훈련시켜 스스로 제사장적 직무를 감당하게 하고, 그리스도의 몸된 교회에서 주님을 섬기도록 만드는 책임을 감당해야 한다.

평신도들은 훈련을 받아 스스로 자신의 몸을 하나님께 산 제물로 드리는 신령한 제사를 올리는 제사장의 직분을 감당해야 하고, 구역 예배나 교회의 여러 부서에서 지도직을 감당해야 한다. 동시에 평신도는 양(羊)이라면 목사는 (牧師) 목자 (牧者) 로서 양떼를 인도하고 먹여야 할 책임을 갖는다. 오늘날 평신도들은 이중 삼중으로 곤고하고 영적으로 무기력한 상태에 있다. 직장에 매여서 영적인 성장과 훈련을 제대로 받지 못하는 것이 주원인이다. 직장 때문에 기도회나 각종 집회에 참석이 불가할 경우 어떻게 영적인 성장을 기대할 수 있겠는가? 오늘날 우리는 직장 중심의 사고를 예배 중심의 사고로 바꾸어야 한다. 그렇다고 직장을 소홀히 하라는 것이 아니다. 직장을 충실하게 섬기되, 직장을 예배 처소로, 복음 전파의 전초기지로 바꾸라는 것이다. 이런 문제의식을 가지고 직장 생활을 하라는 것이다. 세상에 사나 세상에 속하지 아니하였기에 더욱 우리 성도는 고달플 수밖에 없다. 두 방면으로 (한편으로 직장일, 한편으로 교회 예배) 일을 해야 하고, 더구나 밀려드는 유혹과 세속을 방어도 해야 하기 때문이다. 그럼에도 자기 위치에서 하나님께 충성한다면 직장에서도 성공할 것이 분명하다. 즉 사람 눈치보다 하나님 눈치를 먼저보라는 것이겠다.

하나님께 최상의 것을 바치라는 말은 우리의 삶의 가장 좋은 시간과 가장 좋은 청춘의 때를 바치라는 말이기도 하다. 레위인들 곧 제사장들을 돕는 보조 성직자들은 30 세부터 50 세까지 일을 했다 (민 4:3 이하 ; 25 세부터 견습, 30 세부터 직분 담당). 제사장의 경우는 성경에 언제부터 언제까지 섬긴다는 언급이 전연 없다. 그런데 비록 후대의 용례이긴 하나, 탈무드에서는 20 세 부터 제사장 직분을 감당했다고 전한다.

바벨론 탈무드 훌린 (Hullin) 24a.b 에서 세 가지 견해가 기술되어 있다 : 1) 남성의 표시가 나타나기 시작하면 제사장이 될 수 있다 ; 2) 20 세부터 제사장이 될 수 있다 ; 3) 남성의 표시가 나타나기 시작하면 제사장이 될 수 있으나 20 세가 되기 전까지는 제사장 직무를 수행할 수 없다. 탄나임 ("반복자들" ; 주후 50-200 년까지 이들이 미쉬나 완성 ; "아모라임"이 주후 200-500 년 어간에 미쉬나에 대한 주석 게마라 완성 ; 미쉬나 + 게마라 = 탈무드) 시대의 미드라쉬 시프라 레위기 21:17 은 3) 번 견해만 기록하고 있다. 남성의 표시라는 것은 남자다운 모습이 나타난다는 말이므로 사춘기를 가리킬 것이다. 바벨론 탈무드 훌린 24ab 에서 랍비들은 제사장 직무 시작 나이를 놓고 자신들의 견해를 제시한다. 한 랍비는 13 세가 남성의 표시가 나타나는 시기라고 언급한다. 한 랍비는 레위인이 20 세라는 언급을 근거로 제사장도 그렇다고 한다. 여하간 얼굴에 솜털이 날 때, 제사장 후보는 산헤드린에 자신을 보이고 제사장 자격 심사를 받는다. 그의 족보가 세심히 검토되고 합격하면 144 가지 결격 사유가 없는지를 검사했다. 검사 결과가 좋지 못하면, 제단에 땔 재목 중에서 좋지 못한 재목과 좋은 것을 구분하는 반 – 머슴 일을 해야 했다. 그러나 보수는 다른 제사장과 같이 받았다.

제사장의 정년퇴임은 요한의 부친 스가랴의 경우를 볼 때, 감당할 수 있을 때까지 감당했던 것 같다. 바벨론 탈무드 훌린 24b 에서 제사장이 한 발로 서서 신발을 신거나 벗을 수 있을 때까지라고 하고, 어떤 랍비는 80 세까지 그렇게 할 수 있다고 한다. 그러니까 기력이 있는 한 제사장으로 섬길 수 있었다.

이런 직분자들만 아니라, 드려지는 제물도 흠이 없어야 했다 (레위 22:18-25). 오늘날 이 말은 우리 성도가 자신을 하나님께 산 제물로 드릴 때 영적으로 흠이 없어야 한다는 것이다. 즉, 우리의 보는 바, 듣는 바, 생각하는 바가 거룩해야 한다. 이는 내 영(靈)이 상처를 입지 않도록 구분된 생활을 해야 할 것을 요청한다. 말씀을 주야로 묵상하며 무릎을 꿇으라는 것이다. 하나님과 동행했던 에녹이나 노아처럼 자신을 하나님이 기뻐하실 친구로 혹은 종으로 온전히 바치라.

셋째로, 구분된 삶

레위기에서 정(淨)한 짐승과 먹지 말아야 할 부정(不淨)한 짐승을 구분한다. 짐승을 그렇게 구분할 뿐 아니라, 사람을 부정하게 하는 것들로 시체, 성관계, 출산, 유출병 등을 언급한다 (레위 11-15 장, 민 19 장). 사람의 시체에 접촉한 자는 7 일간 부정하다 (민 19:11, 16, 19). 시체만 아니라, 사람 뼈나 무덤을 접촉해도 부정하게 된다 (민 19:18, 31:19). 이렇게 부정하게 된 자를 접촉한 자나 대상은 하루 동안 부정하게 된다 (민 19:22). 부정케 된 자는 진(陣) 밖으로 나가야 한다 (민 5:2-3, 31:13-24). 부정케 된 자들은 "정결케 하는 물"을 셋째와 일곱째 날에 뿌림으로 정결케 된다 (민 19:9, 12, 13, 18-21, 31:19, 23). 이렇게 정결케 하는 물로 뿌려진 자는 제 7 일에 목욕하고 의복을 세탁하면 정결하다고 선언을 받는다.

사람 시체만 아니라, 짐승의 사체도 접촉하면 부정하게 되고, 살아 있는 짐승이라도 부정한 짐승을 접하면 부정하게 된다. 그 부정한 짐승들은 레위 11 장이 제시하는데, 날개가 있으나 날지 못하고 땅에서 움직이는 곤충들, 비늘이나 지느러미가 없는 뱀장어 같은 것, 되새김질을 아니 하거나 발굽이 갈라지지 아니한 짐승들은 모두 부정하다.

'너희는 이 세대를 본받지 말라' 고 했다 (롬 12:2, 고후 6:13-7:1). 하나님은 오늘날 우리 성도들도 불신자들과 구별되어 살기를 원하신다. 우리 성도들은 불신자와 똑같을 수 없다. 예수 믿기 전과 믿은 후가 똑같을 수가 없다. 사람의 영혼이 죽었다가 살았는데 어떻게 똑같을 수가 있겠는가? 우리 성도들이 불신자와 구별되기를 원하시는 것이 하나님이 음식규정을 주신 목적이다. 그러면 우리가 무엇으로 구별되어야 하는가? 우리의 입는 옷으로, 아니면 우리의 말하는 표현으로, 아니면 어떤 의식으로 구별되어야 하는가? [여기서 우리는 소

위 풍유적 해석을 가해 본다]

(1) 인생의 목적이 달라야 한다.

우리가 재물을 많이 벌어야 한다. 그런데 어디에 쌓기 위해 벌어야 하는가? 하늘에 쌓기 위해 벌어야 한다. 고전 10:31에 "그런즉 너희가 먹든지 마시든지 무엇을 하든지 다 하나님의 영광을 위해서 하라" 고 했다. 우리 성도의 인생의 목적은 분명하다. 하나님을 기쁘시게 하기 위해 살아야 한다. 하나님께 영광을 돌리기 위해서 살아야 한다. 이것 이외에 다른 목적은 있을 수가 없다. 불신자들은 그런 목적을 모른다. 그렇기 때문에 불신자들은 '저 푸른 초원위에 그림 같은 집을 짓고 사랑하는 우리 님과 한 백년 살고 싶다' 는 꿈과 목적을 갖는다. 그런데 저 푸른 초원도 하루 이틀이지 매일 살면 초원도 싫어지는 것. 그림 같은 집도 하루 이틀이지 매일 거기서 살면 싫증이 나게 된다. 또 사랑하는 님과 한 백년을 어떻게 살까? 삼사십년 살면 헤어지고 죽음으로 인해 갈라지는 것이다. 불신자들의 삶의 목표는 기껏해야 일시적인 것이고 영원한 가치를 갖지 못한다. 하지만 우리 성도들은 달라야 한다. 하나님을 의식하고, 하나님의 영광을 위해 살며, 하나님을 기쁘시게 하겠다는 인생의 바른 목적을 가지고 살아야 한다.

(2) 영적 무장을 하고 영권을 가져야 한다

물고기 비늘과 지느러미는 성도의 세속을 헤치고 독수리처럼 올라가는 영력과 자기를 세속에서 방어할 줄 아는 영적 전신(全身) 갑주의 (甲胄) 상징이다. 미꾸라지나 뱀장어는 그런 것이 없다.
엡 6:10 종말로 너희가 주 안에서와 그 힘의 능력으로 강건하여지고 11 마귀의 궤계를 능히 대적하기 위하여 하나님의 전신 갑주를 입으라 12 우리의 씨름은 혈과 육에 대한 것이 아니요 정사와 권세와 이 어두움의 세상 주관자들과 하늘에 있는 악의 영들에게 대함이라.

(3) 위로 창공을 박차고 올라가야 한다

날기도 하고 기어 다니기도 하는 새는 부정하다. 이제 우리들은 그리스도 안에서 다시 살리심을 받은 자들이기 때문에 우리의 소망은 하늘에 있다. 그런데 아직도 하늘로 소망을 바꾸지 못하고 땅에서 기어 다니는 생활을 하는 것을 부정하다 했다. 우리들의 삶은 내세 중심이어야 한다. 우리의 소망은 하늘에 있다.
오직 우리의 시민권은 하늘에 있는지라 거기로서 구원하는 자 곧 주 예수 그리스도를 기다리노니 (빌 3:20)
그러므로 너희가 그리스도와 함께 다시 살리심을 받았으면 위엣 것을 찾으라 거기는 그리스도께서 하나님 우편에 앉아 계시느니라 2 위엣 것을 생각하고 땅엣 것을 생각지 말라 (골 3:1)

넷째로, 거룩한 생활 = 구분된 삶

레위기 19:2 에서 우리는 "너희는 거룩하라" 는 명령을 듣는다. 이 구절을 근거로 설교를 작성하라고 과제를 내었는데, 그 학생은 곧장 신약으로 넘어가서 거룩하기 위해서는 기도해야 하고, 예배를 드려야 하고, 순종해야 하고 등등 여러 가지를 진술했다. 그런데 이 학생만 그런 것이 아니라, 거의가 다 성경을 그렇게 해석한다. 자기가 읽은 본문은 그대로 들러리로 세워두고는 다른 데 가서 엉뚱한 것을 끌어다가 붙인다. 그렇게 하지 말고, 본문을 택했으면 그 본문을 떠나지 말고 그 본문에 불이 날 때까지 그 말씀을 주목해야 한다. 그 말씀 "주변"을 살펴야지 멀리가서 찾으려 해서는 안된다. 그리고 가급적 설교 본문은 "외워" 버려야 한다. 그리고 외운 말씀을 일주일 간 묵상 한다면 반드시 여러 가지 좋은 아이디어들이 줄줄이 끌려 나오고 설교는 무궁무진 풍성하게 될 것이다.

레위 19:2 의 "거룩하라!" 는 말씀의 문맥은 정작 다음 구절부터 시작된다:
부모를 경외하고 나의 안식일을 지키라! (3 절)
너희는 헛것을 위하지 말며 너희를 위하여 신상들을 부어 만들지 말라 (4 절)
너희는 화목제 희생을 여호와께 드릴 때에 열납되도록 드리고 (5a)
너희 땅의 곡물을 벨 때에 너는 밭모퉁이까지 다 거두지 말고 너의 떨어진 이삭도 줍지 말며 너의 포도원의 열매를 다 따지 말며 너의 포도원에 떨어진 열매도 줍지 말고 가난한 사람과 타국인을 위하여 버려두라 (9, 10 절)...

이 문맥을 보면, 거룩하게 되는 길은 비단 하나님과의 관계만 아니라 사회생활에서 인간관계도 포함된다는 것이 분명하게 드러난다. "거룩하다"란 달리 말하면 "구분하다"이다. '거룩'은 기본적으로 "구분"의 사고를 말한다. 하나님은 완전히 거룩하시다. 모든 피조물과 권능이나 지혜, 공의나 선하심에서 질적으로 구분되신다.

설교 제목을 "너희는 거룩하라" 고 하고, 그 내용은 여기 레위 19 장의 여러 항목들을 하나하나 묵상하며 어떻게 불신자와 구분된 삶을 살 것인지를 적어나가면 되는 것이다.

거룩 곧 구분의 의미를 예를 들어 설명하자면, 이전 성소에서 '대야' 를 만들어 사용했는데, 이것을 "물두멍" 이라고 했다 (출 30:18, 28). 이것은 성소에서 사용되므로 "성물(聖物)" 이 된다. 거룩한 물건! 그 물건들이 화학적, 물리적 성분이 다른 동질의 물건들과 달라졌기 때문에 '거룩한 물건' 이라 부르는 것은 아닐 것이다. 똑같은 재질로 만들었어도 '무은 용도' 로 사용되는가? 여부에 따라 성물이 되기도 하고 속물(俗物)이 되기도 한다. 하나님의 영광을 위한 도구가 되면 성물이고, 여타 세상 사람들의 도구가 되면 속물(俗物)이다.
인간도 똑 같다. 하나님의 형상으로 만들어졌으므로 그분의 은혜를 받아 그 형상을 회복하고 그분과 교제하며 그분의 말씀에 순종하면 그는 성자(聖者)가 된다. 신약에서 성도(聖徒)라 불린다. 한글역은 "성도" 이지만, 영역들에서는 saints 혹은 holy people 이다 (성자 聖者). 헬라어 "하기오이스" 를 (ἁγίοις) 한글은 "성도들" 이라, 영역은 "성자들" 이라 번역했다. 성자는 산 속에서 칩거하며 거룩함에 이른 거룩한 자라는 인상을 주지만, 그리스도를 믿어 죄 용서받은 우리가 바로 "성자" 이다. 그 말은 세상 목적으로 자기 목적으로 인생을 살던 우리가 이제 우리 몸을 그분의 영광을 위하여 드리는 삶을 살게 된 사실을 포착하고 있다.
그런데 성전의 기명들처럼 원래 모습 그대로 세월이 지나도 변화가 없다면, 성도는 성도가 아닐 것이다. 무생물인 성전 기명과 달리 인간은 살아 변화를 이루는 생물이다. 우리의 말에서, 우리의 행동에서 불신자들과 달라야 한다. 그리스도의 형상을 이루어야 한다. 그것이 우리를 부르신 목적이기 때문이다. 영광에서 영광으로, 은혜 위에 은혜로 덧입고 변화되어야 한다. 신령한 능력과 지혜에서도 그리스도의 형상을 이루어야 한다. 인격에서도 그러하다.

다섯째로, 언약의 상벌(賞罰) 규정

레위 26 장은 시내산 언약의 상벌규정이며, 모아들 언약의 상벌규정은 신 28 장에서 나타난다. "상벌 규정" 이란 표현은 영어 sanctions 을 번역한 말인데, 보통은 레위 26 장이나 신 28 장을 "축복과 저주" 라고 하지만, "저주" 라는 것은 하나님께 타인을 처벌해 주시라고 간구한다는 의미이므로 하나님을 주체로 "저주" 라고 할 수가 없다. 즉 하나님의 축복은 맞지만, 하나님의 저주란 표현은 어울리지 아니한다. 그래서 우리는 "상벌규정" 이라 고쳐서 이해한다. 그것이 사실 사실에도 부합된다. 상은 축복이고, 벌은 심판이다.
이 레위기 26 장은 출 19 장 이하부터 레위기 전체에 걸친 시내산 언약 조항들에 첨가된 시내산 언약의 "상벌 규정" 을 담고 있다. 언약서는 고대 근동의 종주권 조약의 형식을 닮았는데, 1) 종주의 신분을 확인시켜 주는 전문, 2) 종주가 봉신에게 베푼 사랑, 3) 봉신이 지켜야 할 법규들, 4) 상벌 규정, 5) 언약서 보관과 정기적인 낭독, 6) 증인들 등이 요소들을 담고 있다. 다만 이방인들의 종주권 조약과 하늘 대왕이신 하나님과 이스라엘이 체결한 언약 사이에 차이점이 있다면, 하나님은 모세라는 중보자를 통해 백성에게 말씀하신다는 점, 그리고 증인들을 나열할 때, 천둥신, 태양신, 달신, 백두산 신령, 두만강 신령, 한강 신령 등과 같이 잡신들을 나열하는 것이 아니라, "하늘이여 들으라, 땅이여 들으라!" (신 32:1) 정도로 자연, 특히 인간에 비해 장구(長久)한 자연을 증인으로 세우는 점, 마지막으로 언약서를 종주권 조약에서는 종주 대왕이 한 부, 봉신국에서 한 부 이렇게 같은 언약서를 두 부로 만들어 각가 자기 나라 신전에 비치하게 한 반면, 이스라엘에서는 하나님은 이스라엘의 하나님이시므로, 이스라엘의 성전에 하나님의 언약서도 함께 보관하였다는 점 등이다. 그 언약서 "두 부" 가 바로 "두 개의 십계명 돌비들" 인 것이다. 이전에는 첫 판에는 1–4 계명, 둘째 판에는 5–10 계명이 기록되었으리라 추정했지만, 오늘날에는 종주권 조약에 비추어 갖은 내용을 모두 1 판과 2 판에 새겼으리라 추정한다.
그것을 담아 보관하는 상자를 언약궤 혹은 법궤, 증거궤라 하는데, 언약궤란 언약서를 담은 상자란 의미이고, 법궤도 사실 언약서에 담긴 내용이 쌍방 간의 관계를 규정하는 '법' 이기 때문에 법궤라고 부른다. '증거궤' 는 언약서가 쌍방의 언약 관계를 증거하기 때문에 그렇게 불렸을 것이다.
이 언약궤 뚜껑을 '속죄소' 라 혹은 '시은좌(施恩座)' 곧 '은혜를 베푸는 자리' 라 부르는데, 하나님은 1 년에 하루 대 속죄일에 대 제사장이 지성소에 비치된 그 언약궤 뚜껑에 피를 뿌려 백성의 죄를 속죄하도록 규정하셨다 (레위 16:14, 15). 그리고 그 속죄소 뚜껑 양 옆에는 그룹 천사가 날개를 펴고 속죄소를 내려다보며 보호하는 형상을 새겼다. 바로 그 속죄소 위 그룹 사이에 하나님은 임재를 나타내시고 이스라엘에게 말씀하시는 것으로 나타난다 (출 25:22, 민 7:89, 삼상 4:4). 왜 하필 그곳에 임재를 나타내시고 거기서 이스라엘에게 말씀하시는가? 그것은 "언약서에 기록된 그 언약관계에 근거하여" 하나님은 이스라엘의 하나님이 되시고 저들을 만나 주신다는 상징적 의미를 전달하기 때문이다. 그 언약서가 비치된 그 상자 뚜껑에 피를 뿌려 속죄하는 것도 "그 언약서에 규정된 바에 근거하여" 속죄가 행해진다는 것을 암시해 준다. 이는 하나님께서 그렇게 의도하신 것인데, 그분은 우리와 무작정 만나시고 내가 너를 축복하겠다, 혹은 내가 너를 죽이겠다 이렇게 임의로 행하시는 분이 아니시다. 정확하게 "그 언약서에 기록된 규정대로" 그 법적인 관계에 근거하여, 언약 백성을 만나 주시고, 상벌을 시행하신다.

이렇게 놓고 보면, 언약 조항들 곧 율법을 우리가 어떻게 대하여야 할지 정신이 번쩍 든다. 언약 조항들을 순종하면 레위 26:3-13 에 규정된 상을 주실 것이지만, 만약 불순종하면 26:14-43 에 규정된 벌을 받게 될 것이기 때문이다. 언약 백성은 이렇게 하나님과 법적 관계에 매인 자들이다. 그래서 내가 하고 싶은 대로 말하고 행동할 수가 없다. 언약 조항들 곧 법규들로 제약과 구속을 받는 자들이다. 이는 하나님의 언약 백성의 신분된 자로 당연하다. 이 지상의 나라에 시민이 되려 해도 그 나라 법규를 지켜야 하거든 하물며 우주의 대왕이신 하나님의 백성이 된 신분에서 그분의 법을 지키지 않을 수 있을까?

그런데 그분의 법은 성령님의 감동을 받아야 지킬 수가 있다. 그래서 기도해야 하고 그 언약 법규를 많이 읽고 암송해야 한다. 그렇게 하는 자가 복된 자이다 (시 1편). 언약 법규는 우리의 구원을 위해서 곧 하늘나라에 들어가는 티켓을 얻고자 주어진 것이 아니다. 구원을 받은 언약 백성이 혹은 그리스도를 믿어 "새 이스라엘"이 된 성도가 구원의 백성으로서 불신자들과 구분되게 사는 이정표로 주어진 것이다. 이 법규를 따라 행하면 말이 달라지고 행동이 달라진다. 그런데 하나님은 보너스를 주신다. 그것은 언약 법규에 순종하면 상을 엄청나게 약속하셨다는 것이다. 그것이 바로 레위 26:3-13, 신 28:1-14 의 상급 규정이다. 레위기 26 장의 상벌규정은 신 28 장이 상벌규정과 내용상 약간 차이가 있지만, 그러나 결국은 대동소이하다. 그 둘의 관계는 출 20 장과 신 5 장에 나타나는 십계명들의 관계와 같다. 곧 레위 26 장의 상벌 규정은 시내산에서 맺은 시내산 언약의 상벌규정이라면, 신 28 장은 그 시내산 언약을 개정한 모압들 언약의 상벌규정이다. 개정은 갱신이라 하면 좋을 듯한데, 시간이 흐르고 언약 당사자들이 (하나님은 불변이시지만) 죽고 없어지고 새 세대가 등장하면 하나님은 새 세대와 이전 언약을 갱신하시는 것이다. 집 전세 계약을 물가 변동이나 건물의 퇴축 여부를 감안하여 2 년마다 갱신함과 유사하다.

신명기 28 장 1-14 절의 약속은 언약을 지키는 자들에게 약속된 엄청난 상급이다.

1 네가 네 하나님 여호와의 말씀을 삼가 듣고 내가 오늘날 네게 명하는 그 모든 명령을 지켜 행하면
네 하나님 여호와께서 너를 세계 모든 민족 위에 뛰어나게 하실 것이라
2 네가 네 하나님 여호와의 말씀을 순종하면 이 모든 복이 네게 임하며 네게 미치리니 3 성읍에서도 복을 받고 들에서도
복을 받을 것이며 4 네 몸의 소생과 네 토지의 소산과 네 짐승의 새끼와 우양의 새끼가 복을 받을 것이며 5 네 광주리와 떡
반죽 그릇이 복을 받을 것이며 6 네가 들어와도 복을 받고 나가도 복을 받을 것이니라
7 네 대적들이 일어나 너를 치려하면 여호와께서 그들을 네 앞에서 패하게 하시리니 그들이 한 길로 너를 치러 들어왔으나
네 앞에서 일곱 길로 도망하리라 8 여호와께서 명하사 네 창고와 네 손으로 하는 모든 일에 복을 내리시고 네 하나님 여호
와께서 네게 주시는 땅에서 네게 복을 주 실 것이며 9 네가 네 하나님 여호와의 명령을 지켜 그 길로 행하면 여호와께서 네
게 맹세하신 대로 너를 세워 자기의 성민이 되게 하시리니 10 너를 여호와의 이름으로 일컬음을 세계 만민이 보고 너를 두
려워하리라
11 여호와께서 네게 주리라고 네 열조에게 맹세하신 땅에서 네게 복을 주사 네 몸의 소생과 육축의 새끼와 토지의 소산으
로 많게 하시며 12 여호와께서 너를 위하여 하늘의 아름다운 보고를 열으사 네 땅에 때를 따라 비를 내리시고 네 손으로 하
는 모든 일에 복을 주시리니 네가 많은 민족에게 꾸어 줄찌라도 너는 꾸지 아니할 것이요 13 여호와께서 너로 머리가 되고
꼬리가 되지 않게 하시며 위에만 있고 아래에 있지 않게 하시리니

여기서 "네" 라는 말 대신에 내 이름을 대입해서 암송해 버리자. 만사형통의 길이 여기에 있지 아니한가?

경제가 (물질) 역사의 주동인이 (主動因) 아니다

칼 마르크스는 (Karl Marx, 1818-1883) 유대인인데, 독일 사람이었다. 칼 마르크스는 본 대학에서 헬라어, 로마 신화,

미술사 등과 같은 인문학 공부를 했는데 당시 사회에 저항하는 반동적인 대학 문화가 휩쓸고 있었다. 하지만 1년 만에 그는 법률과 철학을 공부하기 위해 본 대학을 떠나 당시 헤겔 철학이 기승을 부리던 베를린 대학교로 갔다. 그 헤겔 철학파 중에서도 헤겔의 제자들로 구성된 헤겔 우파는 헤겔 철학이 자유주의적이고 범신론적이라는 비난에 맞서 헤겔주의가 복음적 정통 및 보수정책과 양립할 수 있음을 보여주려고 노력했는데, 헤겔 우파는 노년 헤겔학파 또는 노년 헤겔주의자라고도 한다. 이와 대조적으로, 대부분 헤겔의 간접적 제자들로 이루어진 헤겔 좌파는 변증법을 '운동의 원리' 라고 생각했으며 헤겔이 이성적인 것과 현실적인 것을 동일시한 것을, 반동세력이 정당화하고 있던 문화적 · 정치적 현실을 개혁하여 이성적인 것으로 만들라는 명령이라고 해석했다. 따라서 헤겔 좌파 또는 청년 헤겔학파는 (Young Hegelians) 헤겔주의를 혁명적인 의미로 해석했던 것이다.

그런데 이때 마르크스는 바로 이 헤겔 좌파, 혁명파인 청년 헤겔파에 가입해서, 클럽의 중심인물인 브루노 바우어라는 (Bruno Bauer) 젊은 신신학자에게 큰 영향을 받게 된다. 바우어는 복음서는 실제역사의 기록이 아니라 감정적 필요에 기인된 공상의 기록일 뿐이며 예수 또한 역사상의 실존인물이 아니라는 반기독교적인 가설을 주장하고 있었다. 칼 마르크스는 바우어의 "예언자 이사야" 강좌에 등록했는데, 브루노 바우어는 새로운 사회적 파국, 즉 예수의 재림시에 닥칠 시련보다 더욱 무시무시한 파국이 다가오고 있다고 강조했다.

이렇게 베를린 대학에서 모든 사물은 모순적인 국면의 충돌에 따라 지속적인 변화를 겪게 된다는 헤겔의 변증법을 (특히 혁명적 좌파 해석) 자기 것으로 만들었던 마르크스는, 물리적인 조건들을 관념의 상위에 두는 포이어바흐의 유물론과 결합시켜 사회 현상을 해석하게 된다. "변증법적 유물론" 이 그의 사상 체계였다.

마르크스의 종교 사상

칼 마르크스는 종교의 착취적 성격과 기만성을 들추어낸다거나 모순성을 보여주기 위해서, 혹은 종교의 통찰력 또는 미신성을 제시하기 위하여, 어떤 경우에는 단순히 재미를 위해서 성경을 곧 잘 인용하곤 했다. 헤겔이나 마르크스, 칸트 등과 같이 알려진 사상가들이 활동한 환경은 기독교 사상이 완전히 주류를 이룬 독일이었다는 점을 기억해야 한다. 마르크스는 그 어떤 종교적 교리도 진리라고 인정하지 않았다. 따라서 그는 종교 가운데는 더 발전된 것들이 있다는 것을 인정하면서도 종교와 미신, 진정한 종교와 거짓된 종교를 구분하지 않았다. 그는 끊임없이 신앙의 대상을 "종교적 유령" 또는 "안개로 둘러싸여진" 지역의 거주자라고 지칭하였다. 종교적 인간들은 "소외" 의 (疏外) 상태에서 살고 있다고 간주한 것이다.

마르크스는 항상 종교를 부수적인 현상으로 이해하였다. 그는 종종 이 점을 분명히 하기 위해 종교적 세계를 "실제 세계의 반영" 이라고 하였다. 때때로 그는 이 점을 비유적으로 표현하기를 세속적인 실재에서 "안개로 뒤덮인" '종교의 세계'로 들어가는 것은 쉽지만 나오는 것은 쉽지가 않다고 하였다. 그리고 또 때로는 이 점을 좀 더 완곡히 표현해서, 봉건 시대의 하부구조가 가톨릭 교의를 설명해 준다거나 부르주아 계급의 종교와 자유경쟁은 밀접한 관계가 있다고 하였다.

마르크스에 의하면, 종교는 결국 없어질 것이다. 수백 년 동안 종교의 권위가 점차 사라져 왔으며, 인간들의 실제적인 관계가 완전히 이성적이 되면 종교는 자취를 감추고 말 것이라고 주장하였다 (D. B. 맥코운 1991:30). 마르크스는 그의 "자본론" 에서 다음과 같이 주장하고 있다:

종교는 현실세계의 반영물에 불과하다. 상품생산을 기반으로 하는 사회는 상품 생산자들이 자신들의 생산물을 상품으로서 그리고 가치로서 취급하는 사회적 생산관계를 맺고 따라서 자신들의 사적 노동을 동질적 인간 노동의 차원으로 환원시켜 버리는 사회이다. 그런데 그런 사회에 가장 알 맞는 종교의 형태는 추상적 인간을 예찬하는 기독교이며 특히 그것의 부르주아적 변신인 개신교와 이신론이 (Deism) 가장 적절하다 (R. Niebuhr 1991:95).

종교는 인간의 상상물에 불과하다고 그는 주장하는데, 천국의 환상적 실재 안에서 초인간적 존재로 찾았으나 자신의 반영 외에 아무것도 발견하지 못한 사람은 자신의 참된 현실을 찾아야 하는 곳에서 자신의 유사체 만을, 즉 비인간적 존재만을 발견하게 될 것이라고 한다. 하나님은 인간의 상상물이고 자신의 투영이라는 말이다. 그에게 있어서 종교는 인간의 생산품이고 인간의 소외이다. 하나님은 인간의 자의식과 자부심과 열망의 투영에 다름 아니라고 한다.

마르크스의 명성은 「자본론」 과 결부되는데, 그 작품을 쓰기 위해 얼마나 방대한 분야를 연구하고 조사했는지, 그의 분석대상은 자본주의 생산과정의 본질, 자본의 유통과정, 자본의 총과정, 인간과 자연의 물질대사, 이데올로기 비판, 인간상, 잉여가치론과 그 역사를 망라했다. 뿐만 아니라 그는 사회학, 기술, 공학적 문제들을 연구하고 수학 및 자연과학을 연구했으며, 역사적 과정과 농업경제를 분석하는가 하면 헤겔의 「논리학」 (Wissenschaft der Logik) 에 특별히 주목하기도 했다. 그는 자본주의 사회의 법칙성에 관한 연구를 자연사적 (自然史的) 과정이라는 성격을 갖는 사회 구성체 발전이론으로 총괄했으며 경제적 토대, 이데올로기적 상부구조, 생산력, 생산관계 등 사회구성체의 생산관계를 밝히고 사회 구성체의 여러 요소들 사이의 상호관계를 연구했다.

마르크스 사상 비판

몇 가지로 마르크스를 비판해 보자. 우선, 그의 사고에서 성경에 대한 바우어의 불신앙적 분석에 영향을 받아 성경 말씀을 인간의 상상물로 간주하게 되었다. 원래 신앙이 없던 데다, 이렇게 무신론적 신학 사상에 접한 마르크스는 기독교에 적대적이 될 수밖에 없었다. 다음으로 그는 헤겔의 변증법 (dialectic), 곧 모든 사물은 모순적인 국면들 간의 충돌로 야기되는 지속적인 변화를 겪게 된다는 사상에, 포이어바흐의 유물론 (materialism), 곧 물리적인 조건들을 관념의 상위에 두는 (material conditions above ideas) 사상을 결합시켜 자기 것으로 주장했다. 즉 세 가지 사상적 기본 골격이 마르크스에서 발견되니, 성경의 그릇된 이해와 변증법과 유물론 등이 그것이다.
변증법은 사회 현상을 설명하는데 그럴듯한 분석틀이 될 수 있다. 튀빙겐의 바우어는 (F. C. Bauer) 이 변증법 사상을 초대 기독교회사에 적용시켜, 정은 (正) 베드로 중심의 유대주의자들, 반은 (反) 바울 중심의 이방인 교회였는데, 이 둘이 구원론에서 근본적으로 차이를 보이면서 서로 투쟁하다, 갈등이 봉합되고 조정되어 합이 (合) 나타난 것은 주후 150 년을 지나 영지주의 위협 하에서 더 이상 교회가 대립만 할 수 없었기 때문이었다는 이상한 가설을 만들어 내었다. 바우어에 의하면, 신약의 각 문헌들은 원래 자기파의 주장을 선전하기 위한 '경향' (Tendenz) 곧 심하게 한편으로 치우친 주장을 담고 있다. 사도행전은 그 정반합에서 마지막 봉합의 단계인 합에 (合) 해당되는데, 따라서 사도행전은 누가의 저작일 수 없고 주후 2 세기 중간에 산출된 허구에 불과하다고 했다.
이런 바우어의 초대 교회사 혹은 신약 문헌 분석은 오늘에 와서 그 누구도 사실이라고 믿지 않는다. 이방인들이 할례를 받지 아니하고 믿음으로 죄 사함 받는 구원론은 베드로가 환상을 통한 하나님의 계시로 깨달았고 (행 10 장), 바울 사도와 그 점에서 한 치의 의견 차이도 없었다. 베드로가 약하여 유대주의자들이 들어올 때 이방인과 함께 있다가 잠시 자리를 피하려 할 때 바울 사도의 책망을 들은 것은 사실이나 (갈 2:11-14), 구원론에서 차이가 있었던 것은 아니었다. 만약 사도 바울의 서신들이 겨냥한 대적들이 있었다면 그것은 베드로가 아니라, 믿음으로 말미암아 구원 얻는 진리에 율법의 멍에를 첨가시켜 이방인을 잡아매려고 하던 유대주의자들이었다.
변증법적 유물론 사상이 사회현상의 일부는 설명할지 몰라도, 그 판단은 전연 역사의 움직임을 제대로 포착하지 못하고 있다. 역사의 주인은 하나님이시고, 따라서 적당히 대립 세력이 타협하여 합을 이루는 경우는 별로 없다. 하나님께서 주장하시는 역사에 진리와 거짓이 적당히 타협해서 이것도 저것도 아닌 것이 득세하고 하나의 대세를 이루어 다음 세대로 넘어갈 수는 없다. 진리가 반드시 이긴다. 왜냐하면 하나님께서 역사를 주장하시기 때문이다.
유물론은 더더욱 사회 현상을 분석하는 도구틀로 적합지 않다. 얼핏 보기에는 보이는 물질 중심으로 세상이 움직이는 듯하다. 모두가 돈을 위해서 움직이고, 명예와 쾌락을 위해 동분서주하기 때문이다. 분명 물질이 풍성해지고 편안해 지면 생각이 바뀌고 사상이 바뀔 것이다. 우리 기독인들이 만약 물질의 축복을 받아 그렇게 첫 신앙의 순수함을 상실한다면 그것은 타락이지 물질이 사상을 지배하기 때문은 아니다. 돈이 가져다주는 쾌락과 안락함이 그 신앙사상을 이겼다고 할 것이 아니라, 타락했다고 해야 옳은 것이다.
유물론 사상대로라면, 공산주의는 분명 행복한 노동자 천국을 지금쯤 만들어 내었어야 하지만, 실상 소련이나 북한, 중국, 쿠바, 베트남, 미얀마 등의 공산주의 국가는 파탄했거나 자본주의 쪽으로 방향을 크게 선회하여 암초를 벗어나고자 시도했었다. 마르크스의 공상은 빗나가고, 공산주의 유물론 변증법 사상으로 통치한 나라들마다 쪽박을 차고 말았다.
여기 레위 26 장이나 신 28 장에 경제의 원리가 나와 있는데 이를 무시하고 마르크스의 유물론 변증법을 자기들의 신념과 철학으로 떠받드는 국가마다 부도를 냈다. 하나님의 진리가 역사를 이끌지, 유물론 변증법이 가정하는 계급투쟁이 역사의 주류일 수 없고, 무신론적 유물론은 인간을 타인의 종으로 만들고 국가를 부도나게 만드는 사탄적 사상이다.

여섯째로, "레위기" 란 책명

레위인들은 야곱의 셋째 아들 레위의 (창 29:34) 후손들이다. 레위는 고핫, 게르손, 므라리 등을 낳았고, 고핫의 아들 아므람에게서, 미리암, 아론, 모세가 태어났다. 레위를 1 대로 치면, 모세나 아론은 4 대이다. 아론의 후손들은 모두 제사장이 되었고, 레위 지파에 속하는 다른 사람들은 모두 제사장의 보조 성직자인 레위인들이 되었다. 물론 대 제사장은 아론 후손의 장자들이 모두 점하였다. 이렇게 이스라엘의 성직은 (聖職) 전부 레위지파가 독점하였다. 어떻게 이렇게 되었을까? 오늘날로 치면 (신정국 체제가 없으므로 비교는 불가하지만), 나라의 목사나 장로는 모두 레위 지파인들이 차지했다는 말이다. 이런 엄청난 축복의 역사가 어떻게 시작되었는가? 하는 것이다.
다윗 이후로 다윗의 후손들이 대대로 이스라엘의 왕이 되었고, 예수 그리스도 역시 다윗의 후손으로 오셔서 영원한 왕이 되셨다. 다윗가의 왕권은 다윗이 하나님께 헌신함으로, 그분의 성전을 짓고자 하는 열망에 모든 것을 다 헌신했을 때, 그에게 하나님께서 허락하신 축복이었다 (삼하 7 장). 하나님의 집을 짓고자 하니, 하나님은 내가 네 집을 (집은 여기서 다윗 "왕조") 지어 주리라 하셨다 (삼하 7:11).
유사한 일이 레위에게도 벌어졌었다. 레위는 원래 야곱의 임종 예언에서 저주를 선고받았던 불운한 사람이었다 (창 49:5-7). 그와 시므온이 연합하여 누이 디나의 명예를 회복한다고 세겜 성 사람들을 몰살시켰기 때문이다 (창 34:25 이하). 야곱은 레위와 시므온이 혈기로 사람을 도륙했다고 선언하고, 따라서 레위는 이스라엘 중에서 흩으지리라 하였다 (창 49:7).

그런데 이스라엘이 이집트를 떠나 시내산 발치에 진을 치고 11 개월 정도 체류할 때, 모세가 시내산 산정으로 40 일간 금식기도하며 하나님의 말씀을 받던 때에 산발치에서는 백성의 우상숭배가 진행되었다. 내려가라는 하나님의 지시를 받고 모세가 하산할 때쯤에는 우상숭배 축제가 한창이었다. 눈에 불이 붙은 모세는 자기 손에 들었던 두 돌비를 저들에게 던져 박살을 냄으로 하나님과 이스라엘의 언약 관계가 우상숭배를 통해 깨어졌다는 것을 상징하였다.

이 때 모세는 누구든지 하나님 편에 속한 자는 칼을 차고 나오라고 호령했다. 이때 바로 레위 지파 사람들이 모두 칼을 차고 나서니 진 이편에서 저편까지 눈을 감고 무조건 도륙하라는 명령을 따라 자기 처자, 형제고 무론하고 찌르고 내려쳐서 살육했다 (신 33:9–10). 이로써 우상숭배로 인하여 폭발한 하나님의 진노를 누그러뜨리려는 모세의 전략에 레위인들이 호응한 것이다. 이 때 레위인들은 자기 형제자매 3 천 명 정도를 살육했다 (출 32:28). 모세는 저들의 헌신에 감명을 받고,

각 사람이 그 아들과 그 형제를 쳤으니 오늘날 여호와께 헌신하게 되었느니라
그가 오늘날 너희에게 복을 내리시리라 (출 32:29)

하였다. 이 말씀을 신 33:9 와 연관시켜 보면, 레위인들은 바로 이 때 하나님의 성직자로 성별을 받는 축복을 받았다. 저들의 헌신이 저들을 성직자의 위치로 높여 주었다. 이것은 레위가 원래 혈기 때문에 저주를 받았던 처지에서 일약 저주를 축복으로 바꾸어 버린 역전의 사건이었다. 다윗이 헌신할 때 하나님의 놀라운 축복이 임했던 것처럼 레위인들의 헌신은 그들 대대 후손들이 모두 제사장이 되고, 보조 성직자가 되게 하는 축복을 불러왔다.

레위 지파인들은 야곱의 저주로 이스라엘 각처에 흩어져 살아야 했었다. 그런데 이제 그렇게 흩어져 사는 것이 제거된 것이 아니라, 흩어져 살면서 제사장으로, 성직자로서 하나님의 말씀을 이스라엘 동족에게 가르치는 직무를 감당하게 되었다. 만일 그렇지 않고 다른 지파들처럼 성직을 맡지 않았더라면 저들은 지파 영지 분배 때 자기 지파의 영지도 (領地) 받지 못했을지 모른다. 그냥 타 지파의 영지에 흩어져서 더부살이 신세를 해야 했을지 모른다. 그러나 저들은 흩어져 다른 지파들의 영지에서 살지만 (저주), 저들에게 말씀을 가르치는 좋은 기업을 얻은 셈이다 (축복). 만약 저들이 한 곳에 살면서 온 이스라엘을 다니면서 가르치려 했다면 얼마나 힘들었겠는가? 그러나 자기가 처한 그곳에서 자신의 직무를 감당하면 되었다.

레위인들은 말씀 교육 외에도 성소에서 제사장이나 보조 성직자로 섬겨야 했다. 이런 직무를 맡은 레위인들은 이스라엘의 48 개 성읍에 흩어져 살면서도 성소로 가서 섬겨야 했으므로 여러 가지 고충이 많았을 것이다.

레위인들의 헌신이나 다윗의 헌신에서 그들이 받은 축복을 묵상할 때, 저들의 헌신에 비해 주어진 축복이 비교할 수 없이 엄청나게 크다는 것이 드러난다. 아브라함도 마찬가지였다. 그가 순종하여 고향, 친척, 아비 집을 떠났을 때, 그에게 약속된 축복은 놀랍고 놀라운 것이었다. 이러므로 우리가 결론 내릴 수 있는 것은 이 세상에서 우리가 살면서 하나님께 잘 보이고, 그분을 전심으로 섬기고 충성한다는 것이 나만 아니라 내 후손들의 장래에 얼마나 큰 축복을 불러 올지 상상을 하면서 신앙생활을 해야 한다는 점이다.

반대로, 내가 그분께 불충하고 그분을 섭섭하게 할 때 그 결과가 내 후손들에게 어떻게 부정적이고 파괴적으로 나타날지도 생각해야 한다. 내가 지금 눈앞의 쾌락이나 이익 때문에 주님을 배반한다면, 내가 회개함으로 문제가 끝나는 것이 아니라, 그 좋지 않은 타락우 후손들에게 거울처럼 나타날지 여부도 걱정해야 한다.

우리는 한 때 유행했넌 그 "가계에 흐르는 저주를 끊으라" 는 신학 사고를 말하는 것이 아니다. 그 책에서 기억나는 한 가지는 다윗의 고백에 (시 51 편) 비추어 다윗의 모친은 간통하여 다윗을 낳았으리라는 추측, 그리고 그 조상 중에 기생 라합도 있는데 그런 음란한 죄성이 다윗에게서 나타나 밧세바와 통간하게 되었다는 식의 주장이다. 그런 식으로 하면 우리 모두는 다 한 혈통으로 아담까지 올라가는데, 우리의 죄는 아담 이래의 모든 죄성의 종합적 전래라고 해야 하고 우리의 범죄는 모두 우리 조상 탓이라 해야 할 것이다. 이것은 우리의 타락한 본성이 결국 아담의 타락한 본성의 유전 (遺傳)

이라는 가르침을 부인하려는 것은 아니다. 그것은 사실이다. 그러나 한 가지 가계에 흐르는 저주가 근본적으로 잘못된 것은 우리가 주님을 믿어 거듭날 때 우리의 죄성이 근본적으로 타격을 입고 우리가 영적으로 새 사람으로 태어난다는 점을 부각시키고 유전되는 죄성만 강조되고 있다는 점이다. 동시에 하나님께서 다윗의 범죄 후에, 칼이 네 집에서 떠나지 아니하리라 하셨지, 그의 집안에 음란한 죄성이 더욱 기승을 부리고 저주로 작용하리라고 하신 것이 아니라는 점도 주목해야 한다. 또한 출 20:5 에서 "나를 미워하는 자의 죄를 갚되 아비로부터 아들에게로 삼사 대까지 이르게 하거니와" 는 말씀도 그 처벌이 삼사 대에 이른다는 말이지, 어떤 죄를 지었으니 그 죄성이 그렇게 유전된다는 의미는 아닐 것이다. 여하간 그리스도 안에서 우리는 조상의 망령된 행실에서 구원을 받았다 (벧전 1:18).

내가 그들과 세운 나의 언약이 이러하니 곧 네 위에 있는 나의 신과 네 입에 둔 나의 말이 이제부터 영 영토록 네 입에서와 네 후손의 입에서와 네 후손의 후손의 입에 서 떠나지 아니하리라 하시니라 여호와의 말씀이니라 (사 59:21)

38 베드로가 가로되 너희가 회개하여 각각 예수 그리스도의 이름으로 세례를 받고 죄 사함을 얻으라 그리하면 성령을 선물로 받으리니
39 이 약속은 너희와 너희 자녀와 모든 먼 데 사람 곧 주 우리 하나님이 얼마든지 부르시는 자들에게 하신 것이라 (행 2:38-39)

끝으로, 우리는 아론의 후손 중에서 비느하스란 사람의 헌신도 언급해야 한다. 아론을 1 대로 치면, 아비후, 나답, 이다말, 엘르아살이 2 대, 비느하스는 3 대에 해당된다. 이 비느하스는 사사 시대 초기에 실로 성소에서 대제사장 직분을 수행했는데 (삿 20:28), 모압들 광야에서 이스라엘 장정들이 발람의 꾀에 빠져서 미디안 여인들과 음행하게 되었을 때, 하나님에 대한 질투심으로 헌신하여 하나님의 인정을 받았다 (민 25 장). 하나님은 그 음행에 진노하시고 하루에 2 만 4 천명을 죽이셨다. 이런 때에 백성이 대성통곡하는 가운데서도 뻔뻔하게 시므온의 종족 한 족장인 시므리가 미디안 사람 고스비란 여자를 데리고 진으로 들어오는 것을 보고, 비느하스가 일어나서 창을 들고 그 두 사람의 장막으로 따라 들어가서 남녀를 동시에 찔러 두 사람의 배를 창이 꿰뚫고 지났다. 아마 한데 엉겨 있었을 때에 그렇게 찔렀는지 모른다 (민 25:7). 이런 하나님을 위한 질투심의 의로운 행동에 하나님의 진노가 그치고 그에게는 평화의 언약이 주어지는데, 그것은 그와 그 후손이 영원한 제사장 직분을 허락하는 언약이었다 (민 25:11-13).

비느하스는 나중 예수님 당대에 '열심당' 이란 사람들의 선조로 추앙을 받는데, 하나님을 향한 열성에 사로잡혀 행동할 때, 비느하스나 그 후손은 영원한 제사장의 축복을 받았다. 물론 그는 아론 후손이므로, 그의 후손은 당연히 제사장을 받아야 했지만, 그의 헌신은 그런 축복을 더욱 확고하게 만들어 주었다. 이를 보더라도 조상의 헌신이 그 후손에게 얼마나 긍정적인 결과를 가져오는지 짐작할 수 있다. 한 사람의 주를 향한 헌신과 열성은 주변 사람들의 마음을 자극하고 아름다운 동기를 부여하지만, 한 사람의 타락한 행동이나 생각은 주변 사람들을 악에 물들게 하고 많은 후대인들로 잘못된 본을 받게 만든다.

일곱째로, 하나님의 위대한 일들을 주기적으로 기념

레위기 23장은 절기들을 소개해 준다. 안식일, 유월절/ 무교절, 칠칠절/ 오순절, 초막절 등이다. "절기"란 (모에드) 정해진 시간에 갖는 모임이란 의미인데, 년 중 특정한 기간을 정하여 성도들이 모여 하나님을 경배하는 모임들이다.

농촌에서 이전에 농사를 위해 24 절기 (節氣) 를 의존했는데, 그 절기란 태양의 황경 (黃經) 에 맞추어 1 년을 15 일 간격으로 24 등분해서 계절을 구분한 것으로 한 달에서 5 일을 1 후 (候), 3 후인 15 일을 1 기 (氣) 라 하여 이것이 기후를 나타내는 기초로 삼았다. 1 년을 12 절기와 12 중기로 나누고 이를 보통 24 절기라고 하는데, 절기는 한 달 중 월초에 (月初) 해당하며, 중기는 (中氣) 월중에 (月中) 해당한다. 태양력에 의하면 절기는 매월 4-8 일 사이에 오고, 중기는 19-23 일 사이에 온다. 천문학적으로는 태양의 황경이 0°인 날을 춘분으로 하여 15° 이동했을 때를 청명 등으로 구분해 15° 간격으로 24 절기를 나누었다. 따라서 90°인 날이 하지, 180°인 날이 추분, 270°인 날이 동지이며, 춘분에서 하지 사이를 봄, 하지에서 추분 사이를 여름, 추분에서 동지 사이를 가을, 동지에서 춘분 사이를 겨울이라 하여 4 계절의 기본으로 삼았다.

성경에서 "절기" 란 (節氣) 하나님을 경배하는 성회로 모이는 년 중 정해진 기간들의 모임을 지시한다. 따라서 특정한 날들에 모인다는 성격을 강조하기 위해 '절기' 라 번역했지만, 그 성격은 믿음 잔치이고, 오늘날 '부흥회' 나 '특별 집회' 에 해당될 것이다. 그 절기들은 대개 이중적 의미를 지녔는데, 우선 "구원사적인 의의" 가 있다. 그것은 이집트에서의 종살이를 끊고 해방시키신 놀라운 구속의 역사를 기념하는 의의가 있다. 예컨

대, 유월절은 광복절로 그 해방의 날 저녁에 빵을 발효시키지 못하고 급히 이집트에서 탈출해야 했던 그 급박했던 시간들을 상기하면서 누룩 없는 떡을 먹고, 이집트에서의 고난을 기억하며 쓴 나물을 먹었다. 초막절은 이집트에서 자유를 얻어 광야를 거칠 때, 초막에 거하던 그 고난의 때를 기념하여 초막에 거하는 이전의 어려운 때를 기념하는 의의를 지녔다.

다음으로 절기들은 가나안 땅에 정착하여 농사를 짓는 정착 생활을 하면서, 농사 절기와 연관되는 "농경적 의의"를 지녔다. 유월절은 보리 추수의 때요, 칠칠절은 밀 추수, 초막절은 가을의 추수를 감사하는 감사 절기였다.

구약 시대의 유월절, 칠칠절, 오순절, 초막절, 수전절 (더렵혀진 성전을 청결케 하고 재 봉헌한 날), 부림절 등이 있었다면, 기독교에는 성탄절, 고난주일, 부활절, 감사절 등이 있다. 인간은 리듬을 타고 살아야 건강하다. 일주일의 리듬이 있어야 하고, 수요예배와 금요예배도 리듬이다. 일 년을 지내면서 영적으로 우리는 리듬을 타고 살아야 한다. 영적인 잔치들을 주기적으로 벌여야 한다. 부흥회, 사경회, 전도 초청 잔치, 성경 암송 대회, 간증 집회 등등.

특별 집회를 통해서 사람들이 구원을 받기도 하고, 은혜를 체험하기도 하는 예가 많다. 어떤 권사님은 불교를 30 년 이상 믿었는데, 전국 유명 사찰을 가보지 않은 데가 없을 정도로 열성으로 불도에 취하여 새벽기도 불공도 열심이었는데, 전도인의 말을 따라 탤런트 남윤정 집사의 간증 집회에 참여하여 그녀가 불교에 열심을 내다 참 하나님을 만난 일을 간증하는 것을 듣고 결심하고 교회로 나오게 되었다. 그 권사는 불교 믿던 열성으로 아직 아무 것도 몰랐지만, 열심히 저녁기도회에 매일 참석하며 찬송을 따라 부르고 기도할 줄도 모르지만 계속 하나님을 앙모하는 가운데 기도원의 집회에 참석하여 방언이 터지고 마침내 주님을 만나는 체험을 하였다.

그러므로 일년에 교회들은 정기적으로 특별 집회들을 정하여 개최함이 바람직하다. 특별히 기도로 많이 준비한다면 준비한 모든 희생과 정성에 비례하여 하늘의 단비가 쏟아질 것이다.

2–4. 민수기

1) 책명

"민수기" 는 백성의 수효를 세는 책이란 의미이다. 오늘날 인구조사 곧 센스서의 책이라는 것이다. 이런 명칭은 70 인역 역자들이 민 1–4 장과 26 장에서 인구 조사가 나타나는 점에 착안하여 붙인 것이다. 한 번은 시내산 발치에서, 한 번은 모압들에서 인구조사가 시행되었다. 전자는 광야 여정을 위한 질서 조직을 위해서, 후자의 경우는 미디안 족속을 징벌하는 전쟁 이후에 실시되었는데, 이는 미디안 여성들과 간음을 통해 하나님의 진노로 2 만 3 천의 이스라엘 장정들이 죽임을 당했기 때문에 다시 질서 정비를 위해 실시한 것이다.

어떤 목사는 삼하 24 장, 대상 21 장의 다윗의 인구 조사와 연관하여 말하길, 인구조사는 범죄 행위이니 참여하지 말아야 한다고 했다. 인구조사가 범죄행위라는 말은 사실이 아니다. 왜 인구조사를 행했는지 동기가 악했기 때문에 다윗 시대의 인구조사 때문에 하나님께서 처벌하신 것이지 자체가 악하기 때문이 아니었다.

유대인 랍비들은 "민수기" 라 부르지 않고, 책의 첫 글자를 따서 책명으로 삼는 고대 근동의 관례를 따라서 본서를 "바미드바르" 라 불렀다. 사실 민수기 첫 문장을 보면, "말씀하셨다, 야웨께서 모세에게 광야에서" 이다 (wayəḏabbēr yhwh ʾel-mōšeʰ bəmiḏbar). 따라서 첫 글자를 따자면, "바에답베르" 가 되겠지만, 이 단어는 "그가 말씀하셨다" 로 너무나 빈번하게 나타나는 말들로 다른 책들과 구분하기 힘들다. 둘째 단어 "야웨" 나 셋째 단어 "모세에게" (엘 – 모쉐) 등도 너무 빈번한 말들이기 때문에 건너뛰고 넷째 단어인 "광야에서" 를 (바미드바르) 책명으로 삼았다.

저자는 오경의 저자 모세이며, 저작 연대는 대략 주전 1400 년경으로 본다.

2) 내용 분해

(1) 여정 준비 (1:1–10:10)

a. 지파별 인구조사 (1–2);

b. 제사장 계수, 배치 (3:1-4:49);
c. 이스라엘 진의 정비 (5:1-6:27);
d. 성막과 제사장의 성별 (7:1-8:26);
e. 유월절 (9:1-14); 6. 주의 임재 (9:15-10:10)

(2) 가데스 바네아로 (10:11-14:45)

a. 시내산에서 출발 (10:11-36);
b. 백성의 반역 (11);
c. 미리암과 아론의 반역 (12);
d. 약속의 땅 정탐과 반역 (13-14)

(3) 광야 방랑 (15-19 장)

a. 땅을 위한 법규 : 제물들과 용서 (15);
b. 고란의 반란 (16);
c. 아론을 변호 (17);
d. 제사장과 레위인의 특권 (18);
e. 정결법 (19)

(4) 가나안을 향하여 (20:1-25:18)

a. 신 광야에서 여정 (20)
b. 모압들을 향하여 (21:1-22:1)
c. 발람의 예언들 (22:2-24:25)
모압의 두려움 (22:2-4a); 발람이 초청 (22:4b-20); 발람의 여행 (22:21-41)
발람의 예언들 (23:1-24:25)
1 차 예언 (23:1-12); 2 차 (23:13-26); 3 차 (23:27-24:14);
4 차 (24:15-19); 5 차 (24:20-25)
d. 이스라엘이 유혹에 떨어짐 (25:1-18)

(5) 가나안 진입을 위한 마지막 준비들 (26-36)

a. 기업 규정 (26:1-27:11);
b. 모세의 후계자 (27:12-23);
c. 예물들에 관한 법 (28-29);
d. 서원에 관한 법 (30);
e. 미디안 족속 심판 (31);
f. 요단 동편 지파들의 기업 (32);
g. 지난 여정의 요약 (33:1-49);
h. 정복과 기업에 관한 최종 지시 (33:50-36:13)

3) 민수기는 무엇을 가르치는가 ?

첫째로 , 약속의 땅에 들어가기 전에 필요한 훈련

민수기는 언약 백성이 하나님과 약속의 땅을 향하여 함께 나아가는 여정, 곧 이집트인의 종살이에서 해방을 받아 하나님의 백성이 된 이스라엘이 자유의 땅으로 향하는 여정을 보여준다. 이것은 억압과 압제에서 해방을 받아 자유를 향해 나아가는 여정이 어떠한지를 보여주는 그림과 같다. 자유는 얻었으나 감사할 줄 알지 못하고 사사건건 불평 원망하는 자들은 하나님의 준엄한 심판을 받았다.

(1) 감사의 말

영적으로 해석한다면, 이 광야 여정은 세상에서 구원을 받아 천국을 향해 나아가는 순례자의 모습을 보여준다. 이 광야같은 세상을 지나는 동안 우리는 불평 대신 감사와 찬양을 올려야 한다. 언제 광야 아닌 곳이 있을까? 분명히 우리의 목표인 천국은 우리를 기다린다. 주님이 재림하실 때에 우리가 살아있을 것이면 함께 영원 천국으로 들어갈 것이지만, 주 재림 이전에 우리가 이 세상을 떠난다면 우리는 우리의 본향 우리의 약속의 땅 천국에 담대하게 당당하게 주의 이름을 힘입어 들어가서 하나님 앞에 어엿이 서리라.

이집트에서 시내산	출이집트기	자료	시내산에서 가나안	민수기	자료
메추라기와 만나	16:13-35	P	메추라기와 만나	11:4-35	E
므리바 반석에서 물	17:1-7	J, E	므리바 반석에서 물	20:2-13	E

여기서 보듯 비평가들은 시내산 이전 사건들과 시내산 이후 사건들에서 서로 유사하다 여겨지는 사건들에 대한 기사들을 문서들의 차이로 본다. 예컨대 메추라기 만나 사건 기사들은 각기 P와 E로, 므리바 반석의 물 사건은 각기 J나 E로 분석한다. 그렇지만, 같은 사건들이 아니라는 것이 분명하다. 왜 한 번 언급한 만나 사건을 두 번이나 기록할까? 왜냐하면 만나는 매일 먹었으므로, 한 번 만나를 처음 대했을 때의 상황을 기록했으면 됐지, 또 반복해서 기록했느냐? 하는 것이다. 그런데 반석에서 물이 나온 사건의 경우, 만나처럼 매일 그런 체험을 한 것은 아니었고, 두 번 그런 체험을 했으므로 두 번 기록했다. 하지만, 만나는 매일 먹었으므로 두 번 기록할 이유가 없었을 것 같은데, 왜 두 번이나 기록했을까? 그것은 시내산 언약을 전후하여 만나 사건을 대표적으로 한 번씩 기록하여 메시지를 전하고자 한 때문이다. 성경의 기록은 일어난 사건들을 다 기록하는 것도 아니고, 또 역사 기술이 일어난 시간순서대로 그대로 기술하는 것도 아니다. 역사 기술이나 글이란 사진과 같아서 어떤 각도에서 어떻게 제시하느냐? 에 따라 그 메시지가 달라지는 것이다. 우리는 문서 운운하기 보다는, 왜 오경의 저자가 이 사건들을 이렇게 기술했는지 그의 전달하고자 하는 메시지를 듣고자 노력해야 한다. 하나님은 무슨 문서들이 오경의 배후에 있는지를 찾으라고 오경을 주신 것이 아니라, 우리에게 현재 본문을 통해 자신의 뜻을 전하고자 하시기 때문이다.

광야 여정을 살필 때 우리는 시내산 언약 전(前)과 후(後)를 우리는 비교해 보아야 한다. 시내산에 도착하기 전에도 이스라엘을 이집트에서 광야를 지나서 그 산에 도착했다. 시내산에서 11 개월 가량 머물면서 언약을 맺고 율법을 받고 성막을 건축하고 인구 조사도 한 다음, 이제 가나안 땅을 향하여 출발하니 역시 약속의 땅과 출발지 사이에는 광야가 가로막고 있었다. 같은 악조건이 상황이 반복되는 것이다. 언약을 맺고 하나님의 백성이 되었음에도 나아진 상황은 아니었다. 그러나 신분상의 분명한 변화를 저들은 감지하고 확인했어야 했다.
그러나 저들은 그렇게 하지 못했다. 이전의 그 종살이 때의 못된 불평 원망, 무질서의 습관을 버리지 못하고, 지속적으로 불평하고 질서를 무시하고 반란을 획책하였다(도표 참조; 비평가들은 병행 기사들을 자료들의 차이로 본다).

그 결과는 시내산 언약 체결 이전과는 달랐다. 그 전에는 그런 원망과 불평이 나타나면 그것을 무마시키는 방식이었지만, 이제 언약 백성이 된 저들에게 하나님은 가차 없이 언약의 상벌 규정을 따라 처벌하셨던 것이다. 너희는 더 이상 이전의 무소속 떠돌이가 아니다. 너희의 소속은 분명하다. 너희는 축복만 탐하는 것이냐? 소속된 하늘나라의 법규를 알지 못하는가? 그 법규에 의하면, 종주대왕을 향하여 불평 원망의 말을 발하는 자는 사형이다.

불행한 우리 역사의 한 페이지를 들추자면, 중국 명나라 청나라, 그 이전의 원나라, 그 이전의 당나라 등을 상국으로 섬기고 사내의(事大) 예를 다하였다. 이것이 그 당대 약소국이 취할 수 있는 자구(自求) 외교책이었다 해도 너무 비굴하게 굴었다는 것이 역사의 기록으로 전해진다. 우리의 상고사는 온데 간 데가 없고 모든 것은 중국의 기원이고 중국의 문헌에 의존하여 시경(詩經)에 가라사대, 서경(書經)에 가라사대, 논어에 공자 왈, 이것이 우리 선비들의 글쓰기 방식이었다. 비굴한 사대주의 정신으로 꽉 잡힌 자들이 한글 창제도 극력 반대하고, 요동 정벌도 소국이 대국을 거스릴 수가 없다는 이상한 논리를 앞세우고 쥐어준 군권으로 자기 우두머리를 치기도 했다. 복음의 진리를 알지 못하고 참 하나님을 알지 못한 까닭이었다 하자. 지형적 조건 때문이었다 하자.
그런데 그런 사대주의 사고로 모든 것이 주장될 때, 감히 어떤 조선의 왕이 명나라 황제나 청나라 황제를 향해 불평불만을 늘어놓았다 하자. 그러면 그 사람은 그 왕은 어떻게 되었을까? 그 임금이 세종대왕이라 했어도 아마 저들이 섬기던 상국이 원정하기 전에 그 공자에 매인 유자(儒者)들이 들고 일어나서, 감히 천자(天子)를 원망하다니, 당신은 우리의 수령 자격이 없소? 라고 왕좌에서 몰아내지 않았을까? 너무 과장된 예가 아니라 사실이 그러했을 것이다. 원망 불평을 감히 어디다 쏟는가? 있을 수 없는 일이었다.

우리 하늘의 대왕을 향하여 언약 백성이 사사건건 불평 원망을 늘어놓은 것은 어떻게 생각해야 하는가? 저들을 치신 하나님의 심판이 과하다고 해야 하겠는가? 그곳은 광야였고 모든 것이 열악하여 그렇게 불평을 쏟지 않을 수가 없었다고 이스라엘 편을 들어 변명해야 하겠는가? 그럴 순 없다. 어떤 상황 하에서건 어떤 조건하에서건 불평이나 원망은 하늘 종주 대왕을 거역하는 반역죄와 같다. 내가 믿어지지 않고 환경이 나를 반역하거든 크신 하나님 앞에 더욱 무릎을 꿇어야 할 것이다. 만물은 질서를 제대로 유지하고, 조류도 때를 알고 짐승도 제 주인을 알아본다 (사 1:2, 렘 8:7). 하나님을 경외하는 자에게 만물도 순종하는 것이다. 하나님을 거역하고 반역하는 자들은 자연이 더욱 그 사람을 적대할 것이다.

(2) 긍정적 말

우리는 열 정탐꾼의 부정적인 보고 때문에 가나안 진입이 40 여년을 지체 되었다는 사실을 듣는다. 천국을 향하여 가는 여정에는 질서 훈련이 필요하다. 언어 훈련이 필요하다. 이집트에서 종살이만 했던 터라 출 이집트한 사람들은 질서가 없고 감사의 마음도 없고, 신앙도 없고 따라서 약속의 땅에 대한 강열한 기대도 없고, 현실의 벽에 좌절하고 절망하고 원망하기 일쑤였다.
우리 신약 성도들은 이렇게 해서는 안 된다 (고전 10 장). 저들의 모습은 말세를 당한 우리의 거울이다. 왜 저들이 광야에서 스러져 가야 했던가? 그것은 저들이 약속은 받았지만 믿음으로 약속을 내 것으로 취하지 못하였기 때문이다. 불신앙적인 말을 했고 불신앙적인 행동을 했다. 믿은 이후에 언어가 바뀌어야 한다. 할 수 있다, 하면 된다! 기적이 일어난다! 우리는 약속을 믿습니다! 전능하신 하나님 저 원수들을 우리 손에 붙여 주옵소서! 라고 긍정적인 말을 하고 기도를 해야 한다.

♪저 성벽을 향해 전진하라, 주님이 우리 대장 되신다!
주가 명령하네, 강한 군사들아, 주가 명령하네 강한 군사들아,
나팔 소리 시온 성에, 크게 울려 거룩한 성에 나팔 소리 울려! ♬

히 4:1 그러므로 우리는 두려워할지니 그의 안식에 들어갈 약속이 남아 있을 지라도
너희 중에 혹 미치지 못할 자가 있을까 함이라
2 저희와 같이 우리도 복음 전함을 받은 자이나 그러나 그 들은 바 말씀이 저희에게 유익되지 못한 것은
듣는 자가 믿음을 화합지 아니함이라 3 이미 믿는 우리들은 저 안식에 들어가는도다
그 말씀하신 바와 같으니 내가 노하여 맹세한 바와 같이 저희가 내 안식에 들어오지 못하리라 하셨다 하였으나 세상을 창조할 때부터 그 일이 이루었느니라

(6.25 전쟁이 발발하자, 많은 청년들이 전선에 대충 훈련 후에 투입되었다. 그런데 총알이 빗발쳐 날아오는 전선에서 훈련이 없이 투입된 오합지졸의 병사들은 앞으로 전진! 하는 대장의 호령도 들리지 않고 오로지 목숨이 겁날 뿐이었다. 그래서 뒤로, 뒤로 후퇴! 후퇴 하다가 마침내 뒤에서 탈영병을 겨냥한 우군 헌병의 총알에 넘어지고 말았다. 훈련된 병사는 앞으로 전진! 하면 전진하게 되어 있다. 그런데 제식(制式) 훈련이 제대로 안된 병사는 몸이 구령을 알아먹지 못한다)

마찬가지로 이집트에서 종살이나 하던 자들은 훈련도 없는 오합지졸에 불과하여 무슨 일을 만나기만 하면 지도자를 원망하고 하나님을 반역하고자 하였다. 그 결과는 저들의 파멸이었다.
믿음의 말, 감사의 말은 그냥 입에서 나오는 것이 아니라, 훈련이 필요하다. 먼저 사고가 바뀌어야 한다. 긍정적인 사고, 믿음의 생각으로 생각이 바뀌어야 한다. 하나님은 능치 못하심이 없다. 기적은 일어난다. 주님이 우리를 도우시면 누가 우리 앞에 서겠는가?
아예 우리는 믿음을 가진 후에 체질 개선을 해야 한다. 불평불만은 아예 머리에 뽑아 버리고, 범사에 감사하는 체질, 범사에 긍정적인 말을 하는 체질, 범사에 주님을 찬양하고 높이는 말을 하는 체질 (시 34:1), 여하한 환경에서도 하나님의 개입과 기적을 바라는 믿음의 체질, 쉬지 말고 기도하는 체질, 항상 기뻐하는 체질, 때를 얻든지 못 얻던지 전도하는 체질, 주야로 말씀을 묵상하고 암송하는 체질, 남을 나보다 낫게 여기는 체질, 매사에 악은 그 모양이라도 경멸하고 버리는 체질로 거듭나야 한다. 이것은 하루아침에 되어 지지 아니하고 지속적인 자기 부인과 기도를 통한 훈련으로 되어진다.

둘째로, 유혹의 덫

사도 바울은
고전 10:1 우리 조상들이 다 구름 아래 있고 바다 가운데로 지나며 2 모세에게 속하여 다 구름과 바다에서 세례를 받고 3 다
같은 신령한 식물을 먹으며 4 다 같은 신령한 음료를 마셨으니 이는 저희를 따르는 신령한 반석으로부터 마셨으매 그 반석
은 곧 그리스도시라 5 그러나 저희의 다수를 하나님이 기뻐하지 아니하신고로
저희가 광야에서 멸망을 받았느니라 6 그런 일은 우리의 거울이 되어 우리로 하여금 저희가 악을 즐겨한 것 같이 즐겨하는
자가 되지 않게 하려 함이니 ...11 저희에게 당한 이런 일이 거울이 되고 또한 말세를 만난 우리의 경계로 기록하였느니라
다 같이 큰 은혜를 받아 이집트에서 해방되어 홍해를 건너며 세례를 받고 신령한 식물과 음료도 마셨지만, 그럼에도 광야에서 저들은 우상 숭배하다가 (출 32 장), 간음하다가 (민 25 장), 주를 시험하다가 (민 21:6 이하), 원망하다가 (민 11:1, 14:2, 27, 29, 36, 16:11, 41, 17:5 등) 광야에서 멸망을 당하고 말았다. 약속의 땅에 들어가서 행복을 누릴 그 절호의 기회를 살리지 못하고 광야에서 죽어가다니!? 저 오래 전 아브라함과 이삭, 야곱에게 약속하셨던 그 약속의 땅이 이제 정복되고 분배되어질 찰나에 저들은 그렇게 허무하게 광야에서 의미 없는 죽음을 맞아야 했다. 그 이유는 오직 하나, 불신앙 때문이었다. 믿음이 없으면 참지를 못하는 것이다. 믿음이 없이는 하나님을 기쁘시게 할 수가 없다 (히 11:6). 믿음이 없이는 세상 유혹을 이길 수가 없다. 저 눈 앞의 약속의 땅을 앞두고 왜 우상 앞에 절하고, 미녀 앞에 절절 매는가? 미녀가 약속의 땅을 가로채 가는 줄 모르는가? 미녀하고 살면 무슨 신체의 분비액이 많이 나와야 하므로, 빨리 죽는다고 하던가?

셋째로, 각 나라의 경계 존중

이스라엘이 가나안 땅으로 올라가는 여정에 지나쳐야 했던 에돔, 모압과 암몬의 경계는 침범하지 말아야 했다 (신 2:5–6 에돔; 2:9 모압; 2:19 암몬). 하나님께서 그 땅을 저들에게 주셨기 때문이다. 그러나 가나안 족속의 땅은 하나님의 계획 가운데서 저들의 죄악 때문에 저들을 이스라엘의 손에 붙여 진멸하고 그들 땅을 이스라엘이 차지해야 했다.

오늘날 국제 사회에서도 이런 관례가 통용될 수 있을까? 지난 제국주의 시대에 강대국들은 자기 멋대로 경계선을 긋고 남의 나라를 자기들 끼리 나누어 먹곤 했다. 이제 그런 시대는 지났다. 각 민족은 "민족 자결" 의 원칙을 존중받고 있다. 그런데 중국은 이전 청나라 시절 속국 (屬國) 이었다는 점을 근거로 위구르 족의 신장 (新疆) 이나 티베트 지방을 중국의 일부라고 우기면서 저들의 자결권을 박탈하고 완전 한화 (漢化) 시킬 요량으로 동화책을 정책을 밀고 나가고 있다. 미국마저 이런 중국의 잘못된 제국주의 정책을 항의하지 아니하고 중국 편을 드는 판국이다. 스스로를 지킬 힘이 없으면 이렇게 국제사회에서 이렇게 외면을 당하고 만다. 이것이 냉엄한 현실이다.
그렇다면 중국의 위구르족이나 티벳 족속에 대한 동화책은 성공할 것인가? 현재로선 우입승천기세로 중국이 상승한다는 인상을 주는데, 조만간 저들의 기세가 꺽이고 문제점들이 들어날 것이라 본다. 어떤 조건들이 내부 폭발을 잠시 억제하고 있지만, 조만간 그 폭발을 더 이상 막을 힘이 없어질 때가 올 것이다. 원래 청나라는 이민족으로서 한족을 억압하고 정치를 잘하여 한족의 지지를 받아 몇 백 년을 지탱할 수 있었다. 그것은 한족 스스로가 부패하여 자신을 지탱하지 못하고 있었기 때문에 여진족에게 기회가 주어졌었다.
이런 시각에서 본다면, 티벳이나 위구르 족도 한족에게 기회를 빼앗긴 셈이다. 현재로는 자기들이 스스로 독립할 여력을 기르면서 기회를 엿보는 수밖에 없다. 하나님께서 그냥 한족을 밀쳐내고 티베트나 위구르 족에게 여기 있다, 너희 나라를

받아라 ! 이렇게 하시지는 않으신다 . 그러나 저들에게 반드시 기회가 올 것이다 . 그 닥칠 기회를 준비하고 기다려야 한다 .

넷째로 , 하나님의 공급하심

우리는 이미 출 이집트기에서 그분의 놀라운 공급을 볼 수 있다. 민수기에서도 다시 그분의 놀라운 "의식주 (衣食住) 공급" 이 나타난다. 이렇게 반복되는 것은 시내산을 중심으로 이집트에서 시내산까지, 시내산에서 가나안까지의 여정에서 모두 광야라는 지형적 기근 지대를 통과해야 하기 때문이다. 즉 하나님의 공급하심과 초자연적인 인도와 보호 역사가 없이는 그렇게 많은 무리가 절대 안전 통과할 수 없는 굶주림과 야수의 위협에 노출된 위험 지대였다.

주택 (住宅) 공급 (보호)

그분은 낮에는 구름기둥을 덮어 보호하시고 앞서 길을 인도하셨다. 낮에는 구름 기둥이 불기둥으로 변해서 저들을 비추고, 저들의 길을 인도할 뿐 아니라, 야수들에게서 지키고, 또 추위에서 지킨다. 이 불기둥 구름 기둥의 역사로 이집트 군은 이스라엘을 접근할 수 없었고 (출 14:19-20), 따라서 홍해를 이스라엘이 먼저 무사히 건너편으로 통과할 수 있었다.

음식 (飮食) 공급

하나님은 "만나" 라는 이전에 알지 못했던 하늘 양식, 천사들의 양식을 내려 주셨다 (출 16 장). 어떤 이들은 그것은 시내 광야의 어떤 나무 열매들일 것이라 추정하는데 그런 자연적 열매가 아침마다 그렇게 40 년 가까이 내릴 수는 없을 것이다. 그들이 결코 알 수 없었던 하늘의 양식이었다. 그래서 "(그것이) 무엇이냐 ?" (**mān hû**?; what is it?) 라는 했으므로 (출 16:15) "만 (나)?" 라고 부른 것이다. "만나 ?" 하면 "맛있나 ?" 라는 의미 같지만 히브리어에서 "만 (나)" 는 "무엇 ?" 라는 의미이다.
이 만나는 아침에 해 뜨기 전에만 내렸다 : "무리가 아침마다 각기 식량대로 거두었고 해가 뜨겁게 쪼이면 그것이 스러졌더라" (출 16:21). 밤에 이슬이 진에 내릴 때에 만나도 같이 내렸다 (민 11:9). 그리고 안식일에는 내리지 아니했다. 이 만나는 이스라엘이 광야에 지내는 40 년 동안 내렸으며, 가나안 땅에 들어가서 그곳 양식을 먹은 바로 다음날 뚝 그쳤다 (수 5:12). 이것이 하나님의 조화가 아니고 무엇인가?
그 맛은 꿀맛 같다고 하고 생긴 모양은 "깟씨" 같다고 했다. 깟씨는 영어로 coriander 라 (고수) 하는데, 그 씨는 특히 소시지, 카레, 술이나 영국 사탕과 같은 과자, 스칸디나비안 페스트리를 만들 때 향을 내기 위해 쓰이며, 라틴아메리카, 인도, 중국 등에서는 부드러운 어린잎을 요리에 쓴다고 한다. 이스라엘 사람들은 "두루 다니며 그것을 거두어 맷돌에 갈기도 하며 절구에 찧기도 하고 가마에 삶기도 하여 과자를 만들었으니 그 맛이 기름 섞은 과자 맛 같았더라" (민 11:8). 민 11:7 에서는 만나가 깟씨 같고 모양이 "진주" 같다고 (bdellium, 수정, 창 2:12) 한다. NRSV 는 그 말을 그 색깔이 송진의 (gum resin) 색깔과 같았다고 번역한다 (NIV 도).
이스라엘이 고기 타령을 할 때, 하나님은 메추라기를 동풍에 불려오게 하셔서 이스라엘 진(陣) 사면 하루 길 정도 되는 지역에 걸쳐, 지면 근처에 푸드덕 거리며 날게 하셨다 (민 11:31). 메추라기는 지면 위에 두 규빗 정도 높이로 푸드덕 거리며 날고 있었다는데, 한 규빗은 장정의 팔 길이로 약 45 센티로 본다. 그러니까 1 미터 미만 높이로 이놈들이 막 퍼드덕 그리므로 손쉽게 잡을 수 있었다. 백성들은 손쉽게 그것들을 잡아서 고기를 배불리 실컷 먹을 수 있었다.
이 메추라기는 (quail) 닭목 (—目 Galliformes) 꿩과에 (—科 Phasianidae) 속하는 130 여 종의 (種) 짧은 꼬

리를 가진 소형 수렵 조류라는데, 작은 '꿩' 이라고 상상하면 될지 모르겠다. 메추라기가 지면 사방에 덮이자 이스라엘 사람들은 하루 종일, 그리고 다음 날에도 종일 메추라기 사냥에 나서서 그것들을 잡아 지면 사방에 펼쳐 두었다 (민 11:31). 그런데 놀라운 일은 시내산 언약 이전인 출 16 장에서는 그런 일이 없었으나, 민 11 장의 보고에서는 이스라엘이 고기 타령을 하고 탐욕을 부렸으므로 하나님께서 고기가 아직 그들 이 사이에 있어 씹히기 전에 백성에게 대하여 진노하사 심히 큰 재앙으로 치셨다고 한다 (민 11:33). 그래서 그곳 이름을 "기브롯 핫다아" 라 (qiḇrôṯ hatta'ăwāh) 불렀다. "키브롯 – 핫타바" 라는 이름은 "탐욕의 무덤들" 이란 의미일 것이다. 고기를 탐하여 불평 원망하다가 고기를 먹으면서 죽어 그곳에 묻혔기 때문이다.

시 105:40

그들이 구한즉 메추라기로 오게 하시며 또 하늘 양식으로 그들을 만족케 하셨도다!

이제 반석에서 물을 내신 하나님을 보자. 이런 물의 공급도 출 17 장과 민 20 장에서 언급되는데, 반석에게 명령하여 물을 낼지어다! 라고 외치면 물이 콸콸 쏟아져 나왔다. 반석이 갈라지면서 그 속에서 물이 쏟아져 나오는 광경을 상상해 보라. 시편에서는 이 장면을 이렇게 묘사하고 있다:

시 78:15 광야에서 반석을 쪼개시고 깊은 수원에서 나는 것 같이
저희에게 물을 흡족히 마시우셨으며
시 78:16 또 반석에서 시내를 내사 물이 강 같이 흐르게 하셨으나
시 78:20 저가 반석을 쳐서 물을 내시매 시내가 넘쳤거니와
또 능히 떡을 주시며 그 백성을 위하여 고기를 예비하시랴 하였도다
시 105:41 반석을 가르신즉 물이 흘러나서 마른 땅에 강 같이 흘렀으니
시 114:8 저가 반석을 변하여 못이 되게 하시며 차돌로 샘물이 되게 하셨도다

적당한 물이 아니라, 강물처럼 쏟아져 나왔고 강같이 흘렀다. 그곳 광야에서 무리들이나 가축들이 충분하게 목을 축이고 목욕을 하고 야단이 났을 것이다.

의복 (衣服) 공급

"이 사십년 동안에 네 의복이 해어지지 아니하였고 네 발이 부릍지 아니 하였느니라" (신 8:4). 광야에서 신발을 만드시고 옷을 만드셨다! 이런 기사는 없었다. 그렇게 못하셔서가 아니라, 아예 닳지 않도록 조처하셨다. 이것이 더 놀라운 기사가 아닐까? 새 것을 만들어 주실 수도 있지만, 저들에게 있는 것이 떨어지지 않게도 하신다. 나중 엘리야나 엘리사의 경우에 놀라운 기적들이 많이 나타나는데, 기름병에 기름이, 밀가루통의 밀가루가 떨어지지 아니했다 (왕상 17:12 이하). 주님은 세금을 내실 때, 베드로에게 바다에 가서 낚시를 던져 잡히는 고기 입을 열면 그곳에 한 세겔의 돈이 있으리라고 말씀하셨다 (마 17:27). 반 세겔을 내야 하지만, 베드로와 자신을 위하여 한 세겔을 건지게 하셨다.

이상 서술한바, 광야에서 하나님의 공급을 요약한다면 의식주의 완전 제공이라 할 수 있다. 우선 의는 (衣) 의복이 닳지 않게 하신 일이고, 식은 (食) 저들의 양식과 (만나), 고기 (메추라기), 물 등의 공급이며, 주는 (住) 낮에는 구름기둥, 밤에는 불기둥으로 저들을 보호하시고 천막에 거하게 하신 일이다. 아마 추정컨대, 밤에 광야의 뱀이나 전갈 혹은 야수가 진으로 접근할 경우, 공중에서 활활 타오르는 그 불기둥이 그 독충이나 야수를 '부지직' 하고 태워 버리지 않았을까? 물론 이스라엘 백성에게 그 불기둥은 그렇게 역사하지 않고 따뜻하게 보호하는 기능만 했을 것이다.

우리는 성경을 불신앙의 눈으로 읽으면 전부 신화고 전설이다. 그러나 믿음의 눈으로 읽으면 전부가 기적이고 경이로움이다. 그래서 우리 믿음의 선조들은 성경은 오직 "성령님의 내적 조명" 을 (Inner testimony of the Spirit) 받아야 이해가 된다고 강조했다.

그런데 끝으로, 이런 놀라운 하나님의 공급은 그냥 저들이 곤궁에 처했기 때문에 그렇게 기적으로 공급하신 것은 아니었다. 저들이 그런 곤경에 처하지 않고 곧장 해변길로 14 일 정도면 가나안에 들어가게 할 수도 있었으나 일부러 광야로 내 몰아 저들을 낮추시고 저들로 배고프게 하셨다. 그 때에 저들이 하나님의 공급하시는 기적을 체험하고 깨달아야 했던 것은

너를 낮추시며 너로 주리게 하시며 또 너도 알지 못하며 네 열조도 알지 못하던 만나를 네게 먹이신 것은 사람이 떡으로만 사는 것이 아니요 여호와의 입에서 나오는 모든 말씀으로 사는 줄을 너로 알게 하려 하심이니라 (신 8:3).

왜 이스라엘을 광야로 인도하셨던가? 거기서 저들로 위대하신 하나님을 체험하도록 하기 위함이었다. 저들을 낮추시고 주리게 하여 저들로 겸비하게 하루 하루 하나님의 공급하시는 손길을 의지하는 훈련을 받게 하신 것이다. 하나님께서 입을 여시면 기적이 나타난다. 그러므로 걱정하지 말라. 광야에서도 만나가 내려오고, 메추라기도 날라온다. 하늘에서 양식이 떨어지고 고기도 떨어지는 것이다. 염려하지 말아라. 오직 믿음으로 그분의 뜻에 순종하고 그의 나라와 그의 의를 위해 담대히 나아가라. 주님이 공급하신다.

다섯째로, 여성 인권

민 26:33, 27:1 이하, 36:1 이하에서 슬로브핫 딸들이 언급되는데, 헤벨의 아들 슬로브핫은 아들이 없고 딸 뿐으로, 그 딸들의 이름은 "말라와 노아와 호글라와 밀가와 디르사" 였다 (민 26:33). 딸만 다섯 명인데, 아버지가 광야에서 죽었고 아들은 없었다. 그러면 이제 아버지의 기업은 어떻게 해야 하나? 이렇게 문의하니 하나님은 모세에게 그 부친의 기업을 저들에게 물려주라고 명하신다.

기업이란 대를 잇는 상속권인데, 재산이나 종들, 부동산 등이 될 것이다. 지금은 아직 약속의 땅에 들어가지 않았으므로 땅은 없다. 하지만 종들이나 재산은 있을 것이다. 남자는 아니지만, 여자라도 아버지의 기업을 물려받게 되었다. 그러면 이제 저들은 신랑을 맞아 결혼을 해야 하는데, 결혼을 한다면 자신들이 부친에게서 물려받은 기업은 남편의 종족에 귀속 되고 말 것이다. 그래서 이 문제를 문의하니 (민 36:1-4) 하나님은 이 딸들이 오직 자기 아버지가 속한 그 지파 남자에게만 시집가도록 명하신다. 그래야 그들의 기업이 타 지파에게로 넘어가지 않고 원래 지파에 지속적으로 물려지겠기 때문이다.

이 에피소드는 오늘날 여성도 부친의 기업을 상속받을 권리가 있음을 가르쳐 준다. 요새는 민법이 그렇게 개정된 것으로 알지만, 이전에는 남자만의 세상이었다. 성도 여자 성을 따를 수가 있다고 하고 호주제도도 폐지되었다. 이런 일련의 조처는 여성 인권이 비약적으로 신장되고 있다는 징표인지 모른다.

여성이나 이방인들에 대한 인권은 마땅히 존중되어야 하고 남성의 폭력이나 억압은 구시대의 유물로 제거되어야 마땅하다. 그렇지만 여성과 남성의 기능적 차이는 분명하게 구분할 줄 알아야 한다. 여자가 남장 (男裝) 하거나 남자가 여장 (女裝) 하는 것은 성경이 금하는 바이고 (신 22:5), 더구나 창조질서를 거스려 남자가 여자로 성전환 수술을 해서 활동을 한다는 것은 있을 수 없는 일이다. 가능한 일이 있고, 가능하지 아니한 일도 있다는 것을 알아야 한다. 창조의 원리는 남성을 먼저 만드셨고, 여성을 남자의 "돕는 배필" 로 만드셨다 (창 2:18 이하, 딤전 2:11-15). 그러므로 이런 순서가 영적으로 존재한다는 것을 인정하는 지혜로운 여인들이 되어야 한다. 즉 가정에서 여성이 남자의 머리 노릇을 하고자 한다면 그릇된 생각일 것이다. 상호 존중하고 신뢰하되 성경적인 창조 질서를 무시하지는 말아야 한다.

여섯째로, 지도자의 자격, 성령 충만

오늘날 대형 교회들에서 목회자를 뽑을 때 기준은 대개 무엇이라 생각하는가? 그것은 학력이나 (특히 미국 유학을 선호) 외모일지 모른다. 그렇지 않다고 자신 있게 말할 수 있는 교회는 없어 보인다. 그러나 성경은 학

력이나 외모가 아니라, 성령 충만을 기준으로 제시한다.

우선 모세의 후계자 여호수아를 보자. 하나님은 모세에게 여호수아를 후계자로 세울 것을 다음과 같이 명하신다 (민 27:18–21).

눈의 아들 여호수아는 신에 감동된 자니 너는 데려다가 그에게 안수하고
(qaḥ-ləḵā ʾeṯ-yəhôšū^{a}ʿ bin-nûn ʾîš ʾăšer-rû^{a}ḥ bô wəsāmaḵtā ʾeṯ-yāḏḵā ʿālāyw)
그를 제사장 엘르아살과 온 회중 앞에 세우고 그들의 목전에서 그에게 위탁하여
(wəhaʿămaḏtā ʾōṯô lip̄nê ʾelʿāzār hakkōhēn wəlip̄nê kol-hāʿēḏā^{h} wəṣiwwîṯā^{h} ʾōṯô ləʿênêhem)
20 네 존귀를 그에게 돌려 이스라엘 자손의 온 회중으로 그에게 복종하게 하라
21 그는 제사장 엘르아살 앞에 설 것이요 엘르아살은 그를 위하여 우림의 판결법으로 여호와 앞에 물을 것이며 그
와 온 이스라엘 자손 곧 온 회중은 엘르아살의 말을 좇아 나가며 들어올 것이니라

여기서 하나님은 여호수아가 모세의 후계자가 될 자격으로 "성령 충만" 외에 언급하는 바가 없다. 여호수아는 "그 안에 신이 있는 사람이다." 요셉도 바로가 말하기를 "하나님의 신이 그 안에 있는 자" 라 했다 (창 41:38). 다니엘도 "거룩한 신들의 영이 있는 사람" 이라 (단 5:11) 지칭되었다. 이것보다 확실한 보증이 어디 있을까? 성령 충만한 사람은 지도자로서 하나님이 보증하시는 자이다. 그래서 학력이나 외모나 다른 것은 좀 떨어지더라도 성령 충만한 사람을 교회 지도자로 세우면 흔들림이 없을 것이다.

모세는 이집트의 왕실 학교에서 당대 최고의 교육을 받았겠지만, 여호수아가 나온 학교라야 광야 고난 학교 외에 더 있었을까? 거기다 모세의 비서로 섬긴 실무교육을 더해도 좋을 것이다. 그러나 그가 은혜로 성령 충만을 받아 자기 순결을 유지할 때 하나님은 그를 자기 종으로 높여 주셨다.

그리고 모세와 함께 백성을 판결했던 70 인 장로들의 경우를 보자. 광야 여정 중에 백성이 고기를 구하면서 울고불고 난리를 피우며 불평할 때, 모세도 견디다 못해 하나님께 기도하는데,

주께서 어찌하여 종을 괴롭게 하시나이까 어찌하여 나로 주의 목전에 은혜를 입게 아니하시고 이 모든 백성 을 내게 맡기
사 나로 그 짐을 지게 하시나이까 12 이 모든 백성을 내가 잉태하였나이까 내가 어찌 그들을 생산하였기에 주께서 나더러
양육하는 아비가 젖 먹는 아이를 품듯 그들 을 품에 품고 주께서 그들의 열조에게 맹세하신 땅으로 가라 하시나이까 13 이
모든 백성에게 줄 고기를 내가 어디서 얻으리이까 그들이 나를 향하여 울며 가로되 우리에게 고기를 주어 먹게 하라 하온
즉 14 책임이 심히 중하여 나 혼자는 이 모든 백성을 질 수 없나이다 15 주께서 내게 이같이 행하실진대 구하옵나니 내게
은혜를 베푸사 즉시 나를 죽여 나로 나의 곤고함을 보지 않게 하옵소서 (민 11:11–15)

어떻게 들으면 하나님께 드리는 협박기도와 비슷하게 들리는데, 생명을 건 기도라고 해야 할 것이다. 이에 하나님은 모세에게, 백성 중의 지도자 70 인을 모아 회막 앞에 세우라 하신다. 그 명령대로 세울 때에, 여호와께서 구름 가운데 강림하사 모세에게 말씀하시고 "그에게 임한 신을 칠십 장로에게도 임하게 하시니 신이 임하신 때에 그들이 예언을 하다가 다시는 아니 하였더라" 라고 했다 (wayyāʾṣel min-hārû^{a}ḥ ʾăšer ʿālāyw wayyittēn ʿal-šiḇʿîm ʾîš hazzəqēnîm wayəhî kənô^{a}ḥ ʿălêhem hārû^{a}ḥ wayyiṯnabbəʾû wəlōʾ yāsāpû; 민 11:25). 모세와 책임을 분담할 일군들에게 하나님은 모세에게 임한 그 신을 임하게 하셔서 저들을 백성 중의 지도자로 세우셨다.

한역은 좀 모호하게 얼버무렸는데, 원문에서 하나님은 "모세에게 임한 신으로부터 취하여" (wayyāʾṣel min-hārû^{a}ḥ ʾăšer ʿālāyw) 70 인 장로들 위에 두셨다. "취하다" 란 동사도 정확한 번역은 아닌데, 모세 위에 임한 그 신으로부터 취했다고 한다. 비유컨대, 활활 타오르는 장작불을 다른 장작에 옮겨 붙이는 현상이다.

이 70 인 장로들은 그 신이 자기들 위에 임할 때에, 예언하기 시작했다. 여기서 TNK 는 "그들이 엑스타시 가운데 말하였다" 라고 (wayyiṯnabbəʾû) 번역했다. 성령님이 충만하게 임하시니 저들은 방언을 터뜨린 것이다. 그 방언은 곧 예언을 선포하는 것이었다. 이런 예언 방언은 자다가 무의식중에도 터져 나온다.

그렇다면 지도자의 다른 기준은 없는가? 성경에는 모세의 장인 이드로가 모세에게 조언하는 말씀을 전하는데,

> 온 백성 가운데서 '재덕이 겸전한 자' (ʾanšê-ḥayil) 곧 하나님을 두려워하며 진실무망하며 불의한 이를 미워하는 자를 빼서 백성 위에 세워 천부장과 백부장과 오십부장과 십부장을 삼아 그들로 때를 따라 백성을 재판하게 하라 (출 18:22)

고 했다.

"재덕이 겸전한 자" 란 영역본들은 "유능한 자들" 이라 (capable men, able men) 번역했다. 히브리어 "하일" 은 능력, 부(富), 군대, (이방인) 성읍의 상류층 등을 의미 하는데, 용기도 있고, 덕성도 있고, 지혜도 있고, 판단력도 있고, 여하간 좋은 능력을 다 함축할 수 있는 말이다. 문맥에 따라서는 재력, 권력, 군사력도 의미할 수 있을 것이다. 이런 자질이 성령 충만과 떨어질 수 없을 것이다. 천부적 재능과 능력이 있다손 치더라도, 성령 충만 없으면 그 천부적 자질도 때로 크게 실패할 것이다.

다윗은 자기 궁중에서 어떤 사람을 사용할지에 대하여 이렇게 노래했다:

3 나는 비루한 것을 내 눈 앞에서 두지 아니할 것이요
배도자들의 행위를 미워하니 이것이 내게 붙접지 아니하리이다
4 사특한 마음이 내게서 떠날 것이니 악한 일을 내가 알지 아니하리로다
5 그 이웃을 그윽히 허는 자를 내가 멸할 것이요 눈이 높고 마음이 교만한 자를 내가 용납지 아니하리로다
6 내 눈이 이 땅의 충성된 자를 살펴 나와 함께 거하게 하리니 완전한 길에 행하는 자가 나를 수종 하리로다
7 거짓 행하는 자가 내 집안에 거하지 못하며 거짓말하는 자가 내 목전에 서지 못하리로다
8 아침마다 내가 이 땅의 모든 악인을 멸하리니 죄악 행하는 자는 여호와의 성에서 다 끊어지리로다 (시 101 편)

2–5. 신명기

1) 책명

신명기(申命記)란 한글 책명은 "두 번째 명령의 책" 이란 의미인데, 영어의 Deutero–nomy 는 헬라어 deutero (둘) + nomos (법)이 합쳐진 말로, 둘째 법이란 의미이다. 이런 책명은 70 인역 역자들이 신명기의 내용이 시내산 율법을 반복한 것이라고 파악한데서 붙여졌는데, 신명기를 둘째 율법으로 본 까닭은 신 17:18 에서 "그가 왕위에 오르거든 레위 사람 제사장 앞에 보관한 '이 율법서의 복사본을' (**mišnē^{h} hattôrā^{h} hazzōʾṯ**) 책에 기록하여" 라고 한 말씀을 잘못 번역하여 "(율법의) 이 둘째를" 이라고 (τὸ δευτερονόμιον τοῦτο this repetition of the law) 읽었기 때문이다. 어쨌거나 근사하게 신명기의 성격을 맞춘 것은 사실이다. 신명기(申命記)에서 "신"(申)이란 글자는, 거듭하다, 되풀이하다, 설명하다 등을 의미한다. 그래서 한어(漢語) 신명기(申命記)는 두 가지 의미로 취할 수 있다: 1) 둘째 명령의 책, 곧 둘째 율법서; 2) 율법의 설명서. 어느 의미를 취하건 영어 Deuteronomy 나 헬라어 '듀테로노미움' 의 의역이다.

유대인 랍비들은 "신명기" 라 부르지 않고, 책의 첫 글자를 책명으로 삼는 고대 근동의 관례를 따라 "엘레 하드바림" 이라 (이것들은 말씀들이다) 하거나 약하여 "드바림" 이라 불렀다. 첫 문장은 "이것들은 말씀들이다" (**ʾēlle^{h} haddəḇārîm**). 후대 유대인들은 "미쉬네 핫토라" 라 (토라의 반복) 하거나 "세페르 토카홋" 이라 (책망의 책) 불렀다.

2) 내용 분해

a. 언약의 전문 (preamble 1:1–4)
b. 선포자, 청중, 위치 (1:1); 2. 일자 (1:2–4)
c. 역사 서언 (historical prologue 1:5–4:44)
  1. 하나님의 위대한 일들 (1:5–3:29);

2. 순종하라 (4:1-43)
d. 언약 조항들 (Covenant Obligations 4:45-26:19)
1. 헌법 : 십계명 (4:44-11 장);
2. 법률 (12:1-26:15); 3. 헌신의 선포 (26:16-19)
e. 언약 비준과 상벌규정 (27:1-29:1)
1. 가나안 땅에서의 언약비준 (27); 2. 상벌규정 (28);
3. 결론 (29:1)
f. 언약 순종의 재차 당부 (29:2-30:20)
1. 장래 불순종을 경고하고, 순종하라 (29:2-29);
2. 회개하고 돌이킬 때, 축복 (30:1-10);
3. 생명을 택하라 (30:11-20)
g. 지도직의 계승 (31-34)
1. 여호수아의 지명과 율법 보관 (31:1-29);
2. 모세의 경고 노래 (31:30-32:43);
3. 모세의 죽음 준비 (32:44-52);
4. 모세의 축복 (33);
5. 모세의 죽음 (34)

3) 신명기에 대한 역사 비평적 접근법

신명기는 역사 비평적 오경 연구에서 "알키메데스 점" 이라 불릴 정도로 문서설에서 중심을 차지한다. 신명기의 저작 연대를 결정하는 일이 오경의 문서들의 연대를 결정하는 기준점이 된 까닭이다. 오경의 역사 - 비평에 대하여는 우리가 앞에서 언급했지만, 오경은 모세의 저작이 아니라, 여러 문서들의 짜깁기라는 생각을 하면서, 네 개의 문서들로 구분했는데 (JEDP), 그 문서들이 산출된 연대가 언제일지에 대하여 고심하다가, D 의 (신명기) 연대를 정하고 그것을 기준하여 나머지 문서들의 연대를 정하게 되었던 것이다.

문서설의 신명기 저작과 저작 연대를 정하는데, 결정적인 단서를 제공한 자가 독일인 드 비테였다 (W. M. L. de Wette). 여기서는 바인펠트의 신명기에 대한 비평을 제시한다 (Moshe Weinfeld 1996, 1972). 앞에서 드 비테가 지적한 신명기에서 보다 최근의 것으로 보이는 증거들 외에, 신명기 문체가 (그 표현들이나 수사학의 방식) 주전 7 세기 이전 역사서나 선지서들에서 전연 나타나지 않고, 그 이후로 거의 모든 역사, 선지 문헌들에서 신명기 문체가 스며 있다고 주장한다. 이런 주장은 과장이 지나쳐 거짓말을 하는 셈이다 (아래 참조).

여기에 더하여, 바인펠트는 주전 672 년의 에살핫돈의 종주권 조약 (vassal treaties of Essarhaddon, 이하 VTE) 들과 신명기 언약 형식이 유사하다고 지적한다. 바인펠트가 드 비테의 증거들에 더한 것은 VTE 와 신명기 사이의 유사성, 신명기 문체가 주전 7 세기 이전 역사서나 선지서에서 전무하다는 가정, 신명기의 중앙성소법이 역사적으로 히스기야 이전에 시행된 흔적이 없다는 점 등이다. 여기에 한 가지 더한다면, 드라이버가 주장하는 것인데, 신명기가 말하는 역사적 사건들은 출 이집트기, 민수기 등의 그것과 서로 맞지 않고 모순되기도 한다는 지적이다. 이제 신명기 모세 저작권을 부인하는 증거들을 하나씩 살펴본다.

(1) 신명기를 한편에, 출 이집트기, 민수기를 다른 편에 두고, 이 둘은 서로 상충된다

a. 역사 서술에서

우리가 "역사서언" 이라 부르는 부분에서 (신 1:6b-4:43) 드라이버는 출이집트기나 민수기에 기록된 여정들에 대한 기술과 (JE 문서라 부른다 ; 야웨 문서와 엘로힘 문서) 모순되는 요소들이 있다고 지적한다.

b. 법규들에서

우리가 언약 조항이라 부르는 부분에서 (신 5-26 장) 출이집트기, 레위기, 민수기에 담긴 법규들과 모순되는 것들도 있다고 한다. 여기서 더 나가, 신명기 기자는 레위기의 법을 (비평가들은 제사장 문서라 부른다 Priestly Document 로 약칭하여 P) 알지 못하거나 무시한다고 한다. 또한 신명기 문체는 JE 나 P 와 아주 다르다고도 지적한다.

드라이버의 주장에서 역사 기술에서 신명기와 출이집트기 혹은 민수기 사이의 차이에 대하여는 얼마든지 논박이 가능하다. 신명기에서 모세는 이전에 기술된 바를 반복하려는 것이 아니라, 연설문으로 연대를 무시하고, 여기저기 취사선택하거나 이전에 언급된 바가 없는 세부 사항도 첨가하면서 자기가 제시하는 주장에 가장 필요한 방식으로 이전 사건들을 기술하고 있다. 따라서 모순된다는 주장은 피상적인 것으로 아무런 무게가 없다.

그런데 드라이버의 주장을 논박하는 신명기의 법규와 출 이집트기, 혹은 레위기 법 사이의 비교 연구는 세심한 연구가 필요할 것이다 (그런 연구를 보수적인 견지에서 한 이는 없어 보인다). 그러나 그 문제도 해결이 요원한 것은 아니다. 왜냐하면, 법규 하나하나 비교하면서 따져야 하겠지만, 전체적으로 신명기의 법규들은 출이집트기나 레위기의 그것들보다 후대 것이다. 즉 출이집트기나 레위기의 법규들은 시내산 언약 조항들이라면, 신명기의 그것들은 40 년 이후의 모압들 언약 조항들인 것이다. 즉 둘은 차이를 보일 수밖에 없다. 개정되었기 때문이다.

여기에 더하여 한 가지 염두에 두어야 할 것은 지금 오경의 출 이집트기, 레위기, 민수기, 신명기에 담겨 있는 법규들은 그 당대의 필요에 따라 (목회적 필요에 따라) 현재 우리가 보는 형태로 여러 곳에 산재해 있다는 것이다. 즉 오늘날과 같이 법제처가 있어서 법규집을 발간하듯 정교하게 분류하고 체계화시켜 제시 했다기보다는, 대략적으로 필요에 따라 모아 편집되었으리라는 것이다.

(2) 신 12 장의 중앙성소법은 모세 시대가 아닌 후대법이라고 한다

비평가들은 제사를 오직 한 곳에서만 드려야 한다고 규정하는 신 12 장의 소위 중앙 성소법은 모세 시대보다 훨씬 후대의 관습을 반영하는 것이라 주장한다. 출 20:24 은 제단들을 어디서나 쌓고 제사 지낼 수 있다고 규정하는데, 이는 여호수아에서 솔로몬 시대까지의 관습과 어울리는 법규라고 한다. 그렇다면, 신명기의 법이 만들어 질 수 있는 최대치 하한선은 (terminus ad quem) 언제인가? 그것은 요시야 왕 18 년 (주전 621 년) 이전이어야 한다. 왜냐하면 요시야 왕의 종교 개혁은 신명기 법전에 근거했기 때문이다.

그렇다면, 좀 더 구체적으로 언제 신명기가 산출되었던가? 이 질문에 드라이버는 몇 가지 근거로 므낫세나 요시야 왕 시대의 저작일 것이라 추정한다 (1892:1-lv). 결국 드라이버 역시 독일의 드 비테나 벨하우젠 같은 문서설 주창자들처럼 신명기를 요시야 시대의 가짜 문서로 보는 것이다.

어떻게 모세의 이름으로 거짓되게 자기주장을 펼친 그런 위조문서가 성경책으로 인정을 받아 정경에 편입될 수 있었겠는가? 이런 지적에 대하여, 비평가들은 그런 위조는 아주 이해할 만 하다고 한다. 신명기 저자는 다윗 시대에 들어가서야 이스라엘이 정복한 예루살렘을 모세가 하나님이 정하시는 중앙 성소의 처소라고 말하게 한다면, 시대착오적이 될 것을 깨닫고, 신명기 저자는 야웨께서 택할 그곳이란 은밀한 암호 같은 표현을 사용하게 되었다 한다. 신명기가 모든 예배를 한 장소에만 국한시키는 것은 요시야의 개혁을 뒷받침하기 위한 목적에서였다. 그 종교 개혁 와중에, 율법서가 성전에서 발견되었다는 점도 위조 저작설을 지지해 준다고 한다. 그 율법서는 신명기서 사본인데, 요시야 사람들 기준에서 아주 최근의 저작이기 때문에, 사람들에게 권위있는 책으로 나타나면서도 요시야 왕의 종교 개혁을 뒷받침할 수 있도록 하기 위해서는 모세의 이름을 빌어 거짓되게 말해야 할 필요가 있었고, 그런 위조 문서였기 때문에 성전 수리 중에 쉽게 발견되도록 일부러 발견될 만한 장소에 가져다 두었다 한다.

신명기 법에 근거하여 요시야 왕이 종교개혁을 감행했다는 주장은 우리도 이견을 갖지 않는다. 그러나 이 중앙 성소법은 요시야 왕 이전에는 전연 시행되지도 아니했으므로, 그 법은 요시야 왕 이전에 존재하지 않았다는 주장은 받아들이기 어렵다. 요시야 왕 이전에 중앙 성소에서만 예배드리지 아니하고 각자 편리한 대로 여러 곳에서 제단을 쌓고 제사를 드린 역사적 사건들이 구약 역사에서 드러나고 있다. 그렇다고, 요시야 이전에 그 중앙 성소법이 존재하지 않았던 것인가?

신 12:10–14 을 읽어 보자.

10 너희가 요단을 건너 너희 하나님 여호와께서 너희에게 기업으로 주시는 땅에 거하게 될 때 또는 여호와께서 너희로 너희 사방의 모든 대적을 이기게 하시고 너희에게 안식을 주사 너희로 평안히 거하게 하실 때에 11 너희는 너희 하나님 여호와께서 자기 이름을 두시려고 한 곳을 택하실 그 곳으로 나의 명하는 것을 모두 가지고 갈지니 곧 너희 번제와 너희 희생과 너희 십일조와 너희 손의 거제와 너희가 여호와께 서원하는 모든 아름다운 서원물을 가져가고 12 너희와 너희 자녀와 노비와 함께 너희 하나님 여호와 앞에서 즐거워할 것이요 네 성중에 거하는 레위인과도 그리할찌니 레위인은 너희 중에 분깃이나 기업이 없음이니라 13 너는 삼가서 네게 보이는 아무 곳에서든지 번제를 드리지 말고 14 오직 너희의 한 지파 중에 여호와의 택하실 그 곳에서 너는 번제를 드리고 또 내가 네게 명하는 모든 것을 거기서 행할지니라

여기서 밑줄 그은 부분은 이 중앙성소법이 시행될 시기를 규정해 준다. 즉, 가나안 땅에 정착하는 즉시가 아니라, 그 땅에 정착하여 사방의 대적을 제압하고 안식을 주실 때에 시행될 수 있었다. 그 때는 솔로몬 왕의 성전 건축의 때로 성취되었다. 그렇다면, 솔로몬 성전 건축 이후에 여러 곳에서 특히 산당에서 제사를 드린 이유는 무엇인가? 이 중앙 성소법이 없어서였을까? 우리는 중앙 성소법을 사람들이 잘 몰랐다고 추정할 수 있다. 요시야는 왕이었음에도, 성전에서 발견된 율법서를 읽기 전까지 그런 법에 대하여 알지 못했었다. 하물며 평민들이야 더 말할 나위가 없지 아니한가?

그렇다면, 솔로몬 이후의 역대 왕들이나 지도자들은 어떠했나? 저들은 솔로몬 성전에서 예배를 드렸지만, 남북으로 분단된 정치적 고려 때문에, 예루살렘 성전에서만 제사를 드릴 수가 없었다.

솔로몬 성전 건축 이전에는 중앙 성소법이 존재했다 하더라도, 한 군데서만 제사를 드릴 필요는 없었을 것이다. 그 법은 아직 유효하게 작용하지 않고 있었기 때문이다. 또한 이전에 모든 법이 일률적으로 강력하게 시행되었다고 보기도 어렵다. 또한 출 20:24 의 말씀대로, 중앙 성소법이 시행되기 이전에는 하나님께서 지정하는 곳이면 어디서나 제사를 드릴 수가 있었다.

이제 시각을 돌려 신명기의 내용을 살펴보라. 모세가 지금 모압 들판에 모인 이스라엘 백성을 상대로 말씀하는데, 그것이 전부 가짜이고, 후대의 꾸며낸 이야기라면 얼마나 황당한 일인가? 벨하우젠이나 드라이버 같이 영특한 이들이 주장하는 대로라면, 꾸며진 위조문서를 고대 이스라엘인들이 그렇게 쉽게 속아서 모세의 저작이라고 믿었다는 것인데, 그 점을 누가 인정할 수 있을 것인가? 더구나 그런 가짜 작품을 그렇게 신임하고 따르는 오늘날 유대교나 기독교의 성도들은 다 바보들인가?

(3) 요시야 개혁과 신명기

비평가들이 하나같이 신명기를 요시야 시대의 산물이라 간주하는 요시야 왕 때 성전에서 발견된 그 율법책이 신명기였고, 그 신명기에 근거해서 종교개혁을 했다고 보기 때문이다. 그 성전에서 발견된 율법책이 신명기일 것이라고 처음 추정한 자는 주후 4 세기의 제롬도 그렇게 추정했었고 (제롬의 에스겔 주석 1:1. 제롬은 모세 저작권을 믿었지만, 아마도 후에 에스라가 개정했을 것이라는 생각도 가졌던 듯 하다), 1739 년 런던에서 출간된 파르비쉬의 (Parvish) 책도 신명기가 주전 7 세기의 산물이라 지적했지만 (1739:324), 근대 역사비평에서 드 비테의

1805 년 논문이 (de Wette 1805; 영국의 비평가 Cheyne 은 이 드 비테의 불신앙적 논문을 "세기적인" [epoch-making] 논문이라 치켜세우고 있다 [1893:2, n.1]) 갖는 의의는 그것이 처음으로 요시야 개혁과 신명기 법규 사이의 연관성을 근거로 요시야 이전에 신 12 장의 중앙 성소법이 시행된 흔적이 없으므로, 신명기는 요시야 시대의 산물이라고 아주 그럴싸하게 주장한 데 있다. 스피노자도 그의 "신정론" 에서 드 비테보다 135 년이나 빨리 느 8:8 의 율법은 에스라가 저술하고 설명한 신명기를 가리킨다고 주장한 바 있었다. 그러나 드 비테의 신명기 요시야 시대설이 역사 – 비평가들의 강령이 된 것은 그의 논문이 비록 소량의 분량임에도 요시야 왕의 종교개혁 이전에는 신명기의 법규가 시행되거나 알려진 흔적이 없다고 지적한 논리의 그럴듯함 때문일 것이다.

그렇다면, 과연 요시야의 종교개혁은 신명기 법규 때문에 일어난 것인가? 더구나 요시야의 개혁과 신명기 중앙성소법은 일치하는가? 요시야 왕의 종교 개혁에 대하여는 왕하 22–23 장과 대하 34–35 장 두 사료가 기록하고 있다. 둘은 약간씩 차이를 보이므로, 둘을 비교하면서 요시야 왕의 종교개혁의 내용이 무엇이었는지 살피기로 한다 (Abba Bendavid 1972:153–156).

역대기 (대하 34:3) 에서만 8 세에 통치하여, 자기 조상 다윗의 하나님을 '찾기' (다라쉬) 시작했다고 하고 (주전 640 년), 12 세에 (636 년) "유다와 예루살렘에서 산당들, 아쉐림, 새긴 우상들과 부어 만든 우상들을 제거하기 시작했다" 고 한다 (**hēḥēl ləṭahēr ʾeṯ-yəhûḏā^h wîrûšālaim min-habbāmôṯ wəhāʾăšērîm wəhappəsīlîm wəhammassēḵôṯ**). 이런 그의 개혁은 즉위 18 년에 (622 년) 성전에서 발견된 율법서 발견 이전의 조처들이다.

즉위 18 년에 일어난 일을 보면, 대하 34:8 에서 "그가 땅과 그 집을 정결케 한 때에" 아살랴의 아들 사반, (예루살렘) 부윤 마아세야와 서기관 요아하스의 아들 요아를 "자기 하나님 야웨의 집을 보수하도록" 보냈다고 한다 (왕하 22:3 은 왕이 사반을 주의 집으로 보냈다고만 한다).

왕의 사신들은 대제사장 힐기야에게 가는데, 이 시점에서 왕하 22:4–8 과 대하 34:9–14 부분이 병행되지만, 세부사항에서는 차이를 보인다.

그리고 나서 힐기야가 사반에게 내가 주의 전에서 율법서를 발견했다고 말하고 그 율법서를 사반에게 주었다고 한다 (왕하 22:8, 대하 34:15). 이제 사반이 율법서를 가지고 왕에게 가서 왕이 보낸 성전 수리건을 보고하고, 대제사장 힐기야가 내게 이 책을 주었다고 전하고, 그 율법서를 왕 앞에서 읽는다 (왕하 22:10, 대하 34:18).

그 율법서의 말씀을 들은 왕은 자기 옷을 찢고, 힐기야, 사반의 아들 아히감 등을 여선지자 훌다에게 파송하여 왕과 백성을 위해 발견된 책의 말씀들에 관하여 하나님께 문의하라고 명한다. 그렇게 문의하는 이유는 두 책이 모두 유사하게 제시한다:

왕하 22:13 우리 열조가 이 책의 말씀을 듣지 아니하며 이 책에 우리를 위하여 기록된 모든 것을 준행치 아니하였으므로 여호와께서 우리에게 발하신 진노가 크도다

대하 34:21b 우리 열조가 여호와의 말씀을 지키지 아니하고 이 책에 기록된 모든 것을 준행치 아니 하였으므로 여호와께서 우리에게 쏟으신 진노가 크도다

훌다 여선지자의 답변은 고전적 심판 메시지의 유형이다:

A 왕하 22:15 이스라엘 하나님 여호와께서 이같이 말씀하시느니라 너희는 너희를 내게 보낸 사람에게 고하기를
D 16 여호와의 말씀이 내가 이곳과 그 거민에게 재앙을 내리되 곧 유다 왕의 읽은 책의 모든 말 대로 하리니
C 17 이는 이 백성이 나를 버리고 다른 신에게 분향하며 그 손의 모든 소위로 나의 노를 격발하였음이라
D 그러므로 나의 이곳을 향하여 발한 진노가 꺼지지 아니하리라 하라
18 너희를 보내어 여호와께 묻게 한 유다 왕에게는 너희가 이렇게 고하라
A' 이스라엘 하나님 여호와께서 이같이 말씀하시느니라 네가 들은 말을 의논컨대
C' 19 내가 이곳과 그 거민에게 대하여 빈 터가 되고 저주가 되리라 한말을 네가 듣고 마음이 연하여 여호와 앞 곧 내 앞에서 겸비하여 옷을 찢고 통곡하였으므로

D' 나도 네 말을 들었노라
A' 여호와가 말하였느니라 (느움 야웨)
D' 20 그러므로 내가 너로 너의 열조에게 돌아가서 평안히 묘실로 들어가게 하리니 내가 이곳에 내리는 모든 재앙을 네가 눈으로 보지 못하리라 하셨느니라
(A = 사신 도입문, C = 언약 조항에 근거한 기소, D = 심판 선고)
[이런 심판 메시지 분석법에 대하여, 최종태 2003:11 장 참조 ; 또한 훌다 여선지자의 요시야 왕에 관한 예언이 실패한 것인지 여부는 최종태 2003:314 이하 참조]
이제 요시야 왕은 율법서의 내용을 들었고, 그 내용 때문에 충격을 받아 여선지자 훌다에게 문의했다. 그 다음에 그는 장로들, 제사장, 선지자들, 예루살렘과 유다의 백성들과 함께 성전으로 올라가 스스로 성전에서 발견된 그 언약서를 낭독하게 야웨 앞에서 언약을 체결하는데,
마음을 다하고 성품을 다하여 여호와를 순종하고 그 계명과 법도와 율례를 지켜 이 책에 기록된 이 언약의 말씀을 이루게 하리라 (왕하 23:3, 대하 34:31)
는 맹세가 동반되었다.
이렇게 하나님만 섬기기로 언약을 체결한 후에, 요시야는 더 한층의 개혁을 실시한다. 율법서 발견 이후의 개혁 조처들은 왕하 23:4–20, 대하 34:32–33 에서 기술된다. 그런데 대하 34:4–7 은 글의 배치 순서에 미루어, 율법서 발견과 왕이 그것을 들은 사건 (대하 34:15–18) 이전에 일어난 양 기술하는데, 그 내용이 왕하 23:4–20 에서 기술되는 율법서 발견 이후의 조처와 상응한다.
4 무리가 왕의 앞에서 바들들의 단을 훼파하였으며 왕이 또 그 단 위에 높이 달린 태양상들을 찍고 또 아세라 목상들과 아로새긴 우상들과 부어 만든 우상들을 빻아 가루를 만들어 거기 제사하던 자들의 무덤에 뿌리고 5 제사장들의 뼈를 단 위에서 불살라 유다와 예루살렘을 정결케 하였으며 6 또 므낫세와 에브라임과 시므온과 납달리까지 사면 황폐한 성읍들에도 그렇게 행하여 7 단들을 훼파하며 아세라 목상들과 아로새긴 우상들을 빻아 가루를 만들며 온 이스라엘 땅에 있는 모든 태양상을 찍고 예루살렘으로 돌아왔더라
이미 우리가 앞에서 본대로, 열왕기서는 역대기서와 달리, 즉위 18 년에 성전을 수리하다가 율법서를 발견하기까지, 요시야 왕이 이방 신상들을 제하는 종교개혁 조처를 취했다는 언급을 한 적이 없다. 율법서 발견과 언약 체결 이후에 요시야 왕은 역대기서에 의하면,
대하 34:32 예루살렘과 베냐민에 있는 자들로 다 이에 참가하게 하매 예루살렘 거민이 하나님 곧 그 열조의 하나님의 언약을 좇으니라 33 이와 같이 요시야가 이스라엘 자손에게 속한 모든 땅에서 가증한 것을 다 제하여버리고 이스라엘의 모든 사람으로 그 하나님 여호와를 섬기게 하였으므로 요시야가 사는 날에 백성이 그 열조의 하나님 여호와께 복종하고 떠나지 아니하였더라
이다. 여기서 "이스라엘 모든 땅에서 '가증한 것을 다 제하여 버리고' 오직 하나님만 섬기게 했다는 말씀이 함축적으로 이방 신상들의 제거와 산당들의 제거를 암시해 주고 있다.
그런데 열왕기서는 구체적으로, 성전에서 모든 이방 신상들을 끌어내어 기드론 골짜기에서 불사르고, 유다와 예루살렘 주변 산당들에서 분향하도록 유다 왕에 의해 세움 받은 우상숭배 제사장들을 폐하고 (왕하 23:4–6), 유다 성읍들에서 제사장들을 모두 데리고 가서 그들이 분향하던 산당들을 더럽히고, "산당의 제사장들은 예루살렘 여호와의 단에 올라가지 못하고 다만 그 형제 중에서 무교병을 먹" 게 했다 (9 절). 여로보암 1 세가 세운 벧엘의 제단과 산당을 헐고, 그 돌들을 깨뜨리고 가루로 만들었고 아세라를 불살랐다. 그리고 이스라엘의 왕들이 세웠던 사마리아의 성읍들에 있었던 산당들도 제하고, 그곳 산당들의 모든 제사장들을 제단 위에서 살육하고 그 뼈를 그 제단 위에 살랐다 (왕하 23:7–20).
역대기 기자는 앞서 언급한대로 율법서 발견 이전에 벌써 바알 제단들과 분향단들을 다 깨뜨리고, 아세림과 조각, 부어 만든 우상들을 다 가루로 만들어 그것들에 제사하였던 자들의 무덤들 위에 뿌리고, 제사장들의

뼈를 그 제단들 위에 살랐다. 이렇게 요시야는 유다와 예루살렘만 아니라, 므낫세, 에브라임, 시므온, 납달리까지 모두 이방 우상들을 제하였다고 한다. 역대기 기자는 그 산당들에서 섬기던 제사장들에 관하여는 아주 희미하게 언급할 뿐, 열왕기서에서처럼 분명하게 폐했다거나 죽였다는 언급은 않고 있다.
열왕기서에 의하면, 유다 성읍 산당 제사장들은 파면을 당하고, 예루살렘 야웨의 제단에 나가 섬기지도 못하게 했지만, 죽임을 당하지는 아니했다. 반면 북왕국 이스라엘에 속했던 산당 제사장들은 다 죽임을 당하고 그 뼈는 그들의 섬기던 제단들 위에 살라졌다.
이렇게 하면 결과적으로 신 12 장의 중앙 성소법이 규정한 바대로 예루살렘의 성전에서만 하나님을 섬기게 된다. 요시야 왕은 결과적으로 중앙성소법을 시행한 셈이다.
이제 드 비테나 비평가들이 주장하는 바를 이런 자료에 비추어 판단하자면, 요시야 왕은 이방 제사장들의 산당들과 우상들을 파괴하는 일에 집중했다고 할 뿐, 그의 초점이 신 12 장의 중앙 성소법의 규정을 준수하려는 것이라고 주장하기는 어렵다. 즉 요시야는 이방 산당들과 우상들을 파괴함으로 결과적으로 예루살렘 성전에서만 하나님을 섬기게 하였지만, 그의 목표는 성소 중앙집권화가 아니라, 이방 우상종교의 척결이었다. 따라서 비평가들이 주장하듯, 요시야가 신명기 율법서의 발견함으로 신 12 장의 중앙 성소법을 처음으로 시행하게 된 것은 아니다. 역대기서에 의하면 그는 이미 율법서 발견이전부터 이방 우상숭배를 근절하려고 개혁을 했었다.
비평가들은 요시야 왕의 개혁의 초점을 교묘하게 신 12 장의 중앙 성소법에 맞추려고 하지만, 열왕기서나 역대기서 기자들의 관점은 그것이 아니라, 이방 우상 종교 근절이었다. 여기서 한 가지 의문이 드는 것은 왕하 23:3–4 에 언급된 유다 왕들이 세웠던 "우상을 섬기게 한 제사장들" 은 (**hakkəmārîm**) 누구였던가? 이 제사장들은 추정컨대, 요시야의 조상 아몬이나 (주전 642–640 년) 므낫세가 (주전 696–642 년) 이방 우상들을 섬기도록 산당들에 세운 제사장들일 것이다. 이들 우상 제사장들을 제한 것은 당연했다. 열왕기서 기자는 유다에서 어쩌면 야웨 하나님을 섬겼을 산당들이나 그 제사장에 대하여는 언급을 아니하고 있다.
요컨대, 드 비테의 신명기 요시야 시대설은 왕하 22–23, 대하 34, 35 장에 대한 바른 분석에 근거한다고 보기 어렵다. 그는 자기 주장에 두 역사서 중에서 역대기 역사서는 사료의 가치가 없다고 기각시키고 오직 열왕기서에 근거하는데, 역대기 자료가 사료로서 무가치하다는 그의 판단이 무가치할 뿐, 일개 비평가의 판단이 성경의 역사성을 제할 수는 없는 일이다. 역대기 기자는 율법서 발견 이전에 벌써 우상숭배 요소를 근절시키고자 했다고 지적했고, 또 열왕기서 기자의 요시야 개혁 요지도 그런 관점에서 제시하고 있을 뿐, 신 12 장에 근거한 중앙성소법의 실행이 초점은 아니다.

(4) 단수와 복수의 교체

1894 년에 쉬태르크와 (W. Staerk) 슈토이어나겔은 (C. Steuernagel) 신명기 내에서 발견되는 단수와 복수의 교차 사용 용례는 신명기가 편집된 책이라는 증거라고 주장했다 (C. T. Begg). 예컨대, 신 12 장에서 1–12 부분에서는 백성을 "너희들" 이라 복수형으로 지칭한다면, 13–25 부분에서는 "너" 라고 단수형을 사용한다. 비평가들은 이런 인칭의 단수, 복수의 교차는 두 다른 별개의 문서의 짜깁기에서 유래된 것이라 한다 (또 신 6:7–9 와 11:18–20 를 비교). 출 22:21–23 에서도 그런 인칭 수의 교차가 나타난다. 2 인칭 복수 – 단수 동사 교차는 고대 근동의 문헌들에서도 나타나는 현상으로, 신명기서에서만 나타나는 특징은 아니다. 예컨대, 힛타이트의 슈필룰리우마는 (Suppiluliuma) 미타니의 샤티와자와 (Shattiwaza) 하리의 아들들과의 조약에서, 만일 이들이 조약을 어길 경우에 신들이 "너" (단수) 와 "너희 나라" (복수) 를 멸하기를 기원한다 (J. Niehaus, W. L. Moran 1962). 세피르 비문 (Sefire Stelae) 에도 동일한 교차가 나타난다 (복수 iii 4, 단수 iii 9, 단수 iii 14, 복수 iii 16, 단수 iii 20, 복수 iii 23; J. A. Fitzmyer 1967:96–100; John Gibson 1971:46–50). 그러

므로, 2 인칭 단수와 2 인칭 복수 교차는 반드시 점차적으로 붙어난 편집과정이라 할 수 없으며, 이러한 교차는 신명기의 하나의 문학적 특징으로서 오히려 신명기의 고대성을 나타낸다고 볼 수 있다.

1 인칭과 3 인칭의 교차 용례와 관하여는, 앗시리안 왕들의 연대기에서 1 인칭과 3 인칭이 자연스럽게 교차 사용된다. 디글랏빌레셀 1 세 (Tiglath-pileser I, 주전 1114-1076) 의 원정기 일절을 살펴보자:

합법적인 왕, 온 세상의 왕, 앗시리아의 왕, 사방의 왕, 그의 원수들을 멸하는 위대한 신들이자 그의 주들인 앗수르와 니누르타가 (그에게) 준 믿을만한 신탁들로 (지도받으며) 사는 용맹스런 용사, 온 세상의 왕, 앗시리아의 왕인 앗수르레쉬시의 아들이자, 온 세상의 왕, 앗시리아의 왕 무탁킬-누스쿠의 손자 디글랏빌레셀.
내 주 앗수르 신의 명령으로 나는 하 잡 (Zab) 강 건너편으로부터 서편을 향해 놓인 위의 바다까지 내 손으로 정복했노라. 세 번이나 나는 나이리 나라들을 원정하여 쳤다... 나는 레바논으로 갔고, 거기서 위대한 신들이자 내 주들인 아누와 아닷 신전을 위해 백향목들을 잘라 앗수르로 날랐다 (*ANET*, 274).

여기서 보듯, 디글랏빌레셀은 신들과 연관시켜 자기를 소개할 때는 3 인칭으로, 자신의 군사적 공적은 1 인칭으로 제시한다.

앗수르나시르팔의 (Ashurnasirpal, 주전 668-633 년) 이집트, 구스 원정 기록을 보자:

나의 첫 원정에서 나는 이집트와 구스를 원정했다. 앗시리아 왕, 내 부친 에살핫돈이 패배시켰고, 통치했던 이집트와 누비아의 왕 티르하카는 내 주들인 위대한 신들 앗수르, 이쉬탈, 다른 위대한 신들의 힘을 망각하고, 자기 능력을 의지했다. 그는 내 부친이 이집트에 세웠던 왕들과 섭정들을 쳤다. 그는 들어가서 멤피스에 거처를 정했는데, 그 도시는 내 부친이 정복해서 앗시리아 영토로 복속시켰던 곳이다. 급사 (急使) 가 니느웨에 와서 내게 보고하였다. 나는 이런 사건들에 크게 진노하여 내 심령이 불탔다. 나는 두 손을 들어 앗수르 신과 이쉬탈 신에게 기도하였다. (그리고) 나는 앗수르와 이쉬탈 신이 내게 위탁한 강한 군대를 소집하여 최단거리 통로를 취해 이집트와 누비아로 향했다 (*ANET*, 294).

여기서 앗수르나시르팔은 1 인칭을 사용하다가, 3 인칭으로 바꾸었다가 다시 1 인칭으로 돌아간다. 1 인칭과 2 인칭 그리고 3 인칭의 교차 용례도 힛타이트 조약과 힛타이트 서신에 아주 자주 나타나는 문체의 특징이다. 예컨대, 힛타이트 제국의 수필룰리우마스와 '아무루' 의 아지라 사이의 조약을 보자:

이는 위대한 왕, 핫티 땅의 왕, 용사, 폭풍신이 좋아하는 자, 태양 (신) 수필룰리우마스의 말씀들이라. 태양 (신) 나는 (너를 내 봉신으로 만들었노라)... 태양 (신), 위대한 왕은 — 에 대하여 아주 행복하였노라... 나 태양 (신), 위대한 왕은 아지라스를 (용납하였고) 그를 형제들에게 더했노라... (*ANET*, 529)

전문 (前文) 에서는 3 인칭으로, 역사 서언에서는 1 인칭에서 3 인칭으로, 다시 1 인칭으로, 다시 3 인칭으로 아주 자연스럽게 인칭의 교차 용례가 나타나고 있다.

이처럼 한 문맥에서 1 인칭과 3 인칭의 교차사용과 1 인칭과 2 인칭 그리고 3 인칭의 교차 용례는 고대 문체의 한 특징이다. 그러므로 인칭의 교차 용례는 반드시 편집 과정을 나타낸다고 할 수 없다. 이러한 인칭의 교차 용례는 조약에서도 나타나며, 신명기에서 야웨께서 1 인칭으로 자신을 말씀하시다가 "이스라엘의 하나님" 이란 명칭으로 3 인칭으로 제시하는 용례는 고대 근동의 문어체와 일치한다 (K. Baltzer 1960:49).

(5) 신명기의 문체와 고유한 전문 용어들 (Phraseology)

이 근거가 중앙 성소법과 함께 신명기를 주전 7 세기 저작으로 보게 하는 근본적인 이유가 된다. 신명기 문체는 설교체 혹은 수사 웅변체이며, 그에 따라 신명기에 특징적인 여러 어휘나 표현들이 나타나는데, 그 특징적인 어휘들이나 표현들은 주전 7 세기나 6 세기 저작들에서만 나타나는 그런 어휘들이나 표현들과 아주 흡사하다는 주장이다. 여기 언급된 주전 7 혹은 6 세기 저작들로는 예레미야서나 에스겔서, 혹은 열왕기하가 있다. 마틴 노트의 신명기 역사 (a Deuteronomic History) 가설이 바로 이런 신명기 문체와 주전 7, 6 세기 저작들의 그것 사이의 유사성을 근거로 생성되었다. 신명기 역사 가설에 의하면, 신명기서는 오경의 마지막 책이 아니라, 신명기, 여호수아, 사사기, 사무엘, 열왕기서로 이어지는 한 권의 긴 이스라엘 역사서의 첫 책이라는 것이다.

바인펠트에 (M. Weinfeld) 따르면, 신명기에 고유한 표현들은 (phraseology) BC 7 세기 이전의 역사적 전승이나 예언적 전승에는 나타나지 않고, BC 7 세기부터 보급되었다고 한다 (1992). 그는 이 현상이 신명기의 연대를 BC 7 세기로 보게 한다고 주장한다. 그가 신명기적 문체라고 꼬집어 내는 것은 몇 가지만 예를 들자면,

우상숭배를 배척하는 말씀에서

a. 다른 신들을 따라가다 (신 6:14, 8:1 9, 11:28, 13:3, 28:14). 이 표현은 신명기 역사서라 불리는 역사서에 속하는 사사기 2:12, 19, 왕상 11:10, 왕하 17:15 등에서 나타나고, 신명기 학파에 속한다고 간주된 렘 7:6, 9, 11:10, 13:10, 16:11, 25:6, 35:15 에서만 나타난다.
b. 이방신들을 섬기다 (신 7:4, 11:16, 13:7, 14, 17:3, 28:36, 64, 29:25). 이 표현은 수 23:16, 삼상 8:8, 왕상 9:6, 왕하 21:21, 렘 16:13, 44:3 등에서만 나타난다. 그런데 바인펠트는 지적하길, 이런 표현은 엘로힘 문서에서도 나타난다고 인정한다 (신 31:20, 수 24:2, 16, 삿 10:13 등). 이것은 예외를 인정한다는 말이다.
c. 바알과 아세롯 혹은 아스다롯을 섬기다. 삿 2:11, 13, 3:7, 10:6, 10, 삼상 12:10, 왕상 16:31, 22:54, 왕하 17:16.
d. 이방 신들을 따라 그것들을 섬기다 (신 13:3, 7, 14, 28:14). 이는 렘 11:10, 35:15 에서 나타난다.
e. (이방 신들을) 섬기고 그것들에 절하다. 수 23:7, 왕상 9:9, 22:54, 왕하 17:35, 21:3, 21, 렘 22:9. 그런데 이 표현은 출 20:5, 23:24 에서 나타나고, 세속적 사건을 다루는 창 27:29, 시 72:11 등에서도 나타난다. 즉 예외가 나타난다.
f. 이방 신들을 섬기러 가서 절하다 (신 8:19, 11:16, 29:25). 이 표현은 수 23:16, 삿 2:19, 왕상 9:6, 16:31 에서, 그리고 렘 13:10, 16:11, 25:6 에서 나탄다.
g. 이방 신들에게 분향하다. 왕하 22:17, 렘 1:16, 19:4, 44:5, 8, 15.
h. 모든 산 위에서와 모든 무성한 나무 아래서 (신 12:2). 왕상 14:23, 왕하 16:4, 17:10.
i. 불에 자녀를 사르다 (신 12:31). 렘 7:31, 19:5.
j. 자녀를 불로 지나게 하다 (신 18:10). 왕하 16:3, 17:17, 21:6. 레위 18:21 에서 "불 가운데" 대신 "람몰렉" (몰렉에게) 가 같은 표현에 사용되고 있다.
이후로 많은 표현들이 증거로 제시되고 있다.
이런 증거물 앞에서 비평 가설을 부인하는 사람들은 당혹해 할 것이다. 그러나 비평가들은 한 편으로 치우치고 있다. 자기들에게 유리한 증거는 전면에 내 세우되, 불리한 증거는 숨기려는 경향이 있다. 우선 신명기와, 이사야서나 (Thomas A. Keiser 는 신 32 장과 이사야 후반부 본문 사이에 문학적, 신학적, 주제면에서의 상호 연관성이 분명하게 나타난다고 주장한다. 신학적으로 심판 - 구원의 문맥에서 야웨의 무비 (無比) 성이 [incomparability] 강조된다. 이사야 후반부에서는 심판에서 구원으로의 전환이 이루어지는데, 이는 신 32 장에 근거한 것이다. 주제 면에서 야웨 하나님을 제시함에서 공통적 요소들을 제시한다. 예컨대, 창조와 증거, 기억 등의 주제를 고려해 보라. 문학적으로는 희귀한 말들이나 표현들이 유사한 문맥에서 두 본문들에서 나타난다; R. Bergey) 호세아서 (E. W. Hengstenberg 1857:107-169; Gordon Wenham 1985) 같은 초기 선지서들 사이에 단어나 표현에서의 유사성이 지적되고 있다. 호세아나 아모스의 메시지는 심지어 신명기적 표현이나 어휘 정도가 아니라, 아예 메시지 자체가 아예 신명기서와 유사하다는 점이 지적되고 있다. 비평가들은 주전 8 세기 선지자들의 저작에서 (아모스, 호세아 등) 신명기적 어휘나 표현, 사고가 드러나는 것은 주전 7 세기에 신명기를 저작한 사상가가 이전 선지자들의 문헌을 신명기 문체로 완전히 개정해 버렸기 때문이라고 한다. 볼프 (H. W. Wolff) 같은 비평 주석가는 아모스나 호세아서에서 신명기적 요소들을 제거하면, 진짜 그 선지자들의 소리가 남을 것이라고 생각한다 (1969, 1974).
그렇지만, 만약 볼프 식으로 신명기적 요소를 그런 선지서들에서 모두 제거해 버린다면, 남는 것이 아예 없을지 모른다. 앤더슨과 프리드만이 공동 저술한 방대한 호세아 주석이 그 점을 말해 준다. 저들은 말하길, 호

세아의 메시지는 (discourses) 신명기 사고들로 얽혀 있어서 신명기 사고들이 이미 이스라엘에서 권위를 지니고 있었다는 점을 보여준다 (1980:75). 이들의 주석보다 더 세세하게 아모스, 호세아서와 신명기 간의 연관성을 보여주는 연구서는 이미 1800 년대에 출간된 바 있었다 (E. W. Hengstenberg 1857; E. W. Pusey 1883:6; D. K. Stuart). 히브리어 언어학의 대가 라빈도 (C. Rabin) 신명기가 호세아나 아모스서 선지자 이전에 산출되었다는 증거들을 제시한 바 있다. 라빈의 설교 (discourse) 분석에 의하면, 신명기는 예언 설교체인데, 아모스 이후의 예언 설교는 시적인 문체로 흘러갔다. 신명기 설교체는 사무엘이나 엘리야 같은 대중 선지자들의 어법과 유사하다. 따라서 신명기를 문체 면에서 따진다면, 아모스 이후 시대로 보기 어렵다.

렌즈버그의 (G. A. Rendsburg) 연구도 오경의 히브리어가 어떤 면에서 분명히 고어체 경향을 보인다고 지적한다. 예컨대, 어떤 어휘에서 남성과 여성을 구분하지 않는다. "오경은 전체로 여호수아, 사사기 등보다 더 이른 시기의 저작이어야 한다."

오경의 문서설이 문서들을 가르면서도 그런 자신들의 작업이 위태위태한 가설인지 일말의 양심은 부인하지 않고 있다. 예컨대, 비평가 쉬미트는 (Werner H. Schmidt) 자신의 "구약 개론" 에서 (1995:57) 오경의 문서설과 연관하여 벨하우젠이 제시한 오경의 편집 원리, 곧 소위 오경의 문서들이 어떻게 편집자들에 의해 편집되었는지 원리를 지적한다. 벨하우젠에 의하면, 오경의 골격을 구성하는 기본 문서는 J 이고, E 는 J 에 전혀 없는 사항들이나 E 가 J 와 동일하게 말하지 아니하는 경우에만 보충된다. 이렇게 J 와 E 가 결합된 후에, 최종 편집자이자 최종 문서를 산출한 P 기자가 제공하는 전체 구조틀에 결합된 JE 가 여기 저기 배치되었다. 이렇게 오경에서 E 가 단편적으로 나타나는 이유를 설명하는데, 문제는 J 와 P 에서도 간혹 공백들이 나타난다는 것이다. 이것이 쉬미트가 느끼는 문서설의 불안감이다.

호세아를 오경을 염두에 두고 살펴보자. 신명기나 호세아나 시내산 언약에 자신들의 토대를 두고 있다. 둘 다 하나님께서 행하신 출 이집트를 근거로 백성들에게 순종할 것을 요청한다. 둘 다 이스라엘의 선택을 오로지 하나님의 사랑의 결과라고 말씀한다.

캇수토는 호세아서와 오경 사이의 연관성을 연구하면서 몇 가지로 범주를 정해서 둘 사이의 관계를 지적하고 있다 (U. Cassuto 1967:80):

a) 창세기의 족장들의 내러티브들과 호세아 ;
b) 출이집트 기사와 호세아 ;
c) 십계명과 호세아 ;
d) 모세의 생과 연관되는 다른 기사들과 호세아 ;
e) 신 11:13–21 과 호세아 ;
f) "들으라 !" 노래 (신 32:1–43)

a) 창세기 족장 내러티브

⑴ 호 11:8 에브라임이여 내가 어찌 너를 놓겠느냐 ? 이스라엘이여 내가 어찌 너를 버리겠느냐 ? 내가 어찌 아드마같이 놓겠느냐 ? 어찌 너를 스보임 같이 두겠느냐 ? 내 마음이 내 속에서 돌아서 나의 긍휼이 온전히 불붙듯 하도다

여기에 언급된 아드마, 스보임은 호세아를 제하면 창 10:19, 14:2, 8 등에서만 나타나는데, 그 성읍들은 가나안 족속의 거주지요, 소돔과 고모라 왕들과 함께 동방 왕들과 싯딤 골짜기에서 싸웠던 도시 국가들이었다. 이 둘 사이의 관계는 무엇인가 ? 우리에게는 너무나 자명하다. 호세아는 창세기를 근거로 하나님께서 이런 심판으로 망한 사람들처럼 이스라엘을 버릴 수 있겠는가 ? 라고 택한 백성의 타락을 안타까워하시는 모습을 그리고 있다.

여기서도 비평가들은 자기들 논리에 맞춘다. 궁켈은 호세아가 창 19 장의 소돔과 고모라 멸망 기사와 다른 판

본의 이야기를 사용하고 있다고 말한다. 그렇게 말하는 것은 창세기에서는 소돔과 고모라만 심판으로 멸망했다고 하는데, 호세아는 아드마, 스보임 등이 멸망한 것으로 말하기 때문이다. 원래 기사에서는 아드마와 스보임이 사해 변에 위치하지 않았는데, 창세기나 (10:19, 14:8) 신명기 (29:23) 같은 후대 기사들이 (비평가들은 이런 구절들은 J 나 기타 자료, 그리고 D 라 하고 주전 10 세기나 7 세기 소산이라 함) 창 19 장과 호세아 기사를 혼합하여, 소돔, 고모라, 아드마, 스보임 등을 모두 사해 변에 위치하였으나 멸망당한 도시국가들로 처리해 버렸다 한다 (H. Gunkel 1901:216).

(2) 호 12:4–5 천사와 힘을 겨루어 이기고 울며 그에게 간구하였으며 하나님은 벧엘에서 저를 만나셨고 거기서 우리에게 말씀하셨나니 5 저는 만군의 하나님 여호와시라 여호와는 그의 기념 칭호니라

(3) 호 12:13 호 12:13 여호와께서는 선지자로 이스라엘을 이집트에서 인도하여 내시며 선지자로 저를 보호하셨거늘

b) 출이집트 기사와 호세아

(4) 호 2:2 호 1:11 이에 유다 자손과 이스라엘 자손이 함께 모여 한 두목을 세우고 그 땅에서부터 올라오리니 이스르엘의 날이 클 것임이로다 (wəniqbəṣû bənê-yəhûḏāʰ ûḇənê-yiśrāʾēl yaḥdāw wəśāmû lāhem rōʾš ʾeḥāḏ wəʿālû min-hāʾāreṣ kî ḡāḏôl yôm yizrəʿeʾl)

(5) 호 5:6 저희가 양떼와 소떼를 끌고 여호와를 찾으러 갈지라도 만나지 못할 것은 이미 저희에게서 떠나셨음이라

(6) 호 11:1 이스라엘의 어렸을 때에 내가 사랑하여 내 아들을 이집트에서 불러내었거늘

(7) 호 13:15 저가 비록 형제 중에서 결실하나 동풍이 오리니 곧 광야에서 일어나는 여호와의 바람이라 그 근원이 마르며 그 샘이 마르고 그 적축한바 모든 보배의 그릇이 약탈되리로다

c) 십계명과 호세아

(8) 호 4:2 오직 저주와 사위와 살인과 투절과 간음 뿐이요 강포하여 피가 피를 뒤대임이라

(9) 호 12:9 내가 이집트 땅에서 나옴으로부터 나는 네 하나님 여호와니라 내가 너로 다시 장막에 거하게 하기를 명절일에 하던 것 같게 하리라

d) 모세의 생과 연관되는 다른 기사들과 호세아

(10) 호 4:3 그러므로 이 땅이 슬퍼하며 무릇 거기 거하는 자와 들짐승과 공중에 나는 새가 다 쇠잔할 것이요 바다의 고기도 없어지리라

민 11:22

(11) 호 13:2 이제도 저희가 더욱 범죄하여 그 은으로 자기를 위하여 우상을 부어 만들되 자기의 공교함을 따라 우상을 만들었으며 출 32:4, 8, 신 9:12

e) 신 11:13–21 과 호세아

(12) 호 2:8 곡식과 새 포도주와 기름은 내가 저에게 준 것이요 저희가 바알을 위하여 쓴 은과 금도 내가 저에게 더하여 준 것이어늘 저가 알지 못하도다

9, 2 절에서도 곡식, 새 포도즙, 새 기름

신 9:13–21

(13) 호 2:12 저가 전에 이르기를 이것은 나를 연애하는 자들이 내게 준 값이라 하던 그 포도나무와 무화과나무를 거칠게 하여 수풀이 되게 하며 들짐승들로 먹게 하리라

(14) 호 2:14 그러므로 내가 저를 개유하여 거친 들로 데리고 가서 말로 위로하고 신 11:16

(15) 호 2:14 그러므로 내가 저를 개유하여 거친 들로 데리고 가서 말로 위로하고

호 2:8 곡식과 새 포도주와 기름은 내가 저에게 준 것이요 저희가 바알을 위하여 쓴 은과 금도 내가 저에게 더하여 준 것이어늘 저가 알지 못하도다

신 11:17 여호와께서 너희에게 진노하사 하늘을 닫아 비를 내리지 아니하여 땅으로 소산을 내지 않게 하시므로 너희가 여호와의 주신 아름다운 땅에서 속히 멸망할까 하노라
(16) 호 2:21 여호와께서 가라사대 그 날에 내가 응하리라 나는 하늘에 응하고 하늘은 땅에 응하고
신 11:17 여호와께서 너희에게 진노하사 하늘을 닫아 비를 내리지 아니하여 땅으로 소산을 내지 않게 하시므로 너희가 여호와의 주신 아름다운 땅에서 속히 멸망할까 하노라
(17) 호 3:1 여호와께서 내게 이르시되 이스라엘 자손이 다른 신을 섬기고 건포도 떡을 즐길지라도 여호와가 저희를 사랑하나니 너는 또 가서 타인에게 연애를 받아 음부된 그 여인을 사랑하라 하시기로
신 11:13 내가 오늘날 너희에게 명하는 나의 명령을 너희가 만일 청종하고 너희의 하나님 여호와를 사랑하여 마음을 다하고 성품을 다하여 섬기면

f) 모세의 경고의 노래 "들으라 !" (신 32:1-43)

(18) 호 1:9 여호와께서 이르시되 그 이름을 로암미라 하라 너희는 내 백성이 아니요 나는 너희 하나님이 되지 아니할 것임이니라
신 32:21 그들이 하나님이 아닌 자로 나의 질투를 일으키며 그들의 허무한 것으로 나의 진노를 격발하였으니 나도 백성이 되지 아니한 자로 그들의 시기가 나게 하며 우준한 민족으로 그들의 분노를 격발하리로다
(19) 호 5:14 내가 에브라임에게는 사자 같고 유다 족속에게는 젊은 사자 같으니 나 곧 내가 움켜갈지라 내가 탈취하여 갈지라도 건져낼 자가 없으리라
신 32:39 이제는 나 곧 내가 그인 줄 알라 나와 함께 하는 신이 없도다 내가 죽이기도 하며 살리기도 하며 상하게도 하며 낫게도 하나니 내 손에서 능히 건질 자 없도다
(20) 호 8:14 이스라엘은 자기를 지은 자를 잊어버리고 전각들을 세웠으며 유다는 견고한 성읍을 많이 쌓았으나 내가 그 고을들에 불을 보내 어 그 성들을 삼키게 하리라
신 32:18 너를 낳은 반석은 네가 상관치 아니하고 너를 내신 하나님은 네가 잊었도다
신 32:15 그러한데 여수룬이 살찌매 발로 찼도다 네가 살찌고 부대하고 윤택하매 자기를 지으신 하나님을 버리며 자기를 구원하신 반석을 경홀히 여겼도다
신 32:22 내 분노의 불이 일어나서 음부 깊은 곳까지 사르며 땅의 그 소산을 삼키며 산들의 터도 붙게 하는도다
(21) 호 9:10 옛적에 내가 이스라엘 만나기를 광야에서 포도를 만남 같이 하였으며 너희 열조 보기를 무화과나무에서 처음 맺힌 첫 열매를 봄 같이 하였거늘 저희가 바알브올에 가서 부끄러운 우상에게 몸을 드림으로 저희의 사랑하는 우상같이 가증하여졌도다
신 32:10 여호와께서 그를 황무지에서, 짐승의 부르짖는 광야에서 만나시고 호위하시며 보호하시며 자기 눈동자같이 지키셨도다
(22) 호 12:8 에브라임이 말하기를 나는 실로 부자라 내가 재물을 얻었는데 무릇 나의 수고한 중에서 죄라 할만한 불의를 발견할 자 없으리라 하거니와
호 13:6 저희가 먹이운 대로 배부르며 배부름으로 마음이 교만하며 이로 인하여 나를 잊었느니라
(23) 호 13:5 내가 광야 마른 땅에서 너를 권고하였거늘
호 9:10 옛적에 내가 이스라엘 만나기를 광야에서 포도를 만남 같이 하였으며 너희 열조 보기를 무화과나무에서 처음 맺힌 첫 열매를 봄 같이 하였거늘 저희가 바알브올에 가서 부끄러운 우상에게 몸을 드림으로 저희의 사랑하는 우상같이 가증하여졌도다
신 32:10 여호와께서 그를 황무지에서, 짐승의 부르짖는 광야에서 만나시고 호위하시며 보호하시며 자기 눈동자같이 지키셨도다
호 13:6a 저희가 먹이운 대로 배부르며 배부름으로
신 32:13-14 여호와께서 그로 땅의 높은 곳을 타고 다니게 하시며 밭의 소산을 먹게 하시며 반석에서 꿀을, 굳은 반석에서 기름을 빨게 하시며
14 소의 젖기름과 양의 젖과 어린 양의 기름과 바산 소산의 수양과 염소와 지극히 아름다운 밀을 먹이시며 또 포도즙의 붉은 술을 마시우셨도다
호 13:6b 마음이 교만하며 이로 인하여 나를 잊었느니라
신 32:15 그러한데 여수룬이 살찌매 발로 찼도다 네가 살찌고 부대하고 윤택하매 자기를 지으신 하나님을 버리며 자기를 구원하신 반석을 경홀히 여겼도다

신 32:18 너를 낳은 반석은 네가 상관치 아니하고 너를 내신 하나님은 네가 잊었도다
호 13:7–8 그러므로 내가 저희에게 사자같고 길가에서 기다리는 표범 같으니라
8 내가 새끼 잃은 곰같이 저희를 만나 그 염통 꺼풀을 찢고 거기서 암사자같이 저희를 삼키리라 들짐승이 저희를 찢으리라
신 32:19–25 여호와께서 보시고 미워하셨으니 그 자녀가 그를 격노케 한 연고로다 20 여호와의 말씀에 내가 내 얼굴을 숨겨 그들에게 보이지 않게 하고 그들의 종말의 어떠함을 보리니 그들은 심히 패역한 종류요 무신한 자녀임이로다 21 그들이 하나님이 아닌 자로 나의 질투를 일으키며 그들의 허무한 것으로 나의 진노를 격발하였으니 나도 백성이 되지 아니한 자로 그들의 시기가 나게 하며 우준한 민족으로 그들의 분노를 격발 하리로다 22 내 분노의 불이 일어나서 음부 깊은 곳까지 사르며 땅의 그 소산을 삼키며 산들의 터도 붙게 하는도다 23 내가 재앙을 그들의 위에 쌓으며 나의 살을 다하여 그들을 쏘리로다 24 그들이 주리므로 파리하며 불같은 더위와 독한 파멸에게 삼키울 것이라 내가 들짐승의 이와 티끌에 기는 것의 독을 그들에게 보내리로다 25 밖으로는 칼에 방안에서는 놀람에 멸망하리니 청년 남자와 처녀와 젖 먹는 아이와 백발 노인까지리로다
(24) 호 13:9 이스라엘아 네가 패망하였나니 이는 너를 도와주는 나를 대적함이니라
신 32:5 그들이 여호와를 향하여 악을 행하니 하나님의 자녀가 아니요 흠이 있는 사곡한 종류로다
(25) 호 13:10 전에 네가 이르기를 내게 왕과 방백들을 주소서 하였느니라 네 모든 성읍에서 너를 구원할 자 네 왕이 이제 어디 있으며 네 재판장들이 어디 있느냐?
신 32:37–38 여호와의 말씀에 그들의 신들이 어디 있으며 그들의 피하던 반석이 어디 있느냐
38 그들의 희생의 고기를 먹던 것들, 전제의 술을 마시던 것들로 일어나서 너희를 돕게 하라 너희의 보장이 되게 하라

이런 증거들을 대할 때 비평가들은 입을 다물고 수긍할 것인가? 아니다. 영안이 감긴 저들은 신 32 장의 모세의 노래가 추방 이후의 산물이라 간주한다. 왜냐하면 추방될 것을 내다보고 있기 때문이다. 즉 예언을 믿지 않으니 그렇게 밖에 볼 수가 없다. 비평가들이 그렇게 보는 또 다른 근거로는 이 노래가 예레미야, 에스겔, 이사야 후반부 등의 사고와 병행되는 표현들이나 사고들을 갖는데, 그것은 이런 선지자들로부터 이 노래가 빌려왔기 때문이라고 거꾸로 해석한다. 모세의 권위있는 노래는 경고의 노래가 아니던가? 이 노래에 근거하여 후대의 선지자들은 언약 백성을 지속적으로 기소하였음에도, 거꾸로 신 32 장이 선지자들에게서 빌려왔다니, 이런 언어도단(言語道斷)이 다시 있겠는가?

그런데 이런 증거들을 제시한 캇수토는 신 32 장이 사사시대에 작사되었으리라고 이상한 결론을 내린다. 그렇게 보는 이유는 신 32 장의 주 사고는 이스라엘이 그 원수들에게 굴복을 당하게 되는 것인데, 이런 굴복은 전능자께서 이스라엘이 가나안 신들을 섬기는 불신실에 대하여 징벌을 하셔서 일어난 결과인데, 사사시대에 일어난 일과 흡사하고, 또 표현상으로도 삿 5:8 과 신 32:17 이 서로 병행되는 사실에서 입증된다고 보기 때문이다 (1967:99).
삿 5:8 무리가 새 신들을 택하였으므로 그 때에 전쟁이 성문에 미쳤으나 이스라엘 사만명 중에 방패와 창이 보였던고
신 32:17 그들은 하나님께 제사하지 아니하고 마귀에게 하였으니 곧 그들의 알지 못하던 신, 근래에 일어난 새 신, 너희 열조의 두려워하지 않던 것들이로다

이렇게 유대인 캇수토 역시 예언을 믿지 아니하는 경향을 종종 보인다. 믿음이 없이는 성경을 제대로 확신하기 어려운 것이다.

(6) 기타

a. "요단 저편에" 라는 표현

요단강 동편을 가리키면서 "요단 저편에" 란 (브에베르 하야르덴) 표현을 (1:1, 5, 3:8, 4:41, 46, 47, 49 등) 사용하는 것은 저자가 지금 요단강 서편 곧 가나안 땅에 살고 있다는 증거라고 비평가들은 주장 한다. 즉, 요단 동편에 선 모세가 그렇게 말할 수 없다는 것이다. 이에 대해 반론하는 이들은 그 표현은 오늘날 "트랜스 – 요르단" 이라는 표현이 한 지역에 대한 고유 명사로 사용되듯, 모세 당대에도 저자의 위치를 떠나서 고유 명사로 그 지역을 지칭했다는 것이다. 드라이버는 신 3:20, 25, 11:30, 수 5:1, 9:1, 12:7 등을 근거로 그런 주장은 성립

될 수 없다고 한다. 그런데 이미 1800 년 중반에 헹스텐버그는 구약 전체에서 이런 표현을 검토하고 비평가들의 주장이 헛됨을 논박해 준 바 있다.

b. 주상 (柱像) 금지 (신 16:22)

바인펠트는 주장하길, 이전 자료들에서는 (창 28:18, 35:14, 출 24:4, 수 24:26) 야웨 하나님을 경배함에서 주상을 사용함이 합법적이고 심지어 바람직한 것이었지만, 신명기는 그런 관례를 금지한다고 한다. 야곱 돌기둥을 세우고 거기 기름을 부은 행위는 (창 28:18, 35:14) 자기의 확신의 표명이지 그것이 규범적 법규에 의거한 행동한 아니었을 것이다. 또 모세가 시내산에서 이스라엘 12 지파를 상징하는 12 기둥을 세운 것은 언약 비준 의식에서 이스라엘을 상징하는 상징물로 세운 것이지 그것을 통해서 야웨 하나님을 경배하고자 했던 것은 아니었다. 요단강을 마른 땅 같이 건넌 여호수아 시대 사람들은 그 사건을 기념하기 위해 12 돌을 요단강 도하 지점에 세웠던 것과 유사한 행동이었다 (수 4:9).

c. 일월성신 숭배 (신 4:19, 17:3)

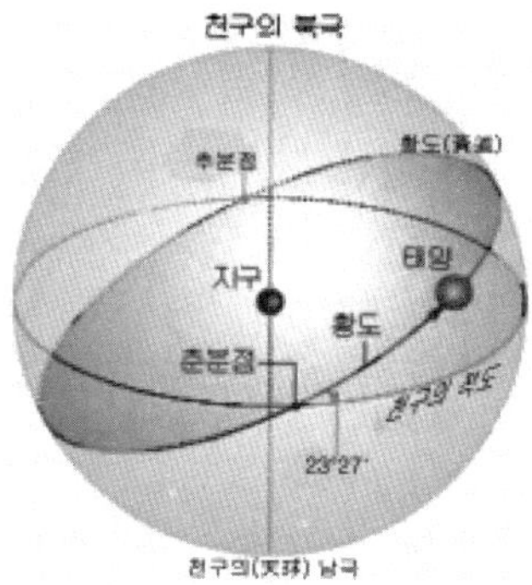

하늘 천체 숭배에 대하여는 오경의 다른 부분들에서 언급을 아니 하는데, 후대의 관습인 일월성신 숭배를 언급하는 신명기는 후대의 저작임이 분명하다는 것이다. 바인펠트는 아주 주전 8 세기에 앗시리아의 영향 하에 천체 숭배가 유다에 도입되었으리라 가정한다 (1972). 그러나 일월성신 숭배 사고는 아주 오래된 것으로 앗시리아 영향으로 유다에 도입되었으리라는 가정은 별로 설득력이 없다. 이스라엘이 가나안을 정복하기 전에 살았던 가나안 족속들은 이미 천체를 숭배하고 있었을 것이고, 그런 악습이 이스라엘에게도 영향을 끼쳤으리라.

이집트에서는 태양신 '레' 가 최고신이었다. 그리고 '아텐' 신도 태양 원반이 상징하는 신이었고, '톳' 도 (Thoth) 원래 달 신이었다. 메소포타미아에서 태양신 '솨마쉬,' 달신 '신' (Sin), 별신 "이쉬타르" 등을 섬겼고, 가나안에서 '솨파쉬' 는 태양 신, '야라흐' 는 달 신, '아쉬타르' 는 별신이었다.

고대인들은 저녁 하늘을 더욱 친숙하게 만들고자, 별들의 무리들에 신화적, 역사적 인물들의 윤곽을 부과하여, 하늘과 땅의 영역들을 연계시켰다. 이런 별들의 그룹들을 성좌 (constellation 星座) 혹은 12 궁도라 (Zodiac) 불렀다. 성좌는 사람이 보기에 그럴 듯한 모양을 이루는 별무리들이다. 그 성좌들 중에 어떤 것들은 묘성 (昴星 Pleiades 아틀라스의 일곱 딸들) 혹은 삼성 (參星 오리온 ; 아르테미스에 [Artemis] 의해 살해되어 성좌가 된 거대한 사냥꾼) 처럼 신화적으로 채색된 것도 있지만, 그것들은 본질상 자율적이고, 숫자상 제한이 없다.

반면 12 궁도라 부를 때는 황도대를 30 도씩 12 구분하여 각각에 대하여 배치한 조직화된 12 성좌의 조직을 가리킨다. 12 궁이란 의미의 영어 zodiac 이란 말은 그리스어 zoidiakos (작은 동물 zoidion + –akos = 작은 동물에 속하는) 에서 유래한다. 황도대란 지구에서 보아 해가 지구를 중심으로 도는 것처럼 보이는 큰 원을 가리킨다. 12 궁은 태양 · 달 · 행성들이 이들 별자리 사이를 이동하는 것을 보고 고대 바벨론 사람들이 점성술을 위해서 설정하였다고 하며, 춘분점 (春分點) 이 위치한 물고기자리부터 수양자리 (Aries), 황소자리 (Taurus), 쌍둥이자리 (Gemini), 게자리 (Cancer), 사자자리 (Leo), 처녀자리 (Virgo), 천칭자리 (Libra), 전갈자리 (Scorpio), 궁수자리 (Sagittarius), 염소자리 (Capricorn), 물병자리 (Aquarius) 등 12 성좌이다.

12 궁도는 별점 곧 점성술에 이용되는데, 12 궁의 각각의 성좌는 사람의 출생과 연결시켜 사람의 성격을 분석할 뿐만 아니라, 다른 점성학적 자료와 함께 미래를 예측하기 위해 사용된다. 이것은 각각의 천체가 (天體) 신화론적인 성격을 가지고 있다는 신념에 따른 것으로, 순간순간 다른 천체와의 기하학적 관계에 따라 변경된다. 우주에 있는 모든 것은 서로 관련되어 있고, 이러한 천체들은 특히 새로 태어난 아이들에게 영향을 미친다고 생각하는 것이다. 12 궁도를 배정할 때 하늘은 궁 (宮) 이라고 하는 12 개의 영역으로 나누어진 원으로 표현된다. 각각의 궁은 부 (富), 결혼, 자식, 우정, 공공지위, 원수, 죽음과 같은 인간 생활의 여러 부분을 나타낸다. 특정한 궁 안으로 들어간 행성은 궁과 관련된 사건들에 긍정적이든 부정적이든 영향을 끼친다고 한다.

고대 이집트인들도 별무리를 조직화시킨 한 체계를 발전시켰다. 여기서는 12 궁이 아니라, 황도대를 10 도씩 분할하여 전체 36 개의 성좌들로 구분했다. 36 성좌에는 각기 신의 이름을 하나씩 부여했다. 36 성좌는 두 가지 목적을 위해 활용되었는데, 각 성좌의 우두머리 별이 동틀 때 처음 출몰하는 시간을 주목하여, 12 달의 달력을 표시하였다. 저녁에 36 성좌는 별 시계로 기능하는데, 제사장들이 제의를 집행하는 정확한 시간을 알게 해 주었다. 이런 방식으로 지상의 시간적 리듬은 하늘의 리듬에 연계되어졌다.

고대 인도나 고대 중국의 관례를 언급할 필요도 없이, 이스라엘이 400년간 체류했던 그 이집트에서 하늘의 성좌를 신적인 존재로 섬겼다는 사실에 의문의 여지가 없다. 별들은 밝은 빛을 내고, 일정한 시간에 나타나고, 그것들의 년 중 변화에 따라 기후가 변화된다는 사실을 생각할 때, 하늘 천체들이 신적인 존재라는 확신은 움직일 수 없는 믿음이 되었던 것이다. 그런데 바인펠트나 드 비테 같은 사람들은 이런 별 숭배가 후대 앗시리아 제국의 영향으로 이스라엘에 처음 도입된 양 말하는 데, 그 같은 사고는 고대 근동 사람들의 사상에 대한 무지가 아니면, 고의적 자료 변조행위라고 지탄을 받아야 한다.

d. 유월절 준수

히스기야나 (대하 30 장) 요시야 시대의 유월절 준수는 신 16:1-8 의 법규와 일치한다. 왕하 23:22 에서는 사사 시대 이후로 요시야 시대처럼 유월절을 준수한 예는 없었다고 한다. 신명기의 유월절 법규는 출 12 장에 의존하며, 이는 특별히 신명기의 후대성의 증거라고 내 세울 이유도 없는 항목이다.

e. 거룩한 전쟁 사고

폰 라트는 "신명기 연구" 와 "신명기 주석" 에서 (1948, 1966) 신명기서는 거룩한 전쟁 이념을 주장하므로, 주전 7세기 요시야 시대의 정황을 반영한다고 주장했다. 신명기는 가나안 정복을 위해 온 이스라엘이 동원되고 하나님께서 인도하여 모든 이방인들과 이방인들의 예배 형태를 다 파괴하려는 거룩한 전쟁 사고를 주창하는데, 이런 사고는 폰 라트에 의하면, 이스라엘이 더 이상 상비군을 유지할 수 없는 재정 악화 상태를 반영하며, 그런 시대는 유다가 앗시리아의 과도한 세금에 시달린 요시야 왕이 실지 (失地) 를 회복하기 위해 전쟁을 벌여야 했던 시대에 (주전 7세기) 가장 어울린다. 신명기는 그런 명분을 위해 사람들을 선동하기 좋은 책이었다는 것이다.

좀 신중하게 폰 라트의 주장을 생각해 보면, 그의 주장이 얼마나 허무맹랑한 것인지 드러날 것이다. 요시야 시대에 무슨 가나안 족속들이 살았기에 가나안 족속들을 멸하고 그들의 습관들을 제하려 했을까? 폰 라트의 주장을 거꾸로 뒤집으면, 신명기서의 고대성을 뒷받침하는 증거로 사용될 수 있을 것이다. 예컨대, 거룩한 전쟁 사고는 출이집트 사건 때 홍해 도하 사건이나 여리고 점령, 혹은 여호수아 시대의 가나안 정복전, 사사 시대 드보라와 바락이 가나안 족속을 치는 전쟁 등에서도 분명하게 드러나고 있기 때문이다.

요컨대, 비평가들이 주장하는, 신명기 주전 7세기 설은 그 근거들을 고찰해 볼 때, 근거가 없다는 것이 판명된다.

4) 신명기 법규와 이전 법규들 사이의 관계

오경의 법규들은 체계적으로 제시된 것이 아니라, 여기 저기 흩어져 있고, 어떤 법규들은 내러티브 가운데 나오기도 한다. 우리는 오경의 여러 법규들을 일목요연하게 볼 수 있는 도표로 정리해서 제시한다. 신명기가 시내산 언약의 갱신이므로, 신명기에 담긴 법규가 맨 나중의 것이고, 출애굽기, 레위기, 민수기 (1-10 장) 등에 담긴 법규가 맨 처음의 것이다. 민수기 11-36 장에 담긴 법규들은 시간적으로 시내산 언약 법규 다음에, 신명기 앞에 주어졌다. 이 법규들의 체계적인 비교 연구는 숙제로 하고, 일단 목록만 제시하기로 한다 (법규들의 목록 도표는 책의 말미 참조).

5) 신명기에서 무엇을 배울 것인가?

첫째로, 하나님과의 관계의 정기적 갱신

우리는 교회에서 1년에 한 두 차례, 어떤 교회는 매월 한 차례 성만찬을 거행한다. 이는 구약적으로 보면, 언약의 갱신 의식에 해당된다. 이스라엘은 매 7년 마다 초막절 절기에 성회로 모여, 율법서를 공적으로 낭독하여 백성이 모두 마음에 새기고 언약을 갱신하는 의식을 가졌다.

초막절은 두 가지 의미를 가졌는데, 하나는 출 이집트 이후에 광야 여정 동안의 그 쓰라린 고난의 초막 생활을 상기시키는 고난의 회상이라면, 다른 하나는 추수한 후에 하나님께 감사하는 감사절이었다. 그런데 그런 절기에 핵심은 언약의 갱신이었다. 말씀이 가장 중요한 지위를 점하였다. 이스라엘 백성의 매일의 삶의 법규가 되는 언약 조항을 매 7 년마다 공적으로 낭독하여 저들의 가슴에 새겨서 하나님의 백성이 그 법규에 따라 살면서 하나님을 경외하고 섬기게 하는 일이 언약 갱신의 핵심 사항이었다. 이는 교회에서 년례적으로 갖는 말씀 강해 중심의 특별 집회나 같은 것이다.

우리는 교회생활에서 성경 암송 대회를 개최한다. 그것은 대단히 의미심장한 행동이다. 성경을 많이 암송하도록 여러모로 자극해야 한다. 그것은 우리와 하나님 사이의 관계를 규정하는 말씀으로 그 말씀이 우리 가슴에 새겨진다면 그것이 우리를 지도할 것이고, 축복의 길로 우리를 인도할 것이다.

기도와 말씀은 우리 신앙생활의 두 축이며, 여기에 찬양이 더해지고 전도가 더해진다면 더 말할 나위없는 금상첨화(錦上添花)일 것이다.

둘째로, 가나안 족속의 진멸

신 7:16 네 하나님 여호와께서 네게 붙이신 모든 민족을 네 눈이 긍휼히 보지 말고 진멸하고 그 신을 섬기지 말라 그것이 네게 올무가 되리라

신 7:24 그들의 왕들을 네 손에 붙이시리니 너는 그 이름을 천하에서 제하여 버리라 너를 당할 자가 없이 네가 필경은 그들을 진멸하리라

신 20:17 곧 헷 족속과 아모리 족속과 가나안 족속과 브리스 족속과 여부스 족속을 네가 진멸하되 네 하나님 여호와께서 네게 명하신 대로 하라

왜 하나님은 그렇게 무자비하게 남녀노소 유아 무론하고 칼로 쳐 죽이게 하셨는지 그 잔인한 명령이 도무지 이해되지 않는다고 하는 이들이 있다. '누구' 를 진멸하라고 명하셨던가? 를 보아야 한다. '가나안' 족속이다. 그들을 진멸하라고 하셨지, 세상 사람들을 다 그렇게 하라고 명령하신 것이 아니다. 가나안 족속이 누구인가? 그들은 노아의 막내 함의 넷째 아들 가나안의 후손들이다. 그들은 창 9 장에서 노아 할아버지에게 어마어마한 저주를 선고 받았었다. 가나안은 종들의 종이 될지어다! 가장 비천한 종이 되리라는 저주였다.

가나안이 그렇게 저주를 받은 것도 이해가 잘 되지 아니한다. 중요한 것은 노아의 말은 예언이었다는 것이며, 그런 무서운 예언은 노아의 혈기에서 나온 성급한 저주의 말이 아니라는 것이다. 일이 그렇게 진행된 것은 분명히 하나님의 성령님께서 노아의 입술에 그렇게 말씀하게 하셨기 때문이다. 인간적으로 가나안이 왜 그렇게 저주를 받아야 할지 이해하기 힘들지만, 분명 노아 할아버지와 동성애를(同性愛) 했거나 어떤 추악한 악을 자행했음이 분명하다. 가나안에게는 그 후손들에게서 열매를 맺게 될 그 음란의 씨가 가득 들어 있었다고나 할까? 여하간 소돔과 고모라 사람들 역시 가나안 후예들의 거처였는데 (창 10:19), 그들은 동성애와 무자비, 잔포하기로 유명했다. 그 결과 저들은 하나님의 준엄한 심판을 받았다. 나머지 가나안 후예들 역시 죄악이 가득 차서 하나님은 이스라엘을 통해 저들을 심판하시기로 결정하셨던 것이다. 이미 아브람에게 그런 계획을 말씀하셨는데, 하나님은 타락한 인간을 처벌하시되 이스라엘과 연관하여 하시기로 정하신 것이다 (창 15:16).

하나님의 세계 경영에서 타락한 썩은 민족을 좀 더 나은 민족으로 치고 저들에게 그 땅을 주시기도 하신다. 우리는 그분의 우주 경영의 비밀을 다 알 수는 없지만, 온유한 자가 땅을 차지하도록 하시는 것은 그런 경영법의 일부이다. 시 37:11 오직 온유한 자는 땅을 차지하며 풍부한 화평으로 즐기리로다! 누가 온유한 자인가? 마음이 너그럽고 인품이 온화한 사람인가? 그런 의미가 아니다. 히브리어 "아니"는 고난당하는 자, 가난한 자, 빈궁한 자, 압제 당하는 자 등 여러 가지로 번역되기도 하는데, 그 말은 사회적으로 가진 것이 없어 멸시당하고 압제당하는 저층민들도 가리키지만, 그런 사회학적 뉴앙스보다 대개 하나님을 경외하는 경건한 자들을 지

칭한다. 특히 의지할 것이 사회적으로 없어 하나님 밖에 의지할 이가 없는 그런 상태에 처한 자들이다. 그런 자들이 부르짖을 때 하나님은 응답하신다.

가나안 거민에 대한 진멸 심판은 하나님께서 가나안 땅을 가나안 후손들에게서 취하여 이스라엘에게 주시는 방편이었는데, 가나안 거민에 대한 심판이 이스라엘에 대한 편애라고만 볼 수가 없다. 왜냐하면 만약 이스라엘이 가나안 거민들처럼 우상숭배, 포학, 무정, 동성애, 수간(獸姦), 근친상간과 같은 가증한 행위에 몰두한다면 저들 역시 이방인들의 손에서 압제와 고통을 당하고, 더욱 죄악이 가득차면 그 땅에서 뽑아 열방에 흩어 버리시겠다는 하나님의 제재가 이스라엘에게 주어졌기 때문이다. 누구도 하나님의 진노에 예외가 없다.

고려중인 하나님의 심판과 연관하여 흥미로운 병행이 고대 중국사에서도 나타난다. 서경의(書經) 태서(泰誓) 상(上)에서 주(周)의 무왕이(武王) 장병들을 모아 자신의 종주인 은의(殷) 패역한 주(紂) 임금을 치는 반란을 개시하는 자리에서 일장 훈시를 하는 모습을 기술하고 있다.

먼저 은의 주(紂) 임금의 패역한 죄악상을 고발하는 장면을 보자.

惟天地萬物父母, 惟人萬物之靈(유천지만물부모, 유인만물지령). 但聰明, 作元後, 元後作民父母(단총명, 작원후, 원후작민부모). 今商王受, 弗敬上天, 降災下民(금상왕수, 불경상천, 강재하민). 沈湎冒色, 敢行暴虐, 罪人以族, 官人以世, 惟宮室, 台榭, 陂池, 侈服, 以殘害於爾萬姓(침면모색, 감행폭학, 죄인이족, 관인이세, 유궁실, 태사, 피지, 치복, 이잔해어이만성). 焚炙忠良, 刳剔孕婦(분자충량, 고척잉부). 皇天震怒, 命我文考, 肅將天威, 大勳未集(황천진노, 명아문고, 숙장천위, 대훈미집) – 천지는 만물의 부모, 사람은 만물 중에서 가장 큰 자질을 부여 받았다. (사람들 중에서) 신실하게 총명한 자가 대 군주가 되고 대 군주는 백성의 어버이다. 그러나 상의 임금 수는 위로 하늘을 공경치 아니하고 아래로 재앙을 내리게 한다. 술에 빠지고 색에 빠져 지내면서 감히 잔인한 압제를 마다 아니하였다. 그는 범죄자들의 처벌을 그 친족까지 확대시키며, 사람들을 관리로 등용하되(능력과 무관하게) 세습하게 하였다. 궁실과 누각과 피지(陂池 연못), 사치스런 의복으로 너희 만백성을 크게 고통스럽게 해하고 있다. 그는 충신과 선량한 자를 태우고 구웠으며 임신한 여인들의 배를 갈랐다. 큰 하늘이 진노하고 나의 돌아가신 부친 문왕에게 그 위엄을 드러나게 하셨으나, 그 일이 완수되기 전에(그가 죽었다).

이제 무왕은 장병들에게 천명을 자기가 받들어 주 임금을 치지 않으면 하늘에 불순종한 죄를 얻으리라고 하고, 장병들에게 반드시 하늘의 도우심이 있을 것을 확신시킨다.

商罪貫盈, 天命誅之. 予弗順天, 厥罪惟鈞(상죄관영 천명주지 여불순천 궐죄유균). 予小子夙夜祗懼, 受命文考, 類於上帝, 宜於冢土, 以爾有衆, 底天之罰(여소자숙야지구, 수명문고, 류어상제, 의어총토, 이이유중, 지천지벌). 天矜於民, 民之所欲, 天必從之, 尙弼予一人, 永淸四海, 時哉弗可失(천긍어민, 민지소욕, 천필종지. 이상필여일인, 영청사해, 시재불가실) – 상나라(은) 죄가 관영하여(貫盈 가득차다) 하늘이 베라고 명하시나니, 내가 하늘에 순종치 아니하면 나의 죄도 그처럼 클 것이다. 나 소자는 밤낮으로 공경하고 두려워하였다. 나는 나의 돌아가신부친 문왕께 명을 받아 상제께 특별 제사를 드리고 큰 땅에 마땅한 제의를 행하였다. 나는 너희 무리를 인도하여 하늘이 정한 처벌을 행하고자 한다. 하늘은 인민을 긍휼히 여기시고 백성이 바라는 바, 하늘이 따르시나니, 너희는 나 한 사람을 도와 사해를(四海) 영원히 깨끗케 하라. 지금이 그 때라 가히 잃어서는 안 되느니라!

이 무왕의 연설 속에는(역사가가 그의 입에 두었는지 실제 역사적 무왕이 그렇게 말했는지 분간해야 할지 모르지만), 천명을 제대로 받들지 못할 때, 역성(易姓) 혁명이 일어날 수 있다는 천명사상이 담겨있다. 주나라는 부패한 은의 주 임금을 치고 역성혁명에 성공했다. 은나라 성탕(成湯) 역시 그 이전의 하나라 걸(桀) 왕이 부패했을 때, 뒤집어엎고 역성혁명을 달성했었다. 이런 천명사상은 부패한 왕조 교체의 정당성을 혁명세력에게 주는 정치 이론인데, 성경에서 가나안을 벌하고 그 영토를 차지하는 일은 같은 민족에 의한 정권 교체는 아니지만, 천명사상을 열방에 확대시킨 사고라 할 수 있다.

다윗의 아들 솔로몬도 하나님의 진노를 받아야 했다. 솔로몬이 아니라 그 후대에 나라가 분열되고 처벌당한 것은 솔로몬이 아니지 않습니까? 라고 할지 모르겠다. 그러나 솔로몬 생전에 그에게는 많은 '사단들' 이 일어나 그를 대적했다 (왕상 11:14, 23). 여기서 "사단" 은 고유 명사로 저 '마귀' 를 지칭하는 말이 아니라, 일반명사로 '대적자' 를 말한다. 그 뿐 아니라 솔로몬이 우상숭배에 빠져 살 때 하나님은 그에게 꿈으로 여러 번 경고하셨고 (왕상 11:9) 아마도 꿈자리가 사납고 매사에 일이 어긋나기 시작하여 심적으로 육적으로 많은 고통을 당하였을 것이 추정된다. 하나님의 축복을 그렇게 많이 받았던 그가 하나님을 배반했으니 그가 온전하게 평안하게 살았으리라 생각할 수가 없다. 말년의 그는 대단히 불행하였음이 분명하다. 그런 이유에서 그는 인간의 모든 일이 바람을 잡는 것처럼 허무하다고 노래했을 것이다 (전도서). 주님을 떠나서 어떤 쾌락, 어떤 건축, 어떤 공부도 만족이 없고 더욱 허무감만 더해 준다는 것이다.

셋째로, 고난의 영적 광야

사람마다 영적인 훈련을 받는 방식은 다르다. 혹자는 질병의 광야를 통과하고 혹자는 실패의 광야, 혹자는 재정의 광야, 혹자는 결혼의 광야, 혹자는 무자함의 광야, 혹자는 신체장애의 광야 등 여러 가지로 고통과 고난을 당하며 남몰래 눈물을 흘린다. 그런데 고난당하면서 주님을 온전히 사모하는 자들은 복되도다! 고진감래의 (苦盡甘來) 역사가 나타날 것이기 때문이다. 믿음으로 고난을 이기고 영적인 진보를 이루어야 한다.

신 8:2 네 하나님 여호와께서 이 사십년 동안에 너로 광야의 길을 걷게 하신 것을 기억하라
이는 너를 낮추시며 너를 시험하사 네 마음이 어떠한지 그 명령을 지키는지 아니 지키는지 알려 하심이라

광야에서 이스라엘은 훈련을 받아야 했다. 그래야 이집트에서의 그 종살이 하던 허무한 삶을 청산할 수가 있었다. 그렇지 아니하고 곧장 가나안 약속의 땅으로 들어가 평안을 누렸더라면, 사사기에서 우리가 보듯, 평안할 때 얼마나 급속하게 저들이 이방의 우상숭배나 음행에 쉽게 감염되었을지 너무나 분명하다. 광야의 훈련기간을 거쳤음에도 저들은 모압들에서 음행에 빠졌고 우상숭배, 불평불만의 죄악을 범했다. 인간이란 왜 이다지 못되먹은 것인가? 체질(體質) 개선, 이것은 하루아침에 되지 않는다. 온전한 자기 부인(否認)은 한 달에 되는 것이 아니다.

우리의 마음이 어떠함을 시험해 보려면, 한 달간 신문이나 방송, 인터넷 없이 살아 갈 자신이 있는지 실험해 보면 안다. 우리가 주님 중심으로 얼마나 그분을 사모하는 마음을 가졌는지 알 수가 있을 것이다. 세상적인 연관을 다 끊고 주님과 동행하는 삶을 사는 것, 이것이 우리의 영적 확고함이다. 그렇다고 세상 밖으로 수도원에 들어가라는 말이 아니다. 세상에 살면서 주를 증거하되 주님 한 분만으로 자족해야 한다는 것이다.

넷째로, 은혜로 살아야 할 지리적 조건

신 11:10 네가 들어가 얻으려 하는 땅은 네가 나온 이집트 땅과 같지 아니하니 거기서는 너희가 파종한 후에 발로 물대기를 채소밭에 댐과 같이 하였거니와 11 너희가 건너가서 얻을 땅은 산과 골짜기가 있어서 하늘에서 내리는 비를 흡수하는 땅이요 12 네 하나님 여호와께서 권고하시는 땅이라 세초부터 세말까지 네 하나님 여호와의 눈이 항상 그 위에 있느니라 13 내가 오늘날 너희에게 명하는 나의 명령을 너희가 만일 청종하고 너희의 하나님 여호와를 사랑하여 마음을 다하고 성품을 다하여 섬기면 14 여호와께서 너희 땅에 이른 비, 늦은 비를 적당한 때에 내리시리니 너희가 곡식과 포도주와 기름을 얻을 것이요 15 또 육축을 위하여 들에 풀이 나게 하시리니 네가 먹고 배부를 것이라

이스라엘이 기업으로 받은 땅은 이집트와 기후적 여건, 지형적 여건에서 달랐다. 이집트는 하늘에서 내리는 비가 아니라, 매년 연례적으로 여름에 나타나는 나일 강의 범람이 얼마나 적절한지에 따라 그 해 풍년이 보장되기도 하고 흉년이 들기도 했다. 그러나 가나안 땅에서는 겨울철의 장마 비, 11 월 초의 이른 비, 4 월 초의 늦은 비가 적기에 내려야 농사의 풍년을 기대할 수 있었다. 나일 강의 범람에 의존하는 이집트보다 지리적으로 좋지 아니한 여건이 틀림없었다.

팔레스틴 지역은 우기(雨期)와 건기(乾期)가 분명하게 구분되는데, 11 월 초부터 다음 해 4 월 초까지가 장마철이다. 정확하게 말하면, 11 월 초에 이른 비가 오고 (가을 비, 요레), 4 월 초에 늦은 비가 (말코쉬) 오고 12–2 월 어간이 우기이다. "비" 를 나타내는 단어로는 이 외에도 일반적으로 사용되는 "마타르" 와 "게쉠" 이 있고 가랑 비 (레비빔, 탈), 장대비 (사이르이르, 사피아흐, 사그리르, 제렘) 등이 있다.

중국어에도 "비" 를 의미하는 단어가 많다. 하늘에서 빗물이 떨어지는 모양을 형상화한 것이 '우' 이다 (雨). 24 절기의 시작은 입춘(立春)이고 그 다음이 우수이다 (雨水). 하늘에서 땅으로 내리는 물이 강수(降水)인데, 보통 눈과 비로 나뉜다. 우수는(雨水) 냉랭한 대기가 따뜻해져 강수의 형태가 비로 바뀌는 시점이다. 그러나 아직 차가움이 가시지 않아 얼음입자의 상태로 떨어지는 빗방울은 동우이고(凍雨), 얼지는 않았어도 차갑기 짝이 없는 빗물은 냉우(冷雨), 굵기가 약한 가랑비는 세우 (細雨), 수만 마리의 말이 대지를 거침없이 달릴 때의 소리같은 퍼붓는 소낙비의 취우(驟雨)이다. 그러나 "소나기는 오래 가지 않는다" (驟雨不終日).

소나기 형태지만 더욱 오래 퍼부어 피해를 내는 비가 사나운 비, 폭우이다 (暴雨). 폭우는 종류가 많다. 내리는 비의 양이 많으면 그저 호우(豪雨), 비가 물동이를 쏟듯 내리는 분우(盆雨), 천둥과 번개를 동반한 비는 뇌우 (雷雨), 매실

익을 때 내리는 음력 6 월 전의 비는 매우 (梅雨), 땅을 충분히 적실 정도로 내리는 비는 투우 (透雨), 이 '투우' 는 지표면을 뚫고 그 아래로 내려가는 비, 투지우의 (透地雨) 준말이다. 사흘 이상 이어지는 장마비는 임우이다 (霖雨). 좋은 비는 때맞춰 적절하게 내린다. 이른바 '급시우 (及時雨)' 이다. 급시우는 단비, 즉 감림 (甘霖) 이다.

비가 없으면 생명이 없는 것이다. 그만큼 비와 이슬은 생명과 직결되었다. 그러므로 비와 건기에 내리는 이슬이 가나안에서는 보물이었다. 그런데 비가 내리는 시기가 농사에 아주 중요했고, 내리는 양도 또한 적당해야 했다. 이런 일은 사람이 어찌할 수 없는 인간의 능력을 넘어서는 일이다. 바로 인간의 한계를 넘는 기후를 가나안 족속이 섬기는 "바알" 이 아니라, 하나님께서 주장하신다고 여기 말씀한다. 14 절에서 보듯, 이스라엘이 야웨를 전심으로 사랑하고 섬기면, 그분이 적기에 이른 비, 늦은 비를 내려 풍년이 들게 하시리라는 것이다 (레위 26:4, 겔 34:36, 시 147:8). 이것은 어떤 간 큰 사람도 약속할 수 없는 것이고, 오직 우주 만물을 임의대로 주장하시는 하나님만이 하실 수 있는 약속이었다. 오늘날 과학이 발달하여 이스라엘과 중동 지역의 기후를 연구하고 하나님 없이도 얼마든지 왜 비가 내리지 않는지, 왜 비가 그 때에 내리는지 과학적인 설명을 할 것이다. 그래서 사람들은 이제 하나님을 의지하기보다, 과학적 수단을 더 의지하게 되었다.

그렇지만 오늘날도 이런 약속은 여전히 유효하다. 학개도 이와 유사한 상황을 언급하는데,

학 1:10 그러므로 너희로 인하여 하늘은 이슬을 그쳤고 땅은 산물을 그쳤으며 11 내가 한재를 불러 이 땅에, 산에, 곡물에, 새 포도주에, 기름에, 땅의 모든 소산에, 사람에게, 육축에게, 손으로 수고하는 모든 일에 임하게 하였느니라

하였다.

즉, 학개 당시 포로 귀환 공동체는 여러 가지 자연 재해로 극심한 고통을 당하고 있었다. 사람들은 하늘만 처다 보고 있을 때, 하나님은 학개 선지자를 보내셔서 왜 이런 자연 재해가 임했는지 아느냐? 그것은 "내 집은 황무하였으되 너희는 각각 자기의 집에 빨랐음이니라" 고 기소한다 (학 1:9). 성전 건축은 뒷전이고 자기 의식주에 우선권을 두고 있던 저들의 영적인 태만에 대한 처벌이었다.

학개 시대처럼 하나님은 "비" 를 가지고 언약백성을 징계하실 수 있었다. 예컨대, 너무 많은 비를 내려 (겔 13:11, 38:22), 혹은 비가 내리지 말아야 할 때에 비를 내림으로 (삼상 12:17), 비를 아예 내리지 않도록 하심으로 (암 4:7, 사 5:6, 슥 14:17) 범죄를 처벌하실 수 있었다.

하나님의 백성은 일반 사람들과 비교해서 자연 조건에서 더 불리한 위치에 처하게 될 때가 많다. 그것은 더욱 하나님만 의지하고 구하라고 하는 뜻이 들어 있을 것이다. 그런 불리한 조건에서 하나님을 바라보고 그분의 축복으로만 살아남을 수 있는 것이다. 어떤 자연적인 혜택을 기대할 수가 없다. 기도하지 않고는 견딜 수가 없고, 기도 없이는 축복을 얻을 수가 없다는 점을 깨달아야 한다. 그러면 가장 불리한 조건이 도리어 가장 풍성하고 넘치는 축복의 요소로 돌변할 것이다.

다섯째로, 부강한 나라의 토대, 지도자의 바른 사상

고대 근동에서 왕에 관한 사상은 지역마다 약간 차이가 있었다. 이집트에서는 신격화 되었고, 메소포타미아에서는 신과 백성의 중간 매개자, 이스라엘에서는 하나님의 아들로 그분의 뜻을 따라 공과 의를 행해야 할 언약 백성의 지도자였다. 그러나 고대 근동에서 왕은 일반적으로 "목자" 로 지칭되고 백성을 돌보고 보호하고 저들에게 양식을 공급하며, 악한 자가 약한 자를 압제하지 못하도록 공의를 시행할 책무를 가진다고 보았다.

구약에는 왕이 따라야 할 법, 곧 "왕의 법" 이 있다.

신 18:14 네가 네 하나님 여호와께서 네게 주시는 땅에 이르러서 그 땅을 얻어 거할 때에 만일 우리도 우리 주위의 열국 같이 우리 위에 왕을 세우리라는 뜻이 나거든 15 반드시 네 하나님 여호와의 택하신 자를 네 위에 왕으로 세울 것이며 네 위에 왕을 세우려면 네 형제 중에서 한 사람으로 할 것이요 네 형제 아닌 타국인을 네 위에 세우지 말 것이며 16 왕 된 자는 말을 많이 두지 말 것이요 말을 많이 얻으려고 그 백성을 이집트로 돌아가게 말 것이니 이는 여호와께서 너희에게 이르시

기를 너희가 이 후에는 그 길로 다시 돌아가지 말 것이라 하셨음이며 17 아내를 많이 두어서 그 마음이 미혹되게 말 것이며 은금을 자기를 위하여 많이 쌓지 말 것이니라
18 그가 왕위에 오르거든 레위 사람 제사장 앞에 보관한 이 율법서를 등사하여 19 평생에 자기 옆에 두고 읽어서 그 하나님 여호와 경외하기를 배우며 이 율법의 모든 말과 이 규례를 지켜 행할 것이라 20 그리하면 그의 마음이 그 형제 위에 교만하지 아니하고 이 명령에서 떠나 좌로나 우로나 치우치지 아니하리니 이스라엘 중에서 그와 그의 자손의 왕위에 있는 날이 장구하리라

이 왕의 법은 부정적인 금지가 3 개 조항, "하라" 는 긍정적 지시가 1 개 조항이다. 왕은 물론 언약 백성 중의 일원이어야 했지만 (형제), 그가 왕이 되어서는 세 가지를 하지 말고, 한 가지는 적극적으로 행해야 했다. 그 세 가지는 오늘날 기준으로 한다면, 전투기, 탱크, 미사일, 군함 등 국방력 증대 금지, 아내를 많이 취하지 말 것, 경제적 부의 축적 금지 등이다. 아내를 축첩하는 일을 금지하는 것은 오늘날 기준으로 당연시되지만, 고대 근동의 왕권 사상에서 본다면 자연스럽지 못한 사상이다. 그 당시 강력한 군주일수록 많은 후궁들을 하렘에 두어야 위세를 과시할 수 있었기 때문이다. 하나님께서 축첩을 금지하신 이유는 그 여인들이 왕의 마음을 유혹하여 이방 신에게로 향할까 하는 염려 때문이었다. 즉 종교적인 이유에서였다. 그 금지를 어기고 솔로몬은 많은 이방 여인들과 정략결혼을 했고 그 결과는 왕상 11 장이 묘사하듯, 솔로몬의 타락과 몰락이었다.

부의 축적을 금지하는 것이나 국방력 증대 금지는 오늘날 기준으로나 이전 고대 근동의 기준으로 전연 어울리지 않는 일이다. 왜 은금 보화를 쌓지 말라고 하셨을까? 본문에서 왕이 "자신을 위하여" 은금 보화를 많이 쌓지 말라고 하셨으므로, 나라의 국고를 비우라는 말씀은 아닐 것이다. 그런데 왕이 정치를 하려면 얼마나 많은 비자금이 필요할 것인가? 모든 것이 은금 보화를 돌려야 움직일 터인데 돈이 없이 어떻게 왕이 제대로 정치를 할 수 있었을까? 은금 보화 부의 축적을 금한 것은 아마도 하나님 대신 이 세상 재물에 마음을 빼앗길까봐 그렇게 하셨으리라.

다음으로 국방력 증대 금지는 말을 많이 두지 말라는 말씀인데, 말이 전쟁에서 사용된 이후로 말은 모든 무기의 총칭어나 방불하였다. 그래서 시편 기자는 "혹은 병거 혹은 말을 의지하나 우리는 여호와 우리 하나님의 이름을 자랑하리로다" 라고 노래했다 (시 20:7). 이 말을 많이 두지 말라는 금지는 삼하 24 장에 언급된 다윗의 인구 조사와도 연관될 수 있다. 왜 다윗이 인구 조사를 한 일로 징계를 받아야 했던가? 그 이유가 바로 말을 많이 두지 말라는 금지와도 통한다는 것이다. 하나님 대신에 상비군을 두고 필요할 때에 군대를 의지하려는 동기가 다윗에게 있었을 것이다. 적군이 위협할 때, 하나님께 의지하는 것은 정말 철야기도와 금식 기도 등 너무나 힘들고 또 영적으로 항상 깨어 있어야 한다. 그래서 다윗은 좀 더 손쉬운 인간적 방편으로 상비군을 조직하여 항상 국방을 대비하고자 했을지 모른다. 그런 동기가 사악했다는 것이다. 하나님을 의지하는 대신 손쉬운 인간적 방편으로 인구 조사를 명했던 것이다. 그래서 하나님은 진노하셨고 장정을 몇 만 명이나 치셨다.

오늘날 물론 말을 많이 두는 일은 군비 경쟁을 촉발시킨다. 중공의 군비 증강은 아주 무섭게 이루어지고 있다. 놀란 주변국들도 대비를 한다. 하나님보다 더 의지하고, 자랑하는 것은 모두 하나님이 금하신다. 세상 사람들이 자랑하거나 의지하는 것들은 어느 날 다 낮추어지고 제해질 것이다 (사 2:11-17).

오늘날 좋은 지도자는 성경적 사상으로 무장한 자이다. 국방을 소홀히 하지는 말되, 어떤 무기나 상비군, 혹은 동맹국을 의지하는 자세보다는 하나님을 의지하는 자세를 견지해야 한다. 미국에 의지하는 자세가 심화되어 전시 작전권을 이양 받았음에도 다시 넘겨주려고 하는 시도도 있다. 그런 자세는 자신감의 결여에서 나온 것이다. 달라고 했다가 다시 가져가라고 했다가 그런 식으로 국제적 관계를 할 수는 없는 노릇이다. 일단 어떤 모양으로건 받았으면 그대로 스스로 하나님을 의지하고 준비해야 한다.

은금을 자기 위해 쌓지 말라는 명령은 정치인들이 권모술수, 금력을 의지하는 정치를 하지 말고 정직하게 정치하라는 말씀이다. 모든 정치는 돈으로 연결되기 마련인데, 이런 금권 정치를 몰아내고 건전한 판단과 믿음의

눈을 가진 지도자들이 인정받는 정치 풍토를 일구어야 한다.

이제 긍정적인 명령을 보자. 하나님은 왕은 자기 곁에 율법을 복사하여 두고, 그것을 읽어서 야웨 경외하기를 배우고, 그 모든 말씀을 지켜 행하라고 명하신다. 그렇게 할 때, 교만하지 아니하고 좌로나 우로나 치우치지 않으리라 하신다. 그런 정치를 할 때 하나님의 축복이 함께 하여 통치가 장구하리라 약속하신다.

오늘날도 서구 세력이 염연히 세상을 지배하고 있다. 미국이 주장하고 유럽이 함께 하는 형국인데 여기에 아시아권에서 일본이 유일하게 끼어 G7으로 러시아가 여기 초청받아 G8이 되었고, 이제는 중국의 급부상으로, 일본의 위세가 상당히 위축되는 형국이고, 더구나 G20까지 등장하여, 한국도 이 세계 지도적인 20의 일원이 되었다. 서구인들은 기본적으로 기독교 사상을 근간으로 갖고 있다. 믿지 않아도 기독교 사상이 말하자면 전통이요 관습이요 문화에 배어있다. 아직도 세계를 지배하는 것은 미국을 위시한 유럽 제국들이다. 여기에 러시아, 일본과 중국이 합세하고 땅과 인구가 크고 경제도 성장하는 인도, 브라질 등도 대국 행세를 하려고 한다. 그런데 서구 지도자들과 만나 교제하고 마음을 통하려면 저들의 내면에 흐르는 기독교 사상을 가져야 한다. 그래야 전통과 관습이 달라도 어떤 공통의 가치와 세계관을 근거로 대화가 성숙할 수 있을 것이다.

성경의 사상은 창조사상, 그리스도를 통한 구원 사상, 하나님 앞에서 누구나 평등한 만인 제사장 사고, 행한 대로 보응하시는 상벌 원리, 믿고 기도하는 것은 다 받으리라는 약속, 영원한 신천신지의 꿈, 긍정적인 사고로 감사하며 축복하며 용서하며 살라고 명하는 말씀 등, 이 세상 만민을 위한 사상의 보고이다. 이런 사상이 기독인들에게는 진부하게 보일지 몰라도 이런 위대한 사상과 하나님을 알지 못했기 때문에 우리 민족은 항상 약소국으로 주변국을 대국으로 섬기고 한(恨)을 품고 살아야 했었다. 이제는 "할 수 있다"의 긍정적 사고에 위대한 일을 행하시는 하나님을 믿는 절대 신앙으로 무장하면 세계 어느 나라와도 경쟁할 수 있다.

그 민족의 우월함은 사상의 우월함이 결정한다. 일본인은 기술은 탁월하지만 사상적인 빈곤 국가이다. 허무한 신사들과 잡신들이 너무 많고 그래서 사회는 확고한 방향 제시가 어렵다. 일본이 만약 기독교인이 적어도 십 퍼센트나 20 퍼센트만 되었어도 세계를 주장할 나라이다. 그러나 영적인 약소국으로서 몸집만 거대한 경제국이다.

고려의 태조 왕건은 훈요 10조(訓要十條)를 남기면서 후대 왕들을 경계했는데, 그 내용은 다음과 같았다.

첫째, 불교를 진흥시키되 승려들의 사원 쟁탈을 금지할 것
둘째, 사원의 증축을 경계할 것
셋째, 서열에 관계없이 덕망이 있는 왕자에게 왕위를 이을 것
넷째, 중국풍습을 억지로 따르지 말고 거란의 풍속과 언어를 본받지 말 것
다섯째, 서경에 1백 일 이상 머물러 왕실의 안녕을 도모할 것
여섯째, 연등회와 팔관회 행사를 증감하지 말고 원래 취지대로 유지할 것
일곱째. 상벌(賞罰)을 분명히 하고 참소를 멀리하며 간언(諫言)에 귀를 기울여, 백성의 신망을 잃지 말 것
여덟째, 차령산맥 이남이나 공주(금강) 외곽 출신은 반란의 염려가 있으므로 벼슬을 주지 말 것
아홉째, 백관의 녹봉을 증감하지 말고 병졸들의 사기진작을 위해 매년 무예가 특출한 사람에게 적당한 벼슬을 줄 것
열째, 경전과 역사서를 널리 읽어 옛일을 교훈삼아 반성하는 자세로 정사에 임할 것

고려 태조가 후손에 전한 신서(信書)와 훈계(訓戒) 10조로 이루어진 정치 지침서. 불교 신앙과 풍수지리 사상이 대부분이다. 그러나 이스라엘 왕들에게 주신 "왕의 법"은 왕건의 훈요십조와 성격상, 정신상 근본적으로 다르다. 창조주 하나님을 의지하고 믿음으로 말씀을 따라 행하라! 이것이 이스라엘과 오늘날 믿음의 지도자들에게 주시는 왕의 법, 정관의(貞觀) 치(治) 원리이다.

여섯째로, 모세의 설교, 선지자 설교의 모델

필자는 "예언자에게 물어라"라는 책에서 (최종태 2003[2]) 선지자들이 백성을 기소할 때, 언약의 요소들과 순서를 그대로 사용하여 심판을 선고한다는 점을 지적한 바 있다. 이러한 사실은 신약연구에도 함축을 가질 수 있다. 바울 사도는 서신을 쓸 때에 일반적으로 하나님께서 그리스도 안에서 행하신 일들을 제시한 후에 (교리), 그것이 성도들의 일상적인 삶에서 어떻게 실천 윤리로 나타나야 할지를 말씀한다 (실천). 이것을 신약 학자들은 "직설법과 명령법 사이의 관계"라는 이슈로 다루면서 이런 관계는 바울 신학 윤리의 기본 구조로 이해하곤

한다. 성도들의 정체성은 자신들의 행위가 어떠해야 할지를 결정해 준다. 하나님의 견지에서 은혜로 이미 되어진 그 모습으로 성도들은 변화되어 간다. "존재" 가 "행위" 를 선행하는 것이다. 바울 윤리의 기원이 여기서 분명해진다.

신명기 언약서는 앞에서 언급된 대로 A. 전문 (신 1:1–5), B. 역사서언 (1:6–4:44), C. 언약 조항 (4:45–26 장) D. 상벌 조항 (28 장), E. 증인들, F. 기타 정기적 낭독과 보관 등으로 구성된다. 이것을 바울 윤리의 직설법과 명령법의 관계에서 보자면, B 의 역사 서언이 직설법에 해당되며 (하나님이 행하신 바를 상기시킴) C 언약 조항이 명령법에 (언약 백성이 행해야 할 바가 제시됨) 해당된다. 이런 지적은 좀 더 숙고할 여지가 없는 바는 아니나 바울 윤리의 논리 구조가 이러한 구약적 선례에 기원한다고 말한다고 틀린 것은 아닐 것이다.

신 32 장은 비평가들의 여러 다양한 분석이 있어 왔지만, 우리는 신 32 장을 언약 형식에 근거하여 언약 백성을 기소하는 "심판 메시지" 와 심판 이후에 도래할 회복을 예고한 "구원 메시지" 의 한 변형으로 보고 내용을 분석한다.

1923 년 허만 궁켈이 (Hermann Gunkel) 야웨와 그 백성 사이의 소송 (lawsuit) 활동을 그리는 예언 본문들에서 발견되는 "예언 소송" (prophetische Gerichsrede) 양식을 지적한 이래 (H. Gunkel 1923; G. Ramsey; M. DeRoche; D. Daniels), 학자들은 그 양식에 해당되는 본문들을 신 32:1–43, 삿 2:1–5, 6:8–10, 10:10–16, 삼상 12:6–22, 시 50, 82 편, 사 1:2–3, 10–20, 3:13–17, 5:1–7, 41:1–13, 21–29, 42:18–25, 43:8–13, 22–28, 44:6–20, 45:20–21, 48:12–16, 50:1–3, 렘 2:4–13, 25:30–31, 호 2:4–15, 12:3–14, 미 6:1–8, 말 3:5 등에서 찾을 수 있다고 지적해 왔다 (H. Gressmann 1914; E. Wuerthwein 1952; H. Huffmon; J. Harvey).

그런데 후프몬은 (Herbert Huffmon) 이스라엘 언약 전승과 예언 소송 (訴訟) 사이의 관계를 보았다. 조약의 증인들로 신격화된 자연계의 세력들을 열거하는 사실과 소송을 들으라고 "천지" 를 소환하는 구약 사이에 강한 병행을 본다 (신 4:26, 30:19, 31:28– 언약 체결; 신 32:1, 시 50:5, 사 1:2, 렘 2:9, 미 6:1–2 – 소송). 언약 체결의 증인인 "천지" 는 소송의 증인으로 다시 소환된다 (285–95; F. Cross 1953).

비평가들은 모세의 노래를 추방 이후의 늦은 시기에 산출된 것으로 추정한다. 그것은 이 노래가 담고 있는 예언적 성격을 믿지 않기 때문이다. 이 노래는 출이집트나 가나안 정복 등을 이전 시대에 속한 것으로 노래하며 (7 절), 이스라엘은 팔레스틴에 정착하여 우상 숭배에 빠졌으며 원수에 의해 멸절되기 직전에 처해 있다 (15–25, 30 절 등). 하나님은 이스라엘을 파멸에서 구원하시리라 약속하신다. 모세는 이스라엘이 가나안에 진입하여 장차 그렇게 부패하여 그렇게 처벌을 받고 회복되리라고 예언자적 견지에서 노래하지만 이런 비평가들의 귀에는 예언은 들어오지도 않는 것이다.

모세는 백성의 지도자들을 모으고, 죽은 후에 저들이 부패하여 하나님의 진노를 격발시키고 재앙을 당할 것을 미리 예고하여 저들에게 증거가 되도록 하였다 (신 31:27–30). 이러한 도입적인 진술들 다음에 신 32:1 부터 증거의 노래가 시작된다. 1–25 절은 전형적인 심판 메시지의 형식을 가지고 있다. 이 심판 메시지는 종주권 조약의 형식들을 따라 구성되었다. 즉, A 전문, B 역사 서언, C 언약 조항에 근거한 기소, D 심판 선고 (상벌 규정에 근거), 증인들 등의 구성 요소를 지니고 있다:

증인 소환 (1–3 절); A 전문 (4–6 절)(하나님의 자기 확인); B 역사 서언 (7–14 절): 언약 쌍방 간의 이전 관계 고찰; C 언약 조항에 근거한 기소 (15–18 절); D 심판 선고 (19–25 절; 언약의 상벌 규정에 상응); 구원 메시지 (26–43 절): 하나님의 긍휼 (남은 자의 보존).

이 모세의 "경고의 노래" 는 이스라엘이 장차 부패할 것을 내다본다. 이스라엘을 이집트에서 인도하여 수 십 년 함께 지내면서 경험한 바로 이들의 부패는 어쩌면 불을 보듯 명약관화하였다. 거기에 영안을 열어 저들의 장래 모습을 하나님은 모세에게 보여주셨다. 그래서 모세는 경고의 노래를 발하고 있는 것이다. 사실 이런 경고의 예언은 모세만 가능한 것이 아니다. 오늘날에도 한국 교회의 장래는 얼마든지 교회사에 비추어 예언할 수 있다. 반드시 하나님의 백성들은 타락하고 서구 성도들의 전철을 밟을 것이다. 이것은 누가 뭐라 해도 그렇게 된다. 타락은 지금 여기 우리 가운데서 벌써 심하게 시작되었다.

웨슬레가 지적한대로, 아이러니는 기독교를 받아들이면 사람들이 복을 받아 나라가 부강하게 되고 잘 살게 된다. 그런데 그렇게 축복을 받은 성도들은 물질에 매이게 되고, 쾌락을 추구하게 되고 결국 하나님의 징계를 받게 된다. 이것이 아이러니가 아닐 수 없다. 복음이 전파된 서구라파나 미국이 크게 축복을 받아 지금까지도 세계를 주도한다. 서세동점(西勢東漸 서양 세력이 점차 동으로 옮김)이란 말도 19 세기에는 적절하게 맞았다. 대국 청나라는 영국이나 프랑스, 독일 같은 서구의 작은 나라들에 힘없이 무너졌다.

그런데 오늘날 유럽 제 국가들이나 미국은 내적으로 심하게 썩었다. 미국에서 8 년간 살면서 내가 느낀 것은 미국이 가나안화 되었다는 사실이었다. 저들은 겉으로는 세계 유일 초강대국이지만, 그 내면을 들여다보면 팍 썩었다. 언제 내적으로 무너질지 모른다. 유럽은 더 심하게 썩었다. 미국에는 그래도 부흥하는 교회들이 많고 보수적으로 성경을 그대로 믿는 성도들이 남쪽에 많고 세계 이민자들도 많이 유입된다. 그런데 유럽은 그런 소망적인 요소가 별로 없다. 교회는 다 문을 닫고 노인 몇 명지키고 신학사상은 썩어서 신학교에서 성경을 난도질이나 하고, 말 유희나 (문예술 poetics) 비교 종교 방면으로 관심을 쏟는다. 영적인 무기력과 무능력이 서구라파를 휩쓸고 음란과 부패가 만연하고 있다. 민주주의라는 허울 좋은 체제 때문에 아무런 제재가 없다. 하나님께서 모세를 통해 이스라엘 언약 백성에게 들려주신 경고의 노래는 오늘을 사는 세계 모든 성도들에게 주신 "경고의 노래" 이기도 하다.

일곱째로, 신명기는 주님의 사랑받은 책

주님은 적어도 신약의 기록에서 전능하신 하나님으로 나타난다. 그리고 내가 믿는 주님도 그러하시다. 내 생활에서 그분을 체험한 바로는 그렇다. 주님은 광야에서 마귀에게 시험을 당하실 때마다, 신명기의 말씀으로 물리치셨는데, 그 말씀들은 마 4 장이 기록하는 대로이다:

4 예수께서 대답하여 가라사대 기록되었으되 *사람이 떡으로만 살 것이 아니요 하나님의 입으로 나오는 모든 말씀으로 살 것이라* 하였느니라 하시니
7 예수께서 이르시되 또 기록되었으되 *주 너의 하나님을 시험치 말라 하였느니라* 하신대
10 이에 예수께서 말씀하시되 사단아 물러가라 기록되었으되
주 너의 하나님께 경배하고 다만 그를 섬기라 하였느니라

4, 7, 10 절에 기록된 주님이 "기록되었으되" 라는 말씀은 모두 구약을 인용하신 말씀들을 인용하는 인용 도입문이다. 구약 말씀들은 각기 신 8:3, 6:16, 6:13 등이다.

신 8:3 너를 낮추시며 너로 주리게 하시며 또 너도 알지 못하며 네 열조도 알지 못하던 만나를 네게 먹이신 것은 사람이 떡으로만 사는 것이 아니요 여호와의 입에서 나오는 모든 말씀으로 사는 줄을 너로 알게 하려 하심이니라
6:16 너희가 맛사에서 시험한 것 같이 너희의 하나님 여호와를 시험하지 말고
6:13 네 하나님 여호와를 경외하며 섬기며 그 이름으로 맹세할 것이니라

우리 주님은 신명기를 암송하신 듯 하다. 주님은 구약 성경을 절대 신임하신 것으로 나타난다. 주님은 구약 성경을 인용하실 때, 좀 자유롭게 (요 8:17, 마 19:5, 22:37–39), 혹은 해석으로 (마 11:10, 눅 7:27), 때로는 자신이 강조하고자 하는 의미를 인용하는 예언에서 일부만 선택하시기도 (마 26:3, 15:7–9) 하셨다 (Pierre Ch. Marcel 참조).

산상수훈에서 "– 라고 '언급된 것' 을 너희가 들었거니와" 라고 하시거나 (마 5:27, 31, 38, 43), "옛 사람에게 언급된 것을" 너희가 들었거니와 라고 (21, 33 절) 하여 구약을 인용하기도 하셨다.

주님은 구약의 계명을 구전(口傳)으로 폐하던 당대인들을 기소하셨다:

막 7:3 너희는 어찌하여 너희 유전으로 하나님의 계명을 범하느뇨? 4 하나님이 이르셨으되 네 부모를 공경하라 하시고 또 아비나 어미를 훼방하는 자는 반드시 죽으리라 하셨거늘 5 너희는 가로되 누구든지 아비에게나 어미에게 말하기를 내가 드려 유익하게 할 것이 하나님께 드림이 되었다고 하기만 하면 6 그 부모를 공경할 것이 없다 하여 너희 유전으로 하나님의 말씀을 폐하는도다

부모를 공경하라는 계명을 지키는 대신, 자기들의 전승을 따라 "고르반" 하고 (코르반, 예물) 부모를 섬길 것으로 하나님께 드렸다고 하기만 하면, 부모 공경의 계명은 완성된 양 착각하던 사람들을 책망하신 것이다. 이는 성경의 권위를 인간들의 전해져 내려오는 사상이나 해석이 손상시킬 수 없다는 것을 말씀하신 것이다. 언필칭 학문과 신앙의 분리라는 미명하에 성경의 권위를 손상시키는 정도가 아니라 완전히 성경을 난도질하는 역사 비평을 허용하는 교단이나 신학교는 자기들의 학문으로 성경의 권위를 도전하는 불신앙적 행태를 회개해야 한다.

결혼에 대하여도 그리스도께서는 당대인들이 당대 법을 따라 당연시 하던 것을 성경의 권위로 기소하셨다:

바리새인들이 예수께 나아와 그를 시험하여 가로되 사람이 아무 연고를 물론하고 그 아내를 내어버리는 것이 옳으니이까? 4 예수께서 대답하여 가라사대 사람을 지으신 이가 본래 저희를 남자와 여자로 만드시고 5 말씀하시기를 이러므로 사람이 그 부모를 떠나서 아내에게 합하여 그 둘이 한 몸이 될지니라 하신 것을 읽지 못하였느냐? 6 이러한즉 이제 둘이 아니요 한 몸이니 그러므로 하나님이 짝지어 주신 것을 사람이 나누지 못할지니라 하시니 (마 19:3–6)

주님은 창 2:24 의 말씀을 근거로 이혼의 불가함을 강조하신다. 모세법에는 이혼을 허용했는데요! 라고 하자 주님은 "모세가 너희 마음의 완악함을 인하여 아내 내어버림을 허락하였거니와 본래는 그렇지 아니하니라" 하시고, "누구든지 음행한 연고 외에 아내를 내어버리고 다른 데 장가드는 자는 간음함이니라" 라고 음행의 연고 외에 이혼을 금하신다.

만약 창세기가 궁켈이 말하듯, 민담이요 신화에 불과하다면, 특히 창 2 장은 더욱 그러할 터인데, 주님은 민담 (民譚) 을 근거로 이렇게 말씀하셨던 것인가? 궁켈이나 역사 – 비평가들은 주님의 권세도 부인하는 자들임이 분명하다. 믿음이 있고 성령님으로 거듭났다면 어떻게 창세기를 민담 정도로 간주하겠느냐? 스키너란 (John Skinner) 비평가는 창세기 이 부분 주석에서 (창 2:24) 남자가 부모를 떠나 여자와 한 몸이 될지라는 이 말씀은 내러티브의 견지에서의 예언도 아니고, 그렇다고 마 19:4 이하, 고전 6:16, 엡 5:31 등이 해석하듯, 일부일처제 결혼의 권고도 아니라고 한다 (1930:70). 이것이 전지하신 주님의 권세에 도전하는 주제넘은 월권적, 불신앙적 사고가 아니고 무엇인가? 감히 그리스도나 사도의 해석까지도 뭉개고 있지 아니한가? 스키너가 보기에, 창 2:24 의 말씀은 단지 내레이터가 고찰한 원인론적 (aetiological) 고찰에 불과하다. 즉, 왜 사람들은 남녀가 부모를 떠나 결혼해서 살까? 이런 의문을 가지게 되는데, 창세기 저자가 그런 의문에 대하여 원래 이런 전설이 있었는데, 그 전설 때문에 그렇게 행동하는 것이다 라고 말해 준다는 것이다.

사두개인들이 한 번은 주님께 아주 이론적이고 비현실적인 질문을 던졌다. 그것은 신 25:5–10 에 제시된 수혼제 (嫂婚制 levirate) 규정에 근거한 질문인데 모세법에 의하면 형이 자식이 없이 죽을 때 동생이 형수를 취하여 자식을 낳아 형의 대를 이어 주라고 하였다면, 일곱 형제가 다 자식이 없이 죽어 그 형수에게 장가를 들었는데, 그 형수는 부활할 때에는 누구의 아내가 될 것인가? 라는 질문이었다 (마 22:23–28).

사두개인들은 모세 오경만 인정하고 다른 성경은 권위로 인정하지 않았다고 하는데, 주님은 신명기의 법규를 다른 오경인 출 3:6 의 말씀을 근거로 명쾌하게 설명해 주신다. 그는 "너희가 성경도 하나님의 능력도 알지 못하는 고로 오해하였도다!" 라고 하시고 부활 때에는 장가도 아니 가고 시집도 아니 가고 하늘에 있는 천사들과 같다고 하셨다. 죽은 자의 부활의 근거로 주님은 출 3:6 말씀을 인용하시고, "나는 아브라함의 하나님이요 이삭의 하나님이요 야곱의 하나님이로라" 하신 것을 읽어 보지 못하였느냐? 하나님은 죽은 자의 하나님이 아니요 산자의 하나님이시니라고 설명하신다. 여기서 주님은 오경을 근거로 부활 사상을 설명하셨다. 지금 우리는 신명기나 오경의 법규를 문자적으로 지킬 의무가 없다. 그러나 그 영적인 원리는 따라야 한다. 주님이 오경을 어떻게 권위있는 하나님의 말씀으로 간주하셨는지가 여기 예에서 드러나고 있다.

하루는 어떤 청년이 주님께 와서 물었다. 선생님이여, 내가 무슨 선한 일을 해야 영생을 얻으리이까? (마

19:16) 그리고 무슨 계명이 율법에서 가장 큽니까? 라고 묻기도 했다 (마 22:36). 주님은 그 청년에게 계명을 지키라 명하시자, 청년은 어느 계명입니까? 물었다. 그 때 주님은 십계명에서 제 6, 7, 8, 9, 5 계명을 언급하시고 네 이웃 사랑하기를 네 몸과 같이 하라고 요약해 주셨다. 그러자 모든 것을 다 지켰습니다만 아직도 무엇이 부족합니까? 라고 물었다. 그러자 주님은 네 소유를 다 팔아 가난한 자에게 주고 나를 따르라고 명하셨다. 십계명에서 6-10 계명은 이웃 사랑으로 요약되는데, 1-4 계명에 대하여는 주님이 언급을 아니 하시고, 오직 이웃 사랑 계명만 언급하셨다. 그것을 다 지켰다고 하자, 그렇다면 이웃 사랑을 정말로 실천하라는 의미에서 네 가진 것을 다 팔아 가난한 자들에게 주라고 하신다. 청년은 부자였는데, 그 말을 듣자 근심하며 주님을 떠나가고 말았다.

여기서도 주님은 영생의 길을 가르쳐 주신다. 율법을 지켜야 영생을 얻는다는 의미는 아닐 것이다. 왜냐하면 누가 모든 율법을 다 지킬 수 있겠는가? 율법의 행위로 하나님 앞에 의롭다 함을 얻을 육체가 없는 것이다 (롬 3:20). 그렇다면 그리스도께서 영생을 얻으려면 계명을 지키라고 하신 말씀의 의미는 무엇인가? 그것은 네 힘으로 지킬 수가 없으니 일단 재물을 팔아 가난한 자들에게 나눠주고 나를 좇으라! 나를 믿으라! 고 명하신 것이다. 강조점은 여기에 있다고 여겨진다. 여하간 주님은 구약의 계명을 권위 있게 간주하셨다. 오경의 말씀을 신적인 권위를 가진 것으로 여기신 것이다.

하루는 바리새인들이 와서 어떤 계명이 가장 큰지 물었다 (마 22:36). 당시 유대인 랍비들은 오경에는 613 개의 계명이 있다고 분류하고 있었다. 248 개는 긍정적 "하라" 이고 365 개는 부정적 "하지 말라" 라고 계수했는데, 그 많은 계명들 중에서 어느 것이 크고 중요한 것인지 물은 셈이다. 사두개인들은 오경에 구체적으로 열거되지 않았다는 이유로 바리새인들의 율법 개수를 인정하지 않았다. 바리새인들은 그리스도는 계명들에 대하여 어떤 자세를 가지실까? 궁금해 했을 것이다. 주님은 사두개인들처럼 계명을 무시하지 않고 예수께서 거리낌 없이

네 마음을 다하고 목숨을 다하고 뜻을 다하여 주 너의 하나님을 사랑하라 하셨으니 이것이 크고 첫째 되는 계명이요 둘째는 그와 같으니 네 이웃을 네 몸과 같이 사랑하라 하셨으니 이 두 계명이 온 율법과 선지자의 강령이니라 (마 22:37-40)

고 분명하게 대답하셨다.

복잡하고 사람을 짓누르는 무거운 율법이 아니라, 하나님 사랑, 이웃 사랑이란 두 주제로 요약해 주셨다. 이는 그분이 오경의 말씀을 권위있는 말씀으로 간주하셨음을 확실하게 보여주는 사건이기도 하였다.

그리스도는 또 구약을 근거로 자신의 신성(神性)을 주장하셨다. 바리새인들이 모였을 때에 예수께서 그들에게 물으셨다 (마 22:41 이하): "너희는 그리스도에 대하여 어떻게 생각하느냐 뉘 자손이냐?" 그러자 그 사람들이 "다윗의 자손이니이다" 라고 하자, 그리스도는 "그러면 다윗이 성령에 감동하여 어찌 그리스도를 주라 칭하여 말하되 '주께서 내 주께 이르시되 내가 네 원수를 네 발 아래 둘 때까지 내 우편에 앉았으라' 하셨도다 하였느냐?" 답하신다. 시 110 편을 근거로 그리스도는 아무리 다윗의 영광이 크고 유명해도 그 다윗의 주님이시라는 점을 논증하고 계신다. 주님은 시 110 편의 다윗의 시라는 표제까지 그대로 받아들이셨다.

마 21:44 에서는 시 118:22 를 예언 말씀으로 자기와 연관시켜 적용시키신다. 니고데모에게 광야에서 모세가 뱀을 든 것처럼 자신도 들려야 하리라고 말씀하심으로 오경의 역사성을 증거해 주셨다 (요 3:14). 주님은 또한 "메시야의 고난" 에 대하여도 구약을 근거로 설명해 주셨다 (막 9:12, 마 26:31, 눅 22:37, 마 26:53-54, 막 14:49). 십자가에 달리셨을 때는 시편의 구절을 낭송하셨다: 엘리 엘리 라마 사박다니 하시니 이는 곧 나의 하나님, 나의 하나님, 어찌하여 나를 버리셨나이까? (시 22:1).

그리스도는 시 8:3 에 근거하여 자신이 다윗의 후손, 메시야 왕으로 왔다는 점을 증거하셨다 (마 21:16). 그리스도는 산헤드린 공회 앞에서 시 110:1 과 단 7:13 을 근거로 자신의 메시야 되심을 증거하셨다 (마 26:64). 그 당대 사람들은 장차 어느 시점에 주의 이름으로 오시는 이여 복되도다! 라고 말하기 까지 더 이상 그를 보지 못할 것이었다 (마 23:39, 시 118:26). 인자가 외실 때에 노아의 날이나 롯의 때와 같이 믿지 아니하는 자는 심

판에 처해질 것이다 (마 24:37–39, 눅 17:28–30). 여기에 어디 창세기가 민담이나 전설이라는 기분이 드는가? 무서운 심판을 그분은 창세기 사건들에 비기고 계시다.

주님은 "이 세대는 악한 세대라 표적을 구하되 요나의 표적밖에는 보일 표적이 없나니" 라고 하셨다 (눅 11:29). 그리고 "심판 때에 니느웨 사람들이 일어나 이 세대 사람을 정죄하리니 이는 그들이 요나의 전도를 듣고 회개하였음이어니와 요나보다 더 큰이가 여기 있느니라" 하셨다 (눅 11:32). 또한 "요나가 밤낮 사흘을 큰 물고기 뱃속에 있었던 것같이 인자도 밤낮 사흘을 땅 속에 있으리라" 고도 하셨다 (마 12:40). 이 말씀은 요나가 물고기 뱃속에서 사흘을 지낸 것도 역사적 사건임을 증거하는 것이다. 그러므로 요나서를 비유나 알레고리로 해석하는 자들은 다 그리스도의 권위에 도전하는 자들이다.

그리스도는 구약 성경 전체가 그리스도에 관하여 증거한다고 가르치셨다 (요 5:39):

너희가 성경에서 영생을 얻는 줄 생각하고 성경을 상고하거니와 이 성경이 곧 내게 대하여 증거하는 것이로다!

구약 성경에 대한 불신과 파괴적 난도질은 그리스도를 난도질함과 같고, 그리스도를 해체하는 일처럼 신성모독적인 일이다. 예컨대, 창 3:15 에서 사단의 머리를 박살내실 그리스도를 증거하는 예언을 보지 못하고, 원인론적 민담이나 찾고, 창 49:10 에서 열방이 순종할 그리스도에 대한 예언을 보지 못하고 다윗 왕조밖에 보지 못한다면 구약을 과거 역사책이나 민담집으로 격하시키는 일일 것이다. 그리고 사 53 장의 고난 받는 야웨의 종의 예언을 그리스도에 관한 예언으로 해석하지 아니하고 그 당대의 어느 고난 받는 정치 지도자나, 이스라엘 민족 정도로만 보는 이도 똑 같이 그리스도를 증거하는 성경의 예언성을 알지 못하는 무지(無知)라고 밖에 할 수 없다.

주님은 가룟 유다의 본성을 알지 못하고 그를 제자 중 하나로 택하여 그에게 배반을 당하시고 죽임을 당하신 것이 아니었다. 주님은 시 41:9 "나의 신뢰하는바 내 떡을 먹던 나의 가까운 친구도 나를 대적하여 그 발꿈치를 들었나이다" 를 인용하여 가룟 유다의 배반을 예고하셨다 (요 13:18). 이 말씀을 가룟 유다도 주님의 입술로부터 듣고 있었고, 얼마 후에 주님은 다시 너희 중 하나가 나를 팔리라 하셨다 (요 13:21). 제자들이 당혹해 하자, 주님은 "내가 한 조각을 찍어다가 주는 자가 그니라" 하시고 떡 한 조각을 찍으셔다가 가룟 시몬의 아들 유다를 주셨다. 그 떡 조각을 받은 후 곧 사단이 그 속에 들어갔고, 주님은 "네 하는 일을 속히 하라!" 고 그 마음을 꿰뚫는 말씀을 하셨다. "유다가 그 조각을 받고 곧 나가니 밤이러라" (요 13:30).

이렇게 주님은 가룟 유다에게 배반당하기 전에 이미 그가 멸망의 자식임을 (요 17:12) 알고 계셨다. 가룟 유다는 자기 직분을 버리고 자기 곳 곧 멸망의 처소로 내려갔다 (행 1:25). 다윗에게 아히도벨이란 배반자가 있었다면 주님에게는 가룟 유다가 있었다. 다윗은 모르고 당했다면, 주님은 알고 당하셨다. 아니 배반할 줄 아셨기에 그를 택하셨고, 그가 자신을 배반하도록 택하셨다. 좀 무서운 말인데, 그로 인하여 자신이 성경의 말씀을 이루고자 하신 것이다. 이것은 인간의 제한된 머리의 논리이고 이 이성을 넘어서는 하나님의 심대한 계획이 인류 구원 계획과 연관하여, 가룟 유다와 연관하여 있었음이 분명하다. 주님은 부활 후에 엠마오로 가던 제자들에게 "모세의 율법과 선지자의 글과 시편에 나를 가리켜 기록된 모든 것이 이루어져야 하리라" 고 말씀하셨다 (눅 24:44). 우리는 그리스도께서 가룟 유다의 배반으로 팔려 십자가에 못 박혀 죽으신 후에야 "하나님이 모든 선지자의 입을 의탁하사 자기의 그리스도의 해 받으실 일을 미리 알게 하신 것을 이와 같이 이루셨느니라!" 라고 말할 수 있을 뿐이다 (행 3:18). "이렇게 된 것은 다 선지자들의 글을 이루려 함이" 었다 (마 26:56). 성경은 폐할 수가 없다 (요 10:35). 사람들이 그 말씀의 권위를 훼방하고 훼손한다고 훼손되어질 말씀이라면 2 천년간을 이 말씀이 온전히 전해졌겠으며, 교회가 살아남았을 것인가? 성경의 원수들은 망해도 말씀은 영영하리라. 인간은 들의 풀과 같고 그 영화가 들의 꽃과 같으나 하나님의 말씀은 영영히 서리라!

여덟째로, 세상 열방 나라와 이스라엘

신 32:8 지극히 높으신 자가 열국의 기업을 주실 때,
인종을 분정하실 때에 이스라엘 자손의 수효대로 민족들의 경계를 정하셨도다

(bəhanḥēl ʿelyôn gôyīm bəhap̄rîḏô /bənê ʾāḏām yaṣṣēḇ gəḇūlōṯ ʿammîm ləmispar bənê yiśrāʾēl)

"인종을 분정하실 때에" 는 "그가 인류를 나누실 때에" 인데 (bəhap̄rîḏô), 여기서 "나누다" 는 창 10:32 에서 "홍수 후에 이들에게서 민족들이 '나뉘어졌다' (nip̄rəḏû)" 라는 구절을 상기시킨다. 지존자께서 "열국의 기업을 주실 때" 란 표현은 자기를 진노케 한 자들에게는 저들의 기업을 주셨다는 의미이며 그것은 저들을 홍수로 엄몰시킨 것이다 (라쉬). 그리고 "인류를 나누실 때에" 란 표현은 창 11 장에서 바벨탑 사건 이후 인류를 흩으신 (wayyāp̄eṣ, 창 11:8, 9) 것을 지시한다. 라쉬에 의하면, "민족들의 경계를 정하셨다" 는 말씀은 창 11 장의 바벨탑 사건 이후 인류를 지면에 흩으실 때 일어난 것으로 보고, 인류를 이집트에 나중 내려갈 야곱의 가족의 숫자 70 에 (창 46:27) 상응하도록 70 개의 언어와 민족들로 나누셨다 (창 10 장에 언급된 민족들의 숫자) 한다.

이런 라쉬의 지적은 대단히 예리하다. 창 10, 11 장에 기록된 민족들의 분리와 흩어짐은 사실 같은 사건에 대한 다른 각도에서의 기록이다. 따라서 라쉬의 지적대로, 이 구절은 홍수 후에 민족들이 각기 언어를 따라 분리되고 흩어진 사건을 암시하기 때문이다.

그렇지만, 아직 이스라엘 자손이 태어나지도 아니했을 때에, 심지어 아브라함이 나기도 전에 어떻게 하필 이집트에 내려갈 때의 이스라엘 자손의 숫자 70 을 기준하여, 열방을 70 개로 구분하여 지상의 각처에 분산시키셨을까? 신명기 32 장의 시에는 이스라엘 자손이 이집트에 내려갈 때의 일에 대하여는 일언반구도 (一言半句) 없다. 더구나 9 절에서 하나님의 분깃, 곧 기업은 이스라엘이라 하신다. 이는 다른 열방은 다른 누군가의 분깃이라는 대조를 암시해준다. 그러나 "이스라엘 자손들의 수효대로" 열방을 나누셨다는 사고는 아무런 대조를 줄 수 없다.

이제 다른 대안을 찾아야 한다. 한 가지 대안은 쿰란 사본이나 70 인역이 제시하는 맛소라 본문과 약간 다른 독법이다. "이스라엘 자손의 수효대로" 는 (ləmispar bənê yiśrāʾēl) 70 인 역에서 "하나님의 천사들" (앙겔론 테우, Rahlfs 와 케임브리지 판) 혹은 "하나님의 아들들" 로 (괴팅겐 판) 나타난다. 70 인역의 이 두 다른 번역은 사실 모두 히브리어 "베네 엘로힘" 의 번역이다. 왜냐하면 창 6:2, 욥 1:6, 2:1, 38:7 등에서 "베네 엘로힘" 을 "하나님의 천사들" 이라 번역하고 있기 때문이다. 카일 - 델리취는 70 인 역이 후대 유대인의 사고, 곧 각 나라마다 수호천사들이 있다는 시락 17:17, 단 10:13, 20, 21, 12:1, 신 4:19 등에 근거하여 인위적으로 번역한 것일 뿐, 아무런 참고 가치가 없다고 배척한다.

그런데 쿰란에서 발견된 신명기 사본은 (4QDeut[j], 4QDeut[q]) 70 인 역과 유사하게 "하나님의 아들들" 이라고 (브네 엘로힘) 제시한다 (RSV, NJB, NAB 등이 따름). 쿰란에서 발굴된 사본들은 대개 맛소라 본문을 지지하지만, 신 32 장의 경우에 4QDeut[j] 는 종종 70 인 역을 지지하고, 맛소라 사본이나 사마리아 오경과 일치하지 않는다. 70 인 역은 여기서 카일이 추정한대로 인위적으로 번역한 것이 아니라, 맛소라 사본과 다른 히브리어 사본을 번역하고 있다고 추정된다. 그렇다면 맛소라 사본의 신 32:8 은 비록 옛 랍비들의 "서기관 교정 (틱쿠네 쇼페림)" 목록에는 올라있지 않지만, 신학적 이유에서 본문을 교정한 한 예가 될 것이다 (M. Fishbane 1985:69).

우리는 쿰란 사본이나 70 인역의 "하나님의 아들들" 본문이 원래 본문이라 간주한다. 전통적으로 맛소라 본문을 표준으로 생각해 왔지만, 맛소라 학자들이 구약 본문 몇 군데서 자기들의 입장에서 원문을 아주 경미하게 바꾸었다는 사실이 전해져 내려왔다 (Tiqqune Sopherim; C. D. Ginsburg 1897:1, 347 이하).

우리가 신 32:8 에서 "이스라엘 자손의 수효대로" 대신 "하나님의 아들들의 수효대로" 를 취한다면, 그것을 무엇을 의미하겠는가? 하나님의 아들은 구약에서 "천사" 나 "성도" 를 가리키는데, 여기서는 천사들을 의미한다. 여기 본문이 창 10, 11 장의 인류의 분산을 가리킨다. 천사들의 숫자대로 민족들을 나누셨다는 것은 타락한 천사들에게 민족들을 배정하셨다는 (신 4:19 참조) 의미가 된다. 그러니까 하나님은 이스라엘을 자기 분깃으로 택하시고, 열방은 타락한 천사들에게 배정하신 것이다. 이는 한 마디로 타락한 열방을 타락한 천사들에게 맡기신 하나님의 심판적 처사를 가리킨다.

우리는 야웨 하나님의 "어전회의" 에 (야웨 소드) 야웨의 보좌를 둘러 싼 천천만만의 천사들의 모습을 생각할 수 있다. 그 좋은 예가 왕상 22 장에 제시된 미가야 선지자가 환상 중에 본 하늘 야웨께서 주재하시는 회의이며, 시 82 편도 그런 어전 회의를 묘사하는 듯 보인다. 그 야웨의 회의에 참여하는 자들이 바로 하나님의 아들들, 곧 천사들이다. 사 24:21 에서 그 날에 여호와께서 높은 데서 높은 군대를 벌하시며 땅에서 땅 왕들을 벌하시리니 라고 하는데서 보듯, 하늘의 만군은 땅의 왕들과 구분되는 천적 존재들이다.

창 6 장에서 묘사된 타락한 천사들의 (하나님의 아들들) 배교 활동으로 인간 세상은 더욱 급속하게 타락했고 그 결과 노아 홍수 심판을 받게 된다. 살아남은 노아 가족으로 통해 증가한 인류도 바벨탑 사건에서 보듯 하나님의 뜻을 계속 대적하고 반항하였다. 이에 하나님은 바벨탑 사건 이후에 아브람을 부르시고, 그의 후손을 자기 기업으로 삼기로 정하시고, 대신 나머지 열방은 타락한 천사들에게 맡기기로 작정하신다. 신 4:19 에 의하면, 이렇게 천사들을 열방에 배정하신 사건은 심판 행위였다. 그리하여 열방은 참 하나님에 관한 지식이 박탈당하고 저들은 온갖 잡신들을 섬기고, 천체와 우상 숭배에 빠져 들어가게 되었다. 반면 하나님은 아브라함과 그 후손을 자기의 기업으로 삼으시고 열방의 모델로 세우셨다.

신명기의 이런 사고는 다니엘서에서도 반영되고 있다. 예컨대, 이스라엘을 영적으로 지키는 천사장은 미가엘로 나타나는 반면, 페르시아나 헬라는 미가엘을 대적하는 악령들, 아마 신약 문헌에서 언급되는 정사와 권세, 보좌 같은 사단의 장관들일 것이다 (단 10:13-11:1; 엡 6:12, 골 2:15 등).

그렇다면 지금 신약 시대에는 사정이 어떠한가? 구약 시대에는 이스라엘이란 신정국이 존재했지만, 오늘날에는 이슬람 신정국 이란 같은 나라를 제하면 모두가 세속 국가로 (secular state) 특정 종교가 전체 인민의 생활을 주장하는 국가는 없다. 그러므로 구약 시대와 같은 한 특정한 민족이 하나님의 백성이 되고, 이방인들은 모두 악령의 지배를 받는다는 도식을 생각할 수 없다. 반면 신약 시대는 그런 이원법적 구분은 불가하지만, 교회와 세상 간의 구분은 가능하다. 교회 안에도 물론 알곡이 아닌 가라지가 있다. 즉 택한 자가 아닌 사람들도 들어온다. 이는 구약 교회인 이스라엘에서도 마찬가지였다. 그럼에도 구약에 비추어 우리가 구지 구분하자면, 교회는 하나님의 소속으로 그분의 영적인 보호를 받는다면, 세상은 모두 사단의 지배 하에서 움직인다.

교회가 강력한 나라일수록 영적으로 하나님의 도우심과 축복이 더 많이 쏟아질 것이고, 교회가 약하고 세속 권세가 주장한다면 하나님의 축복이나 간섭은 그 만큼 희미할 것이다. 이는 어디까지나 교육상, 편의상 이렇게 말하는 것일 뿐 어떤 구체적인 성경적 증거가 있는 것은 아니다. 어떤 선교학자들은 특정 지역을 주장하는 악령들을 언급하는데, 성경적으로 그렇게 틀린 말이라고도 옳은 말이라고도 단정하기 어렵다. 사단의 세력은 움킬 자를 찾으러 세상 각처를 분주하게 움직인다고 보이기 때문이다. 사방을 두루 다니며 먹이감을 구하는데 가장 공격이 심한 곳이 신학교와 교회이다. 영적인 은혜를 받지 못한 사람은 건드릴 필요도 없다. 자기 소속이니까. 모두 지옥으로 끌고 가기만 하면 되니까.

구약의 역사 – 비평가들은 이런 영적인 전투가 있다는 것을 알기나 할까? 안다면 감히 성경을 신화나 전설, 민담 정도로 깎아 내릴 수는 없으리라. 자기들이 악령의 지배 하에서 사단적인 파괴 공작을 수행하고 있다는 사실은 차마 알지 못할 것이다. 안다면 그런 일에 나서지 않을 것이기 때문이다. 비평적이고, 과학적이고, 객관적인 학문을 한다는 미명하에 하나님의 말씀을, 곧 성도들에게 주어진 유일한 공격 무기를 아주 난도질하여 해체시켜 버리는 것이다. 그것이 마귀 짓이 아니고 무엇일까?

열째로, 가나안에서의 생사화복의 길은 에덴동산에서와 동일

가나안 땅에서의 삶에서, 생명과 복을 (福) 받는가? 아니면, 사망과 화를 (禍) 받느냐?는 하나님을 사랑하고 그분의 명령을 지키느냐? 아니면 마음을 돌이켜 듣지 아니하고 다른 신들을 섬기느냐? 여부에 따라 달렸다. 이전 가나안 땅에 진입하던 이스라엘 백성만 아니라, 오늘을 사는 우리 성도 역시 이 세상에서의 생명과 사망, 복과 화는 바로 그분의 말씀에 대한 순종 여부에 달렸다.

창 2:15 에서 나타난 두 동사의 조합이 ([하나님을] 섬기다 + 지키다 [말씀을]) 신 30:16, 17 에서도 나타난다: **하나님을 사랑하고, 그 명령을 <u>지키다</u> (16 절)// 다른 신들에게 절하고 그것을 <u>섬기다</u>**. 즉, 에덴동산에서 생명과 복 혹은 사망과 화를 얻는 방식과 가나안 땅에 들어가서 생명과 복 혹은 사망과 화를 받는 방식과 같다. 에덴동산에서도 생명과 복은 하나님을 섬기고, 그분의 명령을 지킴으로 얻을 수 있었다. 창 2:15 의 의미가 바로 그것이다. 에덴동산을 경작하고 그것을 지키는 것이 인간의 본분으로 주어졌던 것은 아니었다. 인간의 본분은 원래부터 하나님을 섬기고 (사랑하고, 경외하고) 그분의 명령을 준수하는 것이었다. 그것이 제사장의 직무라면, 에덴동산에서 인간은 제사장적 존재로 세움을 입었던 것이다. 더구나 땅을 정복하고 다스리는 일은 왕의 모습이라면, 원래 인간은 왕적 존재로 세움을 입었었다.

에덴동산에서나 가나안에서나, 오늘날 세상에서 모두 성도는 제사장으로서 하나님을 섬기고 (예배), 사랑하고 경외하며, 그분의 명령을 지키는 삶을 살아야 한다. 동시에 세상을 말씀으로 정복하고 죄악과 사단의 세력을 깨뜨리고, 영적으로 통치하는 왕으로서 살아야 한다. 그것이 형통과 강건함의 비결이다.

이스라엘 백성이 자기 언약의 하나님을 떠나 다른 신들을 섬기는 순간 무능한 자로 전락할 것이다. 구약 이스라엘의 존귀함과 지혜, 그리고 능력은 저들이 하나님의 선택받은 언약 백성이었다는 사실이었다. 이스라엘의 역사는 그러나 안타깝게도, 이스라엘이 자신의 제사장으로서의 지위를 망각하고, 거룩한 백성으로서 살지 못하고, 주변 이방인들의 우상 숭배에 유혹을 받아 하나님을 배반했다는 것을 증거해 준다. 신 32 장의 모세의 노래는 경고의 노래로서, 오는 세대 이스라엘 백성의 부패와 그로 인한 징계를 경고하고 있다. 그것은 예언적 심판 메시지였다. 오는 세대의 모든 선지자들은 바로 모세의 그런 정신으로 자기 세대의 언약 백성을 언약 조항에 근거하여 기소하고 심판 메시지를 선포했던 것이다.

가나안 땅에서 이스라엘의 영적 타락은 결국 주전 722 년과 586 년에 일어난 이스라엘과 유다의 멸망을 초래하였다. 저들의 멸망은 저들이 군사력이 약해서 앗시리아나 바벨론에 망한 것이 아니라, 영적으로 타락한 결과 하나님께서 저들을 심판하신 결과였다. 그런 전체적 멸망 이전에도 이스라엘 역사에서 빈번히 나타난 외적의 침공과 여러 재앙들도 역시 하나님의 언약 백성에 대한 징계였다.

오늘날의 성도들의 삶도 동일하게 이런 언약적 견지에서 조명할 수 있다. 성도들이 온전히 거룩하게 하나님을 충성되이 섬긴다면, 저들의 삶은 형통하고 육신은 건강할 것이며, 그 영적 영향력은 널리 널리 퍼질 것이 분명하다. 반대로, 성도들이 영적으로 무기력하고 세상과 짝하는 생활을 한다면 그들의 삶에서 곤고함과 실패, 질병과 불행이 떠나지 아니할 것이다. 이것을 깨닫는 지혜를 가져야 한다. 참새 한 마리도 하나님의 허락 없이 떨어지지 아니한다면, 어찌 성도들의 삶에 일어나는 일들에 우연이 개입할 수 있겠는가?

그렇다면, 불신자들이 형통하고 건강한 것은 무슨 이유인가? 한국의 모 재벌(財閥) 회장은 죽기까지 정력이 왕성하고 건강하고 물질적으로 성공하고 형통하지 않았던가? 일본은 어떠한가? 그렇게 많은 귀신들을 섬기는데도 경제대국으로서 재력을 과시하고 있지 아니한가?

우리는 시 73 편 기자의 고민을 알고 있다. 경건한 자로서 늘 거룩하게 살고자 몸부림치지만, 날마다 징계를 당하고 고난을 당하였다. 불경한 자들은 오히려 건강하고 문제없고 형통하게만 보였다. 그러나 시편 기자가 깨달은 것은 주께서 참으로 저희를 (불경한 자들) 미끄러운 곳에 두시며 파멸에 던지시니 저희가 어찌 그리 졸지에 황폐 되었는가? 놀람으로 전멸하였나이다! (시 73:18, 19) 동시에 불신자들은 금생에 세상에서 자기 분깃을 받은 자들로서 (시 17:14) 영원 세상에서 영영한 고통이 기다리고 있다. 그러므로 저들의 이 세상에서의 형통과 건강은 자기 근면한 노력과 세상 지혜의 결과일 수 있지만, 영원한 지옥의 형벌은 결코 면할 수가 없다. 영원한 형벌에 처할 자를 하나님께서 징계하실 이유가 없다. 사생자는 때릴 이유가 없다. 남의 자식 때리다가 손만 아프고 시간만 낭비한다. 그러나 진정으로 사랑하는 자기 자식은 바른 인격의 형성을 위해 매를 때리고 징계를 게을리 말아야 한다. 그래서 성도들은 이 지상에서 많은 고난을 받고 천국에 들어간다. 인격이 거룩하게 변화되어야 하기 때문이다. 불신자들이 건강하고 형통한 것은 일반은총의 영역이라면, 성도들의 영적 축복은 일반은총의 영역에서 찾을 수 없는 특별 은총으로서 영원한 복락을 예비시켜 준다.

성도들은 진실로 하나님을 기쁘시게 한다면, 이 지상에서의 육신의 건강 물질의 풍성함과 형통을 얻을 수 있다. 불신자들도 근면하게 일하고 건강을 위해 노력한다면 좋은 결과를 얻게 된다. 그러나 불신자들은 왜 물질을 내가 갖고 있는지, 경제의 이유와 건강의 이유를 알지 못한다. 따라서 저들이 가진 부와 건강은 죄악된 쾌락을 위한 수단으로 전락할 수 있고, 그 결과로 더 큰 불행에 빠지게 될 위험이 있고, 더욱 저들을 구원에서 멀리 가게 할 수 있다. 반면 성도들의 건강과 부는 선교와 전도를 위해 모두 투자된다.

여기에 더하여, 앞서 언급한 대로 영원한 천국과 지옥의 구분은 성도와 불신자의 영원한 운명을 판가름 짓고 만다. 따라서 이 지상에서 별 구분이 없이 보일지라도, 영원 관점에서 둘은 결코 같은 차원의 삶으로 비교할 수가 없다.

두 길, 생명과 사망, 복과 저주의 길은 바로 순종과 불순종 여부에 따라 갈라진다. 신 30:19 에서 "살기 위하여"는 구원 얻은 백성이 이 지상에서 형통하게 살기 위하여, 그리고 영원한 나라에서의 더 큰 축복과 상급을 위하여로 이해할 수 있다. 레위 18:5 에서도 "너희는 나의 규례와 법도를 지키라 사람이 이를 행하면 그로 인하여 살리라!" 하셨다. 살리라는 것은 가나안 땅에서의 형통과 축복의 삶을 가리킨다. 즉 "살리라" 는 것은 영적으로 죽은 자가 살아나리라! 혹은 구원을 말씀하는 것이 아니라, 이미 구원을 얻은 이스라엘 개개인이 율법에 순종하는 거룩한 삶, 성화의 삶을 통해서 축복된 삶을 누리리라는 약속이다.

에덴동산에서 일어난 일을 보면, 가나안 땅에서의 이스라엘의 성공과 실패, 혹은 오늘날을 사는 우리 성도의 성공과 실패를 판단하기 어렵지 않을 것이다. 아담과 하와는 하나님의 먹지 말라한 선악과를 따 먹음으로 불순종의 길을 택하고, 그 결과로 사망과 저주에 떨어졌다. 오늘날 선악과는 혹자가 말하길, 주일 선악과 십일조 선악과 거룩 선악과 등등으로 말하기도 하는데, 이해하기 쉽게 하는 예증일 것이다. 소극적으로 주일 예배를 드리는 것과 십일조 드리는 것으로 만족할 것이 아니라, 적극적으로 주님의 기쁨이 되고 그분과의 교제에 몰입하여 그분의 뜻을 분별하여 적극적으로 행하여 열매를 맺어야 한다. 에덴동산에서 선악과 대신 생명나무 과실을 따 먹었더라면 좋았을 것이다. 마찬가지로 오늘날 생명나무 열매를 따 먹는 일은 잠언서가 가르치듯 (잠 3:18, 11:30, 15:4) 현실 삶에서 의인으로 사는 일이고, 신약적으로 말하자면, 성령충만을 받는 일이다. 그 일을 위해서 기도하고 순종하고 전도하는 것이 생명나무 열매를 따 먹는 일이다. 그 결과는 생명과 형통인 것이다.

신약 성도들의 삶을 영적 수준별로 구분해 본다면, 낮은 단계 구원의 확신, 거듭남의 확신 정도일 것이다. 중간 단계는 말씀을 깨달음, 하나님의 뜻을 행함 정도이다. 높은 단계는 성령님과 긴밀하게 교제하며, 하나님의 기쁨이 되고 신령한 은사들과 성령님의 열매가 주렁주렁 맺히는 단계이다. 주관적으로 계산해 본다면, 오늘날 성도들은 5, 60 퍼센트가 낮은 단계로 지내면서 회사, 직장, 집안일에 치중하고 세상 사람들과 하등 다를 바 없이 예배 참석 정도로 만족한다면, 약 2, 30 퍼센트의 성도들은 말씀을 공부하고 깨닫고 하나님의 뜻을 적극적으로 행하고자 한다. 그리고 극소수만이 겨우 1, 2 퍼센트 남짓 성도만이 성령충만하여 자기 삶 전부를 투자하여 주님의 기쁨이 되며, 각종 영적 은사들이 나타나고 삶에서 전도의 열매가 주렁주렁 맺히고 있다.

말씀 자체는 주님과의 교제와 그분의 뜻을 파악하는 수단일 뿐 목적이 아니다. 주님을 알고 섬기는 것, 그분과 교제하고 그분을 기쁘시게 하는 삶이 우리의 목표인 것이다. 여호와를 사랑하는 일이나, 섬기는 일, 경외하는 일은 사실 한 가지이다. 그리고 그분의 말씀을 순종하고 지키는 일은 그분을 섬기는 일과 동전의 양면과 같다. 오늘날 예배와 성도 간의 교제나 전도 같은 교회 생활이 그분을 섬기는 일이라면, 그런 예배와 섬김은 세상 직장이나 학교, 가정에서의 삶에서 말씀을 지키고자 하는 삶과 일치되어야 한다. 즉 세상에서 거룩한 삶을 살 때 예배가 바로 드려질 수 있고, 예배를 통해 하늘로부터 임하는 은혜를 받아 그분의 말씀을 세상에서 행할 힘을 얻는 것이 유기적으로 지속적으로 일어나야 정상적인 성도의 삶이 가능하다. 예배와 생활은 불가분리인 것이다. 삶이 거룩하지 못하면 예배는 외식적일 수밖에 없다.

B. 선지서
1. 전 선지서

전 선지서 혹은 역사서는 여호수아에서 열왕기서까지이다. 이 책들을 비평가들은 "신명기 역사서" 라 칭한다.

1-1. 여호수아
1) 책명

책 이름은 이 책의 주인공 여호수아의 이름에서 따왔다. "여호수아" 란 이름의 의미는 "야웨께서 구원하신다" 혹은 "야웨께서 구원이시다" 이다. 여호수아를 통해 하나님은 가나안 땅을 정복하게 하시고, 백성에게 지파별로 분배케 하셨다. 그것이 곧 크신 구원이었다.

여호수아는 에브라임 지파 출신이며 모세의 비서로 섬기다 모세의 후계자로 세움을 입었고, 출애굽한 백성을 (2 세대) 이끌고 가나안 땅을 정복하였다. 그는 에브라임 산지 딤낫 세라에 장사되었다 (수 24:30).

비평가들은 여호수아에 관한 오경의 기사들을 불신하고 역사적 여호수아의 실제 모습은 알기 어렵다고 말하기도 한다. 그러나 성경에 대한 불신은 하나님께 대한 불신이나 같은 것이 아닐까? 여호수아는 모세에 필적하는 지도자로 묘사되기도 하는데, 하나님의 임재가 모세에게처럼 그에게도 함께 할 것이며 (수 1:5, 3:7), 요단을 건너는 일은 홍해를 건너는 일에 비교되고 (수 4:23), 여호수아가 야웨의 군대 장관을 대면하는 장면은 (수 5:13-15) 모세가 타는 가시덤불에서 야웨의 사자를 만나는 것과 유사하다 (출 3:2-5). 여호수아는 모세에게 주신 하나님의 명령을 재해석하거나 보류하기도 한다 (수 6:17, 8:27). 수 12 장에서 여호수아의 군사적 업적은 (7-24 절) 모세의 업적과 나란히 배치되고 있다 (1-6 절). 여호수아가 9 개 반 지파에 요단 서편 지역을 분배하는 일은 모세가 트랜스 - 요르단 지역을 2 개 반 지파에 분배함에 비교된다 (수 13:8-33 = 14:1-19:51). 여호수아가 수 24 장에서 언약 중보자로 기능함은 모세가 시내산 언약의 중보자로 활동함과 유사하다 (출 20-24 장). 여호수아의 죽음을 언급하면서 기자는 그를 야웨의 종이라 부름으로 (수 24:29) 모세와 동등의 지도자로 세워준다. 물론 여호수아는 모세의 위치에서 한참 아래임이 분명하다. 모세는 이스라엘의 건국자라면, 여호수아는 그 건국의 터전을 가나안 땅 정복과 분배를 통해 반석 위에 올려놓은 하나님의 종이었다.

2) 저자와 저작 연대

성경은 저자를 언급치 않는다. 저자나 저작 연대를 정할 때 고려할 사항들은 다음과 같다:

1) 본서에 기록된 많은 사건들을 직접 목도하였다 (수 5:1, 6 에서 "우리" ; 정탐꾼들을 파송하는 장면의 생생한 묘사, 요단 도하, 여리고 함락, 아이성 함락 등 생생한 장면들).

2) 라합은 저작 당시에 살아 있었다 (6:25). 여부스 족속이 여전히 예루살렘에 거하고 있었다 (15:63).

3) 가나안 성읍들은 고어체 이름으로 언급된다. 예컨대, 기리앗 여아림을 바알라라, 헤브론을 기리앗 아르바라 부른다 (15:9, 13).

4) 두로는 아직 시돈을 정복하지 못한 상태였다. 그 정복은 주전 12 세기에 일어났다 (13:4-6).

5) 블레셋은 주전 1200 년 경 이스라엘을 침공하던 그런 상황과 같은 위협이 아직 되지 못했다.

6) 여호수아는 이 책의 일부를 기록했다 (수 8:32, 24:26).

7) 본서 일부 부분들은 여호수아 사후에 기록되었을 것이다 (24:29-30 에서 여호수아 죽음 기록; 15:13-14 에서 갈렙이 헤브론 정복 [삿 1:1, 10, 20 에서도 기록]; 수 15:15-19 에서 옷니엘이 드빌을 정복 [삿 1:11-15 에서도 기록]; 수 19:47 에서 단 지파가 라이스 정복 [삿 17-18 에 기록]).

이런 사실들을 고려하여, 복음주의 학자들은 본서 대부분이 여호수아의 저작이고, 사소한 부분은 대제사장 엘르아살과 그의 아들 비느하스의 저작이 아닌가 추정한다.

저작 연대는 여기 담긴 사건들이 일어난 시기에서 그다지 멀지 아니했음이 분명하다. 그런데 여호수아 지도하에 가나안 정복이 언제 일어났는지 시기에 관하여 학자들 간에 이견이 많다. 어떤 이는 주전 13 세기에, 어떤 이들은 주전 15 세기로 본다. 왕상 6:1 에 근거하여 출이집트 연대를 1446 년으로 보면, 가나안 정복을 40 년 후로 잡을 수 있다 (주전 1406 년).

삿 11:26 은 입다가 정복 시기에서 자기 때까지를 300 년으로 간주했다. 출이집트에서 솔로몬 4 년 당시까지 480 년의 기간은, 입다의 300 년에 대략 140 년을 더하면 된다. 40 년 광야 방랑과 7 년 정복기 (주전 1399 년); 정복에서 입다까지 300 년 (1099 년); 입다에서 솔로몬 4 년까지 (주전 966 년) 대략 140 년. 모두 합하면 480 년이 된다. 실제 정복 기간은 7 년간 지속되었으므로 (수 14:10), 가나안은 대략 주전 1399 년에 정복되었다. 그렇다면 본서는 일부 첨가를 제하면, 그 시기 얼마 후에 기록되었다고 추정할 수 있다.

3) 내용 분해

(1) 가나안 침공 (1:1–5:12)

a. 여호수아 임직 (1);
b. 여리고 정탐 (2);
c. 요단 도하 (3);
d. 기념비 세움 (4);
e. 이스라엘의 성별 (5:1–12)

(2) 가나안 정복 (5:13–12:24)

a. 하나님의 명령 (5:13–15)
b. 중앙 정복 (6–8)
1. 여리고 (6); 2. 아이에서 패배 (7); 3. 아이에서 승리 (8)
3. 남부 정복 (9–10)
1. 기브온 족속과 조약 (9); 2. 기브온 족속 보호 (10)
4. 북부 정복 (11:1–15)
5. 승리들 기록 (11:16–12:24)
1. 정복지들 (11:16–23); 2. 정복된 왕들 (12)

(3) 가나안의 분배 (13–21)

a. 요단 동편 (13)
b. 갈렙의 몫 (14)
c. 9 개 지파와 므낫세 반 지파 (15:1–19:48)
1. 유다 (15); 2. 요셉 두 지파 (16–17); 3. 나머지 지파들 (18:1–19:48)
d. 여호수아의 몫, 도피성, 레위 지파 (19:49–21:45)
1. 여호수아 (19:49–51); 2. 도피성 (20);
3. 레위 지파 48 개 성읍들 (21:1–42); 4. 요약 (21:43–45)

(4) 결론 (22–24)

a. 경계 분쟁 (22)
1. 여호수아 훈계 (22:1–8); 2. 요단 동편 지파들의 행동 (22:9–11);
3. 전쟁으로 위협 (22:12–20); 4. 동편 지파들의 변명 (22:21–29);

5. 화해 (22:30-34)

b. 여호수아의 세겜 언약 (23:1-24:28)

c. 부록 (24:29-33)

4) 여호수아는 무엇을 가르치는가 ?

첫째로 , 족장들에게 주셨던 그 약속의 성취

수백 년의 세월이 흐른 후 마침내 하나님의 약속은 이루어졌다 ! 아브라함은 약속을 받았으나 그 약속의 성취를 멀리서만 바라보았다. 이삭이나 야곱, 그의 12 아들들도 마찬가지였다. 저들은 그럼에도 약속을 굳게 믿고 자기들의 뼈를 약속의 땅에 묻었다.

창 9 장에서 노아의 예언은 가나안의 저주가 핵심이었다. 그 가나안 후손이 여호수아 장군의 칼날에 다 죽거나 살아남은 자는 종으로 전락했다. 예언은 그대로 성취되었다. 만민이 복을 받을 아브라함의 후손은 이제 가나안을 차지하게 되었다. 이제부터 이스라엘은 만민의 복이 되도록 살아야 했다. 그것은 우상숭배가 없고, 부모를 공경하며, 살인과 도적질, 간음, 탐욕, 거짓 증거가 없는 사회를 이룸으로 세상의 빛이 되고 소금이 되는 믿음 공동체를 이룰 때 가능한 일이었다. 빛은 어둠에 비추어지기 마련이기 때문이다.

이스라엘은 그러나 그런 세상에 복이 되지 못하고, 오히려 이방을 모방하여 우상숭배에 빠져 결국 추방을 당한다. 오늘날 어떤 친 - 이스라엘 기독인들은 가나안 땅은 영원히 유대인들의 것이라고 생각하고 1948 년 독립한 이스라엘은 구약의 예언 성취라고 굳게 믿고 이스라엘을 무조건 지지해야 복을 받는다고 그릇된 확신에 잡혀있다. 아브라함을 축복하는 자를 축복하고 저주하는 자를 저주한다는 약속을 오늘날 유효하다고 믿는 것이다.

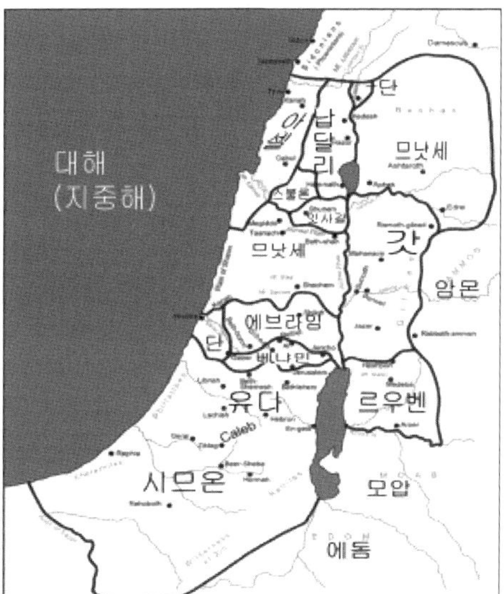

그러나 이런 사고는 중대한 신학적 오류를 담고 있다. 구약의 모든 약속은 그리스도 안에서 모두 성취된다. 구약에서 주어진 약속은 믿음의 공동체, 언약 공동체에게 주어진 것이었다. 구원 역사가 흘러 이제는 믿음 공동체, 언약 공동체는 더 이상 저 종족 단위의 이스라엘이 아니다. 이제 하나님의 약속을 모두 받을 믿음 공동체는 교회인 것이다. 그러므로 구약의 모든 약속들도 교회에게 유효한 것이다.

이런 구원 역사의 흐름을 파악하지 못하고, 유대인 중심의 해석을 하려고 한다면, 구약 성경은 이방 기독인들에게 무의미하고, 무가치한 이전의 책일 뿐이다. 그렇지 않다. 구약은 바로 그리스도 안에 있는 우리 성도들에게 (유대인이건 이방인이건) 주어진 것이다.

둘째로 , 가나안 정복전의 원리

(1) 할례의 원리

먼저 언약 백성의 표를 몸에 소지하라. 즉 소속 표시를 가져야 한다. 나는 누구에게 속했나 ? 하나님인가 ? 세상인가? 바울 사도는 이 후로는 누구든지 나를 괴롭게 말라 내가 내 몸에 예수의 흔적을 가졌노라! 라고 (갈 6:17) 알 듯 모를 듯한 말씀을 하셨다. 중요한 것은 그리스도인이라는 그 자의식과 정체성이 확실해야 한다. 어떤 상황에서도 주님을 배반하지 아니할 표지를 가져야 한다. 그것은 영적인 것으로 믿음의 비밀이라고도 할 수 있다. 영생의 확신과 천국의 확신을 가진 자라면 불 속에 던져질지라도 (단 3 장) 주님을 배반할 수 없고, 사자굴에 던져져도 기도는 멈출 수가 없다 (단 6 장).

(2) 담대함의 원리

전쟁 수칙 제 1 조이자 근본이 바로 두려워 말라! 였다 (신 20:1–9). 하나님은 전쟁법을 주셨는데 (신 20 장, 23 장) 어떤 무기나 전략을 주신 것이 아니라, 이스라엘 병사들의 정신력에 초점을 맞추시고 믿음으로 담대하게 싸움에 임할 것을 명하신다.

(3) 헤렘의 원리

전쟁에 나가서는 가증한 것은 모두 진멸해야 한다. 금이 입혀진 우상을 볼지라도 그 금을 탐하지 말고 온전히 멸해야 한다. 아간이 범죄한 것은 바로 이 "헤렘의 원리" 였다. 가증한 것은 다 진멸하고 가장 값진 것은 다 하나님께 드려야 한다. 이것이 '헤렘' 의 의미인데, 이중적 의의를 지닌다. 부정적으로 가장 가증한 것은 무조건 진멸해야 한다. 반대로 가장 값진 것은 다 하나님께 드려야 한다. '아간' 은 이 헤렘의 원리를 무시하다가 자기만 아니라 대표의 원리를 따라 자기 일가족이 (자기 부친이 가족을 대표해서 범죄한 까닭에) 돌에 맞아 몰살당하고 말았다.

아간이 범죄한 것을 왜 그처럼 잔인하고 무서운 방식으로 전부 진멸시켰던가 하면 하나님의 원리와 명령을 이스라엘 건국 초기에 (가나안 진입 정복 중이었다) 제대로 지키도록 기를 잡아 두기 위함이었다. 마치 초대 교회의 시작 때에 베드로를 통해 아나니아, 삽비라를 거짓말 한 죄로 즉사시킨 것과 같다. 어떤 시기든지 영적 단체는 초기에 제대로 서야 한다.

(4) 기적의 원리

전쟁에 나가서는 하나님의 개입과 기적을 기대해야 한다. 여호사밧 때에 이스라엘은 대승을 거두었다. 하나님은 성가대를 앞세워 전진하는 이스라엘 군대가 접전하기도 전에 원수들이 자중지란 (自中之亂) 자멸하게 하셨다 (대하 20 장). 여호수아 장군 때에는 하늘에서 떨어진 (날려진) 우박에 죽은 자들이 이스라엘 병사들의 칼에 죽은 자들이 더 많았다 (수 10:11). 여호수아는 원수를 추격할 즈음에 해가 석양으로 지는 것을 보고서 담대하게 명령했다: "태양아 너는 기브온 위에 머무르라 달아 너도 아얄론 골짜기에 그리할지어다!" 이 명령에 하나님의 응답이 나타나 태양과 달이 그 자리에 멈추어 섰다. 그리하여 그는 원수를 다 추격하여 전멸시킬 수가 있었다.

(5) 아비집의 원리

여호수아 장군이 이끄는 이스라엘은 가나안 족속을 진멸하는 성전을 수행함에 있어서 항상 길갈의 진으로 돌아가 거기서 재충전의 시간을 가져야 했다. 부흥집회를 열어 영적인 고갈을 채우고 군수품이나 여러 무기들을 재점검한 후에 전쟁터로 나가야 하는 것이다. 성도도 세상의 직장이나 학교에서 전쟁을 치르고 있다. 영적인 전쟁이다. 아비 집인 교회로 늘 돌아가서 재충전을 해야 한다. 말씀과 기도로 충전하고 가정으로 돌아가서 마음의 쉼을 얻어야 한다. 그리한 후에야 세상에서 치르는 영전을 승리를 이끌 수가 있게 된다.

셋째로, 멀리 바라보고

요셉의 뼈는 유언대로 약속의 땅 자기 기업 영지에 묻혔다(수 24:32). 장지(葬地)가 중요한 것이 아니라, 멀리 바라보는 영적인 시각이 필요하다는 것이다. 요셉은 임종시에 그 형제에게 부탁했다:

나는 죽으나 하나님이 너희를 권고하시고 너희를 이 땅에서 인도하여 내사 아브라함과 이삭과 야곱에게 맹세하신 땅에 이르게 하시리라... 이스라엘 자손에게 맹세시켜 이르기를 하나님이 정녕 너희를 권고하시리니 너희는 여기서 내 해골을 메고 올라가겠다 하라(창 50:24-25)

믿음으로 요셉은 임종시에 이스라엘 자손들의 떠날 것을 말하고
또 자기 해골을 위하여 명하였으며(히 11:22)

요셉은 자신이 총리로서 이집트에 묻히지만, 그러나 하나님의 약속을 굳게 붙잡았다. 멀리 약속의 땅이 자기 후손들에게 주어지는 것을 보았다. 이것은 오늘날 우리에게 저 영적인 고향을 바라보라는 무언의 명령이 아니겠는가? 우리 후손들은 나를 어디에 묻을지 모른다. 화장할지도 모른다. 그러나 우리가 저 천국을 위해 삶을 투자했다면 죽을 때 절대 후회가 없을 것이다. 지금 보이는 현세의 작은 이익에 매이지 말라. 우리의 고향은 저 영원한 천국이며, 거기서 영원한 기업을 위해 살아야 한다. 지금 우리가 여기에 재물이나 명예나 권세를 추구할 이유가 없는 것이다. 잠시 있으면 다 사라질 것이 아니라 영원한 것을 위해 복음을 위해 살아야 한다.

영국에서 1780년부터 연례적으로 열리는(1895년부터 2년마다) 뱀프톤 강의는 권위가 있는데, 이는 살리스베리 캐논(canon) 존 뱀프톤의 유언으로 옥스퍼드에 제공된 그의 재산으로 진행되는 설교 강연이다. 그는 유언으로 자신의 토지와 부동산 등을 옥스퍼드 대학에 영구히 양도하고 부활절 화요일에 그 대학교 학장들이 모여 여덟 번의 신학적 설교 강연을 할 강사를 선택하도록 규정했다. 그 여덟 번의 설교 강연은 기독 신앙을 견고케 하고 세우며, 모든 이단들이나 분리주의자들을 논박하는 내용이어야 하는데, 1) 성경의 신적 권위를 드러내고, 2) 초대 교부들의 작품들의 권위를 다루어, 초대 교회의 신앙과 관습을 연구하거나, 3) 우리 주 구세주 예수 그리스도의 신성을 증거하며, 4) 성령님의 신성을 드러내며, 5) 사도 신경이나 니케안 신조들에 담긴 기독 신앙의 조항들을 증거하여야 한다.
그 여덟 번의 신학 설교 강연은 설교 후 2개월 내로 항상 인쇄하여, 한 부는 대학교의 명예총장, 각 대학의 학장, 옥스퍼드 시장, 보들레이안 도서관 등에 각기 전달하고, 인쇄 비용들은 토지나 부동산의 수입에서 제공한다. 설교자는 강의들이 인쇄되기 전에는 사례비를 받을 수 없다. 어떤 사람도 옥스퍼드나 캠브리지 대학교에서 석사 학위 이상이 아니면 강연자가 될 수 없고, 한 사람이 두 번 강연해서는 안 된다. 영국 성공회 신부만이 강연 자격이 있다.
이런 유언을 남겨 기독 신앙을 파수하고 복음 진리를 증거하게 하는 것도 신학 발전에 기여가 될 것이다.

넷째로, 남은 땅을 정복하라

여호수아가 가나안 땅을 대략 정복하고 나이가 연로했을 때 하나님은 이렇게 명하신다:

수 13:1 너는 나이 많아 늙었고 얻을 땅의 남은 것은 매우 많도다
2 이 남은 땅은 이러하니 블레셋 사람의 온 지방과 그술 사람의 전경
3 곧 이집트 앞 시홀 시내에서부터 가나안 사람에게 속한 북방 에그론 지경까지와 블레셋 사람의 다섯 방백의 땅 곧 가사 사람과 아스돗 사람과 아스글론 사람과 가드 사람과 에그론 사람과 또 남방 아위 사람의 땅과 4 또 가나안 사람의 온 땅과 시돈 사람에게 속한 므아라와 아모리 사람의 지경 아벡까지와 5 또 그발 사람의 땅과 동편 온 레바논 곧 헤르몬 산 아래 바알갓에서부터 하맛에 들어가는 곳까지와 6 또 레바논에서부터 미스르봇마임까지의 산지 모든 거민 곧 모든 시돈 사람의 땅이라

오늘날 세상을 바라보면 아직도 복음의 사각지대가 많다. 아랍권이 가장 복음에 비 수용적이고 폐쇄적이며 황무지와 같다. 공산주의 국가들은 얼마 남지 아니했다. 북한이 가장 폐쇄적이다. 일본도 복음의 황무지라 한다. 왜 저렇게 과학이 발달한 나라가 저렇게 미신적일까? 엘리야의 권능을 입고, 사도 바울의 눈물과 능력으로, 베드로의 쿠오 바디스 도미네?(Quo vadis Domine?) 칠전팔기(七顚八起) 자세로, 주기철의 일사각오 정신으로, 손양원의 "사랑의 원자탄" 능력으로 블레셋의 철 병거를 쳐 부시고, 가나안의 요새들을 멸하고 영혼들을 마귀이 손아귀에서 건져내야 한다.

다섯째로, 신실한 자들이 승리

이집트에서 해방을 받았던 이스라엘 사람들 중에서 갈렙과 여호수아만 약속의 땅에 들어가는 축복을 받았다. 민 32:11-12 에서

11 이집트에서 나온 자들의 이십 세 이상으로는 한 사람도 내가 아브라함과 이삭과 야곱에게 맹세한 땅을 정녕히 보지 못하리니 이는 그들이 나를 온전히 순종치 아니하였음이니라 12 다만 그나스 사람 여분네의 아들 갈렙과 눈의 아들 여호수아는 볼 것은 여호와를 온전히 순종하였음이니

온전히 순종했는가? (miPû ʾaḥărê yhwh) 아니면 온전히 순종하지 아니했는가? (lōʾ-miPû ʾaḥărāy) 이 차이로 우리는 하나님의 모든 축복을 받는가? 받지 못하는가? 의 기로에 서게 된다. 여기서 하나님께 신실하다는 말은 결국 그분을 온전히 믿는다는 것이다. 그분이 하신 약속을 온전히 믿고서 나아가는 것이다.

여기 사용된 동사는 "밀레" 인데, 보통 '채우다' (fill) 의미이지만, 여기서는 "야웨의 뒤를" (아하레 야웨) 이란 전치사구를 동반하여 "야웨께 온전히 신실하다" 를 (remain true to Yahweh) 의미한다. 민 14:24 에서 하나님은 갈렙을 평하시길, "오직 내 종 갈렙은 그 마음이 그들과 달라서 나를 온전히 좇았은즉" 이라 하셨다. 갈렙은 그의 영이 타인들과 달랐다. 다른 정탐꾼들은 '불신앙의 영' 을 가졌다면, 갈렙은 하나님의 약속을 온전히 신뢰하는 '믿음의 영' 을 가졌다. 그래서 하나님은 "그의 갔던 (정탐 했던) 땅으로 내가 그를 인도하여 들이리니 그 자손이 그 땅을 차지하리라" 약속하셨고, 나중 그 약속대로 갈렙은 헤브론을 점령하여 자기 기업으로 삼았다 (수 14, 15 장).

메이어 (F. B. Meyer) 박사는,

갈렙은 광야에서 피로하고 지루했던 40 년 동안 온전히 주님만을 따랐다. 전진할 때나 수많은 사람이 죽어갈 때, 백성들이 불평하고 반역할 때도 그는 오로지 하나님의 뜻만을 행하였고 하나님의 음성에만 귀를 기울였다. 그는 모세에게 도전하여 새로운 세력을 만들자는 유혹도 뿌리쳤고 한편이 되어 달라는 미리암의 부탁도 거절했다. 그리고 그는 모압 여자들의 감미로운 유혹에도 넘어가지 않았다. 그는 언제나 변화무쌍한 바다 가운데 우뚝 선 바위였고 구름과 비바람과 태양에도 아랑곳하지 않는 산봉우리였다. 고 했다.

오스왈드 샌더스는 (Oswald Sanders) 갈렙의 신앙을 "강하고 요동하지 않는 신앙" 이라고 말하고, "의심하며 불평하는 무리 가운데 끼었던 일이 없으며 이집트의 파와 부추와 마늘을 그리워하지 않았고 오직 약속된 땅만을 바라보았다" 고 했다. 하나님만을 온전히 좇았다는 것은 곁눈질을 하지 않았고 하나님만을 바라보았다는 것이다. 그리고 하나님만을 사랑하고 따랐을 뿐 다른 것들은 생각하지 않았다. 오직 하나님만을 의지하는 신앙이었다.

대하 16:9 는 "여호와의 눈은 온 땅을 두루 감찰하사 전심으로 자기에게 향하는 자를 위하여 능력을 베푸시나니" 라 하였다. 하나님의 약속을 받는 비결은 바로 전심으로 하나님을 찾고 전심으로 그분을 신뢰하고 순종하고 나아가는 것이다. 그리고 받은 약속을 근거로 모든 현실을 극복하고 나아가는 것이 승리의 비결이다.

감사도 (호데, 감사 = 찬양) 전심 (全心) 으로 (시 9:1, 111:1, 138:1), 찬양도 전심으로 (시 86:12), 기도도 전심으로 (시 119:2, 10, 34, 58, 145, 렘 29:13), 말씀을 지키는 일도 전심으로 (시 119:69) 해야 한다.

여섯째로, 가나안 땅에서 처음으로 행한 일들

수 5:1-9 에서 우리는 몇 가지 사건을 듣는다.

(1) 할례 사건이다. 할례 (割禮) 란 남자 생식기 (生殖器) 끝을 날카로운 부싯돌로 잘라 베어 버리는 일이다. 할례를 행하기 위해 사람들이 부싯돌, 차돌 깬 것을 들고 남자 앞에 서거나 아니면 바지를 벗고 누운 사람의 생식기를 잡고 생살을 자르는 것이다. 그 부싯돌 칼로 그 생식기 끝을 주욱 돌려서 잘라낼 때 그것이 얼마나 고통스러운 수술이었는지 상상이 간다. 창 34:23-25 에서, 세겜 성 사람들이 할례를 받고 제 삼일에 미쳐 그

들이 고통할 때 야곱의 두 아들 디나의 오라비 시므온과 레위가 각기 칼을 가지고 가서 부지중에 성을 엄습하여 그 모든 남자를 죽이고 라는 말씀이 나온다. 할례를 받고 사나흘은 생식기가 아파서 끙끙 앓고서 고통을 당하며 누워 있어야 했다.

그런 고통스러운 일을 왜 구지 남자들이 감내하여야 했을까? 더구나 지금 가나안 땅에 상륙하여 저들은 바로 원수들의 문턱에 와 있다. 모든 남자들이 다 할례를 받아 고통스럽게 끙끙하고 누워 있는데 원수들이 급습해 온다면 어떻게 하겠는가? 아무런 대책이 없다. 남자들 중에 군인이라고 할례를 받았던 것도 아니었다. 모든 남자가 다 할례를 함께 받았다. 남자면 어린이부터 어른까지 다 받았다. 그런 와중에 원수가 공격하면 영락없이 다 몰살을 당하는 것이지만, 왜 그렇게 고통스럽고, 왜 그렇게 위험천만한 일을 하필 그 원수의 문턱에 가서 하는 것이냐? 하는 것이다. 저 요단강 건너편에서도 할 수 있었는데 말이다.

할례는 남자들 생식기 끝을 잘라내는 것이지만, 여자는 제하고, 남자가 대표로 하나님 앞에서 받는 것인데, 이것은 하나님께 속한다, 하나님의 백성이다, 하나님의 언약 백성이다 하는 표시를 몸에 새기는 의식이었다. 그렇기 때문에 영적으로 이 할례는 소속을 표시한다. 나는 하나님께 속한 백성이다. 언약 백성이다. 구분을 의미하고 소속을 의미한다. 그러면 영적으로는 이것은 어떤 상징적인 의미를 갖느냐? 육체를 베어 내는 것은 상징이고, 그 영적인 의의는 성령체험을 통하여 하나님께 완전히 속하는 영적 변화를 의미할 것이다.

렘 4:4 유다인과 예루살렘 거민들아 너희는 스스로 할례를 행하여 너희 마음 가죽을 베고 나 여호와께 속하라 그렇지 아니하면 너희 행악을 인하여 나의 분노가 불같이 발하여 사르리니 그것을 끌 자가 없으리라

롬 2:29 오직 이면적 유대인이 유대인이며 할례는 마음에 할찌니 신령에 있고 의문에 있지 아니한 것이라 그 칭찬이 사람에게서가 아니요 다만 하나님에게서니라

이스라엘 사람들이 구지 원수의 문턱에서 할례를 행하도록 하나님께서 명하신 것은 이제 약속의 땅 가나안에 들어갔기 때문에 이제부터는 소속감을 분명히 해야 한다, 그 정체성을 확실하게 해야 한다는 것을 요청하신 것이다. 너희는 누구의 소속이냐? 이제 약속의 땅, 하나님과 함께 거할 땅에서는 하나님께 속하는 표시를 몸에 가져야 한다. 소속을 분명히 해야 한다. 한국 땅에서 사는 사람은 주민등록증을 가져야 한다.

하나님의 백성은 마음에 할례를 받아서 마음 가죽을 베고 하나님께 속하는 표시를 해야 한다. 이것은 영적인 소속감을 반드시 가져야 그분의 거룩한 땅, 가나안에서 활동할 수 있다는 점을 강조하기 위함이었다. 오늘날로 하면 회개하고 성령세례 받는 것을 의미할 것이다. 완전한 회개를 하고 하나님의 백성으로 살아라! 그런 하늘나라 소속 신분증은 현실적으로 우리의 말을 통해서 드러나야 한다. 우리의 입술이 달라져야 한다. "야, 이것도 못하냐? 넌 바보냐?" 이렇게 말한다면 아직 마음에 할례 받지 못한 것을 드러내는 일이다. 마음의 변화는 입의 변화로 나타나야 한다. "그래, 너는 잘 할 수 있어, 내가 기도하고 있으니까, 다음에는 잘 할 것이야, 하나님께서 너를 도와주신다. 하나님께서 축복하실 것이다. 너무 낙심하지 말아라!" 이렇게 격려하고, 감사하는 말을 하고, 소망적인 말을 하고, 긍정적인 말을 해야 한다. 이것이 할례 받은 사람의 삶의 모습일 것이다.

(2) 유월절 사건이다. 가나안 땅에 들어가서 유월절을 지켰다. 오늘날로 하면 광복절을 지키는 것과 같다. 유월절이란 명절인데, 이스라엘이 이집트의 종살이에서 해방된 그 날을 기념하는 명절이다. 정월 14 일 저녁에 각 가정 마다 어린 양을 잡아서 그 어린 양을 구워서 쓴 나물과 함께 먹었다. 이 유월절(逾越節; Pesah)이란 넘을 유(逾) 넘을 월(越), "넘어가다" 란 의미를 가졌다. 이스라엘이 이집트에서 탈출하던 그 밤에 죽음의 사자(使者)가 집집마다 들어가서 그 집의 장자를(長子) 죽일 때, 이스라엘 사람들은 자기 집 문설주와 문지방에 어린 양 피를 발랐다. 그 피를 볼 때, 죽음의 사자는 그 집에 들어가지 아니하고 넘어갔다(출 12:13, 23, 27). 그래서 "유월절" 이다. 그러나 이집트인들은 피를 바르지도 않고 그냥 있다가 죽음의 사자가 들어와서 큰 아들은 모조리 죽였다. 이집트의 임금 바로의 큰 아들 왕세자도 그 날 밤, 죽임을 당했다.

비평가들은 피를 바르는 유월절 의식은 고대 유목민들이 "귀신을 축축하는 봄철 의식" 이었다고 (apotropaic ritual) 추

정한다. 예컨대, 드 보는 (de Vaux) 유월절이란 단어 "페사흐" 를 "파사흐" 동사와 연관시켜 "넘어가다" 로 해석하는 것이나, "페사흐" 가 "재앙" 을 의미하는 이집트어의 음역이라는 제안, 혹은 악카드어 "사샤후" (충족시키다, 속죄하다) 등과 연관시키는 제안을 일축하고, 문설주에 바르는 피는 고대 유목민들이 천막의 말뚝에 바르던 관례로 악귀를 쫓아내는 목적을 가졌다 한다 (드 보 1993:223).

이 때 바로 왕이 이스라엘을 빨리 쫓아 보내라! 이놈들을 잡아 두었다가는 우리가 다 죽게 생겼다! 그동안 수백 년 종살이 하던 이스라엘 백성을 그 밤에 해방시켰다. 이스라엘은 이제 우리나라에서 나가도 좋다! 그렇게 강팍하던 바로 왕도 자기 큰 아들이 죽어 넘어지자, 이스라엘을 놓아 보내게 했던 것이다.

영적으로 이것을 무엇을 의미하느냐? 바로 왕은 사단과 귀신을 상징한다. 이스라엘은 하나님의 백성인데, 하나님의 백성을 잡아서 종살이 시키는 사단과 귀신의 세력이 하나님의 능력 앞에서 더 이상 붙잡지 못하고 놓아 보내는 것이다. 그래서 유월절은 신약 성도들에게 영적인 해방의 날을 상징한다. 오늘날 우리는 죄의 종살이하고, 사단의 종살이하는 사람들을 본다. 불신자들은 하나같이 그런 상태에 처해 있다. 사람들은 그것을 모른다. 불신자들은 스스로 산다고 하겠지만, 그러나 분명 공중 권세 잡은 자, 곧 악령의 지배를 받고 조종을 받고 있다. 누가 강력한 악령의 손아귀에서 건져낼 것인가? 바로 예수 그리스도이시다.

처음에 바로 왕에게 하나님께서 모세를 보내서 내 백성 이스라엘을 놓아라! 가게 해라! 종살이 하는 이스라엘이 없으면 이집트인들이 궂은일을 해야 하니까 안 된다, 못 놔 준다고 버텼다. 그러나 열 가지 재앙을 내려서 하나님께서 이집트인들을 치시니까 결국 그 유월절 밤에 장자를 치시니까 바로가 두 손 들고 이스라엘을 해방시켰다. 마찬가지로, 하나님은 예수님을 믿겠다고 결단하고 교회로 나오면 그 사람을 사단 귀신이 방해할 때에 사단을 치시고 귀신을 치시고 건드리지 못하도록 해 주신다. 사단이나 귀신은 다 피조물에 불과하다. 보이지 않기 때문에 사람을 괴롭힐 수 있지만, 하나님께서 그 사람 건드리지 마! 라고 명령하시면 사단이나 귀신은 그 사람을 건드릴 수가 없다.

⑶ 그 땅의 열매를 먹은 사건이다. 가나안 땅에 들어가서 이스라엘은 그 땅의 곡식과 열매를 따서 먹었다. 그러자 그 동안 하늘에서 내려온 기적의 양식인 만나가 그쳤다. 다음 날 아침에 나가서 보니 아무리 기다려도 만나가 내리질 않는다. 왜 만나가 없냐? 고 아우성이다. 만나는 광야에서 곡식을 거둘 수 없는 곳에서 주신 기적의 양식이지만, 이제 농사지을 수 있는 땅에 들어갔으니까 그곳의 과실과 곡식을 먹을 수 있지 아니한가? 그러니까 만나가 그친 것이다.

이 사건을 통해서 우리는 영적 교훈을 얻을 수 있다. 하나님은 이스라엘을 이집트에서 해방시키시고, 그간 줄곧 만나를 내려 기적으로 광야에서 저들을 먹여 주셨다. 심지어 신발이나 의복이 닳지 않도록 초자연적으로 은혜를 주셨다. 물도 반석을 쳐서 흘러나온 물을 마시게 했다. 그런 기적들은 비상 (非常) 한 공급이다. 그러나 가나안 땅에 들어가자, 그런 비상한 공급은 중단되고 통상적인 공급이 시작되었다. 이것은 비상적 공급과 통상적 공급을 합하면 이스라엘 여정 전체, 이스라엘 삶의 전체를 하나님께서 공급해 주신다는 결론이 나온다.

우리는 지금 정상적이고 통상적인 공급을 받고 있다. 농사를 통해서 양식을 공급받거나 직장을 통해서 공급받는다. 그러므로 우리는 감사해야 한다. 우리는 왜 하늘의 만나가 없냐? 고 하지 말고 정상적인 생활에도 감사할 줄 알아야 한다. 꼭 교통사고를 당해서 살아나야 감사할 것이 아니고, 꼭 중병에 걸렸다가 치료받았다고 감사할 것이 아니라, 오히려 그런 사고 그런 질병에 걸리지 않고 건강 지켜 주심을 감사해야 한다. 우리는 정상 공급과 비정상 공급 두 가지를 다 받을 수 있는 하나님의 백성이다. 그러니까 지금 몸이 50 견이다, 당뇨다 하면 비상한 공급을 구하셔야 한다. 초자연적인 기적을 구하고 신유를 구해야 한다. 그러나 특별한 병이 없으면 크게 감사하면 더욱 충성해야 한다. 정상 공급을 받고 있기 때문이다. 북한에는 비상 공급도 없고, 정상공급도 부족하다. 그러니까 백성들이 주리고 헐벗고 고통을 당한다. 하나님을 배척하고 공산 무신론 사상을 따르기 때문이다.

(2) 게셀은 주전 970 년에 이집트가 함락했다면 (왕전 9:16), 삿 1:29 에서는 아직 게셀에 가나안 거민이 살고 있는 것으로 언급한다.
(3) 여부스에도 아직 가나안 거민이 장악하고 있는 것으로 나타난다 (삿 1:21). 여부스는 다윗 시대에 함락되었다 (삼하 5:6–7).
(4) 삿 3:3 에 의하면, 시돈은 아직 두로의 지배하에 있지 아니했다 (주전 12 세기 이전)
(5) 삿 17:6, 21:25 에서 언급된 "왕" 은 (멜렉) 왕정제의 왕이란 의미보다, 추장이나 지도자 정도로 이해해야 한다. 창 36:37–39 에서 "멜렉" 이란 말은 왕이 아니라 추장 정도를 지시한다. "멜렉" 을 이렇게 보아야 할 이유는 삿 20:28 에서 "아론의 손자 엘르아살의 아들 비느하스가 그 앞에 모셨더라)" 란 진술은 삿 17–21 장 사건들이 여호수아 사후, 사사들이 일어나기 전의 혼란 시대를 묘사한다는 것을 암시해 준다. 그러나 사사기 전체는 아마도 기록된 사건들이 일어난 시기보다 약간 늦게 기록된 듯 보인다. 다음과 같은 이유 때문이다.

1) 실로의 파괴를 기록한다 (삿 18:30–31). 이는 사무엘의 유년기에 일어난 일이다 (삼상 4 장, 대략 주전 1080 년).

2) 마지막 사사 삼손의 죽음은 (삿 16:30–31) 사무엘이 사사로 활동하기 몇 년 전이었다 (대략 1063 년).

그렇다고 하더라도, 추방 후에 사사기에 기록되었을 가능성은 없어 보인다.

3) 내용 분해

(1) 신학적 서론 (1:1–3:6)

a. 가나안 족속을 완전히 정복하지 못했음 (1:1–36)
b. 그 결과로 이스라엘에 대한 심판 (2:1–3:6)

(2) 사사들의 통치 (3:7–16:31)

a. 유다 지파의 옷니엘 (3:7–11);
b. 베냐민 지파의 에훗 (3:12–30);
c. 레위 지파의 삼갈 (3:31);
d. 드보라와 바락 (4:1–5:31);
e. 므낫세 지파의 기드온 (6:1–8:32);
f. 잇사갈 지파의 돌라 (10:1–5);
g. 길르앗 지파의 야일 (10:1–5);
h. 길르앗 지파의 입다 (10:6–12:7);
i. 유다 지파의 입산 (12:8–15);
j. 스불론 지파의 엘론 (12:8–15);
k. 에브라임 지파의 압돈 (12:8–15);
l. 단 지파의 삼손 (13:1–16:31)

(3) 후기 : 이스라엘에 사사가 없었을 때 (17:1–21:25; 여호수아 사후 시대)

a. 미가의 우상숭배와 단 족속의 이주 (17:1–18:31)
b. 기브아에서의 범죄, 그 결과로 베냐민 지파와의 전쟁 (19:1–21:25)

4) 사사기는 무엇을 가르치는가 ?

첫째로 , 바른 지도자

사사시대는 여호수아와 그 당대 장로들이 역사의 무대에서 사라진 후부터 시작되는데 , 성령님의 카리스마를 입은 지도자가 나타나 원수들의 압제에서 백성을 구원했다 . 그들은 "쇼페트" 라 불리는데 , 왕은 아니지만 , 최고 통치자로서 , 카리스마에 의해 위기를 통해 지도자 지위에 올랐다 . 세속 국가에서 유사한 예를 찾는다면 난세에 영웅들이 차례로 나타나 나라를 지도하는 영웅 (英雄) 호걸 시대라고나 할까 ? 그러나 중국의 춘추전국시대나 일본의 전국시대와는 전혀 다르다 . 왜냐하면 이스라엘에서는 서로 겨루는 군웅할거가 (群雄割據) 아니라 , 외적의 압제에서 민족을 건져내는 일을 담당하는 신적 카리스마를 입은 영웅의 출현일 뿐이었다 .

사사들이 통치할 때 나라에 평안이 있었고 질서가 있었지만 , 지도자가 없을 때는 인민이 어둠 속에서 어리석게 자기들의 판단대로 행동했다 .

나라에 믿는 지도자가 서는 것이 얼마나 중요한지 모른다 . 언젠가 중국의 총리와 일본 총리 , 그리고 한국 대통령이 한 자리에 모여 회담을 하는데 , 누가 보아도 한국 대통령은 다른 두 나라에 비하면 국력이나 인구 면에서 초라하기 그지없는 나라의 지도자로 밖에 보이지 않을지 모른다 . 그러나 영적인 눈으로 본다면 한국 대통령은 교회 장로요 다른 두 나라 지도자는 말하자면 아무 것도 없는 빈껍데기에 불과했다 . 기껏 불교나 신도 아니면 무신론자일 것이기 때문이다 . 영적으로 세 지도자를 비교한다면 우리 한국이 얼마나 복 받은 나라인가 ? 하나님을 후원자로 모신 지도자가 빈껍데기 지도자들과 함께 앉아 있을 때 , 비록 외형적으로는 저들이 위세가 더 있을지 몰라도 , 보이지 않는 영적 세력에서는 절대 그렇지 아니한 것이다 .

중국에 가서 느낀 것은 그들은 잘못된 사상 때문에 많이 뒤쳐졌었지만 , 이제 지도자들이 경제에 눈을 뜨고 세상을 따라잡고자 열심히 경주하고 있다는 점이었다 . 그렇지만 그들은 여전히 공산 무신론 사상의 지배를 받고 있다 . 중국이 다시 세상의 지도국이 되려면 사상을 바꾸고 하나님을 공적으로 섬기는 자유가 보장되는 민주화가 이루어져야 한다 . 그렇게 될 때 무대 뒤에서 이루어질 불을 보듯 뻔한 기만과 술수 , 온갖 모략에 의한 공산당의 통치 대신 정직한 정치가 행해지고 , 정직이 뒷받침 될 때만 중국은 다시 세계의 지도국으로 우뚝 설 것이 분명하다 . 그렇지 않는다면 현재 아무리 경제가 발전하고 외적으로 놀라움을 자아낸다 해도 결코 세계의 일등국으로 발돋움하기는 어려울 것이다 .

일본도 마찬가지이다 . 아시아에서 유일하게 서구 문명을 신속하게 받아들였지만 , 겉모양만 흉내 내었을 뿐 서양의 사상 , 곧 기독교 신앙은 배척했다 . 그래서 일본은 겉은 화려하고 번듯해도 속은 우상문화로 썩었다 . 그래서 일본은 장래의 소망이 없어 보인다 . 일본은 세계 최고 기술을 가졌지만 , 저들이 세계를 지도하기에는 턱도 없이 사상적으로 빈곤하고 허약하다 . 일본은 가능성이 무한한 나라이지만 , 저들도 전 국민에게 만연한 혼합종교 사상을 제하고 , 참 하나님을 믿는 믿음으로 국민들 다수가 돌아오기 전에는 소망이 없을 것이다 .

한국은 어떤가 ? 기독교 인구가 30 퍼센트에 달하는데 , 교회들이 순결을 지키고 강력하게 기도해서 나라의 지도가 믿음의 사람이 나오도록 만들어야 한다 . 어리석은 지도자가 다시는 이 땅에 발붙이지 못하도록 나라와 민족을 위한 눈물을 많이 뿌려야 한다 . 물론 복음으로 평화 통일이 신속이 이루어지도록 많이 기도해야 한다 .

우리나라에는 이승만 , 윤보선 , 김영삼 , 이명박 대통령 등이 믿음의 사람들인데 – 그들의 신앙의 색깔이나 강도는 제쳐놓고 외적으로는 적어도 기독인들이었다 – 믿음이 없는 자들보다 더 나은 것이 없었다고 혹평할 수도 있지만 , 그래도 성경을 조금이라도 아는 사람하고 모르는 사람하고는 천양지차가 아니겠는가 ? 장면 , 김대중 등은 가톨릭 교도였지만 , 저들에게 참 하나님을 경외하는 마음이 있었는지는 알 수가 없다 .

사사기에는 두 번 유사한 구절이 등장한다 :

삿 17:6 그 때에는 이스라엘에 왕이 없으므로 사람마다 자기 소견에 옳은 대로 행하였더라

삿 21:25 그 때에 이스라엘에 왕이 없으므로 사람이 각각 그 소견에 옳은 대로 행하였더라

사사기의 구조를 본다면 , 1:1–3:6 이 신학적 서론이고 , 3:7–16:31 이 사사들의 통치를 묘사하고 , 17:1–21:25 에서 사사들이 등장하기 전 , 여호수아와 그 당대 장로들이 죽은 이후 시대의 혼란상을 묘사한다 . 이 마지막 부분은 비록 사사기 맨 나중에 배치되었지만 , 연대기적으로는 사사들의 등장 이전 시대를 다룬다 .

이 여호수아 이후 , 사사들 이전 시대는 한 마디로 지도자가 없는 혼란의 시대였다 . 영적으로 혼란하여 어떤 영적인 빛이 비춰지 못하므로 사람들이 어둠 가운데서 어리석게 행동을 했다 . 미가의 우상숭배와 단 족속의 이주 (17:1–18:31), 레위인의 축첩과 , 그 첩에 대한 기브아 사람들의 범죄 행위 , 그로 인한 타 지파들과 베냐민 지파와의 전쟁 (19:1–21:25) 등이 그 어둠의 시대에 일어난 대표적인 어리석은 행동이었다 .

지도자는 모름지기 선악 사이에 판단이 분명해야 한다. 선을 추구하고 악을 미워하는 마음이 분명해야 한다. 참 하나님과 거짓 것 사이에 구분이 분명해야 한다. 그리고 어떤 결정을 내렸을 때 확실하게 밀고 나가는 용기와 배짱이 필요하다. 이것도 아니고 저것도 아니고 이런 식의 흐늘흐늘한 사람은 지도자로서 자격이 없다.
유다 지파의 옷니엘은 (삿 3:7–11) 용기가 있었던 사람이었다. 베냐민 지파의 에훗도 (삿 3:12–30) 그러했다.
레위 지파의 삼갈은 (3:31) 소 모는 막대기로 블레셋 사람 600 인을 죽이고 지도자가 되었다고 한다.

삿 3:31 에훗의 후에 아낫의 아들 삼갈이 사사로 있어 소 모는 막대기로 블레셋 사람 육백명을 죽였고 그도 이스라엘을 구원하였더라

단 한 구절이지만, 그는 용기 있는 믿음의 사람이었으라 생각할 수 있다. 어떻게 소 모는 막대기로 블레셋 사람을 600 인이나 상대할 수 있었겠는가? 믿음의 용기가 없었다면 가능치 아니한 일이었을 것이다.
한역에는 소 모는 막대기로 삼갈이 블레셋 600 인을 죽였다고만 한다. 원문에는 "죽였다" 대신에 "쳤다" 고 (wayyak) 나타난다. '친다' 는 것은 하나님을 주어로 하여 창 8:21, 출 12:12, 민 32:4, 삼상 4:8, 렘 2:30, 14:19 등에서 나타나는데, "쳐서 죽인다" 는 의미로 나타난다. 물론 인간이 치기도 하는데, 다윗은 '칼로' 그 땅을 쳐서 남녀를 하나도 살려두지 아니했다거나 (삼상 27:9) 왕이 군대로 적국을 칠 때 (창 14:5) 등에서도 나타난다. 삼갈은 군사들이 하듯 칼로 원수를 친 것이 아니다. "소 모는 막대기로 원수 블레셋 사람 600 인을 '쳐서' 죽였다" (他用　牛的棍子 打死六百非利士人 중국 화합본).

에훗의 구원 장면은 허벅지에서 칼을 꺼내어 배를 찔렀다, 칼자루가 배를 통과해서 기름에 묻어 나왔다고 자세하게 묘사하나, 삼갈의 경우에는 그저 개략적으로 묘사하고 이것으로 끝났다. 그가 어떻게 쳤는지 휘둘렀는지, 찔렀는지, 한꺼번에 그리했는지 여러 번 그리했는지, 혼자 그리했는지 여럿이 함께 그리했는지, 삼갈이 어떻게 소모는 막대기로, 70 인역은 소의 쟁기로 그리했다고 하는데, 어떻게 원수를 쳤는지에 대하여는 다시 언급이 없다. 그저 한 번에 휘둘러서 그처럼 큰 구원을 이루었는지 모른다.
삼손은 블레셋을 칠 때, 나귀 턱뼈로 일천 명을 쳤다. 기드온은 삼백 명 군사로 수십만의 미디안 군대를 전멸시켰다. 구원은 하나님께 속했다. 구원은 이렇게 사람의 숫자나 무기로 되어진 것이 아니다.

삼갈이 행한 일에 대한 묘사는 그것으로 끝이다. 그리고 기자는 "그도 이스라엘을 구원하였다" 는 (wayyōšaᶜ gam-hûʾ ʾeṯ-yiśrāʾēl) 진술을 첨가했다. 이 진술이 흥미롭다. "그도" (gam-hûʾ) 라고 하기 때문이다. 그 같은 사람도, 그 같은 농부라도 이스라엘을 구원했다 라고 말하는 것이다. 성령님이 임하시니 그렇게 하셨다고 했더라면 더 분명했을 터인데, 사사기 저자는 독자들이 추측하도록 내 버려두고 있다.
소 모는 농부라도 성령님이 임하시면 위대한 지도자가 될 수 있다. 중국의 전설적 성군 (聖君) 요순 (堯舜) 임금들은 삼갈보다 나은 것이 없었다. 저들도 농부였으리라 짐작되기 때문이다. 오늘날 대학 나오고, 학생회장 하고 국회의원 좀 하고 그렇게 해서 대통령이 되거나 군인으로 오래 일하다가 쿠데타를 통해 정권을 잡기도 했다. 어떤 사람은 고시를 합격하고 고위 공무원으로 일하다가 지도자의 자리에 오르기도 한다. 이런 사람들이 농부들하고 식견은 좀 더 있을지 모르겠다. 글자는 좀 더 깨쳤는지 모르겠다. 그렇다고 이런 지도자가 영적으로 감동을 받는 농부보다 더 나을 것은 없을 것이다.
삼갈의 부친은 "아낫" 이란 인물인데, 이 '아낫' 이란 이름은 가나안의 여신 이름이었다. 삿 1:33, 수 19:38 에서 "아낫의 아들" 은 "벳아낫의 아들" 로도 언급된다. 이로 미루어 아낫의 아들은 아낫 신당의 아들이란 의미일 수도 있다. 어쩌면 그 부친은 아낫 여신을 섬기는 이방인 박수였을지도 모른다.
그런데 삿 5:6 에서 삼갈의 시대에 대로는 텅텅 비었다고 하는데, 적군들이 출몰하기 때문에 사람들이 샛길로 살며시 몰래 다녔기 때문일 것이다. 블레셋이 특별히 이스라엘을 압제하며 괴롭혔다. 이 블레셋은 오늘날로 하면 악령의 세력들이다. 이스라엘이 영적으로 타락하자 악령들이 설치기 시작했다. 이를 쫓아내는 일은 영적으로 강건한 사람의 몫이다. 성령충만한 사람을 악령은 두려워한다. 거룩한 사람을 무서워한다. 그렇다면 삼갈을 오늘날 성령 충만한 사람으로 대입시켜 생각해도 된다. 삼갈은 학력이나 신분, 직업 등에서 보잘 것 없었지만, 하나님과의 관계가 긴밀하여 하나님의 성령님의 능력을 덧입었다. 그래서 블레셋을 칠 수 있었다. 우리에게 이런 능력이 있는가? 하나님의 나라는 말에 있지 않고 능력에 있다고 했다 (고전 4:20). 자신의 어떤 조건이나 환경을 탓하지 말고, 얼마나 주님을 기쁘시게 하는 삶을 사는지, 얼마나 그분하고 교제하는 삶을 사는지 여기에 그 사람의 능력이 있는 것이다.

600명을 쳐서 죽였다. 이는 오늘날로 하면 한 사람이 600명의 귀신을 쳐서 멸했다는 말이다. 아니면 보잘 것 없는 한 사람이 600명을 전도했다. 사람을 전도한다는 것은, 교회로 인도하고 그리스도인으로 세운다는 것은 가장 귀한 일이다. 이 일에 눈독을 들이고 관심을 쏟는 사람은 별로 없다. 가장 귀한 일에 관심을 쏟아야 한다. 교회에서 누가 하나님의 마음을 가장 기쁘시게 하는가? 일군이다. 자기도 가누지 못하고 빈번히 넘어지고 목사님 때문에 혹은 누구 때문에 시험에 들었다는 등 하는 사람은 어린아이에 불과하다. 자신을 쳐서 복종시키면서 교회에 어떻게 한 사람이라도 채울까? 교회에 무엇이 가장 필요할까? 이렇게 생각하는 마음을 갖는 사람을 우리는 일군이라 부른다. 사람들이 많이 있어도 정말로 교역자에게 도움이 되는 사람은 일군밖에 없다.

드보라와 바락은 (4:1–5:31) 여자와 남자이지만, 여자가 영적 권능으로 남자 장군을 지도하고 있다. 성령님이 충만하면 여인도 이렇게 지도자로 부상한다.

기드온은 (삿 6:1–8:32) 므낫세 지파 출신인데, 그가 사사가 되기 전에 이스라엘은 악을 자행하므로, 7년 동안 미디안 족속의 손에서 압제를 당하고 있었다 (삿 6:1). 기드온과 연관하여 몇 가지 특징적인 일들이 나타나는데, 그 하나는 미디안 족속의 압제가 좀 자세히 묘사되었다는 점 (2–5절), 그들 때문에 이스라엘이 야웨께 부르짖으니, 한 선지자를 보내 메시지를 주셨다는 점 (8–10절), 그리고 기드온을 부르시고 이스라엘을 구원하실 때에 기드온의 답변에서 드러나듯, 기드온의 집안이 므낫세 지파 중에서 극히 약하고, 기드온은 그 아비 집에서 가장 작은 자였다는 사실이다 (삿 6:15).

압제는 극에 달하였고 이에 이스라엘은 견딜 수 없어 하나님께 부르짖을 수밖에 없었고, 이런 부르짖음에 응답하여 하나님은 선지자를 통해 저들의 고통의 원인을 가르쳐주셨고 기드온을 부르사 민족을 구원하도록 하셨다. 기드온은 가장 작은 자였다. 적어도 자기가 그렇게 고백했다. 아마 그는 자기 집안에서 가장 무용지물로 간주되었는지 모른다. 그런데 하나님은 약한 자를 들어 강한 자를 부끄럽게 하신다. 기드온을 들어서 사용하시는데, 나중 기드온은 3만명의 군사가 많다고 하나님께서 보내라고 하시는 말씀을 이해하지 못했다. 1만 명이 남았을 때도 더 보내야 한다고 하셨다. 300명만 남았는데 그들을 데리고 어떻게 십 수만의 미디안 족속을 칠 수 있겠는가? 그러나 하나님은 너희 군대로 이겼다고 말하게 하고 싶지 않으셨다. 내가 너희에게 승리를 주었다 라는 사실을 저들이 깨닫기를 원하셨다.

저희가 자기 칼로 땅을 얻어 차지함이 아니요 저희 팔이 저희를 구원함도 아니라
오직 주의 오른손과 팔과 얼굴의 빛으로 하셨으니 주께서 저희를 기뻐하신 연고니이다 (시 44:3)

잇사갈 지파의 돌라 (10:1–5)
길르앗 지파의 야일 (10:1–5)
길르앗 지파의 입다 (10:6–12:7)
유다 지파의 입산 (12:8–15)
스불론 지파의 엘론 (12:8–15)
에브라임 지파의 압돈 (12:8–15)
단 지파의 삼손 (13:1–16:31)

이들은 각기 출신은 달랐고 배경도 달랐지만 한 가지는 저들이 모두 성령님의 카리스마를 입어 일약 전국의 영웅으로 지도자로 부상했다는 점이다. 이는 자신의 조건이나 환경을 탓하지 말고 성령님에 붙잡히면 된다는 믿음을 가지고 주를 기쁘시게 하는 삶을 살면 언젠가 기회가 주어진다는 것을 가르쳐 준다. 남을 탓하고 불평 원망하는 사람은 절대로 지도자가 될 수 없다. 지금 주어진 여건에서 믿음으로 하나님을 쳐다 보아야 한다. 그분의 마음을 움직여야 한다. 그러면 그분의 능력이 임한다. 그것이 내가 성공하는 비결이어야 한다.

둘째로, "이미" 와 "아직 아니" 의 긴장 속에서

비평가들은 삿 1장은 여호수아서와 서로 모순되는 기사를 제시한다고 말한다. 여호수아서는 이미 가나안 땅을 전부 정복했다고 하는데, 사사기 1장은 또 정복 전쟁을 하는 것으로 묘사하기 때문이다.

43 여호와께서 이스라엘의 열조에게 맹세하사 주마 하신 온 땅을 이와 같이 이스라엘에게 다 주셨으므로 그들이 그것을 얻어 거기 거하였으며 44 여호와께서 그들의 사방에 안식을 주셨으되 그 열조에게 맹세하신 대로 하셨으므로 그 모든 대적이 그들을 당한 자가 하나도 없었으니 이는 여호와께서 그들의 모든 대적을 그들의 손에 붙이셨음이라 45 여호와께서 이스라엘 족속에게 말씀하신 선한 일이 하나도 남음이 없이 다 응하였더라 (수 21:43–45)

여호수아는 아닌게 아니라 가나안 땅을 전부 정복한 양 말씀하고 있다. 그런데 삿 1장을 보면 다시 지파들이 정복 전쟁을 벌인다. 왜 이렇게 서로 모순되는 듯 보이는가? 그 대답은 여호수아서는 약속의 성취에 강조점을 두면서 현실적으로는 전부 구석구석 다 정복한 것은 아니었어도 적의 주력은 전멸시켰으므로 그렇게 기록한 반면, 사사기 1장에서는 현실적으로 아직 구석 구석 정복하지 못한 곳이 남아 있는 현실을 보여주고 있다.

특히 이스라엘에게 불리한 전쟁은 평지에서의 전쟁이었다. 평지를 달리는 철 병거를 가진 족속들과 접전할 때 보병 중심인 이스라엘은 절대 불리하였다. 반면 산악 전투에서 이스라엘은 유리했다. 저들은 보병으로 꿀릴 것이 없었기 때문이다. 그래서 다음과 같은 진술이 나온다:

여호와께서 유다와 함께 하신 고로 그가 산지 거민을 쫓아내었으나
골짜기의 거민들은 철병거가 있으므로 그들을 쫓아내지 못하였으며 (삿 1:19)

그런데 삿 1장을 보면, 지파들이 용기를 내어 정복전에 돌입하면 그 때마다 하나님은 저들에게 승리를 주셨지만, 가만히 있을 때는 아무 결과도 없었다는 점이 부각된다.

유다 지파

4 유다가 올라가매 여호와께서 가나안 사람과 브리스 사람을 그들의 손에 붙이신지라
8 유다 자손이 예루살렘을 쳐서 취하여 칼날로 치고 성을 불살랐으며
9 그 후에 유다 자손이 내려가서 산지와 남방과 평지에 거한 가나안 사람과 싸웠고

요셉 족속 (므낫세와 에브라임)

22 요셉 족속도 벧엘을 치러 올라가니 여호와께서 그와 함께 하시니라
27 므낫세가 벧스안과 그 향리의 거민과 다아낙과 그 향리의 거민과 돌과 그 향리의 거민과 이블르암과 그 향리의 거민과 므깃도와 그 향리의 거민들을 쫓아내지 못하매 가나안 사람이 결심하고 그 땅에 거하였더니
28 이스라엘이 강성한 후에야 가나안 사람에게 사역을 시켰고 다 쫓아내지 아니 하였더라
29 에브라임이 게셀에 거한 가나안 사람을 쫓아내지 못하매 가나안 사람이 게셀에서 그들 중에 거하였더라

실패한 지파들 (스불론, 아셀, 납달리)

30 스불론은 기드론 거민과 나할롤 거민을 쫓아내지 못하였으나 가나안 사람이 그들 중에 거하여 사역을 하였더라
31 아셀이 악고 거민과 시돈 거민과 알랍과 악십과 헬바와 아빅과 르홉 거민을 쫓아내지 못하고
32 그 땅 거민 가나안 사람 가운데 거하였으니 이는 쫓아내지 못함이었더라
33 납달리가 벧세메스 거민과 벧아낫 거민을 쫓아내지 못하고 그 땅 거민 가나안 사람 가운데 거하였으나 벧세메스와 벧아낫 거민들 이 그들에게 사역을 하였더라

가나안 족속의 완강한 저항과 요셉 족속의 제압

34 아모리 사람이 단 자손을 산지로 쫓아 들이고 골짜기에 내려오기를 용납지 아니하고 35 결심하고 헤레스 산과 아얄론과 사알빔에 거하였더니 요셉 족속이 강성하매 아모리 사람이 필경은 사역을 하였으며

이런 사사시대의 상황은 오늘 그리스도의 십자가와 부활 사건이 이후를 사는 우리 성도들의 처지와 유사하다. 그리스도께서 여호수아 장군처럼 십자가에서 마귀의 머리통을 박살내셨고 주력을 완전 무장해제하셨다. 그러나 그 졸개들은 아직도 남아서 기를 쓰고 성도들을 대적하여 덤비고 있다. 오스카 쿨만은 이런 신약 성도들의 상황을 2 차 대전의 노르망디 상륙작전과 최후 승리 사이의 긴장 관계에 비유하여 말하길, 우리는 D-day 와 V-day 중간에 살아간다고 했다. D 는 그냥 day 를 상징하고, V 는 승리의 약자이다. 주님의 재림은 최후 승리의 날이라면, D 데이는 그리스도의 십자가 사건으로 사단의 세력을 무장 해제시킨 날이다 (골 2:14-15).

이 신약 시대 전반은 사사시대처럼 주력부대는 격파했으나 잔당들이 게릴라 전으로 출몰하여 괴롭히는 시대이다. 예수님의 이름 권세로 담대하게 나아가면 이기지만, 가만히 있거나 무서워하면 마귀는 자신의 머리가 깨어졌다는 사실을 성도에게 속이고 기를 쓰며 달려든다. 계 20:4-6 이나 엡 2:5-6 은 우리의 현재 상태를 잘 보여준다. 현재 우리는 그리스도와 함께 죽은 자리에서 일어났고 살리심을 얻었으며 그리스도와 함께 하늘 보좌에 앉힘을 받은 왕 같은 제사장들이다. 이런 영적 지위에 걸 맞는 능력을 기도로 소유할 때만 마귀의 세력을 완전히 제압하고 승리할 수가 있다.

위에서 유다와 요셉 족속은 그렇게 승리했지만, 나머지 지파들은 주력이 격파당한 가나안을 무서워하여 혹은 다 몰아내는 일에 무관심하여 그대로 두었다. 그 결과는 저들이 저들에게 올무가 되고 덫이 되어 결국 우상숭배에 빠지게 했고, 원수의 손에 압제를 당하게 만들었다. 성령님의 기름부음을 사모하고 능력을 받아야 한다. 그리고 세계를 복음으로 정복해야 한다. 이것이 이미 십자가로 전략적 승리를 거두었고, 아직 최후 승리에 이르지 못한 상태에 처한 우리가 감당해야 할 사명이다.

셋째로, 카리스마의 지도자

"카리스마" 는 헬라어인데, "카리스" 의 (은혜) 결과로 주어지는 은사, 특전을 가리킨다. 영어 charisma 는 이 성경 헬라어에서 유래했다고 보인다. 그런데 카리스마는 신약성경에서 하나님의 성령님의 임재의 결과로 나타나는 여러 가지 초자연적인 선물들이다 (고후 12:4, 9). 예컨대, 병 고치는 능력인 신유 (神癒) 은사, 방언의 은사 등이 바로 "카리스마" 이다.

그렇다면, 사사 시대 사람들에게도 이런 "카리스마" 가 나타났을까? 그것을 확인하려면, 그 "카리스마" 를 가능케 하는 성령님이 어떻게 그 시대에 역사했는지를 살피면 될 것이다. 영은 (靈 "루아흐") 삿 3:10, 6:34, 8:3, 9:23, 11:29, 13:25, 14:6, 19, 15:14, 19 등에서 나타난다. 여기서 8:3 에서는 사람의 "분노" (**rûḥām**, "그들의 분노"), 9:23 은 "악령" (**rû^{a}ḥ rāʿā^{h}**), 15:19 에서는 사람의 "기력" 이란 의미이다. 나머지 구절들은 "영" 의 활동을 묘사하는 동사에 따라 다음과 같이 네 가지로 분류될 수 있다.

1) 삿 3:10, 11:29 야웨의 영이 그 (옷니엘, 입다) 위에 임하였다
   (**wattəhî ʿālāyw rû^{a}ḥ-yhwh**)
2) 삿 6:34 야웨의 영이 기드온을 감쌌다 (**wərû^{a}ḥ yhwh lāb̲šā^{h} ʾet̲-gid̲ʿôn**)
3) 삿 13:25 야웨의 영이 그를 (삼손) 감동시키기 시작했다
   (**wattāḥel rû^{a}ḥ yhwh ləp̄aʿămô**)
4) 삿 14:6, 19, 15:14 야웨의 영이 그 (삼손) 위에 급히 임하였다
   (**wattiṣlaḥ ʿālāyw rû^{a}ḥ yhwh**)

영의 활동을 묘사하는 동사들의 의미를 분석해 본다면, 약간의 뉘앙스 차이가 느껴지지만, 이 네 동사들은 광의적 의미에서 동의어로 볼 수 있을 것이다.

1) 야웨의 영이 옷니엘 위에 임하였다.

2) 야웨의 영이 기드온을 옷처럼 감쌌다
3) 야웨의 영이 삼손을 감동시키셨다.
4) 야웨의 영이 삼손에게 급하게 임하셨다.
1) 에 사용된 동사 (하야) 영어에서 be 동사처럼 "- 이다, - 이 되다"란 (be, become) 의미만 아니라, "일어나다" (happen) 의미도 갖는다. 이 동사가 "루아흐"를 주어로 하여, 전치사 "알"을 동반하면, "영이 누구에게 임하다"가 (the Spirit came upon someone) 된다. 특히 사사들에게 성령님은 임하셔서 저들에게 능력과 지혜로 옷 입히셨다. 옷니엘에게 영께서 임하시니, 그는 이스라엘의 사사가 되어 구산 리사다임이란 이방인 압제자의 손에서 이스라엘을 구원할 수 있었다. 삼상 19:20, 23 등에서는 사울이 다윗을 체포하라고 보낸 사자들이 사무엘과 일단의 선지자 무리에게 이르자, 하나님의 영이 저들에게 임하여 저들은 예언하기 시작했다. 사울 왕까지도 그 선지자 무리에게 가자 그런 역사가 나타나서 예언하였다.
2) 에 사용된 동사는 "감싸다" 로 우리가 번역했는데, - 에게 "옷 입히다" 란 (clothe) 의미이다. 성령님이 어떤 사람을 옷처럼 감싸시고 능력과 지혜를 충만케 하신다. 영께서 기드온을 감싸시니 별 볼일 없던 기드온이 나팔을 부니 아비에셀 족속이 다 그에게로 모이고, 사신들을 므낫세 지파에 두루 보내고 아셀, 스불론, 납달리 지파에도 보내니 무리가 와서 기드온을 좇았다 (삿 6:34, 35).
3) 에 사용된 동사는 "영" 을 주어로 할 때, 어떤 사람을 "감동시키다" (move), "자극하다" 란 (stir) 의미이다. 이 경우 삼손을 영께서 처음으로 감동시키셨다고 한다 (삿 13:25). 아마 4) 의 동사와 비교하면, 같은 사람 삼손에게 처음 감동하기 시작하시고, 다음에 급하게 임하여 그를 강력하게 사로잡으므로 초자연적인 일들을 삼손이 감동한다. 즉 3) 의 동사는 4) 에 비해 시초적, 온유한 감동의 역사를 묘사한다. 4) 는 3) 에 비해 강력하고 초자연적 힘과 능력의 역사를 일으킨다.
4) 에 사용된 동사는 쪼개다 〉 억지로 들어가다 〉 침투하다, 관통하다 〉 성공하다 (형통하다) 등으로 의미상의 발전이 진전되었다. 억지로, 강제로 갑자기 어떤 대상에게 급히 성령께서 강림하시어 그를 확 사로잡는 상황을 연상시킨다. 그러면 방언과 예언의 역사가 나타난다 (삼상 10:6, 10, 11:6). 특히 삼손에게 영께서 급하게 강림하실 때, 그는 초자연적인 힘이 함께 하여 놀라운 일을 행할 수 있었다. 예컨대, 성령님이 그를 강하게 사로잡을 때, 맨 손으로 사자를 염소처럼 찢거나 (삿 14:6), 블레셋 사람 30 인을 쳐 죽이고 노략질 하였다 (삿 14:19).
이런 영의 역사를 고찰해 볼 때, 사사들에게 성령님이 임하여, 저들에게 "카리스마" 를 부여함으로 저들은 어느 날 갑자기 지도자로 부상되고, 나라를 외적에게서 구원하는 구원자가 될 수 있었다. 이 영적, 초자연적 카리스마는 보통 사람이 가질 수 없는 담력과 능력, 언변, 지혜와 권능을 사사들에게 부여했다.
사사들이 방언이나 예언을 했는지는 알 수 없다. 적어도 "영" 의 임하심으로 그런 역사가 사사들에게 있었다는 언급이 없기 때문이다. 그런데 나중 사무엘이 지도하는 선지자 무리나, 사울 왕, 사울의 사자들이 모두 하나님의 신이 강림하자 예언했다는 (삼상 19:20, 23) 사실에 비추어 사사들도 어쩌면 방언이나 예언 같은 체험을 했을 것이다.

넷째, 선지자의 메시지

의사가 처방을 하면 그 처방대로 약을 사용해야 한다. 의사가 진단을 했으면 수술을 하거나 약을 사용해야 하듯, 영적으로 진단을 했으면 그 진단에 순종하여 행해야 한다. 언약 백성에 대한 하나님의 진단서는 선지자를 통해 주어지는데,

A 삿 6:8 이스라엘 하나님 여호와께서 이같이 말씀하시느니라
B 내가 너희를 이집트에서 인도하여 내며 너희를 그 종 되었던 집에서 나오게 하여
9 이집트 사람의 손과 너희를 학대하는 모든 자의 손에서 너희를 건져 내고

그들을 너희 앞에서 쫓아내고 그 땅을 너희에게 주었노라
C 10 내가 또 너희에게 이르기를
나는 너희 하나님 여호와니 너희의 거하는 아모리 사람의 땅의 신들을 '경외하지' 말라
C' 하였으나 너희가 내 목소리를 청종치 아니 하였느니라 하셨다 하니라
(kōʰ-ʾāmar yhwh ʾĕlōhê yiśrāʾēl
ʾānōḵî heʿĕlêṯî ʾeṯḵem mimmiṣrayim wāʾōṣîʾ ʾeṯḵem mibbêṯ ʿăḇāḏîm
9wāʾaṣṣīl ʾeṯḵem miyyaḏ miṣrayim ûmiyyaḏ kol-lōḥăṣêḵem
wāʾăgārēš ʾôṯām mippənêḵem wāʾettənāʰ lāḵem ʾeṯ-ʾarṣām
10wāʾōmrāʰ lāḵem ʾănî yhwh ʾĕlōhêḵem
lōʾ ṯîrʾû ʾeṯ-ʾĕlōhê hāʾĕmōrî ʾăšer ʾattem yôšḇîm bəʾarṣām
wəlōʾ šəmaʿtem bəqôlî)

본문에서 A, B, C, D 라 구분한 것은 각기 사신 도입문 (messenger formula), 역사 서언 (B), 언약 법규 (C), 기소문 (C') 등을 의미한다 (최종태 2003:11 장 참조). 역사서언에서는 하나님께서 언약 백성 이스라엘에게 베푸신 은총을 회상시키고, C 에서는 언약 백성에게 언약 조항을 상기시킨다. 그리고 C' 에서는 언약 조항을 근거로 언약 백성을 기소한다. 너희는 아모리 사람의 땅의 신을 경외하지 말라 (한역, 두려워 말라) 하였으나 (언약조항), 너희는 이방신들을 섬겼다 (언약 법규에 근거한 기소).

여기에 처벌이 선고되어야 하는데 생략된 것은 이미 저들은 미디안의 손에서 압제를 당하고 있었기 때문에 생략된 것이다.

이 심판 메시지가 의도하는 바는 무엇인가? 하나님은 이 메시지를 통해서 이스라엘에게 무슨 말씀을 하고 싶어하시는가? 그것은 저들에게 회개를 촉구하시려는 것이다. 너희가 고통스럽다고 부르짖는데, 미디안의 압제가 우연히 온 것이 아니라, 너희가 언약을 깨었기 때문이니라! 라고 알려 주시는 것이다. 하나님께서 미디안을 통해 처벌하시는 것이다. 이 사실을 알면 구원이 얼마나 쉽게 오겠는가? 문제의 원인을 바로 알았으므로 회개하고 하나님께로 돌이키면 되는 것이다.

이렇게 문제 해결의 방법은 간단하지만, 실제로 회개가 그렇게 마음대로 일어나는 것은 아니다. 왜냐하면 세상에 너무 얽매어 살기 때문이다. 이것을 끊으면 저 것이, 이것이 끊으면 또 다른 문제가 나를 세상에 옭아매고자 하는 것이다. 주님께로 온전히 돌이키면 구원은 순간적으로 임할 것이다.

1–3. 사무엘상 · 하

1) 명칭

"사무엘서" 는 원래 상하가 (上下) 구분이 없는 한 권의 책이었다. 오리겐은 (유세비우스 Hist. Eccles. 6, 25) 히브리인들 중에서 사무엘서는 오직 한 권으로 취급되었다 한다. 제롬도 사무엘서와 열왕기서 서문에서 (Proefatio in Libros Samuel et Malachim) 그렇게 말하고 있다. 탈무드 바바 바트라 14.2 에서도 한 권으로 언급한다.

그런데 헬라어 역자들이 사무엘서를 번역하면서 제 1, 2 왕국서 (바실레이온 A, B) 라 분리시켰다. 그리고 열왕기서 역시 제 3, 4 왕국서 (바실레이온 Γ, Δ) 로 분할하였다. 이렇게 둘로 구분하는 구분법은 1517 년 출간된 히브리어 첫 랍비 성경에서 도입되었고, 1524/ 1525 년에 출간된 제 2 랍비 성경책부터는 표준적 책명이 되었다.

"사무엘서" 란 명칭은 사무엘상 24 장까지 등장하는 주인공 사무엘의 이름을 딴 것이지만, 25:1 에서 그의 죽음이 언급되면서 그는 무대에서 사라진다. 따라서 나머지 부분까지 사무엘서로 부르기는 어렵다.

2) 저자와 저작 연대, 사용된 사료(史料)

저작 연대는 남북 왕국이 분단된 이후(주전 930년), 북 왕국 이스라엘이 멸망하기 이전까지 어떤 기간으로 추정할 수 있다. 그렇게 보는 근거들은

1) 주전 722년에 일어난 북 왕국의 멸망에 대한 암시가 없고,
2) 유대 왕국의 왕들이 언급되며(삼상 27:6에서 "아기스가 그 날에 시글락을 그에게 주었으므로 시글락이 오늘까지 유다 왕들에게 속하니라")
3) 남북 왕국 이스라엘과 유다가 언급된다는(삼상 11:8, 17:52, 18:16, 삼하 5:5, 11:11, 12:8, 19:42-43, 24:1, 9) 점들이다.

사무엘서 저자는 무명이다. 추정컨대, 사무엘 선지자가 아마 자기 생전에 일어난 일들을 기록했고(삼상 1:1-25:1), 나머지 부분은 다윗의 궁정 기록들, 목격자들의 기사들, 나단과 갓 선지자들의 기록들을 근거로 어떤 선지자가 기록했을 것이다.

전통적으로 사무엘서 저자는 사무엘, 갓, 나단이라 여겨졌다. 사무엘은 삼상 1-24장을 저술하고, 갓은 다윗의 동료로(삼상 22:5) 사무엘서 역사를 계속 이어나갔고, 나단은 사무엘서를 완성하였다고(대상 29:29) 보는 것이다.

그러나 오늘날 비평 학자들은 사무엘서를 추방 이후에 기록된 이스라엘의 큰 역사서의(신명기에서 열왕기서에 이르는 하나의 작품) 일부로 본다. 마틴 노트는 추방 이후의 한 저자가 여러 자료들을 편집하여, 신명기에서 열왕기서에 이르는 하나의 역사서를(소위 "신명기 역사서") 기록했다고 말한다면, 크로쓰 같은 이는 요시야 시대에 그 신명기 역사서의 일차 편집이 있었고, 추방 후에 다른 사람이 살짝 개정하거나 첨가했다고 2중 편집을 주장한다.

비평가들은 사무엘서를 기록하기 위해 사용된 자료 중에는 다음과 같이 있었을 것이라 추정한다:

예루살렘 자료: 여부스 족속에게서 예루살렘을 탈취한 다윗에 관한 자료

공화당(republican) 자료 - 왕정을 반대하는 사고를 지닌 사람의 역사 문헌으로 먼저 사무엘이 블레셋의 압제에서 이스라엘을 구원한 것으로 묘사하고, 마지못해 하나님이 택한 한 사람 곧 사울을 왕으로 지명하는 것으로 제시한다.

다윗의 궁중 역사: 다윗의 왕권 역사를 기술하며, 역대기서에서 이 이름으로 불리는 것으로 추정한다. 이 문헌은 이스라엘과 유다를 두 개의 왕국들로 묘사하고, 다윗은 유다의 왕으로만 묘사한다. 다윗이 이스라엘을 정복하나 이스라엘은 압살롬을 지도자로 하여 반역한다. 압살롬은 다윗의 아들로, 다윗이 그를 피해 피난하고, 이스라엘의 군대가 다윗을 추격하나, 다윗이 이기고 유다가 다윗을 따라 예루살렘으로 환궁한다. 이스라엘은 세바를 지도자로 하여 다시 반역하나, 다윗은 그가 있는 성을 포위하고 결국 승리한다.

성소 문헌: 블레셋이 언약궤를 포획하나 나중 자원해서 이스라엘에 되돌려 주는 사건을 기술하고자 내러티브의 흐름을 방해하는 짧은 자료이다.

왕당파 자료: 왕정을 옹호하는 사고를 지닌 자의 역사 기술로, 국민당 자료가 기술하는 사항은 친 왕조적 입장에서 기술한다. 이 자료는 사무엘이 하나님의 도우심으로 태어나는 것에서 시작하여, 사울을 백성이 택하여 왕으로 세워 암몬 족속을 치는 전쟁을 지도하는 자로 제시한다. 사울은 블레셋도 쳐서 이기는 것으로 제시한다. 다윗은 자기 형들에게 먹을 것을 가져다주려 전쟁터에 나가는 목동 소년으로 묘사된다. 다윗은 거기서 상황을 파악하고 겁쟁이들 대신 자기가 골리앗 거인을 치리라고 사울 왕에게 요청한다. 이리하여 다윗이 블레셋을 패퇴시킨다. 다윗의 영웅적 활약은 수많은 여인들의 사랑을 야기시켜, 그중 사울의 딸 미갈도 다윗을 사랑하여 결국 결혼하여 다윗을 죽이려는 사울에게서 다윗을 보호한다. 다윗은 나중 다른 두 명의 새 부인을 얻고 미갈은 다른 남자에게 억지 결혼을 하게 된다. 나중 다윗은 사울을 피하여 블레셋에게 망명하여 이스라엘을 원수로 대결하는 어색한 입장에 서게 된다. 다윗은 사울을 죽일 기회가 있었으나 그가 하나님의 기름 부음 받은 자이므로 건드리지 말라고 부하들에게 엄명한다.

편집들: 편집자가 여러 자료들의 사고 흐름을 다듬어 하나의 역사로 만들고자 첨가한 부분들이다. 앞에 언급되지 아니한 출처가 불분명한 부분들이 편집자의 첨가일 것이다.

여러 잡다한 문헌들: 서로 연관되지 아니한 독립 자료들로, 목록들이나 시들이 여기 속한다.

이런 자료들 사이의 관계는 분명치 않다. 비평가들이 가정한 앞에 언급된 자료들이 정말로 있었는지는 아무도 장담할 수 없다. 자기들이 보기에 그런 자료들이 있었으리라고 추정할 뿐이다. 비평가들은 여러 자료들을 신

명기 역사가가 수집하여 적절하게 배열하고 불필요한 부분은 삭제하거나 필요한 말은 첨가하여 하나의 역사로 기술했다고 추정한다.
비평가들은 사무엘서에서 서로 모순되는 사고들이 나타난다고 지적한다. 그것들은

(1) 앞서 언급한 친 왕조적 시각과 반 – 왕조적 시각이 그 한 예이다. 삼상 7:2–8:22 에서는 왕정을 부정적인 시각에서 말하고, 삼상 9:1–10:16 에서는 긍정적인 시각에서 묘사한다고 보는 것이다. 이런 식의 성경 분석은 근거가 없고 설득력도 없다.

(2) 다윗이 사울을 섬기게 되고, 사울 왕 앞에서 경호원으로 (병기 든 자) 섬길 때 그를 사랑하였다고 (삼상 16:21) 한다. 그런데도 나중 다윗이 골리앗을 쳐서 죽인 후에, 사울 왕이 자기 군대장관 아브넬에게 이 청년이 뉘 아들이냐? 라고 묻자, "내가 알지 못하나이다" 라고 (삼상 17:55) 답하는 것으로 나타난다.

(3) 사울 왕은 자신이 다윗을 죽이려 한다는 것을 다윗이 알고 피했다는 사실을 알지만 (삼상 19:18 이하), 다음 기사에서 사울 왕은 왜 다윗이 왕과의 식사 자리에 나타나지 않는지 궁금해 한다 (삼상 20:5 이하).
2) 의 문제에 대하여, 아처나 (G. Archer 1985:292) 해리슨의 (R. K. Harrison 1969:702) 설명을 들어보자. 처음에 사울은 다윗을 한 개인으로 알았지만, 골리앗을 쳐서 이긴 후에는 사울이 다윗 '개인' 이 아니라 그의 '가족' 족보를 알고자 했다고 한다. 그렇지만, 삼상 16:19 에서 사울 왕은 다윗의 아버지 이새에게 사신을 보내어 양치는 네 아들 다윗을 내게로 보내라! 고 요청한다. 이미 사울은 다윗의 아버지를 알고 있었다. 아니면 사울은 다윗의 집안을 아는 신하를 보내어 그렇게 하였지만, 다윗 집안에 대하여는 본인은 잘 알지 못했다고도 생각할 수도 있을 것이다.
유진 메릴은 설명하길 (Eugene Merrill 1987:212), 다윗이 사울 궁정에 들어간 때와 골리앗을 치는 사건 사이에는 상당한 시간이 흘렀으리라 추정하고 다윗은 그 사이에 소년에서 장정으로 외모가 변하여 사울 왕이 알아보지 못하게 되었다고 한다. 또한 사울은 정신질환을 앓고 있어서 감정기복도 심하여 기억력이 쇠퇴한 결과 다윗을 제대로 알아보지 못했다고도 한다.
임마누엘 토브는 삼상 16–18 장의 히브리어 맛소라 사본과 70 인역 본문 사이를 비교하며 히브리어 본문이 부풀려진 편집 상태를 보여준다고 주장했다 (Emanuel Tov 1985). 맛소라 사본에는 있지만, 70 인역에 없는 부분은 17:12–31, 41, 48b, 50, 55–58, 18:1–6a, 10–11, 12b, 17–19, 21b, 29b–30 등이다 (70 인역은 맛소라 본문의 약 44% 생략).
이런 문제를 다룬 학자들은 대개 두 가지 견해를 피력했다. 하나는 70 인역 역자들이 맛소라 본문의 모순되는 기사들을 조화시키고자 원문을 임의로 번역하지 않고 지나쳤다는 것이고, 다른 하나는 70 인역 역자들이 그렇게 많은 본문을 임의로 생략할 것 같지 않다는 점을 강조하고, 70 인역 역자들은 마소라 사본보다 더 짧은 히브리어 본문을 대본으로 갖고 번역했다는 것이다.
첫째 견해는 사울 왕이 다윗을 개인 경호원으로 삼아 사랑했다는 삼상 16:18–23 부분과 사고상 충돌하는 본문 곧 사울 왕이 다윗이 골리앗을 쳐 죽인 후에, "저 청년이 뉘 아들이냐?" 라고 다윗이 정체에 대하여 경호대장 아브넬에게 묻는 장면을 담고 있는 삼상 17:55–58 부분이 70 인역에서 생략된 것에 주목했다. 더구나 70 인역이 생략한 18:17–19 본문은 (사울 왕이 장녀 메랍을 다윗에게 주리라고 약속), 비평가들이 보기에, 18:20–26 부분과 (다윗은 사울의 다른 딸 미갈과 결혼) 사고상 충돌한다고 보는데, 70 인역은 그런 모순을 해결하고자 18:17–19 부분도 생략해 버렸다고 첫째 견해는 지적했다.

토브는 이 첫째 견해에 대하여, 역자들이 그런 자유로운 사고를 가질 수 있었을지 70 인역이 구약 다른 부분들을 번역하는 방식에 비추어 의문시된다고 지적하고, 둘째 견해를 선호한다. 토브에 의하면, 쿰란 사무엘서 사본의 발견에 따라, 70 인역 역자들이 임의로 맛소라 본문을 생략하거나 보충한 것이 아니라, 그들은 맛소라 사본과 다른 히브리어 본문을 번역 대본으로 사용했으며, 그 짧은 히브리어 본문이 맛소라 사본 이전의 발전 단계의 것이라고 한다. 즉 히브리어 본문은 여러 단계로 발전해 갔다는 추정을 한다. 다시 말해, 70 인역이 번역 대본으로 사용한 더 짧은 히브리어 본문에서 현재 우리가 가진 긴 본문인 맛소라 사본으로 발전해 갔다고 가정하는 것이다. 그는 그런 자신의 가정은 예레미야서의 경우에서도 나타난다고 생각한다. 토브에 의하면 맛소라 사본에 비해 짧은 70 인역과 쿰란 예레미야 사본이 (4QJer[b]) 보다 긴 맛소라 본문으로 발전해 갔다 한다. 토브가 제시한 그 가정은 이전 단계와 발전된 단계 두 판본으로 표시할 수 있다.

성구	이전 단계 (70역 < 히브리어대본)	맛소라 사본에만 있는 내용
16:17-23	연주자와 경호원으로 소개	
17:1-11	블레셋 침공, 골리앗 등장	
17:12-31		이새가 다윗을 전선에 보냄
17:32-39	골리앗과 싸우겠다고 자원	
17:40-54	골리앗을 쳐 죽임	41, 48b, 50 (짧은 결투 기사)
17:55-58		이 청년이 뉘 아들이냐?
18:1-4		다윗과 요나단 언약
18:5-6a		다윗이 사울의 장교로 지명됨
18:6b-9	사울이 다윗을 시기	
18:10-11		사울이 다윗을 죽이려 함
18:12-16	다윗의 형통	
18:17-19		장녀 메랍을 다윗에게 제안
18:20-27	다른 딸 미갈을 다윗에게 줌	
19:29b-30		사울이 다윗 사랑, 다윗 형통

토브는 이전 단계를 제 1 판본, 발전한 단계 본문을 제 2 판본이라 구분하여 두 판본이 서로 모순되는 병행 기사를 담고 있다고 가정한다. 현재 맛소라 본문은 제 1 판본과 제 2 판본의 두 병행 기사들을 합쳐 편집한 것이라는 결론이다.

토브의 가설은 오경의 문서설을 상기시키는데, 서로 모순되는 두 판본을 가정함에서 그러하다. 맛소라 본문 이전에 어떤 짧은 본문이 있었고, 그 짧은 본문을 70 인역이 번역 대본으로 사용했다는 점은 쿰란 사본의 발굴로 지지 받는 듯 하다. 그렇다고 얼마든지 설명이 가능한 본문들을 구지 서로 모순되는 양 대치시키고자 하는 토브의 가설은 그렇게 설득력이 있어 보이지는 않는다.

3) 사무엘상 · 하 내용 분해

(1) 왕정을 준비 (1-9)

a. 사무엘의 출생과 유년기 (1);

b. 한나의 노래 (2:1-10)

c. 실로 성소의 상황 (2:11-36)

1. 사무엘의 성장 (2:11, 26); 2. 제사장의 죄 (2:12-17, 22-25);
3. 사무엘 가족의 축복 (2:18-21); 4. 제사장이 버림받다 (2:27-36)

d. 사무엘을 부르심 (3)

1. 부르심 (3:1–10); 2. 심판 메시지 (3:11–14); 3. 사무엘의 변호 (3:15–21)
e. 언약궤 (4–7)
1. 언약궤 상실 (4); 2. 언약궤의 능력 (5);
3. 언약궤 회복 (6:1–7:1); 4. 언약궤 안치 (7:2–17)
f. 왕을 선출 (8–9)

(2) 사울 왕정 (삼상 10–31)

a. 사울의 흥왕기 (10–14)
1. 이스라엘의 사울 선택 (10); 2. 사울의 첫 승리 (11);
3. 사무엘이 언약 갱신 (12); 4. 사무엘의 첫 책망 (13);
5. 요나단의 위험 (14)
b. 사울이 버림받다 (15)
c. 사울과 다윗 (16–26)
1. 우호관계 (16–17); 2. 적대 관계 (18–26)
d. 사울의 죽음 (27–31)
1. 시글락의 다윗 (27); 2. 엔돌의 사울 (28);
3. 시글락으로 다윗이 돌아옴 (29–30); 4. 길보아산 전투 (31)

사무엘하의 내용분해

(1) 헤브론에서 다윗이 즉위 (1–4)

a. 사울과 요나단의 죽음을 애도 (1)
b. 다윗과 아브넬의 사이의 전투 (2)
c. 요압과 아브넬의 대리 전투 (3);
d. 이스보셋의 죽음 (4)

(2) 다윗의 흥왕 (5–10)

a. 예루살렘을 탈취하여 수도로 (5);
b. 언약궤 이동 (6);
c. 다윗 언약 (7);
d. 다윗의 전쟁들 (8)
e. 사울가에 다윗이 인자를 베풀다 (9)
f. 다윗이 암몬족에게 보낸 사신이 모욕당하다 (10)

(3) 다윗의 범죄와 처벌 (11–21)

a. 간통 (11);
b. 나단의 기소와 다윗의 처벌 (12);
c. 암논의 범죄와 암논의 살해 (13)

d. 압살롬이 다윗에게서 떨어져 나감 (14)
e. 압살롬의 반란 (15–18)
1. 압살롬의 흥왕 (15); 2. 압살롬의 지반 확립 (16)
3. 압살롬이 부친 다윗을 추격 (17); 4. 압살롬의 패배와 죽음 (18)
f. 다윗의 예루살렘 귀환 (19–20)
1. 귀환 준비 (19); 2. 왕권 회복 (20)
g. 사울 아들들의 학살과 장사 (21)

(4) 다윗의 말년기 (22–24)

a. 다윗의 찬양 (22);
b. 다윗의 용사들 (23);
c. 다윗의 인구조사 (24)

4) 사무엘서는 무엇을 가르치는가 ?

첫째로 , 사무엘서의 운명의 반전 모티프

장르란 문학 분석에서 사용되는 말로 , 문학의 종류를 지시한다 . 사무엘서는 역사기술이다 . 그럼에도 우리는 앞에서 암몬족과의 전쟁 기사를 문학적 측면에서 해석을 시도해 보았다 . 그런데 사무엘서는 저자가 녹음기로 기록하듯 역사의 현장을 그대로 재현한다는 식의 이해가 이제까지 주류를 이루어왔다 . 사무엘서가 역사적으로 부정확하다는 의미가 아니다 . 사무엘서는 역사에 대한 한 해석이라는 점이 중요하다 . 그 해석은 성령님의 해석이며 , 신앙적 해석이며 신학적 해석이다 . 많은 사건들 중에서 선택의 원리를 따라 일부를 강조하고 일부는 약하는 식으로 서술된다 . 모든 역사가 그러하듯이 .

사무엘서는 갈등의 실마리가 풀리는 플롯 전개가 운명의 반전으로 자주 나타난다 (John A. Martin).

삼상 1–3 장 삼상 4:1–7:1 삼상 7:2–15:35
엘리 두 아들↘↗ 블레셋 ↘↗ 사무엘 ⟶
사무엘 ↗↘ 언약궤 ↗↘ 사울↗ ↘

삼상 16– 삼하 1 삼하 2–8 삼하 9–20
사울 / 요나단↘↗ 사울왕가 ↘↗ 다윗 / 암논 / 압살롬↘↗
다윗 ↗↘ 다윗왕가 ↗↘ 솔로몬 ↗↘

삼하 21–24
하나님의 원수들 ↘↗
다윗과 그 용사들↗↘

둘째로, 한나의 서원 기도

(1) 무자(無子)한 한나

사무엘은 한나의 눈물의 서원 기도로 잉태되었고, 어머니의 서원 이행으로 성소에서 자랐고 거기서 하나님의 음성을 들었다. 영적인 잉태, 하나님께 드려진 사람, 하나님의 음성을 들은 사람, 그로 인하여 그는 선지자, 사사, 제사장의 삼중 직무를 한 몸에 수행하는 인물이 되었다.

한나의 남편 엘가나인데 그는 "에브라임 산지 라마다임 – 소빔" 거주자로 "에브라임 사람" 이라 지칭되고 있다 (삼상 1:1). 라마다임은 "라마" 의 다른 명칭이며 (삼상 1:19, 2:11, 7:17), 신약에서 요셉의 고향 "아리마대" 로 나타나는 곳일 것이다 (마 27:57, 요 19:38; 70 인역은 "아르마타임"). 엘가나는 "숩 사람" 이라 불란다. "숩" 은 '라마' 가 속한 그 지역이름으로 추정된다. 한역은 이전 세대의 이해를 (KJV, 카일 – 델리취 등) 따라 "라마다임 소빔" 으로 지명인 양 처리하였다. 그러나 현대 역본들은 (NIV, NRSV 등) 모두 "숩 사람" (a Zuphite) 으로 번역하고 있다.

엘가나의 고향은 에브라임 지파 영지인 '라마'였다. 그는 레위 지파인으로 에브라임 라마에 거주했으므로, "에브라임" 사람이라 칭한 것일 뿐, 그가 에브라임 지파 소속은 아니었다. 사무엘은 바로 이 라마에서 태어났고, 살았으며, 사역했고, 죽었으며 (삼상 7:17, 15:34, 16:13, 19:18–19, 22–23), 그곳에 묻혔다 (삼상 25:1, 28:3).

"엘카나" 란 이름은 "하나님께서 창조하셨다" 란 의미로 추정된다. 역대기 기자는 레위 지파 족보에서 엘가나의 조상을 두 번이나 언급하고 있다.

엘가나의 여인은 둘로 제시된다. 하나는 '한나' 다른 하나는 '브닌나' 인데, 이런 언급의 순서는 아마 한나가 본부인, 브닌나는 한나의 무자 때문에 얻은 첩일 것이다. 성경은 엘가나의 두 아내를 소개하고, 브닌나에게는 자녀가 있었으나 한나에게는 없었다고 대조적으로 제시한다 (삼상 1:2). 하나님은 신명기 언약의 상벌규정에서, 순종할 때에는 네 몸의 소생과 네 토지의 소산과 네 짐승의 새끼와 우양의 새끼가 복을 받을 것이며 (신 28:4), 여호와께서 네게 주리라고 네 열조에게 맹세하신 땅에서 네게 복을 주사 네 몸의 소생과 육축의 새끼와 토지의 소산으로 많게 하실 것을 (신 28:11) 약속하신 바 있다. 그렇지만 이스라엘이 불순종할 시에는 네 몸의 소생과 네 토지의 소산과 네 우양의 새끼가 저주를 받을 것이었다 (신 28:18). 비단 하나님의 섭리는 자녀 출생이나 토지소산에만 국한되지 아니하고, 이스라엘의 순종 여부에 따라 저들의 삶의 모든 영역에 미칠 것이었다. 여기서 자녀를 낳은 브닌나는 축복을, 무자한 한나는 저주를 받았다고 말하고자 함이 아니다. 이 둘의 대조는 축복과 저주의 대조라기보다, 이후에 반전될 운명의 대조인 것이다. 그것이 한나가 이후에 노래하는 주제이기도 하다.

유족하던 자들은 양식을 위하여 품을 팔고 주리던 자들은 다시 주리지 않도다
전에 잉태치 못하던 자는 일곱을 낳았고 많은 자녀를 둔 자는 쇠약하도다 (삼상 2:5)

무자한 한나의 모습은 창세기에 등장하는 족장들의 무자한 아내들을 상기시켜 준다. 유대인들은 축복받은 족장들의 아내들이 어찌하여 자녀를 오랫동안 낳지 못하였던가? 라고 묻는 질문에 답하길, 하나님은 의인의 기도를 기대하기 때문이라 하였다. 즉, 기도의 훈련을 시키시어 주님을 의지토록 하기위해 의인에게 종종 자녀를 주시지 아니하신다. 한나의 모습에서도 우리는 그러한 교훈을 얻을 수 있을 것이다. 한 가지 큰 근심이 없다면 우리는 하나님을 찾지 아니할 것이다. 무엇인가 우리는 큰 근심을 가지고 있기에 그분에게 구하고 간구하지 않을 수 없다.

(2) 기도하는 한나

무자함은 (無子) 구약적 사고에서 저주였다. 불임녀의 고통은 그러므로 너무나도 컸다. 그 고통에서 벗어나는 길은, 미치지 않고 온전한 정신으로 한 집에서 아이 낳은 첩과 같이 공존하는 길은 오직 미친 듯이 하나님께 매달려 기도하는 길 밖에 없었다.

삼상 1:6 여호와께서 그로 성태치 못하게 하시므로 그 대적 브닌나가 그를 심히 격동하여 번민케 하더라 7 매년에 한나가 여호와의 집에 올라갈 때마다 남편이 그같이 하매 브닌나가 그를 격동시키므로 그가 울고 먹지 아니하니

한나의 고통은 하루 이틀이 아니고 몇 년이고 지속되었다. 사라는 90 세까지 그런 고통을 받았을 것이고, 리브가 역시 언니와의 총성 없는 전쟁을 치루며 한 지붕 밑에서 공존해야 했다. 고통은 기도로 승화될 때 의미가 있다. 그러나 고통은 자살과 파괴적 행위로 연결되기도 한다. 고통 중에 어떤 선택을 하는가? 신앙인들에게만 주어진 특권은 고통과 환란의 때에 부르짖고 기댈 하나님이 계시다는 점이다. 불신자들은 마귀에게 속임을 당하고 부엉이 바위에서 '인생은 자연의 한 조각 아니겠는가?' 하면서 뛰어내리는 것이다.

한나는 마음이 괴로워 야웨께 기도하며 통곡했다 (삼상 1:10). 그녀는 아들을 주시면 그를 평생에 야웨께 나실인으로 드리겠다고 서원을 올린다. 한나는 여호와 앞에 "오래" 기도하였다. 한나는 속으로만 말하고 입술만 움직였으므로, 음성은 들리지 아니하였다. 한나의 가슴에 맺힌 응어리가 그녀로 오래 동안 기도하게 붙들었다. 기도는 언제나 고난의 자리에서 잉태된다. 고난 없는 영적 지도자를 보았던가? 만약 지금 환경이 미치도록 고통스러운 환경이라면 기도하라는 뜻이 아니겠는가?

어떤 여인이 울면서 극동 방송에 상담을 하는데, 나는 믿지 않는 집안에 시집을 가서 너무너무 견디기 어려운 고통을 받고 있습니다; 이혼을 해 버릴까? 어떻게 할까? 고민이 많습니다! 라고 했더니 상담자는 그런 환경에 하나님께서 보내실 때는 거기서 기도하여 그 환경을 바꾸고 승리하리라는 기대를 가지셨다는 뜻이니, 낙심 말고 기도로 환경을 바꾸라! 고 했다. 어떤 부인이 너무나 괴롭고 고통스러워 늘 울면서 밤마다 철야 기도하는데 기도하는 중에 영적인 환희를 발견하고 저 구름 위에 둥둥 떠서 움직이게 되었다. 아, 이런 세상도 있구나! 이런 놀라운 영적인 세계로 비상하라고 나에게 고통을 주셨구나! 그녀는 영적인 세계의 황홀함을 마음에 품고 그 어려운 환경에서 찬양과 감사로 승리할 수 있었다.

모니카는 눈물의 기도로 방탕하는 아들 어거스틴을 영적인 사람으로 바꾸었다. 어떤 여인은 남편을 위해 눈물을 너무나 흘린 까닭에 베개가 젖어 썩곤 했는데 몇 개를 그렇게 버렸다고 한다. 그 남편이 늦게 신학교에 와서 그렇게 간증하는 것을 들었다. 눈물의 기도는 환경을 바꾸고 자신의 인격을 바꾸고 세상을 바꾼다. 한나의 기도로 태어난 사무엘은 이스라엘을 바꾸었지 않은가?

(3) 한나의 찬양

한나의 노래는 비단 한나와 브닌나의 운명의 반전만 노래하는 것이 아니라, 사무엘서 전체의 기사를 해석하는 열쇠 구실을 한다. 한나의 노래는 하나님께서 자기에게 순종하는 자들에게 축복을 안겨 주시고, 자기를 대적하는 자들은 멸하신다는 것을 주제로 한다. 한나의 노래는 서원 기도에 응답하신 하나님께 감사를 돌리는 감사의 노래이며, 찬양의 노래이다. 한나는 무엇보다 왜 자신이 찬양을 드리는지 이유를 설명한다.

내 마음이 여호와를 인하여 즐거워하며 / 내 뿔이 여호와를 인하여 높아졌으며 /
내 입이 내 원수들을 향하여 크게 열렸으니 / 이는 내가 주의 구원을 인하여 기뻐함이니이다 (삼상 2:1)

여기서 한나는 구원 혹은 승리를 주신 하나님 때문에 기뻐하고 있다. 한나의 원수는 여럿이었다. 그 중에 브닌나도 들어 있었지만 어떤 원수를 염두에 두고 있는지는 확실치 않다. 이 시를 통해 우리는 시편이 자주 언급하는 원수의 정체가 무엇인지 구체적으로 알 수 있는 실마리를 하나 붙잡는다. 사실 우리 삶에서 우리를 괴롭히는 원수는 사람만 아니라 질병, 실패, 그리고 영적인 흑암의 세력들까지 수도 없이 많다. 이렇게 원수가 많고 환난이 많으나 우리 성도들은 "여호와를 인하여" 즐거워하고 우리는 궁극적으로 승리하게 된다. 하나님은 우리의 "뿔" 을 드시는 자시기 때문이다. 여기서 뿔은 힘과 능력의 상징이다.

한나의 노래는 실로 하나님의 절대 주권을 찬양하고 있다.

3 심히 교만한 말을 다시 하지 말 것이며 / 오만한 말을 너희 입에서 내지 말지어다
여호와는 지식의 하나님이시라 / 행동을 달아보시느니라
4 용사의 활은 꺾이고 / 넘어진 자는 힘으로 띠를 띠도다

5 유족하던 자들은 양식을 위하여 품을 팔고 / 주리던 자들은 다시 주리지 않도다
전에 잉태치 못하던 자는 일곱을 낳았고 / 많은 자녀를 둔 자는 쇠약하도다
6 여호와는 죽이기도 하시고 살리기도 하시며 / 음부에 내리게도 하시고 올리기도 하시는도다
7 여호와는 가난하게도 하시고 부하게도 하시며 / 낮추기도 하시고 높이기도 하시는도다
8 가난한 자를 진토에서 일으키시며 / 빈핍한 자를 거름더미에서 드사 귀족들과 함께 앉게 하시며
영광의 위를 차지하게 하시는도다
누가 이 크시고 엄위하신 하나님을 거스러 오만하게 행동할 것인가? 모두 그의 권세에 복종하고 순종할지어다.

(4) 사무엘과 엘리의 두 아들

사무엘과 엘리의 두 아들 사이의 대조는 대단히 극명하다. 한나는 브닌나에게 구박을 당하고 괴로움 중에 서원 기도하여 사무엘을 얻었다. 이렇게 얻은 아들 사무엘은 사회적 처지로 보아 당대의 세도가였던 엘리 집안의 제사장들이었던 홉니와 비느하스와 견주기에 어려운 조건이었다. 그런데 성경은 엘가나가 자기 성읍을 떠나 매년 실로에 만군의 야웨께 경배하고 제사하러 갔을 때 그곳에는 엘리의 두 아들 홉니와 비느하스가 야웨의 제사장들로 섬기고 있었다고 보도한다 (1:3). 사무엘은 이때 아직 태어나지도 아니했다. 사무엘은 실로에서 취한 듯 기도한 한나를 여호와께서 기억하심으로 잉태되어졌다 (삼상 1:19, 20). 이 아이는 모친의 서원 기도 덕분에 평생에 나실인으로 하나님께 바쳐지게 된다 (삼상 1:11, 28). 그렇지만 성경은 구체적으로 "나실인" 이란 명사를 사용치 않고 나실인의 특징만 언급할 뿐이다 (내가 그의 평생에 그를 여호와께 드리고 삭도를 그 머리에 대지 아니하겠나이다). 그런데 쿰란 사본 (4QSam[a]) 은 삼상 1:22 에서 구체적으로 언급하길, "내가 그를 평생에 나실인으로 [바치겠] 나이다" 라고 언급하고 있다. 한나는 사무엘을 얻고 자기의 서원 기도를 잊어버리지 아니했다. 그는 아기가 젖을 떼기까지 기다렸다가 젖을 뗀 후에 젖을 "그를 데리고 올라갈 새 '수소 셋' 과 (파림 쉘로솨) 가루 한 에바와 포도주 한 가죽부대를 가지고 실로 여호와의 집에 나아갔" 다 (삼상 1:24). 그런데 여기서도 쿰란 사본은 (4QSam[a]) "삼년된 소 한 마리와 떡"으로 나타난다 (70 인역도 쿰란사본과 동일하게, "엔 모스코 트리에티존티 카이 아르토이스" 로 번역했다). 여하간 어린 사무엘은 실로의 성소에 맡겨지면서 홉니와 비느하스의 밑에서 수종을 들었던 것 같다.

그런데 이들의 처지는 곧 반전되고 만다. 이는 홉니와 비느하스의 악행이 하나님의 처벌을 가져오고, 사무엘의 모친의 기도와 순종이 (서원을 이행, 삼상 1:24-28) 사무엘의 형통으로 나타나게 된 결과였다. 기도하는 자체가 하나님의 축복을 받는 지름길이며, 더구나 서원 기도를 응답받은 후 감사제를 드리고, 서원을 갚는 한나의 모습은 하나님의 축복으로 자신을 덮는 모습이 아니고 무엇인가? 반면 하나님의 사람이 책망하였듯이, 엘리의 두 아들의 행동은 언약을 완전히 파기하는 범죄행위였다.

엘리 집안에 선포된 심판 메시지를 분석해 보자:

A 여호와의 말씀에 (코 아마르 야웨)

B 너희 조상의 집이 이집트에서 바로의 집에 속하였을 때에 내가 그들에게 나타나지 아니하였느냐 28 이스라엘 모든 지파 중에서 내가 그를 택하여 나의 제사장을 삼아 그로 내 단에 올라 분향하며 내 앞에서 에봇을 입게 하지 아니하였느냐 이스라엘 자손의 드리는 모든 화제를 내가 네 조상의 집에 주지 아니하였느냐

C 29 너희는 어찌하여 내가 나의 처소에서 명한 나의 제물과 예물을 밟으며 네 아들들을 나보다 더 중히 여겨 내 백성 이스라엘의 드리는 가장 좋은 것으로 스스로 살지게 하느냐

D 30 그러므로 이스라엘의 하나님 나 여호와가 말하노라 내가 전에 네 집과 네 조상의 집이 내 앞에 영영히 행하리라 하였으나 이제 나 여호와가 말하노니 결단코 그렇게 아니하리라 나를 존중히 여기는 자를 내가 존중히 여기고 나를 멸시하는 자를 내가 경멸히 여기리라 31 보라 내가 네 팔과 네 조상의 집 팔을 끊어 네 집에 노인이 하나도 없게 하는 날이 이를지라 32 이스라엘에게 모든 복을 베푸는 중에 너는 내 처소의 환난을 볼 것이요 네 집에 영영토록 노인이 없을 것이며

33 내 단에서 내가 끊어 버리지 아니할 너의 사람이 네 눈을 쇠잔케 하고 네 마음을 슬프게 할 것이요 네 집에 생산하는 모든 자가 젊어서 죽으리라 34 네 두 아들 홉니와 비느하스가 한 날에 죽으리니 그 둘의 당할 그 일이 네게 표징이 되리라
D' 35 내가 나를 위하여 충실한 제사장을 일으키리니 그 사람은 내 마음, 내 뜻대로 행할 것이라 내가 그를 위하여 견고한 집을 세우리니 그가 나의 기름부음을 받은 자 앞에서 영구히 행하리라 36 네 집에 남은 사람이 각기 와서 은 한 조각과 떡 한 덩이를 위하여 그에게 엎드려 가로되 청하노니 내게 한 제사장의 직분을 맡겨 나로 떡 조각을 먹게 하소서 하리라 하셨다 하니라

이 하나님의 사람이 선포한 메시지는 전형적인 언약조항에 기소한 심판 메시지이다. 이는 사신 형식문 (A), 역사적 서언 (B), 언약에 근거한 기소문 (C), 기소에 따른 처벌선고 (D) 등의 일정한 형식을 가지고 나타난다 (최종태 2003:11 장 참조). 엘리의 두 아들은 하나님의 언약 백성이며, 동시에 언약 백성의 지도자로서 언약을 파기한 범죄자로 하나님의 심판을 면할 수 없었다. 저들은 한날에 전쟁터에서 죽임을 당했으며, 엘리의 후손들 역시 사울 왕 때에 몰수이 죽임을 당했고 (삼상 22:18), 솔로몬 왕 시대에는 대 제사장직에서 파면을 당하였다 (왕상 2:27).
사무엘은 비록 어렸지만 제사장 엘리 앞에서 여호와를 섬겼다 (삼상 2:11). 반면 엘리의 두 아들들은 제사장들임에도 "불량자들" (베네 벨리야알) 이었다 (2:12–17). 하나님을 섬기는 사무엘이 형통하고 그분을 대적하는 불량자들이 멸망당할 것은 불문가지였다. 이렇게 사무엘서는 처음부터 등장인물들의 극명한 대조를 통하여 하나님의 나라에서 경건한 자가 형통하고 불경한 자가 멸망 받는다는 진리를 제시하고 있다. 가련한 불임의 여인이 기도하고 간구할 때 하나님은 그녀를 높이셨다. 그래서 그는 아들을 얻었고 이 아들을 통하여 당대의 가장 형통하고 권세있는 자의 모친이 되었다. 의인은 이렇게 형통하고, 악인은 끊어지고 만다. 교회 안에서도 이런 원리는 그대로 적용된다. 교회 안에도 가라지와 알곡이 있는 것이다. 엘리와 그 두 아들은 말하자면 가라지였다. 사무엘은 알곡이었다. 하나님께서 택한 사무엘은 형통하였고 세습적으로 신앙을 받아 제도적인 직임을 맡아보던 자들은 신앙의 진리를 체득치 못하고 결국 멸망하였다. 오늘날 참으로 스스로 하나님을 만난 체험이 없이 직분을 가진 자들은 엘리의 두 아들과 같은 신앙에 떨어질 위험이 크다. 이런 자들의 운명 역시 위험하다. 그러므로 이 말씀을 대하는 우리들은 스스로 점검해 보아야 한다. 하나님을 가까이하고 그분의 인정을 받는 자는 승리할 것이다. 하나님은 자신을 찾고 의지하는 자들을 통하여 오늘날도 인간 역사에서 자신의 영광을 나타내신다.

(5) 경고

사무엘에게도 그림자는 있었다. 그의 아들들이 뇌물을 받고 타락했던 것이다. 사무엘이 보았던 엘리의 두 아들의 타락이 자기 아들들에게서 (삼상 8:2 요엘과 아비야) 나타나는 것은 막지 못했다 (삼상 8:3). 누구의 책임인가? 사무엘이 너무 바빠서 집안일에 신경 쓸 수가 없었기에 일어난 일인가? 사무엘의 부인이 경건하지 못하여 그런 결과가 나타난 것인가?
모세의 아들 게르솜의 아들 요나단과 그 후손들 역시 우상숭배자로 의심을 받는다 (삿 18:30). 왜 성직자의 아들들이 이러한가? 아마 아빠가 영적으로 자녀들을 위해 많은 기도를 하지 못해서가 아닐까? 그래서 섰다 하는 자는 넘어질까 조심해야 한다 (고전 10:12).

셋째로, 다윗의 씨

(1) 다윗의 헌신에 대한 상급

하나님은 자기 집을 건축하겠다고 희생적으로 헌신하는 다윗의 헌신을 가상히 여기시고 "네가 내 집을 지으려느냐?" (삼하 7:5) "내가 너의 집을 지어 주리라!" 고 (삼하 7:11) 화답하셨다. 헌신은 하나님의 엄청난 축복을 불러왔다. 우리가 어떤 자세로 주님께로 향하는가? 에 따라 주님도 우리에게 그렇게 답하신다. 하나님의

집은 하나님의 성전, 다윗의 집은 다윗의 궁궐이다. 그런데 "궁궐" 이란 단지 건물만 아니라, 그 안에 사는 왕까지 포함한다. 그래서 다윗의 집을 지어 주시리라는 말씀은 다윗 왕조를 세워 주시겠다는 말씀이다.

(2) 정치적 의도

다윗의 성전 건축 시도는 약간 다른 각도에서 이해할 수도 있다. 그의 의도는 순전히 영적인 것만 아니라, 정치 군사적 권력 공고화 작업과 함께 진행된 신학적 정권 공고화 작업의 일환이었다고 보는 것이다. 이런 가정을 전혀 배제할 수도 없다.

단순하게 본문을 읽는다면, 다윗은 하나님의 베푸신 무한한 은혜에 감격하여 언약궤가 천막 속에 안치되어있다는 현실을 가슴아파하고, 하나님의 성전을 멋지게 건축하여 언약궤를 통해 임재하시는 하나님을 영화롭게 하고자 했다고 생각할 수 있다. 그러나 다윗의 성전 건축 의도는 어떤 의미에서 그의 정치적 야심의 발로라고 이해할 수도 있다. 왜냐하면 성전 건축을 통해 언약궤와 그에 동반되는 모든 제사 의식들이 다윗의 의도대로 움직이게 되면 성전 곧 하나님을 섬기는 일체 의식과 그것이 상징하는 영적 사건 일체가 다윗이 통제 하에 들어가게 됨을 의미하기 때문이다. 다윗의 성전 건축은 그러므로 왕권의 신학적 공고화 작업의 일환일 수 있다는 것이다.

그런데, 다윗이 자신의 왕권을 공고화하는 작업의 일환으로 성전을 건축했다고 이해한다면, 그런 방향으로만 본문을 읽는다면, 하나님께서 다윗에게 성전 건축을 허락하지 않는 이유가 분명해 지는 이점이 있긴 하다. 그런데 그럴 경우, 나중 솔로몬을 통한 성전 건축은 하나님의 명령 하에 진행되는데, 솔로몬의 성전 건축은 왜 허용되었는가? 하는 문제가 야기된다. 하나님께서 자신을 섬기는 예배 일체를 왕권에 부속되는 어떤 것으로 간주되기를 거절했다면, 왜 솔로몬에게는 그런 그것을 허용하셨던가? 하는 것이다.

(3) 시내산 언약의 보충

다윗의 숨은 의도가 무엇이었건 간에, 하나님은 그의 헌신을 기뻐하셨고, 그의 왕조를 세워 주실 것을 약속하셨다. 이것을 우리는 다윗 언약이라 하는데, 다윗 언약의 핵심은 다윗 후손이 대대로 이스라엘의 왕이 되리라는 것이다. 그러므로 다윗 언약은 시내산 언약의 보충인 셈이다. 시내산 언약이 이스라엘이 하나님의 백성이 되고 하나님이 그들의 하나님이 되시는 관계 설정이라면, 다윗 언약은 그 하나님의 백성의 지도자가 누가 될 것인가? 를 결정하는 지도자 언약이기 때문이다.

(4) 메시야 예언의 토대

이 다윗 언약 곧 다윗에게 주신 이 하나님의 약속이야 말로 여자의 씨, 유다 지파의 왕적 지위에 대한 예언을 뒤이은 것으로, 모든 예언들 중에서 가장 영속적이며 가장 심대한 신학적 의의를 지닌다. 왜냐하면 이후로 구약의 메시야 예언의 주류는 바로 이 나단을 통한 말씀에 근거하기 때문이다: 삼하 23:1–7 (대상 17:1–17), 호 3:5, 왕상 2:1–4, 24, 45, 5:1–6, 6:11–13, 8:15–26, 9:4–6, 11:11–13, 34–39, 15:4–5, 왕하 8:19, 21:7, 사 4:2, 3, 7:10–17, 9:2–7, 사 11:1–5, 암 9:11–12, 렘 23:5–6, 30:8–9, 21–22, 33:14–22 (히), 겔 17:22–24, 34:23, 24, 37:24–28, 시 18:51, 72, 89:4–5, 20–38 (히), 132, 슥 3:8, 9:9–10, 대상 22:6–11, 28:2–11, 대하 2:1–4, 6:4–17, 42, 7:17–19, 13:5, 21:7, 33:7–8, (시락 45:25, 47:11, 22, 마카비 1서 2:57); 마 9:27, 15:22, 20:30, 31, 21:9, 15, 22:42, 눅 1:32, 33, 요 7:42, 행 13:34, 15:16 (= 암 9:11 이하), 롬 1:3, 딤후 2:8, 계 3:7), 5:5, 22:16 등.

다윗에게 주신 약속이 메시야 예언의 토대가 된 것은 어떤 근거에서인가? 다윗에게 허락하신 하나님의 약속 내용은 무엇이었던가? 그 내용은 삼하 7:12–16 에서 나타나는데, 세 가지로 요약하자면, (1) 다윗 왕의 계승자를 세우시고, 그로 성전을 건축하게 하고 그의 왕권을 영원히 견고케 하시리라; (2) 다윗 왕조를 영원히 세우시되, 사울에게 하신 것처럼 다윗 후손 왕권을 결코 빼앗지 않으리라; (3) 다윗 후손 중에서 영원한 메시야를 세우리라 등이다. 첫째와 둘째 약속은 본문에서 분명하나, 셋째는 다윗 언약을 근거로 후대 선지자들이 예언하는 바에서 분명하게 지시된다. 차례로 살펴보자.

a. 다윗 왕의 계승자

삼하 7:12 에서 하나님은 "네 몸에서 날 네 씨를 네 후에 일으키리라" 하신다 (wahăqîmōṯî ᵓeṯ-zarᶜăkā ᵓaḥăreʸḵā ᵓăšer yēṣēᵓ mimmēᶜeʸḵā). KB[3] 는 여기 "일으키다" (qum 의 히필형) 동사의 용례는 "씨" 를 일으키다란 표현이 여기서처럼 나타나는 창 38:8 도 여기서와 같은 용례라고 제시하였다 ("qum," hiphil, #7). 유다는 오난의 형이 자식이 없어 죽었을 때, 오난에게 형수에게 들어가서 형의 "씨를 일으키도록" 지시한다. 만약 "일으키다" 란 (qum) 동사가 그런 의미라면, 여기 본문에서 "너의 후에" 라는 (ᵓaḥăreʸḵā) 표현은 무용지물이 된다.

12 절 전체를 본다면, 다윗 왕이 수한이 차서 죽은 다음에, 그의 씨를 그 후에 일으키시겠다는 것이다. 그 점을 고려한다면, "네 씨를 일으키다" 와 "네 후에" 라는 표현은 다윗의 왕위 계승과 연관시켜 고려해야 한다. 그런 점에서 NJB "내가 너의 상속자, 너의 친 아들로 너를 계승하도록 지명하리라" (I shall appoint your heir, your own son to succeed you); 我必使爾的后裔接屬爾的位 (내가 반드시 너의 후예로 너의 왕위를 계승하게 하리라, 화합본) 등이 적절하다.

이런 번역은 이 진술 다음에 나오는 "내가 그의 나라를 견고하게 하리라" 는 (wahăḵînōṯî ᵓeṯ-mamlaḵtô) 말씀도 지지해 준다. 하나님은 다윗에게 그의 몸에서 태어날 씨를 그의 왕위 후계자로 세우시고, 그의 왕권을 견고케 해 주실 것이다.

이 약속은 13 절에서 더욱 강조된 형태로 반복된다:

13a 저는 내 이름을 위하여 집을 건축할 것이요 b 나는 그 나라 위를 영원히 견고케 하리라
(hûᵓ yiḇneʰ-bayiṯ lišmî wəḵōnantî ᵓeṯ-kissēᵓ mamlaḵtô ᶜaḏ-ᶜôlām)

12 절과 비교해 보면,

12a 내가 네 씨로 너 (의 왕위) 를 계승하게 하리라 (wahăqîmōṯî ᵓeṯ-zarᶜăḵā ᵓaḥăreʸḵā)
b 내가 그의 왕권을 견고케 하리라 (wahăḵînōṯî ᵓeṯ-mamlaḵtô)

하나님은 다윗 씨로 다윗을 계승하게 하고, 두 문장으로 그 씨의 왕권을 견고케 하실 것을 반복 강조되고 있다.

12b 내가 그의 왕권을 견고케 하리라 (wahăḵînōṯî ᵓeṯ-mamlaḵtô)
13b 나는 그 나라 위를 영원히 견고케 하리라 (wəḵōnantî ᵓeṯ-kissēᵓ mamlaḵtô ᶜaḏ-ᶜôlām)

12b 에서는 kun 의 히필형을 (wahăḵînōṯî) 13 절에서는 kun 의 폴렐형을 (wəḵōnantî) 사용하였고, 목적어는 12b 에서 "그의 왕권" (his kingship), 13b 에서는 "그의 왕위" (his royal throne) 등으로 약간 달리 표현했다. 따라서 12b는 "wahaḵinoṯi + 그의 왕권," 13b 에서는 (ḵonanṯi) 그의 왕위" 이다. 폴렐형은 (Polel) 소위 D- 어간이라 불리는 피엘형의 변형으로, 공동 동사의 (hollow verb; Ⅱ-Vav, Ⅲ-Yod) 경우 나타난다. 현대 역본들은 12b, 13b 를 같은 의미로 번역했다: "견고케 하다" / "세우다"

TNK I will establish his kingship/ I will establish his royal throne forever.
NASB I will establish his kingdom/ I will establish the throne of his kingdom forever.

저자는 12, 13 절에서 kun 이란 같은 어근의 다른 어간들과 다른 목적어를 사용하여 유사한 사고를 반복 강조하는 듯 보인다. KB[3] 의 정의를 제시해 보자면, 13 절에서 kun 의 폴렐형은 "세우다" (set up, establish), "(도시를) 건설하다" (found); 12 절에서 qun 의 히필형은 "견고케 하다" (make firm, steady) 이다.

다윗 씨의 왕권이나 그의 왕위는 영원히 견고케 세워질 것이다. "영원히" 란 (아드 - 올람) "장기간에 걸쳐" 란 의미일 수도 있다. 그 "씨 (히. "제라" ;seed)" 는 "후손" 인데 (offspring) 의미상 단수와 복수 의미가 모두

가능하다. 만약 단수로 본다면, 이 다윗의 왕위를 계승할 그의 "씨" 는 솔로몬에 해당되고, 복수로 (福數) 이해한다면, 다윗 이후로 이스라엘의 왕위에 오르는 모든 다윗 자손들을 지시할 것이다.
13a 에서 그 "씨" 가 성전을 건축할 것으로 예고되었으므로, 그 씨는 다름 아니라 솔로몬임이 들어난다. 왕상 2:12 에서 솔로몬이 그 부친 다윗의 보좌에 앉아 그의 왕권이 크게 견고케 되었다고 했다. 또한 13a 에서 그 씨가 성전을 건축하리라고 한 예언은 솔로몬의 성전 건축으로 성취되었다 (왕상 5:19).

b. 영원한 다윗 왕조

앞서 언급한 대로 "씨" 를 만약 복수로 취한다면, 다윗 후손들이 통치한 다윗 왕조가 지속된 424 년간 견고히 세워져 장기간 지속됨으로 이 약속이 성취되었다고 할 수 있다. 여기에 더하여 하나님은 "네 집과 네 나라가 네 앞에서 영원히 보전되고 네 위가 영원히 견고하리라" 는 (16 절) 약속도 하셨다. 다윗의 집과 다윗 왕권이 영원하리라는 것은, 다윗 왕조가 영원히 견고하리라는 것이다. 삼하 7:14, 15 의 약속도 다윗 언약이 영원한 다윗 왕조의 약속임을 증거해 준다:

14 나는 그 아비가 되고 그는 내 아들이 되리니
저가 만일 죄를 범하면 내가 사람 막대기와 인생 채찍으로 징계하려니와
15 내가 네 앞에서 폐한 사울에게서 내 은총을 빼앗은 것 같이 그에게서는 빼앗지 아니하리라
(wəḥasdî lōʾ-yāsûr mimmennû kaʾăšer hăsīrōṯî mēʿīm šāʾûl ʾăšer hăsīrōṯî milləpāneʸḵā)

이 말씀도 솔로몬이 범죄 했으나 그 왕권을 완전히 빼앗아 다윗 후손이 아닌 제 3 자에게 넘기지 아니함으로 성취되었다 (왕상 11:11–13):

11 여호와께서 솔로몬에게 말씀하시되 네게 이러한 일이 있었고 또 네가 나의 언약과 내가 네게 명한 법도를 지키지 아니하였으니 내가 결단코 이 나라를 네게서 빼앗아 네 신복에게 주리라 (qārōᵃᶜ ʾeqraᶜ ʾeṯ-hammamlāḵāʰ mēʿāleʸḵā) 12 그러나 네 아비 다윗을 위하여 네 세대에는 이 일을 행치 아니하고 네 아들의 손에서 빼앗으려니와 13 오직 내가 이 나라를 다 빼앗지 아니하고 (raq ʾeṯ-kol-hammamlāḵāʰ lōʾ ʾeqrāᶜ) 나의 종 다윗과 나의 뺀 예루살렘을 위하여 한 지파를 네 아들에게 주리라 하셨더라

범죄한 솔로몬 이후로도, 또한 솔로몬 이후 다른 다윗 후손 왕들이 범죄할 때도 (왕상 15:4, 왕하 8:19, 19:34, 20:6) 다윗 왕조는 지속됨으로, 여기 제시된 다윗 언약이 성취되었다.

다윗 언약과 아브라함 언약은 힛타이트 제국에서 대왕이 신하에게나 봉신에게 토지나 집을 하사할 때 맺었던 하사계약과 모형론적, 기능적 유사점을 갖는다. 바인펠트에 의하면, 아브라함 언약이나 다윗 언약의 표현들은 신 앗시리아 하사계약들과 표현들에서 유사하긴 해도, 그 계약의 하사 (下賜) 내용물인 땅과 집은 (다윗의 경우 다윗 왕조) 보다 오래된 것이고 힛타이트 하사 계약 패튼을 반영하고 있다 (1970). 예컨대 핫투실리스 III 세가 (혹은 Tudhalyash IV) 다타솨의 울미 – 테숩과 맺은 조약에서 (V. Korosec 1945 에 의하면, 이 조약은 하사 계약과 종주권 조약 중간 위치를 점한다; *Keilschrifttexte aus Bogazkoey* (=KBo) IV, 10, 이면 (裏面) 8–14; 연대는 E. Laroche; 이 조약과 다윗 언약 사이의 유사성에 대하여 R. de Vaux 1964)

네 후에, 네 아들과 네 손자가 그것을 소유할 것이요 아무도 그것을 그들에게서 빼앗지 못하리라; 만약 네 후손 중 하나가 범죄하면, 왕이 그를 그 궁궐에서 처형할 것이라; 그가 죄인으로 판명되면... 만약 그가 사형에 해당되면 죽으리라; 그러나 아무도 울미 – 테숩의 자손들에게서 그의 집이나 그의 땅을 취하여 타인의 후손에게 주지 못하리라.

그리고 21 이하에서,

태양인 내가 울미 – 테숩에게 준 것에 관하여 말하자면,... 나는 철판에 새겼고, 장차 아무도 그것을 울미 – 테숩의 자손에게서 그것을 빼앗지 못할 것이요, 그 누구도 그것에 관하여 그에게 소송을 제기하지 못하리라; 왕이 그것을 빼앗지 않을 것이요, 그것은 그의 아들에게 속하리라; 다른 사람이 지손에게 그들은 그것을 주지 못하리라

고 한다. 여기서 철판은 아마 원본 하사증서 (gift-deed) 일 것이다. 유사하게, 무르실리스 II 세는 그 부친의 반역 행위에도 불구하고, 집과 땅에 대한 쿠판타 – 칼의 권리를 보장해 준다 (J. Friedrich). 유사하게, 투드할리야쉬 IV 세와 푸두헤파의 왕의 칙령은 힛타이트 고관 솨후루누와쉬의 후손들에게 다음과 같이 보장한다 (*Keilschrifturkunden aus Boghazkoei* (=KUB, Berlin) XXVI, 43 과 50; 이 문헌의 분석은 V. Korosec 1945):

아무도 장래에 이 집을 우 - 마나바에게서 (혹은 테숩 - 마나바), 그녀의 자녀들, 그녀의 손자들, 그녀의 후손에게서 빼앗지 못하리라; 우 - 마나바의 자손들 중 어떤 이가 왕들의 진노를 격발시킨다면, ... 그가 용서를 받거나 그가 죽임을 당하거나 간에, 사람은 그를 그 주인의 뜻대로 대우할 것이지만, 그의 집은 빼앗기지 아니할 것이요 그들은 그 집을 타인에게 주지 못하리라.

삼하 7:14-16 에서도 유사한 사고가 나타난다. 14 절에서 하나님께서 다윗 후손 왕의 아버지가 되시고, 그는 그의 아들이 되리라는 진술은 입양(入養) 공식문인데, 이는 영원한 왕조의 선물을 법적으로 보장하는 근거가 된다. 이것과 연관하여 시 89:20-47 에 제시된 다윗에게 주어진 영원한 약속은 의의가 크다:

20 내가 내 종 다윗을 찾아 나의 거룩한 기름으로 부었도다
21 내 손이 저와 함께 하여 견고히 하고 내 팔이 그를 힘이 있게 하리이다
22 원수가 저에게서 강탈치 못하며 악한 자가 저를 곤고케 못하리로다
23 내가 저의 앞에서 그 대적을 박멸하며 저를 한하는 자를 치려니와
24 나의 성실함과 인자함이 저와 함께 하리니 내 이름을 인하여 그 뿔이 높아지리로다
25 내가 또 그 손을 바다 위에 세우며 오른손을 강들 위에 세우리니
26 저가 내게 부르기를 주는 나의 아버지시오 나의 하나님이시요 나의 구원의 바위시라 하리로다
27 내가 또 저로 장자를 삼고 세계 열왕의 으뜸이 되게 하며
28 저를 위하여 나의 인자함을 영구히 지키고 저로 더불어 한 나의 언약을 굳게 세우며
29 또 그 후손을 영구케 하여 그 위를 하늘의 날과 같게 하리로다
30 만일 그 자손이 내 법을 버리며 내 규례대로 행치 아니하며
31 내 율례를 파하며 내 계명을 지키지 아니하면
32 내가 지팡이로 저희 범과를 다스리며 채찍으로 저희 죄악을 징책하리로다
33 그러나 나의 인자함을 그에게서 다 거두지 아니하며 나의 성실함도 폐하지 아니하며
34 내 언약을 파하지 아니하며 내 입술에서 낸 것도 변치 아니하리로다
35 내가 나의 거룩함으로 한번 맹세하였은즉 다윗에게 거짓을 아니할 것이라
36 그 후손이 장구하고 그 위는 해같이 내 앞에 항상 있으며
37 또 궁창의 확실한 증인 달 같이 영원히 견고케 되리라 하셨도다(셀라).

집 (= 왕조), 땅과 백성을 다윗에게 주어 그를 종주 대왕의 봉신으로 봉하는 것과 같다. 이런 일은 다윗이 하나님의 아들로 입양이 될 때만 법적으로 가능하다 (예컨대, 알라흐의 Yarimlim 은 Abba-El 의 아들이라 칭해지지만 [Wiseman, AT *444a, 인장 각인 참조] 실제로는 함무라비의 아들이었다 [AT *1:9, *444b 와 비교]; A. Alt 1964 에 의하면, Abba-El 이 그를 할렙의 [Haleb] 왕으로 세우는 법적인 근거 마련을 위해 야림림을 입양했다). 유사한 입양 표상이 핫투실리스 1 세의 이중 언어로 된 비문에서도 나타난다 (F. Sommer-A. Falkenstein). 이 문서는 사실상 유언서나 마찬가지이다:

볼지어다, 내가 너 젊은 라바르나에게 선포하였노라; 그가 왕위에 앉으리라, 왕인 내가 그를 내 아들이라 불렀노라 ... 그는 네게 내 태양의 후손이니라 (= 그는 네게 그의 폐하의 후손이다)

여기서 새로 왕에 지명 받은 자는 핫투실리스 1 세의 친 아들이 아니라, 자기 누이의 아들로 입양되었다. 핫투실리스는 자기가 후계자에서 제외시킨 자기 딸에 대하여는 "그녀는 나를 아버지라 부르지 못하리라; 나는 그녀를 내 딸이라 부르지 아니하리라" 고 했다. 이는 시 89:27 을 상기시킨다: 내가 또 저로 장자를 삼고 세계 열왕의 으뜸이 되게 하며.

핫투실리스 1 세 자신도 태양 여신 아린나가 (Arinna) 입양시켜 합법적 왕으로 세운 것으로 묘사된다: "그녀가 그를 자기 가슴에 품고 그의 손을 잡고 그 앞에서 (전투에서) 달린다." 시 89:22-26 에서도 이와 유사한 사고가 나타난다. 시 89:35 에서 "내가 나의 거룩함으로 한번 맹세하였은즉 다윗에게 거짓을 아니할 것이라" 고 하시는 말씀이나, 시 132:11 에서 "여호와께서 다윗에게 성실히 맹세하셨으니 변치 아니 하실지라" 는 말씀도 다윗 언약의 불변성을 증거해 주는데, 수필룰리우마스가 맛티와자에게 주는 약속과 연관하여 종주는 (宗主)

결코 자기 말을 바꾸지 않으리라 단언하는 것과 비교된다.

입양(入養) 사고는 왕조 언약을 합법화시키는 법적 근거를 마련하는 일로 신화적 사고와 무관하고, 사법적 개념이다. 다윗 언약에서 나타나는 입양 사고는 가족들의 삶에서 취해진 표상이다. 앞서 인용했지만, 누지 토판이 언급하는 그 유언에서 부친은 아들이 반역할 경우에 징계는 하지만, 그의 상속권은 박탈당하지 않으리라 보장했다. 마찬가지로 삼하 7:14–15 에서도 유사하게 말씀하셨다. 누지에서 발굴된 문헌들 중에서 "툽피 쉼티" 라 불리는 문서는 (E. R. Lacheman; E. A. Speiser 1963; E. Cassin) 양부에 (養父) 대한 순종을 언급하면서, "만약 입양아가 양부에게 전적으로 존중하지 않는다면, 사람이 자기 아들을 대하듯, 양부는 입양아를 다룰 것이다" 라고 한다. 이런 세속 문헌들에 비추어 본다면, 삼하 7:14 은 다윗 후손 왕들이 범죄할 때, 아비가 반역하는 아들을 징계하듯 징계하기는 하되, 저들을 아들의 지위를 박탈하지는 아니하리라는 것이다. 고대 근동 사회에서 이런 관용적 자세는 흔치 않았다. 친 자식이건 입양아건 부모에게 대어들거나 악하게 굴면 부자관계를 끊어 버렸다.

앞서 언급한 그 힛타이트 제국의 하사 계약이 영원하다고 하지만, 그 제국이 존속하는 동안만 유효할 것이다. 그렇지만, 다윗에게 영원한 왕조를 (집) 약속하신 하나님은 제국처럼 무너지지 않고 영원무궁하시므로, 그의 언약 역시 영원할 것이 분명하다. 세속 문헌에서 나타나는 입양 계약에서 왕가(王家)에로의 입양은 왕권의 후계자가 될 합법적인 법적 장치였다면, 하나님의 아들로의 다윗의 입양은 이스라엘의 왕이신 하나님의 왕권 후계자로서의 법적 근거를 마련해 준다.

c. 영원한 메시야

삼하 7 장 본문에서 메시야 사고를 끌어내기 전에 구약의 메시야 사상에 대한 연구가 어떻게 진전되어 왔는지를 개괄해 봄이 필요하다 (R. E. Clements 1989).

1800 년대에 쉴라이어마허는 예수님이 유대교에서 기다린 메시야로 묘사되어야 하고 이해되어야 한다는 것은 없어도 되는 아주 지엽적인 것에 불과하다는 주장을 하는데, 헹스텐버그는 이를 논박하기 위해 4 권으로 된 구약의 기독론을 저술했다 (1835–39 영역 축약본). 한글로 번역된 "구약의 기독론" 은 4 권을 압축시킨 영역본에 근거한 것이다. 헹스텐버그의 이 책은 그의 다른 책들이 다른 분야에서 후대 보수 학자들의 연구 길잡이로 기능하듯, 구약 메시야사상에 대한 고전적 작품으로 후대 보수주의 학자들의 연구의 길잡이가 되고 있다. 압축판 영역본을 잠시 고찰해 본다면, 그는 총론의 "예비적 고찰" 에서 (영역 압축본, 1–12) 이방인들 속에 있는 메시야 사상을 고대 페르시아, 그리스, 로마 문헌들 속에 나타나는 메시야 사상을 추적하고, 타락한 인간들이 고안해 낸 사상의 한계를 지적한다. 이방 민족들 중에서 "보다 행복한 미래에 대한 모호하고 왜곡된 기대" 이상을 찾기가 어렵다 (p. 8).

이방인들과 대조적으로 히브리인들 중에서 메시야 사상은 신정제 전체 체계와 아주 긴밀한 연관을 지니고 나타난다 (8). 헹스텐버그의 이런 지적은 구약 메시야 사고의 핵심을 찌르는 말이다. 이방인들처럼 현실과 유리된 뜬 구름 잡는 사고, 곧 장차 황금시대가 도래 한다는 막연한 기대가 아니라, 지금 다윗 왕가를 통해 이스라엘을 통치하시는 하나님께서 이상적인 왕 메시야를 보내시고 그를 통해 왕의 이상(理想)을 실현시키리라는 아주 구체적인 기대를 구약이 제시하고 있기 때문이다.

헹스텐버거는 구약에서 메시야 약속은 환난의 때에 언약 백성으로 하여금 주를 꼭 붙잡고 충성하도록 하는 수단이 되었다고 지적한다 (9). 예컨대, 이사야는 앗시리아인들이 유다 왕국을 멸하리라는 백성의 두려움이 전혀 합리적이 아니라고 진술하는데, 그 이유는 메시야가 나올 그 민족이 그렇게 허무하게 진멸될 수는 없었기 때문이었다 (사 7:14). 예레미야나 (23:6) 에스겔도 (34:23) 낙담하는 백성들에게 장차 나타날 영광스러운 왕을 소개함으로 저들을 굳게 세우고자 했다.

이 시점에서 헹스텐버그는 또 가장 정곡을 찌르고 있는데, 그것은 메시야 예언의 의도를 그 예언이 입고 있는 겉옷 영상을 (imagery) 오해하여 잘못 파악했을지라도, 그럼에도 그 의도는 저들과 연관하여 성취될 수 있었다고 지적하는 점이다. 왜냐하면 저들은 오실 메시야를 오로지 세상적인 백전백승의 (百戰百勝) 왕 정도로만 생각함으로 잘못된 행동을 했지만, 그럼에도 그들의 메시야 기대 때문에 저들은 외적으로나마 자신들의 신앙을 지킬 수가 있었기 때문이다. 그리스도가 나타나심에 있어서 외적인 신정제의 지속은 필수불가결의 요소였던 것이다. 껍데기로 알맹이가 보존되었다 (9).

총론의 제 1 장에서 예비적 고찰을 마치고, 헹스텐버거는 총론 제 2 장에서 오경에서의 "메시야 예언," 메시야 시들, 선지서들에서의 메시야 예언들 등을 개괄한다. 그리고 이제 각론으로 들어가서, 이사야서, 스가랴서, 다니엘서, 호세아, 요엘, 아모스, 미가, 학개, 말라기, 예레미야, 에스겔 등의 메시야 예언 본문들을 하나하나 해석한다.

우리가 보기에, 헹스텐버그의 구약 기독론이 기여한 가장 큰 공헌은 총론 제 3 장 "예언의 성격" 이라 본다 (101–122). 그 핵심은 구약 예언들이 비록 그 당대인들이 이해할 수 있도록 유대적 색채로 묘사되었지만, 그 실제 의미는 겉껍질을 벗기고 알맹이를 보고 파악해야 한다는 겉옷과 알맹이의 원리이다. 이 점에 대하여는 필자의 「예언자에게 물어라」 에서 "예언서 해석의 원리" 부분을 참조.

그런데 비평가 클레멘츠는 헹스텐버그의 구약 구절들에 대한 기독론적 해석은 아주 인위적이고 억지라고 그릇되이 주장한다 (1989:5). 그런 클레멘츠의 자세가 구약의 메시야 예언들을 대하는 역사-비평법을 따르는 학자들의 일반적인 생각이다. 구약에 대한 역사 비평법이 기세를 떨치면서, 메시야 예언들을 담고 있는 것으로 믿어졌던 구약 구절들, 특히 선지서나 시편의 구절들은 그 원래적, 문자적 의미에서 메시야 예언과 무관하다는 판단이 대세를 이루게 된다.

이와 함께 구약 예언들에서 오실 메시야에 대한 소망을 추적하는 일 대신에, 예수 그리스도야말로 구약 메시야 예언의 실체라고 기술하는 신약 복음서 기자들이 살았던 그 당대 유대인들의 메시야 사상을 추적하는 일로 학자들의 생각이 이동했다. 물론 이는 비평학자들의 움직임을 가리킨다. 보수적인 학자들은 항상 전통적인 구약 메시야 예언들을 변함없이 신뢰한다. 복음서의 메시야 사고는, 구약의 어떤 예언들보다는, 기독교가 막 발흥하던 당시 복음서 기자들의 삶과 사고의 배경이 되었던 유대교의 사고와 정치적 기대 등에서 유래한다고 보게 된 것이다. 복음서 기자들은 예수님 당시 유대인들이 메시야를 기대하고 있었다는 사실을 기정사실로 전제하고 말한다. 초대 교회에서 유대교와 논박할 때, 유대인들이 메시야를 기대하고 있는지 여부가 아니라, 그들이 기대하던 그 메시야가 예수님인지 여부에 초점을 맞췄었다. 이리하여 신약 성경의 직접적 배경이 되는 예수님 당대의 유대교 사상이 메시야 사상의 원천으로 간주되고, 그 방면에 대한 연구가 활발하게 진행되었다 (Emil Schuerer). 그렇다고 구약의 메시야 구절들이 완전히 무시되는 것은 아니었다. 왜냐하면, 예수님 당대 유대교 랍비들의 메시야 사고는 구약에 그 근거를 두고 발전했기 때문이었다.

이제 비평가들이 해결해야 할 문제는 유대교의 메시야 사상이 근거하는 구약 구절들에 대한 유대교적 해석과 역사 비평적 구약 해석과 큰 괴리를 갖고 있다는 점이었다. 유대교 학자들은 어떤 방식으로 구약의 메시야 구절들을 해석하는가? 그들의 해석법이 주목을 받기 시작했다.

이것과 함께 메시야 사상에 대한 연구는 트뢸취 (E. Troeltsch), 궁켈 (H. Gunkel), 부셋 (W. Bousset) 등과 같은 종교사학파 학자들이 큰 관심을 보이기 시작했다. 외스털리의 케임브리지 학위 논문도 종교사학파적 전제를 따르고 있다 (W. O. E. Oesterley 1908). 그는 구약에서 단편적으로나마 언급되는 고대 신화는 고대 근동의 여러 나라들에서 나타나는 것들과 공통의 패튼을 보인다고 지적하고, 그런 신화들은 황금시대가 장차 올 것을 기대하였다 한다. 그 시대에 신적 구세주가 신적 통치자로 나타나리라 기대되었다 한다. 사 2:2-4 에서는 하나님 자신이, 사 11:1-5 에서는 순전히 인간적 통치자가, 사 9:5-6 에서는 신적-인간적 통치자가 기대되었다 한다. 외스털리의 그런 사고는 장차 다가올 황금시대는 세계사의 여명이 동트는 그 태고적 목가적 시대로의 회귀로 보는 종교사학파의 사고를 답습하는 것이다.

그레스만의 (H. Gressmann, 1877-1927) "메시야" 도 (Der Messias) 외스털리의 길을 답습하지만 훨씬 더 세세하고 보다 더 신중한 자세를 견지한다. 그의 주요 관심은 왕의 시들에서 (특히 시 2, 72, 110 편) 발견되는 메시야 기대인 것이 드러난다. 이스라엘의 왕권은 아모리 족속이나 이집트에서 차용한 표상들이나 주제들로 묘사되는데, 왕은 반(半) 신적인 존재로 제시되며, 그런 왕은 백성에게 구원과 공의, 번영을 가져다주는 자이다. 그레스만에 의하면, 추방 후에는 기존의 정치 질서에 대한 환멸과 실망 때문에 이상적인 왕이 장차 나리라고 기대하게 되었다.

벤첸의 「왕과 메시야」, 모빙켈의 「오실 자」 등은 (A. Bentzen; S. Mowinckel) 비평가들이 어떻게 구약의 메시야 사상을 이해하는지 여실하게 보여준다. 모빙켈은 전통적으로 원시-복음이라 불리는 창 3:15 의 약속, 곧 여자의 씨가 뱀 곧 사단의 머리를 박살내리라는 희미한 복음을 완전히 세속화시켜 버린다. 그는 말하길, 오늘날 일반적으로 역사 비평법을 따르는 이들은 (궁켈 1901; 프록쉬 1906 의 경우를 들면서), 창 3:15 에는 마귀나 여자에게서 태어날 그리스도에 대한 암시가 없으며, 인류와 독사들 사이의 지속되는 갈등에 대한 아주 일반적인 진술이 있을 뿐이라는 점에 동의한다고 했다 (11). 왕의 시편들에도 미래 종말론적 메시야는 없으며, 오직 저자 당대에 막 즉위한 다윗 후손 왕을 노래할 뿐이라 한다. 그리스도께서 다윗이 영감을 받아 그리스도에 대하여 예언한 시로 언급했던 저 유명한 메시야 시편인 시 110:1 도 당대 통치하던 왕을 말할 뿐이며, 신약에서 메시야 시로 해석된 (행 4:25-28) 시 2 편 역시, 시인-선지자가 이제 왕위에 오르는 왕의 장래에 관하여 야웨의 신탁을 선포한 말씀에 불과하다. 시 20 편에서는 왕이 성전에 나아가 예배에 참여하여 예물을 드리고 있으며, 시 20, 21, 72 편 등에서는 백성의 축복과 중보 기도를 받고 있으며, 시 28 편과 63 편에서는 도움을 간구하며 탄식시와 기도를 드리고 있다. 시 18 편에서는 왕이 감사제와 감사의 시들을 드리며, 시 101 편에서는 야웨 면전에서 자기의 약속 혹은 헌장을 기록하고 있다고 했다 (12).

전통적으로 메시야 시들로 간주되었던 시편들도 사정은 마찬가지여서, 시인이 어떤 예언을 하는 것이 아니라, 현재 왕이 도움을 구하는 말씀에 불과하다 (예컨대, 시 22 편). 그런데 이런 시편들의 말씀은 너무나 은혜롭고 강력하여 우리 주님의 상황과 성취, 그분의 영혼의 갈등, 그의 하나님에 대한 신뢰, 그의 좌절의 부르짖음, 그의 자기 형제들과의 교제 등을 표현할 수 있을 정도였다. 초대 교회 공동체는 그러므로 그런 시편들을, 자기들이 스스로 자기들의 주님에게서 목도했던 바를 위한 완전히 유효한 표현으로 간주하게 되었다. 고대 경배자들은 그리스도를 예표하는 모형들이 되었다. 그 시편들의 말씀들이 예수님 안에서 그 참된 실현과 성취를 발견하였다. 메시야 개념의 역사 기술에서, 이 모든 시편들은 기독교 공동체에서 유포되었던 메시야에 관한 사고들에 관한 원천들과 문헌들로 그 적절한 문맥에서 다시 고려되어야 한다. 그러나 메시야 사고의 기원과 최고 오랜 역사에 관하여는 그것들은 아무 것도 우리에게 말해 줄 수 없다. 왜냐하면 시인의 사고나 느낌에서, 그 시인이 위해 기록했던 자들의 사고와 느낌에서, 그것들은 메시야가 아니라, 자기 시대의 상황을 가리켰다 (12).

민 24:17 의 야곱에게서 나오는 별이나 홀은 메시야가 아니라 다윗에 관한 언급인데, 그것은 오랜 옛날 발람이란 선지자의 말인 양 제시되고 있지만, 사실은 시인 당대나 시인이 경험한 과거를 노래하는 말들일 뿐이다. 예언인 양 꾸민 것에 불과할 뿐이다 (13).
창 49:10 의 야곱의 축복에 나오는 유다의 실로 혹은 통치자에 관한 표현 역시 유사하게 해석되어야 한다. 즉 그 실로는 다윗이며, 유다 지파가 항상 왕권을 지닌 지파라는 표현일 뿐 메시야 사고와는 거리가 멀다 (13).
모빙켈은 그레스만의 다음과 같은 주장, 곧 시편들에서 왕들에 대한 묘사는 시인 당대의 역사적 사건들에 대한 것일 뿐 아니라, 동시에 지상 통치자가 아니라, 신화적, 천적 존재로부터 기원하였음이 분명한 많은 초인간적, 신화적 흔적들도 포함한다는 주장에 (Der Messias, 7) 대하여, 반박하길, 그 인물이 비록 신화적 존재나 어떤 신적 존재로부터 차용한 표현들로 설명되어야 하는 특징들을 가졌다 해도, 이 인물이 종말론적 메시야였다거나 그 고려중인 왕이 그의 차용된 신적 표지 때문에 메시야로 고려되었다는 말이 자동으로 성립하는 것은 아니라고 했다 (14). 신화적이고 초인간적인 특징들을 가진 양 묘사했다고 그것이 다른 어떤 인물, 곧 그로부터 시편들에서 왕적 묘사들을 위해 차용했을 어떤 인물의 존재에 대한 증거는 아니라 한다.
동일한 과장적이고 천상적인 언어는 바빌로니아나 이집트 시인들이 왕들을 묘사할 때 사용하곤 했었기 때문이라 한다. 그들의 묘사는 어떤 메시야로부터 차용된 것이 아니었다. 그들에게는 종말론이나 메시야 사고가 없었기 때문이다 (14).
그런데 여기서 그레스만의 (H. Gressman) 주장에 대한 모빙켈의 논박은 별로 설득력이 없다. 왜냐하면 이집트나 바빌로니아에서는 왕을 반(半) 신적 인물로 혹은 신적 인물로 간주했지만, 이스라엘에서는 그런 사고가 신성모독적인 언사였기 때문이다.
모빙켈에 의하면, 선지서들에서 메시야 예언 구절들은 사 4:2, 7:10-17, 8:8b, 10b, 9:1-6, 10:21, 11:1-9, 10, 16:5, 32:1-8, 55:3, 4, 렘 17:25, 23:5, 6 = 33:17, 18, 30:9, 21, 겔 17:22-24, 34:23, 24, 32:22-25, 호 3:4, 5, 암 9:11, 미 4:8, 5:1-3, 슥 9:9, 10 등이다 (16). 모빙켈에 의하면, 선지서는 선지자들의 말씀들의 모음집들로 구성되었는데, 그 모음집은 오랜 기간 동안 입에서 입으로 선지자들의 제자들 가운데서 전해지다가 마침내 기록되고 편집되었다 한다. 이 구두 전달의 과정에서 제자들의 무리 가운데서 기원한 말들이 첨가되고, 후대의 무명 선지자들에게서 기원한 말들도 첨가되었다. 그러므로 현존하는 선지서들에서 그 이름으로 모음집이 일컬어지는 그 선지자보다 후대인 말씀들도 포함한다는 것은 확실하며 피할 수 없는 비평의 결과라 한다. 예컨대, 이사야 40-66 장은 이사야 보다 (소위 제 2 이사야) 200 년 이후에 살았던 한 선지자와 그의 제자들 무리의 작품임이 분명하다.
앞에 언급된 구절들에서 오직 두 세 개 정도나 추방 이전 말씀이라고 확신할 수 있단다. 사 7:10-14, 9:1-6 등은 추방 이전 왕정 시대의 말씀이다. 사 11:1-9 는 "게자" 곧 그루터기를 언급하는데, 이새의 가족 나무가 베어지고 그루터기만 남았다는 말은 이미 왕가가 존재하지 아니한 시대, 곧 왕정이 무너진 시대를 반영해 준다 (17). 이런 식으로 모빙켈에게서 혹은 여타 비평가들에게서, 예언 말씀은 예언적 요소가 배제되고 판단되고, 사건 이후에 나온 '거짓 예언(vaticinia ex eventu)' 으로 기각되어 버린다.
이사야가 장래 이새의 그루터기에서 새 싹이 움이 틀 것이라고 말했을 때는 왕가가 사라지고 그루터기만 남은 상태였기 때문에 그렇게 예언한 것이 아니라, 그런 상태가 앞으로 도래할 때를 바라보고 예언하는 것을 비평가들은 도무지 인정하려 들지 않는다. 초자연적 예언을 믿지 않기 때문이다. 암 9:11-15 에서도 다윗의 무너진 장막이 다시 재건되리라고 할 때는 다윗 왕조가 이미 무너졌기 때문이 아니라, 지금 존재하나 앞으로 무너진 이후의 상황을 바라보고 예언적으로 그리한 것인데, 모빙켈은 그런 것은 인정하지 아니하고 이미 다윗 왕조가 무너진 추방 이후 시대를 반영한다고 판단해 버린다.
이런 식으로 미 4:8, 5:1-3 도 왕조가 없는 상황을 반영하므로, 추방 이후 산물이라 하고, 이런 식으로 모빙켈은 앞에 언급된 메시야 예언 구절들은 두 개를 제하면 모두 추방 이후 산물이라 도매금으로 처리해 버리거나, 아니면 추방 전 말씀이라 해도 메시야와 무관한 말씀에 불과하다고 한다 (18, 19).
사 7:10-14, 9:1-6 은 확실히 왕정 시대의 것이긴 해도, 엄밀한 의미에서 메시야 예언과는 거리가 멀고 그 당시 현존하던 왕의 왕권에 관한 사상이었다 한다 (20).

비평가들이 구약 메시야 사고를 다루는 방식이 어떠한지가 드러났을 것이다. 저들의 초점은 이스라엘의 왕권 사상에 맞추어 지고, 특히 다윗 왕가의 왕권 사상이 추방 이후에 이상적 왕을 기대하는 소망의 근거가 되었다고 생각한다. 이런 점에서 구약 메시야 예언의 온상 혹은 묘상은 (苗床 seed-bed) 바로 삼하 7:1-17 이라고 본다. 특히 16 절 "네 집과 네 나라가 내 앞에서 영원할 것이며 네 보좌가 영원히 견고하리라" 는 말씀에 후대의 메시야 기대가 근거한다. 사 7:10-17, 9:2-7, 11:1-5, 렘 33:14-26, 겔 34:23, 24, 37:24-28 등이 모두 삼하 7 장에 근거한다. 비평가들에 의하면, 삼하 7:16 은 자체로 메시야 예언은 아니었지만, 이스라엘 선지사들이 그 말씀을 사용한 방식이나 역사의 긴박 상황들을 통해, 회복된 이스라엘의 미래 일부가 되고 말았다 한다 (R. E. Clements 1989:13).
비평가들이야 그렇게 생각하건 이렇게 생각하건, 이제 우리는 삼하 7:12-16 이 왜 메시야 예언인지를 밝혀야 한다. 우선 몇 가지로 나누어 생각하고자 한다: a) 씨, b) 성전 건축, c) 영원한 왕권.

(1) 씨

삼하 7:12 의 "씨" 라는 말은 창 3:15 에서 뱀의 머리통을 박살낼 그 여자의 씨, 온 세상 만민이 그를 통해 복을 받게 될 그 아브라함의 씨 (창 22:18), 고난 받는 야웨의 종이 자기 생명을 속건 제물로 드린 이후에 보게 될 그 "씨" (사 53:10) 등과 함께, 하나님의 구원 역사에서 중요한 요소를 점한다.

그 왕위가 영원히 견고케 될 그 다윗의 씨는 앞에서 우리가 열거 했듯이, 선지자들이 (호 3:5, 암 9:11–12, 렘 23:5–6, 30:8–9, 21–22, 33:14–22 [히], 겔 17:22–24, 37:24, 시 89:4–5, 20–38 [히], 132 편, 슥 9:9–10 등) 이 다윗 언약의 말씀에 근거하여, 다윗 후손 왕이 다윗 왕조 멸망 이후에도 통치할 것을 예고하는 토대가 된다. 이런 선지자들의 예언은 모두 다윗의 씨가 영원히 통치하리라는 사고나 (12, 13 절) 다윗의 나라가 영원하리라는 (14–16 절) 약속에 근거한다. 따라서 다윗 왕조가 바벨론에 멸망한 이후에도 다윗 후손이 나타나 통치할 것을 바라보게 하는 것이다.

"씨" 라는 말은 묘하게 모호하다. 뱀의 머리를 깨뜨릴 여자의 씨는 분명 뱀을 사주한 그 마귀를 깨뜨리는 영적 권세자여야 한다. 비평가들은 이 여자의 씨 예언을 우스꽝스럽게도 사람은 뱀을 싫어하고 뱀이 사람을 만나면 발꿈치를 물고, 사람은 뱀의 머리통을 돌로 짓 이겨 버리는 일반적 사실의 진술에 불과하다고 말한다. 그 정도의 일상생활의 단면을 하나님께서 하와에게 구태여 이야기 하셔야 할 이유가 있었을까? 어쨌거나 여자의 씨는 영적 권세자가 아니면 안 된다. 이 예언은 골 2:14–15 에서 혹은 눅 10:18 등의 좀 더 진전된 계시의 빛에 비추어 본다면, 그리스도의 십자가와 부활 사건으로 성취되었다.

만민이 그를 통해 복을 받을 그 아브라함의 씨도 만민에게 복의 근원이 되는 영적 권세를 지닌 자여야 한다. 요셉이 이집트인들에게 식량을 공급하여 세상적인 구세주는 되었으나 진정한 의미에서 이집트인의 복의 근원이 되는 데는 실패했다. 곧 참 하나님을 증거하여 영원한 구원에 이르게 하는 일에서는 한 일이 없었다. 모세나 그에 일어난 선지자들이나 다니엘도 그런 측면에서는 진정한 만민의 복의 근원이 된 자는 없었다. 오직 예수 그리스도를 통해 만민은 복을 받았고 지금도 만민은 그분을 통해서 영원한 축복에 들어간다. 그런 의미에서 아브라함의 진정한 씨는 예수 그리스도이시다.

다음으로 고난당하는 야웨의 종이 자기의 고난을 통해 얻을 그 "씨" 는 우리가 사도행전에서 그리스도의 부활 승천 이후에 그분이 부으신 성령님을 통해 예루살렘에 일어난 거대한 영적 부흥을 통해 구세주를 믿게 된 수 많은 씨들에서 그 실체가 드러난다. 사 53:12 에서 "이러므로 내가 그로 존귀한 자와 함께 분깃을 얻게 하며 강한 자와 함께 탈취한 것을 나누게 하리니" (lāḵēn ʾăḥalleq-lô ḇārabbîm wəʾeṯ-ʿăṣûmîm yəḥallēq šālāl) 라는 번역 보다는 "내가 그에게 많은 사람들을 그의 몫으로 주리라 / 그는 무리를 자기 분깃으로 받으리라" 로 이해함이 타당하다 (TNK). 왜 갑자가 야웨의 종이 자기 분깃을 강한 자들과 나누어야 하겠는가? 여기 문맥에서 그런 정체불명의 캐릭터는 없는 것이다. 야웨의 종께서 분깃으로, 몫으로 받으실 그 무리, 많은 사람이 바로 그가 고난을 통해 얻으실 "씨" 인 것이다.

자 이렇게 구약에서 "씨" 란 그리스도와 연관이 되는데, 다윗의 씨는 그 "기능" 이 사단의 머리를 박살내거나, 만민에게 복의 근원이 되거나, 혹은 야웨의 종이 자신을 대속물로 내어줌으로 얻게 될 그 보상인 많은 사람들과 구분되어, 영원히 왕으로 통치해야 하는 왕적 신분이 특징이다. 영원한 왕권을 소유해야 한다. 그 왕권은 단 7:14 에서 구름 타고 옛적부터 계신 자에게 인도된 그 인자 같은 이에게 주어지는데, 바로 (만민에 대한) 영원한 왕권은 다윗의 씨에게 약속된 바였다. 더구나 그 다윗의 씨는 성전을 건축해야 했다. 이런 약속은 1 차적으로 솔로몬에게서 성취되었지만, 그것으로 그 약속이 성취된 것은 아니었다. 다윗의 나라는 영원하기 때문이다.

(2) 성전 건축

누가 하나님의 이름을 위하여 성전을 건축하는가? 솔로몬이 성전을 건축했다. 그런데 그 성전이 주전 586 년에 바벨론 침공군에 의해 불에 타 버렸다. 이제 스룹바벨의 지도하에 515 년 성전이 재건되었고 헤롯이 그것을 확장하고 미화시켰다. 그러나 그 제 2 성전도 주후 70 년에 불 타 버렸다. 이제 성전은 사라졌다. 성전을 건축하고 영원히 왕 노릇할 다윗의 씨는 구약 문맥에서 다윗 후손 중에서 후보가 아무도 없게 되었다.

부득불 우리는 구원사의 진전과 함께 신약의 계시로 이동하게 되는데, 다윗의 후손으로 마리아에게 잉태되신 예수 그리스도에 대하여 천사는 그가 다윗의 왕위에 앉아 영원히 왕 노릇 하리라고 알렸었다 (눅 1:32, 33). 그리스도께서 그 천사의 고지대로 태어났고 자랐고 이제 유대인들과 논쟁 하는 중에 (요 2:19) "이 성전을 헐라, 내가 그것을 사흘 만에 일으키리라!" 라고 아주 무모하게 들리는 말씀을 하신다. 구약 유대인들은 사실 솔로몬 성전을 자신들의 자부심으로 삼고 있었다 (렘 7:4). 그런데 그 솔로몬 성전이 폐허가 되었고, 그 후에 제 2 성전이 건축되었다. 비록 이전만은 못했지만, 그 성전에 자신들의 모든 소망을 두었었다. 그러므로 저들이 성전을 파괴한다는 것은 상상도 못할 일이었다. 주님의 말씀을 "만약 너희가 이 성전을 헐면" 이라는 가정법적 의미로 이해하기 어려운 이유이다. 성전을 자기들 손으로 허무는 그런 일은 유대인들로서는 상상 할 수 없는 일이었기 때문이다. 주님이 이렇게 유대인 당국자들의 진노를 촉발시키는 성전 청결 행동을 하시고, 이런 일을 행할 수 있는 신적 권세를 부여 받은 자라는 혹은 하나님의 보내심을 받은 선지자라는 표지로서 "무슨 표적을 보이겠느냐?" 고 유대인들이 도전할 때, 주님께서 답한 이 말씀은 실로 메시야이신 예수님 자신에 대한 저들의 적대감으로 인한 자신의 죽음과 그로 인한 새 성전의 건축을 내다보는 예언적 말씀이었다.

그의 이러한 예언적 말씀은 단 9:26–27 에서 이미 예고된 바였다.

26 육십 이 이레 후에 기름부음을 받은 자가 끊어져 없어질 것이며 장차 한 왕의 백성이 와서 그 성읍과 성소를 훼파하려니와 27 그가 장차 많은 사람으로 더불어 한 이레 동안의 언약을 굳게 정하겠고 그가 그 이레의 절반에 제사와 예물을 금지할 것이며

기름부음 받은 자 예수 그리스도께서 산 자의 땅에서 끊어질 것과 그 후에 한 왕의 '군대' 가 (한, 백성) 와서 예루살렘과 그 성전을 훼파할 것이 여기 예고되었다 (마 24:15, 16). 27 절에서 보듯, 그리스도는 많은 사람으로 더불어 언약을 갱신하심으로, "모든 구약의 제사와 예물을 폐하실" 것이었다. 메시야의 끊어짐과 부활은 성전의 파괴와 제사의 폐지, 그리고 새 성전의 재건으로 이어질 것이었다. 부활 승천하신 주께서 오순절에 성령님을 부으심으로, 새 성전은 (엡 2:20–22) 신속하게 건축되기 시작하여, 지금도 전 세계적으로 진행 중이다. 이는 다니엘이 보았던 (2 장) 그 뜨인 돌의 환상의 성취이기도 하다. 동시에 삼하 7:12 이하에서 다윗의 후손이 세울 그 성전 건축의 성취이기도 하다. 지금 그리스도는 다윗의 씨로서 성전을 건축 중이시다.

성도들은 아브라함의 씨가 되신 예수 그리스도와 (갈 3:16) 연합함으로 아브라함의 씨도 된다. 아브라함의 씨는 기능상 만민에게 복이 되어야 한다. 만민의 복이 되는 일이 바로 "선교" 인데, 참 성도는 선교함으로 자신이 아브라함의 씨임을 입증할 것이다. 메시야께서 아브라함의 씨이자, 다윗의 씨인 것은 시 89:3, 4에서 탈굼역이 "나의 택한 자" 대신 "아브라함" 으로 대체 번역한 사고에서 출발할 것이다 (Max Wilcox):

주께서 이르시되 / 내가 나의 택한 자와 (아브라함) 언약을 맺으며
내 종 다윗에게 맹세하기를 / 내가 네 자손을 영원히 견고히 하며 / 네 위를 대대에 세우리라 하였다 하셨나이나

이 말씀은 신약에서 메시야 해석의 토대로 작용하고 있다 (행 2:30, 13:22b, 눅 1:51, 요 14b, 롬 8:15, 4:6b, 8:29, 계 1:5a, 3:14, 21:23 등).

다윗의 씨이자, 왕 – 메시야께서 세우실 그 성전은 바로 신약의 교회이며, 교회는 곧 성도들의 모임이며 (고전 3:16, 17, 고후 6:16), 그분의 성전은 현재 건축 공사 중에 있다 (엡 2:20–22, 벧전 2:5). 이 성전이야 말로 영

원한 성전 곧 하나님께서 거하실 영원한 처소인 것이다. 성도 개개인은 성전으로서 우리 안에 성령께서 오셔서 내주하시는 것이다. 이 성도들의 모임인 교회, 곧 그리스도의 몸은 그리스도의 신부라고도 불리며 (계 21:2, 9, 22:17), 계시록에서 하나님께로부터 임한 새 예루살렘이라 확인된다. 이 새 예루살렘은 완전케 된 교회의 이상적 모습이다. 동시에 그곳은 거룩케 된 성도들의 영원한 거처이기도 하다. 이렇게 성전 사고는 여러 차원을 가지고 나타난다.

우리가 앞서 언급한 구약에서 구원사적 의의를 갖는 "씨" 란 사고와 이 다윗의 씨를 연결시킨다면, 신약 성도들은 다윗의 씨일 뿐 아니라, 동시에 여인의 씨이기도 하다. 그리스도께서 뱀의 머리를 박살내신 여인의 씨이지만, 그리스도와 연합한 우리도 사단의 세력을 짓밟고 (시 91:13, 눅 10:19) 왕 노릇해야 할 자이기 때문이다. 동시에 다윗의 씨는 고난 받는 야웨의 종의 씨이기도 하다. 왜냐하면 그 야웨의 종이 고난을 통해 얻는 영적인 씨는 (사 53:10) 무수한 다윗의 씨에 (렘 33:22) 다름 아니기 때문이다.

(3) 영원한 왕권

신약 시대에 성전은 (고전 3:16, 고후 6:16) 예수님의 몸, 곧 교회이지만 동시에 다윗의 씨이기도 하다. 이런 관계는 렘 33:22 의 말씀으로 설정된다:

하늘의 만상은 셀 수 없으며 바다의 모래는 측량할 수 없나니 내가 그와 같이 내 종 다윗의 자손과 (seed of David) 나를 섬기는 레위인을 번성케 하리라.

다윗의 씨는 분명 문법상 단수형이지만, 실제로는 복수형으로 후손들을 지칭한다. 성전을 건축할 다윗의 씨는 예수 그리스도였다면 (롬 1:3), 그를 통해 죄 사함 받고 그에게 연합한 성도들은 모두가 다윗의 후손이 된다. 성도들이 다윗의 씨 곧 후손들이라는 것은 그들이 왕적 권세로 통치해야 할 자들이기 때문이다.

이 다윗의 씨는 그리스도와 연합하여 왕같은 제사장으로 "지금 여기서" 왕 노릇해야 하며, 철장 권세로 원수를 깨뜨리고, 땅 끝까지 정복하고 통치해야 할 사명자들이다 (시 2:7–9, 계 2:27). 무수한 다윗의 씨들이 영원한 왕권을 행사하는 자들의 자리에 오른 것은 "그 다윗의 씨" 이신 예수 그리스도와 연합했기 때문이다. 그분의 왕권이 영원한 이상, 그에게 연합한 자들의 왕권 역시 영원하다.

계 20:4–6 에서 환상 중에 묘사된 첫째 부활에 참여한 자들의 천년 통치는 미래사가 아니라, 엡 2:5–6, 골 2:14–15, 3:1–5, 벧전 2:9 등에 의하면 바로 "지금, 여기서" 현재 진행 중인 현재사이다.

넷째로, 사무엘서의 신학

아이히로트는 "언약" 이 하나님의 왕권이 이 세상에 돌입하는 근거이며, 그 왕권이 수립되는 근거라고 보았다 (W. Eichrodt 1, 26). 쾰러는 "주님으로서의 하나님" (God as Lord) 주제를 구약신학의 중심으로 보았다 (1957:94). 프리젠은 하나님과 사람 사이의 교제를 (Th. Vriezen 1970:154) 중심으로 보았다. 폰 라트는 구약은 어떤 중심 주제를 갖지 않고 여러 서로 충돌하는 전승들의 집합이라 생각한다. 이렇게 보는 것은 구약의 통일성을 인정하지 않기 때문이다. 구약은 여러 모순되고 상반되고 시대적, 지리적 차이를 갖는 전승들의 집합체에 불과하므로 어떤 일관성있는 주제를 구약 전체에서 찾을 수 없다고 보는 것이다 (von Rad 1962:1, 115).

필자는 구약 사상의 중심을 말하라면 "하나님의 통치" 라고 하겠다. 이는 신약에서 "하나님 나라" 로 나타나지만, 여기서 "나라" 가 곧 "통치" 를 지시한다. 정적인 개념이 아니라 역동적인 개념인 것이다. 그런데 하나님의 통치는 일반적인 섭리를 통해서 나타나지만 (족장사에서 처럼), 언약이라는 수단을 매개로 하여 나타난다. 따라서 언약에 의한 통치라고 할 것이다. 그런데 아이히로트가 말한 구약신학의 중심으로서의 "언약" 개념과 우리가 말하는 "언약" 은 천양지차가 있다. 아이히로트가 언약 개념을 중심으로 구약 전체를 붙들어 매달려 한다는 것은 사실이다. 그러나 그가 말하는 언약은 실제 역사에 개입하셔서 하나님께서 자기 백성과 언약을 맺으시고 그 언약을 통해 통치하신다는 그런 개념이 아니다. 그가 말하는 언약이란 순전히 신학사상 개념에 불과하다. 즉, 역사적 실체라기보다, 모세와 같은 사상가가 창안한 개념으로 그 개념을 통해 하나의 신앙 혹은 종교를 창설했다는 것이다. 우리는 성경이 제시하는 대로 하나님께서 역사에 개입하셔서 시내산에서, 혹은 모압들에서, 혹은 다윗에게 언약을 세우셨다고 믿지만, 아이히로트가 말하는 언약이란 순전히 인간들이 고안해 내고, 인간들이 시대의 흐름에 맞추어 새롭게 개정한 개념에 불과한 것이다.

그렇다면 언약을 통한 하나님의 통치가 지혜문헌에서도 중심 주제인가? 라는 질문을 할 수 있다. 잠언이나 전도서, 욥기 같은 문헌에서는 언약이란 말이나 사고가 지극히 드물게 나타난다. 오히려 언약과 같은 특별 은총의 수단이 아니라 불신자들이나 성도들이나 동일하게 누릴 수 있는 일반 은총의 측면에서 지혜문헌은 인간을 보는 듯하다. 그렇다면 지혜문헌 부분은 하나님의 언약 통치에서 제외되는가? 우리는 그렇게 보지 않는다. 지혜문헌이 일반 은총적 측면을 강조하는 것은 사실이다. 그럼에도 지혜문헌이 제시하는 진리들은 하나님을 온전히 신뢰하는 참 신앙적 토대위에 근거한다. 비록 언약관계를 설정하는 것은 아니라 할지라도 하나님의 일반적인 섭리를 근거로 하고 있다. 그런데 그분의 섭리는 언약을 수단으로 하는 통치에 비추어서 해석할 때 제대로 파악이 가능하다. 이런 측면에서 우리는 지혜문헌도 간접적으로 언약을 통한 하나님의 통치를 다룬다고 믿는다. 동일하게 언약의 조항들이 도덕적, 사회적 측면들을 규정하지 아니했던 족장시대에도 간접적인 언약 통치가 진행되었다고 보는 것이다.

사무엘서에는 모세 언약이 직접으로 언급된 예는 없다. 그럼에도 모세 언약적 사상이 사무엘서 전체를 관통하고 있다. 언약의 근본 원리는 이스라엘이 하나님의 백성이며, 하나님은 저들의 하나님이란 사실이다. 이런 측면에서 사무엘서의 역사는 전개되고 있다. 이러한 관계가 곧 언약 관계인 것이다. 언약을 통해 하나님은 이스라엘을 통치하시고 이스라엘은 하나님을 접근할 수 있는 것이다. 그 언약관계에 잘 순응할 때 이스라엘은 형통하고 축복을 얻을 것이나, 그 반대는 저주와 심판일 것이다. 이스라엘은 오직 하나님만 섬기고 경배해야 했다. 그러나 역사는 이스라엘이 얼마나 이 점에서 실패했는지를 말해준다. 이스라엘은 축복을 주시는 하나님을 보지 못하고, 축복 그 자체를 따라가고자 시도했던 것이다. 오늘날 우리들의 모습 또한 크게 다르지 않다. 엘리의 두 아들이 제사장으로서 저주를 받고 전쟁터에서 비극적인 죽음을 당한 이유가 무엇인가? 그것은 하나님과의 언약관계를 저들이 파괴함으로 언약에 규정된 상벌 규정을 따라 처벌을 받았다는 것이다. 물론 모든 등장인물들을 천편일률적으로 이렇게 언약 규정으로 판단하기란 쉬운 일이 아니다. 예컨대 왜 다윗은 그렇게 선택을 받았던가? 그것은 그가 언약에 충실했었기 때문인가? 반드시 그런 것만도 아닌 듯하다. 하나님의 지혜로우신 뜻 가운데 선택이 되었을 것이다. 즉, 하나님은 언약을 주셨고 그 언약에 자신을 매셨지만, 언약보다 크신 하나님은 은총을 베푸심에 있어서는 언약을 초월하실 수가 있으시다. 그분은 자유하시기 때문이다. 그렇지만 그의 행동들은 모두 하나님의 언약 조항들로 판단되어 상벌규정에 따라 상응하는 제재를 받았다. 정확하지는 않다 하더라도, 우리의 일상 삶에서 유추를 찾으려 한다면, 부모가 자기 자녀에게 상벌 규정을 정한 후에, 처벌할 조건에서는 규정대로 하지만, 상을 주실 경우에는 보너스를 주시는 상황에 비길 수 있을까?

1-4. 열왕기상 · 하

1) 명칭

원래 사무엘서와 열왕기서는 각기 상하 두 권씩이 아니라 한 권의 책들이었다. 오리겐 (Eusebius, Prep. Evang. 6:25, Basileiwn trite, tetarte, en heni Ouammelex Dabid), 제롬 (Proloy. Gal.), 요세푸스 (Cont. Apion. i, 8) 등이 증거하고 있다.

더 나아가 이 사무엘서와 열왕기 두 책은 원래 하나였는지도 모른다. 왜냐하면, 열왕기상 1–2 장은 삼하 9–20 의 연속이기 때문이다. 그렇지만 사무엘서와 열왕기서의 구분은 쿰란 사해 사본들에서도 (단편) 나타나는 것으로 보아, 아주 오래 전에 둘은 구분되었던 것 같다.

헬라어 구약성경은 (70 인역) 사무엘서와 열왕기서를 "왕국서 a, b, c, d" 네 권으로 구분했다. 열왕기서는 여기서 왕국서 c 와 d 에 해당된다. 벌게잇은 이름을 약간 바꾸어 "열왕기서 a, b, c, d" 로 구분했다. 시리아어 역인 페쉬타는 제 3 열왕기서가 왕하 2:18 에서 시작된다.

"열왕기서" 란 명칭은 (히, "멜라힘" 왕들) 왕상 1:1 "다윗 왕이 나이 많아 늙으니" 에서 (**wəhammelek̲ dāwīd̲ zāqēn bāʾ bayyāmîm**) 첫 말인 "그 왕"이란 말에서 유래한다. 그런데 여기서는 다윗 왕을 가리키는데, 책명은 복수로 "왕들"이라 했다.

2) 저자, 저작 연대

열왕기서 마지막에 기록된 사건은 여호야긴 왕이 바벨론 감옥에서 풀려나는 사건이다.

왕하 25:27 유다 왕 여호야긴이 사로잡혀 간지 삼십 칠년 곧 바벨론 왕 에월므로닥의 즉위한 원년 12 월 27 에 유다 왕 여호야긴을 옥에서 내어놓아 그 머리를 들게 하고 28 선히 말하고 그 위를 바벨론에 저와 함께 있는 모든 왕의 위보다 높이고 29 그 죄수의 의복을 바꾸게 하고 그 일평생에 항상 왕의 앞에서 먹게 하였고 30 저의 쓸 것은 날마다 왕에게서 받는 정수가 있어서 종신토록 끊이지 아니 하였더라

이 사건은 여호야긴이 바벨론으로 사로잡혀 간지 37 년 만인 주전 560 년에 일어났다. 그는 597 년에 잡혀갔던 것이다 (왕하 24:12). 열왕기서가 기록하는 가장 최근의 사건이 주전 560 년이므로, 그 가장 이른 저작 시기는 560 년 이후여야 한다 (terminus a quo). 그리고 열왕기서가 기록될 수 있는 최고 늦은 시기는 (terminus a quem) 페르시아 대왕 고레스의 유대인 해방령 사건이 있었던 주전 538 년이다. 만약 그 사건을 목도했다면, 그렇게 중요한 사건을 열왕기서 저자가 생략했을 리 없기 때문이다. 그래서 열왕기서는 주전 560 년에서 538 년 어간에 기록되었다고 추정할 수 있다.

그렇다면 저자는 누구인가? 저자는 여러 사료들을 (史料) 활용하여 현재의 열왕기서를 기술하였다. 그런데 왕하 24:18–25 은 렘 52 장, 39:1–10, 40:7–41:10 과 대개 일치한다. 또한 예레미야서와 열왕기서 사이에는 우연의 일치인지 모르나 아주 긴밀한 연관을 보이는 부분들이 나타난다 (왕하 21–23 장과 렘 7:15, 15:4, 19:3 등). 열왕기서에 기록된 사건들을 예레미야 선지자는 잘 알고 있는 것으로 보인다. 이런 사실들 때문에 전통적으로, 열왕기서 저자를 예레미야로 간주하였다.

그러나 오늘날 비평가들은 열왕기서가 어떤 저자의 독창적 저작이라기보다, 여러 자료들을 편집한 책으로 본다. 예컨대, 솔로몬 행적을 기록한 책이나 (왕상 11:41), 북왕국 역사는 이스라엘 왕들의 연대기서에 의존한다는 언급도 나타난다. 유다 왕들의 역사 기술을 위해서는 유다 왕들의 연대기를 의존했다고 15 번 언급된다.

혹자는 에스라가 바벨론 포로에서 귀환한 후에, 다윗, 솔로몬, 나단, 갓, 잇도 등의 궁중 연대기들을 근거로 지금 모습으로 배열 편집했다고 본다. 열왕기서 보다는 역대기서와 에스라, 느헤미야서를 에스라가 저술하지 않았나 하는 것이 더 적절하게 보인다.

마틴 노트는 1943 년 출간된 그의 "전승사 연구" 란 책에서 (Ueberlieferungsgeschichtliche –Studien) 신명기 역사서 가설을 주장하였는데, 유대인들이 전통적으로 전 선지서라 부른 여호수아, 사사기, 사무엘서, 열왕기서는 추방 후의 한 저자가 여러 자료들을 근거로 한 권의 책으로 기술한 이스라엘의 역사서라는 주장이다. 비단 전 – 선지서만 아니라 신명기를 그 저자는 자기 역사서의 서론으로 첨가하여 신명기에서 열왕기에 이르는 역사책을 기술했다고 했다 ("A 구약 역사" 부분 참조).

3) 기술 목적과 방법

역사가의 역사 판단 관점은 신명기 신학 사상에 근거한다. 그래서 비평가들은 열왕기서가 신명기 역사서의 일부라고 간주한다. 비평가들은 요시야 종교 개혁 (주전 621 년) 즈음에 신명기서가 산출되었다고 보는데, 이는 모세가 오경의 저자라는 전통적인 입장에 정면 배치되는 사고이다.
열왕기서를 기술한 목적은 추방을 당한 상황에서 "왜 우린 망했나?" 란 현실적 문제에 답을 제시하기 위함이었을 것이다. 이방 사람들이 말하듯, 마르둑 신이 야웨 하나님 보다 강해서 이스라엘이 바벨론에 패배한 것이 아니라, 하나님께서 언약 백성의 범죄를 규정대로 처벌하신 까닭에 이스라엘은 망했다는 점을 분명하게 제시하고 있다.

4) 내용 분해

열왕기상 내용 분해

(1) 솔로몬의 통치 (1–11)

a. 새 왕의 즉위를 준비 (1:1–2:12)
   1. 다윗의 노년 (1:1–4);　2. 아도니아의 음모 (1:5–53);
   3. 다윗이 솔로몬에게 지시 (2:1–9);　4. 다윗의 사망 (2:10–12)

b. 솔로몬의 통치 초기 (2:13–4:34)
   1. 숙청 (2:13–46);　2. 지혜의 선물 (3);　3. 행정 (4)

c. 성전과 궁전 건축 (5–8)
   1. 건축 준비 (5);　2. 성전 건축 (6);　3. 궁전 건축 (7:1–12);
   4. 성전 기구들 (7:13–51);　5. 성전 헌당 (8)

d. 솔로몬의 통치 말기 (9–11)
   1. 솔로몬과 하나님의 언약 (9:1–9);　2. 솔로몬의 업적 (9:10–28);
   3. 솔로몬의 영광 (10);　4. 솔로몬의 배교 (11)

(2) 분열 왕국 초기 (12–22)

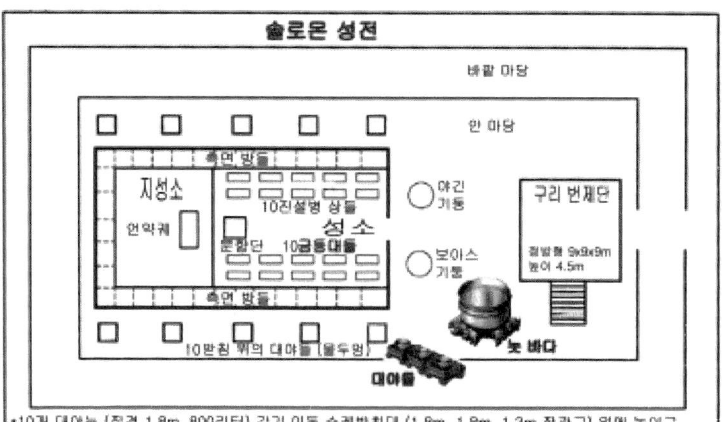

*10개 대야는 (직경 1.8m, 800리터) 각기 이동 수레받침대 (1.8m, 1.8m, 1.3m 장광고) 위에 놓이고, 큰 놋바다는 (직경 4.4m, 높이 2.2m, 둘레13.2m터; 4만리터) 12마리 황소가 받치는 받침대 위에 놓였다.

a. 왕국의 분열 (12:1-24)
1. 르호보암 (12:1-15); 2. 이스라엘의 배반 (12:16-20);
3. 르호보암의 징벌준비 (12:21-24)
b. 여로보암의 이스라엘 (12:25-14:20)
1. 우상숭배 (12:25-33); 2. 유다 출신 무명 선지자의 경고 (13:1-32)
3. 지속되는 배교 (13:33-34); 4. 아히야의 심판 예언 (14:1-18);
5. 여로보암의 사망 (14:19-20)
c. 르호보암의 유다 (14:21-31)
1. 왕의 악행 (14:21-24); 2. 시삭의 침공 (14:25-28);
3. 르호보암 사망 (14:29-31)
4. 아비야의 유다 (15:1-8); 5. 아사의 유다 (15:9-24);
6. 나답의 이스라엘 (15:25-32); 7. 바아사의 이스라엘 (15:33-16:7);
8. 엘라의 이스라엘 (16:8-14); 9. 시므리의 이스라엘 (16:15-20);
10. 오므리의 이스라엘 (16:21-28); 11. 아합의 이스라엘 (16:29-22:40);
12. 여호사밧의 유다 (22:41-50);
13. 아하시아의 이스라엘 통치 시작 (22:51-53)

열왕기하 내용 분해

(1) 분열왕국의 말기 (1-17)

a. 아하시아의 말기 (이스라엘) (1);
b. 요람의 이스라엘 (2:1-8:15);
c. 여호람의 유다 (8:16-24);
d. 아하시아의 유다 (8:25-9:29);
e. 예후의 이스라엘 (9:30-10:36);
f. 악녀 아달리아의 유다 통치 (11:1-20);
g. 요아스의 유다 (11:21-12:21);
h. 여호아하스의 이스라엘 (13:1-9);
i. 요아스의 이스라엘 (13:10-25);
j. 아마시아의 유다 (14:1-22);
k. 여로보암 2 세의 이스라엘 (14:23-29);
l. 아사랴의 (웃시야) 유다 (15:1-7);
m. 스가랴의 이스라엘 1 (15:8-12);
n. 살룸의 이스라엘 (15:13-16);
o. 므나헴의 이스라엘 (15:17-22);
p. 브가히야의 이스라엘 (15:23-26);
q. 베가의 이스라엘 (15:27-31);
r. 요담의 유다 (15:32-38);
s. 아하스의 유다 (16);

t. 호세아의 이스라엘 (17:1–6);
u. 이스라엘의 멸망 (17:7–41)

(2) 남은 유다 왕국 역사 (18–25)

a. 히스기야 (18–20);
b. 므낫세 (21:1–18);
c. 아몬 (21:19–26);
d. 요시야 (22:1–23:30);
e. 여호아하스 (23:31–35);
f. 여호야김 (23:36–24:7);
g. 여호야긴 (24:8–17);
h. 시드기야 (24:18–25:7);
i. 바벨론 통치 (25:8–30)

6) 열왕기서는 무엇을 가르치는가 ?

첫째로 , 언약 파기와 추방

모세의 경고의 노래는 (신 32 장) 오고 오는 이스라엘 세대들에게 주어진 언약의 경고였다 . 저들이 하나님의 축복을 받으면 반드시 타락의 길로 들어선다는 것을 하나님을 모세를 통해 미리 알려 주셨다 . 비단 이스라엘만 아니라 , 교회사를 통해서 복음으로 축복받은 민족들이 첫 사랑을 상실하고 타락하여 범죄하고 마침내 징계와 심판을 받는 일이 반복되어 왔다 . 사사기서의 구원사 사이클은 이스라엘 역사에서 반복되고 , 교회사를 통해 반복되고 , 나 개인의 구원 역사에서도 반복되기 십상이다 .

하나님의 백성 , 곧 언약백성은 타락할 때 어떤 징계를 받는가 ? 신 28:15–68 에 제시된 징벌을 4 대 징계로 요약하자면 , 1) 칼 , 2) 기근 , 3) 역병 , 4) 야수 (野獸) 등이다 . 이런 징벌에도 회개치 않는다면 그 때에는 약속의 땅에서 뿌리를 뽑아 열방에 흩으신다 . 바벨론 추방이나 주후 70 년 예루살렘 파멸 혹은 주후 135 년 바코크바 반란 이후 유대인들이 처했던 그 열방으로의 이산이 (離散) 언약의 처벌 규정과 (신 28:15–68) 그 모세 “경고의 노래” 가 (신 32 장) 예고한 열방으로의 흩으심의 성취였다 .

(1) 칼은 전쟁 징계이다 . 6.25 나 미국 남북 전쟁이 그 예이다 . 광주 사태나 10.26 사태 , 혹은 한국에서 일어나고 있는 좌파나 우파 사이의 세상에 유례가 없는 격렬한 사상 전쟁 , 미군 반대 촛불 시위 , 미국 쇠고기 반대 촛불 시위 , 천안함 사건 등은 모두 사회 불안을 증폭시킨 악령의 세력들이 배후에서 조종한 일들이며 , 남한 성도들에게는 경고가 되고 있다 . 광주 민주화 운동 세력이 악령의 사주를 받았다는 말이 아니라 , 그런 혼란 상태가 이 나라에 나타나서 살육을 당한 혼란의 정황이 악령의 역사였다는 말이다 .

(2) 기근 (饑饉) 은 가뭄이나 적군의 포위로 양식이 결핍되는 상황인데 하나님을 대적하는 북한의 상황이 유사하다 . 신약 시대인 오늘날 기독교 신정국은 존재하지 않지만 , 북한은 하나님을 부인하는 완전 공산 무신론 사회이므로 , 저들이 겪는 가뭄과 홍수를 통한 기근 사태는 하나님의 처벌임이 분명한 것이다 . 국가 전체가 한 단위로 하나님을 대적하는 까닭에 그런 분석이 가능한 것이다 . 만약 종교의 자유가 있어 믿는 자들이 기도하고 하나님을 섬기지만 , 또 다른 한편에서는 크게 범죄하고 악행하는 대한민국과 같은 세속 국가는 한 국가 단위로 분석하여 이것은 하나님의 심판이다 라고 말하기가 곤란할 것이다 . 그럼에도 사회의 돌아가는 분위기와 터지는 악재를 보면 대개는 영적 진단이 가능하다 .

⑶ 역병은 중세기의 '데카메론'이 묘사하는 그런 무서운 염병이지만, 요사이는 변종들이 많아서 사스, 에이즈, 암, 조류 독감 등이 기승을 부린다. 믿는 성도들은 이런 재앙이 가까이 하지 못하리라 (시 91편). 그러나 주를 배반하는 자들에게는 언제고 덮칠 것이다.

⑷ 야수(野獸)는 오늘날 없다고 생각할 것이다. 그러나 인간이 야수로 변해서 초등생을 끌고 가서 성 학대를 하거나 여자를 납치하여 그런 악행을 저지르기도 하고 무참하게 죽이기도 한다. 이런 인간성의 소멸은 성도들의 강력한 기도만이 막을 수 있을 것이다.

이런 4가지 징계에도 언약 백성이 회개치 않는다면, 하나님은 나라를 파멸시키고 백성을 열방에 흩는 극약처방을 가하실 것이다.

오늘날 인터넷의 발달 때문에 음행이 사람의 정신을 지배하고 있다. 이 점에서 한국이 제1위라고 영국 어느 잡지가 분석한 바도 있다. 2010년 2일 영국 BBC 방송이 발행하는 잡지 `포커스' (www.bbcfocusmagazine.com) 2월호에 따르면 한국은 세계에서 가장 포르노에 돈을 많이 쓰는 나라이다. 이 잡지는 영국 연구원들이 세계 35개국을 대상으로 단테의 '신곡' (Divine Comedy, Purgatorio) 나오는 정욕, 탐식(Glutony), 탐욕(Greed), 나태(Sloth), 분노(Wrath), 시기(Envy), 교만(Pride) 등 7가지 죄악을 (잠 6:16-19, 갈 5:19-21) 얼마나 많이 저지르고 있는지를 분석한 결과를 게재했다. 7대 죄악을 국가별로 순위를 매긴 결과 한국이 정욕 부문에서 부끄럽게도 1위를 차지한 것이다. 잡지는 정욕은 포르노 산업에 대한 국민 1인당 연간 지출액을 기준으로 측정했다고 밝혔다.

탐식은 패스트푸드에 대한 국민 1인당 연간 지출액을 따졌고, 탐욕은 연간소득이 평균치의 50%에 못 미치는 저소득층의 비율을 기준으로 각국 수준을 평가했다. 나태는 봉급생활자 1천명 당 연간 총 결근일수, 분노는 폭행, 성폭행, 살인 등 폭력범죄 발생률, 시기는 가택침입 절도, 강도, 자동차 절도 등의 발생률, 국민적 자부심과 개인적 허영(국민 1인당 성형수술 시술 건수) 등을 각각 기준으로 평가했다.

잡지가 지목한 `정욕의 나라' 는 한국에 이어 일본, 호주, 핀란드, 중국, 브라질, 체코, 대만, 미국, 캐나다 등의 순으로 꼽혔다. 한국은 또한 탐식 부문에서도 6위에 올랐다. 이 부문 1위는 미국이 차지했고, 캐나다, 호주, 일본, 영국이 뒤를 이었다. 잡지는 7대 죄악을 1-10위로 발표하고, 각 10-1점을 부여해 `종합 순위' 도 매겼는데, 한국은 15점을 받아 세계에서 8번째로 `죄를 많이 짓는 나라' 가 됐다. 호주는 46점을 받아 가장 죄가 많은 나라에 올랐고, 이어 미국과 캐나다가 불명예를 안았다. 일본은 7위에 꼽혔다.

둘째로, 심판 이후에 회복의 약속

열왕기서 저자는 자기 역사서의 맨 마지막에 주전 597년 바벨론 포로로 잡혀가 감옥살이 하던 다윗 왕가의 여호야긴 왕이 감옥살이 37년 만에 옥에서 풀려나서 바벨론 왕의 환대를 받았다는 사건을 배치하고 있다 (왕하 25:27-30). 이는 유다 왕조의 멸망이후에 하나의 서광의 빛을 비추려는 의도적인 배열일 것이다. 그러나 저자는 주전 539년에 일어난 바벨론의 멸망과 538년에 일어난 귀환 등에 대하여는 침묵하는 것으로 보아, 열왕기서는 적어도 주전 539년 이전에, 그리고 주전 560년 이후에 기록되었다는 증거를 보인다. 그가 그 귀환의 사건을 목도했더라면, 바벨론 패망과 추방자들의 귀환과 같은 크고 놀라운 사건을 보도하지 않을 리 없기 때문이다. 학개, 스가랴, 에스라, 느헤미야, 말라기서의 메시지가 심판 이후의 회복이 성취되었다는 것을 입증해 준다. 그러나 이사야의 찬란한 미래의 비전은 귀환 공동체에서 결코 이루어진 적이 없었다. 귀환 공동체를 향해 예언했던 학개, 스가랴, 말라기 등은 다시 메시야의 도래와 찬란한 회복의 영광을 미래로 투사하고 있다. 즉 귀환 공동체는 이사야나 추방 이전 선지자들이 선포했던 심판 이후 회복 시대의 완전 성취를 맛볼 자들은 아니었다. 오히려 오실 메시야와 추방 전 언약 백성들 간에 다리를 이어주는 구원사적 중간기요 다리 기능을 감당하였다. 저들은 캄캄한 터널을 지나듯 영적으로 험난한 통로를 헤치고 지나가야 했다. 이렇게 한 번 실패한 후에 회복은 참으로 어렵고 난감한 일이 된다. 선택된 자는 타락해서 완전 버림 받지 아니하고 끝까지 하나님은 보존하신다. 회개하면 다시 기회가 주어진다. 그러나 다시 올 기회를 기대하고 타락할 이유는 없다. 회복은 진실로 어렵고 긴 세월을 요하기 때문이다.

사무엘서 - 열왕기서는 (70인역이나 벌게잇 역이 제시하듯 하나의 연속 역사이다) 이스라엘 믿음 공동체의 구원사적 사이클을 제시하며, 열왕기서는 그 공동체의 영적 타락과 해체 과정을 보여준다는 점에서 구원사적 의

의를 지닌다. 북 왕국 이스라엘은 주전 721 년에 앗시리아에게, 남 왕국 유다는 주전 586 년 바벨론에게 망하고 말았다. 남북 두 나라에서 많은 포로가 앗시리아와 바벨론으로 끌려갔지만, 바벨론이 패망한 이후에 고국으로 귀환한 자들은 남왕국 거민들에 국한 되었다. 북 왕국 이스라엘 열 지파는 역사의 무대에서 사라져 버리는 듯한 인상을 준다. 예컨대, 라 4:1 에서 "유다와 베냐민의 대적" 이란 표현이 나타나는데, 주전 520 년부터 학개와 스가랴 선지자의 활동으로 성전 재건 공사가 재개될 때 방해하던 주변 민족들을 가리킨다. 특히 사마리아 거주 혼혈족이 유다와 베냐민의 대적이었다. 저들은 북왕국이 망할 때, 사마리아에 남은 저층민들과 원방에서 그곳으로 이주해 온 이방인들이 혼합 결혼하여 내려온 사람들이다. 바벨론 추방에서 귀환한 믿음 공동체는 사마리아 사람들을 "유다와 베냐민의 대적"이라 칭함으로, 믿음 공동체의 일원이라 간주하지 아니했고, 성전 건축에 참여하겠다는 저들의 호의도 거절해 버렸다. 그로 인하여 이후로 두고두고 사마리아 사람들과 유다 사람들의 반목질시가 전개되었고, 예수님 당대에도 그런 적대감은 여전했었다.

"유다와 베냐민의 대적" 이란 표현은 동시에, 귀환 공동체에 유다 지파와 베냐민 지파인들 밖에 없었다는 것을 암시해 준다. 북왕국 이스라엘 10 지파인들은 포로생활에서 귀환하지 아니했고, 사마리아에 남은 자들마저 귀환자들에게 이방인 취급을 당했다. 이렇게 고국에서 사로잡혀 간 자들이나 남았던 자들이나 북왕국 이스라엘 사람들은 모두 영적으로 뿌리가 뽑혀 남은 자들의 무리에 속하지 못하게 되었다. 아주 무서운 현상이 아닌가? 하나님 나라에서 저들은 송두리째 자취를 감추게 되었다.

유다와 베냐민 지파의 귀환 공동체는 그런대로 명맥을 유지하고 예수님 당대에 성전을 중심하여 유대교를 발전시키는 지점까지 이르렀다. 걸려 넘어지는 '돌' 이신 예수님을 기준하여 이 유대교 공동체는 다시 "남은 자" 와 "가라지" 로 구분된다. 예수님은 "부딪히는 돌과 거치는 반석" 이 되시고, 저희가 (유대인들) 말씀을 순종치 아니하므로 넘어졌다 (벧전 2:8). 예수님을 믿고 그가 세우신 믿음 공동체에 (12 사도들 중심) 가입한 유대인들과 그렇지 아니한 유대교 공동체가 갈라지게 된 것이다.

유대교 공동체는 정확한 시기는 분명치 않으나 주후 2 세기 어간에 이런 결정을 내렸다:

복음서와 이단들의 책들은 거룩한 책이 아니다.
벤 시라의 책들이나 그의 시대 이후로 기록된 그 어떤 책도 거룩한 책이 아니다 (미쉬나 야다임 2:13).

벤 시라의 집회서는 유대인들이 아주 좋아하던 책이었음에도 그 저작 시기가 너무 최근이라 정경의 일부로 간주되지 아니했다. 유대교에서는 구약의 마지막 선지자들의 죽음과 함께 성령께서 이스라엘에서 떠나셨으므로, 그 이후에 저작된 벤 시라서가 아무리 사람들의 사랑을 받는다 해도 거룩한 책일 수 없다는 판단을 한 것이다 동일한 전제는 벤 시라의 집회서 이후 (주전 180 년) 저작된 모든 책들은, 복음서들이나 다른 기독교 문헌들을 포함하여 거룩한 책일 수 없다는 결론을 내리게 만든다.

그러나 "복음서" 를 특별히 거룩한 책이 아니라고 못 박은 이면에는 더 중요한 이유가 있었으니, 그것은 주후 70 년에 예루살렘이 함락되고 성전이 파괴되면서 나사렛 예수님을 추종하는 유대인들이 예수님을 배격하고 자신들의 종교에 집착하는 유대교 사람들을 대하여, "그 보라고, 메시야를 배척한 죄악 때문에 심판이 예루살렘과 그 성전에 내린 것이 아닌가?" 라고 아주 당당한 자세를 보일 때, 유대교 랍비들은 적지 않게 당황하였고 기독교 이단에 대한 확실한 선을 긋는 일이 필요했던 것이다.

기독인들은 성령께서 수 세기 전에 이스라엘에서 떠나가셨지만, 다시 오셔서 사도들과 선지자들 위에 임하셨다고 주장했다. 따라서 '영감' 은 과거의 사실만 아니라, '영감된 책' 은 다시 가능하게 되었다! 주후 2 세기 초에 (주후 100–200 년대 초) 살았던 그 랍비들이 복음서나 다른 기독인 문헌들 혹은 그들의 집회소들에 대하여 보이는 그 적대감은 결렬하기 그지없었다. 이는 거꾸로 기독교인들이 수적으로나 영향력에서 점차 유대교에 큰 위협으로 작용하고 있었다는 반증이기도 하다 (G. F. Moore 1927:I,244). 어떤 율법 교사들은 새 교리에 (기독교) 기울고 있다고 의심을 받기도 했다.

주후 135 년 하드리안 황제 치하에서 일어난 바코크바 반란 사건으로 유대교와 '나사렛파' 는 (기독교) 완전히 분리되었고, 그 전쟁 이후로 둘 사이의 적대감도 회당에 새 교가 퍼질 위험이 사라짐과 함께 감소하고 있었다. 우리는 주전 721 년과 586 년에 각기 일어난 북과 남 왕조의 멸망과 함께 일어났던 믿음 공동체의 추이를 (推移 변화) 잠시 따라갔었는데, 저 주후 2 세기 초까지 내려가고 말았다. 다시 되돌아가서, 아직 북과 남의 왕조들이 건재했을 때의 한 단면을 포착해 보자. 그 단면은 엘리야에게 주신 남은 자에 관한 하나님의 말씀이 담긴 시대상이다 (왕상 19:18).

그러나 내가 이스라엘 가운데 칠천 인을 남기리니
다 무릎을 바알에게 꿇지 아니하고 다 그 입을 바알에게 맞추지 아니한 자니라

현대 역본들은 한역처럼 미래시제로 번역하기도 하고 (남기리니 ; NRSV, TNK, NASB, LSG), 완료 시제로 (KJV, ELB), 현재 시제로 (NIV) 번역하기도 한다. 앞으로 남은 자 7 천명을 남기겠다는 말씀인가? 현재 7 천명의 남은 자가 있다는 것인가? 아니면 앞으로 7 천명을 일으켜 보존하겠다는 것인가? 이 질문은 이 말씀을 야기시킨 엘리야의 고발을 살펴보아야 한다. 엘리야는 네가 왜 여기 있느냐? 는 하나님의 질문에 대하여,

내가 만군의 하나님 여호와를 위하여 열심이 특심하오니 이는 이스라엘 자손이 주의 언약을 버리고 주의 단을 헐며 칼로 주의 선지자들을 죽였음이오며 오직 나만 남았거늘 저희가 내 생명을 찾아 취하려 하나이다 (왕상 19:14)

라고 이스라엘을 고발했었다. 여기서 "오직 나만 남았다" 는 (wāʾiwwāṯēr ʾănî ləḇaddî) 진술은 변환 미완료상 곧 완료시제이다. 현재 엘리야는 모두가 주를 배교(背教) 하고 혼자 남았다고 처지를 지적한다. 이에 하나님은 아니다, 내가 이스라엘 가운데 7 천인을 남겼다고 (wəhišʾartî) 말씀하시는 것이다. 엘리야 혼자만 남은 것이 아니라, 7 천인의 남은 자가 있다. 저들은 모두 우상 앞에 무릎을 꿇지도, 우상에게 입을 맞추지도 아니했다. 70 인역은 기이하게도 "네가 (이스라엘에 7000 인을) 남기리라" 고 번역했다 (καταλείψει). 그러나 사도 바울은 롬 11:4 에서 70 인역 대신 "내가 나를 위하여 바알에게 무릎 꿇지 아니한 7 천인은 남겨 두었다" 고 히브리어 원문에 가까운 인용을 하고 있다. 그런데 7000 이란 수치는 7 x 1000 인데, 완전수 7 에, 또 다른 완전수 10 의 3 승으로 최고의 완전수, 곧 하나님의 계획 가운데서 충족한 수자의 남은 자를 하나님은 보존하신다고 알려 주신다. 롬 9–11 장에서 사도 바울은 이 엘리야 시대의 남은 자를 비롯해 (롬 11:4) 구약에서 남은 자만 구원에 이른다는 논리를 전개하는데, 각 시대마다 하나님은 남은 자를 보존하신다.

열왕기서는 이스라엘의 실패를 기록하지만, 그 실패 가운데서도 하나님의 남은 자들은 보존된다. 그 남은 자들이 추방에서 귀환하여 귀환 공동체를 이루고, 이들이 400 년간의 암흑기를 거쳐 세례 요한을 통해 예수 그리스도께로 인도를 받는다. 예수님 당대에 그의 설교를 듣고 구원에 이른 자들은 12 사도들을 통해 조직된 "새 이스라엘" 인 교회에 가입하고, 이 믿음 공동체가 주후 70 년 예루살렘 파멸과 성전 파괴, 그리고 주후 135 년 바코크바 반란을 통해 유대교 공동체와 완전 결별하고 온 세계를 품는 세계적 믿음 공동체로 도약한다. 이러한 분리를 통한 남은 자들의 보존은 하나님께서 시대마다 역사에 개입하셔서 이루시는 구원 역사와, 성도들의 주님을 향한 믿음이 함께 만들어내는 성과물이다. 에스라 – 느헤미야서의 구원사적 의미는 포로생활에서 귀환을 결정하고 여러 열악한 환경에도 믿음으로 나아가는 남은 자들의 믿음과, 그 남은 자들의 마음에 귀환과 신앙적 열정을 불러일으키시는 하나님의 개입을 드러내는데 있다.

라 1:2 바사 왕 고레스는 말하노니 하늘의 신 여호와께서 세상 만국으로 내게 주셨고 나를 명하사 유다 예루살렘에 전을 건축하라 하셨나니 3 이스라엘의 하나님은 참 신이시라 너희 중에 무릇 그 백성 된 자는 다 유다 예루살렘으로 올라가서 거기 있는 여호와의 전을 건축하라 너희 하나님이 함께 하시기를 원하노라 4 무릇 그 남아있는 백성이 어느 곳에 우거하였든지 그곳 사람들이 마땅히 은과 금과 기타 물건과 짐승으로 도와주고 그 외에도 예루살렘 하나님의 전을 위하여 예물을 즐거이 드릴지니라 하였더라 5 이에 유다와 베냐민 족장들과 제사장들과 레위 사람들과 무릇 그 마음이 하나님께 감동을 받고 올라가서 예루살렘 여호와의 전을 건축코자 하는 자가 다 일어나니

여기 에스라서 1장의 진술에서 고레스 대왕의 유대인 해방령은 분명 하나님의 역사였다. 이 해방령을 듣고, 하나님의 감동을 받아 예루살렘에 돌아가서 하나님을 섬기는 삶을 추구하기로 작정한 자들은 저들의 마음에 하나님의 감동이 있었지만, 이에 순응하여 나아갔던 믿음의 소지자들이었다. “그 영을 하나님께서 분기시켜 올라가 야웨의 집을 건축하도록 하신 모든 자마다” (ləḵōl hēʿîr hāʾĕlōhîm ʾeṯ-rûḥô laʿălôṯ liḇnôṯ ʾeṯ-bêṯ yhwh) 일어나서 예루살렘으로 귀환했다. 하나님의 간섭과 그분의 감동에 순응한 믿음의 결단이 함께 부각되고 있다. 에스더서의 구원사적 의미는 이런 남은 자 구원을 위한 믿음 공동체 후보자들의 “보존” 에 있는데, 아하수에로 왕 12년 아달월 (주전 474년 12월 [음력]) 13일에 유대인의 전멸이 예상되었지만, 에스더 왕비의 결단과 하나님의 기이한 섭리로 유대인은 자신들을 멸하려는 원수 75,800인을 도륙하고 생존하는 전환을 이룬다. 이런 사건이 일어난 지 약 16년 후인 주전 458년에 에스라는 1,772 명의 무리와 (1772 남자 x 5인 가족 = 8860명 정도) 예루살렘으로 귀환하는데, 이들의 귀환은 남은 자 무리의 믿음의 도전이었다. 주전 445년에는 느헤미야 일행도 귀환하여 믿음 공동체에 합류한다.

요나서의 구원사적 의의는 이방인들도 하나님의 메시지를 듣고 회개할 수 있다는 가능성이지만, 그 회개가 진정한 구원으로 연결되기에는 좀 멀다는 느낌을 받는다. 에돔의 멸망을 선포하는 오바댜나, 니느웨의 멸망을 선포하는 나훔의 구원사적 의의는 하나님을 떠난 이방인들이 소망 없이 하나님의 심판으로 멸망에 이르는 비참함을 전하는데 있다. 반면 룻기서는 기이한 하나님의 섭리로 남은 자 무리에 가입하는 이방인의 믿음의 도전을 보이는데, 그 구원사적 의의가 드러난다.

셋째로, 국부(國父)들의 모델

다윗과 여로보암 1세는 남왕국과 북왕국의 국부요 모델이다. 그래서 열왕기서 기자는 남왕국의 왕들을 판단할 때는 다윗을 기준으로 하고 북 왕국의 왕들을 판단할 때는 여로보암 1대를 기준으로 한다.

(1) 다윗 모델

왕상 9:4 네가 만일 네 아비 다윗의 행함 같이 마음을 온전히 하고 바르게 하여 내 앞에서 행하며 내가 네게 명한대로 온갖 것을 순종하여 나의 법도와 율례를 지키면

왕상 11:4 솔로몬의 나이 늙을 때에 왕비들이 그 마음을 돌이켜 다른 신들을 좇게 하였으므로 왕의 마음이 그 부친 다윗의 마음과 같지 아니하여 그 하나님 여호와 앞에 온전치 못하였으니

왕상 11:6 솔로몬이 여호와의 눈앞에서 악을 행하여 그 부친 다윗이 여호와를 온전히 좇음같이 좇지 아니하고

왕상 11:33 이는 저희가 나를 버리고 시돈 사람의 여신 아스다롯과 모압의 신 그모스와 암몬 자손의 신 밀곰을 숭배하며 그 아비 다윗의 행함 같지 아니하여 내 길로 행치 아니하며 나 보기에 정직한 일과나의 법도와 나의 율례를 행치 아니함이니라

왕상 11:38 네가 만일 내가 명한 모든 일에 순종하고 내 길로 행하며 내 눈에 합당한 일을 하며 내 종 다윗의 행함 같이 내 율례와 명령을 지키면 내가 너와 함께 있어 내가 다윗을 위하여 세운 것 같이 너를 위하여 견고한 집을 세우고 이스라엘을 네게 주리라

왕상 14:8 나라를 다윗의 집에서 찢어 내어 네게 주었거늘 너는 내 종 다윗이 나의 명령을 지켜 전심으로 나를 좇으며 나 보기에 정직한 일만 행하였음과 같지 아니하고

왕상 15:3 아비얌이 그 부친의 이미 행한 모든 죄를 행하고 그 마음이 그 조상 다윗의 마음 같지 아니하여 그 하나님 여호와 앞에 온전치 못하였으나

왕상 15:11 아사가 그 조상 다윗같이 여호와 보시기에 정직하게 행하여

왕하 14:3 아마샤가 여호와 보시기에 정직히 행하였으나 그 조상 다윗과는 같지 아니하였으며 그 부친 요아스의 행한 대로 다 행하였어도

왕하 16:2 아하스가 위에 나아갈 때에 나이 이십 세라 예루살렘에서 십 륙년을 치리하였으나 그 조상 다윗과 같지 아니하여 그 하나님 여호와 보시기에 정직히 행치 아니하고

왕하 18:3 히스기야가 그 조상 다윗의 모든 행위와 같이 여호와 보시기에 정직히 행하여

(2) 여로보암 1 세 모델

왕상 15:34 바아사가 여호와 보시기에 악을 행하되 여로보암의 길로 행하며 그가 이스라엘로 범하게 한 그 죄중에 행하였더라
왕상 16:2 내가 너를 진토에서 들어 나의 백성 이스라엘 위에 주권자가 되게 하였거늘 네가 여로보암의 길로 행하며 내 백성 이스라엘로 범죄케 하여 저희 죄로 나의 노를 격동하였은즉
왕상 16:19 이는 저가 여호와 보시기에 악을 행하여 범죄함을 인함이라 저가 여로보암의 길로 행하며 그가 이스라엘로 죄를 범하게 한 그 죄 중에 행하였더라
왕상 16:26 느밧의 아들 여로보암의 모든 길로 행하며 그가 이스라엘로 죄를 범하게 한 그 죄 중에 행하여 그 헛된 것으로 이스라엘 하나님 여호와의 노를 격발케 하였더라
왕상 22:52 저가 여호와 보시기에 악을 행하여 그 아비의 길과 그 어미의 길과 이스라엘로 범죄케 한 느밧의 아들 여로보암의 길로 행하며

누가 나라의 현 지도자인가? 와 함께, 누가 그 나라의 첫 지도자였는가? 이것도 상당히 아주 중요하다.

이승만이 대한민국의 첫 대통령이 된 것은 영적으로 크게 의미가 깊다. 왜냐하면 그는 하나님을 진실로 믿는 성도였고 초대 제헌 국회시에나 첫 국무회의 석상에서 기도로 시작할 것을 명했기 때문이다. 그것은 한국 5 천년 역사 이래 처음으로 참 하나님을 이 민족이 섬기고 복 받을 징조에 다름 아니었던 것이다. 반면 북한의 김일성은 그 모친이 강반석으로 기독인이었고 기독교에 접하여 믿을 기회가 많이 있었지만, 오히려 하나님을 조롱하고 반 기독교적 공산 무신론 정권의 지도자가 되었고 그것으로 차지 않았던지 북한 주민들을 완전히 김일성교 광신자들로 만들어 버리고 그것도 부족해서 자기 아들 김정일에게 권력을 이양하고, 시대착오적 봉건 세습 왕조를 개창하고, 세계의 최빈국으로 나라를 몰아넣고 말았다. '김일성 교시' 는 (敎示) 북한에서 여전히 철칙이고 목숨을 걸고 지켜야 한다. 그 교시 중에 1) 남조선과 무슨 대화를 한다고 하면 혁명 분위기 조성을 위한 것이고 하나의 전략적 수단이지 결코 혁명을 포기하고 적당히 타협하자는 목적에서 하는 것이 절대 아니니, 적당히 대화 하는 척 하다가 틀어 버리고 자기들의 목적만 달성할 것을 지시하고 있다. 2) 탄도 미사일과 핵폭탄은 반드시 개발하여 미제를 한반도에서 손을 떼도록 압박해야 혁명통일이 가능하다고 했다. 3) 세계 전쟁사를 볼 때, 독일군이 소련에 침공해서 철도를 활용하지 못한 것은 궤도가 달라서였는데, 그 점을 유의해서 도로나 철도를 미제가 침공할 때를 대비하여 크게 발전시키지 말라. 4) 교회에 적당히 침투해서 교인들을 혁명 사상으로 세뇌시켜야 한다. 이런 김일성의 교시는 절대 신조인데, 이런 김일성교를 추종하는 공산 세력과 적당히 대화하여 저들을 개방시키겠다는 "햇볕 정책" 은 대화 상대가 누구인지를 제대로 파악하지 못한 근본적인 오류를 지닌 채로 출발하고 있었다. 중공의 국부는 모택동(毛澤東), 중화민국의 국부는 장개석(蔣介石)인데 이 둘 사이에도 한국의 남북한의 국부들처럼 묘하게 공산무신론자와 기독인이란 함수가 존재한다. 그래도 중국에는 '등소평' 이란 사람이 나와서 개혁개방 정책을 실시하는 바람에 선전하고 있는데, 답답한 것은 이북의 경애하는 지도자 장군님이시다. 여로보암은 여로보암교는 창설하지 않았건만, 김일성은 신성모독적인 김일성교를 만들어 인민을 정신적 노예로 만들었다. 한 가지 소망적인 사항은 김일성교 광신자가 하나님을 믿기가 아주 쉽다는 사실이다. KAL 기 폭파범 김현희씨가 간증할 때, 안기부 직원이 성경을 주어서 읽어 보니 북한에서 김일성 학습 받을 때 배웠던 그 좋은 말들은 다 성경에서 베꼈구나! 라는 생각이 들었고, 예수님 믿기가 참 쉬웠던 것은 신앙의 대상만 '김일성' 에서 '예수님' 으로 바꾸면 되었기 때문이라고 했다. 부정적으로 본다면, 북이스라엘은 앗시리아에 주전 721 년에 망했고, 남왕국 유다는 주전 586 년 바벨론에 망했다. 북한이 중국에 흡수되고 남한은 일본에 먹힌다? 이런 시나리오를 예상해 보면 성도들이 얼마나 깨어 위태한 이 나라를 위해 기도해야 할지.

2. 후(後) 선지서

간략한 선지서 연구사

후 선지서는 기독교에서 역사서로 분류되는 전 선지서와 달리, 언약의 사신(使臣)들인 선지자들의 메시지를 담고 있다. 전 선지서는 역사서이지만, 그 역사 기록자들이 선지자들이라는 이해 때문에 전 – 선지서라 불렸을 것이다. 반면 후 선지서는 선지자들의 메시지를 담고 있으므로 진정한 의미에서 선지서라 할 수 있다. 후 선지서는 그 분량에 따라 대(大) 선지서와 소(小) 선지서로 구분되고, 소 선지서는 유대교 전통에서 '한 권' 의 책으로 간주되므로, 후 선지서는 모두 '네 권' 으로 간주된다.

근대적 역사 – 비평이 구약에 가해지기 전까지, 전통적으로 선지서는 모세 율법에 근거한 말씀 선포라 간주되었다. 그러나 역사 – 비평법의 발호와 더불어 선지서들은 모세법에 의존하는 것이 아니라, 오히려 선지자들이

윤리적, 유일신론적 이스라엘 종교의 진정한 창시자들이며, 율법이 선지자들의 메시지에 영감을 받아 산출되었다고 순서를 거꾸로 만들어 버렸다 (J. Wellhausen). 이런 역사 비평적 입장은 선지서들에서 선지자들의 원래 말씀을 찾기에 분주하게 만들었다. 비평가들은 선지자가 '원래 했을 말들' 과 (ipsima verba) 후대인들의 '첨가' 부분을 구분하는 일에 온 정성을 쏟았다. 이런 진짜 선지자 말씀과 가짜의 구분 사고에 의한 선지서들의 분석은 오경의 문서설이나 양식 비평과 같이, 선지서들을 갈기갈기 조각나게 했다. 그 가장 대표적인 예가 비평가 둠의 (B. Duhm) 이사야서 분석이다. 둠은 이사야서를 제1 이사야 (1–39 장), 제2 이사야 (Deuterojesaja 40–55 장), 제 3 이사야 (Tritojesaja 56–66 장) 등으로 구분했다.

선지서들에 대한 문헌 비평이 열을 더해 가는 동안 횔셔의 (G. Hoelscher) 선지자들의 "심리" 연구로 선지서 연구는 새로운 전기를 맞게 되었다. 역사 비평이 선지자들의 원래 말씀을 찾고자 열중했다면, 횔셔는 거기서 한 걸음 더 나아가 선지자들이 말씀을 선포할 때의 심리적 과정을 파악하고자 했다. 둠은 성경적 근거들과 고대 근동 문헌들에서의 병행들을 근거로, 구약 선지자들이 황홀경에 들어가 영감된 말씀을 발설했으리라고 주장했다면, 횔셔는 보다 더 많은 고대 근동 문헌들의 병행을 지적하고, 선지자들의 설교 근저에는 황홀경 체험이 있다고 주장했다.

횔셔는 황홀경과 환상 체험들과 연관되는 여러 현상들을 검토하였다: 고도로 긴장된 지각, 신체적 감각의 상실, 사고의 집중, 통제력을 상실한 신체적 행동들, 꿈들과 환청들, 최면상태의 환상들, 무각막, 기억상실과 마비. 이런 현상들은 음악이나 춤, 여러 제의적, 점술적 의식들을 통해 그런 황홀경 체험을 유도하고자 의도된 특정한 행동들과 연관된다고 주장한다 (Ronald Clements 1976:57).

린드블롬도 (J. Lindblom) 유사한 주장을 펼친다:

종교 황홀경에서, 의식은 하나님의 임재, 신적 영역에 속하는 사고들과 감각들로 완전히 채워지고, 영혼은 신적 계시의 영역으로 높이 올려진다. 이 지상의 감각들은 잠시 사라지고 만다 (Johannes Lindblom 1962:5).

이러한 선지자들의 예언 선포시의 심리적 상태나 현상들에 대한 관심은 영감된 선지서 본문들에 대한 관심과 간접으로만 연결된다. 선지자나 그들의 체험 연구는 선지자들의 메시지 자체보다 우선시 되었다. 궁켈의 선지서 연구는 창세기나 시편 연구에 비추어 예상할 수 있듯, 선지서 본문들에 수록된 선지자들의 설교나 가르침의 양식들에 초점을 맞추었다. 궁켈은 예언 말씀들의 구전 (口傳) 양식들 (Gattungen) 은 약속들, 위협들, 권고들, 경고들, 찬양들, 탄식들, 제의 (祭儀) 들, 알레고리들 등이라 했다. 이런 구전시의 예언 양식들을 통해 궁켈은 그것들이 생겨난 "삶의 자리 (Sitz im Leben)" 를 발견하고자 했다. 모빙켈은 시편 연구에서처럼, 궁켈보다 좀 더 나아가서, 양식 비평을 통해 선지자들과 성전 예배를 연결시키고자 했다. 모빙켈에 의하면, 선지자들은 예배에서 사용되는 시편들의 양식들을 통해, 자기들이 선포할 예언 양식들을 생각해 내었다. 선지서들에 대한 양식 비평은 선지서에서 발견되는 여러 예언 양식들을 지적하는데 기여했지만, 동시에 현재의 본문을 전체로 보지 못하게 하고, 조각내는 일에만 몰두하게 만들기도 했다.

폰 라트는 선지서들은 전수된 전승들의 긴 역사를 반영해 준다고 주장하며, 전승사 비평을 선지서에 도입한 선구자였다. 벨하우젠이나 그 추종자들이 선지자들을 새로운 종교의 창시자들이라고 간주하는 것과 달리 폰 라트는 선지자들의 말씀들은 이스라엘 신앙의 긴 역사를 반영해 주는 것이라 주장한다. 선지자들은 이전 전승들과 긴밀하게 연결되었다는 주장이다. 예컨대, 호세아는 옛 "언약 전승" 에 매였고, 이사야는 옛 "시온 – 다윗 전승" 에 매였다 한다.

선지자들은 이미 이스라엘에 통용되던 기존 개념들이나 사상들에 근거하여 자신들의 메시지를 작성했다는 것이다. 선지서 연구에서도 차일즈의 정경비평은 본문의 "최종 형태" 에 (Endgestalt) 초점을 맞춘다. 정경 비평은 본문을 통해 이스라엘 종교 발전사를 재구성하거나 히브리 문헌사를 수립하는 것이 아니라, 현재의 본문이 고대 이스라엘 공동체에서 어떤 기능과 용도로 사용되었는지에 초점을 맞추고자 한다. 그렇다고 구약의 역사적 요소들을 무시하는 것이 아니라, 본문의 역사와 이스라엘의 역사는 서로 영향을 주고받는 상호 역동적 관계를 지녔다고 본다. 본문이 믿음 공동체의 역사를 만들고, 믿음 공동체가 본문을 만든다는 식이다. 선지서들에 대한 또 다른 접근법은 문예적 (Poetics) 비평이다. 왓츠는 (John D. W. Watts) 사 1–33 장을 하나의 드라마로 보는데, 전체가 하나의 통일체라는 인식을 가지고 여러 막들 (acts), 장면들 (scenes), 스피치들로 구분한다 (WBC 이사야서 주석).

끝으로 필자는 선지자들의 메시지를 언약서의 형식과 결부시켜 분석하는 방식을 제시한 바 있다 (최종태 2003). 선지자들은 언약 사신들로서 저들이 언약백성에게 선포한 메시지는 대개 심판 메시지가 주종을 이루는데, 그 심판 메시지는 시내산 언약과 모압들 언약의 형식에 상응하는 형식을 지니고 있다. 언약서의 "전문"과 심판 메시지의 "사신 도입문" (messenger formula), 언약서의 "역사서언" 과 메시지의 "역사서언," 언약서의 "언약 조항들" 과 (법규) 메시지의 "기소," 언약서의 "상벌규정" 과 메시지의 "심판" 등이 서로 상응하는 것이다.

	언약서	심판 메시지
1	전문	사신 도입문
2	역사 서언	역사 서언
3	언약 조항	기소
4	상벌 규정	심판 선고

후 선지서는 분량에 따라 대 선지서와 소 선지서로 구분된다.

Ⅰ. 대 선지서

	책	장들	절들	단어들
대 선지서	이사야	66	1,292	37,044
	예레미야	52	1,364	42,659
	에스겔	48	1,273	394,070
소 선지서	호세아	14	197	5,175
	요엘	3	73	2,034
	아모스	9	146	4,217
	오바댜	1	21	670
	요나	4	48	1,321
	미가	7	105	3,153
	나훔	3	47	1,285
	하박국	3	56	1,476
	스바냐	3	53	1,617
	학개	2	38	1,131
	스가랴	14	211	6,444
	말라기	4	55	1,782
	소선지서	67	1,050	30,305

2–1. 이사야

1) 명칭

"이사야서" 는 본서의 저자 "이사야" 의 이름에서 유래한다. "이사야" 는 '야웨는 구원이시다' 란 의미이다. 랍비 문헌에 의하면, 이사야 선지자는 유다와 다말 사이에 태어난 아들의 후손이며 (탈무드 Sotah 10b), 그의 부친은 선지자였고, 아마샤 왕의 형제였다 한다 (탈무드 Megillah 15a).

2) 저자와 저작 연대

이사야의 사역현장은 예루살렘이 주였다. 아하스와 히스기야 왕과의 긴밀한 대화에서 추정하여 그는 귀족출신이 아닌가 한다. 그는 결혼하여 두 아들의 이름이 언급되고 있다: 스알야숩 (사 7:3), 마헬살랄하스바스 (사 8:1–4). 그는 유다에서 일어난 두 개의 주요 위기시에 결정적인 역할을 하였다 (사 7–8 장, 36–37 장). 주후 2 세기 전승에 의하면 이사야는 므낫세의 즉위 후에 야기된 핍박 시에 톱으로 잘려 두 동강이가 되어 순교했다한다 (히 11:37). 대하 26:22 에 의하면 이사야는 웃시야 통치 역사의 저자이며, 대하 32:32 는 "이사야의 환상" 이 히스기야의 통치시의 기록을 담고 있다고 언급한다. 그것이 유다 왕들과 이스라엘 왕들의 책의 일부를 구성했다.

이사야 선지자는 왕하 18–20 장 = 사 36–39, 대하 32:20 등에 언급되어 있다. 탈무드의 바바 바트라 14b (Baba Bathra 14b) 에 의하면 (미쉬나의 여섯 '세다림' [sedarim] 중에서 하나인 '네지킨' 에 [공민법들] 속하는 한 장 [tractate]), "히스기야와 그 무리들이 이사야서를 기록했다" 고 언급한다.

표제를 제하면, 연대 언급이 없는 이사야 메시지들의 선포 연대는 연대 표기가 간간히 나타나는 예레미야의 메시지들에 비하여, 확정하기 더욱 지난한 일이다. 그래서 학자들마다 추정 연대가 다르다. 메시지의 예언성을 부인하는 비평가들은 특히나 본문에 묘사되는 역사적 상황에 근거하여 그 메시지의 예언성을 부인하고, 그 역사 사건들 직전이나 이후의 산물이라 단정해 버린다.

클라우스 코흐는 사 1–39 장의 메시지 선포 연대를 네 시기로 구분한다 (K. Koch 1999:1,173–174; 괄호 안의 연대는 필자가 약간 조정하였음):

1) 웃시아 왕의 죽음에서 (주전 740 년) 아람 – 에브라임 동맹군 침공 사건까지 (주전 735): 2–6 장
2) 아람 – 에브라임 동맹군의 유다 침공 (주전 734–732 년): 7–9 장
3) 반 – 앗시리아 동맹 (주전 713–111 년): 10–23 장
4) 산헤립 침공 (주전 705–701 년): 28–31, 36–39 장

데이빗슨의 추정도 코흐의 그것과 대동소이하나 사소한 부분에서는 약간 차이를 보인다 (A. B. Davidson 1894):

1) 738–735 년 : 6, 2–4, 5 장 (1 장 일부)
2) 734–28 년 (아람 – 에브라임 동맹): 7:1–9:6 (아마 11, 17 장도)
3) 앗시리아 중기 (사르곤 사망까지 705 년): 28, 10, 20, 다른 부분들
4) 앗시리아 후기 : 23 장, 29 이하, 36–39 장 (아마 18, 19, 15, 16 장도).

데이빗슨에 의하면, 1–5 장 부분에서는 아모스나 호세아의 사고를 능가하는 것이 별로 없다. 그러나 7–9 장에서는 그의 선배들이 다루지 아니한 것을 다룬다. 이사야는 구약과 기독교 종말론의 창시자로서 그의 후배들도 그의 종말론 사고에 더한 것이 없다. 7–9, 11 장에서 이사야가 제시한 그 이상적인 왕 메시야의 의로운 통치는 지금도 사람들이 열망적으로 고대하는 바이다.

그렇다면, 사 40–66 장의 저작 연대는 언제인가? 전통적으로 이 부분 역시 "이사야" 선지자의 저작이라 간주되어 왔지만, 비평가들은 이 부분은 추방 이후 작품이라 간주한다. 쉬미트의 말을 들어보자.

전승이 선지자 이사야 저작이라 간주한 이 긴 책은 수 세기에 걸쳐 발전한 아주 복잡한 문헌 구조를 가졌다. 중세기에 (이븐 에스라 1167) 벌써 이사야서 내의 여러 차이들이 지적된 이래, 1780 년 이후로 아이히혼이나 (J. G. Eichhorn, 1783) 되덜라인 (J. Chr. Doederlein, 1789) 같은 학자들에 의해 그런 차이들이 인정을 받게 되었고, 1–39 장과 40–66 장 부분은 서로 별개로 다루어져야 하고, 두 다른 저자들, 곧 이사야와 제 2 이사야 (Deutero–Isaiah) 에게 돌려져야 한다는 점이 인정을 받았다. 이사야서가 하나의 통일체가 아니라는 점은 몇 가지 이유 때문이다:

(a) 6:1 이나 다른 구절에 의하면 이사야는 주전 700 년 이전, 앗시리아가 이스라엘을 위협할 시기에 살았고, 이사야는 '앗시리아' 를 직접 언급하기도 했다 (10:5 이하). 그러나 40 장 이하에서는 예루살렘이 이미 바벨론 사람들에 의해 주전 587 년 파괴당했다고 언급된다. 이 사실과 일치되게, 사 47 장에서는 파멸되리라 위협당하는 것은 앗시리아가 아니라 바벨론

이다. 심지어 페르시아 왕 고레스의 이름까지 종종 언급된다 (44:28, 29).
(b) 언어의 용례, 관용어들, 지적 배경, 의도가 40 장부터 완전히 달라진다. 심판의 위협 대신 구원의 선포가 전면에 부각되고, 저자는 하나님의 이름에 "거룩하신 자" 나 "구속자" 란 묘사를 첨가하기 좋아한다.
(c) 산문체로 된 사 36–39 장은 왕하 18–20 장에서 취해진 부록인데, 그 부분은 한 때 이사야서가 35 장으로 끝났다는 것을 보여준다.
이후로 더욱 중요한 둠의 (B. Duhm) 이사야 주석이 나온 이래 (1892, 1922 4 판) 학자들은 제 2 이사야서와 (사 40–55 장), 제 3 이사야서를 (56–66 장) 구분하였다 (W. H. Schmidt 1995:209).
1900 년대 초 영어권에 비평신학을 광범하게 퍼뜨린 중요 학자로 손꼽히는 드라이버는 (S. R. Driver) 사 40–66 장 부분이 왜 이사야의 저작이 아니라, 사 13:2–14, 23 장을 쓴 무명 선지자의 저작이며, 그 무명 선지자는 바벨론 추방기 말기에 저술했다고 주장한다. 드라이버에 의하면 (133 이하), 사 40–66 장은 바벨론 거주 유대인 추방자들에게 고레스가 등장하여 아시아의 가는 곳마다 형통하여 승전보가 세상에 알려지기 시작했을 때, 북방에 있는 고레스가 이제 머지않아 남진하여 바벨론을 치고 유대인들을 해방시킬 것이니, 그에 의한 구원을 기대하라고 무명의 선지자가 외치는 말씀이다. 그렇게 보는 이유를 세 가지로 제시했다 (1892:223–230):

(1) 내적 증거를 보면, 예루살렘은 자주 폐허가 되어 버려졌다고 한다 (44:26b, 58:12, 61:4, 63:18, 64:10, 11). 유대인들은 갈대아인들의 손에 수난을 받았거나 바는 중이다 (42:22, 25, 43:28, 47:6, 52:5). 추방에서의 귀환은 임박하였다 (40:2, 46:13, 48:20 등). 선지자가 말씀을 선포하면서 논쟁하고, 호소하고, 저들의 동의를 얻고자 노력하는 그 청중은 (40:21, 26, 28, 43:10, 48:8, 50:10, 11, 51:6, 12, 13, 58:3 이하 등) 아하스나 히스기야 시대 예루살렘 거민들이 아니라, 바빌로니아에 추방된 자들이다. 예언의 유추에 의해 판단한다면, 이런 사실들은 저자는 그가 기술하는 그 역사 시대에 살았음이 분명하다. 즉 이사야가 아직 나지도 아니한 세대 사람들에게 영으로 장래를 바라보며 대화하는 것이 아닌 것이다. 그렇게 미래에 자신을 던져 몰두하는 일은 구약에서 유사한 예가 없을 뿐 아니라 예언의 성격에도 어긋난다. 선지자는 항상 자기 당대인들에게 말씀한다: 그가 선포하는 메시지는 자기 당대의 상황들과 긴밀하게 연관된다. 그의 약속들과 예고들은 아무리 멀리 미래에 미친다 해도, 자기 당대 역사에 근거하며, 자기 당대의 필요에 부응한다. 선지자는 자신의 역사적 위치를 결코 버리지 않고 자기 시대로부터 말씀한다. 예컨대, 예레미야나 에스겔은 먼저 추방을 선포하고 다음에 회복을 선포한다. 저들은 그런 추방과 회복을 여전히 미래 사건으로 조망한다. 그런 추방과 회복은 그 선지자들이 살았던 그 시대로부터 조망되었다. 현재 예언에서 추방의 예언이 없다. 추방은 미래사건으로 선포된 것이 아니며, 전제되었고, 그 추방에서의 회복이 예고되었다. 그러므로 유추에 의해 판단하건대, 저자는 그가 전제하는 상황 가운데 살았으며, 그 시대를 계속 암시하는 것이다.
선지자들이 자기들을 이상적 견지에 자신들을 두고, 그 견지로부터 자기들에게 미래 사건들을 마치 과거인 양 묘사하기도 한다는 것은 사실이다 (5:13–15, 9:1–6, 23:1, 14). 그러나 이런 구절들은 실제로 앞에 언급된 바와 병행되지 아니한다. 미래로의 이동은 오직 일시적인 것에 불과하며, 주변 문맥에서, 선지자는 미래 시제들을 사용하고, 자기 자신의 견지로부터 말씀한다 (예컨대, 자기 당대의 사건들이나 상황들을 분명하게 암시한다). 더구나 표현들은 일반적이고, 언어는 상징적이다. 선지자들의 작품들은 이런 장들이 이사야의 저작이라면 함축될 것과 같은 미래로의 지속적인 이동에 유추를 제공하지 않는다. 아니면 먼 미래의 상황에 대한 상세하고도 구체적인 묘사에 대한 유추를 제공하지 않는다.

(2) 예언의 역사적 기능으로부터의 논거는 이사야의 문체와 다른 40–66 장의 문체로 확증된다. 이사야는 독특한 문체를 드러낸다. 그는 특별한 표상들과 표현들을 좋아하는데, 구약 어느 저자도 그런 표상이나 표현을

사용하지 않는다. 이사야 자신의 시대를 암시하는 분명한 암시들을 포함하는 장들에서 이런 표현들이 반복해서 나타난다. 그런 암시들이 없는 장들에서, 따라서 그 장들은 다른 시대에 속한다는 추론을 확실하게 할 수 있는 그런 장들에서, 그런 표현들은 나타나지 않으며, 새로운 표상들과 표현들이 나타난다. 이런 일치는 우발적일 수 없다. 40–66 장의 주제는 앗시리아인을 치는 이사야의 예언들의 주제와 크게 달라서 새로운 표현과 표상들을 요청했다고 말할 수 있을 정도로 주제가 다른 것은 아니다. 차이는 저자가 다르기 때문이라고 설명하는 것이 더 적절할 것이다. 이사야는 초기부터 후기까지 (29–33 장, 37:22–32 은 그가 적어도 60 세 때에 기록되었음이 분명하다) 동일한 문체를 사용하며, 동일한 표상들을 선호한다. 40–66 장의 주제가 1–39 장의 주제와 다른 것은 그렇게 근본적인 것은 아니다. . . 이사야의 문체는 간결하고 촘촘하다. 그의 문장들의 움직임은 장중하고, 율동적이다. 그의 수사법은 장엄하고, 절제되었다. 반면 40–66 장에서는 한 주제가 종종 상당한 길이로 발전된다. 문체는 아주 율동적이고, 수사법은 정열적이고 열정적이다. 이 무명 선지자는 종종 서정시적 성격의 글로 (사 12 장도 비교할 수도 없다) 옮겨간다 (42:10, 11, 44:23, 45:8, 49:13).

(3) 사 40–66 장의 신학 사상은 1–39 장의 그것과 다르다. 이사야 후반부는 이사야를 넘어 신학에서나, 사상이 제시되는 형식에서 보다 진일보 한다. 이사야에서는 단지 확인된 진리가 묵상과 주장의 객체가 된다.
1) 이사야 후반부에서 하나님의 성격은 이사야보다 훨씬 더 크고 충만한 사고들로 표현된다. 이사야는 야웨의 위엄을 묘사하나, 후반부는 그분의 무한하심을 강조한다. 그분은 창조주, 우주의 지탱자, 생명 수여자, 역사의 주관자 (41:4), 처음과 나중, 무비 (無比) 하신 분이시다. 이런 차이는 실제적이며, 야웨의 권능과 신성에 대하여 그런 주장을 이사야가 앗시리아 군대를 능멸할 때 할 수도 있었지만, 하지 않았다는 것은 후반부와 전반부의 저자가 다르다는 것을 말해 준다.
2) 신실한 남은 자의 심판에서의 보존 교리가 이사야에 특징적이다. 이사야 첫 예언과 마지막 예언에서 모두 그런 교리가 나타난다 (6, 13 장 ; 37 장, 31, 32 장). 이사야 후반부에서는 오직 암시만 한 두 번 나타날 뿐이다 (59:20, 65:8, 9). 그런 교리는 후반부에서 특징적인 교리가 아니며, 이사야의 용어로 (쉐아르, 10:20–22, 11:11, 16, 16:4, 17:3, 21:17, 28:5) 표현된 것도 아니다.
3) 야웨에 대한 이스라엘의 관계는 그분의 선택, 그 운명, 그 소명의 목적 등이 모두 후반부에서는 이사야와 다른 용어들로, 다른 개념들로 묘사된다. 예컨대, 후반부에서 이스라엘은 야웨의 "종" 으로 신성한 사명을 감당해야 하고 (사 41:8–10, 42:19, 20, 43:10, 44:1, 2, 21, 45:4, 48:20), 따라서 주 하나님은 이스라엘을 부인할 수 없으시다. 메시야 왕의 모습은 (사 9:6–7, 11:1 이하) 후반부에서 나타나지 아니하고, 대신 이스라엘의 운명에 대한 후반부 저자의 특징적인 견해와 일치하는, 야웨의 의로운 고난 받는 종의 모습으로 나타난다. 사 40–66 에 제시된 이상적 종의 모습은 이사야의 메시야 왕의 모습에서 진일보한 것이라는 견해는 옳지 않다. 종의 사고는 전혀 다른 기원에서 시작한다. 그 사고는 메시야 왕 사고와 병행되지만, 그것의 연속은 아니다. 두 사고는 우리의 주 예수 그리스도에게서 만나고 성취되나, 구약에서는 서로 다른 사고이다.
4) 열방에 관한 하나님의 목적은 특히 이스라엘의 사명과 연관하여 보다 총체적으로 발전되고 있다. 이상적 이스라엘은 열방에게 신앙 교훈의 중재자이다 (42:1, 4, 6, 49:6; 45:22, 23, 51:4, 5, 56:7 참조). 이사야 후반부 저자는 이사야와 다른 사상의 영역에서 움직인다. 그는 이사야와 다른 하나님의 진리의 다른 측면을 파악하고 강조한다.
아이스펠트는 사 40–66 장, 보다 정확하고 실제적으로는 40–55 장의 저작 연대를 아하스, 히스기야 시대의 이사야의 시대가 아닌 포로기로 보게 하는 이유들은 1) 44:28 에서 "(내) 목자" 로, 45:1 에서 "(그의) 기름부음 받은 자"로 불린 고레스에 대한 언급; 2) 앗시리아가 아닌 바벨론이 47:1, 48:14 에서 파멸되리라 선고되었다;

3) 언어 용례와 사고상의 용례에서 특징들 등이라 지적한다 (1976:304).
둠은 사 56–66 장 부분은 제 2 이사야서와 구분되는 별개의 책으로, 에스라 시대에 예루살렘에서 활동한 제 3 이사야의 작품이라고 판단했다. 그렇게 본 근거들은 성전, 제사나 안식일들에 대한 언급이다. 둠은 제 3 이사야서는 귀환 공동체를 전제하지만, 에스라나 느헤미야 시대보다는 이른 시기를 묘사한다고 판단했다. 이후로 비평가들은 둠을 따라 소위 제 3 이사야서의 통일성을 주장하거나 아니면 통일성을 부인하기도 하여 의견의 일치를 보지 못하고 있다.
아더 바이저는 제 3 이사야를 별개의 것으로 구분하는 근거를 1) 예루살렘은 재건되었고, 공동체는 팔레스타인 땅에 존재한다; 2) 주제는 구원이나 귀향을 간절히 기대하는 소망이 아니라 공동체에 만연한 여러 문제들이다 (56:9 이하, 57:3 이하, 65:1 이하, 66:3 이하); 3) 구원에 대한 소망은 세속적이며 물질적인 색깔을 띠고 있다; 4) 하나님에 대한 사고는 제 2 이사야서만큼 웅대하지 않다 등으로 제시한다 (A. Weiser 1961:206).

3) 이사야서의 통일성

앞 항목에서 비평가들의 이사야서 통일성을 부인하는 사고를 제시했는데, 비평가들이 제기한 통일성 부인의 근거들을 요약하면, **1) 페르시아 왕 고레스의 이름이 언급된 점, 2) 문체상의 차이, 3) 신학 사상의 차이, 4) 이사야 후반부가 묘사하는 역사적 상황은 미래적, 예언적 상황이 아니라, 추방에서의 귀환이 임박한 시대, 혹은 귀환한 시대**이다.

(1) 고레스의 (대략 600–530 년) 언급

1) 의 경우는 초자연적 예언을 믿느냐? 아니면 믿지 않느냐? 의 문제이다. 비단 이사야서의 고레스만 아니라, 신 28 장의 추방 예언, 혹은 구약의 다른 예언들 특히 다니엘서의 안티오쿠스 4 세에 대한 예언 등도 비평가들은 모두 사건에서 나온 거짓 예언이라 간주해 버린다. 고레스와 같은 특정 개인의 이름을 그 사람이 역사에 등장하기 150 년 혹은 200 년 이전에 벌써 예언하는 것이 가능한가? 혹은 그런 예언의 예가 구약에 있는가? 묻는다면, 요시야 왕이 태어나기 벌써 300 년 전에 (왕상 13:1 [여로보암, 930–909 년], 왕하 22–23 장 [요시야 640–609 년]) 예고되었고, 예수 그리스도께서 십자가에 고난당하실 일이나 (사 53 장), 그가 베들레헴에서 태어날 일은 (미 5:2, 마 2:6) 700 년 전에 예고되었으며, 스가랴는 300 년 이후에 일어날 마카비 형제들의 헬라 정권 타도 운동을 (슥 9:13), 다니엘 역시 300 년 이후에 일어날 셀루커스 왕조 안티오쿠스 4 세의 악행을 (단 8:9 이하, 11:21 이하) 예고하였다.

(2) 문체와 신학 사상

드라이버의 2), 3) 의 경우는 얼마든지 달리 주장할 수 있다. 즉 문체적 측면에서, 사상적 측면에서 이사야서의 통일성을 주장할 수도 있다. 예컨대, 다음 구절들을 서로 비교해 보라. 사상이나 문체 유사성이 어떠한지 드러날 것이다:

사 1–39	사 40–66	사 1–39	사 40–66
1:11, 13	61:8	14:8	55:12
1:14	42:24	14:27	43:13
1:15	59:3	21:11, 24:16, 28:10, 29:1	40:1, 57:19단어 중복
1:20	40:5, 58:14	22:13	56:12

1:29	65:3, 66:17	26:1	60:18
2:2	56:7	26:20	54:7–8
2:3	51:4	27:1	66:16
3:17, 20:4	47:3	27:1	51:9
6:10	63:17	29:15, 30:1	47:10
6:9	42:18–20, 43:8	29:16	45:9, 64:8
8:17	45:15	29:23	60:21
9:20	49:26	31:4	42:13
11:1	60:21	32:15, 1–2	51:3
11:1, 10	53:2	34:8	61:2, 63:4
11:12	56:8	35:10	51:11
11:12	56:8	35:10	65:19
11:12	62:10	35:2	60:13
11:2	42:1, 61:1	35:6–7	41:17–18, 43:19
11:4	49:2	35:8–10	40:3–4, 49:11
11:6 이하	65:25	38:14	59:11

여기에 더하여 마갈리옷이 제시한 문체상의 통일성에 관한 주장도 고려할 수 있다. 그녀는 지적하길, 사 1–39 장의 한 장도 사 40–66 장에 반영되지 아니한 장이 없으며, 드라이버의 주장과 정반대로, 이사야에만 특이한 수백 개의 단어들이나 표현들이 이사야 전 후반부에 모두 나타난다고 했다 (Rachel Margalioth 35). 그녀는 이사야서의 15 가지 사항들에서 전.후반부에서 공통 표현을 사용한다는 점도 지적했다: 1) 하나님, 2) 이스라엘, 3) 사신 도입문, 4) 시온과 예루살렘을 단어 짝으로 언급하는 점 (예컨대, 사 2:3, 4:3, 4, 40:9, 41:27 등), 5) 추방자들, 6) 위로와 격려의 메시지, 7) 기쁨의 표현들, 8) 세계적 구원의 도래, 9) 징계의 말들, 10) 책망, 11) 주장과 반대의 짝, 12) 특이한 단어들과 표현들, 13) 단어의 짝들, 14) 유사한 구조, 15) 유사한 내용을 담은 병행 문단들 등.

보다 구체적으로 "이스라엘의 거룩한 자" 란 (qəḏôš yiśrāʾēl) 표현은 사 1:4, 5:19, 24, 10:17, 20, 12:6, 17:7, 29:19, 23, 30:11, 12, 15, 31:1, 37:23, 41:14, 20, 43:3, 14, 15, 47:4, 49:7, 54:5, 55:5, 60:9, 14 등에서 나타나는데, 이사야서 밖에서는 왕하 19:22, 시 71:22, 78:41, 89:19, 렘 50:29, 51:5 등에서만 나타난다. 이스라엘은 29:18, 35:5, 42:16, 18, 19, 43:8, 56:10 에서 '소경' 으로 (ʿiwrîm), 29:18, 35:5, 42:18, 43:8, 52:19 등에서 '귀머거리' 로 (haḥērĕšîm) 묘사되는데, 이런 표현은 이사야 선지자의 소명 때에 받았던 이스라엘의 완악함을 책망하는 표현의 반영이다 (사 6:9–10). 저들은 보기는 보아도 알지 못하는 소경이며, 듣기는 들어도 깨닫지 못하는 귀머거리인 것이다.

'이스라엘' 은 추방에서 "야웨의 속량을 받은 자들" 이다 (pəḏûyê yhwh; 35:10, 51:11). 하나님은 추방된 백성들을 모으기 위해 '깃발' 을 (nēs) 사용하며 (11:12, 49:22), 대로를 준비하신다 (11:16, 35:8, 40:3, 52:10). 율법은 시온에서 나오며 (2:3, 51:4), 하나님의 영이 메시야 왕과 야웨의 종에게 임하며 (11:2–4, 42:1, 61:1), 메시야 시대는 이리나 사자 같은 아수가 어린 양과 함께 평화롭게 거한다 (11:6–9, 65:25).

예레미야나 에스겔서 등에서 빈번하게 나타나는 "야웨의 말씀이 임하다" 란 표현은 이사야서에서 나타나지 않고, 이사야서 전후반부에서는 "야웨께서 말씀하시되" (yōʾmar yhwh; 1:11, 18, 33:10, 40:1, 25, 41:21, 66:9), "야웨의 입의 말이니라" (kî pî yhwh dibbēr; 1:20, 40:5, 58:14), "외치는 자의 소리" (miqqôl haqqôrēʾ; 6:4, 40:3) 등으로 나타난다.

앞에서 언급된 "'주장' 과 '그 반대 주장'" 의 (thesis and antithesis) 수사 기법을 고려해 보자. 호 1:6, 9, 2:1 을 함께 고려하면, 하나님은 이스라엘에 더 이상 긍휼을 베풀지 않으리라 혹은 더 이상 너희는 내 백성이 아니라고 말씀하셨지만, 다음에는 그 반대로 말씀하신다. 렘 45:4 와 42:10, 렘 7:34, 16:9, 25:10 과 33:11 을 비교해 보라. 마갈리옷은 이런 논법을 아들에게 선행하면 나팔을 사 주겠다고 약속했다가 비행하자 취소하는 어머니의 모습에 비유했다 (39). 이사야도 유사한 논법을 사용한다. 사 1:2 에서 "내가 아들들을 길렀고 양육했다" 고 하는가 하면, 23:4 에서는 두로와 연관하여 "나는 구로하지 못하였으며 생산하지 못하였으며 청년 남자들을 양육하지 못하였으며 처녀들을 생육지도 못하였다" 고 한다. 이런 "명제와 반명제 수사법" (혹은 주장과 그 반대 주장) 은 이사야서 전후반부에서 아주 놀라우리만치 긴밀한 연관성을 가지고 나타나고 있다.

사 1:30 너희는 잎사귀 마른 상수리 나무 같을 것이요 물 없는 동산 같으리니 / 사 58:11 나 여호와가 너를 항상 인도하여 마른 곳에서도 네 영혼을 만족케 하며 네 뼈를 견고케 하리니 너는 물댄 동산 같겠고 물이 끊어 지지 아니하는 샘 같을 것이라

사 3:24 그 때에 썩은 냄새가 향을 대신하고 노끈이 띠를 대신하고 대머리가 숱한 머리털을 대신하고 굵은 베옷이 화려한 옷을 대신하고 자자한 흔적이 고운 얼굴을 대신할 것이며 / 사 60:17 내가 금을 가져 놋을 대신하며 은을 가져 철을 대신하며 놋으로 나무를 대신하며 철로 돌을 대신하며 화평을 세워 관원을 삼으며 의를 세워 감독을 삼으리니

사 5:19 그들이 이르기를 그는 그 일을 속속히 이루어 우리로 보게 할 것이며 이스라엘의 거룩한 자는 그 도모를 속히 임하게 하여 우리로 알게 할 것이라 하는도다 / 사 41:20 무리가 그것을 보고 여호와의 손이 지은 바요 이스라엘의 거룩한 자가 창조한 바인 줄 알며 헤아리며 깨달으리라

사 5:27a 그 중에 곤핍하여 넘어지는 자도 없을 것이며 조는 자나 자는 자도 없을 것이며 / 사 40:30 소년이라도 피곤하며 곤비하며 장정이라도 넘어지며 자빠지되

사 5:27b 그들의 허리띠는 풀리지 아니하며 그들의 신들 메는 끊어지지 아니하며 / 58:6 흉악의 결박을 풀어주며 멍에의 줄을 끌러주며 압제 당하는 자를 자유케 하며 모든 멍에를 꺾는 것이 아니겠느냐

사 6:9 여호와께서 가라사대 가서 이 백성에게 이르기를 너희가 듣기는 들어도 깨닫지 못할 것이요 보기는 보아도 알지 못하리라 하여 / 사 40:21 너희가 알지 못하였느냐 너희가 듣지 못하였느냐 태초부터 너희에게 전하지 아니하였느냐 땅의 기초가 창조될 때부터 너희가 깨닫지 못하였느냐?

사 6:11 내가 가로되 주여 어느 때까지니이까? 대답하시되 성읍들은 황폐하여 거민이 없으며 가옥들에는 사람이 없고 이 토지가 전폐하게 되며 12 사람들이 여호와께 멀리 옮기워서 이 땅 가운데 폐한 곳이 많을 때까지니라 / 사 62:4 다시는 너를 버리운 자라 칭하지 아니하며 다시는 네 땅을 황무지라 칭하지 아니하고 오직 너를 헵시바라 하며 네 땅을 쁄라라 하리니 이는 여호와께서 너를 기뻐하실 것이며 네 땅이 결혼한 바가 될 것임이라

사 9:17 주께서 그 장정을 기뻐 아니하시며 그 고아와 과부를 긍휼히 여기지 아니하시리라 / 49:13 여호와가 그 백성을 위로하였은즉 그 고난당한 자를 긍휼히 여길 것임이니라

사 9:2 흑암에 행하던 백성이 큰 빛을 보고 사망의 그늘진 땅에 거하던 자에게 빛이 비취도다 /

사 59:9 그러므로 공평이 우리에게서 멀고 의가 우리에게 미치지 못한즉 우리가 빛을 바라나 어두움 뿐이요 밝은 것을 바라나 캄캄한 가운데 행하므로

사 10:17 이스라엘의 빛은 불이요 그 거룩한 자는 불꽃이라 하루 사이에 그의 형극과 질려가 소멸되며 / 사 43:2 네가 물 가운데로 지날 때에 내가 함께할 것이라 강을 건널 때에 물이 너를 침몰치 못할 것이며 네가 불 가운데로 행할 때에 타지도 아니할 것이요 불꽃이 너를 사르지도 못하리니

사 11:5 공의로 그 허리띠를 삼으며 성실로 몸의 띠를 삼으리라 / 사 59:4 공의대로 소송하는 자도 없고 진리대로 판결하는 자도 없으며 허망한 것을 의뢰하며 거짓을 말하며 잔해를 잉태하여 죄악을 생산하며

사 13:10 하늘의 별들과 별 떨기가 그 빛을 내지 아니하며 해가 돋아도 어두우며 달이 그 빛을 비취지 아니할 것이로다 / 사 60:19 다시는 낮에 해가 네 빛이 되지 아니하며 달도 네게 빛을 비취지 않을 것이요 오직 여호와가 네게 영영한 빛이 되며 네 하나님이 네 영광이 되리니

사 13:2 너희는 자산 위에 기호를 세우고 소리를 높여 그들을 부르며 손을 흔들어 그들로 존귀한 자의 문에 들어가게 하라 / 사 40:9 아름다운 소식을 시온에 전하는 자여 너는 높은 산에 오르라 아름다운 소식을 예루살렘에 전하는 자여 너는 힘써

소리를 높이라 두려워 말고 소리를 높여 유다의 성읍들에 이르기를 너희 하나님을 보라 하라
사 14:22 만군의 여호와께서 말씀하시되 내가 일어나 그들을 쳐서 그 이름과 남은 자와 아들과 후손을 바벨론에서 끊으리라 나 여호와의 말이니라 / 사 56:5 내가 내 집에서, 내 성안에서 자녀보다 나은 기념물과 이름을 주며 영영한 이름을 주어 끊치지 않게 할 것이며
사 17:10 이는 네가 자기의 구원의 하나님을 잊어버리며 자기의 능력의 반석을 마음에 두지 않은 까닭이라 그러므로 네가 기뻐하는 식물을 심으며 이방의 가지도 이종하고 / 사 54:4 두려워 말라 네가 수치를 당치 아니하리라 놀라지 말라 네가 부끄러움을 보지 아니 하리라 네가 네 청년 때의 수치를 잊겠고 과부 때의 치욕을 다시 기억함이 없으리니
사 23:4 시돈이여 너는 부끄러워할지어다 대저 바다 곧 바다의 보장이 말하기를 나는 구로하지 못하였으며 생산하지 못하였으며 청년 남자들을 양육하지 못하였으며 처녀들을 생육지도 못하였다 하였음이니라 / 사 66:8 이러한 일을 들은 자가 누구이며 이러한 일을 본 자가 누구이뇨 나라가 어찌 하루에 생기겠으며 민족이 어찌 순식간에 나겠느냐 그러나 시온은 구로하는 즉시에 그 자민을 순산하였도다
사 24:22 그들이 죄수가 깊은 옥에 모임같이 모음을 입고 옥에 갇혔다가 여러 날 후에 형벌을 받을 것이라 / 사 42:7 네가 소경의 눈을 밝히며 갇힌 자를 옥에서 이끌어 내며 흑암에 처한 자를 간에서 나오게 하리라
사 26:17 여호와여 잉태한 여인이 산기가 임박하여 구로하며 부르짖음 같이 우리가 주의 앞에 이러하니이다 18 우리가 잉태하고 고통하였을지라도 낳은 것은 바람 같아서 땅에 구원을 베풀지 못하였고 세계의 거민을 생산치 못하였나이다 / 66:7 시온은 구로하기 전에 생산하며 고통을 당하기 전에 남자를 낳았으니 8 이러한 일을 들은 자가 누구이며 이러한 일을 본 자가 누구이뇨 나라가 어찌 하루에 생기겠으며 민족이 어찌 순식간에 나겠느냐 그러나 시온은 구로하는 즉시에 그 자민을 순산하였도다
사 27:11 그들을 지으신 자가 불쌍히 여기지 아니하시며 / 55:7 그가 긍휼히 여기시리라, 60:10 내가 노하여 너를 쳤으나 이제는 나의 은혜로 너를 긍휼히 여겼은즉
사 29:16 너희의 패리함이 심하도다 토기장이를 어찌 진흙같이 여기겠느냐? 지음을 받은 물건이 어찌 자기를 지은 자에 대하여 이르기를 그가 나를 짓지 아니하였다 하겠으며 빚음을 받은 물건이 자기를 빚은 자에 대하여 이르기를 그가 총명이 없다 하겠느냐?/ 사 64:8 그러나 여호와여 주는 우리 아버지시니이다 우리는 진흙이요 주는 토기장이시니 우리는 다 주의 손으로 지으신 것이라
사 30:12 이러므로 이스라엘의 거룩하신 자가 말씀하시되 너희가 이 말을 업신여기고 압박과 허망을 믿어 그것에 의뢰하니 / 사 50:10 너희 중에 여호와를 경외하며 그 종의 목소리를 청종하는 자가 누구뇨? 흑암 중에 행하여 빛이 없는 자라도 여호와의 이름을 의뢰하며 자기 하나님께 의지할지어다
사 30:28 그 호흡은 마치 창일하여 목에까지 미치는 하수 같은즉 그가 멸하는 키로 열방을 까부르며 미혹되게 하는 자갈을 여러 민족의 입에 먹이시리니 / 사 66:12 여호와께서 이같이 말씀하시되 보라 내가 그에게 평강을 강 같이, 그에게 열방의 영광을 넘치는 시내 같이 주리니 너희가 그 젖을 빨 것이며 너희가 옆에 안기며 그 무릎에서 놀 것이라
사 32:16 그 때에 공평이 광야에 거하며 의가 아름다운 밭에 있으리니 / 사 59:14 공평이 뒤로 물리침이 되고 의가 멀리 섰으며 성실이 거리에 엎드러지고 정직이 들어가지 못하는도다
사 33:9 사론은 사막과 같고 / 사 65:10 사론은 양떼의 우리가 되겠고
사 34:10 낮에나 밤에나 꺼지지 않고 그 연기가 끊임없이 떠오를 것이며 세세에 황무하여 그리로 지날 자가 영영히 없겠고 / 사 60:15 전에는 네가 버림을 입으며 미움을 당하였으므로 네게로 지나는 자가 없었으나 이제는 내가 너로 영영한 아름다움과 대대의 기쁨이 되게 하리니
사 34:11 당아와 고슴도치가 그 땅을 차지하며 부엉이와 까마귀가 거기 거할 것이라 여호와께서 혼란의 줄과 공허의 추를 에돔에 베푸실 것인즉 / 사 65:9 내가 야곱 중에서 씨를 내며 유다 중에서 나의 산들을 기업으로 얻을 자를 내리니 나의 택한 자가 이를 기업으로 얻을 것이요 나의 종들이 거기 거할 것이라
사 35:5 그 때에 소경의 눈이 밝을 것이며 귀머거리의 귀가 열릴 것이며 / 사 48:8 네가 과연 듣지도 못하였고 알지도 못하였으며 네 귀가 옛적부터 열리지 못하였었나니
사 37:3b 아이를 낳으려 하나 해산할 힘이 없음 같도다 / 사 66:9 여호와께서 가라사대 내가 임산케 하였은즉 해산케 아니 하겠느냐 네 하나님이 가라사대 나는 해산케 하는 자인즉 어찌 태를 닫겠느냐 하시니라

(3) 사 40–66 장의 역사, 지리적 배경

드라이버의 네 번째 주장은 한 마디로 사 40–66 장의 역사적, 지리적 배경이 바벨론 추방생활이라는 것이다. 전통적으로 이사야 선지자가 미래적 사건으로 예언한 바를 드라이버는 예언이 아니라, 실제 바벨론 추방생활을 하는 청중들에게 무명의 선지자가 임박한 해방을 선포하고 있다고 보는 것이다.

그렇지만, 사 40–66 장에서 묘사된 언약 백성의 범죄 행위들은 추방 생활이나 귀환 공동체의 범죄들보다는 추방 이전 시대상을 반영해 준다는 점을 유의해야 한다. 예컨대, 사 44:23, 45:8, 50:12, 56:1, 57:1, 59:3, 61:8, 63:3 등을 보라. 특별히 우상숭배를 언급하는 구절들인 사 41:7, 29, 42:17, 44:9, 26, 45:15, 46:6, 48:5, 57:5, 63:3, 66:3, 17 등의 사고는 팔레스틴 땅에서 이사야 당대에 만연했던 그 우상숭배 묘사와 (사 1:13, 29, 2:8, 8:19 등) 다르지 않다. 사 40–66 장의 사회적, 종교적 상황은 추방 이후 시대와 어울리지 않으며 분명 포로기 이전 시대상이다 (E. J. Kissane 1943:II, xlvi 이하).

또한 사 40–66 장의 지리적 배경이 바벨론이 아니라 팔레스틴이라는 사실은 드라이버의 주장을 반박해 주고 있다. 드라이버는 사 40 장 이하에서 포로로 끌려가리라는 심판 메시지는 없고, 이미 그 심판이 성취되어 귀환할 구원이 임박했음을 선포하고 있을 뿐이라고 지적했다. 그것은 사실이다. 그러나 이사야서 전체의 통일성이 인정된다면, 이미 이사야는 이스라엘이 심판을 받아 이방 땅에 추방될 것을 선포했으므로 (5:5, 6, 10:2 이하, 32:13–18), 다시 그런 추방을 예고할 이유가 없을 것이다.

(4) 이사야 통일성의 외적 증거들

이런 내적인 통일성의 증거 외에, 신약 성경이 이사야 전체를 이사야의 저작으로 간주한다는 사실을 경시할 수 없다: 마 3:3 (사 40:3), 8:17 (53:4), 12:17 (42:1), 13:14 (6:9, 10), 15:7 (29:13), 막 1:2 (40:3), 7:6 (29:13), 눅 3:4 (40:3–5), 4:17 (61:1–2), 요 1:23 (40:3), 12:38 (53:1), 12:39 (6:9–10), 12:41 (53:1, 6, 9, 10), 행 8:28 (53:7–8), 8:30 (53:7–8), 8:32 (23:7–8), 28:25 (6:9, 10), 롬 9:27 (10:22, 23, 11:5), 9:9, 29 (1:9), 10:16 (53:1), 10:20 (65:1) 등을 주목해 보라.

주전 200 년 경의 저작으로 추정되는 벤 시라의 집회서 (Ecclesiasticus) 48:23–25 에서 이사야 선지자 시대에 태양이 뒤 돌아갔고, 왕의 생명이 연장되었으며, 영의 능력으로 이사야는 장래사를 보았고, 시온의 애통하는 자들을 위로했으며, 장래 일을 종말 때까지, 아직 일어나지 아니한 숨은 일들을 드러내었다고 기술했다.

쿰란에서 발견된 온전한 이사야서 사본은 (1QIsa[a]) 주전 100 년경의 것으로 추정되는데 (M. Burrows 1955:118), 사 39 장과 40 장 사이에 어떤 여백이 없이 연속된다. 그 사본은 필사본이므로, 그 원본은 그것보다 훨씬 이전에 기록되었음이 분명하다.

4) 내용 분해

(1) 하나님의 심판과 회복 메시지들 (1–39)

a. 심판 메시지들 (1–6)
  1. 표제 (1:1); 2. 기소 (1:2–31); 3. 회복의 메시지 (2:1–5);
  4. 현재의 상태 진단과 미래 심판 (2:6–4:1); 5. 회복 메시지 (4:2–6);
  6. 포도원의 노래로 기소 (5:1–7); 7. 심판 메시지들 (5:8–30);
  8. 이사야의 소명 (6)

b. 첫째 내러티브와 (아하스; 7 장) 회복 메시지 (8–12 장)
  1. 유다 왕국의 위기와 임마누엘 탄생 예고 (7); 2. 오실 구원자 (8:1–9:7);

3. 북왕국의 추방 예고 (9:8–10:4);
4. 앗시리아의 멸망과 메시야 시대 도래 (10:5–12:6)

c. 열방에 대한 심판 (OAN 13–23)
1. 바벨론 (13:1–14:27); 2. 블레셋 (14:28–32); 3. 모압 (15–16);
4. 다메섹 (17:1–11); 5. 구스 (17:12–18:7); 6. 이집트 (19–20);
7. 광야 (21:1–10); 8. 에돔 (21:11–12); 9. 아라비아 (21:13–17);
10. 예루살렘 (22); 11. 두로 (23)

d. 소위 이사야 묵시록 (심판과 회복)(24–27)
1. 심판 (24); 2. 메시야 시대 (25–27)

e. 화 있을진저 ! (28–33)
1. 에브라임과 유다에 화 ! (28); 2. 예루살렘에 화 ! (29);
3. 완고한 자들에게 화 ! (30); 4. 이집트와 동맹하는 자들에게 화 ! (31–32);
5. 파멸시키는 자들에게 화 ! (33)

f. 보응과 회복 (34–35)
1. 보응의 날 (34); 2. 회복의 날 (메시야 시대) (35)

g. 둘째 내러티브 (히스기야)(36–39)
1. 앗시리아를 치심 (36–37); 2. 유다의 바벨론 포로 예고 (38–39)

(2) 이스라엘의 회복 , 메시야 시대 (40–66)

a. 하나님의 백성의 구원의 때가 임박하다 (40–48)
1. 구원의 임박 선포 (40); 2. 열방이여 판단하라 (41);
3. 야웨의 종과 이스라엘 (42); 4. 회복 약속 (43:1–44:5);
5. 야웨만이 유일하시다 (44:6–45:25); 6. 바벨론의 멸망 예고 (46–47);
7. 이스라엘에 대한 권고 (48)

b. 야웨의 종에 의한 회복 (49–57)
1. 야웨의 종이 배척당할 것임 (49–50); 2. 남은 자가 존귀케 (51:1–52:12);
3. 야웨의 종의 사역과 승리 (52:13–53:12); 4. 이스라엘에 주어질 구원 (54–57)

c. 회복의 실현 (58–66)
1. 회복은 하나님의 역사로 나타난다 (58–60);
2. 메시야의 도래 (61:1–63:6);
3. 이스라엘의 간구와 주의 응답 (63:7–65:25);
4. 약속 성취 , 신천신지 (66)

5) 이사야서는 무엇을 가르치는가 ?

첫째로 , 거룩하신 하나님

"이스라엘의 거룩한 자" 란 표현은 사 1:4, 5:19, 24, 10:20, 12:6, 17:7, 29:19, 30:11, 12, 15, 31:1, 37:23, 41:14, 16, 20, 43:3, 14, 45:11, 47:4, 48:17, 49:7 54:5, 55:5, 60:9, 14 등 이사야서에서만 25 번 나타나고 다른 책에서는 6 번 나타난다 (왕하 19:22= 사 37:23, 렘 50:29, 51:5, 시 71:22, 78:41, 89:19). 이사야가 성전에서 높이 들리신

주님의 영광을 체험할 때, 그 환상 속에서 드러난 자신의 더러움과 거기에 대비되는 주님의 거룩하심을 (사 6장) 선지자는 평생에 이 칭호를 통해 암시하는지 모른다.

이사야서 내용을 이 한 주제로 관통한다고 단순화 시켜 본다면, 다음과 같은 점진적 발전이 나타난다: 가공할 만한 위협이 하나님의 거룩성 때문에 배반하고, 완고하며, 부정한 이스라엘에 상존한다 (1–37 장), 거룩한 자께서 죄를 다루시러 오시고, 죄인을 불러 회개시킴으로 의로운 자기 백성을 창조하신다 (40–55), 그들을 위해 그가 준비하실 영원히 거룩한 상태, 거기서 저들은 영원히 그를 즐거워할 것이다 (56–66 장).

"이스라엘의 거룩하신 자" 는 야곱의 거룩하신 자 (29:23), 그의 거룩하신 자 (사 10:17, 49:7), 너희 거룩하신 자로도 (43:15) 나타난다. 이 칭호는 1–39 장에서 주로 기소의 문맥에서 사용된다. 이스라엘 백성을 하나님은 책망하신다. 이스라엘의 거룩하신 자가 책망하신다. 왜냐하면 저들이 그의 일을 멸시하고 (5:19), 그의 말씀을 멸시하고 (5:24, 30:11), 하나님 자신까지 멸시하기 때문이다 (1:4, 31:1). 37:23 에서만 앗시리아의 교만을 하나님이 책망하신다. 그런데 40–55 장에서는 이 명칭이 구원의 문맥에서만 나타난다. 이스라엘은 더 이상 책망을 받지 않고, 대신 여호와를 기뻐하고 이스라엘의 거룩하신 자를 영광스러워 할 것이다 (41:16). 저들을 알지 못하는 열방이 저들에게로 달려올 것이다 (55:5). 이 모두는 저들의 구속자 (41:14, 43:3, 14, 47:4, 48:17, 49:7, 54:5), 저들의 창조자 (45:11, [43:15]), 저들을 선택하신 자 (49:7) 이스라엘의 거룩하신 자 때문이다. 그리고 이 칭호는 종말론적 맥락에서도 사용된다. 즉, 그날에 문맥에서 나타난다 (10:20, 12:6, 17:7, 29:19, 23, 60:9, 14). 이는 이스라엘의 장래 상태와 연관되어 나타난다. 그 날에 이스라엘은 이스라엘의 거룩하신 자, 자기 하나님을 높이고 (12:6, 29:19), 거룩하게 하고 (29:23), 의지하고 (10:20), 바라 볼 것이다 (17:7). 저들은 이스라엘의 거룩하신 자의 시온이라 불리게 된다 (60:14). 열방이 저들에게 달려옴은 저들이 이스라엘의 거룩하신 자로 인하여 영화롭게 되었기 때문이다 (60:9).

우리의 오염된 마음이 거룩하신 하나님의 면전에 드러나는 것은 우리가 철야 기도할 때, 오랜 시간의 침묵 끝에 그분이 내 영을 분기시켜 나로 성령님의 그 거룩함에 참여하게 되는 때이다. 그런 체험 후에 오는 상쾌한 마음과 하늘을 날 듯한 기분은 이사야가 성전에서 높이 들리신 주님의 환상을 보고, 제단 위의 핀 숯불로 그의 입이 지져졌을 때의 새롭게 된 그 상태, 주여 내가 여기 있사오니 나를 보내소서! 라고 담대히 대답할 수 있는 상태이다. 우리가 주님을 처음 영접하고 성령님으로 거듭날 때 우리의 죄가 다 씻어진다고 믿는다. 그렇지만 계속되는 삶에서 우리의 영은 지속적으로 오염된다. 그런 상태를 상징적으로 보여주는 의식이 매년 하루 대 속죄일에 성소와 지성소를 정결케 하는 의식이다 (레위 16 장). 피를 뿌려 지성소와 성소를 정결케 한다. 우리 마음의 지성소와 성소 곧 우리의 영과 영혼을 그분의 임재 가운데로 인도하여 매일처럼 정결케 하지 않으면 안 된다.

이러므로 내 '마음' 이 기쁘고 내 '영광' 도 즐거워하며 / 내 '육체' 도 안전히 거하리니

(시 16:9 lāḵēn śāmaḥ libbî wayyāḡel kəḇôḏî ʾap̄-bəśārî yiškōn lāḇeṭaH)

내 '혼' 아 그들의 모의에 상관하지 말지어다 / 내 '영광' 아 그들의 집회에 참여하지 말지어다 (창 49:6)

우리의 속사람을 영광, 영혼, 마음 등으로 표현하고 육체와 함께 이대분하거나 3 대분하기도 한다. 우리가 사람의 삼분설이나 이분설을 믿는다고 말하는 것이 아니다. 우리는 영혼육이 하나로 일체가 되어 한 사람으로 존재한다. 그것들이 해체되면 사망하고 이미 사람이 아니다. 그런데 성경이 영광, 영혼, 마음 등을 언급할 때 이는 우리 속사람의 어떤 측면들이나 기능들을 암시할 것이다. 이런 암시들을 근거로 우리는 영광을 지성소인 영으로, 영혼을 성소로, 육체를 성막 안의 마당으로 생각해 볼 수 있다.

이사야의 성전 환상 체험은 거룩하신 하나님을 그의 마음에 새겼다. 이런 거룩한 체험은 우리의 경건 생활에서 필수적인 요소이다. 경건한 사람이라, 혹은 야웨를 경외하는 자란 바로 이런 체험들을 통해 믿음의 비밀을

가진 자를 말한다.

언젠가 저녁에 꿈을 꾸었는데 하얀 옷을 입은 내가 잘못해서 먹물이 옷 여기 저기 튀는 모습을 보았다. 무슨 일일까? 하고 의아하게 생각하고 다음 날 오전에 앞 건물의 부동산 소개소에 들어가니 주인이 막 나가는데 잠시 인터넷 좀 하자고 하고 책상에 앉아 마우스를 건드리니 화면에 갑자기 빨간 속옷을 입은 여자가 확 나오는데 그 때에 어젯밤 꿈을 이해하게 되었다. 하얀 옷에 먹물이 튀는 것은 바로 이것이었구나! 우리는 무심결에 이런 그림을 대할지 몰라도 영적으로는 그것이 벌써 오염이다. 알게 모르게 우리의 인격이 세속에 오염되어 먹물이 튀기듯 더럽혀진다.

그래서 우리는 때를 따라 돕는 은혜를 받기 위해 은혜의 보좌 앞에 나아가 무릎을 꿇어야 한다. 거기서 씻고 정결한 의의 세마포를 새롭게 받아 입어야 한다. 이런 매일의 정결케 하는 일이 없이는 하나님과 교제하는 삶은 요원할 것이다.

둘째로, 아하스와 히스기야의 대조

이사야서에서 내러티브는 두 군데서만 나타난다. 하나는 사 7–8 장이라면, 다른 곳은 36–39 장이다. 이 두 내러티브를 상호 연결시켜 이사야서의 사상을 파악할 수 있다.

A. 사 36–39 장

사 36–39 장의 중요성은 여러모로 인식되어왔지만, 관심사는 대개 역사적 혹은 문학 – 비평적 분석들이었다. 예컨대 주전 701 년에 무엇이 일어났던가? 어떻게 그 도성이 구출을 받았던가? 산헤립 대군에게 무슨 일이 일어났던가? 문학 – 비평과 연관해서는 사 36–39 장이 왕하 18–20 에 의존하는가? 아니면 그 반대인가? 아니면 이 둘은 공통 자료에 모두 의존하는 것인가? (J. A. Motyer 1993:286) 역사적, 문학 – 비평적 질문들에 압도되어, 사 36–39 장이 감당하고 있는 기능과 의도에 대하여는 별로 관심을 쏟지 아니하였다. 이사야의 본문으로 현재 형태가 갖는 사 36–39 장의 기능에 대하여는 진지하게 묻지 못한 것이다. 현재 사 36–39 장이 수행하는 기능은 너무나 중차대하여, 단순히 열왕기서에서 차용되어 첨가된 부록 정도로 이해하면 대단히 곤란하다. 이 장들이 이사야서에서 차지하는 위치상의 의의를 신학적으로 고려해 보아야 한다.

B. 사 36–39 장과 사 7 장

(1) 다 같이 시간묘사 구문으로 시작한다
(2) 침공군대가 영토에 들어와서 예루살렘을 위협한다.
(3) 위협의 장소는 다 같이 세탁소의 밭에 이르는 대로에 있는 위의 못의 수로이다
(4) 왕과 이사야 선지자의 만남을 보도한다
(5) 군대 위협에 직면하여 이사야는 두 왕들에게 두려워 말라는 메시지를 전한다 (7:4–9, 37:6–7).
(6) 왕에게는 야웨의 약속이 실현된다는 확인의 표가 주어진다.
(7) 왕과 도성이 구원되지만 각 부분은 불길한 징조로 끝맺는다.

이러한 유사성에도 불구하고 두 기사는 대조가 분명하게 드러나고 있다.

경건한 왕과 불신앙의 아하스가 대조된다.

a. 임박한 위협에 대한 직접적인 반응에서 대조가 나타난다. 아하스는 불신앙으로 떨었다. 믿음의 히스기야는 침공군에 대한 두려움보다는 강조점이 임박한 재앙에 대한 왕의 슬픔에 두어진다.

b. 두 왕이 위협을 내처하는 방식에서 대조가 드러난다. 아하스는 윗 못의 수도의 끝에로 나가서 선지자를 만난다. 아하스는 도성내의 물이 없으므로 물 사정을 알기 위해 그곳에 간다. 하나님을 의지함으로 위협을 대처하는 것이 아니다. 히스기야는 주의 집으로 갔다 (37:1, 14). 이는 히스기야의 위협대처 방식을 보여준다. 그는 하나님만이 유일한 소망임을 믿었다. 그는 제 3 자에게 의지하기보다는 기도로 하나님께 나아갔다. 히스기

야는 기도의 사람으로 다윗과 같다. 그는 기도로 위기를 넘기고 중병을 이긴다. 이 기도들은 선지자의 마음에 합당하다. 선지자는 돌아가 안식하고 평안히 조용히 믿으라 한다. 기도하지 않고 어떻게 그렇게 할 수 있는가? 신성 모독자는 생명에서 죽음으로, 기도자는 죽음에서 생명으로 나아간다.

c. 두 왕이 선지자 이사야와 갖는 관계에서 대조가 나타난다. 아하스가 선지자의 조언과 상담을 구하러 가는 대신 주께서 이사야를 아하스에게 보내어 "두려워 말라" 고 선언케 하신다 (사 7:3). 반면 히스기야는 자기 사신들을 선지자에게 보내어 그의 조언을 구했다 (사 37:2). 아하스는 불신앙인으로 구하지 아니한다. 반면 히스기야는 적극적으로 하나님의 조언을 구한다.

d. 아하스와 히스기야의 징조에 대한 반응에서 대조가 나타난다. 아하스에게는 징조를 주시나 그가 배격한다. 반면 히스기야는 징조를 먼저 구했다.

e. 이러한 대조는 사 38:8 의 아하스의 '일영표' 란 표현으로 극에 달한다. 불신앙의 아하스는 하나님의 구원 제시를 배격하고 앗시리아에게로 향한다. 히스기야는 하나님께로 향한다. 이 일영표는 아하스가 세운 우상 제단일 것이다.

f. 히스기야의 기사에 중병(重病) 기사와 회복 기사를 포함하여 아하스와 대조시킨다 (사 38 장). 예루살렘이 히스기야의 믿음으로 구원될 뿐 아니라 자신도 중병에서 구원받는다. 그러나 아하스는 믿음이 없어 나라를 죽음으로 몰아넣고 (하나님의 은혜가 아니었더면) 말았을 것이다.

g. 히스기야 기사와 열왕기 기사를 비교해 보면 대조는 더 현저하게 드러난다. 왕하 18:13–20:19 와 사 36–39 사이의 차이점들은 우연한 모순이나 전달상의 오류가 아니라 히스기야와 아하스를 대조시키는 작업 때문에 야기되었다. 아하스는 구원의 제공을 배격한 반면 히스기야는 믿음으로 응답하였다. 왕하 18:13–20 는 사 36:1–6 와 병행되는데, 왕하 18:14–16 부분이 사 36 장에서는 생략되었다. 생략된 부분은 히스기야가 사신을 라기스의 앗시리아의 왕에게 보내어 "내가 잘못했습니다, 제발 퇴각하시오 무엇이건 부과하는 대로 내가 감당하겠소" 라고 하고, 앗시리아 왕이 은 300 달란트, 금 30 달란트를 부과하자, 히스기야가 성전의 모든 은과 왕궁의 곳간에서 얻은 모든 은, 그리고 성전문들과 문지방들에서 벗긴 금을 바쳤다고 한다. 이 부분의 생략은 이사야 저자가 히스기야의 불신앙적 모습을 의도적으로 생략하고, 아하스의 불신앙과 히스기야의 신앙을 대조시키고자 한 전략적 조처였는지 모른다.

이렇게 대조시킴으로 이사야서 저자는 믿음의 중요성을 강조한다. 그가 강조하는 주제는 "믿음의 필요" 이다. 믿음은 흔들림 없는 믿음, 기도하는 믿음, 소망으로 기다리는 믿음이다. 사 7:9 에서 네가 믿지 아니하면, 너는 결코 서지 못할 것이다 // 네가 내게 기도했으므로 내가 산헤립을 온 길로 돌아가게 할 것이다 (사 37:21, 29).

"믿음" (아만, 믿다) 이란 말은 1–39 장에서 19 번 나타난다. 신실한, 신뢰성 있는 이란 의미로 나타난다. 그런데 네 번은 사역형으로 7:9, 28:16, 43:10, 53:1 에서 나타난다. 이는 '믿는다' 를 의미한다. 사 7:9 과 28:16 은 특별한 주목을 요한다. 이 두 말씀은 믿음의 절대적 필요성을 강조해준다. 위기 시에 "믿는 자" 만 황급함을 당치 않을 것이다. 저들은 위기 속에서도 조용히 안식하고 평안을 누릴 것이다. 반면 아하스 같은 믿지 아니하는 자는 결코 견고히 서지 못할 것이다.

C. 36–39 장이 40 장 이하와 갖는 관계는 저자의 전략적 배열을 보여준다

1) 36–39 장은 세 개의 별개 사화들로 (Narratives) 구성된다: 주전 701 년 앗시리아 군의 예루살렘 포위에서 구출 (사 36–37 장), 히스기야의 중병(重病) 에서의 구출 (사 38 장), 바벨론 므로닥발라단의 사신 접견 (사 39 장). 그런데 별개의 내러티브들이 (narratives) 모두 하나의 통일성 있는 단위로 (a cohesive unit) 연결되어있다. 예컨대, 사 38:1 의 "그날들에" 라는 개략적인 연대기적 지시나 사 39:1 의 "그 때에" 는 편집자가 서

로 의미심장하게 연관되는 자료라 여겨진 바를 함께 묶는 장치 (devices) 이다. 후자는 사 39 장의 사건이 사 38 장의 사건과 동시대적이라는 것을 드러내준다. 사실 사 39 장과 36–37 장의 사건들은 서로 직접적인 연관성이 없다 (이유는 다음에서 보라). 사 38:1 의 "그 날들에" 란 표현은 사 38 장을 사 36–37 장의 사건과 연관시켜 준다. 이처럼 이 시간 지시문구들은 본문에서 두 사건들의 긴밀한 연대기적 연관성을 보여준다. 이런 문구들을 통해 편집자는 이 사건들 (사 38, 39 장) 이 앞에 기술된바 (사 36–37 장) 와 어떤 연관성을 지닌다는 것을 드러내고자 한다. 더구나 앞에 기술된 바 (사 36–37 장) 를 편집자는 바로 이 시점 에 배치된 두 개의 별개 기사들 (narratives= 사 38, 39 장) 로 의도적으로 해석하려한다고 이해해야한다.

동시에 사 37 장과 38 장은 37:35, 38:6 에서 나타나는 "보호하다"란 (가난) 말과, "이 성"이라는 (ha'ir hazzo't) 동사의 목적어로 서로 연결되고 있다. 동시에 사 37:35 의 "구원하다" (**hôšîᶜah**) 와 사 38:6 의 "건져내다"의 (나찰) 용례로도 연결된다. 이 두 장들을 함께 읽으므로, 앗시리아에서의 '구원' 과 죽음에서의 '구원' 이란 공통 주제를 갖게 된다. 히스기야의 치유는 예루살렘의 구출과 분명하게 동일시되고 있다. 더구나 사 38 장과 38 장은 사 37:35 의 "내 종 다윗" 과 사 38:5 의 "다윗의 하나님 야웨" 라는 표현으로 긴밀하게 연관되고 있다.

2) 사 36–39 장의 네 장들은 하나의 통일적인 단위로 묶여있음에도 연대기적 순서대로 배열된 것이 아니다. 이 장들에는 어떤 연대기적 전후순서가 없다. 모든 사건들은 히스기야의 통치와 연관되지만 그 외에는 사건들의 순서에 대한 암시는 찾아볼 수 없다. 만약 연대순으로 배치한다면 히스기야의 중병 (사 38 장)– 므로닥발라단의 방문 (사 39 장), 산헤립의 공격 (사 36–37 장) 의 순서가 될지 모른다. 사 38:6 에서 야웨께서 히스기야와 예루살렘을 앗시리아의 손에서 건지시겠다고 말씀하지만, 그러한 구원을 사 37 장의 말미에서 이미 일어났었다. 그러므로 우리는 히스기야의 중병이 예루살렘의 구출보다 앞선다고 추정할 수 있다.

그렇다면 연대 순서를 무시한 사건들의 이러한 재배치를 통해 저자는 무엇을 의도한 것인가? 그의 구성적 전략은 이 네 장에서 무엇이었던가? 우리는 사 36–39 장의 연대기적 순서를 무시하고 현재 순서대로 배치한 이유는 사 39 장이 40 장 이하와 연관되도록 만들기 위함이었다고 본다. 곧 사 39 장으로 40 장 이하로 건너가는 다리역할을 하도록 이렇게 배치한 것이다. 다리 역할을 (bridging function) 하되 클레멘츠나 자이츠 (Seitz) 같은 이는 사 36–39 장이 앗시리아와 바벨론 시대라는 두 시대 사이의 다리 역할을 한다고 믿지만, 우리는 사 36–39 장이 1–39 장이 발전시켜 왔던 믿음 주제 (특히 사 7 장과 36–39 장) 를 40 장 이하로 더 한층 확대시키고 있다고 믿는다. 사 36–39 장은 사 7 장을 회고하며 (looks back), 동시에 사 40 장 이하를 바라본다 (looks forward to).

이렇게 보건대 사 1–39 장에서 우리는 주제의 발전을 보게 된다. 사 40 장 이하에서는 주제의 연속성과 발전이 더 한층 나타난다. 이사야서 전체는 이렇게 해서 세 개의 독자적인 책들을 구성하는 것이 아니라, 이사야서 전체 내에서 작은 단위들을 서로 긴밀히 접착시켜주는 하나의 분명한 주제를 드러내준다.

셋째로, 나의 포도원을 노래하리라

A 사 5:1 내가 나의 사랑하는 자를 위하여 노래하되
나의 사랑하는 자의 포도원을 노래하리라
나의 사랑하는 자에게 포도원이 있음이여 심히 기름진 산에로다
B 2 땅을 파서 돌을 제하고 극상품 포도나무를 심었도다
그 중에 망대를 세웠고 그 안에 술틀을 팠었도다
C 좋은 포도 맺기를 바랐더니 들 포도를 맺혔도다
3 예루살렘 거민과 유다 사람들아 구하노니
이제 나와 내 포도원 사이에 판단하라
B 4 내가 내 포도원을 위하여 행한 것 외에 무엇을 더할 것이 있었으랴

C 내가 좋은 포도 맺기를 기다렸거늘 들 포도를 맺힘은 어찜인고
D 5 이제 내가 내 포도원에 어떻게 행할 것을 너희에게 이르리라
내가 그 울타리를 걷어 먹힘을 당케 하며 그 담을 헐어 짓밟히게 할 것이요
6 내가 그것으로 황무케 하리니
다시는 가지를 자름이나 북을 돋우지 못하여 질려와 형극이 날 것이며
내가 또 구름을 명하여 그 위에 비를 내리지 말라 하리라 하셨으니
I 7 대저 만군의 여호와의 포도원은 이스라엘 족속이요
그의 기뻐하시는 나무는 유다 사람이라
C 그들에게 공평을 바라셨더니 도리어 포학이요
그들에게 의로움을 바라셨더니 도리어 부르짖음이었도다

A 사 27:2 그 날에 너희는 아름다운 포도원을 두고 노래를 부를지어다
B 3 나 여호와는 포도원지기가 됨이여
때때로 물을 주며 밤낮으로 간수하여 아무든지 상해하지 못하게 하리로다
4 포도원에 대하여 노함이 없나니
질려와 형극이 나를 대적하여 싸운다하자 내가 그것을 밟고 모아 불사르리라
5 그리하지 아니할 것 같으면 나의 힘을 의지하고 나와 화친하며 나로 더불어 화친할 것이니라
D 6 후일에는 야곱의 뿌리가 박히며 이스라엘의 움이 돋고 꽃이 필 것이라
그들이 그 결실로 지면에 채우리로다

앞의 두 본문에서 A는 사신 도입문에 해당되는 서론이라면, B는 하나님께서 이스라엘에게 베푸신 은혜(역사 서언), C는 이스라엘의 행위나 그에 대한 언약적 기소, D는 하나님의 처벌 혹은 축복의 약속, I는 이 포도원 노래의 해석이다. 해석이 곁들인 것을 보면, 이 포도원의 노래는 알레고리라고 할 수 있다.

선지자들의 모든 메시지는 이렇게 ABCD 형식으로 분석할 수 있다. 이런 분석은 언약의 형식에 상응하는 선지자들의 메시지의 형식 때문에 가능하다. 언약도 ABCD 형식으로 되어 있기 때문이다. 즉, A는 전문, B는 역사 서언, C는 언약 조항, D는 상벌 규정이다. 선지자들은 메시지를 선포할 때, 이런 언약 형식을 따라 메시지를 작성, 선포했다(최종태 2003:11장 참조).

우리의 분석에 의하면, 이사야의 포도원의 노래는 이사야나 다른 선지자가 선포한 언약 백성 이스라엘을 치는 심판 메시지나 구원 메시지의 핵심이 선명하게 부각 될 것이다. 선지자들은 무엇을 선포했던가? 전체 선지자들의 메시지는 이 두 개의 포도원의 노래로 집약될 수 있다.

(1) B (역사서언): 하나님의 베푸신 은혜

포도원 농부이신 하나님은 가나안에 포도원을 개간하시고, 이집트에서 포도를 모종(某種)하여 가나안에 이식(移植)시켰다. 시 80:8에 "주께서 한 포도나무를 이집트에서 가져다가 열방을 쫓아내시고 이를 심으셨나이다"라 했다. 이것은 모판에 모종을 해서 가나안 기름진 땅에 이식했다는 것을 지시한다. 말하자면 이집트 땅 고센 지역은 이스라엘의 모판이었다. 70명의 야곱 식구들이 이집트에 내려가서 430만에 엄청나게 번성, 생육해서 200만 가까이 되니 그 모종들을 뿌리 채 뽑아서 가나안 땅을 개간하듯 열방 족속들을 내 쫓으시고 터전을 마련하신 다음 이식시키셨다. 그분은 땅을 파서 돌을 제하고 극상품 포도나무를 심으셨다(2절).

그중에 망대를 세워 파수하였고, 포도원 안에 포도즙 틀도 팠다(2절). 포도즙 틀은 반석에 큰 구덩이를 하나, 작은 구덩이를 하나 이렇게 둘을 움푹 파서 만든다. 큰 구덩이에 포도 알을 넣고 발로 짓밟아 즙을 짜면, 그것이 흘러 작은 구덩이로 내려가면, 가죽 부대에 담는 것이다.

울타리도 둘러서 들짐승이나 도적을 막았다. 돌담을 쌓아 야수를 방비했다(아 2:15, 시 80:13, 렘 49:9). 가지

를 잘라 전정 (剪定) 해 주고 (사 18:5, 요 15:2), 이랑의 북을 돋우었고 하늘로부터 구름에게 명하여 비도 내려 주셨다.
이런 일들은 이스라엘에 하나님께서 행하신 모든 영적, 물질적 축복을 상징한다. 포도원은 주인이 직접 가꾸든지 아니면 일군을 고용해서 가꾼다 (마 20:1–16). 마찬가지로 하나님은 선지자, 제사장, 왕들을 종들로 세워 포도원을 잘 가꾸도록 했다.

(2) C (언약 조항): 하나님의 기대와 요구

그분은 "공평" 을 (mišpāṭ) 바라셨으나, 맺힌 것은 "포학" 이었고 (miśpāḥ), "의로움" 을 (ṣḏāqāʰ) 바라셨으나 맺힌 것은 "부르짖음" (ṣəʿāqāʰ) 이었다 (7 절).
그분은 좋은 포도 맺기를 바랐더니 들 포도를 맺혔도다! (2 절) 라고 탄식하신다. 시내산 율법을 준수하여 공의로운 사회, 거룩한 사회, 간음과 살인이 없고, 사랑과 공의가 충만한 사회, 하나님을 힘 다해 섬기고 사랑하는 믿음 공동체를 세우기 원하셨으나, 결과는 포학과 부르짖음이었다.
좋은 포도를 기대하셨으나 들 포도만 맺혔다. 포도는 7 월 말경에 익기 시작하나 추수는 8 월이나 9 월이 되어야 한다. 이른 포도는 아주 시었다 (렘 31:29–30). 아주 잘 익은 포도는 자연 그대로 먹든지, 아니면 말려서 마른 포도를 만들든지 아니면 포도즙을 만든다. 아니면 포도주를 만든다. 그런데, 들 포도는 아무 짝에도 쓸모가 없고 포도나무 가지도 쓸모가 없다. 오직 열매 하나 바라보고 그 정성을 쏟으셨으나 결과는 비참하였다.

D (상벌규정): 하나님의 처벌 혹은 상주심

이스라엘은 기대를 져 버렸다. 들 포도가 맺히는 이상, 그 포도원은 가치가 없다. 그래서 그 울타리를 허시고 담 벽을 무너뜨리시고 망대나 원두막도 치워버리셔서 더 이상 지키지도, 더 이상 북도 매지 않으시고 버리신다. 한 마디로 농부는 수익을 목적으로 포도원을 경영하는 데 수익이 맞지 않을 것이면 포도원을 갈아엎고 다른 농작물을 재배할 것이다. 그것이 농부의 마음이요, 동시에 하나님의 마음이시다. 충성되고 열성 있는 사람들 놔두고 게으르고, 불의하며 나태한 사람들을 사용하시거나 양육하실 이유가 없으시다. 그러기에 예수님은 "무릇 있는 자는 받아 풍족하게 되고 없는 자는 그 있는 것까지 빼앗기리라" 고 (마 25:29) 말씀하셨다. 그리고 열매 맺지 않는 가지마다 잘라 불에 던지신다 (요 15:2). 또한 주님은 회개치 아니하면 내가 네게 임하여 네 촛대를 그 자리에서 옮기리라고 (계 2:5) 말씀하신다.
이제 이스라엘은 하나님의 기대에 부응치 못하고 실패하였다. 하나님은 이스라엘을 뽑아서 열방에 흩어 버리셨다. 이것으로 끝인가? 아니다. "포도원의 노래" 2 탄이 기다린다 (사 27:2–6).
"그 날에" 너희는 아름다운 포도원을 두고 노래를 부를지어다! 그 날에는 메시야께서 오셔서 "새 이스라엘 교회" 를 세우시고 교회가 부흥하는 때, 메시야 시대를 (교회 시대) 가리킨다. 그 교회 시대에, 하나님은 친히 포도원 농부가 되셔서 때때로 물을 주시고, 밤낮으로 돌보아 아무도 포도원을 망가뜨리지 않게 하신다. 찔레와 형극이 포도원을 망치려 할 것이면, 하나님은 그것들을 다 밟고 모아 불살라 버리신다. 그리하여 마침내 이스라엘은 온 지상에 열매로 가득 채우게 될 것이다. 하나님의 새 이스라엘도 주님이 말씀하신대로 포도원이다 (요 15 장). 옛 포도원 이스라엘의 실패를 교훈삼아 새 이스라엘은 더욱 분발하여 주님을 섬겨야 한다.

넷째로, 고난 받는 야웨의 종 메시야, 새 출애굽

사 52:13–53 장에 제시된 고난 받는 야웨의 종의 기사는 그 종의 낮아짐에서 존귀하게 높여지심으로의 사고의 진전을 보여준다. 이런 사고의 진전은 야웨의 종이 낮아지시고, 나중에 존귀하게 높이 들리는 역사적 사건 전개를 암시해준다. 신약 시대를 사는 우리는 그리스도의 십자가 죽으심과 부활, 승천과 보좌 우편에 앉으심 등의 일련의 구속 사건들에서 이 야웨의 종 예언들이 성취된 것을 알고 있다.

그런데 비평가들은 이 메시야 예언을 어떤 무명 선지자 당대의 어떤 정치가가 고난당하는 것을 노래한다는 엉뚱한 해석을 가한다. 예컨대, WBC 주석 시리즈에서 이사야서를 기고한 왓츠는 사 52:13, 53:2 의 말씀이 페르시아 왕 다리오의 형통함과 그의 유년기의 보잘 것 없음을 가리킨다 하고, 사 53:10 에서는 야웨의 뜻이 다리오의 손에서 형통하게 된다는 의미라 하며, 사 53 장에서 많은 이를 위해 고난 받는 종은 '스룹바벨' 이라 이해한다. 사 53:11 에서 '스룹바벨' 의 영혼의 수고한 것 때문에, 다리오가 보고 만족히 여기며, 자기 민족을 위해 애매히 고난을 당한 스룹바벨의 형편을 앎으로 다리오가 많은 이들의 반역죄를 용서하고, 많은 자를 무죄라고 판단하게 되리라는 말씀이라 한다. 그래서 사 53:12 에서는 다리오가 자기 민족의 독립을 위해 고난당하고 죽임 당했으며, 반역자들의 많은 죄를 지고, 저들을 위해 간구한 '스룹바벨' 을 높이 사서 그에게 많은 이들과 함께 기업을 주고 몫을 주리라 한다.

왓츠는 이사야서를 여러 다양한 화자들이 등장하는 12 막으로 구성된 하나의 드라마 환상으로 간주한다. 그 예언은 주전 8 세기부터 기록되기 시작하여 계속 첨가되다가 마침내 주전 435 년에 최종 수집되고 편집되었다 한다 (J. D. W. Watts 1985:xli). 왓츠의 이사야서 주석은 역사 – 비평적 해석이 본문을 난도질하는 부정적 측면을 고려한 탓인지, 현재 본문에 초점을 맞추고 있다 (xliii). 이사야서의 현재 형태는 주전 435 년 예루살렘에 거하던 여러 다양한 집단들에게 말씀하는데 (xxx), 1) 혼합주의 신앙 생활, 2) 아직도 이방 땅에 있는 추방자들, 3) 유대 공동체의 분열, 4) 열방에서의 이스라엘의 역할 등의 이슈에 초점을 맞춘다고 한다.

왓츠는 이사야서에 대하여, 주전 435 년에 한 집단에 속한 한 사람이 1) 주전 750–700 년 어간에 예루살렘에서 활동했던 이사야 선지자의 글, 2) 42–48 장에 묘사된 추방 시대 "종" (고레스 ?) 3) 49, 50, 53 장에 묘사된 예루살렘의 수난당하는 종 (스룹바벨 ?)(49:5–6, 52:13, 53:11 에 언급된 "종" 은 다리오 1 세 ; 61:1–4 의 종은 '아닥사스다 1 세'), 4) 55:1–6 의 공동체 "종들" 등의 작품을 수집하고 편집한 것이라 주장한다.

이사야서에 불 신앙적이고 기괴한 해석을 가하는 John D. W. 왓츠는 "구약 히브리어 구문 개괄" 이란 책을 저술했고, 뉴올리언즈 침례교 신학교 구약 교수였던 James W. 왓츠의 아들인데, 아들 왓츠는 1941 년 미시시피 대학에서 학사를, 부친이 재직하던 그 신학교에서 공부하여 1944 년 신학석사 학위를 받았다. 그리고 아들 왓츠의 아들 제임스 왓츠, 곧 제임스 왓츠의 손자 왓츠는 헤이스팅즈 대학에서 (Hastings College) 구약을 가르친다. 이렇게 삼대 째 걸쳐 구약을 교수하는 가문은 겉보기에 영광스러운 듯하다. 존 왓츠의 이사야서 53 장의 해석은 악취를 풍긴다. 그의 그런 사상이 어디서 배태되었을까 ? 존 왓츠의 사고에 구약에 대한 역사 – 비평적 사고가 주입된 것은 여러 경로가 있었겠지만, 두드러지는 것은 그가 쮜리히 대학교의 루드비히 쾰러의 지도하에 박사 – 후 과정을 했다는 사실이다.

그런데 흥미로운 것은 2 차 대전 후, 왓츠는 미국 남침례 교단 해외 선교부 파송 유럽 선교사로 스위스 뤼쉴리컨 (Rueschlikon) 침례교 신학교에서 사역했다 (1949–1970 년). 그는 미국 남침례교 신학교에서 2 년간 방문교수로 사역하고 인도의 세람포레에서 사역하기도 했다 (1972–1975 년). 1975 년 다시 미국으로 귀국하여 풀러 신학교에서 가르쳤고 (1976–1981 년) 1982 년에는 다시 남 침례교 신학교에 가서 가르쳤다. 그가 풀러에서 교수할 때, WBC 주석 시리즈의 구약 편집자로 위임받아 활동하면서 그 시리즈의 이사야서 주석을 집필한 것이다.

앞에서 왓츠가 이사야서의 저자와 연관하여 주전 8 세기의 이사야 선지자, 그리고 그 이후 시대의 여러 '종' 들을 언급했는데, 이사야서에서 신학적인 의의를 지닌 "종" 이란 말은 (ebed) 나의 종 이사야 (사 20:3), 내 종 엘리아김 (22:20, 내 종 다윗 (37:35), 나의 종 이스라엘아 (41:8, 9), 나의 종 (42:1, 44:26, 49:5, 6, 7, 50:10, 52:13, 53:11 [개인]), 내 종 (42:19, 43:10, 44:1, 2, 21, 45:4, 48:20, 49:3, 54:17, 63:17, 65:8, 13, 14, 15, 66:14 [이스라엘]), 나의 종 (56:6 [이방인으로 이스라엘에 가입한 자]) 등에서 나타난다. 여기서 특히 이사야서의 메시지와 연관하여 의의가 큰 "야웨의 종" 은 한 "개인" 이거나 "이스라엘" 무리로 나타난다.

이스라엘 백성이 전체로 '야웨의 종' 혹은 '야웨의 종들' 이라 지칭되기도 하고, 한 무명의 개인이 '야웨의 종' 으로 언급되기도 하는 현상은 학자들의 주목을 받아왔는데, 야웨의 종인 그 개인은 이스라엘을 한 인격체로 다루는 '집단 인격체 (corporate personality)' 란 사고로 이해되기도 했다. 집단이 아닌 개인 '야웨의 종' 은 '이스라엘' 을 하나의 인격체로 가리키는 집단 인격체의 단수형이라 보고, 사 49:5–7 에 언급되는 "내 종" 이란 표현에 대입시켜 보자 :

5 나는 (이스라엘) 여호와의 보시기에 존귀한 자라 나의 하나님이 나의 힘이 되셨도다
다시 야곱을 자기에게로 돌아오게 하시며 이스라엘을 자기에게로 모이게 하시려고
나를 (이스라엘) 태에서 나옴으로부터 자기 종을 삼으신 여호와께서 말씀하시니라
6 그가 가라사대 네가 나의 종이 되어 야곱의 지파들을 일으키며

이스라엘 중에 보전된 자를 돌아오게 할 것은 오히려 경한 일이라
내가 또 너로 (이스라엘) 이방의 빛을 삼아 나의 구원을 베풀어서 땅 끝까지 이르게 하리라
7 이스라엘의 구속자 , 이스라엘의 거룩한 자이신 여호와께서 사람에게 멸시를 당하는 자 ,
백성에게 미움을 받는 자 , 관원들에게 종이 된 자에게 이같이 이르시되
너를 (이스라엘) 보고 열왕이 일어서며 방백들이 경배하리니
이는 너를 택한바 신실한 나 여호와 이스라엘의 거룩한 자를 인함이니라

여기 본문에서 "나" 나 "너" 를 이스라엘로 이해한다면 , 어떤 경우에는 말이 되고 , 어떤 경우에는 이해하기 어렵게 된다 . 이해하기 어려운 경우는 "네가 나의 종이 되어 야곱의 지파들을 일으키며 이스라엘 중에 보전된 자를 돌아오게 할 것은 오히려 경한 일이라" (6 절) 이다 . 어떻게 '이스라엘' 이 자신을 일으키고 , 이스라엘이 이스라엘 중에 보전된 자를 돌아오게 곧 하나님께로 회개하도록 할까 ? 이스라엘이 분발해서 스스로 자신을 일으킨다고 하자 . 그렇다면 , 이스라엘이 이스라엘의 남은 자를 회개시키는 일은 무엇을 말하는가 ?

여기에 더하여 , 사 52:13–53:12 에서 묘사되는 고난당하는 야웨의 종은 누구인가 ?

4 그는 실로 우리의 질고를 지고 우리의 슬픔을 당하였거늘
우리는 생각하기를 그는 징벌을 받아서 하나님에게 맞으며 고난을 당한다 하였노라
5 그가 찔림은 우리의 허물을 인함이요 그가 상함은 우리의 죄악을 인함이라
그가 징계를 받음으로 우리가 평화를 누리고 그가 채찍에 맞음으로 우리가 나음을 입었도다
6 우리는 다 양 같아서 그릇 행하며 각기 제 길로 갔거늘
여호와께서는 우리 무리의 죄악을 그에게 담당시키셨도다
12 이러므로 내가 그에게 많은 사람들을 그의 몫으로 주고 , 그가 무리를 자기 전리품으로 받으리라
이는 그가 자기 영혼을 버려 사망에 이르게 하며 / 범죄자 중 하나로 헤아림을 입었음이라
그러나 실상은 그가 많은 사람의 죄를 지며 / 범죄자를 위하여 기도하였느니라
(12 절 TNK I will give him the many as his portion, He shall receive the multitude as his spoil)

여기 "야웨의 고난당하는 종" 을 "이스라엘" 과 동일시 할 것인가 ? 유대인 주석가들은 그렇게 해석했다 .

유대인 주석가들의 사 53 장 이해

라쉬는 이스라엘은 자신의 고난들을 통해 다른 모든 열방의 죄가 속죄되도록 고난을 받았다고 했다 (The Fifty-Third Chapter of Isaiah, 38, 39; 유대인 주석가들의 사 53 장 해석 모음집이며 , 우리가 제시하는 수자는 그 책의 페이지).

이븐 에스라도 유사하게 , 이스라엘은 하나님께 범죄한 자들과 함께 헤아림을 당하였고 , 많은 사람들의 죄를 담당하여 , 그 고통을 통해 이방인들이 평화를 누리고 , 우리가 (이방인) 담당해야 했던 그 죄를 이스라엘이 담당했다고 했다 (48).

김히도 (Kimchi) 우리에게 (이방인들) 떨어졌어야 마땅했을 그 질병과 고통은 이스라엘에게 떨어졌다 ; 그들은 우리의 속전이요 우리 속죄의 값이었다 . 저들이 추방을 당하였을 때 , 우리는 그들이 자신들의 죄 때문에 하나님께 맞았다고 생각했지만 , 이제 보니 , 그들 자신의 죄 때문이 아니라 , 우리의 죄 때문이다 (52).

랍비 요셉 벤 나단은 우리는 이 모든 징계가 그에게 떨어진 것은 그의 죄 때문이라 생각했지만 , 이제 보니 그것이 아니었다 . 우리에게 임해야 했던 그 질병은 그에게 임했고 , 그의 고난을 통해 우리가 구속을 받았다 . 그가 징계를 당한 것은 우리의 죄 때문이었고 , 그의 징계를 통해 우리가 평화를 얻었다 . 거룩하신 분께서는 그렇지 않았다라면 그리했을 터인데 , 우리 죄악 때문에 세상을 멸하지 않으셨다 . 이스라엘이 하나님의 거룩한 이름 때문에 (시 44:23) 매를 맞고 죽임을 당하여 우리가 그의 채찍에 맞음으로 나음을 얻었다 (72, 73).

이븐 솨프룻은 주석하길 , 그들은 생각하길 , 이스라엘의 유일한 존재 목적은 모하메드가 말한 대로 , 세상의 고통과 불행을 담당하는 것이었다 . 이스라엘은 세상 사람들의 모든 죄와 허물을 담당하였으니 이스라엘은 속죄양 같았다 (95).

모세 코헨은 그래도 좀 나은데 , 그는 주석하길 , 5 절에 언급된 우리를 대신하여 찔리고 상하고 징계를 당하는 그는 각 의인들을 가리킨다고 했다 . 우리가 담당했어야 할 모든 질고와 슬픔을 의인들이 담당했다 (117). 의인들이 당한 징계와 저들이 채찍을 맞아 온 이스라엘이 속죄를 받았다 (118). 창조주께서 이 의인들이 고난과 질병으로 상하도록 하심으로 이스라엘 중의 악인이 행한 죄를 담당하게 하셨다 (119).

리프만은 주석하길 , 그가 징계를 받아 우리가 평화를 누린다는 것은 , 의인의 공덕이 아니었다면 , 세상은 그 죄악 때문에 벌써 거룩한 자에 의해 파멸을 당하고 말았을 것이다 . 그가 채찍에 맞음으로 우리가 나음을 입었다는 것은 의인이 까닭 없이 처벌을 받았으므로 , 범죄한 이방인들 때문에 , 전능자께서는 이방인들의 처벌을 면제하셨다 . 이렇게 의인들이

채찍에 맞음으로 저들은 고침을 입은 셈이다 (150).
아바르바넬은 여기 까닭없이 고난당하는 야웨의 종이 "요시야 왕" 이라 생각한다. 그의 (요시야) 죽음은 그 자신의 죄악 때문이 아니라 그 시대 사람들의 죄악 때문이었다 (189). 우리의 죄 때문에 우리가 마땅히 받았어야 했을 그 고통과 질병을 그 의인이 우리 위해 담당하였다 (192). 저들이 자신들의 죄 때문에 마땅히 당했어야 했던 그 침을 요시야는 바로 느고의 손을 통해 맞았다 (194). 요시야는 많은 사람의 죄를 대신 담당했고, 자기 백성의 죄악을 위해 죽었다 (197). 로페즈도 (Lopez) 유사하게 생각하길, 요시야의 경우에서 보듯, 의인들은 자기 당대의 죄악을 담당하여 속죄한다 (352).
이븐 다난은 주석하길, 히스기야는 완전한 의인이었는데, 그의 공덕 때문에 그의 백성은 구원을 받았다. 히스기야 부친의 시대에 백성이 범했던 그 죄와 허물을 히스기야가 담당했다 (214).
쉘로모 레비는 주석하길, 의인들은 각자의 특정한 죄악들을 속죄할 수 없고 각자는 자기 특정한 죄값을 죽음 이후에 담당해야 한다. 그렇지만 우리 모두의 죄악, 곧 우리 인류 전체에 공통적인 죄악은 주께서 의인들에게 담당케 하여 각 시대의 죄를 처벌하시는 것이다 (282).
요셉 알보는 때로 불운이 의인들에게 임하는 것은 처벌로서가 아니라, 전체 나라를 속죄하기 위함이다. 하나님은 의인들로 고난을 받게 하여 전체 백성이 범한 악에 대한 재앙을 당하는 것을 면하시는 것이다. 우리 랍비들이 말하듯, 의인들의 죽음은 속죄를 이룬다 (384).
클리어 파운틴은 심지어 이렇게까지 말한다. "그의 지식을 통해 . . ." 는 이스라엘이 기독인들에게 고난을 당함으로, 그 유대인의 고난을 통해 기독인들은 고침을 받았다는 것을 의미한다 (432).
그렇다면, 사 53 장 본문에 묘사된 야웨의 종의 죽음은 어떻게 해석하는가?
라쉬는 주석하길, 이스라엘인들은 이방인들이 어떻게 하든 자신을 장사지내도록 내어 주었다. 이방인들은 유대인들을 죽음에 처하도록 정죄해 왔기 때문이다 (38). 이븐 에스라는 "그의 죽음을 통해" 란 추방 생활에서 죽은 자들의 죽음을 의미한다고 보았다 (47). (유대인) 주석가들은 이구동성으로 사 53:12 의 의미는 상징적인 것으로 하나님의 유일성을 (Divine Unity) 위해 죽임 당한 자들을 가리킨다고 보았다 (48).
김히는 주석하길, 그들은 마치 이스라엘이 잘못이나 한 양 추방당한 이스라엘을 계속 죽였다. 실상 이스라엘은 아무 폭력을 행한 일도 없었고, 그 입에 궤사도 없었다. "그의 무덤이 악인들과 함께 할당되었다" 는 (9 절) 말의 의미는 이스라엘이 자원하여 자신을 죽음에 내어 주었다는 것이다. 이방인들은 이스라엘이 자기의 율법을 포기하기만 하면 놓아주려 했지만, 이스라엘은 그렇게 하기보다 자원하여 죽음을 맞았다 (53). 추방 생활에서 이스라엘은 자신들을 이방인들의 손에 죽음에 내어 주었다 (55).
요셉 벤 나단은 주석하길, 그는 백성의 악인들이 자기를 하나님의 거룩한 이름 때문에 죽일 때 자기 무덤을 악인들의 뜻에 맡겨 그들 마음대로 자기를 묻도록 허락하였다 (73). 이븐 솨프룻은 말하길, 그들은 (이방인) 어떤 부자 유대인을 보면, 어떤 트집을 잡아 그를 죽이곤 했다 (96).
리프만은 그가 자기 생명을 버렸다고 하는 것은 추방지에서 하나님의 이름의 거룩을 지키고자 죽은 의인들을 가리킨다 (151). 자기 무덤을 악인들과 함께 하였다는 것은 그가 하나님의 거룩한 이름을 위하여 순교에 자신을 내어 주었다는 의미이며, "부자와 함께" 라는 것은 부자가 어떤 죄악 때문이 아니라 그들의 재물 때문에 죽임을 당했다는 사실로부터 그 의미가 드러난다 (Sal. b. Melech, 219).
부자의 죽음을 언급한 것은 이방인들은 유대인들을 죽여 저들의 재물을 약탈했기 때문이다 (Anon. 236, 237). 자기 무덤을 악인과 함께 했다는 것은 죽임 당한 의인들이 법정의 선고를 통해 정죄를 받은 죄인들처럼 죽임을 당한 사실을 가리키고 (351), 자기 영혼을 사망에 내어주었다는 것은 우리가 스페인이나 포르투갈에서 보듯, 하나님의 거룩성을 위해 순교자로 자원하여 죽는 것을 말한다 (352).
그가 도살장에 끌려가듯 했다는 것은 감옥에서 처형장으로 끌려감을 가리킨다 (Anon. 392). 클리어 파운틴은 말하길, 율법과 하나님의 거룩한 이름 때문에 죽임 당한 유대인들은 자기들의 무덤을 악인과 함께 하였다. 이는 이 오랜 추방 생활에서 우리가 보는 바이다 (433). 즉, 자기 땅을 떠나 이방 땅에 거주하는 유대인들은 이방인들을 모두 악인들로 간주하고 이방 땅도 더러운 땅으로 간주한다 (암 7:17).
그렇다면, 유대인 주석가들은 야웨의 고난 받는 종의 지속적인 중보 기도는 어떻게 해석할까?
그의 고난들 덕분에 그는 중보기도한 것이나 마찬가지이다 (라쉬, 7). 유대인들은 창조주께서 자기의 세상을 긍휼히 여기셔서 멸하지 않도록 온 인류를 위해 기도하곤 하는 것을 가리킨다 (Y' sha' yah ben Mali, 77). 이스라엘은 죄인들과 범죄자들을 위하여 중보 기도하였다 (렘 29:7, Ibn Shaprut, 96).
그들의 죽음으로 그들은 많은 사람들의 죄악을 속죄하였고, 그들의 삶에서는 비록 자기들을 압제하는 자들이었지만 범죄자들을 위해 긍휼을 간구하였다 (Mosheh Cohen, 120).
범죄자들을 위해 중보 기도하였다는 것은 (렘 36:25 에서처럼) 이스라엘이 고난과 죽음을 인내함에서, 그리고 자기들의 핍박자들을 용서하며, 그들을 위해 기도함으로, 자기들의 그런 공적을 통해 구속을 받을 것이라는 것이다 (Luzzatto, 428). 이스라엘은 자기들의 사는 그곳 나라들의 안녕을 위해 렘 29:7 의 명령대로 기도한다. 열방은 외칠 것이다. 굴욕당하고 치욕당한 백성이 우리를 위해 기도하리라 누가 믿었던가? 라고 (Clear Fountain, 434).

유대인 주석가들의 사고가 얼마나 허무한 불신앙의 영역에서 움직이는지 여실히 드러났을 것이다. 유대교 주석가들의 사고나 앞서 언급했던 존 왓츠의 사고나 사실 오십보백보에 불과하다. 사 53 장의 고난 받는 야웨의 종에서 예수 그리스도를 보지 못한다면 모두 표적을 빗 맞춘 것에 불과하다. 여기 묘사되는 "야웨의 종" 은 신약이 해석하는 대로, 예수 그리스도이시다 (마 8:16–17, 12:14–21, 막 9:12, 눅 22:34–37, 요 12:37–38, 행 8:29–35, 벧전 2:21–25).

집단 인격체

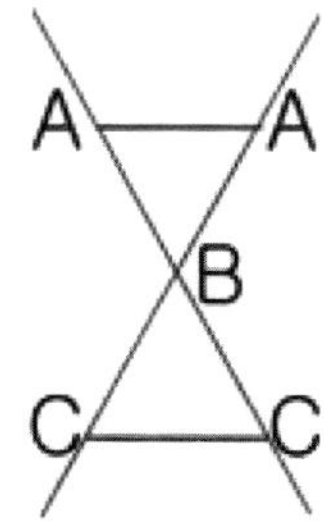

학자들은 "야웨의 종" 이란 개념이 집단과 개인 사이에 오락가락하는 이런 현상을 앞서 언급한대로 "집단 인격체" 사고로 설명하기도 했다. 이 "종" 의 사고와 유사하게, "왕" 의 사고 역시 집단 인격체 개념으로 설명된다 (H. H. Rowley 1952:1–60). 예컨대, 단 2:37 이하에서 다니엘은 느부갓네살이 꿈에 보았던 그 신상의 금 머리를 느부갓네살 왕과 동일시하기도 하고, 느부갓네살이 대표하는 바벨론 제국으로 보기도 했다. 단 7 장에서 다니엘이 본 환상 중에 등장한 그 네 짐승들은 "네 왕들" 이라 확인되지만 (단 7:17) 넷째 짐승은 "네째 나라" 로 지칭되기도 한다 (단 7:23).

이렇게 집단 인격체 사고로 개인과 집단으로서의 "야웨의 종" 개념을 조망한다면, 개인으로서 야웨의 종은 집단으로서의 야웨의 종의 대표이고, 머리가 될 것이다. 그 "야웨의 종" 집단의 머리요 대표인 그 야웨의 종은 자신의 의로운 행위로 그가 대표하는 집단을 일으키고, 그 집단의 남은 자를 야웨께로 되돌린다 (사 49:5–7). 더 나아가 그 야웨의 종 집단의 대표인 야웨의 종은 열방의 빛이 되어 구원을 땅 끝까지 전파한다 (사 49:6). 그리고 그의 대속적 (代贖的) 고난과 죽음을 통해 많은 사람을 의롭게 한다 (사 53 장).

이런 견지에서, 사 53:12 을 번역할 때 야웨의 종과 함께 몫을 나누는 "존귀한 자" 나 "강한 자" 사고를 (ḇārabbîm; ʿăṣûmîm) 도입할 이유가 없다. 오히려 12 절의 사고는 11 절의 "씨" 를 받는 것으로 보고, 많은 무리들이 야웨의 종의 몫으로 주어지는 것으로 이해해야 한다. 그렇게 영적 자녀들을 전리품으로 얻는 이유는 그가 자기 생명을 희생했기 때문이요, 범죄자 중 하나로 간주되는 수치와 처형을 당했기 때문이다. 그러나 실상은 그가 많은 사람의 죄를 대신 지셨고 (막 10:45), 범죄자를 위하여 중보 기도하였다 (눅 23:34).

야웨의 종 집단인 이스라엘과 그 이스라엘의 대표인 야웨의 종 사이의 관계를 도식화 시킨다면 다음과 같이 될 것이다.

A 는 구약 시대 어느 시점인데, A–A 는 그 시점에 살았던 이스라엘 백성의 남은 자이다. 시대가 흘러 B 시점이 되면, 남은 자는 B 라는 일 개인으로 축소된다. B 가 개인인 야웨의 고난 받는 종 예수 그리스도이시다. 이스라엘에서 마지막 남은 자이다. C 는 B 의 대속적 죽음 이후 어느 시점인데, C–C 는 그의 대속적 죽음을 통해, 그리고 그의 복음을 믿음으로 말미암아 생겨난 "씨" (사 53:11, 12) 곧 그가 대속적 고난을 통해 얻은 백성이다. 시간이 더 흐르면, C–C 보다 더 많은 D–D 의 씨가 더해질 것이다. 이 "씨" 가 복음서와 사도행전에서 묘사되는 그리스도를 믿는 '제자' (행 2:41, 6:1, 2, 7, 9:1, 10, 19, 25, 26, 28, 36, 38, 13:52, 14:21, 18:23, 19:9, 20:1, 21:4) 이다. 이들은 처음에 12 사도였고, 저들의 복음 전파를 통해 점점 수가 증대되었고, 마침내 세계적인 믿음 공동체를 이루게 되었다. 이것이 야웨의 종이 이스라엘의 남은 자를 야웨께로 돌이키는 사역과 열방의 빛이 되어 구원을 땅 끝까지 전파하는 사역의 (사 49:5–7) 결과인 것이다.

여기서 주목해야 할 것은 야웨의 종 개인을 통해 생겨난 그의 "씨" 가 곧 구약의 모든 약속을 자기 것으로 주장할 수 있는 "새 이스라엘" 이라는 점이다. 예수님 당대에 그를 믿고 그의 믿음 공동체에 가입한 자들과 그의 십자가 죽으심과 부활, 승천 그리고 보좌에 앉으신 후에 성령님의 오심을 통해 일어난 놀라운 부흥의 역사로 말미암아 믿음 공동체에 가입한 자들은 주로 유대인들이었다. 그 후 예루살렘에 핍박이 일어나 믿는 유대인들이 사방으로 흩어지면서 유대인들에게만 아니라 이방인들에게도 복음을 전파함으로 새로운 성도들이 일어나는데, 이렇게 해서 결국 "믿는 유대인 + 이방인 성도" = 교회, 믿음 공동체가 생겨나게 되었다. 이 믿음 공동체의 현재적 구성도를 본다면 이방인 성도가 압도적으로 많다. 그럼에도 유대인 성도들 역시 그 구성원의 일부를 이룬다.

넷째로, 이스라엘의 회복

선지자들이 선포한 "이스라엘의 회복" 메시지는 심판 메시지와 대비되는데, 배교한 이스라엘에 심판이 임하고, 그 후에 이스라엘의 남은 자들이 회복되리라는 내용이다. 이 회복의 메시지의 원조(元祖)는 신 32장에 담긴 모세의 "경고의 노래"이다. 우리는 이미 "신명기"와 연관하여 신 32장의 내용을 언약 형식으로 분석한 바 있지만, 먼저 심판 메시지가 제시되고 (신 32:1-25), 다음에 회복 메시지가 (신 32:26-43) 제시된다. 이 회복의 메시지는 "하나님의 긍휼로 남은 자가 보존되리라" 는 약속이다. 이 회복의 메시지가 "이스라엘의 회복" 사고의 토대가 되었다. 그 뿐 아니라 신 32장은 오고 오는 후대 이스라엘 선지자들에게 심판과 구원 메시지의 모델이 되었는데, 선지자들의 메시지는 언약의 상벌 규정에 의하여 심판을 선고하거나 구원/축복을 선고하였다.

신 32장의 사고에 충실하여, 후대 선지자들은 배교한 이스라엘에 심판이 임한 후에 회복이 있을 것을 선포하였는데, 배교한 이스라엘이 심판을 당하여 바벨론에 추방당한 후 70년 만에 유대인 포로들은 고국으로 귀환한다 (주전 538년 스룹바벨 지도하의 귀환과 445년 에스라 지도하의 귀환 등). 그 귀환이 선지자들이 선포한 회복의 완전 성취는 아니었다. 왜냐하면 정작 귀환 공동체에게 말씀을 선포했던 스가랴 선지자는 (주전 520년부터) 추방 이전 선지자들의 회복 메시지가 성취된 것으로 보지 않고 여전히 이루어져야 할 미래사로 말씀하고 있기 때문이다.

예컨대, 슥 9-14장 전체의 사고에서 메시야가 핵심적인데, 메시야가 배척당하지만 (11장), 그 메시야의 사역을 통해서 이스라엘에 회개의 영이 부어지고 (12장), 그로 인하여 이스라엘이 정결케 되며 (13장), 이스라엘은 회복되고 메시야의 통치가 (9, 10, 14장) 시작된다.

이런 스가랴 후반부의 사고는 슥 1-6장에 제시된 일곱 개의 환상 메시지에 상응한다. 예컨대, 이스라엘을 압제자에게서 구출하시고, 고토에 정착시키신다 (첫째 환상 1:7-17). 이스라엘의 원수들은 멸망 받는다 (둘째 환상 1:18-21). 시온이 재건되고 사람들이 거하게 되며 하나님께서 친히 보호하신다 (셋째 환상 2:1-13). 이렇게 되어 주께서 저들 가운데 거하시려면 저들의 내적인 죄가 제거되어야 한다. 그래서 완전한 제사장-중보자가 요청되는데, 그는 제사장-왕인 메시야로 순(筍)이라 불린다 (넷째 환상 3:1-10). 그가 이스라엘에게 완전한 축복이 된다 (다섯 째 환상 4:1-14). 그의 제사장적 사역은 완전하여 죄인들이 그 땅에서 제거되고 (여섯째 환상 5:1-4), 죄악 자체까지 제거된다 (여섯째 환상 5:5-11). 하나님과 죄악이 거하는 세상-제도와의 마지막 대결에서 악이 제거되고 하나님의 진노는 무마(撫摩)된다 (일곱째 환상 6:1-8). 제사장-메시야에 대한 상징적인 대관식은 (6:9-15) 하나님 나라의 최종 완성을 바라보게 된다.

그렇다면, 이사야를 위시한 추방 이전 선지자들이 선포한 이스라엘의 회복 메시지는 언제 어떻게 성취되는 것일까? 성경을 그대로 믿는 신학 체계들을 단순화시킨다면, 언약 신학과 세대주의 신학 체계로 양 대분 할 수 있을 것이다 (James M. Scott 1997과 2001).

세대주의 신학 종말론

세대주의 신학에서는 "이스라엘의 회복" 은 주님의 재림 직전에 일어날 유대인의 대 애통과 (슥 12:10-12) 대거 개종하며 (롬 11:26), 세계 각처에서 팔레스틴 땅으로 유대인들이 대거 귀환하리라 한다 (사 11:10 이하). 세대주의 종말론 틀에 의하면, 주님의 재림 7년 전에 7년간 대 환란기가 시작되고 (단 9:24-27), 그 마지막 시기에 주님이 하늘로서 하강하여 감람산에 서시는데 그 발아래서 감람산 한 가운데가 동서로 쫙 갈라져서 골짜기가 생겨나고 산 절반은 북으로, 절반은 남으로 옮겨지고 큰 골짜기가 생겨나리라 (슥 14:4-5). 그 때에 "생수가 예루살렘에서 솟아나서 절반은 동해로, 절반은 서해로 흐를 것이라 여름에도 겨울에도 그러하리라" 한다 (슥 14:8).

그 때에 열방이 주님과 그의 성도를 대적하는 아마겟돈 전쟁이 일어나며, 원수들을 멸하고 곧 천년 왕국 (계 20:4-6) 곧 다윗 왕국이 재건되어 (암 9:11-12) 예루살렘에 다윗의 왕좌가 놓이고 주님이 그 위에 앉아 왕 노릇 하시며 (사 9:7, 렘 33:17, 21, 겔

34:23, 눅 1:32–33), 겔 40–48 장의 성전도 건축되며, 문자적으로 그 성전 문지방에서 물이 흘러나와 사해로 흘러들어 가는데, 그 강 좌우편에는 달마다 새 과일을 맺히는 과실나무가 즐비하고, 사해가 살아나서 수많은 어족이 거기 서식하며, 그 때에는 산들이 단 포도주를 떨어뜨릴 것이며 작은 산들이 젖을 흘릴 것이며 유다 모든 시내가 물을 흘릴 것이며 여호와의 전에서 샘이 흘러 나와서 싯딤 골짜기에 대리라 한다 (욜 3:18).
그 천년 왕국 시대에는 놀라운 이사야의 예언들이 문자적으로 성취된다는 데, 예루살렘이 크게 확장되고 사람들이 거기 많이 살며, 거기는 우는 소리, 부르짖는 소리가 들리지 아니하고, 백세에 죽는 자는 아이겠고, 사람들의 수명이 나무 수명같이 수백 년이 될 것이며, 그 때에는 이리와 어린 양이 함께 먹으며, 사자가 소처럼 짚을 먹고, 어린아이가 독사 굴에 손을 넣고 장난을 쳐도 해됨도 없고, 야웨를 아는 지식이 온 세상에 충만하게 되리라 한다 (사 65:17–25). 그 때에는 사람들이 군사 훈련을 아니 하고, 시온 산이 세상 모든 산들 보다 높이 솟구쳐 가장 높게 되리라 한다 (사 2:2, 4). 그 때에는 "그들이 부르기 전에 내가 응답하겠고 그들이 말을 마치기 전에 내가 들을" 것이라는 예언도 (사 65:24) 성취된다고 한다.
지상에 유토피아가 세워지리라는 기대인데, 성경을 이리저리 짜 맞추어 그런 이상적 세계를 기대한다. 그래서 지금 유대인들이 주님을 배척하지만, 그 때에 가면 대거 개종할 것이고, 그 때에는 유대인들이 왕처럼 행세하고, 열왕은 유대인의 양부(養父)가 되고 왕비들은 유대인의 유모가 될 것이며 이방인들이 얼굴을 땅에 대고 유대인에게 절하고 유대인 발의 티끌을 핥을 것이라 한다 (사 49:23). 그 때에는 열방은 유대인의 빛으로, 열왕은 비취는 유대인의 광명으로 나아올 것이며 (사 60:3), 그 때에는 유대인들이 보고 희색을 발하며 마음이 놀라고 또 화창하게 될 것인데 이는 바다의 풍부가 저들에게로 돌아오고 열방의 재물이 그들 차지가 되기 때문이라 (사 60:5). 그리고 그 때에는 예루살렘 성문이 항상 열려 주야로 닫히지 아니할 것인데, 이는 사람들이 유대인들에게로 열방의 재물을 가져오며 그 왕들을 포로로 이끌어 올 것이기 때문이다 (사 60:11). 그 때에는 유대인들이 여호와의 제사장이라 일컬음을 얻고 사람들이 유대인들을 우리 하나님의 봉사자라 할 것이며 유대인들은 열방의 재물을 먹고 그들의 영광을 얻어 자랑하리라 (사 61:6) 한다. 그 때가 되면, 이스라엘 자손이 예물을 깨끗한 그릇에 담아 여호와의 집에 드림 같이 이방인들이 유대인 모든 형제를 열방에서 하나님의 성산 예루살렘으로 말과 수레와 교자와 노새와 약대에 태워다가 여호와께 예물로 드리리라 (사 66:20) 한다.

세대주의 신학은 구약의 모든 예언은 모두가 유대인들에게 원래 주어졌으므로, 유대인들에게서 온전히 문자적으로 재림 이후에 나타나리라 가정된 "천년 왕국" 시대에 이루어질 것이라고 한다. 세대주의 신학의 해석학 체계가 갖는 맹점들은 1) 과도한 문자적 해석에 집착, 2) 신약 기자들이 구약을 이해하는 "겉옷과 알맹이 원리"의 간과, 3) 구원사의 흐름에 따라 나타난 "때의 충만"을 무시 (바울 신학의 오해), 4) 묵시 문헌인 계시록의 "천년 왕국" 을 문자적으로 이해, 5) 구원사의 근본 원리인 "남은 자만 구원에 이른다" 는 원리 무시 등이다. 그 결과로 행 2 장 오순절 강림이나 히 9:15–20 의 새 언약 체결이 구약 이스라엘의 회복 예언들의 온전한 성취임을 부인하였다. 그래서 세대주의 신학은 오늘날 교회가 구약예언들의 성취의 장임을 부인하고, 구약 예언에 없던 임시방편의 "괄호 시대" 에 해당될 뿐이라고 이단적 주장을 한다.

언약 신학 (개혁주의 신학)

언약 신학 체계에서는 이런 세대주의 종말론을 모두 그릇된 이해로 본다. 구약 예언은 많은 경우 "겉옷과 알맹이 원리" 를 적용시켜 상징적, 영적으로 이해해야 한다. 구원사의 변천에 따라서 구약 예언은 신약 시대에 하나님의 백성인 교회 성도들에게서 온전히 이루어진다. 이제 사도 바울이 거듭 주장하는대로, 하나님의 구원계획의 때가 차서, 구약 예언들이 온전히 그리스도의 몸된 교회를 통해 이루어 지고 있다. 구약 선지자들이 선포했던 "이스라엘의 회복" 의 모습은 신약에서 어떻게 영적으로 해석되었는지 그 회복의 실제 모습을 고찰한다 (David W. Pao; Rikki Watts).

(1) 이스라엘의 재건 (Reconstitution of Israel)

사 49:6 에서 야웨의 종은 "야곱의 지파들을 일으키며 이스라엘 중에 보전된 자를 돌아오게" 할 것이 예고되었다. 1 차적 성취는 바벨론 추방 생활 이후의 귀환 공동체의 설립이었고, 그 궁극적 성취는 그리스도 안에서 영적으로 회개하여 돌이킬 때 일어난다. 행 1:12–26 에서 주님의 부활 승천 이후에 제자들의 동정이 묘사되고 있는데, 특히 가룟 유다의 배반으로 12 사도에 한 명의 결원을 보충하는 회의가 묘사된다. 사도의 자격은 "요한의 세례로부터 우리 가운데서 올리워 가신 날까지 주 예수께서 우리 가운데 출입하실 때에 항상 우리와 함께 다니던 사람 중에 하나" 여야 했다 (행 1:21-22). 성도들은 두 사람을 천거 (薦擧) 하였는데, 요셉과 (바사바라고도 하고 별명은 유스도) 맛디아였다. 기도한 후에 맛디아를 제비뽑았는데, 그가 "열 한 사도의 수에 가입" 하였다. 그런데 이 맛디아는 이 후로 한 번도 그 이름이 언급된 적이 없이 사라져 버린다. 그래서 이 사도 보충 기사의 초점은 "맛디아" 라는 인물을 사도로 선출했다는 것이 아니라, "12 라는 수자의 상징성" 에 있다고 보아야 한다. 12 란 수자는 왜 중요한가? 그것은 구약 이스라엘의 12 지파의 수자이기 때문이다.

12 사도는 이스라엘 '종족' 의 12 지파의 대표로 이해하기도 하지만, 그것보다는 "참 이스라엘" 혹은 "새 이스라엘" 의 영적 대표로 이해함이 좋다. 그렇게 보아야 할 이유는 12 사도 중에 베드로, 안드레가 형제, 야고보와 요한이 각기 친 형제들이었다는 (마 10:2) 사실에 비추어 볼 때, 12 사도는 유대인이라는 한 혈통적 12 지파를 대표할 수 없었다는 것이 자명하기 때문이다. 더구나 사도를 선출할 때 그 자격이 어떤 혈통적인 조건이 아니라, 예수님과 어떤 관계였는가? 하는 것에 초점이 맞추어졌다. 이런 점에서 볼 때, 12 사도는 구약 이스라엘 12 지파를 대체 (代替) 하는 '참 이스라엘' 의 대표로 보아야 한다. 주님은 눅 22:28-30 에서 12 사도를 향하여

28 너희는 나의 모든 시험 중에 항상 나와 함께 한 자들인즉 29 내 아버지께서 나라를 내게 맡기신 것같이 나도 너희에게 '맡겨' (διατίθεμαί "수여하다" 현재 직설법) 30 너희로 내 나라에 있어 내 상에서 먹고 마시며 또는 보좌에 앉아 이스라엘 열 두 지파를 다스리게 하려 하노라

고 약속하셨다.

여기서 보듯, 이스라엘의 12 지파가 12 사도와 연관되고 있다. 이 약속은 병행구인 마 19:28 에서는 "세상이 새롭게 되어 인자가 자기 영광의 보좌에 앉을 때에" 일어날 일로 언급되지만, 누가복음에서는 '현재적' 사실로 제시되었다. 왕권 수여는 현재적 사실로, 저들이 보좌에 앉아 12 지파를 심판하는 일은 '미래사' 로 제시하는데, 이 후자는 사도들이 성령 강림 이후에 행할 지도력을 시사한 것이라 볼 수 있을 것이다 (사도행전에서 보듯).

여기서 롬 9-11 장에 사도 바울이 주장하는 이스라엘의 회복 사고를 잠시 언급하자면, 그의 논지는 한 마디로 구속 역사에서 오직 하나님의 택하심을 입은 "남은 자" 만 구원에 이른다는 것이다. 이삭과 이스마엘 중에서 오직 이삭만 하나님의 자녀이며, 야곱과 에서 중에 전자만 벌써 어머니 복중에서부터 선택을 받았다 (롬 9:11-12). 하나님의 절대주권과 그분의 선택으로 되는 "남은 자의 원리" 에 따라 구원 받는 백성이 시대마다 나타난다. 엘리야 시대에는 7 천명의 남은 자가 있었고, 사도 바울 당시에 유대인들이 다 그리스도를 배척한 듯해도 그 중에 남은 자들이 있었다. 예수님의 제자들이나 바울 자신이 그런 "남은 자" 에 속한다.

롬 9-11 장의 모든 주장들은, 사도 바울이 선교 현장에서 들었음직한 질문, 곧 "어찌 너희 유대인들이 그렇게 고대하던 메시아께서 오셨다면, 왜 너희 유대인들은 그를 배척하고 믿지를 않느냐?" 는 질문에 대하여 "그렇지 않다, 지금도 '남은 자' 는 다 믿고 있다!" 라고 하는 것이다. 따라서 어떤 이들이 가정하듯, 롬 11:26 에 근거하여, 주님의 재림 때에 유대인들이 대거 개종하리라는 시나리오는 성경 구원 역사에 전례가 없는 일이며 따라서 잘못된 해석임이 분명하다.

"이스라엘의 회복" 예언과 연관되는 사고가 "이스라엘과 유다 왕국의 통일" 사고이다. 예컨대, 사 11:12-13 에서

12 여호와께서 열방을 향하여 기호를 세우시고 이스라엘의 쫓긴 자를 모으시며
땅 사방에서 유다의 이산한 자를 모으시리니
13 에브라임의 투기는 없어지고 유다를 괴롭게 하던 자는 끊어지며
에브라임은 유다를 투기하지 아니하며 유다는 에브라임을 괴롭게 하지 아니할 것이요

라고 했다 (사 7:17, 9:9 등도 참조)

우리는 이 이스라엘의 회복과 이스라엘의 통일 사고의 성취를 행 1:8, 8:1, 5, 14, 9:31 등에서 볼 수 있는데, 우선 주님은 성령님이 임하시면, 한 도시와 (예루살렘), 두 지역 (온 유다와 사마리아), 그리고

땅 끝까지 (이방인들) 이르러 주님의 증인이 되리라고 제자들에게 명령하신다 (행 1:8). 여기서 "온 유다와 사마리아" 는 통일된 이스라엘 전체를 지칭한다고 볼 수 있다. 실제로 행 8 장에서 우리는 "예루살렘에 있는 사도들이 사마리아도 하나님의 말씀을 받았다 함을 듣고 베드로와 요한을 보내매" 라는 말씀을 듣는데, 베드로와 요한이 사마리아로 내려가서 저희를 위하여 성령 받기를 기도하였고, 저들이 안수하매 사마리아 사람들이 성령님을 받았다. 이 사건은 영적으로 유다와 사마리아가 하나로 통일되는 것을 의미한다. 그리하여 행 9:31 에서 "그리하여 온 유대와 갈릴리와 사마리아 교회가 평안하여 든든히 서 가고 주를 경외함과 성령의 위로로 진행하여 수가 더 많아지 니라" 고 하는데, 이는 영적으로 통일된 이스라엘의 아름다운 모습에 대한 묘사로 볼 수 있을 것이다.

단, 눅 17:18 에서 주님은 "사마리아인" 을 "이 이방인" 이라 (ὁ ἀλλογενὴς οὗτος) 부르신다. 그래서 누가의 저작인 사도행전에서 "유다와 사마리아" 를 전체 이스라엘에 대한 명칭으로 보기에 주저하게 한다. 그렇지만 이런 사실에도 불구하고, 사도행전에 적어도 복음이 전파되는 지리적 순서나 행 10–11 장에서 이방인 고넬료가 처음으로 주께 돌아온다는 사실에 비추어, 또한 예루살렘 사도들이 사마리아인도 하나님의 말씀을 받았다는 말을 듣고 베드로와 요한을 파송한 사실은 사마리아가 영적으로 회복된 이스라엘의 일부에 속한다는 판단이었으리라는 점에 비추어 볼 때, 우리의 판단은 무리가 없어 보인다.

또 우리의 사마리아 이해에 걸림돌이 되는 점은 과연 사마리아인들이 북왕국 이스라엘 지파들을 대표할 수 있는가? 하는 것이다 (Richard Bauckham 2001). 사마리아인들은 자신들이 에브라임과 므낫세 지파 후손들이라고 주장했으나 유대인들은 그것을 인정하지 아니했다 (4Q371 [4QApocryphon of Joseph], 372 은 요셉의 두 아들 후손들인 에브라임과 므낫세 지파 사람들은 전부 해외로 추방당했다고 언급하고 반면 어리석은 자들이 그리심 산에 성전을 건축했다고 정죄). 북 왕국 이스라엘의 아셀, 스불론, 잇사갈, 납달리, 단, 갓, 르우벤 지파는 사마리아 지역에 거주한 적이 없고, 사마리아인들도 자신들이 그런 지파와 무관하다고 생각했었다. 따라서 사마리아가 과연 북왕국 이스라엘의 대표로 인정받아 유다 사람들과 함께 온 이스라엘을 구성한다고 말할 수 있겠는가? 하는 문제가 제기된다. 이런 문제도 사도행전의 저자 누가가 복음의 전파 순서를 제시하는 방식이나 사도행전에서 사마리아 지역을 다루는 방식에 비추어 크게 문제시 될 수 없다고 본다. 사마리아는 전체 북 이스라엘의 일부이긴 하나, 그곳에 북왕국의 수도가 위치했고, 따라서 북왕국의 상징적 대표자로 간주될 수 있다고 보이기 때문이다.

(2) 추방자들을 모으심

사 11:11 에 "그 날에 주께서 다시 손을 펴사 그 남은 백성을 앗수르와 애굽과 바드로스와 구스와 엘람과 시날과 하맛과 바다 섬들에서 돌아오게 하실 것이라" 하였다. 유사한 약속들은 사 35:8–10, 40:11, 43:5–7, 49:8, 57:13, 렘 30:3, 암 9:14 등에서 나타난다. 해외에 흩어진 유대인들을 모으리라는 것이다.

이 예언의 성취는 행 2:5, 9–11 에서 묘사되고 있다:

5 그 때에 경건한 유대인이 천하 각국으로부터 와서 예루살렘에 우거하더니
9 우리는 바대인과 메대인과 엘람인과 또 메소보다미아 유대와 가바도기아, 본도와 아시아, 10 브루기아와 밤빌리아, 애굽과 및 구레네에 가까운 리비아 여러 지방에 사는 사람들과 로마로부터 온 나그네 곧 유대인과 유대교에 들어온 사람들과 11 그레데인과 아라비아인들이라 우리가 다 우리의 각 방언으로 하나님의 큰일을 말함을 듣는도다 하고

이들이 성령 충만한 사도들의 설교를 듣고 회개하고 주님을 영접하였다. 요엘 선지자가 예언한 그 말세에 부어주시리라 한 그 성령님을 부어주심으로 회개의 영이 터졌고, 저들은 크게 애통하며 주를 영접하였다. 이것이 스가랴가 예고한 (슥 12 장) 대 애통이며 (행 2:37), 회개였다.

그런데 사도행전에서 우리는 이스라엘의 회복과 연관하여 그들의 "땅" 으로의 (사 49:8) 귀환 사고를 찾을 수가 없다. 그것은 행 20:32 에서 보듯, "기업을 상속하다" 란 사고가 구원사의 변천으로 가나안

땅에서 하늘나라 기업으로 변화되었기 때문에 필연적으로 나타난 현상이다. 이제 성도의 기업은 하늘의 썩지 않고 쇠하지 않는 나라이기 때문이다 (벧전 1:4).

(3) 성령님의 공동체

사 11:1–3 에 의하면 다윗 후손 메시야는 성령님의 부으심을 얻으며, 야웨의 종도 (사 42:1), 복음을 선포하는 선지자도 (사 61:1–3) 모두 성령님의 기름 부으심을 받는다. 이렇게 메시야, 야웨의 종, 복된 소식을 선포하는 선지자는 모두 공통요소로 연결되어 결국 예수 그리스도로 귀착된다.
그런데 이 예수 그리스도를 예시하는 고난 받는 야웨의 종의 고난과 대속적 죽음을 통해 이스라엘이 회복되는데 (사 53 장), 그를 통해 일어날 종말 시대의 새 이스라엘은 전체가 성령님으로 부으심을 받으리라 예고되었다. 예컨대, 사 32:15–17 에서

15 필경은 위에서부터 성신을 우리에게 부어주시리니
광야가 아름다운 밭이 되며 아름다운 밭을 삼림으로 여기게 되리라
16 그 때에 공평이 광야에 거하며 의가 아름다운 밭에 있으리니
17 의의 공효는 화평이요 의의 결과는 영원한 평안과 안전이라

하였다.
이 예언은 오순절 성령 강림으로 성취되었다. 성령 강림 외에 그것이 자연계에 끼칠 영향은 문자적으로나 영적으로 모두 이해가가 가능할 것이다. 복음이 전파되는 곳에 물질적 풍요가 나타나기 때문이다. 성령님은 구약 시대처럼 영적 지도계층에만 임하시는 것이 아니라, 전체 회중에게 임하여 "영적 민주화" 가 도래한다 (사 44:1–4 도 참조).
이제 사도행전에 가면 우리는 "오순절 날에" 성령님이 모인 제자들에게 임하시고 저들로 각기 다른 방언으로 말하게 하신 것을 듣는다 (행 2:1–4). 오순절은 유대인 전승에서 시내산 율법을 주신 날인데, 그때 이스라엘이 하나님의 백성으로 "정체성" 이 확정되었듯, 이제 요엘 선지자가 예언한대로 "말세" 가 임하여, 곧 새 시대가 도래하여 성령님이 부어진 그 날 "새 이스라엘" 이 탄생한 셈이다.
행 2:38 에서 베드로 사도는 "너희가 회개하여 각각 예수 그리스도의 이름으로 세례를 받고 죄 사함을 얻으라 그리하면 성령을 선물로 받으리니" 라고 했다. 그리고 사도행전 기자는 베드로의 설교를 듣고 세례를 받고 이 날에 제자의 수가 3,000 이나 더하더라고 했다 (행 2:41). 이들은 그 날 성령세례까지 받았다고 보아야 한다.
그런데 베드로는 오순절 사건 이후 성전 미문에 앉은 앉은뱅이를 고친 후, 소문을 듣고 모인 무리들에게

19 그러므로 너희가 회개하고 돌이켜 너희 죄 없이 함을 받으라 이같이 하면 유쾌하게 되는 날이 (καιροὶ ἀναψύξεως)
주 앞으로부터 이를 것이요 20 또 주께서 너희를 위하여 예정하신 그리스도 곧 예수를 보내시리니 21 하나님이 영원 전
부터 거룩한 선지자의 입을 의탁하여 말씀하신바 만유를 회복하실 때까지는 (ἄχρι χρόνων ἀποκαταστάσεως
πάντων) 하늘이 마땅히 그를 받아두리라 . . . 24 또한 사무엘 때부터 옴으로 말한 모든 선지자도 이때를 (τὰς ἡμέρας
ταύτας) 가리켜 말하였느니라

고 외쳤다 (행 3:19–24). 여기서 "유쾌하게 되는 날" 은 (회복의 때들 times of refreshment) 언제이며, "만유를 회복하는 때" 는 (times of restitution of all things) 언제인가? 전자의 헬라어 "아납숙시스" 는 (회복) 70 인역에서 출 8:11 에서만 나타나는데, 그 문맥에서의 용례는 행 3:19 의 그것과 다르므로 의미가 없고, 오직 심마쿠스역의 사 32:15a 에서의 용례가 중요하다. 앞에서 보았듯이, 사 32:15 는 행 2 장에 묘사된 성령님이 임하신 오순절에 성취된 예언이다.
사 32:15 의 70 인역과 심마쿠스 역을 비교해 보자.

ʿad-yēʿāreʰ ʿālênû rûªḥ mimmārôm (맛소라)
ἕως αν ἐπέλθῃ ἐφ' ὑμᾶς πνεῦμα ἀφ' ὑψηλοῦ
(위로부터 신이 우리위에 부어질 때까지, 70 인역)
ἕως αν ἐπέλθῃ ἐφ' ὑμᾶς ἀνάψυξις εξ ὕψους
(위로부터 '회복' 이 우리 위에 부어질 때까지, 심마쿠스)
이 심마쿠스 역이 행 3:20 에 대하여 갖는 의미는 분명하다. 둘 다 모두 종말의 구원 시대에 일어날 성령님을 통한 회복을 말씀한다. 심마쿠스는 어떻게 "신" (프뉴마) 대신 "회복"이란 단어로 히브리어 "루아흐"를 (신 神) 번역했을까? 그것은 추정컨대, 주변 문맥이 자연계의 변화를 묘사하기 때문일 것이다.
이제 행 3:20 의 알렉산드리아 사본과 서방 사본, 심마쿠스의 사 32:15a 를 제시한다:
ὅπως αν ἔλθωσιν καιροὶ ἀναψύξεως ἀπὸ προσώπου τοῦ κυρίου
(회복의 때들이 주 앞으로부터 오도록, 알렉산드리아 사본)
ἕως αν ἐπέλθῃ ἐφ' ὑμᾶς ἀνάψυξις εξ ὕψους
(위로부터 회복이 너희 위에 부어지기까지)
ὅπως αν επέλθωσιν ὑμῖν καιροὶ ἀναψύξεως ἀπὸ προσώπου τοῦ κυρίου
(회복의 때들이 주 앞으로부터 너희에게 부어지도록, 서방 사본)
이제 행 2:38 과 행 3:19–20a 를 비교해 보자:
μετανοήσατε, [φησίν,] καὶ βαπτισθήτω``` εἰς ἄφεσιν τῶν ἁμαρτιῶν ὑμῶν καὶ λήμψεσθε τὴν δωρεὰν τοῦ ἁγίου πνεύματος(회개하라, 세례를 받으라!... 너희 죄들의 용서를 위해; 그러면 너희는 성령님의 선물을 받으리라)
μετανοήσατε οὖν καὶ ἐπιστρέψατε εἰς τὸ ἐξαλειφθῆναι ὑμῶν τὰς ἁμαρτίας [20]ὅπως αν ἔλθωσιν καιροὶ ἀναψύξεως (그러므로 너희가 회개하라, 돌이키라, 그리하여 너희 죄들이 제하여 지도록; 회복의 때들이 오기까지)
행 2:38 과 3:19–20a 은 사고상 병행된다. 둘 다 베드로의 설교이며, 하나는 오순절 날에, 하나는 앉은뱅이를 치유한 다음에 선포한 말씀들이다. "성령님의 선물"은 성령님 = 선물 등식이 성립되는 동격(同格)의 속격(屬格)으로 볼 수 있다. 성령님을 받는 일이 곧 회복의 때들이 임하도록 하는 일이다. 따라서 여기 언급된 "유쾌하게 되는 때들" 곧 회복의 때들은 어떤 미래적 사건이 아니라 오순절부터 그런 체험은 시작되어 지금 당장 회개하는 순간 체험할 수 있는 현재적 사건이다.
행 3:24 에서 베드로는 사무엘 선지자로부터 "이 날들" 을 예언했다고 하는데, 이런 말씀도 이 유쾌케 되는 때들 곧 회복의 때들이 오순절 때부터 시작되었음을 증거해 준다. 이 "회복의 때들" 을 주님의 재림과 연관시키려는 시도는 (Larry R. Helyer; Arthur W. Wainwright) 부질없다. 왜냐하면, "때들" 이라는 (카이로이) 복수형은 통상적으로 일정한 기간을 가리키지 특정한 때를 가리키지 않기 때문이다. 우리의 입장과 같이, 캐롤도 "눅 21:24, 행 14:17, 17:26 등에서의 '카이로이' 의 유사한 용례들은 '회복의 때들' 이란 (seasons of refrement) 표현이 신국(神國)의 종말 축복들이 아니라, 예수님이 재림하실 때까지 (파루시아) 이르는 (3:20b) 기간을 가리킨다는 견해를 지지한다" 고 주장했다 (John T. Carroll 1988:143).
이 "회복의 때들" 곧 오순절 때부터 재림까지 이르는 은혜의 기간을 3:20b 에 언급된 주님의 재림 때와 하나로 합치지 말아야 한다. 이 은혜의 기간은 19 절에 언급된 회개하고 죄 사함을 입어 성령님의 공동체에 가입하는 축복의 기간이기 때문이다.
그렇다면, "만유를 회복하는 때들"은 언제인가? 여기 사용된 헬라어 "아포카타스타시스"는 (회복하다) 그 동사형이 (아포카티스타노, 아포카티스테미) 행 1:6 에서 나타난다: "주께서 이스라엘 나라를 회복

하심이 이 때니이까?" 이 질문에 대하여 주님은 행 1:7–8 에서

7 때와 기한은 아버지께서 자기의 권한에 두셨으니 너희의 알 바 아니요 8 오직 성령이 너희에게 임하시면 너희가 권능을 받고 예루살렘과 온 유대와 사마리아 땅 끝까지 이르러 내 증인이 되리라

답하셨다.

이 제자들의 질문은 그 당시 유대인들이 "이스라엘 나라의 회복" 을 고대하고 있었음을 보여준다. 그런 이스라엘의 회복에 대한 기대를 "이스라엘의 소망" 혹은 "이스라엘의 위로" 라 불렀다 (눅 2:25, 행 26:6–7, 28:20). 주님은 저들의 그런 기대를 책망하지 않으셨고, 단지 저들이 그 때르 계산하려는 시도를 기각시키신다. 제자들이 그 나라의 성격을 오해했다고 이해할 수도 없다. 왜냐하면 행 1:3 에서 보듯, 부활하신 주님은 하나님 나라에 관하여 제자들을 가르치셨기 때문이다. 그 회복의 역사가 이제 성령님의 오심과 함께 시작될 것을 주님은 예고하셨다.

누가는 누가복음에서 주님께서 시작하신 그 이스라엘의 회복의 역사를, 이제 승천 하신 후에 성령님이 오셔서 제자들을 통해 행하실 것을 예고하신 것이다. 성령님은 회복의 영이시다. 그 성령님의 역사가 이스라엘 회복의 핵심이다. 그가 임하여 회개와 애통의 역사를 이루고, 이스라엘의 구세주 예수 그리스도의 십자가 구속 사건을 깨닫게 믿게 하시기 때문이다. 성령님의 역사는 이스라엘 회복에서 근본으로서 오순절 성령 강림은 그러므로 이스라엘 회복의 기폭제였다.

이제 다시 "만유를 회복하는 때들" 로 돌아가서, "회복" 이란 말은 (아포카타스타시스) 여기서만 나타나는 말이지만, 그 동사형은 앞서 언급한대로 행 1:6 에서 이스라엘의 회복과 연관하여 나타났었고, 70 인역에서는 이스라엘이 자기 고토로 돌이키는 "이스라엘의 회복" 을 가리키는 전문 용어로 선지서에서 몇 번 나타난다 (호 11:11, 렘 16:15, 23:8, 24:6, 27:19).

그렇다면, 이 만유를 회복하는 때들은 언제인가? "만물을 회복하는 때들까지" 에서 (ἄχρι χρόνων ἀποκαταστάσεως πάντων) "까지" 란 (아크리) 전치사가 "복수형" 명사를 대동하기는 누가 저작에서 행 20:6 에서와 여기서 뿐인데, 행 20:6 에서는 "(닷새) 후에" 란 (한, [닷새] "만에"; five days later) 의미이다. 여기서 "후에" 로 (after) 읽는다면, "만물을 회복하는 때들 후에" 가 되는데, 이런 사고가 여기 문맥에 적절하게 보인다. 주님의 재림 곧 역사의 종말은 만물을 회복하는 때들 다음에 와야 적절한 것이다.

사 32:15–17 에서 보았듯, 성령님이 부어지는 때는 만물의 회복의 때이다. 이스라엘의 회복, 열방의 회복, 자연계의 회복이 일어난다. 오순절은 새 구원의 시대의 시작이기 때문이다. 인간의 회복은 곧 신천신지의 시작과 같다. 왜냐하면 인간의 타락으로 자연계가 썩어짐의 종노릇에 떨어졌다면, 인간의 회복도 자연계의 회복을 동반해야 하기 때문이다. 이것은 원리적 측면이고 실제로 자연계에서 회복이 일어나고 있다고 말하기는 어려울 것이다. 그렇지만, 우리가 염두에 두어야 할 것은 오순절부터 주님 재림까지 하나님의 나라는 완성을 향해 진행 중이며, 만물의 회복 역시 인간의 회복 외에는 우리 눈으로 보이지 않으나 주님의 재림 때에 최종 완성될 (consummation) 것이라는 점이다.

(4) 다윗 왕국의 재건

사 9:6–7 에서,

6 이는 한 아기가 우리에게 났고 한 아들을 우리에게 주신바 되었는데 그 어깨에는 정사를 메었고 그 이름은 기묘자라, 모사라, 전능하신 하나님이라, 영존하시는 아버지라, 평강의 왕이라 할 것임이라 7 그 정사와 평강의 더함이 무궁하며 또 다윗의 위에 앉아서 그 나라를 굳게 세우고 자금 이후 영원토록 공평과 정의로 그것을 보존하실 것이라 만군의 여호와의 열심이 이를 이루시리라

암 9:11-12 에서,

11 그 날에 내가 다윗의 무너진 천막을 일으키고 그 틈을 막으며 그 퇴락한 것을 일으키고 옛적과 같이 세우고 12 저희로 에돔의 남은 자와 내 이름으로 일컫는 만국을 기업으로 얻게 하리라 이는 이를 행하시는 여호와의 말씀이니라

하였다. 사 16:4-5, 55:3, 렘 33:17, 22, 겔 34:23, 37:24-25 등에서도 유사한 약속이 나타난다.

눅 1:32 에서 가브리엘 천사가 잉태한 마리아에게 "저가 큰 자가 되고 지극히 높으신 이의 아들이라 일컬을 것이요 주 하나님께서 그 조상 다윗의 위를 저에게 주시리니" 라고 하였다. 그런데 행 2:29-33, 행 13:23, 34 에서 사 9:6-7, 55:3 등이 성취되었음을 논증한다. 무엇보다 행 15:15-17 에서 야고보 사도는 암 9:11-12 를 인용하여 다윗의 무너진 장막이 예수 그리스도의 부활을 통해 성취되었음을 논증했다.

(5) 회개와 죄 사함, 주께로 돌아감

슥 12 장에서,

10 내가 다윗의 집과 예루살렘 거민에게 은총과 간구하는 심령을 부어 주리니 그들이 그 찌른바 그를 바라보고 그를 위하여 애통하기를 독자를 위하여 애통하듯 하며 그를 위하여 통곡하기를 장자를 위하여 통곡하듯 하리로다 11 그 날에 예루살렘에 큰 애통이 있으리니 므깃도 골짜기 하다드림몬에 있던 애통과 같을 것이라 12 온 땅 각 족속이 따로 애통하되 다윗의 족속이 따로 하고 그 아내들이 따로 하며 나단의 족속이 따로 하고 그 아내들이 따로 하며 13 레위의 족속이 따로 하고 그 아내들이 따로 하며 시므이의 족속이 따로 하고 그 아내들이 따로 하며 14 모든 남은 족속도 각기 따로 하고 그 아내들이 따로 하리라 13:1 그 날에 죄와 더러움을 씻는 샘이 다윗의 족속과 예루살렘 거민을 위하여 열리리라

하였다.

사 34:24-25, 사 44:21-22, 50:1, 59:1-21, 63:7-64:12 등에서 이스라엘의 회개와 하나님의 죄 사하심 등이 예고되었다. 겔 36:24 이하에서,

24 내가 너희를 열국 중에서 취하여 내고 열국 중에서 모아 데리고 고토에 들어가서 25 맑은 물로 너희에게 뿌려서 너희로 정결케 하되 곧 너희 모든 더러운 것에서와 모든 우상을 섬김에서 너희를 정결케 할 것이며 26 또 새 영을 너희 속에 두고 새 마음을 너희에게 주되 너희 육신에서 굳은 마음을 제하고 부드러운 마음을 줄 것이며 27 또 내 신을 너희 속에 두어 너희로 내 율례를 행하게 하리니 너희가 내 규례를 지켜 행할지라 28 내가 너희 열조에게 준 땅에 너희가 거하여 내 백성이 되고 나는 너희 하나님이 되리라

하셨다.

이런 회개와 죄 용서, 정결케 하심은 눅 24:47 에서 주님이 예고하신 바요 (그의 이름으로 죄 사함을 얻게 하는 "회개"가 예루살렘으로부터 시작하여 모든 족속에게 전파될 것이 기록되었으니), 행 2:38, 41 (3 천명 회개), 3:19-20, 4:4 (5,000 명 회개), 5:31 (이스라엘로 회개케 하사 죄 사함을 얻게 하시려고 그를 오른손으로 높이사 임금과 구주를 삼으셨느니라) 등에서 성취된 것으로 보도하고 있다.

(6) 변두리 계층의 (outcasts) 영입

사 11:12 (이스라엘의 쫓긴 자 outcasts of Israel), 56:1-8 (고자) 등에서 사회 변두리 계층의 영입이 약속되었다.

신 23:1-7 에서,

1 신낭(腎囊)이 상한 자나 신을 베인 자는 여호와의 총회에 들어오지 못하리라 2 사생자(私生子)는 여호와의 총회에 들어오지 못하리니 십대까지라도 여호와의 총회에 들어오지 못하리라 3 암몬 사람과 모압 사람은 여호와의 총회에 들어오지 못하리니 그들에게 속한 자는 십대 뿐 아니라 영원히 여호와의 총회에 들어오지 못하리라

하였다.

이제 새 시대가 도래하여 "고자" 같은 변두리 사람도 하나님의 백성의 무리에 속하게 된다. 그 예가 행 8:26-40 에 묘사된 "이디오피아 내시" 의 개종이다. 한역이 "내시(內侍)" 라 번역한 말은 (εὐνοῦχος; 행 8:27, 34,

36, 38, 39) "고자" 된 '환관' 을 (宦官 eunuch) 가리킨다. 이 사람이 궁중 관리요, 이방인 "이디오피아" 내시로서 유대교에 개종한 자라고 보통 간주된다. 그렇지만, 행 10-11 장은 로마 백부장 고넬료의 개종을 이방인의 첫 개종자로 보기 때문에, 여기 이디오피아 내시는 이디오피아 사람이라기보다 이디오피아 거주 유대인 "내시"로 유대교에 개종한 자로 (proselyte) 봄이 더 사도행전 기자의 자료 배치 순서에 부합될지 모른다 (Stephen G. Wilson 1973:171). 행 8 장에서 사 56 장에 제시된 그 "고자" 의 하나님 백성으로서의 영입 예언의 성취를 강조하기 위해 사 53 장의 예언을 행 8:32-33 에서 부각시키고, "내시" 라는 말을 반복 사용하는 것으로 보이기 때문이다.

새 출애굽

앞에서 우리는 구약 선지자들이 예언한 "이스라엘의 회복" 이 어떻게 근본적으로 사도행전에서 성취된 것으로 묘사되었는지를 지적했는데, 특히 이사야의 경우, 후반부에서 (사 40 장 이하) 출애굽 모티브가 자주 등장하여, 이스라엘의 회복을 "새 출애굽" 으로 묘사하는 것은 주지의 사실이다 (Bernhard W. Anderson 1962; E. John Hamlin; Samuel E. Loewenstamm).

예컨대,

16 바다 가운데 길을, 큰 물 가운데 첩경을 내고
17 병거와 말과 군대의 용사를 이끌어 내어서 그들로 일시에 엎드러져 일지 못하고
소멸하기를 꺼져가는 등불 같게 한 나 여호와가 말하노라
18 너희는 이전 일을 기억하지 말며 옛적 일을 생각하지 말라
19 보라 내가 새 일을 행하리니 이제 나타낼 것이라 너희가 그것을 알지 못하겠느냐?
정녕히 내가 광야에 길과 사막에 강을 내리니
20 장차 들짐승 곧 시랑과 및 타조도 나를 존경할 것은
내가 광야에 물들을, 사막에 강들을 내어 내 백성, 나의 택한 자로 마시게 할 것임이라
21 이 백성은 내가 나를 위하여 지었나니 나의 찬송을 부르게 하려 함이니라 (사 43:16-21)

이사야 선지자는 이전에 있었던 큰 구원 출애굽의 역사를 이제 바벨론에서의 해방의 모델로 제시하고 있다. 이전에 바다를 통해 구원을 베푸시고, 광야와 사막을 통과할 때 반석에서 물을 내어 먹이셨던 사건들을 상기시키면서 새 출애굽의 역사가 바벨론으로부터 나타날 것을 예고한다.

9 여호와의 팔이여 깨소서 깨소서 능력을 베푸소서
옛날 옛 시대에 깨신 것 같이 하소서 라합을 저미시고 용을 찌르신 이가 어찌 주가 아니시며
10 바다를, 넓고 깊은 물을 말리시고 바다 깊은 곳에 길을 내어
구속 얻은 자들로 건너게 하신 이가 어찌 주가 아니시니이까?
11 여호와께 구속된 자들이 돌아와서 노래하며 시온으로 들어와서
그 머리 위에 영영한 기쁨을 쓰고 즐거움과 기쁨을 얻으리니 슬픔과 탄식이 달아나리이다
(사 51:9-11)

어떤 이들은 여기 "라합" 과 "용" 과 같은 신화적 괴물에서 태고적 창조시의 "혼돈과의 전쟁" 주제를 찾고자 한다. 그러나 혼돈과의 전쟁을 통한 창조 사고는 여기에 있지 않다 (최종태 2007:358 이하). 오히려 선지자는 이전에 일어났던 출애굽 당시 홍해에서의 구원 사건을 그런 신화적 표상을 도입하여 노래하고 있다. 바로 왕은 '라합' 이나 '용' 과 같이 무시무시한 괴물로 어떤 인간도 제압할 수 없고 벗어날 수 없는 세력이었지만 하나님은 그런 괴물도 손쉽게 제압하시고 이스라엘을 건져 내셨고, 바다를 말리시고 이스라엘로 건너게 하셨다. 이제 하나님은 그처럼 저 무시무시한 바벨론 세력도 용이하게 제압하시고 이스라엘을 건져내시리라는 예고이다. 그렇게 되면, 구속받은 자들이 시온으로 노래하며 돌아오리라!

고전 10 장에서 나타나는 바울의 출애굽 모티브 활용과 연관하여, 엘리스는 사흘린을 (Sahlin) 인용하여 이렇게 말했다:

출애굽 모형론 (typology) 은 바울이나 초대 교회에서 기원한 것이 아니었다. 그 사고는 구약 선지자들에게서 태동되었는데, 그들은 메시야를 통한 위대한 종말론적 구원을 모세의 지도하에 일어났던 출애굽의 패튼을 따라 제시하였던 것이다 (E. Earle Ellis 1957:131).

사 40–55 장에서 이사야 선지자는 모세의 지도하에 일어났던 이스라엘의 출애굽 구원 역사가 이제 고난 받는 야웨의 종을 통해 일어날 것을 선포하고 있다. 사 49 장에 묘사된 야웨의 종의 사역과 사 53 장에 제시된 그의 사역을 방금 소개한 그 새 출애굽 모티브와 함께 조망한다면 그런 결론이 도출된다. 야웨의 종은 이스라엘의 남은 자를 야웨께로 돌이켜 다시 세울 것이며, 열방에 구원을 전파할 것이다. 그런데 이스라엘의 세움은 사 53 장에서 그 종의 고난과 죽음을 통해 일어난다는 것이 자명하다. 열방에 구원이 그를 통해 선포되는 것 역시 그의 대속적 죽음으로 나타날 것이다. 이스라엘의 세움과 열방의 구원은 새 출애굽 사건이란 야웨의 고난 받는 종의 종말론적 구원 역사를 통해 성취될 것이다.

이러한 고난 받는 야웨의 종을 통한 종말론적 구원 사건, 곧 새 출애굽 사건의 역사는 예수 그리스도의 십자가 죽으심과 부활, 승천과 왕으로의 등극, 성령님을 보내심 등의 구속 사건을 통해 성취되었다는 것이 사 복음서 기자와 사도행전의 저자 누가가 전하고자 하는 핵심 메시지이다. 특히 사도행전은 그리스도를 통해 십자가와 부활 승천을 통해 완성된 구원 사건이 어떻게 이스라엘의 남은 자를 야웨께로 돌이키며, 어떻게 그 놀라운 구원의 소식이 열방을 구원으로 이끌어내는지를 보도한다.

사도행전에 묘사된 사도들의 땅 끝까지 이르는 복음 전파 사역은 이사야 선지자가 야웨의 종이 이방의 빛이 되어 구원을 땅 끝까지 전파하는 사역의 성취이다 (사 49:6, 행 13:47). 사도 바울이 어떻게 자신을 구원을 땅 끝까지 전파하는 이방인의 빛으로 간주했는지 행 13:47 에서 분명하게 드러난다. 사 49:6 에서 이방의 빛은 분명 그리스도시지만, 그에게 연합된 복음 전도자들 역시 이방의 빛이 된다. 그리스도는 자기에게 속한 자들을 통해 자신의 구원의 복음을 땅 끝까지 전파하시기 때문이다.

불신 유대인들

불신 유대인들은 그리스도 자신이나 그의 사도들을 가장 극렬하게 핍박하고 죽였던 핍박자들이었고, 저들이 매일 드리는 기도 시에 기독인을 '이단' 의 무리로 기도문에 명시하고 저주하는 기도를 빼뜨리지 않는다. 유대인들은 그래서 신약에서 "사단의 회당" 이라고 지칭되기도 했다 (계 2:9, 3:9). 1948 년 이스라엘이 독립 한 이래로 그곳에 거주하던 팔레스틴 아랍 기독인들이나 여타 기독인들은 이스라엘 정부로부터 많은 핍박을 받아야 했다. 이스라엘 군인들이 교회에 무단 진입하여 점거하기도 하고, 유대인 무리들이 교회의 예배를 방해하고자 돌을 던지거나 소동을 일으킨 일도 허다하며, 이래저래 기독인들은 이스라엘에서 수난을 당하고 결국 유럽이나 미국으로 이주하지 않으면 안 되었다.

2010 년 5 월 23 일 미국의 50 개 주에서 1500 명 이상의 목사들과 신부들이 운집하여 이스라엘 지지 집회를 갖고 기독인이 왜 이스라엘을 무조건 지지해야 하는지를 강조했다. 이런 집회는 2009 년에 이어 두 번째 집회인데, 저들은 하나님과 아브라함과 맺은 언약이 유대인 민족과 세운 것이며, 그 언약은 영원하다고 이해한다. 그리고 창 12:3 의 약속대로 하나님은 이스라엘을 축복하는 자를 축복한다고 굳게 확신한다. 저들은 친 이스라엘 집회에서 역사를 통해 일어난 유대인들의 비극들을 지적하고, 회개를 촉구한다. 대표적인 비극이 독일 나치에 의한 대 학살과 (Holocaust), 러시아의 대 학살 (pogroms), 십자군 운동 등이라고 지적한다. 다시는 기독인들이 유대인들에게 위협을 가하지 말아야 한다고 역설한다. 그리고 또 현대 이스라엘의 독립이 얼마나 하나님의 기적적인 섭리에 의한 것이었는지도 현재 이스라엘이 당면한 실존적 위험도 강조한다. 이들은 자신들을 "기독인 시온주의자들 (Christian Zionists) " 이라 부른다.

그런데 흥미로운 점은 이 '기독인 시온주의자들' 의 (CUFI) 강령이다. 저들의 첫째 강령은 결코 유대인 개종을 시도하지 않을 것이라는 점이다. 저들의 목표는 오로지 유대인들을 "존경하고 지지하는 것" 이지 저들을 "개종시키는 것" 이 아니라고 한다. 또 다른 강령은 이스라엘을 지지하고 도우므로 주님의 재림을 촉진시키고자 한다는 일부의 지적에 대하여 전혀 그런 생각이 없다고 주장한다. 단지 저들은 '이스라엘의 독립' 이 성경 예언의 성취라고 확신한다고 강조한다.
이런 문구가 이스라엘의 신문 "하아레츠" 에 등장했다 :

유대인들은 악하다, 지옥에는 그들을 위해 특별한 처소가 있다. 나는 그들에게 말하겠다 : 당신이 원하는 바대로 무엇이나 믿으라. 너희가 설교하는 바가 무엇이건 실행해라. 그러나 지옥은 우리에게서 떠나게 하라.

아니 이런 고약한 반 – 유대인 문구가 어떻게 유대인 신문에 버젓이 등장하는가? 오해하지 말라. 여기에서 한 글자를 생략했다. 그것은 "유대인들" 은 "예수님을 믿는 유대인들" 인데 (Jews for Jesus), "예수님을 믿는" 이란 문구를 생략했다. 다시 위의 문장들을 읽어 보라. "예수님을 믿는 유대인들은 악하다. 지옥에는 그 믿는 유대인들을 위해 특별한 처소가 예비되어 있다. 유대인들은 믿는 유대인들에게 너희가 무엇을 믿건 상관 아니 하겠다. 다만 너희 매국노 유대인들이여, 우리에게서 지옥은 떠나게 하여라!" 라고 말한다. 여기 믿는 유대인은 메시야 유대인들이라 (Messianic Jews) 불리기도 하는데, 유대교에서는 매일의 기도에 기독인들을 이단들로 (하미님) 대입시켜, 저들의 즉각적인 파멸과 굴복을 위해 매일 기도드리고 있다.

이단자들은 (기독인들) 소망이 없을지어다, 그 모든 악인들이 순간적으로 파멸 당할지어다, 네 모든 원수들은 신속하게 끊어질 지어다; 악인들은 우리 시대에 뿌리가 뽑히고, 깨어지고 파멸을 당하고 굴복 당할지어다, 오 주님, 원수들을 깨뜨리고 죄인들을 낮추시는 당신은 송축을 받으소서! (velamalshinim al tehi tikvah v' khol harishah kerega tovied v' khol oyvekha im' heirah yikareitu v' hazeidim m' heirah te' akeir utshabeir umtmahgeir v' takhneeah bimheirah v' yameinu barukh attah Adonai shoveir oyvim umakhnia' zaydim)

2009 년 1 월 중순, 이스라엘 군의 '가자' 지구 공격으로 팔레스타인인 사망자가 1,000 명을 넘어섰다. 세계 각국의 비난에도 아랑곳하지 않고 이스라엘은 공격의 고삐를 늦추지 않았다. 미국은 이스라엘의 공격에 반대하지 않았고, 특히 일부 미국 (세대주의) 교계 지도자들은 공적으로 이스라엘을 지지하였다. 기독교 연합의 팻 로버트슨 목사는 최근 자신이 창설한 CBN 방송에 나와 "이스라엘의 강경 정책에 대한 세계 각국의 비난이 있겠지만 하나님은 자신의 백성, 이스라엘을 지지할 것" 이라고 말했다.

바로 이런 것이 크게 잘못된 세대주의 신학의 빗나가는 실천의 단면이다. 누가 "하나님의 백성 이스라엘" 인가? 신학의 오류가 이렇게 어처구니없는 행동을 하게 하는 것이다.

한국 성경공회의 배려로 일단의 교수들과 같이 2005 년 8 월 필자는 이스라엘을 방문한 일이 있다. 그 때 한 이른 아침 나는 혼자 호텔에서 나와 예루살렘의 여기저기를 활보하다가, 고대 성벽의 성문 다메섹 성문 앞에서 일단의 완전 무장한 이스라엘 군인들을 보았다. 나는 한 사람에게 부탁하여 그 군인들과 함께 내가 가지고 간 '디카' 로 사진을 찍었다. 그 사진에 보이는 이스라엘 군인은 아주 앳되 보이는 데는 18 세나 되려나?

헤롯 왕의 궁이자 요새였던 '헤로디움' 에 (Herodium) 가서도 그곳을 경비하는 이스라엘 군인들과도 사진을 찍었는데, 우리 일행 (신학 교수들) 중에 그렇게 한 사람은 아무도 없었다. 또한 이스라엘 각처 고고학 유적지를 탐방 할 때 우리를 태워준 아랍인 운전사와도 사진을 찍고 많은 말을 나누었고 이집트에서는 히잡을 쓴 이집트 여성 가이드와도 많은 말을 나누었는데, 그렇게 한 이도 우리 일행 중에 아무도 없었다. 즉, 필자는 이스라엘 사람도 아랍인도 동등하게 친구로서, 복음 전파의 대상자들로서 접근한다.

유대인은 하나님의 백성, 아랍인은 원수라고 생각한다면 큰 오산이다. 대개 유대인은 유대교라는 자기네 조상들의 종교를 신봉하는 자들이며, 아랍인은 대개 모슬렘이지만, 이스라엘에 거주하는 아랍인들 중에 기독인들도 많다. 이스라엘에서 정확한 통계는 몰라도 믿는 기독인은 아랍인들 중에 더 많을 것 같다.

불신 유대인의 신앙을 배우자?

설교나 가정교육에 관련된 강연이나 책에서 유대인을 치켜세우는 일이 종종 나타난다. 지난 1967 년 6 일 전쟁에서 이스라엘은 주변 아랍권이 모두 합심해서 대항했지만, 기습 공격을 받았음에도 6 일만에 기적적인 승리로 전쟁을 마쳤다는 점도 자주 거론된다. 또한 2000 년간 유랑 생활하던 유대인들이 1948 년 팔레스틴 땅에 국가를 세운 일도 구약의 이스라엘 회복 예언 성취로 간주된다.

유대인의 자녀 교육을 배워야 한다거나, 유대인들이 노벨상을 휩쓸고 있으며, 하버드나 예일 같은 아이비 리그 명문대의 학생비율이 2, 30 퍼센트에 달하고, 미국의 금융계, 언론계, 방송계, 학계, 과학계, 예술계 등은 모두 유대인이 잡고 있는데, 이는 모두 유대인이 하나님을 잘 믿어 그렇게 되었다고 단순화시켜 말하는 것이다. 이런 주장은 믿음도 없었던 링컨이 믿음이 좋은 사람, 기도를 많이 한 사람 등으로 둔갑되어 좋은 믿음의 예증으로 자주 언급되는 일과 마찬가지로 내용상의 오류이다. 1901 년부터 2009 년까지 노벨상을 수상한 유대인은 모두 179 명이고, 조직이나 단체를 제한 개인 수상자만 놓고 쳐도 비율은 22 퍼센트에 달한다. 경제학상의 41%, 의학상 27%, 물리학상 25% 에 달하는데, 가계의 절반 이상이 유대인인 경우가 아니라, 숨은 유대인까지 합하면 전체 수상자의 3 분지 1 이 넘는다고 한다. 세계 전체 인구의 0.25% 에 (1330 만명) 불과한 유대인이 20% 가 넘는 비율을 점한다는 것은 도무지 믿을 수 없는 일처럼 보인다. 인구

14 억의 중국인은 지금까지 6 명, 인구 15 억의 이슬람계가 9 명과 비교하면 놀라운 비율이다.
그렇다면, 이런 현상들은 어떻게 설명해야 할까? 하나는 교육이나 노벨상 같은 경우 머리가 좋아서라고 하지만, IQ 는 한국보다 평균적으로 낮다고 한다. 그래서 가정교육이나 학교 교육에서 왜? 라는 질문을 지속적으로 추구하게 하는 사색과 토론 학습 문화 배경을 큰 강점으로 지적하기도 한다. 또 어떤 이들은 저들은 하나님을 잘 믿어서 그렇다고 답하기도 한다. 우리가 문제 삼고자 하는 것은 바로 이 마지막 대답방식이다. 유대인 노벨상 수상자들이나 미국사회에 영향력을 끼치는 유명 유대계 인사들은 거의 유대교 신자이거나 불신자들이다. 즉 기독인이 아니다. 그런데도 유대인들이 하나님을 잘 믿기 때문에 탁월하다, 지혜를 주신 것이다 라고 한다면 어불성설 (語不成說) 이다. 유대교 신자들에게 예수님은 매국노 배신자에 불과하고, 모든 사도들도 그러하며, 기독교 사상은 타파되고 저주 받아야 할 이단적 사교 (邪敎) 교리에 불과하다. 불신 유대인에게는 기독교가 여러 종교중의 하나에 불과할 것이다.
유대인들이 좀 탁월하다고 하나님을 잘 믿어서, 지혜를 받아서 라고 말한다면, 일본이 탁월한 것도 하나님을 잘 믿어서, 지혜를 받아서라고 말해야 할 것이다. 유대교나 신도 (神道) 나 예수님을 대적하는 점에서는 동일하기 때문이다. 예수님을 떠나, 구약 중심의 유대교 신앙이 믿는 하나님은 이미 참 하나님이 아닌 것이다. 유대교도가 믿는 하나님은 아브라함의 하나님도 아니고, 이삭의 하나님도, 모세의 하나님도, 엘리야의 하나님도 아닌 것이다. 예수님은 구약이 자신에 대하여 증거한다고 말씀하셨기 때문이다. 예수님을 대적하고 부인하는 유대인은 여타 불신자와 마찬가지로 모두 마귀의 자식이다 (마 3:7, 12:34, 23:33, 요 8:44-49, 계 2:9, 3:9).
유대인이 노벨상 많이 받았다 하자, 좋은 명문 대학에 많이 들어갔다 하자! 그래서 어떻다는 말인가? 저들이 그 노벨상 탔으니 그것 가지고 천국에라도 간다는 말인가? 이 세상 형통과 성공을 모두 믿음과 결부시키는 단순화는 곤란한 것이다. 1948 년의 이스라엘의 독립을 구약 이스라엘의 회복 약속과 연관시키는 일도 비성경적이다. 예수님과 무관한 정치적 움직임에 불과하다. 1967 년의 예루살렘의 완전 탈환도 무슨 영적 의미를 두기 어렵다. 신약 성경에서 구약의 가나안 "땅"은 철저하게 "세계화" 되었고, "영화" (靈化) 되어, 우리의 기업이 저 쇠하지 않는 하늘나라임을 강조한다는 점을 기억해야 한다. 구약에서 신약으로 구원사 변천과 현상적, 물질적 강조에서 영적 세계로의 초점 변화도 읽을 줄 알아야 한다. 1967 년의 6 일 전쟁의 승리도 준비 잘하면 승리한다고 말해야 한다. 2 차 대전에서 스탈린의 승리를 하나님의 은혜라고 해야 할 것인가? 아니면 러일 전쟁이나 청일 전쟁에서의 일본의 승리를 믿음이 좋아서라고 해야 할 것인가? 오늘날 세상에서 일어나는 일을 모두 신학적으로 명쾌하게 분석하려 들지 말아야 한다. 만약 분석하고자 한다면, 예수님과 그 사건이 무슨 연관을 갖는가? 하는 점을 따져야 한다.

이방인의 때가 차기까지 (눅 21:24)

우리가 앞에서 누가의 저작 중심으로 구약에 예언된 이스라엘의 회복이 어떻게 성취되었는지를 고찰했지만, 그것으로 끝은 아니다. 왜냐하면 누가는 주후 70 년의 예루살렘 멸망을 예언하는 주님을 언급하였고 (눅 21 장), 그 예루살렘 파멸의 예고는 누가만 아니라 마태 (24 장), 마가 (13 장) 등에서 모두 보도되고 있다. 그 파멸 예고에서 우리의 주목을 끄는 말씀이 "저희가 칼날에 죽임을 당하며 모든 이방에 사로잡혀 가겠고 예루살렘은 '이방인의 때' 가 차기까지 이방인들에게 밟히리라" 는 (눅 21:24) 말씀이다. 이 선언은 예루살렘이 파멸되는 것으로 영영 끝이 아니라 또 다른 회복을 암시하는 듯 들린다. 주님의 이 선언은 공교롭게도 사 복음서 중에서 오직 누가복음에서만 나타난다. 그렇다면 누가는 닥쳐올 예루살렘의 파멸이 (주후 70 년) 최종적인 것이 아니라 바벨론 사람들에 의한 예루살렘 성전 파멸과 유다 왕국의 종국과 유사하게 또 다른 미래적 회복을 기대한다는 것인가?
세대주의 신학은 "그렇다!" 고 대답할 것이다 (David Ravens 1995:93-95 는 행 1:8 과 연관하여 누가 저작에서 이스라엘의 회복 사고는 현재적 성취만 아니라 여전히 미래적 전망도 갖는다고 "두 단계 종말론" 을 주장한다). 세대주의자는 아니지만, 보캄은 눅 21:20-24 에 근거하여, 주님의 예루살렘 파멸 예언을 누가가 다루는 방식은 지금 예고된 그 예루살렘 파멸이 주전 586 년의 바벨론 추방에 비견되는 제 2 의 추방을 구성한다는 암시를 준다고 주장하고, 주후 1 세기 말에 나타난 유대인 묵시 문헌인 바룩 2 서와 에스라 4 서도 그런 방식으로 주후 70 년의 파멸을 묘사했다고 지적한다 (Richard Bauckham 2001:486). 만약 주후 70 년의 예루살렘 파멸을 "추방" 으로 이해한다면, 추방은 필연 "회복" 을 암시해준다. 앞에서 인용했지만 눅 21:24 에서 "모든 이방에 사로잡혀 가겠고" 라고 한 것은 신 28:64 의 추방 예고를 상기시키며, 그 추방 예고는 신 30:1-9 에서 저들이 추방지에서 회개하면 고토로 회복되리라고 약속하는 약속으로 이어진다. 소위 신명기 역사서라 부르는 왕상 8장의 성전 봉헌 기도에서 솔로몬은 이스라엘이 범죄하여 적국에게 패배당할 때, 이 성전에서 회개하며 기도하면, 이스라엘 백성의 죄를 사하시고, 저들을 당신이 그 조상들에게 주신 땅으로 회복시키소서! 라고 기도하고 있다 (왕상 8:34). 이는 솔로몬이 장차 범죄한 이스라엘이 적국에게 패배당할 것을 가상하지만, 나라가 망하는 상황은 가정하지 않고, 일부 백성이 포로로 끌려가고 남은 백성이 성전에서 회개하고 기도할 때, 잡혀간 포로를 되돌리시라고 간구한다. 솔로몬의 기도에서 흥미로운 것은 이스라엘이 범죄하여 적국에 완전히 패망하여 이방 땅에 포로로 잡혀 갔을 경우를 가정하는 기도에서는 이방 땅에서 회개하고 간구하면 고토로 회복시키시라고 간구하는 것이 아니라, 그 추방지에서 사로잡은 자들 앞에서 긍휼을 받게 하여 주시라고만 기도한다는 점이다 (왕상 8:50).

어쨌거나 보캄은 눅 21:24b의 말씀이 (예루살렘이 '이방인의 때' 가 차기까지 이방인들에게 밟히리라), 예루살렘이 이방인들에게 짓밟히는 기간이 끝나면 이스라엘의 성전과 그 도성이 회복될 것을 말씀하는 단 8:13을 상기시킨다고 지적한다.

세대주의 학자 존 마틴은 (John Martin "Luke," 257) 기이하게 해석하는데, 여기 "이방인들의 때들" 이란 이방인들이 예루살렘을 지배하는 시대인데, 실제로 바벨론이 예루살렘을 함락시킨 때부터 시작되었다고 하고, 예루살렘이 다시 주님의 재림 직전 대 환란기에 (슥 14:1-2) 이방인들의 지배하에 들어갔다가, 그분이 재림하셔서 해방시킬 일을 여기 예고하신다고 한다. 그렇게 보는 근거로 눅 21:25-28에 묘사된 종말 상황을 지적한다. 즉 21절 역시 재림 직전의 상황을 말씀한다고 보는 것이다.

이제 현실적으로 생각하면, 1948년 이스라엘은 한 국가로 독립했고, 1967년 동 예루살렘까지 회복되었다. 그렇다면, 1967년이 "이방인의 때" 가 (καιροὶ ἐθνῶν) 끝나는 해인가? 아니면 시작되는 해인가? "이방인의 때" 를 이스라엘을 징계하는 도구로 사용된 이방나라들이 심판을 받는 때로 이해하면 (J. Nolland 1993:1002), 1967년부터 이스라엘을 괴롭혔던 이방나라들이 하나님의 심판을 받아야 한다. 그러나 "이방인의 때" 를 이방인이 예루살렘을 지배하는 기간이라면, 주후 70년 (혹은 135년) 부터 1967년까지 기간으로 보아야 한다. 그렇다면, 1967년 이전과 이후에 영적으로 무슨 의미심장한 변화가 나타났던가? 또한 1948년에 독립을 선언한 유대인들의 국가 이스라엘이 어떤 영적 의미를 갖는가? 그것이 구약에 예고된 이스라엘의 회복 성취인가?

눅 21:24에 대한 우리의 해석은 다음과 같다. 우선, 주님이 "이방인의 때" 를 말씀하신 시점은 구원사의 전환기였다. 구약 이스라엘이 신약의 새 이스라엘로 넘어가는 과도기였던 것이다. 그런 과도기는 주님이 성육신하신 때로부터 예루살렘이 로마군에게 함락되고 성전이 파괴되기까지 지속되었다고 할 수 있다. 그 과도기에는 행 15장에 묘사된 바와 같이 여러 과도기적 문제가 발생했다. 예컨대, 이방인들이 믿을 때, 할례를 받아야 하는지, 율법을 지켜야 하는지 등의 문제나 예배나 기도를 유대인적 방식대로 성전에서 드려야 할지 등의 문제를 고려해 보라. 사도들은 행 3장에서 보듯, 주님 부활 승천 이후에도 성전에 가서 기도를 하였고, 동시에 기독인들이 모여 자기들만의 예배를 드리기도 하였다.

이런 구원사의 과도기적 전환기에 예루살렘이 "이방인의 때가 차기까지 이방인들에게 밟히리라" 말씀 하신 것은 "예루살렘" 에 성전이 아직 건재하여 구약 이스라엘의 영적 중심지 역할을 담당하였던 점을 고려한 것이다. 주님은 주후 70년에 일어날 예루살렘 함락과 성전 파괴를 내다보시고, 곧 예루살렘이 이방인들의 발에 짓밟히고 파괴당할 것을 말씀하신 것이다. 여기서 예루살렘은 구약적 견지에서 영적 중심지로서의 기능을 가진 도시를 가리킨다. "이방인들" 역시 구약적 견지에서 말씀하신 것이다. "이방인의 때" 란 바로 누가 저작인 누가 복음과 사도행전에서 강조되듯 이방인들이 그리스도를 믿어 구원을 얻는 신약시대 전체를 가리킨다. 신약 시대 전체 기간 동안에 이방인들은 그리스도를 믿고 구원에 참여한다. 열방이 구원에 참여할 것을 내다보았던 구약 예언들의 성취의 시대인 신약 시대가 끝날 때 주님이 오셔서 최종 심판을 행하시고 인류 역사는 종말을 고한다.

구약 선지자들은 이방인들이 시온의 성소로 가서 하나님을 경배할 것을 말씀하는데 (사 60:5–9, 슥 14:16–19, 시 68:31), 그 때에 하나님은 그 터가 높고 아름다운 저 북방에 있는 거룩한 산에서 (시 48:1–2) 큰 잔치를 배설하실 것이다 (사 25:6–8):

만민을 위하여 기름진 것과 오래 저장하였던 포도주로 연회를 베푸시리니 곧 골수가 가득한 기름 진 것과 오래 저장하였던 맑은 포도주로 하실 것이며 7 또 이 산에서 모든 민족의 그 가리워진 면박과 열방의 그 덮인 휘장을 제하시며 8 사망을 영원히 멸하실 것이라 주 여호와께서 모든 얼굴에서 눈물을 씻기시며 그 백성의 수치를 온 천하에서 제하시리라

이렇게 만민을 위하여 복음 잔치를 배설하는 때가 이방인의 때인 것이다. 예레미아스가 지적한대로 (2009:359) 이방인의 때가 오직 마지막 종말의 때에야 오는 것은 하나님의 약속이 이루어져야 하고, 구원에 이스라엘에 먼저 제시되어야 하며, 하나님의 종은 이방인들의 때가 오기 전에 많은 사람들을 위해 피를 흘려야 했기 때문이다. 그래서 그리스도는 자신이나 제자들의 활동을 이스라엘에 한정시키면서도 다른 한편으로는 장차 이방인들도 하나님의 통치에 참여할 것을 말씀하셨던 것이다. 이런 얼핏 보기에 모순된 주님의 두 행동 방식은 마 8:11 이하, 눅 13:28 이하 말씀에 비추어 분명하게 이해된다:

마 8:11 동서로부터 많은 사람이 이르러 아브라함과 이삭과 야곱과 함께 천국에 앉으려니와
12 나라의 본 자손들은 바깥 어두운 데 쫓겨나 거기서 울며 이를 갊이 있으리라

종말의 때가 되면 많은 이방인들이 하나님의 통치에 참여하지만, 나라의 본 자손들은 (이스라엘) 쫓겨냄을 당할 것이다. 이것은 사도 바울이 롬 9–11 장에서 제시하는 이스라엘의 일부가 완악하게 됨과 이로 인한 이방인들의 축복 참여 사고와 병행된다. 주님의 지상 사역기간에는 아직 이방인의 때가 이르지 아니했고, 오직 그분이 자신을 대속물로 십자가에 내어 놓았을 때, 그리고 성령님이 그의 부으심으로 임하신 그 때부터 비로소 "이방인의 때" 는 시작되었다.

요컨대, "이방인들의 때" 가 끝나는 주님 재림 때까지, "예루살렘이 이방인들의 발에 짓밟히리라" 는 것은 구약적 견지에서, 예루살렘이 이방인들의 발에 주님 재림 때까지 짓밟힐 것을 예고한 말씀이다. 그런데 구약적 의미에서 예루살렘이나 이방인이란 용어가 구원사의 과도기에 사용되었고, 예루살렘은 이방인들의 발에 밟히다가 1967 년에 유대인들의 손에 완전히 회복되었다. 그렇다면, 이방인의 때가 1967 년으로 마감되어야 하는데도 여전히 역사는 이전처럼 흐르고 있다.

우리의 해석에 의하면, 예루살렘이 이방인들의 발에 짓밟히는 기간이 재림 때까지 지속되어야 함에도, 1967 년에 끝이 났다. 이 문제는 주님은 정확하게 "이방인의 때" 기간을 말씀하였다기보다 대략적인 기간을 말씀하셨다고 보면 해결될 것이다. 바벨론 포로 생활이 70 년이라 했지만, 정확하게 70 년이 아니라 대략적인 수치였던 사실에서 그런 대략적 기간 언급의 예를 볼 수 있을 것이다. 주전 538 년에 유대인 해방령이 선되었는데, 그때부터 과거로 거슬러 70 년을 올라간다면, 608 년에 바베론 추방생활이 시작되어야 했지만, 실제로는 605 년부터 1 차 포로, 597 년 2 차 포로, 586 년 3 차 (마지막) 포로들이 바벨론으로 끌려갔었다. 605 년 1 차 포로를 바벨론 추방의 시작으로 본다면 67 년의 추방생활이고, 3 차 포로부터 추방생활을 계산한다면, 바벨론 추방 생활은 48 년에 (586–538) 불과하다. 그럼에도 70 년 포로생활이라 한 것은 대략적으로 상징적인 수치에 근접하는 기간을 염두에 두었기 때문이다.

마찬가지로 1967 년부터 재림 때까지 기간이 남아있지만, 이 기간은 대략적 기간에서 생략되고 있다고 보는 것이다. 이렇게 이해할 때 충격적인 사실은 이제 재림의 때가 정밀로 얼마 남지 않았다는 점이다. 1948 년 이스라엘 독립 사건의 구원사적 의의라면, 주님이 눅 21:24 에서 예언하신 예루살렘의 유대인 손으로의 복귀가 이루어지기 위한 한 계기를 제공했다는 점이다. 1948 년의 이스라엘 독립이 구약에 예언된 "이스라엘의 회복" 과 무관하다고 보는 이유는 이미 "이스라엘의 회복" 이 주님 초림부터 시작되어 현재 지속적으로 "영적으로"

진행되고 있기 때문이다.
신약은 "예루살렘" 이나 "팔레스틴" 같은 지구 한 구석이 아니라, 온 세상이 성도의 것임을 지적한다 (마 28:18–20, 롬 4:13, 엡 6:3). 동시에 성도의 궁극적 기업은 "하늘의 쇠하지 않는" 기업이다 (벧전 1:4). 이것이 구원사의 변천으로 나타난 "세계화" 와 "영화의 (靈化) 원리" 이다. 이 원리에 의하면, '성전' 은 더 이상 짐승 제물을 드리는 어떤 건물이 아니라, 성령님이 거하시는 성도의 몸 혹은 성도들의 모임인 것이다. '원수' (怨讐) 역시 구약의 에돔, 모압, 암몬, 블레셋과 같은 "혈과 육" 이 아니라 공중의 권세 잡은 악령의 세력인 것이다.

다섯째로, '열방' 의 신학적 의의
A 사 13–23 장 : 열방도 신뢰치 말라 (H. F. van Rooy; Graham Davies; Andrew Wilson)

(1) 열방도 하나님의 심판 대상이므로 우리의 믿음 대상이 될 수 없다

이 장들이 한 단위를 구성한다는 것은 사 13:1, 14:28, 15:1, 19:1, 21:1, 11, 13, 22:1, 23:1 에 사용된 예언말씀이란 (massah) 용어가 지시해 준다 (P. A. H. de Boer; R. D. Weis). 이 용어는 24–27 장에서나 28–35 장에서는 나타나지 아니한다. 이 표제들은 (14:28, 15:1, 17:1, 19:1, 21:1, 11, 13, 22:1, 23:1) 모두 형식적 근거에서 13:1 과 연관된다. 왜냐하면 이 모두는 각개 단위를 "맛사" 라 규정해주고, 13–23 은 환상들로 구성되기 때문이다.
사 8:11–15 에서 (G. R. Driver 1955) 저자는 이미 위기 시에 누구를 우리가 신뢰해야 할 것인가? 라는 질문을 던진 바 있다. 하나님인가? 열방인가? 여기서 저자는 믿음의 대상이 누구인지를 한층 더 규정하고자 한다. 우리 자신을 믿지 말아야 한다면 열방과 같은 어떤 외적 도움은 어떠한가? 이런 것도 우리의 신뢰 대상이 못된다. 우리는 야웨만 의지해야 한다.
저자는 바벨론 (13–14), 모압 (15–16 장), 다메섹 (17–18 장), 이집트 (19–20 장), 두로 (23 장) 등과 같은 열방들은 그 영광이 온 땅에 충만한 (사 6:3) 하나님의 심판의 대상인 때문에 믿음의 대상일 수 없다고 지적한다 (Edgar W. Conrad 1991 은 13–23 장이 "열방을 치는 전쟁을 하고자 하는 주의 계획" 에 초점을 맞추면서 앞 장들과 연관된다고 한다 ; 히스기야 기사는 앗시리아를 치는 전쟁을 묘사함으로 그 계획의 부분적 성취를 보여준다 ; 그런 식으로 저자는 청중들에게 주께서는 열방의 나라들을 치는 세계적 전쟁을 수행함으로 자기 군사적 전략을 성취하실 것이라 믿게 한다고 주장한다). 유다 백성처럼 (사 2:11, 12, 17, 3:16–17), 앗시리아인들처럼 (사 10:5–20), 이 열방들도 교만 (사 13:11, 19, 14:11, 16:6, 23:9) 때문에 심판을 받았다.
사 13:1–14:27 은 열방을 치는 설교 초두에 위치하여, 여타 열방을 치는 설교를 읽을 수 있는 일련의 전망을 제공해 준다. 그 중의 한 전망은 이런 열방을 인간 교만의 보기들로 간주하는 것이다 (A. K. Jenkins). 열방들을 언급하는 예언들은 대개 심판의 예언들이다. 심판의 이유들은 여러 가지이다. 대개는 극도의 교만 때문이며, 이는 사 14:12–14 에 묘사된 타락한 별신 (star–god) 의 신화에서 가장 극명하게 드러나고 있다. 이사야는 이스라엘의 모든 죄악의 뿌리를 이 교만에서 찾는다. 이 점에서 이스라엘과 열방의 차이는 없다. 이스라엘은 교만하여 하나님을 대적하고 이 때문에 열방을 수단으로 하는 하나님의 징벌을 받았다. 그런데 하나님의 심판을 수행한 열방은 자기가 잘난 줄 알고 자신들을 하나님보다 높이고자 하였다. 이로 인하여 자신들이 하나님의 심판에 들게 된 것이다. 열방도 교만이 대개 심판의 주요한 이유가 된다 (30:28)(G. I. Davis; G. R. Hamborg). 나중 앗시리아 왕이 히스기야를 대하여 외쳐대는 그 신성모독적인 교만은 그의 패배에 결정적 요인으로 작용한다.

(2) 열방도 더 높은 권세 하에 있기 때문에 우리의 믿음 대상이 될 수 없다.

적극적으로 말하자면, 야웨께서 모든 열방의 하나님이시다. 사 13–23 장에는 10 개의 기본 단위들이 있다.

각개 단위는 한 나라 혹은 한 도시(국가)를 다룬다. 첫 단위는 사 13:1–14:27 로 세계의 최대 군사강국 바벨론을 다룬다. 열째 단위인 사 23:1–8 은 그 당대 세계의 최강의 상업대국 두로와 시돈을 다룬다. 이처럼 사 13–23 장은 지상의 최대 대표국가들로 시작하여 마친다. 단위들이 어떤 순서로 배열되었는지는 알 길이 없지만, 사 17–18 장의 시리아 – 에브라임과 사 19–20 장의 이집트 부분은 야웨의 보호하는 능력 (사 17–18 장), 열국을 돌이켜 자기에게로 향케 하는 능력 (사 19:16–25) 을 다룬다. 이처럼 사 13–23 장에서 세계열강의 중심에 야웨의 능력이 있다는 것을 볼 수 있게 된다.

우리는 누구를 믿어야 할 것인가? 대답은 너무나 분명하다. 하나님의 열방을 주관하는 주권은 네 다른 방식으로 나타난다.

a. 사 13–23 장이나 이사야서 전체에서 열방은 하나님께서 자기 목적을 성취하시는 수단으로 묘사된다.

예컨대 사 5:1–7 의 포도원 노래에서 이스라엘 백성의 "포학" 과 "부르짖음" 때문에 (사 5:7) 하나님은 먼 열방을 신호하여 부르고, 지구 끝에서 열방을 호각을 불어오게 하여, 자기 백성에게 심판을 행케하실 것이다 (사 5:26). 사 10:5–6 에서 앗시리아는 하나님의 징계 막대기와 지팡이로 묘사된다. 앗시리아는 특수한 목적 성취를 위해 하나님의 부르심을 받는다. 사 11:12 에서 열방을 신호하여 이스라엘의 흩어진 자들을 모을 것이다. 사 13:1–5 에서 바벨론은 하나님의 성별된 자들로 (**mquddāšāy**), 하나님의 명을 받은 자들로 묘사된다. 저들은 이스라엘을 심판하는 하나님의 도구들이었다. 사 13:17 에서 메대는 교만한 바벨론을 치기위해 하나님께서 격동시킨 (**mēʿîr**) 자들로 나타난다. 여기서 "격동시키다" 란 말은 사 41:25 에서 고레스를 격동시켜 자기 일을 하게하시는 장면에서 다시 나타난다. 사 14:2 에서 열방은 이스라엘을 다시 저들의 처소로 인도하기 위해 사용될 것이다.

b. 하나님은 열방을 향한 계획을 갖고 계신다.

열방들은 자기들이 원하는 대로 행할 자유가 없다. 저들은 하나님의 계획에 부응해야 한다. 이와 연관하여 중요한 본문은 사 14:24–27 이다 (R. Clements 1989). 여기서 야웨께서 갖는 계획의 확실성과 불가항력적인 성격이 강조된다. 동사 "계획하다" 와 (야아츠) 명사 "계획" 이 (**hāʿēṣāh**) 세 번이나 나타난다. 서두에 위치한 야웨의 맹세는 계획의 확고함을 말씀해 준다 (24 상반). 그분이 의도하신 바는 성취되고야 말 것이다 (**hîʾ ṯāqûm** 24 하반). 그리고 말미에 위치한 수사적 질문, 만군의 야웨께서 의도하셨다면 누가 감히 저지할 수 있는가? 도 그 점을 강조한다.

c. 하나님은 열방을 완전히 통제하신다.

예컨대 사 10:15 에서 저자는 도끼와 톱의 비유를 사용한다. 이 비유는 하나님과 앗시리아 사이의 관계를 도구와 그 사용하는 자 사이의 관계에 비한다. 진리는 단순히 이것이니 하나님께서 주장하신다. 앗시리아인들이 성취하고자 기대한 것을 넘어서면 (사 10:7), 하나님은 금방 개입하실 것이다 (사 11:16). 사 17:12–14, 29:1–10 에서도 하나님의 백성의 원수들이 이스라엘을 대하여 진군한다. 백성은 불안하고 초조해 한다. 이 위기 시에 하나님이 개입하시어 자기 백성의 원수를 흩으시되 마치 초개와 먼지처럼 흩으신다 (사 17:3, 29:5). 하나님은 완전히 주장하신다.

d. 열방은 언젠가 이스라엘의 하나님을 자기 하나님을 인정하게 될 것이다.

야웨를 반역하는 대신 저들은 위대한 왕 앞에 무릎을 꿇게 될 것이다 (사 6:5). 그분은 위대하시어 높이 들리신 분이시며 전 세계의 경배를 받으셔야 한다 (사 6:1–3). 사 2:2–4 에서 이미 저자는 "말일에" (**bəʾaḥărîṯ hayyāmîm**) 열방과 민족들이 시온 산의 여호와의 집으로 강물처럼 밀려들 것이라 했다. 그 이유는 그곳에서 저들은 토라와 (Torah) 야웨의 말씀을 (debar–YHWH) 발견하겠기 때문이다. 그 날에 저들은 더 이상 하나님의 말씀을 경멸하지 않을 것이다. 오히려 저들은 원방에서 야웨께로부터 그 길들을 배우기 위해 올 것이다. 야웨께서는 자기 백성에게만 아니라 모든 열방에게 인정을 받으실 것이다 (사 2:2–3). 이렇게 세계적인 야웨 인정은 사 12:4–5 에서도 반영되고 있다. 이는 구원의 하나님을 신뢰하는 찬양시이다. "그의 행위를 열방 중에 알리세" (사 12:4). "주께 찬양하세, 왜냐하면 그는 엄위하신 일들을 행하셨기 때문이라. 이를 온 땅에 알리세 (사 12:6). 이 때문에, 열방은 그 날에 "내가 신뢰하리라" 고 말할 것이다 (사 12:2).
사 13–23 에서 긍정적으로 열방이 변화될 모습에 대한 두 중요한 본문이 있다. 하나는 사 14:1 에서 야웨께서 자신의 도구 바벨론 군대로써 자기 백성을 심판하신 후에 저들을 다시 긍휼히 여기사 다시 저들을 택하시고 저들로 자기 땅에 쉬게 하실 것이라 한다. 그러나 거기서 멈추지 않고 하나님은 이방인 (ger; 사 56:3 에서는 nekar) 이 자기 백성에게 연합하도록 (lavah) 허용하실 (수동태 lavah) 것이다. 둘째로, 사 19:18–25 에서 "그 날에" 이집트에서 다섯 도성이 만군의 야웨께 충성을 맹세할 것이다 라 한다. 저들은 하나님께로 완전히 돌아서서 심지어 말까지 유다 말을 사용할 것이다. 그 날에 이집트 땅에 야웨께 바쳐진 제단이 있을 것이다. 야웨께서 이집트인들에게 자신을 알리시고 저들이 주를 알게 될 것이다. 저들은 제물과 번제로 그분을 경배할 것이다. 더구나 이집트과 앗시리아 간에서 대로 (大路) 가 나서 앗시리아인과 이집트인들이 야웨 하나님을 경배하게 될 것이다. 이집트인들을 하나님은 "내 백성" 이라 부르고, 앗시리아인들은 "내 손들의 작품" 이라 부를 것이다 이렇게 이스라엘의 하나님은 자기를 심판 중에서만 열방의 하나님으로 알리는 것이 아니라, 회개와 개종에서도 그리하실 것이다.

B 사 24–27 장 : 땅의 높이 들리신 존귀한 주께 신뢰를 두라

이 장들은 사 13–23 장의 문맥에서 고려되어야 한다. 이전 주석가들은 대개 사 24–27 장을 열방을 치는 설교에 부록정도로 첨가된 묵시장르라 생각했다 (G. W. Anderson 1963; Richard J. Coggins 1978–79; Marvin A. Sweeney 1988; Neil O. Skjoldal 1993). 그러나 보다 큰 문맥에 위치한 이장들은 문맥상의 기능을 단단히 하고 있다. 물론 사 24–27 장은 사 13–23 장이나 사 28–33 장과 구분된다. 전자와는 "맛사" 로 (massah 경고 메시지) 구분된다면, 후자와는 "호이" 로 (화있을진저!) 구분된다. 28 장은 에브라임과 유다를 다룬다. 반면 사 24–27 장은 '세상 전체' 를 다룬다. 즉, 개개 국가들이 아니다. 그런데 사 24–27 장에서 저자는 하나님은 열방의 하나님이시란 주제를 여기서도 계속한다. 그러나 강조는 더 이상 열방들이 아니라 땅 (eretz) 이다 (24 장에서만 "에레츠" [땅] 란 단어가 16 번 나타나고 [1, 3, 4, 4, 5, 6, 6, 11, 13, 17, 18, 18, 19, 19, 19, 20], "아다마" [땅]란 말도 두 번 나타난다 [21, 21절]). 하나님은 비단 열방의 하나님 정도가 아니라 온 세상의 하나님이시오, 신뢰할 만한 높이 들리신 분이시다. 이 부분의 주제는 자기 원수들에 대한 승리만 아니라 자기 백성들을 위한 하나님의 승리이다. 13–23 장에서 열방이 초점이라면 여기서는 하나님이 초점이다. 다시 말해, 13–23 장에서 열방이 하나님의 심판 하에 있다는 것이 초점이라면, 24–27 장에서는 하나님께서 인류역사의 주연이라는 점이 강조된다.
(1) 하나님은 열방의 하나님 그 이상이다. 야웨께서는 온 땅의 주님이시다. 사 24 장에서 모든 열방은 하나의 전체로 모아진다. 바벨론이나 다메섹 혹은 두로가 각기 하나님을 만나지 아니한다. 이제 온 땅이 야웨의 심판대에 선다 (Sweeney 1988:52 는 지적하길, 1–3 절에서 온 땅이 의도된 것이 분명하다면, 4–13 절에서의 초점은 지상의 대표자로 나타난 무명의 도성이라 여겨진다). 야웨께서 땅을 황폐케 하실 것이다 (사 24:1). 땅이 완전히 황폐케 되고 폐허로 화할 것이다 (사 24:3). 땅이 온전히 깨어지고, 부서지고, 파괴될 것이다 (24:19). 땅의 심판이 있은 후 야웨께서 자기 백성에게 시온에서 축복을 베푸시고 다스리실 것이다 (사 24:23, 25:1–5). 이에 대해 백성들은 땅의 주님을 높이고 찬양할 것이다 (사 25:1–5, 27:12–13).
(2) 땅의 주님을 신뢰하라. 땅에 대한 하나님의 주권을 지적하고, 저자는 이에 대한 바른 응답은 그에게 대한 믿음이라 지적한다. "보라, 이분이 우리 하나님이라. 우리는 그분이 구원하시도록 그분을 기다렸노라 (qavah).

이분이 우리 주님이라. 우리가 그분을 기다렸노라 (qabah 사 25:9). 영원히 주를 신뢰 (batach) 하라. 왜냐하면 주 하나님은 영원한 반석인 때문이라 (사 26:4). 오 우리 하나님 주시여, 다른 주들이 우리를 다스렸으나 당신의 이름만 우리가 인정하나이다 (사 26:13).

여섯째로. 열방의 미래

이스라엘과 열방 사이의 관계는 이사야서에서 (특히 사 40–55 장) 중요하게 부각되는데, 거기서는 이중적인 모습으로 나타난다. 하나님의 축복이 이스라엘에게만 나타나는가 하면, 열방까지 축복을 받는다. 이스라엘이 능동적 증인이 되는가 하면 수동적 증인으로 나타나기도 한다. 열방이 이스라엘에 복속하는가 하면, 열방이 이스라엘과 함께 하나님 앞에 선다. 이스라엘의 열방을 향한 선교는 '구심적(求心的)'인가 하면 (centripetal 내부 지향적), '원심(遠心) 적' 이기도 (centrifugal 외부 지향적) 하다.

구약 역사에서 이런 이중 관계가 나타나는데, (1) 열방이 결혼이나 할례를 통해 이스라엘에 가입하여 이스라엘의 일원이 되는 것이다. (2) 종말의 때에 열방이 이스라엘로 돌이킨다. 저들은 야웨께 경배하는 하나님의 백성 곧 이스라엘의 일부가 될 것이다. 역사적으로 열방이 이스라엘에 가입한 것은 그렇게 현저한 사실로 부각되기보다 간간이 지나는 말로 언급될 뿐이다. 예컨대, 모압 여인 룻이 결혼을 통해 이스라엘에 가입한다.

구약에서 열방과 이스라엘 사이의 관계는 무엇보다 종말의 때에 나타날 것이 강조된다.

(1) 종말에 이스라엘은 열방과 주종 (主從) 관계로 설 것이다.

너를 괴롭게 하던 자의 자손이 몸을 굽혀 네게 나아오며 너를 멸시하던 모든 자가 네 발 아래 엎드리어 너를 일컬어 여호와의 성읍이라 이스라엘의 거룩한 자의 시온이라 하리라 (사 60:14)

(2) 열방은 이스라엘의 하나님께 예물을 바치러 올 것이다.

열방은 네 빛으로, 열 왕은 비취는 네 광명으로 나아오리라 . . . 이는 바다의 풍부가 네게로 돌아오며 열방의 재물이 옴이라 (사 60:3–4)

(3) 열방은 시온 산으로 몰려와서 야웨의 가르침을 받을 것이다 (사 2:2–4).

(4) 종말 때에는 열방이 이스라엘의 일부가 될 것이다.

그 날에 많은 나라가 여호와께 속하여 내 백성이 될 것이요 나는 네 가운데 거하리라 (슥 2:11; 사 45:22–23).

(5) 야웨의 종은 이방의 빛으로 땅 끝까지 구원을 전하리라 (사 49:6)

이런 종말 시대에 나타날 열방의 개종 예언에서 나타나는 특징들이 몇 가지가 있다. (1) 이스라엘은 열방을 향한 선교 활동을 전연 도모하지 않았다. 그것은 구약 시대가 아니라 종말의 때에 나타날 일이었다. (2) 이스라엘의 선교활동의 결과가 아니라, 열방이 스스로 야웨께로 돌이키거나 이스라엘에게 복속하거나 (슥 8:20–23) 아니면 하나님께서 열방을 모으신다 (사 56:6, 7). 3) 이스라엘이 열방에게로 가지 않고 열방이 이스라엘에게로 향한다 (미 7:12, 사 60:3).

신약에서의 성취

(1) 열방이 하나님의 백성으로 영입될 것을 예견하심

예수님 자신은 자신의 전도를 이스라엘에 국한시키고 있다 (마 10:5–6, 15:24; 롬 15:8–9). 예수님은 자신의 사역의 목표를 이스라엘의 재건과 부흥에 두시고, 겔 34 장에 언급된 종말의 목자로서 기능하셨다 (막 6:34; 요 10:1–18). 그 재건된 이스라엘은 12 제자가 대표하였다 (마 10:1–4). 그럼에도 예수님은 열방의 이스라엘 가입을 예견하신다.

너희에게 이르노니 동서로부터 많은 사람이 이르러 아브라함과 이삭과 야곱과 함께 천국에 앉으려니와 나라의 본 자손들은 바깥 어두운 데 쫓겨나 거기서 울며 이를 갊이 있으리라 (마 8:11, 12; 눅 13:29).

유대인과 열방은 부활과 심판의 종말적 사건들에서 완전히 동등한 자격으로 대우 받을 것이다 (마 11:21–24; 눅 10:13–15; 마 12:41–42, 눅 11:31–32; 마 25:32).

모든 민족을 그 앞에 모으고 각각 분별하기를 목자가 양과 염소를 분별 하는 것 같이 하여 (마 25:32)

⑵ 믿음으로 열방이 하나님의 백성이 됨

행 15 장의 공의회에서 인정된 이방인 선교 방식은 저들이 할례나 율법 준수의 조건 없이 복음을 믿음으로 곧 그리스도를 믿음으로 하나님의 백성이 된다는 사고였다. 바울 사도가 이런 선교 방식을 처음 제안한 것은 아니었다. 바울 이전에 베드로는 로마 백부장 고넬료 일행에게 성령님의 강권적 인도 하에 순전히 믿음으로 저들을 믿음 공동체로 받아 들였다 (행 10, 11 장).

⑶ 헬라파 유대인들이 첫 이방인 선교

바울 혹은 베드로 이전에 헬라파 유대인들이 첫 이방인 선교사들로 나선 듯 보인다. 이 헬라파 유대인들이야 말로 예수님의 이방인 선교사고, 곧 열방이 하나님 나라에 들어오리라는 사고와 바울 사도의 믿음에 의한 이방인들의 구원 사고를 연결시키는 징검다리 역할을 하였다. 헬라어를 사용하는 유대인들로서 저들은 먼저 자기 동족에게 복음을 전했다. 스데반 순교 후에 저들은 뵈니시아, 키프로스, 안디옥 까지 복음을 전하는데 오직 유대인들에게만 전했다고 한다 (행 11:19). 스데반 박해 때에 헬라파 유대인 빌립 집사는 복음을 사마리아인들에게 전함으로 선교의 새 장을 열었었다 (행 8 장).

열방에 관한 구약의 종말 시대 예언을 고려한다면, 헬라파 유대인들이 이방인들에까지 복음을 전파한 것은 (행 11:20) 전혀 놀랄 일이 아니라, 구약 사고의 논리적 귀결이었다. 안디옥 교회는 이방인 선교의 첫 센터가 되었다. 그 교회로부터 바울과 바나바는 선교사로 파송을 받았다 (행 13, 14 장). 헬라파 유대인들이나 바울 사도의 이방인 선교 모델은 구약의 유대인들이 이방인들을 유대교로 개종시켜 받아들이는 방식이 (incorporation) 아니라 종말의 때에 열방이 하나님께로 돌이키는 방식이었다 (열방을 모으심 ingathering of the Gentiles). 이런 선교 모델은 구약 예언의 성취이지만, 구약의 사고를 능가하는 그 무엇이 있기도 하다.

⑷ 열방이 이스라엘에 복속하리라는 예언의 변형 성취

마 2:11 에서 동방박사들이 보배합을 열어 황금, 유향, 몰약을 아기 예수님께 바쳤다. 이는 사 60:6 의 성취이다: 스바의 사람들은 다 금과 유향을 가지고 와서 여호와의 찬송을 전파할 것이며. 브라운은 (R. E. Brown) 마 2:11 에서 사 60:6 만 아니라 시 72:10–11 의 흔적도 발견한다 (R. E. Brown 1977).

바울 사도는 이방인들에게서 예루살렘 교회를 위한 구제헌금을 모금하여 전달했다 (고전 16:1–4, 고후 8, 9 장; 롬 15:22–29; 행 19:21, 20:1–21, 24:17 등). 이 사건은 어려움을 당한 유대인 성도들을 돕기 위한 사도 바울의 조처였지만, 그럼에도 그것이 갖는 상징적 의미는 구약 예언과 연관시켜 고려하지 않을 수 없다. 구제 (救濟) 헌금을 가지고 예루살렘을 방문한 이방인 성도 대표단은 이스라엘에게 청원자로 간 것이 아니라, 그리스도를 믿어 은혜로 구원을 받은 하나님의 참된 이스라엘 백성으로서 갔었다. 따라서 구약의 예언들과 약간 차이를 보이긴 하나 (예컨대 슥 8:23), 원래 예언이 성취 방식에서 원래 제시된 "겉옷" 의 모양과 달리 나타나는 일은 비단 이 일에서만은 아니다 ("겉옷과 알맹이의 원리"). 저들의 헌금은 시온 산의 성전이 아니라 "성도들" 에게 전달되었다. 왜냐하면 이제 "성도들" 이 하나님의 참된 성전을 이루기 때문이다 (고전 3:16, 고후 6:16, 엡 2:21).

⑸ 이방의 빛, 열방의 영입

야웨의 종은 이방의 빛이 되어, 하나님의 구원을 베풀어서 땅 끝 까지 이르게 하리라고 (사 49:6b) 예언되었다. 또한 야웨의 종은 세상에 "공의" 를 ("미쉬파트," 참 신앙) 세울 것이며 섬들이 그 교훈을 앙망할 것이다 (사 42:4b). 이런 야웨의 종의 사역에 비추어 본다면, 다음과 같은 예언들은 모두 야웨의 종의 사역을 통해 성취될 것이다:

땅 끝의 모든 백성아 나를 앙망하라 그리하며 구원을 얻으리라

나는 하나님이라 다른 이가 없음이니라 (사 45:22)
여호와께서 열방의 목전에서 그 거룩한 팔을 나타내셨으므로
모든 땅 끝까지도 우리 하나님의 구원을 보았도다 (사 52:10)

이사야가 예언한 "땅 끝까지" 란 부활하신 주님께서 제자들에게 "오직 성령이 너희에게 임하시면 너희가 권능을 받고 예루살렘과 온 유대와 사마리아 '땅 끝까지' 이르러 내 증인이 되리라" 하실 때에 반향되고 있다 (행 1:8, 13:47). 야웨의 종이 이방을 비추는 빛이지만 (사 49:6, 눅 2:32), 주님은 그 종으로서 오셨지만, 정작 그 기능의 완수는 자기 제자들에게 위임하셨다.

열방이 하나님의 백성으로 영입되는 일은 이처럼 구약이나 주님이 예고하신 일인데, 신약에서 주님이 열방의 영입을 예고하신 일이나 그것이 실제로 일어난 상황을 본다면, 그 일은 유대인들의 배척과 연관되어 나타나고 있다. 누가복음과 사도행전에서 예수님과 사도들의 사역은 구약 특히 이사야 예언에 비추어 해석되고 있는데, '누가' 에게 있어서 이사야 선지자가 예언한 이스라엘의 회복과 열방의 영입은 주님과 그 제자들의 모든 사역을 해석하는 해석학적 도구였다. 초대 교회 상황에서는 이사야의 예언은 누가 옛 선지자의 예언에 부응하는 참 하나님의 백성 이스라엘인지를 확인시켜 주는 교회 정체성 확인의 잣대가 되었다. 왜냐하면 경쟁하는 두 믿음 공동체가 자신이 옛 신앙 전통을 계승한다고 목소리를 높일 때, 유대교 공동체는 이사야가 예언한 그 야웨의 종 메시야의 등장과 그의 설교 혹은 그의 사도들의 설교를 배척하였지만, 교회 공동체는 자신들이 이사야가 예언한 그 야웨의 종 메시야의 사역으로 생겨난 '새 이스라엘' 이라고 주장하였기 때문이다.

누가복음과 사도행전에 인용된 이사야 구절들을 차례로 살핀다면, 하나같이 유대인의 회개 혹은 배척이나 열방의 영입이 예고되거나 성취되는 것을 보여줄 것이다.

a. 눅 3:4–6 (사 40:3–5) – 열방의 영입 예고

누가는 70 인역의 사 40:3–5 을 인용하였으되, 몇 군데 70 인역과 다른 곳이 있다. 가장 현저한 차이는 사 40:5 에 있는 "주의 영광이 나타나리라" 는 표현을 누가는 생략했다는 점이다. 70 인역의 사 40:5 이나 그 누가의 인용은 맛소라 사본과 약간 다른데, 후자가 "(야웨의 영광이 나타나리라), 모든 육체가 그것을 함께 보리라" 고 했다면, 70 인역이나 누가는 "모든 육체가 하나님의 구원을 보리라" 고 했다. "모든 육체" 는 말할 나위 없이 유대인만 아니라 모든 열방도 가리킨다.

마태나 마가도 이사야 구절을 인용하지만 사 40:3 만 인용할 뿐, 누가만 4–5 절까지 인용하고 있다. 따라서 누가가 사 40:5 에서 70 인역을 따르면서도 "주의 영광이 나타나리라" 를 생략하고 오직 "모든 육체가 하나님의 구원을 보리라" 는 문장만 인용한 것은 그의 복음서나 사도행전의 구성을 위한 전략적 조처였다고 추정할 수 있다. 그러한 추정은 눅 2:30 에서 시므온이 "내 눈이 당신의 구원을 보았나이다" 라는 말씀이나, 행 28:28 에서 "이 하나님의 구원이 이방인들에게 보내졌다" 는 사도 바울의 선언을 통해 사실로 입증되고 있다. 이런 구절들과 눅 3:6 의 연관성은 세 구절에서 사용된 "구원" 이란 (소테리온) 중성 명사가 누가 저작 전체에서 여기 세 군데서만 나타난다는 사실로 확정된다. 그러므로 눅 2:30 이나 행 28:28 은 모두 사 40:5 의 암시로 볼 수 있고, 따라서 누가의 전략적 구성을 생각할 수 있게 한다. 그렇다고 시므온이나 사도 바울의 말이 누가의 조작이란 의미는 없다. 사실이 이렇다면, 눅 3:4–6 에서 사 40:3–5 의 인용은 단순히 세례요한이 이사야 선지자가 예언한 그 광야에서 외치는 자라는 사실을 증거해 주는 "증빙 구절" 로만 (proof-texts) 삽입되었다고 하기 어렵다. 오히려 누가 저작 전체에서 제시될 "열방의 영입" 을 예고하는 전략적 기능도 갖는 것이다.

b. 눅 4:16–30 (사 61:1–2, 58:6) – 유대인의 배척과 열방의 영입 예고

주님의 나사렛 회당 설교와 유대인의 폭력적 적대 행위와 배척은 이후 사도들이 유대교 회당에서 행할 설교와 유대인들의 배척과 폭력적 적대 행위의 원형으로 작용한다. 예수께서 자라신 고향 나사렛 회당에서 사 61:1–2 를 읽으시고 이 예언이 지금 성취되었다고 "새 구원의 시대의 도래" 를 외치는 주님을 그 고향 사람들은 동네

밖으로 좇아내고 산 낭떠러지로 끌고 가서 밀쳐 죽이려고 살인 미수 폭력을 행사하였다.
그런데 여기서 주목할 것은 주님은 나사렛 고향 사람들에게 선지자가 고향에서 환영 받는 자가 없다고 하시고, 엘리야는 사렙다 과부 한 사람에게만 보냄을 받았고, 엘리사 때에 이스라엘에 많은 문둥이가 있었지만, 오직 수리아 사람 '나아만' 이 유일하게 고침을 받았다는 점을 강조하심으로 유대인들의 버림 받을 것과 (선지자 예수님을 배척한 결과) 열방의 하나님 백성으로의 영입을 예고하신다.
누가가 사 61:1-2 을 인용하여 그것이 지금 성취되었다고 새 구원 시대의 도래를 선포한 예수님을 소개한 것은 단순히 그분이 선지자냐? 메시아냐? 의 '정체성' 확인을 독자들에게 주고자 한 것 때문만은 아니었다. 오히려 그의 의도는 누가 "참 이스라엘" 인가? 하는 교회 정체성의 문제를 부각시키려는 데 있었다고 보인다. 이제 고향 사람들 곧 유대인들은 이사야가 예언한 그 선지자 메시야를 배척함으로 하나님께 버림을 당하고, 대신 엘리야나 엘리사 시대에 치유와 구원을 받았던 이방인들처럼 열방이 하나님의 백성으로 영입될 것을 강조하는 것이다.
또 한 가지 여기 나사렛 회당 기사에서 주목할 것은 여기 기사에 사용된 표현들이 누가 저작 전체에서 나타나는 구절들을 살핀다면 나사렛 회당 사건은 일회성 사건이 아니라, 이후에 주님이나 그의 사도들이 회당에서 겪을 유대인의 배척과 "열방의 영입" 을 예고하는 원형으로 기능한다는 점이다. 예컨대, "회당에 들어가다" 는 표현이 눅 6:6, 행 13:14, 14:1, 18:19, 19:8, 17:10 등에서 나타나고, "습관대로" 는 행 17:2, 안식일은 행 13:14, 16:13 등에서 나타난다.

c. 눅 24:44-49 (사 8:9, 32:14-17, 42:6, 48:20, 49:6b, 51:4, 53 장 ,62:11)
– 유대인의 회개와 열방의 영입

부활하신 주님은 그리스도의 고난과 부활, 그의 이름으로 죄사함을 얻게 하는 회개가 예루살렘으로부터 시작하여 모든 족속에게 전파되리라는 사실이 모두 구약에 예언된 바임을 증거하시고, 제자들이 이 일을 증거할 증인들이며, 저들은 위로부터 능력을 입기까지 예루살렘을 떠나지 말아야 한다고 지시하신다. 이 부분은 사고상 행 26:16-23 과 병행되며, 누가복음 끝에 배치되어 예수님의 기사와 사도들의 기사 사이에 연결 고리로 작용한다. 예컨대, 여기 사용된 "증인들" 은 (마르투레스) 행 1:8, 22, 2:32, 3:15, 5:32, 10:39, 41, 13:31, 22:15, 20, 26:16 등에서 지속적으로 나타나고 있다.
이 부분에 제시된 주님의 말씀이 언급한 그 구약 예언들을 앞에서 '괄호' 안에 제시했지만, 주님은 모세 오경과 선지서, 시편으로 대표된 성문서 전체를 말씀하셨으나 우리는 이사야 중심으로만 제시했다. 부활하신 주님의 말씀에서 특히 눈여겨 볼 대목은 이전에는 "열방의 영입" 을 암시만 하셨다면, 여기서는 아주 분명하게 말씀하고 있다는 점이다. 제자들은 예루살렘으로부터 시작하여 땅의 모든 족속에게 복음을 전파해야 할 증인이다 (사 49:6b). 그러나 먼저 위로부터의 능력을 입어야 한다 (사 32:15, 42:1, 44:3).
"참 이스라엘" 이란 정체성 문제와 연관하여 주님의 구약 예언들에 근거한 구속 사역과 그것에 기초한 유대인들과 열방을 향한 복음 선포는 누가 진정한 하나님의 백성인지 "과거 신앙 전통과의 연속성" 을 제시하고, 동시에 "이방인 선교의 정당성" 을 강조하여 이스라엘의 정체성을 확립하게 해 준다. 이제 구약 예언대로 오시고 그 예언을 따라 전파될 회개의 복음에 대한 반응에 따라 참 이스라엘인지 거짓 이스라엘인지 판정이 날 것이다.

d. 행 1:8 (사 32:15, 42:1, 43:10, 12, 44:8, 49:6b, 61:1-2)
– 유대인의 회개와 열방의 영입

행 1:8 에 제시된 부활하신 주님의 말씀은 여러 구약 예언들의 성취가 이제 바야흐로 나타날 것을 예고하신 것이다. 제자들은 한 때 소경이요 귀머거리였던 이스라엘과 (사 42:18-25) 달리 하나님의 진실된 증인들로 (사 43:10, 12, 44:8) 열방 앞에 서야 한다. 새 구원의 시대가 도래했기 때문이다. 저들은 권능을 받아 (사 32:15,

42:1, 61:1–2) 땅 끝까지 곧 모든 이방인들에게 복음을 전해야 한다.
이 말씀은 예루살렘과 유대, 사마리아라는 전통적인 하나님의 백성의 터전에 거하는 거민들에게만 아니라 이방인들에게까지 복된 소식이 전파되어 이스라엘과 이방인이 함께 하나님의 백성으로 세워질 것을 예고한다. 따라서 구약 "이스라엘" 의 재 정의가 (re–definition) 확실하게 되어진 셈이다.
e. 행 13:46–47 (사 49:6)
– 유대인의 배척과 열방의 영입
사도들의 회당 설교와 유대인의 배척, 그리고 열방의 영입은 행 13:5 (살라미 회당, 바울 사도 일행), 14 (비시디아 안디옥), 14:1 (이고니온), 17:1–3 (데살로니가), 10 (베뢰아), 17 (아테네), 18:4 (고린도), 19 (에베소), 26 (에베소, 아볼로), 19:8–10 (에베소, 바울) 등에서 묘사되고, 그 모든 구절들에서 몇몇 회당을 제하면, 거의 전부 유대인들의 배척이 나타나고 복음은 열방에게로 향한다.
유대인들이 배척했다는 언급이 없는 회당들을 보면, 살라미 회당에서는 유대인이나 이방인 개종자의 반응에 대해 언급이 없으나, 살라미 회당에서 나와 구브로 섬을 가로질러 '바보' 에 이르러 로마 총독에게 전도하는 가운데 "유대인" 박수 엘루마가 사도 바울과 바나바의 복음 전도를 극력 방해하였다. "베뢰아 회당" 의 경우에는 유대인들이 좀 신사적이어서 바울 사도의 전하는 복음이 구약 예언의 성취인지 여부를 성경을 통해 알고자 연구하였고, 많은 유대교인들이 주님을 영접하였다. 즉, 배척에 대한 언급이 없다. 아테네 회당에서는 유대인들의 배척이나 회개에 대한 언급이 없다.
에베소 회당에서는 (행 18:19) 여러 유대인들이 더 오래 있기를 청하였다고 한다. 그런데 에베소에서 사도 바울은 가이사랴를 거쳐 예루살렘에 돌아갔다가 안디옥, 갈라디아, 브루기야를 거쳐 다시 에베소를 방문하여 에베소 회당에서 석 달이나 증거할 때, "몇몇 사람은 (유대인들) 마음이 완고하게 되어서 믿으려 하지 않고, 온 회중 앞에서 이 도를 비난하므로" 바울은 그들을 떠나 제자들을 데리고 따로 두란노 서원에서 날마다 강론하였다 (행 19:9).
에베소 회당의 경우를 본다면, 살라미 회당이나 베뢰아 회당, 아테네 회당에서 유대인들의 배척이 없었지만, 그것은 바울 사도가 잠시 들러 증거하고 떠나므로, 아직 그의 복음 설교에 반응할 시간을 갖지 못하였다고 추정해 볼 수도 있다. 에베소 회당에도 처음에는 아무 반응이 없다가 재차 방문하여 3 개월 증거하는 가운데 완악한 유대인들 일부가 배척하는 부정적 반응을 보였던 것이다.
에베소 회당에는 바울 사도만 아니라 나중 아볼로도 들어가서 (행 18:26) 담대하게 (예수님에 관하여) 말하였지만, 유대인들이 어떤 반응을 보였는지는 언급이 없다.
행 28:23–28 에서는 유대인 회당이 아니라, 바울 사도가 구류된 셋집에 유대인들을 청해 복음 전하는 중에 유대인들이 믿거나 배척하므로, 사 6:9–10 을 인용하여 저들의 완악함을 경책하고, "그런즉 하나님의 이 구원을 이방인에게로 보내신 줄 알라 저희는 또한 들으리라" 고 하였다.
이상에서 누가 저작에서 이사야 예언을 살폈지만, 하나같이 이스라엘의 "재 정의" 가 나타나고 있다. 복음에 대한 반응 여부에 따라 참 이스라엘에 가입되거나 떨어져 나가게 된다. 열방도 이제 참 이스라엘에 영입되어 그 일부를 구성하게 된다. 이렇게 하여 유대인과 이방인은 구원에서 완전 동등한 지위를 점하며 하나님의 자녀로 함께 그분을 섬긴다.

세대주의의 오순절 성령강림 이해

참 이스라엘의 정체성이 누가 저작 전체에서 확연하게 드러남에도, 세대주의 학자들의 시각은 좀처럼 변화되지 아니한다. 예컨대, 핫지는 "행 2 장의 세대주의적 해석" 이란 글에서 다음과 같이 말하고 있다:

"이는 곧 선지자 요엘로 말씀하신 것이니"라는 (행 2:16) 베드로의 지적은 성령님의 부으심이 요엘 예언의 성취라는 것이다. 그렇다고, 이것이 세대주의 신학의 근본 확신과 충돌하는 것은 아니다. 세대주의자들은 교회가 구약에 직접으로 예언되지 않았다고 믿는다... 욜 2장이 예언하는 바는 "마지막 날들에" 성령님의 부으심이 있으리라는 것이다. 이 부으심은 이스라엘 사람들 중에 널리 퍼진, 근본적으로 말해, 선물이라고 요엘이 간주한다 (행 2:17–18). 이 선물로 인해 남녀노소, 남녀종들이 예언을 할 수 있게 된다. 그러나 요엘의 예언은 이 성령님의 부으심이 영적 세례, 곧 그 세례를 받은 자들이 모두 그리스도의 몸인 교회로 들어오는 그 세례였다고 암시하지 않는다 (고전 12:13). 그런 집단이 유대인과 이방인들 사이의 절대적 동등성으로 특징지어질 수 있다고도 암시하지 않는다 (엡 3:6).... 교회의 숨은 실체는 요엘의 예언이 오순절에 성취되었다고 보아도 숨겨진 실체로 남을 뿐이다 (Zane C. Hodges 1994:168–169).

성령님의 부으심을 겨우 이렇게 밖에 평가할 수 없더란 말이냐? 성령님이 부어지신바 된 그 사람이 하나님의 백성이다. 반대로, 이 성령님에 충만하여 예수 그리스도를 선포하는 사도들과 성도들을 대적한 유대교 지도자들이나 유대인들은 사단의 세력이었다. 이것은 너무나 선명한 대조인 까닭에 과격한 구분이라 할 수도 없다. 핫지의 말을 더 들어보자:

행 2:19 또 내가 위로 하늘에서는 기사와 아래로 땅에서는 징조를 베풀리니 곧 피와 불과 연기로다

20 주의 크고 두려운 (한, 영화로운) 날이 이르기 전에 해가 변하여 어두워지고 달이 변하여 피가 되리라

성령 부으심에 관한 요엘 예언의 성취가 행 2:19–20 의 한 특징이다. 그러나 요엘이 예언한 기사와 징조들은 여기서 성취되지 아니했고 사도행전 다른 곳에서도 성취된 것을 말하지 않는다. 사실 그 예언은 결코 아직까지 성취된 적이 없다... 브루스는 이 기사와 징조들은 십자가 처형 시에 일어났던 일식 (日蝕) 을 가리킨다고 하고, 바로 그 날 오후에 유월절 보름달은 어쩌면 그 초자연적인 우울함의 결과 하늘이 피의 붉은 빛을 지녔는지 모른다고 한다 (F. F. Bruce 1954:69). 그러나 그런 공상은 지푸라기를 잡는 것이다.

요엘이 예언한 그 기사와 징조들은 이 시대의 끝 직전에, 그리고 주 예수 그리스도께서 권능과 영광 중에 나타나실 때에 나타날 잘 알려진 징조들이다 (마 24:29–30, 막 13:24–26, 눅 21:25–27, 계 6:12–17). 요엘의 예언에 대한 어떤 해석도 요엘이 말한 그 기사와 징조들이 신약에 제시된 종말론 드라마에서 하나의 세트 (set piece) 라는 사실을 무시한다면 바르다고 할 수 없다. 그래서 이제 필연적으로 다음 결론에 이르게 된다: 요엘 예언의 성취된 부분들과 미성취된 부분들 사이에 어떤 종류의 '단절' 이 존재한다. 그럼에도 베드로는 예언의 두 부분을 마치 현재 상황에서 성취될 수 있었던 양 함께 인용하고 있다. 그것들이 함께 성취될 수 있었을까?

대답은 사도행전 1장에서 분명하게 드러나듯 '그렇다!' 이다. 행 1장에서 제자들은 "주여, 당신이 지금 나라를 이스라엘에 회복시키시렵니까?" 라고 묻는다 (6절). 그 질문이 주 예수님이 언급한 임박한 성령 세례에 관한 말씀을 뒤 이어 나타났다는 점을 주목해야 한다 (5절). 우리 주님의 대답은 참으로 애매하다: 때와 기한은 아버지께서 자기의 권한에 두셨으니 너희의 알 바 아니요 (7절). 물론 이는 그 대답을 저들이 알바 아니라는 것이다. 그러나 동시에 그 대답은 제자들의 견지에서 "그렇다!" 가 될 수 있었다는 것을 의미한다. 베드로가 오순절 날에 알았던 한에서, 그 나라는 그 때에 이스라엘에게 주어질 수 있었다. 그 때 성취되었다면, 요엘의 기사와 징조들도 함께 성취될 수 있었을 것이다.

행 2장의 사건들이 일어났을 때, 베드로는 하나님의 계획에 대하여 오직 제한된 지식만 가졌다. 그는 성령님의 부으심이 요엘의 성취였다는 것을 이해했고, 그렇게 선포했다. 그가 이해하지 못한 것은 인용된 예언의 나머지가 그 때에 성취될 것이냐? 하는 것이었다 (행 1:6 참조). 그 나라가 이스라엘에 회복되었다면, 요엘의 기사와 징조들은 일어날 수 있었을 것이다. 왜냐하면 그런 징조들은 돌아오는 왕에 바로 앞서 발생하는 전조 (前兆) 이기 때문이다.

그러나 다시 베드로는 성령님의 부으심이 유대인과 이방인이 동등한 지위에 서는 한 집단을 창조할 것이라는 실마리를 갖지 못했다. 행 10장에서 고넬료의 집에서 베드로는 성령님이 이 이방인 청중에게 부어질 때 놀랐다 (행 10:44–48, 11:15–17). 이것이 의미하는 바는 성령님의 세례의 참된 범위가 (그 전체 효과들) 오순절에 베드로에 의해 이해되지 못했다는 것이다. 요엘 예언이 일부 그 날에 성취된 것으로 인용한 것은 그가 요엘의 예언이 함축할 수 있는 것 이상을 그 세례에서 보았다는 것을 의미하지 않는다.

사실 행 3:19–21 에서 제시된 베드로의 말은 만약 이스라엘이 그 때에 회개했더라면, 하나님은 예수님을 그들에게 다시 보내셨을 것이라고 결론짓게 한다. 그런 일이 일어났더라면, 그 때에 그 나라의 회복이 일어난 것을 의미할 것이다.

물론 그런 일은 일어나지 아니했다. 그러나 오순절에 하나님의 사신이 알았던 한에서는 일어날 수도 있었다. 이처럼 요엘의 인용은 이 보류 주제에 아주 기막히게 들어맞는다. 요엘 예언의 일부가 방금 일어났다. 나머지도 곧 성취될 것인가?

베드로나 다른 사도 누구도 알지 못했다. 그런 지식은 아버지의 권한이었다 (행 1:7). 그러나 우리가 지금 아는 바는 2 천 년간의 절단이 행 2:17–18 에 제시된 요엘의 예언과 19–20 절에 주어진 예언 사이에 있다는 점이다. 이처럼 기독교회의 시대는 하나님의 계속되는 프로그램에서 근본적으로 하나의 괄호로 남는다. 요엘 본문은 그 성질상, 이스라엘을 위한 하나님의 목적의 성취에서 진정한 불연속성을 함의한다.

여기서 핫지의 주장은 요엘서의 예언이 다수의 유대인들의 불순종으로 "'부분' 성취" 되었다는 것이다. 이스라엘이 전부 주님을 영접했더라면 요엘서의 예언이 "'전부' 성취" 되었을 것이고, 이스라엘이 대부분 회심했더라면, 이미 열흘 전에 하늘로 올라가셨던 주님을 하나님은 다시 이스라엘에게 보내셨을 것이고, 그분의 오심 직전에 "하늘에 기사와 땅의 징조들" 이 나타나 "돌아오는 왕" 의 전조(前兆) 역할을 했었으리라 한다. 그러나 이스라엘의 '소수' 만 회개하는 바람에 예수님은 오지도 않았고 요엘서의 예언도 부분 성취로 끝나고 말았다. 교회는 참으로 하나님의 원래 구속 프로그램에 들어있지도 아니했던 "괄호시대" 에 임시방편으로 생겨난 것에 불과하다. 핫지는 교회가 구약에 언급도 없고, 하나님의 구속 계획에서 '임시방편' 에 불과하며, 유대인들이 대부분 회개하고 주님을 영접하는 일만이 구약의 "완전" 성취이고 행 2 장이 묘사하듯, 유대인 중 '소수' 의 "남은 자" 가 (= 하나님의 택함 받은 자들) 회개하여 주님을 영접하고 성령세례 받는 것은 "민족적 회개" 와 거리가 먼, 별 시시한 일이라고 말하고 있는 셈이다.

핫지가 지적하는 "하늘의 기사와 땅의 징조들" 은 마 24:29 에 묘사된 바와 흡사한데, 여기 문맥에서는 브루스처럼 주님 십자가 처형 당시 하늘이 어두워졌던 자연 이변 사건을 가리킨다고 하기보다, 성령님의 부으심과 대비되는 복음을 배척하는 자들에 대한 심판을 상징적으로 암시했다고 이해할 수 있다. 그 심판은 오순절에 암시되었지만, 실제로는 주후 70 년 예루살렘 파멸 시에 완전 성취되었다. 왜냐하면 "주의 크고 '두려운' (한, 영화로운) 날" 은 (ἡμέραν κυρίου τὴν μεγάλην καὶ ἐπιφανῆ; yôm yhwh haggāḏôl whannôrāʾ 욜 2:31 [히, 3:4]) 구약적 배경에 비추어 본다면, 하나님의 "심판의 날" 이기 때문이다. 주후 70 년 유대교 본부였던 예루살렘은 로마 군대에 함락당하고 성전도 파괴당하였다. 구약이 예언한 그 구원자의 도래와 함께 동튼 새 구원의 시대에 더 이상 유대교는 존재 가치가 없어졌기 때문이다.

핫지의 말을 계속 들어 보자.

지금까지 언급된 바는 행 2 장에 기술된 대로, 교회는 그 최초의 경험에서 이스라엘로부터 의식적으로 분리되지 아니했다는 것을 보여준다... 베드로와 같은 유아기 교회의 지도자들조차도 장차 많은 수의 이방인들이 오순절에 창조된 이 새 기관의 일부가 되리라고 기대하지 못하고 있었다. 사실 그런 일이 현실화되자, 어떤 이들은 아주 강하게 저항하였다 (행 15 장). 운 좋게도 베드로나 야고보 같은 지도자들은 믿는 유대인들의 기분을 고려하면서 필요한 조처들을 취할 줄을 알았다. 예컨대, 행 2 장의 결론부에서 보듯, 유대교와 구분되는 주의 성찬은 시행하면서도 동시에 예루살렘의 유대인 성전에서 예배도 드렸다 (2:46–47). 이는 아주 적절하였다. 왜냐하면 그 때에 나라가 이스라엘에 회복되는 것은 아직 결정되지 않았었기 때문이다... 사도행전의 초반부에서 이스라엘 중에 개종자들이 신속하게 나타났다는 것이 제시된다... 그럼에도 이렇게 급속히 증대되는 수치에도 불구하고 팔레스틴 전체 이스라엘 사람은 말할 것도 없이 예루살렘 거민들의 다수가 개종하는 일과는 거리가 멀었다. 개종자들의 신속한 증가가 아무리 인상적이었다 해도, 민족적 회개는 아직 거리가 멀었다. 7 장에서는 더구나 스데반의 순교와 그 후에 야기된 기독인 박해로 인하여 교회의 성장은 치명타를 입고 말았다 (8:1). 오직 점진적으로만 사도행전은 교회가 이방인 중심의 실체가 되고 이스라엘 민족은 그리스도의 주장에 거의 눈이 멀었다는 점을 보여준다.

이 사실이 누가에게 아주 주요한 관심사였다는 것이 사도행전 마지막 장에서 분명하게 드러난다. 거기서 바울 사도는 자기 메시지를 로마의 일단의 유대인 지도자들에게 제시하는데 (28:23), 그 결과는 "그 말을 믿는 사람도 있고 믿지 아니하는 사람도 있어" 라고 나누인 집안을 보여준다.... 누가는 바울 사도가 이사야의 예언, 곧 이스라엘 민족이 신적인 역사로 눈멀게 되리라는 예언을 인용하는 모습을 제시함으로 이 분단된 집안의 기사를 절정에 이르게 한다 (25–27). 이사야의 예언을 인용한 다음, 누가의 영웅은 (바울) 이 책에서 자신의 마지막 진술을 한다. 그것은 누가가 모든 독자들이 주목할 것을 바라는 결정적 선언이다 : "그런즉 하나님의 이 구원을 이방인에게로 보내신 줄 알라 저희는 또한 들으리라 !" (28 절).

이것이 누가가 행 1:6 의 질문 "주여, 당신이 지금 나라를 이스라엘 나라를 회복시키십니까?" 라고 한 질문에 주는 결정적 답변이다. 그 답변은 누가 내러티브에서 오랫동안 분명하게 나타난 것이었지만, "아니다, 지금이 아니다!" 라는 것이다. 이방인의 선교 시대가, 그 기간이야 미확정이지만, 이 시기의 하나님의 실제 프로그램이다. 이스라엘 나라의 회복은 미래의 어느 날로 연기되었다. 그 날이 오기 직전에 요엘 선지자가 말한 그 기사와 징조들이 나타날 것이다. 즉, 그런 것들은 "주의 크고 두려운 날이 오기 전에" 나타날 것이다 (2:20).

이처럼 사도행전은 바울 신학의 근본 주제인 "형제들아 너희가 스스로 지혜 있다 함을 면키 위하여 이 비밀을 너희가 모르기를 내가 원치 아니하노니 이 비밀은 이방인의 충만한 수가 들어오기까지 이스라엘의 더러는 완악하게 된 것이라 26 그리하여 온 이스라엘이 구원을 얻으리라!" 는 (롬 11:25-26a) 사고에 대한 역사적 논증이다. 사도행전에 의하면, 나라의 회복은 지금 일어나지 아니한다. 왜냐하면 그 나라는 "일부가 완악하게" 되었기 때문이다 (롬 11:25). 이스라엘은 나누어진 집안이다 (행 28:24, 29). 그리스도의 재림 때에만 진실로 이스라엘의 민족적 회개가 나타날 것이다. 왜냐하면 "구원자가 시온에서 오사 야곱에게서 경건치 않은 것을 돌이키" 실 때에만 "온 이스라엘이 구원을 받을 것이기" 때문이다 (롬 11:26). 우리는 슥 12:1-14 에서 이스라엘의 민족적 회개의 모습을 볼 수 있다. 그 중요한 날은 아직 미래인 것이다 (171-172).

핫지의 핵심 주장은 사도행전에 묘사된 이스라엘의 개종과 구원은 구약 예언이 예고한 "민족적 회개" 와 거리가 멀었고, 이스라엘은 "나누인 집안" 이 되어 구약 예언들의 성취를 '연기(延期)' 시켜 버렸다는 것이다. 이렇게 이스라엘이 완악하게 반응한 것은 이사야의 예언 (사 6:9-10) 성취이며, 그 결과로 하나님께서 구원을 이방인에게로 보내게 되었다 (행 28:28). 이런 사실은 결국 행 1:6 에서 제기된 질문, "지금이 이스라엘 나라의 회복 때인가?" 라는 질문이 부정적(否定的) 대답을 하게 한다. 이스라엘 나라의 회복은 주님 재림 직전의 어느 날로 '연기'되고 말았다. 이방인의 "충만한 수"가 들어오기까지 이스라엘의 "일부"가 완악하게 되었으며 (롬 11:25), 구원자가 시온에서 오사 (재림) 야곱에게서 경건치 않은 것을 돌이키실 때 비로소 온 이스라엘이 구원을 얻는 구약 예언이 (슥 12:1-14) 성취되리라 한다.

그리하여 온 이스라엘이 구원을 얻으리라 (롬 11:26)

핫지의 주장은 예수님의 십자가 죽으심과 (사 53 장의 성취), 부활, 그리고 승천과 왕으로 즉위하심, 그 후에 성령님을 아버지께 받아 부어주심 (행 2 장의 성령강림), 그 후에 일어난 이스라엘인들 중의 회개의 역사, 그리스도 복음의 강력한 역사와 개종자의 신속한 증대, 복음의 이방인 전파 등을 구약 예언 성취와는 거리가 먼, 아주 별 볼일 없는 시시한 일들로 간주하는 듯 하다. 핫지의 모든 관심사는 오순절 성령강림 사건은 구약 예언의 부분성취에 불과하며, 이스라엘의 "민족적 구원" 은 저들의 완악함으로 슥 12 장 예언대로 일어나지 아니했으므로, 구약 예언의 완전 성취는 주님의 재림 때로 연기되어 버렸다는 것이다. 구원자가 시온에 오셔서 야곱에게서 경건치 않은 것을 돌이킨 일은 '초림(初臨)' 때, 오순절 "성령강림" 으로 일어났음에도, 그 때에 유대인들 중 "남은 자들" 은 다 회개했고, 주님을 영접하였던 사실은 "민족적" 구원과는 무관한 것인가?

롬 9-11 장에서 사도 바울이 논증하고자 하는 바는 구원 역사에서 항상 "남은 자" 만 (하나님의 택하심을 입은 자) 구원을 받는다는 사실인데 (롬 9:27 이사야가 이스라엘에 관하여 외치되 '이스라엘 뭇 자손의 수가 비록 바다의 모래 같을지라도 남은 자만 구원을 얻으리니'), 왜 이스라엘 "대다수" 가 (8, 90 퍼센트?) 믿어야만 구약 "예언의 성취" 라고 할 수 있다고 할까? "온 이스라엘" 이 구원을 얻을 시기를 주님 재림 직전으로 연기시켰는데, 재림 직전의 그 어느 날 혹은 그 어느 달에 대규모 개종이 일어나서 "온 이스라엘" 이 구원받는다고 가정하는 것 자체가 "구원사의 '남은 자' 원리" 에 어긋나는 것이고, 롬 11:26 도 그런 의미와 거리가 멀다.

사도 바울은 롬 9-11 장에서 구약 시대의 이삭과 이스마엘, 야곱과 에서, 엘리야 시대의 남은 자 7 천명, 그리고 자기 당대의 '남은 자들' 곧 자신을 비롯한 주님을 영접한 유대인들을 지적하지 않았던가?

롬 9:23 또한 영광 받기로 예비하신 바 긍휼의 그릇에 대하여 그 영광의 부요함을 알게 하고자 하셨을지라도 무슨 말 하리요 24 이 그릇은 우리니 곧 유대인 중에서 뿐 아니라 이방인 중에서도 부르신 자니라 27 또 이사야가 이스라엘에 관하여 외치되 이스라엘 뭇 자손의 수가 비록 바다의 모래 같을지라도 남은 자만 구원을 얻으리니 28 주께서 땅 위에서 그 말씀을
이루사 필하시고 끝내시리라 하셨느니라 29 또한 이사야가 미리 말한 바 만일 만군의 주께서 우리에게 씨를 남겨 두시지
아니하셨더면 우리가 소돔과 같이 되고 고모라와 같았으리로다 함과 같으니라
롬 11:1 하나님이 자기 백성을 버리셨느뇨? 그럴 수 없느니라 나도 이스라엘인이요 아브라함의 씨에서 난 자요 베
냐민 지파라 2 하나님이 그 미리 아신 자기 백성을 버리지 아니하셨나니 너희가 성경이 엘리야를 가리켜 말한 것
을 알지 못하느냐 저가 이스라엘을 하나님께 송사하되 3 주여 저희가 주의 선지자들을 죽였으며 주의 제단들을 헐
어버렸고 나만 남았는데 내 목숨도 찾나이다 하니 4 저에게 하신 대답이 무엇이뇨? 내가 나를 위하여 바알에게
무릎을 꿇지 아니한 사람 칠천을 남겨 두었다 하셨으니 5 그런즉 이와 같이 이제도 은혜로 택하심을 따라 남은 자
가 있느니라

구원역사에 면면히 흐르는 원리, 곧 남은 자만(항상 소수) 구원 받는다고 하다가 11:26 에 가서 자기의 이제까지의 논지를 일거에 뒤 엎어 버리는 주장을 ('그 때에' 온 이스라엘이 구원을 받으리라) 하고 있다고 이해할 것인가?

롬 11:26 에서 "'그리하여' 온 이스라엘이 구원을 얻으리라" 고 할 때, "그리하여" 는 (καὶ οὕτως) "이와 같이" (thus – NASB, NAB, LSG [ainsi]), "그렇게" (so –NIV, NRSV, KJV), "이렇게" (this is how – NJB) 등으로 번역되는데, "이런 방식으로" 혹은 "이처럼" 으로 이해함이 좋다. "이런 방식으로" 라는 것은 지금까지 바울 사도가 논증한대로, 구원역사에서 이스라엘 전부가 구원을 받는 것이 아니라, 오직 택함 받은 "남은 자만 구원을 받는다는 원리대로" 를 가리킨다.

스콧은 (James M. Scott) "카이 후토스" 를 "방식" 의 의미로나 (in a modal sense) "시간적" 의미로 모두 취할 수 있다고 지적하면서도 후자의 의미로 취해야 한다고 주장한다 (James M. Scott 2001:490 이하). 스콧은 대다수의 학자들은 "방식" 의 의미로 번역하지만, 소수의 학자들은 "그 때에" 혹은 "그 후에" 라는 시간적 의미를 지지한다고 지적한다. 이 시간적 의미로 취하면, 이방인들의 충만한 수가 들어온 후에, "그 때에" "온 이스라엘이" 개종하리라는 의미가 된다. 거의 전체 학자들이 "이런 방식으로" 라는 방식의 의미를 취하는 이유는 "그 때에" 라는 시간적 의미로 "후토스" 가 사용된 적이 없기 때문이라고 보지만 (Otfried Hofius 1989:192; Joseph A. Fitzmyer 1993:622 는 "후토스의 시간적 의미는 달리 헬라어에서 발견된 적이 없다"), 스콧은 이제 그런 주장을 더 이상 견지할 수 없게 되었다고 두 가지 이유를 제시한다. 1) 최근 피터 퐌 더 호스트가 고전 헬라어 문헌, 유대인 헬라어 문헌, 초기 기독교 문헌들에서 "후토스" 의 시간적 용례를 많이 지적했다 (Pieter W. van der Horst 2000). 2) TLG (헬라어 보고) CD 의 헬라 교부 문헌에서 "카이 후토스" 는 시간적 의미로 (and then) 많이 (60 군데 중 73%) 난다. 만약 스콧이 주장하듯, 헬라어 "και ουτως" 가 "시간적" 의미라면, 히브리어 대응어는 wʾz (출 12:48, 수 1:8), 아람어 대응어는 wʾḏyn (라 5:50 일 것이다. 스콧이 지적한대로, 헬라어 "카이 후토스" 가 "그 때에" 라는 의미도 지닌다는 점을 인정한다고 해도, 롬 9–11 장 전체의 논지의 흐름에 비추어, 11:26 에서 그런 '시간적' 의미로 이해하기는 불가하다.

이스라엘의 '일부' 가 완악하게 됨

"이방인의 '충만한 수' 가 들어오기까지 이스라엘의 '일부' 가 완악하게 되었고" (롬 11:25), 구원자가 시온에서 오사 (재림) 야곱에게서 경건치 않은 것을 돌이키실 때 비로소 '온 이스라엘' 이 구원을 얻는 구약 예언이 (슥 12:1–14) 성취되리라는 세대주의 사고는 아주 그럴듯한 인상을 준다. 특히 롬 11:12, 15 절은 이스라엘의 재림 직전에 '집단개종' 을 암시하는 듯 들리기도 한다.

11 그러므로 내가 말하노니 저희가 넘어지기까지 실족하였느뇨? 그럴 수 없느니라 저희의 넘어짐으로 구원이 이방인에게
이르러 이스라엘로 시기나게 함이니라 12 저희의 넘어짐이 세상의 부요함이 되며 저희의 실패가 이방인의 부요함이 되거
든 하물며 저희의 충만함이리요 13 내가 이방인 너희에게 말하노라 내가 이방인의 사도인만큼 내 직분을 영광스럽게 여
기노니 14 이는 곧 내 골육을 아무쪼록 시기케 하여 저희 중에서 얼마를 구원하려 함이라 15 저희를 버리는 것이 세상의 화
목이 되거든 그 받아들이는 것이 죽은 자 가운데서 사는 것이 아니면 무엇이리요?

사도 바울은 이스라엘이 완전히 대(大)자로 넘어져 다시 일어날 수 없게 실족했는가? 라고 묻고 결코 그렇지 않다고 단언한다. 이스라엘은 일어나서 구원받을 미래의 소망이 있다는 것이다. 저들 중 일부가 넘어진 것

은 이방인들에게 은혜의 물길이 흘러 넘쳐 가게 하기 위함이었다. 하나의 비유를 들어보겠다.

하늘에서 내리는 비에 의존해서만 농사가 가능한 천수답과 (天水畓 봉답 = 봉천답 奉天畓) 연관된 비유이다. 어느 해 여름 하늘에서 적기에 (適期) 비가 내려 산골짝에 물이 흐리기 시작했다. 그 "은혜" 의 물이 이스라엘 천수답에 (A) 흘러갔는데, 마침 그 A 의 "일부분에" 흙이 높이 쌓여 있어 물이 흘러 들어갈 여지가 없었고, A 의 "일부" 에만 물이 흘러 갔으므로, A 의 일부를 채운 물은 넘쳐서 결국 A 아래 위치한 이방인 천수답에로 (B) 흘러갔다. B 에 물이 가득차서 벼 심기가 어려움 없이 진행되는 것을 본 A 의 주인이 시기가 발동하여 일군들을 동원하여 A 에 쌓인 흙을 치우고 물을 그곳에도 대서 그곳에도 벼를 심고자 안간힘을 썼다! (H. Ridderbos 1979:358; 1985:421 참조)

사도 바울은 구원사에서 구원의 우선권이 이방인에 비해 이스라엘에 있다는 점을 인정하고 있다. 갈 3 장에서 보듯, 아브라함 언약 안에 이미 이방인의 구원이 포함되어 있지만, 역사적으로 본다면, 구원은 이스라엘에서부터 이방인에게로 흘러갔다 (사 2:3, 요 4:22 "구원이 유대인에게서 남이니라"). 이스라엘의 일부가 완악하게 복음을 배척하자 저들의 완악함에 복음이 튕겨서 이방인에게로 나아갔다 (롬 28:28).

이렇게 이스라엘의 일부 완악하게 됨이 이방인에게는 축복이 되었다. 그래서 사도는,

12 저희의 범법이 (παράπτωμα) 세상의 부요함이 (πλοῦτος) 되며
저희의 실패가 (ἥττημα) 이방인의 부요함이 (πλοῦτος) 되거든
하물며 저희의 충만함이리요? (πλήρωμα)

라고 소위 argumentum a fortiori 의 일종인 "경중 (輕重) 논법" 을 (a minori ad maius) 제시하고 있다. 작은 것에서 큰 것으로 논리를 강화시키고 있다. 이스라엘의 실패가 세상의 부요함이 된다면, 이스라엘의 충만함은 어떻게 세상에 더 큰 축복이 되겠는가? 말할 나위도 없다!

다음과 같은 단어 짝들을 보라: "이스라엘의 범법, 실패" // "세상의 (이방인들) 부요함." "범법" 은 (한, 넘어짐) 이스라엘이 복음을 대적한 악행을 지시하고 저들의 "실패" 는 그런 완악함으로 은혜의 자리에서 쫓겨남을 의미한다. 이제 사도는 말하길, 이스라엘의 범죄와 실패가 이방인에게 부요함이 되었다면, 이스라엘의 "충만함" 은 이방인들에게 얼마나 더 큰 축복이겠는가? 라고 질문한다.

앞에서 우리는 이스라엘의 범법과 실패에 '상응' 하는 이방인의 부요함을 제시했는데, 이스라엘의 "충만함" 은 문장 형식상 이스라엘의 "범법과 실패" 와 '대비 (對比)' 된다. 그런데 내용상 충만함 / 범법 혹은 실패의 대비는 찾기 어렵다. "충만함" 의 대조는 "일부" 여야 하지만, 여기서는 "일부" 대신 "범법" 혹은 "실패" 이다. 그래서 사도 바울은 이스라엘 민족 다수가 실패 혹은 범법하여 버림 당하고 "일부" 만 믿어 구원에 이른 점을 염두에 두고 있다고 추정할 수 있다.

그렇다면, 사도 바울의 주장을 약간 바꾸어 제시한다면 이렇게 될 것이다. 이스라엘 다수가 완악하여 실패할 때, "일부" 가 믿어 구원을 받았는데, 그 믿은 이스라엘의 "일부" 가 (사도들을 위시하여) 전도하여 세상에 축복이 되었다면, 하물며 이스라엘의 "충만함"은 세상에 얼마나 더 큰 축복이 되겠는가? 라고 생각할 수 있다. 사도는 자기의 복음 전도를 극력 방해하고 핍박한 유대인들의 대적 행위를 염두에 두고, 저들의 범죄로 복음이 이방인에게 흘러감으로 (롬 28:28) 이방인들에게 축복이 되고 있다는 사실을 말씀하고 있다. 역사적으로 계속 그렇게 이스라엘의 일부가 완악하게 굴면 지속적으로 이방인에게 은혜의 물이 흘러갈 것이다. 그렇게 해서 주님 재림까지 이스라엘의 남은 자들이 모두 구원에 이르게 되면, 곧 남은 자들의 구원이 "충만" 에 달하게 되면, 그때까지 이방인들에게는 얼마나 큰 축복이겠는가? 라는 것이다.

만일 "이스라엘의 충만" 을 재림 직전의 "온 이스라엘의 집단 개종" 을 의미한다고 이해하면, 25 절의 "이방인들의 충만" 도 이방인들 전체의 집단 개종을 의미한다고 이해해야 한다. 그렇지만 이방인들이 전체 집단 개종하는 그런 예는 없었고, 그런 일은 앞으로도 없을 것이다. 마찬가지로 이스라엘 전체가 집단으로 개종하는 일을 사도께서 재림 직전에 일어나리라 바라본다고 말할 수도 없다.

롬 11:26 에 비추어 여기 "이스라엘의 충만" 을 재림 직전에 이스라엘이 전체로 집단 개종할 것을 가리킨다고

이해하면, 그 집단 개종을 가정한다 해도, 그 이스라엘의 충만이 일어나는 때는 25 절에 의하면, 이방인의 충만한 수가 다 찬 이후이다. 이방인들에게 구원의 문은 닫혔다. 그런 상태에서 이스라엘의 충만 곧 저들의 집단 개종이 세상에 무슨 축복이 되겠는가? 그들이 전부 개종해서 세상에 나가 전도하겠다는 것인가? 때는 이미 늦지 않았는가?

이제 15 절을 보자 (저희를 버리는 것이 세상의 화목이 되거든 그 받아들이는 것이 죽은 자 가운데서 사는 것이 아니면 무엇이리요?) 대다수의 이스라엘은 그리스도를 대적하고 핍박하여 십자가에 못 박았고 그의 사도들까지 핍박하다 결국 주후 70 년에 디도 장군에 의한 대 살육을 당하고 예루살렘은 함락당하고 성전도 파괴되고 말았다. 저들의 불신앙으로 저들은 하나님의 백성의 자리에서 제외당하고 말았다. 유대인 중에 물론 베드로를 위시한 사도들이나 끝까지 주님을 따르고 믿은 자들도 있었음은 물론이다. 이렇게 대다수의 이스라엘이 구원에서 제외당하는 일이 (ἀποβολη) 세상 곧 이방인들의 "화목" 이 (καταλλαγη) 되었다. 12 절과 유사한 사고를 제시하고 있다. 이스라엘이 버림당함으로, 이방인들이 복음으로 하나님과 화목하게 되었다. 여기 제시된 사고는 12 절에서 "이방인의 부요함" 의 더 분명한 설명이다.

이스라엘의 버림당함은 (ἀποβολὴ) 그들의 받아들여짐과 (πρόσλημψις) 대비되고 있다. 이스라엘이 "받아들여짐" 은 "죽은 자들 가운데로부터의 생명" 이다 (ζωὴ ἐκ νεκρῶν). 여기 문맥을 무시하고 이스라엘의 받아들여짐이 죽은 자들로부터의 부활 생명이라는 진술은 재림 직전에 이스라엘의 집단 개종을 의미한다고 이해하지 말아야 한다. 바로 앞 구절들에서 (13, 14 절) 사도는 어찌해서라도 자기 골육을 시기나게 하여 그 중 얼마라도 구원하려고 애쓰고 있다고 말씀했다. 그렇다면, 15 절의 말씀은 이스라엘의 완악한 자들이 회개하여 하나님의 은혜로 받아들여지는 일은 바울 사도 '당대' 에 일어나는 일이며 그 후 역사적으로 지속적으로 일어나야 할 일이지, 재림 직전에 단번에 집단적으로 일어날 일은 아니다. 동시에 다음 구절에서 (16 절 이하에서) 사도는 '당대' 이방인들에게 자긍하지 말라고 감람나무 비유를 말씀하고 있다.

만약 우리의 논적들이 (論敵) 여기 죽은 자들 가운데서의 부활 생명은 재림 직전에 일어날 이스라엘의 집단 개종을 지시한다고 주장한다면, 그들의 15 절에서의 논리는 "이스라엘 (다수를) 버리는 것이 '세상의 화목' 이 된다면, 이스라엘 (다수를) 받아들이는 것은 죽은 자 가운데서 사는 것" 이며, '이방에 얼마나 큰 축복' 이 되겠는가? 정도가 될 것이다. 자, 주님 재림 직전이면 이방인들의 충만한 수가 구원에 들어와 버린 때인데, 이방인 중에서 예정된 자는 다 구원받은 때에, 이스라엘이 집단 개종한들 그들의 개종이 이방인들에게 어떤 유익을 줄까? 이방인들에게 이미 구원의 문은 닫혀 버렸는데, 이스라엘이 전부 개종해서 또 이방인들에게 전도한다는 말인가? 논리적으로 성립될 수 없다.

리델보스는 지적하길, 역사적으로 되어지는 복음의 전파 때문에 나타날 이스라엘의 개종 외에 또 다른 개종의 여지는 없다고 하고, 그 근거로 10:14 이하, 11:11, 14, 22 등을 언급했다 (1979:358). 지금 우리가 전파하는 복음을 통해 유대인들이 구원을 받는 것이지, 재림 직전에 유대인들이 주님의 얼굴을 보는 순간 잘못을 느끼고 회개하고 집단 개종하리라는 시나리오는 복음 전파의 시급성 사고와 동떨어진 것이다. 사도는

10:14 그런즉 저희가 믿지 아니하는 이를 어찌 부르리요 듣지도 못한 이를 어찌 믿으리요 전파하는 자가 없이 어찌 들으리요 15 보내심을 받지 아니하였으면 어찌 전파하리요 기록된바 아름답도다 좋은 소식을 전하는 자들의 발이여 함과 같으니라 16 그러나 저희가 다 복음을 순종치 아니 하였도다 이사야가 가로되 주여 우리의 전하는 바를 누가 믿었나이까 하였으니 17 그러므로 믿음은 들음에서 나며 들음은 그리스도의 말씀으로 말미암았느니라

라고 말함으로, 복음 전파 없이는 구원이 없다고 단언하고 있다. 재림 직전에 이스라엘이 주님을 볼 때, 온 이스라엘이 개종하리라는 시나리오는 1) 이스라엘의 개종을 복음 전파와 무관하게 만들고, 2) 구약 제사들로 오랫동안 교육되고, 예언자들이 예고한 십자가와 부활의 복음의 가치를 짓밟으며, 3) 이스라엘인 한 사람이라도 구원시키고자 힘쓰고 애쓰며, 심지어 자신이 저주를 받아 그리스도에게서 끊어지더라도 원하는 바라고 (롬

9:3) 절규하는 사도의 절박한 전도 열정과 충돌하며, 4) 지금 여기 역사적 상황에서 이스라엘을 구원시켜야 하는 교회의 선교적 긴장감을 이완시켜 버린다.

사도 바울이 롬 11장에서 제시하는 핵심 사고는 ("비밀") 이방인들의 구원과 이스라엘의 그것 사이의 상호의존성을 통해서 하나님의 구원이 역사적으로 일어나리라는 것인데, 하나님의 후회하심이 없는 은사와 부르심의 대상으로서의 이스라엘 사고와 하나님의 백성으로서의 신약 교회의 (유대인 남은 자와 이방인 택함 받은 자들의 조합) 본질적 성격과는 상호 모순이 있을 수 없다. 왜냐하면 이방인들과 이스라엘 사이의 상호 의존성을 통해 유대인 남은 자들이 구원되고, 또한 이방인들 역시 유대인들과 역동적 관계 하에서 구원에 참여하여 예수 그리스도의 교회, 곧 하나님의 새 이스라엘을 이루기 때문이다.

다섯째로, 대속(代贖)물, 속건 제물(= 속죄 제물)

사 53:5 그가 찔림은 우리의 허물을 인함이요 그가 상함은 우리의 죄악을 인함이라
그가 징계를 받음으로 우리가 평화를 누리고 그가 채찍에 맞음으로 우리가 나음을 입었도다
6 우리는 다 양 같아서 그릇 행하며 각기 제 길로 갔거늘
여호와께서는 우리 무리의 죄악을 그에게 담당시키셨도다
10 여호와께서 그로 상함을 받게 하시기를 원하사 질고를 당케 하셨은즉
그 영혼을 '속건 제물' 로 드리기에 이르면
그가 그 씨를 보게 되며 그 날은 길 것이요 또 그의 손으로 여호와의 뜻을 성취하리로다

여기 속건 제물은 속죄(贖罪) 제물의 일종이다. 속(贖)이란 돈을 의미하는 '패'(貝) 변이 음성 표시 글자 '매' 에(賣) 첨가된 것이다. 이 말은 돈을 지불하고 사람이나 물품을 바꾸거나 죄를 면죄 받았던 이전 시대의 관습과 연관된다. 속(贖)이란 말은 "재물을 사용하여 사람이나 저당품을 바꾸어 되돌림" 을(用財物換回人或抵押品) 의미한다.

예컨대, 춘추(春秋) 좌씨전(左氏傳) 선공편 2년, 춘추시대 초나라 장왕은(莊王) 실력을 과시하기 위해 동맹국인 정(鄭)나라로 하여금 송나라를 치게 하였다. 송나라의 대장 화원은(華元) 마부 양짐에게 "마차를 적의 병력이 허술한 오른쪽으로 돌려라" 명령하였으나 양짐은 반대로 정나라 병력이 밀집해 있는 왼쪽으로 마차를 몰았다. 당황한 화원이 방향을 바꾸라고 소리치자 양짐은 "어제 양고기를 군사들에게 먹인 것은 장군의 판단에 따라 한 일이지만 오늘의 이 일은 나의 생각대로 한 것입니다" 하고는 곧바로 정나라 군사가 모여 있는 곳으로 마차를 몰았기 때문에 화원은 결국 정나라 군사에게 붙잡히고 말았다. 대장이 포로가 된 것을 본 송나라 군사는 전의를(戰意) 잃고 전열(戰列)이 무너졌다. 그 결과 250여 명의 군사가 사로잡히고 사공(司空: 토지와 민사를 맡아보는 관원)까지 포로가 되었다. 정나라 군사는 모두 460량의 병거를(兵車) 포획하는 등 대승을 거두었다. 송나라의 대패는 바로 양짐이 화원의 지휘에 따르지 않고 '각자위정(各自爲政)' 했기 때문이다. 패한 송나라에서는 병거 100승, 문마(文馬 흑백 얼룩말) 400필을 가지고 화원을 속(贖)하기로 했다.
宋人以兵車百乘, 文馬百駟, 以贖華元于鄭一(左傳 · 宣公二年)
물건이 반수 정도 정나라에 도달하자, 화원을 재빨리 본국으로 도망쳤다. 정나라가 물건을 받고도 돌려보내지 않을 것을 염려했기 때문이다. 고려중인 단어의 약간 다른 용례로는 재물을 사용하여, 죄나 과실의 처벌을 면하는 것이다(用財物脱罪或抵免過失). 贖刑(用財物抵免刑罰); 贖命(재물로 범인을 구하다 以財物營救犯人,使脱免刑罰); 贖锾(用錢贖罪; 贖罪的金錢); 贖錢(贖罪的錢); 贖銀(用以贖使的銀錢); 贖絹(贖罪用的絹帛); 贖庸(노역을 면하기 위해 돈을 지불하다 出錢以免除勞役).

속(贖)이란 말의 의미를 보다 생생하게 예증해 주는 사건이 조선시대 청의 포로로 끌려갔던 동포를 몸값을 지불하고 찾아왔던 사건인데, 그것을 속환(贖還)이라 불렀고 그 역할을 맡았던 최고관리는 "속환사" 라(贖還使) 불렀다.

조선 시대에 국제정세에 대한 오판으로 인조는 야만인이라 깔보던 여진족들에게 치욕을 당했다. 그것이 병자호란과 삼전도 삼궤구고두의(三 跪 九叩頭) 예로 청 태종 앞에 이마 박을 땅 바닥에 퍽 소리가 나도록 찧고 세 번 절하고, 또 이마를 찧고 세 번 절하고 또 이마를 찧고 세 번 절하고 하는 굴욕이었다. 국제 정세가 어떻게 돌아가는 줄도 모르고 힘도 없는 주제에 함부로 굴다가 그렇게 수치와 굴욕을 당한 것이다. 그런데, 인조의 굴욕은 둘째 치고 다음에 '백성' 에게 닥친 곤고함과 수욕은 말로 다할 수가 없었다. 그것이 포로 문제였는데(한명기 2008, 2009), 병자호란 당시 청군에 붙잡혀

청나라로 끌려간 사람은 (被擄人) 최명길이 병자호란 이후에 가도의 (椵島) 명군 지휘부에 보낸 자문 (咨文) 에서 50 만 명으로 추산했다. 나만갑이 (羅萬甲) '병자록' 에서 '청군이 철수하는 동안 매번 수백 명의 조선인들을 열 지어 세운 뒤 감시인을 붙여 끌고 가는 것이 하루 종일 지속되었다' 거나 심양 (瀋陽) 인구 60 만 가운데 상당수가 조선 사람' 이라고 서술했던 사실을 염두에 두어야 한다. 50 만 명은 안 될지 몰라도 적어도 수십만 명에 이르렀을 가능성이 크다.

청의 용골대는 1637 년 4 월, 심양에 도착한 소현세자 (昭顯世子) 일행에게 속환에 대한 청측의 방침을 통보했다. 그들은 속환과 관련하여 '청군이 조선으로부터 완전히 철수한 뒤부터 심양에서 시작한다' 는 원칙을 제시했다. 즉 중간에서의 속환은 불가능하고, 속환을 원하는 포로의 보호자가 직접 심양으로 올 것을 강조했던 것이다. 소현세자는 이 내용을 4 월 13 일 본국에 보고했고, 조선 조정은 비로소 속환 준비에 나서게 되었다.

전란 시기 행방불명 (行方不明) 된 혈육을 갖고 있었던 많은 조선 사람들에게는 유일한 '희망의 끈' 이었다.

청이 조선인 포로들의 속환을 공식적으로 허용한 것은 1637 년 4 월 이후였다. 하지만 실제로는 청군이 철수 길에 올랐던 2 월 초부터 이미 속환이 비공식적으로 이루어지고 있었다. 청군이 철수에 앞서 자신들의 주둔지 부근에서 조선인 포로들을 '매매' 하기 시작했던 것이다. 포로들을 직접 끌고 가는 것이 귀찮거나 돈이 필요했던 자들이 매매에 나섰던 것으로 보인다.

항복했던 직후부터 청군이 철수하기 이전까지만 해도 포로들의 몸값은 (贖還價) 그다지 높지 않았다. 청은 병자호란 이후 속환가를 은 (銀) 으로 계산했는데, 당시 남자는 한 사람 당 은 5 냥, 여자는 3 냥 정도였다. 또 아무리 높이 잡아도 10 냥을 넘지 않았다. 하지만 공식적인 속환이 시작되면서 상황은 돌변했다. 종전 직후 조선은 이성구를 (李聖求) 사은사 (謝恩使), 회은군 (懷恩君) 이덕인을 (李德仁) 부사 (副使) 로 임명하여 심양에 파견했다. 사실상 최초의 속환사 (贖還使) 였다. 이들이 심양에 도착한 5 월 15 일 이후 심양에서 '인간시장' 이 열렸다.

혈육을 데려가려는 소망을 품고 많은 원속인들이 (願贖人) 심양으로 모여들었다. 하지만 그들은 곧 절망하고 말았다. 속환가가 최소 수백 냥에서 천 냥 단위로 폭등했기 때문이다. 그것은 인신매매로 한밑천 잡으려는 청인 (淸人) 소유주들의 탐욕과 그에 놀아난 일부 조선 고관들의 조바심과 무책임 때문이었다. 한 예로 이성구는 자신의 아들을 1500 냥에 속환했다.

이 조선 역사의 한 수치스러운 대목은 차라리 눈을 감고 싶다. 그러나 엄연히 우리의 과거이다. 이 치욕스러운 역사에서 우리는 배워야 한다. 세상적인 교훈이라면 한 나라가 힘이 없으면 얼마나 비참한 굴욕을 당해야 하는가? 하는 것이다. 그런 교훈을 배우자고 여기 길게 인용한 것이 아니다. 영적인 교훈이 여기에 숨어 있다. 정말로 값진 영적인 교훈이다. 그것은 바로 속환 (贖還) 이라는 단어가 내포하는 사상이다. 그것이 성경이 가르치는 큰 주제가 아닌가? 죄악과 사단의 포로가 된 인류를 건지시고자 주님께서 속환사가 되시고, 속환가가 (贖還價) 되시고, 속전이 (贖錢) 되신 것이다. 그분은 십자가에서 자기 몸을 죄 값으로 내어 놓으셨다. 이것을 대속물이라 부른다. 우리의 죄 값을 대신하여 자기 몸을 제물로 올리신 것이다.

여섯째로, 인생은 들의 풀과 같으나 말씀은 영영히 서리라

하나님의 말씀은 "계시 (啓示)" 라 불리는데, 이는 감추인 것이 드러나서 보이게 된 것을 가리킨다. 여기서 "계 (啓)" 는 열다는 의미이다. 열어 보인다, 열어 보인 것이다. 이 단어는 영어의 revelation 에 상응하고, 그 영어 단어는 라틴어 revelatio 에서 유래한다. 이 라틴어의 동사형은 revelare 로 보이다, 드러내다란 의미이다. 이 라틴어는 다시 헬라어 "아포칼륍시스" 로 (동사, "아포칼륍토") 연결되고, 이는 다시 히브리어 동사 "갈라" 로 연결된다. 이 "갈라" 동사는 귀나 눈을 열어 듣고 보게 하는 것을 가리키는데, 하나님께서 사무엘에게 기스의 아들 사울이 자기를 찾아 올 것을 미리 알려 주셨을 때 (삼상 9:15), 하나님께서 다윗에게 다윗의 집을 지어 주시겠다고 장래 일을 알려 주셨을 때 (삼하 7:27) 이 단어가 나타난다.

성경은 하나님의 계시인데, 그 말씀을 통해 그분이 인간이 알 수 없는 영적인 일들을 우리에게 알려 주시고 자신의 뜻과 그분의 성품, 권능과 지혜를 드러내시기 때문이다.

우리 주님을 "계시자" 라 (Revealer) 부르기도 하는데 그분은 요 1:1–14 에서 헬라어로 "로고스" 라 지칭되기 때문이다. "로고스" 는 보통 "말씀" 이라 (Word, Parole, Wort) 번역되는데, 헬라어 성경에서 "로고스" 란 이성, 계산, 진술, 선포, 예언, 메시지, 가르침 등 여러 뉘앙스를 전하지만, "말씀" 이라 번역하면 "계시자" 로서의 주님을 부각시켜 준다. 왜냐하면 하나님의 마음을 그분의 "로고스" 이신 (말씀) 그리스도께서 인간에게 드러내 주시기 때문이다.

말을 하지 아니하면 한 치 사람 속을 알 수가 없다면, 하물며 크신 하나님의 뜻이나 그분의 성품, 그분이 누구신지 어떻게 인간이 알겠는가? 그런데 주님이 사람의 몸을 입으시고 이 땅에 오셔서 우리에게 하나님이 누구신지, 성품이 어떠하신지, 권능과 지혜가 어떠하신지, 그분의 뜻은 무엇인지를 구체적으로 보여 주셨다. 주님은 인간으로 오셔서 하나님을 보이셨다면 기록된 성경 말씀은 글로 우리에게 하나님을 드러내고 보여준다. 그분의 성품과 권능과 지혜, 그분의 뜻과 통치 원리 등이 이 말씀 안에 담겨 있다. 신약과 구약을 특별 계시라 하는데, 이는 자연 계시인 일반 계시와 구분해서 부르는 명칭이다. 자연 만물이 하나님의 영광을 드러내고 그분의 지혜와 권능을 나타내는데, 모든 사람들의 눈에 자연은 매일 그분에 관해 말하지만 (시 19:1–6) 죄로 눈이 감기고 귀가 어두워진 인간은 자연 계시를 제대로 파악하지 못하고 있다. 반면 특별 계시는 모든 사람에게 주어진 것이 아니라, 특별한 사람들에게만 주어졌다. 그래서 특별 계시라 한다. 오늘날 성경을 소지한 자는 일부에 한정된다는 점을 고려해 보라.

그런데 하나님의 특별 계시는 "성경에 기록되었다" 는 (inscripturated) 사실을 주목해야 한다. 만약 특별 계시가 오늘날 일반화된 '동영상' 으로 녹화되었다면 그 동영상이 "특별계시" 가 될 것이다. 그러나 지금 우리에게 주어진 특별계시는 글로 기록되었다.

많은 사건들이 성경에 기록되었지만, 아우어바흐가 '미메시스' 에서 지적한대로, 성경의 특이성은 시작부터 끝까지, 창조로부터 최후 심판까지 모든 사건들이 줄줄이 연결되었고 한 주제로 지속적으로 줄거리가 전개되고 있다는 점이다. 성경에 담긴 사건들이나 인물들은 모두가 하나님의 섭리 가운데서 조정되고 통제되고 인도되고 있다. 그래서 기록자들은 시대가 달랐고 살았던 장소가 달랐어도 성경의 원 저자이신 성령께서 저들의 마음을 감동하셔서 하나님의 뜻을 기록하게 하셨다고 우리는 확신할 수 있다.

이 글로 기록된 하나님의 계시는 시 19:7–10 에서 여러 다른 명칭들로 지시되는데, 명칭들의 뉴앙스는 말씀이 갖는 각기 다른 기능들과 성격들을 부각시켜 준다. 예컨대, 야웨의 율법은 (토랏 야웨) 그분의 가르침, 그분의 법이란 의미라면, 야웨를 경외하는 도는 (이르앗 야웨) 그분을 경외하는 원리를 강조하고, 야웨의 계명이라 하면 (미츠밧 야웨) 그분이 명하시는 명령이란 측면이 강조된다. 그런데 이 말씀의 칭호들은 또 그 말씀의 여러 속성들도 드러내준다. 예컨대, 완전하다, 순결하다, 확실하다, 영원하다 등등. 하나님의 말씀은 그렇게 순결하고, 완전하며 확실하며, 영원하다. 이 말씀을 난도질하거나 옛 이야기 정도로 간주하는 자들에게는 그런 말씀의 성품이 자취를 감추겠지만, 진실로 주를 경외하는 자들의 눈에는 금보다 귀하며 꿀보다 더 달콤하다.

이 말씀을 많이 암송하면 기도할 때 기도가 터지고 내 영이 소생하는 것을 매일 체험한다. 여러 시편들이나 마가복음, 에베소서, 디모데 후서, 이사야 60–62 장, 55 장, 53 장, 35 장, 40 장, 42 장, 고전 13 장, 롬 8 장, 계시록, 출 15 장, 신 28 장, 삼상 2 장, 합 3 장 등을 암송하곤 하는데, 목회자들에게는 디모데 후서가, 세계적 복음 선포의 꿈과 비전을 샘솟게 하는 것은 이사야 후반부, 하나님의 사랑은 에베소서, 그리스도의 치유와 목회 열정은 마가복음, 영혼의 소성을 위해서는 여러 시편들, 마귀와의 영전과 불굴의 용기를 위해서는 출 15 장, 합 3 장 등을 암송한다.

사 40 장을 암송할 때, 한 구절이

6 말하는 자의 소리여 가로되 외치라 대답하되 내가 무엇이라 외치리이이까? 가로되

모든 육체는 풀이요 그 모든 아름다움은 들의 꽃 같으니

7 풀은 마르고 꽃은 시듦은 여호와의 기운이 그 위에 붊이라

이 백성은 실로 풀이로다 8 풀은 마르고 꽃은 시드나

우리 하나님의 말씀은 영영히 서리라 하라

이다.

인생은 풀과 같고 그 영광이 풀의 꽃과 같다. 마르고 시들고 떨어져 버린다. 그러나 말씀은 영영하다. 이 말씀에 대한 자세나 이해 정도를 보면 그 사람의 신앙을 파악할 수 있다. 하나님의 말씀을 대할 때, 여호와의 말씀을 인하여 떠는 자들이 있는가 하면 (사 66:5), 말씀을 조롱하는 자들도 (행 17:32, 벧후 3:3, 유 1:18) 있다. 오늘날 신신학은 말씀을 기롱하고 있다. 얼마나 마음이 높아지고 교만해 졌는지 말씀을 두렵게 대하지 아니하

고, 자기 멋대로 비평하고 해체하고 있다. 정통신학 노선에 있다 해도, 기도하지 않고 신학을 하는 자들도 말씀을 기롱하는 자들이다. 말씀을 가지고 놀고 있는 것이다. 통회하고 마음이 겸손한 자의 영을 소성케 하시는 하나님께서 (사 57:15) "무릇 마음이 가난하고 심령에 통회하며 나의 말을 인하여 떠는 자 그 사람은 내가 권고하려니와" 라고 하신 말씀에서 보듯 (사 66:2) 말씀을 함부로 대하는 이들에게는 분명 심판이 있을 것이다.

2–2. 예레미야

1) 명칭

"예레미야서" 는 책의 저자 예레미야 선지자의 이름에서 유래하며, 그 이름 "이르메야후" 는 몇 가지로 달리 해석되는데 1) 야웨께서 일으키소서 (M. Noth 1966:201); 2) 야웨께서 (자궁을) 느슨하게 하신다 (BDB, 941); 3) 야웨께서 기초를 세우셨다 (KB[3], 420).

2) 저자와 저작 연대

예레미야의 사역은 요시야 왕 13 년부터 (626 년) 예루살렘 멸망과 솔로몬 성전 함락시까지 지속되었다 (주전 587 년). 따라서, 요시야, 여호아하스, 여호야김, 여호야긴, 시드기야 왕 들에 걸친다.

기꺼이 선지자 소명을 받았던 이사야와 달리, 모세처럼 예레미야도 소명을 받기 거절하였다. 그는 자신이 아이라 말할 줄을 알지 못하노라고 항변한다. 그러나 야웨께서 예레미야를 강권하여 그로 가서 명한대로 선포하게 한다. 예레미야의 입술을 만지시고 야웨의 말씀을 그의 입에 넣어 주신다 (렘 1:9).

예레미야는 "두려워하지 말라!" 는 명령을 받았다. 그저 지시받은 대로 가서 전하라고 하신다. 동시에 하나님은 백성에게 돌아가지 말라고 명하신다 (렘 15:19). 예레미야는 결혼해서 자녀를 낳아서도 아니 되었다 (렘 16:2). 또한 결혼식이나 장례식에도 참석하지 말아야 했다. 또한 잔치하는 집에 앉거나 기뻐하는 자들과 함께 자리도 같이 하지 말아야 했다 (렘 16:5, 8, 15:17).

예레미야는 초기 설교부터 유식하게 훈련받은 자로 나타나는 점으로 보아, 그는 아마도 사반이 주재한 예루살렘의 서기관 학교에서 훈련 받지 않았을까 생각할 수 있다 (왕하 22:8–10)(Robert Althann 1992:3, 687).

3) 시대적 배경

예레미야는 요시야 제 13 년부터 사역에 임했다 (렘 1:2). 그 때는 주전 627 년이다. 그의 사역은 시드기야 11 년 말까지 지속되었고 (렘 1:3), 유다의 멸망 이후로도 지속된다 (렘 40 장 이하).

그의 시대는 앗시리아를 대신하여 바벨론이 근동의 패권을 장악하던 시기였다. 유다는 요시야 개혁 이후 그의 전사로 급전직하로 멸망 길로 줄달음 쳤다. 그것은 우상숭배에 찌든 나라와 지도자들의 잘못된 판단의 결과였다. 아니 하나님의 심판이 그렇게 일어났다. 나라는 다시 일으킬 수 없는 상황이었다.

예레미야가 사역한 시대는 요시야 (주전 640–609 년), 여호아하스 (주전 609 년 3 개월), 여호야김 (주전 609–597 년), 여호야긴 (주전 597 년, 3 개월), 시드기야 (주전 597–586 년 亡) 등 다섯 명의 왕에 걸쳤다. 이 시대의 왕들은 모두가 시대를 잘못 읽고 있었다. 하나님은 바벨론에 열국을 넘겨주셨지만, 이 미련한 유다 왕들은 이집트에 붙거나 바벨론에 반란을 하다가 결국 죽거나 잡혀가고 말았다.

예레미야의 설교 요지는 "바벨론에 항복하는 것이 하나님의 뜻이라" 는 것이었다. 그러나 당대 지도자들은 그를 매국노로 몰아 감금하고 학대하였다. 칠흑 (漆黑) 같이 캄캄한 밤중에 별이 더욱 빛을 발하듯, 예레미야는 가장 어두운 시대에 새 언약의 찬란한 소망의 별빛을 발하였다 (漆黑에서 漆은 옻나무를 뜻하는데, 나무에 [木] 방울들 [人], 그리고 흘러내림 [水,] 등이 첨가된 것으로, 옻나무의 검은 진액이 방울방울 흘러내림을 형상화한 글자이다). 이스라엘은 심판을 받고 회복될 것이다. 그 날이 메시야 시대이며, 지금 우리가 누리는 신약 시대이다.

4) 예레미야서 본문

70 인역은 맛소라 사본의 1/8 정도가 부족한데, 약 2700 단어가 부족한 셈이다. 70 인역이 이렇게 짧은 것만 아니라, 본문의 배열순서도 다르다. 예컨대, 맛소라 사본의 46–51 장이 (열방을 치는 설교) 70 인역에서는 25 장 다음에 배치되었다. 또한 중요한 메시야 예언이 (렘 33:14–26) 70 인역에는 없다.

맛소라	70인역
1:1–25:13	1:1–25:13
25:14–45:5	32:1–51:35
46:1–51:64	25:14–31:44

예레미야 본문의 문제는 사무엘서 본문의 문제와 유사한데, 두 책의 70 인역이 맛소라 본문보다 짧다는 공통의 특징을 갖는다. 각 책의 쿰란 사본들을 70 인역과 맛소라 본문과 비교할 때, 맛소라 보다는 70 인역에 더 가까운 경향을 나타낸다는 점도 유사하다. 그렇다고 70 인역을 히브리어로 거꾸로 번역해서 만든 가상적 70 인역 "번역 대본" 히브리어 본문이 쿰란 사본들과 일치하는 것은 아니다. 그래서 다음과 같은 나무 가지 도표로 그 본문들 사이의 관계를 표시할 수 있다.

이전 히브리어 본문 A 가 현재 우리가 가진 MT 와 (맛소라 사본), B 와 C 로 발전해서 각기 LXX 과 쿰란 사본으로 (4QJer[b]) 나타났다는 가정이다 (Emanuel Tov 1985:211–238).

크로쓰에 의하면, 쿰란 동굴 4 번에서 나온 3 개의 예레미야 사본 단편들의 연대는 각기 4QJer[a] 이 (긴 본문) 약 주전 200 년, 짧은 4QJer[b] 는 (LXX 에 가깝다) 주전 2 세기, 긴 4QJer[c] 는 주전 1 세기 경이의 것이다. 이런 예레미야 히브리어 사본들에 근거하여, 크로쓰는 히브리어 본문의 각 지역 기원설을 주장했다. 즉, LXX 은 맛소라 사본과 다른 이집트 사본 집단에 속하는 히브리어 사본에 근거했고, 맛소라 사본은 바벨론에서 기원한 사본 집단에 속한다는 것이다. 또 다른 히브리어 사본 집단은 팔레스틴에서 기원했다고 가정한다.

사무엘서나 예레미야서나 70 인역은 맛소라 본문보다 짧은데, 쿰란 사본들 발견 이전에는 70 인역이 맛소라 본문을 임의로 생략하여 '축소' 번역했다고 생각했으나, 70 인역에 가까운 (그렇다고 같은 것은 아니다) 맛소라 본문보다 짧은 히브리어 사본이 쿰란에서 발견된 이후로는 70 인역이 번역 대본으로 맛소라 사본이 아니라, 그것과 다른 사본 군에 (群) 속하는 짧은 히브리어 사본을 사용했다는 추정이 힘을 얻었다.

방금 언급한대로, 쿰란 사본 발굴 이후로는 70 인역의 '생략' 대신 맛소라 사본의 '첨가' 란 말이 사용되고 있다. 즉, 맛소라 사본은 원래 더 짧은 히브리어 사본에 (70 인역의 번역 대본) 여러 부분이 "첨가" 되어 생겨났다는 것이다. 그렇다고 맛소라 사본이 언제나 가정된 그 짧은 히브리어 본문보다 짧은 것이 아니다. 렘 29:16:20 의 경우에는 (70 인역의 36 장) 70 인역에 없지만, 학자들은 그것을 '첨가' 로 보기보다 원본의 말씀이라 간주한다. 맛소라 사본의 첨가들 중 어떤 것들은 단어들이나 표현들을 첨가하는 것으로 그 부분의 사고에 아무런 변화를 주지 못한다. 예컨대, "야웨께서 말씀하시느니라" 대신 "이같이 야웨께서 말씀하시느니라" 라고 하거나, 예레미야나 하나니야란 말에 "선지자" 란 말이 첨가된다 (렘 28:5, 6, 10; 70 인역 35:5, 6, 10). 혹은 "바벨론 왕" 이란 표현에 "느부갓네살" 이란 단어가 첨가되는 경우 (렘 21:2, 7, 22:25, 27:8, 20; 70 인역 34:8, 20), 70 인역이 "야웨" 라 하는 것에 "야웨 이스라엘의 하나님" 혹은 "만군의 야웨" 식으로 첨가하는 경우들이다. 물론 예외의 경우도 있다 (70 인역의 24:1, 34:6 을 맛소라 27:6 과 비교 ; 모두 "바벨론 왕 느부갓네살" 이라 언급한다). 어떤 경우에는 맛소라 본문의 첨가가 메시지의 내용에 영향을 주기도 한다. 렘 11 장 :7–8a 부분은 70 인역에

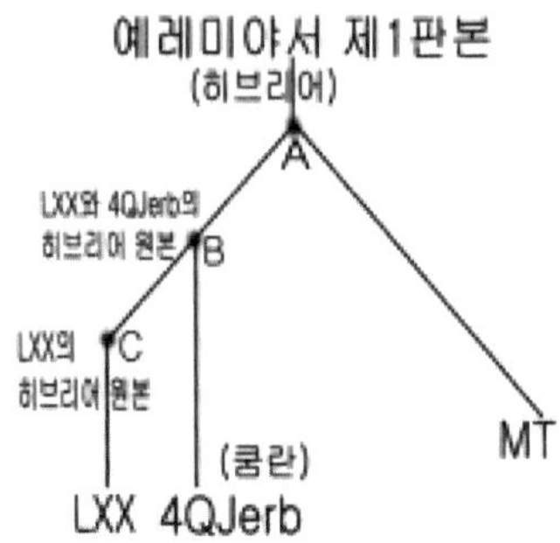

서 생략되었는데, 70 인역만 보면, "그들은 하지 아니했다" 라고 만 할 뿐, 저들의 불순종 때문에 하나님께서 예고한 그 말씀들이 (저주들) 저들에게 초래되었다는 내용은 알 수가 없게 된다.
어떤 경우들에서, 히브리 본문에서 같은 내용이 중복된 경우, 70 인역은 생략하였다 (렘 8:10–12, 30:10, 11, 48:10, 11). 맛소라 사본에서 6:13–15 = 8:10b–12 인데, 70 인역은 8:10b–12 만 있다. 맛소라 사본에서 30:10–11 = 46:27–28 인데, 70 인역은 37:10–11 에서 30:10–11 만 언급한다.
또 어떤 경우들에는 맛소라 사본의 중복을 70 인역도 반복하기도 한다. 예컨대, 10:12–16 = 51:15–19 (70 인역 28:15–19), 23:19–20 = 30:23–24 (70 인역 37:23–24) 등. 또 어떤 경우들에서는 70 인역에 사소한 첨가가 나타난다. 예컨대, 2:28, 3:18, 9:13 (맛소라 9:14) 등이다.
70 인역에서 "거짓 선지자" 란 말이 (pseudoprophetes) 9 번 나타나는데 (6:13, 33:7, 6, 11, 16 [맛소라 26:7, 8, 11, 16]; 34:9 [맛소라 27:9], 35:1 [맛소라 28:1], 36:1, 8 [맛소라 29:1, 8]), 맛소라 사본에서는 일체 나타나지 않는다.
렘 10:5–10 에서는 다른 유형의 차이가 나타나는데, 70 인역의 짧은 본문은 4QJer[b] 가 지지하며, 38:9 의 맛소라 사본에서 에벧멜렉이 시드기야 왕에게 "저 사람들이" 예레미야를 구덩이에 죽게 내버려 두었다고 간청하는데 70 인역은 "당신이 이 사람을 굶어 죽게 했다고" 한다.
25:13a 이후에는 열방을 치는 설교들의 위치가 맛소라 사본과 70 인역 사이에 차이를 보인다. 70 인역에서는 25:13a (이 책에 기록된 모든 것) 다음에 곧장 열방을 치는 설교들이 나타난다 (25:14–31:44). 반면 맛소라 사본에서 열방을 치는 설교는 46–51 장에 배치되었다. 그 열방을 치는 설교의 표제는 25:13b 에서 나타나고 (70 인역 32:13), 맛소라 사본은 14 절에서 (70 인역은 없음) 뒤 따르는 열방을 치는 설교와 표제 사이의 다리를 놓고 있다. 70 인역에서 말미를 구성하는 51:31–35 은 (바룩의 확장 콜로폰) 맛소라 사본에서 45 장을 구성한다.
열방들의 순서도 70 인역은 엘람, 이집트, 바벨론, 블레셋, 에돔, 암몬, 게달, 다메섹, 모압 순서인데 맛소라는 이집트, 블레셋, 모압, 암몬, 에돔, 다메섹, 게달, 엘람, 바벨론 순서이다. 지형적으로 이집트에서 시작하여 서편으로 향해 바벨론에서 끝이 난다.
지금까지 대략 네 가지 가설이 제시되었는데, 1) 편집설, 2) 축소설, 3) 확장설, 4) 중재설 등이다. 편집설이란, 예레미야서의 두 개의 다른 본문은 예레미야가 두 본문 모두를 만들어냈거나 (J. G. Eichhorn 1824:IV, 170–220) 예레미야와 바룩이 각기 상이한 본문을 만들었다는 (A. van Selms 1976) 가설이다. 축소설은 MT 본문이 최고의 것이고, 70 인역은 번역자들의 우발적이거나 고의적인 생략으로 축소된 본문이라는 가설이다 (M. G. L. Spohn 1824:1–21; K. H. Graf 1862:xl–lvii; C. F. Keil 1880; C. von Orelli 1905). 확장설이란 70 인역 본문이 최상의 예레미야서 본문이고, MT 는 전달되면서 확장되고 첨가된 본문이라는 가설이다 (F. C. Movers 1837; A. Scholz 1875; G. C. Workman 1889; A. W. Streane 1896; J. G. Janzen). 중재설이란 두 본문 중 어느 것이 일반적으로 더 좋은 것인지 판단하기 어렵다는 견해이다 (F. Hitzig 1841; B. Duhm 1901; F. Giesebrecht 1907; P. Volz 1922; W. Rudolph 1947, 1968[3]; J. Bright 1965).
이상의 논의를 요약하자면, 예레미야의 상이한 두 본문은 (MT 와 가상적 70 인역 대본인 히브리어 본문) 예레미야 생전에 짧은 예레미야서 본문이 출간되어 이집트에서 유통되다가 (가상적 70 인역 번역대본 히브리어 본문), 선지자 사후 바룩이 스승의 설교들을 더 보충하고 배열순서도 좀 달리하여 출간했는지 (MT) 모른다

(Gleason L. Archer, Jr. 1985:369). 혹은 이집트에서 예레미야 선지자 자신이 예레미야서를 출간했는데 (가상적 70인역 번역대본 히브리어 본문), 바빌로니아나 팔레스틴에서 그것을 좀 더 확장시켜 지금 우리가 보는 MT의 원형을 산출했는지 모른다. 웍크맨은 그의 책에서 (284이하) "가상(假想) 70인역 번역 대본 히브리어 본문"과 MT를 나란히 배치하여 서로 비교하고 있다.

5) 내용 분해

(1) 소명 (1:1–19)

a. 소명 (1–10)

b. 선지자의 소명 환상들 (1:11–16)

1. 살구나무 환상 (1:11–12); 2. 기울어진 끓는 가마 (1:13–16) 3. 선지자에게 주는 격려 (1:17–19)

(2) 심판 메시지와 자서전적 기사들 (2–45)

a. 심판 메시지 (2–25)

1. 9개의 일반적인 심판 메시지 (2–20)
2. 네 개의 구체적인 심판 메시지 (21–25)

b. 유다 지도자들과의 충돌 (26–29)

1. 백성과 충돌 (26)
2. 예루살렘의 거짓 선지자들과 충돌 (27–28)
3. 추방당한 거짓 선지자들과의 충돌 (29)

c. 유다에 임한 파국 (34–45)

1. 멸망 전 (34–36); 2. 멸망 진행 (37–39); 3. 멸망 후 (40–45)

(3) 회복 메시지 : 위로의 책 (30–33)

a. 이스라엘과 유다의 회복, 새 언약 (30–31) b. 회복의 예증 (32); c. 회복의 확인 (33)

(4) 열방을 치는 설교 (OAN 46–51)

a. 이집트 (46);

b. 블레셋 (47);

c. 모압 (48);

d. 암몬 (49:1–6);

e. 에돔 (49:7–22);

f. 다메섹 (49:23–27);

g. 게달과 하솔 (49:28–33);

h. 엘람 (49:34–39);

i. 바벨론 (50–51)

1. 심판 선고 (50:1–10); 2. 바벨론 멸망 (50:11–16);
3. 이스라엘의 회복 (50:17–20); 4. 바벨론 심판 예고 (50:21–51:58);
5. 세라야의 상징적 사명 (51:59–64)

(5) 예루살렘 함락 : 부록 (52)

a. 예루살렘의 운명 (52:1–23)

1. 시드기야 (52:1–11); 2. 성읍 파괴 (52:12–16);

3. 성전 파괴 (52:17–23)

b. 우상숭배자들의 말로 (52:24–34)

1. 성읍에 남은 자들 (52:24–27);
2. 추방자들 (52:28–30);
3. 여호야긴 (52:31–34)

구절	내용	구분
1:1-19	소명	소명
2:1-3, 14-19, 4-13, 20-37	기소	I 심판 메시지
3:1-4, 19-25, 4:1-4, 3:6-18	회개의 촉구	
4:5-31	임박한 심판	
5:1-31	임박한 심판	
6:1-30	임박한 심판	
7:1-34, 8:1-3	성전 설교, 첨가된 말씀	
8:4-23	완악한 백성, 그들의 파멸	
9:1-21, 10:17-25	완악한 백성, 그들의 파멸	
11:22-25, 10:1-16	여러 말씀들	
11:1-17, 12:1-6, 18-23, 12:7-17	깨어진 언약, 다른 말씀들	
13:1-27	베옷 띠, 첨가된 말씀들	
14:1-22, 15:1-4	기근, 국가적 위기	
15:5-21, 16:1-21	메시지들과 고백들 (시가, 산문)	
17:1-27	여러 말씀	
18:1-23	토기장이 집에서	
19:1-15, 20:1-18	상징적 행동, 박해, 다른 고백	
21:11-14, 22:1-30, 23:1-8	유다 왕가에게	
23:9-40	선지자들에게	
25:1-38	1권의 결론	
26:1-24	성전 설교, 구사일생	II 자서전적 기사들
29:1-2, 10-11, 14-15, 20:1-6	깨어진 병, 착고에 채임	
36:1-32	두루마리 사건	
45:1-5	바룩의 좌절, 책망과 약속	
35:1-19	예레미야와 레갑 족속	
24:1-10	좋은 무화과, 악한 무화과	
27:1-22-28:1-17	594년의 사건들: 황소 멍에 사건	
29:1-15, 21-23, 16-20, 24-32, 51:59-64b	594년: 예레미야와 바벨론 추방자들	
21:1-10, 34:1-7	유다의 풍전등화의 때	
34:8-22, 37:1-10	포위가 풀렸을 때 사건들	
37:11-21, 38:1-28a, 39:15-18	감옥에서	
32:1-15	감옥에서, 땅을 구입	
39:1-2, 4-10, 38:28b, 39:3, 14, 11-13, 40:1-6	예루살렘 함락, 예레미야가 석방됨	
40:7-16, 41:1-18, 42:1-18, 43:1-3, 42:19-22, 43:4-7	그달리야 암살, 이집트로 도피	
43:8-13, 44:1-30	이집트에서의 예레미야	
30:1-24, 31:1-40	이스라엘과 유다의 회복 (대개 시가)	II 회복
32:1-17a, 24-27, 36-44, 17b-23, 28-35, 33:1-26	유다와 예루살렘의 회복 (산문)	
46:1-28	이집트	IV 열방을 지는 설교
47:1-7	블레셋	
48:1-47	모압	
49:1 6	암몬	
49:7-22	에돔	
49:23-39	다메섹, 아랍 족속들, 엘람	
50:1-46, 51:1-58, 64c	바벨론	
52:1-34	예루살렘 함락	부록

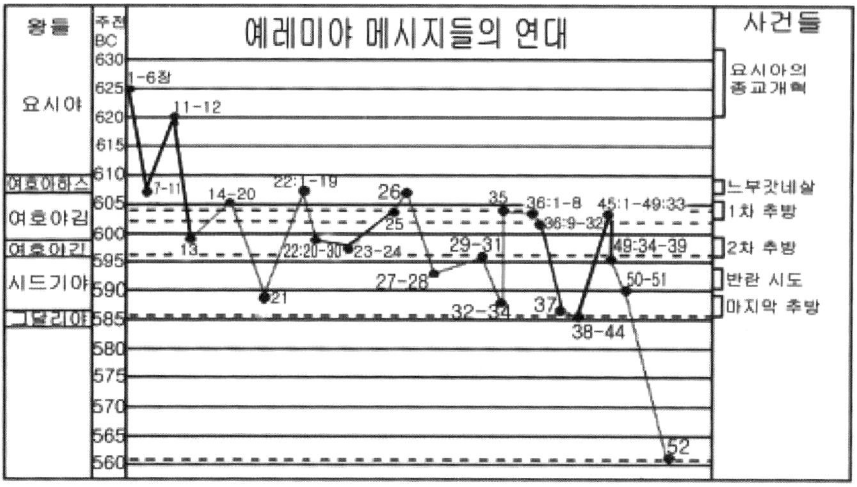

6) 예레미야서는 무엇을 가르치는가?

첫째로, 두 가지 소명환상

요시야 왕 13 년에 예레미야는 이전에 그저 남들에게서 2 차적으로 들었던 하나님의 말씀을 이제 직접 자기 귀로 듣게 되었다. 여호와의 말씀이 그에게 임했다(렘 1:4). 요시야(야웨께서 도우신다) 왕 13 년이라면, 626 년이다. 그 때부터, 시드기야 11 년 유다 왕국이 멸망하던 주전 586 년까지 계속 하나님의 말씀이 임했다. 40 년 이상 하나님의 말씀을 들으며 살았다. 그 말씀을 받아 거역하는 백성들에게 선포하는 이 사역은 그에게 감내하기 힘든 고통이 되기도 했지만, 하나님께서 끊임없이 말씀하셨다는 점에서 참으로 큰 축복을 받은 사람이다. 그가 하나님의 말씀을 받을 때, 그것을 외쳐야 했는데, 그것을 외칠 때에 사람들에게 모욕과 조롱을 당하고, 핍박과 생명의 위협을 당해야 했다. 이런 점에서는 참으로 견디기 힘든 일이었다. 왜냐하면 그 하나님께서 주시는 메시지가 이스라엘의 죄악을 기소하고, 정죄하고, 저들의 악행을 고발하는 것이고, 멸망을 선포하는 것이며, 심판을 선포하는 것이기 때문에 듣는 사람들은 예레미야가 선포하는 메시지를 듣고자 아니하고, 그를 죽여 없애버리고자 했고, 핍박하고 가두고 때렸기 때문이다. 하나님께서 자기들의 죄 때문에 자기들을 포로로 잡아 가시겠다, 나라에 심판을 보내어 쓸어버리겠다고 하는데 기분이 좋을 사람이 어디 있겠는가? 그러니 예레미야에게는 말씀을 받아서 외치는 것이 참으로 고난이었다. 그러나 반대로 하나님께서 예레미야에게 자기 말씀을 계속 주셔서 선포하게 하신 것은 예레미야를 신뢰하셨기 때문이고, 사명을 주시어 사용하셨다는 것은 하나님께서 예레미야를 귀히 여기신 증거가 되니, 그는 얼마나 큰 행운아냐?

하나님은 예레미야를 선지자로 부르시고, 그에게 두 가지 환상을 소명과 연관하여 주셨다. 하나는 살구나무 가지 환상이고, 다른 하나는 북에서부터 기울어진 끓는 가마 환상이었다.

(1) 살구나무 가지 환상

렘 1:11 여호와의 말씀이 또 내게 임하니라 이르시되 예레미야야 네가 무엇을 보느냐 대답하되 내가 살구나무 가지를 보나이다

지금 예레미야는 환상 가운데 보고 있다. 한글 성경에는 "살구나무 가지" 라고 (maqqēl šāqēḏ) 번역이 돼 있지만 영역본들은 대개 "아몬드 나무 가지" (a b ranch of an almond tree) 나무라고 번역한다. '아몬드'는 "복숭아"

일종으로, 꽃은 복숭아꽃, 벚꽃과 유사하여, 밝은 핑크나 하얀 색이지만, 향기는 그것들 보다 더 강하다.
이 살구나무는 (솨케드) 1 월 말이나 2 월 초에 다른 나무들이 아직 겨울잠을 자는 동안 가장 일찍 꽃을 피우며, 모든 나무들 중에서 제일 먼저 새 생명으로 깨어난다. 그런데 이 "솨케드" 와 같은 자음들에 모음을 약간 달리 찍으면, "솨카드" 동사가 (깨어 지키다 watch, 경성하다 be vigilant) 된다.
11 절의 "살구나무" 와 (솨케드) 여기 "(내가 내 말을) '지켜' [쇼케드]" 는 발음이 유사하다. 하나님께서 말 유희를 사용 하신다. "내가 '솨케드' 가지를 봅니다!" (11 절) "잘 보았다. "내가 내 말을 '쇼케드' 하겠다." 곧 내 말이 성취되도록 내가 깨어 지키고 있다. 이런 "말 유희" 를 통해서, 선지자의 마음에 하나님의 말씀이 선포된 그대로 성취될 것이 강력하게 새겨지게 된다. 그래, 네가 "솨케드" 를 보았지? 내가 내 말을 성취되도록 "쇼케드" 할 것이다.
"솨케드" 가 (살구나무) 다른 나무들에 앞서 가장 일찍 깨어나 꽃을 피우듯, 하나님은 말하자면, 다른 이들이 다 잠들 때도 자기가 자기 종 선지자를 통해 선포하게 한 그 말씀이 성취되도록 깨어 경성하여 그 말씀을 지키고 계신다는 것이다. "네가 본 이 살구나무 가지는 내가 하고자 하는 바의 상징이다. 내가 깨어서 '내 말' 을 지키고 (watch over), 그것을 성취하기위해 경성할 것이기 때문이다."
그런데 살구나무 "가지" 란 (마켈) 말은 '막대기' 를 지시하거나, 혹은 '잎이 핀 가지' 를 지시할 수도 있다 (창 30:37). 이 살구나무 가지 환상은 하나님께서 예레미야를 통해서 선포하시는 말씀이 신속하게 확실하게 성취될 것에 대한 보증인 셈이다. 하나님은 말씀하신대로 다 이루시려고 각성하여 계신다는 것이니, 얼마나 확신을 주는 말씀인가? 선지자에게 선포하라 명하신 자기 말씀을 다 이루실 것이다.
하나님께서 각성하여 자기 말씀을 이루신다고 하실 때, 그는 파수꾼처럼 깨어서 자기 종 선지자를 통해 선포케 하신 말씀을 이루시고자 늘 경성하여 말씀을 이루고자 일하신다는 것이다. 예컨대, 예레미야를 통해 선포케 하실 첫 예언 내용은 "끓는 가마" 가 북방에서부터 남방 (南方) 을 향해 기울어져 있는 환상인데, 재앙이 북방에서 닥치리라는 것이다 (렘 1:13 이하). 그렇다면, 이런 환상을 보여 주신 하나님은 그 환상을 이루시기 위하여, 이제부터 그 재앙, 곧 느부갓네살의 바벨론 군대를 동원하는 준비를 하신다. 언제, 어떻게 이스라엘에 바벨론군이 침공할지를 하나님께서 세심하게 깨어 준비하시는 것이다. 환상을 주시고 예언을 주시는 것으로 끝나는 것이 아니라, 하나님은 그 환상의 내용을 이루시기 위하여 깨어서 일하신다는 것이다. 예언이나 환상을 통해서 앞으로 일어날 일들을 예고해 주시고, 다음에 하나님은 그 예언을 이루시기 위하여 모든 우주 만물에 역사하신다. 이런 말씀을 들을 때, 예레미야는 자기에게 주어진 선포해야 할 하나님의 말씀을 얼마나 확신있게 선포할 수 있을까?

(2) 북에서부터 기울어진 끓는 가마 환상

렘 1:13 여호와의 말씀이 다시 내게 임하니라 이르시되 네가 무엇을 보느냐 대답하되 끓는 가마를 보나이다 그 면이 북에서부터 기울어졌나이다 14 여호와께서 내게 이르시되 재앙이 북방에서 일어나 이 땅의 모든 거민에게 임하리라 15 나 여호와가 말하노라 내가 북방 모든 나라의 족속을 부를 것인즉 그들이 와서 예루살렘 성문 어귀에 각기 자리를 정하고 그 사면 성벽과 유다 모든 성읍을 치리라

예레미야가 선포해야 할 말씀의 내용이 환상으로 보여졌는데, 그것은 끓는 가마가 북방에서 남방으로 기울어진 아주 불길한 모습이었다. 북방에서 끓는 물이 남방으로 쏟아지는 중에 있다. 그 끓는 물이 이스라엘에 이르는 것은 시간문제이다. 북으로부터 재앙이 임박했다는 경고의 메시지이다. 앗시리아나 바벨론이나 메소포타미아 지역의 강국 원수들은 항상 지리적 요인 때문에 이스라엘의 북방에서 침공해 들어갔다.
북방의 대적은 바벨론이나 스키디아를 지시할 수 있다. 에스겔도 곡과 마곡의 침공을 예언한 바 있다 (겔 38–39, 욜 3, 슥 12–14 장 참조). 주전 627 년경, 예레미야가 소명을 받던 시기에 바벨론이 당장 유다를 침공할 강

대국은 아니었다. 앗시리아 시대였기 때문이다. 그 즈음에 스키디아가 서부 아시아 지역을 침공했다. 그 즈음에 (주전 627 년) 바벨론의 나보폴라살은 앗시리아에서 독립하고 612 년에는 앗시리아의 니느웨를 메대와 함께 함락시키고, 605 년에는 중동 지방의 패권을 차지한다. 따라서 바벨론이 유다를 침공하고 장악하는 일은 시간 문제였다.

"성문 어귀에 각기 자리를 정하고" 는 렘 39:3 에서 "바벨론 왕의 모든 방백이 이르러 중문에 앉으니" 라는 말씀으로 성취된 듯 보인다. 그 성취는 주전 587 년의 예루살렘 함락 사건으로 일어났다. 성문 (城門) 은 왕이 공적인 일을 처리하는 장소가 되기도 했다. 그곳은 사람들이 모이는 광장도 있어, 상거래나 재판 등을 성문에서 행하였다. 유가릿 '아캇' 신화에서 '다닐' 왕은 성문에서 고아와 과부들의 송사를 재판하는 것으로 나타난다.

하나님께서 예레미야를 통해 이런 북방에서 임하는 재앙을 경고하는 메시지를 선포케 하는 이유는 16 절에서 제시되고 있다.

무리가 나를 버리고 다른 신들에게 분향하며 자기 손으로 만든 것에 절하였은즉 내가 나의 심판을 베풀어 그들의 모든 죄악을 징계하리라

잡신들에게 분향하는 일은 고대 근동에서 공통적 관례였다. 하나님은 분향은 오직 하나님께만 할 것을 명하셨다 (출 30:37). 이 다른 신들에게 분향하는 일은 우상숭배 죄악을 요약 제시한 것이다. 이스라엘의 가장 근본 죄악이 바로 이 우상숭배였다. 이 우상숭배의 죄악 때문에 북방에서 재앙이 이스라엘을 덮칠 것이다.

둘째로, 소명 감당

(1) 너는 허리를 묶고, 일어나 내가 명령한 바를 다 선포하라

렘 1:17 그러므로 너는 네 허리를 동이고 일어나 내가 네게 명한 바를 다 그들에게 고하라 그들을 인하여 두려워 말라 두렵건대 내가 너로 그들 앞에서 두려움을 당하게 할까 하노라 18 보라 내가 오늘날 너로 그 온 땅과 유다 왕들과 그 족장들과 그 제사장들과 그 땅 백성 앞에 견고한 성읍, 쇠기둥, 놋 성벽이 되게 하였은즉 19 그들이 너를 치나 이기지 못하리니 이는 내가 너와 함께 하여 너를 구원할 것임이니라 여호와의 말이니라

선지자는 말씀을 전파할 때 사람들을 두려워 말아야 했다. 저들을 두려워하면, 그 마음의 두려움이 실제가 되게 하실 것이다. 그러나 담대하게 나가면, 그 어떤 사람도 예레미야를 해할 수가 없도록 지켜 주실 것이다. 소명과 연관하여 에스겔에게도 유사한 말씀을 주셨다.

여기 쇠기둥, 놋 성벽은 견고한 것의 상징이다. 이집트의 툿모세 3 세는 자신을 이집트의 철 성벽이요 구리라고 칭했다.

(2) 제자도 1

렘 20:7 여호와여 주께서 나를 '기만하시므로' (pittîṯanî; 한, 권유하시므로) 내가 '기만을 당했사오니' (wāʾeppāṯ; 한, 그 권유를 받았사오며) 주께서 나보다 강하사 이기셨으므로
내가 조롱거리가 되니 사람마다 종일토록 나를 조롱하나이다
8 대저 내가 말할 때 마다 외치며 강포와 멸망을 부르짖으오니
여호와의 말씀으로 하여 내가 종일토록 치욕과 모욕거리가 됨이니이다
9 내가 다시는 여호와를 선포하지 아니하며 그 이름으로 말하지 아니하리라 하면
나의 중심이 불붙는 것 같아서 골수에 사무치니 답답하여 견딜 수 없나이다
10 나는 무리의 비방과 사방의 두려움을 들었나이다 그들이 이르기 고소하라 우리도 고소하리라 하오며
나의 친한 벗도 다 나의 타락하기를 기다리며 피차 이르기를 그가 혹시 유혹을 받으리니
우리가 그를 이기어 우리 원수를 갚자 하나이다

이기풍은 평양에서 농민의 아들로 출생했다 (1865. 12. 23). 12 세에 붓글씨로 백일장에 장원을 할 정도로 뛰어났으나, 그는 뜻을 펼 길이 없어, 괄괄한 성격에 평양성이 알아주는 깡패가 되었다. 25 세 이상한 한국말로 전도하는 마펫 선교사에게 (Samuel A. Moffett) 돌을 던졌다. 턱을 맞은 선교사는 피를 흘리며 땅에 쓰러졌다. 그 후 30 세에 청일전쟁이

터져서, 평양성이 전쟁터가 되자 원산으로 피했다. 어느 날 거리에서 "청년, 죄를 회개하시오. 예수 믿고 구원 받으시오." 이 말을 듣고, 어디선가 들어본 이상한 말소리에 깜짝 놀랐다. 몇 년 전에 돌로 쳐서 쓰러뜨렸던 사람과 똑같이 생긴 사람이었다. 그 선교사는 스왈렌(W. L. Swallen)이었다. 그는 전도인 전군보의(田君甫) 전도로 결신(決信) 하고, 1894년 스왈렌에게 세례를 받고, 예수님을 영접했다. 그리고 즉시 평양의 마펫 선교사를 찾아가 울며 용서를 구했다. 1898년부터 매서인(賣書人) 자격으로 함경도 일대에서 성경 반포, 전도 사업을 하다가 평양신학교에 입학하였다. 1907년 평양신학교 제1회 졸업생 7인 중의 한 사람으로, 한국인 최초의 목사가 되어, 장로교단의 효시인 독로회가(獨老會) 조직되면서, 제주 선교사로 파송되었다. 자신의 입장과 비슷했던 사도 바울의 회심(回心) 사건에 관심이 컸던 그는 남다른 선교열이 있어 복음의 불모지 제주도 전도에 자신이 적임자라는 판단을 했었다. 그러나 미신과 용왕 신에 붙잡힌 그곳 사람들은 이기풍에게 돌을 던지며 (행한 대로 갚음 받다?) 핍박하고 내어 쫓았다. 굶주린 배를 움켜쥐고, 그 바다 바람을 맞으며 얼마나 많은 날들을 눈물로 보냈던고? 주여, 저 죄인들을 회개시켜 주옵소서!

예레미야의 사역도 다를 바가 없었다. 이기풍 이상으로 핍박과 위협을 당했다. 그래서 하나님께 항변하고 따지기도 했다. "하나님, 왜 저를 속였습니까? 제가 원래 안 하겠다고 했지 않습니까? 왜 선지자가 되어 이런 수모와 위협을 매일처럼 당해야 합니까? 말씀을 증거 한다고 저들이 누구하나 회개하는 사람이 있습니까? 무엇 때문에 이런 일을 해야 합니까?" 수많은 날들을 좌절과 고통 속에 지새우고 눈물은 마를 새가 없었다. "어찌하면 내 머리는 물이 되고 내 눈은 눈물 근원이 될꼬? 그렇게 되면 살륙 당한 딸 내 백성을 위하여 주야로 곡읍(哭泣) 하리로다" (렘 9:1).

선지자 사명을 포기할 생각도 잠시 들어왔지만, 그 때마다 마음이 뜨거워지고 자신의 사명감이 새롭게 그 영혼을 소생시켰다. 그는 그렇게 좌절과 소생(蘇生)을 반복하며 자신에게 맡겨진 직분을 감당해 나갔다. 일찍 '일사각오(一死覺悟)' 의 자세로 나갔더라면 더 좋았지 않았을까? 사명자의 좌절과 포기는 가장 무서운 불신앙이다.

주님은 제자들에게 "누구든지 자기 십자가를 지고 나를 좇지 않는 자도 능히 나의 제자가 되지 못하리라" (눅 14:27) 하시는데, 자기 십자가를 지는 일은 순교의 고난을 각오하라는 의미도 담겨있겠지만, 이 표현의 초점은 사형선고를 받은 자가 자기를 대적하며 희롱하는 군중들과 맞닥뜨리기 위해 어깨에 사형 집행기구인 칼을 쓰고 재판정에서 길거리로 나가기 시작하는 때 겪어야 할 그 군중들의 경멸과 조롱의 대상이 되는 특별한 시점에 두어진다 (예레미아스 2009:352). 형 집행을 위해 끌려 나가는 사형수를 조롱하고 때려도 상관없었다. 그는 이미 죽은 자로 간주되기 때문이었다 (바벨론 탈뭇 산헤드린 85a). 주님을 따르고자 나서는 이는 사형선고를 받은 사람의 마지막 발걸음만큼이나 어려운 길로 나아가는 것을 의미한다.

(3) 제자도 2

렘 15:19 여호와께서 이같이 말씀하시되 네가 만일 돌아오면 내가 너를 다시 이끌어서 내 앞에 세울 것이며 네가 만일 천한 것에서 귀한 것을 취할 것 같으면 너는 내 입 같이 될 것이라 그들은 네게로 돌아오려니와 너는 그들에게로 돌아가지 말지니라 20 내가 너로 이 백성 앞에 견고한 놋 성벽이 되게 하리니 그들이 너를 칠지라도 이기지 못할 것은 내가 저와 함께 하여 너를 구하여 건짐이니라 여호와의 말이니라 21 내가 너를 악한 자의 손에서 건지며 무서운 자의 손에서 구속하리라

예레미야야, 너는 백성들에게로 돌아가지 말라. 너는 너의 길을 갈지어다! 남들이 갈 수 없는 그 사명자의 길을 제대로 감당하며 갈지어다! 내 앞에 섬기는 너의 모습, 너의 받은 사명, 그것이 가장 귀한 줄을 너는 알지 못하느냐? 세상을 보고 끌리지 말라. 너는 저들을 두려워하지도 말라.

♬나는 가리라 주의 길을 가리라 주님 십자가 지고 나는 가리라♪

셋째로, 새 언약

렘 31:31 나 여호와가 말하노라 보라 날이 이르리니 내가 이스라엘 집과 유다 집에 새 언약을 세우리라 32 나 여호와가 말하노라 이 언약은 내가 그들의 열조의 손을 잡고 이집트 땅에서 인도하여 내던 날에 세운 것과 같지 아니할 것은 내가 그들의 남편이 되었어도 그들이 내 언약을 파하였음이니라 33 나 여호와가 말하노라 그러나 그 날 후에 내가 이스라엘 집에 세울 언약은 이러하니 곧 내가 나의 법을 그들의 속에 두며 그 마음에 기록하여 나는 그들의 하나님이 되고 그들은 내 백

성이 될 것이라 34 그들이 다시는 각기 이웃과 형제를 가리켜 이르기를 너는 여호와를 알라 하지 아니하리니 이는 작은 자로부터 큰 자까지 다 나를 앎이니라 내가 그들의 죄악을 사하고 다시는 그 죄를 기억지 아니하리라 여호와의 말이니라

(1) 영원한 언약이다 (32 절)

이집트에서 탈출한 이스라엘은 시내산에서 하나님과 언약을 맺었다. 그러나 이스라엘의 불순종으로 그 언약은 주전 586 년 깨어지고 저들은 바벨론의 포로로 잡혀갔다. 주님은 자신이 십자가에 달리시기 전 유월절 저녁에 십자가에서 찢기고 흘리실 자기의 몸과 피를 상징하는 떡과 포도주를 통해 새 언약을 체결하셨다. 구약시대에 제물을 잡아 쪼개고 그 쪼개 놓은 제물들 사이로 언약 쌍방이 지나가거나 (창 15 장, 렘 34 장), 아니면 제물을 잡아 그 피를 양푼에 받아 쌍방에 뿌려서 (출 24 장) 그 언약을 비준하고 확정하였다면, 주님은 자기 몸을 찢고 피를 흘려 믿을 자들의 제물이 되실 것을 미리 바라보시면서, 그 제물 될 자신의 몸과 피를 상징하는 떡과 포도주 잔을 먹고 마심으로 영원한 새 언약을 체결하셨다 (눅 22:20).

그 최후의 만찬 자리가 십자가에서 일어날 새 언약 비준 의식이 예기적으로 (豫期) 거행된 장소가 되었다. 언약의 쌍방은 "하나님" 과 "성도들" 인데 (31 절에서 "'내가' '이스라엘 집과 유다 집과' 새 언약을 체결하리라" [wəḵārattî ʾeṯ-bêṯ yiśrāʾēl wəʾeṯ-bêṯ yəhûḏā^{h} bərîṯ ḥăḏāšā^{h}]), 그 만찬 자리에 참석한 제자들이 성도들을 대표하고, 하나님은 주님을 통해 임재하시고, 주님은 이리하여 쌍방 사이의 중보자이자 (히 8:6), 언약의 당사자인 하나님을 대리하심으로 이중적 기능을 감당하셨다. 더구나 주님은 하나님과 성도들 사이의 새 언약 체결을 위한 제물도 되셨다. 따라서 새 언약 체결에서 그분은 3 중의 기능을 감당하신 것이다.

(1) 하나님 (주님으로 임재) ←중보자 (주님) → 성도들 (제자들로 대표)

(2) 새 언약 비준 의식 (떡과 포도주, 십자가에 찢기시고 흘리실 제물의 [주님이 대신] 몸과 피)

(1) 과 (2) 에서 "주님" 이 세 번 언급되었다. 곧 그분은 언약 비준 의식 때에 3 중 기능을 감당하셨다.

이제 십자가 달리실 때 그 밑에 서서 새 언약 비준 의식을 바라본다면, 십자가에 달리신 주님은 새 언약의 제물이시고, 그곳에는 새 언약의 당사자이신 하나님의 임재가 제물 되신 주님 안에 나타났고, 다른 언약 당사자인 성도들은 그곳에 참석한 주님의 제자들 이었다 (마리아, 이모, 글로바의 아내 마리아, 막달라 마리아, 사도 요한 등, 요 19:25-26).

그 언약은 누구든지 그리스도를 믿는 자마다 죄 용서를 받고, 영생을 얻는다는 약속을 갖는다. 이 언약은 구약의 짐승 제물이 그림자로 바라보았던 그 실체이신 그리스도의 몸과 피로 체결된 영원한 언약이다. 이 언약 외에 다른 언약은 이제 다시 없다. 이 말은 이제 다시 구원의 새 방편이 주어지지 않는다는 의미이다. 그래서 이 새 언약은 종말론적 언약이라고 한다. 지금이 은혜 받을 만한 때요 지금이 구원의 날이로다! (고후 6:2) 그러므로 장차 천년왕국을 가정할 이유는 없다. 지금이 우리가 그리스도와 연합하여 은혜 안에서 왕 노릇하는 천년왕국 시대요, 마지막 은혜의 때이기 때문이다.

믿다가 타락하면 어떻게 되는가? 우리는 성령님으로 거듭난 자는 죄악의 유혹에 넘어졌다가도 다시 일어난다고 믿는다. 만약 믿음을 포기하고 죽을 때까지 회개하지 않는다면 그 사람은 거듭나지 않았다고 볼 수 있다.

칼빈주의 5 대 교리는 영문 머리글자를 따서 TULIP 이라고 불린다. Total Depravity (전적 타락), Unconditional Election (무조건 선택), Limited Salvation (제한 속죄), Irresistible Grace (불가항력 은혜), Preservation of the Saints (성도의 보존) 등이다. 이런 칼빈주의 5 대 교리는 칼빈주의 사상을 반대하는 알미니안 주의 사람들이 문제를 제기함으로 성경에 근거하여 정립한 것이다.

인간은 전적으로 타락하여 자기 힘으로 구원을 받기 불가능하다. 자유의지를 행사하여 선행을 행하여 구원 얻을 수도 없고 스스로 믿을 수도 없다. 하나님께서 주권적으로 개입하셔서 은혜의 자리로 부르시고 구원해 주셔야 한다. 그리고 무조건 선택은 믿게 된 사람은 결과적으로 하나님의 영원한 선택을 입은 사람이다. 그분의 선택은 그 사람의 무슨 장점이나 선행이 아니라 조건 없이 선택하신 것이다. 제한 속죄란, 인류 전부를 구원하시는 것이 아니라, 일부만 선택하셨고, 따라서 그리스도는 그 선택된 무리의 죄악을 담당하려 십자가에 죽으셨다. 그리고 불가항력의 은혜란 선택된 사람에게는 항거할 수 없는 은혜로 압도하셔서 믿게 하신다. 마지막으로 성도의 보존이란, 일단 선택되고 믿게 된 사람은 반드시 천

국까지 보존하여 인도하신다.
바로 이 마지막 교리를 끌어내기 위해 이상의 것들을 언급한 것이다. 우리의 믿음은 성경 말씀 진리에 두어지는데, 그 말씀 중에 "내가 저희에게 영생을 주노니 영원히 멸망치 아니할 터이요 또 저희를 내 손에서 빼앗을 자가 없느니라" 는 요 10:28 의 말씀도 있다. 또한 믿는 성도들에게 성령님으로 도장을 찍으심으로 우리를 자신의 소유로 확정하셨고, 성령님이 우리 가운데 오셔서 장차 우리가 받을 하늘 기업의 보증이 되신다 (엡 1:13, 14).
하나님의 소유라고 도장이 찍혔다면, 누가 그의 손에서 빼앗아 갈 수가 있겠느냐? 성도는 때로 죄악의 유혹에 넘어가기도 하겠지만, 그럼에도 다시 일어나서 결국 마지막 구원 즉 천국에 들어가게 될 것이다. 그러므로 죄악의 늪에 빠져 허우적거린다면, 지금 당장 기운을 내서 회개하고 일어나야 한다. 그리스도의 십자가 희생은 우리의 죄악의 크기가 너무 커서 구원하지 못할 것이 없기 때문이다.

(2) 법을 마음판에 새긴다 (33 절)

내가 내 법을 ("토라," 가르침) 그들 속에 두고, 그들 마음에 그것을 새기리라

(nāṯattî ʾeṯ-tôrāṯî bəqirbām wəʿal-libbām ʾeḵtăḇennāh) 문장을 보면, VOp/ pV (동사 + 목적어 + 전치사구 / 전치사구 + 동사) 형식인데, 전반절의 목적어가 후반절에서도 기능한다 (double duty). 동사가 전후반절의 맨 처음과 맨 나중에 각기 배치되었고, 전치사구는 하나님의 동작이 이루어지는 장소를 보여준다: 그들의 속에 / 그들의 마음 (판) 에. "그들 속에"는 (within them) TNK 가 "그들의 가장 깊은 존재 안에"라고 (into their inmost being) 번역했다. 후반절의 "마음에" 와 병행되는 속사람에 주의 법이 두어진다.
성령께서 우리 마음에 자기 법을 새기시고, 속사람에 두신다는 표상은, 구약 시대에 '돌 판' 에 계명을 새겨서 주셨던 (출 31:18) 것과 대조된다. 이것은 어디까지나 영적인 움직임을 그림처럼 보여주는 표상인데 (metaphor), 주님을 영접하고 중생한 자들의 마음에 성령님이 친히 자신의 가르침을 새기시고 우리 속사람에 그것을 두시며, 때때로 생각나게 하시고 순종하게 하신다는 의미이다. 여기 표상의 의미는 겔 36:26–27 에 비추어 볼 때, 거듭난 성도에게 새 마음을 주시고, 또한 하나님의 성령님의 임재를 그들 속에 두셔서 저들로 하나님의 법을 행하게 하시리라는 것이다. 그러니까 마음에 법을 새긴다는 것을 너무 문자적으로 무슨 의미일까? 고민할 이유는 없을 것이다. 그런 표현을 사용한 것은 병행사고라고 보이는 겔 36:26–27 에 견주어 보면, 십계명 돌비에 법을 새긴 것과 대조시켜, 새 언약 시대에 일어날 성령님을 통한 영적인 역사를 강조하고자 함일 것이다.
마음 판에 법을 새기신다는 것은 구약 시대 언약백성의 몸이 '할례' 를 받았던 관례를 연상시킨다. 할례란, 남자들의 생식기 끝을 잘라, 이것으로 하나님과의 언약의 증표를 삼았었다. 오늘날 사람들은 문신을 (文身) 몸에 새겨 조직원들 사이에 증표로 사용하는 것과 유사하다. 마찬가지로 신약 시대에는 우리 눈으로 보이는 생식기 끝을 자르는 증표가 아니라, 보이지 않는 마음에 영적인 역사가 일어나서 그분의 말씀이 새겨지고 두어진다. 그렇다고 신약 성도가 성경 말씀을 읽지 않아도 된다는 의미는 아니다. 경험상, 성경 말씀을 내가 많이 묵상하고 암송하고 읽을 때 성령님은 내 마음에 그 말씀을 기록하시고 필요할 때에 그 말씀으로 역사하신다. 우리는 마귀와 싸우기 위해서도 성경을 많이 암송해야 한다. 성령의 검 곧 하나님의 말씀을 가지라 (엡 6:17).
어거스틴은 그의 "기독교 교리" 란 성경 해석 원리를 다룬 책에서 거짓 교만을 떨치고 겸손하게 배울 것을 권한다 (1 권 2–8). 그가 제시한 예증들을 살펴보면, 성령께서 임하시자 사도들은 자기들이 배우지도 않았던 각 나라 말로 하나님의 위대하신 일, 곧 그리스도를 통해 이루신 일을 선포했는데, 그런 경험을 하지 않는 자는 기독인이 아니라거나, 자기가 성령님을 받았는지 의심을 가질 필요가 없다고 했다. 우리가 다른 사람에게 배울 수 있는 것은 배워야 한다는 것이다. 심지어 어떤 사람은 나는 직접 하나님의 음성을 듣고 가르침을 받기 때문에 복음을 듣고자 교회로 갈 필요도 없다고 하거나, 성경을 읽거나 혹은 설교를 들을 필요가 없다고 말하는 교만한 사람도 있을지 모른다. 사도 바울은 하나님의 음성을 직접 들었고, 또 눈까지 강렬한 그 주님의 빛 때문에 멀어 타인의 손에 이끌려 인도를 받는 놀라운 영적 체험을 했지만, 그도 타인에게 안수 기도를 받았고 (행 9:17), 교회에로 영입을 받았다 (행 11:25). 로마 백부장 고넬료는 환상 중에 기도와 구제가 하늘에 상달되었다는 음성과 천사의 모습을 보았지만 (행 10:3, 4), 정작 그리스도께 대한 믿음의 도리에 대하여는 사도 베드로의 가르침을 받아야 했고 (행 10:34 이하), 그의 세례를 받았다 (행 10:48).
요컨대, 성령님의 음성을 듣고 놀라운 권능이 어떤 사람에게 임했다고 그의 머리가 갑자기 성경 지식으로 확 트이고 배우지도 않았던 말씀들을 전체로 꿰뚫어 알게 되는 일은 없는 것이다. 천사들이 직접 어떤 사람에게 성경을 가르친다고 할

수도 없는 것이, 그들은 오히려 그리스도를 통한 구속의 진리를 알고자 호기심에 불타는 양 사도 베드로는 말씀하기 때문이다 (벧전 1:12).

이디오피아 내시가 이사야서 53 장을 읽었으나, 깨닫지 못하고 있을 때, 천사가 나타나서 그 의미를 가르쳐 주었다거나 아니면 성령께서 직접 영안을 열어 깨우쳐 주셨다고 아니하고, 주의 사자가 빌립 집사를 그 내시에게 직접 보내어 그의 성경에 대한 무지를 깨우치도록 하였다 (행 8:26). 그런데, 주의 사자가 보통 "천사" 를 가리키는데, 행 8 장에서는 빌립을 내시에게 보낸 "주의 사자" 가 언급된 후에, "성령이 빌립더러 이르시되 '이 병거로 가까이 나아가라!'" 하셨다 (행 8:29). 주의 사자가 빌립을 시키지 않고 직접 그 내시에게 가서 가르칠 수도 있었을 것이고, 아니면 성령님이 빌립에게 저 병거로 나아가라! 고 명하시지 말고, 직접 내시를 가르칠 수도 있었을 것이다. 그러나 그렇게 아니하고, 모두 빌립을 통해 내시가 복음의 진리를 깨닫도록 하셨다.

어거스틴은 또 다른 예를 드는데, 모세는 성령 충만하여 권능과 지혜로 넘쳤지만, 이방인 장인 이드로에게 행정학에 관하여 한 수 배울 기회도 가지는 겸손함을 보였다 (출 18 장). 모세 같은 사람이 그렇게 배울 필요가 있었을까? 생각되지만, 사실이 그러했다.

(3) 죄악의 용서 (34b 절)

구약에서는 부지중에 범한 죄가 생각날 때, 자기의 죄를 전가할 짐승 제물의 머리에 손을 얹고서 죄를 고백하고 그 제물을 잡아 바침으로 죄 용서를 받았다. 신약에서는 그 구약 제물들의 원형이신 예수님의 십자가 희생을 믿고서 내 죄를 고백함으로 용서를 받는다. 방식에서는 같다. 그런데 차이는 무엇인가? 차이란 구약에서는 자기 재물을 희생해야 했다면, 신약에서는 예수님께서 우리의 희생제물이 되심으로 우리는 빈손 들고 나아간다. 그분을 신뢰함으로, 그분을 믿고 바라봄으로 나아간다. 구약에서는 내가 내 제물을 바친다는 마음이지만, 신약에서는 내 공로는 아무 것도 없다! 오직 빈손 들고 나아간다.

여기서 한 가지 추가로 언급할 것은 전통적 세대주의자들은 렘 31:34 에 (이는 작은 자로부터 큰 자까지 다 나를 앎이니라) 근거하여, 주님의 초림 때에 이스라엘의 전 민족이 다 회개하는 "민족적 회개" 가 일어나고 주님을 왕으로 영접하여야 했지만, 그렇지 못하고 "일부만" 회개하였으므로 이 예언은 성취 불발 (不發) 이고, 따라서 주님의 초림 때에 그는 이스라엘의 왕으로 즉위하셔서 통치하지도 못하시고, 새 언약의 성취는 "온 이스라엘이 구원을 받을" (롬 11:26) 재림 이후 '천년 왕국' 시대에 나타나리라 한다. 문자적인 천년왕국 가설도 환상 문학 곧 상징성을 생명으로 하는 계시록의 성격상 비 – 성경적이거니와, 구원 역사에서 전례가 없는 한 시대의 "전체 이스라엘의 구원" 을 가정하는 것도 비 성경적이다. 더구나 새 언약이 "유다와 이스라엘 집" 과 체결되어야 하므로, 주님의 초림 때에 성취된 적이 없고 가정된 천년 왕국 때에 성취되리라고 이해하는 점도 비성경적이다. 그 다락방에서 잡히시기 전날 밤 체결하신 그 새 언약은 그렇다면 무엇인가? (눅 22:20, 고후 3:6, 히 9:16, 12:24). 주님의 초림과 함께 구약의 모든 예언은 이루어졌고 이루어지는 도중에 있지만, 세대주의는 이렇게 주님의 초림으로 일어난 구약의 예언 성취를 모조리 부인하고 저 자신들이 가정한 지상 천년왕국 시기로 몽땅 밀어 부친다.

(4) 범위에서 세계적이다

언약의 핵심은 하나님과 우리의 관계 설정이다. 곧 "내가 저들의 하나님이 되고 그들이 내 백성이 되리라" (33b 절 wəhāyîṯî lāhem lēʾlōhîm wəhēmmāʰ yihyû-lî ləʿām). 이스라엘은 이제 신약 시대에 교회 성도들이다. 예레미야의 '새 언약' 은 예언인데, 그 예언이 그리스도를 통해 성취되어 (히 8 장) 그리스도를 믿는 교회의 성도들에게 축복이 임하고 있다. 물론 교회에는 유대인도 있고 이방인도 있다. 모두가 그리스도를 믿어 한 믿음의 형제가 된 것이다.

이사야서에서 언급한 바 있지만, 열방과 이스라엘의 관계는 이사야서에서 혹은 선지자들에게서 이중적으로 나타난다. 한편으로 이방인들이 이스라엘에 굴복한다고 하지만 다른 한편으로 이방인들과 이스라엘이 함께 하나님의 백성이 된다고도 한다. 바로 이 함께 하나님의 백성이 된다는 사항이 지금 교회를 통해 이루어지고 있다. 이런 세계적인 구원역사는 구 언약에서 결코 없었던 일이다. 이스라엘 민족 중심으로 저들은 구원을 받았고, 할례나 결혼을 통해 일부 이방인이 이스라엘에 들어와서 참 하나님을 믿어 구원에 이르렀지만, 신약 시대에서처럼 이방인들이 대거 이스라엘과 함께 하나님의 백성을 이룬 때는 없었다.

(5) 새 언약의 성취 (히 8 장, 9:15–20)

새 언약은 예레미야 31 장에서 예언되었고, 그리스도께서 십자가 달리시기 전날 밤에 제자들과 함께 체결하셨고, 십자가 죽으심과 부활로 완성하셨다. 그 새 언약 예언의 성취에 대하여 히 9:15–20 에서 묘사하고 있다:

15 이를 인하여 그는 새 언약의 중보니 이는 첫 언약 때에 범한 죄를 속하려고 죽으사 부르심을 입은 자로 하여금 영원한 기업의 약속을 얻게 하려 하심이니라
16 언약은 (한, 유언) 언약한 (한, 유언한) 자가 죽어야 되나니
(Ὅπου γὰρ διαθήκη, θάνατον ἀνάγκη φέρεσθαι τοῦ διαθεμένου)
17 언약은 (한, 유언) '죽음들 위에서' 견고한즉
언약한 (한, 유언한) 자가 살았을 때에는 언제든지 효력이 없느니라
(διαθήκη γὰρ ἐπὶ νεκροῖς βεβαία, ἐπεὶ μήποτε ἰσχύει ὅτε ζῇ ὁ διαθέμενος)
18 이러므로 첫 언약도 피 없이 세운 것이 아니니
19 모세가 율법대로 모든 계명을 온 백성에게 말한 후에
송아지와 염소의 피와 및 물과 붉은 양털과 우슬초를 취하여 그 책과 온 백성에게 뿌려
20 이르되 이는 하나님이 너희에게 명하신 언약의 피라 하고
21 또한 이와 같이 피로써 장막과 섬기는 일에 쓰는 모든 그릇에 뿌렸느니라

16–17 절에서 한역이나 기타 현대 역본들은 거의 다 헬라어 "디아테케" 를 "유언" 이라 (will 혹은 testament) 번역하는데, 구약에 비추어 "유언" 은 언약과 무관하고, 여기서도 그러하다. 16, 17 절에서 "디아테케" 는 15, 18, 20 에서처럼 모두 "언약"으로 번역해야 한다 (NASB). 그렇게 번역해 할 결정적 이유는 17 절에서 나타난다: "언약은 '죽음들 위에서' 견고하다" (διαθήκη γὰρ ἐπὶ νεκροῖς βεβαία). 이 진술은 시 50:5 의 헬라어 역본에 근거한다: "너희 그의 성도들은 그에게 모이라 곧 '제물들 위에' 그와 언약한 자들아!" (συναγάγετε αὐτῷ τοὺς ὁσίους αὐτοῦ τοὺς διατιθεμένους τὴν διαθήκην αὐτοῦ ἐπὶ θυσίαις).

"제물들 위에" (ἐπὶ θυσίαις) 언약을 체결하였다고 한다 (히, ʿălê-zāḇaḥ [제사로]). 즉, 제물들을 잡아 쪼개어 그 사이로 쌍방이 지나가거나 (창 15:17, 렘 34:18, 19), 아니면 제물을 잡고 그 피를 받아 언약 쌍방에 뿌림으로 (출 24:6, 8) 언약을 체결했다는 것이다. 히 9:17 에서도 그런 의미이다. "죽음들 위에서" (ἐπὶ νεκροῖς) 곧 제물들의 죽음들 (복수형 주목) 위에 근거하여 언약은 견고하게 효력을 발휘하게 된다. 즉, 유언하는 자가 아니라, 언약을 체결하는 당사자들의 죽음을 '상징하는' "제물들의 죽음들에 근거하여" 언약이 유효하게 된다. 따라서 언약 체결 당사자들을 상징하는 그 제물들이 살아 있을 때는 언약은 효력을 내지 못한다 (최종태 2003:490 이하).

히브리서 기자가 구약에 없는 새로운 유언 (遺言) 신학을 여기서 전개하는 것이 아니다. 주님은 새 언약의 중보자로서 십자가에서 자기 몸을 제물로 모든 인류의 대속 (代贖) 물로 내어 주심으로, 새 언약을 체결하셨다. 이제 그를 믿는 자마다 구원을 얻는다. 이러므로 이 새 언약이 체결은 종말 시대의 시작이며, 인류에게 마지막 구원의 기회가 주어짐을 의미한다. 더 이상의 언약은 없으며, 지금이 구원의 날이므로 (고후 6:2) 주님 재림과 함께 영원한 신천신지의 세계로 인류 역사는 마감되고, 구원의 기회는 다시없다.

(6) 새 언약과 구 언약의 연속성과 비연속성

그런데 우리가 곰곰 생각한다면, 이 새 언약의 네 가지 특징도 사실 구 언약의 특징과 질적인 차이는 있을지 몰라도 본질상 구분되는 특징은 없다. 단지 질적 차이가 있을 뿐이다. 그 질적 차이란 새 언약이 영원하리라는 약속이나, 법을 마음에 새기리라는 예언, 죄를 용서하신다는 말씀, 세계적 범위 등에서 모두 나타난다. 예컨대, 새 언약의 영원성은 구 언약의 제한성과 대조되긴 해도, 새 언약은 구 언약의 갱신이란 점에서, 구 언약이 새 언약을 통해 영속된다고 이해한다면, 둘 사이의 차이는 근본적이라 하기 어렵다 ('구 언약' 이란 구약 시대에 하나님께서 언약 백성과 맺은 언약인데, 근본적으로 "아브라함 언약" 을 가리키고, 그 언약은 시내산 [신명기는 시내산 언약의 갱신], 다윗 언약 등으로 보충되었다).

또한 법을 마음에 새기리라는 말씀도 신앙의 내면성을 부각시키는데, 구약 시대에도 '할례' 는 보이는 신체에 새기는 의식을 넘어 마음에 해야 할 것이 강조되고 있다 (신 10:16, 30:6). 또한 죄를 용서하시리라는 말씀도 구약 시대에 범죄한 자는 제물을 잡아 속죄제를 드림으로 죄 용서를 받고 언약관계를 회복할 수 있었다. 구 언약 시대에는 짐승 제물을 잡아 성소로 가서 잡아 피를 뿌리고 제육을 (祭肉) 살라 드림으로 죄 용서를 받았다면, 이제는 십자가에 제물되신 그리스도를 힘입어 하나님의 은혜의 보좌 앞에 담대히 나아가 죄 용서를 간구함으로 받는다. 구약 성도들도 범죄 했을 때 회개의 기도를 드림으로 죄 용서의 확신을 얻었다 (시 32, 51 편의 다윗의 경우에서 보듯). 그렇지만, 그 확신은 날 위해 십자가에 제물로 피 흘리신 그분을 믿고 그분을 의지하여 받는 죄 용서의 확신과 같은 차원의 것일 수 없었다. 죄 용서는 물론 같았지만, 신약 시대의 제물은 구약 시대 그림자의 실물이었고, 그 십자가 희생을 직접 성령님으로 회개기도 가운데 내적으로 체험하는 것이다.

그리고 새 언약의 '세계성' 도 구약의 한 민족 중심의 성격과 질적 차이를 보이지만, 구 언약에도 이방인들이 결혼이나 할례를 통해 가입할 수 있었으므로 제한적으로나 '세계성' 을 확보하고 있었다고 해야 한다. 이처럼 구 언약은 질적으로 새 언약에 떨어지지만, 질적으로 연속성이 있는 것이다.

한편 구 언약 시대는 "영적 엘리트" 중심 시대인데 비해, 새 언약 시대는 "영적 민주화" 의 시대이다. 구약 시대는 엘리트 지도자 중심의 시대로 모세와 70 인 장로들, 혹은 여호수아, 혹은 사사들, 혹은 사울이나 다윗이 왕이 성령 충만을 체험하고 그 능력으로 주님을 섬겼다면, 오늘날에는 모든 믿는 자에게 성령 충만을 약속하셨다 (욜 2:28-30, 행 2:17-20). 욜 2:28-29 에서 말씀하길,

그 후에 내가 내 신을 '만민' 에게 부어 주리니 너희 자녀들이 장래 일을 말할 것이며 너희 늙은이는 꿈을 꾸며 너희 젊은이는 이상을 볼 것이며 29 그 때에 내가 또 내 신으로 남종과 여종에게 부어 줄 것이며

라 하여, 성령님의 '민주화' 를 예고하고 있다 (겔 36:26-27 도 참조). 구약 시대에는 성도 개개인이 하나님 앞에 직접 나아갈 수가 없고 중보자 모세를 통해서 (출 20:18-20), 혹은 제사장들이 지성소, 성소에 들어가거나 번제단에서 제물을 드렸다. 그러나 지금 신약 시대에는 우리 성도들은 "그러므로 우리가 긍휼하심을 받고 때를 따라 돕는 은혜를 얻기 위하여 은혜의 보좌 앞에 담대히 나아갈 것이니라" (히 4:16); "우리가 그 안에서 그를 믿음으로 말미암아 담대함과 하나님께 당당히 나아감을 얻느니라" (엡 3:12).

구 언약과 새 언약 사이의 보다 근본적인 차이를 제시하자면,

a. 새 언약의 수혜자가 "아브라함 후손" 중심에서 "그리스도를 믿는 모든 자" 로 바뀌었다.

구약 시대에도 '아브라함의 후손' 이라고 모두 구원에 이른 것은 아니었고 오직 "약속의 자녀" 인 이삭, 야곱, 그 12 아들 식으로 '남은 자' 만 '참 이스라엘' 에 속하였다. 이 참 이스라엘에 결혼이나 할례를 통해 개종하여 가입하는 이방인들도 하나님의 백성이 되었지만, 그 수는 많지 아니했다. 그러나 새 언약 시대에는 그리스도를 믿어 구원에 이르는 축복을 받은 자가 이방인들 중에서 대거 나타났다. 오늘날 교회의 구성원을 본다면 유대인 남은 자는 소수이고 대다수가 이방인 성도들이다. 이런 구성원 비율에서의 근본적 차이에도 불구하고, 그 구성원들

의 사명 곧 기능은 동일하다. 구약 시대에 이스라엘이 "복의 근원" 곧 참 하나님을 알고 섬김으로 복을 받아 그 복을 만민에게 전달하는 사명자였다면 신약 시대 성도들 역시 동일하다. 구약에서 외적인, 물질적 복이 강조된 점이 없지 않아 있지만, 구약시대에도 모든 복의 원천은 참 하나님을 알고 믿는 믿음이었다. 이 신앙을 이스라엘을 세상에 전파해야 했었다. 물질적 복은 그 영적 복에 부차적으로 줄줄이 따라오기 마련이다.

b. 구 언약은 가나안 땅을 기업으로 약속하나, 새 언약을 온 세상과 신천신지를 바라본다

구 언약의 근본인 아브라함 언약의 내용은 만민의 복이 될 "씨"와 (후손) 그들이 발 딛고 살아갈 "땅"이었는데, 그 땅은 가나안 땅이었다. 그러나 이제 새 언약의 수혜자가 전 세계적이다 보니, 지구 어느 귀퉁이를 지정하여 이것을 기업으로 성도들에게 주어 거기 가서 함께 살아라 하시지는 않는다. 오히려 성도의 기업은 이제 세계화 되었고 (롬 4:13, 엡 6:3), 더 근본적으로 말해 영원한 신천신지 하늘나라이다 (벧전 1:4). 이렇게 "기업" 의 성격이 세계화되었고, 또한 영적인 것으로 영화 (靈化) 되었다. 이런 영화는 원수의 성격에서도 나타난다. 가나안 땅 주변 에돔, 암몬, 블레셋, 이집트, 모압, 아람, 앗시리아, 바벨론 등이 아니라, 새 언약 성도의 원수는 온 세상의 임금 (요 12:31, 14:30, 16:11), 정사와 권세와 이 어두움의 세상 주관자들과 하늘에 있는 악의 영들이다 (엡 6:12). 좀 더 현실적으로 고려한다면, 새 언약 성도들의 얻을 기업은 이 지상에서 받는 자기 사업장, 자기 땅일 수도 있다. 그러나 이것은 어디까지나 여기서 우리의 사명 감당을 위한 임시적 선물일 뿐이다.

c. 구 언약의 대표 시내산 언약은 새 언약으로 성취되었다

구 언약의 근본은 아브라함 언약이었고, 시내산 언약이나 레위 제사장 언약, 다윗 언약 등은 모두 아브라함 언약의 보충들이었다. 이것은 연대기적으로나 내용적인 면에서 그렇다는 것이다. 그렇지만, 신약에서 "구 언약" 이라 할 때는 주로 "시내산 언약" 을 염두에 두고 있다 (고후 3:14 "구약" ; 히 8:7, 13, 9:1, 15, 18 등 "첫 언약"). "구 언약" 이란 근본적으로 말해 아브라함 언약이 대표이고 토대이지만, 신약에서 "시내산 언약" 을 주로 가리키는 이유는 그것이 "이스라엘 민족" 전체와 맺은 언약으로 일개 부족 단위의 아브라함 언약보다 범위가 넓고, 아브라함 언약 때는 하나의 국가 단위의 언약 당사자의 사회생활이나 예배를 규정할 성문법이 없다가 시내산 언약으로 그런 언약조항들이 주어졌기 때문일 것이다. 이렇게 볼 때, 내용적으로나 연대기 순서가 아니라 현실적 측면에서는 "시내산 언약" 이 "구 언약" 의 대표 노릇을 하고 있다.

그런데 왜 시내산 언약이나 다윗 언약을 아브라함 언약의 보충 (補充) 이라 (갈 3:17, 19) 하는가 하면, 아브라함에게 주신 그 언약을 토대로 하여 구약의 선교가 지속되면서 소수의 아브라함 일족이 번성하여 하나의 민족이 되었을 때, 한 국가 체제를 갖추게 되었고, 그런 정황에서 백성의 사회질서를 규정할 법이 필요하게 되었다. 그래서 시내산 언약이 주어진 것이다. 시내산 언약의 율법에는, 비록 구약이나 신약에서 그런 구분이 없지만, 편의상 교육적 목적으로 구분해 보자면, '공민법' 곧 사회생활을 규정하는 여러 법규들, 시대를 무론하고 영구적인 가치를 지니는 '도덕법' (십계명) 그리고 예배 / 제사를 규정하는 의식 (儀式) 법 등이 있었다. 이런 성문법이 시내산 언약으로 주어지기 전에도 아브라함 일족은 제사를 지냈고, 도덕법을 지켰었다. 그러나 한 민족으로 성장할 때 좀 더 세밀한 성문법이 필요하게 된 것이다. 또한 사회 구성원들 사이의 갈등을 규정할 여러 사회 법규들도 제정된 것이다. 사정이 이러하므로 우리는 시내산 언약을 아브라함 언약에 첨가된 보충이라 부르는 것이다.

또한 제사장이 누가 되는가? 하는 문제를 답하는 제사장 언약은 시내 광야에서 벌어진 이스라엘의 우상숭배를 통한 배교 사건 때 레위 지파인들이 헌신하여 제사장직을 얻게 되었는데 (출 32:29, 신 33:8–10), 그 후에 비느하스의 헌신으로 또한 그것은 확정되었다 (민 25:13, 시 106:31).

한 민족이 된 백성을 누가 통치하는가? 하는 문제에 대한 답이 다윗 언약인데, 다윗이 헌신할 때 다윗 후손이 영원히 이스라엘의 왕이 되리라고 다윗 언약이 주어졌다 (삼하 7 장, 시 89:3–4, 132 편).

그런데 신약 시대에는 다윗후손이 육신적으로 왕 노릇하는 것이 아니라, 다윗의 후손으로 오셨던 그리스도께서 십자가 죽음으로 제사장으로서의 직무를 완성하시고, 부활 승천, 보좌에 즉위하심으로 영원히 통치하신다: 죄를 정결케 하는 일을 하시고 높은 곳에 계신 위엄의 우편에 앉으셨느니라 (히 1:3b). 이 뿐 아니라, 그리스도와 연합된 자는 그분이 내 안에 내가 그분 안에 거함으로 그분과 함께 하늘 보좌에 앉아 (엡 2:6) 은혜 안에서 죄와 사단의 세력을 짓밟고 왕 노릇한다 (롬 5:21, 엡 2:6, 골 3:1, 3, 계 20:4, 6). 계 20:4 에 의하면, 첫째 부활 곧 중생한 자가, 그리스도와 더불어 천년 동안 곧 신약 시대 동안 왕 노릇한다. 그래서 베드로 사도는 성도를 향해 너희는 왕 같은 제사장이라 불렀다 (벧전 2:9).

그리고 제사장은 레위 지파 사람들이 하는 것이 아니라, 이제는 그리스도를 믿어 의롭게 된 자들이 다 하나님의 보좌 앞에 나아가 타인을 위해 중보기도하며, 타인에게 하나님의 말씀을 가르치고, 자기 몸을 산 제물로 하나님께 드림으로 제사장적 기능을 감당한다 (롬 12:1).

d. 구 언약 하에서는 예루살렘 성전이, 새 언약 시대에는 교회가 세상의 중심이다

새 언약 시대에는 그리스도의 몸인 교회가 온 세상의 중심이다. 따라서 시온, 예루살렘은 이제 교회를 가리킨다 (히 12:22, 사 2:2, 3). 새 예루살렘은 "신부, 곧 어린 양의 아내" 라 지칭 된다 (계 21:2 이하, 9). 교회는 예수님의 신부 혹은 아내로서 그분과 영적 결합을 이룬다.

그리스도와 교회는 이런 영적 결혼 관계보다 더 긴밀한 한 몸의 지체 (肢體) 관계로 묘사되기도 하는데, 그것은 교회가 그리스도의 "몸" 이라는 (엡 1:23) 사고이다. 이 사실에서 교회의 성격과 특권, 속성이 다 규정된다. 교회가 그리스도의 "몸" 이라면, 그리스도는 교회의 "머리" 이다. 머리와 몸의 관계는 한 마디로 주님이 내 안에, 내가 주님 안에 있다는 관계나, 영적 결혼 관계보다 훨씬 더 긴밀하고 살아있는 유기적 (有機的) 관계로 (organic relationship), 이보다 더 가까운 관계는 다시 생각하기 어렵다. 이런 교회와 그리스도 사이의 지체 관계는 성령님께서 성도들 안에 거하심으로만 생성될 수 있다. 즉, 성령님 안에 거하는 성도들에게만 이런 관계는 가능하다.

그리스도와 이러한 지체 관계를 갖는 교회는 "만물 안에서 '만물을 충만케 하는 자' 의 충만" 이다 (엡 1:23; τὸ πλήρωμα τοῦ τὰ πάντα ἐν πᾶσιν πληρουμένου). 왜냐하면 그리스도는 모든 하늘 위에 오르셔서 "만물을 충만케 하시는" (엡 4:10) 분이기 때문이다. 만물을 무엇으로 충만케 하시는가? 그것은 복음을 온 세상에 전파함으로 진리로 만물을 충만케 하며, 그분의 공의로 세상을 통치함으로 의로 세상을 충만케 하신다. 그리스도의 통치가 완성될 때 온 세상은 원래 창조 때의 그 모습 이상으로 질서와 아름다움, 축복이 가득한 세상이 될 것이다. 교회가 "만물을 충만케 하시는 자" 의 충만 곧 "그리스도의 충만" 이란 말은 교회가 만물을 채우시는 그리스도로 충만한 실체라는 것이다. 이것은 교회의 이상적 모습을 그린 것인데, 각 지 (支) 교회들이 그리스도로 (곧 그분의 성령님으로) 충만할 때, 여기 제시된 이상적 모습이 실현될 것이다.

몸에서 머리는 그 생각과 목적, 계획과 이상 등으로 온 몸을 주장한다. 그래서 머리의 생각이 온 몸에 가득 차게 된다고 할 수 있다. 그런데 술이나 마약, 담배 등을 인하여 머리가 제 구실을 못하면, 육체를 통솔하고 지도하지 못하고 의욕을 상실하고 낙담하고 자포자기 (自暴自棄) 하게 된다. 교회가 건강한 머리를 가지려면 (물론 머리이신 그리스도는 언제나 건강하시지만), 많은 기도를 통해 그리스도께서, 곧 성령님께서 교회에 구석구석을 통제하고 지도하며 인도하시도록 무릎을 꿇어야 한다. 다시 말해 사 62:1-7 에 제시된 사고대로, 시온의 (교회의) 공의가 빛같이, 예루살렘의 (교회의) 구원이 횃불 같이 나타나도록 시온을 위하여 잠잠하지 아니하고 예루살렘을 위하여 쉬지 않도록 기도해야 한다. 그리하여 열방이 교회의 영광과 공의를 보게 해야 하고, 교회는 "헵시바" 라 (내 기쁨이 그 안에 있다) 불림을 받아야 한다. 이는 달리 말해 교회에 파수꾼을 세워 종일종야에 잠잠하지 아니하고 하나님께서 교회를 세워 세상에서 찬송을 받게 하기까지 하나님으로 쉬지 못하게 해야 한다는 것이다. 실제로 많은 기도를 올리는 교회는 세상에서 무소불위 (無所不爲), 천하무적의 능력 있는 능력체, 진리와 믿음 공동체가 된다. 그 교회를 통해 각종 놀라운 일들과 축복의 역사가 나타남으로 원수의 진은 무너지고, 말씀이 흥왕하고, 믿는 자들이 무리지어 모여들게 된다. 하나님의 영광이 충만하여 교회에서의 예배는 하늘의 영광의 임재를 체험하게 된다.

여기서 강조점은 교회가 인류 역사의 마지막 언약 공동체로서 이 세상에서 어떤 의미를 갖느냐? 하는 것이다. 신약의 교회는 구약 시대의 이스라엘을 대신하는 새 이스라엘로서 우주적 의의를 가진다는 것이다. 교회가 이런 우주적 의의를 갖는 것은 만물이 그 안에서 통일되는 그리스도, 만물을 충만케 하는 그리스도의 몸인 까닭이다. 즉, 교회가 교회인 것은 그리스도의 몸이요 그의 충만이기 때문이다. 만약 어떤 이가 교회는 이스라엘이 왕으로 오신 그리스도를 영접하지 아니하고 배척함으로 임시방편으로 이방인들의 구원을 위해 마련된 임시 기관이라고 말한다면, 그런 주장은 그리스도의 몸으로서 교회가 갖는 그 우주적 위상을 (位相) 완전 무시하는 일일 것이다.

e. 구심적 선교와 원심적 선교

선교학적으로 본다면, 구약 시대에는 이방인들이 할례나 (행 15:1, 5) 결혼을 통해 (다말, 라합, 룻 등) 이스라엘 공동체에 가입함으로 하나님의 백성이 되었다 (centripetal → centrum [중심] + petere [앞으로 이동하다, 떨어지다, 급히 나가다]; 求心的 구심적; 向心性的). 새 언약 체제하에서는 천하 만민에게 다니며 복음을 전파해야 한다 (centrifugal → 중심 centrum + 도피하다 fuger; 遠心的 원심적; 離心的). 구약 이스라엘이 가나안 땅 언약 공동체 안으로 이방인을 할례와 결혼을 통해 끌어 들였다면, 교회는 세상으로 나가서 십자가 깃발을 꽂고 교회를 세상 각처에 세워야 한다.

넷째로, 예루살렘, 다윗 왕가, 레위인의 회복

렘 33:6 그러나 보라 내가 이 성을 치료하며 고쳐 낫게 하고 평강과 성실함에 풍성함을 그들에게 나타낼 것이며 7 내가 유
다의 포로와 이스라엘의 포로를 돌아오게 하여 그들을 처음과 같이 세울 것이며 8 내가 그들을 내게 범한 그 모든 죄악에
서 정하게 하며 그들의 내게 범하여 행한 모든 죄악을 사할 것이라
9 이 성읍이 세계 열방 앞에서 내게 기쁜 이름이 될 것이며 찬송과 영광이 될 것이요 그들은 나의 이 백성에게 베푼 모든
복을 들을 것이요 나의 이 성읍에 베푼 모든 복과 모든 평강을 인하여 두려워하며 떨리라 10 나 여호와가 이같이 말하노라
너희가 가리켜 말하기를 황폐하여 사람도 없고 짐승도 없다하던 여기 곧 황폐하여 사람도 없고 주민도 없고 짐승도 없던
유다 성읍들과 예루살렘 거리에서 즐거워하는 소리, 기뻐하는 소리, 신랑의 소리, 신부의 소리와 및 만군의 여호와께 감
사하라, 여호와는 선하시니 그 인자하심이 영원하다 11 하는 소리와 여호와의 집에 감사제를 드리는 자들의 소리가 다시
들리리니 이는 내가 이 땅의 포로로 돌아와서 처음과 같이 되게 할 것이니라 여호와의 말이니라
15 그 날 그 때에 내가 다윗에게 한 의로운 가지가 나게 하리니 그가 이 땅에 공평과 정의를 실행할 것이라 16 그
날에 유다가 구원을 얻겠고 예루살렘이 안전히 거할 것이며 그 성은 여호와 우리의 의라 일컬음을 입으리라 17
나 여호와가 이같이 말하노라 이스라엘 집 위에 앉을 사람이 다윗에게 영영히 끊어지지 아니할 것이며 18 내 앞
에서 번제를 드리며 소제를 사르며 다른 제를 항상 드릴 레위 사람 제사장들도 끊어지지 아니하리라 하시니라 19
여호와의 말씀이 예레미야에게 임하니라 가라사대 20 나 여호와가 이같이 말하노라 너희가 능히 낮에 대한 나의
약정과 밤에 대한 나의 약정을 파하여 주야로 그 때를 잃게 할 수 있을진대 21 내종 다윗에게 세운 나의 언약도
파하여 그로 그 위에 앉아 다스릴 아들이 없게 할 수 있겠으며 내가 나를 섬기는 레위인 제사장 에게 세운 언약
도 파할 있으리라 22 하늘의 만상은 셀 수 없으며 바다의 모래는 측량할 수 없나니 내가 그와 같이 내 종 다윗의
자손과 나를 섬기는 레위인을 번성케 하리라 하시니라

이 부분의 말씀은 소위 "위로의 책" 이라 불리는 30–33 장의 일부로 회복 메시지를 내용으로 한다. 이 말씀에서 1) 예루살렘과 유다 성읍들의 회복 (6–11절), 2) 다윗 후손의 통치 (15–17절), 3) 레위 제사장의 회복 (18절), 3) 이런 약속들의 확실성 (19–22 절) 등이 부각된다. 회복 메시지 안에 자서전적 기사로 나타나는 렘 32:1–15 부분은 예레미야가 감옥에 갇힌 상태에서 조카 하나멜에게서 고향 아나돗에 있는 밭을 사라는 하나님의 음성을 듣고 은 17 세겔을 달아주고, 매매 계약을 체결하는 사건을 기술한다. 바벨론 군이 포위하는 가운데 함락이 기정사실화 되고 있던 정황에서 밭을 사라고 하신 것은 앞으로 바벨론 추방 이후에 고국으로 돌아와 다시 땅을 사고파는 상거래가 곧 정상적인 생활이 일어날 것을 확실하게 예증하시려는 의도였다. 즉 회복의 확실성

을 선지자를 통해 백성들에게 주지시키고자 하셨다.

여기 주어진 약속들은 바벨론 포로생활에서의 귀환 이후에 이스라엘이 회복되리라는 말씀인데, 하나같이 구(舊) 질서의 회복을 말씀하고 있다. 세대주의 학자들은 이런 예언들은 바벨론 추방생활에서 귀환 후에나 그 이후로 역사적으로 성취된 적이 없기 때문에, 주님의 재림 시에 다윗 왕국이 재건되고(천년 왕국) 다윗 후손인 예수님이 예루살렘에서 왕으로 즉위하여 문자적으로 1천 년간 통치하시리라 가정하고, 그 때에 여기 제시된 것과 같은 예언들이 문자적으로 성취되리라 가정한다 (Charles H. Dyer "Jeremiah" 1176). 즉 레위 제사장도 다시 회복되어 재건된 성전에서 제사를 (그리스도의 십자가 희생을 기념하는 상징적 의미라 한다) 드리고, 예루살렘은 여기 약속대로 세계의 중심이 되고 번영하리라 한다.

얼핏 보기에 이러한 세대주의 해석은 본문 자체가 확실하게 보장해 주는 듯이 느껴진다. 다이어의 말대로 이런 약속들이 이스라엘 역사에서 결코 이루어진 적이 없어 보이기 때문이다.

우선 세대주의 신학대로 해석한다면, 예언 → ① 바벨론 추방 후 귀환 → ② 그리스도의 초림 → ③ 신약 시대 → ④ 주님의 재림 → ⑤ 천년 왕국 식의 도해가 나오는데, 구약 예언이 1, 2, 3 시대를 뛰어넘어 먼 미래인 5 시대에 성취된다. 그렇다면, 주님은 무엇 하러 초림하셨던가? 세대주의자들에 의하면, 주님이 이스라엘의 왕이 되시려 오셨으나 유대인들이 배척하므로, 그냥 하늘로 올라가시고, 구약 예언에도 없는 교회를 '임시방편'으로 세우시고 (그래서 교회는 원래 구원 계획에 없는 "괄호시대" 로 처리된다), 이방인들에게 복음이 전파되게 하셨다고 한다. 이런 식의 구약 예언이해는 하나님의 구원 계획이 인간의 방해와 계산상의 착오로 실패했다는 말이나 다름없으며, 부랴부랴 예상치 못한 상황에 대처하고자 교회를 임시방편으로 세워 이방인에게 일단 복음이 전파되어, 유대인들로 시기 나게 하여 저들로 주님을 믿도록 하셨다는 것이다. 세대주의 해석에 의하면, 역사는 구약 → (신약 : 괄호시대) → 구약 순서로 거꾸로 돌아간다.

그렇다면, 이 부분은 어떻게 해석해야 하겠는가? 이 부분 해석 핵심은 "겉옷과 알맹이의 원리" 라는 해석학적 원리를 적용하는 일이다. 즉 겉보기에는 유대 색채로 묘사되었지만, 그 성취에서는 (알맹이) 구원사의 변천을 통해 그리스도의 몸된 교회에 속한 "참 이스라엘" 에 일어날 일을 가리킨다.

다윗 언약의 성취

다윗 언약은 다윗의 후손으로 이 땅에 오신 (육신으로는 다윗의 혈통에서 나셨고, 롬 1:3, 딤후 2:8) 예수 그리스도의 승천과 하나님의 권능의 우편에 앉으심으로 (눅 22:69, 막 16:19, 행 7:55, 골 3:1, 히 1:3, 8:1, 10:12) 완전 성취되었다.

세대주의자들은 이런 이해를 거절하고, 눅 1:30-33에 제시된 잉태한 마리아에게 가브리엘 천사가 준 예언을 주목하는데, 천사의 예고에 의하면, 하나님은 태어날 그리스도께 다윗의 보좌를 주셔서 그리스도는 야곱의 집을 영원히 통치하시고 그의 나라는 무궁하리라 한다. 여기는 다윗 보좌에 앉아 "온 인류" 를 통치한다는 언급이 없고 "야곱의 집" 만 통치한다고 할 뿐이다. 마리아의 "찬양" 에서도 (Magnificat, 눅 1:46-55) 하나님의 이스라엘에 대한 긍휼만 언급할 뿐이고, 스가랴의 "송축하리로다" (Benedictus) 찬양도 (눅 1:67-79) 역시 자기 아들의 강림을 통해 하나님께서 이스라엘을 위해 하시는 일에 초점을 맞출 뿐, 이방인들에 대한 언급은 없다고 한다 (Zane C. Hodges 1994:173). 마리아나 스가랴나 모두 이스라엘의 전 민족적인 대규모 구원을 기대하는데, 그런 민족적 구원 어떤 것도 이스라엘 민족은 체험한 바가 없다고 한다.

그렇지만 대규모 "민족적 구원" 어떤 것도 이스라엘 민족은 지금껏 체험한 바가 없다고 하는 핫지의 주장에서 구원 역사에서는 어디까지나 "남은 자의 원리" 가 주장한다는 기본 사실은 간과되고 있다. 예컨대, "이스라엘이여 네 백성이 바다의 모래 같을지라도 남은 자만 돌아오리니 넘치는 공의로 훼멸이 작정되었음이라!" 고 (롬

10:22) 사도 바울이 인용한 이사야서는 의미가 없는 말씀인가? 주님의 지상 사역 동안에 이스라엘의 많은 자들이 귀신들에게서, 질병에서, 저주에서, 죄악에서 자유케 되었고, 오순절 성령 강림 이후에는 사도들을 통해 그런 구원의 일들을 이스라엘의 경건한 자들에게 베푸셨다.

오로지 구약 예언의 문자적 이해에 집착하는 세대주의자들은 "이스라엘 집 위에 앉을 사람이 다윗에게 영영히 끊어지지 아니할 것이며" 란 (렘 33:17) 말씀에서 언급된 그 보좌, 곧 다윗의 보좌는 오직 예루살렘에 재건되는 지상(地上) 다윗 왕국의 보좌여야 하므로, 주님이 재림하신 후에 지상에 세우리라 가정된 그 천년왕국 동안에 성취되리라 이해한다. 분명 예레미야 당대인들은 무너진 다윗 왕국이 재건되고 그 보좌 위에 다윗 후손이 왕으로 앉아 통치하리라는 예언으로 이해했을 것이다.

예레미야의 다윗 왕가 회복의 예언은 바벨론 추방에서 돌아온 귀환 공동체에서 성취된 적이 없다. 당시 귀환 공동체 총독 스룹바벨이 다윗 후손이었지만, 그가 왕은 아니었고, 그의 후손이 그를 이어 총독이 되었는지도 확실치 않다. 역사는 흘러 페르시아 시대를 지나, 헬라 시대가 되었을 때, 안티오쿠스 4 세의 압제에 항거하여 독립운동을 일으켰던 제사장 가문이었던 마카비 가문 사람들이 독립을 쟁취하고 하스모니아 왕조를 개창하였지만, 그들은 다윗 후손이 아니었고 레위 지파인들이었다. 그들 왕조는 로마 제국의 지배로 무너지고 에돔 후손인 이두매족 출신 헤롯 가문에서 로마 제국에 붙어 유다 왕위를 차지했다. 로마제국의 멍에를 벗기 위해 유대인들이 봉기했지만 주후 70 년 예루살렘은 함락당하고 성전까지 파괴당하고 말았다. 주후 135 년 바코크바의 선동하에 다시 봉기가 일어났으나 로마제국에 의해 완전 진압당하고 예루살렘은 완전히 이방 도시로 화하고 말았다. 그러다가 1948 년 유대인들이 팔레스틴에 이스라엘이란 나라를 세워 오늘에 이르렀다. 이렇게 예레미야의 다윗 왕가 회복 예언은 오늘까지 문자적으로 이루어진 적이 없다. 그래서 세대주의 신학은 주님이 재림하여 지상에 다윗 왕국을 재건함으로 예레미야의 예언이 문자적으로 성취되리라 한다.

그렇지만 이런 식의 해석은 그리스도의 십자가와 부활, 그 후의 승천과 보좌 우편에 앉으심 등으로 일어난 구원사의 결정적 성취 사건들의 근본적 의의를 무시해 버리는 사고방식이다. 신약 기자들이 하나같이 지적하는 바는 십자가와 부활, 승천, 보좌에 앉으심의 사건들은 모든 구약의 예언을 완전 성취시키는 근본적 의의를 지닌다는 것이다. 왜냐하면 그런 일련의 구원사적 사건들을 통해 인류 역사에 완성의 때 (성취의 때), 종말의 때가 도래했기 때문이다. 우리가 "이스라엘의 회복" 과 연관하여 언급했던 것처럼 십자가와 부활 사건은 하나님이 정하신 "때가 찬" 구원 계획의 성취였다 (갈 4:4, 엡 1:9 때가 찬 경륜). 즉 하나님께서 선지자들을 통해 예고하신 모든 구원 계획들이 (이스라엘의 회복) 그분의 시간표 안에서 "때" 가 이르러 마침내 성취되었다.

부활하신 주님은 엠마오로 내려가던 두 제자들에게 구약 전체에서 자기에 관하여 말씀하는 예언들은 1) 그리스도가 고난을 받고, 2) 제 삼일에 죽은 자 가운데서 살아날 것, 3) 그의 이름으로 죄 사함을 얻게 하는 회개가 예루살렘으로부터 시작하여 온 민족들에게 전파되리라 (눅 24:44–47) 는 것들이라고 요약 제시하셨다. 구약 예언들의 초점은 부활하신 그리스도께서 제시한 바에 의하면, 그리스도의 십자가 죽으심과 부활, 그를 통해 그의 이름으로 유대인과 이방인이 죄 사함을 얻는 일이다. 그분의 구약 예언의 요약에서 다윗 왕가의 회복이나 예루살렘과 땅의 회복, 제사장 회복 등은 없다. 정확하게 말하자면, 없는 것이 아니라, 그의 이름으로 유대인이나 이방인이 함께 회개하고 죄 사함을 얻는 것 속에 다 들어 있는 것이다.

우리는 눅 24:44–47 의 예고가 어떻게 오순절 성령강림을 통해 이루어졌는지, 교회 역사를 통해 이루어지고 있는지를 알고 있다. 주님의 부활과 승천, 보좌 우편에 앉으심은 그분이 다윗 왕위에 등극하신 것을 의미한다. 요아킴 예레미아스는 주님의 부활과 연관하여 말하길, "예수님의 부활이 '그가 하나님 우편에 앉는 것' 과 '그리스도의 왕적 통치가 시작되는 것' 과 연결된다는 것이 기독교의 공통적인 견해이다" (행 2:33, 빌 2:9 이하, 히 1:3, 13, 벧전 3:22, 요한의 '휩소테나이' 등)(예레미아스 441–442). 그리고 그는 또 지적하길, 주님의 부활과 통치에로의 들어감 사이의 이런 관계는 마 28:18 에도 반영되었다고 했다. 부활하신 주님은 이제 자기에게 천하의 모든 권세가 주어졌다고 말씀하셨다. "모든 권세" 는 우주적 통치권을 가리키는데, 이는 단 7:14 에 예고된 바의 성취이다.

그렇다면, 이 주님의 우주적 왕 되심은 세대주의 신학에 따라, 유대인들의 완악함 때문에 구약에 예고된 다윗 왕가의 회복이 실패한 결과로 보아야 하겠는가? 유대인 중심의 세계 통치를 의미하는 다윗 왕위에 앉으셔야 했는데, 그것이 실패하자 유대인 중심의 왕권은 재림 후로 미루고, 우주적 왕위로 전격적으로 변경되어 버린 것인가? 세대주의 신학은 그리스도의 십자가와 부활을 대하는데, 근본적인 문제를 안고 있다.

예수님의 십자가와 부활은 구약의 모든 예언들의 핵심이다. 그것을 통해 모든 예언들이 완전 성취되는 사건들이었기 때문이다. 비록 앞에서 우리가 보았듯, 예레미야는 (다른 선지자들 역시) 자기 당대의 유대적 색채로 예언에 옷을 입혔지만, 그 성취는 부활하신 주님이 해석하신 방식이나 사도들의 해석 방식에서 보듯, 영적으로 복음 전파와 교회를 통해 나타나났다.

왜 십자가 사건이 구원사에서 핵심이며 근본인가? 그것은 십자가와 부활을 통해 인류 역사의 종말의 때가 도래하기 때문이다. 에덴에서의 타락 이래 지속된 역사는 구원의 예비 단계였다면, 십자가와 부활은 구원의 완성과 성취 시대를 여는 기폭제였다. 십자가 사건이 그렇게 중대한 의의를 지니는 이유는 십자가에서 "다 이루었다" (τετέλεσται" 요 19:30) 하셨기 때문이다. "다 이루었다"는 것은 완전 성취되었다, 완성되었다는 (fulfilled NJB; finished NIV, NRSV; accompli LSG; vollbracht ELG) 의미이다. 구약 예언들은 십자가 사건으로 완전 성취되기 시작하였다 (단 9:24~27).

십자가 사건은 히브리서가 제시하는 대로 구약 제사들의 성취였다 (히 9:12-14, 15-21, 28). 인류의 근본 문제는 "죄"였다. 그 "죄"의 문제가 근본적으로 해결되었다. 구약 제사들은 그분의 십자가를 가리키는 그림자였고, 임시방편이었다. 이제 단번에 자기 몸을 인류의 대속 제물로 드리심으로 누구든지 그를 믿는 자마다 죄 용서를 받게되었다.

이 죄의 제거는 인류 전체에 우주적 의의를 갖는데, 그리스도를 믿어 죄 용서를 통해 성령님이 부은바 되었다. 믿는 성도에게 성령님이 임하신다. 첫 창조가 성령님의 역사와 말씀 선포로 되어졌던 것처럼 (창 1:2) 이제 그리스도 복음의 전파와 성령님의 임하심으로 새 창조가 시작되는 것이다 (고후 5:17). 인간의 타락이 만물의 타락이었다면, 인간의 새 창조는 만물의 회복에 다름 아니다 (롬 8:19-24). 따라서 오순절의 성령 강림과 함께 벌써 '만물의 회복' 이 시작된 것이다 (행 3:21). 신천신지 사고와도 연결되는 새 창조와 함께 고려해야 할 것은 십자가 사건이 악령의 세력의 무장해제를 가져왔다는 점이다 (골 1:13, 2:14-15). 공중의 권세 잡은 이 흑암의 세력의 괴멸은 죄의 제거에 근거한다. "사망의 쏘는 것은 '죄' 요 죄의 권능은 '율법' 이라" 는 말씀에서 보듯 (고전 15:56), 인간의 죄를 정죄하는 율법 때문에 우주적 검사장인 사단과 그 졸개들의 활동이 보장되었다면, 십자가를 통한 죄의 제거는 사단의 세력을 근본적으로 괴멸시켜 버리는 치명타이다.

이런 영적 실상을 단 2:34 에서 "손으로 아니하고 뜨인 돌이 신상의 철과 진흙의 발을 쳐서 부숴뜨리매" 라고 환상으로 생생하게 미리 보여주었다. 엡 2:1-3 의 말씀대로, 인간이 세우는 제국들은 그것이 바벨론이건, 페르시아 - 메대, 헬라, 로마건 모두가 근본은 공중 권세 잡은 자의 세상 질서에 근거한다는 것이다. 뜨인 돌이 공중 권세 잡은 자의 머리통을 쳐버릴 때 (창 3:15), 세상 나라들은 근본적으로 토대가 무너져 내리는 것이다. 십자가와 부활의 복음은 로마 시대에 처음 전파되면서 느부갓네살이 본 그 신상을 박살낸 뜨인 돌의 기능을 감당하기 시작한 것이다.

십자가 사건으로 흑암의 세력이 주장하던 우주는 이제 그리스도의 통치로 귀속된다.

신약의 모든 것을 영지주의 (Gnosticism) 사고로 해석하려는 불트만이지만, 바로 지적한 것도 있는데, 골 1:20 이 그리스도의 행적을 통해 "모든 것이 그로 인하여 화목케 된다" 고 하고, 엡 1:10 에서 "모든 것이 그리스도 안에서 통일을 이룬다" 고 할 때, 이것은 그리스도 이전에는 세계가 (코스모스) 무질서와 반목에 빠져 있었다는 것을 전제한다 (R. 불트만 1981:514). 이제 모든 "정사와 권세의 머리" 이신 (ἡ κεφαλὴ πάσης ἀρχῆς καὶ ἐξουσίας" 골 2:10) 그리스도께 복속되지 않는 세력은 우주 그 어디에도 없다. 우주적 악령의 세력의 복속은 이제까지 죄 가운데서 악령에 복속 당했던 인류의 구원을 의미한다. 이는 새 창조 개념과 함께 그리스도의 십자가 사건이 우주적 의의를 지님을 말해 준다.

이렇게 십자가 사건은 인류의 근본 문제인 죄의 제거와 우주적 악령의 세력의 괴멸을 의미하므로, 이제 구원의 완성의 때가 시작된 것이다. 부활하신 주님의 예고대로, 오순절 성령강림으로 먼저 유대인들에게서 죄 사함의 회개가 터졌고 (슥 12 장의 성취), 복음은 예루살렘에서부터 시작하여 안디옥으로 키프로스로 혹은 로마 제국 전체로 요원의 불길처럼 퍼져나감으로 이방인들 역시 죄 사함의 회개를 경험하고 성령님을 받게 되었다.
이러한 십자가와 부활 사건이 갖는 구원사적 근본 의의에 비추어 볼 때, 그리고 부활하신 주님이 구약 전체예언을 요약하여 제시한 눅 24:44–47 에 비추어 볼 때, 예레미야가 예고한 그 다윗 왕가의 회복은 오순절에 사도 베드로가 "하나님이 오른손으로 예수를 높이시매 그가 약속하신 성령을 아버지께 받아서 너희 보고 듣는 이것을 부어 주셨느니라" 고 했을 때 (행 2:33) 혹은 "너희가 십자가에 못 박은 이 예수를 하나님이 주와 그리스도가 되게 하셨느니라" (행 2:36) 했을 때, 그 성취가 선포된 것이다. 우주적 악령의 세력은 십자가 사건으로 무장 해제를 당했고, 왕으로 등극하신 주님은 성령님을 부으심으로 자신의 통치를 개시하셨다. 죄 사함을 받게 하는 회개의 역사가 바로 그분이 왕으로 통치하심을 의미한다. 죄악 가운데 악령에 순종하던 자들이 죄를 토하고 주님을 영접하여 그분의 통치하에 복속되고, 그분은 말씀과 성령님으로 통치하신다. 이것이 예레미야가 예고한 그 다윗 왕가의 회복의 참 모습이다.

제사장 언약도 완전 성취되었다

레위인 제사장을 회복시키는 일도 그리스도 안에서 성도들이 왕 같은 제사장으로 세움을 입음으로 (벧전 2:9, 계 5:10, 20:6) 완전 성취되었고 성취 도중에 있다. 주님은 죄를 정결케 하는 일을 하시고 (히 1:3) 승천하사 왕위에 등극하셨다. 그리스도는 십자가 사건으로 대 제사장 직무를 완성하신 것이 아니라, 하늘에서도 여전히 그 직무를 감당하고 계신다 (롬 8:34, 히 6:20; W. Milligan 1892).

땅의 약속

이제 "땅" 의 약속인데, 우리의 "겉옷과 알맹이 원리" 를 따라 해석할 때 가장 걸림돌이 되는 진술은 야웨께서 "거룩한 땅에서" (ʿal ʾaḏmaṯ haqqōḏeš) 유다를 자기 기업의 소유로 삼으리라고 하셨다는 것이다. 사람들은 자주 이 "거룩한 땅" 때문에 넘어진다. 지금 저 중동 (中東) 의 "땅" 팔레스틴을 여전히 구약 예언들의 성취가 이루어질 장소로 간주하기 때문이다. 이 걸림돌은 신약에서 "땅" 을 어떻게 바라보는지 주목한다면, 간단히 사라져 버릴 것이다.
구약에서 "땅" 은 이 지구 혹은 세상을 의미하는 "에레츠" 와, 바다나 하늘과 구분되는 이 지면의 "땅" 혹은 "토지" 를 가리키는 "아다마" 란 말로 표현되고, 신약에서는 "게" 란 (ge) 말을 사용한다. 구약에서 "땅" 은 아브라함 언약의 핵심이다. 아브라함에게 하늘의 별과 같이 많은 씨가 (후손들) 약속되었는데, 그 자손들이 발디디고 살아갈 "땅" 도 약속되었다 (창 12:7, 13:15, 15:7, 18, 24:7, 26:3, 4, 28:1 등). 그 약속은 여호수아 때에 정복되어 이스라엘의 소유가 되었고, 이스라엘의 추방을 예언하였던 모세나 그 후계 선지자들의 심판 메시지에서는 추방자들의 고토 귀환과 땅의 회복이 큰 중심 주제였다. 회복의 시기에 하나님은 저들을 자기 고토에 두실 것이며 (사 14:1), 저들을 자기 고토로 데려 가실 것이며 (렘 16:15), 이스라엘로 자기 고토에 거하게 하실 것이요 (겔 28:25), 저들을 자기 고토에 심으실 것이었다 (암 9:15).
불순종한 이스라엘은 주전 586 년 그 땅에서 뽑혀 바벨론으로 추방당했으나 70 년 후에 선지자들의 예언대로 고토로 귀환하였고, 성전도 재건하였다. 그렇게 저들은 살다가 주후 70 년과 135 년 로마에 대하여 반란을 일으킴으로 저들은 국외로 쫓겨나고 열방에 흩어져 유랑민족으로 생활해야 했다. 그러다가 흩어졌던 유대인들은 시온 운동에 힘입어 팔레스틴으로 속속 귀환하여 1948 년 팔레스틴 땅에 세속 독립국가 "이스라엘" 을 세우기에 이르렀다.

이러한 1948 년 이스라엘의 독립이 세대주의 신학자들에게 구약 예언의 기이한 성취로 간주된 것은 이상한 일이 아닐 것이다. 2 천년 동안 유랑하던 민족이 자기 고토로 돌아가서 나라를 세운다는 것은 하나님의 간섭을 상정하지 않고는 상상할 수 없는 일이라 생각하기 때문이다. "땅" 은 구약 이스라엘에게 너무나 소중한 것이었고, 오늘날의 저 세속 국가 이스라엘에게도 너무나도 소중한 자산이다. 오늘날 가자 지구나 요단 서안 지역 팔레스틴 거주지에 거하는 팔레스틴 사람들과 이스라엘 사이의 첨예한 대립이 가시질 않는 것도 이 '땅' 문제 때문일 것이다.

땅의 문제는 구약 예언에서 큰 지위를 점한다는 것을 부인할 수 없다. 선지자들의 회복 메시지에서 팔레스틴이란 땅에로의 회복에 초점을 맞추면서도 성전이 건축될 예루살렘이 더 한층의 초점의 대상이 된다 (사 24:23, 27:13, 31:5, 40:9, 44:26, 51:17, 52:1, 9, 62:1, 7, 65:18, 66:10, 13, 20, 렘 3:17, 33:10, 13, 16, 욜 3:16, 슥 1:14, 17, 2:4, 12, 8:3, 8, 15, 22, 12:6, 8, 10, 13:1, 14:2, 4, 8, 11, 17, 21, 말 3:4 등).

한 마디로 예루살렘은 선지자들의 회복 메시지에서 미래에 나타날 하나님 나라의 상징이었다. 왜냐하면 회복될 예루살렘의 영광과 그 경계는 재건된 구 예루살렘의 그것에 비할 수 없이 찬란하고 전 세계적이기 때문이다. 사 60 장과 62 장은 회복된 이스라엘의 미래를 예루살렘 중심으로 노래하고 있다. 열방의 부 (富) 는 예루살렘으로 모이는데, 이는 그곳에 거하신 야웨께 예물로 드리기 위함이다 (사 60:5-9). 열방은 "야웨의 보좌" 라 일컬어지는 예루살렘에 야웨의 이름 때문에 몰려와 (렘 3:17) 그 거민들 발아래 엎디어 "여호와의 성읍" 이라 이스라엘의 거룩한 자의 시온이라 칭할 것이다 (사 60:14). 성벽은 구원이라, 성문은 찬송이라 불릴 것이고 (사 60:18), 해와 달도 이제 무용지물이 되고 대신 야웨께서 친히 저들의 영영한 빛이 되시고 저들의 영광이 되실 것이다 (사 60:19). 예루살렘 길거리에 늙은 지아비와 늙은 지어미가 다시 앉고 다 나이 많으므로 각기 손에 지팡이를 잡을 것이며 (슥 8:4), 열방에 흩어진 자들을 인도하여다가 예루살렘 가운데 거하게 하실 때면, "그들은 내 백성이 되고 나는 성실과 정의로 그들의 하나님이 되" 실 것이다 (슥 8:8). 회복의 때에 예루살렘은 안전히 거하고 (렘 33:16), 그곳 모든 물건은 다 야에의 성물이 되는 성속의 구분이 사라질 것이며 (슥 14:21), 시온의 회복과 구원은 온 세상 만민에게 전파할 기쁜 소식이 된다 (사 62:11). 그러나 예루살렘은 거룩하여 이방인이 그 가운데로 통과하지 못할 것이다 (욜 3:17).

이렇게 예루살렘의 회복은 우주적 차원을 지니고 그 구원은 성속의 구분까지 철폐시킬 정도로 철저할 것이 예고되었다. 이런 찬란한 영광의 비전은 귀환 후 공동체에서 활동했던 스가랴 선지자의 견지에서도 여전히 미래적 사항으로 남는다. 그렇다면 그 비전은 언제 이루어질 것인가? 세대주의 신학처럼 저 재림 이후에 나타나리라 가정된 그 천년 왕국 시대에 이루어질 것인가? 아니면 교회에서 지금 이루어지고 있는 것인가?

신약 기자들은 이상하게도, 팔레스틴 땅이나 예루살렘의 회복에 관하여 침묵하는 듯 보인다. 어떤 이들은 땅에 대한 이런 신약 기자들의 침묵에 대하여 주장하길, 유대교에서 율법의 완전한 성취는 오로지 팔레스틴 땅에서만 이루어진다고 확신하는 반면, 신약기자들은 그리스도께서 율법을 완전 성취하셨으므로 더 이상 율법 성취를 위한 땅도 그 신학적 의의를 상실했다고 판단한다. 특히 바울 사도에게 모든 구약 예언들은 그리스도를 통해 성취되었으므로, 땅에 관한 약속들은 영화 (靈化) 되고 중요한 것은 "그리스도 안에" 거하는 일이라고 지적하기도 한다 (W. D. Davies 1974:173-179).

구원사의 변천으로 나타난 구약 약속들의 영화 (靈化) 는 신약 기자들의 해석 방식에서 핵심을 지적하는 말이다. 그렇다고 성도들이 이 "땅" 에서 현실적으로 발붙이고 거주하는 사실을 신약 기자들이 외면했다고도 말하기 어렵다. 예컨대, 사도 바울은 엡 6:2, 3 에서

2 네 아버지와 어머니를 공경하라 이것이 약속 있는 첫 계명이니
3 이는 네가 잘 되고 땅에서 장수 하리라

라고 말씀할 때, 이 '땅' 에서의 현실적인 삶에도 관심을 표명하고 있다. 바울 사도는 신 5:16 의 말씀을 인용하되, 구약적 배경에서 주어진 "야웨 너희 하나님이 네게 주실" 이란 문구는 생략하고, 구원사의 진전으로 나타난 새로운 환경에 맞추어 적용시키고 있다 (Calvin).

어떤 이들은 구약의 가나안은 하늘나라의 모형으로 보고, 엡 6:3 의 "땅" 을 영적으로 이해하여, 저 하늘나라를 의미한다고 이해한다 (H. Olhausen V, 143). 그러나 "장수하다" 란 (makrocro,nioj) 말은 영원불멸의 존속을 가리키지 않는다. 반면 어떤 이들은 사도 바울은 "야웨 너희 하나님이 네게 주실" 이란 문구는 별로 중요치 않으므로 생략되었을 뿐, 이 약속은 여전히 가나안 땅을 의미한다고 이해한다 (Meyer, Baumgarten-Crusius). 그나저나 우리가 상식적으로 생각하는 바를 이 이전 주석가들은 구약적 의미에서의 "가나안" 인지, 아니면 가나안의 원형인 "하늘나라" 인지까지 "땅" 의 의미를 구분해서 생각했다는 것이 놀랍다.

사도 바울이 구약 신정제 체제하에서 적용될 말씀을 신약 성도들에게 어떻게 적용하고 있는지 그 적용 방식을 주목해야 한다. 성도들이 살아갈 땅은 이제 가나안이란 좁은 곳이 아니라, 온 세상이다. 이렇게 구약의 약속이 보편화된다. 또한 한 종족 이스라엘 중심의 언약 백성이 아니라, 에베소에 거주하던 믿음의 성도들 전체에게 (유대인 남은 자나 이방인 성도 포함) 구약의 약속은 적용된다.

땅과 연관하여 또 다른 바울의 구약 해석의 예를 들어본다면, 갈 3 장과 롬 4:13 이다. 갈 3 장에서 바울 사도는 그리스도를 믿음으로 구원받는다는 진리를 강조하는데 이는 유대주의자들이 갈라디아 교인들을 선동하여 예수님도 믿지만, 율법도 지켜야 구원받는다고 오도하고 있었기 때문이다. 16 절에서 사도 바울은 하나님의 약속은 아브라함과 그 "씨" 에게 (자손) 하신 것이지만, 바울의 대적들인 유대주의자들이 말하듯, 율법이 주어지기 전에 약속이 주어졌고, 율법과 무관하게 믿음으로 그 약속을 받았다고 지적한다. 아브라함에게 주신 약속은 "땅" 과 "씨" 이다. 아브라함의 "씨" 가 언급되는 구약본문을 (창 13:15, 15:18, 17:8, 22:18, 24:7, 26:3, 4, 28:13, 14, 35:12, 48:4) 보면, 하나같이 아브라함의 씨, 곧 자손들이 가나안 "땅" 을 기업으로 받으리라 제시되고, 또 만민이 그 씨를 (그 자손들) 통해 복을 받으라고 한다.

더우브는 갈 3:16 에서 바울 사도께서 인용하는 "약속들이 '아브라함과 그의 씨에게' 말씀되어졌다" (τῷ δὲ Ἀβραὰμ ἐρρέθησαν αἱ ἐπαγγελίαι καὶ τῷ σπέρματι αὐτοῦ) 라는 문장에서 "아브라함과 그의 씨에게" 라는 표현은 구약에서 "땅" 을 주리라는 약속에서 "레카 우레자르아카" 로 (**ləḵā ûləzarʿăḵā**) 두 번 (창 13:15, 17:8) 나타나고, "만민이 너와 네 씨를 통해 복을 받으리라" 는 (**wəhiṯbārăḵû ḇəzarʿăḵā kōl gôyê hāʾāreṣ**) 표현과는 무관하다고 주장한다. 이 "만민" 문장의 경우에는 "네 씨에게" 가 (to thy seed; 히, **ləzarʿăḵā**) 아니라, "네 씨를 통해" 로 (in thy seed; 히, **ḇəzarʿăḵā**) 나타난다고 엄격하게 구분하고자 한다 (David Daube 1956:438). 사도 바울은 아브라함 언약과 연관된 두 사고를 엄격하게 구분하여 오직 땅과 연관된 약속만을 "그리스도" 와 연관시켰다고 더우브는 주장한다. 그러나 아브라함 언약에서 땅과 만민의 복의 근원이 되는 일은 결국 하나의 사고이다. 땅은 그의 자손의 생존에 필수불가결한 요소이고, 생존이 보장될 때만이 만민에게 복의 근원이 되기 때문이다.

구약 문맥에서 본다면, 아브라함의 "씨" 가 "그리스도" 란 해석은 억지이다. 왜냐하면 구약 관련 구절들에서 땅은 아브라함과 그 자손들인 이스라엘에게 약속된 것이기 때문이다. 그런데 "만민이 그의 씨를 통해 복을 받으리라" 는 사고에 비추어 본다면, 바울 사도의 해석만이 타당해진다. 왜냐하면 아브라함의 후손 중에 그를 통해 만민이 복을 받은 예가 없었기 때문이다.

사도 바울의 아브라함의 "씨" 해석에서 그 씨가 언급되는 본문들의 핵심사고가 "땅" 과 "만민이 그를 통해 복을 받으리라" 는 것인데, 사도 바울은 "땅" 의 약속과 함께 그 씨가 감당해야 할 "기능" 곧 만민의 복이 되어야 하는 기능 모두에 초점을 맞추고 있다. 아브라함의 씨는 "땅을 기업으로 얻을 자" 임과 동시에 "만민의 복이 되어야 할 자"였다. 이 두 조건은 구약에서 동시적으로 충족되지 못했고, 아브라함의 씨 곧 그의 자손들은 (가나안) '땅' 을 기업으로 받았지만, "만민이 복" 이 되지는 못했다. 그러므로 이 두 조건을 동시에 충족시키는 이는 오직 예수 그리스도밖에 없다. 그분이 아브라함의 씨일 뿐 아니라 (마 1:2), 만민의 복이 되는 기능을 감당하며, 그는 복음을 통해 온 땅을 정복하여 기업으로 받기 때문이다.

아브라함 언약은 창조 질서의 회복 (갈 3 장)

갈 3 장에서 어떻게 바울 사도가 아브라함 언약을 이해하고 있는지 그 방식을 특별히 주목해야 한다. 그는 아브라함 언약을 그리스도와 연관시키고, "너희가 그리스도께 속한 자면 곧 아브라함의 자손이요 약속대로 유업을 이을 자니라" 고 (갈 3:29, 7-9) 선언하고 있다는 점이 참 이스라엘의 정체성 이해에서 대단히 중요하다. 바울 사도에게 있어서 교회는 (에클레시아) 아브라함 안에서 세상 만민들로부터 선택하여 자기에게로 부르시고 새 언약을 맺으신 구약 시대 하나님의 백성의 연속이며 성취이다. 교회에 대한 이런 일반적인 이해는 다른 신약 기자들도 공유하지만, 사도 바울만의 독특한 견해는 교회가 "그리스도의 몸" 이란 것이다 (H. Ridderbos 1979:327). 교회에 관한 이 두 이해는 바울 사도에게서 불가분리로 연결되어 나타나는데, 전자는 구원사적 시각이라면, 후자는 기독론적 시각이다.

교회가 구약 이스라엘의 연속이요 성취임은 그 명칭들만 보아도 분명해 진다: 에클레시아 (헬라어 '에클레시아' 는 히브리어 '카할' 의 [회중] 번역어로 신 9:10, 18:16, 23:2, 3, 4, 9, 31:30, 삿 20:2, 21:5, 8 등), 성도 (하기오이; 롬 1:7, 고전 1:2, 고후 1:1, 엡 1:1, 빌 1:1, 골 1:2, 롬 16:15, 고후 13:12, 빌 4:21, 22 → 민 16:3, 신 33:3, 사 4:3, 6:13, 단 7:18, 21 이하, 시 16:3, 34:10, 89:6 참조), 택하신 자들 (마 24:22, 24, 31, 눅 18:7, 롬 8:33, 딤후 2:10, 골 3:12, 딛 1:1, 벧전 1:1, 2:9, 5:13, 요이 1, 13 → 신 7:6, 7, 14:2, 왕상 3:8, 대상 16:13, 시 105:6), 사랑하는 자들 (롬 1:7, 살전 1:4, 살후 2:13, 골 3:12 → 호 3:1, 11:1, 14:5), 부르심을 받은 자들 (롬 1:, 7, 8:28, 고전 1:2, 24 → 사 41:9, 42:6, 43:1, 45:3, 48:12, 51:2, 출 12:16, 레위 23:2 이하 [LXX]) 등.

갈 3 장에서 바울 사도는 아브라함 언약 속에는 처음부터 이방인도 포함되었다고 지적한다 (8 절; 이한수 1997:257, 291). 이는 사실 이스라엘의 선택 목적이 저들을 편애(偏愛)해서가 아니라, "전체를 위한 일부(pars pro toto)" 의 선택이란 점을 입증해 준다. 하나님은 이스라엘을 위해 이스라엘을 선택한 것이 아니라, 타락으로 저주 하에 처한 인류에게 복의 근원이 되도록 선택하셨다. 따라서 아브라함 언약은 창조질서의 회복을 위함이었다. 유대인들이 주님을 배척하므로, 부랴부랴 임시방편으로 교회를 세우시고 이방인들에게 복음이 흘러가게 하신 것이 아니라 (Zane 핫지가 주장하듯) 처음부터 온 세상의 구원을 계획하신 하나님의 구원 계획의 일부였고, 그 목적을 위해 이스라엘은 선택을 받았다.

이런 관점에서 성경을 보지 아니하면, 오늘날 세대주의 신학이 보듯 이스라엘을 위한 구약, 이스라엘을 위한 천년왕국, 이스라엘을 위한 계시록이 되고 만다 (예컨대, 세대주의 주석가 이상근의 「계시록」 은 유대인을 위한 계시록 주석처럼 보인다).

그렇다면 바울 사도는 "땅" 의 약속은 아브라함의 씨이신 그리스도와 무관하다고 여기는가? 아니다. 사도는 롬 4:13 에서 "아브라함이나 그 후손에게 세상의 후사가 되리라고 하신 언약은 율법으로 말미암은 것이 아니요 오직 믿음의 의로 말미암은 것 이니라" 고 하는데, 바울 사도는 아브라함이나 그 씨에게 하나님은 가나안 땅이 아니라, 온 세상을 기업으로 주시겠다고 약속하신 것으로 이해하고 있다. 바울 사도 이전에 이미 그 땅의 약속은 세계적 시각에서 이해되었던 것으로 보인다 (집회서 44:21, 희년서 17:3, 22:14, 32:19, 에녹 1 서 5:7, 필로 "꿈에 관하여" 1:175, "모세의 생애" 1:155; 에스라 4 서 6:59, 사도헌법 8:12, 23; Strack-Billerbeck 3, 209). 예컨대, 집회서 44:21 은 주께서 맹세로 그에게 열방이 그의 후손을 통해 복 받으리라 약속하시고, 그를 땅의 티끌처럼 많게 하며, 그의 후손을 별들처럼 높이고, 그들에게 바다에서 바다까지, 유프라테스 강에서 땅 끝까지 기업을 주시리라 약속하셨다고 함으로, 아브라함에게 주신 약속을 세계적인 것으로 이해하고 있다. 아브라함에게 주신 약속을 가나안 땅의 견지가 아니라, 세계적 시각에서 이해한 다른 경우는 마 5:5, 히 1:2 등도 언급할 수 있을 것이다.

사도 바울이 이렇게 아브라함 약속을 민족적 이해와 대비되는 세계적 범위의 것으로 판단한 것은 이스라엘의 세계적 지배를 함의하는 것이 아니라, 이스라엘에 집중하는 보다 좁은 구원사적 시야를 창조라는 보다 큰 구조 속에 두어, 아브라함과 그 씨에게 약속된 축복이 창조 질서의 회복이 되게 하고, 그의 지위는 피조세계 전체를 관리하는 아담과 같은 청지기로 변하도록 하기 위함이다 (J. Dunn 1988a:213).

바로 이런 바울 사도의 아브라함 언약에 대한 세계적 시각은 이사야가 이스라엘의 회복을 세계적인 시각에서 조망한 것과 일치한다. 이사야 선지자에게 있어서 열방은 하나님의 이스라엘 회복과 연관하여 이중적 모습으로 나타난다는 점은 (한편으로 이스라엘에 굴복하고 다른 한편으로 구원에 참여) 이사야서에서 다룬 바 있다.

"땅" 이 핵심 내용인 아브라함 언약에 대한 바울 사도의 또 다른 시각은 종말론적인 것이다. 땅에 대한 종말론적인 이해는 특별히 예루살렘이 하늘의 새 예루살렘과 동일시되는데서 나타나고 (갈 4:26, 히 12:22, 계 21:2, 10), 예루살렘만 아니라 성도의 기업을 영원히 쇠하지 아니하는 저 영원한 나라의 '기업' 이라 말씀하는 데서도 나타난다 (벧전 1:4). 구약에서 신약으로 구원사가 변천, 발전하면서 이런 '영화 (靈化 spiritualization)' 의 변화가 눈에 띄게 부각된다. 이제 우리의 싸움은 에돔, 모압, 암몬, 블레셋, 아람 등과 같은 주변국 원수들이 아니라, 하늘의 공중 권세 잡은 자들과의 싸움이다. 이제 우리가 바라야 할 기업은 어떤 지상의 한 귀퉁이 땅이 아니라, 저 영원한 신천신지이다.

"기업을 상속 받다" 란 (야라쉬, 창 15:7, 28:4, 레위 20:24, 민 13:30, 신 1:8 등) 용어를 구약에서는 저 가나안 '땅' 을 대상으로 사용했다면, 신약에서는 "영원한 나라" 를 대상으로 한다 (영생 [마 19:29, 눅 18:18], 천국 [마 25:34, 고전 6:9, 10, 15:50, 갈 5:21], 구원 [히 1:14], 영원한 축복 [계 21:7]).

땅에 대한 뼈에 사무치는 기대와 언약의 축복으로서의 땅에 대한 구약의 강한 집착은 대부분 신약에서 그리스도와 그의 천국으로 대체되었다. 땅의 상징은 바울 사도가 아브라함과 그 후손들이 세상을 기업으로 얻으리라는 약속을 말씀할 때, 세계화되었다 (롬 4:13). 출애굽하여 땅을 점유하는 패턴은 이제 그리스도께서 어둠의 지배에서 우리를 구해 내어 빛의 성도들의 기업에 참여하도록 하셨다는 것에서 반영되고 있다 (골 1:12–13). 그렇다고 땅의 이미지가 완전히 사라진 것은 아니다: 온유한 자는 땅을 기업으로 얻을 것이다 (마 5:5). 순례자들은 여전히 본향을 찾는다 (히 11:14 그 본향은 영원한 천국이다). 땅은 하지만 대개 구약적 영상이고, 신약에서는 종말론적 신천신지에 대한 기대로 바뀌고 있다 ("Land" in Dictionary of Biblical Imagery; 성경의 "땅" 특히 신약에서의 "땅" 사고는 W. D. Davies; W. Brueggemann 1977; C. J. H. Wright 1990).

아브라함 언약의 핵심인 "땅" 만 구원사의 변천으로 종말론적 의미를 지니게 된 것이 아니라, 구약에는 희미했던 하나님의 약속의 또 다른 핵심 내용인 성령님도 종말론적 시각에서 보다 분명하게 드러난다. 갈 3 장에서 바울 사도는 갈라디아 성도들이 믿을 때 성령을 받았다고 지적한다 (3 절). 어떤 성도가 성령님을 받았다는 사실은 바울에게 있어서 구약의 모든 약속의 핵심을 받은 것으로 간주되고 있음이 분명하다. 갈라디아 성도들은 유대주의자들이 와서 율법을 지켜야 구원을 받는다고 강조하기 전에 이미 바울 사도가 전한 복음을 듣고 성령님을 받았다. 따라서 율법을 준수하는 일과 무관하게 저들은 구약의 약속들을 받은 것이다.

그런데 아브라함 언약에 성령님에 관한 약속은 없다. 그럼에도 사도 바울은 그리스도께서 저주를 받은 목적이 "이는 그리스도 예수 안에서 아브라함의 복이 이방인에게 미치게 하고 또 우리로 하여금 믿음으로 말미암아 성령의 약속을 받게하려 함" 이라 지적한다 (갈 3:14). 왜 사도 바울은 성령님을 아브라함 언약의 내용으로 파악하였을까? 그것은 아브라함처럼 성도들이 그리스도를 믿을 때 성령님을 받고 새사람이 되기 때문에, 결과적 견지에서 그렇게 했던 것일까? 믿음으로 성령님을 받으니, 결국 믿음으로 받은 아브라함 언약 속에 성령님의 약속도 들어있다고 추론했던 것일까? 선지자들에게서 성령님의 임하심은 종말의 때에 회복된 이스라엘 백성에게 나타날 축복 중의 축복이었다 (사 32:15, 44:3, 겔 11:19, 36:27, 37:14, 욜 2:28). 그렇다면, 사도 바울은 아브라함의 후손인 이스라엘의 회복 때에 저들에게 임하리라 약속된 성령님은 근원적으로 아브라함 언약의 일부라고 파악했음이 분명하다. 아니면, 바울 사도는 성령님의 부어주심을 예고한 선지자들의 회복 메시지도 아브라함 언약과 함께 하나의 단위로 파악했다고 볼 수도 있다. 유대인들은 율법을 지키는 유대인들에게만 성령님이 임하신다고 철석같이 믿었지만, 율법과 무관한 이방인들에게 성령님이 임한 사실은 종말의 시대가 도래하여 만민이 아브라함의 후손을 통해 복 받는 그 아브라함 언약이 성취되기 시작했다는 것을 반증해 주었다. 성령님은 첫 창조의 원동력이었을 뿐 아니라 (창 1:2), 새 창조의 근본 동력이기도 하기 때문이다.
주님은 공관복음서에서 성령님으로 귀신을 쫓아낼 때, 하나님의 나라가 너희 가운데 임하였다고 말씀하셨다 (마 12:28, 눅 11:20). 이 하나님의 나라 / 통치의 도래는 성령님의 역사로 나타나는데, 이는 그리스도의 십자가 대속 제사를 근거로 (요 7:37, 38) 일어나는 종말론적 사건이다 (욜 2:28). 주님께서 선포하신 그 하나님 나라는 어떤 영토 개념이라기보다 하나님의 통치권, 왕권의 도래를 의미할 것이다. 그분의 통치권의 도래는 시편에서 소위 야웨 왕권시들에서 (시 93, 95–99 편), 혹은 이사야서 후반부에서 (사 40:10, 52:10, 61:11), 혹은 단 7 장 등에서 예고된 바 있다.
사도 바울은 성령님을 장차 성도가 받을 "기업" 의 "보증금 (헬, 아라본)" 이라는 아주 대담한 용어를 도입하고 있다 (고후 1:22, 엡 1:14, 4:30, 고후 5:5 등). 이 헬라어는 (아라본) 창 38:17 이하에서 유다의 며느리 다말이 "약조물" 을 시아버지에게 요청할 때 사용한 그 히브리어 단어의 음역으로 상업 용어인데, 계약의 보증금이고 (down payment), 어떤 물건을 받기까지 임시로 받아두는 약조물이다. 성령님을 받은 자는 영광의 부활에 참여하고 (고후 15:42–49), 장차 천국에서 받을 기업을 완전히 받을 약조물을 가진 자들이다 (롬 8:23, 고후 5:5). 반대로 그렇지 못한 자는 장차 천국에서 기업을 받지도 못할 것이고, 천국에 들어갈지도 확신할 수 없다. 성령님을 성도가 받은 것은 종말론적 축복의 맛보기를 체험하고 있다는 것인데, 그 종말 시대의 완성 때에 나타날 완전한 축복은 오직 성령님을 모신 자만이 받을 수 있다. 이런 면에서 볼 때, 오순절의 성령 강림 사건은 종말 시대의 출발신호였고, 그 때부터 성령님을 체험하는 자는 (성령세례와 충만) 그가 유대인이건 이방인이건 새 시대에 일어나리라 예고된 "이스라엘의 회복" 에 참여하는 자들이다. 이렇게 해서 참 이스라엘의 일원이 된 자들에게 주어지는 기업은 이제 복음으로 정복하는 세계 땅 끝까지이며 (땅의 세계화), 동시에 새 시대의 완성점인 주님의 재림시에 나타날 완전한 신천신지에서의 기업이다. 다시 말해, 성도들의 기업은 이제 세계적임과 동시에 종말론적인 것인데, 이 둘은 현시대가 "이미" 도래한 하나님의 왕권과 "아직 아니" 도래한 그 최종 완성 사이에 위치하기 때문에 일어나는 현상이다. 이 세상에서 기업을 잠시 얻는 듯 보이지만 (복음의 정복을 통해), 그러나 궁극적인 기업은 저 영원한 나라에서 얻을 것이다. 이 둘은 그렇지만 서로 별개의 것이 아니라, 지금 복음을 통해 정복한 만큼 저 영원한 나라에서도 기업이 주어질 것이다. 여기서 충성한 만큼 저 영원한 나라에서도 기업이 주어질 것이다. 새롭게 된 신천신지에서의 삶도 성령님의 인도받는 현세의 삶과 영적 충만함의 차원은 다르나 그렇게 차이는 없을 것이다. 다시 말해 여기서처럼 거기서도 자신의 기업이 주어진다는 것이다. 여기서는 부동산과 동산의 재산이 있다면, 거기서는 자신만의 부동산과 여러 영적 특권이 있을 것이다. 하늘나라를 추상적으로만 생각지 말고, 여기서의 충성이 하늘나라에서 구체적으로 내게 상급으로 나타날 것을 바라보아야 한다.

다섯째, 레갑 족속의 교훈 렘 35:1–19

레갑 족속은 겐 족속의 일파이며 광야 여정시에 이스라엘과 같이 합류하여 가나안 땅에 들어와 유다 지파에 합류된 듯 하다 (대상 2:55, 민 10:29, 삿 1:16). 저들은 유다 영지 곧 남부 광야 지역에 거했고 (삼상 15:6, 27:10, 30:29), 그 족속의 일부는 납달리 지파 가데스에 거했다 (삿 4:11, 17, 5:24). 레갑의 후손 중에 요나답이란 인물이 바알 숭배자들을 척결하는 예후 장군의 혁명에 적극 협조하여 공을 세웠던 것으로 나타난다 (왕하 10:15, 23). 하나님은 선지자 예레미야에게 "레갑 족속을 성전의 성직자 방으로 불러 저들 앞에 사발들과 그릇들을 놓고 포도주를 가득 부어 저들에게 마시게 하라" 고 명하셨다. 선지자는 그 명령대로 레갑 족속을 불러 포도주를 마시라고 했으나 저들은 하나같이 "우리는 포도주를 마실 수 없습니다" 라고 거절하였다. 저들은 하나님께서 선지자를 통해서 주신 포도주임에도 불구하고 "우리는 우리 조상의 명령이 포도주를 마시지 말라고 하였으므로 마실 수 없습니다" 라고 단호하게 거절했다. 하나님은 저들의 이러한 행동을 보시고 이렇게 칭찬의 말씀을 하셨다.

A 만군의 여호와 이스라엘의 하나님이 이같이 말씀하시기를
C 너희가 너희 선조 요나답의 명령을 순종하여
그 모든 훈계를 지키며 그가 너희에게 명한 것을 행하였도다
D 19 그러므로 나 만군의 여호와 이스라엘의 하나님이 이같이 말하노라
D 레갑의 아들 요나답에게서 내 앞에 설 사람이 영영히 끊어지지 아니하리라 (렘 35:18–19).
[A: 사신 도입문 ; C: 언약 조항에 근거한 기소 ; D: 처벌 혹은 축복 선언]

하나님은 어찌하여 레갑 족속을 이렇게 인정하시고 축복을 하셨을까? 시험에 합격했기 때문이다. 하나님은 아무도 죄악에 빠뜨리고자 시험하시지는 않으나, 믿음의 연단을 위해서 혹은 상급을 주시기 위한 목적에서 시험을 하실 경우가 있다. 예레미야 선지자를 통해 하나님은 레갑 족속을 성전의 성직자 방으로 인도해서, 저들 앞에 포도주가 가득 찬 사발과 그릇들을 내어 놓고 "이 포도주를 마시라!" 고 명했지만, 저들은 배고프고 목마른 상황에서도 그런 명령을 단호하게 거절했다. 당시 예루살렘은 느부갓네살의 포위로 인하여 기근과 궁핍 가운데 있었다. 때는 대략 주전 606 년경, 주전 840 년경에 활약했던 자기들의 탁월한 조상 요나답이 살던 때로부터 약 250 여년의 세월이 흘렀던 그런 시절이었다. 하나님의 지시로 예레미야가 포도주를 마시라고 했음에도 불구하고, 레갑 후손들은 하나같이 "우리는 포도주를 마실 수가 없습니다" (로 니쉬테 – 야인) 라고 대답하였다. "왜냐하면 우리 조상 요나답이 우리에게 '너희는 결코 포도주를 마시지 말라' 너희나 너희 아들들이나 무론하고 마시지 말라고 하셨기 때문입니다" 라는 예외의 대답을 하였다.

저들의 조상 요나답은 예후 장군과 함께 바알신 숭배자들을 척결하는 일에 한 몫을 한 인물인데 (왕하 10:23), 그가 자기 가문을 다 불러 놓고 가문이 대대로 지켜야 할 사항을 지시했던 것이다. 이전에는 가문의 장이 최고의 권위를 지니고 있었다. 요나답은 자기 당대에 아합 왕이 시돈의 바알 신을 맹신하던 왕의 딸과 결혼하여 그 이세벨 왕비에게 완전히 빠져 하나님을 져버리고 바알신을 미치도록 섬기면서 온 백성을 우상 숭배에 푹 빠지게 한 결과 하나님의 진노를 촉발했으며, 그로 인하여 하나님께서 예후 장군을 통해 아합 집안의 모든 남자들을 모조리 참수 (斬首) 하고 이스라엘의 모든 바알신 숭배자들을 한데 모아 한 날 칼날에 붙이던 그 날, 예후 장군과 함께 현장에 있었으므로, 우상숭배자의 말로가 얼마나 비참하며 하나님의 맹렬한 진노의 불에 살라지는지를 자기 눈으로 똑똑히 목도했었다. 우상숭배는 항상 방탕과 음행과 술 취함과 연관된다는 사실도 그는 분명히 알았다. 그런 까닭에 요나답은 자기 가문은 비록 이스라엘에 귀화했으나 이스라엘의 악한 우상숭배와 불경한 죄악에 감염되지 않도록 특별조처가 필요하다는 것을 절감 (切感) 했을 것이다. 그래서 그는 나름대로 자기 가문을 위해 원칙을 세웠다. 하나님을 경외하면서 세상에 물들지 않도록 위함이었다.

그가 세운 원칙들은 ① 포도주 금지 ② 천막생활 고수 (집 짓지 말라) ③ 유목 생활 고수 (농사나 포도원 갖지 말라) 등이었다.

레갑 족속이 하나님의 시험에서 합격한 것은 저들이 조상 요나답의 경건생활 수칙을 그대로 순종하여 준행했고 어떤 상황에서도 자신들의 원리를 져버리지 아니했기 때문이다. 하나님은 우리에게 성경 말씀을 통해서 우리 성도들이 어떤 상황에서나 타협하지 말고 경건생활의 원칙을 지키기를 기대하신다.

요일 5:5 예수께서 하나님의 아들이심을 믿는 자가 아니면 세상을 이기는 자가 누구뇨?

예수님을 믿는가? 그렇다면 믿은 다음 세상을 이기고 신앙 원칙을 고수하고 있는가? "포도주" 라는 것은 오늘날로 하면 양주 (洋酒), 맥주 (麥酒), 담배 등의 먹거나 마시거나 피는 것들일 수도 있고, 컴퓨터 게임, 바

둑, 텔레비전 시청 등 시간을 잡아먹고 생각을 성령님과 멀어지게 하는 것들일 수도 있다. 게임을 하지 말라거나 바둑을 두지 말아야 한다는 것이 신앙 원칙이라는 말씀은 아니다. 그것들에 시간을 빼앗기면서 경건을 손해 보지 말라는 것이다.

요나답이 세운 경건 원칙 중에는 "포도주를 마시지 말라" 는 것이 있다. 이는 나실인의 수칙과 같다 (민 6 장). 정신이 맑은 가운데서 하나님께 충성하기 위해서는 포도주를 마시지 말아야 했다. 술 때문에 망한 사람들이 성경에나 역사상 많다. 창세기 9 장의 노아나 (21 절 이하), 다니엘 5 장의 벨사살 왕, 그리고 1979 년 10 월 26 일 총살당한 한국 대통령 등은 다 술 때문에 망한 사람들이다. 우리 성도들은 세상 술에 취하지 말고 대신 '성령님' 의 새 술에 취해야 다 (행 2:13). 춤, 화투, 영화, 음악, 주식, 술, 게임 등의 문제는 각자에게 인격적 결단을 요구하는 영적 갈등의 실제들이다. 나를 만드신 분이 나를 잘 알고 계시기에 그 분께 의지하는 행동원리가 필요하다.

미국이나 캐나다에는 아미쉬(Amish) 라 불리는 경건파 사람들이 (구파 Old Order 아미쉬인들 대략 23 만 명) 자기들끼리 믿음 공동체를 이루고 세속과 어울리기를 거절하고 전통을 고수하며 살고 있다. 이들은 원래 독일, 스위스, 알사스 등지에서 살던 사람들로, 심한 종교 박해를 피해 자유를 찾아 미국으로 오게 되었다. 1737 년 아미쉬인은 최초로 미국에 도착하여 펜실베이니아 주 랭카스터 시에 정착했다. 1815 년에서 1860 년 사이에 또다시 이주의 물결이 이어졌고, 아미쉬인들은 아이오와 주를 포함한 20 개 주로 퍼져나갔다.

아미쉬 신앙은 스위스의 재세례파 (Anabaptists; 헬라어로, "아나" [다시] + "밥티조" [세례받다]) 운동에서 비롯되었다. "아미쉬" 란 이름은 프랑스 알사스 지방의 재침례파 목사 야콥 암만을 (Jacob Amman) 따르는 이들을 지칭한데서 유래한다. 재세례파와 마찬가지로 아미쉬인들은 태어났을 주는 유아세례를 거절하고 오직 본인의 믿음이 있을 때 세례를 주어야 한다고 주장한다. 세례서약은 보통 16 세에서 18 세 사이에 하는데, 그때 젊은이들은 죽는 날까지 교회와 공동체 규율을 따르겠다고 엄숙하게 맹세한다. 아미쉬인들은 예수님의 삶과 산상설교를 모범으로 삼아 일상을 살아야 한다고 믿는다. 그리고 가족, 공동체, 형제애를 중시하며 세속과 분리된 채 겸손하고 평화롭게 살아야 한다고 믿는다.

아미쉬인들은 "오른쪽 빰을 때리면 왼쪽 빰도 돌려 대라" 는 성경 말씀을 문자 그대로 받아 욕설이나 폭력적인 행동에 무저항으로 답하도록 교육받는다. 절대로 폭력을 사용하지 않는다는 신념을 철저히 지키기 위해 군대복무도 거절한다. 이런 이유로 많은 아미쉬인들이 감옥에 갔고 2 차 대전 때는 심한 탄압을 받았다. 신앙에 따라, 선거를 하지 않고 정부 일에 참여하지 않으며 다른 사람이 자신들에게 잘못을 하더라도 법에 호소하지 않는다. 아미쉬인들은 선교 활동을 하거나 외부인을 설득하여 아미쉬 신앙을 갖게 하지도 않는다.

아미쉬인들은 5 백 년 동안 거의 변함없는 전통을 따랐다. 집에서는 여전히 '펜실베이니아 독일어' 라 불리는 독일 사투리로 말한다. 아미쉬 신앙의 가장 큰 부분은 교회와 공동체 생활 규율을 따르는 것이다. 어려서부터 아미쉬인들은 '오르드눙 (규율 Ordnung)' 이라는 엄격한 규율에 따라 행동하고 옷도 단정하게 입는다. '세속적인 영향' 을 차단하기 위해 현대문명의 기기들인 자동차, 전화, 텔레비전, 전기 등의 사용을 거부하고 자신들만의 방식을 고수한다.

아미쉬 여자들은 머리를 자르지 않는다. 집안에 있을 때는 머리를 땋아 흰색이나 검정 오건디로 (얇은 모슬린 직물) 만든 '기도 모자' 로 단정하게 가린다. 공공장소에 있을 때는 모직으로 된 검정 보닛을 쓰는데, 1 백 년 전 개척지 여자들이 쓰던 것과 비슷하다. 이 관습은 '예배를 드릴 때 여자는 머리를 가리라' 는 성경 말씀을 따른 것이다. 그리고 하루 중 언제라도 기도할 수 있으므로 항상 머리를 가릴 준비가 되어 있어야 한다는 것이다. 또한 여자는 화장을 하면 안 되고 앞치마가 달린 단정한 긴 원피스를 입고 단추 대신 아이어로 옷을 여민다. 옷감은 무늬가 없는 단색이어야 한다.

저들은 보험이나 미국이 사회보장 번호도 (social security number; 주민증 번호같이 긴요하다) 거절하며, 공부는 한 교실에서 모든 아동이 8 학년까지 공부하고, 그것으로 교육은 끝이다. 공동체 생활을 위해서는 그 정도로 족하다고 여기는 것이다. 공동체 규율을 어기고 회개가 가능치 않다고 여겨지면 출교 조처한다. 출교보다 약한 것은 사람들이 상대해 주지 말고 피하도록 하는 처벌도 (shunned) 있다. 저들은 농촌 생활, 노동, 겸손을 견지하며, 자기들끼리 결혼하기 때문에 특정한 유전자 질환을 (genetic disorders) 지니기도 한다.

이들은 교리 문제를 따지기 때문에 자주 분열한다. 더 보수적으로 지키고자 하는 편이 분리하길 원하기 때문이다. 그래서 분파가 많은데, 그중 스왈첸트루버 (Swartzentruber) 아미쉬, 앤디 위버파 (Andy Weaver), 구파 (Old Order), 신파 (New Order) 혹은 비취 (Beachy) 아미쉬 파 등이 주축이다. 비취 아미쉬는 도르트레히트 신조 19 개조를 신봉하는데, 예수 그리스도를 통한 구원, 세례, 무저항, 교회를 떠나는 자를 피함, 발 씻기, 맹세 거절 등이 그것이다.

대부분의 구파 아미쉬들은 (신파라 불리는 자들도, 구파에서 분리한 자들이다) 행 17:24 의 말씀 곧 하나님은 손으로 지은 신전들에 거하지 않는다는 말씀을 근거로 교회당 건물을 갖지 않고 가정 교회를 갖는다. 저들은 임의로 들어와 등록하고 나가고 하는 식의 개신교회와 달리 자기들이 거주하는 지역 중심으로 일정한 구성원으로 이루어진 교회를 조직한다. 그러니까 25-30 개의 인근 농장들이나 연관된 가족들만이 그 교회의 구성원이 될 수 있다. 따라서 이 교회 저 교회 떠도는 메뚜기 성도는 있을 수가 없고, 한 교회의 모든 성도는 다 바로 이웃집 사람들이다. 격주로 다른 농장에서 주일 모임을 갖는데, 이렇게 일년 내내 돌아가면서 모임과 예배를 드리고, 원할 경우 격주마다 가족과 함께 다른 교회를 방문할 수도 있다.
저들은 격주마다 가정집에서 예배 모임을 갖는데, 어떤 교파는 격주로 주일학교를 갖기도 한다. 한 교회는 대개 80 명의 성인과 19 세 이하 남녀 90 명 정도로 구성되며, 예배는 짧은 설교로 시작하고 성경을 봉독하고, 기도하고 (대개 침묵 기도), 다른 이가 보다 긴 설교를 한다. 중간 중간에 찬양을 드리는데, 반주는 없고 많은 경우 옛날 찬송가를 (Ausbund) 부르는데, 글자도 초기 독일어로 (1350–1650 년대) 인쇄되었고, 부르는 것도 아주 느려 한 찬송가도 15 분이나 이상 걸리기도 한다. 성경은 마틴 루터의 독어역을 읽는다. 예배 후에 점심을 하고, 사교 모임을 갖는다. 교회 예배는 표준 독어와 (혹은 성경 화란어) 펜실베니아 독어를 혼합 사용한다.
아미쉬 교회의 목사나 집사는 회중이 지명한 사람들 중에서 제비로 뽑는다. 저들은 그렇지만 어떤 신학교를 가거나 하는 일은 일체 없다. 감독도 설교자로 선택된 자들 중에서 제비로 뽑는다.
구파 아미쉬인들은 주일에 쉬지만, 짐승은 돌본다. 어떤 교회는 주일에 물건 사는 일이나 돈 바꾸는 일을 금한다.
성찬식은 일 년에 두 번 거행하고, 세례 받은 자만 참석하며, 예배 중에 성찬식을 할 때는 남녀가 따로 분리하여 앉는다. 성찬식은 서로 발을 씻겨 줌으로 끝난다. 세례는 오직 성인에게만 베푸는데, 세례 받을 자는 한 손을 얼굴에 얹고 겸손과 굴복의 표시를 한다. 세례 받는 자에게는 세 가지 질문을 하는데, 1) 마귀와 세상, 너 자신의 육체와 피를 거절할 수 있느냐? 2) 너는 자신을 그리스도와 그의 교회에 바쳐서 영원히 거기 거하며 살고 죽을 수 있느냐? 3) 교회의 모든 교율 안에서, 주의 말씀을 따라, 순종하며 굴복하며 그 안에서 도울 수 있느냐? 가 그것이다.
집사가 감독의 컵 모양을 한 손에 국자로 물을 부으면, 그 손에서 물이 세례 받는 자의 머리 위에 떨어짐으로 세례식이 진행된다. 그리고 나서 감독이 그 청년을 축복하고 그에게 거룩한 입맞춤으로 그가 회중의 일원이 되었다고 환영한다. 소녀인 경우 감독이 부인이 소녀를 축복하고 거룩한 입맞춤으로 그녀를 환영한다.
교회 지도자들만이 결혼식 집례를 할 수 있으므로, 사랑하는 연인이 있다면 반드시 세례를 받아야 애인과 결혼이 가능하게 되므로, 세례는 교회로 마음을 묶어주는 역할을 하며, 세례는 평생의 서원과 같이 강력한 믿음의 방편으로 작용한다. 세례 받기 6 개월 전에 학습반이 조직되어 자기들이 고백할 바가 어떤 엄숙한 함축을 갖는지에 대하여 교육받고 세례 받기 바로 전날 토요일에 세례식을 거부할 마지막 기회를 갖는다. 세례자들은 자기들이 이제부터 걸어야 할 좁은 길에 대하여 교훈을 받는다.
장례식은 장의 예식장이 아니라 집에서 드리며, 장례식에서는 고인의 약력이 그를 칭송하는 대신 창조와 부활에 대하여 말씀하고 무덤 표지는 썩어 사라지는 나무 십자가를 택한다. 장례식이 끝나고 영구차가 관을 장지로 나르는데, 그 사이에 성경을 낭송하거나 찬송을 읽고, 주기도가 낭송된다.
아미쉬 사람들은 자녀를 낳고 양육하고 이웃이나 친척과 사귀는 일을 가족의 최고 기능이라 생각하고 많은 가족은 하나님의 축복이라 여긴다. 교회 교구는 세례 성도의 수가 아니라, 가족의 수로 결정하고 가족은 평생에 권위를 지닌다. 즉 할아버지나 할머니, 부모는 자녀에 대하여 어려서만 아니라 평생에 권위를 갖는다.

여섯째로, 하나님의 말씀이 주어진 방식

렘 36:5–32

예레미야가 반역자의 누명을 쓰고 감금을 당했을 때에, 하나님의 말씀이 선지자 예레미야에게 임했다: 요시야 시대로부터 오늘까지 내가 네게 이른 모든 말을 두루마리 책에 기록하라! (렘 36:2). 예레미야가 네리야의 아들 바룩을 불러 바룩이 예레미야의 "구술 (口述) 대로" (mippî yirməyāhû) 여호와께서 그에게 이르신 모든 말씀을 두루마리 책에 기록하였다. 그리고 바룩에게 "내가 감금을 당하여, 여호와의 집에 들어갈 수 없으니, 네가 들어가서 '나의 말한 대로' (mippî) 두루마리에 기록한 여호와의 말씀을 금식일에 여호와의 집에 있는 백성의 귀에 낭독하고 유다 모든 성에서 온 자들의 귀에도 낭독하라!" 고 명했다 (렘 36:5–6).
바룩이 여호와의 집 윗 뜰 곧 여호와의 집 새문어귀의 곁에 있는 사반의 아들 서기관 그마랴의 방에서 백성 앞에서 예레미야가 구술해 준 그 글을 낭독하였다. 때는 여호야김 5 년 9 월이었다 (주전 604 년). 그 때 여호야김 왕이나 백성들은 금식을 선포하고 금식 중이었다. 아마도 당시 예레미야가 소명 때에 받았던 그 "북방에서 기울어질 끓는 가마" 의 재앙인 바벨론 군대가 지중해 해안을 타고 남하하여 아스글론을 정복했던 다급한 상황 때문에 금식 일을 선포했을 것이다.
미가야가 바룩의 낭독을 듣고, 방백들에게 보고하니, 그 방백들이 바룩에게 사람을 보내어 그 두루마리를 가지고 와서 우리 귀에 낭독하라! 고 명한다. 그들이 다 듣고는 놀라서 서로 바라보며, 바룩에게 "우리가 이 모든 말을 왕에게 아뢰리라!" 라고 하고, 또 묻기를 "네가 그 '구전하는' (mippîw) 이 모든 말을 어떻게 기록하였느뇨?" 라고 물었다 (렘 36:17). 그러자 바룩은 "그가 그 입으로 이 모든 말을 내게 베풀기로 내가 먹으로 책에 기록하였노라" 고 답한다.
방백들은 그 두루마리를 서기관 엘리사마의 방에 두고는 왕에게 나아가 보고를 하니, 왕이 사람을 보내어 두루마리를 가져오게 해서 읽게 했다. 여후디가 그 두루마리를 가져와서 왕과 왕의 곁에 선 모든 방백의 귀에 그것을 낭독했다. 때는 겨울인지라 겨울 궁전에 왕이 앉았는데, 그 앞에 불 피운 화로가 놓여 있었다. 여후디가 "삼 편 사 편을" (šālōš dəlāṯôṯ wəʾarbāʿāh) 낭독하면 왕이 소도로 그것을 연하여 베어 화로 불에 던져서 온 두루마리를 태웠다.
왕이 그렇게 두루마리와 바룩이 예레미야의 구전으로 기록한 말씀을 불사른 후에 여호와의 말씀이 예레미야에게 다시 임하였다 (렘 36:27). 다시 두루마리를 가지고 왕이 불사른 그 첫 두루마리의 모든 말을 기록하라고 하신다. "이에 예레미야가 다른 두루마리를 취하여 네리야의 아들 서기관 바룩에게 주매 그가 유다 왕 여호야김의 불사른 책의 모든 말을 예레미야의 '구술(口述) 대로' (mippî yirməyāhû) 기록하고 그 외에도 그 같은 말을 많이 더 하였더라" (렘 36:32).
이상이 렘 36 장의 줄거리이다. 이 장에서 "(예레미야의) 구술대로" 라는 말이 여섯 번 나타나고 있다 (4, 6, 17, 18, 27, 32 등). 이 말은 영어로 at Jeremiah's dictation 혹은 from the mouth of Jeremiah 라 번역되는데, "예레미야의 구술을 (口述) 따라" 이다. 예레미야가 불러주면 바룩이 그대로 받아 적었다. 바룩은 서기관으로 속기사 (速記士) 였다. 예레미야는 적어도 두 번이나 두루마리에 야웨께서 주신 심판 메시지들을 모두 구술하여 적게 했는데, 이런 사실은 성경의 기원에 대하여 어떤 함축을 갖는 것일까?
하나님의 말씀을 예레미야는 어떻게 그렇게 모두 기억하여 구술할 수 있었을까? 성령님께서 놀라운 기억력을 주셨음이 분명하다. 영적으로 충만하면 정신이 맑아지고 기억력이 좋아지는 상식이지만, 그런 정도가 아니라 아예 자기 능력이 아니라 성령님의 신적인 능력이 그에게 임하여 그는 거의 초인적인 상태에서 하나님의 말씀을 기억하여 구술할 수 있었을 것이다.
이것은 모세가 오경을 기록할 때, 혹은 선지자들이 하나님의 말씀을 기록할 때 혹은 서기관에게 구술하여 기록하게 할 때 일어났던 놀라운 성령님에 취한 상태였을 것이다. 우리는 영감이 예레미야의 구술처럼 하나님께서 구술하시고 성경 기자들이 받아 적는 식의 기계적 영감설을 반대하지만, 그런 기계적 구술도 얼마든지 가능했다는 것이 여기 예레미야의 경우에서 입증되고 있다.
성경 영감설을 가장 정교하게 발전시킨 이 중에 미국의 비비 워필드 (B. B. Warfield 1851-1921) 가 있는데, 그는 성경의 완전 무오를 주장했다. 그는 성경 기자들의 단어 선택에까지 성령께서 감독하셨고, 하나님의 뜻에서 어긋나는 말은 한 자도 기록하지 않도록 지켜 주셨다고 한다. 그 결과 성경은 모든 곳에서 무오함이 보증되었다고 한다 (1948:173).
워필드라고 구약의 소위 공관문제 (Synoptic problem) 를 몰랐을까? 신약에는 공관복음들이 있고 요한복음이 있는데 복음서에서 같은 사건에 대한 기록이 서로 차이를 보이듯, 구약에서 소위 신명기 역사서와 역대기 역사서는 서로 같은 사건에 대한 묘사에서 차이를 보이고 있다. 그 차이는 관점의 차이만 아니라, 어떤 수치에서의 차이까지 결코 서로 조화될 수 없다고 여겨지는 그런 경우들까지 나타난다. 워필드는 이런 차이들이나 어려움이 있다는 것을 충분하게 알고 있었다. 그렇지만, 그는 올바로 지적하길, 만일 성경 안에서 우리의 이성이 조화시킬 수 없는 모순들이나 해결할 수 없는 난제가 발견된다면 억지로 해결하려고 하지 말고 해결책이 나오기까지 그대로 두라고 조언했다.
신약 기자가 구약을 인용할 때, 구약 저자의 의도와 다르게 인용하거나 본문 내용을 글자 그대로 인용하지 않은 경우라도 그것은 신약 저자의 독특한 의도, 또는 목적 때문에 생겨난 것이라고 설명한다. 그렇게 신약 기자가 구약과 달리 기록한 것조차 영감된 것이므로 성경의 영감설을 반대할 근거가 될 수 없다고 한다. 성경 영감에 관한 워필드의 사고는 백번 지당하다.

2-3. 에스겔

1) 명칭과 저자

"에스겔서" 는 본서의 저자 에스겔의 이름에서 유래한다. "에스겔" 은 "하나님께서 강하게 하신다" 는 (하자크 + 엘) 의미이다. 그는 제사장 '부시' 의 아들로 (1:3), 그가 주전 597 년 2 차 추방 때 끌려가지 않았더라면 (겔

33:21, 왕하 24:11–16), 예루살렘 성전에서 제사장으로 섬겼을 것이다. 끌려갈 당시 그는 25 세였고, 5 년 후 선지자로 부르심을 받았다 (겔 1:1).

에스겔의 결혼 생활은 행복했으나 (겔 24:16), 그의 사랑하는 아내의 죽음을 예고하신 하나님은 선지자에게 슬퍼하지 말 것을 명하시고, 그 아내의 갑작스런 죽음은 이스라엘에게 주는 상징 메시지였다 (겔 24:15–24).

에스겔은 그발 강가의 텔 – 아빕에 유다에서 추방당한 자들과 함께 거주했다 (겔 1:1, 3:15). 장로들이 선지자를 방문해서 조언을 구하곤 했다 (겔 8:1).

2) 저작 연대

에스겔서의 메시지들의 연대적 배열

에스겔의 13 개 메시지에 날짜가 명기되고 있다. 세 개를 (29:1, 17, 32:1 이집트를 치는 설교) 제하고 연대기적으로 배열하면 다음과 같다: 에스겔은 여호야긴 왕이 추방당한 해를 (주전 597 년) 기준해서 자신의 메시지 날짜를 기록한다.

병거 환상 주전	593 년 6 월 (겔 1:1–2)
파수꾼으로 부르심	593 년 6 월 (3:16)
성전 환상	592 년 8. 9 월 (8:1)
장로들과 대화	591 년 8 월 (20:1)
예루살렘의 2 차 포위	588 년 1 월 (24:1)
두로를 치는 설교	587/586 년 3/4 월 (26:1)
이집트	587 년 1 월 (29:1)
이집트	571 년 4 월 (29:17)
이집트	587 년 4 월 (30:20)
이집트	587 년 6 월 (31:1)
바로	585 년 3 월 (32:1)
예루살렘 함락	586 년 12 월 (33:21)
새 성전 환상	573 년 4 월 (40:1)
에스겔의 마지막 메시지	571 년 (29:17) – 여호야긴 포로 27 년 되던 해

* 에스겔은 여호야긴이 주전 561 년에 풀려난 것을 기록하지 않는다. 따라서 에스겔은 아마 주전 571 년부터 주전 561 년 어간에 기록되었을 것이다.

3) 유다의 마지막 시기 역사

(1) 여호아하스 즉위 (주전 609) 하여 3 개월 통치

요시야 세 아들 중에 **차남 여호아하스** (주전 609 년 23 세로 즉위), 3 개월 통치.

(2) 여호야김 (주전 609–597 년 통치)

바로 느고가 여호아하스의 형 **엘리아김**을 **여호야김**으로 바꾸어 즉위시키다 (여호야김 25 세로 즉위). 여호야김도 악했다. 예레미야는 나귀처럼 장사를 당하리라 (22:13–19) 예고한다. 무능한 왕이다. 그는 예레미야의 책을 불사르고 하나님의 말씀을 무시했다. 그는 무리하게도 새로운 궁궐을 건축하면서 세금을 과도하게 매기고, 선지자의 경고도 무시하였다.

이때는 바벨론이 근동세계의 강자로 부상하는 와중이었다. 앗시리아가 망해가고 이집트는 힘이 없었다. 주전 605 년에 갈그미스에서 바벨론은 이집트군과 앗시리아 연합군을 대패시킴으로 결정적 승리를 얻었다. 여호야김은 바벨론에 붙었으나, 몇 년 뒤에 이집트에 붙는다. 이로 인해 바벨론은 원정길에 올랐다 (주전 598 년 12 월). 그달에 공교롭게도 **여호야김**이 죽고 말았다.

(3) 여호야긴 (주전 597 년)

따라서 여호야김의 아들 **여호야긴**이 18 세의 나이로 등극한다. 그러나 주전 597 년 3 월 여호야긴은 포로가 되어 끌려간다. 그의 모친, 왕자들, 신복들, 모두 포로가 되었다. 에스겔도 그와 같이 포로가 되었다. 또한 만 명의 포로가 잡혀갔다. 천명의 기술자들도 잡혀갔다 (왕하 24:11-16).

(4) 시드기야 즉위 (주전 597-586 년)

느부갓네살은 이제 여호야긴의 숙부 맛타니야, 요시야의 셋째 아들을 즉위시키다. 21 세의 나이로 즉위하였다. 시는 **시드기야**로 이름을 개명하다. 시드기야 역시 신앙이 없고 국제 정세 돌아가는 것을 알지 못하였다.

4) 에스겔의 정경성

에스겔서의 정경성에 대한 논의는 이 책이 영감된 성경이냐? (그것이 손을 부정하게 만드는가? [그것은 성령님으로 말씀되어졌던가?]) 여부에 대한 논란이 아니라, 에스겔서가 선지자의 저작임과 영감되었다는 점을 전제하되, 에스겔서와 오경 사이에 드러나 보이는 분명한 차이들로 인하여, 배우지 못한 사람들이나 반 - 무식꾼들이 시험받을 것을 미리 방지하기 위하여 에스겔서를 대중에게서 떼어 놓는 것이 적절하지 아니한가? 하는 논란이었다 (George Foot Moore 1927:I,247). 여기서 대중에게서 "떼어 놓는다" 고 말한 것은 (ganaz) 안전한 곳에 보관하다, 값나가는 물건들이나 거룩한 물건들을 안전하게 보관하는 것을 의미한다. 겔 27:24 에서 "그나짐" 이란 말이 나오며, 유대인들이 오래된 사본들을 저장 보관하는 창고가 카이로에서 발견되었는데 이를 "카이로 '게니자'" 라 부른다.

유대교에서 에스겔서에 대한 그러한 논의 때문에 에스겔서는 정경적인 책으로 따로 안전하게 보관되어야 하고, 오직 전문적인 성경학자들만 읽을 수 있다고 간주되었다.

예루살렘 함락 전에 샴마이 학파의 하나니야 벤 히스기야는 에스겔서와 오경 간의 차이들을 서로 조화시키기 위해 지붕에 위치한 자기 서재에 앉아 기름 항아리 300 개를 다 소비시킬 정도였다 (Shabbat 13b, Hagigah 13a, Menahot 45a). 겔 40 장 이하에 묘사된 회복의 시대 프로그램은 여러 사소한 면들에서 모세법과 달라서 그 차이를 조화시키기 위해 한 밤중에 불을 밝히느라 많은 기름이 들어갔으리라. 겔 40-48 장에 기술된 성전 묘사가 오경의 성막 혹은 솔로몬 성전과 비교할 때 특이한 점은 다음과 같다:

1) 솔로몬 성전에서 이방인들의 출입이 허용된 바깥마당과,
   안마당 사이의 장벽이 없다 (엡 2:14).
2) 여자들의 마당이 없다. 바깥마당과 안마당만 있다 (갈 3:28).
3) 수조가 (水槽, 대야) 없다 (겔 36:24-27, 요 15:3)
4) 진설병 상이 없다 (미 5:4, 요 6:35)
5) 등대가 없다 (사 49:6, 요 8:12)
6) 분향단이 없다 (슥 8:20-23, 요 14:6)
7) 휘장이 없다 (사 25:6-8, 마 27:51)
8) 언약궤가 없다 (렘 3:16, 요 10:30-33)

이 외에도 겔 46:6 에서 월삭에 (月朔) 수송아지 하나, 어린 양 여섯, 수양 하나를 드리라고 하는데, 민 28:11 에서는 수송아지 둘, 어린 양 일곱, 수양 하나를 드리라고 한다. 바벨론 탈무드 므나홋 45a 는 이런 차이를 조화시키고자, 만약 두 수송아지가 없으면 한 마리만 바쳐야 하고, 만약 일곱 어린 양이 없으면 여섯 마리만 바쳐야 한다고 했다. 다른 문제시된 구절들은 겔 44:31, 45:18, 20, 46:7 등이다.

에스겔서와 오경 사이의 차이를 가장 심각하게 여기고, 그것 때문에 에스겔서를 일반인의 손에서 격리시켜야 한다고 생각했다는 것은 흥미로운 일이다. 왜냐하면 소위 말하는 신명기 역사서와 역대기 역사서 사이의 역사

적 사건들에 있어서의 차이들은 별로 문제 삼지 않으면서, 법규에서의 차이는 아주 심각하게 여겼기 때문이다. 이런 오경과의 차이를 떠나서도, 랍비들은 에스겔서에 두 가지 면에서 문제가 있다고 생각하였다. 그 하나는 겔 16 장에서 사용된 노골적인 외설적(猥褻的) 표현이었다. 예컨대, 미쉬나 므길라 4:10 에서 랍비 엘리에젤은 예루살렘을 소녀로 묘사하는 겔 16 장은 선지서 일부를 공 예배시 낭독하는 대목에서 제해야 한다고 말한 것으로 전해진다.

또 다른 문제는 제롬이 "파울리누스에게 보낸 서신 53" 에서 (Epistle 53 to Paulinus; 주후 394 년 제롬이 놀라의 [Nola; 이탈리아 나폴리 주에 속한 한 도시] 감독 파울리누스에게 보낸 서신인데, 성경을 부지런히 연구할 것을 권면한다; 이런 목적으로 제롬은 이방인들 중 지혜자들이 보이는 학식이나 사도 바울의 학식을 상기시킨다; 그리고 신구약 성경을 세세하게 언급하고 파울리누스의 모든 세상적인 부를 버리고 하나님께서 헌신할 것을 권한다) 언급한다. 제롬이 전하는 유대인 전승에 의하면, 에스겔서 시작과 끝은 30 세 이상 성인만이 읽을 수 있다. 겔 1 장의 환상에 묘사되는 하나님의 "이동 보좌" (후대에 '병거' 로 chariot 불림) 환상은 너무 대담하여 공예배시 낭독해서는 안 된다는 것이고, 겔 40-48 장에 제시된 성전 기사는 앞서 언급한대로 오경의 성막과 달라 문제시 되었다.

병거 (chariot) 장이라 불리는 겔 1 장은 공 예배시 낭독만 금지된 것이 아니라, 심지어 이해력이 없는 한 사람 앞에서도 강론되지 말아야 한다고 했다 (미쉬나 하기가 2:1). 겔 1 장은 "위험한" 묘사로 간주된 셈이다. 바벨론 탈무드 하기가 13a 는 자기 선생님의 집에서 에스겔서를 읽고 있던 한 소년의 이야기를 전해준다. 그 소년이 "하쉬말" 이란 말이 ('단 쇠' [amber 琥珀] 겔 1:4, 27) 무엇인지 파악하였는데, 그 때 불이 "하쉬말" 로부터 나와서 그를 살랐다 한다. 그래서 랍비들은 에스겔서를 위험서로 지목하게 되었다 한다.

랍비들은 "하쉬말" 이란 (hashmal) 히브리어를 hayot esh me-mal-le-loth 이나 (말하는 불의 생물들) ittim hashoth ve-ittim me-malle-loth 의 (때로 침묵하고 때로 말하는 자들) 약자(略字)로 간주하였다. 중세 카발라 신비주의 사고에서 "하쉬말" 은 불로 변화된 메타트론이 주재하는 천사들이나 사람들의 영이 거하는 세계에 거한다.

5) 내용 분해

(1) 유다에 대한 심판 (1-24)

a. 에스겔의 소명 (1-3)

b. 심판 메시지 (4-24)

1. 심판의 불가피성 (4-11); 2. 거짓 낙관주의의 허무함 (12-19);
3. 유다의 부패 역사 (20-24)

(2) 열방에 대한 심판 (OAN 25-32)

a. 암몬 (25:1-7);

b. 모압 (25:8-11);

c. 에돔 (25:12-14);

d. 블레셋 (25:15-17);

e. 두로 (26:1-28:19)

1. 두로 파멸 (26); 2. 애가 (27); 3. 두로의 왕 (28:1-19)

f. 시돈 (28:20-26)

g. 이집트 (29-32)

1. 이집트의 죄 (29:1–16); 2. 바벨론에 패망 (29:17–21);
3. 이집트와 그 동맹의 파멸 (30:1–19); 4. 이집트의 흩어짐 (30:20–26);
5. 이집트와 앗시리아 (31); 6. 바로를 애도함 (32:1–16);
7. 이집트가 스오로 내려감 (32:17–32)

(3) 이스라엘의 회복 (33–48)

a. 새로운 삶 (33–39)
1. 파수꾼 에스겔의 재 임명 (33);
2. 현재의 거짓 선지자들과 미래의 참 목자 대비 (34);
3. 원수가 파멸되다 (에돔 35);
4. 축복의 전망 (36);
5. 뼈들의 부활 (37);
6. 교회의 침입자 곡의 패배 (38–39)

b. 이스라엘의 회복된 신령한 성전 (40–48)
1. 신령한 성전 (40–43); 2. 새로운 예배 (44–46); 3. 새 땅 (47–48)

6) 에스겔서는 무엇을 가르치는가 ?

첫째로 , 신령한 네 생물들의 환상

겔 1:4 내가 보니 북방에서부터 폭풍과 큰 구름이 오는데 그 속에서 불이 번쩍 번쩍하여 빛이 그 사면에 비취며 그 불 가운데 단쇠 같은 것이 나타나 보이고 5 그 속에서 네 생물의 형상이 나타나는데 그 모양이 이러하니 사람의 형상이라
26 그 머리 위에 있는 궁창 위에 보좌의 형상이 있는데 그 모양이 남보석 같고 그 보좌의 형상 위에 한 형상이 있어 사람의 모양 같더라

폭풍이나 큰 구름, 불 등은 신현 (神顯) 을 동반하는 현상이라면, 궁창 위의 "보좌" 는 하나님의 영광의 현시 (顯示) 이다 (겔 1:28). 따라서 전자가 들러리라면 후자는 보다 핵심에 가깝다. 보좌 환상은 사 6 장에서나 왕상 22:19–22 에서도 나타나지만, 에스겔 이후 산물인 다니엘서에서는 (단 7:9) 바퀴 달린 보좌가 심판하는 법정의 배경을 이룬다.

에스겔이 환상 중에 본 그 이동 보좌는 날개 달린 네 생물들이 그 머리로 단을 (하늘) 떠받치고 그 위에 여호와께서 보좌에 앉으신 모습이다. 환상 중에 하나님은 이동식 보좌를 (mobile throne) 타시고 움직이신다. 이전에 에스겔은 하나님께 예루살렘 성전 언약궤 위 속죄소에 좌정하신다고 알았으나 이제 추방당한 자기 백성과 같이 하시고자 그분이 이동 보좌를 타시고 에스겔에 나타나시었다. 하나님은 어떤 장소에만 제한되고 국한된 하나님이 아니라는 것이다.

대상 28:18 에서 역대기 기자는 솔로몬 성전의 "그룹" 형상들을 "병거의 모양" 이라 (tabnit hammerkaba) 부르고 있다. 여기에 근거하여 "메르카바" 는 하나님을 나르는 생물들을 지칭하는 말이 되었다 (에스겔서에서는 "메르카바" 란 말이 나타나지 않고, 겔 1:15 이하에서 네 생물 곁에 "바퀴들" [hā'ôp̄annîm] 참조). 에스겔의 보좌병거 (throne–chariot) 환상은 중세 유대인들 가운데 "'메르카바' 신비주의" 라 불리는 신비주의를 탄생시켰다 (G. Scholem 1946, 1960; I. Gruenwald 1980)(히브리어 "메르카바" 는 수레나 '병거' 를 의미하고 [창 41:43, 출 14:25], 오늘날 merkava 탱크는 이스라엘 육군의 주 무기).

신비주의는 (mysticism) 입신 (入神) 이나 황홀경 체험을 통해 천국이나 지옥을 여행하거나 주님을 만나는 신비로운 체험과 같은 일상적인 삶과 대비되는 신비로운 체험을 강조한다. 본인인 교통사고를 당했거나 (김영원 선교사) 혹은 죽을

병으로 혼수(昏睡)상태에 빠졌거나(강도환 집사나 박용규 목사) 아니면 사랑하는 남편이 불의의 사고로 죽은 충격적 사건을 당했거나(구순연 집사), 혹은 정상적인 상태에서(박용문 장로) 혹은 입신체험이 일상화된 교회 환경에서(변승우 목사의 큰 믿음교회 성도들) 일어나는데, 사도 바울(삼층천 낙원 체험, 고후 12), 요한 계시록의 저자나(계 1:10, 17:3, 21:10) 에스겔 선지자(겔 1:1, 3:12, 24, 8:3, 11:1, 24, 43:5 등) 등도 그런 입신이나 황홀경 체험을 하였다.
유대인 탈뭇 '하기가' 14b 에 그런 입신 체험의 위험이 언급되고 있는데, 네 사람이 낙원에 (prdm, 동산) 들어갔는데, 벤 아자이 (Ben Azzai 주후 2 세기), 벤 조마 (Ben Zoma 주후 2 세기), 엘리사 벤 아부야 (Elisha b. Abuyah 주후 1 세기 말), 그리고 랍비 아키바 (R. Akiba 주후 50–130 년) 등이었다. 아카비가 그들에게 말했다. 당신네들이 순전한 대리석들에 (물처럼 보인다) 도착하거든, "물이다! 물이다!" 라고 하지 말라고 했다. 왜냐하면, 거짓을 말하는 자는 내 눈 앞에 서지 못하리라 하셨기 때문이다(시 101:7). 벤 아자이가 보고는 죽었다. 그에 대하여 성경은 말하길, 그의 성도의 죽음이 주의 보시기에 귀하다고 했다(시 116:15). 벤 조마가 보고 침을 받았다(미쳤다). 그에 대하여 성경은 말씀하길, "너는 꿀을 만나거든 족하리만큼 먹으라 과식하므로 토할까 두려우니라" (잠 25:16) 하였다. 아헤르는 어린가지들을 훼손시켰다(신앙을 변절했다). 랍비 '아키바' 만이 다치지 않고 떠났다.
집회서 3:21–22 은 경고하길, 네게 너무 어려운 일을 추구하지 말라, 네 힘이 미치지 않는 것을 찾고자 하지도 말고 네게 명하는 바를 구하여 경외함으로 연구하라 은밀한 것들을 네 눈으로 보는 것이 필요하지 않기 때문이다 라고 했다. 랍비들은 "메르카바" 기사는(마아세 메르카바, 주후 1세기 어간 작품) 그 사람이 지혜가 있어 깨닫는 경우가 아니라면 한 사람 앞에서도 강해하려 말라고 했다(하기가 2:1).
유대교 문헌들 중에서 하늘 입신(ascent) 체험 관련 주요 문헌은 1) 작은 궁궐들(헤칼롯 주타르테; 랍비 아키바의 입신 체험), 2) 더 큰 궁궐들(헤칼롯 랍바티; 랍비 이스마엘의 입신 체험), 3) 병거 기사(마아세 메르카바; 입신할 때 들은 찬양들의 모음집), 4) 궁궐들의 책(세페르 헤칼롯; = 에녹 3서; 랍비 이스마엘이 기술하는 체험으로 에녹이 입신하여 천사장 메타트론으로 변신한다), 5) 신체의 측정(쉬우르 코마; 아가서에 대한 영해에 근거하여, 입신자들이 본 창조주의 세세한 묘사) 등이다.

에스겔서 1장에 나오는 네 생물은 10장에서 '그룹' 천사로 확인되고, 이 그룹은 사람, 황소, 독수리, 사자의 얼굴을 가진 복합 생물의 모양으로 나타났다. 겔 10장에서 에스겔의 두 번째 병거 환상이 나온다. 거기서 황소의 얼굴은 "그룹" 천사의 얼굴이었다(그룹 10:14). 이 그룹들은 10:20에서 단수로 "한 짐승" (하히야)이라 지칭된다.
듀크 대학 캐롤 메이어는 (Carole L. Meyers) "그룹" 에 대하여 이렇게 기술하고 있다:

비록 그룹은 성경에서 92번(구약에서 91번, 신약에서 1번 히 9:5) 언급되었지만, 어느 한 종류의 짐승이 모든 경우에 언급된 것이 아니다. 오히려 이 용어는 여러 종류의 상상적 생물들을 지시한다. 예컨대 언약궤에 놓인 그룹은 추정컨대 얼굴이 하나라면, 에스겔의 성전에 등장하는 그룹은 얼굴이 두 개이고(겔 41:18–19에서 사람과 사자의 얼굴), 겔 10:21에서는 4개의 얼굴과 네 개의 날개를 지닌 자로 나타난다. 그리고 계시록의 네 생물은 각기 얼굴이 하나로 나타난다. 몸은 다리가 두 개이거나 네 개로 나타난다. 이러한 변형들은 이 생물들이 잡종 (hybrid) 이었고, 가상적 짐승이라는 확신을 갖게 해준다 (1985:161).

메이어는 (Meyers) 다른 곳에서는 다음과 같이 적고 있다:

이 '복합 생물' 은 (composite beings) 고대 근동세계 예술에서 묘사된 여러 형태의 복합 짐승들에 상응한다. 특히 앗시리아의 예술에서 이런 복합 짐승의 모습이 현저하게 나타난다. 고대 근동이나 이스라엘에서 그룹은 그 신속한 이동성을 특징으로 했다(삼상 22:11, 시 18:11). 왜냐하면 모두 날개들을 지녔기 때문이다. 실제 짐승이나 사람들보다 더 많은 요소들을 지녔기에, 이 복합 생물은 자연계의 생물이 아니다. 이런 특징들 때문에 이런 짐승들은 신적 임재를 상징하는데 적절했다. 왜냐하면 신들은 인간이 갈 수 없는 곳에 가고, 인간이나 짐승이 아닌 어떤 것이었기 때문이다.

그룹들은 하나님의 이동 차량의 기능을 감당하거나 (삼상 22:11, 시 18:11), 에덴동산에서 파수꾼으로 등장한다 (창 3:24, 겔 28:14, 16). 언약궤 위에서 날개를 펴고 덮고 있는 그룹은 펼친 날개로 그 궤가 담고 있는 물건들을 보호한다고 생각되었다. 그리고 보이지 않는 하나님의 보좌의 보이는 토대를 (pedestal) 제공하였다 (삼상 4:4, 삼하 6:2, 왕하 19:15, 시 80:1, 99:1). 에스겔 10장에서 하나님의 병거 – 보좌는 그룹들이 나르며 이동성을 지닌다. 한편 시가서들에서 그룹은 하늘의 폭풍들의 상징으로 나타난다 (삼하 22:11, 시 18:11). 그는 그룹을 타고 다니신다는 문장은 "그가 바람 날개를 타신다" (시 18:11에서 "다아" [빨리 날다]; 삼하 22:11에서는 "보였다" 는 [라아 동사의 니팔형]) 문장과 병행된다 (1992:1,900).
그 네 생물들은 네 얼굴들을 지니고 (6), 인간 형태를 하고 (5), 네 날개를 가지고 (6), 두 다리를 지닌 송아지 발바닥 모습 (7절?). 왜 "네" 생물들일까? 보통 고대 근동의 이교적 종교에서 보좌를 받치는 짐승은 두 마리이다.

그런데 네 마리라는 것은 하나님의 사방 (사 11:12), 곧 우주적 권세를 의미하지 않을지 추정된다. 하늘을 떠받치는 네 생물들은 피조물을 망라하는 총체에 대한 상징일지도 모른다. 앗시리아 왕은 "사르 키브랏 에르벳티" 라 불렸다 (사방의 왕). 여기 네 생물은 비록 규모는 축소되었다 해도, 우주 전체를 상징할지 모른다. 우주 전체가 하늘을 떠받치고 그 위에 여호와의 보좌가 놓인다. 네 얼굴은 사방을 주목하는 경계태세를 지시할 것이다. 고대 근동 조각에서 날개 달린 하늘을 바치는 생물들이 (sky bearers) 독수리, 사자, 황소, 혹은 사람의 머리를 하고 나타나는 모습이 많다. 그러나 그 머리는 같은 형상의 것이 두 개일 뿐, 여기처럼 각기 다른 얼굴 네 개가 나타나는 모습은 유가 없다.

네 생물의 다리가 "마광한 구리같이 빛나" 고 있었다는 (겔 1:7; 계 1:15 참조) 것은 이들이 초자연적 천사같은 존재라는 것을 암시해 준다. 이들은 마음이 일치하여 하나님을 섬긴다. 이 생물들의 날개가 소리를 낸다 (겔 1:24). 이는 신속한 이동을 암시할 것이다. 고대 근동의 조각에서 나오는 하늘을 받치는 짐승들 혹은 신의 보좌를 받치는 짐승들은 날개가 있지만, 이동성이 강조되었는지는 미지수다.

찰스는 (R. H. Charles) 그의 계시록 주석에서 에스겔의 네 생물과 계시록의 네 생물 사이의 차이들을 다음과 지적하고 있다:

1) 우리 본문에 있는 그룹들은 분명히 에스겔서에서처럼 수자에서 넷이지만, 각각 그룹은 구약에서처럼 네 개의 얼굴을 지닌 것이 아니라 하나의 얼굴만 지녔다.

2) 그들은 에스겔 1 장에서처럼 네 날개가 아니라 사 6 장의 스랍들같이 여섯 날개를 가진다

3) 그들은 계 5:6, 8, 19:4 에서 하나님의 보좌를 직접 둘러 서 있으며, 에스겔에서처럼 보좌를 받치고 있지는 않다. 보좌는 하늘 궁창에 놓였지만, 그룹들에 받쳐지고 있지는 않다. 그리고 에스겔에서처럼 "바퀴" 에 대한 언급도 없다.

4) 그들은 이사야 6 장의 스랍들처럼 하나님을 찬양하며 (계 5:8), 에스겔에서처럼 침묵하는 하나님의 종들이 아니다

5) 그들은 눈이 가득했지만 겔 1:13 에서 그들은 불같은 모양이었고, 1:18 에서 바퀴 테두리에 눈이 가득했다고 할 뿐이다. 겔 10:12 에서 "그 온 몸과 등과 손과 날개와 바퀴 곧 네 그룹의 바퀴의 둘레에 다 눈이 가득하더라" 라고 했다.

6) 계 5:7 에서 그들은 자유롭게 이리저리 움직이며 하나님과 다른 위계 (位階) 천사들 사이의 중계자들로 활동한다 (1920:1, 119).

이렇게 제시한 찰스는 계시록 본문에 있는 이런 생물들은 에스겔에 있는 생물들과 유사하나 본질적인 면에서 확실히 다르다. 선지자는 과거의 전통을 단순히 반복하지 않고 자신의 시대 용어로 변형시켜 사용하는 자들이다 라고 주장한다. 에스겔의 생물들의 모습을 변형시켜 자기 의도대로 사용했다는 것이다.

문제는 에스겔이나 계시록의 요한 저자는 환상을 보고 본대로 묘사한다고 말씀한다는 사실이다. 찰스는 단순히 "전승" 이라 하지만, 문학적 허구로만 볼 것이 아니라, 본 환상을 제시하고 있다는 사실을 중시한다면 찰스의 주장은 받아들이기 어렵다. 해결책은 "환상" 이 제시하는 바가 "실체" 자체는 아니라는 점이다. 환상으로 보여지는 것은 실체의 모습이 아니라, 실체가 제시하는 상징적 모습이라 해야 할 것이다. 예컨대, 7 뿔과 7 눈을 가진 어린양의 모습이 그러하다 (계 5:6). 10 뿔을 가진 짐승의 모양도 그러하다 (단 7:7, 20, 24, 계 12:3, 13:1, 17:3, 7, 12, 16). 그런 괴물이 존재한다거나 주님이 7 뿔을 가졌다고 우리가 믿지 않는다면, 왜 네 얼굴을 가진 그룹의 모습을 실체 모습이라 믿을 것인가? 그렇다면 에스겔이나 계시록 저자가 본 환상이 다른 것은 보여진 환상을 통해 다른 메시지를 전달하시려는 하나님의 의도에서 기인되었다고 해야 옳지 않을까?

예컨대, 계시록에서 네 생물들은 찬송하는 모습으로 나타난다. 에스겔 1 장에서는 보좌를 나르는 이동성에 강조점이 주어진다. 에스겔의 독자들에게 중요한 것은 하나님의 이동성, 국지적으로 제한된 하나님 대신 우주적 하나님의 모습, 곧 그분의 우주적 통치에 있었다. 추방당한 이들의 마음에서 올라오는 질문은 왜 우리가 패배했던가? 우리의 하나님이 바벨론의 주 (主) 신 '마르둑' 보다 약해서인가? 그러나 에스겔에게 나타난 하나님의 영광은 우주에 신속히 운행하시는 하나님이심을 드러냈다.

반면 계시록 독자들에게는 박해당하는 환경에서 우주의 중심이 로마 황제가 아니라 하늘 보좌에 앉으신 하나님이시며, 찬양받으실 이가 로마 황제가 아니라, 보좌에 앉으신 하나님이심을 강조하는 것이 아닐까? 또 박해받는 성도들에게 하늘 보좌와 예배 광경을 보임으로 믿음을 지킨 자들의 장래와 죽임을 당하신 어린 양께서 우주적 권세를 받으시고 악의 세력을 궤멸시키시는 분이시라는 확신을 주어 저들의 믿음을 견고케 하려는 것이다. 따라서 에스겔과 계시록 사이에는 시대적 상황의 차이에 따라 저들 독자들에게 전달할 메시지 내용도 달라질 수밖에 없었다.

에스겔에게 이 환상은 어떤 의미로 다가왔을까? 하는 문제는 전통적으로 우리가 제시한 설명 방식대로이다. 부정(不淨)한 이방 땅에 (암 7:17) 하나님의 임재가 나타나서 포로들과 같이 있을 수 있다는 것을 입증하고, 선지자가 저들 중에 있을 수 있다는 것이었다. 겔 1:3 에 대한 므킬타 주석은 (피스하 1) 쉐키나 영광은 이스라엘 밖의 선지자들에게 임하지 않는다고 지적한다. 그 근거는 요나서 1:3 에서 요나가 여호와의 면전에서 도망하여 다시스로 갔다는 구절이다. 그렇지만, 이런 설명은 과연 성경적인가? 라고 물을 수가 있다. 성경 어디서도 여호와 하나님은 국지적 하나님으로 묘사되지 않기 때문이다. 물론 그분은 이스라엘 백성과 그 땅에 자신의 성소를 두시고, 그곳에서 경배를 받으시고 자신의 거룩함을 그곳에서만 나타내신다는 것은 사실이다. 에스겔은 추방당한 포로들이 하나님으로부터 멀리 옮겨졌다는 예루살렘 사람들의 주장을 논박한다. 추방당한 사람들이 이스라엘에서 멀어진 것은 하나님의 임재로부터 멀어진 것이라 생각하지 말라는 것이다 (겔 11:15-16). 추방당한 포로들은 하나님의 관심을 확신했으며 자신들에게 선지자들이나 그 말씀을 주셨다고 믿고 있었다. 예컨대, 겔 13 장은 자기 맘대로 예언하는 악한 선지자들을 친다. 그 선지자들은 지금 포로들 가운데 있다는 사실이 분명하다. 왜냐하면 "그들은 이스라엘 사람들 수에 들어가지 못할 것이며, 이스라엘 땅에 가지 못하리라" 고 위협하기 때문이다 (겔 13:9). 렘 29:15 에서 그런 거짓 선지자들은 포로들의 자랑이었다 (여호와께서 바빌로니아에서 우리를 위해 선지자들을 일으키셨다!). 저들은 신속한 포로에서의 귀환을 예언했고 하나님께서 포로들을 돌보신다고 격려했다. 저들의 그러한 예언은 에스겔이나 예레미야의 예언 사역에 심각한 도전이 아닐 수 없었다. 나중 렘 43:8 에서 예레미야는 이집트에서 예언을 시작한다. 따라서 겔 1 장의 환상이 에스겔에게 어떤 의미로 다가왔을까? 하는 질문에 대한 답변은 전통적인 방식의 것이 적절하다고 하기 어렵다.

생물의 네 얼굴의 영적인 의미는 무엇일까? 네 생물은 피조계의 대표들이다. 보좌가 네 생물에 의해 받쳐지고 있다는 것은 피조물 전체가 그 대왕에게 속했다는 것을 의미할 것이다.

'사자' 는 힘과 대담성에서 인간을 능가하며 인간보다 더 무서운 동물이다. 천사들은 이점에서 '사자' 와 유사하므로 '사자' 의 얼굴을 하고 있다. '황소' 는 부지런하고, 인내하고 수고하며 자기 할 일을 끈기있게 수행하는 점에서 인간을 능가한다. 그래서 하나님과 교회를 섬기는 천사들은 황소의 얼굴을 갖는다. '독수리' 는 민첩함과 날카로운 통찰력과 높이 솟아오르는 점에서 인간을 능가한다. 그래서 위의 것을 구하며 신의 깊은 신비를 보는 천사들은 나는 독수리의 얼굴을 갖는다. 물론 '사람' 은 하나님의 형상을 반영하는 것으로 고귀함과 지혜를 상징한다.

이레니우스는 마태복음은 사람, 요한복음은 사자, 누가복음은 소, 마가복음은 독수리에 비했다. 제롬, 암브로스, 대 그레고리 등은 이와 달리 마태 - 사람, 마가 - 사자, 누가 - 소, 요한 - 독수리 등으로 동일시했다. 반면 아타나시우스는 마태 - 사람, 누가 - 사자, 마가 - 소, 요한 - 독수리 등으로 동일시했다. 어거스틴은 마가 - 사람, 마태 - 사자, 누가 - 소, 요한 - 독수리로 보았다 (G. A. Cooke 1936:1, 14). 이런 도식이 사람마다 다른 것을 보면, 어느 것도 적절치 못하다는 말이 될 것이다.

이 네 생물은 겔 10 장에서 '그룹들' 로 확인되는데, 사 6 장의 스랍과 같은 존재이다. '스랍' 은 불타는 모양의 천사라는 의미로 (히브리어 "사라프" 는 '불이 타다' 란 의미), 그 외양(外樣)에 따라 불린 이름이고, 그룹은 "섬기는 기능" 을 강조하는 이름인 듯 하다. 왜냐하면, 악카드어에서 "카리부" 란 말은 "기도하다, 성별하다, 축복하다" 란 동사 "카라부" 의 분사형이므로, "카리부" 란 말은 "중보 기도하는 제사장," "수호하는 천사" (tutelary spirit) 를 의미하기 때문이다. 이를 근거로 "그룹" 을 섬기는 자란 의미로 이해할 수 있다.

어떤 이들은 민수기 2 장에 나오는 이스라엘의 광야 행군시 지녔던 대형(隊形)과 그들이 가진 깃발에서 이 네 얼굴의 모습을 찾고자 하기도 한다. 그렇지만, 유다는 사자의 상징이라고 하나 (잇사갈, 스불론), 남편의 르우벤이 사람 (시므온, 갓), 서편의 에브라임이 수송아지 (므낫세, 베냐민), 북편의 단이 독수리 표상을 (아셀, 납달리) 가졌는지는 의문이다.

둘째로, 죽은 자의 부활

겔 37:11 또 내게 이르시되 "인자야 이 뼈들은 이스라엘 온 족속이라 그들이 이르기를 우리의 뼈들이 말랐고 우리의 소망이
없어졌으니 우리는 다 멸절되었다 하느니라 12 그러므로 너는 대언하여 그들에게 이르기를 주 여호와의 말씀에 내 백성들아
내가 너희 무덤을 열고 너희로 거기서 나오게 하고 이스라엘 땅으로 들어가게 하리라 13 내 백성들아 내가 너희 무덤을 열
고 너희로 거기서 나오게 한즉 너희가 나를 여호와인 줄 알리라 14 내가 또 내 신을 너희 속에 두어 너희로 살게 하고 내가 또
너희를 너희 고토에 거하게 하리니 나 여호와가 이 일을 말하고 이룬 줄을 너희가 알리라 나 여호와의 말이니라 하셨다 하라

여기서 하나님의 말씀을 대언하였더니 마른 뼈가 살아서 큰 군대를 이루었다. 하나님은 생명의 창조주이시다. 그러므로 그분은 생명을 주실 수 있다. 에스겔 당시는 이스라엘이 패망하고 바벨론의 포로가 되어 이스라엘이란 믿음 공동체가 사라진 듯 보였다. 그래서 믿음의 남은 자들은 크게 좌절하고 있었다. 그런 때에 하나님은 에스겔 선지자에게 이런 환상을 보여 주심으로 죽은 이스라엘 공동체 역시 하나님의 생기로(루아흐, 영) 부활의 축복을 받으리라는 소망을 주신 것이다.

해골 골짜기의 이 죽은 해골들과 뼈들이 부활하는 장면은 장관이었을 것이다. 어떻게 널려진 해골들과 뼈들이 일어나고 살아나서 큰 군대를 이루었을까? 그것은 말씀을 대언하여, 생기가(루아흐, 영; 5, 6, 9) 그 뼈들 가운데 역사하였기 때문이다. 이 생기의 역사는 요 3장의 바람같은 성령님에 관한 예수님의 가르치심을 상기시켜 준다. 생명은 성령님으로 주어진다. 어떤 사람이 주님의 말씀을 설교를 통해 들으면, 성령님께서 말씀 가운데 역사하시어 그 사람의 죽은 영으로 부활하도록 하신다. 성령님은 헬라어로 '프뉴마' 라 하고 히브리어로는 '루아흐' 라 한다. 그런데 이상하게도 이 단어들은 하나같이 '영'도 의미하지만, '바람'도 의미한다. 그런데 성령님은 '바람' 처럼 신비하게 움직이며 생기를 주신다.

우리는 능력있는 말씀을 들어야 한다. 성령님은 "말씀과 함께" 역사하시어 우리의 죽은 영에 생명을 주시는 것이다. 이것은 신비한 체험이므로 우리로서는 더 이상 그 자세한 것을 설명하기 어렵다. 영적인 세계에서 일어나는 사건이므로 우리가 통계적 수치나 과학적 자료를 제시하기는 어렵지만, 분명한 것은 중생하면 마음의 확신이 임하고 이전에는 믿어지지 않던 성경 말씀들이 확실하게 믿어지게 된다는 것이다.

셋째, 이스라엘의 회복: 새 마음과 '땅'

겔 36:24-28

24 내가 너희를 열국 중에서 취하여 내고 열국 중에서 모아 데리고 고토에 들어가서
25 맑은 물로 너희에게 뿌려서 너희로 정결케 하되
곧 너희 모든 더러운 것에서와 모든 우상을 섬김에서 너희를 정결케 할 것이며
26 또 새 마음을 너희에게 주고 새 영을 너희 속에 두되
너희 몸에서 돌의 마음을 제하고 육신의 마음을 줄 것이며
27 또 내 신을 너희 속에 두어 너희로 내 율례를 행하게 하고 너희로 내 규례를 지켜 행하게 하리라
28 내가 너희 열조에게 준 땅에 너희가 거하여
내 백성이 되고 나는 너희 하나님이 되리라(사역 私譯)

(26 wənāṯattî lāḵem lēḇ ḥāḏāš wərû^{a}ḥ ḥăḏāšā^{h} ʾettēn bəqirbəḵem
wahăsīrōṯî ʾeṯ-lēḇ hāʾeḇen mibbəśarḵem wənāṯattî lāḵem lēḇ bāśār)

26절에서 한역이 "너희 육신에서 굳은 마음을 제하고 부드러운 마음을 줄 것이며" 라고 한 것은 문자적으로 "내가 네 육신에서 돌의 마음을 제하고, 육신의 마음을 주리라" 인데, KB^3는 "육신의 마음" 을 "돌의 마음" 과 대비시킨 "산 육신" 이라(living flesh) 정의했다. 그러나 그런 정의는 적절한 것이 못된다. "굳은 마음, 완고한 마음" 에 대비되는 "부드러운 마음" 이란 의미가 더 적절하다. "돌(의 마음)" 과 "육신(의 마음)" 이 대비되고 있기 때문이다. 돌 같은 마음과 육신의 마음은 완전 감각이 없는 마음과 피가 통하는 살아 있는 마음

과 대조적이다. 영적으로 죽은 마음, 산 마음의 대비이다.

그런데 24 절에서 "내가 너희를 열국 중에서 취하여 내고 열국 중에서 모아 데리고 고토에 들어가서" 와 28a 절에서 "내가 너희 열조에게 준 땅에 너희가 거하리라" 고 하실 때, 이스라엘의 "땅" 이 부각된다. 지금 에스겔이 말씀하는 문맥은 범죄한 이스라엘이 바벨론에 추방당할 때의 상황인데, 추방자들을 고토로 데리고 가서 거기서 저들을 정결케 하고, 새 마음을 주시고 성령님의 임재를 저들 속에 두어 저들로 주의 법을 행하게 하시고, 저들로 저들 조상들에게 주셨던 그 '땅' 에 살며, 하나님이 저들의 하나님이 되시고, 저들은 하나님의 백성이 되는 언약 관계의 축복을 누리도록 하겠다는 것이다.

성취적 측면에서 이 말씀을 보자면, 바벨론 포로생활에서의 귀환을 통해 이 약속이 모두 이루어졌다고 하기는 어렵다. 귀환 공동체의 모습을 그리는 학개, 스가랴, 에스라, 느헤미야, 말라기 등을 살핀다면, 여기 약속된 그런 영적인 축복에 대하여는 언급이 없고 "땅" 의 약속만 그대로 성취되었다. 그래서 새 마음을 주시고 저들 가운데 신을 두신다는 약속은 신약 시대 오순절 성령 강림으로 성취되었다고 함이 적절할 것이다.

우리가 이사야서에서 "이스라엘의 회복" 을 다룬 적이 있지만, 신약에서의 이스라엘은 새롭게 재구성되었다는 것이 분명하였다. 즉 이전의 종족 중심이 아니라, 사도행전에서 묘사하듯, 하나님의 백성은 이제 영적인 '참 이스라엘' 로 유대인 중의 남은 자나, 이방인들 중에 택함 받은 자들이 연합하는 믿음 공동체이다. 여기 에스겔서에서 예고된 "땅" 의 약속은, 우리가 예레미야서에 다룬 것처럼, 신약 시대 믿음 공동체에게서는 세계화되거나 (롬 4:13, 엡 6:3) 영적으로 승화되어 하늘 기업으로 전환된다 (엡 1:18, 5:5, 벧전 1:4).

어거스틴은 그의 "기독교 교리" 란 책 3 권 34 장에서 티코니우스의 (Tyconius) 해석 원리 4 번을 (종들과 종에 관하여) 예증하는데, 종들은 일부를 (a part), 종은 (genus) 종들로 구성된 전체를 가리킨다고 설명하고, 종들은 항상 한계를 넘어가는 것은 아니라 한다. 어거스틴은 그 예를 겔 36:17–19 에 대한 해석으로 제시한다. 거기서 에스겔 선지자는

겔 36:17 인자야 이스라엘 족속이 그 고토에 거할 때에 그 행위로 그 땅을 더럽혔나니 나 보기에 그 소위가 월경 중에 있는 여인의 부정함과 같았느니라 18 그들이 땅 위에 피를 쏟았으며 그 우상들로 더럽혔으므로 내가 분노를 그들의 위에 쏟아 19 그들을 그 행위대로 심판하여 각국에 흩으며 열방에 헤쳤더니

라 하는데, 이 말씀은 사도 바울이 "육신을 따라 난 이스라엘을 보라" 고 한 (고전 10:18) 그 이스라엘 집에 해당된다. 육신을 따라 난 이스라엘 백성이 여기 언급된 악행을 행했기 때문이다. 그리고 그 다음에 나오는 말씀도 동일한 백성을 가리킨다고 이해할 수 있을 것이다. 그러나 선지자는 23 절에서

열국 가운데서 더럽힘을 받은 이름 곧 너희가 그들 중에서 더럽힌 나의 큰 이름을 내가 거룩하게 할지라 ... 열국 사람이 나를 여호와인 줄 알리라

라고 말씀한다. 종들이 한계를 넘었고, 종이 (genus) 들어왔다. 왜냐하면 선지자는 계속하여

내가 그들의 목전에서 너희로 인하여 나의 거룩함을 나타내리니 24 내가 너희를 열국 중에서 취하여 내고 열국 중에서 모아 데리고 고토에 들어가서 25 맑은 물로 너희에게 뿌려서 너희로 정결케 하되 곧 너희 모든 더러운 것에서와 모든 우상을 섬김에서 너희를 정결케 할 것이며 26 또 새 영을 너희 속에 두고 새 마음을 너희에게 주되 너희 육신에서 굳은 마음을 제하고 부드러운 마음을 줄 것이며 27 또 내 신을 너희 속에 두어 너희로 내 율례를 행하게 하리니 너희가 내 규례를 지켜 행할지라 28 내가 너희 열조에게 준 땅에 너희가 거하여 내 백성이 되고 나는 너희 하나님이 되리라 29 내가 너희를 모든 더러운 데서 구원하고 (겔 36:23b–29a)

라고 하기 때문이다. 이것은 이스라엘의 남은 자들만 아니라 (이스라엘 뭇 자손의 수가 비록 바다의 모래 같을지라도 남은 자만 구원을 얻으리니, 롬 9:27), 이스라엘의 조상들과 우리 조상들에게 약속되었던 다른 열방 나라들 중의 택함 받은 자들도 가리킨다. 오늘 그리스도를 믿는 성도들이 여기 약속된 대로 (새 영을 너희 속에 두고 새 마음을 너희에게 주되), 성령님의 씻음을 향유하고 새 인격이 된 것이 분명하기 때문이다. 사도 바울은

2 너희가 우리의 편지라 우리 마음에 썼고 뭇사람이 알고 읽는 바라 3 너희는 우리로 말미암아 나타난 그리스도의 편지니 이는 먹으로 쓴 것이 아니요 오직 살아 계신 하나님의 영으로 한 것이며 또 돌비에 쓴 것이 아니요 오직 육의 심비에 한 것이라

했는데 (고후 3:2–3) 여기서 "육의 심비" 는 겔 36:26b 의 "부드러운 마음" 을 (히, 육신의 마음 ↔돌의 마음) 근거한 것이다. 이렇게 해서, 이스라엘의 남은 자들과 열방 중의 택함 받은 자들이 합하여 영적 이스라엘을 구성하는 것이니, 그리스도 안에서 이스라엘을 포함한 열방이 다 참여하는 하나님의 백성이다. 이 영적 이스라엘은 하나의 민족인 육신적 이스라엘과 구분되는데, 그 구분의 기준은 출신의 고상함이나 기분, 종족이 아니라, 은혜의 새로움이다. 선지자는 육신적 이스라엘을 언급하고는 전환을 암시하지도 않고, 바로 영적 이스라엘로 넘어갔던 것이다.

어거스틴은 여기까지 말하고, "내가 너희를 열국 중에서 취하여 내고 열국 중에서 모아 데리고 고토에 들어가서" 라는 말

씀을 주목하고, 이 진술 역시 영적 이스라엘을 가리킨다고 해석한다. 이 고토는 저 가나안 땅이 아니라, 어거스틴에 의하면, 저 신천신지의 영원한 처소일지 모른다.

넷째, 새 성전의 환상

겔 40-48 장의 내용분해를 보면, 신령한 성전 (40-43 장), 새로운 예배 (44-46 장), 새 땅 (47-48 장) 등인데, 40-43 장 부분에서 성전의 설계도에 대한 묘사가 끝난 후에도, 성전 중심으로 새로운 삶을 계속 말씀하고 있다 (44-46 장). 특히 47 장에서는 그 환상 중에 본 성전의 앞문으로 천사가 에스겔 선지자를 인도하는데, 그 동향한 (東向) 성전 문의 문지방 (문턱) 밑에서, 성전 남편(南便) 으로부터 물이 흘러나와 동으로 제단 남쪽을 지나 흘러갔다. 한역은 겔 47:1b 에서 "동으로 흐르다가 전 우편 제단 '남편으로' 흘러내리더라!" 하였는데, 동으로 흐르다가 "제단 남편으로 흘러내리더라" 는 자칫하면, 동편으로 흐르다가 남편으로 꺾어 흘렀다는 인상을 준다. 물은 성전 우편 곧 남편에서부터 흘러나왔는데, 문지방 아래에서 흘러나와 동으로 계속 흘러, 제단 남쪽을 지나 흘렀던 것이다. 성전 정문이 동쪽을 향했다는 것은 이 성전이 예루살렘에서 요단강 편을 향해서 있었다는 말이다. 따라서 성전 문지방 아래서 흘러나온 물은 요단 분지를 향해 흘러가서 요단강에 합류하여, 사해로 흘러갔다고 할 수 있다 (겔 47:8).

성전 문지방에서 흘러나온 물

그런데 이 물은 동으로 1000 큐빗을 흘러갔을 때, 물의 깊이는 발목 깊이였다 (겔 47:3). 거기서 또 1000 큐빗 나갔을 때는 무릎 깊이, 또 1000 큐빗 나가서는 허리 깊이, 또 1000 큐빗 나가서는 사람의 키를 넘는 깊이였다. 1 큐빗을 45 센티로 계산하면, 1000 큐빗은 450 미터이다. 넉넉잡아 50 센티로 계산하여 500 미터인데, 성전 → 500 미터 (발목 깊이) → 500 미터 (무릎 깊이) → 500 미터 (허리 깊이) → 500 미터 (키보다 깊은 물) 등이다. 그래서 성전에서 2 킬로를 흐를 때 사람 키보다 깊은 물로 넘쳐났다. 예루살렘에서 그 동편에 위치한 사해까지 직선거리는 대략 23 킬로인데, 성전에서 2 킬로만 가도 이만큼 물이 창대하게 되었으므로, 사해까지 흐르는 동안 엄청난 수량의 강이 되었을 것이다.

그 강물은 흘러가면서 강 주변의 황폐한 땅을 기름지게 만들고 죽음의 바다를 생명력으로 소생시켰다. 1, 2 절에서 이 생수의 근원이 제시되고, 3, 5 절에서는 그 엄청난 증대를 묘사하고, 6 절에서 그 강 좌우편에 나무들이 자라고, 7-12 절에서는 그 물이 계곡으로 흘러 들어가 사해로 향하고 그 죽은 물에 생명을 주었다.

이런 성전과 거기서 흘러나온 생수 환상은 무엇을 의미하는가? 구약에서 유사한 장래사의 그림은, 여호와께서 여호사밧 골짜기에서 모든 이방인들을 심판하시고 그분의 성산인 (聖山) 시온 산에서 자기 백성의 왕으로 거하실 때에 산들은 새 포도주를 뚝뚝 떨어뜨리고 (trickle) 언덕들은 우유를 흘러낼 것이며 유다의 시내들은 물로 넘치게 되며, 여호와의 집에서는 한 샘이 솟아나 싯딤 (아카시아) 계곡을 적시리라고 예언한 요엘 선지자나 (3:18) 스가랴의 예언에서도 (슥 14:8 참조) 나타나고 구약의 그런 그림같은 생수의 환상은 주님의 말씀들 (요 4:14, 7:37-38), 사도 요한의 환상에서 (계 22:1-2) 그 정체가 밝혀지고 있다.

성전 문지방에서 솟아나는 그 물은 흐르는 곳에서 과실을 맺히고, 사해로 흘러 들어가 죽음의 바다를 어족이 풍부한 산 바다로 만들어 버린다. 이는 신약 구절들에 비추어 은혜의 강물, 성령님의 생수로 이해할 수 있다.

그렇다면, 그 생수가 흘러나온 그 성전은 무엇을 가리키는가? 그 생수에 대한 영적 해석의 연장선상에서 고려한다면, 그 성전은 복음 시대에 교회에서 일어나는 성령님의 임재로 나타날 신령한 성전을 (고전 3:16, 엡 2:20-22) 가리킨다고 해석할 수 있다. 그 성전은 다시 말해 주님의 몸된 교회를 상징한다.

에스겔 성전의 실체

그렇게 간단히 영적으로 해석해 버리면 되는 그런 성전을 왜 그렇게 세밀하게 그 성전 담의 규모 (두께가 한 장대, 높이가 한 장대, 40:5), 그 안뜰 (길이 100 큐빗, 넓이 100 큐빗 [45x 45 미터], 40:47), 성소 (길이 40 큐빗, 넓이 20 큐빗, 41:2), 지성소 (길이 20 큐빗, 넓이 20 큐빗, 41:4) 제단 (겔 43:13-27) 등의 치수를 주셨을까? 혹은 겔 45:1-8 에서 길이 25,000(큐빗? 혹은 장대 ?), 넓이 10,000 의 거룩한 땅을 구분하고 그 가운데 성소를 지으라 명하시고 (45:1, 3, 4), 그 거룩한 땅을 중심하여 북편에 동일한 규모의 땅을 구분하여 레위인들의 차지가 되게 하며 (45:5), 그 거룩한 땅 남편에 또한 약간 넓은 땅을 구분하여 (동서 길이는 같고, 남북 길이만 약간 넓다; 45:6) 그것을 삼등분하여 한 중간에 성읍을, 그 성읍 양편에 성읍 땅을 구분하라 하신다. 그리고 그 거룩한 땅을 중심한 북과 남의 땅들의 (레위인들 기업과 성읍) 양편의 (지중해 방면과 사해 방면) 땅들은 "족장" 의 땅이 되게 하고 (45:7, 8, 48:21, 22), 이렇게 구분한 땅들 북과 남에는 12 지파들의 영지가 주어진다 (47:13–20 [전체 경계], 21–23 [12 지파와 이방인 거류자], 48:1–35 [각 지파별 경계]).

(1) 스룹바벨 성전의 (제 2 성전) 설계도

우리는 이렇게 생각할 수 있다. 모세의 성막은 하늘에서 보이신 설계도를 따라 건축되었고 (출 25:9, 40, 26:30), 솔로몬 성전도 그러했다 (대상 28:11–13). 마찬가지로 에스겔에게도 환상으로 그의 시대에서 멀지 않은 장래에 일어날 바벨론 추방 생활에서의 귀환 때에 새롭게 재건될 성전의 설계도를 하나님께서 선지자에게 보여 주신 것이다. 에스겔 선지자의 활동 시기는 주전 597 년부터 약 22 년간인데, 추방자들이 귀환하여 귀환 공동체를 이루고 무너진 솔로몬 성전터에 제 2 성전을 재건한 것은 주전 536 년경이고, 완공은 주전 516 년이다. 그러니까 에스겔은 제 2 성전 설계도를 하나님께 환상으로 받았다고 할 수 있다. 성경에서 성막이나 성전은 모두 건축 직전이나 몇 년 전에 설계도가 초자연적으로 계시되었다면, 제 2 성전의 설계도 역시 환상으로 (겔 40:1 에 예루살렘 함락 후 14 년, 곧 주전 572 년) 대략 건축이 시작되기 36 년 전에 주어졌다 할 수 있다.
스가랴 선지자는 환상 중에 주님의 음성을 듣는데,

내가 긍휼히 여기므로 예루살렘에 돌아왔은즉 내 집이 그 가운데 건축되리니 예루살렘 위에 먹줄이 치어지리라 나 만군의 여호와의 말이니라 하셨다 하라 (슥 1:16)

하였다. 이는 주전 520 년도에 주어진 환상인데, 바벨론 추방생활에서 귀환한 지 거의 20 년이 다 되어가던 시점이었다. 귀환 공동체는 스가랴나 학개의 성전 재건 독촉 메시지에 힘입어 516 년에 재건을 완공하는데, 이로써 스가랴 선지자 자신의 성전 재건의 환상이나 에스겔의 성전 재건 설계도는 1 차적으로 성취된 셈이다 (그 궁극적 성취는 그리스도를 통해 영적으로 교회에서).

귀환 공동체가 에스겔의 설계도면을 이용해서 성전을 건축해야 한다고 서로 갑론을박을 벌였는지는 모른다. 중세 유대인 랍비 마이모니데스는 에스라 시대에 재건된 제 2 성전은 솔로몬 성전과 에스겔 성전의 특정 요소들을 혼합시켜 건축되었다고 지적했다. 예컨대, 겔 44:2 의 남문의 영원한 폐쇄, 여성 마당의 방들 (겔 46:21), 제단의 넓이 (겔 43:13) 등이 실현되었다.

또한 에스겔은 성전 환상의 성취와 연관하여 백성의 지도자를 "족장" 이라 (nāśîʾ) 칭하는데 (겔 44:3, 45:7, 16, 22, 46:2, 4, 8, 10, 12, 16, 17, 18, 48:21, 22 등; 한역에서 "왕"; 영역본들에서 prince), 이런 칭호 역시 추방 후의 귀환 공동체에서 자기들의 지도자를 (페르시아 총독) 부를 때 사용했을지 모른다.

(2) 에스겔 성전과 오경의 성막

그런데 에스겔이 본 성전과 연관하여 드려질 제물은 오경에 제시된 바와 다르다 (괄호 안의 수치는 에스겔에서). 안식일에 오경에서 두 마리 어린 양을 번제물로 드리나, 에스겔에서는 6 마리 어린 양과 1 마리 수양이다. 월삭에는 오경에서 2 마리 황소 (1), 1 마리 수양 (1), 7 마리 어린 양이다 (6). 매일의 상번제로는 오경에서 2 마리 어린 양을 오전과 오후에 드리는데 에스겔에서는 1 마리 어린 양을 오전에만 드린다. 유월절에는 오경에서 7 일간 어린 양 1 마리 (황소 1), 황소 2 마리 번제물 (황소 7 마리), 수양 1 마리 번제물이다 (수양 7 마리).
초막절에는 오경에서 첫날 황소 13 마리, 수양 2 마리, 어린 양 14 마리, 염소새끼 1 마리; 제 2 일에는 황소

12 마리, 수양 2 마리, 어린 양 14 마리, 염소새끼 1 마리; 3-7 일까지 황소의 수가 1 마리씩 감소하여 7 일에는 황소 7 마리, 수양 2 마리, 어린 양 14 마리, 염소새끼 1 마리이다. 에스겔에서는 7 일간 매일 황소 7 마리와 수양 7 마리를 번제로 드리고, 1 마리 염소를 드린다.
이런 차이에 더하여, 에스겔에서는 물두멍이나, 진설병, 등대, 분향단, 휘장, 언약궤 등이 없다.

(3) 세대주의 신학의 에스겔 성전

세대주의 신학에서는 이 에스겔 성전이 주님 재림 후 세워지리라 가정된 지상 천년 왕국 시대에 건축될 것이라 하고, 그 때에는 그리스도의 십자가 죽음을 기념하는 피 제사가 구약제사 방식으로 재개되리라 한다. 그런 기념 피 제사는 마치 십자가 죽으심을 성도들이 주의 성찬을 통해 기념함과 같이, 천년 왕국 시대는 유대인 중심이므로, 유대인의 구약 제사와 유사하게 피 제사로 그리스도의 십자가 희생을 기념하리라 한다.

(4) 유대교의 제 3 성전

유대교에서도 장차 성전이 재건되리라 기대하는데, 그들에 의하면, 에스겔 성전 환상이 아니라, 제 2 성전 수치대로 재건될 것이라 한다. 그렇기 때문에 유대교에서는 모형도라든지, 조감도에서 제 2 성전 수치를 기준으로 그린다. 그 구체적인 세부 사항은 바벨론 탈못의 미쉬나 '미돗' 에서 (수치들) 다루고 있다.

(5) 에스겔 성전 환상과 땅 분배의 성취

우리는 에스겔이 환상 중에 바라 본 그 성전은 이미 바벨론에서 귀환한 귀환 공동체가 세울 제 2 성전의 설계도였으며, 그것을 귀환 공동체가 활용해서 성전을 재건했는지 여부는 확실치 않으나, 그럼에도 에스겔의 환상 성전은 귀환자들에게서 성취된 예언이다. 동시에 근본적인 의미에서의 성취를 말하자면, 겔 47 장에 제시된 성전 문지방에서 흘러나온 물의 상징적 묘사에 비추어, 에스겔이 환상 중에 보았던 그 성전(聖殿) 역시 신약 시대에 그리스도를 믿는 성도들이 이룰 신령한 성전을 상징적으로 보여주었다고 이해할 수 있다. 오순절 성령 강림 사건이 예루살렘에 위치한 그 제 2 "성전" 에서 일어났던 것은 (마가 다락방이 아니다) 상징적으로 본다면, 제 2 성전의 문지방에서 생수가 흘러나와 거기 모인 무리들을 다 살려낸 것과 같다. 분명 생수이신 성령님은 (요 7:38) 하늘로부터 강림하셨지만, 그곳 성전 마당에 모인 무리들에게는 성전에 좌정하신 하나님의 보좌로부터 흘러나온 것이나 다를 바 없었다 (계 22:1).
한편 겔 47 장과 연관하여 예수님께서 초막절 마지막 날 성전에 모인 무리들을 향해 "누구든지 목마르거든 내게로 와서 마시라 나를 믿는 자는 성경에 이름과 같이 그 배에서 '생수의 강' 이 흘러나리라" 고 외치신 말씀은 대단히 중요하다 (요 7:37-38). 이 '생수의 강' 은 요한의 설명에 의하면, 그를 믿는 자의 받을 "성령" 을 가리켜 말씀하신 것이다 (요 7:39).
솔로몬 성전 봉헌식은 초막절 기간 동안에 일어났다 (왕상 8:2). 그 후로 성전과 초막절 절기 사이에는 특별한 관계가 있어왔다. 스가랴 선지자는 종말론적 성전에서 만국 백성이 초막절 절기를 지키리라 예고하였다 (슥 14:16-21). 귀환 공동체 생활 어느 시점부터, 초막 절기에 성전에서는 물을 가지고 엄숙한 의식을 거행하였다. 초막절 절기 기간 동안 제사장은 매일 실로암 못에서 물을 길어 와서 제단을 돌며 붓는데, 제 7 일에는 이런 의식을 7 번 행했다. 제단에 물을 붓는 일은 이제 오는 겨울의 '이른 비' 와 '장마비,' 그리고 다음 해 봄철의 '늦은 비' 가 적시(適時)에 적절한 양(量)으로 내리기를 기원하는 마음과 올해에 주신 추수에 대한 감사의 마음도 담았고, 동시에 주님 당대에 이런 물을 붓는 의식은 종말의 때에 부어 주시리라 약속된 그 성령님을 (사 32:15, 욜 2:28) 부어주심을 기대하는 기도가 담겨 있었다. 물론 겔 47 장이나 슥 14:8, 욜 3:18 등에 언급된 생수의 강은 성령님의 부으심에 대한 예언으로 이해되었다 (Strack–Billerback II, 799–805; Moore 1927:II, 43–48; C. H. Dodd 1955:348 이하).

바로 이런 초막절 의식 행사가 막바지에 이른 순간 주님은 성전에 모인 무리들을 향해 목마른 자들아 내게 와서 마시라고 초청하신 것이다. 이제 에스겔, 요엘, 스가랴 선지자가 예고한 그 생수의 강물, 이사야나 에스겔 선지자가 예고한 성령님의 부으심과 정결케 하심은 그리스도를 믿는 모든 자들에게서 지금 성취될 것임을 예고하신 것이다.

앞에서 오순절 성령강림과 성전에 좌정하신 하나님을 연관시킨 바 있지만, 개인적인 면에서 본다면, 개개인이 그리스도를 믿어 죄 용서를 받고 그분의 말씀이 그를 주장할 때, 그 사람 안에는 하나님과 어린 양의 보좌가 세워지고 하나님은 그곳에 좌정하시고 통치하시는 셈이다. 바로 그 보좌로부터 생수의 강이 흘러나와 그 성도를 적시게 된다 (계 22:1, 2, 요 7:37–39, 4:14).

주님은 자신의 십자가 대속의 죽음 이후에 보내실 성령님을 통해 목마른 자들이 성령님의 생수를 마시게 될 것을 초막절 절기 마지막 날에 예고하셨다면, 오순절이 되어 약속된 그 성령님이 위로부터 부어진바 되었을 때, 사람들은 성령님의 충만을 입은 자들을 향해 저희가 "새 술이 취하였다" 고 기롱했다 (행 2:13). 성령님은 "생수" 였지만, 그들에게는 믿는 자들로 취하게 하는 "새 포도주" 처럼 (γλεύκους) 느껴졌던 것이다. 기롱하는 자들이 "새 술이 취하였다" 고 할 때 사용한 동사는 새 포도주로 그들이 "충만하게 채워졌다" 는 (filled with [new wine], NRSV) 의미이다. 또한 사도 바울은 성도들은 한 성령으로 세례를 받아 한 몸이 되었고, 또 "다 한 성령을 '마시게' (ἐποτίσθημεν)" 되었다고 했다 (고전 12:13).

사도 요한은 환상 중에 수정같이 맑은 생명수의 강이 하나님과 어린 양의 보좌로부터 흘러나오는 것을 보았다 (계 22:1–2). 그 강 좌우에 열두 가지 실과를 맺히는 생명나무가 있으며 그 나무 잎사귀들은 만국을 치유하기 위한 것이라 했다 (계 22:2). 그런데 사도 요한이 환상으로, 애니메이션으로 보았던 그 "생명수 강물" 은 믿는 우리 성도들의 뱃속에서 솟아나고 있는 그 생명수 강에 다름 아니다. 그 생수의 강이 하나님의 보좌로부터와 어린 양의 (보좌로부터) 흘러나온다는 표현은 (ἐκπορευόμενον ἐκ τοῦ θρόνου τοῦ θεου) 벌써 그 생명수의 상징성을 말해주는데, 생명수 강물은 하나님과 어린 양이 통치하는 바로 그 통치의 처소인 보좌로부터 흘러나온다는 말이다.

그렇다면, 그분이 통치하시는 보좌는 어디에 있는가? 그 보좌는 우리가 그분의 말씀에 순종할 때 우리 심령에 세워지게 된다. 그분이 우리의 왕이 되시고 우리는 그분의 순종하는 신민(臣民)이 될 때, 그분의 통치의 좌소는 다름 아닌 우리 마음이다. 그곳에서부터 생수의 강물이 흘러 넘쳐 나온다!

그러므로 사도 요한이 글로 기록했던 바를 (요 7:38–39), 이제 애니메이션으로 (계 22:1–2) 다시 보여주는 것이다. 사도 요한이 애니메이션으로 보여주는 24 장로들이 둘러싼 보좌 앞의 일곱 뿔 가진 일곱 눈의 어린 양의 모습은 (계 5:6) 주님께서 부활 하신 이후에 제자들에게 주셨던 그 선언의 (마 28:18) 애니메이션인 셈이다. 일곱 눈은 전지하심, 일곱 뿔은 전능하심을 상징하기 때문이다. 이제 부활 승천 하신 어린 양은 하늘과 땅의 모든 권세를 부여받으신 만왕의 왕으로 통치하신다.

그렇다면 생명수 강이 흐르는 그 강 좌우편의 생명나무는 무엇인가? 그 생명나무의 과실은 이기는 자에게 주어지리라 약속되었다 (계 2:7). 그 생명나무 과실은 현재 믿음으로 승리하는 모든 성도들이 그리스도를 통해 먹고 있는 영의 양식이다. 이긴다는 것은 믿음의 승리, 영적인 승리를 가리킨다. 배교의 위협, 불신앙과 유혹의 도전에 굴하지 아니하고, 주님을 온전히 신뢰하는 자에게는 오늘도 영적인 생명 과실이 주어지고 있다. 이것을 저 천국에 올라가서 따 먹으리라고 기대해서는 안 된다. 우리는 지금 여기서 그리스도를 믿어 영생을 얻었고, 생명수를 마시고, 생명 과실을 먹어야 한다. 지금 여기서 천국의 맛보기를 체험하지 못하는 이는 장차 저 영원한 천국에 들어 갈 수가 없다.

그 배에서 생명의 강이 흘러나오는 신령한 성전이 하나님께서 의도하신 모든 성막과 성전의 최종 목표였다. 성전으로서의 성도의 몸 외에 또 다른 성전을 기대할 이유는 없다. 이제 구원사의 완성 단계에서 최종적인 목표에 도달했기 때문이다. 주께서 재림하시고 그 후에 우리가 그 나라에서 그분과 함께 거할 때, 우리는 지금 맛보기의 신령한 성전이 아니라, 그분의 임재 안에 완전히 거하는 완전한 축복에 들어갈 것이다.

한편 겔 47:22–23 에서는 구약적 관례를 따라 신약 시대에 성취될 참 이스라엘의 동거하는 모습을 묘사한다. 즉 구약 이스라엘의 기업인 팔레스틴 땅을 이스라엘 사람과 저들 중에 거하는 이방인들이 함께 분배하는 것이다. 구원사의 변천으로 더 이상 팔레스틴 땅이 '성도의 기업' 이 아니며, 한 종족 이스라엘이 하나님의 백성이 아니다. 그러나 구약적 방식으로 제시된 예언이지만 영적으로 해석하면 (겉옷과 알맹이 원리), 에스겔 선지자가 말하는 바의 의미는 분명하다. 하나님의 기업은 (땅으로 상징됨) 이제 참 이스라엘인 교회에 속한 유대인 남은 자들과 교회에 가입한 열방의 택함 받은 자가 함께 분배받는다. 이 하나님의 기업은 저 가나안의 작은 땅덩이가 아니라 복음을 통해 정복해야 할 세상 전체이며 (엡 6:3, 롬 4:13), 궁극적으로는 쇠하지 않는 하늘나라이다 (벧전 1:4).

이미 십자가 희생 제사를 통해 구약의 모든 짐승 제사를 완전히 "단번에 영원히" (히 9:26, 28, 벧전 3:18; ἅπαξ) 완성하신 그리스도의 십자가 속죄의 희생은 교회가 성만찬을 통해 기념하고 있다. 그러므로 다시 어떤 성전이 재건되어 거기서 십자가 희생을 피 제사로 기념할 이유는 없다. 구약이 피 제사는 오실 그리스도의 그림자에 불과하였고 (히 10:1), 다시 재현하여 그리스도의 속죄 제사를 기념할 이유는 없을 것이다.

메시아 시대의 (신약시대) 최종 완성기에는 "나의 거룩한 산 모든 곳에서 해됨도 없고 상함도 없을 것이니" 라고 하였다 (사 11:9). 따라서 상징적 기념물로서의 피 제사를 위한 짐승 도살도 있을 수 없다. 이리와 어린 양이, 표범과 어린 염소가, 암소와 곰이, 젖 먹는 아이가 독사 구멍에서 장난치는 조화의 세계에서는 짐승까지도 인간을 위해 제물이 되는 수난을 겪지 않아도 좋다.

세세한 묘사가 역사적 성취를 요청하는가?

앞에서 우리는 겔 45 장에 제시된 거룩한 땅의 구분과 그곳에 성전을 세울 것의 요청, 그 주변 땅의 구분과 특수한 목적으로의 활용, 그리고 12 지파들의 땅 분배, 그리고 성전의 세세한 수치와 규모 등을 언급한 바 있는데, 만약 이런 세세한 규정들이 순전히 상징적인 의미로만 파악된다면 그렇게 세세한 수치를 주실 이유가 없었다고 항의할지 모른다. 이에 대하여 우리는 이미 귀환 공동체가 세워야 할 제 2 성전의 설계도로 주어진 것이라는 사고를 제시한 바 있다. 여기에 더하여 보다 궁극적으로 에스겔의 성전은 영적으로 이해되어야 할 이유는 겔 47 장의 생수의 강물에서 확실하게 드러났는데, 그 생수의 강물 예언은 앞에서 우리가 지적한대로 주님께서 초막절 마지막 날에 외치신 설교에서 지적하신바대로, 그리스도의 십자가 죽으심과 부활, 그 후의 성령강림으로 완전 성취되었다.

그렇게 상징적인 해석을 에스겔 성전에 간단하게 가해 버린다면, 그렇게 세세한 사항이 구태여 제시될 이유는 없었을 터이다 라고 항변하기 전에, 구약 성전이나 성막은 모두 그 목표가 하나님께서 인간 가운데 거하시는 일이라는 점을 확인하고 그 목표는 성령님의 내주 (內住) 로 인하여 (요 14:17) 그리스도 안에서 성취되었다는 점도 인정해야 한다. 즉 그리스도께서 일으키신다고 하신 그 제 3 성전은 자기 몸의 부활이지만 (요 2:19–21), 그분의 몸은 자신을 믿을 성도들을 성전으로 바라보신 것이다 (고전 12:27, 엡 2:20–22, 4:12). 이 신령한 성전이 에덴동산 성소에서, 광야의 성막, 솔로몬 성전, 스룹바벨 성전 등의 궁극적인 목표였다. 주님이 내 안에, 내가 주님 안에 거하는 신인합일의 신비로운 연합이 지금 일어나고 있다. 개인적으로만 아니라, 교회라는 집합 인격체가 동시에 성령님의 거하시는 성전이다.

이제 질문을 던진다. 구약시대 성막이나 성전의 수치가 그렇게 자세하고 세세한 것은 그것들이 실제 건축되었기 때문일 것이다. 그리고 제사 드리는 세세한 규정들도 그것들이 시행되었기 때문에 그렇게 세밀한 규정으로 주어졌을 것이다. 그런데 질문은 그런 세세한 규정들이 그리스도의 십자가 희생과 부활로 완전 성취되었다면, 그 세세한 규정들은 그분의 십자가 희생 제사와 어떻게 세세하게 연관되는가? 피를 뿌리고 (레위 1:5, 11, 3:2, 8, 13, 4:6, 17 등), 바르고 (레위 4:7, 18, 25, 30, 34, 16:18 등), 재를 진(陣) 밖에 버리고 (레위 6:11), 짐승 머리에 안수하고 (레위 1:4, 3:2, 8, 13, 4:4, 5, 24, 29, 33, 16:21 등), 제물의 각을 뜨고 (레위 1:6, 12 등) 등등 여러 가지 규정들과 그리스도께서 십자가에 죽으시고 부활하시는 구원 사건들과 어떻게 세세하게 연관될 수 있겠는가? 사실 그림자가 아무리 정교하고 복잡해도 십자가 사건은 간단하였다. 그리스도의 대속 죽음은 제사 규정을 따라 세세하게 진행된 것도 아니고, 성전이나 성막의 설계도가 그 목적인 신령한 성전된 성도(들)의 몸의 규격이나 연합의 방식에 어떤 영향을 끼치는 것도 아니다. 즉 그림자의 복잡한 설계도나 규정들은 그 성취의 사건과 무관한 것이다.

마찬가지로 에스겔서에 세세하게 성전의 구조나 규모, 땅 분배, 제사 규정 등이 제시되고 있지만, 그것이 상징하는 바와는 별로 무관하다. 큰 그림은 그릴 수 있지만, 그 세세한 규정이 그렇게 중요한 것은 아니다. 그럼에도 세세하게 주어진 것은 그것을 귀환 공동체가 활용할 수 있도록 배려한 때문일 것이다. 비록 그 궁극적 성취는 그리스도를 통해 상징적으로 일어난다 해도.

쉐키나 영광의 돌아옴

에스겔의 성전 환상에서 우리의 눈길을 끄는 대목은 "쉐키나영광" 의 돌아옴이다 (겔 43:2, 5). 이 영광은 겔 8:4–6, 9:3, 10:4, 18–19, 11:22–23 등에서 성전에서 떠나는 것으로 묘사된 바 있다. 하나님의 영광은 아마 창조 때 해와 달과 천체들의 창조 이전에 빛이 있으라 하신 말씀과도 연관되는지 모른다 (창 1:3). 그분의 영광이 에덴동산에서 범죄한 첫 인류에게 나타났었고 (창 3:8), 아브람과의 언약 체결 시에 환상 중에 나타났고 (창 15:17), 시내산에서 이스라엘과 언약을 체결하실 때 시내산에 강림하셨다 (출 19:18, 24:15–16, 33:18–23, 34:5–6). 그 광야의 성막에는 그 쉐키나 영광이 가득하였다 (출 40:34). 그후 솔로몬의 성전 봉헌식 때 그곳에 가득하였으며 (왕상 8:10–11, 대하 7:1), 이스라엘의 죄 때문에 앞서 언급한 대로 에스겔의 환상 중에 예루살렘 성전에서 떠나가기도 했다 (겔 8:4–6 등).

"쉐키나" 란 사람 가운데 거하기 위해 강림한 하나님의 임재나 그분의 현현을 지시한다. 유대 랍비들은 성경에서 의인법적 표현들이 (anthropomorphic expressions) 나타날 때, "하나님" 대신에 "메므라" (말씀 = word, logos) 혹은 "예카라" 란 (영광, Kabod) 말로 대체하였는데, 쉐키나도 그런 대체어 중이 하나였다. "쉐키나" 란 말은 히브리어 "거하다" 와 (솨칸) 연관시켜 주조한 말이다 (출 25:8, 29:45–46, 민 5:3, 35:34 등).

하나님의 영광이 떠나면 그 성전은 덩그런 건물 하나에 불과할 뿐 영적 의미가 아무것도 없게 된다. 구약에서 떠나간 그 하나님의 영광이 되돌아 온 사건은 우리 주님이 육신으로 이 지상에 임하심으로 일어났다. 왜냐하면 "말씀이 육신이 되어 우리 가운데 '거하시매' 우리가 그 영광을 보니 아버지의 독생자의 영광이요 은혜와 진리가 충만하더라" 고 (요 1:14) 말씀하기 때문이다. "그가 거하시다" 란 (에스케노센), 그가 장막을 우리 가운데 치셨다는 말인데, 구약의 성막에 임재를 나타내신 일을 상기시켜 주는 표현이다. 성막이란 말을 히브리어로 "미쉬칸" 이라 할 때 (출 25:9), 그것은 "거처" 를 (dwelling place) 의미하고 "거하다" 란 (솨칸) 말의 명사형이다. 그 히브리어 단어에 상응하는 헬라어 단어가 바로 여기 요 1:14 에 "거하다" 로 사용된 말, 곧 장막을 치다란 말이다. 하나님께서 육신의 장막을 치시고 인간들 중에 거하신 것이다.

구약의 성막이나 성전은 결국 하나님께서 인간 중에 함께 거하시는 것을 멀리서 그림자로 가리키는 상징이다.

주님의 성육신과 성령님의 성도 안에 내주(內住)하심으로 구약의 모든 성전과 성막의 기능은 완성되었다. 신약 "성도들" 이 성전이라 함은 (고전 3:16, 고후 6:16, 엡 2:21) 그리스도를 통해 죄 사함을 받은 성도에게 하나님 성령께서 오셔서 거하시는 거룩한 처소가 되기 때문이다. 우리 성도는 그리스도와 연합하여 그와 한 몸을 이룬다 (요 14:20, 15:4). 그리스도와 연합하여 한 몸된 (요 6:56, 14:20, 15:5, 7, 17:21, 26) 내게 성령님이 오셔서 함께 동거하신다. 성령님이 거하시면 내가 곧 성전이다. 개개인만 아니라 성도들이 모인 무리가 곧 성전으로 함께 지어져 간다 (엡 2:20-22, 4:15, 16).

다섯째, 곡과 마곡의 침공

겔 38:3 이르기를 주 여호와의 말씀에 로스와 메섹과 두발 왕 곡아 내가 너를 대적하여
4 너를 돌이켜 갈고리로 네 아가리를 꿰고 너와 말과 기병 곧 네 온 군대를 끌어내되 완전한 갑옷을 입고 큰 방패와 작은 방패를 가지며 칼을 잡은 큰 무리와 5 그들과 함께 한바 방패와 투구를 갖춘 바사와 구스와 붓과 6 고멜과 그 모든 떼와 극한 북방의 도갈마 족속과 그 모든 떼 곧 많은 백성의 무리를 너와 함께 끌어 내리라 7 너는 스스로 예비하되 너와 네게 모인 무리들이 다 스스로 예비하고 너는 그들의 대장이 될지어다 8 여러 날 후 곧 말년에 네가 명령을 받고 그 땅 곧 오래 황무하였던 이스라엘 산에 이르리니 그 땅 백성은 칼을 벗어나서 열국에서부터 모여 들어 오며 이방에서부터 나와서 다 평안히 거하는 중이라 9 네가 올라오되 너와 네 모든 떼와 너와 함께한 많은 백성이 광풍같이 이르고 구름 같이 땅을 덮으리라 10 나 주 여호와가 말하노라 그 날에 네 마음에서 여러 가지 생각이 나서 악한 꾀를 내어 11 말하기를 내가 평원의 고을들로 올라가리라 성벽도 없고 문이나 빗장이 없어도 염려 없이 다 평안히 거하는 백성에게 나아가서 12 물건을 겁탈하며 노략하리라 하고 네 손을 들어서 황무하였다가 지금 사람이 거처하는 땅과 열국 중에서 모여서 짐승과 재물을 얻고 세상 중앙에 거하는 백성을 치고자 할 때에 ... 15 네가 네 고토 극한 북방에서 많은 백성 곧 다 말을 탄 큰 떼와 능한 군대와 함께 오되 16 구름이 땅에 덮임 같이 내 백성 이스라엘을 치러 오리라 곡아 끝 날에 내가 너를 이끌어다가 내 땅을 치게 하리니 이는 내가 너로 말미암아 이방 사람의 목전에서 내 거룩함을 나타내어 그들로 다 나를 알게 하려 함이니라

통속 신학은 앞으로 저 중동의 이스라엘 므깃도에서 아마겟돈 전쟁, 제 3 차 대전이 일어나리라 예상한다. 여기 에스겔 선지자가 예언한 곡과 마곡의 이스라엘 침공은 무엇을 의미할까? 이와 유사한 예언들이 슥 12:1-9, 슥 14 장, 욜 3 장에 나타나는데, 공통요소는 "열방이 예루살렘을 침공하나 하나님의 개입으로 저들이 패망하리라" 는 것이다. 이런 예언들은 언제 성취되었던가? 아니면 앞으로 성취될 것인가? 슥 14 장과 연관하여 제롬은 다음과 같이 말했다.

유대인들은 여기 묘사된 일들이 곧 이래서 성취되리라고 말한다고 했다. 어떤 이들은 여기 예언된 바의 일부는 마케도냐, 이집트 혹은 다른 나라들의 시대에 성취되었다고 한다. 우리는 그 성취 시기는 주의 판단에 맡기고 기록된 바를 설명할 뿐이다.

그렇다고 해도, 우리가 이 부분의 성취시기를 그냥 지나칠 수도 없다. 이 부분을 바로 이해하고자 한다면, 예루살렘을 포위 공격하나 패망하는 열방이란 주제를 다루는 유사한 구약 예언들을 함께 고려할 필요가 있다. 이 주제는 사실 언약 백성 이스라엘에 대한 심판과 연관된다. 언약 백성이 주께 불충하여 열방의 막대기로 징계를 당할 때, 이스라엘을 치는 '몽둥이' 나 '구별한 자' 는 (사 10:5, 15 [앗시리아], 13:3 [바벨론]) 자신이 하나님의 손에 잡힌 도구임도 알지 못하고 스스로 교만해져서 정도 이상으로 언약 백성을 두들기고 포학하게 굴었다. 거기에 더하여 하나님도 전연 안중에 두지 아니하는 우상숭배자들로서 기고만장한 자세는 하나님의 심판을 초래하게 된다 (렘 25:12, 50:18, 51:44, 47, 옵 1:15).

선지자들이 열방에 대한 심판을 다룰 때, 자기들이 처한 시대적 상황에 제약을 받아 그 당대의 언어로 묘사하는 것은 당연하였다. 예컨대, 요엘 3 장에서 이렇게 묘사한다:

1 그 날 곧 내가 유다와 예루살렘의 사로잡힌 자를 돌아오게 할 그때에
2 내가 만국을 모아 데리고 여호사밧 골짜기에 내려가서
내 백성 곧 내 기업된 이스라엘을 위하여 거기서 그들을 국문하리니
이는 그들이 이스라엘을 열국 중에 흩고 나의 땅을 나누었음이며

3 또 제비 뽑아 내 백성을 취하고 동남으로 기생을 바꾸며 마셨음이니라
4 두로와 시돈과 블레셋 사방아 너희가 나와 무슨 상관이 있느냐 ? 너희가 내게 보복하겠느냐 ?
만일 내게 보복하면 너희의 보복하는 것을 내가 속속히 너희 머리에 돌리리니
5 곧 너희가 내 은과 금을 취하고 나의 진기한 보물을 너희 신궁으로 가져갔으며
6 또 유다 자손과 예루살렘 자손들을 헬라 족속에게 팔아서 본 지경에서 멀리 떠나게 하였음이니라
7 보라 내가 그들을 너희가 팔아 이르게 한 곳에서 일으켜 나오게 하고 너희의 행한 것을 너희 머리에 돌려서
8 너희 자녀를 유다 자손의 손에 팔리니
그들은 다시 먼 나라 스바 사람에게 팔리라 나 여호와가 말하였느니라
9 너희는 열국에 이렇게 광포할지어다
너희는 전쟁을 준비하고 용사를 격려하고 무사로 다 가까이 나아와서 올라오게 할지어다
10 너희는 보습을 쳐서 칼을 만들지어다 낫을 쳐서 창을 만들지어다
약한 자도 이르기를 나는 강하다 할지어다
11 사면의 열국아 너희는 속히 와서 모일지어다 여호와여 주의 용사들로 그리로 내려오게 하옵소서
12 열국은 동하여 여호사밧 골짜기로 올라올지어다 내가 거기 앉아서 사면의 열국을 다 심판하리로다
14 사람이 많음이여 판결 골짜기에 사람이 많음이여 판결 골짜기에 여호와의 날이 가까움이로다
15 해와 달이 캄캄하며 별들이 그 빛을 거두도다
16 나 여호와가 시온에서 부르짖고 예루살렘에서 목소리를 발하리니 하늘과 땅이 진동되리로다
그러나 나는 내 백성의 피난처 이스라엘 자손의 산성이 되리로다
17 그런즉 너희가 나는 내 성산 시온에 거하는 너희 하나님 여호와인 줄 알 것이라 예루살렘이 거룩하리니 다시는 이방 사람이 그 가운데로 통행하지 못하리로다
18 그 날에 산들이 단 포도주를 떨어뜨릴 것이며 작은 산들이 젖을 흘릴 것이며
유다 모든 시내가 물을 흘릴 것이며 여호와의 전에서 샘이 흘러 나와서 싯딤 골짜기에 대리라
19 그러나 이집트는 황무지가 되겠고 에돔은 황무한 들이 되리니
이는 그들이 유다 자손에게 강포를 행하여 무죄한 피를 그 땅에서 흘렸음이니라
20 유다는 영원히 있겠고 예루살렘은 대대로 있으리라

욜 3 장과 슥 12:1–9, 14 장에 묘사된 열방에 대한 심판에 언급된 사항들과 비교해 보자. 욜 3 장에서 스가랴 예언과 구분되는 요소들이 나타나는데,

1) 만국을 주변 몇몇 나라들로 국한시킨다 (4 절 두로, 시돈, 블레셋 등)
2) 열국은 예루살렘으로 진격하나 사실 하나님의 격동으로 저들이 움직이며 “심판을 위하여” 그리된다 (11, 12 절)
3) 열국이 심판을 받는 이유는 이스라엘을 핍박하였기 때문이다 (2, 3–6 절)
4) 자연은 이스라엘에게 큰 축복이 되나 (18 절) 이스라엘을 괴롭힌 이집트나 에돔은 황무하게 된다 (19 절)
5) 이방인은 더 이상 예루살렘 출입이 없다 (17 절).

유사한 요소들도 나타난다.

1) 그 날은 “여호와의 날” 이라 칭해진다 (욜 3:14, 슥 14:1)
2) 하나님께서 만국을 예루살렘으로 (여호사밧 골짜기) 모으신다 (욜 3:2, 11, 12, 슥 12:3, 14:2)
3) 극적인 순간에 야웨께서 개입하신다 (욜 3:16, 17, 슥 12:4, 7, 7, 14:3)
4) 압도적인 열방의 일방적인 승리가 예견되나 실상은 열방의 전멸이다 (욜 3:16b, 17, 슥 12:4, 9, 14:12, 13)
5) 예루살렘은 영원하다 (욜 3:20, 슥 12:5, 8, 14:11, 16)

6) 자연계에 대격변이 일어난다 (욜 3:15, 16, 슥 14:4, 6–8)
7) 자연계에 놀라운 긍정적인 변화가 나타난다 (욜 3:18, 슥 14:8)
8) 야웨께서 시온에서 왕으로 거하신다 (욜 3:17, 슥 14:9)

이런 비교에서 드러나는 전체적인 윤곽은 이스라엘을 괴롭힌 주변 몇 나라들이지만 "만국" 으로 지칭되고 (요엘) 저들이 스스로 예루살렘을 공격하는 듯 보이지만, 하나님의 격동으로 그리하며, 그것은 저들을 심판하시려는 의도 때문이다. 그것은 저들이 이스라엘을 핍박하였기 때문이다 (요엘). 열방이 이기고, 예루살렘은 완전 전멸당하는가 했더니, 하나님의 개입으로 열방이 패망한다. 그 때에 자연계는 종말이 임한 듯, 천지가 진동하고, 해와 달이 빛을 잃으며, 예루살렘의 피난자들을 위하여 감람산이 갈라져서 피난 골짜기가 크게 생겨나고, 예루살렘에서부터 생수가 흘러내린다. 야웨께서 예루살렘을 보호하시고, 거기서 통치하신다. 예루살렘으로부터 생수가 흘러나서 지중해와 사해로 흘러가며, 산들은 단 포도주를 떨어뜨리고, 작은 산들이 젖을 흘릴 것이며, 유다 모든 시내들은 물이 넘칠 것이다. 특히 예루살렘에서 흘러내리는 생수는 (슥 14:8) 욜 3:18에서는 보다 구체적으로 여호와의 전에서 흘러나는 샘으로 표현되었다.

이런 상징적 그림들과 열방의 이스라엘 침공과 패배가 함께 연결되어 나타나는 점은, 욜 3 장, 슥 12, 14 장에 묘사된 예루살렘 공격 사건은 이스라엘의 역사 한 시점에 나타날 사건에 대한 예언이라 볼 수 없고, 오순절 성령강림으로 예루살렘에서 생수가 터져 (슥 14:8), 그것을 마신 자들이 새 술에 취했다고 조롱을 받았던 (행 2:13) 메시아 초림시대부터 성취되기 시작하여, 재림때까지 반복될 원수들의 교회에 대한 공격과 패망을 유대인 색채로 묘사한 것으로 보아야 한다 (계 20:8).

슥 12, 14 장의 말씀은 안티오쿠스 시대에 일부 성취되었고, 주후 70 년 로마 군에 의한 예루살렘 포위 공격과 예루살렘 함락, 남은 자들의 피난과 구원, 주후 313 년 밀란 칙령에 의한 기독교 공인, 380 년 테오도시우스 1 세에 의한 기독교 국교화 등에 의한 로마의 굴복, 혹은 교회사를 통해 계속된 교회에 대한 핍박과 공격, 핍박자들과 그 제국은 망하였으나 교회는 더욱 번성하여 온 세상을 정복하는 데서 드러나는 영적 원리가 그림처럼 구약적 색깔로 그려진 것이다.

이런 영적 원리는 계 20 장에서 현저하게 제시되고 있다:

7 천년이 차매 사단이 그 옥에서 놓여 8 나와서 땅의 사방 백성 곧 곡과 마곡을 미혹하고 모아 싸움을 붙이리니 그 수가 바다 모래 같으리라 9 저희가 지면에 널리 퍼져 성도들의 진과 사랑하시는 성을 두르매 하늘에서 불이 내려와 저희를 소멸하고 10 또 저희를 미혹하는 마귀가 불과 유황 못에 던지우니 거기는 그 짐승과 거짓 선지자들도 있어 세세토록 밤낮 괴로움을 받으리라

계시록이 말씀하는 아마겟돈 전쟁은 이미 신약 시대 전체를 통해서 일어날 교회에 대한 원수의 공격과 패배의 최종 결산으로 주님 재림 직전에 나타날 것이다. 원수는 교회를 공격하나, 교회는 보호받는다. 이것이 여기 제시된 약속이요 원리이다.

앞서 언급한 욜 3 장과의 비교에서 드러나듯, 선지자들은 자기 시대적 상황들로 영적 진리를 구체화시켜 선포했던 것이다. 예컨대, 예루살렘에서 생수가 흘러나서 지중해와 사해로 흘러간다고 할 때, 그것을 세대주의는 문자적으로 해석하겠지만, 욜 3:18 에서는 보다 구체적으로 야웨의 전에서 샘물이 흘러나와 싯딤 골짜기로 흘러내리리라 하였다. 바로 앞에서 요엘 선지자는 산들이 단 포도주를 떨어뜨리고, 작은 산들은 젖을 흘리며 유다 모든 시내들은 (와디) 우기 (雨期) 만 아니라 항상 물로 넘치리라 하였다. 이는 분명 상징적 묘사이며, 영적 축복에 대한 묘사이다. 물론 영적 축복은 교회사가 넉넉하게 증거해 주듯, 물질적 축복을 동반하기 마련이다.

겔 38, 39 장이 묘사하는 "곡과 마곡의 전쟁" 도 비교 분석한다면 우리가 앞에서 욜 3 장과 슥 12, 14 장과 비교한 것과 유사한 결론이 날 것이다. 곧 곡과의 전쟁은 스가랴 선지자가 묘사하는 그 예루살렘에 대한 원수의 공격과 패망 전쟁과 동일한 '종말 전쟁' 을 가리키고 있다는 것이다. 그렇다면, 욜 3 장이나 겔 38, 39 장, 그리고 슥 12, 14 장이 묘사하는 종말 전쟁은 결국 동일 사건에 대한 묘사로 간주될 수 있다.

사실 세 종말 전쟁들은 같은 사전을 지시하며, 그것은 종말의 때에 곧 신약시대 전반에 걸쳐 일어날 교회에 대한 원수의 공격들과 그런 공격들의 총 결산인 "아마겟돈 전쟁" 이라 불리는 마지막 큰 전쟁을 가리킨다. 이런 결론은 성급한 듯 들리겠지만, 그러나 세 선지자가 각기 달리 제시하는 그 전쟁들은 하나의 패튼을 가지고 있다는 것이 확실하다. 그것은 원수가 대거 하나님의 백성을 공격하여, 저들이 큰 고난과 위기에 처하나, 결정적 순간에 하나님은 개입하셔서 자기 백성을 구원해 내신다는 것이다.

이러한 패튼은 이스라엘 역사 초기부터 지속된 구원 방식인데, 홍해에서의 사건이나 (출 15 장), 사사시대 드보라의 때에 므깃도에서 치러진 전쟁 (삿 5:19), 여호사밧 왕 때에 인근 적국들이 동맹하여 예루살렘에 기습 공격을 가하려 했으나 패망한 일 (대상 20 장), 특히 히스기야 왕 시절에 앗시리아 대왕 산헤립 대군이 예루살렘을 포위 공격하였으나, 그 절체 (絕體) 절명 (絕命) 의 순간에 하나님의 사자가 밤중에 개입하여 원수를 치시고 자기 백성을 구원해 내신 사건 (왕하 19:35, 사 37:36) 등은 모두 유사한 패튼을 보이고 있다.

어느 시대나 하나님의 백성은 원수들의 공격을 받는다. 그러나 결정적 순간에 하나님은 자기 백성을 구원하러 개입하시고 저들은 구원을 얻는다. 이러한 이스라엘 역사에서 반복 경험된 바가, 요엘, 에스겔, 스가랴 같은 선지자들에게 결국 종말의 큰 전쟁을 바라보게 한 토대가 되었고, 저들은 각기 다른 필치로 묘사하였지만, 결국 마지막 때에 있을 교회에 대한 원수들의 여러 공격들과 그 마지막 총공격이 아마겟돈 전쟁을 가리켰다고 할 수 있다.

우리가 교회에 대한 원수들의 마지막 공격이라 한 것은 요한 계시록 저자가 적어도 일곱 번의 점진 병행법 (recapitulation) 을 통하여, 마지막 때에 있을 교회에 대한 원수들의 최종 대 공격을 여러 번 묘사한 것에 근거한다. 예컨대, 계 16:14, 19:19, 20:8 등에서 모두 동일한 '한 전쟁' 을 묘사하고 있다. 계시록의 저자가 "같은 전쟁" 을 반복 묘사한다는 것은 몇 가지로 확증될 수 있는데,

1) 땅의 왕들과 그 군대들이 "그 전쟁" 을 (호 폴레모스) 치르고자 함께 모인다
 (계 16:14, 19:19, 20:8)

2) 계 19:17–18 에서 곡과의 전쟁을 묘사하는 겔 39:17–20 이 인용되고, 계 20:8 에서는 곡과 마곡이 언급된다 (겔 38:2, 39:1, 6). 결국 에스겔이 종말에 있을 대 전쟁으로 제시하는 그 곡과의 전쟁 표상들을 계시록 저자는 19 장과 20 장에서 나누어 활용하면서, 종말의 그 큰 전쟁을 묘사하는 것이다. 요컨대, 계시록 저자가 19 장과 20 장에서 각기 다른 전쟁을 묘사한 것이 아니다.

3) 그 큰 전쟁은 하나님의 진노가 열방에 쏟아지는 사건이다 (계 15:1, 16:17–21, 19:15). 여기서 우리는 계 16 장에 제시된 그 전쟁과 19 장이 제시하는 그 전쟁이 결국 같은 하나님의 최종 진노의 사건임을 보게 된다.

4) 자연의 대 격변 현상이 일어난다 (계 6:12–17, 16:17–21, 20:11). 여기서 우리는 계 6 장, 16 장, 20 장에 제시된 세상 종말 묘사가 결국 한 동일 사건에 대한 언급임을 알게 된다.

이렇게 요한 계시록은 저자는 점진 병행법을 통해서 같은 사건을 여러 다른 각도에서 반복 제시하고 있다. 마찬가지로, 우리는 구약 선지자들이 각기 다른 시대에, 각기 다른 필치로 묘사했지만, 저들이 각기 묘사한 그 종말의 때에 있을 그 큰 전쟁은 종말의 때에 교회에 대한 반복되는 원수들의 공격들과 요한 계시록이 말하는 그 아마겟돈 전쟁을 (= 곡과의 전쟁) 가리킨다고 결론지을 수 있다. 그 큰 종말 때의 전쟁은 동일한 패튼으로 진행된다. 그것은 원수들이 연합하여 하나님의 백성을 일심으로 공격하여 멸하고자 하나, 결정적 순간에 주님은 개입하셔서 자기 백성을 구원하신다. 그러므로 두려워 말고 믿기만 하라! 는 메시지를 우리는 들을 수 있다. 외관상 차이는 있어도 결국 대동소이한 한 진리를 다양한 필치로 그려주었던 것이다. 구약 선지자들은 자기 시대적 상황에 비추어 유대적 색채로 그림을 그렸다면 계시록 저자는 구약 예언들에서 표상들을 끌어와서 자기 나름의 특이한 그림을 다양하게 그려서 종말의 때 곧 신약 시대에 교회를 공격할 원수들의 행태와 그 종말을 보여주었다.

그런데 어떤 이들은 구약이 제시하는 그 종말의 전쟁들 묘사가 계시록이 묘사하는 마지막 전쟁인 아마겟돈 전

쟁을 가리킨다는 것은 수긍하겠지만, 왜 신약 시대 전반에 걸쳐 일어날 교회에 대한 사단의 여러 공격들도 가리킨다고 하나? 라고 의아해 할지 모른다. 설명을 하자면 이렇다. 아마겟돈 전쟁은 마귀도 최종 파멸에 처해지는 순간이기 때문에 (계 20:10) 역사 마지막 전쟁으로 기록되겠지만, 그 아마겟돈 전쟁에 대한 묘사는 아주 상징적인 그림으로 제시되어 있다. 예컨대 사단이 옥에서 놓여 땅의 사방 백성을 미혹하고 모아 싸움을 독려하고, 온 세상에서 "성도들의 진과 사랑하시는 성" 을 포위 공격할 때 "하늘에서 불이 내려와" 원수들을 소멸한다고 한다. 이런 진술은 아마겟돈 전쟁이 핵폭탄이나 최첨단 무기들을 동원한 제 3 차 대전이 아니라, 상징적 묘사임을 분명하게 보여준다. 여기 사용된 표상은 분명하다. 구약에서 반복된 그 원수들의 예루살렘 공격과 하나님의 개입에 의한 원수의 대패 패튼이 세계적, 우주적 규모로 묘사되었을 뿐이다. 이런 패튼의 교회에 대한 공격은 종말의 때인 신약 시대 전반에 걸쳐 반복되어 일어나는 것이지 결코 역사의 마지막에 한 번 일어나지는 않는다. 다만 마귀의 최종 파멸이 아마겟돈 전쟁에서만 최종 결정되지만, 교회사 전반에 걸쳐 일어나는 교회에 대한 공격들도 아마겟돈 전쟁과 유사한 방식으로 진행된다는 것이다. 구약 예언들이 묘사하는 종말 전쟁들은 바로 이런 점에서 종말의 때인 신약 시대에 걸쳐 반복 일어나는 교회에 대한 사단의 공격들과 그 마지막 형태인 아마겟돈 전쟁을 지시한다고 말한 것이다.

ll. 소 선지서

소 선지서는 모두 12 권이지만, 유대인들은 한 권으로 취급했다 (집회서 49:12, 요세푸스 (『압비온을 반박함』 1.8.3)) 탈무드 바바 바트라 15a 는 대 회당 사람들이 소선지서 12 권을 기록했다고 한다. 그런데 이 12 권의 책들이 어떤 원리로 현재 순서로 배열되었는지는 확실치 않다. 12 소 선지서들의 배열 원리를 파악하고자 노력했

선지자	시대	이름의 의미	배경, 주제
호세아	746-724	구원	이스라엘
요엘	810-795	야웨는 하나님이시다	메뚜기 심판
아모스	760-746	짐 나르는 자?	이스라엘
오바댜	대략 845	야웨의 종	추방
요나	대략 800	비둘기	앗시리아 니느웨
미가	735-690	누가 야웨와 같으냐?	이스라엘/ 유다
나훔	640	위로	니느웨
하박국	608-597	?	바벨론
스바냐	640-630	야웨께서 숨기셨다	요시야 개혁
학개	대략 520	절기 festival	귀환기
스가랴	519-475	야웨께서 기억하셨다	귀환기
말라기	대략 435	야웨의 사자?	귀환 후

던 많은 이들은 여전히 좌절의 쓰라림을 느끼고 있으며, 그 수수께끼에 당혹해 한다. 더구나 12 소선지서들은 유대교에서 하나의 책으로 간주되어 왔다. 왜 그렇게 했는지도 수수께끼이다. 차일즈의 말을 들어 보자:

불행하게도, 선지서들을 수집하고 배열하는 데 있어서 어떤 역사적 요소들이 작용했는지는 아주 모호하다. 우리는 대개 (선지 문헌들의) 성장의 내적 증거에서 추론된 함축들에 크게 의존할 뿐이다. 별개의 열 두 선지서들이 어떻게 하나의 책으로 연결되었는지를 설명하는 것과 같은 분명한 문제조차도, 비록 그 과정에서 작용했을 여러 가지 요소들이 볼페 (R. E. Wolfe), 루돌프 (W. Rudolph) 같은 이들에 의해 적절하게 지적되었지만, 여전히 미해결로 남아 있다 (B. S. Childs 1980:308-309).

배열의 원리 중에서 가장 손쉽게 추론할 수 있는 것은 연대기 순서인데, 적어도 호세아, 아모스, 미가, 스바냐, 학개, 스가랴서는 각자 자신들의 활동 시기의 왕들을 언급하고 있다. 그러나 나머지 여섯 권은 연대기적 암시가 없어 연대기 순서 원리는 난항에 부딪힌다. 첫 세 권인 호세아, 요엘, 아모스의 경우 중간에 위치한 요엘에 아무런 연대 표시가 없는데, 볼프는 욜 3:21 에 약속된 열방에 대한 심판이 (내가 전에는 그들의 피 흘림 당한 것을 갚아주지 아니하였거니와 이제는 갚아 주리니 이는 나 여호와가 시온에 거함이니라) 암 1:3–2:16 에서 시행된다는 점에서 요엘, 아모스의 순서로 배열 되었으리라 추정한다 (H. W. Wolff 1974:3).
배열의 원리를 추정함에 있어서, 연대기 순서 외에, 또 자주 주목받는 요소가 언어적 연결 고리들이다. 예컨대, 슥 9:1, 슥 12:1, 말 1:1 등에 언급된 "맛사" 란 (경고의 메시지, 심판 메시지) 표제가 이 두 책의 전후 배열에 어떤 암시를 준다. 또 다른 배열 원리에 대한 암시는 주제상의 유사성인데, 피어스는 학개, 스가랴, 말라기서의 주제적 연관성을 지적했다 (Ronald W. Pierce 1984).

2–4. 호세아

1) 명칭과 저자

선지자 호세아의 명칭을 따라 책명도 호세아로 불린다. "호세아" 는 "구원" 이란 의미이다. 그는 고멜이란 음란기 있는 여성과 결혼하여 세 자녀를 낳았는데, 각 자녀나 고멜이란 아내 모두 하나님의 이스라엘 백성과의 관계를 예증하는 실물 교훈으로 활용되었다. 우선 아내 고멜의 음란 행위는 언약 백성인 이스라엘의 영적 음행을 예증해 주고, 이들 부부의 아들 이스르엘은 북왕국 왕들이 많은 피를 흘린 이스르엘 평지를 상징한다 (왕상 21 장, 왕하 9:21–35). 피를 많이 흘린 북왕국의 왕실은 그 죄 값을 치를 것이다. 선지자의 딸은 "로–루하마" 라 이름지어졌다. 이는 긍휼을 입지 못한다는 의미인데, 범죄한 이스라엘은 이제 더 이상 하나님의 긍휼을 입지 못할 것이다. 또 아들을 얻었는데, 이름을 "로–암미" 라 지었다. 이는 "내 백성이 아니라" 는 의미인데, 이스라엘이 더 이상 하나님의 언약 백성이 아니라는 무서운 사실을 예표한다.
브에리의 아들 '호세아' 가 호세아서의 저자이다. 그는 북 왕국 여로보암 2 세 (주전 793–753 년) 시대, 남왕국 웃시야 (주전 792–740 년), 히스기야 (주전 715–686 년) 시대까지 활동했다 (호 1:1). 그는 북왕국 수도 사마리아와 벧엘 등지에서 말씀을 선포했다. 그의 부친이 '브에리' 라는 것 외에 우리의 흥미를 끄는 것은 그의 결혼 생활이다.
그의 결혼 생활과 연관하여, 1 장에는 3 인칭 보고, 3 장에는 1 인칭 보고가 제시되고 있다. 그의 결혼 생활 묘사는 몇 가지 의아심을 자아낸다.
(1) 고멜은 결혼 전에 이미 창녀였던가? 아니면 결혼 후에 타락했던가?
(2) 만약 창녀였다면 어떻게 선지자가 창녀와 결혼할 수 있는가?
호세아는 하나님의 지시로 고멜이란 여인과 결혼했다. 그가 창녀였다 해도 하나님께서 자신의 목적을 위해서 선지자에게 결혼을 명하신 것이다. 그러나 보다 개연성이 있는 것은 고멜이 아직 창녀가 아니었고, 결혼 후에 음란하게 되었다는 것이다. 그렇게 보는 것은 선지자 호세아의 결혼 생활이 하나님과 이스라엘 사이의 영적 결혼 곧 언약 관계를 예증하는 상징적 행동이 되기 때문이다. 이스라엘은 하나님과 시내산 언약을 체결함으로 하나님과 말하자면 영적 결혼 관계에 들어갔다. 그 때 이스라엘은 모세의 부재를 이유로 금송아지를 만들어 섬기는 영적 간음을 행하였다. 마찬가지로 고멜도 호세아와 결혼하여 음행하기 시작했다고 보는 것이다.

2) 메시지

호세아의 메시지는 심판 메시지와 구원 메시지로 2 대분된다 : 구원 메시지 : 1:10–2:1, 2:14–23, 3:5, 6:1–3, 10:12,

11:8-11, 14:1-8 등. 나머지는 모두 심판 메시지에 해당된다. 이렇게 볼 때, 심판 메시지가 주종을 이룬다. 그런데 비평가들 중에는 호세아가 심판만 선고했을 뿐, 구원 메시지는 후대의 첨가라고 생각하기도 한다. 예컨대, 마르티는 (Marti) 11:8-11 혹은 14:2, 9 에 언급된 구원 메시지는 호세아의 것이 아니라고 간주한다. 호세아의 심판 메시지는 호세아 자신의 결혼 생활이 예증하듯, 이스라엘이 (고멜) 부패하여 영적 음행을 자행함으로 하나님은 이스라엘을 심판하실 것을 선포한다. 그 후에 하나님은 이스라엘을 광야로 불러내어 (출이집트 당시처럼) 이스라엘을 어르고 달래서 다시 영적 결혼을 하실 것이다. 곧 자신과의 관계를 회복시키실 것이다. 이렇게 심판 후에 회복, 곧 구원이 임하리라는 것이 호세아의 메시지이다.

3) 내용 분해

1:1 표제

(1) 호세아의 결혼과 그 메시지 (1:2-3:5)

하나님의 지시로 고멜과 결혼함 (1:2-3); 세 아들들과 그 메시지 (1:4-9);
심판 이후의 회복 (1:10-2:1) ; 심판, 배교한 이스라엘을 징계 (2:2-13);
회복의 약속 (2:14-23); 호세아가 고멜을 다시 취함 (3:1-5)

(2) 심판과 회복의 약속 (4:1-14:9)

주께서 이스라엘과 다투심 (4:1-3) ; 율법을 버리고, 제사장은 죄만 짓는다 ;(4:4-9)
음란의 영으로 경배하는 자 (4:10-19) ;
제사장, 이스라엘 백성, 왕족 모두가 정죄받는다 (5:1-7)
에브라임은 원수가 황폐케 할 것이다 (5:8-12)
앗시리아는 이스라엘을 도울 수 없다 (5:13-15)
하나님이 원하시는 바 (6:1-6)
이스라엘은 언약에 불충, 유다도 마찬가지 (6:7-11a)
고치시기 원하시나 이스라엘의 죄가 방해 (6:11b-7:2)
여러 비유로 이스라엘의 죄를 묘사 (7:3-12)
돌이키기를 거절하다 (7:13-16)
바람을 뿌리고 태풍을 거둔다 (8:1-14) ;
절기들이 끊어지리라 (9:1-6) ;
하나님의 종들을 기롱함 (9:7-9) ;
이스라엘의 죄악의 뿌리 (9:10-17) ;
농경, 거짓된 신앙과 지도자들 (10:1-10)
기경, 씨 뿌림, 전쟁 - 심판의 비유들 (10:11-15)
이스라엘, 하나님의 사랑받는 아들 (11:1-11)
이스라엘의 기만성 (11:12-12:8); 이집트에서 데려와 심판 (12:9-14)
심판 (13:1-16); 회개하라, 축복의 약속 (14:1-8); 결론적 권면 (14:9)

4) 호세아서는 무엇을 가르치는가?

첫째로, 하나님의 영원한 사랑

고멜처럼 하지 말라. 고멜은 호세아 선지자의 아내로 음란한 여자, 곧 바람기 있는 여인이었는데, 음녀로서의 고멜 자신이 중요한 것이 아니라, 그녀의 음란한 행동이 이스라엘의 영적 간음을 상징했다는 점에서 호세아서의 메시지에서 중요하게 기능한다.

오경에서는 하나님과 이스라엘 사이를 구체적으로 결혼관계로 언급치는 않는다. 그렇지만 바인펠트가 (M. Weinfeld) 적절하게 지적해준 대로 (1975:2, 278), 오경에는 그것과 연관된 몇 가지 암시들을 담고 있다.

(1) 하나님은 시기, '질투하시는 (카나)' 하나님으로 제시된다 (출 20:5, 34:14, 신 4:24 등). 특히 이런 묘사는 다른 신들을 섬기지 말라는 경고와 연관되어 나타난다. 사실 이 말은 결혼관계에서 한 편이 상대에 대하여 갖는 질투의 감정을 표현하는 말이다 (민 5:14). 하나님을 이스라엘의 신랑으로 이해할 때, 이방신들과 음행하는 이스라엘에 대한 하나님의 질투는 사랑의 질투로 나타날 것이다 (잠 6:32–35, 아 8:6 참조).

(2) 오경에서 하나님에 대한 배반행위는 "음행하다" (자나) 란 말로 표현되었다 (출 34:15, 16, 레 17:7, 20:5–7, 신 31:16 등). 특히, 민 25:1–3 에서는 영적 음행이 육체적 음행으로 나타났다. 즉, 이스라엘 남자들이 싯딤에서 신전 창기들과 음행을 했던 것이다.

(3) 더구나, 하나님과 이스라엘의 언약 관계를 나타내는 형식문인 "내가 너희 하나님이 되고, 너희는 내 백성이 되리라" 는 (레 26:12, 신 29:12 등) 고대 근동의 여러 법 문서들에서 입증되듯이, 결혼관례에서 취해진 법적 형식문이다 (호 2:4 참조)(Z. W. Falk 1964:135; Mordechai A. Friedman 1980). 종주에 대한 봉신의 관계나, 남편에 대한 아내의 관계는 모두가 두 마음이 허용되지 않는 일편단심의 충성과 사랑만이 요청되었다. 이런 의미에서 유일신 하나님과 이스라엘이 맺은 관계는 결혼관계로 아주 적절하게 묘사될 수 있는 것이다.

그런데 후대 선지자들은 오경의 암시를 발전시켜, 시내산 언약을 '결혼언약' 관계로 파악하곤 하였다. 예컨대, 겔 16:8, 렘 2:2, 31:31–32, 호 1:9, 2:2, 19 등이 대표적 구절이다. 그리고 직접적으로 시내산 언약을 언급하지는 않지만, 하나님을 남편으로 그 백성을 아내로 묘사하는 구절들이 선지서에서 발견된다 (사 54:5, 6, 렘 3:20, 31:31–32, 겔 16:8, 32, 호 2:2, 19–20). 또한 선지자들은 오경의 용례를 따라, 이스라엘이 이방신들과 음행했다고 기소한다 (렘 13:27, 겔 16:20, 23:19, 호 1:2, 2:2, 미 1:7 등). 가나안 족속들이 가졌던 퇴폐적인 음행종교 관습을 신랄하게 정죄하는 성경의 어조에 비추어 볼 때 (호 2:2–8, 겔 16 장 등 참조), 남편과 아내 표상은 아주 파격적인 것이다. 자칫 잘못하다가 이스라엘도 이방 족속들처럼 하나님과의 관계를 음행관계로 악화시킬 염려가 있을 수 있었겠기 때문이다.

시내산 언약은 이스라엘과 하나님께서 영적으로 결혼 언약을 맺는 것과 같다. 그 시내산 언약의 시점에서 볼 때, 신부의 선택은 '과거' 에 해당된다. 성경에서 선택의 사고를 가장 직접으로 표현하는 용어는 "바하르" (선택하다) 이다 (신 4:37, 7:6, 7, 10:15, 14:2, 사 14:1, 43:20, 49:7 등). 그분이 이스라엘을 선택하신 이유는 저들의 "조상들을 기뻐하고, 사랑하셨기" 때문이다 (신 4:37, 7:7, 8, 10:15). 이스라엘의 조상들은 거슬러 올라가면 결국 아브라함이다.

호세아나 아모스는 하나님의 선택 사고를 "알다" (야다) 동사로 묘사하고 있다 (호 13:5, 암 3:2 등). 하나님께서 역사의 특정한 시점에서 이스라엘과 관계를 맺으신 사실을 선지자들은 하나님께서 이스라엘을 '아셨다' 고 표현했다. 그러나 역사적 관계 설정 이전으로 거슬러 올라가면, 이 앎은 하나님의 선택과 예정을 의미하게 된다 (롬 8:29, 11:2, 고전 2:7).

모세는 이스라엘을 이집트에서 시내산으로 '데리고 와서,' 저들을 하나님과 맞선을 보도록 '드리는' (파리스테미) 중매자였다. 그는 신랑과 신부 사이에 부지런히 오가며 쌍방 간의 이해관계를 조정하며 (출 19:4–8), 신부를 성결케 하며 (출 19:14–15)(사용된 동사 "카다쉬" 의 '피엘형' 은 이른바 factitive 의미를 갖는다 ; 즉, 백성들로 하여금 의복을 씻게 하고, 남녀관계를 삼가게 함으로, "구분된 '상태'" / 거룩한 상태를 야기시켰다 ; Bruce K. Waltke, M. O' Connor 1990: § 24.2; 그런데 고려중인 말은 일반 결혼의 맥락에서 "누군가를 자신의 아내로 구분하다" 를 의미하였다 ; K. G. Kuhn "hagios," *TDNT*, I:98), 쌍방 사이의 연락과 의사소통을 맡는다 (출 19–40 에서의 등산과 하산들). 더구나 그는 결혼예식이나 피로연을 준비해야 했다 (출 24 장).

출 19:16–19 에 묘사된 시내산에서의 하나님의 신현은 어떤 면에서 신부된 이스라엘과 신랑되신 하나님의 만남이었다. 시내산의 신현(神顯) 사건은 이스라엘 역사상 전대미문의 일이었기에, 이스라엘의 오고 오는 세대에 노래제목이었다. 신 33:2, 합 3:3–6 등의 묘사들에 의하면, 하나님께서 시내산에 강림하실 때, 온 하늘에 우주적인 영광과 대자연의 격변이 나타났다. 시내광야, 곧 시내산 발치에 천막들을 치고 거하던 백성들이 천막들에서 나와 서서 사방을 둘러보았을 때, 시내산에서 빛이 쏟아져 나올 뿐만 아니라, 방향을 돌려 저 멀리 세일산과 바란산, 심지어 저 멀리 데만에서부터 조차도 찬란한 광채가 사방을 둘러 비취는 것이었다.

이스라엘은 의복을 씻고, 남녀관계를 삼감으로 자신을 성결케 한 이후에야 하나님을 만나 뵐 수 있었다 (출 19:14–15). 성결케 하는 요소들 중에서 특히 저들이 "옷을 씻어야" 했던 것이 명기되었다 (출 19:14). 이는 상징적인 의미가 많았을 것이다. 신부로서 이스라엘은 아름답게 치장을 해야 했다 (시 45:13–14 참조).

출 24:3–8 에서 결혼 예식이 묘사된다. 그것은 제물을 잡아서 양푼에 피를 담아 하나님을 상징하는 제단에 뿌리고, 반은 백성의 대표에게 뿌리는 의식이었는데, 그 의식을 통해 신부된 이스라엘은 하나님만 사랑하리라고 맹세한 것이다. 이 예식 이후에 모세는 아론, 나답, 아비후, 70 인 장로들과 같이 산으로 올라가서 이스라엘의 대표로 하나님과 피로연을 갖는다 (출 24:9–11).

한편 모세가 기록한 "여호와의 모든 말씀들" 은 십계명과 20:22–23:33 에 기술된 언약 법규들로, 이것을 총칭하여 "언약서" 라 불리는데 (24:7; 이는 '여호와께서 말씀하신 모든 말씀들' 3b, '여호와의 모든 말씀들' 4a, '여호와께서 말씀하신 모든 것' 7b, '이 모든 말씀들' [8 절] 로 반복 언급된다), 이 언약서가 신부 된 이스라엘이 하나님만 사랑하는 서약서였다. 저들은 "여호와께서 말씀하신 모든 것을 다 우리가 행하고 청종 하겠나이다" (24:7) 라고 확답했다.

출 25–31 장과 35–40 장에서 길게 기술되는 성막 건축 기사는 이제 영적으로 결혼하신 신랑이 신부와 동거할 '거처' 를 마련하는 사건이었다. 성경에서 정금이나 보석은 하나님의 거처와 항상 연관되어 나타난다. [에덴동산에서 (창 2:12)], 성막에서 (출 25:11 이하 여러 곳), 성전에서 (왕상 6:20 이하), 새 예루살렘 성에서 (계 21:18) 등에서 보듯, 하나님의 처소는 정금과 같은 최고급 보물로 단장되어야 한다. 그런데 성막에서 가장 중요한 성물이라면 그것은 두 말할 나위 없이 언약궤였다. 이 언약상자가 중요한 것은 그 안에 언약의 두 돌비, 결혼 언약서가 담겨져 있었기 때문이다. 언약조항들을 기록한 문서 둘을 보관한 이 언약상자의 뚜껑은 '시은소 (mercy seat)' 혹은 긍휼의 처소라 불리지만, 그것은 언약조항들에 근거해서 하나님께서 이스라엘을 만나주시기 때문이다. 그 언약서가 바로 결혼 서약서이다. 이 서약서의 규정대로 행동하는 일이 이스라엘의 정체성 확립과 전능하신 남편의 사랑과 축복을 받을 수 있는 지름길이었다.

그런데 이스라엘은 결혼생활의 축복과 행복을 마다하고, 우상들에게 곁눈질하기 시작했다. 그 역사의 여정에서 계속 그렇게 바람을 피웠다. 그 결혼식을 거행한 직후부터 그런 음란기가 발출되곤 했다 (출 32 장). 이스라엘 (성도) 를 향하신 하나님을 사랑은 주권적이며, 선수적 (先手的), 영원한 사랑이다. 그분을 향한 성도의 사랑은 이 세상의 그 어떤 사랑의 관계와 비길 수 없는 가장 심오하고, 가장 친밀하며, 인격과 삶 전체를 쏟아 붓는 헌신의 사랑이다. 이런 사랑은 아가서가 아름답게 그리는 대로 냉각될 수 있고, 그렇게 달콤하고 아름다울 수도 있다.

그런데 문제는 신부가 세상에 집착하다 바람이 난다는 것이다. 물질주의, 쾌락주의, 명예추구, 영향력 추구 등 여러 가지로 하나님에 대한 순수한 사랑이 잠식당할 수 있다. 가장 순수할 때는 성도가 병들어 고통당할 때, 세상 모든 소망이 사라질 때이며, 성도의 사랑이 가장 천박할 때는 이 세상 그 무엇에 붙잡혀 주님의 음성이 귓전에 메아리침에도 등한시하는 때이다. 오늘날 같은 풍요와 음란시대에 순전한 사랑을 지키기란 참으로 어려운 일이다. 그래서 하나님은 자기가 사랑하는 자들을 보전하기 위하여 가시를 주시기도 한다 ('가시 울타리,' 호 2:6). 이 가시는 너무나 괴롭고 좌절감을 주지만 하나님의 사랑의 표현이다.

이스라엘에게 주신 율법은 사랑의 법이며, 결코 무거운 짐으로 주신 것이 아니라, 저들을 주변 이방인들에게서 지키기 위한 사랑의 '가시 울타리' 였다 (Jongtae Choi 1998:121-129). 그 법들은 하나님을 일편단심으로 사랑할 때는 정말로 꿀맛이지만, 그 사랑에서 떠나 바알신이 준다고 여겨졌던 물질풍요와 쾌락에 빠질 때는 무거운 짐이요, 견디기 어려운 멍에였다. 그 법은 믿음과 신뢰로 맺어진 관계를 묶어주는 끈이지만, 믿음과 신뢰가 사라질 때, 속박의 끈이 되었다.

바람피운 호세아의 아내 고멜은 영적으로 간음한 이스라엘의 상징이었다. 이스라엘은 결혼 서약을 깨고 음행했다. 그래서 결혼은 이혼으로 파국을 맞았다. 그런데도 놀라운 일은 호세아나 에스겔 선지자는 공히 이스라엘의 언약파기에 대한 처벌을 선고할 뿐 아니라, 깨어진 결혼 언약의 갱신도 선포하고 있다는 사실이다. 이러한 하나님의 조처는 이스라엘을 향한 하나님의 "긍휼" 때문이다 (사 14:1).

호 2:14 그러므로 내가 저를 개유하여 거친 들로 데리고 가서 말로 위로하고
15 거기서 비로소 저의 포도원을 저에게 주고 아골 골짜기로 소망의 문을 삼아 주리니
저가 거기서 응대하기를 어렸을 때와 이집트 땅 에서 올라오던 날과 같이 하리라
16 여호와께서 이르시되
그 날에 네가 나를 내 남편이라 일컫고 다시는 내 바알이라 일컫지 아니하리라 ...
19 내가 네게 장가들어 영원히 살되 의와 공변됨과 은총과 긍휼히 여김으로 네게 장가들며
20 진실함으로 네게 장가들리니 네가 여호와를 알리라

둘째로, 믿음은 번영을, 번영은 영적 쇠락을

호세아서의 심판 메시지는 물질적 번영이 가져다 준 영적 쇠락을 겨냥했다. 기독 교회사를 통해 드러나는 아이러니는 복음이 전파되는 곳에는 물질 축복이 주어지고, 문명이 일어나지만, 복음의 성장, 곧 교회의 부흥과 민족 복음화와 함께 주어지는 급속한 물질 축복이 급속한 도덕적 타락과 영적 쇠락의 씨를 동시에 뿌린다는 점이다.

그렇게 복음이 왕성하고 영적으로 강력했던 영국은 이제 영적으로 너무나 미약한 빈국으로 전락했다. 한 때 세계를 주름잡던 영국이었지만, 군사, 경제적 발전과 함께 영적 쇠퇴의 역사도 함께 진행되었다. 특히 신학에서의 신신학화와 교회 강단의 쇠퇴로 말미암아, 저들의 속사람이 썩어 들어갈 때 그들이 유지하던 해외의 광대한 식민지나 그럴싸하게 가지고 있던 외적 위세는 결국 어느 순간에 폭삭 가라앉고 말았다.

대영제국은 한 때 세계 육지 면적의 1/4, 세계 인구의 1/6 을 지배하였으며, 세계 산업과 금융의 중심지였다. 유럽의 외딴 섬에 있는 혼혈민족이 (이베리안, 켈트, 앵글로 색슨, 데인, 노르만 등) 장기간에 걸쳐 세계의 정치와 경제와 문화, 학문 등을 주도했다는 것은 놀라운 사실이다.

영국은 16 세기 스페인의 무적함대를 물리치고, 18 세기 나폴레옹과의 (1769-1821) 전쟁에서 승리한 후 유럽의 강자로 등장했다. 이런 시대에 영적 강성함이 영국에 있었다는 점을 눈여겨보아야 한다. 존 웨슬레의 (1703-1791 년) 활동이나 조지 휘필드 (1714-1770) 등의 영적 각성 운동이 18 세기의 영국을 영적 강국으로 세웠고, 그러한 영적 강성함이 외적 제국의 강성으로 연결된 것이다.

영국은 남아프리카에서 이권을 차지할 양으로 비열하고 잔인한 방법으로 '보어 전쟁' 을 (1899-1902) 일으켜, 대영제국의 노력적 존립 이유를 상실했고, 1, 2 차 세계대전으로 국력을 거의 소모하였으며, 비극파의 수에즈 운하 분쟁으로 (1956) 제국의 종말을 고하게 되었었다. 1950 년 6.25 전쟁 때는 힘도 없으면서 세계 제국의 위신을 지키고자 홍콩 주둔 2 개 대대를 빼서 한국에 울며 겨자 먹기 식으로 파병하기도 했었다. 영국은 17 세기 이후 200 년에 걸쳐 서서히 융성하였다가 절정에 올랐고, 다시 200 년에 걸쳐 서서히 내리막길을 걸었다고 볼 수 있는데, 19 세기가 대영제국의 절정기라고 볼 수 있다. 영국은 제국 초창기에는 강한 군사력과 경제력에 바탕을 둔 중상주의적 (重

商主義的) 인 팽창을 했고, 제국 중반기인 19 세기에는 강한 산업 경쟁력으로 자유무역에 바탕을 둔 번영기를 가졌으며, 제국 말기에는 독일, 프랑스 등과 제국주의 경쟁을 과도하게 벌이다가 보호무역과 경제 블록화를 실행해 필연적으로 세계전쟁을 유발하였다. 영국의 힘을 지탱한 것은 막강한 해군력, 거대한 공업 생산력, 광대한 식민지, 금융 보험 해운의 발달 등이었다.

과도한 군비지출이 강대국 멸망의 가장 큰 원인이 된다는 것은 상식적으로 지적할 수 있는 사항인데, 영국이 오랫동안 제국의 전성기를 누릴 수 있었던 이유는 영국의 전성기인 19 세기에도 국민생산의 2% 만 군사비로 지출했다는 점이었다. 영국이 이렇게 적은 군사비로 세계를 좌지우지할 수 있었던 이유는 "세력균형 (Balance of Power)" 이란 외교정책을 썼기 때문인데, 세력균형 정책은 한 나라가 강대해지면 다른 경쟁 국가가 세력균형을 이루도록 도모하는 정책이다.

영국이 어리석게 독일을 코너에 몰아넣음으로 1 차 대전을 치러야 했고, 그 1 차 대전에서 90 만 명이 전사한 것은 그들의 영적 상태가 혼돈했다는 반증이기도 하다. 2 차 대전에서 명목상으로는 승리했다고 하나, 영국은 이제 제국을 더 이상 지탱할 수 없는 구석으로 몰리고 말았다. 이는 영적으로 세계에서 지도적 지위를 더 이상 지킬 수 없는 내면 상태의 반영에 다름 아니었다.

영국을 대신하여 미국이 세계를 주도하기 시작하는데, 저들의 영적 힘이 저들을 세계 강국의 반열에 올려놓은 것이다. 한때 소련이 미국과 함께 냉전시대를 주도했지만, 공산무신론 사상으로 잠시 사단적 세력이 기승을 부린 것에 불과했고, 소련 연방의 해체와 러시아의 약체 폭로는 저들의 영적 빈궁함의 폭로나 다름없었다.

그 어떤 나라건 외적 강성함 이면에는 반드시 영적 강성함이 있는데, 이런 내적 요소를 보지 못하고 외적 제도나 경제, 군사 무기만 흉내 낸 강대국 건설은 사막의 모래 위 성 쌓기에 불과하다. 청조 말기에 일어났던 양무운동 (洋務運動) 또는 자강운동은 (自彊運動) 19 세기 중반 이후 청나라 말기에 중국에서 서양의 과학, 기술을 도입하여 스스로 강성해지자는 사회개혁 운동을 일컫는데, 청나라는 아편전쟁 등 일련의 군사적 패배와 열강의 잇따른 개입과 간섭을 겪고 나서 이러한 개혁운동의 필요성을 절감했었다. 양무운동은 청나라 본래의 정치체계는 유지한 채, 군사, 과학 등의 분야에서 서구화를 추진하여 강국을 이루겠다는 철학을 깔고 있었다. 서양의 강성함의 근본 이유, 곧 저들이 가진 사상, 저들의 기독교 사상을 받아들일 생각은 못하고, 껍데기만 모방하고자 했으니 실패할 수밖에 없었다.

일본은 청나라보다 한발 앞서 명치유신 (明治維新) 을 통해 아예 정치체제까지 개혁하고 좀 더 근본적인 개혁을 실시하고 서구 문물을 재치 있게 수입하여 자기들 것으로 만듦으로 동양에서 유일하게 근대화에 성공하고 서양 제국주의 세력의 반열에 올라설 수 있었다. 그러나 저들의 영적인 내면은 온갖 잡신들에 대한 우상숭배로 썩었기 때문에 일본이 우준한 군국주의, 제국주의, 침략주의로 돌진하는 패망의 내리막길을 차단할 사상이 없었다. 그 결과로 저들은 원자탄 세례를 받아야 했고, 전후에 크게 과학, 경제적으로 발전했다고 하나, 여전히 저들의 정신 상태는 빈곤 그 자체이다. 저들에게 앞날의 소망이 없어 보이는 것은 당연하다. 현재 중국은 어떤가? 저들도 불같이 일어나는 것처럼 보이지만, 공산주의 철학이 지도 노선으로 남아 있는 한 저들에게 좋은 앞날은 없을 것이다.

2–5. 요엘

1) 명칭과 저자

"요엘" 은 "여호와는 하나님이시다." 여호와는 오늘날 "야웨" 로 (Yahweh) 거의 통용되는데, 고유명사로, 이스라엘과 언약을 맺으신 하나님의 칭호이다. 반면, "하나님" 은 (엘로힘; 약하여 "엘") 총칭 명사로 "신 (神)" 에 해당된다. 제롬은 헬라어로 "아르코메노스" 라 (시작하는 자) 번역하는데, 이는 "야알 II" 동사의 분사형으로 이해한 것이다. 요엘서의 저자는 브두엘의 아들이란 사실 예외는 알려진 바가 없다.

2) 장 구분과 요엘서 내용

요엘서는 히브리어 본문에서 4 장으로 되었으나, 70 인역, 벌게잇 역 등을 따라, 한역 포함한 현대 역본들은 원문의 2, 3 장을 묶어 2 장으로 처리하고, 4 장은 3 장으로 처리했다. 그러니까, 히브리어 원문 1 장, 2 장, 3 장 (70 인역 2:28–32), 4 장 (70 인역 3 장). 이하에서 우리는 현대 역본들의 장 구분을 사용하고 필요한 경우에 괄호 안에 원문의 장절을 표시할 것이다.

1 장은 메뚜기 재앙과 가뭄의 재앙

2 장은 그런 재앙들은 임박한 야웨의 날의 전조로 해석하고, 백성에게 회개를 촉구하며, 회개하면 축복이 있으리라 선포한다.

2:28–32 은 (히, 3:1–5) 모든 육체에 성령을 부으시리라는 종말론적 약속을 선포

3 장은 (히 , 4 장) 여호사밧 골짜기에 만민을 모아 최종 심판을 행하실 것을 선포하고 , 유다와 예루살렘에는 보호와 번영의 축복을 선포한다

3) 다양한 해석들

1 장, 2:1–27 을 해석하는 입장에서 두 그룹의 의견이 팽팽한데 , 어떤 이들은 묵시 (상징적) 표상을 찾고 (E. O. A. Merx 1879), 다른 이들은 현실의 메뚜기 재앙 자체로 이해한다 (대다수 비평가들). 후자는 다시 그것이 미래적 파국 선언인지 아니면 이미 지난 과거 사건인지 등에서 두 그룹으로 갈린다. 제 3 의 입장은 1:4–20 은 이미 일어난 재앙으로, 2:1–17 은 앞으로 닥칠 재앙으로 이해한다 (H. W. Wolff 1977).

그런데 1:15, 2:1–2, 11 등에서 언급된 야웨의 날은 미래사이므로, 현실적 파국 묘사로 이해하는 비평가들 중에서 어떤 이들은 그런 구절들을 2:28–3:21 에 근거한 후대의 첨가라고 삭제할 것을 주장한다.

우리는 1 장은 현재 목도하는 재앙을 묘사하고, 2 장은 그 "메뚜기 재앙" 을 앞으로 닥칠 "야웨의 날" 재앙의 전조로 해석하면서 회개를 촉구한다고 이해한다. 1 장과 2 장은 이렇게 서로 긴밀하게 연결된다. 특히 1:15 은 후대의 첨가가 아니라 2:1 과 공통성을 가지고, 1, 2 장을 연결시키는 중요한 기능을 갖는다.

욜 2:28–32 의 유명한 예언은 오순절 사건을 통해 성취된 바 있으므로, 우리의 요엘서 종말론 이해에 큰 빛을 던져준다. 이제 문제는 3 장의 열국에 대한 심판과 예루살렘의 안전과 축복을 어떻게 연대기적으로 요엘서 종말론에 배치하는가? 하는 것이다. 그 만국 심판은 "그 날 곧 내가 유다와 예루살렘의 사로잡힌 자를 돌아오게 할 그 때에" (3:1) 일어나는 사건이다. 만국이 심판을 당하는 주된 이유는 저들이 이스라엘을 열국 중에 흩고 "나의 땅을 나누었" 기 때문이다 (3:2).

비평가들은 이 말씀은 (3:2) 주전 586 년의 예루살렘 파멸 이후 상당한 시간이 흘렀다는 것을 암시해 준다고 보고, 요엘서의 통일성을 전제한다면, 요엘서는 추방 이후의 저작일 수밖에 없다고 판단한다.

4) 저작 연대

우리는 요엘서의 메시지를 통해서 그의 시대적, 사회적 정황을 추론할 수 있을 뿐이다. 그래서 요엘서의 저작 연대는 주전 9 세기부터 주전 4 세기까지 다양한 주장이 나오고 있다. 그 중 대표적인 주장은 요아스 왕 초기 시대 저작설과 주전 400 년경 늦은 시기 저작설이다. 때로 학자들은 소 선지서들의 현재 배열이 연대기 순서라고 생각하기도 했지만, 소 선지서들의 정경 배열순서가 연대순이라는 증거는 없다.

몇 가지 요엘서의 연대를 추정케 해 주는 단서들을 살펴보자.

(1) 성전 제사가 아직 건재했다

욜 1:9, 13–14, 16, 2:14, 17 등에서 성전과 성전에서의 제사들이 건재하는 양 제시된다는 것이다. 지금 성전에서 제사장들은 아마 가뭄이나 재난으로 제물이 끊어지긴 했어도, 성전에서 제사장들은 아직 수종 (隨從) 들고 있는 것이다. 문제는 이 성전이 솔로몬 성전인가? 아니면, 추방에서 귀환한 이후에 재건된 스룹바벨 성전인가? 2:7, 9 에서는 성벽이 건재한 것으로 묘사된다. 이 성벽은 바벨론군에 의해 파괴당한 것을 느헤미야가 다시 재건한 것인가? (느 2:11 이하, 7:1)

(2) 스바 사람들

3:8 에서는 "너희 자녀를 유다 자손의 손에 팔리니 그들은 다시 먼 나라 스바 사람에게 팔리라 !" 라고 하면서, 스바 사람들 (Sabeans) 이 언급된다. 스바 사람들은 아라비아 남동편에 위치했던 고대 왕국 거민들로, 창 10

장의 민족들의 계보에서는 세 조상이 언급된다 :
(1) 함의 아들 구스의 손자, 라아마의 아들 (창 10:7; 대상 1:9),
(2) 셈, 아르박삿, 살라, 에벨, 욕단, 스바 (창 10:28; 대상 1:22),
(3) 아브라함이 후첩 그두라에게서 얻은 욕산의 아들 (창 25:3; 대상 1:32).
이중 한 조상은 아프리카 스바인들이고 (에디오피아 사바 Strabo, "Geography," 771), 다른 둘은 아라비아 지역 사람들이다. 이 아라비아 지역 스바인들 중 하나가 아브라함과 연관되고, 다른 하나는 창 10:30 에서 언급된 지역의 (그들의 거하는 곳은 메사에서부터 스발로 가는 길의 동편 산이었더라) 왕국과 연관된다. 욥 6:19 에서 스바인은 이스마엘 족속으로 (창 25:15) 아라비아에 거했던 데만족과 (사 21:14) 긴밀하게 연관되어 나타난다.
시편이나 (시 72:10) 선지서에서 스바족과 연관하여 그들의 부와 그 상업 활동에 특별한 강조를 둔다. 이런 책들에서 70 인역이나 벌게잇 등은 스바를 아라비아와 동일시한다. 사 60:6 은 이 나라들이 가져올 예물들은 금과 유향이라 한다. 스바 상인들은 (겔 27:22) 사베아인들일 것이다 (Sabeans). 스바 여왕은 많은 보물을 가지고 솔로몬을 찾았다 (왕상 10; 대하 9:1, 9). 사베아인들은 욥 1:15 에서 호전적인 부족으로 언급되고 있고, 욜 3:8 에는 노예무역을 하는 것으로 언급된다.
스바는 (Sheba) 아프리카 세바와 (Seba 구스족) 구분된다 (창 10:7, 대상 1:9). 시 72:10 에서 스바와 세바 왕들이라고 구분되어 언급된다. 사베아인들의 비문들은 많으나, 이런 기록들이 제공하는 정보는 상대적으로 미약하다. 주후 600 년 왕국의 소멸과 같이 사라진 저들의 활동은 대략 1300 년 지속되었다. 그럼에도 대략 주전, 주후 1 세기 어간에만 저들의 일관된 역사를 기술할 수 있을 뿐이다. 최고 오래된 비문은 주전 715 년 사르곤의 비문에 언급된 사베아인 이타마라 (Ithamara the Sabean) 이다. 비문들 외에 주전 150 년부터 주후 150 년 어간의 동전도 많다.

(3) 기타 족속들

초기설을 주장자 크레드너는 (K. A. Credner 1831:41-52) 몇 가지 증거들을 근거로 (아래 1-4 항) 요엘이 대제사장 여호야다가 통치하던 어린 요아스 왕 시대에 (왕하 11:4-21; 주전 870-865 년) 활동했다고 가정한다.
a. 요엘 당대 유대인들이 교통했던 민족들이 언급되는데 (3:4, 19), 그들은 블레셋, 페니시아인들, 에돔과 이집트인들 등이다. 그러나 앗시리아, 바벨론에 (갈대아) 대한 언급은 없다. 그래서 요엘은 적어도 주전 790 년 이전으로 잡아야 한다.
b. 요아스 왕 때에 처음으로 유다에 침공한 다메섹 아람인들은 (왕하 12:17, 대하 24:23), 요엘서에 언급이 없다. 이 아람인들의 침공은 아마 요아스 왕 후기에 일어났을 것이다. 대략 그 시기는 주전 840 년경으로 본다. 요엘은 그 이전에 활동했을 것이다.
c. 유대인들은 그 당시 원수들을 언급하기는 했지만, 스스로 평안을 누리고 있었다 (3:17). 그런데 예루살렘의 평안은 예루살렘을 취한 다윗 시대 이후로 가능해진다. 이집트인들의 경우는 솔로몬 시대에는 서로 화평 관계로 대적이 아니었다 (왕상 3:1, 9, 16, 10:28). 이집트가 원수가 된 것은 시삭의 침공을 통해서이다 (왕상 14:25, 26).
d. 다윗이 복속시킨 에돔은 요람 왕을 배반하여 독립을 쟁취했던 시기에 (왕하 8:20) 원수로 부각되었을 것이다. 원수로서의 블레셋과 페니시아 인들에 대한 언급은 에돔과 립나가 배반하였던 유다의 여호람 때를 (대하 21:10, 16, 17, 22:1) 암시할 수 있다. 대하 21:16 에 언급된 구스는 아프리카의 구스가 아니라, 아라비아 지역이다. 여호사밧 골짜기는 여호사밧 왕이 브라가 골짜기에서 모압 왕을 쳐서 승리를 거두었던 그 사건을 암시한다 (대하 20:26). 그렇다면, 요엘은 호세아나 아모스 당대인들일 것이다.
e. 욜 3:4-8 에는 두로와 시돈, 블레셋이 이스라엘인들을 헬라 족속에게 팔았다고 기소당하며, 저들을 하나

님께서 처벌하셔서 저들도 유다 자손들에게 팔려서 다시 스바 사람들에게 팔리리라고 예언된다.

(4) 성경 인용

요엘 선지자와 다른 책들 사이에 공통적 표현들이 나타나고 있다. 예컨대, 1:15 (겔 30:2–3, 사 13:6), 2:1, 2 (습 1:14–15), 2:31 ([히, 3:4] 말 3:23), 2:32 ([히, 3:5] 옵 17), 3:1 ([히, 4:1] 렘 33:15, 50:4, 20), 3:16 ([히, 4:16] 암 1:2), 3:18 ([히, 4:18] 암 9:13) 등이다. 비평가들은 이는 요엘이 다른 선지자들에게서 차용했다고 본다. 거꾸로 다른 후대 선지자들이 요엘을 의존했다고 볼 수도 있지 않겠는가?

(5) 경제적 여건

다른 추방 이후 저작된 책들로부터 추방에서 귀환한 사람들이 여러 가지 내외적인 난관에 봉착하고 있었다는 것을 알고 있다. 학개는 예컨대, 정치적으로나, 경제적으로 곤경에 처한 당대의 사정을 잘 전해 주고 있다. 학개 선지자에 의하면, 귀환한 유대인들은 원래의 그 성전 재건의 포부를 접고, 자기 먹고 살기에 급급하였다 (학 1:6, 10–11, 2:19). 그것은 당대 사정이 너무 좋지 않았기 때문이다. 하나님께서 저들이 영적으로 퇴보하자, 한재 같은 여러 가지 자연 재앙으로 저들을 치셨다. 그래서 경제적인 곤궁함이 말로 다할 수 없이 컸었다. 귀환자들은 그야말로 생존을 위해 몸부림 쳐야 했고, 외적으로는 페르시아 왕궁에 이스라엘의 인근 대적들이 고소함으로, 성전 건축을 방해하고 있었다. 요엘 선지자는 1:4, 2:25 등에서 "팟종이가 남긴 것을 메뚜기가 먹고 메뚜기가 남긴 것을 늣이 먹고 늣이 남긴 것을 황충이 먹었도다!" 라고 당대의 열악한 농작물 상황을 언급하고 있다.

(6) 정치적 상황

왕은 언급이 없고 제사장들과 장로들만 언급된다. 제사장들은 야웨의 수종자들, 제단에서 수종드는 자들이라 지칭되고 있다 (1:9, 13, 2:17). 비평가들은 상번제는 (1:9, 13, 2:14) 추방 이후 공동체가 드린 제물이라 한다. 그런 사고는 문서설을 근거로 한 것인데, 소위 제사 문서를 (P) 추방 이후로 보기 때문이다. 그러나 그런 문서설 주장은 오래 전에 그 허구성이 폭로되어 그 가설은 폐기된 것과 같다.
또 지적되는 것은 요엘서에서 전체 이스라엘 보다는 유대와 예루살렘 중심으로 언급되는 것으로 보아, 추방 이후 귀환한 이들의 소규모 공동체와 유사한 정황이 암시된다고 한다.
이상의 여러 정황들을 근거로 하여, 학자들은 다양한 저작 연대를 추정하는데, 9 세기에서 (G. Amon 1942; M. Bic 1960; Theodore Laetsch 1970; Credner, Winer, Krahmer, Ewald 등이 요아스 시대로 [835–796] 추정), 8 세기 (B. Kutal 1932; Vitringa, Carpzov, Moldenhauer, Eichhorn, Holzhausen, Theiner, Rosenmuller, Knobel, Hengstenberg, Gesenius, De Wette 등이 웃시아 시대 [790–742] 추정), 600 년 경 (A. S. Kapelrud 1948), 추방기 (A. Jepsen), 추방 이후 귀환 초기 (R. Auge 1957; J. M. Myers 대략).

5) 내용 분해

a. 서론 (1:1)
b. 황충 재앙 (1:2–20)
c. 야웨의 날이 임박했다 (2:1–11)
d. 회개할지어다 (2:12–17)

e. 용서와 회복 (2:18-27)
f. 영광스런 메시야 시대 (2:28-3:21)
1. 영적 갱신과 구원 (2:28-32);
2. 열방에 대한 심판 (3:1-16);
3. 이스라엘이 궁극적 회복 (3:17-21)

6) 요엘서는 무엇을 가르치는가 ?

선지자는 메뚜기 재앙을 (1:2-12) 근거로 회개를 촉구한다 (1:13-20). 메뚜기 떼들은 야웨의 뜻을 이루는 도구들이다. 메뚜기 재앙은 임박한 하나님의 진노의 날, 야웨의 날을 알리는 징조이다 (2:1-11). 그러므로 유대인들은 온전히 회개하고 하나같이 하나님께로 돌이켜야 한다. 제사장들은 회개의 집회를 열고, 성도들을 불러 모아 성전 바깥마당과 제단에서 야웨께 부르짖어야 한다. 그러면 혹시 야웨께서 긍휼을 베푸사 내리시기로 작정하신 재앙을 철회하실지 누가 알겠는가? 그는 긍휼에 풍성하시고 인자하신 하나님이시기 때문이다 (2:12-17).

여호와께서는 백성의 간구를 들으시고 메뚜기 떼는 제거되고 그 땅에 다시 소산의 풍성함으로 축복하시고 백성들에게 이전의 손실을 보상해 주셨다 (2:18-27). 그러나 이런 축복은 앞으로 임할 더 큰 축복의 징조에 불과하다. 야웨께서는 말세에 성령님을 만민에게 부어 주실 것이다. 하늘과 땅의 징조들이 야웨의 날의 도래를 선포하고 그를 아는 자마다 구원을 받을 것이다 (2:28-32).

그 때에 야웨께서는 열국을 모아 저들이 자기 백성에게 행한 죄상을 물을 것이다. 이 심판에 두로, 시돈, 블레셋 등이 특별히 연관되는데, 저들은 성전 보물을 약탈하고 유대인들을 헬라인들에게 팔아 치웠기 때문이다. 이런 악행은 주전 586 년에 일어났던 예루살렘 파멸과 연관하여 일어난 사건인지 모른다. 나라가 멸망한 유대인들은 포로로 이방인들에게 끌려가서 노예로 팔리고 말았기 때문이다.

그러나 야웨께서는 흩어진 유대인들을 다시 모으시고, 저 원수들을 그들의 손에 붙이시며, 유대인들은 저들을 먼 나라에 노예로 팔 것이다 (3:1-8). 열방은 큰 전쟁을 위해 전쟁 준비에 매진할 것인데, 저들은 농기구를 쳐서 무기를 만들 것이다. 열방이 여호사밧 골짜기에 모일 것이다.

하늘의 천체(天體)들이 어두워지고 야웨께서 시온에서 소리를 발하시매, 천지가 진동할 것이다. 그는 자기 백성의 피난처이시고, 그분이 시온에 좌정하신 자기 하나님이심을 알리라. 더 이상 외인(外人)들은 시온을 통과하지 못하리라 (3:9-17). 야웨께서는 그 땅에 풍성한 축복을 더하신다. 그러나 이집트와 에돔은 유다 백성에게 행한 악을 인하여 황폐하게 되리라. 야웨께서는 시온에 거하신다 (3:18-21).

이런 요엘서의 대략적인 사고의 흐름에서, 가장 마지막으로 묘사된 시온의 회복과 축복이 메시야 시대에 즉, 신약 시대에 교회를 통해 성취될 축복임을 알 수 있다. 그런데, 그 이전에 여호사밧 골짜기에 열국을 모아 심판하실 때, 천체가 빛을 잃는 등, 최후 심판의 암시를 보는데, 이런 사건들의 순서는 요엘의 사고를 쉽게 파악하기 힘들게 만든다.

우리는 욜 3 장의 열국에 대한 심판이 겔 38, 39 장의 곡과 마곡과의 전쟁, 혹은 슥 12, 14 장에 묘사된 열국의 예루살렘 침공과 파멸 등과 대동소이한, 산헤립의 예루살렘교회 침공과 파멸 사건에서 그 전형적인 패튼이 드러난, 종말의 때에 반복될 이방 원수들의 예루살렘 침공과 패배 사건을 가리킨다고 본다. 종말의 때란 메시야 시대, 곧 신약 시대 전반을 가리키며, 이 기간에 반복될 원수들의 교회에 대한 공격과 핍박이 이런 여러 구약 구절들에서 묘사되었다. 그 최종적 결정판은 아마겟돈 전쟁이 (= 곡과 마곡 전쟁) 될 것이다.

2–6. 아모스

1) 명칭과 저자

선지자의 이름은 "아모스" 인데 (ʿāmôs; 아모스), 이사야의 부친 "아모스" 가 (ʾāmôṣ; 아모츠) 아니다. 아모스 선지자는 베들레헴 동남편 약 8 킬로 지점에 위치한 드고아 마을에서 태어나 그곳에서 그는 목자로 (1:1), 뽕나무 (무화과 나무) 재배자로 일했다 (7:14). 하나님은 그를 그 일하는 곳에서 부르시고 북왕국 이스라엘에 파송하셨다 (7:13–14).

2) 저작연대

그의 활동 시대는 유다 왕국 웃시아와 (주전 792–740 년) 북왕국 이스라엘의 여로보암 2 세 (주전 793–753 년) 시대였다. 그는 사마리아에서 (3:9 이하, 4:1 이하, 6:1 이하), 혹은 벧엘에서도 말씀을 선포했다 (7:10–17).

3) 내용 분해

a. 표제 (1:1–2)

b. 열방을 치는 설교 (OAN, 1:3–2:16)

다마스커스 (1:3–5); 가사 (1:6–8); 두로 (1:9–10);

에돔 (1:11–12); 암몬 (1:13–15); 모압 (2:1–3); 유다 (2:4–5); 이스라엘 (2:6–16)

c. 심판 메시지 (3–6 장)

첫 메시지 (3 장)

둘째 메시지 (4 장)

셋째 메시지 (5:1–16)

넷째 메시지 (5:17–27)

마지막 메시지 (6 장)

d. 심판 환상들 (7:1–9:6)

황충 환상 (7:1–3), 불 (7:4–6), 다림줄 (7:7–9),

여름 과실 (8:1–14), 성소 파괴 (9:1–10)

e. 자신의 이력과 소명 (7:10–17)

f. 회복의 메시지 (9:7–15)

4) 아모스는 무엇을 가르치는가?

첫째로, 회복 메시지의 성취

아모스는 북 왕국 이스라엘의 심판 이후에 멀리 닥칠 회복의 모습을 몇 절 안 되지만, 분명하게 제시하고 있다. 그것은 9:11–15 에서 나타나는 회복의 메시지인데, 특히 암 9:11, 12 을 근거로 행 15:16–18 에서 야고보 사도가 아모스가 예언한 그 회복의 시대가 메시야 예수 그리스도를 통해 도래했음을 제시하고 있다. 하나님은 무너진 다윗의 장막을 세우셨고, 이제 남은 자들이 온 세상에서 주께로 돌이키고 있다.

아모스나 구약 선지자들은 자기 당대의 유대적 관례나 지명을 사용하여 회복의 시대를 그리지만, 그 성취의 시대에 사는 신약 성도들은 구약의 유대적 색채는 겉옷일 뿐, 그 알맹이는 교회에서 나타나는 성령님을 통한

영적 역사와 축복임을 알게 된다:
암 9:11 그 날에 내가 다윗의 무너진 천막을 일으키고 / 그 틈을 막으며 그 퇴락한 것을 일으키고 옛적과 같이 세우고
12 저희로 에돔의 남은 자와 내 이름으로 일컫는 만국을 기업으로 얻게 하리라
이는 이를 행하시는 여호와의 말씀이니라
13 여호와께서 가라사대 보라 날이 이를지라 / 그 때에 밭가는 자가 곡식 베는 자의 뒤를 이으며
포도를 밟는 자가 씨 뿌리는 자의 뒤를 이으며 / 산들은 단 포도주를 흘리며 작은 산들은 녹으리라
14 내가 내 백성 이스라엘의 사로잡힌 것을 돌이키리니 / 저희가 황무한 성읍을 건축하고 거하며
포도원들을 심고 그 포도주를 마시며 / 과원들을 만들고 그 과실을 먹으리라
15 내가 저희를 그 본토에 심으리니 / 저희가 나의 준 땅에서 다시 뽑히지 아니하리라
암 9:13 여호와께서 가라사대 보라 날이 이를지라
그 때에 밭가는 자가 곡식 베는 자의 뒤를 이으며 / 포도를 밟는 자가 씨 뿌리는 자의 뒤를 이으며
산들은 단 포도주를 흘리며 / 작은 산들은 녹으리라
14 내가 내 백성 이스라엘의 사로잡힌 것을 돌이키리니
저희가 황무한 성읍을 건축하고 거하며 /
포도원들을 심고 그 포도주를 마시며 / 과원들을 만들고 그 과실을 먹으리라
15 내가 저희를 그 본토에 심으리니 / 저희가 나의 준 땅에서 다시 뽑히지 아니하리라

이 부분의 사고들을 정리한다면, 11–12 절에서는 다윗 왕국의 재건과 열방의 흡수 통치, 13 절에서는 다윗 왕국의 재건에 동반되는 자연계의 축복, 14–15 절에서는 회복된 이스라엘 백성의 평안과 축복의 삶 등이다. 이런 이스라엘의 회복 메시지는 행 15:16–18 에 제시된 대로, 다윗의 후손 예수 그리스도께서 오셔서 십자가와 부활로 인류 구원을 완성하시고 승천하여 메시아 왕으로 즉위하심으로 (보좌 우편에 앉으심) 성취되었고, 지금도 성취 도중에 있다. 메시아 왕국은 교회를 통해 복음전파와 선교활동으로 세상에 확장되고 있으며 (시 2:7, 8, 72:8–11, 110:5–7, 사 9:7, 11:4–10), 그 최종 완성은 재림 때에 나타날 것이다.

그렇다면, 여기 예고된 자연계의 축복은 메시아 시대인 지금 일어나고 있는가? 13 절 마지막 부분의 진술은 (산들은 단 포도주를 흘리며) 13 절에 묘사된 자연계의 축복과 풍성한 산물이 상징적 측면도 있음을 암시하고 있다. 13 절은 문자적으로 본다면 한해의 추수가 너무나 풍성하여, 다음해 농사를 위해 쟁기질을 할 때까지도 지난해의 추수가 계속되는 자연계의 풍성한 산물과 추수겠지만, 상징적 요소도 감안하면 이 부분은 메시아 시대에 나타나는 영적 축복을 구약적 색깔로 그린 것이라 할 수 있다. 인간이 범죄할 때 자연계도 저주를 받아 엉겅퀴와 가시를 내었고, 땅은 황무해 졌다 (창 3:17–19). 그러나 다윗 후손 메시아의 통치는 무엇보다 죄악의 제거를 통한 의의 통치이므로 자연계도 회복되어 풍성한 소산물을 낼 것이다. 현실적으로 복음이 왕성한 곳에서는 물질도 왕성하고, 영적으로 놀라운 축복이 임한다는 점에서 이 자연계의 축복 예언도 성취되고 있다는 것이 확실하다.

그렇다면 마지막 사고 곧 14–15 절에 제시된 회복된 이스라엘의 평안한 삶은 어떻게 이해할까? 그것은 유대인이 그리스도를 영접하여 하나님의 사랑을 회복할 때, 그리고 이방인들이 그리스도와 연합할 때 나타날 모든 축복된 모습의 그림이다. 아모스 문맥에서 유대적 색깔로 칠해진 그림은 신약적 성취의 안목에서 볼 때, 교회가 누리는 모든 영적, 물질적 축복에 대한 묘사에 다름 아니다. 이스라엘의 포로생활에서 고토귀환과 정착은 바벨론 포로생활에서의 귀환으로 부분 성취되었고, 그 궁극적 성취는 신약시대 전반에 걸쳐 일어나는 이스라엘과 이방인들의 영적 고토귀환, 곧 세상에 속하여 살다가 그리스도께로 돌이키는 회개에서 일어나고 있다. 이런 영적인 이해는 바벨론 추방생활에서의 회복을 예고하는 사 40:3–4 의 말씀이 세례요한의 등장과 사역을 통해 성취되었다고 해석하는 신약 기자들의 해석 방식에 근거한다 (마 3:3, 막 1:2–4, 눅 3:3–6 참조).

둘째로, 열방을 치는 설교 (OAN)

열방을 치는 설교는 (Oracles Against Nations, 암 1:3–2:16) 몇몇 선지자들을 제하면 선지자들이 모두 행한 것인데 (최종태 2003:434 이하) 아모스도 예외가 아니어서, 열방을 향하여 심판 메시지를 날렸다. 선지자들이 언약 백성 이스라엘을 기소하고 심판을 선고하는 것은 이해가 되지만,

1) 본인들이 듣지도 아니하는 자리에서

2) 무슨 근거로 열방을 기소하고 저들에게 심판을 선고하는 것인가?

이방인들이 선지자들이 설교하는 자리에 있었겠는가? 그의 메시지를 듣는 자들은 모두 이스라엘 사람들이었다. 아마 청중은 선지자들이 이방인들을 칠 때, 고소해 하고 암, 그렇고말고, 당연하지! 하면서 고개를 끄덕이고 찬동을 표시했을 것이다. 그러나 아모스는 곧 언약 백성 유다와 이스라엘을 향해서도 마지막으로 심판을 선고하는 것이다. 그 때 쯤이면 청중들의 얼굴에서 핏기가 가시고 몸은 굳어지고 눈은 선지자를 향하여 증오심과 적대감을 표시하거나 아니면 회개의 증거를 보였을 것이다.

왜 이방인들이 듣지도 못할 메시지를 선포하는 것인가? 그것은 듣는 이스라엘 사람들에게 이방인들이 아무리 강대하다 해도 의지할 생각을 버리라! 는 것이겠다. 저들도 하나님의 심판의 대상이므로 의지할 바가 아니라는 것이다. 다음으로, 이방인들을 흉내 내거나 모방할 생각도 말라는 것이다. 저들은 하나님을 알지 못하는 악인들에 불과하다. 저들의 아름다움이나 세상적인 탁월함을 높이 평가할 이유가 없다.

그렇다면 무슨 근거로 선지자들은 열방을 기소하고 심판을 선고했을까? 이스라엘은 하나님과 언약을 맺은 언약 백성으로서 언약 조항에 근거하여 기소를 하고, 상벌규정에 따라 (신 28 장이나 레위 26 장) 그리할 수 있었지만, 열방과 하나님께서 구체적으로 계약을 맺으신 일이 없으시다. 그럼에도 하나님의 선지자들이 열방을 기소한 것은 하나님께서 저들의 창조주가 되시기 때문이다. 그들을 만드신 이에게는 저들을 심판하실 권리가 있다. 창조주는 피조물의 삶에 간여하시고 판단하실 수 있는 것이다.

그렇다면, 이방인들의 죄악은 구체적으로 무엇인가? 그들의 죄악은 교회 (이스라엘) 핍박, 창조질서의 파괴 (예컨대, 동성애), 교만, 포악함과 잔학성, 우상숭배 등이다. 하나님을 떠난 열방은 모두 심판의 대상으로, 우상숭배나 불신앙이 근본 죄악이다. 거기서 모든 음행과 교만, 잔학성, 창조 질서의 파괴가 나오는 것이다. 아모스는 주변 북의 다메섹, 서편의 가사, 북의 두로, 동편의 에돔과 암몬, 동남쪽의 모압 등을 쳤다. 마지막으로 남쪽의 유다와 자신의 임지인 이스라엘도 역시 심판 메시지로 쳤다. 그가 선포한 열방을 치는 설교는 약간이 차이는 있지만, 각 나라마다 기본 형식이 대동소이하다.

나 라	도입문 A	기소 C	심판 D	은혜 B
다마스커스 (1:3–5)	1:5b	1:3a, 3c	1:3b, 4, 5a	
가사 (1:6–8)	1:6a, 8b	1:6b, 6d	1:6c, 7, 8a	
두로 (1:9–10)	1:9	1:9	1:9, 10	
에돔 (1:11–12)	1:11	1:11	1:11, 12	
암몬 (1:13–15)	1:13, 15	1:13	1:13, 14, 15	
모압 (2:1–3)	2:1, 3	2:1	2:1, 2, 3	
유다 (2:4–5)	2:4	2:4	2:4, 5	
이스라엘 (2:6–16)	2:6, 11, 16	2:6, 7, 8, 12	2:6, 13–16	2:9–11

일목요연하게 정리하고 보면, 하나님께서 베푸신 "은혜" (B) 항목은 오직 이스라엘 메시지에서만 나타난다. 유다도 언약 백성인데 베푸신 은혜 항목은 빠졌다. 왜 그런 결과가 나타났는가? 하면, 유다 출신 아모스 선지자는 이스라엘에게 복음을 선포하라는 사명을 받아 그곳에서 일하였기 때문에, 유다는 사실상 그에게는 열방

이나 마찬가지였다. 즉, 아모스의 메시지를 유다 사람들은 직접 듣고 있지 아니 했다.
여기 열거된 이스라엘 주변 나라들의 죄목을 (C) 본다면, 다메섹은 길르앗 침공 (1:3), 가사는 (이스라엘 혹은 유다인) 포로를 에돔에 팔았던 죄 (1:6), 두로는 역시 포로를 에돔에 넘긴 죄 (1:9), 에돔은 형제 이스라엘을 향하여 긍휼을 버리고 항상 분노한 죄 (1:11), 암몬은 길르앗에 잔인한 살육을 감행한 죄 (1:13), 모압은 에돔에게 잔인하게 행한 죄 (2:1), 유다는 율법을 범한 죄 (2:4), 이스라엘은 역시 율법을 범한 죄 (2:6–8) 등이다. 여기서 보듯, 가사, 다메섹, 가사, 암몬 등이 모두 구약 교회인 이스라엘을 핍박한 죄목으로 기소당하고 심판을 선고받는다. 모압만이 잔학성 때문에 기소당하고, 이스라엘과 유다는 언약 백성으로서 언약을 파기한 죄목으로 기소 당한다.
여기서 열방 중에 다메섹을 골라 메시지를 분석해 보자.
다마스커스 (1:3–5)

C 다메섹의 서너 가지 죄로 인하여 (1:3a)
D 내가 그 벌을 돌이키지 아니하리니 (1:3b)
C 이는 저희가 철 타작하듯 길르앗을 압박 하였음이라 (1:3c)
D 내가 하사엘의 집에 불을 보내리니 벤하닷의 궁궐들을 사르리라 (1:4)
내가 다메섹 빗장을 꺾으며 아웬 골짜기에서 그 거민을 끊으며
벧에덴에서 홀 잡은 자를 끊으리니
아람 백성이 사로잡혀 길에 이르리라 (1:5a)
A 이는 여호와의 말씀이니라 (1:5b)

여기서 A는 사신 도입문, C는 열방의 범죄 기소, D는 처벌 선고이다.
다메섹의 죄는 이스라엘의 영토 길르앗을 침공한 죄이다. 그에 대한 처벌로 하나님은 하사엘의 집에 불을 보내고, 벤하닷의 궁궐을 사르리라 위협하신다. 벤–하닷은 "하닷의 아들" 이란 의미이고, 아람어로는 "비르–하닷" 인데 히브리어로 바꾼 이름이다. 구약에서 벤–하닷은 적어도 두 명의 아람 왕 이름으로 언급된다. 하나는 왕상 15:18–20에서 언급된 주전 9세기 초의 탭–림몬의 아들 벤–하닷이고, 다른 하나는 하사엘의 아들 벤–하닷이다 (왕하 3:3, 24–25; 주전 8세기 초). 하사엘은 벤–하닷의 부친이다. 하나님께서 다메섹에 선고하신 그 처벌은 병행법으로 이루어졌다.

내가 하사엘의 집에 불을 보내리니 / 벤하닷의 궁궐들을 사르리라 (1:4)
내가 다메섹 빗장을 꺾으며 / 아웬 골짜기에서 그 거민을 끊으며 / 벧에던에서 홀 잡은 자를 끊으리니
아람 백성이 사로잡혀 길에 이르리라 (1:5a)

4절에서는 하사엘의 집 / 벤–하닷의 궁궐들, 불을 보내다 / 사르리라 등이 단어 짝들이다. 하사엘의 집은 후반절에 비추어 하사엘 왕의 궁궐을 가리킨다. 하사엘의 집이나 벤–하닷의 궁궐들은 사실 같은 실체를 가리킨다. 하사엘은 벤–하닷의 부친이자 왕이었고, 벤–하닷은 그의 후계 왕으로 같은 궁궐에 살았을 것이기 때문이다.
5절에서 다메섹 빗장은 다메섹 도성의 성문 빗장을 가리킨다. 성문의 빗장이 깨어지면, 성문이 열리고, 성문이 열리면 그 도성은 함락된 것을 말한다. 곧 다메섹 도성을 함락시키고 파괴하리라는 예고이다. 그 다음 문장은 "아웬 골짜기에서 그 거민을 끊으며" 라 (wəhikrattî yôšēḇ mibbiqʿaṯ-ʾāwe) 하는데, "아벤" 은 죄악이나 우상숭배, 무(無) 등을 의미하는데, 아벤 골짜기란 아람의 어떤 특정한 평지를 지시할 수도 있다. 예컨대, 레바논과 안티–레바논 사이 평지를 지시할 수도 있다. 좀 더 구체적으로 바알벡 (Baalbek 골짜기로 확인할 수 있지만, 그것보다는 다메섹이 위치한 지역을 "죄악" 의 골짜기로 상징적으로 지칭한 듯 보인다.
그 죄악의 골짜기에서 "그 거민" 은 (yôšēḇ) 누구인가? 문자적으로 하면, "거하는 자" 혹은 "앉은 자" 란 의미인데, 후자의 의미로 취하는 것이 여기 문맥에서 적절하다. 왜냐하면 다음 문장 "벧에덴에서 홀 잡은 자를 끊으리라" 와 병행을 이루고 있기 때문이다.

아웬 골짜기에서 그 거민을 끊으며 / 벧에던에서 홀 잡은 자를 (끊으리니)
전.후반절에서 단어 짝을 찾아본다면, 아웬 골짜기 / 벧에던, 그 거민 / 홀 잡은 자, 끊으리라 / ( ) 등이다. 후반절에서 "끊으리라" 는 번역자들이 삽입한 것이고, 원문에서 전반절에서만 나타난다. 여기의 단어짝 비교에서 "그 거민" 이 바로 "홀 잡은 자" 인데, "그 거민" 대신 "(보좌에) 앉은 자" 로 이해하면, 홀 잡은 자 곧 왕과 병행을 이루게 된다 (NIV, ELB). 벧 – 에던은 (벧 – 에덴) 이스라엘 북동편 200 마일 지점 유프라테스 상류 굽이 지역에 위치했던 고대 아람 왕국이었다. 이 아람 왕국이 다메섹과 함께 하나님의 심판을 받는 것은 저들 아람 나라들이 합하여 이스라엘의 영토 길르앗을 침공했기 때문일 것이다.

셋째로, 언약백성의 죄악은 언약 조항에 근거 심판

심판 메시지가 3–6 장에서 선포되는데, 둘째 메시지를 (4 장) 보면,
1 "사마리아 산에 거하는 바산 암소들아 이 말을 들으라!" 라는 초대의 말이 나타나고, 1 절 후반부에서부터 메시지가 제시되고 있다:

C 1b 너희는 가난한 자를 학대하며 궁핍한 자를 압제하며
가장에게 이르기를 술을 가져다가 우리로 마시게 하라 하는도다
D 2 주 여호와께서 자기의 거룩함을 가리켜 맹세하시되
때가 너희에게 임할지라 사람이 갈고리로 너희를 끌어가며 낚시로 너희의 남은 자들을 그리하리라
3 너희가 성 무너진 데로 말미암아 각기 앞으로 바로 나가서 하르몬에 던지우리라
A 이는 여호와의 말씀이니라
C 4 너희는 벧엘에 가서 범죄하며 길갈에 가서 죄를 더하며
아침마다 너희 희생을, 삼일 마다 너희 십일조를 드리며
5 누룩 넣은 것을 불살라 수은제로 드리며 낙헌제를 소리내어 광포하려무나
이스라엘 자손들아 이것이 너희의 기뻐하는 바니라
A 이는 주 여호와의 말씀이니라

우리가 ABCD 로 표시한 부분들은 각기 사신 도입문 (A), 언약 조항에 근거한 기소 (C), 기소에 근거한 심판 선고 (D) 등을 의미한다. 즉 선지자들의 심판 메시지 형식은 언약서의 형식과 정확하게 상응한다. 4 장 나머지 부분도 살펴보자:

D 6 또 내가 너희 모든 성읍에서 너희 이를 한가하게 하며 너희 각처에서 양식이 떨어지게 하였으나
C 너희가 내게로 돌아오지 아니 하였느니라
A 이는 여호와의 말씀이니라
D 7 또 추수하기 석 달 전에 내가 너희에게 비를 멈추어
어떤 성읍에는 내리고 어떤 성읍에는 내리지 않게 하였더니
땅 한 부분은 비를 얻고 한 부분은 비를 얻지 못하여 말랐으매
8 두 세 성읍 사람이 어떤 성읍으로 비틀거리며 물을 마시러 가서
만족히 마시지 못하였으나
C 너희가 내게로 돌아오지 아니 하였느니라
A 이는 여호와의 말씀이니라
D 9 내가 풍재와 깜부기 재앙으로 너희를 쳤으며
팟종이로 너희의 많은 동산과 포도원과 무화과나무와 감람나무를 다 먹게 하였으나
C 너희가 내게로 돌아오지 아니 하였느니라
A 이는 여호와의 말씀이니라
D 10 내가 너희 중에 염병이 임하게 하기를 애굽에서 한 것처럼 하였으며
칼로 너희 청년들을 죽였으며 너희 말들을 노략하게 하며 너희 진의 악취로 코를 찌르게 하였으나

C 너희가 내게로 돌아오지 아니 하였느니라
A 이는 여호와의 말씀이니라
D 11 내가 너희 중의 성읍 무너뜨리기를 하나님 내가 소돔과 고모라를 무너뜨림 같이 하였으므로
너희가 불붙는 가운데서 빼낸 나무 조각 같이 되었으나
C 너희가 내게로 돌아오지 아니 하였느니라
A 이는 여호와의 말씀이니라
D 12 그러므로 이스라엘아 내가 이와 같이 네게 행하리라
내가 이것을 네게 행하리니
C 이스라엘아 네 하나님 만나기를 예비하라
P 13 대저 산들을 지으며 바람을 창조하며 자기 뜻을 사람에게 보이며
아침을 어둡게 하며 땅의 높은 데를 밟는 자는 그 이름이 만군의 하나님 여호와니라

A는 여기서 사신 도입문에 해당되고, C는 언약 조항에 근거한 기소 혹은 언약 백성으로서 마땅히 행하여야 할 일, D는 하나님께서 언약 백성을 징계 처벌하는 심판 혹은 앞으로 하실 심판을 가리킨다. 보통 기소하고 (C), 기소에 근거하여 심판을 (D) 선고하지만, 여기서는 심판을 먼저 시행하시고 (D), 저들이 회개하여 돌이키길 (C) 기대하셨다는 약간 변형된 모습의 심판 메시지를 전한다. 이 메시지는 주로 '기소' 에 초점을 맞추고, P는 하나님을 찬양하는 말씀이다.

넷째로, 환상으로 장래 심판을 보이다

심판 환상들 (암 7:1–9:6) 이 나타나는데, 황충 환상 (7:1–3), 불 (7:4–6), 다림줄 (7:7–9), 여름과실 (8:1–14), 성소 파괴 (9:1–10) 등이다. 이런 환상들은 모두 하나님께서 행하실 심판을 애니메이션처럼 보여주시는 것인데, 선지자의 중보 기도로 심판이 철회되기도 한다.

예컨대,

V 7:1 주 여호와께서 내게 보이신 것이 이러하니라
왕이 풀을 벤 후 풀이 다시 움돋기 시작할 때에 주께서 황충을 지으시매
JV 2 황충이 땅의 풀을 다 먹은지라 내가 가로되
I 주 여호와여 청컨대 사하소서 '야곱' 이 미약하오니 어떻게 서리이까? 하매
R 3 여호와께서 이에 대하여 뜻을 돌이켜 가라사대 이것이 이루지 아니하리라

환상 중에 심판의 참극을 보고, 선지자는 하나님께 백성을 위해 중보 기도한다. 그의 중보 기도에 하나님은 심판을 계획하셨다가 철회하신다. VJIR 이란 약자를 임의적으로 사용했는데, V는 환상 (Vision), JV는 Judgment Vision (심판 환상; 줄여서 J) 환상이라면, I는 Intercession (중보기도), R은 Retraction (철회) 등을 의미한다.

그런데 여기서 처음 제시된 된 환상 장면 "왕이 풀을 벤 후 풀이 다시 움돋기 시작할 때에" 는 (1b) 무엇을 의미하는가? 문자적으로, "이모작이 자라기 시작할 때, 보라, 왕의 풀베기 이후의 이모작" 이다. "이모작" 이라 번역된 말은 (leqeš) 첫 곡식을 거둔 후에 두 번째로 자란 곡식을 가리키는 데, 자생적인 것인지, 아니면 두 번째로 뿌린 씨가 자란 것인지 분명치 않다. 그렇다면, 왕의 풀베기는 무엇인가? 왕이 일종의 세금처럼 백성의 목초지에서 먼저 풀을 베어 왕실 가축 사료를 거둔 후에, 일반인이 자기 목초에서 다시 풀이 자라면 그것으로 자기 가축을 먹이는 관례가 있었다고 추정한다. 이런 왕의 풀베기가 끝나고 이모작이 싹을 낼 때 그것들을 먹고자 황충이 먹으려 떼 지어 몰려오는 장면을 연상해 보라.

유사한 JIR 패튼이 7:4–6 에서도 나타난다.

J 4 주 여호와께서 또 내게 보이신 것이 이러하니라

주 여호와께서 명하여 불로 징벌하게 하시니 불이 큰 바다를 삼키고 육지까지 먹으려 하는지라
I 5 이에 내가 가로되 주 여호와여 청컨대 그치소서! '야곱' 이 미약하오니 어떻게 서리이까? 하매
R 6 주 여호와께서 이에 대하여 뜻을 돌이켜 가라사대 이것도 이루지 아니 하리라 하시니라

이 두 환상들은 하나의 짝을 이룬다. 둘 다 하나님의 백성을 "야곱" 이라 부르고 있다. 두 환상에서 모두 중보기도와 하나님의 심판 철회가 나타나고 있다. 성경에서 흔히 꿈이나 (바로의 꿈 [창 41 장], 느부갓네살의 꿈 [단 2, 4 장, 단 7 장]) 환상은 둘씩 짝을 이루며 나타난다. 이는 반복함으로 확정된 것을 강조하는 방식이다 (창 41:32). 히브리어 시가에 특징인 병행법도 이런 반복에 의한 강조 기법이라 할 수 있다.

이 두 환상에서 선지자의 중보기도가 나타났고, 그에 대한 응답으로 하나님의 심판 철회가 있었다. 이 심판 철회는 "야웨께서 뜻을 돌이키다" 라고 (niHam yhwh) 표현하였다 (3, 6 절). 앤더슨과 프리드만은 야웨 하나님의 돌이키심은 세 가지 상황에서 주로 나타난다고 지적했다 (F. I. Andersen and D. N. Freedman 1989:644–45).

1) 인간적 정황에서의 어떤 사건들이나 발전들에 대한 반응일 수 있다;
2) 모세나 (출 32:10–14) 사무엘, 아모스 같은 선지자가 중보 기도할 때;
3) 백성이 말이나 행위에서 참으로 회개할 때 등이다.

다음 두 환상도 짝을 이루며 나타난다 (7:7–9, 8:1–3):

JV 7 또 내게 보이신 것이 이러하니라
다림줄을 띄우고 쌓은 담 곁에 주께서 손에 다림줄을 잡고 서셨더니
8 내게 이르시되 아모스야 네가 무엇을 보느냐? 내가 대답하되 다림줄이니이다!
JE 주께서 가라사대 내가 다림줄을 '내 백성 이스라엘' 가운데 베풀고 다시는 용서치 아니하리니
9 이삭의 산당들이 황폐되며 이스라엘의 성소들이 훼파될 것이라
내가 일어나 칼로 여로보암의 집을 치리라 하시니라

이 다림줄 (plumb line) 은 벽돌을 쌓을 때, 건축할 때, 줄에 돌이나 납을 달아 위에서 줄을 아래로 내려 건물의 반듯함을 측량한다. 그런데, 여기서는 심판의 문맥이므로, 그런 측량줄을 건물을 재고, 구역을 측량하여, 파괴할 구역이나 건물을 계산하는 것으로 추정한다 (암 7:17 "네 땅은 줄 띄워 나누일 것이며" 참조). 그런데 이런 심판의 환상을 보고도, 선지자는 중보기도를 올리지도 아니하고, 하나님은 따라서 심판 예고를 철회하시지도 않는다. "다시는 용서치 아니하리니" 라는 무서운 말씀은 심판이 계획대로 엄정하게 시행될 것을 예고해 준다. 사실 환상 중이기 때문에 선지자가 기도하고 말고가 없었다. 그냥 중보기도가 없는 장면만 나타났을 뿐이다. 이런 환상을 보이신 것은 하나님께서 이전처럼 용서치 않고 반드시 이스라엘을 심판하실 것을 작정하셨기 때문이다. 반면 앞에서 선지자가 중보 기도하는 장면과 그 결과 예고된 심판이 철회된 환상은 하나님께서 이스라엘을 조금 봐 주시려는 계획을 이미 갖고 있었음을 암시해 준다. 이 경우에 선지자는 환상에서 깨어, 이스라엘을 위해 기도해야 했다. 이런 환상을 보여주신 것은 기도할 때 반드시 하나님의 심판 철회가 있을 것이 암시되었기 때문이다.

다음 환상을 보면 (8:1–3),

JV 8:1 주 여호와께서 또 내게 여름 실과 (qāyiṣ) 한 광주리를 보이시며
2 가라사대 아모스야 네가 무엇을 보느냐?
내가 가로되 여름 실과 (qāyiṣ) 한 광주리니이다 하매
JE 여호와께서 내게 이르시되
'내 백성 이스라엘' 의 끝이 (qēṣ) 이르렀은즉 내가 다시는 저를 용서치 아니하리니
3 그 날에 궁전의 노래가 애곡으로 변할 것이며
시체가 많아서 사람이 잠잠히 처처에 내어버리리라
M 이는 주 여호와의 말씀이니라

여기 환상에서는 심판 환상이 (Judgement Vision) 보여지고, 다음에 심판 시행의 모습이 (Judgement Execution) 나타나고, 끝으로 M 은 이 환상 계시가 하나님의 말씀임을 보증한다 (Messenger Formular). JV 는 환상이라면, JE 는 그 환상이 실제로 이루어질 모습을 보여준다. 앞에서 언급한대로, 8:1-3 의 환상은 7:7-9 환상과 하나의 짝을 이룬다. 두 환상에서 하나님의 백성은 모두 "내 백성 이스라엘" 로 지칭된다. 앤더슨과 프리드만은 첫째 짝 환상들의 "야곱" 과 둘째 짝 환상들의 "내 백성 이스라엘" 은 북왕국 이스라엘이 아니라, 이스라엘과 유다 모두를 지칭한다고 논증한다 (1989:631 이하). 저들의 논증이 옳다면, 아모스는 분명 북왕국에서 말씀을 외쳤지만, 그가 본 환상에서는 남북 왕국이 모두 하나로 야곱 혹은 내 백성 이스라엘로 지칭되고, 전체 이스라엘이 심판을 받을 것이 제시된 것이다.

그런데 여기 제시된 심판 환상의 의미는 원문을 보아야 분명히 드러날 수 있다. 본문에서 "여름 실과" 는 "콰이츠" 이고, "끝" 은 "케츠" 이다. 둘은 소리가 유사하여, 하나님은 환상 가운데서도 "말 유희" 기법으로 말씀하신다. 여름 실과 한 광주리를 보여주시고, 이스라엘의 "끝" 이 이르렀다고 말씀하시는 것이다. "콰이츠" 를 보여주시고, "케츠" 를 예언하신다. 유사한 "말 유희" 환상과 메시지는 렘 1:11-12 에서 묘사된 "살구나무 가지" 와 (maqqēl šāqēḏ) 그 환상에 근거한 메시지, "내가 내 말을 지켜 그대로 이루려 함이니라" 에서 (šōqēḏ) 나타난다. 하나님은 "솨케드" 를 (살구나무) 보여주시고, 그 말의 소리와 유사한 메시지를 (쇼케드,' 내가 [내가 네게 선포케 한 그 말을 성취하기 위해] 깨어 지키고 있다) 말씀하시는 것이다.

마지막 환상을 보면,

JV 9:1 내가 보니 주께서 단 곁에 서서 이르시되
기둥머리를 쳐서 문지방이 움직이게 하며
그것으로 부숴져서 무리의 머리에 떨어지게 하라
JE 내가 그 남은 자를 칼로 살륙하리니 그 중에서 하나도 도망하지 못하며
그 중에서 하나도 피하지 못하리라
2 저희가 파고 음부로 들어갈찌라도 내 손이 거기서 취하여 낼 것이요
하늘로 올라갈찌라도 내가 거기서 취하여 내리울 것이며
3 갈멜산 꼭대기에 숨을지라도 내가 거기서 찾아낼 것이요
내 눈을 피하여 바다 밑에 숨을지라도 내가 거기서 뱀을 명하여 물게 할 것이요
4 그 원수 앞에 사로잡혀 갈지라도 내가 거기서 칼을 명하여 살륙하게 할 것이라
내가 저희에게 주목하여 화를 내리고 복을 내리지 아니하리라 하시니라

이 환상은 형식상, 앞의 두 짝의 환상들과 다르다. 그러나 그 메시지는 둘째 짝 환상들과 같이 작정된 확실한 심판이다. 야웨께서 그 곁에 서신 "그 제단" 은 벧엘의 우상 제단일 것이다. 그 제단 곁에서 주님은 큰 "기둥의 머리들" 을 (기둥머리, kap̄tôr; capital of a pillar) 치라! 고 명령을 발하신다. 기둥머리들을 칠 때 "문지방들" 이 (sippîm) 흔들리는 것은 건물의 구조물이 전체로 흔들리고 부서지는 전조이다. 이 건물은 벧엘 우상 성전을 가리키는 듯 보인다. 이 성전이 무너질 때, 사람들이 살육을 당하나 도피한 자들은 하나님께서 추격하여 다 살육하실 것이다. 그래서 아무도 도피하지 못할 것이다. 혹시 피하여 하늘로 솟구치고, 음부로 꺼지고, 갈멜 산에 숨으며, 바다 밑에 숨을지라도 혹은 원수의 포로가 된다 해도 하나님은 저들을 추적하여 다 살육하실 것이다. 바다 속에 숨으면 하나님은 바다뱀을 명하여 물게 하실 것이다. 유사한 사고는 시 139:7-10 에서도 나타난다. 여하간 하나님의 악인 심판은 너무나 확고하고 철저할 것이 예고되었다.

이런 환상을 본 선지자의 마음은 얼마나 고통스러웠을까? 오늘날 타락한 이 나라의 파멸 환상들을 보았다면 우리 성도의 가슴은 어떠할 것인가? 그런 환상들이 주어지기 전에 깨어서 이 나라를 위해, 교회를 위해, 가정을 위해, 자녀를 위해 기도하는 일, 이것이 이 말씀을 읽는 자들의 사명이다.

다섯째, 나의 이력과 소명 (암 7:10–17)

아모스는 유다 땅 드고아의 목자요, 농부였다 (암 1:1, 7:14). 드고아는 오늘날 예루살렘 남방 16 킬로 지점에 위치한 키르벳 테쿠아로 확인되고 있다. 그곳은 유다 산지에 속한 성읍이다 (대하 11:6). 그곳은 농경지와 광야가 접하는 지대로 농사도 짓고, 목축도 했던 모양이다.

어느 날 하나님은 아모스를 부르셨다. 너는 북으로 올라가 거기서 말씀을 선포하라! 암 7 장에는 그의 소명을 암시하는 중요한 대화가 담겨 있다:

11 아모스가 말하기를 여로보암은 칼에 죽겠고 이스라엘은 정녕 사로잡혀 그 땅에서 떠나겠다 하나이다 하고 12 아마샤가
또 아모스에게 이르되 선견자야 너는 유다 땅으로 도망하여 가서 거기서나 떡을 먹으며 거기서나 예언하고 13 다시는 벧
엘에서 예언하지 말라 이는 왕의 성소요 왕의 궁임이니라 14 아모스가 아마샤에게 대답하여 가로되 나는 선지자가 아니며
선지자의 아들도 아니요 나는 목자요 뽕나무를 배양하는 자로서 15 양떼를 따를 때에 여호와께서 나를 데려다가 내게 이르
시기를 가서 내 백성 이스라엘에게 예언하라 하셨나니

아모스는 원래 선지자도 아니었고 "선지자의 아들" 곧 선지자 생도로 선지자 수업을 받던 자도 아니었다. 그는 오직 목자요 뽕나무 재배하는 농부로서 자기 일에 충실하다가 하나님의 부르심을 받고 북왕국 이스라엘로 올라가서 벧엘에서 말씀을 선포하게 되었다. 벧엘에는 북왕국의 창건자 여로보암 1 세가 세운 성소가 있고, 거기에는 제사장들이 세워져 우상종교를 지탱하고 있었다. 그런 곳에서 심판 메시지를 선포하니 그곳 제사장 아마샤가 선지자 아모스를 대적하며 빌어먹을 곳이 없어 여기 와서 심판 메시지를 선포하냐? 네 고향으로 도망해서 거기서 예언이나 하고 밥벌이나 하라고 조소했다. 이에 아모스가 자신이 밥벌이 할 곳이 없어서, 밥벌이가 필요해서 선지자 노릇하는 것이 아님을 분명하게 주지 시킨다. 나는 원래 농부였고 많은 양떼를 가진 "목자" 였다 (b̂ôqēr) – 사용된 "보케르" 는 일개 목동이 (로에) 아니라 양떼를 거느린 부농일 수도 있다. 그런데 하나님께서 나를 선지자로 부르시고 여기로 보내신 것이다! 라고 항변한 것이다. 그는 "사자가 움킨 것이 없고야 어찌 수풀에서 부르짖겠으며 젊은 사자가 잡은 것이 없고야 어찌 굴에서 소리를 내겠느냐?" (암 3:4) 라고도 했는데, 이 말은 하나님께서 자기에게 말씀을 넣어 주시지 않았다면 어떻게 선지자로서 말씀을 선포하겠느냐? 나는 내가 원해서가 아니라, 하나님이 시켜서 선지자가 되었다고 항변하는 듯 보인다.

모세도 양떼를 칠 때에 하나님이 그를 이스라엘의 해방자요 인도자로 부르셨고 (출 3 장), 엘리사는 농부로 밭을 갈 때 소명을 받았으며 (왕상 19:19), 베드로는 그 형제 안드레와 갈릴리 바다에서 그물을 던지다가 주님의 부르심을 받았다 (마 4:19). 세리 마태는 세관원에서 일하다가 부르심을 받았고 (눅 5:27), 내가 아는 어떤 교수는 김포 세관에서 일하다가 소명을 받아 신학교 교수가 되었다.

이처럼 각기 자기 직업에 충실할 때 하나님은 부르셔서 천국 사명자로 세우신다. 혹은 아예 직업을 갖기 전에 부르기도 하신다. 에스겔이나 예레미야는 모두 제사장 가문 출신으로 자동적으로 제사장이 될 처지에서 선지자로 소명을 받았다. 사정이 어떠하던지 중요한 것은 사명자들은 자신의 소명의식이 확실해야 한다는 점이다. 내가 주님의 소명을 받아 천국 일군으로 부르심을 받았다는 확신을 가질 때에 그는 사명을 제대로 감당할 수 있다. 어떤 이는 목사 안수를 받고서도 소명을 받았는지 확신을 하지 못하고, 선교지에 가서도 허송세월하였다는 말을 들었다. 그런 자세라면 왜 안수를 받는가? 처음부터 시작을 말아야 한다. 중간에 하나님이 무슨 사인을 주시겠지! 라고 생각할 수도 있지만, 먼저 확실하게 소명을 확인한 후에 내 일생을 후회 없이 주님께 드리리라는 자세로 출발해야 한다. 주님도 비유를 통해서 먼저 승리할 확률을 계산해 보고 전쟁에 임하라고 하셨다 (눅 14:31). 망대를 세울 때도 먼저 비용을 계산해 보고 시작하라고 하신다 (눅 14:28, 29). 시작만 하고 마치지 못하면 비웃음거리가 되기 때문이다. 이처럼 주님을 따르는 자들도 일단 주를 위해 출발하기 전에 "자기 부모와 처자와 형제와 자매와 및 자기 목숨까지 미워하" 고 그리스도의 제자로서의 삶을 살 결단을 내리고 출발해야 한다. 그렇지 않고 중간에 소명이 있느니 없느니, 후회하느니 마느니 하면 곤란하다.

2–7. 오바댜

1) 명칭

"오바댜" 는 야웨의 종이란 의미이다. 선지자 오바댜에서 책명이 유래한다. 표제에서 (1 오바댜의 묵시라 주 여호와께서 에돔에 대하여 이같이 말씀하시니라) 연대나 시대적 배경에 대한 언급이 없고, 오직 선포한 메시지가 "에돔"에 관한 것이란 사실만 언급되고 있다. 에돔은 에서의 자손으로, 이스라엘의 불구대천(不俱戴天) 원수였다.

2) 저자와 저작 연대

"오바댜" 란 이름은 아주 흔하여 구약에서 선지자 오바댜 외에, 적어도 12 명의 다른 인물들이 이 이름으로 불리고 있다:

1) 아합의 궁내 대신 "오바댜" (왕상 18:3–7, 16),
2) 귀환 시대 다윗 후손 (대상 3:21),
3) 잇사갈 후손으로, 이스라히야의 아들 (대상 7:3),
4) 사울 가문 아셀의 아들 (대상 8:38, 9:44),
5) 추방에서의 귀환자 (대상 9:16),
6) 다윗이 시글락에 머물 때 다윗에게 귀순한 갓 지파 사람 (대상 12:9),
7) 다윗 시대 스불론 지파 지도자 이스마야의 부친 "오바댜" (대상 27:19),
8) 여호사밧 왕이 백성에게 율법을 가르치도록 임명했던 일단의 무리 중에 속했던 유다의 왕족 (대하 17:7),
9) 요시야 왕 때의 성전 수리 감독 레위인 (대하 34:12),
10) 에스라와 함께 추방에서 돌아온 귀환자들 중 요압 자손 여히엘의 아들 오바댜 (라 8:9),
11) 귀환 공동체의 제사장으로 성전 문 창고 감독 오바댜 (느 10:6, 12:25) 등.
12) 여두둔의 증손, 스마야의 아들 오바댜 (대상 9:16, 느 11:17 에서 "압다")

이 이름들의 철자는 두 가지로 나타나는데, 하나는 "오바댜(야웨를 섬기는 자)" 이고, 다른 하나는 "아브다" 이다 (야웨의 종). 12) 번에서 오바댜의 다른 철자는 "아브다" 로 확인된다.

선지자 "오바댜" 는 그 이름이 "야웨를 섬기는 자" 이므로, "말라기" 처럼 (나의 사신) 보통 명사로 취하여 오바댜 선지서를 쓴 그 선지자의 성격을 가리킨다고 이해할 수도 있지만, 무명의 선지서가 전해진 것은 없다는 점에 비추어, 보통 명사로 취하기는 어렵다. "주영광" 이란 이름을 지닌 사람의 경우, 수 백 년 후의 후대인이 그 이름을 설명할 때 '주영광' 은 고유명사라기보다 보통 명사로 주님의 영광을 위해 살라고 사람들이 그 사람에게 붙여준 이름이라고 이해할 수도 있을 것이다. 그러나 내가 아는 '주영광' 은 엄연히 성이 "주" 씨요, 이름이 "영광" 이며, 그의 부친은 목사이다.

델리취는 가정하길, 선지자 오바댜는 우리가 앞에서 언급한 8) 번 인물, 곧 여호사밧 왕 때의 유다 왕족일 것이라 생각한다 (대하 17:7).

겨우 21 절로 된 구약에서 가장 짧은 책인 오바댜가 유명한 것은 문헌 비평 측면에서 아주 유용한 자료가 되기 때문이다. 그 이유는 오바댜의 메시지와 흡사한 메시지가 렘 49:7–22 에서 나타나기 때문이다. 두 본문은 어느 것이 주인이며, 어느 것이 그 원래 것에 의존하는가? 아니면 두 본문 모두 지금은 상실된 어떤 원래 본문에 의존하는 것인가? 이런 본문 전달사를 연구함에 오바댜서가 비평가들의 손에서 중요한 자료가 된다.

저작 연대를 결정하는데 중요한 것은 에돔의 심판을 선고하는 이 메시지가 예레미야 49:7–22 에서도 유사하게 나타난다는 점을 고려하는 일이다. 다음에 옵 10–14 절에 언급된 예루살렘 멸망을 어떻게 이해하는가? 이다.

우선 옵 1–9 절과 렘 49:7–22 은 아주 흡사하다:

카스파리는 두 본문을 자세히 연구한 후에, 오바댜 본문 배열순서가 예레미야의 그것보다 나으며, 전자의 언어가 후자의 언어보다 보다 짜임새 있고 강력하며, 후자는 전자를 확대시킨다고 지적한다 (C. P. Caspari 1842:7 이하). 카스파리는 예레미야가 에돔에 대한 기존의 예언들을 자신의 의도에 따라 취사선택해서 확대하였다고 지적했다. 에발트 (Ewald), 그라프 (Graf), 퓨세이 (Pusey), 드라이버 (S. R. Driver), 기제브레히트 (Giesebrecht), 빌더보어 (Wilderboer), 쾨니히 (Koenig) 등이 그런 입장을 지지한다. 어떤 선지자가 예레미야의 예언에서 구절들을 선택하면서, 예레미야의 특징적인 표현들을 하나도 포함하지 않는 것들만 정확하게 선택했다는 것은 개연성이 별로 없다 (E. B. Pusey 1860:228 이하). 반면 예레미야가 자신의 예언에 오바댜의 구절들을 섞었다는 가정은 아주 적절하다. 그렇게 섞인 구절들에서 예레미야서 다른 곳에서 나타나는 표현은 하나도 없다.

예레미야는 더구나 이사야서로부터 여덟 구절들을 모압을 치는 설교에서 차용했고 (렘 48:29, 30/ 사

16:6; 렘 48:31/ 사 15:5, 16:7, 11; 렘 48:32/ 사 16:8, 9, 10; 렘 48:34/ 사 15:4–6; 렘 48:36/ 사 16:11, 15:7; 렘 48:37/ 사 15:2, 3; 렘 48:43, 44/ 사 24:17, 18), 같은 선지서로부터 네 구절을 바벨론을 치는 설교에서 가져왔으며 (렘 50:16/ 사 13:14; 렘 50:39/ 사 13:21; 렘 50:40/ 사 13:9), 단어나 관용어 혹은 표현 방식에서 이사야서의 것을 연상시키는 것들도 있다 (렘 50:2/ 사 46:1; 렘 50:8/ 사 48:20; 렘 50:23/ 사 14:4, 6; 렘 50:25/ 사 13:5; 렘 50:34/ 사 47:4; 렘 50:38/ 사 44:27; 렘 51:11/ 사 13:17).
예레미야는 다메섹을 치는 설교에서 아모스 1:4 을 차용하여, 그 설교를 종결지으며 (렘 49:27), 암몬을 치는 설교에서도 아모스 1:15 을 차용했다 (렘 49:3). 이렇게 이전 선지자들의 열방을 치는 예언들을 차용하여 선포할 때, 예레미야 선지자는 이전의 그 예언은 여전히 성취되어야 할 사항들이며, 비록 성취가 늦어진다 해도 하나님의 처벌이 불확실한 어떤 것은 결코 아님을 주지시키고자 했을 것이다. 이처럼 예레미야가 이전 선지자들의 열방을 치는 설교들을 차용하여 자기 예언에 넣는 일은 바벨론, 다메섹, 모압, 암몬 등을 치는 설교들에서 나타났는데, 오바댜의 에돔을 치는 설교 역시 차용하여 활용했다고 봄이 적절할 것이다. 오바댜와 예레미야 사이에 공통인 여덟 구절들은 오바댜에서 하나의 전체를 구성하나, 예레미야에서는 여기 저기 자신의 구절들 가운데 흩어진 채 나타난다. 이런 방식은 모압을 치는 이사야의 설교를 예레미야 선지자가 차용하여 배치한 방식과 유사하다. 예레미야는 오바댜의 에돔을 치는 설교에서 차용하되, 자기가 하나님께 받은 말씀의 중간 중간에 그 차용한 예언을 배치했다고 보인다. 반대로 오바댜가 예레미야의 책에 여기 저기 흩어진 에돔 관련 구절들을 하나로 묶어 제시했다고 보기는 어렵다. 왜냐하면 예레미야서에서 여기 저기 흩어져 있던 구절들을 오바댜가 하나로 묶었다면, 그 묶음이 아주 서로 간 응집성이 단단하고 결속이 잘 된 모습으로 나타난다. 이는 예레미야의 문맥에서 떨어진 구절들이 오바댜에서 결속력이 강한 하나의 모습으로 나타날 수 없으리라는 가정과 상충된다. 따라서 이런 가정보다는, 그 반대의 가정, 곧 오바댜의 예언들을 예레미야가 차용해서 자기 구절들에 여기저기 섞었다는 가정이 훨씬 개연성이 크다.

렘 49:14–16, 9	옵 1–5	암 9:1–4
šəmûʿāh šāmaʿtî mēʾēṯ yhwh wəṣîr baggôyīm šālûaḥ hiṯqabbəṣû ûḇōʾû ʿāleyhā wəqûmû lammilḥāmāh 15 kî-hinnēh qāṭōn nəṯattîḵā baggôyīm bāzûy bāʾāḏām 16tip̄lasṭəḵā hiššîʾ ʾōṯāḵ zəḏôn libbeḵā šōḵnî bəḥagwê hasselaʿ tōp̄śî mərôm gibʿāh kî-ṯagbîaḥ kannešer qinneḵā miššām ʾôrîḏḵā nəʾum-yhwh	ḥăzôn ʿōḇaḏyāh kōh-ʾāmar ʾăḏōnāy yhwh leʾĕḏôm šəmûʿāh šāmaʿnû mēʾēṯ yhwh wəṣîr baggôyīm šullāḥ qûmû wənāqûmāh ʿāleyhā lammilḥāmāh [2]hinnēh qāṭōn nəṯattîḵā baggôyīm bāzûy ʾattāh məʾōḏ [3]zəḏôn libbəḵā hiššîʾeḵā šōḵnî ḇəḥagwê-ssela‘ mərôm šiḇtô ʾōmēr bəlibbô mî yôrīḏēnî ʾāreṣ [4]ʾim-tagbîaḥ kannešer wəʾim-bên kôḵāḇîm śîm qinneḵā miššām ʾôrîḏḵā nəʾum-yhwh	rāʾîṯî ʾeṯ-ʾăḏōnāy niṣṣāḇ ʿal-hammizbēaḥ wayyōʾmer haḵ hakkap̄tôr wəyirʿăšû hassippîm ûḇəṣaʿam bərōʾš kullām wəʾaḥărîṯām baḥereḇ ʾehĕrōḡ lōʾ-yānûs lāhem nās wəlōʾ-yimmālēṭ lāhem pālîṭ [2]ʾim-yaḥtərû ḇišʾōl miššām yāḏî ṯiqqāḥēm wəʾim-yaʿălû haššāmayim miššām ʾôrîḏēm [3]wəʾim-yēḥāḇʾû bərōʾš hakkarmel miššām ʾăḥappēś ûləqaḥtîm wəʾim-yissāṯrû minneḡeḏ ʿênay bəqarqaʿ hayyām miššām ʾăṣawweh ʾeṯ-hannāḥāš ûnəšāḵām [4]wəʾim-yēlḵû ḇaššəḇî lip̄nê ʾōyḇêhem miššām ʾăṣawweh ʾeṯ-haḥereḇ wahărāḡāṯam wəśamtî ʿênî ʿălêhem lərāʿāh wəlōʾ ləṭôḇāh / rāʾîṯî ʾeṯ-ʾăḏōnāy niṣṣāḇ ʿal-hammizbēaḥ wayyōʾmer haḵ hakkap̄tôr wəyirʿăšû hassippîm ûḇəṣaʿam bərōʾš kullām wəʾaḥărîṯām baḥereḇ ʾehĕrōḡ lōʾ-yānûs lāhem nās wəlōʾ-yimmālēṭ lāhem pālîṭ [2]ʾim-yaḥtərû ḇišʾôl miššām yāḏî ṯiqqāḥēm wəʾim-yaʿălû haššāmayim miššām ʾôrîḏēm [3]wəʾim-yēḥāḇʾû bərōʾš hakkarmel miššām ʾăḥappēś ûləqaḥtîm wəʾim-yissāṯrû minneḡeḏ ʿênay bəqarqaʿ hayyām miššām ʾăṣawweh ʾeṯ-hannāḥāš ûnəšāḵām [4]wəʾim-yēlḵû ḇaššəḇî lip̄nê ʾōyḇêhem miššām ʾăṣawweh ʾeṯ-haḥereḇ wahărāḡāṯam wəśamtî ʿênî ʿălêhem lərāʿāh wəlōʾ ləṭôḇāh
9b ʾim-gannāḇîm ballaylāh hišḥîṯû ḏayyām 9a ʾim-bōṣrîm bāʾû lāḵ lōʾ yašʾirû ʿôlēlôṯ	[5]ʾim-gannāḇîm bāʾû-ləḵā ʾim-šôḏəḏê laylāh ʾêḵ nidmêṯāh hălôʾ yiḡnəḇû dayyām ʾim-bōṣrîm bāʾû lāḵ hălôʾ yašʾîrû ʿōlēlôṯ	

예루살렘 멸망을 언급하는 옵 11–14 절을 보자.

11 네가 멀리 섰던 날 곧 이방인이 그의 재물을 늑탈하며 외국인이 그의 성문에 들어가서 예루살렘을 얻기 위하여 제비뽑던 날에 너도 그들 중 한 사람 같았었느니라 12 네가 형제의 날 곧 그 재앙의 날에 방관할 것이 아니며 그 고난의 날에 네가

입을 크게 벌릴 것이 아니라 13 내 백성이 환난을 당하는 날에 네가 그 성문에 들어가지 않을 것이며 환난을 당하는 날에 네가 그 고난을 방관하지 않을 것이며 환난을 당하는 날에 네가 그 재물에 손을 대지 않을 것이며 14 사거리에 서서 그 도망하는 자를 막지 않을 것이며 고난의 날에 그 남은 자를 대적에게 붙이지 않을 것이니라

이 부분에 대한 해석은 크게 두 입장으로 엇갈린다.

(1) 여호람 통치 시대, 아라비아인들이나 블레셋 사람들이 예루살렘에 침공한 사건 (왕하 8:20 이하, 대하 21:16, 17), 아하스 통치 때 에돔인들이 유다를 침공한 것 (대하 28:17) 등이 이 부분의 역사적 배경이다;

(2) 주전 586 년 바벨론의 공격으로 예루살렘이 함락된 사건이다.

첫째 사항에서 (오바댜와 예레미야의 비교) 오바댜는 예레미야보다 이른 시기에 활동했다는 것이 드러났고, 둘째 사항은 첫째 사항을 근거로 주전 586 년의 예루살렘 멸망 이전 사건이라고 판단할 수 있다. 즉 옵 1:11–14 은 대하 21:16–17 에 묘사된 여호람 통치 시대의 (주전 853–841 년) 사건으로 이해할 수 있다.

이런 입장을 지지해 주는 조심스런 증거는 주전 586 년 예루살렘 함락 시에 옵 11 절이 묘사하는 그런 이방인들에 의한 약탈이 자행되었는지 확실치 않다는 점이다.

3) 정경 배열순서

암 9:12 에서 "저희로 에돔의 남은 자와 내 이름으로 일컫는 만국을 기업으로 얻게 하리라 이는 이를 행하시는 여호와의 말씀이니라" 는 말씀 때문에, 에돔을 치는 오바댜 선지서가 아모스 다음에 배치된 듯 보인다. 왜냐하면 옵 19 절에서 "남방 사람은 에서의 산을 얻을 것이며" 라는 사고로 그 말씀이 반향을 울리고 있기 때문이다. 그리고 오바댜가 요나서 앞에 배치된 것은 옵 1 절에서 "사자가 열국 중에 보내심을 받고" 라는 말씀이 요나가 니느웨에 파송된 것에서 예증되기 때문일지 모른다. 그런데 70 인역에서는 맛소라의 호, 욜, 암, 옵, 욘, 미 순서가 아니라, 호, 암, 미, 욜, 옵, 욘 순서이다.

4) 내용 분해

a. 에돔의 멸망 (1–9)
b. 에돔의 죄 (10–14)
c. 이스라엘의 원수들에 대한 심판 (15–16)
d. 이스라엘 백성에 대한 축복 (17–21)
  1. 구원 (17–18);
  2. 이스라엘의 경계선 (19–20);
  3. 주의 나라 (21)

5) 오바댜는 무엇을 가르치는가?

에돔은 에서의 후손으로 이스라엘과 친척 관계였으나, 둘 사이는 마치 한국과 일본 사이처럼 역사적으로 불구대천의 (不俱戴天) 칠천지 원수 관계였다. 원래 세상에서 이웃한 두 나라가 우호적인 곳은 어디도 없다. 언제나 이웃 나라들 사이에는 적대감이 조성된다. 영국과 프랑스, 혹은 영국과 독일, 독일과 프랑스 등이 그 좋은 예이다.

하나님은 에돔의 죄악을 심판하실 것이다. 그러나 시온은 구원을 받아 회복될 것이라고 오바댜는 선포한다:

19 남방 사람은 에서의 산을 얻을 것이며 평지 사람은 블레셋을 얻을 것이요

또 그들이 에브라임의 들과 사마리아의 들을 얻을 것 이며 베냐민은 길르앗을 얻을 것이며
20 사로잡혔던 이스라엘의 뭇 자손은 가나안 사람에게 속한 땅을 사르밧까지 얻을 것이며
예루살렘의 사로잡혔던 자 곧 스바랏에 있는 자는 남방의 성읍들을 얻을 것이니라
21 구원자들이 시온 산에 올라와서 에서의 산을 심판하리니 나라가 여호와께 속하리라

2–8. 요나

1) 명칭과 저자

"요나" 는 비둘기란 의미인데, 이스라엘을 상징적으로 가리키는지 모른다. 요나는 여로보암 2 세 (주전 793–753 년) 시대, 갈릴리 가드헤벨에서 부친 '아밋대' 의 아들로 태어났다 (왕하 14:25). 그의 부친은 "아밋대" 이며 (ʾămittay; '진리' 를 의미하는 "에메트" 에서 유래; "나의 신실함") 그의 고향은 나사렛 근처인 "가드헤벨" 이었다 (gaṯ haḥēpēr). 가드헤벨은 여호수아가 스불론 지파에게 할당했던 마을이며 스불론과 납달리 변경 지대 (수 19:13), 세포리스 (Sepphoris) 동편 4 킬로 지점인 마솨드 (Mashhad) 마을로 추정된다.

2) 저작 연대

요나의 활동 연대는 북왕국 여로보암 2 세 시대인데, 요나서가 저작된 시기는 그 메시지가 선포된 시기에서 그다지 멀지 않을 것이다. 여로보암 2 세는 요나 선지자의 말씀대로, 이스라엘 지경을 회복하되 하맛 어귀에서부터 아라바 바다까지 하였다. 요나 선지자가 활동한 시기는 앗시리아의 어느 왕 때인가? 디글랏빌레셀 3 세 (주전 744–727 년) 이전의 혼란한 시대, 앗시리아 왕들의 존재가 희미할 때가 아닌가 추정한다.

3) 요나서의 성격 :

비평가들은 요나서는 보통 '역사적' 이야기가 아니라 교훈을 위한, 실제가 아닌 '비유' 정도로 이해한다. 또 어떤 이들은 "미드라쉬" 성격을 갖는다고 한다. '미드라쉬' 가 무엇이냐? 하면, 반드시 역사적 사건일 필요는 없고, 영해 (靈解) 라고나 할까? 성경 해석과 연관하여 '미드라쉬' 라는 말은 문자적 본문 해석에서 많이 벗어난 목회적 유익을 위한 재미있는 강해 (講解) 이다.
물고기가 사람을 집어 삼키고 그 사람이 사흘 후에 토해져서 살아난다는 것은 불가능한 이야기라는 것이다. 저들은 초자연적인 하나님의 간섭이나 도우심을 알지 못하기 때문에 그런 이야기는 황당무계한 동화에 불과하거나 알레고리 혹은 비유임이 분명하다는 것이다 (ICC 주석이나, G. A. Smith 의 소 선지서 주석 등).

(1) 알레고리

"요나" 란 이름의 의미는 "비둘기" 인데, 이 말은 이스라엘을 상징한다. 요나의 도피는 하나님의 백성이 자기 사명 완수에 실패하는 것을 상징한다. 바벨론은 추방 때에 하나님의 백성을 삼켜버리는 고기와 같다. 귀환 때에 고기의 뱃속에서 이스라엘은 끄집어내어진 것이다. 요나서의 물고기는 하나님의 피조물로서 처벌의 수단이 아니라 구원의 수단이다. 따라서 그 고기를 에피소드에서 너무 비현실적인 실체라고 쥐어 비틀 이유는 없다.

(2) 비유 (parable)

대부분의 비평가들에게 요나서는 도덕적, 교훈적 목적을 지닌 하나의 이야기이다. 어떤 이들은 편협한 국수주의를 책망하거나 항의하는 목적이라 하기도 하고, 다른 이는 하나님의 우주적 구원관 혹은 하나님의 우주적 사랑을 주창한다고 본다. 또 다른 이들은 요나서가 풍자라고 보기도 하고 (M. Burrows 1970; J. A. Miles 1974–75), 상상력의 동화라고 간주하기도 한다. 또 다른 이들은 선교 사상을 고취

하는 이야기로 본다 (R. E. Clements 1975).
만약 요나서가 비유라면 그 길이나 다른 비교 대상과의 비교가 결여된 아주 특이한 비유라고 아니할 수 없을 것이다. 또한 기적의 요소들을 포함한 것은 다른 고대 근동의 비유들에서 찾아보기 힘든 특이한 것이다. 더구나 비유란 인간 상황에 있음직한 것을 제시할 때 설득력을 갖는 것인데, 요나서는 그 점에서 비유로서 적절치 않아 보인다.

(3) 역사

계몽사상의 여파로 밀어닥친 역사 비평 해석법이 일어나기 전까지 전통적으로 요나서는 역사 기술로 이해되어 왔다. 특히 기독인들은 예수께서 요나의 표적을 자신의 죽음과 부활에 비교하고, 니느웨 사람들의 회개를 근거로 그리스도 당대인들의 회개치 않는 완고함을 책망하셨다는 (마 12:39–41, 눅 11:29–30) 사실에서 요나서의 역사성을 확신하였다. 요나보다 더 큰 이가 여기 있다는 예수님의 선언은 니느웨 사람들의 회개가 비역사적 사실이라면 아무런 무게가 없어질 것이다.
마 12:38–41, 눅 11:29–32 에서 주님은 요나를 역사적 인물로 언급함이 분명하다.
요나서는 언약 백성에게 선포된 심판 메시지나 회복 메시지를 담은 다른 선지서들과 달리 요나 선지자의 행적을 기록하고 있을 뿐이다. 그는 언약 백성이 아니라, 니느웨 사람들에게 파송 받아 멸망을 선포했었다. 그래서 그는 구약에서 유일하게 등장하는 공식적인 선교사이다. 그는 선지자 선교사라고 할까? 왜냐하면, 그에게도 엄연히 야웨의 말씀이 임했기 때문이다.

(4) 요나서의 비평

요나는 소선지서 중에서도 정경 배열순서에서 최선두이다. 그렇지만 비평가들은 소위 아람어풍이 요나서에서 발견된다고 하며, 아주 늦은 시기의 저작으로 간주한다. 또 어떤 이들은 요나서에서 예레미야 말씀에 의존한다는 증거를 제시하여 후기 저작설을 뒷받침 하려 하기도 한다. 비평가들은 요나서가 앗시리아 왕을 니느웨 왕이라 (욘 3:6) 칭하는 것은 "영국의 왕" 을 "런던 왕" 이라 칭하는 것처럼 틀린 것이라고 지적해 왔다.
이제 요나서가 후대 저작이라는 증거로 제시되는 근거들을 고려해 본다.

a. 단어들

1. 관계 대명사 축약형

관계대명사의 통상형은 "아쉐르" 이지만, 축약형 변형태로는 "쉐" 나 "쉘" 이 있다. 이 변형태 중에서 전자는 욘 4:10 에서, 후자는 욘 1:7 에서 각기 나타나고 있다. 이 축약형은 창 6:3, 49:10, 삿 5:7, 6:17, 7:12, 8:26, 왕하 6:11, 대상 5:20, 27:27, 라 8:20, 욥 19:29, 시 122:3, 4, 123:2, 124:1, 2, 6, 129:6, 7, 133:2, 3, 135:2, 8, 10, 136:23, 137:8, 9, 144:15, 146:3, 5, 전 1:3, 7, 9, 10, 11, 14, 17, 2:7, 9, 11, 12, 13, 14, 15, 16, 17, 18, 19, 20, 21, 22, 3:13, 14, 15, 18, 22, 4:2, 10, 5:4, 14, 15, 17, 6:3, 10, 7:10, 14, 24,8:7, 14, 17, 9:5, 12, 10:3, 5, 14, 16, 17, 11:3, 8, 12:3, 7, 9, 아 1:6, 7, 12, 2:7, 17, 3:1, 2, 3, 4, 5, 7, 11, 4:1, 2, 6, 5:2, 8, 9, 6:5, 6, 8:4, 8, 12, 애 2:15, 16, 4:9, 5:18, 욘 1:7, 4:10 등에서 나타난다.
여기서 보듯, 비평가들조차 히브리 시들 중에서 가장 이른 시기의 것이라 인정하는 드보라의 노래에서조차도 (삿 5:7) 축약형이 사용되고 있다.

2. 단어들

솨타흐 (1:12), 크리아 (3:2), 타암 (3:7), 아말 (4:10), 립보 (4:11), 민나 (2:1, 4:6 이하), 버쉘러미 (1:7), 버쉘리 (1:12), 쉐빈 – (4:10), 이트아쉐트 (1:6), 하리쉬 – 트 (4:8) 등 아람어 단어가 사용되었다고 그 책이 후대의 저작이란 사고는 별로 무게가 없는 진부한 (陳腐) 주장이다. 왜냐하면, 아람어는 페르시아 시대에 국제 공용어로 사용되었지만, 그 이전에 벌써 국제적으로 널리 사용되었다고 보이기 때문이다. 아람인들이 주전 1,000 년경에 대거 이동을 하여 메소포타미아 지역에 침투하여 저들의 배우기 쉬운 언어가 널리 사용되게 되었다. 아가서나 전도서에서도 아람어 풍 단어들이 등장하므로 이를 근거로 그 책들을 추방 후의 저작이라고들 하지만, 같은 이유에서 그런 책들을 추방 후의 저작이라 할 근거가 명백하다고 하기는 어렵다. 그런 문제들을 결정하는 데는 주관적인 판단이 크게 작용한다고 본다.

란데스는 지적하길, 지금까지 학자들은 요나서에서 이른바 "아람어풍 (Aramaisms)" 을 암시하는 단어들에 비추어 요나서가 추방 이후 시대 산물이라는 입장을 견지했지만, 비교 셈어 언어학적 (comparative Semitic philological) 자료들에 비추어, 그런 단어들 대다수는 아람어라기보다 북왕국 이스라엘 – 페니시아 용례에서 생겨난 것이라 했다 (G. M. Landes 1976). 북부 이스라엘 – 페니시아어나 아람어 용례는 추방 이전과 이후에 모두 있었고, 요나서에서 아람어로 간주된 단어 그 어떤 것도 추방 이후에만 사용되었다고 단정하기 어렵다는 것이다.

"니느웨는 극히 큰 성읍이었다" 는 욘 3:3 의 진술에서 니느웨가 큰 성이었다, 즉 현재 시제가 아니라 완료상으로 표현된 것은 저자가 니느웨가 없어진 오랜 후에 묘사하기 때문이라는 주장도 요나서 연대 결정에는 큰 도움이 되지 못한다. 왜냐하면 그런 완료상은 통상적인 내러티브 시제로 종종 사용되기 때문이다 (창 29:17, 출 9:11, 민 14:24 등).

3. 니느웨 왕

욘 3:6 에서 "니느웨 왕" 이란 표현은 요나서 저자가 앗시리아 제국에서 왕을 부르는 '칭호법' 을 알지 못하는 소치에서 나타난 것으로 간주되어 왔다. 즉 앗시리아가 망한 지 오랜 후에 산 저자는 이전의 호칭 방식을 알지 못하고 앗시리아 왕을 "니느웨 왕" 이라 잘못 불렀다는 것이다.

이런 주장은 오늘날 몇 가지로 논박을 당하고 있다. 우선 왕상 21:1, 왕하 1:3 에서 북왕국 이스라엘 왕을 "사마리아 왕" 이라 부르고 있다. 이렇게 어떤 지역을 왕의 칭호와 함께 첨가하는 방식은 비단 구약만 아니라 신 앗시리아 제국 비문들에서도 나타난다.

다음으로 요나서가 북왕국 이스라엘 사람이 저작이라면, 북 이스라엘 사람들이 푀니시아어의 영향을 받아 앗시리아 사람들이 "총독" 을 의미하는 말을 (쇠킨) 번역할 때, "왕" 이란 단어를 (멜렉 mlk) 대응어로 사용했을 수 있다 (3:6 주석 참조).

b. 신학 사상

비평가들은 요나서에 나타난 사상은 후대의 것이라고 주장한다.

(1) 세계적 선교 사상은 (4:11) 주전 8 세기의 사상과 충돌한다

하물며 이 큰 성읍 니느웨에는 좌우를 분변치 못하는 자가 십이만여 명이요 육축도 많이 있나니 내가 아끼는 것이 어찌 합당치 아니하냐? (욘 4:11) 이런 사고는 시 36:6b 주의 의는 하나님의 산들과 같고 주의 판단은 큰 바다와 일반이라 여호와여 주는 사람과 짐승을 보호하시나이다! 와 유사하다. 즉 후대 사상이라는 것이 비평가들의 주장이다. 이방인을 긍휼히 여기시는 하나님의 마음이 왜 후대 사상이라고만 해야 할까?

(2) 요나서의 사고는 주전 8 세기 선지자들의 사고와 다르다

요나서 기자는 주전 8 세기 선지자들인 호세아나 아모스, 이사야 같은 선지자의 사고와 다른 예언 사고를 지녔다. 요나는 계시들은 8 세기의 선지자들에게, 스가랴에게 그러했던 것처럼 객관적이고 외적이었다고 상상한다. 의심할 나위 없이, 요나가 자기 받은 선교사명을 회피하는 것처럼 묘사함이 자기 목적에 적당했음이 분명하다. 그렇지만, 만약 그가 아모스나 호세아 시대에 살았더라면 사명을 회피하는 선지자를 제시하는 것은 불가했을 것이다. (왕상 13 장에서 불순종하는 이야기는 추방 전 사건으로 보기에는 너무나 특이하다).

(3) 세계적 선교사상은 후기 시대의 특징

스미쓰 같은 이는 (G. A. Smith) 요나서를 헬라 시대 곧 주전 3 세기 저작으로 간주하는데, 그는 이방인들에게도 회개에 근거하여 용서를 베푸시는 하나님의 모습은 구약 어디서도 찾아 볼 수 없는 사상이고, 후대 저작으로 그가 간주하는 이사야 후반부의 사고에 근사한 것이라 지적한다 (495).

답하자면, 특히 세계적 선교 사상은 이사야 후반부 같은 데서나 발견되는 후대 사상이라고 하는데, 우리는 이미 창세기에 세계 선교 사상을 하나님께서 말씀하셨는데, 그것을 이스라엘이 제대로 실천하지 못하고 망각하고 살았다고 본다.

(4) 어떤 비평가들은 요나서가 에스라나 느헤미야서에 묘사된 추방 이후 귀환한 예루살렘 공동체의 편협된 국수주의적 시각을 교정하기 위한 세계적 선교 사상을 고취하기 위해 기록되었다고 주장한다. 따라서 요나서의 저작 연대는 추방 이후 귀환 공동체 시대라는 것이다.

그런 목적으로 요나서를 사용했을 수도 있지만, 요나서 자체에는 저자가 동족 유대인들에게 이방인들을 향해 보다 개방적이고 보다 관대한 자세를 취해야 할 것을 권하는 사고는 찾아보기 어렵다.

c. 다른 작가들 모방

욘 3:9 은 욜 2:14, 4:2 은 욜 2:13, 출 34:6 을 따왔다. 요나가 "키카욘" 식물 아래 있는 것은 엘리야가 광야에서 로뎀 나무 아래 있는 사건 이야기를 따 왔다고 (왕상 19:4 이하) 한다.

답하자면, 모세가 체험한 그 신현 현상에서 선포된 하나님의 속성 묘사는 고전적인 것으로 후대 선지자들의 사상적 모판이었다. 따라서 요나만 모방자라고 할 일이 아니다. 그리고 요나가 키카욘 덩굴 아래서 햇볕을 피했다는 것이 어찌 반드시 엘리야 선지자의 로뎀 나무 아래 사건을 모방한 이야기라고만 할 것인가? 욘 3:9, 4:2 등의 사고를 (회개하면 하나님께서 진노를 돌이키신다) 어찌 반드시 요엘서의 사고를 모방한 것이라고만 할 수 있을까?

d. 니느웨는 저자 당시 존재 않는 양 묘사한다 (욘 3:3)

욘 3:3 에서 주전 612 년에 파멸당한 니느웨를 이제는 존재하지 않는 과거의 도시로 언급한다. 답하자면, "니느웨는 하나님 보시기에 큰 성읍이었다" 라고 하므로, 즉 "성읍이었다" (it was a great city) 라고 완료형을 사용하여 기록 당시에 니느웨는 이미 이 지상에 없었다는 뉘앙스를 풍긴다고 한다.

e. 니느웨

앗시리아의 수도는 역사적으로 보자면, 원래 "앗수르" 란 도시 중심의 국가에서 출발하여, 살만에셀 1 세 통치 기간에 (주전 1274-1245 혹은 1265-1235) "갈라"란 도시를 건설하고 (= 니므룻, 모술 남동편 30 킬로 지점, 티그리스 강변) 그곳으로 천도하였고, 앗수르나시팔 2 세가 주전 880 년경에 다시 '갈라' 를 수도로 정하고 큰 궁궐과 신전들을 세웠다. 사르곤 2 세가 주전 706 년 수도를 코르사밧으로 (Khorsabad) 옮겼으나 (니느웨 약간 북편), 그 아들 산헤립 2 세는 (704-681 년) 건축 사업을 중단 시키고 705 년 니느웨로 천도하였다. 앗수르 → 칼라 (1250 년경부터 706 년까지) → 코르사밧 → 니느웨 (705 년 이후) 순서이다. 이를 지리적 위치로 보자면, '앗수르' 가 가장 남쪽에 위치하였으므로, 남에서 북으로 ('앗수르' 에서 '갈라' 로), 또 다시 북으로 (칼라에서 코르사박으로), 북에서 약간 남으로 ('코르사밧' 에서 '니느웨' 로) 이런 순서로 수도를 천도하였으나 그 도시들은 대략 100 킬로 거리 안에 위치하므로 먼 거리의 천도 (遷都) 는 없었다.

그런데 요나 선지자 시대에 수도는 '갈라' 였고, '갈라' 는 '니느웨' 에서 티그리스 강변을 따라 남동편으로 약 30 킬로 내려간 지점에 위치했다. 그러니까 요나 당시에 앗시리아 왕은 '니느웨' 에서 남동편에 위치한 '갈라' 궁궐에 거했을 것인데, 하나님은 요나를 그 왕도가 아닌 '니느웨' 로 파송하셨다.

그렇게 하신 이유는 아마도 니느웨가 당시 수도는 아니었지만 그럼에도 왕성 (王城) 으로 삼대 주요 도시 중의 하나였고, 그곳 거민들이 하나님의 재앙으로 회개의 메시지를 받기에 가장 수용적인 상태에 있었기 때문이었을 것이다.

6) 내용 분해

(1) 요나의 불순종과 징계 (1–2)
a. 요나의 불순종과 풍랑 (1:1–17)
b. 물고기 뱃속에서 부르는 노래 (2 장)

(2) 요나의 순종, 메시지 선포 (3–4)
a. 선지자의 재 부르심과 순종 (3:1–4)
b. 니느웨 사람들의 회개 (3:5–10)
c. 메시지 반응이 너무 좋아 고민하는 선지자 (4)
1. 불쾌한 요나 (4:1–5); 2. 친절한 주의 설명 (4:6–11)

7) 요나서는 무엇을 가르치는가?

첫째로, 하나님의 말씀은 헛되이 땅에 떨어지지 아니한다

요나는 아마 누더기 옷을 걸치고 (고기에서 나온 주제에 무슨 '양복' 이 있었겠는가?) 니느웨 시내를 돌면서 사십일이 지나면 니느웨가 파멸된다! 고 외쳤을 것이다. 그의 선포하는 소리는 누가 들어도 현실성이 없는 얘기였다. 그러나 그가 보내심을 입어 선포한 그 말씀은 하나님의 말씀이었다. 그의 선포한 메시지는 하나님의 뜻이었다. 그것이 헛되이 땅에 떨어질 수는 없었다. 하나님은 말씀을 전파하라고 하실 때 반드시 그 말씀이 전파되는 자들의 심령을 움직이시고 자기 백성으로 변화시킬 준비를 하고 일군에게 전파하라고 하셨을 것이다.
그분의 말씀은 살았고 운동력이 있어 좌우에 날선 어떤 예리한 검보다 더 예리하고 혼과 관절과 골수를 찔러 쪼개고도 남음이 있다 (히 4:12) 그분은 말씀하셨다 (사 55:10–12)
10 비와 눈이 하늘에서 내려서는 다시 그리로 가지 않고 / 토지를 적시어서 싹이 나게 하며 열매가 맺게 하여 파종하는 자에게 종자를 주며 먹는 자에게 양식을 줌과 같이 11 내 입에서 나가는 말도 헛되이 내게로 돌아오지 아니하고 / 나의 뜻을 이루며 나의 명하여 보낸 일에 형통하리라

둘째로, 요나와 하나님

바다, 제비, 선원들, 대풍, 큰 고기, 박 넝쿨, 니느웨 사람들, 벌레 등은 요나서에서 모두 하나님의 지시에 순응하는 피조물로 등장한다. 생물들도 있고, 무생물도 있다. 어느 것 하나, 하나님의 뜻대로 움직이지 않는 것은 없다. 이 세상 만물이 전부 그러하다. 지금 일이 꼬이고 잘 되지 않는다면 모두 내 자신을 돌아보도록 하는 환경이란 점을 잊지 말자. 왜 일이 이렇게 꼬였나? 그것은 바로 내가 하나님의 뜻에 거스리고 있거나 그분에게 기쁨이 되지 못하기 때문이다. 이 점을 알고 회개하면 일은 제대로 바로 잡아 질 것이다.
만사는 하나님의 손에서 움직이고 있다. 그를 피해 배 밑창으로 숨어 들어간다고 문제가 해결되는 것은 아니다. 그분의 뜻을 거역할 때는 어디로 숨을 수도 피할 수도 없으며, 만사가 그를 대적하게 될 것이다. 요나는 왜 그렇게 어리석게 행동했던가? 그가 물고기 배속에서 사흘간 고통을 당할 때 회개의 기도를 하였지만, 애당초 순종했더라면 그런 고난은 없었을 것이다.
요나는 그 성격이 아주 강한 인물로 나타난다. 요나는 고기 뱃속에 들어가서도 회개할 줄을 몰랐다. 욘 2 장의 요나의 '감사시' 에서 그가 회개했다는 암시가 전혀 없다. 그는 오히려 하나님께서 자신을 목전에서 추방하셨지만 다시 당신의 성전을 바라보겠나이다! 라고 (욘 2:4) 기도하고 있다. 즉, 비록 선원들이 자기를 바다 속으로 던졌지만, 하나님께서 던지신 양 말함으로 그분의 절대 주권은 인정했지만, 자신이 하나님을 떠나 도망

쳤다고 자신의 죄 때문에 이렇게 되었다고는 말하지 않고 있다. 그리고 그는 우상 숭배하는 이방인들과 자신을 대조시켜, 자기는 감사하는 목소리로 주께 제사를 드리고 서원을 갚으리라고 약속한다 (욘 2:9). 요나는 그저 물고기 뱃속에서 죽게 된 그 처지에서 건져 주신 것을 감사할 뿐, 여전히 자신의 불순종을 회개하는 자세가 아니었다.

욘 2 장에 근거한 그런 단정이 옳다는 사실은 4 장에 가면 분명해진다. 요나는 니느웨 사람들이 심판을 받아 멸망하기를 기대하고 기다렸을 뿐 회개할 것을 기대치 않았다. 저들이 회개하자, 오히려 크게 불쾌해 했고 분노까지 하였다. 그리고 하나님께 왜 자신이 니느웨로 가지 않고 다시스 가는 배를 탔는지 이유를 아뢰는데, 그 이유란 것이 하나님께서 자비로우시고 인자하셔서 회개하는 자를 용서하시기 때문에 니느웨 사람들이 회개하고 용서를 받을 것을 싫어했기 때문이었다!

이런 요나의 모습은 잠시 자기를 부르시는 하나님의 부르심에 항변하다가 마침내 굴복하여 하나님의 사명자로 일생을 헌신하는 다른 선지자들과 크게 대비된다. 예레미야도 때로 낙심하여 하나님께 항변하기도 했지만 (렘 20:7-18), 자신의 소명을 끝까지 수행하였다. 아모스는 고백하길, "사자가 부르짖은즉 누가 두려워하지 아니하겠느냐? 주 여호와께서 말씀하신즉 누가 예언하지 아니하겠느냐?" 라고 했다 (암 3:8) 여기서 "사자" 를 하나님으로 본다면, 하나님께서 명령하시는데, 누가 두려워하지 않겠는가? 그분이 나를 선지자로 부르시고 가서 선포하라고 하시는데 누가 거역하겠는가? 라는 것이다.

그러나 요나는 이런 선지자들과 근본적으로 달랐다. 그의 성품이 못된 것인데, 아주 못된 것이다. 어떻게 보면, 기백이 장하게 보이기도 하지만 창조주 앞에서 그런 것이 칭찬받을 수는 없는 노릇이다.

요나의 성격은 비단 선지자들만 아니라, 욘 1, 3, 4 장에 제시된 선원들이나 니느웨 사람들과 확연히 대조되기도 한다. 저들은 재앙을 당하거나 재앙을 예고 받았을 때, 신속하게 회개하고 행동을 개혁하고자 했다. 그러나 요나는 물고기 뱃속에 들어갔어도, 거기서 나왔어도 자기 신념을 바꾸지 아니했다. 니느웨 사람들은 하나님을 믿고 금식을 하고, 베옷을 입었다. 니느웨 왕은 (총독?) 심지어 자기 예복을 벗고 베옷을 입을 뿐 아니라, 보좌에서 내려와 잿더미에 앉아 회개하기까지 했다. 그런 사람들에 비해 요나는 강심장이었다. 이런 사람은 하나님도 어떻게 못하시는 모양이다.

니느웨 사람들은 자신들의 죽음의 예고 앞에 크게 겁내고 살기 위해 온갖 행동을 다 하지만, 요나는 저들이 회개하여 살게 되자, 자기 생명을 거두시라고 두 번이나 하나님께 간구한다 (4:3, 8). 그것이 선지자가 목사가 할 자세인가? 죄인이 회개하면 쌍수를 들고 환영은 못할지언정 자기 목숨을 거두어 달라고 하다니? 앞서 언급한대로 요나서에서 우리는 대풍이나, 벌레, 박 넝쿨, 선원들, 바다, 물고기 등 생물이건 무생물이건 하나님의 뜻에 절대 순종하는 것을 본다. 그럼에도 요나만큼은 예외이다. 그는 여전히 완고하게 자기 신념대로 하나님께 대어든다.

그런데 요나가 신념의 사람, 한 가지로 올곧은 사람이란 인상보다는 자기중심의 완고한 사람인 것이 드러난다. 그것은 "박 넝쿨" 로 번역된 "키카욘" 사건인데, 그 박 넝쿨이 자기 머리위에 그늘을 만들어 줄 때 "심히 기뻐했다" (욘 4:6). 그러다가 하나님께서 벌레로 그것을 갉아 먹게 하시고 시들게 하자, 그는 "사는 것보다 죽는 것이 내게 낫습니다!" 라고 (4:8) 기도한다. 그는 앞서 언급한대로 니느웨 사람들이 회개했을 때도 죽여 달라고 간구했었다. 자기 뜻에 맞지 않거나 자기 몸에 이롭지 아니하면 이렇게 죽여주세요! 하다가도 조금 환경이 좋아지고 서늘해지니 심히 기뻐하고 행복해 했다. 그렇게 행복해 하다가도 조금 환경이 변하니 죽여 달라고 또 기도한다. 요나는 하루 만에 자랐다가 하루 만에 시들어 버린 박 넝쿨만큼이나 쉽게 감정의 기복이 심한 사람이었다.

요나는 자기가 심지도 가꾸지도 아니한 그 박 넝쿨 때문에 기뻐했다가 죽고자 했다가 변동이 심했다. 그 박 넝쿨을 위해 관심을 가졌다거나 기뻐한 것이 아니라, 순전히 자기를 위한 그늘을 지어준다는 사실 때문에 박 넝쿨의 시듦에 그렇게 분내고 불쾌해 했다. 그러나 하나님의 마음은 자신이 창조하신 인간들이 죄 때문에 죽는 것을 아파하시고 그들이 회개하실 때 저들에게 선고했던 파멸을 철회하였다. 요나는 이런 하나님의 마음을 조금도 염두에 두지 않고 있다. 그의 관심사는 하나님의 관심사가 아니었다. 순전히 자기 관심을 따라 움직이는 인물이었다.

마이어 스턴버그는 내러티브에서 등장인물들의 "이름이 명기되는 것 (naming)" 과 줄거리 전개의 움직임 사이의 관계를 이렇게 지적하고 있다:

만약 성경에서 등장인물이 이름이 없이 나타난다면 그는 얼굴 없는 사람으로 등장하는 것이며, 이름을 가지고 나타나면 그는 정체성을 가지고, 역사에서 확실한 위치를 점하고, 이야기에서 미래를 보장받는 특이한 인물이 되는 것이다... 모든 이름들은 행동의 역동성 가운데서 은밀하게 앞으로 일어날 바를 예기한다. 심지어 가장 특이한 특성일지라도 조만간 역사의 과정들과 일치하게 된다 (Meir Sternberg 1985:331).

요나서에서 선원들이나 선장, 니느웨 사람들이나 그들의 왕 (총독?) 등이 등장하지만 모두 무명이다. 조연들이다. 유일하게 이름이 언급되는 두 인물은 요나와 하나님이시다. 요나서의 하나님은 바다에 대풍을 보내시고 (1:4), 요나를 삼키도록 큰 물고기를 준비하시며 (욘 2:1), 그 물고기에게 명령하여 요나를 육지에 토해 내게 하시며 (욘 2:11), 박 넝쿨이 하루 밤에 자라나게 하여 요나의 머리 위에 그늘을 드리우게 하시고 (욘 4:6), 나중에는 벌레를 보내어 그 식물을 갉아 먹어 (4:7) 시들게 하시고, 동풍을 불러 요나의 머리를 강타하게 하신다 (4:8). 이 하나님께 순종하지 아니하는 만물이 없다. 사람이나 생물이나 무생물이나 다 그분의 임의대로 움직인다.

요나는 누구인가? 그는 앞서 묘사한 대로, 하나부터 끝까지 자기중심으로 움직이는 인물이다. 죽더라도 우리식을 고집하는 사람들과 닮은 것인가? 이름 없는 선원들이나 니느웨 사람들도 요나와 대비되어 요나가 어떤 인물인지를 부각시켜 주고 있다. 1, 3 장에서 저들은 각기 재앙이 임할 때 회개하고 구원을 받는 모습을 보이고 있다. 그런데 이런 모습은 4 자에 제시된 요나의 모습과 크게 대비된다. 요나는 뜨거운 태양 아래서 그늘이 사라지고 뜨거운 동풍이 엄습하고 태양이 머리를 때리자, 크게 기진하여, 죽기를 간구한다 (욘 4:4, 8).

선원들이나 니느웨 사람들은 재앙이 임하거나 아니면 예고만 할지라도 회개하고 구원을 간청하는데, 요나는 조금만 자기 몸이 곤고해지면, 죽여 달라고 떼만 쓴다. 이런 남자는 사명자로서 적절한가? 요나는 유대인의 대표이다. 유대인들의 그 완고한 모습이 그대로 드러나고 있다. 주님을 십자가에 못 박아 죽이고 2 천년이 지난 지금도 저들은 자기들의 조상들이 전해준 그릇된 신앙 유산만 붙들고 메시야 예수님을 배척하고 있다. 자기 신념 때문에 저들은 지옥으로 떨어지고 있다.

셋째로, 민족 중심주의를 벗고

요나는 어쩌면 앗시리아를 야만족으로 멸시하고 국수주의 (國粹主義) 사고에 사로잡혔는지 모른다. 이 "국수주의" 는 영어로 Ethno-centrism 에 해당될 것이다. 이 영어는 헬라어에서 유래하는데, 헬라어에서 "민족" 에 해당되는 ethnos 에 "중심" 을 의미하는 kentron 이 (라틴어 centrum) 합해진 단어이다: 자기 민족 중심주의 → 민족주의. 자기 민족이나 문화만 중심이고 타 민족이나 그 문화, 언어, 관습, 종교 등은 모두 야만으로 멸시하는 것이다. 영어의 ethnocentrism 은 윌리암 섬너가 (William G. Sumner) 만들어 낸 것인데, 자기가 속한 집단과 (ingroup) 타인들 사이의 차별 경향을 고찰하고 지어냈다 한다. 섬너에 의하면, 이런 민족주의 사고에 사로잡히면, 자신이 속한 집단의 모든 것을 타인들의 것보다 더 우월하다 보고, 교만, 허영심에 사로잡힌다 (1906).

프란츠 보아스와 브로니슬로 말리노스키 같은 인류학자들은 (Franz Boas, Bronislaw Malinowski) 주장하길, 어떤 인간의 학문이건 학자의 자민족 중심사고를 초월해야 한다고 주장했다. 다른 문화들에 대한 종족 초월적 연구의 지침서로 보아스는 문화 상대주의 원리를 발전시켰고, 말리노스키는 기능주의론을 발전시켰다.
중국인들에게는 중화사상(中華思想, Sino-centrism) 이란 것이 있다. 화이사상(華夷思想)이라고도 하는데, 중국이 세상의 중심이고, 최고 문명국이며 여타 민족은 모두 오랑캐, 야만족이란 사상이다. 여기서의 '중화' 는 세계 중심의 우수한 나라라는 뜻이다. 이 사상은 춘추전국시대부터 진(秦), 한(漢) 시대에 걸쳐 형성되었다. 특히 한대의(漢代) 공양학에서(公羊學) 두드러졌다. 한족의 문화 전통을 지키겠다는 취지에서 불교를 배척하고 유교 사상을 강화하였는데, 이것이 바로 주자학(朱子學)이다. 그 후 만주족(滿洲)이 중국을 통치하며 청나라가 건국되자 반만사상이(反滿思想) 퍼졌다. 중화사상은 서양 제국도 모두 오랑캐로 여기고 외교 교섭을 가지려 하지 않았기 때문에 서양 문화의 수용을 저해하는 걸림돌이 되기도 했다. 그러나 차츰 서양 문화의 가치를 인식하게 되었고, 왕조체제의 붕괴와 함께 기존의 중화사상은 사라졌지만, 20 세기 이래로 중국 내부에서 다수의 한족과 지배받는 나머지 소수민족이 갈등 관계에 놓이자, 때때로 한족 사이에서 중화사상과 같은 것이 발현되기도 하였다. 이것이 티베트인의 반 - 중국 시위 등을 유발하는 데 일정 부분 역할을 하였다.
중국 최고(最古)의 역사서라는 서경(書經)에도 화이사상 비슷한 것이 나타난다. 천자의 통치를 받는 곳에서 멀어질수록 야만족이며 금수(禽獸)에 유사해진다는 사고이다. 이런 화이사상의 영향인지 한국 사람들도 자기를 우월한 민족이라 보고 타민족을 오랑캐, 왜놈, 야만인 등이라 천시하는 경향이 있었다. 헬라 사람들도 자기들만 문명인이고 타민족은 모두 야만족이라 (barbarians; β'αρβαρος) 불렀다.

이런 자기 민족 중심 사고를 초월하기 위해서는 앞서 언급한 "문화 상대주의론" 이나 "기능주의론" 이어느 정도는 도움이 되겠지만, 근본적인 치유책은 될 수 없다. 근본적인 치유는 그리스도의 십자가 구속을 통해서 구원을 받아, 인류가 한 하나님의 지으심을 받은 아담의 후손이요, 한 조상 아담, 노아의 혈통이라는 성경적 사고와 구원받은 자녀는 모두 영원한 천국에서 함께 영원히 거할 하나님의 자녀라는 구원론과 종말론을 공유하는 일이다.

창 10 장은 이스라엘도 하늘에서 떨어진 민족이 아니라, 열방 중의 하나임을 여실히 입증하고 있다. 일본도 자기네 조상 특히 천황가는(天皇家) 태양신의 후손이라고 자부하는데 어리석은 육체의 자랑일 뿐이다. 우리는 복음으로 자 민족 중심주의 사고를 철저히 깨뜨려야 한다. 하나님이 창조주, 모든 민족은 그분의 피조물이요, 한 혈통으로 내려온 형제자매들이다.

아프리카 미개인들도 하나님의 형상으로 지어짐을 받았기 때문에 복음을 선포해야 하고 복음 선포가 가능한 것이다. 그분이 지으신 인간에게 종교성이 있고, 하나님이 만들어 주신 마음에 창조주를 향한 갈망이 있는 것이다. 거기에 바로 복음의 접촉점이 자리잡고 있는 것이다.

2-9. 미가

1) 명칭

미가의(mikaya) 이름은 "누가 야웨와 같으시냐?" 를 의미하는데(미 7:18 에서 말 유희 참조), 그의 부모는 이스라엘의 하나님께서 "무비(無比)의 하나님" 이신 것을 그의 이름을 통해 강조하고자 했던 것 같다. 그분의 권능과 지혜, 그분의 신실하심과 선하심을 누구와 견줄 것인가? 이사야는 이런 무비(無比)의 하나님을 제시하고(사 40:18, 25, 46:5), 그분이 계획하신 제 2 출이집트 구원 계획을 의심하는 자들의 불신앙을 공박하고 있다.

2) 저자와 저작연대

미가나 아모스, 이사야, 호세아 등은 모두 당대인들로서 각기 남과 북에서 활동했던 선지자들이었다. 미가는 북 왕국 이스라엘에 올라가 사역했던 아모스와 유사한 점이 많았다. 둘 다 촌(村) 시골 출신이었지만 모두 당대 지도자들의 죄악을 기소하기에 두려워 아니하였다. 반면 이사야의 매력은 귀족 출신으로서 하나님의 속성들인, 아모스가 외친 '정의' 와 호세아가 외친 '사랑' 과 '인자' 를 하나로 조합하여 하나님의 언약 백성에 대한 심판과 구원을 우주적 스케일로 장엄하고 아름답게 선포한 데 있을 것이다.
미가 선지자가 활동한 시대는 어떠했던가? 비평가들은 미가서 1-3 장은 미가의 것이지만, 나머지는 추방 이후 혹은 추방에서의 귀환 시기에 무명의 후계자들이 편집한 메시지들이라고 생각한다. 그러나 표제에서 볼 수 있듯이, 미가는 미가서의 모든 메시지를 하나님께 받아 증거한 것이다.

미가는 요담 왕 때부터 (주전 740–732 년) 히스기야 시대까지 (주전 715–686 년) 활동했다. 그 당시 국제적으로 본다면, 앗시리아 제국이 이제 근동의 패권을 장악하는 와중이었다. 디글랏빌레셀 3 세는 (주전 744–727 년) 앗시리아를 제국으로 만들기 위해 영토 확장책을 야심차게 밀어 붙였다. 주전 734 년에는 이스라엘의 연안 지역을 공략하고, 주전 733 년에는 북부 이스라엘 지역을 병합시켜 버렸다 (왕하 16 장, 대하 28 장, 사 7–8 장). 살만에셀 5 세는 (주전 726–722) 725–722 년 어간에 사마리아를 공격하였는데, 결국 사르곤 2 세가 (주전 721–705 년) 721 년에 함락시켰다 (왕하 17 장 ; 미 1:2–7 참조).

앗시리아의 패권에 대항하여 간헐적으로 시리아 – 팔레스틴 지역의 소국들이 동맹을 맺고 반기를 들었으나 앗시리아를 대항하기에는 역부족이었다. 북왕국을 멸망시킨 앗시리아는 주전 701 년에는 남왕국 마저 거의 정복하고 예루살렘만 겨우 남겨두고 포위 하였으나 하나님의 기적적인 도우심으로 히스기야의 예루살렘은 위기를 모면할 수 있었다. 앗시리아 산헤립의 (주전 704–681 년) 비문에서 유다를 공략하고 예루살렘을 포위하고 새장의 새처럼 히스기야를 가두었다고 언급한다 (미 1:8–16, 2:12–13, 왕하 18–20 장, 대하 32 장, 사 36–39 장). 미가나 이사야의 설교에 히스기야는 힘을 얻어 하나님을 찾고 신뢰함으로 결국 앗시리아는 패퇴당하고 물러가고 말았다 (렘 26:18).

미가 사역의 시대에서 현저하게 부각되는 몇 가지를 지적하자면, 우선 미가의 시대는 웃시야 왕에 대하여는 언급치 않는다. 그래서 대략 주전 739 년부터 활동을 시작했다고 추정할 수 있다. 둘째로, 그의 시대에는 아직 사마리아가 건재하고 있었다. 사마리아의 멸망에 대하여는 1:6–7 에서 예언하고 있다. 셋째로, 주전 701 년의 앗시리아의 유대 침공에 대하여 예언하고 있다 (1:10–16, 5:6). 넷째로, 유대가 므로닥발라단의 바벨론에 포로가 될 것을 암시하고 있다 (미 4:10; 사 39:1–8).

3) 내용 분해

(1) 첫째 심판과 회복 메시지 (1–2)

a. 심판 예고 (1:2–7);

b. 백성을 애도하다 (1:8–16);

c. 유다의 죄 (2:1–11);

d. 회복의 예언 (2:12–13)

(2) 둘째 : 심판 이후에 축복 (3–5)

a. 지도자들에 대한 심판 (3)

b. 축복 (4–5)

1. 메시야 왕국의 특징 (4:1–8);
2. 그 왕국에 선행하는 사건들 (4:9–5:1);
3. 그 왕국의 통치자 (5:2–15)

(3) 셋째 : 심판과 회복 (6–7)

a. 심판 (6:1–16)

b. 주께 미가가 간구함 (7)

1. 선지자가 백성의 죄를 슬퍼함 (7:1–6);
2. 주를 신뢰함 (7:7–13);
3. 하나님이여, 다시 양떼를 치소서 (7:14);
4. 이적들을 보이리라 (7:15–17);
5. 하나님은 유일무이하시다 (7:18–20)

4) 미가서는 무엇을 가르치는가?

첫째로, 심판과 회복

미가서는 심판과 회복의 메시지가 번갈아 가며 제시되는 그런 구조를 보여준다. 이사야서에서 약간 그런 경향을 보이지만, 미가서에서처럼 그렇게 많은 비율로 회복의 메시지가 나타나지는 않는다. 욥기서에서 욥과 세 친구들의 말이 일련의 사이클로 제시되듯, 미가서에서 심판과 회복의 메시지가 세 번의 사이클로 제시되고 있다 (1–2 장, 3–5 장, 6–7 장). 각 사이클은 "들으라" 는 말씀으로 시작된다 (1:2, 3:1, 6:1).

회복의 메시지들은 모두 "남은 자" 를 (šəʾērîṯ) 언급함으로 (미 2:12–13, 4:6–7, 5:6–7, 7:18) 심판을 통해 악인들이 제거되고 남은 자들이 구원에 이르리라는 메시지를 전달한다. 미가 선지자의 심판 메시지는 물론 시내산과 그 갱신인 모압들 언약에 근거한 것이다 (미 6:1–8). 미가는 실제로 출이집트 당시의 한 상황을 회상하기도 한다:

6:4 내가 너를 이집트 땅에서 인도하여 내어 종노릇 하는 집에서 속량하였고 모세와 아론과 미리암을 보내어 네 앞에 행하게 하였었느니라 5 내 백성아 너는 모압 왕 발락의 꾀한 것과 브올의 아들 발람이 그에게 대답한 것을 추억하며 싯딤에서부터 길갈까지의 일을 추억하라 그리하면 나 여호와의 의롭게 행한 것을 알리라 하실 것이니라

심판과 회복은 모두 그 언약의 상벌규정에 근거한 것이다. 신실하신 언약의 하나님은 배약한 이스라엘을 징계하시되, 회개하는 남은 자는 반드시 구원하시고 회복시키시는 것이다. 언약에 근거한 그분의 신실하심이다. 미가 선지자도 그렇게 확신했다: 주께서 옛적에 우리 열조에게 맹세하신대로 야곱에게 성실을 베푸시며 아브라함에게 인애를 더하시리이다 (미 7:20).

둘째로, 신인 (神人) 이신 메시야 왕

베들레헴 에브라다야 너는 유다 족속 중에 작을지라도 / 이스라엘을 다스릴 자가 네게서 내게로 나올 것이라 / 그의 근본은 상고에 태초에니라 (미 5:2)

미가 선지자는 메시야의 인간적 기원을 베들레헴 출생으로 예고하지만 동시에 그의 기원이 "상고로부터, 태초로부터" 라고 (ûmôṣāʾōṯāyw miqqeḏem mîmê ʿôlām) 언급한다. 여기 자격에 맞는 인물은 오직 신적인 인물이어야 하고, 동시에 베들레헴 출생의 사람이어야 한다. 유사하게 메시야의 신적, 인간적 이중성을 암시하는 구절들은 구약 여기저기서 나타난다. 예컨대, 사 9:6–7, 렘 23:5–6, 슥 13:7, 시 110:1–2, 시 80:17 등이다.

나 여호와가 말하노라 보라 때가 이르리니 / 내가 다윗에게 한 의로운 가지를 일으킬 것이라
그가 왕이 되어 지혜롭게 행사하며 / 세상에서 공평과 정의를 행할 것이며
6 그의 날에 유다는 구원을 얻겠고 / 이스라엘은 평안히 거할 것이며 / 그 이름은 여호와 우리의 의라 일컬음을 받으리라 (렘 23:5–6)

여기 예언된 메시야는 다윗 후손으로 그의 보좌에 앉아 왕으로 통치하는 모습으로 나타난다. 그런데 그는 "야웨 우리의 의" 라 (야웨 치드케누) 불린다. 곧 그는 다윗 후손의 인간이면서도, 야웨 하나님이라 불린다.

만군의 여호와가 말하노라
칼아 깨어서 내 목자, 내 짝된 자를 치라 / 목자를 치면 양이 흩어지려니와

작은 자들 위에는 내가 내 손을 드리우리라 (슥 13:7)

여기서 칼에 상처를 입는 목자는 신약의 증언대로 (마 26:31, 막 14:27) 예수 그리스도이시다 . 그 목자에 대하여 야웨께서는 "내 목자" 라 부르시고 , 동시에 "내 짝된 자" 라고 (ʿămîṯî; 화합본 我的同伴 나의 동무 , mein Gefahrte, mon compagno, my partner) 칭하신다 . 하나님의 친구라면 그분의 '친구' 라 불린 아브라함을 생각할 수 있다 (사 41:8). 그런데 여기 사용된 말은 (아미트) 동일 사회 구성원을 지칭한다 (레위 5:21, 18:20, 19:11, 15, 17, 24:19, 25:14, 15, 17). 이웃 , 친지 , 친척 등의 뉘앙스를 풍기지만 , 하나님의 벗 정도가 아니라 , 신적 세계에서 야웨 하나님의 동료 혹은 그분과 동등의 어떤 신적 존재를 암시해 준다 .

여호와께서 내 주에게 말씀하시기를
내가 네 원수로 네 발등상 되게 하기까지 너는 내 우편에 앉으라 하셨도다
2 여호와께서 시온에서부터 주의 권능의 홀을 내어 보내시리니 / 주는 원수 중에서 다스리소서 (시 110:1–2)

다윗은 여기서 예수님에 관하여 예언하고 있다 . 야웨께서 "내 주에게" (다윗의 주) 말씀하신다는 것은 다윗의 주님 예수 그리스도께 말씀하신다는 것이다 (마 22:45). 다윗 왕에게는 세상에서 종주 대왕이 없었고 , 오직 신적 주인이신 하나님만 그의 종주 대왕이었다 . 다윗의 "주" 께 하나님은 "내 우편에 앉으라" 고 말씀하신다 . 인간 세계에서 일어나는 일에 유추하여 보건대 (왕상 2:19), 오직 하나님과 동등한 권세를 지닌 신적 존재만이 그분의 우편에 앉을 자격이 있다 . 2 절에서는 그 다윗의 주께 (메시야) 권능을 주사 원수 중에 통치하게 하신다 . 즉 그는 인간 중에서 통치하시는 왕적 존재이다 .

이는 한 아기가 우리에게 났고 한 아들을 우리에게 주신바 되었는데
그 어깨에는 정사를 메었고 / 그 이름은 기묘자라 , 모사라 ,
전능하신 하나님이라 , 영존하시는 아버지라 , 평강의 왕이라 할 것임이라
7 그 정사와 평강의 더함이 무궁하며 / 또 다윗의 위에 앉아서 그 나라를 굳게 세우고
지금 이후 영원토록 공평과 정의로 그것을 보존하실 것이라
만군의 여호와의 열심이 이를 이루시리라 (사 9:6–7)

6 절은 메시야의 인간적 출생을 언급한다 . 동시에 그는 "전능하신 하나님"이라 "영존하시는 아버지"라 불린다 . 이 메시야는 7 절에서 다윗 후손이다 . 영존하시는 아버지는 영원의 아버지 , 곧 영원자란 의미로 신적 존재임을 말해 준다 . 반면 평강의 왕 , 모사 (Counselor) 등은 인간임을 암시해 준다 .

특히 이사야의 메시야 예언에서 유명한 7:14 에서는

그러므로 주께서 친히 징조로 너희에게 주실 것이라
보라 처녀가 잉태하여 아들을 낳을 것이요 그 이름을 임마누엘이라 하리라

라고 하는데 , 여기 "임마누엘" 이 바로 "하나님이 우리와 함께 하신다" 는 의미로 , 메시야의 신인적 성격을 선포한다 . 물론 이런 예언은 예수님의 초림을 과거 사건으로 조망하는 신약 성도들의 견지에서 볼 때 그렇게 단순하게 풀이할 수 있지만 , 구약 시대 사람들은 "임마누엘" 의 의미가 하나님의 성육신이심을 어떻게 상상이나 했을까 ? 하나님이 사람의 몸을 입고 오셔서 인간들과 (우리와) 함께 하신다는 것을 꿈이라도 꾸었겠는가 ? 주님은 이 지상에서 30 여년의 세월을 인간과 함께 계시며 하나님이 누구신지를 직접 보여주셨다 .

사 9:6–7 의 메시야 예언에서 특히 강조되는 바는 그의 다윗 후손으로서의 왕적 권세이다 . 그의 왕권은 영원할 것이다 . 동시에 그의 통치는 공평과 정의가 그 특징이다 . 완전한 공의와 공평이 그 통치의 근본 원리이므로 그의 통치는 영원하다 . 그런데 주님의 초림 때에 이 메시야의 왕적 권세는 귀신을 축출하고 병든 자를 고침으로 하나님의 왕권을 행사하실 때 나타났지만 , 이스라엘 사람들의 눈에는 감추어져 있었다 . 저들은 오직 메시야의 지상적 왕권만을 생각했었기 때문에 , 그분의 영적 왕권 행사는 알아보지를 못했다 . 로마 제국을 타도하고 자신들을 독립시킬 말 탄 용사 , 승전하는 백전백승의 왕을 기대했기 때문이다 . 그 결과 "임마누엘" 의 하

나님을 결국 저들은 십자가에 못 박고 말았다.

예수님은 십자가와 부활, 그리고 승천 하신 후에 하나님 보좌 우편에 앉으심으로 메시야 왕으로 정식 등극하신 것이다. 주님은 자신이 부활 승천 이후에 왕으로 등극하실 것을 예언하셨고(눅 22:69), 다른 신약 기자들은 그분이 자신의 예언대로 보좌에 왕으로 앉으신 것을 보도 한다(막 16:19, 행 7:55, 히 1:3, 8:1b, 12:2 등).

그러나 이제 후로는 인자가 하나님의 권능의 우편에 앉아 있으리라 하시니 (눅 22:69)
주 예수께서 말씀을 마치신 후에 하늘로 올리우사 하나님 우편에 앉으시니라 (막 16:19)
그가 하늘에서 위엄의 보좌 우편에 앉으셨으니 (히 8:1b)
이는 하나님의 영광의 광채시요 그 본체의 형상이시라 / 그의 능력의 말씀으로 만물을 붙드시며 / 죄를 정결케 하는 일을 하시고 / 높은 곳에 계신 위엄의 우편에 앉으셨느니라 (히 1:3)
믿음의 주요 또 온전케 하시는 이인 예수를 바라보자 / 저는 그 앞에 있는 즐거움을 위하여 십자가를 참으사 / 부끄러움을 개의치 아니하시더니 하나님 보좌 우편에 앉으셨느니라 (히 12:2)

그리스도께서 왕으로 지금 통치하신다는 사실이 신약이나 구약을 이해하는데 결정적으로 중요하다. 유대인들은 여전히 메시야께서 왕으로 오셔서 자기들을 구원해 주리라 기다리고 있다. 그러나 저들의 기대는 전연 잘못된 것이다. 메시야 왕께서는 이미 2천년 전에 오셔서 인류의 죄를 담당하시고 죽으셨다. 이제 다시 오실 때는 불신앙을 심판하러 오실 뿐, 유대인을 구원하러 오시는 것은 아니다. 2천 년 전에 그분은 유대인을 그리고 온 세상을 "죄에서 구원하러" 오셨다.

동시에 친-이스라엘 노선을 취하여 저 중동의 이스라엘을 무조건 지지하는 세대주의 신학을 따르는 성도들도 주님이 다시 오실 때 예루살렘에서 왕이 되시고 유대인을 1천년간 통치하시리라고 기대하는 그릇된 기대를 버려라. 그분은 이미 왕으로 통치하고 계신다. 다시 오실 그분은 영원한 왕으로 오셔서 세상을 심판하시고 성도들에게 영원히 높임과 섬김을 받으실 것이다.

조선말에 한국에 복음을 전하러 왔던 미국 장로교 선교사들은 대개 보수주의 신학을 견지했지만, 칼빈이나 화란의 개혁주의 신학이 아니라, 종말론이나 세계관에서 세대주의 노선을 따랐다. 따라서 한국의 장로교는 개혁주의라 하지만, 한국 초대 교회 신학자들인 박형룡 박사나 박윤선 박사가 세대주의적 전천년설을 보급함으로 이상한 신학이 되고 말았다. 박윤선 박사의 성경 주석에서 그의 이율배반적 자세를 볼 수 있는데, 그는 걸핏하면 화란 개혁주의 신학자들의 성경 주석을 인용하지만 (예컨대, 계시록에서 Greijdanus), 그 "실현 도중에 있는 종말론" 곧 '무천년설'에 이르러서는 입장을 달리하곤 한다. 구약의 예언들이 그리스도 안에서 성취되었고 지금 교회를 통해 완전히 성취되는 시기가 바로 지금인데, 이 놀라운 주님의 왕권 행사를 무시하고 또 다른 지상 천년 왕국을 말하는 것이다.
흥미로운 점은 칼빈이나 화란의 개혁주의 사상은 장로교 중에서 가장 보수라 알려진 고려파 고신 교단에서 가장 존중하는 듯 보인다는 점이다. 칼빈이나 화란 개혁주의 사상은 헬만 바빙크 (Herman Bavinck, *Reformed Dogmatics*, 4 vols [영역본])(루이스 벌콥의 "조직신학" 이 영어권에 널리 소개함), 벌카워(Gerrit Cornelis Berkower) 의 조직 신학에서 (벌카워의 변질 이전) 꽃을 피우는데 (*Studies in Dogmatics*, 14 vols), 우리는 저들의 개혁주의 사상에 성령론과 은사론을 더 보충하면 금상첨화가 아닐까 생각한다.
예컨대, 영어권에서 널리 사용된 루이스 벌콥의 "조직신학" 은 신유나 이적들은 사도시대로 끝났다고 단정한다. 사도에 있었던 그런 신유나 기적들이나 기사들은 신적 계시의 신임장이나 표지로 의되었고, 초기 복음 전도자들의 메시지를 확정하는 기능을 가졌으며, 모든 시대의 교회에서 지속되도록 의도된 것은 아니라는 것이다 (L. Berkof 1981:601).
또한 한국 개혁주의 신행협회에서 발간된 "신학사전" 에서 (1978), "신유" 항목을 기술한 현요한 (John K. Hunt) 선교사, "은사" 항목을 기고한 신내리 (Alvin Sneller) 선교사 등은 모두 자기들이 기술하는 사항이 사도시대에 주님의 메시야성이나 사도성을 입증하기 위해 주어졌다는 점에 강조를 두고 그 후로 은사는 중단되었다는 식의 사고를 드러내고 있다. 반면 "개혁 교의학" 을 저술한 고신 신대원의 유해무 교수는 좀 더 균형 잡힌 의견을 드러내 보인다 (1997:416-424).
이렇게 오늘날 은사가 그쳤다는 사고를 가진 사람들이 어떻게 바른 선교와 교회 부흥을 일으킬 수 있을까? 방언이나 신유 기도를 금지하는 목회자들도 있다. 사상이 성령님의 자유를 제한해서는 안 된다. 오늘날도 성령님은 목회적 필요에 따라, 하나님 자신의 영광을 위해 얼마든지 기적이나 신유를 행하신다. 오순절은 구원사적으로 단회적인 사건이라고 못 박고 그 당시 일어난 사건의 반복성을 극력 반대하기도 한다. 오순절의 성령강림 사건은 물론 구원사적으로 획기적 새 시대의 서곡을 알리는 사건으로 단회적인 특이성을 갖는다. 그렇지만 그것을 시내산 율법 선포, 출 이집트의 홍해 건넘 사건 등과 같이 1회적 사건으로만 생각하란 법은 없다. 성령님은 구하는 자에게 항상 오시기 때문이다. 단회성만 고집하고 오순절 역사를 구하지 않는 곳에는 오지 않으실 것이고, 믿고 구하는 자들에게는 여전히 오시는 분이시다. 1907년의 평양 대 부흥 운동, 인도나 웨일즈, 남미의 부흥 운동 등은 지역과 시대, 그 특징과 현상은 약간씩 달라도 오순절 사건의 반복이라 불러도 틀린 말은 아닐 것이다.

2-10. 나훔

1) 명칭

나훔 선지자의 이름에서 책명이 지어졌다. 나훔이란 히브리어로, "위로" 란 의미이다 ([하나님이] "위로하신다" 혹은 "위로자" 라 보기도 한다). 그런데 그 연관 동사는 니팔형에서 "후회하다" 혹은 유감스럽게 생각하다, 위로받다, 피엘형에서는 "위로하다," 히트-파엘형에서는 "-으로 상심하다," "보응하다" 란 의미를 갖는다. 나훔 선지자의 이름이 그의 메시지와 어떤 연관이 있다면, 그것은 그가 원수를 치는 설교를 함으로, 그의 설교를 들은 신앙인들이 조금이나마 위안을 받았으리라는 것이다. 즉 원수의 패망은 경건한 자의 구원으로 연결되기 때문이다.

2) 저자와 저작 연대

정경의 배열 순서에서 에스겔 다음, 하박국 앞에 위치한다. 나훔은 엘고스 사람인데, 표제에서 말씀하듯, 적어도 나훔의 이름으로 전해지는 책에서 보건대, 그는 오로지 니느웨를 치는 설교를 외쳤던 자이다. 그가 다른 설교도 외쳤는지는 우리로서 알 길이 없다. 나훔의 표제는 다른 선지서들의 그것과 상당히 다르다. 그것은 그가 니느웨에 관한 메시지라고 자신의 메시지를 소개하고, 나훔의 환상의 책이라고 (세페르 하존 나훔) 기록하기 때문이다. 그는 아마도 이사야, 미가, 하박국 등처럼 자신의 메시지를 환상 중에 받았으며, 니느웨의 멸망을 환상으로 보기도 했을 것이다.

그런데 "엘고스" 는 어디인지 확인하기 어렵다. 대부분의 주석가들은 나훔이 예루살렘에서 선지자 사역을 감당했다고 보지만, 앗시리아나 혹은 열방으로 잡혀간 초기 포로들 중의 하나로 추방지에서 활동했다고도 추정해 볼 수 있다 (렘 23:1-3, 겔 11:16, 욜 3:2). '엘고스' 를 추방지의 어느 한 도시로 보고, 앗시리아의 '알코쉬' 와 (Alqosh) 동일시하기도 한다 (S. R. Driver 1906:B2). 그곳은 현재 이라크의 '모술' 에서 약 30 킬로 북부에 위치하는데 "의의 하나님" 이란 의미의 아람어 지명이라 한다. 니느웨는 주전 700 년 경부터 앗시리아의 수도로 번창했으나 단명했다. 주전 625 년에 메대, 바빌로니아 군의 침공을 받았고, 612 년에는 완전히 함락 파멸 당했기 때문이다. 바로 그 니느웨가 현재의 모술의 신 도시 지역과 겹치는데, '엘고스' 는 니느웨에서 얼마 떨어지지 아니한 곳이었다. 만약 '엘고스' 가 니느웨 북방 30 킬로 지점의 '알코쉬' 라면, 나훔은 자신이 그 파멸을 예언했던 그 니느웨의 지리적 형편을 상세하게 알았을 것이다. '알코쉬' 의 유대인 회당 안에 나훔의 무덤이 있다고 한다. 나훔의 부친 알쿤은 (AalQuon) 바로 살만에셀 5 세의 의해 앗시리아로 끌려 와서 '엘고스' 에 정착하였다 한다. 알코쉬 출신의 현자 마로타에 (Marotha) 의하면 매년 신년이 (Akitu) 되면 니느웨 사람들이 '알코쉬' 로 와서 수메르의 창조 신화인 "에누마 엘리쉬" 를 성극으로 재현했다고 한다. 저들은 달 신인 신 (Sin) 을 높이는 의식을 행하고, 그 신의 형상을 메고 행렬을 지어 니느웨로 돌아가곤 했다. 40 일 후에는 니느웨 사람들이 그 달 신의 형상을 메고 다시 원래 있던 '알코쉬' 에 가져다 두었다 한다.

나훔은 아마도 앗시리아 제국이 멸망하기 직전에 활동했던 것 같다. 니느웨의 멸망을 예언했기 때문이다. 그렇다면, 에스겔 다음, 하박국 앞에 위치한 정경의 배열 순서를 연대기적으로 이해하는 것은 적절하기 않을 것이다. 앗시리아는 주전 612 년 도성 니느웨를 원수들에게 내어 주어야 했다.

또한 3:8 에 비추어 볼 때, 나훔은 아마도 주전 663 년 이집트의 나일 강변에 위치한 테베를 앗시리아 군이 포위한 이후에 예언했던 것 같다:

네가 어찌 노-아몬보다 낫겠느냐? 그는 강들 사이에 있으므로 물이 둘렸으니 바다가 성루가 되었고 바다가 성벽이 되었으며.

여기서 나훔 선지자는 니느웨가 앗시리아 군의 공격을 받았던 노-아몬 곧 테베보다 나은 것이 없다고 지적한다. 곧 니느웨도 난공불락 (難攻不落) 을 자랑하나 하나님의 심판으로 멸망당하리라 는 것이다. 이에서 우리는 테베의 공략을 체험한 후에 이 메시지를 전했으리라고 추정할 수 있는 것이다.
사마리아가 함락된 것은 주전 721 년이었다면, 앗시리아의 수도 니느웨가 함락된 것이 612 년이니, 그 어간에 흐른 기간은 약 100 년이나 된다. 그 강포한 앗시리아를 체험한 경건한 자들은 어찌하여 저들이 저렇게 건재할까? 하나님은 과연 공의로우신지, 저런 포악한 자들을 어찌 그냥 두시는가? 라고 많이 기도했을 것이다. 그러나 때가 되매 하나님의 심판의 맷돌은 느린 듯 했으나 정확하게 니느웨를 갈아 버렸다.
요나 선지자는 사마리아가 망하기 전에 벌써 니느웨에 가서 그곳 사람들에게 회개를 외쳤었다 (왕하 14:25; 주전 782–753 년 여로보암 2 세 통치 시기) 그 때에 니느웨 사람들이 회개함으로 약간 심판의 때가 연기되었지 않나 싶다.
나훔이 니느웨에 대하여 외친 심판의 메시지는 비록 앗시리아가 언약 백성은 아니었다 해도, 저들 역시 하나님의 피조물로서 하나님의 창조 질서 내에 있었고, 우주의 대왕이신 하나님은 저들을 관할하시는 왕으로서 저들의 죄악도 징벌하신다는 것이었다.
요나는 나훔보다 150 년 정도 앞서서 니느웨에 하나님의 긍휼을 선포했다. 비교해 보라.

요 나	나 훔
주전 800	주전 650년
예언자 자신에게 초점, 예언은 한 문장	예언자는 엘고스 출신이란 점 외에 정보없다
불순종하는 선지자	순종하는 선지자
순종하는 나라	불순종하는 나라, 150년 만에 심판
물로부터 구원	물에 의한 파멸?
니느웨의 회개	니느웨의 반역

3) 내용 분해

a. 표제 (1:1)
b. 니느웨에 대한 심판의 확실성 (1:2–15)
c. 니느웨에 임한 심판 묘사 (2)
 1. 공격 (2:1–6); 2. 패배와 약탈 (2:7–13)
d. 니느웨에 심판이 임한 이유들 (3)
 1. 강포함과 기만 (3:1–7)
 2. 이집트 노 아몬 (테베 3:8–11)
 3. 방어가 무용지물 (3:12–19)

4) 나훔은 무엇을 가르치는가?

나훔이 니느웨에 선포한 심판 메시지는 하나님을 알지 못하고 세계 강대국이라 으스대며, 교만의 영에 사로잡힌 나라나 민족에게 오늘날 동일하게 해당된다. 북한이나 중국 같은 공산주의 국가나 엄격하게 특정 이방 종교를 지반으로 사람들을 옭아매는 이란이나 사우디아라비아, 이집트, 리비아 에 특히 적절하게 해당된다. 왜냐하면 일반 민주 세속 국가에는 교회들이 있고, 성도들이 있지만, 공산주의 국가나 이슬람 국에는 종교의 자유가 없고 공식적으로 기독교회가 없으며, 전도의 자유도 없기 때문이다. 그런 곳에 하나님의 심판은 준엄하게 떨어질 것이 분명하다. 물론 서구 민주 국가들이 성경에서 떠나 심하게 부패한 것도 사실이다. 한국도 예외가 아니다. 그렇지만, 국가 단위로 심판을 말할 때에 우리는 복음을 원천적으로, 공식적으로 거절하는 이방 나라들을 주목하지 않을 수가 없다.

중국이나 일본은 우주선을 쏘아 올리면서 세계 일등국으로서의 기세를 자랑한다. 미국도 그런 기분이 있겠지만 그래도 믿는 과학자들과 믿는 성도들이 기도를 많이 할 것이다. 하나님 없이 달나라에 우주선을 보내고 하나님 없이 어떤 인간적 탁월함을 뽐내는 나라는 하나님 앞에 가증한 것이다.
흔히 소련의 가가린이 (Yuri Gagarin, 1934-1968) 1961 년 4 월 12 일 인류 최초로 외계로 우주여행을 할 때, "여기 위에서 나는 어떤 하나님도 볼 수 없다" 고 말했다고 알려졌지만, 그런 말을 한 적이 없다. 그는 어려서 러시아 정교회 교인으로 세례를 받은 자였다. 그가 한 말은 "지구는 푸르다. . . 얼마나 경이로운지, 정말 놀랍다!" 였다. 앞서 잘못 전해진 그 말은 흐루시초프가 소련 공산당 중앙위에서 반 - 종교 선전을 하면서, 어떤 대목에 이르러, "가가린이 우주로 날아갔으나, 어떤 하나님도 거기서 보지 못했다" 고 말을 한데서 유래한다.
이사야 선지자는 야웨의 날에 모든 높아진 것들이 낮아지고 오직 야웨만이 높임을 얻으리라고 하였다 (사 2:12-17). 나훔의 메시지 역시 그러하다.

나 3:1 화 있을진저 피 성이여 그 속에서는 궤휼과 강포가 가득하며 늑탈이 떠나지 아니하는도다 2 휙휙하는 채찍 소리, 굉굉하는 병거바퀴 소리, 뛰는 말, 달리는 병거, 3 충돌하는 기병, 번쩍이는 칼, 번개 같은 창, 살륙 당한 떼, 큰 무더기 주검, 무수한 시체여 사람이 그 시체에 걸려 넘어지니 4 이는 마술의 주인된 아리따운 기생이 음행을 많이 함을 인함이라 그가 그 음행으로 열국을 미혹하고 그 마술로 여러 족속을 미혹 하느니라

2-11. 하박국

1) 명칭

하박국 선지자의 이름에서 그 책의 이름이 유래한다. "하박국"이란 이름은 악카드어에서 "과실나무"란 의미이다.

2) 저자와 저작 연대

1:1 선지자 하박국의 묵시로 받은 경고라 (**hammaśśāʾ ʾăšer ḥāzāʰ ḥăḇaqqûq hannāḇîʾ**)
하박국 선지자는 표제에서 자기가 사역한 시대는 물론 부친의 이름조차 언급하지 않고 있다. 단지 자신이 선지자라는 (나비) 것과 '묵시' 로 메시지를 받았다고만 언급할 뿐이다. "묵시" 로 메시지를 받았다는 말은 문자적으로 하건대, "그가 (환상을 통해) 본 메시지"라는 것이다. NAB는 "하박국 선지자가 환상으로 받은 메시지"라 (The oracle which Habakkuk the prophet received in vision) 번역했다.
하박국 선지자는 자신을 소개하면서, 특별히 자신이 선지자라는 것과 자신이 말씀을 환상을 통해 받았다는 점을 강조하는데, 이런 사고는 민 12:6 에 묘사된 선지자가 계시를 받는 방식에 일치하는 것이다.

선지자 하박국

유대인의 외경 중에서 "벨과 용" 이란 (33 절 이하) 문헌은 다니엘이 사자 굴에 있을 때, 하박국이 음식을 가져다주었다고 기록한다. 하박국 선지자가 야채 국물을 만들고 빵을 사발에 으깨어 들판의 추수꾼들에게 가지고 가는데, 천사가 하박국 선지자에게 그 음식을 지금 바벨론의 사자 굴에 있는 다니엘에게 가져다주라! 고 명하였다. 그때 하박국 선지자가 "주여, 나는 지금까지 바벨론을 본 적이 없습니다! 그리고 그 사자굴이 어디 있는지 조차도 모릅니다!" 라고 대답하였다. 그리고는 천사가 그의 머리털을 붙잡고 바벨론으로 날라 가서 (겔 8:3 참조) 음식을 제공하고 다시 데려 왔다는 것이다.
주후 362 년 사망한 도로소둔과 (Dorosodun) 주후 402 년 사망한 에피파니우스가 (Epiphanius) 각기 저자라고 전해지는 "선지자들의 생애" 라는 책에서는 그보다 더 구체적으로 하박국에 대하여 말하는데, 하박국은 시므온 지파 사람이며 벳-스가랴 (Beth-Zechariah) 출신으로 (예루살렘 남서 10 마일 지점의 벳-샤카리에; 마카비상 6:32, 33) 바벨론의 느부갓네살이 예루살렘으로 진격할 때, 하박국은 이집트의 연안 오스트라키네로 도피하였다가, 바벨론 군이 철수하자 귀국하여 고국에서 살다가 바벨론 추방자들이 귀환하기 2 년 전 죽은 것으로 나타난다. 그렇지만, 이런 책들의 내용은 역사적 신빙성이 없다.

합 3 장에 제시된 시는 표제에서 "시기오놋에 맞춘바 선지자 하박국의 기도라" 하고, 말미에서는 "이 노래는 영장을 위하여 내 수금에 맞춘 것이니라" 고 한다. 이는 그가 성전에서 찬양을 담당했던 레위인 출신이 아닌가 추정케 한다 (에스라 3:10, 느 12:27). 실제로, 70 인역의 한 사본에 의하면 (Chisianus Codex), 하박국의 부친은 레위인 '예수' 라 한다. 그러나 이것도 역사적 신빙성이 없어 보인다.

하박국의 정체는 확인하기 어려우나, 그의 성격은 메시지를 통해 분명하게 파악할 수 있다. 그는 끈질긴 기도꾼이었던 같다. 응답이 지연되었지만, 낙심하지 않고 끈질기게 부르짖어 마침내 응답을 받고 기뻐하는 것이다. 때로 그는 하나님께 거칠게 항의하기도 한 것처럼 보이는데, 이는 성도가 본받을 일은 아니지만, 기도를 포기하고 그냥 낙담하는 자보다는 나을 것이다.

하박국은 하나님께 따져 묻기를 주저 아니 한다. 하나님의 통치가 과연 의로운 것인지? 에 대하여 따진다면, 그것은 하나님께 크게 무례한 것이 아닐까? 그러나 기도를 포기하고 부정적 생각에 사로잡혀 삶을 비관하는 자세보다는 기도에서 좀 무례하게 구는 것이 더 낫지 않을까? 하나님은 무례히 구는 자들을 보시고, 어떤 표정을 지으실까? 야, 저 놈 봐라! 참 건방지게 구네! 이러실까? 아님, 그래, 네가 따지니 내가 확실하게 가르쳐 주마! 라고 하실까?

3) 그가 활동한 시대

하박국이 활동했던 시대는 1:6 에서 분명하게 언급되고 있다:

보라 내가 사납고 성급한 백성 곧 땅의 넓은 곳으로 다니며 자기의 소유 아닌 거할 곳들을 점령하는 갈대아 사람을 일으켰나니.

갈대아 족속 중에 유명한 자는 신-바벨론 제국을 크게 일으켰던 느부갓네살 왕이다. 하박국은 신-바벨론이 앗시리아를 누르고 근동의 패권을 점하기 시작하던 시대에 활동했다고 추정된다. 주전 612 년에 앗시리아의 도성 니느웨가 함락당하고 급격히 몰락의 길로 접어들었고, 그와 반비례하여 바벨론은 바야흐로 근동의 새로운 패자 (覇者) 로 등장하는 순간이었다. 주전 605 년에는 갈그미스 전투에서 앗시리아-이집트 동맹군을 격파하고 바벨론이 마침내 패권을 장악하였던 것이다 (렘 46:2).

그 사건 이후로 바벨론이 유다를 지배하기 시작한 것은 논리적 귀결이었다. 그러나 국제 정세를 제대로 파악하지 못했던 유대 지도자들은 바벨론을 거역하다가 결국 주전 586 년에 파멸의 자리에 들어가야 했다. 시대의 흐름이란 것은 시대의 정신이라는 것은 거역하기 어려운 그 무엇이 있는 것이고, 더구나 선지자 예레미야 선지자를 통해 선포된 하나님의 뜻은 분명 바벨론을 하나님께서 자기 도구로 들어 쓰신다는 것이었다. 그 뜻을 거역하고 어찌 처벌을 면할 수 있었겠는가?

학자들은 대개 하박국 선지자가 주전 600 년 어간에 활동했다고 추정하는데, 1:5-11 의 묘사가 갈그미스 전투를 묘사하는 것으로 보고, 갈그미스 전투 직후, 그러나 1:5 에서 "너희 생전에" 바벨론의 압도적인 군사력이 유다를 침공하는 것을 아직 체험하지 아니한 그런 시대를 암시한다고 보기 때문이다. 그렇지만, 1:5-11 이나 1:12 이하의 묘사를 순전히 선지자가 직접 목도한 바를 기록한 것이라고 보는 것은 합당치 않아 보인다. 왜냐하면, 하박국 선지자는 바벨론의 멸망까지도 예고하고 있기 때문이다. 우리는 바벨론 세력이 급격히 팽창하던 시대 이전에도 얼마든지 하박국처럼 바벨론에 의한 유대의 심판을 예고할 수 있었다고 본다.

4) 하박국서의 내용 분해 :

야웨 하나님과 대화 (1:2-2:20)

a. 하박국의 첫째 탄식 (1:2-4); 하나님의 응답 (1:5-11)

b. 하박국의 둘째 탄식 (1:12-17); 기다림의 망대에서 (2:1); 하나님의 둘째 응답 (2:2-20)

c. 하박국의 기도 (3:1–19)
하박국의 간구 (3:2)
신현 (3:3–15)
하박국의 반응 (3:16–19)

5) 하박국의 두 가지 질문

선지자는 두 가지 질문을 야웨 하나님께 던진다.
첫째 질문 : 어찌하여 패역한 언약 백성을 보고만 계십니까 ? (합 1:2–4).
이런 간구에 대하여 하나님은 "갈대아인들" 을 들어서 심판을 시행하리라 응답하셨다 (합 1:5–11). 이런 하나님의 응답에도 선지자의 마음은 편치 아니했다. 어떤 기도를 해서 응답을 받으면 그것보다 기쁜 것은 없는 일이었지만, 이번의 기도에 대한 응답은 그렇게 기쁜 것은 아니었다. 그 이유는 언약 백성도 아닌 우상숭배자들을 들어서 언약 백성을 심판하시리라고 하셨기 때문이다.
두 번째 질문 : 왜 우상숭배자들을 들어 언약백성을 치십니까 ? (합 1:12–17).
이런 질문을 던진 후에 하박국 선지자는 끈기 있게 응답을 기다렸다. 그랬더니 하나님께서 드디어 응답하시는데, 바벨론을 도구로 사용하신 후에는 저들도 역시 심판하시리라는 응답이었다 (합 2:2–20). 그러므로 의인은 어떤 상황에서건 의로운 하나님의 통치를 믿고서, 오직 믿음으로 살아야 한다 (합 2:4).
응답으로 확신을 얻은 선지자는 구원의 하나님을 인하여 크게 기뻐하여 환희의 벅찬 가슴으로 노래를 발한다 (합 3 장).

6) 하박국서는 무엇을 가르치는가 ?

신학적으로 하박국은 예레미야와 다른 입장을 보이는 듯 들린다. 예레미야는 갈대아 족속 곧 바벨론은 예외없이 언약을 파기한 자기 백성을 심판하는 하나님의 도구로 선포하고 있다. 바벨론의 멸망도 먼 미래사로 조망되고, 저들의 폭정과 과도한 악행에 대한 보응으로가 아니라, 자기 백성을 회복시키려는 하나님의 목적과 연관되는 것으로 보았다. 반면 하박국 선지자는 유다의 악행을 언급하지 않는 것은 아니지만 (1:2–4) 주로 압제자 바벨론의 잔학성과 비인간성에 초점을 맞추고 있다. 야만성과 불의에 근거하여 세워진 제국은 반드시 파멸의 운명에 처해질 것이라고 그는 예견했다. 진노한 피압박 민족들이 자기들의 이전 상전이자 폭군을 심판하고, 그의 파멸에 자기들의 조소를 쏟아 붓는다.
예레미야와 달리, 하박국 선지자는 도덕적 문제를 느낀다. 곧 불의한 언약 백성을 심판하는 바벨론의 악행은 공의로우신 하나님의 행사로 이해하기 어렵다는 것이다. 하박국과 예레미야는 동시대 인물로서 그들이 살았던 그 시대는 신실한 언약 백성에게는 시련과 당혹의 시기였음이 분명하다. 그런 시대에 심성이나 기질의 차이 때문에, 두 선지자는 같은 사물을 다른 각도에서 조명하고, 다른 결론을 끌어냈다고 할까?
하박국서가 후대에 기여한 신학 사상이라면, 합 2:4 에서 선포된 말씀이다 :
보라 그의 마음은 교만하며 그의 속에서 정직하지 못하니라
그러나 의인은 신실함 (믿음) 으로 말미암아 살리라 !
예레미야가 자기 백성의 죄악에 눈물로 바다를 이루었다면, 하박국 선지자는 자기 백성의 죄악을 보고 탄식하면서 하나님께 오히려 따져 항변하였다. 왜 저들을 심판하지 않는 것입니까? 라고. 바벨론 사람들을 도구로 하여 심판하실 것을 말씀하셨을 때는 어찌하여 그러나 이방 우상숭배자들을 사용하여 언약백성을 치십니까'? 라고 또 항변하였다. 그는 아마도 아주 성질이 급한 기질이었는지 모른다. 그럼에도 끈기 있게 하나님께 기도하는 기도의 사람으로 보인다. 그가 하나님의 응답을 받고 하나님의 하실 일들을 확신했을 때, 주변의 환경이 문제가 아니라, 의인은 오직 믿음으로 살아야 한다는 것을 선포하지 않을 수 없었다. 더구나 그는 장차 하나님께서 나타나시어 세상을 심판하시고 경건한 자들을 구원하실 것을 듣고서 놀라움과 감격에 벅차 아름다운 시를 작사하고, 비록 무화과나무가 무성치 못해도 나는 구원의 하나님을 인하여 기뻐하리라고 춤을 추었다.
사도 바울은 롬 1:17, 갈 3:11 등에서 합 2:4 의 의인은 믿음으로 살리라는 선언을 근거로 믿음으로 말미암아 의롭게 된다는 이신칭의(以信稱義) 신학을 정립시키고 있다. 히 10:38 에서도 합 2:4 의 그 선언이 반향(反響) 되고 있다.
합 2:4 은 70 인역에서 ὁ δὲ δίκαιος ἐκ πίστεώς μου ζήσεται (the just shall live through [from] my faithfulness; 의인은 나의 신실함을 통해 살리라)로 번역되었다. 70 인역에서 "피스티스" 란 헬라어 단어는 "신실함" 을 의미한다(왕하 12:15, 22:7, 대하 31:12, 15, 18, 시 32:4, 호 2:20, 렘 15:18, 39:41, 애 3:23 등. 롬 1:17, 갈 3:11 에서 "나의" 라는 인칭 접미어를 생략하고, 히 10:38 에서는 그 접미어를 "의인" 에 첨가함으로, "피스티스" 라는 말이 하나님께 대한 "믿음" 이란 의미를 가질 수 있게 되었다.

2–12. 스바냐

1) 명칭

선지자 스바냐는 "야웨께서 숨기셨다" 는 의미의 이름인데, 여기서 책명이 유래했다.

2) 저자와 저작 연대

습 1:1 의 표제에 의하면, 아몬의 아들 유다 왕 요시야의 시대에 (주전 640–609 년) 스바냐는 선지자로서 활동을 시작했다. 스바냐는 히스기야의 현손이요 아마랴의 증손이요 그다랴의 손자요 구시의 아들이다.
앗시리아의 신솨르이쉬쿤이 (주전 623–612 년) 통치할 때 바벨론이 급속도로 세력을 팽창하였다. 메대도 앗시리아의 세력권에서 벗어나고 있었다. 이렇게 앗시리아나 이집트의 세력이 상대적으로 약화된 시기에 유다 왕 요시야는 기회를 포착하고 앗시리아의 영향력을 가급적 배제하고, 성전에서의 율법서 발견과 더불어 종교개혁도 본격화한다. 요시야는 북 이스라엘 왕국까지 자기 영향력을 확대하였다. 주전 612 년에는 메대와 바벨론 세력이 연합하여 앗시리아의 수도 니느웨를 함락시켰다.
요시야의 종교개혁은 위로부터의 개혁이었기에 민중의 심중 깊은 곳까지 개혁하기는 어려웠다. 제도적이고, 왕을 중심한 개혁이었기 때문이다. 야웨 신앙이 회복되었지만, 그렇다고 우상숭배가 온전히 제거된 것은 아니었다. 스바냐와 예레미야 선지자는 이런 시대에 유다에 심판을 선포한다. 스바냐의 심판 메시지는 주의 날이란 주제로 특징지어진다. "주의 날" 이란 하나님께서 사람들이 분명하게 느낄 수 있는 방식으로 역사에 개입하셔서 언약의 상벌 규정을 시행하는 날이다. 곧 자기를 경외하는 자들에게는 상을 주시고, 언약을 파기한 자들에게는 심판을 행하신다.

3) 내용 분해

(1) 서론 (1:1)

(2) 야웨의 날 (1:2–3:8)

a. 온 땅에 대한 심판 (1:2–3)
b. 유다와 예루살렘에 대한 심판 (1:4–2:3)
c. 주변국들에 대한 심판 (2:4–15)
  1. 블레셋 (2:4–7); 2. 모압과 암몬 (2:8–11); 3. 이디오피아 (2:12)
  4. 앗시리아 (2:13–15)

d. 예루살렘에 대한 심판 (3:1–7)
e. 온 땅에 대한 심판 (3:8)

(3) 야웨의 날의 회복 (3:9–20)

a. 열방의 회복 (3:9–10)
b. 이스라엘의 회복 (3:11–20)
1. 구속 (3:11–13); 2. 백성의 기쁨 (3:14); 3. 백성의 통치자 (3:15–17);
4. 백성의 상급 (3:18–20)

4) 스바냐는 무엇을 가르치는가 ?

스바냐서의 핵심 주제는 "주의 날" 이다. 이 주의 날은 언약의 법규를 깨뜨린 언약 배교자들과 주님을 대적한 열방을 심판하는 날임과 동시에 주님을 온전히 섬긴 남은 자들이 구원받고 상 받는 날이다. 악인은 무서워해야 할 날이고, 의인은 기대해야 할 날이다. 이 날은 역사적으로 예루살렘의 함락과 같은 아주 획기적인 날이라고 할 수 있다. 그렇다면 의인이 기뻐할 날도 아닌 것처럼 보인다. 의인도 별 수 없이 바벨론 포로로 잡혀 가야 했기 때문이다. 악인은 죽임을 당하지만 의인은 잡혀간다. 의인은 기뻐할 수만은 없지만, 그래도 자신이 다시 영적 회복의 기회를 얻은 것에 감사해야 할 날이다.

하나님은 역사에서 손을 떼시고 방관하시고 바라보기만 하는 것처럼 보일 때가 많다. 그러나 반드시 그의 정한 한 날이 온다. 그 날을 우리는 준비해야 한다. 그 날 주님 앞에 설 수 있도록 준비해야 한다. 주님의 '재림'의 날이 바로 우리 의인이 기대하고 준비해야 할 "주의 날" 인데 (살전 5:2, 살후 2:2, 벧후 3:10), 그 날은 정말 의인이 기뻐할 수 있는 날이다. 영원한 기업이 주어지고 상급이 주어질 날이기 때문이다. 반면 악인은 그 날 영영 정죄를 당하고 지옥에 던져질 참혹한 날이다.

주의 날은 자연 질서가 흔들리는 공포의 날이며 (욜 3:3 이하, 습 1:15 이하, 계 6:12–13), 하나님을 대적하는 모든 것과 모든 사람, 모든 교만한 자들이 낮추어지고 오직 하나님만 높아지는 날이다 (사 2:17, 5:16, 욜 1:15, 2:1, 습 1:7). 스바냐서에서 "주의 날" 은 세 번 언급되지만 (1:7, 14, 14), "날" 을 의미하는 "욤" 은 20 번 나타나고 대개 "야웨의 날" 과 연관되었다. 예컨대, 1:8 에서 "야웨의 희생의 날," 1:9, 10, 3:11, 16 의 "그 날에," 1:15 에서 "그날은 분노의 '날' 이요 환난과 고통의 '날' 이요 황무와 패괴의 '날' 이요 캄캄하고 어두운 '날' 이요 구름과 흑암의 '날'이요" (6 번), 1:16 의 "나팔을 불어 경고하며 견고한 성읍을 치며 높은 망대를 치는 날이로다," 1:18, 2:2, 2:3 의 "야웨의 분노의 날," 3:3 의 "내가 일어나 [열국을] 벌할 날까지" 등을 보라.

스바냐가 선포한 주의 날은 (최종태 2003:442 이하)

1) 야웨께서 인간 역사에 개입하는 날
2) 하나님의 주권이 온 세상에 확립되는 날
3) 야웨께서 심판하시는 날
4) 배교자들에게는 언약 처벌 규정의 시행의 날
5) 남은 자에게는 구원의 날

이다. 이러므로 야웨의 날, 주의 날을 선포하는 목적은 현재 상황이 어렵고 힘들더라도, 묵묵히 인내하며 기도하며, 주님의 그 날을 기대하며 헌신하라는 것이다. 전심으로 그분을 경배하고 그분만을 섬기라. 그분을 기쁘시게 하는 삶을 살라. 온 세상이 흉용하고 세속의 물결이 휘 몰아친다 해도 흔들리지 말고 그 날을 기다리며 주님을 섬길지어다!

2-13. 학개

1) 명칭

책명은 선지자 학개의 이름을 딴 것이며, 그의 이름은 "절기" 란 의미이다. 아마 학개 선지자가 절기 때에 태어났기 때문에 그렇게 그런 이름을 받았는지도 모른다. 또 다른 추정도 가능한데, 아마도 선지자의 이름은 성전 재건의 소망과 하나님의 영광에 대한 기대를 반영하는지도 모른다. 흥미로운 점은 학개의 사역은 월삭이란 (6 월 1 일) 절기에 시작하였고, 학개서는 야웨께서 주의 날에 통치하실 때 즐거움이 넘칠 그런 절기를 기록한다는 점이다.

2) 저자와 저작 연대

학개 페르시아 다리오 왕 이년 유월 곧 그 달 초하루부터 성전 재건을 독려하는 점에 치중하는 선지자로 활동을 시작하였다. 주전 520 년에 해당된다.

학개 연대표

주전 609 년 바벨론 포로
597 년 예루살렘 포위, 바벨론 추방
586 년 예루살렘 함락, 성전 파괴, 포로
539 년 고레스 대제 바벨론 정복
538 년 고레스 유대인 귀환령
537 년 번제단 재건 (라 3:3), 예배 의식 회복 (라 3:4-5), 성전 기초석 (라 5:16)
522 년 다리오가 제국 질서 회복하고 왕에 즉위
520 년 학개서 시작, 성전 재건 재개
516 년 성전 완공 (파괴된 지 70 년 만에, 재건 시작 20 년 만임)

3) 학개서와 귀환 시의 상황들

이스라엘의 소망	귀환 때의 상황들	귀환 후 선지자들의 희망의 재 확인
마음에 새겨 순종하라	불순종 (라 9, 10장, 느 5, 13)	학 1:5, 7, 12, 14, 2:14-15, 18, 슥 1:2-6, 15, 3:7, 6:15, 7:1-14, 8:14-19, 10:9, 12, 12:10-12, 말 1:14, 2:1-2, 8, 10-11, 14-17, 3:4-8, 13-14, 4:4, 6
만국에 축복 (창 12:3, 신 4:6-8, 28:10)	조소 (신 28:37, 라 9:7, 느 2:17, 4:1-5)	학 2:7-9, 슥 2:8-11, 8:13, 20-23, 14:9, 16-21, 말 1:11, 3:12, 4:4
큰 이름 (창 12:2, 삼하 7:9, 신 28:10, 왕상 8:16, 27-30)		말 1:5-6, 11-12, 14, 2:1-2, 5, 3:16, 4:2
평화, 안식, 심겨짐 (레위 26:4, 삼하 7:1, 9-11)	시달림 (레위 26:36-39, 신 28:64-68, 라 4-6, 8:21-23, 느 2:10-4:23, 6, 에스더)	학 2:9, 슥 1:7-13, 2:5, 3:7, 10, 6:9-14, 8:4-5, 9:8, 10, 15, 10:10, 14:11, 말 4:2
언약을 기억하라 (레위 26:42, 44-45)		학 2:5, 말 1:2, 2:4-10, 3:6, 4:4
고토 귀환 (창 13:15, 신 30:3-5)	유다만 점유: (느 3; 51 x 43 킬로미터)	슥 2:6-7, 8:3, 17-18, 9:11, 10:5-10
번창 (신 30:5-9)	가난과 압제 당함 (느 5, 9:9, 10:36-37)	학 1:6, 9-11, 2:7-9, 18-19, 슥 1:17, 2:4, 8:3-5, 12-13, 9:12, 16-17, 10:10, 말 3:10, 12
번성 (신 30:5-9, 출 12:37, 삼하 24:9)	42,360명 (라 2:64-66 1461명; 라 8:1-14)	학 1:12, 14, 2:2, 슥 1:17, 2:4, 8:5-6, 12, 9:12, 16-17, 10:8-10, 말 3:6, 16-17

저주받는 원수 (신 30:7)	원수 강함 (느 6:17–18)	학 2:6–7, 21–22, 슥 1:14–15, 18–21, 2:8–9, 9:7–8, 13, 12:1–9, 14:1–5, 12–15, 말 4:1–3
다윗 후손 (삼하 7:13–16, 사 11:1–10, 렘 33:14–26)	스룹바벨 (라 1:8, 3:2, 총독 느 5:14)	학 1:1, 12, 14, 2:2, 4, 21–22, 슥 2:10, 3:8, 6:9–14, 9:9–17, 10:1–6, 14:9, 17
기뻐하는 예루살렘 (사 62)	성벽 없는 예루살렘 (444BC까지) – 인구 부족으로 거주지 강제 지정 (느 6:11)	슥 1:16–17, 2:4–5, 8:3, 14:10–11, 21
제사장직 (민 25:10–13, 렘 33:17–22)	여호수아의 타락한 자녀들 (라 3:2, 10:18–22, 느 12:1–26)(게르솜 라 8:2)	학 1:1, 12, 14, 2:2, 4, 슥 6:9–14, 말 1:6–8, 10, 13–14, 2:3–7, 9, 3:3–4
영화로운 성전 (왕상 8:10–13, 라 10:47)	성전 재건 516 BC (라 3, 6:13–18); 성전 더럽혀지고 무시당함 (라 10:18–24, 느 13:1–13, 28, 30–31)	학 1:2, 4, 8–9, 14, 2:3–4, 7, 9, 슥 1:16, 4:1–10, 6:12–15, 8:9, 14:10–11, 말 1:10, 2:11, 3:1, 10
영적 회복 (신 30:6)	갱신 의식 (라 9:5–10:14, 느 8:1–10:39)	슥 2:10, 3:1–4, 9, 5:5–11, 8:1–3, 8, 10:6, 12:10–13:9, 말 3:2–4, 4:6

4) 내용 분해

첫 설교 (1:1–15): 책망, 상기시킴, 반응
기소 (1:1–11), 말씀 들은 자들의 긍정적 반응 (1:12–15)
둘째 설교 (2:1–9): 용기를 줌, 하나님의 임재와 평안
청중의 긍정적 반응을 보고, 저들을 격려함
셋째 설교 (2:10–19): 더러움을 경고함, 백성의 반응
부정을 경고함 (2:10–17), 백성의 긍정적 반응 (2:18–19)
넷째 설교 (2:20–23): 절정에 이름, 절대 주권자 왕, 인장 반지 왕
백성의 긍정적 반응을 보고, 저들을 격려함

5) 학개서는 무엇을 가르치는가?

귀환 공동체 백성들은 귀환 후 황폐한 땅에 집을 건축하고 땅을 기경하여 먼저 의식주 문제를 해결해야 했다. 여기에 더하여 사마리아인들의 시기, 이웃 암몬, 모압, 에돔 족속의 시기 질투와 방해로 성전 건축은 내우외환(內憂外患)의 장애에 부딪혀 16 년 이상 재건이 중단되었다. 사람들은 원래 영적 열망을 갖고 귀국했으나, 점차 그런 갈망은 사라지고 현실 안주에 빠져 들었다. 저들은 먹고 사는 문제에 매달리게 되면서 영적인 일을 뒷전으로 미루는 것이 당연시되었다. 우리가 지으려고 해도, 페르시아 당국에서 금지하니 지을 수도 없다! 고 차라리 잘 된 일이다! 이렇게 자포자기하며 점점 원래의 영적 갈망을 포기해 버렸다.

이런 때에 하나님은 한재(旱災) 곧 가뭄을 불러 땅에 임하게 하고, 이 백성의 삶이 곤고하게 하셨다. 저들은 왜 이렇게 노력하고 수고하는데 되는 일이 없을까? 축복은커녕 이렇게 한재가 오고 먹을 것은 부족한가? 라고 의아해 했다. 사람이 집을 건축하려 할지라도 하나님이 세우지 아니하시면 세우는 자의 수고가 허사로다! (시 127 편) 라는 사실을 몰랐던가? 학개와 스가랴 선지자를 보내어 저들의 영적인 무지를 깨우치고 성전 재건을 당장 재개할 것을 촉구하신다. 이에 저들은 호응하여 성전 재건에 나섰고 마침내 4 년 만에 완공시켰다. 이에 하나님은 앞으로 이 성전이 이전의 영광보다 더 영광스럽게 되리라 약속하시고 천지와 만국까지 진동시키리라 하신다.

이런 학개서의 메시지는 우리에게 몇 가지 교훈을 준다.

(1) 한재도 하나님의 주권 하에서 일어난다

한재만 아니라, 홍수, 지진, 역병, 심지어 참새 한 마리 땅에 떨어지는 일까지 모두 그분의 섭리 하에서 진행된다. 그렇다면 얼마나 우리는 그분을 의지하며 사랑해야 할까? 아무 것도 염려하거나 근심하지 말고 기도하고 믿음으로 그분의 나라와 의를 구하며 나아가라. 그분이 축복하신다. 그분은 만물을 주장하시는 절대 주권자이시다.

(2) 열국도 하나님은 주장하시고, 역사는 구원계획을 위한 무대이다

만국의 진동은 페르시아 제국의 헬라 침공 전쟁들과, 페르시아를 이어 중근동의 패권을 장악한 마케도냐(헬라) 제국의 후계자 전쟁들, 그 이후에 셀루커스 왕조와 톨레미 왕조 사이에 벌어진 팔레스틴 쟁탈전(시리아 전쟁들), 그 이후 로마의 지중해 장악위한 패권 전쟁들, 로마 제국의 내전들 등을 통해 일어났고 이런 만국의 진동을 통해 사람들의 마음을 흔드신 다음 예고하신 메시야는 이 땅에 태어나셨다.

다니엘 2, 7장의 시각에서 본다면, 그리스도께서 오셔서 십자가로 만국의 토대인 사단의 세력에 치명타를 가하심으로 세상 만국을 박살내셨다. 세상 나라는 근본 뿌리가 끊어진 셈이나 마찬가지였다. 그래서 단 2장의 신상은 뜨인 돌로 박살났고, 이전의 제국들까지 모두 깨어져 없어지고 대신 그 뜨인 돌이 만국을 가득 채웠다. 주님의 초림과 그분의 십자가, 부활, 승천, 보좌에 즉위 등 일련의 구속 사건을 통해 이제 만국의 구원의 복된 소식이 마련된 것이다. 그 복음의 선포는 만국을 때리는 뜨인 돌이며, 만국을 파쇄 시키는 강력한 무기이다.

만국의 진동은 이 만국의 파쇄와 어떻게 연관될까? 그리스도 초림 이전에 일어난 모든 세계적 전쟁들은 사람들의 마음을 흔들어 놓았다. 복음의 선포는 만국의 토대를 파쇄하고 흔들린 마음에 파고들어 저들을 우상과 사단의 지배에서 벗어나 하나님의 사랑의 아들의 나라로 옮기도록 만들었다.

역사의 의미는 바로 이런 하나님의 구원 계획의 성취 측면에서 찾아야 한다. 복음의 전파로 인류는 시대마다 하나님의 백성으로 돌이키고 있다. 구원의 때가 마감되면 이 역사는 끝나는 것이다.

(3) 가정보다 교회가 우선이다

혹자는 가정 일을 먼저 잘 해 놓고 그 다음에 교회에 충성해야 한다고 한다. 이런 말은 교회에 빠져서 설거지도 하지 아니하고 쌓아두고 남편에게 꾸지람이나 핀잔을 받는 주부들 때문에 나타났다. 자기가 가정에서 해야 할 일을 하지 못하면서 교회에서 전도나 봉사 활동에 시간을 다 빼앗기는 경우에 덕이 될 수가 없을 것이다. 그렇다면 가정사를 매끄럽게 한 다음에 짜투리 시간으로 주님을 섬겨야 할 것인가? 이런 문제는 아주 우리를 당혹스럽게 만든다. 주님을 서운하게 할 수도 없고 그렇다고 가정사를 등한시 할 수도 없고. 이것이 우리 기독인들이 이 세상에서 져야 하는 십자가이다. 불신자는 하나만 하면 되지만, 성도는 둘 다 잘 해야 한다. 그러나 우선순위를 둔다면 교회가 먼저라고 해야 하지 않을까? 가정도 잘하고 교회도 잘 섬겨야 하지만, 주님을 우선적으로 섬겨야 한다. 하나님은 너희가 집에 가기 빨랐다고 책망하시기 때문이다.

2-14. 스가랴

1) 명칭

스가랴는 "야웨께서 기억하신다" 는 의미인데, 이 선지자의 이름에서 책명이 유래한다.

성도들이 스가랴서에 매료되는 이유는 거기에는 환상들이 있고, 거기에는 예수님이 계시기 때문이다. 루터는 스가랴서가 "구약 예언의 모델"이라 (Ausbund der Propheten) 했다. 특히 메시야 예언에서 그렇다고 여겨진다. 자신만의 독특한 필치로 스가랴는 사건들을 포착하여 예수님의 고난 받으심과 버림받음을 그리고 있다. 거기에 끝나지 않고 그분의 영광스러운 통치도 바라보고 있다.

2) 저자와 저작 연대

선지자 스가랴의 이름은 "야웨께서 기억하신다" 란 의미로, 그 시대 상황에 적절하였다. 그 귀환자들을 하나님께서 기억하지 않으신다면 저들에게 무슨 소망이 있었겠는가? 그런데 스가랴란 이름은 주전 8 세기 중엽에 북왕국 이스라엘을 6 개월 통치했던, 왕 곧 여로보암 2 세의 아들 이름이기도 하다 (왕하 15:8, 14:29).
스가랴가 학개보다 젊다는 것은 스가랴가 자기 아버지가 아니라, 할아버지 잇도와 함께 바벨론에서 귀환했다는 사실로 (느 12:4) 추정할 수 있다. 그의 부친 베레갸가 (슥 1:1) 죽었으리라 추정되는 것은 에스라 5:1 에서 그는 잇도의 아들로 소개되기 때문이다. 만약 우리의 추정대로, 스가랴 선지자가 젊은 나이로 자기 사역을 시작했다면, 그가 젊었다는 것은 그가 그만큼 세상에 때 묻지 아니한 순수한 영을 가졌다는 의미가 아니겠는가? 더구나 젊음이 거룩한 열성으로 불 타 오를 때, 그 상상력과 무한한 미래에의 소망을 향한 신념은 누구도 끌 수가 없을 것이다.
스가랴는 학개와 거의 동시적으로 주전 520 년 다리오 왕 2 년에 메시지를 선포하기 시작하였다 학개처럼 귀환 공동체에게 성전 재건을 독려함이 그의 주 사명이었다. 그가 선포한 메시지는 그러나 거기에 그치지 않고 메시야 시대의 영광에 대하여도 말씀한다.

스가랴와 학개 선지자의 활동 시대

538–515 에스라 활동
520–515 학개, 스가랴
482–473 에스더
458– 에스라 7–10 장
445–420 느헤미야 말라기 (432–431?)

스가랴, 학개 선지자가 활동한 시대는 추방 후 귀환에서 고국으로 돌아온 직후였다. 저들의 1 차적 임무는 성전 재건이었다. 바벨론으로 추방을 당할 때는 온 나라가 이제 망하여 형태도 없이 역사에서 사라지는가? 했었지만, 이제 페르시아 고레스 왕의 칙령으로 귀환한 유대인들은 얼마나 큰 희망에 부풀어 있었겠는가?

3) 비평의 문제

슥 9–14 장은 9–11 장과 12–14 장 두 메시지로 구성되는데, 특히 9–11 장 부분에는 추방 전에 선포한 말씀처럼 들리는 요소가 있고, 추방 이후에 선포한 말씀처럼 들리는 요소도 있다. 이런 사실 때문에, 이 부분은 추방 이후 살았던 스가랴의 저작이 아니라 예레미야의 저작이라거나 기타 다른 저자를 상정하게 되었다. 이런 처음의 논의가 점차 발전하여 9–11 장은 단일 저자의 글이 아니라 여러 다른 시대에 살았던 다수 저자들의 글이며, 대개는 알렉산더 이후 시대의 글들이라는 경향으로 비평가들의 의견이 흘렀다.
핵심은 주전 520 년 경에 활동했던 스가랴 선지자의 견지에서 이미 추방에서의 귀환이 있었고 (1 차 귀환) 앞으로 또 귀환들이 이어지리라는 메시지가 선포된다는 것이다.

(1) 비평가들의 주장

스가랴 1–8 장의 저자는 9–11 장, 13:7–9 [에발트 Ewald 이래 이 부분은 11:4 이하의 결론으로 간주된다], 12 장, 13:1–6, 14 장의 저자와 동일하다고 말하기 어렵다는 것이 비평가들의 주장이다.
1) 스가랴는 12–14 장의 저자와는 다른 어법과 다른 관심사를 가지고, 다른 사고를 가지고 움직이기 때문이라 한다. 예컨대, 스가랴는 특히 사신 도입문을 좋아한다: "야웨께서 (이같이) 말씀하시느니라" (23 번); 혹은 "야웨의 말씀이 내게 임하였다" (8 번); 그러나 11–14 장 전체에서 "야웨께서 (이같

이) 말씀하시느니라" 라는 선언은 11:4 에서 한 번 나타날 뿐이다. 그리고 후자 표현은 아예 나타나지도 아니한다. 삽입구적인 "느움 야웨" (야웨의 말씀이라) 도 1-8 장에서 (1:3, 4, 16, 2:9, 10, 14, 3:9, 10, 5:4, 8:6, 11, 17) 9-14 장에서보다 (10:12, 11:6, 12:1, 4, 13:2, 7, 8) 더 자주 나타난다. 또한, 미래를 지시하는 "그 날에" 는 12-14 장에서 17 번 나타나는데, 1-8 장에서는 오직 세 번 나타날 뿐이다 (2:11, 3:10, [6:10]), 그리고 9-11 장에서는 오직 한 번 나타날 뿐이다 (9:16).

2) 슥 1-8 장에서 스가랴 선지자 당대의 상황, 그의 관심사인 성전 재건과 공동체 회복, 유다의 미래 등이 다루어진다면, 9-14 장에서는 저자의 상황과 관심사는 그것과 다르다. 성전 재건이나, 요수아, 스룹바벨 등에 대한 언급이 없고, 오직 이방인이건 이스라엘인이건 이스라엘을 학대하고 저들을 착취하여 자기를 부하게 하는 악한 지도자들이 언급된다.

3) 메시야 묘사에 관하여는 슥 3:8, 6:12, 13 과 9:9, 10 을 비교하고, 8 장과 14 장을 비교해 보라.

4) 이스라엘의 앞날에 대한 전망도 다르게 보인다. 1-8 장에서 이스라엘의 미래는 안전하고 평안하다 (1:17, 21, 2:9-11, 3:10, 8:3-8, 12). 그런데 12:2 이하, 14:2 이하에서는 전쟁과 포위가 임박했고, 이런 상황이 지나고, 예루살렘이 함락되고 약탈된 이후에야 (14:2), 유다의 구원이 임할 것이다 (14:6 이하).

이렇게 슥 1-8 장 부분과 9-14 장 부분이 서로 문체나, 분위기나 사고가 다르다는 것은 확인할 수 있지만, 후반부의 저작 연대를 정하는 일은 쉽지 않다. 특히 9-11 장, 13:7-9 은 추방 전 시대를 암시하는 구절들을 포함하고 어떤 것들은 추방 이후 시대를 암시한다.

추방 전 시대:

슥 9:10, 11:14 에서 보듯, 열 지파로 구성된 북 왕국이 여전히 건재하는 듯 묘사하고, 앗시리아와 이집트가 함께 언급되기도 한다 (10:10, 11). 추방 전 선지자 호세아가 앗시리아와 이집트를 그렇게 함께 언급한 것과 같다 (7:11). 그리고 드라빔과 복술자들에 대한 언급은 (10:1, 2) 추방 전 시대를 암시한다고 간주되었다 (말 3:5 도 참조). 9:1-7 에서 위협하는 열방은 아모스 시대에 건재하던 나라들이다 (암 1:3, 6, 9).

추방 이후 시대:

슥 9:11, 12 과 10:6-9 은 에브라임의 포로를 전제하는 양 보인다 (주전 722 년). 9:8 에서 어떤 압제자도 더 이상 예루살렘을 통과하지 못하리라 한다. 9:13 에서는 헬라인들이 주전 8 세기에 해당될법한 그런 멀리 있는 대수롭지 않은 자들이 아니라, 세계적 강대국으로 언급되어, 이스라엘의 최고 대적자로 묘사된다. 그들에 대한 승리가 메시야 시대로 연결되고 있다. 이런 상황은 주전 333 년 알렉산더 대제가 길리키아 잇수스 (Issus) 전투에서 페르시아 제국을 타도한 후에나 가능하였다.

이런 사실들 때문에, 학자들은 슥 9-14 장의 저작 연대를 다양하게 추정해 왔다:

(2) 스가랴서의 통일성

물론 슥 1-8 장의 문체가 후반부와 다르다는 점을 우리는 인정해야 한다. 그렇다고 반드시 저자가 다르다는 것은 못된다. 문체나 사고 상의 차이는 저작 시기나 주제에 따라서 얼마든지 달라질 수 있다. 전후반부 사이의 연속성과 통일성을 보여주는 단서들도 상당히 있다.

a. 특이한 표현 "메오베르 우밋솨브" (왕래하는 사람이 없었나니 "that no man passed through, nor returned") 슥 7:14, 9:8 에서와 겔 35:7 에서만 나타나고, 약간 다른 형태와 다른 문맥에서는 출 32:27 에서 나타난다. 표현상, 사고상의 병행을 다음 구절들에서 비교해 보라.

b. 열방이 경배하러 올라오다 (8:20-24/ 14:16-19)

8:20 만군의 여호와가 말하노라 그 후에 여러 백성과 많은 성읍의 거민이 올 것이라 21 이 성읍 거민이 저 성읍에 가서 이르기를 우리가 속히 가서 만군의 여호와를 찾고 여호와께 은혜를 구하자 할 것이면 나도 가겠노라 하겠으며 22 많은 백성

과 강대한 나라들이 예루살렘으로 와서 만군의 여호와를 찾고 여호와께 은혜를 구하리라 23 만군의 여호와가 말하노라 그 날에는 방언이 다른 열국 백성 열 명이 유다 사람 하나의 옷자락을 잡을 것이라 곧 잡고 말하기를 하나님이 너희와 함께하심을 들었나니 우리가 너희와 함께 가려 하노라 하리라 하시니라

14:16 예루살렘을 치러 왔던 열국 중에 남은 자가 해마다 올라와서 그 왕 만군의 여호와께 숭배하며 초막절을 지킬 것이라
17 천하만국 중에 그 왕 만군의 여호와께 숭배하러 예루살렘에 올라오지 아니하는 자에게는 비를 내리지 아니하실 것인즉
18 만일 애굽 족속이 올라오지 아니할 때에는 창일함이 있지 아니하리니 여호와께서 초막절을 지키러 올라오지 아니하는 열국 사람을 치시는 재앙을 그에게 내리실 것이라 19 애굽 사람이나 열국 사람이나 초막절을 지키러 올라오지 아니하는 자의 받을 벌이 이러하니라

(3) 시온의 딸 (2:10/ 9:9)

2:10 여호와의 말씀에 시온의 딸아 노래하고 기뻐하라 이는 내가 임하여 네 가운데 거할 것임이니라
9:9 시온의 딸아 크게 기뻐할찌어다 예루살렘의 딸아 즐거이 부를찌어다 보라 네 왕이 네게 임하나니 그는 공의로우며 구원을 베풀 며 겸손하여서 나귀를 타나니 나귀의 작은 것 곧 나귀새끼니라

(4) 만군의 야웨

(1:3, 4, 6, 12, 14, 16, 17, 2:8, 9, 11, 3:7, 9, 10, 4:6, 9, 5:4, 6:12, 7:3, 4, 9, 12, 13, 8:1, 2, 3, 4, 6, 7, 9, 11, 14, 18, 19, 20, 21, 22, 23, 9:15, 10:3, 12:5, 13:2, 7, 14:16, 17, 21)

(5) 야웨의 눈 (3:9, 4:10/ 9:1–8, 12:4)

3:9 만군의 여호와가 말하노라 내가 너 여호수아 앞에 세운 돌을 보라 한 돌에 일곱 눈이 있느니라 내가 새길 것을 새기며 이 땅의 죄악을 하루에 제하리라
4:10 작은 일의 날이라고 멸시하는 자가 누구냐 ? 이 일곱은 온 세상에 두루 행하는 여호와의 눈이라 다림줄이 스룹바벨의 손에 있음을 보고 기뻐하리라
9:8 내가 내 집을 둘러 진을 쳐서 적군을 막아 거기 왕래하지 못하게 할 것이라 포학한 자가 다시는 그 지경으로 지나지 못하리니 이는 내가 눈으로 친히 봄이니라
12:4 여호와가 말하노라 그 날에 내가 모든 말을 쳐서 놀라게 하며 그 탄자를 쳐서 미치게 하되 유다 족속은 내가 돌아보고 (유다 집에 대하여는 내가 내 눈들을 열리라 and I will open mine eyes upon the house of Judah) 모든 국민의 말을 쳐서 눈이 멀게 하리니

(6) 평지 (4:7/ 14:10)

4:7 큰 산아 네가 무엇이냐 네가 스룹바벨 앞에서 평지가 되리라 그가 머릿돌을 내어 놓을 때에 무리가 외치기를 은총 , 은총이 그에게 있을지어다 하리라 하셨고
14:10 온 땅이 아라바 같이 되되 게바에서 예루살렘 남편 림몬까지 미칠 것이며 예루살렘이 높이 들려 그 본처에 있으리니 베냐민 문 에서부터 첫 문 자리와 성 모퉁이 문까지 또 하나넬 망대에서부터왕의 포도주 짜는 곳까지라

(7) 북 왕국은 후반부만 아니라 , 8:13 에서도 언급되고 있다 .

8:13 유다 족속아 이스라엘 족속아 너희가 이방 가운데서 저주가 되었었으나
9:10 내가 에브라임의 병거와 예루살렘의 말을 끊겠고 전쟁하는 활도 끊으리니 그가 이방 사람에게 화평을 전할 것이요 그의 정권은 바다에서 바다까지 이르고 유브라데 강에서 땅 끝까지 이르리라
9:13 내가 유다로 당긴 활을 삼고 에브라임으로 먹인 살을 삼았으니 시온아 내가 네 자식을 격동시켜 헬라 자식을 치게 하며 너로 용사의 칼과 같게 하리라
10:7 에브라임이 용사 같아서 포도주를 마심 같이 마음이 즐거울 것이요 그 자손은 보고 기뻐하며 여호와를 인하여 마음에 즐거워하리라

(8) 전반부에서는 학개서에서처럼 낭내인들에게 필요한 격려 메시지가 주종을 이루고, 후반부에서는 보다 희미하게 하나님 나라의 장래가 예고되고 있는 것이다.

(9) 호격을 자주 사용하는 선지자의 어투도 비교해 보라 (2:7, 10, 3:2, 8, 4:7, 9:9, 13, 11:1–2, 13:7 등에서 "!" 앞에 위치한 단어들).

2:7 바벨론 성에 거하는 시온아 ! 이제 너는 피할지니라 10 여호와의 말씀에 시온의 딸아 ! 노래하고 기뻐하라 이는 내가 임하여 네 가운데 거할 것임이니라
3:2 여호와께서 사단에게 이르시되 사단아 ! 여호와가 너를 책망하노라 예루살렘을 택한 여호와가 너를 책망하노라
3:8 대제사장 여호수아야 ! 너와 네 앞에 앉은 네 동료들은 내 말을 들을 것이니라
4:7 큰 산아 ! 네가 무엇이냐 네가 스룹바벨 앞에서 평지가 되리라
9:9 시온의 딸아 ! 크게 기뻐할찌어다 예루살렘의 딸아 ! 즐거이 부를찌어다 보라 네 왕이 네게 임하나니 그는 공의로우며 구원을 베풀 며 겸손하여서 나귀를 타나니 나귀의 작은 것 곧 나귀새끼니라
9:13 내가 유다로 당긴 활을 삼고 에브라임으로 먹인 살을 삼았으니 시온아 ! 내가 네 자식을 격동시켜 헬라 자식을 치게 하며 너로 용사의 칼과 같게 하리라
11:1 레바논아 ! 네 문을 열고 불이 네 백향목을 사르게 하라 2 너 잣나무여 ! 곡할지어다 백향목이 넘어졌고 아름다운 나무가 훼멸되었도다 바산의 상수리나무여 ! 곡할지어다 무성한 삼림이 엎드러졌도다
13:7 만군의 여호와가 말하노라 칼아 ! 깨어서 내 목자 , 내 짝된 자를 치라 목자를 치면 양이 흩어지려니와 작은 자들 위에는 내가 내 손을 드리우리라

(10) 히브리어 철자법에서 (orthography) 완전독법과 (scriptio plena) 불완전 독법이 (scriptio-defectiva) 빈번히 교차하는 방식도 유사하다 (1:2, 5 와 1:4, 6, 8:14; 2:11 과 5:7; 1:11 과 7:7; 9:5 와 10:5, 11; 10:4 와 9:9 비교).

(11) 회개를 권고하는 외침이 1:1-7 에서 처음 제시되고 , 14 장까지 계속 울려 퍼지고 있다 . 예컨대 , 여호수아를 성결케 함에서 (슥 3:4), 스룹바벨에게 주어진 메시지에서 (힘으로도 능으로도 아니 되고 , 오직 나의 신으로 되느니라 , 슥 4:6), 장래 임할 축복의 조건에서 (슥 6:15), 벧엘 사신에게 주는 답변에서 (슥 7:5-9, 8:16 이하), 그리고 블레셋의 남은 자를 성별시킴에서 (슥 9:7), 에브라임에게 주실 축복에서 (슥 10:12), 예루살렘에 주실 은총의 세례에서 (슥 12:10), 죄를 씻는 샘에서 (슥 13:1), 야웨를 경배함에서 (슥 13:9), 예루살렘에서 흘러나오는 생수에서 (슥 14:8), 주께 성결 ! 로 모든 것이 헌신되어짐에서 (슥 14:20-21) 나타난다 . 이런 언급들은 이 책 전체에서 깊은 영적 강물이 흐르는 인상을 준다 . 이런 주장에 대하여 , 후대 첨가라는 식으로 도매금으로 배격하려 한다면 올바른 논리가 아닐 것이다 (H. C. Mitchell 1912:242-44).

(12) 소망과 기대에서 유사한 자세를 전 . 후반부에서 보인다 . 예컨대 ,
(i) 전체 이스라엘이 귀환하리라는 소망이다 (슥 2:6, 10, 8:7-8, 9:12, 10:6-7).
(ii) 예루살렘에 거민이 거하리라 (1:16-17, 2:4, 8:3, 8, 12:6, 14:10-11),
(iii) 성전이 건축되어 신앙생활의 중심이 되리라
(1:16-17, 3:7, 6:15, 7:2-3, 9:8, 14:20-21).
(iv) 메시야 소망이 강렬하다
(3:8-9, 6:12-13, 9:9-10, 11:12-13, 12:10, 13:1, 7-9).
(v) 평안과 번영이 오리라
(1:17, 3:10, 6:13, 8:12, 19, 9:10, 12-17, 10:1, 7-8, 10, 12, 12:8, 14:11, 16-19).
(vi) 하나님의 섭리는 전 세계에 미친다
(1:14-17, 2:9, 12, 4:10, 6:5, 9:1, 8, 14, 10:3, 1, 9, 12, 12:2-4, 8, 13:7, 14:3, 9).

(13) 유다를 향한 선지자의 자세가 전 . 후반부에서 모두 동일하다 . 유다는 예루살렘에 다음 가는 중요성을 갖는다 (2:2, 4, 13, 8:19, 1:12, 8:13, 15, 12:2, 14:14, 10:3, 12:4, 6-7, 14:21, 9:9, 13, 10:6, 11:14, 14:5).

(14) 열방 , 곧 이스라엘의 대적들에 대한 자세가 전 . 후반부에서 동일하다 전 세계가 모여 이스라엘을 대적한다 . 저들이 유다와 이스라엘 , 예루살렘을 열방에 흩었으나 (1:11), 그리고 예루살렘을 공격하여 포위하나 (12:2, 14:2), 저들도 그 날에는 주께로 돌이키고 (슥 2:11) 유대인들처럼 경배할 것이다 (8:20-23, 14:16-19). 이

처럼 근본 사고에서 전 . 후반부는 동일하다 .

(15) 선지자는 한 단어나 표현 혹은 사고를 반복하거나 확장시키곤 한다 .

ⓐ 동일 사고에 머무는 습관 (2:1, 4–5, 11, 6:12–13, 8:4–5, 21–22, 11:8, 13:3, 14:5, 16, 18–19);

ⓑ 한 근본 사고를 일련의 절들로 확장시키는 습관 (6:13, 9:5, 7; 1:17, 3:8–9, 12:4);

6:13 그가 여호와의 전을 건축하고 영광도 얻고 그 위에 앉아서 다스릴 것이요 또 제사장이 자기 위에 있으리니 이 두 사이에 평화와 의논이 있으리라 하셨다 하고 (**wəhûʾ yiḇne^{h} ʾeṯ-hêḵal yhwh wəhûʾ-yiśśāʾ hôḏ wəyāšaḇ ûmāšal ʿal-kisʾô wəhāyā^{h} ḵōhēn ʿal-kisʾô waʿăṣaṯ šālôm tihye^{h} bên šənêhem**) He shall build the Temple of the LORD and shall assume majesty, and he shall sit on his throne and rule. And there shall also be a priest seated on his throne, and harmonious understanding shall prevail between them (TNK).

9:5 아스글론이 보고 무서워하며 가사도 심히 아파할 것이며 에그론은 그 소망이 수치가 되므로 역시 그러하리라 가사에는 임금이 끊칠 것이며 아스글론에는 거민이 없을 것이며 7 그 입에서 그 피를 그 잇 사이에서 그 가증한 것을 제하리니 그도 남아서 우리 하나님께로 돌아와서 유다의 한 두목 같이 되겠고 에그론은 여부스 사람 같이 되리라

ⓒ 이미 언급한 사고를 다시 언급하는 습관 : 가지 , 순 (3:8, 6:12), 눈들 (3:9, 4:10), 다림 줄 (1:16, 2:5–6), 예루살렘의 선택 (1:17, 2:12, 3:2), 죄악을 제함 (3:9, 5:3 이하 , 13:2), 측량 (슥 5:2, 14:10), 여러 색깔의 말들 (1:8, 6:2, 6), 이스라엘을 양떼로 지칭 (9:16, 10:2, 11:4, 5, 13:7), 우상들 (10:2, 13:2), 목자들 (11:3 이하 , 13:7), 온 열방 (11:10, 12:3 이하 , 14:2 이하);

ⓓ "둘" 이란 수 : 두 감람나무 (4:3), 두 여인 (5:9), 두 산 (6:1), 두 막대기 (11:7), 두 부분 (14:2, 4), 슥 6:13, 9:12, 14:8 을 비교 ;

ⓔ 교훈의 방식으로 상징적 행동들을 사용함 . 예컨대 , 6:9–15 에서 대관식과 11:4–14 에서 두 막대기를 부서뜨리는 행동 .

(16) "거하다" 동사가 (야솨브) 수동태적 의미로 사용된다 (2:4, 7:7, 12:6, 14:10).

또한 우리는 스가랴의 예언을 신약이 어떻게 메시야 예언으로 받았는지도 고려해야 한다 . 슥 9:9 은 마 21:4, 5, 요 12:15; 11:12, 13 은 마 27:9, 10; 12:10 은 요 19:37, 계 1:7; 13:7 은 마 26:31, 막 14:27, 요 10:30, 16:32 등에서 언급된다 . 13:1 은 세례 요한과 그리스도의 세례를 비교해 보라 .

스가랴서의 통일성을 말해주는 이런 여러 증거들에도 불구하고 , 비평가들은 말할 것이다 : 전체로 보자면 , 추방 후 시대에 보다 무게가 실린다고 . 예언을 믿지 않는 자들에게는 무슨 증거가 있어도 , 일단 선지자 시대보다 후대의 사건이 언급되면 그것은 선지자의 말씀이라 보기를 거절한다 . 이런 방식으로 성경을 이해하려 하기 때문에 , 신 28 장의 추방 예언은 모세의 것일 수 없고 , 추방 이후의 묘사이며 , 출 15 장의 가나안 정복 예언 역시 가나안 정복 이후의 묘사라는 식이다 . 이런 식으로 모든 성경의 예언은 부인되고 만다 . 슥 9:13 에 언급된 헬라인들의 모습이 추방 전 시대나 스가랴 시대에 (주전 520 년경) 어울리지 않는다고 한다 .

슥 9:11, 12, 11:4–17 등에서처럼 저자는 어떤 부분들에서 어떤 이유에서인지 자기 의도하는 바를 숨기고 , 풍유적으로 이야기한다 . 그렇다면 에브라임이나 요셉의 집과 같은 단어들은 여전히 추방지에 있는 열 지파 족속을 상징적으로 지칭하는 것인지 모른다 . 그들의 귀환은 주전 722 년 이후 오랫동안 선지자들이 예기하였던 바였다 (렘 3:12, 31:4 이하 , 겔 37:16 이하). 반면 앗시리아는 에브라임을 포로로 잡아 갔던 자들인데 , 고대 앗시리아에 지리적으로 속한 땅들을 지시하는 말로 사용되었거나 아니면 , 그 땅의 현재 소유자들인 페르시아인들을 지시하는지 모른다 (라 6:22 참조).

한편 스가랴서의 전체의 통일성을 (혹은 9–14 장의 통일성을) 주장하는 학자들로는 로빈슨 (G. L. Robinson 1896), 판 호나커 (A. van Hoonacker 1908:579–581), 영 (E. J. Young 302–308), 라마르쉬 (P. Lamarche 1961), 빅 (M. Boc 1962), 존스 (D. R. Jones 1964), 발드윈 (J. G. Baldwin 1972) 등이다 . 아처는 9–14 장이 주전 480–470 년 어간의 것이라고 추정한다 (1985:437).

4) 스가랴서의 구성

제 1 부 (1–8 장)
(1) 1:1–6 (서론): 다리오 2 년 8 월 (주전 520 년)
(2) 1:7–6:15 (일련의 밤중 환상들): 주전 520 년 11 월 24 일 (성전 기초석이 놓인 지 2 개월 후 , 학 2:18)
이 부분의 메시지는

a. 하나님의 백성에 대한 그분의 돌보심과 관심 (1:7–17)
b. 이스라엘의 원수들이 마침내 파멸되었다 (2:1–4)
c. 예루살렘에 하나님은 다시 사람으로 채우시고 , 보호하시고 거하실 것이다 (2:5–17)
d. 제사장직이 정결케 되어 , 장차 올 메시야 – 순을 예표하리라 (3:1–10)
e. 보이는 것이 영적인 것에 자리를 내어 주리라 (4:1–14)
f. 악에서 그 땅이 정결케 정화되리라 (5:1–4)
g. 악은 그 땅으로부터 실제로 제거되리라 (5:5–11)
h. 그렇게 정화된 하나님의 백성은 그분 안에서 안전한 안식을 얻으리라 (6:8)
i. 대제사장 여호수아가 제사장 – 왕인 순 (筍) 메시야를 예표하여 면류관을 쓰다 (6:9–15)

등이다 .
(3) 금식에 관한 벧엘 사람들의 문의에 대한 답변 (7–8 장):
다리오 4 년 9 월 4 일 선포 (주전 518 년)

제 2 부 (9–14 장)
이 부분은 연대 표기가 없는 두 "맛사" 로 (메시지) 구성되었다 (9–11 장 , 12–14 장)

(1) 첫째 메시지 (9:1–11:17)

a. 시리아 , 푀니시아 , 블레셋에서 야웨의 나라 (9:1–8);
b. 새 왕의 오심 (9:9–10); c. 포로를 해방시킴 (9:11–17);
d. 선지자의 책망 (10:1–2); e. 유다와 요셉의 회복 (10:3–12)
f. 폭군들을 조소하는 노래 (11:1–3); g. 버림받은 목자 (11:4–17)

(2) 둘째 메시지 (12:1–14:21)

a. 열방의 예루살렘 공격 (12:1–8)
b. 자기들이 찌른 자를 예루살렘에서 애통함 (12:9–14)
c. 죄 , 우상 , 거짓 선지자를 예루살렘에서 척결 (13:1–6)
d. 침을 받은 목자 , 살아난 남은 자 (13:7–9)
e. 예루살렘을 위한 전쟁의 날 (14:1–5)
f. 새 예루살렘 (14:6–11)

g. 예루살렘을 치는 자들에게 임하는 재앙 (14:12–15)
h. 열방이 예루살렘으로 예배드리러 감 (14:16–21)

5) 스가랴서는 무엇을 가르치는가 ?

비평가들은 1–8 장과 9–14 장이 서로 다른 작품이라고 주장하는데 , 두 부분 사이에 상응하는 주제들을 고려해 보자 .

전반부와 후반부의 상관성

한 책은 분명히 그 전체의 모습에서 어떤 전략적 구성 원리를 드러낸다 . 현재의 스가랴의 모습은 전반부의 환상들이 (1:7–6:8) 후반부의 예언들에 (9–14 장) 상응하여 , 말하자면 애니메이션과 글이라는 이중적 프레젠테이션의 형식을 갖고 독자들의 눈과 귀를 동시에 두드리는 셈이다 . 어쩌면 계시록에서도 유사한 이중 구조를 찾을 수 있을지 모른다 : 계 1–3 장 (7 교회에 보낸 서신들), 계 4–22 장 (영적 세계를 환상들로 보임).
첫 세 환상들이 말씀하는 이스라엘의 회복과 평화 , 성전 건축과 축복은 슥 9–14 장에 제시된 메시야의 오심과 찔리심 , 이스라엘에 임할 회개의 영과 그로 인한 정결케 됨 , 메시야의 통치를 통해서 이루어 질 일이다 . 동시에 슥 1–6 장에 제시된 나머지 환상들이 말씀하는 이스라엘의 죄의 제거와 등잔으로서의 사명 등도 후반부에 묘사된 메시야의 사역을 통해서만 성취가 가능해 진다 .
차일즈는 비록 스가랴서의 후반부가 (슥 9–14 장), 두 개의 표제가 지시하듯 (9:1, 12:1), 별 개의 두 메시지로 1–8 장과 구분되어 따로 유통되었다고 보지만 , 다음과 같은 몇 가지 사항들은 전반부와 후반부 사이에 놀라운 일치를 (a surprising compatibility) 보인다 (B. S. Childs 1979:482–83). 그러한 두 부분 사이의 일치는 두 부분들 이면에는 이사야 , 예레미야 , 에스겔이라는 규범적 성경들이 동일하게 자리 잡고 있다는 사실에 기인한다고 생각한다 . 즉 , 전반부나 후반부나 모두 이스라엘이 하나님의 말씀으로 인정한 선지서들에 의존한다 .
두 부분들 사이의 일치란 , 1) 성벽이 없이 하나님의 보호를 받는 새 예루살렘 (2:5, 9:8, 14:11), 2) 낙원 같은 풍성한 번영의 회복 (8:6, 14:6, 8), 3) 옛 언약 약속 (8:8, 13:9), 4) 5:3 의 저주가 14:11 에서 제거됨 , 5) 열방에 대한 하나님의 심판과 (2:1–2, 14:6) 열방의 회심 (2:15, 8:22, 14:6), 6) 추방자들을 모으심 (8:7, 10:9–10), 7) 새 시대의 새로운 예배 의식들 (8:18–19, 14:20), 8) 정결케 함과 변화를 가져오는 성령님의 부으심 (4:6, 5:4, 12:10, 13:3), 9) 겸손한 메시야의 모습 (3:8, 4:6, 9:6–7) 등이다 .

(1) 성벽이 없이 하나님의 보호받는 새 예루살렘 (2:5, 9:8, 14:11)

4 이르되 너는 달려가서 그 소년에게 고하여 이르기를 예루살렘에 사람이 거하리니 그 가운데 사람과 육축이 많으므로 그것이 성곽 없는 촌락과 같으리라 5 여호와의 말씀에 내가 그 사면에서 불 성곽이 되며 그 가운데서 영광이 되리라 (슥 2:4–5)
8 내가 내 집을 둘러 진을 쳐서 적군을 막아 거기 왕래하지 못하게 할 것이라 포학한 자가 다시는 그 지경으로 지나지 못하리니 이 는 내가 눈으로 친히 봄이니라 (슥 9:8)
사람이 그 가운데 거하며 다시는 저주가 있지 아니하리니 예루살렘이 안연히 서리로다 (슥 14:11)

슥 2:5 의 말씀은 셋째 환상의 (슥 2:1–12) 한 구절인데 , 이 환상의 바른 해석을 위해서 , 첫 세 개의 환상들이 서로간의 논리적 연속성을 갖는다는 점을 주목해야 한다 . 두 번째 , 세 번째 환상들은 첫 번째의 후속 (後續) 편이다 . 첫째 환상에서 (슥 1:7–17) 약속된 회복의 소망이 둘째 (슥 1:18–21), 셋째 환상에서 구체화되는 것이다 . 첫 환상의 핵심 사고는 1:16–17 에서 나타나는데 , 야웨께서 예루살렘을 긍휼이 여겨 거기로 돌아오실 것이며 , 성전이 거기 건축되고 예루살렘 위에 먹줄이 치어지리라는 것이다 . 곧 예루살렘은 재건될 것이고 , 그리하여 그의 성읍들이 다시 번창할 것이며 , 다시 시온을 안위하리라는 것이다 .
이런 사고가 현실화되기 위해서는 유다를 위협하고 파괴하려는 열국의 "뿔들" 이 제거되어야 한다 . 그런 다음에 예루살렘이 이방 땅에 끌려갔던 자들이 귀환함으로 사람들과 육축들로 가득 차게 되고, 이방인들도 다수가 개종하여 야웨 하나님을 섬기게 될 것이다 (2:11).

이렇게 볼 때에, 슥 1:16-17 절의 사고가 아주 중요하다. 야웨께서 범죄한 이스라엘에게서 떠나가심으로 예루살렘이 함락당하고, 성전이 파괴되었다면, 이제 다시 예루살렘으로 돌이키시고, 예루살렘과 그 성전이 재건되는 것이다. 이런 회복의 축복은 스가랴서 전체에서 예루살렘에 대한 비전을 조망한다면, 분명 저 지상의 예루살렘에 대한 환상이라고 하기 어렵고, 영적 측면에서 조망해야 한다. 즉, 메시야 시대에 교회의 부흥하는 모습이 여기서 초점이다.

예컨대, 10 절에서 시온의 딸아 노래하고 기뻐하라 이는 내가 임하여 네 가운데 거할 것임이니라 라고 하셨다. 이는 주전 516 년 제 2 성전이 완공됨으로 성취되었다고 이해할 수도 있다. 그렇지만, 그 날에 많은 나라가 여호와께 속하여 내 백성이 될 것이요 라는 말씀은 오직 메시야 시대, 곧 신약 시대에 교회를 통하여 이루어질 것이었다. 이처럼 스가랴를 통해 선포된 미래 축복의 전망은 신약 시대에 가서야 온전히 성취될 것이었다.

그렇다면, 슥 1:16 에서 예루살렘 위에 먹줄이 치어지리라! 는 예고는 슥 2:1 의 측량줄 잡고 예루살렘의 넓이와 길이를 재는 자의 역사로 현실화되는 것이다. 이 측량줄 잡은 사람은 겨우 저 예루살렘의 성벽이나 건축할 현실적인 약아 빠진 유대인들 정도로 본다면, 슥 1:16 과 2:1 사이에는 아무런 연관성도 없어지고 말 것이다.

이제 신약까지 시야를 넓혀서 이 예언의 성취까지 고려해 보자. 스가랴는 6:12 에서, "만군의 여호와께서 말씀하시되 보라 순 (筍) 이라 이름하는 사람이 자기 곳에서 돋아나서 여호와의 전을 건축하리라" 하였다. 주님이 베드로를 향하여 (마 16:18) "너는 베드로라 내가 이 반석 위에 내 교회를 세우리니 음부의 권세가 이기지 못하리라!" 고 하신 말씀은 이 스가랴의 환상과 연관된다고 본다. 주님이 측량줄을 잡고 교회를 세우시는 것이다. 측량줄 잡은 자는 말하자면, 측량기사요, 건축가인 셈이다. 예수님은 시몬을 베드로 곧 반석으로 만들어 그 위에 자기 교회를 세우실 것이었다. 히브리서 기자는 "집마다 지은 이가 있으니 만물을 지으신 이는 하나님이시라" 하였다 (히 3:3). 예수님은 우주 만물의 건축자일 뿐 아니라, 자기 교회의 건축자이시다.

(2) 낙원 같은 풍성한 번영의 회복 (8:6, 14:6, 8)

슥 8:6 만군의 여호와가 말하노라 이 일이 그 날에 남은 백성의 눈에는 기이하려니와 내 눈에 어찌 기이하겠느냐 만군의 여호와의 말이 니라

슥 14:4 그 날에 그의 발이 예루살렘 앞 곧 동편 감람산에 서실 것이요 감람산은 그 한가운데가 동서로 갈라져 매우 큰 골짜기가 되어서 산 절반은 북으로 절반은 남으로 옮기고 5 그 산 골짜기는 아셀까지 미칠찌라 너희가 그의 산골짜기로 도망하되 유다 왕 웃시야 때에 지진을 피하여 도망하던 것 같이 하리라 나의 하나님 여호와께서 임하실 것이요 모든 거룩한 자가 주와 함께 하리라 6 그 날에는 빛이 없겠고 광명한 자들이 떠날 것이라 7 여호와의 아시는 한 날이 있으리니 낮도 아니요 밤도 아니라 어두워 갈 때에 빛이 있으리로다 8 그 날에 생수가 예루살렘에서 솟아나서 절반은 동해로, 절반은 서해로 흐를 것이라 여름에도 겨울에도 그러하리라

이 말씀은 어떤 이들이 생각하듯, 주님의 재림 시에 감람산 위에 서실 것인데, 그 감람산이 동서로 가운데가 갈라져서 산 절반은 북으로, 절반은 남으로 갈라지는 지형의 대격변이 일어나고, 생수 (生水) 가 예루살렘에서 솟구쳐 절반은 사해로, 절반은 지중해로 흘러 들어가리라고 문자적인 해석을 가한다면, 이 부분이 예언하는 "생수" 에서 암시되듯, 신약 시대의 영적 풍요로움과 생명 역사를 유대적 색채로 칠했다는 사실을 분간치 못한 셈이다 (겉옷과 알맹이의 원리).

(3) 옛 언약 약속 (8:8, 13:9)

하나님이 이스라엘의 하나님이 되시고, 저들이 하나님의 백성이 되는 것은 언약의 핵심적 관계 설정이다. 이는 영적인 결혼 관계로 이해할 수도 있다고 시내산 언약과 연관하여 설명한 바 있다. 하나님은 이스라엘의 신랑, 이스라엘은 하나님의 신부 (新婦) 이다. 이런 관계에서 주님이 내 안에, 내가 주님 안에 거하는 신령한

한 몸의 원리가 가능한 것이다 (요 6:56, 14:20, 15:4-7, 17:21). 그것을 신비적 연합이라 한다면, 그런 신비한 연합이 하나님과 성도가 추구하는 최종 목표이다. 신약 시대에 예수 그리스도를 통해 체결된 새 언약 관계에 들어온 자마다 이런 최종적 목표의 맛보기를 누리고 있다. 그 최종 완성은 재림 이후 도래할 영원 천국에서 나타날 것이다.

스가랴서 전후반부에 서로 상응하는 나머지 주제들은 다음과 같다:

겸손한 메시야의 모습 (3:8, 4:6, 9:6-7)

메시야는 겸손하여 나귀의 새끼를 타고 입성하신다. 평화의 왕이시기 때문이다 (사 9:6, 2:4).

슥 5:3 의 저주가 14:11 에서 제거됨

죄로 인하여 저주가 세상에 들어왔고, 그리스도를 통해 저주는 제거된다 (롬 5:12-21).

열방에 대한 하나님의 심판과 (2:1-2, 14:6) 열방의 회심 (2:15, 8:22, 14:6)

열방은 항상 하나님의 백성의 징계 수단으로 사용되었다가 나중에는 그들 자신의 교만과 죄 때문에 심판을 당한다. 교회를 대적하는 모든 열방은 신약 시대를 통해 항상 심판을 받고 멸망당한다. 그런데 신약 시대에 놀라운 일은 세상 나라가 통째로 (비록 외형적이라 해도) 주께로 회심하고 돌이킨 일이 있다. 주후 380 년에 로마 제국의 공동 황제들인 데오도시우스 1 세, 그라치안, 발렌티니안 2 세 등의 결단으로 기독교가 로마 제국의 국교가 되었고, 가톨릭 사전이 (Catholic Engyclopedia) "서방 세계의 첫 기독교 제국의 군주" 라 칭하는 중세기 프랑크 족속의 왕 샬마뉴 대제 (Charlemagne 742-814) 는 무력에 의한 피정복민의 집단 개종을 시도한 것으로 유명하였다.

오늘날 열방이 주께로 돌아오는 선지자들의 꿈을 품고 기도한다면, 그 꿈은 현실이 될 것이다.

추방자들을 모으심 (8:7, 10:9-10)

추방자들을 모으심은 행 2 장에서 보듯, 유대인 해외 교민들이 (디아스포라) 오순절 절기를 지키고자 고국에 왔다가 성령강림을 통한 강력한 역사로 무수히 기독교로 개종하는 역사에서 영적으로 일어났다. 물론 바벨론 추방에서의 귀환은 문자적 성취이지만, 그 근본 성취는 영적인 회심으로 되어진다.

정결케 함과 변화를 가져오는 성령님의 부으심 (4:6, 5:4, 12:10, 13:3)

어떤 이들은 이스라엘 민족이 전체적으로 언젠가 개종하리라 기대하는데 그런 시나리오는 구약 예언의 취지가 아니며, 구원역사에서 그런 예가 없었다. 언제나 소수의 남은 자만 구원에 이르기 때문이다. 스가랴가 예고한 이스라엘의 집단 애통과 회개는 오순절 성령 강림 사건 때에 일어났고, 지금도 성령님의 역사로 일어나고 있다.

새 시대의 새로운 예배 의식들 (8:18-19, 14:20)

이전에는 여러 가지로 금식을 하며 자신을 괴롭게 하는 것을 경건의 미덕이라 여겼지만, 새 시대에는 성령님 안에서 기쁨의 영으로 충만하여 예배가 기쁨의 축제가 될 것이다. 그러므로 예배를 장중하고 위엄있는 의식을 갖춘 것만 추구해야 좋은 줄 생각지 말고, 성령님 안에서 참 자유와 능력의 예배가 되도록 해야 한다. 다윗이 성령님에 취하여 춤을 추고 하나님 앞에서 즐거워 함과 같이 예배 가운데 임하시는 성령님으로 우리는 취해야 하고 기쁨의 영에 잡혀야 한다.

이상의 주제들은 예수 그리스도의 오심으로 신약 교회에서 이루어지는 영적인 부요함과 축복을 유대적 색채로 그려 예언한 것이다. 그분의 십자가 죽으심과 부활, 승천, 보좌에 왕으로 즉위하심, 성령님을 부으심, 그 이후에 복음을 통한 추방자들의 모으심, 열방에 대한 심판과 열방의 회심, 교회 안에서 성령충만의 부요함과 영적 황홀경 등이 여기 예고된 것이다.

이 중에서 열방에 대한 심판과 저들의 회심에 대하여, 약간 설명한다면, 열방에 대한 심판은 단 2 장에 묘사된 느부갓네살 왕이 꿈에서 본 네 부분으로 구성된 신상을 손으로 하지 아니하고 뜨인 돌이 쳐서 박살을 낸 일이 상징하는 바이다. 그리스도의 복음이 세상 나라들의 근본을 이루는 마귀의 세력을 파쇄시키는 것이다. 그것이 세상에 대한 심판이지만, 동시에 복음은 믿는 사람들에게는 구원을 준다. 열방은 복음을 듣고 회심하기도 한다. 이렇게 심판과 회심은 동전의 양면과 같은 것이다.

슥 12, 14 장에 묘사된 열방의 예루살렘 침공과 하나님의 심판에 의한 패배 그리고 회심 등은 바로 신약 시대 전반에 걸쳐 일어나는 교회에 대한 세상의 공격과 복음전파를 통한 세상 악의 세력의 붕괴, 그리고 회심 등을 예시하며, 주님의 재림 시에 그러한 열방과의 대결은 최정점에 이르고 악의 세력은 완전 소멸될 것이다.

2-15. 말라기

1) 명칭

"말라기" 란 이름은 "나의 사신" 을 (my messenger) 의미하고, 이 선지자의 이름에서 책명이 유래한다.

2) 저자와 저작 연대

말라기는 구약의 마지막 선지자로 간주된다. 말라기에서 구약 예언은 끊어지고, 세례 요한에게서 부활하지만, 그는 새 시대의 도래를 준비하는 선지자였다. 말라기에서 세례 요한까지 기간을 "신구약 중간기" 라 (Inter-Testamental Period) 부른다. 하나님의 말씀이 침묵하던 암흑기였다.

세례 요한의 등장은 말라기가 예언한 (말 3:1) "보라 내가 내 사자를 보내리니 그가 내 앞에서 길을 예비할 것이요" 라는 말씀의 성취였고, 예수 그리스도의 오심도, 말라기 선지자가 예언한 바 곧 "또 너희의 구하는 바 주가 홀연히 그 전에 임하리니 곧 너희의 사모하는바 언약의 사자가 임할 것이라!"는 (말 3:1) 말씀의 성취였다.

그런데 어떤 이들은 "말라기" 란 말이 고유 명사가 아니라, 보통 명사로 "나의 사신" 곧 하나님의 사신, 선지자란 일반 용어라고 인식하고, 말라기서의 저자는 무명이라 이해하기도 한다. 그렇게 보는 이유는

(1) 말라기란 말은 "나의 사신" 이란 의미로 고유명사일 수 없다; 그러나 이름이 없는 무명 선지자의 책은 없다;

(2) 탈굼은 말 1:1 의 "말라기" 를 고유명사로 보지 않았다; 그런데 탈굼역은 이 사신이 에스라라고 보았다;

(3) 말라기는 말 3:1 에서 무명의 인물에 대한 명칭이므로, 1:1 에서도 그러해야 한다;

(4) 말라기서는 소선지서 말미에 첨가된 세 무명 선지자의 예언들이라 한다 (슥 9-11 장, 12-14 장과 말라기); 이렇게 보는 근거는 이 세 부분의 첫 부분에 "맛사" 란 (경고의 메시지) 말이 위치하기 때문이다; 그러나 말라기가 자기 책을 도입하는 방식은 슥 9:1 이나 11:1 과 다르다.

그러나 선지서들 중에 무명의 작품은 하나도 없다.

3) 말라기 예언의 시대적 배경과 메시지

귀환 공동체를 향하여 학개 선지자는 이사야 선지자의 그 영광스러운 이스라엘의 미래를 염두에 둔 듯 아주 우주적인 스케일로 이스라엘의 회복을 선포했었다. 그 때가 주전 520 년부터 2 년 어간이었다.

학 2:5 너희가 이집트에서 나올 때에 내가 너희와 언약한 말과 나의 신이 오히려 너희 중에 머물러 있나니 너희는 두려워하지 말지어다 6 나 만군의 여호와가 말하노라 조금 있으면 내가 하늘과 땅과 바다와 육지를 진동시킬 것이요 7 또한 만국을 진동시킬 것이며 만국의 보배가 이르리니 내가 영광으로 이 전에 충만케 하리라 만군의 여호와의 말이니라 8 은도 내 것이요 금도 내 것이니라 만군의 여호와의 말이니라 9 이 전의 나중 영광이 이전 영광보다 크리라 만군의 여호와의 말이니라 내가 이곳에 평강을 주리라

우주를 진동시키고, 만국을 진동시켜 재건될 성전에 영광이 충만하게 하리라는 것이다. 이런 약속들은 귀환 공동체 사람들의 마음을 한껏 고무시켰다. 이제 바야흐로 페르시아 제국이 무너지고 추방 전 선지자 이사야가 예언한 대로, 이스라엘은 해방될 뿐 아니라, 열국이 앞을 다투어 예루살렘으로 예물을 가지고 와서 경배할 것을 기대하게 되었다. 세상 질서가 와해되고, 이제 이스라엘이 높아지는 놀라운 새로운 시대가 도래 하리라는 기대 속에 백성들은 혹시나 하는 마음에 하루하루를 조바심으로 보냈다.

그런데 세월이 흘러갔지만, 세상은 그대로였다. 이제 귀환 공동체는 영적인 기대감이 허물어지면서 모든 방면에 느슨하고 나태에 빠져들기 시작했다. 원수들을 기회를 타서 저들을 좌절시키고자 애를 썼다. 가뭄에 흉작과 기근이 덮친다 (말 3:11). 저들은 하나님의 사랑을 의심하기 시작하고 (1:2), 하나님께서 과연 세상을 공의로 통치하시는지도 의심하게 되었다 (말 2:17). 악행자가 주의 보시기에 더 좋은지 저들은 잘 살기만 한다. 하나님의 계명을 지키고 그분 앞에서 섬기는 일이 무익하다고도 불평했다 (말 3:14, 15).

학개나 스가랴가 활동하던 시대로부터 약 7, 80 년 이후에 말라기가 등장하여 퇴보하는 신앙생활을 기소하고 새로운 소망을 불어 넣는다. 말라기서 역시 언약 조항에 근거하여 언약 백성을 기소하고, 심판을 선고하며, 동시에 심판 이후에 나타날 회복과 구원을 선포한다.

말라기 선지자는 의심과 회의는 불신앙임을 보이고자 한다. 만약 저들이 재앙을 당하고 곤경에 처했다면, 저들이 선하고 경건한데도 그런 자리에 떨어진 것이 아니라, 저들의 죄악 때문에 그런 자리에 떨어진 사실을 저들에게 보이고자 한다. 예컨대, 예배가 썩었다 (1:6). 제사장들이 부패해서 그저 형식주의 겉치레 의식을 집행하고 있었다 (1:13). 저들의 그런 자세는 백성들로 예배에 태만하게 하고 좋은 것을 드리기로 약속해 놓고도 흠 있는 짐승을 제물로 바치게 만들었다 (1:13, 14). 소경이 소경을 인도하여 둘 다 구덩이에 빠지는 격이다.

예배만 아니라, 백성들의 삶도 썩었다. 사람들은 젊어서 취한 아내를 버리고 이방 여자들을 취했다 (2:14). 온갖 종류의 죄악이 사회에 난무했다. 사술, 간음, 부정과 사기, 약자를 압제하고 불경이 도처에 편만하였다 (3:5). 그런 상태에서 저들이 하나님의 축복을 받고 형통하기를 바라는가?

말라기 선지자는 저들에게 회개를 촉구한다 (3:7). 만약 저들이 자기들의 예배를 신령한 예배로 개혁하고, 율법을 순종하고 삶을 개혁하며, 십일조나 예물을 전심으로 드린다면 하나님께서 축복하시지 아니할 이유가 없다 (3:10).

선지자는 궁극적인 구원이 그의 백성들의 어떤 행동에서가 아니라, 하나님의 행하실 바에서 오리라 기대한다. 위대한 주의 날이 오면, 악을 제하고 경건한 자를 변호하고 악인은 멸절 당할 것이다 (3:2, 4:1). 그 날은 엘리야 선지자가 미리 와서 준비할 것이다 (4:5).

4) 말라기서의 독특한 문체

말라기서는 이사야서 같은데서 나오는 이른바 논박문 (disputation) 문체로 되어졌다. 직접 말씀을 선포하는 문체가 아니라, 논박문 형식을 채용하여 메시지를 전개하고 있다. 적어도 여섯 메시지가 모두 논박문 형식으로 도입되고 있다. 먼저 백성들이 질문을 제기하고, 여기에 대하여 말라기 선지자가 논박을 가한다.

5) 내용 분해

(1) 말라기 서론 (1:1)

(2) 첫째 메시지 : 하나님의 사랑에 대한 반응 (1:2–5)

a. 이스라엘을 사랑했노라 (1:2a);
b. 어떻게요? (1:2b);
c. 사랑했다는 증거 (1:2c–5)
  1. 에돔을 버리고 이스라엘을 택했다 (1:2c–3a);
  2. 에돔에 대한 심판 (1:3b–5)

(3) 둘째 메시지 : 하나님의 영예 (1:6–2:9)

a. 공경하지 않는구나! (1:6a);
b. 어떻게요? (1:6b);
c. 제사를 (예배) 멋대로 드리지 않았니? (1:7–14);
d. 제사장들에게 주는 경고 (2:1–9)

(4) 셋째 메시지 : 언약 백성아, 신실해라 (2:10–16)

a. 신실치 못하구나 (2:10);
b. 첫째 증거 : 불법 혼합 결혼 (2:11–12)
c. 둘째 증거 : 이혼 (2:13–16a);
d. 신실해라 (2:16b)

(5) 넷째 : 하나님을 소망하여라 (2:17–3:6)

a. 말로 야웨를 괴롭게 하는구나! (2:17a);
b. 어떻게요? (2:17b);
c. 증거 : 하나님의 공의를 바라지도 않았다 (2:17c);
d. 경고 (3:1–5)
  1. 예비하는 사신이 오리라 (3:1a); 2. 심판의 주가 오리라 (3:1b–5)
e. 하나님을 소망할 근거 (3:6)

(6) 다섯째 : 하나님을 순종하여라 (3:7–12)

a. 불순종하는구나! (3:7a);
b. 어떻게요? (3:7b);
c. 너희가 강도질 하잖니?(3:8a);
d. 어떻게요? (3:8b);
e. 증거 (3:8c–9)
  1. 십일조와 헌물 도적질 (3:8c); 2. 저주 (3:9)
f. 순종해 봐, 축복한다! (3:10–12)

(7) 여섯째 : 하나님을 경외하여라 (3:13–4:3)

a. 신성 모독하는구나! (3:13a); b. 어떻게요? (3:13b);
c. 증거 : 섬김이 헛되다! 고 말했잖니? (3:14–15); d. 믿는 남은 자의 반응 (3:16);
e. 경고와 약속 (3:17–4:3)

(8) 결론 : 요약 (4:4–6)

1 모세법을 준수해라 (4 절 ; 1–3 논박들)
2 엘리야와 주의 오심을 예비하라 (5–6 절 ; 4–6 논박들)

6) 말라기는 무엇을 가르치는가 ?

첫째 메시지 : 하나님의 사랑에 대한 반응 (1:2–5)

이스라엘 백성은 귀환 후 제 2 성전을 건축하고 회복기의 생활을 시작했으나, 이전의 영적 활력을 되찾지 못하고 점점 퇴보의 길로 내리 달렸던 것으로 보인다. 그런 영적 퇴보는 필연적으로 저들의 마음에 신앙에 대한 회의와 자신들의 정체성 혼란으로 이어졌을 것이다. 그래서 하나님께서 우리를 사랑하셨나 ? 정말인가 ? 라고 의문을 갖는 지경에 이르게 되었다. 하나님은 여기에 대하여 "내가 야곱은 사랑했고 에서는 미워했노라" 고 (wāʾōhab̲ ʾet̲-yaʿăqōb̲ wəʾet̲-ʿēśāw śānēʾt̲î) 대답하신다 (1:2c–3a). "사랑하다" 와 "미워하다" 란 두 단어가 함께 나타나는 조합이 한 사람의 두 다른 대상에 대한 사랑과 미움을 표현하는 경우는, 신 21:15, 16 에서 한 남자의 두 아내 중 하나는 사랑받고 다른 하나는 미움 받는 경우, 삼하 19:7 (다윗의 압살롬 반역무리와 요압 장군에 대한 자세), 시 45:7 (왕이 정의 사랑, 악은 미워하다), 시 97:10 (성도가 야웨 사랑, 악 미워함), 시 119:113, 163 (시인이 "두 마음 품는 자" / 거짓 미워하고, 주의 법 사랑), 잠 8:36 (지혜 미워하는 자, 사망 사랑), 사 61:8 (야웨께서 공의 사랑, 불의 강탈 미워하심), 암 5:15 (악을 미워하고, 선을 사랑하라), 미 3:2 (선은 미워하고, 악은 사랑하는 자) 등이다.

이런 구절들에서 드러나는 바는 야웨의 야곱 사랑과 에서를 미워하심은 결국 야웨께서 어떤 사람을 편애해서가 아니라, 공의를 사랑하시고 불의와 강탈을 미워하시는 그분이 그래도 야곱은 공의편에 에서는 불의 편에 선 자로 판단하시고 야곱을 사랑하셨다고 인간적으로 말할 수 있다. 성도들에게 악을 미워하고, 선을 사랑하라고 교훈하시는 그분이 어찌 악인을 사랑하고 의인을 미워하실 수 있겠는가 ?
그렇지만 이런 지극히 평면적인 이해는 사실에서 한참 거리가 멀다는 느낌을 받는다. 왜냐하면 우리 인간의 판단으로 선과 악을 구분하여 야곱은 의인이므로 사랑하시고, 에서는 악인이므로 미워하셨다고 말한다는 것은 죄가 많은 곳에 은혜가 더 넘친다는 (롬 5:20) 진리와 상충되기 때문이다. 사도 바울의 고백을 보더라도 그가 선해서 택하신 것은 아니었다. 그는 고백하길, "그리스도 예수께서 죄인을 구원하시려고 세상에 임하셨다 하였도다 죄인 중에 내가 괴수니라" 라고 하였다 (딤전 1:15). 또한 사도 바울은 "하나님이 우리를 구원하사 거룩하신 부르심으로 부르심은 우리의 행위대로 하심이 아니요 오직 자기 뜻과 영원한 때 전부터 그리스도 예수 안에서 우리에게 주신 은혜대로 하심이라" 고도 (딤후 1:9) 했다.

우리는 영원한 선택의 문제에서 이성적으로 그럴듯한 논리를 세울 수 있을지 몰라도, 그것은 하나님의 기쁘신 뜻대로 우리를 택하신 (엡 1:3) 하나님의 절대 주권에 속한 사항이라고 인정할 수밖에 없다.
하나님께서 아브라함은 택하시고 부르신 것은 아브라함의 선함과 믿음을 미리 아셨기 때문이라기보다 (예지예정), 그를 조건 없이 사랑하셨기 때문에 선택하셨다고 함이 보다 바울적이요 성경적일 것이다. 반면 에서는 선택하지 않으셨다. 그래서 사도 비울은

11 그 자식들이 아직 나지도 아니하고 무슨 선이나 악을 행하지 아니 한 때에 택하심을 따라 되는 하나님의 뜻이 행위로 말미암지 않고 오직 부르시는 이에게로 말미암아 서게 하려 하사 12 리브가에게 이르시되 큰 자가 어린 자를 섬기리라 하셨나니 13 기록된바 내가 야곱은 사랑하고 에서는 미워하였다 하심과 같으니라 14 그런즉 우리가 무슨 말 하리요 하나님께 불의가 있느뇨 ? 그럴 수 없느니라

고 하였던 것이다 (롬 9:11–14). 말 1:3b–5 에서 하나님은 에돔에 대한 심판을 선포하시는데, 에돔은 하나님의 백성을 핍박하는 교회의 원수를 상징할 수도 있다.

둘째 메시지 : 하나님의 영예 (1:6–2:9)

하나님은 제사장들을 향해 주를 멸시한다고 기소하신다 (1:6a). 이에 제사장들이 "어떻게요?" 라고 반문하자, 제사를 (예배) 멋대로 드리지 않았나? 라고 질책하신다 (1:7–14). 주인과 종, 아버지와 아들의 관계로 비유하시면서, 종된 이스라엘, 아들된 이스라엘이 주인이자 아버지인 하나님을 제대로 공경하지도 않고 멸시하는 행동만 했으니, 그것은 예배의 (제사) 소홀과 태만이었다. "더러운 떡" 을 드리거나 (7 절), 눈 먼 제물을 드리거나 (8 절), 제사 준비가 얼마나 번폐스런운고? 하면서 코웃음을 치며, 훔친 것, 저는 것, 병든 것을 바치고 (13 절), 흠 있는 제물을 드리기도 했다 (14 절).

셋째 메시지 : 언약 백성아, 신실해라 (2:10–16)

너희가 언약 백성답지 않게 신실하지 못한 삶을 살고 있구나! 예? 너희가 잡신들을 섬기는 딸들과 혼합 결혼하지 않았니? (2:11–12) 더구나 젊어서 취한 조강지처 (糟糠之妻) 를 버리고 이혼 (2:13–16a) 했잖니? 신실해라 (2:16b). 오늘날 걸핏하면 이혼한다고 한다. 결혼은 신중하게 하고, 이혼은 결코 하나님의 백성에게 있어서는 안 될 일이다. 경건한 자녀를 얻고자 하나님은 결혼을 허락하신다. 결혼 상대자를 놓고 많은 기도를 올리고, 경건한 여인, 경건한 남자를 배우자로 삼아야 한다.

넷째 : 하나님을 소망하여라 (2:17–3:6)

말로 야웨를 괴롭게 하는구나! (2:17a) 너희는 하나님의 공의를 바라지도 않았다 (2:17c). 예비하는 사신이 오리라 (3:1a), 심판의 주가 오시리라 (3:1b–5). 말라기가 예고한 대로 세례 요한이 예비하는 사신으로 왔고, 그리스도께서 오셔서 타락한 유대인들은 심판을 받았다. 유대인에 대한 심판은 그리스도를 대적한 당대 모든 유대인들이 주님께 정죄를 받아 영원한 지옥으로 향하였고, 주후 70 년에 유대교의 본산이 파괴당하고 주후 135 년 이후로 본토에서 뿌리가 뽑혀 세계 각처에 흩어졌다. 이것은 말라기가 예고한 그 주님의 오심을 저들이 제대로 준비하지 못한 결과였다. 재림의 주님을 소망하고 준비하여라.

다섯째 : 하나님을 순종하여라 (3:7–12)

불순종하는구나! (3:7a) 너희가 강도질 하잖니?(3:8a) 어떻게요? (3:8b) 십일조와 헌물 도적질이다 (3:8c). 주의 것을 바치지 아니하니 저주가 임한다. 순종해 봐, 축복한다! (3:10–12)

어떤 목사님이 집사님의 가게를 찾았다. 기도한 후에 손님이 들어오자 집사는 손님을 맞으러 나갔다. 그 사이 목사는 그 집사의 돈 금고를 따르릉 울리며 열고 돈을 대략 계산하여 주어 챙겼다. 집사는 모르는 체 하고 목사를 배웅했다. 한 달 후에 또 목사님이 심방을 오셨다. 이번에는 신경이 날카로웠고 얼굴 근육이 마비되는 것 같기도 했다. 아니나 다를까 기도 후에 손님을 맞으러 나간 사이 목사님이 다시 금고를 열고 돈을 계산하는 것이다. 급히 들어온 집사 왈, "목사님, 아니 이럴 수가 있습니까? 돈이 궁하면 저에게 달라고 하셔야지 왜 남의 가게 금고는 함부로 열어 돈을 챙겨 가십니까?" 목사님 왈, "김집사! 앉아 봐요! 내가 돈이 궁해서가 아니라, 집사님이 십일조를 내지 않아 몇 달 채 두고 보다가 이렇게 하다간 집사님 망할 것 같아, 이전의 십일조 생각하고 대략 계산해서 가는 것이요!" 목사님도 울고 집사님도 울고 그 후에 집사는 마음을 고쳐 적자가 나더라도 십일조는 온전히 챙겨 드렸다. 그 결과 . . .

온전한 십일조는 인건비, 무슨 비용, 가게 월세 등 다 제한 순 수입의 십의 일이 아니라, 들어온 모든 수입의 십일조라고 어떤 이는 간증하기도 한다. 온전한 십일조! 이것은 지금 신약 시대에도 여전히 드려야 한다.

여섯째 : 하나님을 경외하여라 (3:13–4:3)

신성 모독하는구나 ! (3:13a) 어떻게요 ? (3:13b) 섬김이 헛되다 ! 고 말했잖니 ? (3:14–15) 하나님은 반드시 경건한 자와 그렇지 아니한 자를 구분하실 것이다. 그러므로 주를 섬길 때에 결코 낙심치 말라 ! 주께서 보상 하실 날이 반드시 오겠기 때문이다. 여기서 보상받지 못한다면 저 천국에서 상급을 받지 않겠는가 ?

C. 성 문 서

성문서란 구약을 삼 대분할 때, 오경과 선지서 (전선지서와 후 선지서), 그리고 나머지인데, 이 나머지 제책들을 "성문서(the Writings 혹은 Hagiographa)" 라 부른다. 성문서에는 문학 장르 측면에서 분류하자면, 시가서 (시편, 아가, 애가, 전도, 잠언, 욥기), 환상 문학 (다니엘), 역사서 (에스라, 느헤미야, 에스더, 역대기), 애가, 지혜문헌 (아가 [사랑], 잠언 [실생활의 지혜], 전도 [철학], 욥기 [고난], 지혜시들 [1, 37, 49, 112 편 등]) 등이 있다. 여기서 보듯, 한 책이 여러 장르에 걸치기도 하는데, 예컨대 잠언은 지혜문헌이지만 (내용상), 시가서라 (형식상) 분류할 수도 있다. 욥기도 그러한데, 형식상 시가서이지만, 내용상 고난을 다루는 지혜문헌 (신정론) 이기도 하다. 성문서 중에서 절기 예배 때 낭독된 다섯 권의 작은 분량의 책들은 따로 "오축(Megillot)" 혹은 다섯 두루마리 (다섯 작은 책들, five scrolls, Megillot) 이라 부르기도 한다. 그 오축에는 아가 (유월절), 룻기 (오순절), 애가 (아브 9 일), 전도서 (초막절), 에스더 (부림절) 등이 속한다.

1. 시가서

시가서는 히브리시의 근본 특징인 병행법과 기타 여러 시적 기교를 동원한 시 형식의 책들이다. 이 시가서에는 시편이 속하는 것으로 분류했지만, 애가서도 병행법을 구성하고, 아가서나 잠언서도 그러하다. 그런데 시 문헌의 (Poetic Literature) 범위를 말하자면, 학자들 사이에 의견의 일치가 없다. 히브리 시는 가장 현저한 특징이 병행법이라 하지만, 병행법은 비단 시가서만 아니라 선지서에서 광범위하게 나타나고 심지어 고양된 내러티브에서도 나타난다. 따라서 병행법을 기준으로 하자면, 시가서의 범주에 드는 책들은 시편, 애가, 아가, 잠언 정도가 아니라, 전도서나 욥기서, 기타 이사야를 비롯한 선지서까지 포함할 수 있을 것이다. 지버스는 (E. Sievers 1901:1,374) 그래서 말하길, 몇몇 예외를 제하면 예언들이 "그 자체로 '시적'" 이라 (eo ipso 'poetisch') 했다.
구약에서 시는 아주 짧은 것들에서 (창 4:23-24, 출 18:10, 민 6:24-26, 21:18, 21:27-30, 삼상 18:7), 임종 예언, 찬양과 노래 (창 9:25-27 [노아], 27:28-29, 39-40 [이삭], 49:2-27 [야곱], 출 15:1-18 [모세], 민 23:7-10, 18-24, 24:5-9, 17-24 [발람], 신 32, 33 장 [모세], 삿 5 장 [드보라], 삼상 2:1-10 [한나], 삼하 22 장 [다윗], 사 38:9-20 [히스기야], 욘 2:3-10, 합 3:1-19), 전체 책에 (시편, 욥 3:3 이하, 전도서, 아가, 애가, 잠언 대부분) 이르기까지 다양하며 분포 또한 광범위하다. 이사야 후반부 (40-66 장), 예레미야, 에스겔, 호세아, 요엘, 아모스, 미가, 나훔, 오바댜, 하박국, 스바냐, 다니엘 등의 주요 부분은 시적이며, 오직 레위기, 에스라, 느헤미야, 에스더, 학개, 말라기 등에서만 시가 나타나지 않는다. 한편 히브리 시의 구성단위들은 음절, 단어, 콜론, 행, 연, 스탠자 등인데, 도표로 제시하면 다음과 같다.

	최 소	최 대
단어 Word	1 음절 Syllable	7 음절들 Syllables
콜론 Colon	1 단어 Word	5 단어들 Words
행 Verse=Line	1 콜론 Colon	9 콜라 Cola
연 Strophe	1 행 Verse	4 행들 Verses
스탠자 Stanza	1 연 Strophe	5 연들 Strophes

1-1. 시편

1) 시편의 명칭

영어에서 "시편" 을 의미하는 말 (Psalms) 은 라틴어 성경인 벌게잇의 시편제목인 Liber Psalmorum or Psalmi

에서 유래한다. 그런데 라틴어의 명칭은 헬라어 역본인 70 인역본의 시편 제목인 "살모이" (psalmoi) 라는 말에서 유래하였다. 이 말은 시편의 제목으로 57 번 나타나는 히브리어 "미즈몰" 의 번역일 것이다.
랍비들은 시편을 "세페르 테힐림" 이라 (찬양들의 책 ; 탈무드 "바바 바트라" 14b) 부르고, 간략하게는 "테힐림" (탈무드의 "아보다 자라" 19a; 예루살렘 탈무드 "숙카" 3:12, 53d; 탈무드 "케투봇" 12:3, 35a) 이나 "틸레 –" (Tille) 등으로 불렸다.

2) 시편의 작시

표제에 근거하여 다윗, 모세, 솔로몬, 고라 자손 등의 인물들이 다양한 다른 배경 하에서 작시한 것으로 본다. 다윗의 시 73 개 (3,* 4, 5, 6, 7,* 8, 9, 11, 12, 13, 14, 15, 16, 17, 18,* 19, 20, 21, 22, 23, 24, 25, 26, 27, 28, 29, 30,* 31, 32, 34,* 35, 36, 37, 38, 39, 40, 41, 51,* 52,* 53, 54,* 55, 56,* 57,* 58, 59,* 60,* 61, 62, 63,* 64, 65, 68, 69, 70, 86, 101, 103, 108, 109, 110, 122, 124, 131, 133, 138, 139, 140, 141, 142,* 143, 144, 145 편), 무명의 시 48 개, 솔로몬의 시 72, 127 편, 아삽의 시 50, 73–83 편, 고라 자손들의 시 42–49, 84–85, 87–88 편, 헤만의 시 88 편, 에단 89 편, 모세 90 편 등이다. 그러나 제 2 성전에서 여러 시들을 수집하여 다듬고 곡을 붙여 예배용으로 사용했을 것이다. 어떤 시편들은 아예 처음부터 예배용으로 작사된 것도 있을 것이다.
쿰란에서 발굴된 11QPs[a] 의 칼럼 27 에서 (Col. 27 of 11QPs[a]), 이렇게 기술하고 있다:

2 이새의 아들 다윗은 지혜롭고 태양의 빛과 같은 빛(을 가졌으며), 박학하고, 3 하나님과 사람 앞에서 그의 모든 길에서 분별하고 완전하며, 4–8 주께서 그에게 분별력과 계몽된 영을 주셔서, 그는 매일, 일 년 364 일 모든 날 동안, 상번제 드릴 때 번제단 앞에서 노래하고, 3600 개의 시편들과, 안식일 제사 때에 부를 52 개의 노래들, 월삭들의 제사 때에, 모든 장엄한 성회 때와 속죄일에 부를 30 개의 노래들을 작사하였다;
9–10 그가 발한 모든 노래들은 446 개였고, 침을 받은 자를 위한 음악 노래들은 4 개, 전부 4050 개를 작사하였다. 11 이 모두는 그가 지존자 앞에서 그에게 주어진 예언을 통해 작사하였다.

3) 시편들의 배열과 그 '정경적 틀' 이 갖는 신학적 의의 (Theological Significance of the Canonical Frame)

시편은 전부 5 권의 책으로 구성되었다:
제 1 권 1–41 편, 제 2 권 42–72 편, 제 3 권 73–89 편, 제 4 권 90–106 편, 제 5 권 107–150 편 등. 이런 5 권의 책들 속에는 일련의 시편 그룹들이 존재한다.
예컨대,
제 1 권 1–41 편 → 다윗의 시들 I (1 권 3–41 편)
제 2 권 42–72 편 → 고라 자손들의 시들 I (2 권 42–49 편), 다윗의 시들 II (2 권 51–65 편)
제 3 권 73–89 편 → 아삽의 시들 (3 권 73–83 편), 고라 자손들의 시들 II (3 권 84–85, 87–88 편)
제 4 권 90–106 편 → 회중 찬양시들 I (4 권 95–100 편)
제 5 권 107–150 편 → 할렐루야 시들 (5 권 111–117 편), 순례시들 (5 권 120–134 편), 다윗의 시들 III (5 권 138–145 편), 회중 찬양시들 II (5 권 146–150 편)
등이다.
방금 앞에서 제시한대로, 현재 우리가 지닌 시편은 다섯 부분으로 구분되어 있다. 이는 오경의 다섯 부분을 본떠 구분된 것이라고 한다. 시 1 편에 대한 탈무드 시대의 한 미드라쉬에 의하면, "모세가 이스라엘 백성에게 다섯 책의 율법들을 수여한 것처럼, 다윗도 다섯 권의 시편들을 이스라엘에 주었으니, 그 책 제목들은 각기, '복 있는 자는' (시 1:1), '인도자를 위하여 : 마스길' (시 42:1), '아삽의 시' (시 73:1), '모세의 기도' (시 90:1), '주의 구속받은 자는 말할지어다' (시 107:2) 등이라" 했다 (The Midrash on Psalms, I, 5).

시 1 편의 경우에는 시편 전체의 서론격이며 (행 13:33 D 사본은 시 2:7 을 암시하면서 "첫째 시편에 기록되길" 이라 언급한다), 시 1 편이 다섯 권의 시편들을 함께 편집하면서 전체의 서론으로 첨가된 까닭은 아마도 1) 하나님께서 세상을 도덕적 원리로 통치하신다는 사고와 2) 율법에 대한 강조 등과 같은 요소들 때문이었을 것이다. 이 두 원리는 시편 전체를 총괄할 수 있는 기본 사고이기 때문이다. 그렇다면, 시편 전체는 오경의 언약 법규들에 대한 순종 여부에 따른 상벌 규정을 시적으로 생활에 적용시킨 문학 장르라 해야 할 것이다. 이는 선지서들이 오경의 언약 법규들을 근거로 이스라엘의 생활을 판단하고 심판과 구원을 선포하는 예언 장르라는 점과 비교할 만 하다. 그런데 시 1 편은 그 형식면에서 보건대, 시 2, 41 편과 사용된 동사들에서 여러 유사점들을 보여 준다 (아쉬레 [1:1, 2:12], 토라, 영 [1:2, 2:7], 묵상하다 [1:2, 2:1], 길은 망하리라 [1:6, 2:12])(아쉬레 [1:1, 41:2], 즐거워하다 [1:2, 41:12], 서지 못하다 [1:5, 41:8], 망하다 [1:6, 41:6] 등). 즉, 1, 2 편은 인접 배치 할 만 하였고, 1 편과 41 편은 1 권을 앞뒤로 봉함 (封緘) 하는 역할을 할 수 있었다.

제 2 권은 어떠한가? 시 42/3-49 편은 고라 자손의 시들로 나타나고 시 51-65, 68-70/1 편은 다윗의 시로 나타난다. 세 군데 곧 시 50 편, 66-67 편, 72 편 등은 예외이다. 또한 시 73-83 편은 아삽의 시로 나타나고 시 84-85, 87-88 (시 86 편은 다윗의 시) 등은 고라 자손의 시로 나타난다. 이렇게 시편 1-3 권은 대개 저자 중심으로 배열된 느낌을 지울 수 없다. 시편 제 2 권은 (42-72 편) 하나님을 "야웨" 대신 "엘로힘" 으로 호칭한다. 특별히 시 53, 70 편에서 이 점은 분명하게 드러난다. 이 시들은 사실상 시 14 편, 시 40:13-17 과 동일하지만, "야웨" 대신 "엘로힘"으로 대체하고 있다. 제 2 권에서 "엘로힘" 신명은 200 번이 넘게 나타나지만, "야웨" 란 이름은 40 번 정도밖에 나타나지 않는다. 그런데 나머지 1, 3, 4, 5 권에서는 정반대의 현상이 나타난다. 즉, 엘로힘이란 이름은 약 90 번만 나타난다면, 야웨는 580 번 정도가 나타난다. 이처럼 제 2 권은 "엘로힘" 이란 칭호를 선호하는 책이다. 한편, 제 2 권에서 여섯 개의 시들은 "고라 자손들" 과 연관되고 (시 44-49 편), 18 개는 다윗 (시 51-65, 68-71), 하나는 아삽과 관련을 갖는다 (시 72).

제 3 권은 (시 73-89 편) 제 2 권처럼 주로 "엘로힘"이란 신명을 사용한다. 그런데 3 권에는 아삽의 시들 (73-83), 고라 자손의 시 (84-85, 87-88 편), 에단의 시 (시 89 편), 다윗의 시 (시 86 편) 등이 포함되었다. 시편의 제 1-3 권은 각기 "왕의 시들" 이 처음과 말미를 점하여 (2, 72, 89 편), 시편 편집자의 전망을 암시해 준다. 즉, 1-3 권은 솔로몬과 다윗 시대에 야웨 하나님께서 언약백성에게 보이신 신실하심을 노래한다고 말할 수 있을 것이다 (G. H. Wilson 1985:208; 1986:85-94).

제 4 권과 (시 90- 시 106 편) 제 5 권 (시 107-150 편) 에서는 1 권이나 2 권이 갖는 그런 공통점들을 파악하기 어렵다. 시 90-150 편의 61 개 시편에서 저자 표제가 붙은 시는 단지 19 개 밖에 없다. 앞에서 고려한대로 시 1-89 편의 경우는 거의 전부 저자 표제를 가졌다는 ([1, 2, 10, 33, 43], 66, 67, 71 등은 예외) 사실에 비추어 본다면 아주 놀라운 일이다. 그런데 저자 표제가 붙은 시들 중에서 17 개 시들이 다윗의 시로 나타나고, 이 중에서 오직 6 개 시만이 (101, 103, 122, 124, 131, 133 등) 동일 저자 시들과 인접하지 않고 동떨어져 있다. 나머지 11 개 다윗 시들은 108-110 편, 138-145 편 등에서 보듯 동일 저자 시들로 서로 인접 배치되어 여기서도 저자 중심의 배열 원리가 나타남을 볼 수 있다.

주목할 것은 각 책의 끝과 시작은 다른 저자를 배치하고 있다는 사실이다. 즉, 다윗의 시들인 3-41 편의 제 1 권에 이어 제 2 권의 시작인 시 42/3 편은 고라의 시로 바뀐다. 2 권에서 51-70/1 편은 다윗의 시들인데, 2 권의 끝인 시 72 편은 솔로몬의 시로 배열되었고, 제 3 권은 아삽의 시 (73-83 편) 로 시작된다. 이런 저자 변화는 제 3 권에서 4 권에로 나아갈 때도 나타난다. 제 3 권은 고라 자손의 시들 (87-88 편) 에 이은 에스라인 에단의 마스길로 끝나고 (시 89 편), 제 4 권은 모세의 노래로 시작된다 (시 90 편)(G. H. Wilson 1985:157). 그렇지만, 제 4 권과 제 5 권 사이에는 이런 저자 변화가 없다.

다시 4, 5 권의 배열 원리에 주목해 보면, 4 권의 경우 지상 다윗 왕국의 종말에서 시온에 임하시어 세계적 왕국을 세우실 하나님의 우주적 왕국 비전이 발전되어 현저하게 부각된다. 반면, 제 5 권에서는 다윗계 메시야 사고가 다시 긍정적인 방식으로 나타나서 그 신정적 메시지를 보강해 주고 있다 (물론 이는 아주 개략적 진술일 뿐, 시 4, 5 권의 내용이 이에 반드시 부합된다는 말은 아니다). 더구나 두 다윗 모음집인 시 108–110 과 시 138–145 는 첫 두 다윗 모음집들인 시 3–41 편과 시 51–71 편을 되돌아본다. 시 108 편은 시 57:8–12 와 시 60:7–14 의 개작 (改作) 처럼 보이고, 시 144 편은 왕의 시인 시 18 편과 8 편의 개작으로 보인다. 또한 제 5 권에는 "할렐루 – 야" 란 말이 대거 (24 번) 나타나고 (5 권 밖에서는 시 104:35, 105:45, 106:1, 48 에서만 나타난다), 이와 사고상 유사한 동사들인 "찬양하다" (hll, ydh) 가 현저하게 많이 나타나서 (hll 의 경우, 시편 전체에서 71 번, 제 5 권에서 41 번 나타나며, ydh 의 경우 시편 전체에서 64 번, 제 5 권에서 27 번 나타난다), 전체적으로 찬양의 분위기를 고조시키고 있다 (Erich Zenger 1998:77–102). 또 제 5 권에는 다른 네 권처럼 송영이 없다. 시 150 편 자체가 송영으로 간주된 것 같다. 이런 송영들은 70 인역에도 나타나므로, 송영에 의한 구분은 주전 2 세기 이전에 도입되었다는 것이 확실하다. 송영들이 시편 자체의 일부가 아니라는 것은 4 개의 송영 중 3 개가 시편과 잘 연결되지 않는다는 점에서 드러난다. 그렇다면 이 송영들은 시들의 모음집을 마감하면서 편집자가 첨가했을 것이다 (앞에서 언급된 윌슨의 입장과 달리).

이상에 논의된 것을 요약적으로 제시하자면,

서론: 시 1–2 편,
다윗과 사울의 충돌 (시 3–41 편),
다윗의 왕권 (42–72 편),
앗시리아 제국 앞에서의 위기 (시 73–89 편),
성전과 추방자들의 멸망 반추 (시 90–106 편),
귀환과 새 시대에 대한 찬양과 묵상 (시 107–145),
결론적 찬양 (시 146–150 편) 이다.

시편 5 권들의 연결 시편들:
시 41 편: 다윗과 사울의 갈등, 시 72 편: 다윗의 왕권, 시 89 편: 8 세기 앗시리아 앞에서의 위기, 시 106 편: 성전과 추방자들의 멸망에 대한 성찰, 시 145 편: 추방에서의 귀환과 새 시대를 찬양 / 묵상, 시 146–150 편: 절정의 순간에 올리는 찬양 등이다.

4) 시편의 표제들, 전문 용어들

150 개의 시편들 중에서 126 개에 표제들이 붙어있다. 이는 시편 중에서 표제가 없는 것들은 24 개이고 나머지는 모두 표제를 갖는다는 말이다 (표제가 없는 시편들: 1, 2, 10, 33, 43, 71, 93–97, 99, 104, 105, 107, 114–119, 136, 137). 그런데 시편의 표제들은 대개가 이해할 수 없는 고어 (古語) 가 되고 말았다. 표제들이나 후기 (postscript) 는 개개 시편들을 수집하여 현재 모습으로 편집한 편집자 (들) 의 배열 원리를 추정할 수 있는 단서가 될 수 있을 것이다. 그럼에도 표제는 그것이 붙은 개개 시의 성격을 기술해 줄 뿐, 시편들이 함께 어떤 원리로 배열되었는지에 대하여는 전연 암시를 주지 아니 한다. 표제들은 저자, 장르, 연주 방식, 악기 등을 언급하지만 기이하게도 어떻게 시편들이 배열되었는지 그 배열 원리에 대하여는 언급을 아니 하기 때문이다. 오직 시 72:20 에서 나타나는 후기 "이새의 아들 다윗의 기도들이 끝나다" 란 표현이 유일하게 시편 배열의 원리를 암시해 주는 듯 보인다. 표제들을 편의상 대별한다면, 전치사 "라멧"을 첨가한 인명들을 포함하는 것들 (예컨대, "다윗의 시"),

예배와 연관된 의전적인 내용을 담은 것들, 음악관련 전문 용어들 등으로 구분될 수 있다. 보다 구체적으로 살펴보면,

(1) 사람(들)의 이름을 명기한다

예컨대, 다윗의 시(시 3, 4, 5 등).

(2) 시가 노래하는 내용의 역사적인 정황

특히 다윗의 생애에 있었던 일; 예컨대, 시 3편은 압살롬의 난을 피해 도망할 때 지은 시.

(3) 음악에 관한 전문 용어들

시 4편에서 람낫체아흐 빈기놋은 보통 "성가대장을 위하여," "현악기 연주를 동반하여" 라 이해된다. 이는 아래에서 하나 하나 구체적으로 다룰 것이다.

(4) 예배에 관한 정보

시 38, 70편에서 "레하즈키르" 는 "기념을 위하여" 란 의미이며(탈굼역은 이를 아람어로 "아즈카라"로 번역), 이는 레 2:2, 9, 16 등에 의하면 유향과 함께 소제에 넣었던 분향재료였다. 그래서 이 말은 아마 "분향 예물" 을 의미하지 않는가 추정할 수 있다. 한편 탈굼역의 아람어는 "기념," "기도의 낭송," "언급" 등의 의미이다 (Marcus Jastrow 1903:37).

시 30편은 "성전 봉헌" 이란 표제를 갖는다. 이 말은 공적 낭송과 이 시가 연관되었다는 것을 암시해 준다. 그렇지만 정확하게 그 말이 무슨 의미인지는 확실치 않다. 시 100편은 "감사제" (토다)를 바칠 때 동반되는 의전용 시를 암시해 준다(렘 33:11 참조). 시 92편은 안식일과 연관된 듯 보인다. 70인역은 시 24, 48, 94, 93편 등이 각기 주의 첫째, 둘째, 넷째, 여섯째 날들에 낭송되었다는 것을 표시해 준다(미쉬나 "타미드" 7:4; 탈무드 "로쉬 하솨나" 31a 참조). 또한 70인역은 시 38편은 "안식일을 위하여" 필요한 시이고, 시 29편은 "성막의 나아감" 과 연관되는 것으로 제시한다. 그런데 시 29편의 표제는 (70인역의) 초막절의 마지막 날 성회시에 이 시편을 불렀다는 의미일지 모른다. 그렇지만, 이 표현은 시 29편이 다윗이 법궤를 예루살렘으로 옮길 때 지어진 것을 암시하는지도 모를 일이다. 왜냐하면 그 때에 불려졌던 노래(대상 16:28-29)가 시 29편의 내용과 흡사하기 때문이다. 다른 가능성은 원래 히브리어 표제에 아제렛이란 말이 있었는데, 이를 헬라어역 역자들이 오해하여 초막절 여덟째 날과 동일시했을 수도 있다는 가정이다(레 23:36 참조). 그렇지만 그 말은 랍비들이 오순절을 지시하는 용어였다. 실로, 시 29편은 오순절 때 낭송되었다는 언급이 있다(소페림 18:3). 시 96편에 대한 70인역의 표제는 "추방 후 성전이 재건된 때" 라고 한다. 이는 다른 곳에서는 전연 언급이 없는 정보이다. 그리고 시 97편에 대한 70인역의 표제 ("그 땅이 확립되었을 때") 는 전연 의미를 알 수가 없다.

(5) 시의 형태에 관한 정보

예컨대 시 32편은 "마스길" 이라 칭해진다. 시편의 표제들에 대하여, 모빙켈이나 챠일즈 같은 현대비평 학자들은 후대인들에 의해 붙여진 "미드라쉬 해석"이라 한다 (S. Mowinckel 1963:II 100; B. S. Childs 1971:137-50). 즉, 시편의 표제들은 후대인들이 시편의 내용과 유사한 역사서의 묘사들을 연관시켜 검토한 후에 추정하여 붙인 것들이라 한다. 이 표제들이 시들이 지어진 그 때에 저자가 붙였는지 아니면 시편을 수집 편집한 편자들이 붙였는지 확실히 알기 어렵다. 그런데 하바국이 부른 노래(3장)나 다윗이 부른 감사의 노래 (삼하 22:1), 히스기야가 부른 감사의 노래 (사 38:9) 등에도 표제가 붙어있다는 점으로 미루어 보건대, 시가 지어졌을 때 표제가 붙여졌다는 가정을 배제할 수 없다. 그리고 유가릿 문헌들에서 발견되는 예배용 노래에도 시편의 표제와 비슷한 문구를 담고 있는 콜로폰을 갖고 있다. 이 콜로폰에는 이 본문이 노래이며, 특정한 음조로 불러져야하며, 어떤 찬양인지, 필사자의 이름 등도 명기되었다 (Peter C. Craigie 1983:32). 이런 증거도 역시 시편의 시가 작사되었을

때 표제가 붙여졌을 가능성을 말해준다.

전문 용어들

깃딧(알 – 하깃팃) – 탈굼은 시 8 편의 표제를, "가드에서 가져온 비파 위에 노래하기 위한, 다윗의 노래" 라 번역하였다. 히브리어 "알 – 학깃티트"는 찬양시들인 시 8, 81, 84 편에서 나타난다. 헬라어역은 이 표현을 "포도즙 틀들을 위하여" (휘페르 톤 레논)라 번역하였다. 이 번역이 옳다면, 포도 수확기에 포도즙을 짜면서 부른 노래란 의미일 것이다. 아니면 이는 히브리어에서 포도즙틀이(winepress) "갓" 이기 때문에 추정해서 번역했을지 모른다.

네기놋 – 이 말은 여섯 번 나타난다 (시 4, 6, 54, 55, 67, 76). 이 말은 전치사 "베" 와 같이 나타나며, 이 말 앞에는 "람낫체아흐" 가 동반된다. 그리고 시 61 편에서는 전치사 "알" 을 동반하여 단수형으로 나타난다 (알 – 네기낱). 삼상 16:16, 23 등에 비추어 보건대, 이 말은 현악기들을 지시할 것이다 (시 68:33; 사 23:16; 겔. 33:32 참조).

(하 –)네힐롯 – 시 5 편의 표제로 등장한다. 이는 시편의 곡조를 지시한다고 여겨진다. 왕상 1:40 에서 "할랄 III" 가 "플루트를 연주하다" 란 의미로 나타난다. 삼상 10:5 에서는 "할릴" 이란 말이 "네벨" (harp 비파), "토프" (tambourine 소고), "킨놀" (lyre 수금) 등과 같이 선지자 무리들이 사용한 악기로 나타난다. 이들은 황홀경에 들어가기 위해 음악을 이용하였다. 여기서 대개 "플루트" (flute 피리)로 번역된다. 시 5 편에서 표제는 "엘 – 한네힐롯" 이다. 이는 따라서 "피리 연주를 위하여" 란 의미일 것이다.

레라메드 – 시 60 편에 등장하며, 신 31:19, 삼하 1:18 등에서 사용된 것과 같은 의미일 것이다 (가르치기 위해서).

레안노트 – 시 88 편의 표제로, "괴롭히다"를 의미하며, 참회 의식과 연관된 시일 것이다 (레 23:27, 29 참조). 아니면 "노래하다" (아나) 동사의 강조형일 수도 있다 (출 15:21, 32:18 참조). 그렇다면, 이는 시편을 연주할 때, 번갈아 부르도록 배열한 형식을 지시할 것이다.

레하즈키르 – 시 38, 70 편의 표제로 나타나며, 모빙켈은 (1963:II, 212) 시인이 여호와께 자기의 곤고함을 상기시키는 시라 생각한다. 아마 기념 제사와 연관되는지 모른다 (레 2:2, 5:12).

마스길 – 이 말은 전치사 라멧과 인명과 함께 13 개의 시편의 표제로 나타난다 (시 32, 42, 44, 45, 52–55, 74, 78, 88, 89, 142). 70 인역은 "교훈" 으로 이해한다 (시 32:8 참조). 내용상 그럴 수 있지만, 만일 이 말이 음악과 연관된 용어라고 추정할 수도 있다 (시 47:8 참조). 암 5:13 의 문맥에서 마스길과 애도식들과 대조되므로 (45:16–17), 이 말은 아마 노래의 어떤 종류를 지시할 것이다.

람나체아흐 –55 개의 시편과 합 3:19 에서 나타난다. 에스라 3:8, 9, 대상 15:21, 23:4, 대하 2:1 등에서 부정사 연계형이 (레낫체아흐) 나타난다. 이 용례는 "감독하다," "인도하다" 란 의미로 이해된다. 그래서 고려중인 말도 "악장," 혹은 "성가대장" 에게 혹은 "성가대장을 위하여" 란 의미로 이해된다. 그러나 정확한 의미는 알기 어렵다.

미즈몰 – 이 말은 시편에서 57 번 등장한다. 단독으로는 44 번, "쉬르" 와 같이는 13 번 나타난다. "미즈몰" 이란 말은 "노래," "시" 란 의미이며, 시편에서만 사용되는 것으로 보아, 신앙적인 노래나 음악을 지시할 것이다.

믹담 – 이 말은 "믹담 레다빗" 혹은 "레다빗 믹담" 이란 표현으로 여섯 번 등장한다 (시 16, 56:1, 57:1, 58:1, 59:1, 60:1). 이 여섯 개의 시들은 양식 비평적 분류에 의하면 탄식시이며, 그 중 네 개는 다윗이 블레셋 (56 편), 사울 (57, 59 편), 아람인들 (60 편)과 싸울 때의 정황을 지시하는 표제를 갖고 있다. 70 인역은 이를 "스텔로그라피아"로 번역했다. 이는 "석판위의 비문" 이란 의미이다. 곧 비문에 기록되는 시 정도가 될 것이다. 이 말은 히스기야의 감사 시편에서 사용된 (사 38:9) "믹타브"란 표제와 대동소이한 용어일 것이다. 이것과 연관되는 해석은 "믹담"을 금 (金)을 의미하는 "케템" 과 연관시켜 "금 글자로 새겨진 비문의 시로 이해하기도 한다. 이름의 퇴색을 막기 위해 금을 입힌 비문을 가정한 것이다. 다른 해석에 의하면, 믹담은 악카드어에서 "덮는다" (속죄한다)를 의미하는 "카타무" 와 연관되어 "속죄시" 라 한다 (S. Mowinckel 1963:II, 209).

알 마할랏 – 시 53, 88 등에서 나타나며, 이는 아마 풍악기 (왕상 1:40 등 참조)를 지시하거나 아니면 안무 (按舞) 지시 (삿 21:23 등 참조)를 의미할 것이다. 아니면 "질병을 위하여" (왕상 8:37)를 의미하고, 그런 의식과 연관된 어떤 것을 지시할지 모른다.

알뭇 랍벤 – 시 9:1 에서 나타나며, 문자적으로 해석하면, "아들의 죽음 후에" (혹은 아들이 죽은 때에)가 될 것이다. 그런데 이런 문자적인 해석은 시 9 편의 내용과 아무런 상관이 없다. 모빙켈은 이 말을 신년 절기시의 절기 연극이 상연된 때 (만월)를 암시할지 모른다고 제시하나 이것도 역시 확실치 않다. 70 인역은 이를 "휴페르 톤 크류피온 투 휘우"로 (아들의 비밀들에 관하여; Vulgate, victori pro morte filii 아들의 죽음에 관하여 승리하는) 번역한다. 탈굼은 "병사의 죽음" 에 부른 노래라 이해한다. 어떤 랍비들은 lbn 의 글자들을 자리바꿈하여 nbl 로 읽고 "나발" 의 죽음에 부른 노래라 이해한다. 어떤 랍비들은 여기서 "벤" 은 대상 15:18 에 언급된 음악가를 지칭한다고 이해한다.

알 아엘렛 하 – 솨하르 – 시 22 편의 표제로 "새벽의 암사슴" 이란 곡조에 맞추어 부른 노래란 의미일 것이다.

알 – 알라못 – 이 표현은 시 46 편에서 표제로 한번 나타난다. 그러나 시 48:15 에서 나타나는 "알 – 뭇" 이란 모호한 표현과 같은 말인지 모른다. 대상 15:20 에서 이 표현은 공적인 예배와 연관되어 사용되었다. 이는 "알마" 가 "처녀" 를 의미하므로, 젊은 목소리, 곧 소프라노와 같이 높은 음질을 지시할지 모른다.

알 요낫 엘렘 르호킴 – 시 56 편의 표제로, "아득히 먼 말없는 비둘기 곡조에 맞춘 노래" 혹은 "아득히 먼 상수리 나무들의 비둘기 곡조에 맞춘 노래" 로 이해된다. 70 인역은 "비둘기" 를 이스라엘 백성의 별칭으로 이해하고, "엘렘" 은 "거룩한 자들" 혹은 "신들" 로 이해하였다.

알 쇼샨님 – 아마 "백합화들 위에" (On the lilies 시 45, 69) 로 번역될 수 있을 것이다. 그리고 al shushan edut 은 "증거의 백합화 위에" (On the lily of testimony 시 60), 그리고 el-shoshannim edut 는 "증거의 백합화들에 대하여" (To the lilies of testimony 시 80) 등을 의미한다. 이것들은 "백합화는 증거이다. . ." 혹은 "백합화들은 증거들이다. . ." 로 시작되는 널리 불려졌던 노래의 첫 소절로, 그 백합화 노래의 곡조를 지시할 것이다. 이 노래 곡조에 맞추어 이 시편을 연주하라는 연주 지시 악절 (cue-words) 일 것이다. 아니면 이 표제는 백합화처럼 생긴 여섯 줄로 된 혹은 여섯 개의 종이 달린 악기를 지시할지 모른다. 그런데 모빙켈 (PIW, II, 214) 은 이 표제는 백합화 꽃이 피거나 피지 않는 그런 방식으로 (민 17:21-25 [한역은 6-10 절] 에 언급된 아론의 꽃핀 지팡이 방식으로) 계시를 받는 한 예배의식을 지시한다고 추정했다. 모빙켈에 의하면, 시 45, 60, 69, 80 편은 하나님의 응답의 표시를 백합화가 피어나는 것에서 기대하면서 불려졌을 것이라 한다. 모빙켈은 "증거" 는 여기서 "계시" 를 의미한다고 생각한다. 70 인역은 이 표제를 "변화될 자들을 위하여" (토이스 알로이오테소메노이스) 라 읽고 있다. 이는 히브리어를 "알 (전치사) + 쉐 (관계대명사)+ 쇼님" 으로 읽은 것이다.

알 하–쉐미닛 (스미닛) – 문자적으로 이 말은 "제 여덟째 위에" 를 의미하며, 이는 시 6, 12 편 등에서 여덟 개의 줄로 된 현악기를 지시할지 모른다 (탈무드 "아라킨" 13b). 이 말은 한 옥타브란 의미를 지시했다고 보기 어렵다. 왜냐하면 아직 여덟 음계들로 구분이 되고 있지 않았기 때문이다. 대상 15:21 에서 "쉐미닛 위에 수금들을 가지고" 란 표현은 20 절에서 "알라못 위에 거문고를 가지고" 란 표현과 병행되므로, 고려중인 표현은 저음 (베이스) 음성의 질을 지시하는 것이 아닌가 추정할 수 있다.

알 타쉬헷 – 시 57:1, 58:1, 59:1, 75:1 등에서 네 번 시편의 표제에 나타나며, "멸하지 마소서" 란 의미이다. 그런데 이는 믹담 혹은 미즈모르 (노래, 시) 란 말과 함께 나타나므로, 아마 표제를 변경하거나 제하지 말라는 간청일 것이다. 그런데 이 말은 아마 고대 포도 수확의 노래일지 모른다 (사 65:8 참조). 사 65:8 에서 우리는 다음과 같은 표현을 본다: "여호와께서 이같이 말씀하시되 포도송이에는 즙이 있으므로 혹이 말하기를 그것을 상하지 말라 (알 – 타스헷) 거기 복이 있느니라." 이 말씀은 남은 자 사상을 가르친다. 이스라엘은 포도원으로서 나쁜 열매를 맺었다 (사 5:1-4). 그래서 하나님은 저들을 심판하신다. 그런데 이스라엘 중에서 일부 좋은 열매가 맺혔다 (사 65:8). 이들은 바로 하나님의 종들을 지시한다. 9 절이 이를 설명해 준다. 따라서 사 65:8 에서 "멸하지 말라" 는 표현은 남은 자는 심판 중에서도 보호받는다는 것을 암시해 준다. 그렇지만 이런 사고와 시 57:1 등에의 표제가 지시하는 바와 어떻게 연관될지 확실치 않다. 시인은 자신을 남은 자로 생각하고 있는지 모른다.

셀라 – 이 말은 3:2, 4, 8 절에서 나타나기 시작하여 39 개의 시편들에서 71 번 나타난다. 시편 밖에서는 하박국의 시에서 세 번 나타난다 (3:3, 9, 13). 시 3 편에서 사용된 위치를 보면, 1 연과 2 연, 그리고 제 4 연의 마지막에 나타난다. 3 연에서는 사용되지 아니했으나, 주목할 사실은 사고의 흐름상 연의 말미에 사용되었다는 점이다. 그럼에도 다른 시편들에서 이런 원리가 통하지 않는다. 예컨대, 셀라가 두 번 사용된 시 4 편에서의 위치는 연의 중간 (1 절과 2 절 사이, 3 절과 4 절 사이) 이다. 또 한 가지 주목할 사실은 몇 개의 예외를 제한다면, 셀라는 표제가 붙은 시편들 (특히 다윗과 레위지파 성가원들) 에서 나타나고, 8 번의 예외 (시 32, 48, 50, 82, 83, 87, 89, 143 편 등) 를 제하면, "람낫체아흐" ("영장" [성가대장], 혹은 [지휘자]) 란 표제가 있는 시편에서 나타난다 (하박국 3 장에서는 이 표제가 노래 마지막에 위치 [3:19]). 이 표제가 없어도 "미즈몰" (노래, 시) 이란 표제가 붙어 있어 (시 48, 50, 82, 83, 87, 143 편), "셀라" 는 음악과 연관된 용어임을 드러내 준다.

쉬르 –"노래" 를 의미하며 "쉬르" 와 다음에 고려될 "미즈몰" 의 차이는 전자가 사람의 목소리로 노래 부르는 것이라면, 후자는 악기연주를 동반한 노래 (singing) 를 지시한다. 이 말은 시편의 표제로는 시 18, 46 편에서만 나타난다. 그러나 "미즈몰" 과 함께 사용되면서, 5 번은 "미즈몰" 앞에 (시 47, 66, 83, 88, 108), 세 번은 "미즈몰" 다음에 (시 67, 68, 87) 사용되었다. 그리고 다섯 번은 "미즈몰" 과 사이에 다른 단어 (들) 을 두고 사용되었다 (시 30, 65, 75, 76, 92). 이로 보건대 어떤 시편은 "쉬르" 와 "미즈몰" 일 수 있다. 이 두 말은 지금은 알 수 없는 전문적인 음악용어로 사용되었음이 분명하다.

쉬르 함마알롯 – 모빙켈에 의하면, 이 표제는 절기 행렬용 노래들이란 의미이며 시 120-134 편에서 "올라가는 노래들" 로 나타난다 (1963:II, 208). "함마알롯" 은 "올라가다" 를 의미하는 동사 "알라" 라 연관되는 단어로, 성전에로 절기 행렬이 올라갈 때 야웨께서 "올라가신다" 는 의미일 것이다 (시 47:6). 혹은 절기 행렬이 행진해 올라가는 것을 지시한다 (시 24:3). 이런 연유에서 정관사가 붙은 복수형 "함마알롯" 은 행렬 자체를 지시하게 되었다. 모빙켈은 시 84:6 "그 힘이 당신에게 있는 자들, 곧 그 마음에 "메실롯" 이 있는 자들은 복되도다" 라는 표현에서 "메실라" (메실롯의 단수형) 는 성전에 오르는 도로를 의미한다고 이해한다. 이는 은유로서 마음에 성전에 이르는 길이 닦여진 자가 복되다는 것이다. 이를 현대적으로 이해하면 그 마음에 교회로 이르는 대로가 닦여진 사람은 복되다.

쉬르 예디돗 – 시 45 편의 표제로 "사랑 노래" 란 의미이며, 왕의 결혼식을 축하하는 노래일 것이다.
식가이욘 (시 7) – 식가이욘은 하박국 3 장의 표제로 복수형으로 나타난다. 모빙켈은 이 말을 악카드어 "쉬구" (애가) 에 근거하여 탄식시 (Psalm of lamentation) 라 이해한다 (1963:II, 209). 모빙켈은 이 표제가 나타나는 시 7 편이나 하박국 3 장은 모두 왕과 백성이 민족들을 만나기 위해 준비하면서 야웨께 저들을 심판해 달라고 간구하는 행동을 공통적으로 묘사한다고 지적한다. 한편, 이 말의 어원을 히브리어에서 추적하는 경우 "(술로) 비틀거리다" 를 의미하는 "솨가" 와 연관시킨다. 그러면 이 말은 "비틀거리는 시" 란 의미가 되고, 황홀경에서 부르는 노래 정도가 될 것이다. 혹은 아랍어에서 어원을 찾는 경우 "큰 흥분을 야기 시키다" 를 의미하는 "사자" 와 연관시켜 그것을 연주함으로 큰 흥분을 야기 시키는 노래를 가리킨다 고 본다. 이런 주장들 중에서 어느 것도 확실치 않다.
테필라 – 이 말은 "기도" 란 의미이지만, 시편의 표제로는 시 17, 86, 90, 102, 142, 하박국 3 장 등에서만 나타난다. 그런데 시 72:20 에 언급된 2 권 마지막에 첨가된 부기는 앞에 제시된 시들이 "다윗의 기도들" 이라고 이해한다.
테힐라 – 시 145 편의 표제로 나타나고, 이는 "찬송" 이란 의미이다. 후대인이 시편 전체를 부른 제목이기도 하다.
힉가이욘 – 시 9:17, 92:4 에서 나타나며, 연주하는 동안 그곳에서 특별한 방식으로 강렬한 음악적 효과를 나타내도록 지시하는 음악전문 용어일 것이다 (1963:II, 211). KB[3] 는 이 말이 시 19:15 에서는 기도하는 자의 "묵상" 이라 정의하고, 시 92:4, 9:17 등에서는 현악기를 연주함, 그 소리라고 정의한다. 혹은 시 9:17 의 경우 설명하기 어려운 음악 전문 용어라는 모빙켈의 입장을 제시하고 있다.

5) 시편 해석사

성경해석은 시대마다 강조점이나 해석경향에서 변화를 보이기 마련이다. 시편해석에서도 예외는 아니어서, 교부시대에서 종교개혁 시대까지, 그 이후 역사 – 비평법의 본격적인 태동기인 19 세기까지, 그리고 역사 – 비평법 이후에서 오늘날까지 몇 개의 시대별로 대분해서 간략하게 시편해석의 흐름을 알아보고자 한다.

(1) 교부시대 시편해석 : 그리스도에 대한 예언, 모형, 풍유

교부 시대의 시편 연구는 히브리어에 대한 무지와 풍유적, 인위적 해석 때문에 보잘 것이 없었다.

어거스틴의 시편 주석

시 1:1 의 성경본문인 "복 있는 자는 악인의 꾀를 쫓지 아니하고" 란 말씀이 제시되고 그의 주석은 곧 바로 선언하길, "이는 신인(神人)이신 우리 주 예수 그리스도로 이해되어야 한다." 그리고 그는 계속 서술하길, "뱀에게 유혹을 받은 자기 아내에게 동의하고, 하나님의 계명을 범했던 흙으로 된 사람이 하듯, 악인의 꾀를 따라가지 아니한 사람이 복이 있다." 그리고 "죄인의 길에 서지도 아니하며" 란 말씀에 대하여 어거스틴은 주석하길, "그분은 실로 죄인들이 태어나듯 태어나심으로 죄인들의 길로 오셨지만, 그 안에 서지는 않으셨다; 왜냐하면 세상의 유혹이 그를 붙들지 못했기 때문이다. 그리고 그분은 '염병의 자리' 에도 앉지 아니하셨다. 그는 지상 왕국을 꿈꾸지 아니하셨기 때문이다." "염병은 널리 전염되는 질병으로 거의 모두에게 침투하지 않는가? 그럼에도 염병의 자리는 악독한 질병처럼 퍼지는 해로운 교리를 지시한다고 이해될 수도 있다." 여기서 어거스틴이 "염병의 자리" (cathedra pestilentiae) 운운하는 것은 그의 주석이 70 인역에 (ἐπὶ καθέδραν λοιμῶν οὐκ ἐκάθισεν; 그는 염병의 자리에 앉지 아니한다) 의존한다는 것을 보여준다. 교부들은 오리겐이나 제롬을 제하면 히브리어 지식이 별로 없었고, 따라서 70 인역에 전적으로 의존했다고 해야 할 것이다 (F. Delitzsch 48 이하). 여하간 이렇게 어거스틴은 시편의 구절들에서 예외 없이 그리스도를 찾았다. 그런데 곰곰 생각해 보면, 이런 해석법은 시편이 갖는 영적 의미를 곰곰 생각하게 해주는 기이한 마력이 있는 듯도 싶다.
어거스틴은 "그는 시냇가에 심기운 나무와 같이" 라고 말씀하는 시 1:3 에 이르러는 이렇게 주석하고 있다: "성령님은 말씀하시길 '그는 너희에게 성령으로 세례를 주실 것이라' 하셨고, 또 다른 곳에서는 '목마른 자는 내게 와서 마시라' 고 하셨다... 혹은 '시냇물 가' 란 표현은 '사람들의 죄들 곁에' 를 의미할 수도 있다. 왜냐하면 계시록에서 물들은 '사람들' 이라고 말씀하기 때문이다... 이 나무, 곧 우리 주님은 시냇물을 흡수하여, 곧 죄인들을 징계의 뿌리로 흡수하여, 열매 곧 교회들을 세우실 것이다." "'제 때에' 란 말씀은 그분이 부활하셔서 승천하신 후를 가리킨다. 그때쯤에는 사도들에게 성령님을 보내시어, 저들이 그리스도를 믿게 하신 후에, 교회들이 '열매를 산출하도록' 하셨기 때문이다. '그 잎사귀도 시들지 않는다' 는 표현은 그의 말씀이 헛되지 않다는 의미이다."

시 7 편의 경우는 어거스틴이 어떻게 해석하는가? 그는 진술하길, "이 예언을 낳은 이야기는 사무엘하에서 (15:34–37) 쉽게 찾을 수 있다" 라 하여, 이 시편 역시 그리스도에 관한 "예언" 임을 암시하고 있다. 왜 이렇게 어거스틴은 다윗 시대의 사건과 시 7 편을 연결시키는가? 그 이유는 어거스틴이 사용한 헬라어 구약성경의 (70 인역) 시 7 편의 표제에 Xousi 라는 (후새) 이름이 삼하 15:32, 37, 16:16, 17 등에서 등장하기 때문이다. 그러나 시 7 편의 히브리어 원문에서 "후새" 는 "쿠쉬" 인데 반해, 삼하 15:32 등에서는 "후사이" 로 전연 다른 이름이다. 여기서부터 어거스틴의 해석은 어긋나기 시작했다. 어쨌거나, 어거스틴은 이렇게 진술한다:

다윗 왕의 친구 후새가 자기 부친에 대하여 반란을 일으킨 압살롬에게 건너가서, 다윗의 친구였던 아히도벨의 부추김을 받아 압살롬이 부친을 대적해서 행하던 반란 사항들을 다윗에게 보고하고자 하였지 않는가? 그렇지만, 이 시편의 주제는 그런 이야기 자체가 아니다. 예언자는 (시편기자) 비밀의 휘장을 그 이야기에서 취하였을 뿐이다. 따라서 만약 우리가 그리스도께 이 시편을 적용시키려면, 그 휘장을 제거해 버려야 한다. 우선 우리는 언급된 이름들의 의미가 무엇인지를 알아야 한다. 이 말들을 문자적으로 해석하지 않고 영적으로 해석한 이들이 있어왔다. 그런 해석가들에 의하면, '쿠시' 는 (한역, 구스) "침묵" 이라 번역되야 한다. 그리고 '게미니' 는 "오른손잡이" 를, '아히도벨' 은 "형제의 파멸" 을 지시한다. 이런 해석에서 보면, 압살롬은 배반자 가룟 유다이고, 압살롬의 부친은 자기를 대적하는 아들이 평안하길 기원했으므로 평화의 상징이다. 그런데 복음서에서 우리 주 예수 그리스도의 제자들은 "아들들" 이라 불리거나 "형제들" 이라고도 불린다. 우리 주님은 부활 후에 "내 형제들에게 가서 말하라" 고 하시지 않았던가? 그리고 사도는 그분을 많은 형제들 가운데 처음 나신 자라 불렀다 (롬 8:29). 그렇다면, 그를 배반한 그 제자의 파멸은 형제의 파멸이라 바로 이해된다. 곧 아히도벨의 파멸이 그것이다. 쿠시에 관하여 말하자면, 그는 영적으로 해석하자면 침묵이며, 우리 주님께서 그런 배반에 대하여 침묵으로 처신하셨다는 것을 의미한다.

오늘날 개안 (開眼) 된 눈으로 보건대, 어거스틴의 주석은 본문에 아무런 근거도 없는 '풍유적' 주석에 불과하다.

(2) 중세기 시편 해석 : 풍유 (Allegory)

신비적, 알레고리적 해석의 틀은 중세기 내내 깨어지지 않고 있었다. 자주 히브리 원문의 의미에서 벗어나 미로를 헤매기 일쑤이다. 이들 중세기 작가들에서 문자적 의미는 "신비적" 해석이라는 무덤에 철저히 사장 (死藏) 되었다 (F. Delitzsch 54). 저들은 신약과 구약의 다른 구원사의 차원을 무시하고, 시편을 철저하게 신약적으로 이해하고 있다. 예컨대, 알베르투스 마그누스는 (Albertus Magnus 1193–1280) "모든 책은 그리스도에 관한 것이라는데 이견이 없다" 는 원리에 따라 시편 전체는 "그리스도와 그의 몸인 교회에 관한" 것이라는 전제를 가지고 주석한다.

중세 유대교의 시편해석

중세기 동안의 유대교 회당측에서 시편 주석에 기여한 바를 살피자면, 저들은 그리스도를 알지 못하므로, 근본적으로 잘못된 해석을 하리라 처음부터 예상되지만, 역사적 – 문법적 해석에 대한 기대조차도 할 수 없다는 사실이 놀랍다. 오직 주후 900 년경부터 시리아 – 아랍어 영향을 받은 일부 유대인 학자들이 히브리어 문법에 관심을 갖기 시작하면서 문법적 해석의 한 토대가 놓이기 시작하였다. 여기에는 사아디아 가온 (Saadiah Gaon; 주후 941 년경에 사망), 카라잇파에 (Karaites 구전 율법, 탈뭇, 기타 전통에 매이지 않고 구약 성경만 권위로 삼고자 했던 유대교 분파) 속했던 제펫 (Jefeth ben Eli, 10 세기 후반기에 예루살렘 거주; 아랍어로 시편 주석 집필) 등이 있었고, 중세 유대인 작가들 중에서 라쉬 (Rashi) 야 말로 최고봉이었다 할 수 있다.

(3) 종교개혁과 시편해석 : 역사적 해석

드디어 종교개혁을 통해 중세기의 그 죽은 교회 예배가 개혁되자, 교회에 새로운 빛이 비취기 시작했다. 그 중에서도 성경에 대한 이해는 이제 인위적인 풍유적 해석에서 벗어날 조건들이 불완전하게나마 갖추어진 상태였다. 종교 개혁자 루터의 경우, 원칙상으로 풍유적 해석을 배척한다 했지만, 그의 시편 주석은 여전히 구시대의 인위적 해석의 자취들을 보인다. 그리고 구약과 신약 사이의 구원사적 차이에 대하여도 여전히 분명한 이해를 갖지 못하였다. 그렇지만 그의 적용, 특히 참회시에 대한 주석의 영적인 탁월함은 여전히 빛을 발한다. 반면, 델리취에 의하면 칼빈의 시편 주석은 깊은 심리적 통찰력을 보여주며, 시들의 역사적 정황에 대한 아주 자유로운 추측이 풍성하여 많은 오류도 끼어들게 되었다.

칼빈의 시편해석

중세의 신비주의적, 풍유적 해석학적 틀은 칼빈에게서 어느 정도 철저하게 깨어지고 있다고 할 것이다. 칼빈의 주석 실례를 시 7 편을 들어 살펴보자:

여러 부당한 비방을 받는 다윗은 하나님께 호소하여 자신을 변호해주시고 보호해 주시라 간구한다. 다윗은 자신의 무죄를 하나님의 보호에 맡긴다. 우선, 그는 자기 양심은 부당한 비방에 대하여 아무런 거리낌이 없다고 항의한다. 둘째로, 그는 불의한 자들을 심판하시는 일이 얼마나 하나님의 영광과 연관되는 일인지를 제시한다. 셋째로, 확신을 되찾기 위해, 다윗은 하나님의 선하심과 의로우심을 깊이 묵상하고, 하나님의 약속을 기억한다. 마지막으로, 다윗은 이미 자기 마음의 소망을 이룬 양, 원수들의 헛된 시도들과 어리석음을 조롱한다. 혹은 하나님의 도우심에 의지하면서 다윗은 자신을 치려는 원수들의 모든 시도들이 스스로를 파멸시키고 말 것이라 확신한다.
요컨대, 칼빈의 해석원리 (문법적, 문자적 해석)는 오늘날도 타당하다. 그리고 그가 기독인의 삶에 시편들을 적용시키는 일에 노력을 기울인다는 점도 높이 평가되어야 한다.

(4) 종교개혁 이후시대 시편해석

종교 개혁가들의 자유로운 정신은 찾기 어렵고, 전통적 교의 신학의 틀에 매여 역사적 문맥을 보지 못하고 있다. 전통적 해석의 틀을 넘어서는 일은 저들에게 이단적으로 간주되었던 것이다. 개혁파 전통에서는 콕세이우스가 (Johannes Cocceius) (1669 년 사망) 저명하였다. 이렇게 개신교 학자들만 아니라, 1550–1650 년 어간의 게네브라르더스 (Benedictine Gilbertus Genebrardus), 아겔리우스, 드 무이스 등과 같은 로마교 학자들도 셈족어들에 대한 지식을 가지고 원문을 주해하기 시작하였다. 그렇지만 로마교 학자들 역시 나중에는 스콜라주의로 변질되고 말았다. 1750 년 이후, 개신교측에서는 지난 세기에 나타났던 그런 영적이고, 교회적 성격을 지닌 성경 주석이 점차 기운을 상실하고 무감각 상태로 퇴보하고 말았다 (F. Delitzsch 61). 이런 주석들은 순전히 문학적이고, 시적인 관심만 보일 뿐 영적인 지각력이 없다. 그러다가 헤르더가 (Johann Gottfried Herder) 맛을 회복시키고, 헹스텐버그가 (E. W. Hengstenberg) 교회의 신앙과 영성을 일깨우는 방향으로 지도하기 시작하였다.

(5) 근대적 시편해석 : 문법 – 역사적 주석과 역사 – 비평 주석의 시작

근대적 주석의 시작은 로젠뮬러의 (E. F. C. Rosenmueller) 시편 주해 (Scholia)(1798–1804) 였다. 그는 류딩거 (Ruedinger), 부처 (Martin Bucer), 아겔리우스 (Antonio Agellius), 유대인 주석가들을 이용했을 뿐 아니라, 분명한 언어로 주석을 제시하였다. 동시에 드 비테의 (De Wette) 시편 주석이 (1811 년 초판) 로젠뮬러의 것보다 더 독창적이고, 형태상으로도 훨씬 진보하였다. 그럼에도 그의 불신앙은 시편의 구원사적 위치를 알지 못하고, 그의 주석은 의심을 표출하는 통로로 너무 자주 나타난다. 그는 시편들이 순전히 이스라엘 민족의 애국 정서를 반영하는 것으로 이해하여 신앙적 차원은 제대로 파악치 못하고, 신정적 요소를 빈정대기도 한다.

이런 비평 학자들에 맞서서 1842-1847 년 출판된 4 권으로 된 헹스텐버그의 주석은 역사적 - 문법적 이해만 아니라 시편을 무엇보다도 교회의 신앙적 관점에서 이해하고자 하였다. 움브리트 (Umbriet, 1835 년 출판), 스티어 (Stier, 1834 년 출판) 등의 주석도 그런 자세를 보여준다.
18 세기 계몽사상의 영향으로 성경연구에 불어 닥친 역사 - 비평적 해석법이 유행한 이래, 성경해석 방법론은 크게 이대분해서 고려할 수 있다. 하나는 역사 - 비평법이요, 다른 하나는 계시 신앙 방법론이다. 전자는 성경도 세속적인 고대 (종교) 문헌의 하나로 취급하여 해석하는 방법론이라면 후자는 성경을 하나님의 계시로 믿고 해석하는 방법론이다 (최종태 1997:146-163).
지난 19 세기에 출판된 시편 주석 중에서 델리취의 시편 주석은 역사적 비평법을 따르지 않고, 표제가 암시하는 그런 역사적 상황에 비추어 시편을 해석하는 가장 영향력 있는 복음주의 주석이라 할 수 있다. 칼빈이 그 당대의 유대인 주석가들의 문법적 주석에 영향 받은바 크다면 (라쉬 →니콜라 드 리 [Nicholas de Lyre] →루터 ?), 카일. 델리취 역시 그러한 전통에 서 있다고 할 수 있다. 저들은 개개 시편들이 발전된 과정을 추적하지 않고, 현재 있는 본문의 의미 파악을 위해 단어의 의미나 문법, 그리고 다른 역사서들과의 연관성 파악에 초점을 맞춘다.

(6) 20 세기 시편해석 : 양식비평과 그 이후

역사 - 비평법을 적용한 시편 주석가들은 자신들이 의도한 소기의 성과를 시편 연구에서 거두기 아주 어렵다는 것을 절감하지 않을 수 없었다. 왜냐하면 여러 시들은 그 저작의 연대나 삶의 자리에 대하여 구체적인 사항들을 언급치 않고, 오히려 "일반적인" 표현들을 사용하여 모호하게 처리해 버리기 때문이다. 예컨대, 시 5 편에서 "원수" 가 등장하지만 그 원수가 구체적으로 어떤 상황에서 시인을 어떻게 괴롭혔는지에 대하여는 언급이 없고, 단지 모호하게 일반적인 말로 "나의 원수들의 목구멍은 열린 무덤 같고 저희 혀로는 아첨하나이다" (9 절) 라고만 기술한다. 이러한 상황에서 독일의 허만 궁켈 (Hermann Gunkel, 1862-1932) 이 양식비평을 시편에 적용함으로 시편연구에 가히 혁명적 변화를 가져오게 되었다. 오늘날 역사 - 비평법을 따르는 성경학자들 ("비평가들") 은 이런 저런 모양으로 시편연구에 궁켈의 양식 - 비평법을 적용하고 있다.
궁켈이 구약을 연구하면서 관심을 쏟은 분야는 문학형태들의 (genre, Gattung) 분류와 (Gattungsforschung) 그 형태들의 역사 곧, 문헌역사 (Literaturgeschichte) 였다. 궁켈은 모든 문학작품들은 형태들 (장르) 로 분류가 되고, 각개의 문학형태는 나름대로의 독특한 내용과 분위기, 특징적인 표현들, 그러한 문학형태 (문학양식)이 생겨난 삶의 정황 (Sitz im Leben) 등이 있다고 보았다. 예컨대 설교는 강단, 동화는 할머니의 사랑방, 애가는 초상집, 판결문은 재판정, 선지자의 메시지는 성전 뜰, 지혜문은 사람들이 모였던 성문 앞 광장 등과 같다. 여하간 궁켈이 문학작품들의 형식이나 그 생겨난 자리들을 중시하고 문학형태별로 분류해서 그 생겨난 자리에 비추어 이해하고자 한 시도는 시편 연구에 혁명적인 변화를 몰고 왔다고 할 수 있다.

예배의식 (Cult) 에서 생겨난 시편

궁켈의 제자이자 동료인 모빙켈이 무대에 등장하여 예배의식용 시편 가설은 크게 힘을 얻었다. 그는 궁켈의 시편들의 장르 구분에서 크게 벗어난 것은 아니었으나, 궁켈이 시편의 형식상 혹은 내용상의 유사성들에 근거하여 끼리끼리 모아 구분하는 것에서 시작한 반면, 모빙켈은 전 시편이 생겨난 자리가 예배 의식이었다고 보고, 그 예배들의 성격을 먼저 고려하고, 그 예배의 필요에서 생겨났음직한 시의 양식들을 가정한 다음, 시편들을 장르별로 구분하였다 (1963:I. 37-39). 따라서 모빙켈의 첫째 질문은, 고대 이스라엘 사회에서 주요 예배들은 어떤 것들이 있었나 ? 가 될 것이다. 여기에 더하여, 우선적으로 고려해야 할 바는 전체 회중이 드리는 예배인가? 아니면 개개인이 자신의 경건 생활을 위해 드린 개인적 경건의 시간인지를 구분하는 것이었다. 물론 시편에서 "나" 라는 호칭이 개인만 가리키는 것이 아니라, 집단 전체를 대표하는 대표로서 그렇게 호칭한다는 것도 고려해야 했다. 예배들의 성격은 기뻐하고, 감사하는 것인지 아니면, 회개하는 속죄일의 예배인지도 구분한다. 이렇게 해서, 결국 궁켈이 5 개로 구분했던 대 범주들은 모빙켈에서 고대 예배의 성격에 근거하여, 네 개로 유사하게 나타난다: 공동체 찬양과 개인 찬양시, 공동체 기도와 개인기도 (탄원). 여기에 더하여, 찬양과 감사, 회중의 공통 기도와 특별한 경우 드리는 탄원 기도 등도 예배의 성격에 따라 구분 된다 (1963:I, 220-224). 이렇게 외형상 궁켈과 유사하긴 해도, 모빙켈의 강조점은 장르 구분이 아니라, 실제 고대 이스라엘에서의 예배 정황에 두어졌다. 예컨대, 소위 야웨의 즉위시들을 다루면서 모빙켈은 말하길, "장르연구나 문헌사의 견지에서 즉위시들의 내용이나 형식들을 묘사하는 정도로 만족할 수는 없고, 우리는 이런 시편들 이면에 있는 예배 정황을 발견해서, 그 사상적, 의식적 정황 전체를 파악해야만 한다" 고 한다 (1963:I, 106). 따라서 형식적, 문학적 견지에서만 시편들을 구분할 수는 없다.

(7) 정경 비평 (Canonical Criticism)

시편에 대한 양식 비평적 연구는 궁켈과 모빙켈로 대표되는데, 이들의 영향력은 그들 이후의 시편 연구의 경향을 결정짓고 있다. 그들의 연구를 떠나서 시편 연구는 생각할 수 없을 정도이다. 저들의 접근법은 개개 시편들을 장르별로 모으고, 그 특정 장르의 시편들이 고대 이스라엘의 어떤 예배 의식과 연관되는지를 연구하는 것이다. 이러한 연구 방식은 시편을 하나의 책으로 보고, 개개 시편이 그 하나의 책 안에서 갖는 문맥적 위치를 (문학적, 정경적 위치) 전혀 고려하지 않고, 단지 개개 시편이 어떤 예배 의식에 연관되었는지, 의식적 맥락만 따진다. 이에 차일즈 (B. S. Childs) 와 그의 제자 윌슨을 (G. H. Wilson) 필두로 일단의 정경 비평법을 주장하는 학자들은 오늘날 구약이 보존되고 여전히 읽혀지는 유일한 이유는 그것이 "정경" 이기 때문이므로, 이 점을 고려하지 않는 해석은 어느 것이건 타당치 않다고 한다. 이들은 시편의 생성 (生成) 사를 연구하는 것은 자체로 의미가 있겠지만, 그보다 시편을 하나의 책으로 보고, 개개 시편이 그 책 안에서 갖는 문학적, 정경적 문맥을 중시하여 개개 시편의 메시지나 구조가 시편이란 책이 제시하는 전체 메시지나 구조와 연관하여 해석되어야 한다고 주장한다.

6) 시의 형식 (Poetics)

(1) 병행법 (Parallelism)

히브리시의 가장 현저한 특징은 행의 콜론들에서 나타나는 사고나 구조상의 병행법 (parallelism) 이다 (parallelism 이란 단어를 평행법 (平行) 대신 병행법 (竝行) 이라 번역하는 이유는 한어에서 (漢語) 균형을 [balance] 의미하는 평 (平) 보다는 "나란히" 란 뉴앙스를 주는 병 (竝) 자 [두 개가 나란히 서다] 때문이다). 그 정의는 일치된 견해를 갖지 못하지만, 대략 정의한다면, 의미상 혹은 문법 구조상, 혹은 음성에서 연관되는 요소들이 연속적인 행들에서 반복되는 현상이다. 사고 면에서 본다면, 어떤 사고를 한 번 기술하고, 다시 약간 다른 말들로 반복 기술하는 경우이고, 문법 구조면에서 본다면, 동일 구조를 연속 반복하는 것이다. 로쓰의 병행법 정의가 대략 이런 것이었다면, 그 강조점은 변화와 연속성 (variation and continuity) 에 주어졌다. 그러다가 1980 년대 쿠걸 (J. Kugel) 이나 알터 (R. Alter) 의 좀 더 새로운 주장이 주목을 받게 되었는데, 그것은 A = B 의 연속성이 아니라, A 〈 B 라는 사고상의 진전과 강도의 심화에 강조점을 두었다. 이에 대하여 아래서 다시 언급하기로 하겠다. 여기서 한 가지 언급하고 싶은 것은 이 병행법은 고대 히브리 시에 가장 특징적인 현상이지만, 그것은 고대 가나안 문학 (유가릿 문헌), 악카드 문헌 등에서도 나타나고, 인도의 토다어로 (Toda) 된 문헌, 우랄어들 (핀란드어 등), 오스트로네시아어들 (Rotinese 어가 대표적), 마야어들 (Mayan), 중세와 현대 러시아 서정시, 몽골어와 터키어 시들 등에서도 나타난다는 점이다.

a. 병행법의 다양한 분류법들

병행법은 여러 기준들에 의하여 다양하게 분류되고 있다.

1. 전.후반절 간의 의미 (semantic parallelism) 를 따져서
   유사한 의미이면 동의 병행법 (synonymous parallelism),
   대조되는 의미이면, 반의 병행법 (antithetic parallelism),
   전.후반절의 의미가 합하여 하나를 이루면, 합성 병행법 (synthetic parallelism)
   여기에 더하여, 형태상 분류하여,
   교차대구 병행법 (chiastic parallelism)
   계단 병행법 (staircase parallelism)
   표상 병행법 (Emblematic parallelism)
   두 얼굴 병행법 (Janus Parallelism)
   숫자 병행법 (numerical parallelism) 등도 거론된다.
2. 언어학적 (구조언어학) 분류
   문법 병행법 (Grammatical parallelism)
   어휘 병행법 (Lexical parallelism)
   의미 병행법 (Semantic parallelism): paradigmatic or syntagmatic
   음성 병행법 (phonetic parallelism)

b. 기타 히브리 문학 장치들

(최종태 2006:"서론" 에서 상세한 설명 참조)

1. 알파벳 시들 (Acrostics)

시 2 (?), 9, 25, 37, 111, 112, 119, 145, 잠언 31:10-31, 나훔 1:2-8, 애가 1-4 장, 등. 한글의 가, 나, 다, 라 순으로 시의 각 행 첫 단어가 시작되도록 배치하는 기교이다. 물론 히브리어 알파벳을 사용한다. 히브리어 알파벳은 모두 22 개이다 (알렙, 벳, 김멜, 달렛 . . .)

2. 생략법 (Ellipsis)

영어의 Elipsis 란 단어는 헬라어에서 ¡°생략하다 ¡ ±를 의미하는 ¡°엘레이포 ¡ ± 혹은 명사 ¡°엘레입시스 ¡ ±에서 파생되었다. 생략법을 한 그룹으로 본다면 여기에는 몇 가지 종류가 있다: 단어들 사이의 접속사 생략은 brachylogy (要語 생략), 절들 사이의 접속사 생략은 asyndeton, 동사가 생략된 경우에는 zeugma, 한 절이 생략된 경우, 특히 종속절 다음에 주절이 생략된 경우, anapodoton 등. 쉽게 추정해서 이해될 수 있는 요소는 후반절에서 생략되든지 아니면 전반절에서 생략된다. 헬라 수사학자들은 명사, 대명사, 목적어, 한정 동사, 주절, 절들 (드물게) 등이 생략 가능하다고 보았다면 르네상스 이후 시인들은 의미가 분명하게 이해되는 한 거의 모든 요소들이 생략 가능하다고 이해하였다. 히브리어 시에서도 마찬가지이다. 생략되는 요소는 대명사, 전치사, 부정사 (否定詞), 의

문사 (疑問詞), 동사 등 가지각색이다.
그런데 이 생략법을 다른 각도에서 보면 일석이조 기법 (double duty) 과 통한다. 즉, 전반절에 사용된 대명사, 접미어, 명사, 동사, 전치사, 불변사 등의 요소가 후반절에서도 그 기능을 발휘하는 경우 이를 일석이조 기법이라 하거니와, 이렇게 이중 기능을 하는 요소가 있기에 후반절에서 (혹은 전반절에서) 그에 상응하는 요소가 생략되는 것이다.

3. 말 유희 (Wordplay)

렘 1:11-12 에서
예레미야야? 무엇을 네가 보는가? 내가 살구나무 (솨케드) 막대를 보나이다
주께서 말씀하시길, 네가 잘 보았구나. 내가 내 말이 이루도록 주목하고 있느니라 (쇼케드)
고 하신다. 유사한 소리가 나는 말을 사용하여 듣는 자의 귀를 예민하게 하고 즐겁게 해준다.

4. 영상 (imagery, image)

영어에서 이미저리란 (imagery) 말은 모방하다란 (imitate) 말과 의미상 유사한 의미를 전달하며, 유사 (likeness), 재현 (reproduction), 복사 (copy), 유사 (similitude) 등의 의미를 지닌다. 문학에서 이미저리란 (imagery) 언어로 마음에 산출된 영상들을 지시한다. 곧 말들로 신체적 지각을 산출할 수 있는 경험들이나, 감각-인상들을 지시하는 것이다. 어떤 이는 "영상" (image) 이란 유사성 (similarity or analogy) 을 표현하는 수사학적 표현이라 했다. 화가는 여러 색깔을 배합하여 자신의 의도를 캔버스에 그림으로 그려낸다면, 시인은 자신의 시를 생동력 있게 하기 위해 여러 영상들을 사용한다. 시란 결국 이미저리라 할 수 있지만, 이미저리는 직유와 은유의 사용이라고 한정할 수 있다. 이미저리는 구체적이고, 감각적이어야 한다. 예컨대, 미가 선지자가 (3:2-3)
2 너희가 선을 미워하고 악을 좋아하여 내 백성의 가죽을 벗기고 그 뼈에서 살을 뜯어
3 그들의 살을 먹으며 그 가죽을 벗기며 그 뼈를 꺾어 다지기를 남비와 솥 가운데 담을 고기처럼 하는도다
라 할 때, 이는 아주 구체적이고 생생한 영상을 활용하고 있다.

5. 수사적 표현 (Figures of speech)

수사적 표현은 제유법 (synecdoche), 환유법 (metonymy), 직유 (simile), 은유 (metaphor), 의인화 (personification), 알레고리 (allegory), 심벌 (symbol) 등의 일곱 개로 요약된다. 이는 한 사실이 언급되지만 다른 의미를 지시하는 말의 장치 (a device of language) 이다.
제유 혹은 대유법은 일부로써 전체를 혹은 전체로써 일부를 나타내는 수사법이다. 예컨대 품꾼을 지시하기 위해 임대한 "손들" (hired hands) 이라 부를 수 있다. 혹은 "칼" 로 산다고 한다면 이는 "군인" 이란 말이겠다. 구약에서 (사 5:28, 겔 23:24, 26:10 등) "바퀴들" 은 (wheels) 바퀴 달린 병거들 (수레들) 을 지시한다.
환유란 헬라어에서 "이름의 변경" 을 의미하며, 하나의 사물을 가리키는 용어가 경험을 통해서 그것과 밀접하게 연관되게 된 것에 사용되는 경우를 지시한다. 예컨대, "홀" 이나 (창 49:10) "열쇠" 는 (사 22:22; 계 3:7) 권세를 (혹은 왕) 의미하며, "칼" 은 전쟁을 의미한다 (레 26:6).
"은유" (메타퍼) 나 "식유" 는 모두 서로 같지 아니한 것들을 비교하는 수단으로 사용된다. 직유는 "-- 와 같은" (like, as) 혹은 다른 단어 (than, similar to, resembles, or seems) 를 사용하는 반면 메타퍼는 비교가 함축되었을 뿐 겉으로 드러나지 않는다. 즉 상징적인 말이 문자적인 말과 동일시된다. 그렇지만 이러한 차이에도 불구하고 메타퍼와 직유는 어느 정도 공통적인 요소들을 공유한다 : 메타퍼나 직유는 동일한 것을 표현하지만

다른 방식으로 표현할 뿐이다. 일반적으로 말하자면, 직유는 메타퍼보다 더 분명하게 드러난다. 반면 메타퍼는 직유에 비해 간단하지만, 모호하기도 하다.
심볼은 (symbol) 그 이상의 어떤 것을 의미하는 것이라 정의된다. 이미지, 메타퍼, 심볼은 서로 공통적인 요소들을 지니고 있지만 구분하자면, 이미지는 (영상) 그것이 의미하는 것, 메타퍼는 (은유) 자체가 아닌 다른 것을 의미하는 것, 심볼은 (상징) 묘사된 바 그 이상의 어떤 것을 지시한다고 할 수 있다. 이 셋 중에서 "심볼"이 가장 해석하기 어렵다고 할 것이다. 예를 들어보자.
이미지 (그림): 털이 많은 갈색 개가 하얀 말뚝 울타리에 등을 비비고 있었다.
메타퍼 (은유): 어떤 더러운 개가 파티석상에서 내 돈지갑을 훔쳤다
심볼 (상징적 언어): 너는 나이 먹은 (old, 노련한, 교활한) 개에게 새로운 술수를 가르칠 수 없을 것이다

6. 인클루지오 (Inclusio)

시의 시작과 끝을 동일한 문장으로 둘러싸는 기법으로 이는 시의 처음과 끝을 명확하게 경계지어주는 기능을 한다. 시에서는 이런 기능을 별로 의미가 없지만, 산문에 포함된 시의 경우에는 경계선 확정이 의미가 있다. 인클루지오 기법은 또한 둘러싸인 부분을 안정되게 만들어주고, 반복된 구절은 강조되는 효과가 있다.
2 여호와 우리 주여 주의 이름이 온 땅에 어찌 그리 아름다운지요
주의 영광을 하늘 위에 두셨나이다
10 여호와 우리 주여 주의 이름이 온 땅에 어찌 그리 아름다운지요 (시 8:2, 10)
시의 처음과 끝이 같은 말로 제시되어 중간 부분을 둘러싼다.

7. 핵심어 (keywords, Leitwort)

어떤 시나 글에서 빈번하게 나타나는 단어들은 주목할 필요가 있다. 같은 단어가 아니라도 동의어들이 자주 나타난다면 그것은 내용상으로 연결되는 주제어가 된다. 예컨대, 시 29 편에서는 여호와의 소리가 7 번이나 나타난다.

8. 아이러니 (irony)

빈정대는 말투이다. 이를 간과하면 문자적 의미로 취하여 해석이 잘못된다.
너희는 벧엘에 가서 범죄하며 길갈에 가서 죄를 더하며 / 아침마다 너희 희생을, 삼 일마다 너희 십일조를 드리며 /5 누룩 넣은 것을 불살라 수은제로 드리며 낙헌제를 소리내어 광포하려무나 /
이스라엘 자손들아 이것이 너희의 기뻐하는 바니라 / 이는 주 여호와의 말씀이니라 (암 4:4-5)

9. 완곡어법 (circumlocution)

Euphemism 이란 헬라어에서 "좋은" (eu) 이란 말과 "말" (pheme) 가 합쳐서 된 단어로, 듣기 거북한 사고를 숨기면서 말을 하고자 할 때 사용한다. 성경에서 "알다" 란 동사가 창 4:1 에서 "동침하다" 란 의미로 나타나는 경우가 그 한 예이다 (NRSV 는 the man knew his wife Eve 라 했다면, NIV 는 Adam lay with his wife Eve 라 했다).

7) 시편은 무엇을 가르치는가?

첫째로, 찬양과 유행가의 차이

시편은 히브리어로, "테힐림"이라 (찬양들 praises) 부른다. 시편에는 찬양들만 아니라, 탄식시들, 왕의 시들,

감사 시들, 지혜시들, 시온이 노래 (시 48, 76, 84, 87, 122, 134), 역사 시 (시 78, 105, 106, 135, 136), 예배 의식시들 (15, 24), 예언자적 시 (50, 82) 등 여러 종류가 있다. 그러나 주제나 내용이 무엇이건 하나님 앞에서 내 심정을 토로하였다는 점에서 기도요 찬양일 수 있다.

찬양이 인간 창조의 목적이다. "이 백성은 내가 나를 위하여 지었나니 나의 찬송을 부르게 하려함이니라" (사 43:21). 인간은 하나님을 섬기고 그분의 계명을 지키는 제사장적 존재이다 (창 2:15). 하나님을 섬기는 자들을 하나님의 종이라 부른다. 그 하나님을 섬긴다는 말이 곧 그분을 경배하고 찬양하는 것을 의미한다. "할렐루야, 여호와의 종들아! 찬양하라 여호와의 이름을 찬양하라!" 고 (시 113:1) 하지 않는가? 찬양이 빠진 하나님을 섬김이란 없다.

인간의 창조 목적이 찬양이라면, 그 목적에 합당하게 행동하면 건강해질 것은 당연지사이다. 차도 지어진 대로 제 때에 엔진 오일, 트랜스미션 오일 갈아주고, 부동액 채우고, 필요한 유지, 보수를 잘 해 주어야 (maintenance) 오래 사용할 수 있다. 우리 몸은 만들어질 때에, 찬양을 먹고 감사를 먹고, 은혜를 먹고 살아가도록 되어 있다. 그런데도 불신자들은 몸에 해로운 악성 노래를 부르고, 감사 대신 불평, 불만을 쏟아내며, 은혜 대신 저주와 욕설을 들으며 산다. 그러니 몸이나 정신이 건강할 리가 없다.

요사이는 음악요법 (music therapy) 이라는 것도 있다. 어떤 음악을 듣느냐? 에 따라서 식물이나 동물도 반응이 다르고, 성장이나 과일이나 우유 산출 등에서 결과가 다르게 나타난다고 하는 연구가 있다.

미국 대중음악계에의 가수들 중에 요절한 이들이 많다. 1960 년대에 약물과용으로 숨진 록 뮤지션 재니스 조플린, 지미 헨드릭스, 짐 모리슨 등은 3J 라 불리는데, 이들 세 사람은 모두 27 살 젊은 나이에 요절했다. 1971 년 11 월 8 일 신장병에 의한 합병증으로 생을 마감한 배호도 29 세로 요절했는데 "0 시의 이별" 을 불렀으므로 가수 배호는 0 시에 세상을 떠났고, "돌아가는 삼각지" 를 불렀기 때문에 그는 젊은 날에 영영 돌아오지 못할 길로 돌아 가버린 것이며, "마지막 잎새" 를 부르면서 마지막 세상을 떠났다.

작가 김옥자는 "노랫말 유감" 이라는 기고문을 통해 이렇게 경고하고 있다.

"말이 씨가 된다" 는 속담, 무심코 따라 부르는 노랫말 무시할 수 없습니다. "무심히 내뱉는 말투에도 그 사람의 생활이 묻어난다. 말끝마다 죽겠다는 이가 있다. 이래서 죽겠고 저래서 죽겠고 누구 때문에 죽겠고 누구 때문에 못살겠단다. 나는 말이 씨가 된다며 겁을 주었다...

한국 노랫말 연구회에서 가수 백 명을 대상으로 히트곡이 자신의 운명에 어떤 영향을 미쳤는가를 조사한 결과 아흔 한명의 가수가 노랫말과 같은 운명이 되었고 특히 요절한 가수들은 너나없이 죽음과 연관된 노래를 불렀다는 사실을 발견했다... 가수들은 노래 한곡을 취입하기 위해 같은 노래를 보통 2–3 천 번을 반복해서 부른다고 한다. 70 년대 새마을 운동이 한창일 때 우리국민들은 '새벽종이 울렸네…' 로 시작되는 새마을 노래를 불렀다. 또 '잘 살아보세, 잘살아 보세, 우리도 한번 잘 살아보세' 라고 외친 덕분이었는지 가난을 면하고 외국행 비행기가 하늘을 날았다. 그러나 노랫말을 '우리도 한번' 이 아니고 '우리도 영원히 잘살아 보세' 라고 했더라면 괴물보다 무섭다는 IMF 도 찾아오지 않았을 텐데...

가수 김광석은 "서른 즈음에" 를 부르고 나서 바로 그 즈음에 세상을 떠났고, "낙엽 따라 가버린 사랑" 을 불렀던 가수 차중락은 29 세의 젊은 나이에 낙엽처럼 떨어져 저 세상에 가버렸으며, "간다 간다 나는 간다 너를 두고 나는 간다" 를 열창하던 선망의 젊은 가수 김정호는 20 대 중반에 암으로 요절, 노래 가사처럼 진짜로 가 버렸으며, "떠나가 버렸네" 를 불렀던 가수 김현식도 역시 영영 떠나가 버렸고, "이별" 을 불렀던 대형 가수 패티 김은 작가 길옥윤과 이별했으며, 고려대 법대 출신의 가수 김상희는 "멀리 있어도" 를 부르면서 남편이 미국으로 유학을 가게 되어 몇 년간 떨어져 있게 되었다고 한다. 가수 조미미는 35 세까지 결혼이 이루어지지 않았는데 "바다가 육지라면" 이 히트되면서 재일 교포가 바다를 건너와 결혼이 성사되었다.

둘째로, 시편들과 영적인 단계들

시편은 그 주제나 분위기에 따라서 탄식시, 감사시, 신뢰시, 찬양시, 시온의 노래, 왕의 시, 율법시, 교훈시, 구원사의 노래, 선지자적 시편 등등으로 구분되는데, 이런 분류를 우리의 영성과 연결시켜 생각해 보자.

탄식시들에서 회개와 실패의 후폭풍의 영성을 본다. 어떻게 보면, 탄식시는 사사기에 기록된 구원사의 사이클에서 최하층에 해당된다. 즉 평안할 때 쾌락과 우상숭배에 빠져 하나님을 떠난 상태로 원수의 공격을 받고 고통과 압제의 구덩이에 떨어진 상태에서 위로 하늘을 쳐다보고 탄식하며 회개하며 구원을 부르짖는 기도이기 때문이다. 탄식시에서 영성은 최하층인가? 어떻게 보면 그렇지만, 달리 보면, 가장 영성이 순전하고 최고 수

준일 수도 있다. 평안할 때, 좋은 자리 있을 때, 돈 좀 가지고 있을 때, 권세 좀 있을 때, 모든 것은 내 중심으로 돌아가야 하고, 내가 주장해야 하고, 내 목표가 중요하고, 내 뜻이 중요한 것이다. 그곳에 하나님께 간절한 기도가 심령에서 우러러 나올 수 있을까? 가장 낮은 자리에 떨어졌을 때 우리는 진실해 지고, 자신의 본질에로 돌아온다.

그래서 탄식시는 우리의 본질을 보여주는 시라 하겠다. 탄식과 고통의 부르짖음이 지속되면서 나는 나 자신을 새롭게 만든다. 나는 체질을 바꾸어야 한다. 감사의 체질로, 기도의 체질로, 찬송의 체질로, 말씀 묵상과 암송의 체질로, 전도의 체질로, 주는 체질로, 희생의 체질로, 섬기는 체질로, 버리는 체질로 바꾸어져야 한다. 나라는 존재를 버리고 세상을 경멸하고 영원한 가치를 목표로 살아야 할 것을 분명하게 깨닫는다. 탄식하는 순간, 무의미한 탄식이 아니라 하나님을 향한 내 저 깊은 심령 속에서 울려 나오는 그 탄식과 절규의 순간들은 분명 가장 값지고 의미있는 순간들이다. 그런 시간들이 많을수록 우리는 자신의 본질에 가까운 상태이다. 그러나 그런 순간들이 사라지면 나는 온갖 껍데기와 장식품들로 뒤덮인 허깨비로 전락하고 만다. 내가 나를 운전하여 하나님과 동행하는 걸음이 아니라 남에게 떠밀려, 조직에 떠밀려, 계획에 떠밀려 나는 방향도 살피지 못하고 움직이고 있는 것이다.

	감사시	탄식시
1	야웨의 이름을 부름	야웨의 이름을 부름
2	이전 곤궁하던 때의 필요를 묘사	현재 필요를 묘사
3	이전 기도를 인용	도우심과 구원을 호소
4	이전 서원이 성취되었다는 확신	이제 성취될 서원의 진술
5	이전 신탁이 야웨로 성취되었다는 주장	하나님의 응답 신탁 (전제)
6	다시 감사드림	야웨께서 주신 도우심을 공적으로 고백

감사시는 고통과 실패에서 구원받은 자의 노래이다. 개인적으로나 공동체적으로나 감사하는 마음에서 감사시가 산출되었다. 감사시와 탄식시는 서로 동전의 양면과 같은데 다음 도표를 살펴보라.

탄식시가 변하여 감사시가 된다. 이 감사 할 때 조심해야 한다. 이때 마음이 들떠서 마귀의 유혹을 대비하지 못하고 덤벙대다가 한 방 크게 맞아 쓰러지기 십상이다. 은혜 받았을 때, 응답 받았을 때, 기도원에서 은혜 받고 하산(下山)할 때 조심해야 한다. 반드시 마귀가 기다리고 넘어뜨릴 궁리를 짜고 기다리기 때문이다.

다음으로, 여러 번의 시행착오를 거쳐 믿음이 굳건해진 성도는 마귀의 궤계를 대비하여 항상 깨어 기도하는 가운데, 감사의 삶, 능력의 삶을 유지해 가는데, 이때에 신뢰의 시가 드려질 수 있다. 그렇지만, 곤궁한 상태에서 탄식할 상태에서도 신뢰의 마음을 시로 표현할 수도 있다.

예컨대, 시 3 편을 보면,

1 여호와여 나의 대적이 어찌 그리 많은지요 일어나 나를 치는 자가 많소이다
2 많은 사람이 있어 나를 가리켜 말하기를 저는 하나님께 도움을 얻지 못한다 하나이다 (셀라)
3 여호와여 주는 나의 방패시오 나의 영광이시요 나의 머리를 드시는 자니이다
4 내가 나의 목소리로 여호와께 부르짖으니 그 성산에서 응답하시는도다 (셀라)
5 내가 누워 자고 깨었으니 여호와께서 나를 붙드심이로다
6 천만인이 나를 둘러치려 하여도 나는 두려워 아니 하리이다
7 여호와여 일어나소서! 나의 하나님이여 나를 구원하소서!
주께서 나의 모든 원수의 뺨을 치시며 악인의 이를 꺽으소서!

8 구원은 여호와께 있사오니 주의 복을 주의 백성에게 내리소서!

라고 하는데, 분명 많은 대적들이 일어나 시인을 치고자 하는 좋지 못한 상황이다. 그럼에도 그는 곤궁한 중에서도 하나님을 신뢰하는 마음을 표현하고 있다 (3–6 절). 그리고 물론 기도하며 구원을 호소하기도 한다 (7–8 절). 이를 탄식시로 볼 것이냐? 아니면 신뢰시로 볼 것이냐? 의견이 갈릴 수도 있지만, 신뢰의 분위기가 강하다. 요컨대, 신뢰시는 곤궁한 자리에서 하나님에 대한 절대적인 신뢰를 표현하거나 (시 3, 4 편) 혹은 평안한 자리에서 그분을 향한 신뢰를 표현할 때도 (시 23 편) 나타날 수 있다.

이제 우리는 찬양시, 율법시, 지혜시, 선지자 권면의 시, 교훈시, 구속 역사시, 시온의 노래, 성전 제사시 등을 생각할 수 있는데, 이런 부류들에 속한 시편들은 모두 내가 영적으로 강건할 때에 마음의 여유가 있고 주님의 하신 일들을 묵상할 때에 나타날 수 있는 시들이다.

특히 찬양시는 내가 영적으로 강건할 때 마음에서 기름 부으심을 느낄 때 하나님의 창조와 구속, 여러 베푸신 은혜를 찬양하게 된다. 시온의 노래는 교회 믿음 공동체를 기억할 때, 구속 역사시는 국가 기념일이나 민족적 기념일에, 선지자적 권면의 시는 죄인에게 책망할 때, 지혜시, 율법시, 교훈시 등도 타인에게 말씀을 가르칠 때 낭송할 것이다.

다음으로 왕의 시, 메시야 시가 있는데, 이 시들은 왕이 작사했거나 왕에 관하여 노래하는 시편들이다. 이 왕의 시편들은 앞으로 메시야께서 오셔서 왕의 이상을 다 이룰 것을 바라보게 한다는 점에서 메시야 시가 된다. 이제 지금까지 언급한 시편의 유형들을 도표로 일목 요연하게 정리해 본다.

<table>
<tr><th colspan="2">탄식시 (Lament)</th><td rowspan="3">1</td></tr>
<tr><td>공동체</td><td>12, 44, 58, 60, 74, 77, 79, 80, 82, 83, 85, 90, 94, 106, 108, 123, 126, 129, 137</td></tr>
<tr><td>개인</td><td>5, 6, 7, 13, 17, 22, 25, 26, 28, 31, 35, 36*, 38, 39, 42–43, 51, 54, 55, 56, 57, 59, 61, 63, 64, 69, 70, 71, 86, 88, 102, 109, 120, 130, 140, 141, 142, 143</td></tr>
<tr><th colspan="2">특별 탄식시</th><td rowspan="3">*</td></tr>
<tr><td>참회시</td><td>6, 38, 51, 102, 130, 143</td></tr>
<tr><td>저주시</td><td>35, 69, 83, 88, 109, 137, 140</td></tr>
<tr><th colspan="2">감사시 (Thanksgiving)</th><td rowspan="5">2</td></tr>
<tr><td>공동체</td><td>65*, 66, 67*, 68, 75, 118, 124</td></tr>
<tr><td>개인</td><td>9–10, 18, 30, 32*, 34, 40:1–11, 41, 66:13–20, 92, 107*, 116, 138</td></tr>
<tr><th colspan="2">찬양시 (Praise)</th></tr>
<tr><td>찬양</td><td>8*, 19, 29, 33, 100, 103, 104, 111, 113, 114, 117, 135, 136, 145, 146, 147, 148, 149, 150</td></tr>
<tr><th colspan="2">신뢰시 (Song of Trust)</th><td rowspan="2">3</td></tr>
<tr><td>신뢰시
공동체 신뢰시</td><td>3, 4, 11, 16, 23, 27*, 62, 121, 131
115, 125</td></tr>
</table>

왕의 시 (메시아 시)(Royal Psalms)		4
왕의 시 [야웨 왕권시]	2, 18, 20, 21, 22*, 45, [47], 72, 89, [93], 95, [96–99], 101, 110, 132, 144	
지혜, 율법, 교훈시 (Wisdom, Torah, Instruction)		5
지혜 교훈시	1*, 49, 112, 128 1, 37, 49, 73, 91, 112, 119, 127, 128, 133, 139	
율법시	1*, 19:7–14, 119	
선지자 권면의 시	14, 50, 52, 53, 75, 81, 85	
기 타 (Salvation History, Song of Zion, Liturgy)		6
구속 역사시	78, 105, 106, [135, 136]	
시온의 노래	46, 48, 76, 84, 87, 122	
성전 제사	15, 24, 134	
순례의 노래 (Pilgrims Songs)		*
순례시	120–134	

2. 지혜문헌 (Wisdom Literature)

세상 살아가는 지혜를 말씀한다. 욥기는 고난의 문제를, 잠언은 여러 삶의 상황에서 가져야 할 바른 삶의 방식을 짧은 격언들로 (문장) 혹은 약간 긴 강화로 (discourse) 제시하고, 전도서는 이 세상에서의 삶의 의미가 무엇인지, 아가서는 남녀 간의 사랑의 문제를 다룬다.

주님은 때로 잠언 경귀 혹은 비유를 사용하여 말씀하신다. 예컨대, 말씀을 듣고 순종하는 자는 반석 위에 집을 지은 지혜로운 자 같다.

1) 지혜문헌

여기에는 욥기, 시편, 잠언서, 전도서, 아가서, (외경의 솔로몬 지혜서, 시락 집회서) 등도 속한다. 일반 은총에 속하는 지혜를 말하기 때문이다. 고대 이집트에서는 중왕국 시대에 번성한 "세바잇" (가르침) 장르가 여기 속하고, 고대 이집트 문헌들 중에서 이 장르에는 카겜니의 교훈들, 프타호텝의 교훈, 아멘엠하트의 교훈, 충신 교훈 (Instructions of Kagemni, The Maxims of Ptahhotep, the Instructions of Amenemhat, the Loyalist Teaching) 등이 속한다.

성경의 지혜문헌들의 내용을 보면, 욥기서, 시 49, 73, 92:6–8 (5–7), [외경집회서, 지혜서 등은 세상의 도덕적 통치를, 잠언, 시 37, 119, 벤-시라서 등은 행위 규범들을, 시 8, 29:3–10, 90:1–12, 107:17–32, 131, 144:3, 4, 147:8, 9 등은 자연과 인간, 특히 인간의 연약성, 제한성을 노래한다. 세상만사를 좀 회의적으로 보는 시각들은 욥기, 잠 30:2–4 (아굴), 전도서 등에서 표출되고, 나머지는 정통 신앙적 입장을 말한다.

지혜자들의 지적 세계는 선지자들이나 오경의 사고와 외면상 차이를 보이긴 하나, 그 근본적 신관이나 윤리관에서 차이는 없다.

지혜 문헌들은 하나님께서 자연과 인간 세상 밖에 위치하는 것으로 간주한다. 인간은 인간과 하나님의 정체성을 제대로 파악하거나 알지 못한다. 이는 헬라 철학과는 차이를 보인다.

선지자들과 현자들의 차이는 선지자들이 제사 의식을 하나님의 정하신 것으로 보았다면 (렘 7:22), 후자는 비도덕적인 것으로 반대한다고 생각하는 이도 있지만, 이는 사실이 아니다. 천사들은 욥기서에서나 시편에서 언급되는데, 하나님은 천사들도 어리석은 자로 간주하신다 (욥 4:18). 천사들은 신인 사이의 중보자들이며 (욥 5:1, 33:23), 창세기나 다른 부분에서 천사의 역할과 달라 보인다. 욥기 1장에서 사단은 욥에게 재앙을 야기한다. 욥기와 시편에서는 리워야단이란 괴물도 언급한다 (욥 3:8, 7:12, 9:13, 26:12). 암 9:3, 사 27:1에서 언급되고, 라합은 욥기나 시편에서만 아니라, 사 30:7, 51:9 등에서도 언급된다.

흥미롭게도 히브리 지혜 문헌은 헬라세계에서 고대에 흔했던 도덕생활에 근거한 철학적 논의를 경시한다. 지혜문헌에서 선의 기준과 선한 행동의 이유는 기존의 법과 관습, 개인적 행복주의 (individual eudaemonistic)이다. 국가와 가족의 건강을 위해, 혹은 보복의 두려움 때문에 선행을 격려하는 헬라의 사회 철학과 대조된다. 지혜문헌들은 특히 전도서, 잘못된 선택은 처벌을 가져온다는 것을 강조한다. 왜냐하면 선악의 법들은 하나님의 것이기 때문이며, 하나님이 정하신 바이므로 따라야 하기 때문이다. 지혜는 인간 숙고의 결과로 제시되며, 모든 인간 생활에서 지침이 된다고 한다. 그렇지만 선을 미리 정해 놓은 것은 하나님의 주권이다 (솔로몬 지혜서, 잠언서 일부, 집회서 그러나 전도서는 제외).

지혜문헌은 하나님께서 인간에게 능력을 주셨다고 강조한다. 그것은 야웨를 경외함에서 나타난다 (욥 28:28; 잠 1:7; 집회. 15:I 이하.). 야웨를 경외하는 일은 율법을 순종함으로 되어진다 (집회 24:23).

지혜문헌은 자연적인 생활의 부서짐에서 온전함을 얻기 위한 실제적 교훈이다.

a) 욥은 인간의 설명을 초월하는 고난의 문제를 다룬다.

b) 시편은 인간 생활의 여러 국면들, 곧 두려움, 의심, 비극, 승리, 기쁨 등의 국면에서 사람이 하나님께 마음을 표현하는 감정 표현이다.

c) 아가서는 결혼의 사랑을 노래한다.

d) 전도서는 인간의 생의 의미는 인간에게 있지 않고, 생명을 주신 하나님께 있다는 것을 가르친다.

e) 잠언서는 율법과 자연 질서 범위 안에서 생명을 누리는 지혜를 제공해 준다.

2) 지혜 문헌의 특징

1) 지혜 문헌은 진리를 (율법, 창조 질서) 매일의 삶과 선택에 적용하는 것에 관심을 갖는다.

2) 진리의 적용은 삶에서의 지혜를 주고, 상식적 지혜를 준다 (욥 32:7; 잠 1:7)

3) 지혜 문헌은 일반화를 통해 진리를 적용한다.

일반화를 통한 진리 적용의 예들

a. 잠언서는 경구들로 진리를 표현하여 삶에 적용한다. 특정한 주제에 관한 많은 잠언들을 수집함으로 저자의 적용 범위의 제한이 알려진다.

b. 욥은 악과 처벌로 인한 고난의 성격에 관한 경구들을 제시한다.

c. 전도서는 인생의 궁극적 목표와 가치가 무엇인지에 대한 탐색전이다. 그러나 인생은 지혜의 창고에서 발견되지 않고, 하나님께서 주시는 선물로서 책임감 있게, 보답하는 방식으로 사용해야 한다.

d. 아가서는 인간에게 주신 최대의 선물인 사랑을 노래한다. 그럼에도 사랑은 순결과 서로에 대한 존중으로 둘을 하나로 연합시키는 것으로 제시된다.

e. 시편은 지혜 문헌보다 시가서에 가깝다. 그럼에도 시편은 인간의 마음을 하나님께 표현해 준다. 두려움, 슬픔, 좌절, 소망, 찬양, 지혜 시들 (1, 27, 32, 34, 37, 49, 73, 112, 127–128, 133) 등이다.

3) 지혜문헌의 종류

지혜 문헌은 두 개의 넓은 범주로 존재한다.
1) 잠언 경구적 지혜 - 간단하고 경구적 말씀으로,
개인의 행복과 부요를 위한 원리들을 진술한다 (잠언),
2) 묵상, 사색적 지혜 - 독백, 대화, 혹은 논술들의 형태로 인간 존재의 기본 문제를
파고 들어 생각한다. 예컨대, 인생의 의미, 고난 (전도서, 욥기)

2-1. 욥기

1) 명칭

욥기서의 중심인물인 "욥" 을 따서 책명으로 정했다.

2) 저자와 저작 연대

욥은 우스 땅의 사람이라 소개된다. 야고보나 (약 5:11), 에스겔 (14:14) 등은 욥이 역사적 인물인 것을 확인한다. 탈무드는 (바바 바트라 15a-b) 욥기는 모세가 기록했다 한다. 그러나 랍비들은 그것이 우화인지 아니면 역사적 실제 인물인지에 대하여 논란을 벌였다. 탈무드는 모세의 저작이라고 하면서도 다른 의견들도 개진하는데 그것은 야곱과 같은 족장 시대의 저작이라 간주한다.
그러나 비평가들은 현재의 욥기서는 주전 6-5 세기 어간에 생겨났다고 가정한다 (Dianne Bergant 1990:231-32). 사해 사본들 중에는 아람어 욥기서도 발견되었다. 크래머는 (Samuel Noah Kramer 1956) "역사는 수메르에서 시작된다" 에서 욥기서와 병행되는 기사라고 수메르 본문을 소개했다 (*ANET*, 596 에서 "Akkadian Observations on Life and the World Order" [ludlul bel nemeqi] 참조).

3) 문학 형식과 내용분해

서론과 후기는 (1-2 장과 41:7-17) 산문체, 그 중간에 언급되는 대화들은 시들로 구성되었다 (3:1-42:6).

(1) 서론 (1-2)

a. 욥의 인물됨 (1:1-5)
b. 욥에게 재앙이 임하다 (1:6-2:10)
  1. 첫째 시험 (1:6-22); 2. 둘째 시험 (2:1-10)
c. 세 친구들이 위로하러 오다 (2:11-13)

(2) 욥과 세 친구들과의 대화 (3:1-42:6)

a. 욥의 불평 (3)
b. 첫째 사이클 (4-14)
  1. 엘리바스 (4-5); 2. 욥의 대답 (6-7); 3. 빌닷 (8);
  4. 욥의 대답 (9-10); 5. 소발 (11); 6. 욥의 대답 (12-14)
c. 둘째 사이클 (15-21)
  1. 엘리바스 (15); 2. 욥의 대답 (16-17); 3. 빌닷 (18);
  4. 욥의 대답 (19); 5. 소발 (20); 6. 욥의 대답 (21)
d. 셋째 사이클 (22-31)

1. 엘리바스 (22); 2. 욥의 대답 (23–24); 3. 빌닷 (25); 4. 욥의 대답 (26–31)

e. 엘리후의 네 담화들 (32–37)

1. 첫째 (32–33); 2. 둘째 (34); 3. 셋째 (35); 4. 넷째 (36–37)

f. 하나님의 두 담화와 욥의 대답들 (38:1–42:6)

1. 하나님의 첫째 스피치 (38:1–40:2); 2. 욥의 첫째 대답 (40:3–5);
3. 하나님의 둘째 스피치 (40:6–41:34); 4. 욥의 둘째 대답 (42:1–6)

(3) 후기 (42:7–17)

a. 세 친구들이 잘못되었다 (42:7–9);

b. 욥을 회복시키시다 (42:10–17)

4) 욥기서는 무엇을 가르치는가?

첫째로, "악의 문제 (Problem of Evil)" 를 다룬다

전능하시고 선하신 하나님이 계신다면, 어찌하여 재앙과 질병과 불행이 선한 인간에게까지 미치는가? 경건한 사람 욥은 부자이기도 하였고 일곱 아들에 세 딸까지 가진 다복한 가정의 가장이다. 혹시 자기 아들들이 범죄하고 마음에라도 하나님을 저주하였을까? 걱정하여 그는 저들의 죄를 용서받기 위해 습관적으로 번제를 올릴 정도였다. 하나님의 아들들과 사단이 하나님 앞에 나타난다. "사단" 은 히브리어로 "대적자," "기소자" 란 의미이다. 하나님은 사단에게 욥에 관하여 칭찬하시고 그의 의견을 물으신다. 이에 사단은 주장하길, 욥이 그렇게 경건한 것은 그가 하나님께 복을 받았기 때문이라 한다. 이에 하나님은 사단에게 욥의 소유와 가족을 해할 권리를 허락하신다. 욥의 모든 재산은 하루아침에 날아가고, 태풍이 장자 (長子) 의 집을 강타하여 무너뜨리자 거기 생일잔치로 모였던 욥의 자녀들이 모두 깔려 죽임을 당한다. 욥은 이런 불행을 당하였지만 하나님을 저주하지 않고 오히려 자기 머리를 깍고 자기 옷을 찢으며 말하길, "모태에서 알몸으로 나왔으니 알몸으로 내가 돌아가리로다! 야웨께서 주셨고, 야웨께서 취하셨으니 야웨의 이름이 송축받으소서!" 라고 한다. 욥의 모든 고난 중에도 그는 하나님을 경배하였다.

욥이 이런 재앙 가운데서도 하나님의 섭리를 믿고 원망하거나 저주하지 아니하니, 사단은 욥의 몸이 성한 까닭이라고 이유를 설명한다. 이에 하나님은 죽이지는 말되 몸을 해할 권리를 사단에게 허락한다. 사단이 나가서 욥을 쳐서 그 발바닥에서 정수리까지 악창이 나게 하니, 욥은 재 가운데 앉아서 기와 조각을 가져다가 몸을 긁는다. 이를 본 그의 아내는 "당신이 그래도 자기의 순전을 굳게 지키느뇨 하나님을 욕하고 죽으라!" 고 악담을 퍼 붓는다. 욥은 "그대의 말이 어리석은 여자 중 하나의 말 같도다 하나님께 복을 받았은즉 재앙도 받지 아니하겠느뇨?" 라고 답하고 입술로 범죄하지 않았다.

(1) 세 친구들과의 토론

이후에 욥의 세 친구 데만 사람 엘리바스와 수아 사람 빌닷과 나아마 사람 소발이 욥의 소식을 듣고 그를 찾아와 7일간 말없이 위문했다. 이에 욥이 자기 생일을 저주하는 탄식을 하자, 저들은 각자 욥에 관한 자기들의 생각을 늘어놓는다. 욥은 세 친구들에게 자기는 무죄하며 왜 이런 고난을 당해야 하는지 알지 못한다고 자기의 무죄를 주장했으나 세 친구들은 욥이 까닭 없는 고난을 당할 리 없으며 반드시 "숨은 죄" 가 있으리라고 회개를 촉구한다. 욥은 이에 굴하지 않고 무죄 (無罪) 를 주장하나, 친구들은 욥이 아주 잘못된 짓으로 간주하고 "까닭 없는 고난이 어디 있는가?" 라는 주장을 굽히지 않는다.

욥의 친구들은 하나님은 항상 선한 사람에게는 보상하시고, 악인은 처벌하신다고 주장한다. 여기에는 어떤 예외도 있을 없는 양 생각한다. 죄악에 대한 처벌 외에 다른 목적으로 고난을 허락하시는 하나님의 신비로운 처사에 대하여는 알지 못한다. 욥의 친구들은 하나님을 '야웨' 라 부른 적이 없고, 오직 "엘 솨다이" (전능하신 하나님), "엘로아" (하나님) 혹은 "엘로힘" (하나님) 등으로 부른다.
욥은 친구들에게 범죄한 일이 없는 자기의 고난은 부당하다고 항변하고, 왜 하나님께서 자기를 그처럼 고난으로 벌하시는지 자기는 벌 받을 이유가 없다고 거듭 주장한다. 그럼에도 욥은 하나님의 이름을 저주하거나, 그분이 불의하다고 주장하는 것은 아니다. 오히려 자신의 무죄를 입증하고자 시도한다. 하나님에 관하여 욥은 질문을 제기하는 것이다.

(2) 엘리후 (내 하나님은 야웨이시다)

엘리후는 친구들과 욥 사이의 "중보자" 의 길을 택한다. 하나님의 절대 주권과 하나님의 의와 긍휼을 주장한다. 엘리후는 세 친구가 취한 접근법을 강하게 비난하면서 동시에 욥은 "하나님의 의" 를 잘못 표현하고, 하나님의 선하신 성품을 훼손시킨다고 주장한다. 엘리후는 세 친구들보다 훨씬 젊기 때문에 마지막으로 말하는 것이지만, 나이는 통찰력과 지혜의 문제와는 상관이 없다고 주장한다. 엘리후의 주장은 "하나님의 권능과 구원, 그리고 그분의 모든 일에서 절대 의로우시다" 는 것이다. 하나님은 능력이 많으시나, 공의로우시고, 신속히 용서하시는 분이시다. 엘리후는 욥의 친구들이 요청했던 '회개' 의 종류에 대하여 특별한 생각을 가졌다. 욥의 세 친구는 욥은 회개해야 하며, 욥은 고난을 야기 시키는 죄를 고백하고 회개해야 한다고 했다. 반면 엘리후는 진정한 회개는 "하나님의 전유물인 '도덕적 권세' 를 포기하는 것" 이라 강조한다. 엘리후는 그러므로 하나님 앞에 자기 의로움을 입증받기 원하는 욥의 바램은 본질상 '교만' 이라고 강조한다. 욥의 그런 자세는 하나님의 의보다 더 높은 도덕 수준을 가지고 하나님께 도전하는 것이나 다를 바 없다고 한다.
엘리후는 하나님의 나타나심을 준비하는 선지자 역할을 한다. 엘리후는 욥이 의롭지만, 완전한 것은 아니라고 주장한다. 욥은 엘리후의 말을 수긍하고 다른 세 친구에게 하듯 책망하지 않는다. 엘리후의 강화는 37 장 마지막 절로 끝나고, 38 장 2 절에 하나님께서 나타나신다.

(3) 하나님의 응답

하나님은 폭풍 가운데서 나타나 욥에게 말씀하신다 (38:1). "무지한 말로 이치를 어둡게 하는 자가 누구냐?" 하나님은 세상의 창조주로서 갖는 경험이 어떤 것인지 서술하고, 욥이 하나님께서 가진 그런 경험이나 권세를 가지고 있는지 물으신다.
하나님의 대답은 욥이 수많은 강하고 놀라운 피조물들과 함께 세상을 공유한다는 점을 강조한다. 곧 하나님께서 그 필요를 채우셔야 하는 그런 필요를 지니고 살아가는 짐승들, 다른 이들의 생명을 취함으로서만 채워질 수 있는 방식으로 배고픔을 갖는 힘센 짐승들과 세상을 공유한다 (욥 41:18-21 과 15:12-13 비교 ; 15:12-13 은 어쩌면 7:11-16 에 대한 반응일 것이다).

욥 41:18 그것이 재채기를 한즉 광채가 발하고 그 눈은 새벽 눈꺼풀이 열림 같으며
19 그 입에서는 횃불이 나오고 불똥이 뛰어나며
20 그 콧구멍에서는 연기가 나오니 마치 솥이 끓는 것과 갈대의 타는 것 같구나
21 그 숨이 능히 숯불을 피우니 불꽃이 그 입에서 나오며
욥 15:12 어찌하여 네가 마음에 끌리며 네 눈을 번쩍여
13 네 영으로 하나님을 반대하고 네 입으로 말들을 내느냐?
욥 7:11 그런즉 내가 내 입을 금하지 아니하고 내 마음의 아픔을 인하여 말하며
내 영혼의 괴로움을 인하여 원망하리이다
12 내가 바다니이까 용이니이까? 주께서 어찌하여 나를 지키시나이까?
13 혹시 내가 말하기를 내 자리가 나를 위로하고 내 침상이 내 수심을 풀리라 할 때에
14 주께서 꿈으로 나를 놀래시고 이상으로 나를 두렵게 하시나이다
15 이러므로 내 마음에 숨이 막히기를 원하오니 뼈보다도 죽는 것이 나으니이다

16 내가 생명을 싫어하고 항상 살기를 원치 아니하오니 나를 놓으소서 내 날은 헛 것이니이다

하나님의 강화는 또한 세상을 창조하고 섭리 유지하시는 그분의 "절대 주권" 을 강조한다. 요점은 하나님께서 욥이 하지 못하는 것을 경험하신다는 것이 아니라, 하나님은 세상의 왕이시며, 인간을 포함하여 자기 피조물로부터 오는 질문들에 "반드시 답해야 할 필요가 없으시다" 는 것이다. 이런 요지는 욥기 전체의 요지이기도 하며, 하나님은 자기 피조물에 대하여 "절대로 자유로우시다" 는 것을 변호한다. 하나님은 자기 피조물의 어떤 승인(承認)도 필요치 않다. 그는 자유로우시다. 욥은 하나님이 세상을 보시듯 보는 지식과 능력이 없다. 그래서 욥은 하나님께서 욥에게 허락하신 그 고난의 이유들을 완전히 이해할 수 없다.

후기에서 하나님은 욥의 말은 바르다고 칭찬하시나, 욥의 친구들은 반면 이해가 부족하며 무지하다고 책망하신다. 그리고 하나님은 욥에게 저들을 위해 중보 기도하라고 명하신다.

이제 욥은 건강을 회복 받았고, 이전보다 갑절의 재산을 얻었다. 또한 7 아들과 3 딸까지 얻었다. 그의 아내는 이 시련기에 죽지 않았던 모양이다. 그의 새로 얻은 딸들은 세상에서 가장 아름다운 미인(美人)으로, 그 형제들과 함께 기업을 얻었다. 욥은 다시 축복을 받아 140 년을 더 살았고, 자기 증손(曾孫)까지 보며 오랫동안 평안하게 살았다.

둘째로, 메시야 사상

욥과 하나님 사이의 '중보자' 가 기대되었다. 그런 사고는 욥 9:33, 16:19–21, 17:3, 19:23–27, 33:23–28 등에서 나타난다. 욥 9 장에서 욥은 자신과 하나님 사이의 깊은 간격을 느낀다.

욥 9:32 하나님은 나처럼 사람이 아니신즉 내가 그에게 대답함도 불가하고 대질하여 재판할 수도 없고 33 양쪽 사이에 손을 얹을 판결자도 없구나

욥의 탄식은 중보자로 도와 줄 중재자가 없다는 사실 때문이다. 욥은 하나님과 화해할 수 없어, 메시야가 육신을 입고 나타날 필요를 예기한다 (W. Kaiser 1995:62). 욥은 하나님과 자신 사이에 판결해 줄 수 있는 판결자가 있으면 하고 기대한다. 이 판결자는 양편에 대하여 권위를 가지는 신적인 존재여야 한다 (M. Pope 1965:74). 그렇지 않다면 어떻게 그 손을 하나님에게 얹을 수 있을 것인가?

욥은 16:19 에서 이렇게 말한다:

지금 나의 증인이 하늘에 계시고 나의 '변호인' 이 (한, 보인) 높은 데 계시니라.
나의 친구는 나를 조롱하나 내 눈은 하나님을 향하여 눈물을 흘리고
21 어떤 분이 사람과 하나님 사이에 인자와 그 이웃 사이에 하듯, 중재하여 주기를 원하노니 (사역 私譯)

욥은 어떤 중재자가 자기를 위하여 하나님과 자기 사이에 중재하고, 자기를 하나님 앞에서 변호해 주길 바란다. 욥은 자기처럼 죄악 중에 잉태된 자가 자기를 위해 하나님께 호소할 수 없다는 사실을 알기 때문이다. 그래서 어떤 신적인 존재가 그 일을 해야 한다고 기대한다.

욥이 고대한 그 '판결자' 는 법정에서 재판관이며, 동시에 욥의 변호사이기도 한다. 욥은 하나님 안에 하나님의 여러 위격(位格)들을 예상한다. 욥의 이 판결자에 대한 신념은 19 장에서 다시 나타난다:

25 내가 알기에는 나의 구속자가 살아 계시니 후일에 그가 땅 위에 서실 것이라
26 나의 이 가죽, 이것이 썩은 후에 내가 육체 밖에서 하나님을 보리라
27 내가 친히 그를 보리니 내 눈으로 그를 보기를 외인처럼 하지 않을 것이라 내 마음이 초급하구나!

이 구속자는 욥 16:19 의 증인임이 틀림없다 (John Telgren 1999:4). 텔그렌은 25, 26 절은 ABBA 의 교차 병행법 구조를 이룬다고 지적한다. 그렇다면 하나님이 구속자가 되신다. 이 구속자는 "고엘" 의 번역이다.

2-2. 잠언

1) 명칭

"잠언" 이란 히브리어 "미쉴레 쉘로모" 의 (솔로몬의 잠언들) 번역인데, 이는 1:1 에서 따온 것이다. 70 인역은 "파로이미아이" 라 하고, 벌게잇은 proverbia 라 했다. 히브리어에서 "마솰" 은 여러 다양한 문학 장르를 지칭하는 말인데, 조소(嘲笑), 알레고리, 애가(哀歌), 비유(比喩) 등등을 지칭할 수 있다. 어원적으로 "마솰" 이란 말은 "두 개를 대비시켜 비교한다" 는 의미인데, 따라서 근원적으로 따지면, "마솰" 은 "비교" 를 (comparison) 의미한다.

2) 저자와 저작 연대

잠언서 전체 "구조" 와 "저자" 문제는 불가분리이다. 왜냐하면 잠언서는 8 부분으로 구성되었는데, 각 부분에 담긴 잠언들은 저자나 연대가 다르기 때문이다. "솔로몬의 잠언들이라"는 1:1 의 표제는 잠 1-9 장을 도입한다. 솔로몬은 주전 970-930 년 어간에 통치했으므로, 이 잠언들은 주전 10 세기에 산출된 것이다. 그런데 10:1 에 의하면 10:1-22:16 부분도 솔로몬의 작품이다.

잠 22:17-24:34 는 22:17, 24:23 에서 '현자들의 잠언들' 이라 불리고 있다. 이 현자(賢者)들이 누구인지, 그들의 시대가 언제인지 알기 어렵다. 솔로몬 이전 사람들인지 아니면 솔로몬 시대 사람들인지, 아니면 솔로몬 이후 사람들인지. 잠 25-29 장의 잠언들은 솔로몬의 작품이긴 해도, 히스기야의 (주전 729-686 년) 신하들이 편집했다 (25:1).

잠 30 장과 31:1-9 은 각기 아굴과 르무엘 왕이 지었다. 이들은 이방인들로 아라비아인들인지 모른다.

잠 31:10-31 은 르무엘의 말인지 아니면, 다른 무명 저자의 시인지 모른다. 각 행 마다 히브리어 알파벳으로 시작하는 '알파벳 시' 로 되어 있다.

잠언서 전체는 히스기야 시대에 편집되었다고 추정된다 (잠 25:1). 그럴 경우 아굴과 르무엘은 그 히스기야 시대 이전 사람들이라고 간주된다. 물론 이 잠언들 역시 성령님의 감동 하에 성경의 일부로 편찬되었다.

왕상 4:29-34 에 의하면,

하나님이 솔로몬에게 지혜와 총명을 심히 많이 주시고 또 넓은 마음을 주시되 바닷가의 모래 같이 하시니 솔로몬의 지혜가 동양 모든 사람의 지혜와 이집트의 모든 지혜보다 뛰어난지라 저는 모든 사람보다 지혜로와서 예스라 사람 에단과 마홀의 아들 헤만과 갈골과 다르다보다 나으므로 그 이름이 사방 모든 나라에 들렸더라

저가 잠언 3000 을 말하였고 그 노래는 1005 이며 저가 또 초목을 논하되 레바논 백향목으로부터 담에 나는 우슬초까지 하고 저가 또 짐승과 새와 기어 다니는 것과 물고기를 논한지라 모든 민족 중에서 솔로몬의 지혜의 소문을 들은 천하 모든 왕 중에서 그 지혜를 들으러 왔더라

솔로몬은 추정컨대, 청년기에 아가서를, 중년기에 잠언서를, 노년기에 전도서를 각기 저술했는지 모른다.

3) 잠언의 성격

이른바 이 지혜서라 불리는 책들에는 잠언서, 전도서, 욥기 등이 있다. 이런 책들을 "지혜문헌" 이라 부르는 이유가 무엇일까? 이런 책들에서 "지혜" 를 의미하는 "코크마" 란 히브리어가 다른 책들에 비하여 많이 나오기 때문인가? 물론 이것도 한 이유는 될지 모른다. 그러나 이 문헌들의 가장 현저한 특징은 이른바 "구원사" 혹은 "구속사" (救贖史)라 불리는, 이스라엘을 위하신 하나님의 구원 행위들에 대한 언급이 없다는 점이다. 예컨대, 이집트에서 신음하던 이스라엘을 구출해 내신 사건, 시내 산에서 이스라엘과 언약을 맺으신 일, 가나안 땅을 기업으로 주신 일 등에 대한 이스라엘의 역사에서 기본이 되는 것들에 대한 언급이 지혜문헌에서는 나타나지 않는다. 오히려 이 지혜문헌은 하나님께서 창조하신 세계 안에서 삶을 지혜롭게 영위하는 삶의 방법

을 그 주요 내용으로 다룬다.

이런 삶의 지혜는 불신 세상 사람들도 탁월한 경우가 있다. 공자나 (孔子) 석가도 탁월한 지혜를 터득했던 자들이었다. 이런 지혜자들의 말이 성경에 담긴 지혜서와 다른 것은 성경의 지혜문헌은 유일하신 하나님의 절대 주권 하에서 만물이 움직인다는 전제를 가지나, 공자나 석가에게 그런 유일하신 하나님에 대한 믿음이 없다. 저들이 여러 신적 존재들을 인정하긴 해도, 인간의 구원자로서의 유일하신 하나님의 사고는 없는 것이다.

4) 정경성

전도서의 정경성이 논란이 된 것은 전도서 내의 진술들이 서로 충돌한다는 사실 때문이었다면, 잠언서에 대하여도 동일한 사실로 그 정경성에 대하여 논란을 벌일 수 있다. 예컨대, 잠 26:4 에서 "미련한 자의 어리석은 것을 따라 대답하지 말라 두렵건대 네가 그와 같을까 하노라" 하는데, 5 절에서는 "미련한 자의 어리석은 것을 따라 그에게 대답하라 두렵건대 그가 스스로 지혜롭게 여길까 하노라" 고 한다. 이런 모순에 대하여 잠언서의 정경성을 주장하는 이들은, 4 절은 율법의 말씀들에 대한 논의들을 지시한다면, 5 절은 세속적 사항들을 가리킨다고 이해한다 (Shabbat 30b, Megillah 7a 참조).

5) 잠언의 구조와 해석 방법

잠언이 솔로몬의 글이란 점에 비추어, 왕으로서 그의 통치와 연관된 사고들이 그의 잠언들에 나타나리라는 것을 기대 할 수 있다. 바로 여기에 잠언 해석의 열쇠가 있다고 본다. 곧, 저자가 왕이란 점을 우리는 해석의 관건으로 주목한다. 이는 이른바 "삶의 정황" 으로서 왕궁을 제시해 준다.

이것과 연관하여 우리는 잠언의 구조를 언급하지 않을 수 없다. 잠 1–9 장은 긴 설교 (강화, discourse) 로 된 반면, 잠 10–29 장은 짧은 문장들 (sentence literature) 의 집합이다. 그리고 잠 30–31 장은 다시 긴 설교 이다. 우리는 1–9 장이 잠언 전체의 서론에 해당한다고 본다. 그러므로 이 부분의 사고가 잠언서 전체를 지도하고, 방향을 제시해 준다. 그렇다면, 단일 문장들의 집합 부분은 어떻게 해석하여야 할 것인가? 어떤 글을 해석 할 때, 우리는 먼저 그 글의 문학 양식을 결정해야 한다. 오경이나, 전 선지서 (역사서) 등은 역사 서술과 같은 이야기체로 (narrative) 되어 있어, 우리는 해석하고자 하는 부분의 문맥을 설정하고, 해석을 시작할 수 있으나, 잠언의 문장 문학 (sentence literature) 부분은 문맥 설정이 어렵다. 한 문장 한 문장이 자체로 한 단위를 구성하여, 보다 큰 문맥을 찾아서 전체와 연관하여 그 문장을 해석하기 곤란하다. 그럼에도 우리는 조심스럽게 그 문장 문학 부분을 다룰 때, 어떤 문장 (잠언) 의 보다 큰 문맥을 찾도록 노력하면서, 해석을 시도해야 할 것이다.

6) 잠언과 이집트의 지혜문헌

하나님의 계시에는 이스라엘이나 여타 이방인들이나 무론하고 모든 인류에게 주어진 공통 계시 (혹은 자연 계시) 가 있긴 하다. 이 공통 계시는 하나님의 창조물인 이 세계 만물에 새겨진 하나님의 흔적, 그분의 솜씨, 영광 등을 들 수 있다 (롬 1:20). 역사적으로 악이 패하고 선이 결국 이기는 것 등도 하나님의 일반적인 자기계시라 볼 수 있을 것이다. 그러나 이런 만인에게 다 주어지는 공통 계시는 인류가 타락한 이후로 "구원" 에 관한 한 전연 유익을 줄 수 없다. 하나님께서 타락한 인류에게 사연 공통 계시 외에, "특별" 게시를 주셨으니, 이것이 곧 이스라엘에 나타나신 구속 행위들이요, 이것의 기록인 성경이 바로 그것이다. 이 성경 (특별 계시) 은 구약 시대에 하나님께서 특수하게 선별하신 이스라엘 백성에게만 국한하여 주셨으므로 만인을 대상으로 한 "일반" 혹은 "공통" 계시와 구분되이 "특별" 계시라 불러 마땅한 것이다.

"아멘엠오페" 지혜문은 1922 년 부지란 (Budges) 학자가 출판을 한 이래 잠언과 유사성 때문에 많은 연구가 있어 왔다. 이 둘의 유사성은 부지도 지적한 바 있으나, 부지는 구체적으로 둘의 관계를 지적하기 보다는 아멘엠호페가 잠언서 혹은 셈족 지혜문 사고에 영향을 받지 않았을까 하는 정도의 추론을 표현 하였을 뿐이었다. 그러다가 이 둘의 관계를 구체적으로 처음 연구하여 발표한 이는 1924 년에 글을 발표한 '어만' 이란 이집트학 학자였다. 그는 잠언과 아멘엠오페 두 문헌에서 유사한 부분들을 비교하여 대조 제시한 후, 결론을 짓길, 이 둘의 관계는 아주 흡사하여 우연의 일치라 할 수 없다 하였다. 그리고 제안하길, 아멘엠오페 지혜문이 학교의 교과서로 사용된 점으로 미루어 볼 때, 이집트에 거주하던 한 유대인이 이 지혜문을 접하게 되어, 그것을 히브리어나 아람어로 번역을 한 것이라 하였다. 어만에 의하면, 이 유대인은 번역을 할 때, 유대인들에게 거슬릴 만한 어구나 사고는 다 삭제 내지 변경시켜 유대적 사고에 부합되도록 하였다 한다. 즉, 다신론적인 사고는 유일신 사고로 여타 유대 사상에 불일치되는 사고는 모조리 바꾸어 번역을 하였다는 것이다. 그 결과 우리가 지금 보는 잠언 22:17-24:22 부분이 생겨난 것이라.

바로 그해에 어만의 글을 대한 그레스만이란 학자는 어만의 연구를 기초로 하고 보다 더 세밀하게 잠언서와 아멘엠오페를 비교 분석한 후 결론짓길, 잠언이 아멘엠오페에 근거한 것은 사실이로되, 직접 번역에 의한 인용이 아니라, 사상만을 필요한 때에 따온 것이라 하였다. 이런 주장이 나온 후, 1930 년도에 케빈이란 학자가 이런 주장을 정면으로 반박하는 글을 썼으니, 그의 주장인즉, 잠언이 빌린 것이 아니라, 아멘엠오페가 잠언에 근거하여 지어진 것이라는 것이었다. 이집트학 학자들은 케빈의 이집트어 실력이 보잘 것 없어 그의 주장은 별 신빙성이 없다고 일축해 버린다. 그런데 케빈의 주장은 사장되지 않고 나중에 프랑스인 드리오톤이란 학자에 의하여 세밀한 논증으로 나타난다. 드리오톤은 아멘엠오페의 문체나 어휘, 구문론에 근거하여 표준 이집트어에 맞지 않는 서툴고 낯선 것들이 꽉 차있는 이 문헌은 필시 셈족 문헌의 (히브리어나 아람어) 번역 혹은 모방임이 분명하다고 주장 하였다.

그러다, 이런 주장은 캐나다 토론토 대학교의 이집트학 학자인 로널드 윌리암스의 (히브리어 구문론의 저자) 의하여 정면으로 논박이 된다. 윌리암스의 주장인즉, 드리오톤의 주장은 전체 이집트 문헌들에 근거해 볼 때 성립되기 어렵다는 것이다. 이런 학자들 간의 공방전은 어느 편이 옳은가 판정하기 심히 곤란한 것은 동일한 자료를 (증거물) 놓고도, 자기의 신학 입장에 따라 전연 상반된 주장을 할 수 있기 때문이다. 우리의 판단은 이미 언급된 바 있다. 우리의 판단이 사실에 근거 했다기보다 신학적인 판단이라고 오해하지 말기 바란다. 자료에 근거해 볼 때 우리의 판단을 뒷받침해 줄 만한 증거들이 얼마든지 있다. 그 중 하나를 들자면, 아멘엠오페는 그 저작 연대가 비평학자들 까지도 동의하듯, 후대 곧 이집트의 21 왕조부터 26 왕조 시대 사이 저작이라는 것이 일반적인 의견이다. 윌리암스는 19 왕조로 거슬러 올라가고자 하지만, 학자들의 동의는 받지 못하고 있다 (Ludwig Keimer; James M. McGlinchey; E. Drioton; W. O. E. Oesterley 1927; Bruce K. Waltke 1979).

7) 내용 분해

(1) 서론 : 책의 목적 , 주제 (1:1-7)

(2) 솔로몬의 강화 (講話) 잠언들 (1:8-9:18)

a. 지혜는 영예를 준다 (1:8-9);
b. 지혜가 재앙을 면케 한다 (1:10-33)
c. 지혜의 도적적 가치 (2 장);
d. 지혜의 축복 (3:1-12);
e. 지혜의 가치 (3:13-20);

f. 인간관계 형성에 지혜의 가치 (3:21–35);
g. 지혜를 얻으라 (4:1–9);
h. 문제를 면케 해주는 지혜 (4:10–19);
i. 건강을 주는 지혜 (4:20–27);
j. 음행에서 보존해 주는 지혜 (5); 11. 가난을 면케 해주는 지혜 (6:1–11)
k. 분쟁에서 보존해주는 지혜 (6:12–19);
l. 음행에서 보존해 주는 지혜 (6:20–7:27);
m. 지혜의 덕성과 상급 (8:1–21);
n. 창조에서의 지혜 (8:22–36);
o. 지혜와 우매자의 초청 비교 (9)

(3) 솔로몬의 잠언들 (10:1–22:16)

a. 의인과 악인의 삶 대조 (10–15);
b. 의로운 삶을 살라 (16:1–22:16)

(4) 현자들의 잠언들 (22:17–24:34)

a. 30 개의 현자들의 잠언 (22:17–24:22);
b. 현자들의 다른 잠언들 (24:23–34)

(5) 히스기야 신하들이 모은 솔로몬의 잠언들 (25–29)

(6) 아굴의 잠언 (30)

a. 서론 (30:1);
b. 하나님에 관한 지식 (30:2–9);
c. 삶의 고찰 (30:10–33)

(7) 르무엘의 잠언 (31:1–9)

(8) 현숙한 여인 (31:10–31)

8) 잠언서는 무엇을 가르치는가 ?

어찌하여 성경의 지혜서들에는, "구원사" 에 대한 언급이 없을까? 물론 "하나님의 언약" 이란 말씀도 있고, 암시가 있긴 하나 직접적인 언급은 없다. 그런데 잠언에서 우리는 하나님의 언약 신명인 "야웨" 가 언급된 것을 본다. 그리고 "야웨 경외" 가 잠언의 근본 원리라는 점이 제시된다. 이로 보아서 우리는 다음과 같이 결론을 지을 수 있을 것이다. 곧, 잠언서 저자들은 하나님의 언약 체제 안에서 말씀한다. 이들에게 있어서 하나님의 언약, 그분이 이스라엘을 위하여 행하신 위대한 역사적인 사건들, 곧 구속 사건들은 저들 사고에서 직접 표현 되고 있지는 않으나, 저들의 사고 밑바탕에 깔려 있다.
이러한 형편은 이스라엘이 하나의 왕국 체제를 갖추고 생활이 안정되었을 때에 필연적으로 수반된 현상이었다. 모든 제도가 갖추어 지고, 삶이 안정을 누릴 때, 우리는 보편적으로 지난 과거에 하나님이 베푸셨던 그 크신 은혜를 회상하는 일 보다는, 현재의 안정된 삶에서 삶의 의미를 찾고자 삶을 곰곰 생각하게 된다. 즉, 이 세상의 질서는 무엇일까? 우리 인생의 삶의 궁극은 무엇일까? 삶의 의미는 어디에서 찾아야 할까? 확립된 제도와 질서 체제 안에서 인간 상호 관계는 어떻게 영위 되어야 할까? 남녀 관계는 어떻게 해야 할까? 사회관계는 어떠해야 할까? 진정 현실 삶에 가치가 있는 것일까? 여러 질문을 던져 보게 되는 것이다. 이러한 생활 철학과 연관된 숙고는 이스라엘이 분열되어 서로 경쟁하고, 싸우던 시대보다는 통일 왕국, 그것도 문물이 왕성하게 일고, 삶이 안정된 시대에 더 타당하다고 할 수 있다.

솔로몬 시대는 바로 그러한 시대 였다. 그 때에 국제 문물교류도 왕성하였고, 한 민족으로서의 이스라엘은 자신감을 가지고 모든 면에서 세계를 바라보고, 자신을 성찰할 수 있었다. 이 당대에 물론 모두가 삶의 안정을 누리면서 생각하고 성찰할 여유를 가졌던 것은 아니었다. 우리는 열왕기서를 통하여 솔로몬이 어떻게 지혜를 받게 되었으며, 잠언을 말했는지 듣는다. 그의 신앙은 부침(浮沈)을 거듭했을 것이다. 전도서가 그의 삶의 말기에 기록되었다면, 이 잠언들은 그의 통치 중년이 아니었을까? 물론 확실한 것은 알 수 없다. 생각해 볼 수 있는 것은 이 잠언들이 그의 삶의 경험에서 우러나온 것이라는 점에 비추어 볼 때, 그가 왕으로서 통치하고 사람을 접하는 동안 여러 생각들이 집약되고, 표현되게 되었다는 것이다.

잠언서는 하나님의 기적과 놀라운 구원 역사보다는 이집트에서의 구원과 시내산 언약, 그 이후의 정복 전쟁을 거쳐 가나안 땅에 정착한 이스라엘이 정착하여 "살아가는 동안" 묵상과 고찰, 경험을 통해 얻은 삶의 지혜들을 강화 혹은 문장 잠언들로 표현하고 있다. '술'에 관하여 경고하기도 하고, '음행'에 대하여 경고하기도 한다. 특히 '말을 조심하라' 고 조언한다. 삶의 모든 방면에서 성도들은 잠언의 지혜를 적용할 수 있을 것이다.

2-3. 전도서

1) 명칭

전도서는 히브리어 "코홀렛" 의 번역이다. 집회 인도자, 전도자, 설교자 등으로 번역된다. 만약 설교자로 번역한다면, 전도서의 내용은 세상사의 헛됨을 설파하고 결론으로 하나님을 경외하고 그분의 계명을 지킴이 인간의 본분임을 주장한다.

2) 저자와 저작 연대

저자는 다윗의 아들 솔로몬일 것이다.

(1) 외적 증거

17 세기 계몽주의 사고가 역사 비평법을 야기하기 전에 전통적으로 전도서의 솔로몬 저작권은 보편적으로 인정되었다. 저자 문제는 사용된 언어의 특성, 묘사된 사회적, 정치적 상황, 1:12 의 언급 등 때문에 야기되었다.

a. 전도서의 히브리어

히브리어는 솔로몬 시대보다 미쉬나 시대의 (주후 200 년) 것과 흡사하다고 한다. 또 아람어, 페르시아 어들이 나타난다. 그러나 그런 외국어는 솔로몬 이전에 산출된 가나안 – 페니시아 문헌에서도 나타난다 (Mitchell Dahood 1952:201–202).

전도서의 히브리어가 갖는 특징들은 아람어풍이라거나 후대 것이라는 사고는 절대적인 확실성을 갖는 것은 아니다. 그런 특징들은 솔로몬 이전 시대 가나안 – 페니시아 문헌에서 나타난다 (Gleason L. Archer 1975:2,184–187 "전도서의 히브리어는 다른 시대의 히브리어와 다른 아주 특이한 성질의 것" ; Michael A. Eaton 1983:19).

b. 자서전적 묘사

자서전적 묘사는 "솔로몬 지혜서" 에서 (주전 150–50 년) 저자의 주장을 입증하고자 고안된 문학 장치로 나타나는데, 다음 이유들 때문에 여기서도 그렇다고 할 이유는 없다:

ㄱ. 거짓됨 – 자서전적 묘사가 진실이 아니라면, (전도서 저작 당대에 근접하게 살았던) 믿음 공동체가 전도서를 영감된 정경 의 일부로 도입하였을까?

ㄴ. 1:12 에서 "나 전도자는 예루살렘에서 이스라엘 왕이었다" 라고 번역하기도 하는데, 여기 사용된 "하야" 동사가 (be) 과거에 왕이었고 현재는 아니라는 의미로만 이해될 수는 없다. 현재 완료로, 나는 과거부터 현재까지 왕으로 있어 왔다로 (I . . . have been [and still am] king (NASB) 번역할 수도 있다.
ㄷ. 나보다 먼저 예루살렘에 있던 모든 자보다 낫다 하였나니 (전 1:16) 에서, 모든 자들은 이스라엘 왕들이 아니라 (다윗, 사울) 다윗 이전의 이방인 통치자들도 언급할 수 있다. 예컨대, 멜기세덱 (창 14:18), 아도니세덱 (수 10:1), 아라우나 (삼하 24:23) 등.
3) 사회적, 정치적 상황
사회적 정치적으로 전도서가 묘사하는 바는 솔로몬 시대의 평안한 분위기가 아니라 후대의 (아마도 페르시아나 헬라 통치 시대) 악화된 조건을 반영한다고 한다. 예컨대, 압제 (4:1; 8:9), 불의 (5:8), 부패한 정부 (5:8–9; 10:16–20) 등. 그러나 그런 사회적, 정치적 퇴보는 솔로몬이 우상숭배에 빠져 악행을 일삼던 그의 통치 말기를 반영할 수도 있다 (왕상 12:4, 9–11).

(2) 내적 증거

⑴ 저자는 자신이 다윗의 아들로, 예루살렘에서 이스라엘의 왕이라 고백한다 (전 1:1, 12).
⑵ 솔로몬에게 적절한 여러 가지들을 묘사한다. 솔로몬의 대 토목공사나 (2:4–6), 환란에 빠진 일, 탁월한 지혜 (1:16), 많은 노예들 (2:7), 많은 양떼와 가축 (2:7) 큰 부 (2:8) 등이 그에게 적절하게 어울린다. 그는 예루살렘에 살았던 모든 자보다 더 위대하였다고 주장한다 (2:9).

저작연대
전기서 : 대개 주전 935 년 어간 (솔로몬)
후기설 : 주전 530–250 년이나, 페르시아 시대 (주전 450–350 BC)

전도서의 절기 사용
전도서는 초막절에 하나님의 선한 창조 세계 안에서 인간의 위치를 즐거워하는 것을 강조하기 위해 셋째 날 낭독하였다.

3) 정경성

전도서는 주후 1 세기 어간에 샴마이 학파와 힐렐 학파가 그 정경성을 놓고 대립했던 책이다. 샴마이 학파는 전도서를 배격한 반면 (전도서는 부정을 손에 전하지 않는다, 즉 거룩한 작품으로 간주되지 말아야 한다고 생각), 힐렐 학파는 거룩한 책으로 인정했다 (Mishnah Yadaim 2:5; Eduyot 5:3 참조). 샴마이 학파의 전도서 배격은 Shabbath 30b 에 기록된 진술, 곧 현자들은 전도서를 정경에 포함시킬 의도를 갖지 않았으니 그 이유는 "그 진술들이 서로 간 충돌하기 때문" 이라는 진술에 근거할 것이다. 다른 근거는 랍비이자 족장이었던 유다와 (Judah haNasi, 주후 2 세기말 ; 미쉬나 핵심 편집자) 동시대인이었던 시므온 벤 메나시야의 (Simeon ben Menasya) 입장에서 드러난다 : 아가서는 성령으로 영감된 까닭에 손에 부정을 전달하지만, 전도서는 솔로몬 자신의 지혜이므로 정경이 아니라 (Tosefta Yadaim 2:14; cf. Megillah 7a).
주후 4 세기 말에 제롬은 자신의 유대인 선생들의 말을 전하는데, 저들은 전도서의 내적 증거들 때문에 망각에 넘기고자 했지만, 그렇게 하지 아니한 것은 전 12:13, 14 절 말씀이 그 신적인 증거라고 보았기 때문이라 했다고 한다 (Commentarius in Ecclesiasten 12:13, 14).

4) 고대 근동 세계 문헌들과의 비교

전도서와 유사한 지혜문헌은 비관주의 문헌(pessimism literature)이다(M. A. Eaton 1952:34–36; *ANET*, 407–410, 423–424, 441–444, 467).

메소포타미아의 비관주의 문헌과, 이스라엘의 전도서 사이의 차이는 주전 1000년대 어간에 나온 바벨론의 "비관주의의 대화"(Dialogue of Pessimism)에서 발견할 수 있을 것이다. 그 대화는 솔로몬의 전도서가 하나님을 경외함을 인간의 본분으로 제시하면서 긍정적으로 끝을 맺는 것과 대조적으로, 절대 절망으로 결론을 맺는다.

노예여, 내 말을 들어라! 예, 주인님, 예! 무엇이 선한가?
내 목과 당신 목이 부러지게 하고, 강에 던져지는 일입니다. 하늘에까지 미칠 만큼 장대한 자가 누구인가? 지하세계를 품을 만큼 넓은 자는 누구인가?
아니야, 좋아, 나는 너를 죽이고, 너를 먼저 보내고자 한다.
그러면(내가 맹세컨대) 내 주인은 나보다 삼일도 더 오래 살지 못할 것입니다(*ANET*, 601).

히브리인들의 지혜문헌이 사고 면에서 주변 이방 사람들의 그것과 유사하다는 것은 둘 사이에 차이가 없다는 말은 아니다. 특히 유일한 하나님에 관한 저들의 사고에서 현저한 차이가 있다. 그럼에도 몇 가지 유사한 요소들이 있다:

(1) 지혜는 본질상 실제적이며
(2) 하나님께만 그 지혜가 돌려지며
(3) 그 지혜는 모든 삶의 국면에 적용 가능하다.

시편에서 지혜시는 의인은 보상받고, 악인은 처벌 받는다는 것이다(예, 시 1편). 히브리어 "호크마"는 장인과 같은 기능공이 가진 그 기술을 때로 묘사하기도 한다(출 31:1–31). 건축 기술(왕상 5:9–18), 수공 기술(왕상 7:14; 사. 44:9–17). 야웨를 경외함이 주는 기술은 삶에서 선한 선택을 하게 하는 능력이다(잠 1:1–7).

세상 지혜는 하나님의 지혜와 다른 종류가 아니라, 그 '정도'에서 차이가 있을 뿐이다. 전체 삶은 신앙적 경험의 견지에서 조망된다. 지혜는 모든 삶의 국면에 다 해당되는 것으로 간주된다.

5) 전도서의 구조와 통일성

전도서는 세 사람의 서로 모순되는 견해들의 결합이라는 주장이 있다(회의론자, 지혜자, 성도). 그러나 이런 견해는 거의 대접받지 못한다.

어떤 이들은 전도서가 주제상 통일성을 가지나, 구조상으로는 통일성이 없고, 잠언들처럼 여러 지혜 말씀들을 느슨하게 묶어 놓은 것이라 한다.

어떤 이들은 전도서의 논리를 서론, 본론, 결론 등으로 구분한다.

a. 서론: 모든 인간 노력의 헛됨(1:1–11)
b. 인간의 성취가 헛됨을 경험적으로 논증함(1:12–6:9).
c. 인간 지혜의 제약들을 경험적으로 논증함(6:10–11:6)
d. 결론: 즐겁게 살고, 하나님을 경외함으로 책임을 져라(11:7–12:14)

어떤 이들은 다음과 같은 반복되는 사고를 중심으로 전도서를 네 부분으로 나눈다:

A 전 2:24 사람이 먹고 마시며 수고하는 가운데서 심령으로 낙을 누리게 하는 것보다 나은 것이 없나니
내가 이것도 본즉 하나님의 손에서 나는 것이로다
25 먹고 즐거워하는 일에 누가 나보다 승하랴
26 하나님이 그 기뻐하시는 자에게는 지혜와 지식과 희락을 주시나

죄인에게는 노고를 주시고 저로 모아 쌓게 하사
하나님을 기뻐하는 자에게 주게 하시나니 이것도 헛되어 바람을 잡으려는 것이로다 (2:24–26)
B 5:18–20; C 8:15–17; D 11:7–10 등 네 부분에서 전도서는 먹고 마시고, 수고의 유익을 아는 것이 하나님의 모든 선물이라는 점을 강조한다고 보는 것이다. 여기에 더하여 전 12:13 의 결론을 전도서 모든 사고의 토대로 놓아야 한다.

6) 내용 분해

(1) 서론 : 모든 인간사의 부질없음 (1:1–11)

(2) 만사 부질없음을 경험적으로 논증함 (1:12–6:9)

a. 개인적 관찰 (1:12–2:17)

1. 인간들의 업적 (1:12–15); 2. 지혜 (1:16–18); 3. 쾌락 (2:1–11);
4. 지혜로운 생활방식 (2:12–17)

b. 노동의 부질없음을 경험적으로 논증함 (2:18–6:9)

1. 타인이 노동의 열매를 탈취 (2:18–26);
2. 노동이 하나님의 섭리를 변화시킬 수 없음 (3:1–4:3);
3. 노동은 종종 잘못된 동기로 되어짐 (4:4–16);
4. 노동의 열매를 종종 누리지 못함 (5:1–6:9)

c. 인간 지혜의 한계를 경험적으로 논증 (6:10–11:6)

1. 만사가 작정되었다 (6:10–12)
2. 하나님의 계획을 인간이 알 수가 없다 (7–8)
   1. 역경과 번성의 의미에 대하여 무지 (7:1–14)
   2. 의와 지혜의 의의에 대하여 무지 (7:15–29)
   3. 신적 보응의 수수께끼에 무지 (8)
3. 장래 일을 알지 못한다 (9:1–11:6)
   1 아무도 자기 장래사를 알지 못한다 (9:1–10)
   2. 자기 지혜가 성공할지 아무도 모른다 (9:11–10:11)
   3. 장래에 대한 무지에 비추어 비판은 성급하다 (10:12–20)
   4. 장래에 무지해도 부지런히 일해라 (11:1–6)

d. 결론 : 하나님을 경외하며 기쁘게 자기 위치를 지키며 살아라 (11:7–12:14)

1. 기쁘게, 그리고 책임 있게 살아라 (11:7–12:7)
   1. 사망이 닥치므로 생을 향유하라 (11:7–8)
   2. 젊을 때 생을 즐기되 심판을 기억해라 (11:9–10)
   3. 늙음과 사망이 오나니, 젊어서 책임 있게 살아라 (12:1–7)
2. 모든 만사 부질없음에 비추어 주는 마지막 권고 (12:8–14)
   1. 만사가 허사로다 (12:8)
   2. 본서의 독특한 권위 (12:9–12)
   3. 최종 권면 : 하나님을 경외하고 그분의 계명을 지키라 (12:13–14)

7) 전도서의 기록 목적

카이저는 전도서의 기록 목적을 다음과 같이 제시하고 있다 (Walter C. Kaiser, Jr. 1979:31-37):

1. 불신자에게 문화적 변증을 통해 접촉하여, 그들로 저들의 사고와 행동, 가치를 강화하게 하여, 저들의 영원한 운명을 준비하도록 함이다.

2. 삶의 의미는 삶 자체에 있지 않고 (오히려 찾기 어렵고 적대적이다 - 의미 없고, 헛되다) 생명을 주시는 하나님께 있음을 인간들에게 설명하기 위함이다.

3. 삶에 대한 이해는 야웨를 경외함에서 시작되는 사고를 강조하기 위함이다 (신 4:10, 5:29, 6:2, 13, 24, 8:6, 10:12, 20, 13:4, 14:23, 17:19, 28:58, 31:12-13).

4. 인간에게 알려진 우상숭배, 불경함, 불의 등과 같은 여러 종류의 악으로 얼룩진 사회와 문화에 사는 이방인들과 장래 개종자들에게 경건한 새 기준을 제시하기 위함이다.

전도서는 창조와 현재의 삶의 질서가 인간으로 하여금 자신들의 "허무한" 성격을 깨닫게 한다고 강조한다. 인간이 현재의 창조 질서 속에서 살아갈 때 느끼는 무상함과 허무는 근본적으로 말해, 창 3 장이 보도하는 범죄와 그로 인한 죽음의 선고에서 유래한다. 좀 더 명확하게 말한다면, 인간이 하나님을 떠나 스스로 삶의 의미를 추구하기 때문에 모든 것은 헛된 것으로 판명이 난다. 자연은 사계(四季)처럼 돌고 돈다. 밤낮도 반복된다. 이렇게 돌고 도는 자연 질서 속에서의 삶은 하나님을 떠나서 아무런 의미가 없다.

그렇다고 인간이 역사의 진전과 함께 이룩하는 기술이나 학문, 예술, 경제에서의 발전이 인간의 삶에 의미를 더해주는가? 그것도 역시 환상을 쫓는 일에 불과하다 (전 1:9-11). 그런것도 인간에게 잠시간의 기쁨은 주지만 영원한 의미는 없다. 악인이나 의인이나 구분이 없이 죽음이 인간을 삼키며, 사람이나 짐승이나 구분 없이 삼킨다. 이런 사실도 인간의 삶이 허무함을 알려 준다. 이런 현재의 질서를 바로잡을 방도가 인간에겐 없다.

더구나 세상에는 온갖 불의가 난무한다 (3:16, 4:1, 5:7, 8, 7:15). 이것도 삶을 허무하게 만드는 요소이다. 도덕 질서, 가치체계가 흔들린다. 오늘날 세상에서 가치 기준이 없고 어리석은 짓을 한 없이 많이 한다. 죽음 이후에 무엇이 있는가? 인간은 알지 못한다. 그래서 죽도록 세상에서 고생하고 그 다음에 무엇이 기다릴지 몰라 사람들은 되는대로 살아가도 좋다는 잘못된 철학을 갖게 된다.

노동과 수고도 헛되다. 이웃과 경쟁하여 남보다 앞서고자 하지만, 그 경쟁은 끝이 없다. 안식과 삶을 향유할 수가 없다 (4:4-6). 남들과의 경쟁은 종종 탐심에서 비롯된다. 부자는 부를 축적하고 또 축적하여 그것들을 왜 쌓아야 하는지 알지를 못하고, 누리지도 못한다. 매일 밤낮으로 수고하지만 만족감이 없다. 오직 수고와 고단함 뿐이다. 내가 오늘 수고하고 내일 수고한다고 내가 수고의 열매를 반드시 딸 것이란 기대도 하지 못한다. 열심히 노력하여 부를 쌓지만, 부의 축적은 그로 더욱 불안하게 하고, 그것을 즐기지 못하게 한다. 성취감 대신 불안을 가져다주는 부는 헛된 것이다. 언제 돈을 잃을지에 신경을 써야 하므로 그 부를 가지고 행복을 느끼지 못한다.

지혜도 마찬가지로 허무하다. 그것은 삶에 어떤 의미를 주지 못하고, 잠시 머리를 돌리게 할 뿐이다. 많이 알면 알수록 고민은 깊어진다. 많이 배울수록 교만해지고, 자기의 무식의 세계가 얼마나 큰지 겨우 가늠하게 된다. 지혜를 얻은 자도 죄와 어리석은 망동으로 자신의 삶을 망치기도 한다. 그러나 확실히 지혜는 빨리 사라지는 인기나 명성보다는 오래간다. 지혜는 재앙을 피하게 해 주기도 한다.

쾌락도 역시 허무하다. 잠시 쾌락을 누리는 것은 육신을 황홀하게 만달지만 영속적이 되지 못하다. 거대한 건축 사업이나 기타 야심찬 계획도 이루어 놓고 보면 별것이 아니다. 부가 주는 안전도 죽음에서 그를 건지지는 못한다. 쾌락은 생산적이 못되며, 명예나 인기도 단명이며, 잠시 기억해 주는 사람들의 변덕스러움에서 나온 것에 불과하다.

죽음은 궁극적으로 인간의 허무에 도장을 찍는다. 너는 이것으로 세상에서의 삶이 끝이다! 그 다음에 일어날 일은 우리가 (불신자) 알지 못한다. 그러므로 생명이 있을 동안 먹고 즐겨야 한다는 쾌락주의가 만연한다.

이런 삶의 허무를 극복하는 길은 무엇인가? 그것은 전도서 기자가 마지막으로 인생들에게 남기는 부탁이며, 권면이다: 일의 결국을 다 들었으니 하나님을 경외하고 그 명령을 지킬지어다 이것이 사람의 본분이니라 (전 12:13). 이 말은 하나님을 경외하고 그 명령을 지킬 때, 인간은 궁극적으로 삶의 의미와 목적, 성취감을 찾게 될 것이란 말과 같다. 우리는 창 2:15 에 제시된 진술이 하나님을 섬기고, 그분의 계명을 지킴이 인간의 창조 목적임을 창세기에서 제시한 바 있다. 바로 "하나님을 섬기고, 그분의 계명을 지키는 것" 이 인간에게 삶의 의미를 주고 행복을 보장해 준다. 이것이 전도서 기자가 허무 병에 걸린 모든 인생들에게 주는 처방이다.

중세기에 종교개혁자들은 가톨릭 교회에서 성직자들에게 국한시킨 "소명" 이란 사고를 모든 성도들에게로 대폭 확장시켰다. 그래서 누구나, 자기가 현재 종사하는 직업을 천직으로 알고 충실하게 섬길 때, 하나님의 소명을 이루는 일이라고 강조했다. 주부는 가정 일에, 농부는 농사일에, 어부는 어업에, 광부는 광업에, 학생은 학업에, 건축자는 건설에, 공무원은 자기 자리에 충실해야 한다.

그런데 오늘날 이런 광범위한 소명 (召命) 개념은 교회 성도들의 삶에 어떤 영향을 미치는가? 성도들은 직장에 매이고 삶에 매여 영적인 섬김, 곧 하나님을 예배드리는 일에 실패하는 경우가 많다. 하나님의 계명을 우리의 삶 전반에서 준수하여야 함은 기본이지만, 그분을 예배드리는 일을 빠뜨린다면 앙꼬 없는 찐 빵, 물 없는 구름, 열매 없는 나무에 다름 아니다.

창 4 장의 가인 족보와 5 장의 셋 계통의 족보를 대비시켜 본다면, 분명히 세상의 문명은 불신자들에게서 발전했고, 경건한 자들은 그런 세상 문명과 연관이 없이 하나님과 동행하는 삶에서 생의 의미를 찾았다. 에녹과 노아가 그런 대표적인 경우인데, 에녹의 경우에는 죽었더라 대신, 하나님이 그를 세상에서 취하심으로 더 이상 있지 아니하였다고 (창 5:24), 그래서 히브리서 기자는 그것을 죽음을 보지 않고 하늘로 취해진 양 이해하고 있다 (히 11:5). 엘리야가 불 병거와 불 말을 타고 하늘로 승천한 사실에서 보듯, 죽음을 보지 않고 하늘로 올라가는 경우도 없는 것은 아니다. 승리하신 주님, 부활하신 주님도 하늘로 제자들이 보는 앞에서 승천하셨다.

사무원들은 직장에서 관공서에서 한글 문서, 워드 문서를 열심히 만들고 있다. 그것으로 하루를 다 보낸다. 그리고 월급을 타고 직원들과 친목도 좀 하고 가정에 돌아가서 식사하고 교제 좀 하고 잠을 자고 다시 다음 날 그렇게 보낸다. 이렇게 일 년을 보내고 세월이 간다. 이것이 인생인가? 그렇게 열심히 만든 문서가 회사를 움직이고 관청을 움직이고 나라를 움직이고 경제가 돌아가고, 생계가 유지되고 그래서 세상은 움직이며 진보한다. 문제는 우리가 지금 하는 바가 죽음으로 끝나 버리면 우리가 일생에 종사했던 그 모든 일은 죽은 자에게 무슨 의미가 있는가 하는 것이다.

신약에서는 찾아보기 힘든 구약의 주제들이 있다고 어떤 이들은 말한다. 예컨대, 유일신 사상 (monotheism), 창조 신앙, 인격적인 하나님 이해, 기도의 시들, 세계와 삶에 대한 긍정적 사고, 자연에 대한 만족, 부부 사이의 성의 즐거움, 자녀의 기쁨, 맛있는 것을 먹고 마시는 즐거움, 하나님에 대한 심각한 회의, 하나님에 대한 절망적인 비난이나 항변 그리고 고난과 죽음 등등이다.

신약과 구약을 대비시킬 때, 구약에서만 발견되는 이런 사고들이 바로 지혜문헌이 다루는 바들인데, 신약에서는 지혜 문헌적 사고가 조직적으로 나타나는 경우가 없다 (야고보서?). 구약이 지혜 문헌의 사고가 구약에 특이하다면, 그런 사고들은 신약적 구원 사고와 합하여 온전한 인간관, 가치관을 제공해 줄 수 있을 것이나.

전도서는 지혜자가 일생을 체험한 말년에 자신의 생을 반추하면서 기록한 지혜문헌일 것이다. 그가 전하고자 하는 교훈은 분명하다. 종교개혁으로 확대된 소명 개념을 너무 과신하여 하나님을 경배하는 일과 무관한 세상일에 너무 치중하지 마라! 그것들은 '밥벌이' 는 될 수 있을지 몰라도 '허무' 에 불과하다. 하나님을 경외하고 하나님의 계명을 지키는 일에 삶의 목표를 두어라.
직장에서도 신우(信友)회를 조직하고 그곳을 예배처로 만들어야 한다. 거기서 하나님을 찾고 하나님과 동행하는 삶을 추구해야 한다. 세상 회사의 목표가 내 목표인 양 착각하지 말라. 그곳에는 전도자로 하나님의 파송을 받았을 뿐이다. 그곳 회사나 관공서의 목표를 주님의 것과 일치하도록 바꾸기 위해 기도하여라. 모든 일은 하나님의 영광을 위해! 이런 슬로건이 그 회사의 목표가 되게 한다면, 그 회사는 분명 견실하게 발전할 것이고, 장구할 것이다. 거짓과 속임수는 없어야 하고 진실되게 모든 일은 처리되어야 한다. 이중(二重) 장부(帳簿)는 가증한 것이다. 세금을 많이 물더라도 정직하게 해야 한다. 세상에서 믿음대로 살기 어렵지만, 그 삶의 현장에서 하나님의 기적적 도우심을 기대해야 한다. 주님을 기쁘시게 하는 자들을 어떻게 하나님께서 대우하시는지 불신자들에게 본때를 보여 주어야 한다. 이것이 전도서가 말하고자 하는 말씀의 결론이다.

8) 전도서와 쾌락주의

전도서에는 7 군데서 (2:24-26, 3:12-13, 22, 5:17-19, 8:15, 9:7-10, 11:7-12:7) 기뻐하라고 요청한다.

2:24 사람이 먹고 마시며 수고하는 가운데서
심령으로 낙을 누리게 하는 것보다 나은 것이 없나니
내가 이것도 본즉 하나님의 손에서 나는 것이로다
25 먹고 즐거워하는 일에 누가 나보다 승하랴
26 하나님이 그 기뻐하시는 자에게는 지혜와 지식과 희락을 주시나
죄인에게는 노고를 주시고 저로 모아 쌓게 하사
하나님을 기뻐하는 자에게 주게 하시나니
이것도 헛되어 바람을 잡으려는 것이로다

고대 이집트의 무덤들에는 하프 연주자가 잔치에서 손님들의 유흥을 돋우는 장면이 나타난다. 하프 연주자는 저들에게 쾌락에 자신을 던지라고 요청한다. 그 이유는 아무리 부지런하게 일을 해도 영원한 축복에 이를 것이란 확신을 가질 수 없기 때문이다. 따라서 여기 생명이 있는 동안 먹고 즐겨야 한다는 쾌락주의를 (Hedonism) 주장한다 (M. Lichtheim; E. F. Wente; *ANET*, 467). 전도서 기자는 그런 쾌락주의 사고에 영향을 받았던 것인가? (S. Fischer)
학자들은 이집트의 문학이 구약 성경에 여러 면으로 영향을 끼쳤다고 가정들 한다. 몇 가지를 들자면,
1. 잠언의 형식과 모티프, 내용들 (C. Kayatz; K. A. Kitchen 1977)
2. 아멘엠오페의 교훈이 현자의 말에 영향을 끼치다 (A. Erman 1924:86-93).
3. 이집트의 태양신 아톤에게 바치는 아케나톤의 찬양시와 시 104 편
4. 이집트의 연애시들과 아가서의 노래들 (M. V. Fox 1985)
전도서 자는 모든 것이 헛되다는 비관주의, 회의주의적 시각에서 생의 허무를 탈피하는 한 방편으로서 쾌락에 몰두하라고 제안하는 것인가? 아니면, 기쁨을 모든 것에 뛰어난 삶의 요소라고 판단하는 것인가? 사실 성령 충만으로 웃음이 터지면, 만사는 해결된다. 질병도 고침 받고, 마음의 우울증도 치료된다. 기쁨이 영이 임하면, 만사가 풀리게 된다. 그것은 성령님의 강력한 역사이기 때문이다. 전도서 기자는 그런 시각에서 말씀하는 것인가?

2-4. 아가

1) 명칭

아가 (雅歌) 란 히브리어 "노래들 중의 노래" 의 번역이다. "최고의 노래" 라는 최상급 (最上級) 칭호이다. 히브리어에서 최상급을 표현하는 방식이 여럿 있지만, 여기 사용된 것은 명사 단수형에 같은 명사 복수형 속격을 첨가한 방식이다. 최고의 노래는 사랑 노래이며, 그 사랑이 어떤 사랑인지에 관하여는 의견이 분분하다.

2) 저자

모세가 율법의 수여자요, 다윗이 시편의 대표 시인이라면, 솔로몬은 (주전 970–930년 어간) 지혜의 원천이다. 아가서는 솔로몬의 사랑 노래이다.

드라이버는 아람어풍이나, 지명(地名)들 곧 샤론 (2:1), 레바논 (3:9, 4:8, 11, 15), 아마나, 세니르, 헤르몬 (4:8), 디르사 (6:4), 다메섹 (7:4), 갈멜 (7:5) 등에 비추어 아가서는 북부 지방 사람의 저작이라 한다 (S. R. Driver 1892:449). 그러나 저자는 레바논이나 북부 지역만 아니라 사해 서편의 엔게디 (1:14), 헤스본 (7:4), 예루살렘 (1:5, 2:7, 3:5, 10, 5:8, 16, 6:4, 8:4) 잘 알고 있다. 이렇게 북부에서 남부에 이르는 지역들을 함께 언급하는 것은 그 당시 이 지역이 전부 하나의 정치 공동체로 존재하던 시대를 암시해 주는 듯하다. 솔로몬 시대가 그런 시대였다.

여로보암 1세는 '세겜,' '브누엘,' '디르사' 등으로 수도를 이전했고 (왕상 12:25), '디르사'는 바아사, 엘라, 시므리, 오므리 왕까지 수도였다. 오므리가 사마리아로 수도를 이전한 후 북왕국의 중심은 사마리아였으나, 나중 디르사 사람 므나헴이 살룸을 죽이고 대신 왕이 되어 사마리아에서 통치했다 (왕하 15:14–16).

특히 디르사 (Tirzah) 가 예루살렘과 같이 특별히 영광과 아름다움의 도시로 언급되어 있다 (아 6:4). 만약 아가서가 남북 왕조가 갈려진 이후의 저작이라면, 북부 이스라엘에 속한 '디르사' 를 이렇게 호의적으로 기술할 이유가 없을 것이다. 혹은 북부 이스라엘인의 저작이라면, 예루살렘을 그렇게 호의적으로 말하지도 않을 것이다. 여하간 통일 시대, 그것도 전체가 하나의 나라로 통치되던 솔로몬 시대를 강하게 암시해 준다. 사마리아는 언급도 없다. 만약 추방 후에 귀환한 시대의 저작이라면, 어떤 유다인이 그렇게 광범한 지역의 지명들, 그것도 협소한 유다 주에 (州) 속하지도 아니하는 도시들을 언급할 이유가 없을 것이다. 그 당시 북부 지역은 사마리아 총독의 지배하에 있었고, 이방인 페르시아 지배하에 있었던 것이다. 나중 하스모니아 왕조 시대에 북부 지역도 하나로 통일되었지만 (John Hyrcanus, Alexander Jamnaeus), 쿰란 동굴 4 호에서 아가서 파편이 발굴된 것으로 보아, 이미 주전 168 년 시대에 아가서는 기록되었다는 것을 암시해 준다.

솔로몬의 저작권을 인정하지 않는 비평가들은 추방 후의 저작이라 하거나, 마케도니아 (헬라) 시대 저작이라고도 한다 (Kuenen, Cornill, Cheyne, Budde, Kautzsch, Eissfeldt 등). 후기로 보는 이유는 관계 대명사를 "아쉐르" 대신 축약형 "쉐" 로 사용하는 점이 지적되곤 한다. 그렇지만 축약형은 전도서나 (전도서 역시 비평가들이 대개 추방 이후로 본다), 드보라의 노래 (삿 5 장), 욥 19:29, 왕하 6:11, 요나서, 애가서 등에서도 나타난다. 시가서에서 때로 축약형 "쉐" 가 사용된 듯 보인다.

후기 연대를 주장하는 또 다른 이유로는 아가서에 (전도서에도) 아람어풍이 나타나기 때문이라 한다. 아람어는 바벨론 제국이나 페르시아 제국에서 널리 국제어로 사용되었지만 (왕하 18:26), 그 이전에도 아람어는 이스라엘 북부 지방에 크게 영향을 끼쳤던 것 같다. 특히 솔로몬 시대에 두로 왕 히람과의 빈번한 교통과 건축 기술자들의 왕래 등과 같은 잦은 인적 교류로 인하여 아람어가 솔로몬 궁중이나 일반에 널리 퍼졌다고 추정해 볼 수도 있다.

페르시아어 (파르데스 [과수원]; 4:13 한역은 생략), 헬라어 (압피룐 [연 輦, 손수레], 3:9) 등은 솔로몬 시대라고 보기 어렵게 한다고 한다. 이런 외국어 역시 솔로몬 시대에 빈번한 해외 통상 무역으로 도입되었다고 할 수 있다.

3) 정경성

미쉬나 야다임 3:5 에서 아가서와 전도서가 손을 부정케 하는지 곧 거룩한 책인지 여부를 랍비들이 논란했다고 언급한다. 랍비 아키바는 (주후 50-135 어간) 강하게 아가서의 정경을 주장하는데, 이스라엘의 그 어떤 사람도 아가서가 거룩하지 않다고 주장한 적이 없었다. 온 시대를 다 합해도 아가서가 이스라엘에 주어진 그 날만큼 값어치가 없다. 온 성경은 거룩하지만, 아가서는 거룩한 것들 중에 가장 거룩한 것이다. 만약 논란이 있다면, 그것은 오직 전도서와 연관해서일 뿐이다 (Mishnah Yadaim 3:5).

왜 랍비들이 아가서의 정경성에 의문을 제기했을까? 그것은 추정컨대, 아가서의 노골적인 남녀 사랑 묘사나 육체미 (肉體美) 묘사 때문일 것이다. 그러나 랍비들은 아가서가 하나님과 이스라엘 사이의 사랑을 노래한다고 풍유적으로 해석하여, 이 책이 손을 부정케 만드는 책 곧 거룩한 책이라고 간주하였다.

그런데 정경 비평의 대변자 차일즈는 아가서가 정경에 포함된 것은 아가서의 풍유적 해석에 힘입었다는 사고를 배격하고, 아가서의 정경적 형태를 주목하고, 아가서가 정경에 포함된 이유는 아가서가 제시하는, 남녀 사이의 즐겁고 신비로운 사랑에 대한 "지혜의 성찰" 때문이라고 한다 (B. S. Childs 1987:550). 차일즈가 지적하는 정경적 특징들은 세 가지인데, "솔로몬의 아가라"는 표제와, 지혜와 사랑의 언어, 구조와 긴장 등이 그것이다. 차일즈가 주장하는 바는 이렇다.

차일즈가 주장하는 아가서의 정경성 근거들

아가서를 "솔로몬의 아가라" 고 표제를 붙은 유대교 사람들은 솔로몬 자신이 수신자로 언급되는 아 8:11, 12 에서 나타나는 이 아가서에 첨가된 후기의 다른 음성들을 제외시키지 않았다. 그런 후대 첨가부분까지도 솔로몬의 저작으로 돌림으로 아가서는 잠언서와 전도서와 함께 이스라엘의 지혜문헌의 일부임을 증거했다. 지혜의 원천으로서의 솔로몬의 모습은 왕상 3:1 이하, 5:1 이하 (한, 4:29 이하) 에서 그려지고 있는데, 유대교 정경이 아가서를 솔로몬에 돌림으로 아가서를 지혜문헌이라고 도장을 찍은 셈이다. 정경이 아가서를 지혜문헌으로 분류함으로, 아가서의 형식과 내용 모두에서 어떻게 접근하고 해석해야 할지를 암시해 준다.

아가서가 지혜문헌이라면 그것은 무엇을 의미하는가? 지혜문헌은 복잡하고 다양한 현상들을 경험적으로 고찰하고 분석하여 하나님의 통치와 연관시켜 이해하려고 한다. 이스라엘에서 지혜의 기능은 '철학적' 인 것이 아니라 '교훈적' 인 것이었다. 아가서가 지혜문헌의 장르에 두어짐으로 그것을 달리 해석하는 것은 배격된다. 예컨대, 아가서는 세속적인 노래들의 수집이지만 그것들이 하나님의 이스라엘에 대한 영적 사랑을 노래한다고 해석하는 이해는 불가능하게 된다. 따라서 로울리의 아가서를 세속적인 사랑 노래로 보는 자연주의 해석도 요점을 놓치고 있다. 율법이나 제사, 예언과 같은 이스라엘의 전통적인 신앙 언어에 의지하지 않고, 인간 경험을 근거로 현상들을 분석하는 것이 지혜의 특징인데, 이는 신성한 것에 대조되는 세속적인 어떤 것이라 말할 수 없다.

아가서는 결혼 제도 안에서 한 남자와 한 여자 사이의 신비로운 사랑에 대한 지혜의 성찰이다. 아가서가 인간적 순수한 사랑 자체를 노래한다는 해석은 정경적 맥락을 고려하는데 실패하고 있다. 사랑 자체가 지혜문헌에서 혹은 구약 전체에서 찬미의 대상이 되는 예는 없다. 사랑이 아니라 사랑에 대한 지혜의 성찰이 중요한 것이다. 그러니까 아가서는 본질적으로 창조적 질서 안에서, 이스라엘의 삶의 제도들 속에서 차지하고 있던 사랑의 그 역할 때문에 정경에 속하게 되었다. 아가서는 결혼 축제에 표현된 인간 사이의 사랑의 신비들을 탐구하고자 한

다. 아 8:6–7 의 선언, 곧

너는 나를 인 같이 마음에 품고 도장 같이 팔에 두라
사랑은 죽음 같이 강하고 투기는 음부같이 잔혹하며
불같이 일어나니 그 기세가 여호와의 불과 같으니라
7 이 사랑은 많은 물이 꺼지지 못하겠고 홍수라도 엄몰하지 못하나니
사람이 그 온 가산을 다 주고 사랑과 바꾸려 할지라도 오히려 멸시를 받으리라

는 선언은 지혜문학의 특성인 명상적 (冥想的) 일반화의 한 예인데, 두 연인 (戀人) 의 사랑과 별도로 사랑 자체의 성격이 규정되고 있다. 이 진술은 아가서 전체의 메시지를 요약하며 솔로몬이 제시하는 역사적 실례를 넘어서는 교훈을 제시한다. 아가서의 메시지는 솔로몬이라는 역사적 상황을 넘어서 보편적인 인간 경험으로서의 사랑으로 확장시킴으로 인류 전체에 사랑에 관한 지혜를 제공할 수 있게 되었다 (ibid., 553).

이런 브리바드 차일즈의 정경 비평적 이해는 여러 면에서 새로운 통찰력을 제공해 주지만, 그가 가진 전제들 때문에 그의 좋은 통찰력이 절반 품질이 되어 버린다. 차일즈에 의하면, 아가서는 솔로몬의 저작이라기보다 후대 정경 확정에 간여한 신학자들의 판단에서 솔로몬의 저작으로 판단되었을 뿐이다. 그리고 유대교 정경을 확정시킨 그 유대교 믿음 공동체의 권위 때문에 아가서나 여타 구약 성경이 정경의 일부가 된 것일 뿐 여기에 하나님의 초자연적 간섭이나 영감, 계시 같은 사고는 개입하지 않는다. 우리가 생각하는 하나님의 영감을 차일즈는 알지 못한다. 영감되었기 때문에 정경의 일부가 되는 판정을 받게 된 것이 아니라, 유대교 공동체가 정경이라고 판정했기 때문에 정경이 되었다는 것이다. 그 결과 아가서를 사랑에 대한 지혜 문헌적 통찰이라고 판단한 것은 순전히 유대교 공동체의 결정이었다. 그 결정에 따라 아가서가 정경이 된 만큼 그 정경적 의의가 되는 사랑에 대한 지혜 문헌적 통찰을 파악하는데 초점을 맞추어야 할 뿐, 아가서 자체의 내용에서 솔로몬이란 역사적 인물이 실제로 행한 어떤 일들의 가치는 전무한 것이다.

또 다른 차일즈에 대한 비평은 아가서를 사랑에 대한 지혜의 통찰이라 한다면, 그 통찰이 아 8:6–7 에서 제시된다고 하자. "사랑은 죽음같이 강하고 음부같이 잔혹하다" 는 사랑에 대한 지혜의 통찰이 신앙적으로 무슨 의미가 있는가? 이스라엘에서 지혜의 근본은 야웨를 경외하는 것이며 (잠 1:7), 이것이 지혜 문헌의 영적 토대인데, 아가서는 야웨 하나님을 경외하는 일과 무관한 사랑의 성격 규명에 불과하다는 것인가?

그런데 우리의 고민은 차일즈의 새로운 제안을 평가하고 그의 전제 때문에 거절하는 것으로 끝나지 않고, 그 대안을 제시하려는 시도를 성공적으로 하기 어렵다는 데 있다. 만약 역사적 솔로몬의 행적이 아가서의 내용이라면, 아가서가 하나님의 교회에 어떤 영적 의의를 가질 수 있다는 것인가? 이 질문에 대하여 전통적으로 교회는 유대교 전통을 따라 "그리스도와 교회의 사랑" 이란 주제로 접근하고자 했지만, 솔로몬의 일부다처제적 행태가 그리스도와 교회 사이의 순결한 사랑의 모델이나 모형 혹은 풍유적 해석의 근거로 적절한 것인가? 만약 아가서가 솔로몬의 첫 사랑을 노래한 것이라면, 그의 첫 사랑에서 우리는 그리스도와 성도들 사이의 첫 사랑을 보아야 하는 것인가? 춘향전을 사람들은 "혼돈의 세상에 사랑의 황금률" 이라고 하거나, 가치관이 혼돈스러운 시대의 롤 모델을 제시하는 작품이라 말한다면, 아가서에 묘사된 솔로몬의 사랑은 무엇이라 해야 하는가?

4) 아가서의 해석 방식들

(1) 하나님과 이스라엘 간의 사랑 (풍유적 해석 Allegorical Interpretation)

아가서는 남녀 간의 사랑을 통해 하나님과 성도간의 사랑을 묘사한다. 그런 해석은 본문을 문자적으로 해석하는 대신, 풍유적으로 해석한 것이다. 유대교와 기독교에서 어떻게 아가서를 풍유적으로 해석했는지 각기 예를 들어 보자. 유대교의 경우에는 탈굼역이 대표적이다.

야웨께서 자기 말씀으로 말씀하시길, 정숙한 신부와 같은 이스라엘 회중이 나와 함께 거하리라... 내 마음의 판에 새겨

진 너의 사랑... 내 마음의 판에 새겨진 것은 너의 학자들 중 가장 작은 자의 사랑이다... 내 누이, 정숙한 신부와 같은 이스라엘 회중 너의 사랑은 내게 얼마나 아름다운지. 너의 사랑은 내게 얼마나 중한지, 70 나라들 보다 (이방인들) 더하며, 너의 성도들의 좋은 이름은 모든 향품보다 더 향기롭다. 제사장들이 성전 마당에서 기도할 때, 그들의 입술들은 꿀을 뚝뚝 떨어뜨리고, 오 정숙한 신부여, 너의 혀의 노래와 찬양은 우유와 꿀 같이 달콤하고, 제사장들의 의복의 향기는 유향의 향기 같도다! (아가서 4:8-11 탈굼 번역)

이렇게 탈굼역은 아가서를 하나님과 이스라엘 사이의 언약 관계로 이해하면서, 아가서에서 나타나는 시간적인 흐름은 이스라엘의 역사의 변천으로 해석한다. 탈굼은 이렇게 시작한다:

선지자 솔로몬이 말했다: 우리에게 모세의 손을 통해 율법을 주셨고... 70 나라들보다 더한 사랑으로 충만한 사랑으로 우리를 사랑하셨기에, 그 사랑으로 사람이 자기 동료에게 입 맞추듯 얼굴과 얼굴을 마주하여 우리에게 말씀하셨던, 야웨의 이름이 송축을 받으소서!

그리고 나서, 탈굼역은 출이집트 이야기, 홍해 도해, 율법 수여, 시내산에서의 금송아지 범죄사건 등으로 진행시켜 아가서를 이스라엘 역사에 비추어 해석한다.

교회에서는 유대인들의 이런 영적 해석과 유사하게, 신부는 교회, 신랑은 예수 그리스도로 이해하여 (엡 5:22 이하), 아가서는 교회에 대한 그리스도의 사랑을 노래한다고 해석해 왔다. 그 초기 주창자는 아마 힙폴리투스나 (Hippolytus 170–251 년) 오리겐 (Origen 주후 185–254 년) 이었을 것이다. 교회의 풍유적 해석의 최고 권위자는 두 말할 나위 없이 '오리겐' 인데, 그는 아가서 주석만 10 권을 저술했다 (그러나 아가서에 대한 그의 헬라 작품들은 손실되거나 파손 당했다. 루피누스가 네 권을 라틴어로 번역했다; 이는 아 2:15 까지에 해당된다; 제롬은 두 개의 설교를 번역했다). 오리겐은 이 물질 세상을 죄악시하는 영지주의나 금욕주의 사고에 사로잡혀 아가서에 묘사되는 육체에 대한 언급은 모두 영적인 것으로 바꾸어 이해할 것을 주장한다. 아 1:2b 에 (네 사랑이 포도주보다 나음이로구나) 대한 그의 해석을 보자.

여기 말씀은 다음을 의미할 것이다: 오 신랑이시여 당신의 가슴과 당신의 마음, 곧 당신 안에 있는 가르침들은 모든 포도주가 마음을 기쁘게 함보다 더 승하다 (시 103:15)... 신랑의 가슴이 아름다운 것은 지혜와 지식의 보물들이 그 안에 숨겨져 있기 때문이다.

오리겐은 신랑이 오기 전에 신부가 율법과 선지서들을 받았으나 이제 신부는 옛것과 새 것을 결합하여 옛 것을 능가하는 신랑의 가르침에 놀라고 경탄한다고 말한다. 가나의 혼인 잔치나 다른 복음서 구절들이 이런 이해를 위한 증거구로 동원된다.

암브로스는 (밀란의 Ambrose) 동정녀 마리아의 영원한 처녀성을 설교하면서, 술람미 여인을 마리아로 해석하였다. 제롬이나 (331–420 년) 크리소스톰은 (347–407 년) 오리겐의 풍유적 해석을 따랐다. 당대 교회의 최고 신학자 어거스틴 조차도 (354–430 년) 당대의 금욕주의적 사고를 따라서, 육체적 관계를 죄악시 하였다. 따라서 육체적 사랑을 노래하는 아가서를 풍유적으로 해석할 수밖에 없었다. 아가서에서 86 번의 설교를 했던 (그것도 아 1, 2 장만) 중세의 버나드 (Bernard of Clairvaux, 1091–1153 년) 역시 아가서에서 어떠한 육체적 사랑의 흔적도 남지 않도록 철저하게 풍유적 해석을 가하려고 혼신의 힘을 기울였다.

영어의 allegory 나 allegorical interpretation 이란 말의 번역에 대해 말하자면, 알레고리는 우화(寓話), 풍유(諷諭) 등으로 번역되고, 알레고리적 해석은 영해 (靈解, 영적 해석), 풍유적 (諷諭) 해석, 우화적 (寓話) 해석, 상징적 해석 등 여러 가지로 번역된다. allegory 란 말을 지-니아수 영화 (英和) 대사전은 諷喩, 寓喩, 寓話, 寓意詩 [畵] 라 번역하고, 중국어 사전은 寓言, 象徵, 諷喩, 寓意畵 등으로 번역하고 있다. 일본어 사전과 중국어 사전의 정의에서 공통적으로 나타나는 번역이 "풍유" 이다. 일본인들은 allegory 를 풍유나 우화라 하고 중국인들은 우언, 상징, 풍유라 하는데, 중일 (中日) 의 공통 요소가 "풍유"라는 말이다. 그래서 우리도 풍유 혹은 풍유적 해석이란 말을 사용하고자 한다. 헬라어에서 allegory 는 "다른" (allo) + 이야기 하다 (agora) = 다른 사물에 빗대어 이야기 하다란 의미이다. 즉 문자적으로는 다른 의미이지만, 그 상징적 의미는 전혀 다른 이야기이다.

그런데 한글 사전에서는 "풍유" 가 諷諭란 한자어로 표시되는데, 중국어나 일본어 사전에서는 諷喩라고 "유" 자의 경우 약간 다른 글자로 제시된다. 한국에서는 말씀 언(言) 변에 유(俞)가 첨가되었다면, 중일에서는 입 구 (口) 변에 유(俞)

가 첨가되었다. 의미는 유사하나 약간 차이를 보이고, 어원론적으로는 동일한 말이다. 중일(中日)에서는 喻가 견주다, 비유하다란 의미로도 사용되나, 諭는 통보하다, 알리다, 지시하다, 명령하다, 주문하다 등의 의미로 주로 사용된다. 한자어에 대한 정의나 용례가 한중일(韓中日) 세 나라에서 약간씩 차이를 보인다.

아가서를 하나님과 성도간의 사랑 노래들로 이해한다면, 그것도 성경적인 근거가 있다. 성경에서 하나님은 우상숭배를 영적 간음(姦淫) 행위로 정죄한다. 특히 호세아서에서 우리는 하나님과 이스라엘 사이의 언약 관계를 남녀 간의 사랑의 관계로 해석하는 것을 본다(호 1–3 장). 에스겔 선지자 역시 그러했다(특히 겔 16 장). 이런 해석은 그 당대로서는 대단히 대담한 신학적 사고였을 것이다. 예레미야도 (2:2, 3:1 이하) 하나님과 이스라엘 사이 관계를 결혼 관계로 언급하였다.

그렇다고, 아가서가 하나님과 이스라엘 사이의 사랑을 노래한다고 그 세부 사항들에 대하여 풍유적 해석을 가할 수는 없다. 아가서가 사랑 이야기라면 그 최고의 예는 하나님과 이스라엘 사이의 사랑이다. 이 한 마디면 족하다. 그 이상으로 들어가서 아가서의 여러 세세한 사항들에서 영적인 의미를 찾으려 하면 모두가 중구난방 혼란을 야기할 뿐, 아무런 도움이 되지 않을 것이다(필자는 어떤 해석적 입장을 정리하기 전인 1989 년에 George Burrowes, *The Song of Solomon* 을 한글로 번역한 바 있다: 죠지 뷰로우, 「솔로몬의 아가」 최종태 역 [서울: 소망사, 1989]; 이 주석 책은 아가서에 대한 풍유적 해석의 고전적 대변지이다).

(2) 남녀 간의 순수한 사랑 (문자적 해석)

최근에 아가서를 순전히 남녀 간의 성적 사랑으로 해석한 "하나 되는 기쁨" 이란 책이 출간되어 한국 교계의 비판의 도마 위에 올랐다:

한 마디로 성경 아가서를 몽땅 변태적 섹스교본으로 해석하고 있는 「하나되는 기쁨」 은 기독교 역사상 가장 사악한 이단 서적이다. 아가서의 전 구절을 섹스관계로 해석할 뿐만 아니라, 변태적 성행위를 노골적으로 부추기고 있다 ... 전통적으로 아가서는 그리스도와 교회와의 관계로 해석되어 왔다. 이 관계를 육체적 성적 관계로 인용하는 것은 섹스교나 사이비 종교에서 종종 있는 일이다. 그래도 '하나 되는 기쁨' 과 같이 성경을 완전히 섹스 경전으로 해석한 경우는 없었다 (2009 년 4 월 16 일 교회연합신문).

a. 결혼 축하 노래들로 (Hochzeitslieder) 이해하는 해석법

남녀 간의 사랑 노래라는 시각과 유사하지만, 특히 고대 이스라엘에서 있었던 결혼 축하시라고 보는 것이다.

b. 예배 의식 – 신화적 해석 (Kult-mythologische Deutung)

결혼 축하시 해석법과 유사하나, 단순히 남녀 사이의 결혼이 아니라, 신들 간의 결혼을 노래하는 시들이라 보는 것이다. 특히 수메르 – 악카드어 문헌에 등장하는 이쉬타르와 탐무즈 신 사이의 결혼을 노래하는 것에서 유사성을 찾고자 한다 (Wilhelm Erbt 은 태양신 탐무즈는 아가서에서 Dod 나 Shelem 으로 표현되고, 달신 이쉬탈은 Shalmith 로 표현되었다고 했다; Theophile J. Meek 은 아도니스 – 탐무즈 의식에서 유래한다고 주장한다).

c. 세속 남녀의 사랑 노래

순수한 남녀 간의 사랑 노래라는 시각이지만, 아가서를 단지 이방인들의 사랑 노래들처럼 순전히 세속적인 사랑 노래로 파악한다. 종교 개혁 시대에 카스텔리오가 (Sebastian Castellio) 이런 세속 사랑 노래로 해석했다가 교회에서 출교 당하였다. 유고 흐로티우스 (Hugo Grotius) 역시 그러했다.

d. 연극으로 보는 이해

이수일과 심순애의 장한몽과 (長恨夢) 같이, 사랑을 주제로 한 연극 대본이라고 보는 해석법이다. 애인 이수일이 서울로 공부하러 올라간 사이, 가난한 심순애는 김중배의 다이아몬드 유혹에 넘어간다. 여기 아가서에서는 약간 다른 드라마가 펼쳐진다. 야코비가 제안한 드라마 줄거리에 의하면 (J. F. Jacobi, 1771 년) 솔로몬은 결혼 후 한 젊은 여자를 사랑하게 되었고, 남편과 함께 그녀를 예루살렘으로 데려와서, 남편에게 이혼을 강요

한다. 그러자 그 여인은 남편에게 도움을 부르짖는다. 에발트도 유사하게 목자 가설을 제안했는데 (H. G. A. Ewald 1826), 팔레스틴 북부 지방에 살았던 한 젊은 목동은 술람미 여인과 사랑을 나누었다. 그런데 솔로몬이 그녀의 사랑을 가로채었다. 이에 술람미가 항의하자, 왕은 그녀에게 시골 목동에게로 돌아가도록 허락한다는 것이다. 여하튼 이런 식의 세 명의 주인공들이 주도하는 연극에서 강조점은 순결한 사랑의 정조이다.

e. 사랑 노래 모음집

남녀 간의 사랑을 노래한다는 것은 앞의 남녀 사랑 노래 해석법과 동일하나, 아가서 전체가 한 커플 사이의 사랑 노래만 담고 있는 것이 아니라, 서로 다른 상황에서 작사된 여러 사랑 노래들의 모음집이라는 견해이다. 폰 헤르더가 (J. G. von Herder) 그 대표자이다 (1778).

f. 문자적 – 교훈적 해석법

아가서를 결혼 관계 안에서의 육체적 사랑과 성적 결합의 축복을 노래하는 것으로 보면서도, 동시에 아가서는 도덕적 교훈을 주려 한다고 이해한다. 즉 결혼은 더 큰 사랑을 가리키고 있다는 것이다. 영은 (E. J. Young) 아가서가 인간 사랑의 숭고함과 순결함을 노래할 뿐 아니라, 동시에 그리스도의 보다 큰 사랑을 가리킨다고 한다. 아가서는 정욕과 음란이 판을 치고, 여러 가지 유혹들이 가차 없이 결혼 부부를 공격하는 이 죄악 세상에서 우리에게 주어졌다. 아가서는 참 사랑이 얼마나 순결하고 얼마나 숭고한지 우리에게 아름다운 방식으로 보여준다. 그렇지만, 이것이 아가서의 목적 전부는 아니다. 인간 사랑의 순결함을 말할 뿐 아니라, 아가서는 동시에 우리 인간의 사랑보다 더 순전하고 큰 사랑, 곧 그리스도의 사랑을 우리에게 상기시켜 준다 (1949:336). 영의 견해는 풍유적 해석이나 모형론적 해석과 차이가 있다. 모형론적 해석은 아가서는 교회와 그리스도 사이의 사랑을 예표해 준다고 본다. 그러나 영은 그렇게 보지 않고 남녀 간의 사랑으로 본다. 그럼에도 그 사랑은 그리스도의 크고 더 순전한 사랑을 상기시킨다. 그런데 이런 정조와 배타성의 사랑을 솔로몬이란 색한을 (色漢) 통해서 아가서가 가르치고자 할까? 그것이 문제이다.

(3) 예표적 혹은 모형론적 해석 (Typological Interpretation)

아가서를 역사적으로 있었던 솔로몬과 술람미 사이의 사랑 노래로 이해하되, 거기서 멈추지 말고, 그 순수한 남녀 간의 사랑은 더 높고 순수한 사랑에 대한 하나의 모형으로 작용한다고 보는 것이다. 이 해석법은 알레고리적 해석법과 문자적 해석법을 절충시키는 방법이다. 남녀 간의 사랑의 최고 모델은 삼위 하나님의 완전한 사랑에 근거할 것이다. 혹은 그리스도의 개개 영혼에 대한 완전한 사랑이 인간 사회에서 발견할 수 있는 사랑의 최고 모델일 것이다.

풍유적 해석은 아가서의 묘사가 역사적 사실임을 인정하기를 거절하고, 아가서가 묘사하는 현실 세계보다 더 깊이, 숨겨져 있는 영적 의미를 찾고자 한다. 반면 모형론적 해석은 아가서의 서술이 역사적 사건임을 인정하고, 그 사랑의 이야기가 신약 교회 안에서 일어날 어떤 사건에서 성취된다고 혹은 더 높은 차원에서 이루어진다고 이해한다.

엉거는 이런 모형론적 해석을 주장하는데, 성경에도 그런 해석이 있다고 생각한다 (M. Unger 1981:1, 1107). 예컨대, 신구약에서 하나님과 그 백성의 관계는 결혼 관계로 묘사된다 (호 2:19–23). 이스라엘은 영적 음행을 하여 이혼당하지만, 나중 회복된다 (사 54:5, 렘 3:1, 호 1–3). 그리고 성도는 처녀로 그리스도에게 중매된다 (고후 11:2, 엡 5:23–32, 계 19:6–8). 솔로몬은 구약에서 오실 그리스도의 모형으로 제시되기도 했다는 (삼하 7:12–17, 23:1–7, 시 72 편 참조) 점에 비추어 본다면, 이런 예표적 해석은 근거가 없다 아니할 것이다.

5) 내용 분해

(1) 표제 (1:1)
(2) 구애 (1:2–3:5)
a. 서론 : 사모, 불안, 찬사 (1:2–11)

b. 사랑이 깊어지고 (1:12–3:5)

1. 상호 찬사 (1:12–2:6); 2. 후렴 (2:7); 3. 시골로 간다 (2:8–17);

4. 애인을 잃을까 걱정이다 (3:1–4); 5. 후렴 (3:5)

(3) 결혼 (3:6–5:1)
a. 결혼 행렬 (3:6–11)

b. 결혼식 초야 (4:1–5:1)

1. 애인의 황홀한 아름다움 (4:1–7); 2. 왕의 요청 (4:8);

3. 신부의 사랑을 왕이 칭찬 (4:9–11); 4. 신부의 순결을 왕이 칭찬 (4:12–15);

5. 한 몸이 되다 (4:16–5:1)

(4) 결혼의 성숙 (5:2–8:4)
a. 무관심과 결과 (5:2–6:13)

1. 아내의 무관심, 남편의 부재 (5:2–8); 2. 애인의 매력 (5:9–16);

3. 애인이 정원에 있다 (6:1–3); 4. 화해 : 애인이 자기 여인을 칭찬 (6:4–13)

b. 애인을 칭찬 (7:1–10)

1. 애인의 매력 (7:1–6); 2. 애인의 연모 (7:7–9); 3. 상호 소유의 자제 (7:10)

c. 애인의 초대 (7:11–13)

d. 더욱 친밀하고픈 애인의 욕망 (8:1–4)

(5) 결론 : 사랑의 성격과 힘 (8:5–7)
a. 사랑의 그림 (8:5); b. 사랑의 설명 (8:6–7)

(6) 후기 : 사랑은 어떻게 시작되나 (8:8–14)

6) 아가서의 화자 (話者) 들

애인(여)	애인 친구들	연인(남)	하나님	애인의 오빠들
1:2–4a	1:4b			
1:4c–7	1:8*			
		1:9–10		
	1:11*			
1:12–14		1:15		
1:16–2:1*		2:1		
2:3–13		2:14		
2:15–3:11*		4:1–15		
4:16		5:1a–d	5:1e*	

5:2-8	5:9			
5:10-16	6:1			
6:2-3		6:4-9		
	6:10*			
6:11-12*	6:13a	6:13b-7:9a		
7:9b-8:4	8:5a			
8:5b-7				8:8-9
8:10-12		8:13		
8:14				

[* 의견 차이가 있음]

7) 모형론적 해석과 풍유적 해석의 차이

우선 예표론적 (모형론적) 해석법과 풍유적 (알레고리) 해석법 사이의 차이를 알아보자. 후자는 아가서에서 사건들이나 인물들의 역사성을 아예 무시하고, 아가서 본문에서 무조건 영적 의미만을 찾아내고자 한다. 반면 예표론은 아가서의 솔로몬과 술람미 여인의 역사성을 인정하고 그 둘 사이의 관계를 조심스럽게 그리스도와 성도 사이의 사랑의 관계로 연결시키는 것이다. 그러니까 아가서에 언급된 사건들이나 인물들의 역사적 모습을 먼저 파악하고 다음에 그것들이 교회와 그리스도 사이의 관계에 어떤 교훈을 줄까? 하고 물어 보는 것이다.

풍유적 해석은 역사적 - 문법적 해석을 생략하고 무조건 영적 의미를 찾고자 하는 반면, 예표론은 먼저 본문을 역사적 - 문법적으로 해석하고, 그 본문의 기본 의미를 파악한 다음, 그것이 어떤 영적 의의를 지닐까 라고 고민해 보는 것이다. 알레고리 혹은 풍유적 해석법은 거룩한 하나님의 말씀에서 어떻게 남녀 간의 그 육체적 사랑 이야기나 신부의 젖가슴이나 배꼽, 목이나 치아, 혹은 다리 같은 신체적 아름다움을 노래할 수 있겠는가? 라고 생각하고, 그런 사랑 이야기나 육체의 찬미는 분명 문자적 의미가 아니라, 영적인 그 무슨 깊은 뜻을 표현하는 방식에 불과하리라고 본다.

예표론은 아가서에 제시된 솔로몬이나 술람미 여인 사이의 관계를 먼저 역사적 사실로서 정립하고자 한다. 그 다음에 그 둘 사이의 진실한 사랑 관계나 육체 찬미가 그리스도와 교회 사이의 관계를 조명하는 면을 생각해 본다. 솔로몬이나 술람미 여인이 완전한 인간은 아니며, 따라서 허물과 죄악도 있다. 그러므로 그런 부정적인 측면에는 눈을 감고, 그리스도와 교회 사이의 관계에 적용될 만한 아름다운 면만을 찾는다.

바울 사도는 고전 9:9 이하 (일하는 소의 입의 망에 자갈을 씌우지 말라), 갈 4:21-31 에서 (하갈과 사라는 유대교와 기독교의 상징) 언약과 구약에 대한 풍유적 해석을 제시한다. 그렇다면 우리도 구약을 풍유적으로 해석할 수 있지 않겠는가? 그러나 신약 학자들은 답하길, 바울의 풍유적 해석은 논쟁 때문에 생겨난 아주 상황적, 개인적인 성격의 것으로, 풍유적 해석을 구약에 대한 적절한 해석법의 하나로 인정할 수 없다고 한다. 다시 말해 바울 사도의 의도는 구약을 해석하려는 것이 아니라, 적대자들과 논쟁하면서 적대자들의 논리를 무력화시키기 위해 논쟁의 한 방식으로 풍유적 해석을 도입하고 있다는 것이다. 즉 적절한 해석법의 하나로 풍유적 해석법을 사용하여 구약을 해석하는 것이 아니라 논쟁의 한 방편으로 활용되었을 뿐이다.

갈 4:21-31 에서 바울 사도는 아브라함의 두 아들 이삭과 이스마엘이 각기 자유인 사라와 여종인 하갈에게서 태어난 사실을 언급하고 여종에서 태어난 아들은 육체를 따라 났고, 본부인에게서 태어난 아들은 약속을 따라 태어났다고 한다. 24 절에서 바울 사도는 "이것들은 풍유적으로 해석된다" 고 (ἅτινά ἐστιν ἀλληγορούμενα) 언급한다. 여기서 "이것들" 은 22-23 절에서 아브라함, 사라, 하갈, 그 두 아들에 관하여 언급된 사항들을 가리킨다.

여기서 사용된 "알레고루메나" 란 분사는 ("알레고레오") "풍유적으로 말하다" 혹은 "풍유적으로 해석하다"

란 의미로 70 인역에서 나타나지 않는 후대 헬라어로 필로에서 처음 나타난다. 신약에서는 여기서만 나타나는 동사이다.

바울 당대에도 풍유적 해석은 상당히 발전한 듯 보인다. 특히 바울 시대에 팔레스틴의 랍비들 중에서 널리 활용되었다. 그런데 갈라디아서에서 바울 사도가 사용한 해석법은 1 세기 알렉산드리아 거주 유대인 필로의 풍유적 해석법이나, 4 세기초 알렉산드리아 기독교인 오리겐의 그것과 상당히 다르다. 바울 사도의 접근법은 풍유적이라기보다 모형론적 혹은 비유적 해석에 가깝다.

24 절에서 사도 바울은 "알레고루메나" 라는 분사를 어떤 의미로 사용했던가? 바울 사도는 풍유적 해석을 아브라함과 그의 두 아들들에게 가하여 적절한 의미를 얻고자 하는 것이 아니라, 구약을 풍유적으로 해석하여 자신을 대적하는 유대주의자들에게, 풍유적으로 이삭과 이스마엘을 해석하여 대적의 논리를 무력화시키고자 한다. 사용된 "엘레고루메나" 란 분사의 '수동태' 가 이 점을 암시해 준다. "이것들은 풍유적으로 해석되고 있다" 라고 했으니, 대적자들이 풍유적으로 사용하고 있다는 의미이다.

사도 바울은 갈라디아서에서 줄곧 자신을 대적하는 논객들이 사용한 구약 구절들을 언급하면서 그들의 해석을 논박하고, 그런 구절들은 대적들이 아니라 자신의 해석을 지지한다고 주장하고 있다. 다시 말해 갈 4 장의 풍유적 해석도 사도 바울이 아브라함 사건을 그런 식으로 해석하기 좋아해서가 아니라, 동시에 그런 풍유적 해석이 정당하기 때문이 아니라, 대적들이 그런 식으로 해석하므로, 그것을 논박하기 위해 어쩔 수 없이 도입되고 있다.

고전 9:9 이하에서 사도 바울은 신 25:4 을 풍유적으로 해석하는데, "일하는 소의 입에 망을 씌우지 말라" 는 말씀은 소가 아니라, 사실 주의 일군들을 가리키며, 그 구절은 주의 일군들이 품삯을 받는 것이 마땅하다는 의미라고 해석하고 있다.

사도 바울의 경우는 이런 미드라쉬 해석을 할 때도 성령님의 영감으로 인도를 받았을 것이다. 그렇지만 우리가 구약이나 신약을 해석할 때 어떤 구절들을 풍유적으로 해석하려 한다면, 우리에게는 우리의 풍유적 해석이 기댈 인식론적 근거가 없다. 성령님이 그렇게 해석하도록 인도하셨다라고 할 것인가? 모두가 주관적으로 다른 해석들을 내어 놓는다면 어떤 기준으로 그것들을 통제할 것인가? 풍유적 해석은 그런 이유에서 우리 기독인들에게 허용될 수가 없다. 주관적이고 그릇된 해석들이 난무할 때 아무도 그것은 본문에 근거가 없다고 주장할 기준이 없기 때문이다. 그렇게 되면 우리 삶의 유일한 기준과 규범으로서의 성경은 사라지고 대신 자기 입맛에 맞는 중구난방 (衆口難防) 의 의미들만 난무하게 될 것이다.

풍유적 해석은 본문의 역사적 배경이나 통상적인 언어의 의미를 묵살한다. 글에서 어떤 의미 전달은 문맥이나 글의 흐름과 연관되지만, 이런 문맥이나 글의 흐름도 무시하고 오로지 자신이 찾고 싶은 심오한 신비적, 영적 의미만 구하고자 한다. 성경 해석의 역사 – 문법적 원칙을 무시하고 나면, 성경은 자기가 원하는 사상과 의미만 나오는 도깨비 방망이가 되어 버릴 것이다.

그런 무분별한 풍유적 해석의 예는 이광복 목사의「해석학의 실제」에서 여실하게 드러나고 있다. 예컨대, 룻기를 설명하면서 저자는 "사사들이 치리하던 때 그 땅에 흉년이 든 것은 (룻 1:1) 영적으로 말씀의 기근을 상징한다" 고 설명하고 (494), 나오미가 고향을 떠나 모압에서 남편과 두 아들을 잃은 것은 "성도가 교회를 떠날 때에 영적 죽음이 오는 것을 의미한다" 고 해석한다 (495). 성도가 고향으로 상징된 교회를 떠나는데 왜 나오미 자신은 피해를 입지 않고 남편과 두 아들만 죽는지, 이것이 영적인 죽음과 무슨 상관인지에 대하여는 언급이 없다.

더 나아가 저자는 나오미가 "교회의 모형을 상징한다" 고 말하는데 (496), 가나안 땅 베들레헴을 떠난 것이 "교회" 를 떠난 것이란 자신의 해석에 비추어 볼 때, 나오미는 "교회" 보다는 "성도" 를 가리켜야 한다. 이렇게 저자 자신이 스스로 자가 당착에 빠지고 만다. 이런 일은 그의 해석에서 다반사로 일어나는데, 특히 요한 계시록 해석에서는 그 도가 얼마나 심한지 상상 불허이다.

요한계시록에 대한 풍유적 해석의 예를 들어보자. 계 4:2–7 의 보좌에 앉으신 하나님을 해석하면서, 이광복 목사는 "벽옥은 하나님의 거룩성, 홍보석은 하나님의 공의성, 무지개는 하나님의 언약성, 녹보석은 하나님의 영원성을 가리킨다" 고 해석했다 (461). 번개는 신속성, 음성은 말씀 권, 뇌성은 권위성' 으로 해석했다 (462). 네 생물 중 사자는 용맹성, 송아지는 희생성,

사람은 지혜성, 독수리는 신속성을 의미한다고 해석했다 (463). 그렇지만 이런 해석은 완전 주관적인 것으로 사람마다 자기 견해가 가능하다. 그렇게 되면 성경에 대한 해석이 아니라, 성경을 내 멋대로 해석하여 자기 입맛에 맞는 것만 골라오는 얌체족의 새치기 자세나 다를 바 없다.

계 5:8 의 "향이 가득한 금 대접 . . . 이 향은 성도의 기도" 란 구절을 해석하면서, 저자는 향의 배경, 향 만드는 법, 향의 세 가지 재료, 재료와의 배합, 향의 크기, 향의 보관 장소, 향의 목적 등을 설명하면서 그것들의 영적 의미를 추구하고 있다. 예컨대 향의 세 가지 재료에서 신비한 의미를 끄집어내는데, 소합향은 인내의 기도, 나감향은 자신이 부서지는 기도, 풍자향은 진실한 기도를 각기 가리킨다고 했다 (465). 또한 향 재료를 배합하는 데 있어 거기에 '유향' 을 섞어야 하는데, 그것은 "유향이 젖 유 (乳) 자에 향기 향 (香) 이며" "젖은 말씀을 상징하므로 말씀에 따라 드려지는 기도가 되어야 한다" 고 해석했다 (466). 유향 (乳香) 이란 영어의 frankincense 의 번역어로, 한 단어로서만 의미가 가능한 말로 젖 유 (乳) + 향기 향 (香) 으로 분해해서 각자의 의미를 취할 수가 없는 말이다. 그의 유향 (乳香) 해석은 영어의 butterfly 를 (나비) 놓고서 유식한 체 티를 내는 것과 흡사하다. 즉, butterfly 란 butter + fly 로, "버터" 에 "파리" 가 빠져서 "나비" 가 생긴다고 해석하는 꼴이다.

이 향을 성도의 기도라고 하는 해석은 계시록 자체의 언급이므로 이의를 제기할 이유가 없다. 그러나 그 이상으로 구체적 세부 사항까지 상징적 의미를 찾으려는 자세는 아무런 의미가 없다.

왜 이런 결과가 나올까? 그것은 자기 입맛대로 성경을 풍유적으로 해석하면서, 문법이나 역사적 실제 의미를 무시하고 의미를 끌어다 붙인 당연한 결과이다.

성경을 풍유적으로 해석한다면, 목회적으로 성도들의 귀에 쏙쏙 들어오고 흥미 만점의 은혜로운 설교가 얼마든지 가능해진다. 그렇게 해서 성도들이 크게 은혜를 받아 교회가 부흥하고 믿음이 성장하면 되는 것 아닌가? 라고 할 수 있다. 실제로 목회 현장에서는 어떤 진리나 원리보다는 성도들에게 먹히는 값싼 은혜나 효과가 더 중시될 수밖에 없다. 그러나 그런 식으로 교회 부흥을 추구하고 진리와 원리, 기준을 무시하려 든다면 그런 부흥은 뿌리가 깊지 않은 나무처럼 시험이 올 때 금새 무너지고 말 것이다. 성경이 우리의 최종 권위이자 기준인데, 이 최종 권위를 내 멋대로 다루려한다면, 그것을 하나님이 기뻐하시겠는가? 성도들이 은혜를 받는다고 진리를 본문의 명확한 근거가 없이 왜곡시켜 전파할 수는 없지 않겠는가?

풍유적 해석은 아가서에 제시되고 있는 남자와 여자라는 이성의 문제를 아예 원천적으로 무시해 버린다. 오직 아가서의 말씀은 전부 교회와 그리스도 사이의 사랑, 영적인 사랑만 가리킨다고 해석하기 때문이다. 그런 논리는 결국 육체와 연관되는 결혼이나 부부사이의 섹스, 남녀 간의 사랑도 무조건 악하다는 헬라의 잘못된 철학 이론으로 연결되고 만다.

존 번연의 「천로역정 (Pilgrim' s Progress)」 처럼 알레고리 작품은 그 작품 안에 본서가 알레고리라는 분명한 힌트를 제시한다. 그러나 아가서에는 아가서가 알레고리라는 어떤 암시도 없다. 솔로몬이라는 역사적 인물이 등장하고 장소도 실제 장소들이다. 알레고리 작품처럼 이야기 줄거리가 분명하게 존재하지도 않는다.

이런 이유들에서 아가서에 대한 풍유적 해석은 허용될 수 없다. 그렇다면 모형론적 혹은 예표론적 해석은 어떠한가? 모형론적 해석은 신약이 구약을 해석할 때 종종 사용하는 방식이다 (L. 고펠트 1987). 예컨대, 헬라어 "튀포스" (모형 ; 롬 5:14; 고전 10:6, 11), "스키아" (그림자 ; 골 2:17; 히 8:5, 10:1), "휘포데이그마" (모형 ; 히 8:5, 9:23), "안티 – 튀포스" (원형 ; 히 9:24, 벧전 3:21) 등과 같은 용어들이 이 성경적 모형론 (예표론) 연구에 포함된다.

모형론은 어떤 진리가 구약성경의 역사를 통해 그림자와 같이 나타났고, 그 원형 (原型) 이나 완전한 구현은 그리스도를 통해 드러난 신약의 계시에 나타난다는 점을 추적한다.

모형들은 다음과 같은 특성들을 지니고 있다.

(1) 그것들은 철저하게 역사에 근거하고 있다. 요나의 경험은 그것이 어렴풋이 나타내고 있는 예수 그리스도의 중대한 사건과 (마 12:40) 같이 신뢰할 수 있는 역사적인 사건이다. 광야의 불 뱀 사건도 그것이 생생하게 예표하고 있는 예수 그리스도의 사건과 같이 (요 3:14) 분명한 역사적인 사건이다.

(2) 구약 모형들은 성격상 예언적인 의의를 지니며, 언제나 메시야를 통해 완성 내지 성취된다. 멜기세덱이라는 역사적 인물은 (창 14 장) 그리스도의 영원한 제사장직을 영적으로 예표하고 있다 (시 110 편, 히 7 장).

(3) 구약 모형들은 구속 역사 초기에 절대적으로 필요한 것들이다. 이 모형들은 단지 그리스도께서 성취하실 일을 미리 예표하거나 그림자로 멀리서 암시해주는 정도의 역할만 아니라, 구약 시대에는 그리스도 오시기 전

에 역사의 한 지위를 점하고 자신의 기능을 충실하게 수행하고 있었다. 이 모형들은 그것들이 예표하고 있는 원형이 성취된 후에 조차도 그 나름대로의 모형적인 의미를 지니고 있다 (고전 10:1–11 참조).
(4) 구약의 모형들은 모두 그리스도를 가리킨다 (눅 24:24, 44, 행 3:24 이하, 요 5:39, 롬 5:14 [아담 – 그리스도], 고후 3 장과 히 3 장 [모세 – 그리스도], 히 2:17, 6:20, 7:26 등 [멜기세덱 – 그리스도]).
(5) 구약의 모형들은 교훈적인 것들로서, 구약시대나 신약 시대의 하나님의 백성들에게 영적인 교훈을 준다. 신약이 그리스도에 대한 그림자 혹은 모형들로 보는 오경의 사건들이나 제도를 구약 자체도 모형론적으로 접근하여 교훈을 제시한다. 예컨대, 할례 (신 30:6), 제사 (호 14:2), 제 2 의 출이집트 (사 48:21, 52:12), 대제사장 여호수아의 대관식 (슥 6:9–15) 등을 보라.
자, 그렇다면 아가서는 어떻게 해석해야 할까? 풍유적 해석은 금물이라 했다. 모형론적 해석은 가능한가? 그것도 아가서에 제시된 솔로몬과 술람미 여인 사이의 사랑이 역사적으로 알려진 바가 없어 가능할지 분명치 않다. 그 둘 사이의 사랑에 대하여 몇 가지 가정이 가능한데, 아가서는 솔로몬의 첫 사랑을 노래한다 (Donald R. Glenn, Jack S. Deere). 심지어 어떤 작가들은 아가서는 인간의 타락 이전의 에덴에서의 사랑을 노래한다고도 주장한다 (Phyllis Trible). 다른 가능성은 일부다처제는 합법적이다 란 전제 하에서 솔로몬의 사랑을 아름다운 것으로 이해하는 것이다. 그런데 이 두 가능성 모두가 우리에게 낯설게 느껴지고 근거가 없어 보인다.
아가서가 솔로몬의 첫 사랑을 노래한다면, 아 6:8 "왕후가 육십이요 비빈이 팔십이요 시녀가 무수하되" 는 어떻게 설명해야 할까? 솔로몬은 왕상 11:3 에 의하면, "후비가 칠 백인이요 빈장이 삼 백인이라" 했다. 여기에 정식 왕후들도 있었을 것이다. 그렇다면 솔로몬은 1 천명이 넘는 여인들을 처첩으로 거느린 사내인데, 아가서는 단지 140 여인만 기록하므로, 그의 통치 초기 시대를 반영하는 것인가? 여하간 솔로몬의 첫 사랑이란 주장은 아가서에서 근거가 없다.
다음으로, 일부다처제의 가능성인데, 구약 시대에는 일부다처제가 용인되었다. 아브라함, 다윗, 솔로몬, 유다나 이스라엘의 왕들이 모두 일부다처제를 따랐고 왕들만 아니라 불과 몇 세기 전까지도 유대교에서는 그것을 용인했다. 그러므로 일부다처제가 구약에서 죄악시 되지 않았다고 해야 한다. 창조질서는 분명 일부일처제를 암시하지만, 타락 이후에 나타난 시내산 율법은 일부다처제를 금지하지도 않았다. 현대 기독인들의 시각과는 사뭇 다른 것이다. 그러므로 아가서를 남녀 간의 사랑 이야기로 볼 때, 일부다처제의 입장에서 그것을 순전한 사랑이라 볼 수 있다. 이렇게 전제할 때, 아가서는 그리스도와 성도들 간의 사랑에 대한 모형으로 이해할 수 있을까? 그렇지만, 아무래도 우리 마음이 켕긴다. 아가서는 우리가 고민을 많이 해야 할 책인 것이 분명하다.

3. 역대기 역사서

역대기, 에스라, 느헤미야서는 전통적으로 한권의 역대기 역사서로 간주되어 왔으나 최근에는 떼어 보는 경향이 있다. 역대기 역사서는 귀환 후에 새로운 믿음의 공동체를 건설하면서 자기들의 이상적 모델을 역사에서 찾고자 기술한 것으로 본다. 그래서 솔로몬의 악행은 대개 삭제하고, 다윗과 솔로몬의 영적 활동을 부각시킨다. 역대기 역사가는 그 통일왕국 시대를 귀환 공동체의 목표와 이상으로 제시하는 것이다.

3–1. 역대기

1) 명칭

역대기 상하서는 원래 하나였으나, 70 인역이 둘로 구분했다.
"역대기" 란 이름은 역대기 상하 구분 없이 "그날들의 일들 (혹은 '말씀들')" 의 (디브레 하야밈) 번역이다. 왕상 14:19, 대상 27:24, 더 6:1 에서 * 그 표현이 나타나는데 (dibrê-hayyāmîm), 매일의 일들을 기록한 일지,

연보 (年譜) 혹은 연대기란 (年代記) 의미이다.

*"이스라엘 / 유다 왕들의 연대기" 란 (sēper d̲ib̲re hayyam ^m lĕmalk̲e) 책이 열왕기서 저자에 의해 사료로 (史料) 언급되지만 현존하지 않는다. 예컨대, 유다 왕들의 연대기는 15 번 (왕상 14:29 15:7, 23 22:46 [22:45] 왕하 8:23 12:20 [12:19] 14:18 15:6, 36 16:19 20:20 21:17, 25 23:28 24:5), 이스라엘 왕의 연대기는 18 번 (왕상 14:19 15:31 16:5, 14, 20, 27 22:39, 왕하 1:18 10:34 13:8, 12 14:15, 28 15:11, 15, 21, 26, 31) 언급된다. 이런 연보들은 아마도 이스라엘이나 유다 왕국의 사관들이 (史官) 왕들의 행적을 매일 기록한 왕조실록과 유사한 것인지도 모른다.

유대인들은 성경 각책의 이름을 보통 각 책의 첫 글자나 첫 문장의 가장 현저한 단어를 따서 불렀는데, 역대기서의 경우는 그런 고대 근동의 관례가 아니라, 책의 성격을 가장 잘 표현하는 말로 대상 27:24 에서 나타나는 표현을 취하여 사용한 듯 하다.

70 인역 역자들은 역대기서를 두 권으로 나눌 뿐 아니라, 그 이름도 사무엘서, 열왕기서에 기록되지 아니한 내용들을 역대기서가 마치 보충이라도 하는 양, "생략된 것들" 혹은 "지나친 것들"이란 의미의 "파라레이포메나"라 불렀다. 이런 70 인역의 이름은 오늘날 사무엘서 – 열왕기서와 역대기서를 대조 비교해 볼 때, 적절한 명칭이라 생각할 수 없다. 사무엘 – 열왕기가 생략하거나 지나친 것들만 기록한 것이 아니라 오히려 병행되는 기사들을 약간 다른 시각에서 기술하는 부분이 많기 때문이다. 물론 전혀 틀린 명칭이라고도 할 수 없는 것은 사무엘서 – 열왕기서가 언급지 아니한 사건들도 역대기서가 기술하고 있기 때문이다.

사무엘서 – 열왕기서와 역대기 역사는 신약에서 공관복음서들처럼 (마태, 마가, 누가) 같은 시대를 약간 다른 관점에서 조명하는 공관 역사를 제공하여, 구약 역사 연구에 흥미로운 비교를 가능케 해준다.

제롬은 ad Domnion et Rogatian 이란 책에서, 그 당대에 히브리어 사본들은 역대기서가 한 권이었지만, 교회들에서는 70 인역을 의지하여 편의상 두 권으로 나누었다고 지적했다. 영어 성경에서 역대기서는 Chronicles 라 불리는데, 이는 라틴어 벌게잇에서의 책명 Chronica 혹은 Chronicorum liber 란 명칭에서 유래한다. 이 벌게잇의 명칭은 아마도 제롬이 그의 "Prologus Galeatus"에서 (사무엘서와 열왕기서의 서문) 말한 바에서 따온 듯 하다. 그는 거기서 말하길, "디브레 하야밈, 즉 날들의 말씀들인데, 이는 우리가 보다 의미심장하게는 '전체 하나님의 역사의 연대기' 라 (Chronicon Totius Divinae Historiae) 부를 수 있다" 고 했다.

루터는 독일어로 성경을 번역하면서, 역대기서를 벌게잇을 근거로 Die Chronik 이란 책명을 붙였는데, 영어의 Chronicles 에 해당된다.

아람어 탈굼은 "이는 족보들의 책, 고대의 날들로부터 시작되는 연대기들이다" 라고 시작한다. 이는 역대기서가 개괄하는 아주 광범위한 역사 시각, 곧 아담에서 시작하여 페르시아 제국의 건국까지를 (대하 36:20) 다루는 넓은 시각을 강조한다.

2) 저자와 저작 연대

저자는 에스라이거나 레위인 서기관일 것이다. 유대인의 바빌로니아 탈무드는 에스라가 역대기 저자라고 언급한다 (바바 바트라 15a). 이 탈무드는 에스라가 역대기서의 족보를 기술했다고 한다. 마카비하 2:13–15 에 의하면, 느헤미야 총독은 상당히 많은 책을 가진 도서관을 가졌다 한다. 그는 도서관에 왕들이나 선지자들의 책, 다윗이 책들, 거룩한 예물들에 관한 왕들의 서신들을 모았다 한다. 이것이 사실이라면, 느헤미야의 동료인 에스라는 여러 자료들을 활용하여 역대기서를 저술할 수 있었을 것이다 (G. Archer 1985:413).

대하 36:22 에 언급된 고레스의 칙령은 에스라 시대와 근사하게 접근한다. 대상 3:19–24 에 제시된 족보는 스룹바벨의 후손을 6 대까지 추적한다. 스룹바벨을 주전 520 년 경으로 추정한다면, 이는 주전 400 년까지 내려갈 수 있다 (한 세대를 20 년으로 잡아도). 그러면 역대기서는 적어도 주전 400 년 이전에는 기록될 수 없었다는 말이 된다.

에스라 – 느헤미야, 역대기서는 언어나 문학 특징상 같은 저자의 저작이란 느낌을 준다 (William. F. Albright 1921). 주목할 것은 대하 36:22–23 은 라 1:1–3a 에서 반복되고 있다는 점이다. 물론 전연 달리 이 책들 간의 어휘나 자료, 문학 특징상의 차이를 주장하는 의견도 있다. 그런 차이는 저자가 같다고 해도, 역대기와 에스라 – 느헤미야의 문학 장르상의 차이 때문에 생겼다고도 할 수 있을 것이다. 같은 저자 누가가 누가복음과 사도행전을 기록했지만, 둘 사이에는 여러 차이들이 존재함과 같다.

저작 연대

앞서 언급한대로 대략 주전 450–400 년. 만약 대상 3:19–24 의 족보가 후대에 첨가된 것으로 본다면, 나머지 부분들은 이보다 훨씬 앞서 기록되었을 수 있다. 예컨대, 대하 36:20–23 에 언급된 페르시아 왕 고레스 시대 직후까지 소급될 수 있다. 주전 597 년에 여호야긴은 18 세의 나이로 바빌로니아에 끌려갔었다 (왕하 24:18).

대상 3:17–24 는 여호야긴의 후손들을 아나니까지 내림차로 언급한 것이 아니라, 동시대인들의 언급들일 수도 있다. 스룹바벨의 아들 하나냐는 자기 후에 한 세대만 갖고 있다 (블라댜와 여사야). 그리고 나서 연관이 없는 네 가족들이 언급된다 (르바야의 아들 아르난의 아들들, 오바댜의 아들들, 스가냐의 아들들; 대상 3:21b). 그 중 마지막 스가냐의 후손은 5 세대까지 내려간다: **스가냐** → **스마야** → 핫두스와 이갈과 바리야와 **느아랴**와 사밧; 느아랴 → **엘료에내**와 히스기야와 아스리감; 엘료에내 → 호다위야, 엘리아십, 블라야, 악굽, 요하난, 들라야, 아나니 등.

만약 스가냐가 스룹바벨의 아들 하나냐와 동시대인이었다면, 5 세대들을 포함하여 마지막으로 언급된 아나니의 연대를 대략 주전 425 년에 둘 수 있게 할 것이다.

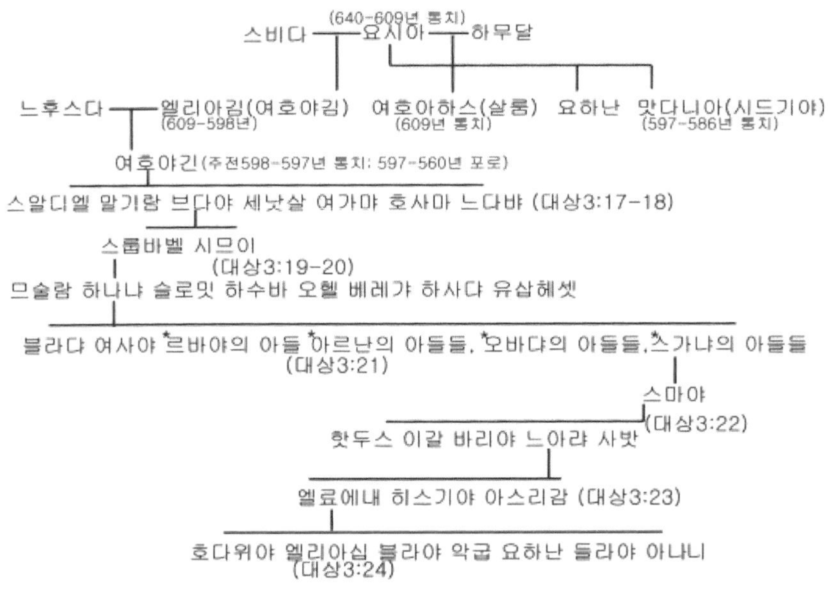

*표 붙은 곳: 여사야의 아들 르바야, 르바야의 아들 아르난, 아르난의 아들 오바댜, 오바댜의 아들 스가냐 (TNK, NRSV)

요시야 족보 (대상 3:15-24)

대상 19:7 에 언급된 다윗 시대의 돈의 단위로 "다릭" 을 거론하는 일은 역대기의 이른 연대설을 반박하는 시대착오적 기록이라 보기 어렵다. 왜냐하면 "다릭" 은 다리오 1 세에 대한 (주전 520–486 년) 언급일 필요가 없기 때문이다 (G. Archer 1985:415). 다릭은 에스라 시대 이전에 수십 년간 통용되고 있었다는 점을 인정해야 한다. 그래서 에스라가 다릭을 돈 거래의 통화 단위로 언급하는 것에 어려움이 없었다. 다릭은 금의 중량을 재는 무게 단위였기 때문에, 에스라가 이스라엘 왕들이 성전을 위해 기부한 금괴의 양을 계산하여 에스라 당대 사람들에게 이해될 수 있도록 다릭의 수치로 환산하여 제시할 수 없었던 특별한 이유가 없었다.

3) 역대기서와 병행기사에 나타난 수자 비교

#	더 높음	더 낮음	내 용 [역대기 먼저, 다음이 사무엘, 열왕기]	병행구	역대기 평가
a		대상 11:11	야소브암이 300인 죽임; 800	삼하 23:8	서기관 오류
b	대상 18:4		하닷에셀 1,000병거, 7,000기병; 1,000병거 700기병	삼하 8:4	정확
c	대상 19:18a		7,000시리아 병거부대 살상; 700	삼하 10:18a	정확
d		대상 19:18b	40,000 보병; 기병	삼하 10:18b	정확
e	대상 21:5a		이스라엘 백십만 군사; 800,000	삼하 24:9a	다른 대상들
f		대상 21:5b	유다 47만 군사; 500,000	삼하 24:9b	보다 정확
g		대상 21:12	3년 기근; 7년	삼하 24:13	정확
h	대상 21:25		오르난 600 금 세겔; 50 은 세겔	삼하 24:24	다른 대상들
i,j	대상 2:2,18		3,600인 성전 건축 감독; 3,300	왕상 5:16	계산 방식의 차이
k	대하 2:10		20,000바트 기름을 히람 벌목군에게; 20 코르 (=200 baths)	왕상 5:11	다른 대상들
l	대하 3:15		성전 기둥들 35큐빗; 18	왕상 7:15	서기관 오류
m	대하 4:5		바다 3,000 바트; 2,000	왕상 7:26	서기관 오류
n		대하 8:10	250 성전 건축 감독; 550	왕상 9:23	계산 방식의 차이
o	대하 8:18		오빌의 금 450 탈란트; 420	왕상 9:28	정확/ 서기관 오류
p		대하 9:16	방패 당 300 금 세겔; 3마네	왕상 10:17	계산 방식의 차이
q		대하 9:25	4,000개 마굿간; 40,000	왕상 4:26	정확
r	대하 22:2		아하시아 42세에 왕; 22세	왕하 8:26	서기관 오류
s		대하 36:9	여호야긴 8세에 왕; 18세	왕하 24:8	서기관 오류

* 역대기서는 1 번 같고, 10 번 높고, 7 번 낮다

*213 번 병행 수치에서 19 번 (j 는 i 반복) 차이

4) 내용 분해

(1) 족보 (1–9)

a. 족장 족보 (1)

1. 아담에서 셈까지 (1:1–27); 2. 아브라함의 족보 (1:28–34); 3. 에서 (1:35–54)

b. 유다의 족보 (2)

1. 유다의 아들들 (2:1–4); 2. 베레스와 세라 (2:5–8);

3. 헤스론 (2:9–41); 4. 갈렙 (2:42–55)

c. 다윗의 족보 (3)

1. 다윗의 아들들 (3:1–9); 2. 솔로몬의 후손 (3:10–24)

d. 유다의 족보 (4:1–23)

e. 시므온의 족보 (4:24–43)

f. 트랜스 – 요르단 지파 족보들 (5)

1. 르우벤 (5:1–10); 2. 갓 (5:11–17);

3. 동편 지파들의 정복 (5:18–22); 4. 므낫세 반지파 (5:23–26)

g. 레위지파 (6)

1. 레위의 후손들 (6:1–15); 2. 레위의 다른 후손들 (6:16–30);

3. 레위 음악인들 (6:31–48); 4. 아론계 제사장 (6:49–53);

5. 레위인들의 거주지들 (6:54–81)

h. 여섯 북부 지파들의 족보 (7)

1. 잇사갈 (7:1–5); 2. 베냐민 (7:6–12); 3. 납달리 (7:13);

4. 므낫세 (7:14–19); 5. 에브라임 (7:20–29); 6. 아셀 (7:30–40)

i. 베냐민 족보 (8)

j. 예루살렘 거민들 (9:1–34)

1. 정치지도자들 (9:1–9); 2. 제사장 (9:10–13); 3. 레위인 (9:14–16);

4. 문지기 , 기타 (9:17–34)

k. 사울의 족보 (9:35–44)

(2). 다윗 통치 (10–29)

a. 사울의 죽음 (10);

b. 다윗의 용사들 (11–12);

c. 언약궤 옮김 (13);

d. 다윗이 예루살렘에 징착 (14–16)

1. 궁궐 (14:1–2); 2. 가족 (14:3–7); 3. 블레셋을 이김 (14:8–17);

4. 언약궤 도착 (15); 5. 성전 일군 임명 (16)

e. 성전을 건축하고자 함 (17)

f. 주변국들과의 관계 (18:1-20:8)

1. 블레셋과 모압 (18:1-2); 2. 아람 (18:3-11); 3. 에돔 (18:12-13);

4. 행정 (18:14-17); 5. 암몬 (19:1-20:3); 6. 블레셋 (20:4-8)

g. 인구조사와 처벌 (21:1-22:1)

h. 성전건축 준비 (22:2-19)

i. 다윗의 신정제 조직 (23-27)

1. 레위인들 (23-24); 2. 레위인 성가대 (25); 3. 레위인 문지기 (26:1-19);

4. 레위인 재정 담당 (26:20-28); 5. 레위인 행정관리 (26:29-32);

6. 군사, 정치 조직 (27)

j. 다윗의 고별사 (28:1-29:22a)

1. 성전건축 지시 (28:1-10); 2. 성전 조감도 (28:11-21);

3. 성전건축 위해 드린 예물 (29:1-9); 4. 다윗의 기도, 봉헌 제물들 (29:10-22a)

k. 다윗의 후계자 (29:22b-30)

역대하 내용분해

(1). 솔로몬의 통치 (1-9)

a. 솔로몬의 지혜와 형통 (1)

b. 성전 건축 (2:1-5:1)

1. 준비 (2); 2. 성전 (3); 3. 성전 기구들 (4:1-5:1);

c. 성전 봉헌 (5:2-7:10)

1. 언약궤 (5:2-14); 2. 솔로몬의 축복과 기도 (6); 3. 솔로몬의 제사 (7:1-10)

d. 하나님의 축복과 저주 (7:11-22)

e. 솔로몬의 성공 (8-9)

1. 정치 (8:1-11); 2. 종교 (8:12-16); 3. 경제 (8:17-9:31)

(2) 다윗 왕조의 통치 (10-36)

a. 르호보암 (10-12)

1. 남북의 분열, 이스라엘과 유다 (10); 2. 르호보암의 요새, 가족 (11);

3. 이집트의 예루살렘 공격 (12)

b. 아비야 (13)

c. 아사 (14-16)

1. 아사의 순종 (14); 2. 아사의 개혁 (15); 3. 아사와 아람간의 조약 (16)

d. 여호사밧 (17-20)

1. 강력한 나라 (17); 2. 아합과 동맹 (18:1-19:3);

3. 재판관들 임명 (19:4-11); 4. 이방 동맹군 격퇴 (20:1-30);

5. 말년 (20:31–37)

e. 여호람 (21)

f. 아하시아 (22:1–9)

g. 아달리야 (22:10–23:21)

h. 요아스 (24)

1. 요아스의 성전 보수 (24:1–16); 2. 요아스의 약점과 암살 (24:17–27)

i. 아마시야 (25)

j. 웃시야 (26)

k. 요담 (27)

l. 아하스 (28)

m. 히스기야 (29–32)

1. 성전 청소 (29); 2. 유월절 준수 (30:1–31:1);

3. 바른 예배 재확립 (31:2–21); 4. 산헤립의 침공 (32:1–23);

5. 히스기야가 병들었다 치유, 번영 (32:24–33)

n. 므낫세 (33:1–20)

o. 아몬 (33:21–25)

p. 요시야 (34–35)

1. 개혁 (34); 2. 유월절 준수 (35:1–19);

3. 이집트 왕 느고와 전쟁, 전사 (35:20–27)

q. 여호아하스 (36:1–4)

r. 여호야김 (36:5–8)

s. 여호야긴 (36:9–10)

t. 시드기야 (36:11–16)

u. 멸망과 추방 (36:17–21)

(3) 고레스의 해방령 (36:22–23)

5) 소위 신명기 역사서와 역대기 역사서 비교

열왕기서는 유다 왕 여호야긴이 사로잡혀 간 바벨론 땅에서 감옥살이를 하다 풀려나서 바벨론 왕의 앞에서 식사하는 장면으로 끝맺고 있다 (왕하 25:27–30). 이로 보건대 열왕기서는 적어도 주후 586 년 이후에 기록되었다는 추정이 가능하다. 열왕기서를 기록한 목적을 추정해 보건대, 이스라엘이 망한 직후에 역사가는 좌절과 실의에 빠진 백성들에게 이스라엘 역사를 바로 조명해 줄 필요를 느꼈을 것이다. 역사가는 이스라엘 역사를 신명기적 관점에서 조망한다는 것은 앞에서 이미 언급한 바 있지만, 모든 판단의 기준은 모세언약이었다. 반면, 역대기 역사가는 고레스왕의 원년 (주전 539 년) 고레스 왕이 공포한 조서, 곧 예루살렘 귀환령에 대한 언급으로 자신의 역사를 마무리 짓는다. 에스라 1:1–3 이 역대기 마지막 (대하 36:22–23) 과 동일하므로, 전통적으로 역대기 – 에스라 – 느헤미야서는 한 역사가의 기록으로 인정되어 왔었다. 이런 견해를 따른다면, 역대기 역사 기록연대는 좀 더 후대로 낮추어져서 대략 주전 420 년경이 되지 않을까 한다. 이 시기는 추방 직후가 아니라 추방생활을 마무리하고, 귀환하여 생활하던 시기였다. 귀환한 동포들을 향해 역대기 역사가는 어떻게 하면 이스라엘을 바로 재건할 수 있는지 역사에서 한 모델을 제시하려는 일념으로 역사를 기록한 듯 여겨진다. 왜냐하면 그의 기록은 다윗과 솔로몬 시대에 치중하면서 (할애된 분량을 유심히 보라), 그나마 부정적인 측면은 삭제하고 잘한 점들을 크게 부각시키고 있기 때문이다. 귀환한 백성들의 최대 과제는 성전재건이었다. 바로 이 점에 역대기 기자는 초점을 맞춘다. 즉, 하나님을 섬기는 신앙의식과 연관되는 부분을 집중 부각시킨다. 이렇게 열왕기 역사가와 역대기 역사가의 기록 목적은 달랐다.

(1) 인구조사

열왕기 역사와 역대기 역사가 그 시각에서 어떻게 차이를 보이는지 다윗의 인구조사 (삼하 24:1-25; 대상 21:1-27) 를 서로 대조해 본다.

	삼하 24	역대상 21
1	하나님의 진노	사단의 격동
2	이스라엘과 유다	이스라엘
3	군대장관 요압	요압과 백성의 두목
4	단에서부터 브엘세바까지	브엘세바에서부터 단까지 (대하 19:4, 30:5, 대상 13:5)
5	왕	다윗
6	어찌하여 내 주왕은 이런 일을 기뻐하시나이까?	"어찌하여 이스라엘로 죄가 있게 하는가?"
7	인구조사 행한 시간, 장소 (4-8절)	4절에서 간단하게 "두루 다닌 후에"
8	생략	21:28-22:1 여부스 타작마당이 성전부지가 되다

이러한 비교에서 당장 드러나는 상황은 역대기 기자가 "사단이 이스라엘을 대적하여 일어나 다윗을 격동하였다" 고 기술한다는 점이 사무엘하 24 장과 다르고 (야웨의 진노가 다시 이스라엘을 향하여 불붙었다), 사무엘 기자가 분단왕국을 암시하듯 "유다와 이스라엘" 이라 언급한 반면, 역대기 기자는 "이스라엘" 이라 통일왕국 호칭을 사용하며, 사무엘서가 북에서 남으로 지명을 호칭한 반면, 역대기 기자는 남에서 북으로 호칭함으로 남쪽의 중요성을 부각시키는 듯 하며, 마지막으로 특히 현저한 차이를 드러내는 것은 역대기서가 사무엘서가 언급치 않는 성전부지가 되리라는 다윗의 언급을 첨가했다는 점이다. 인구조사는 징집 가능자 조사, 세금 징수, 강제노역 등의 의도를 지녔으므로 하나님을 신뢰하고 전쟁마다 이겼던 다윗으로서는 군대의 숫자에 더 의존하는 불신앙적 행위 (마음의 동기가 불순) 였을 것이다. 하나님은 이에 진노하여 온역으로 치시니 7 만인이 죽임을 당하여 큰 손실을 입고 말았다. 그러나 이 일로 인하여 치는 천사가 여부스 족속 오르난의 타작마당에 섰던 관계로 다윗은 그곳에 제단을 쌓았을 뿐 아니라, 역대기 기자에 의하면, 그곳을 사서 성전 부지로 삼게 되었다.

이를 종합하자면, 역대기 기자는 크게 다음을 부각시키고 있다는 점이 드러난다

1) 귀환한 동포들은 남북 따지지 말고, "이스라엘" 로 통일성을 가져야 한다.
2) 정통성은 오히려 남쪽 유다에 있다
3) 야웨의 진노는 곧 대적의 손에 이스라엘을 붙이는 것으로 나타난다 (사단)
4) 비록 다윗의 불순한 동기로 심판은 받았으나 진노 중에도 긍휼을 베푸시는 하나님의 은총으로 인하여 처벌의 장소가 성전 부지로 화하였다.

특히 역대기 기자는 마지막 성전 부지를 부각시키고자 하는 듯 하다. 역대기 기자가 이렇게 자신의 Vorlage 인

(대본) 사무엘서를 자기 목적으로 변용시켜 제시한다는 점은 놀라운 일이 못된다. 역사는 매 시대마다 달리 조명될 수 있기 때문이다. 사단을 도입한 일에 대하여 어떤 비평가들은 추방생활을 하면서 페르시아의 이원론에 영향을 받아 영계의 세력을 자주 언급하게 되고, 이런 배경 하에서 "사단"이 등장하게 되었다고 주장하지만, 근거 없는 주장이다. 오히려 역대기 사가는 자신의 Vorlage 를 자기의 관점에서 재해석하고 있다. 재해석이란 "미드라쉬" 라 불리는 해석방식이다. 그 특징은 본문에 잠재되어 있는 사항을 보다 분명하게 드러내어 주는 해석으로, 이를 위해서는 본문에 사용된 표현 혹은 단어가 다른 곳에서 어떻게 사용되었는지를 면밀히 고찰하는 일 (analogy, inference) 이 필수적이다.

(2) 언약궤 이동 병행 기사들 (대상 15, 16 장)

비평가들은 역대기서는 자신의 대본인 소위 신명기 역사서의 역사성을 희생시키면서 자신의 신학적 역사 재해석을 감행했다고 비난하기를 주저 아니한다 (Matt Patrick Graham 1990). 피쉬베인은 (Fishbane) 대상 15 장을 본문의 율법화 (nomicization) 혹은 토라 원리의 주입이라 (infusion of Torahistic principles into the text) 부른다 (M. Fishbane 1989:424). 대상 15, 16 장은 삼하 6 장에 근거하는데, 과연 역대기 기자는 삼하 6 장의 역사성을 희생시키면서 자신의 신학적 재해석을 도출해 내는가? 역대기 기자는 그런 역사 무시나 역사왜곡을 삼하 6 장에 부과한 적이 없다는 것을 입증해 보이겠다.

대상 15, 16 장은 삼하 6:12b–20a 를 상당히 확대시켰다는 인상을 받는다. 확대시킨 것만 아니라, 동시에 언약궤 기사의 분위기가 아주 크게 다르다는 것을 느낀다. 대상 15, 16 장에서는 삼하 6 장과 달리, 언약궤를 예루살렘으로 이동하는 작업이 종교 문제이지, 반 (半)– 군사적 의식은 아님이 드러난다 (Jacob M. Myers 1965:102). 레위인들과 제사장들은 사무엘서와 달리 언약궤 이동에 관한 상세한 지시를 받는다. 사무엘서에 없는 사항이다. 삼하 6 장은 대상 13, 15, 16 장으로 확대되었다.

우리의 진술들에는 지금까지 두 가지 주요한 전제들이 표출되었다.

1) 역대기 기자는 창 – 열왕기서의 본문을 자기의 주 사료로 삼고 있다.

2) 역대기 기자는 스스로 자신 방식대로 자기 사료를 재해석하여 제시하고 있다.

이런 두 가정들이 함께 결합되어 활용될 때, 우리가 여기서 의도한 목적을 달성할 수 있을 것이다. 1) 의 전제는 두 본문을 비교해 볼 때 개연성이 확실하게 보인다. 2) 의 전제와 연관하여서는 렘케의 (Werner E. Lemke) 연구를 (1963, 1965) 염두에 두어야 한다. 렘케는 역대기 기자가 사무엘서와 다를 때, 본문을 변조한 책임이 있다고 할 수 있는 경우는 오로지, 사무엘서의 본문에 대한 다른 어떤 증거도 역대기서와 일치하지 아니할 때, 그리고 그 차이들이 역대기 기자 편에서 지속적인 관심사였다고 증거할 수 있을 때만으로 국한된다 (렘케의 주장에 대한 논박은 Mark A. Throntveit 1987:77 이하).

렘케는 우리가 다루려는 본문과 연관되는 다섯 구절들을 연구한 바 있다: 대상 13:9// 삼하 6:6; 대상 13:14// 삼하 6:11; 대상 14:12// 삼하 5:21, 대상 15:26// 삼하 6:13, 대상 15:27// 삼하 6:14 등. 대상 13:9// 삼하 6:6 과 연관하여, 브루넷은 (A. M. Brunet) 제안하길, "역대기 기자는 시도 자체만으로도 처벌을 요청하기에 충분하다고 하는 반면, 삼하 6 장에서는 언약궤에 손을 대는 행동이 하나님의 진노를 촉발 처벌을 자초했다고 한다" (A. M. Brunet 1989; Fishbane 1989:394) 이런 식의 설명은 렘케가 그런 작품에서 방법론적인 오류를 지적하기 까지 그런내로 용인될 수 있었다. 브루넷처럼 대본과의 자이를 전부 역대기 기자의 신학적 경향 탓으로 돌려 버리는 것이다. 그러나 렘케의 지적 이후로 그런 식의 설명은 통할 수 없게 되었다. 렘케의 주장은 70 인역 사무엘서와 다른 사본들에 근거한다. 역대기 기자의 독법을 지지하는 사본상 증거가 없다 해도, 렘케는 주장하길, 우리는 여기서 문체상의 차이 정도 이상의 것을 보려 해서는 안 된다고 주의를 준다. 그리고 렘케는 대상 15:25// 삼하 6:12, 대상 19:3, 6// 삼하 3:6 등도 비슷한 경우에 해당된다고 지적한다. 그는 "그런 사소한 차이들은 구문, 문체의 차이이지 기자의 신학적 경향이 아니라" 고 했다 (W. E. Lemke 1965).

처음부터 우리는 본문에 대한 우리의 시각이 매우 조심스러워야 한다는 점을 상기 받는다.

마틴 노트는 대상 15:4–10, 16–24, 16:5–38, 41–42 에서 후대 첨가물을 본다 (M. No –th 1987:35). 루돌프는 노트를 따라 이런 구절들을 첨가물로 본다 (Wilhelm Rudolph 1955:115). 루돌프는

1) 대상 15:4–10 은 대상 15:11 에 대한 병행이자 부가적 첨가라 이해한다. 대상 15:11 은 4–10 절 이후에 군더더기에 불과하다;

2) 대상 15:16–24 은 15:15 에서 15:25 이하로의 흐름을 방해한다, 또한 레위인들이 거기에 이미 서서 언약궤를 어깨에 메고 나르도록 있듯, 가수들의 지명 지시는 처음에 발해질 수 없다;

3) 대상 16:5b–38, 42 도 원래 역대기 본문에 속하지 않는다.

이렇게 해서 대상 15:1–3, 11–15, 25–16:5a, 39–41, 43 만 남게 된다. 그렇게 한다고 후대 첨가가 다 제거되었던가? 아니다. 왜냐하면, 다윗은 제사장들과 레위인들을 소환하지만 (15:11), 15:12 이하에서 레위인들에게만 말씀하기 때문이다. 그는 레위인들에게 스스로를 성결케 하라고 명하지만 (12 절), 제사장들도 그렇게 한다 (14 절). 이런저런 고려 때문에 루돌프는 대상 15:25–29, 16:1–3, 43 만 삼하 6:12b–20a 에 병행된다고 본다.

나머지는 (대상 15:1–3, 11–15, 16:4, 5a, 39–41) 역대기 기자가 자기 대본에 첨가한 것이라 한다. 이런 첨가의 이유는 무엇보다 대본의 다음과 같은 불충분함 때문이다:

1) 삼하 6:17 에서 언약궤를 위한 천막은 아주 예기치 않게 나타난다. 그러므로 역대기 기자는 다윗이 그것을 설치하게 만든다 (15:1);

2) 삼하 6:12b 에 의하면, 다윗 혼자 언약궤를 나르는 양 되었지만, 후에 (삼하 6:15, 18, 19) 온 이스라엘이 다시 참여한다. 이런 오류를 대상 15:3 을 통해 역대기 기자가 교정한다;

3) 언약궤가 옮겨진 후에 (삼하 6:3 이하), 삼하 6:13 에서 갑자기 다시 이동되었다. 내레이터가 이동의 방식이 변한 것에 대한 어떤 이유도 주지 않고 그리되었다. 또한 여기서도 역대기 기자는 15:2 에서 분명한 지시를 삽입하여 설명하고 있다. 그리하여 단지 형식상의 보충들의 범위만 제거되지 않고, 우리는 보다 오래된 보고의 실제 개정 앞에 선다. 그 오래된 보고는 확실히 보다 이전의 전승을 가리킨다고 한다.

윌리는 (Thomas Willi) 노트에게 영감을 받아 후대 채색은 주로 종교 기사들에서 나타난다는 점을 지적한다 (대상 23–27 장)(1972:194 이하). 윌리에 의하면 종교 기사의 후대 채색은 역대기 기자가 자기 대본을 해석하는 방식에 아주 자연스러운 것이라 한다. 언약궤 이동의 주제는 그런 첨가를 요청했다. 레위인들에 대한 언급은 문맥상 자연스럽다. 역대기 기자는 온 이스라엘의 배열에 대한 분명한 제시를 하고자 한다 (15:3). 그것은 제사장들과 레위인들, 그리고 평신도들의 위치를 규정대로 세우는 것이다. 그럼에도 윌리는 대상 15:4–10, 11b, 15:16–24, 27ab, 28ab; 16:4–38, 41–42 이 여러 후대인들의 손에 의해 첨가된 것이라 가정한다. 나머지인 대상 15:1–3, 11a, 12–15, 25–27ab, 28ab–29; 16:1–3, 39–40, 43 은 분명히 일관성을 지니며 역대기 기자의 제시 방식에 적절하다. 예컨대, 단어 대체에서, 보다 오래된 본문을 그대로 두는 것 등이 그러하다.

우리가 이런 언급들을 하는 이유는 우리가 다루려는 본문의 범위를 확실하게 정하고자 함이다. 비평가들이 후대 첨가들이라 가정한 바를 고려할 때, 대상 15, 16 장은 비평가들에게 의심을 잔뜩 초래하고 있는 것이다. 저들이 후대 첨가라 간주하는 것은 대개 종교적 목록들이다 (예컨대, 대상 15:4–10, 16–24 등). 우리는 이런 목록들을 다룰 마음이 없다. 윌리암손은 (H. G. M. Williamson) 이런 비평 문제들을 잘 다루었다. 단지 "제사장" 은 후대 첨가로 보고 있다는 점이 불만스럽다 (15:11, 14, 24 등).

4–10 절을 단축된 형식으로 재개하는 대상 15:11 의 어색한 위치에 관하여 말하자면, 반복적 재개라는 문예

장치를 생각할 수 있다 (Shemaryahu Talmon 1976 은 '반복적 재개들' 을 [repetitive resumptions] 구조적 구성요소를 지시하는 "문학 장치" 라고 말한다 ; Butler T. C. 1978 도 버틀러도 벨턴을 [P. Welten 1977:186 이하] 의지하여 동일한 사실을 지적한다).

역대기 기자가 작성한 첨가

루돌프가 지적했듯이, 보다 오래된 본문에 (삼하 6:12b–20a), 대상. 15:25–29, 16:1–3, 43 만이 상응한다. 종교 목록들은 (대상 15:4–10, 16–24) 우리 고려 대상에서 제외된다. 별다른 연구가 필요한 그들 자신만의 실체로 남겨두는 것이다. 그래서 우리가 다룰 본문은 대상 15:1–3, 11–15, 16:4, 5a, 39–41 으로 국한된다. 이 부분은 역대기 기자의 첨가인데, 설명이 필요한 것이다.

왕의 말은 (대상 15:2, 12–13) 역대기서에만 나타나는데, 다른 모든 요소를 여기서 통제한다 (M. A. Throntveit 은 왕의 말이 "논증" 이라 하고, Roddy L. Braun 1976 은 "칙령" 이라 하는데, 어쨌거나 이번에 다윗 왕은 홀로 행동한다 ; 이는 다윗이 홀론 내려가 하나님의 언약궤를 가져왔다고 언급하는 삼하 6:12 과 일치한다). 왕의 말 주변에, 대상 15:1, 3 (첫번 연설), 대상 15:11, 14–15 (둘째 연설) 모든 것이 위치한다 나머지 구절들은 대상 16:4–5a, 16:39–41 인데, 여기서 다윗은 종교 관리들을 주님을 섬기도록 배치한다.

2, 15 절에서 발견되는 왕의 말씀들의 특이성은 삼하 6 에서 토라 냄새가 없다는 점이다. 언약궤는 모세법에 의하면 레위인이 어깨에 메고 날라야 한다. 역대기 기자는 "일어났던 바" 를 (history) 제시하는 대신, 율법 규정을 근거로 "그렇게 했었어야 한다" 는 점을 (nomicization) 말하는가 ? 이것이 우리가 묻는 질문이다.

우리의 출발점은 삼하 6:12–13 인데, 여기서 다윗의 둘째 시도가 시작된다. 어떻게 라는 지시가 없이, 삼하 6:13 은 "언약궤를 멘 자들" 이 (**nōśᵓê ᵓărôn**) 여섯 걸음을 옮겼을 때 다윗이 황소 한 마리와 살진 송아지 하나를 희생 제사를 드렸다고 한다. 둘째 시도에서는 새 수레에 대한 암시가 전연 없다. "언약궤를 멘 자들" 이란 말을 역대기 기자는 뚫어지게 주목하고 있다. "나르다" 혹은 "메다" 동사는 (나사) 삼하 5:21 (다윗과 그 종자들이 그것들을 '날라' 치우니라), 6:3 (그들이 아비나답의 집에서 그것을 날랐다), 6:4a (=6:3b 아비나답의 집에서 하나님의 궤를 날랐다), 6:13 (궤를 멘 사람들이), 15:24 (언약궤를 메어 다가) 에서 나타난다. 모세법을 떠나, 그리고 솔로몬이 언약궤를 나른 관례를 (왕상 8:3, 4, 6, 7) 떠나서도, 이미 사무엘하에 "게제라 쇠바 원리" 를 적용하여 잠재적 의미를 도출해 낼 수 있는 "태아" 가 (germ) 있었던 것이다. 즉, "수레에 싣고" 가 아니라, 사람들이 언약궤를 "메어 날랐다" 는 정보가 있는 것이다.

동시에 삼하 6:13 은 "언약궤를 나르는 자들이 여섯 발걸음을 진행할 때" 라고 하는데, 여기서 "걸음을 옮기다" 란 동사는 (**ṣāʿădû**, take steps) 분명 수레의 움직임이 아니라, 언약궤를 나르는 사람들이 걸어가는 모습에만 해당될 수 있다. 사실, 그 동사는 수레와 연관하여 나타나는 경우는 없다. 삼하 6:13 도 역대기 기자에게는 언약궤를 다윗이 나르게 한 방식을 추론하게 해주는 좋은 근거가 되었음이 분명하다.

역대기 기자가 자기 대본에 이미 담긴 잠재적 의미를 이끌어냈을 "암시들" 을 지적했으므로 이제 우리는 그가 어떻게 삼하 6 장에 대한 미드라쉬 해석을 진행시켰을지를 고려해 보아야 한다. 삼하 6 장에 비교해 볼 때, 대상 15, 16 장에 제시된 두 왕의 연설들의 최소 공분모는 "언약궤를 나르다" (나사 아론) 이다. 삼하 6:3, 4, 13 등에서 바로 이 핵심 단어가 나타나고 있다. 이런 두 핵심 단어들을 손에 쥐고 역대기 기자는 "게제라 쇠바" (인어적 유사성에 근기한 유추) 원리를 대본에 적용시켰을 것이다 (Thomas Willi 1972:62, n. 63). 이런 원리는 후대 랍비들의 해석 원리이지만, 구약 자체에 적용해도 무리가 없을 것이다. 왜냐하면 이미 구약 자체 내에서, 후대의 미드라쉬 해석에 유사한 방식으로 구약이 구약 다른 부분을 해석하는 일들이 빈번하게 나타나고 있기 때문이다 (B. Childs 1972).

역대기 기자의 대본으로 (창 – 왕하) 눈을 돌리면, 언약궤는 적어도 72 번 나타나는데, 신 10:8, 수 3:3, 8, 13, 14, 15 9bis), 17, 4:16, 18, 6:6 (bis), 8, 12, 삼하 6:3, 4, 13, 15:24, 왕상 8:3, 4, 6 등에서만 "언약궤" 와 "나르다" 가 함께 나타난다. 블레셋이 언약궤를 취하여 다시 이스라엘에 되돌리는 기사에서 (삼상 4–7 장), 우리는 "나르다" 동사와 (나사) 연관될지 모를 어떤 동사를 볼 수가 없다. 앞의 구절들에 더하여 출 25:13–15, 민 3:31, 4:5, 7:9 등도 의미가 있을 것이다. 여기 민수기 구절들은 레위인들이나 제사장이 언약궤를 돌보는 일을 언급한다 (민 1:51, 52 는 간접적으로 여기와 연관된다; 왜냐하면 거기서 언약궤에 대한 언급은 "그들이 [레위인들] 성막과 그 모든 기구들을 날라야 한다" 는 표현에 함축되어 있기 때문이다).

민 3:31, 신 10:8 등과 같은 구절들은 분명히 레위인들이 언약궤를 돌보아야 한다는 것을 지시한다. 고핫 자손들이 언약궤를 담당했다 (민 3:31, 4:5). 여기서 레위인과 제사장 사이의 관계에 대한 비평 문제는 언급하지 않겠다 (J. Gordon McConville 1983). 여기서는 민 3, 4 장의 언급을 따르는 것으로 족하다. 레위인들은 제사장들의 감독 하에서 주를 섬겨야 했다.

역사서로 이동하면, 주목할 만한 현상이 나타난다. 수 3:3a 에서 "너희가 너희 하나님 야웨의 언약궤가 '레위 제사장들' 에 (**hakkōhănîm haləwiyyīm**; RSV; NIV–– "the priests, who are Levites") 의해 날라지는 것을 보거든" 이라고 한다. 왕상 8:3, 4, 6 에서도 제사장들이 언약궤를 나르는 것을 듣는다. 그런 구절들은 제사장들의 감독하에 레위인들이 언약궤를 날랐다고 이해해야 한다 (수 3:3, 8:33; 왕상 8:4; 대하 5:4). 레위인들은 제사장들의 종이었다 (민 3:6, 9). 이렇게 이해하면, 윌리암슨이 시도하는 불필요한 일을 할 이유가 없다. 윌리암손은 (H. G. M. Williamson) 대상 15:11, 14, 24 에서 "제사장들" 을 후대 첨가어로 보는 것이다.

한편, 토마스 윌리는 대상 15:26 이 신 10:8, 31:9 을 근거로 역사화된 (Geschichtsfindung) 경우에 해당된다고 한다. 역대기 기자는 역사성을 완전히 무시하고 자기 대본에 없는 내용, 곧 레위인이 언약궤를 메고 날랐다고 기록했다고 한다. 윌리는 설명하길, 왕상 8:3 에서 나타나는 "나르다" (나사) 동사를 가지고 역대기 기자는 대하 5:4 에서 잘 알려진 신명기 구절에 따라, 제사장 대신에 레위인들이 언약궤를 메는 자들이라고 진술했다고 한다. 대하 5:7 은 언약궤를 지성소로 옮기는 일과 연관되므로, 제사장들이 그 일은 감당했을 것이다.

대상 15:13 에서 다윗은 "전에는 너희가 메지 아니하였으므로 우리 하나님 여호와께서 우리를 충돌하셨나니 이는 우리가 '규례대로' (미쉬파트) 저에게 구하지 아니하였음이니라" 라고 말하는데, 이는 "게제라 쇄바" 추론의 도식과 잘 어울린다. 여기서 "규례" 는 (미쉬파트) 모세법을 가리킨다 (대상 15:15 참조)(משפט, כדבר, משה 용어들은 대상 6:34, 15:15, 21:29, 22:13, 23:13, 14, 15, 대하 1:3, 5:10, 8:13, 23:18, 24:6, 24:9, 25:4, 30:16, 33:8, 34:14, 35:6, 35:12 [משה]; I 6:17, 15:13, 16:12, 14, 18:14, 22:13 (pl.), 23:31, 24:19, 28:7, 대하 4:7, 20, 6:35, 39, 7:17, 8:14, 9:8, 19:6, 19:8, 10, 30:16, 33:8, 35:13 [משפט]; 대상 11:3, 11:10, 15:15, 대하 35:6 [כדבר]).

마찬가지로, 대상 15:15 의 진술은 (모세가 여호와의 말씀을 따라 명한대로 레위 자손이 채로 하나님의 궤를 꿰어 어깨에 메니라) 역대기 기자의 해석에 대한 우리 이해와 잘 어울린다 (출 25:13–15, 싯딤 나무 막대 묘사 참조). 민 7:9 에서 고핫 자손들에게는 하나도 주지 아니했으니 성소를 섬기는 일은 그들에게 속했기 때문이다 라고 한다. 저들은 자기들의 어깨에 메고 날라야 했었다. 나르는 막대 궤는 (대상 15:15 에서 **mōṭôt**) 출 25:13, 14, 37:4, 5 등에서 나타나지 않고 대신 "바딤" 이 나타나고, "모트" 는 민 4:10, 12 에서 나타나는데, 이 민수기 구절들은 나르는 틀을 언급한다. 반면 "모타" 는 나르는 개개 막대를 지칭한다 (Wilhelm Rudolph 1955:117, n.2 참조). "야웨의 언약궤 앞에서 섬기다" 는 대상 16:4, 신 10:8, 18:5 에서 나타난다.

더구나 역대기 기자는 다윗의 첫 시도에서의 (삼하 6:1–12a) 문제를 "새 수레" 와 같은 핵심어의 측면에서 고찰했을 것이다. 수레라는 말은 삼상 6:7 (bis), 8, 10, 11, 14 (bis) 등에서 야웨의 언약궤의 이방인식 이동을 묘사할 때 나타난다. 첫 시도에서 다윗은 블레셋이 했던 방식을 채용했었다 (삼하 6:3 에서 새 수레). 이런 실패는 삼하 6:12b–23 에 묘사된 두 번째 시도가 성공적이었다면, 되풀이 되지 않았음이 분명하다.

역대기 기자는 대상 13:7 에서 "나르다"를 (나사) 사용하지 않고, 대신 "싣다"란 동사를 (라카브) 사용했다 (삼하 6:3, 4 과 병행)(삼하 6:3b 에서의 표현은 4a 에서 반복되었다. 70 인역에서 삼하 6:3b 와 4a 는 생략되었다). 그렇게 단어를 세심하게 사용한 이유는 삼하 6:13 에서 평신도가 언약궤를 날랐다는 인상을 주지 않기 위함일 것이다 (M. Fishbane 1989:392).

이제 다루어야 할 문제는 대상 13–16 장에서의 내러티브의 전후 관계의 문제이다. 대상 14–16 의 전후 순서를 보면, 대상 13:1–4 (삼하 6:1–11 블레셋을 격파) → 대상 14:1–7 (삼하 5:11–25; 언약궤 이동 첫 시도) → 대상 15:1–16:3 (삼하 6:12–19a; 성공적인 이동) 이다. 왜 역대기 기자는 삼하 5 장을 삼하 6 장의 연속 내러티브 중간에 삽입시켰을까? (이 접속 שמוכין [conjunctions] 해석법에 대하여, M. Fishbane 1989:399–401)

윌리암손은 (H. G. M. Williamson) 모시스의 (R. Mosis) 제안을 따라 (R. Mosis 1973), 삼하 5 장을 (대상 14 장) 언약궤를 예루살렘으로 이동시키려 했던 첫 시도 다음에 배치한 것은 언약궤를 구한 결과 다윗이 하나님의 축복을 받았다는 증거르 드러내기 위함이라 했다. 결과적으로, 그 장은 여러 세부 사항들에서, 사울의 사망 기사에 묘사된 (대상 10 장) 추방 상황의 반전을 보여준다 (H. G. M. Williamson 1982:116). 그러나 그렇게 설득력이 있어 보이지 않는다. 만약 그것이 역대기 기자의 의도였다면, 그는 삼하 5 장을 대상 14 장이 아니라, 언약궤의 성공적인 이동 후에 배치했을 것이다.

더 나은 추론은 역대기 기자가 삼하 5 장을 언약궤 내러티브 중간에 삽입한 이유는 다른 메시지를 전달하려는 의도가 있었다고 보는 것이다. 첫 메시지는 자기 것을 거스리는 자들에 대하여 하나님의 진노가 폭발한다는 것이다. 대상 14 장과 15 장 사이의 직접적인 연관은 대상 14:11 (4 번), 15:13 에서 나타나는 "야웨의 진노가 터짐 [폭발]" 인데 (페레츠 야웨), 삼하 5:20 과 (4 번) 6:8 에서도 (3 번) 반복하여 나타난다. 하나님은 자기를 거스리는 자들에 대하여 폭발하신다. 그 점에서 자기를 거스리는 자들이 이스라엘인이건 이방인이건 구분이 없다. 블레셋 사람들이 하나님께서 세우신 (대상 14:2)("쿤" 동사는 역대기 역사서에서 중요한 역할을 감당한다; 그 단어는 야웨께서 다윗 왕국을 견고케 함을 묘사할 때 [대상 14:2, 17:11, 12, 14, 24, 22:10, 28:7, 대하 12:1, 17:5], 축복받는 비결인 마음을 야웨께 두다란 표현에서 [대상 29:18, 대하 12:14, 19:3, 20:33, 30:19] 나타난다) 다윗을 치고자 할 때 블레셋에 대하여 폭발하셨고, 자신이 세우신 법을 무시하고 자기를 거스리는 웃사에 대하여도 그리하셨다.

둘째 메시지는 하나님을 구하는 일은 보상을 받는다는 것이다. 대상 14 장에서 "(야웨를) 구하다" 란 말은 (솨알) 아주 중요한 역할을 한다. 다윗은 하나님의 뜻을 문의한 후에 행동했다 (10, 14 절). 다윗은 블레셋을 치기 전에 주께 문의했었다. 그렇다면 다윗은 만군의 야웨의 이름으로 일컫는 언약궤를 나르는 일에 관하여 그가 얼마나 심각하게 하나님께 문의했었어야 하겠는가? 역대기 기자는 다윗이 대상 15:13 에서 고백하게 하는데, 우리는 규정된 방식대로 그것을 하고자 하나님께 문의하지 않았었다 라고 하는 것이다. 대상 13 장에서의 이런 기도의 무시와 대비되어, 역대기 기자가 언약궤 내러티브 중간에 삽입시킨 대상 14 장이 부각된다. 대상 14 장에서 우리는 다윗이 진지하게 하나님을 찾는 모습을 발견한다. 대상 14 장과 15 장에서 동일한 용어가 아니라는 점두 사실이다. 그렇지만, 구하다, 문의하다 (다라쉬, 솨알) 등과 같은 단어들로 두 장은 동사적 고리로 연결된 것이 확실하다. 왜냐하면, "다라쉬" 와 "솨알" 두 단어는 삼상 28:6, 7, 대상 10:13, 14 등에서 서로 동의어로 교체 사용되고 있기 때문이다 ("솨알" 은 삼상 1:17, 20, 27 (2), 28, 2:20 (2), 8:10, 10:4, 22, 12:13, 19, 14:37, 17:22, 56, 19:22, 20:6 (2), 28, 22:10, 15, 23:2, 4, 25:5, 28:6, 16, 30:8, 21, 삼하 2:1, 3:13, 5:19, 23, 8:10, 11:7, 14:18, 16:23, 20:10, 18; "다라쉬" 는 삼상 28:7, 삼하 11:3, 대상 10:14, 13:3, 15:13, 16:11, 21:30, 26:31,

28:8, 9 등에서 나타난다). 즉, 두 단어는 동의어와 같은데 대상 14, 15 장에서 각기 사용되어 두 장을 서로 끈끈하게 묶어준다.
대상 13 장에서의 실패는 다윗이 하나님을 구하지 않았기 때문이었다면, 대상 14 장에서의 성공은 다윗이 하나님께 문의했기 때문이다. 그런 대조는 역대기 기자가 대상 15 장에서 제시하고자 하는 의도를 분명하게 드러내 준다. 대상 15 장에서의 성공은 14 장의 성공 방식의 본을 따른 것이었다.
결론적으로, 토마스 윌리가 지적했듯이 (Willi 1972:176 이하), 역대기 기자의 해석에서 토라의 권위는 중대한 역할을 감당한다. 역대기 기자는 자기 대본에 대한 유능한 해석자임을 증거하고 있다. 그가 대본에 접근하는 학가다 해석법은 기독인이 어떤 본문에서 "보다 더 충만한 의미" 를 (sensus plenior) 구하는 것과 유사하다. 대본에서 근거를 찾아 분명하게 확대시킨다. 피쉬베인의 말을 빌자면, 학가다 해석은 전승의 (tradition) 내용인 traditum 에서의 (전해진 것) 갭을 보충하는 것으로 만족하지 않는다. 오히려 그것으로부터 잠재적이면서도 부인할 수 없이 분명한 의미를 이끌어 낸다 (M. Fishbane 1989:282–83). 이런 식으로 학가다 해석은 이전 본문의 잠재적 충만함을 극대화시켜 실제가 되게 만든다. "게제라 솨바 원리" 는 (lexical analogy) 대상 15–16 장이 삼하 6 장을 해석하면서 적용된 원리이다. 역사성을 희생한 것은 하나도 없다. 왜냐하면 이미 대본에 들어있는 잠재적 의미를 끌어냈을 뿐이기 때문이다.

3–2. 에스라

	맛소라	70인역	벌게잇
에스라	에스라	에스드라 β	에스드라 I
느헤미야	느헤미야	에스드라 γ	에스드라 II
외경 에스라	–	에스드라 α	에스드라 III
에스라 묵시	–	에스드라 묵시	에스드라 IV

1) 명칭

"에스라" 란 이름은 "돕는 자" 란 의미로 이해할 수도 있고, "아자르 엘" 의 (하나님이 도우신다) 축약형이나 '아자리아' 의 (야웨께서 도우신다) 축약형으로도 볼 수 있다. 에스라란 책명은 이 책의 중심 인물인 "에스라" 에게서 유래한다.

2) 저자와 저작 연대

에스라는 7 장에서 3 인칭으로 처음 언급된다. 에스라는 대제사장 아론의 16 대손으로 사독 후손으로 (라 7:1–5), 바벨론에서 예루살렘으로 귀환했으며, 그는 이스라엘 하나님 여호와께서 주신 바 모세의 율법에 익숙한 '학사 (소페르, 서기관)' 로서 그 하나님 여호와의 도우심을 입으므로 왕에게 구하는 것은 다 받는 자라고 한다 (라 7:6).
여기서 보듯, 에스라는 아론계 제사장 후손으로 제사장이자, 모세법에 능통한 학사로서 당시 페르시아 왕이나, 하늘의 대왕이신 하나님께 모두 은총을 입는 자였다. 에스라는 페르시아 아닥사스다 왕의 (Artaxerxes I 464–424) 호의를 입은 자로서, 왕에게 구하여 그의 조서를 받았는데 (7 장), 그 조서는 페르시아 제국에서 느헤미야처럼 공적인 직책을 갖지 못했던 에스라에게 여러 가지 특권을 안겨 주었다.

3) 내용 분해

(1) 스룹바벨 지도하에 1 차 귀환과 재건 (1–6)

a. 고레스의 칙령 (1:1–4);

b. 유대인의 반응 (1:5–11);

c. 귀환자 명단 (2);

d. 성전 재건 (3:1–6:15)

1. 제단과 토대 재건 (3); 2. 재건 작업에 대한 반대 (4:1–6:12);

3. 성전 재건 완공 (6:13–15)

e. 성전 헌당과 유월절 준수 (6:16–22)

1. 성전 헌당 (6:16–18); 2. 유월절 준수 (6:19–22)

(2) 에스라 지도하의 2 차 귀환과 개혁 (7–10)

a. 귀환 (7–8)

1. 에스라의 소개 (7:1–10); 2. 귀환을 촉발한 상황들 (7:11–28);

3. 귀환자 명단 (8:1–14); 4. 여정 묘사 (8:15–36)

b. 귀환한 땅에서의 개혁 (9–10)

1. 국제결혼 문제 (9:1–4); 2. 에스라의 기도 (9:5–15); 3. 백성의 죄악 고백 (10)

4) 에스라는 무엇을 가르치는가 ?

첫째로 , 하나님은 세상 역사를 주장하심

에스라는 라 7:1–5 에 의하면 , 비느하스의 후손 곧 레위지파 후손이다 . 그는 라 7:28 에 언급된 대로 하나님의 성령님을 의지하고 바벨론에 거주하던 유대인들을 모아 예루살렘으로 인도했던 자이다 . 이것이 가능했던 것은 하나님께서 바벨론에 포로가 되게 하셨던 사람들을 약속하신대로 70 년 만에 고국에 귀환할 수 있도록 바벨론이 무너지게 하시고 , 대신 페르시아 제국이 중근동을 지배하게 하시고 페르시아 대왕 고레스의 마음을 움직이셨기 때문이다 . 하나님은 자신의 약속대로 70 년 만에 포로들이 고국에 돌아갈 수 있도록 세상 왕의 마음을 움직이신 것이다 .

우리 열조의 하나님 여호와를 송축할지로다 그가 왕의 마음에 예루살렘 여호와의 전을 아름답게 할 뜻을 두시고 28 또 나로 왕과 그 모사들의 앞과 왕의 권세 있는 모든 방백의 앞에서 은혜를 얻게 하셨도다 나의 하나님 여호와의 손이 나의 위에 있으므로 내가 힘을 얻어 이스라엘 중에 두목을 모아 나와 함께 올라오게 하였노라 (라 7:27)

하나님은 일반인의 마음도 주장하시지만 , 왕의 마음을 주장하시는 분이시다 .

잠 25:3 하늘의 높음과 땅의 깊음 같이 왕의 마음은 헤아릴 수 없느니라

출 14:8 여호와께서 이집트 왕 바로의 마음을 강퍅케 하셨으므로 그가 이스라엘 자손의 뒤를 따르니 이스라엘 자손이 담대히 나갔음이라

신 2:30 헤스본 왕 시혼이 우리의 통과하기를 허락지 아니하였으니 이는 너의 하나님 여호와께서 그를 네 손에 붙이시려고 그 성품을 완강케 하셨고 그 마음을 강퍅케 하셨음이라 오늘날과 같으니라

잠 21:1 왕의 마음이 여호와의 손에 있음이 마치 보의 물과 같아서 그가 임의로 인도하시느니라

둘째로, 영적인 고향을 목표로 움직이는 자들

고레스의 해방령으로 (주전 538 년) 고국으로의 귀환이 허락된 이후에 1 차 포로들의 귀환이 있었고 (라 1–2 장), 에스라의 인도로 귀환한 것은 (라 7–8 장) 2 차 포로 귀환이었다. 다수의 사람들은 잡혀온 바벨론 땅에서 살면서 죽었고 새로 태어난 2 세들은 그곳의 문화와 언어에 동화되어, 다수가 모국어를 상실하고 '아람어'를 사용하였다. 그곳에서 태어나서 그곳에서 교육을 받고 생활한 까닭에 그곳에 모든 생활 지반이 있었다. 사정이 그러했으므로 저들 중에 다수는 고국으로 돌아가도 좋다는 귀환령이 내렸음에도 그곳에 주저앉아 살고자 했다. 그러나 영적으로 움직이는 자들도 있었다.

이에 유다와 베냐민 족장들과 제사장들과 레위 사람들과 무릇 그 마음이 하나님께 감동을 받고 올라가서 예루살렘 여호와의 전을 건축코자 하는 자가 다 일어나니 (라 1:5)

즉, 하나님께서 저들 중에서 고국으로 돌아갈 마음을 주신 자는 일어나서 아무런 소망도 보이지 않았지만 멀리 황폐해진 조국으로 여행을 떠났다. 저들의 소원은 단 한 가지, 그것은 현재의 불 신앙적 생활환경을 떠나 신앙의 조국을 건설을 하려는 것이었다. 그렇지 않다면, 저들은 자신들의 생활 터전이 되어버린 당시의 최고 문명국을 포기할 이유가 없었다. 보통 사람들의 눈에 보기에는 다 살기 좋고, 교육 시설 좋고, 문화 시설 편리하다 해도 영적인 눈으로 보건대 우상의 도시였고, 부패와 음란의 도시인 바벨론에 안주한다는 것은 좋지 못하였다. 그래서 저들은 하나님의 성령님의 감동을 받아 분연히 일어나서 새로운 신앙 조국 건설을 위해 떠났던 것이다.

히 11:13 이 사람들은 다 믿음을 따라 죽었으며 약속을 받지 못하였으되
그것들을 멀리서 보고 환영하며 또 땅에서는 외국인과 나그네로라 증거하였으니
14 이같이 말하는 자들은 본향 찾는 것을 나타냄이라
15 저희가 나온바 본향을 생각하였더면 돌아갈 기회가 있었으려니와
16 저희가 이제는 더 나은 본향을 사모하니 곧 하늘에 있는 것이라
그러므로 하나님이 저희 하나님이라 일컬음 받으심을 부끄러워 아니하시고
저희를 위하여 한 성을 예비하셨느니라

에스라 8 장에 언급된 자들은 타국에서 오랫동안 가정적으로, 사회적으로 안정을 찾은 자들이다. 비록 타향에서 안정을 찾긴 하였으나, 이곳은 우상의 도시요, 약속의 땅을 벗어난 도시였다. 불안정하고 정착하기 어려운 팔레스틴의 약속의 땅으로 나아온 것은 주의 약속이 성취되기를 바라는 믿음 때문이었다. 주의 언약의 땅에 머무는 것이 가장 행복하다는 사실을 분명히 알았기에 페르시아에서의 행복을 포기하고 본국으로의 귀환을 결정한 것이다.

오늘날 우리에게 약속의 땅은 따로 지상에 없다. 오직 저 하늘 본향이 있을 뿐이다. 신약 시대를 사는 우리는 세상에서의 삶은 오로지 주님의 복음전파 목적으로 움직여야 한다.

에스라 시대에 영적으로 움직이는 자들은 세상 것을 포기하고 하나님의 성전을 사모했으며, 하나님을 따르기로 작정하였다. 예수님의 제자들도 주님을 따를 때 세상의 모든 것을 포기하고 좇았다. "저희가 배들을 육지에 대고 모든 것을 버려두고 예수를 좇으니라" (눅 5:11).

셋째로, 이방 땅에서 고국으로 귀환한 자들의 명단

나와 함께 바벨론에서 올라온 족장들과 그들의 보계가 이러하니라 (라 8:1)

라 8:1–14 에는 에스라와 함께 귀환한 제 2 차 귀환자 약 1,773 명이 언급되었다. 여기에 아이, 여인까지 5 인으로 계산하면 전부 약 9 천명이 귀환했지 않았을까? 이 수효는 제 1 차 귀환민의 그것에 (라 2:3–63) 비교하면 불과 1/5 가량에 불과하다. 라 8:4–14 에 나오는 가족명들은 '요압 자손' 을 제외하고는 라 2:3–15 에 모두 나온

다. 단, 8 장 본문의 명단은 두 명의 제사장과 (비느하스, 이다말 ; 아론의 네 아들 아비후, 나답, 이다말, 엘르아살 중에서 첫째와 둘째가 분향상의 실수로 죽임을 당했고 [레 10:1], 이다말의 후손이 엘리, 에르라살의 아들이 비느하스) 다윗의 후손 이름으로 시작하는 특징을 보여준다 (8:2). 반면에 2장에서는 제사장 가계가 나중에 언급된다. 라 8:1 이하에서 2 차 귀환자들의 명단이 나열되고 하나님의 허락하신 귀환에 성실히 참여한 자들이 기록된다. 2 차 포로 귀환에 참여한 백성들 (라 8:1–14) = 세상 것을 포기한 백성들은 이스라엘 남자가 도합 1,773 명이었다 (라 8:1–14). 1 인당 5 인의 부양가족이 있다고 보았을 때, 2 차 포로 귀환자 숫자는 도합 9,000 여명이 넘었을 것으로 보인다. 아무튼 이들은 고향으로 귀향하기 위해 자원한 자들이었다. 이들의 숫자를 성경에 기록한 것은 저들의 귀환이 영적으로 의미가 있기 때문이다. 곧 구약적 견지에서 팔레스틴 땅이 "성결한 땅" 혹은 "성소" 이었지만 (출 15:13, 17), 새 언약 체제하에서는 땅의 어떤 지역을 따로 떼어 이곳이 거룩한 땅이다, 하나님의 임재가 있는 곳이라고 하지 않는다. 성도의 궁극적인 기업은 지상의 어떤 땅이 아니라 쇠하지 않고 썩지 아니하는 영원한 하늘나라에 있다 (벧전 1:4).

넷째로, 고국으로 출발 전에 금식 기도하는 백성들 (라 8:15–32)

언젠가 강의실에서 "금식을 무작정 아무 때나 그냥 하면 안 된다. 내 몸의 건강을 위해 일년에 며칠간 언제 규칙을 정하거나 특별한 경우에 국한하여 해야지 젊다고 되는대로 금식을 하게 되면 나중 몸을 망칠 수가 있다" 고 했더니, 신앙이 뜨거웠던 한 여학생이 "교수님, 그런 말씀은 맞지 않습니다!" 라고 반박했다. 나는 할 말을 잃었는데 마음에 금식의 열정이 뜨거우면 누가 막겠는가? 다만 걸핏하면 금식하는 식으로 해서는 몸이 상한다는 말이다.

(1) 금식 선포

온전한 신앙으로 준비하였다. 이스라엘 백성들은 본토 귀환에 앞서 아하와 강가에 모여 금식을 선포하였다 (라 8:21–23). 이는 안전한 귀향길을 간구하기 위함이었다. 바사에서 예루살렘까지 직선거리로 800 여 킬로 정도였지만 실제 여행 거리는 1,400 여 킬로나 되었다. 게다가 노상 (路上) 에는 수많은 강도들의 약탈이 심심찮게 자행되었다 (라 8:31). 그러기에 이스라엘 백성들의 영적 고향인 유대 땅으로 여행하는 것이 결코 간단하지 않았다. 그럼에도 에스라는 페르시아 왕에게 우리에게 호위병을 파송해 주소서! 라고 군대를 요청하지 않았다. 유대인들이 경호를 요청한다면 틀림없이 승락을 받았을 것이다 (라 7:11–26). 그럼에도 이런 일생의 중대한 문제를 인간의 힘과 군대의 손에 맡기지 않고 오직 전능하신 하나님의 힘과 역사에 맡겼다. 모든 문제의 근원적인 해결자는 오직 여호와 하나님 한 분 뿐이심을 분명히 깨달아 알고 있었기 때문이다.

(2) 레위인들을 보충함

"내가 무리를 아하와로 흐르는 강가에 모으고 거기서 '삼일' 동안 장막에 유하며 백성과 제사장들을 살핀즉" 하였는데 (라 8:15), 라 8:31 에 보면 "정월 십이일에" 그 머물렀던 곳을 출발하였다. 저들은 아하와 강가에 삼일을 머물며, 무리들의 휴식을 취했고, 무리 중에 레위인이 있는가를 점검하였다 (8:15). 그런데 9,000 명이나 되는 많은 무리들 중에 레위인이 없었다. 지금 에스라가 고국으로 가고 있는 것은 타락한 백성들의 신앙생활을 일깨우기 위함이었다. 그런 목적을 위해 함께 일할 레위인이 필요했지만 레위인이 무리 중에 없었다. 그래서 삼일을 머물며 레위인을 권면하여 함께 고국으로 돌아가도록 하였다.

16 이에 모든 족장 곧 엘리에셀과 아리엘과 스마야와 엘라단과 야립과 엘라단과 나단과 스가랴와 므술람을 부르고 또 명철한 사람 요야립과 엘라단을 불러 17 가시뱌 지방으로 보내어 그곳 족장 잇도에게 나아가게 하고 잇도와 그 형제 곧 가시뱌 지방에 거한 '느디님' 사람들에게 할 말을 일러주고 우리 하나님의 전을 위하여 수종들 자를 데리고 오라 하였더니 18 우리

하나님의 선한 손의 도우심을 입고 저희가 이스라엘의 손자 레위의 아들 '말리' 의 (레위 - 므라리 - 말리) 자손 중에서 한 명철한 사람을 데려오고 또 세레뱌와 그 아들들과 형제 십 팔명과 19 하사뱌와 므라리 자손 중 여사야와 그 형제와 저의 아들들 이십 명을 데려오고 20 또 '느디님' (주어진 자들 = 성전 수종자들 [temple servants]) 사람 곧 다윗과 방백들이 주어 레위 사람에게 수종들게 한 그 '느디님' 사람 중 이백 이십 명을 데려왔으니 그 이름이 다 기록되었느니라
이렇게 해서 에스라 귀환 때에 39 명 레위인, 220 명의 성전 수종자들이 함께 귀환할 수 있었다. 1 차 귀환 때는 392 인의 성전 수종자들이 귀환했었다.

(3) 세상 왕의 도움을 청하지 않았다

에스라가 바사를 출발할 때 바사 왕이 무엇이든지 주겠다고 말했다
이 에스라가 바벨론에서 올라왔으니 저는 이스라엘 하나님 여호와께서 주신 바 모세의 율법에 익숙한 학사로서 그 하나님 여호와의 도우심을 입으므로 왕에게 구하는 것은 다 받는 자더니 (라 7:6)
필요하다면 험난한 길에 군대까지도 함께 보내어 줄 뜻을 비추었다. 그러나 에스라는 왕의 제안을 정중하게 거절했다. 에스라는 이 세상에는 하나님을 구하는 자들과 하나님을 배반하는 자들이 함께 살고 있다는 것을 믿었다. 다시 말하면 하나님에 관한 지식을 구하고 하나님의 은혜를 구하며 하나님의 영광을 구하는 자가 있는가하면 이런 일에 전혀 무관심한 자들도 있다는 것이다. 그런데 에스라는 하나님의 편이 되어서 하나님의 영광을 위하여 살고자 노력을 했다. 그래서 에스라는 하나님을 의지하지 아니하고 세상적인 것을 의지함은 곧 하나님을 배반하는 일이라고 믿었다. 물론 이렇게 말하는 사람들도 있을 것이다. "왕의 도움도 받아 드리고 동시에 하나님의 도움도 받으면 얼마나 더 좋은가?"라고. 그러나 에스라의 믿음은 이런 것을 허락하지 않았다. 하나님이면 하나님이고 세상이면 세상이었다. 분명한 신앙을 가지기를 원했다. 그래서 바사 왕이 자처한 도움이었으나 에스라는 단호히 거절해 버렸다.

(4) 하나님이 함께하는 믿음의 고백

에스라는 도와주겠다는 페르시아 왕에게 다음과 같은 믿음을 고백했다.
이는 우리가 전에 왕에게 고하기를 우리 하나님의 손은 자기를 찾는 모든 자에게 선을 베푸시고 자기를 배반하는 모든 자에게는 권능과 진노를 베푸신다 하였으므로 길에서 적군을 막고 우리를 도울 보병과 마병을 왕에게 구하기를 부끄러워하였음이라 (라 8:22)
왕에게 보병과 (步兵) 마병을 (馬兵) 구하는 일 같은 것을 부끄러운 일로 여겼다. 에스라는 왕의 도움을 청함으로써 하나님의 영예를 침해하는 일을 행하기보다는 차라리 자기 자신이 위험한 편을 즐겨 택했다. 하늘나라가 본향이라고, 하나님이 우리 아버지라고 말하면서도 세상의 온갖 부와 권력을 탐하는 자는 없는가? 썩어지지 않을 부를 하늘 곳간에 쌓아 둔다고 하면서도 잠시 있다 사라질 것에 눈이 먼 사람은 없는가? 하나님만이 자신의 유일한 기쁨이라하면서도 슬픈 일 어려운 일 만날 때 비탄에 빠지는 자는 없는가? 사람들 앞에서는 보이지 않는 영원하신 존재를 위해 산다고 말하면서 우리가 볼 수 없고 손으로 만질 수 없는 신령한 것에 대하여 관심이 없는 사람은 없는가? 자신은 고매하고 높은 신념을 따라 행한다고 말하면서 실제 생활에서는 세상 사람들의 냉정하고 속된 원칙 따라 행하는 자는 없는가? 하나님을 믿는다고 고백을 하면서 사는 사람들이 말과 행위 즉 믿음이 일치하지 못함을 보고 우리들을 거짓의 종교라고 말하지 않을까 하는 것을 생각해 보지 않았는가?

(5) 응답을 받다

우리가 이를 위하여 금식하며 우리 하나님께 간구하였더니 그 응락하심을 입었느니라 (라 8:23)

정월 십이일에 우리가 아하와 강을 떠나 예루살렘으로 갈새 우리 하나님의 손이 우리를 도우사 대적과 길에 매복한 자의 손에서 건지신지라 (라 8:31)

그 응답의 결과는

a. 은금 보물을 안전하게 운반하다

저희에게 왕과 모사들과 방백들과 또 그곳에 있는 이스라엘 무리가 우리 하나님의 전을 위하여 드린 은과 금과 기명들을 달아서 주었으니 26 내가 달아서 저희 손에 준 것은 은이 육백오십 달란트요 은기명이 일백 달란트요 금이 일백 달란트며 27 또 금잔이 이십 개라 중수는 일천 다릭이요 또 아름답고 빛나 금 같이 보배로운 놋그릇이 두 개라

* 은 650 달란트, 은 그릇 100 달란트; 금 100 달란트, 금잔 20 개 (1000 다릭); 놋그릇 2 개

4 개월간의 여행을 마치고 본국에 도착한 유대인들은 도착 즉시 각자에게 맡겨진 책무를 수행하였다. 성전귀중품을 운반한 자들은 제사장에게 귀금속들을 인계하였다 (라 8:33–34).

b. 어린 아이들도 안전했다

우리와 우리 어린 것과 모든 소유를 위하여 평탄한 길을 그에게 간구하였으니 (라 8:21). 응답 받았다는 것은 어린이들도 안전하게 예루살렘에 도착했다는 말이다.

c. 예루살렘에서 감사의 제사를 드리다

사로잡혔던 자의 자손 곧 이방에서 돌아온 자들이 이스라엘 하나님께 번제를 드렸는데 이스라엘 전체를 위한 수송아지가 12 이요 또 수양이 96 이요 어린 양이 77 이요 또 속죄제의 수염소가 12 이니 모두 여호와께 드린 번제물이라 (라 8:35). 번제는 하나님께 대한 헌신과 아직 청산되지 못한 숨은 죄를 속죄하는 제사라면, "수염소" 제물의 속죄제는 족장들의 죄를 속죄하는 제물이었다 (레 4:22–26). 그런데 귀환 당시 "족장들" 은 "엘리에셀과 아리엘과 스마야와 엘라단과 야립과 엘라단과 나단과 스가랴와 므술람" 등 9 명이었다 (라 8:16). 이 9 명의 죄를 속하는 속죄제를 드린 것은 왜일까?

* 번제 수송아지 12 마리, 수양 96 마리, 어린 양 77 마리; 속죄제 위한 수 염소 12 마리

다섯 째로, 에스라의 초막절 준수

초막절 법규들 및 연관성구 내지 연관문헌들:

출 23:16, 34:22 [수장절], 레 23:34–36, 39–44 [가장 상세한 초막절 규정], 민 29:12–40 [절기에 드릴 제물들], 신 16:13–15, 31:10–13 [모압들에서 갱신된 시내산 언약의 법율조항 중 초막절 관련법규], 왕상 8:2, 12:32, 대하 5:3, 7:8, 에스라 3:4, 슥 14:16–19, 느 8:13–18, 요 7:1–10:21; 마카비하 10:16–17, 희년서 16:30 이하, 요세푸스의 고대기 (The Antiquities of the Jews) 13:13, 5, 탈무드 Sukkah, Chagigah 등.

오경의 법을 연구하다보면, 제시된 법규들이 실제생활에 적용될 수 있을 만큼 구체적이지 못하다는 점을 곧 깨닫게 된다. 예컨대, 사유재산에 손실을 입힌 경우를 다루는 법의 경우, 타인의 재산에 직접 손실을 가한 경우는 다루지 아니하고 간접으로 손실을 입힌 경우만 다룬다. 출 21:22 에 의하면, 사람이 서로 싸우다가 아이 밴 여인을 다쳐 낙태케 할 경우, 다른 해가 없으면 그 남편의 청구대로 벌금을 내야 했다. 직접 이 여인을 상해한 것이 아니라, 싸우다 실수하여 제 3 자의 여인을 상해케 한 경우를 다룬다. 이런 저런 모양으로 구체적인 상황을 다루는 법규에는 빈틈들이 (lacunae) 많다. 오경의 법규를 오랫동안 연구한 이에 의하면, 이런 공백들은 현대인들의 눈에는 이상하게 보일지 몰라도, 직접적인 상해에 대한 법이 없다는 사실은 우연적인 것도 아니며, 그렇다고, 원래는 규정이 있었으나 전해지는 동안 상실되었다고 생각해서도 안 된다. 그러한 공백은 고대 법규들의 성격을 고려함으로 바로 설명되어 질 수 있다. 즉, 많은 고대의 법전들은 어떤 법이 애매모호하거나 아니면 개정할 필요가 있는 경우, 혹은 둘의 경우에만 규정한다 (D. Daube 1961:257).

한 나라의 법규나 규례들을 주제 별로 체계적으로 배열하고 모으는 법전 편찬은 삼권 분립 개념이 없었던 고대에 왕의 소

관이었다. 대개 법전 편찬은 지금까지의 규례들이나 판례들을 참조하고 수정하고 재 정렬함으로 되어진다. 영국이나 미국법은 '보통법' 이라 (common law) 불리는데, 법원이 지금까지의 여러 관례나 관습을 고려하여 내린 판결에 대하여 법적 구속력을 인정하고 이것을 제 1 차 법의 원천으로 하는 판례법 우선주의이다. 그러니까 법률 전공의 판사들에게 법률 전체 운용과 해석을 맡기는 셈이다. 이에 비하여 독일이나, 일본, 한국 등은 입법부인 국회에서 법은 제정하고 사법부는 그 운용을 담당한다.

오래된 성문법은 주전 25 세기 우르의 왕 '우르 남무,' 주전 2210 년경의 이신의 왕 '리핏 이쉬타르,' 주전 1750 년경의 고바빌로니아 왕 '함무라비' 등의 법전이다. 리핏 이쉬타르와 함무라비는 자기 법전의 서문에서 이런 법전 편찬은 "공의를 세우기 위함" 이라고 밝히고 있다. 고대 그리스나 로마도 법전을 편찬했지만, 성문법이 항상 도움이 된 것만은 아니었다. 로마의 칼리굴라 황제는 자기 법들을 작은 글자들로 기록하여 기둥들에 높이 달아 선포는 하되 대중이 잘 보지 못하게 함으로, 공중 (公衆) 으로 덫에 걸리게 만들었고, 율리우스 시저는 법전 편찬을 시도했지만, 방대한 로마법의 양을 전부 그 본질적인 것들로 축소시킬 수는 없었다. 오직 주후 6 세기 유스티니안 1 세 황제 때에 처음으로 로마법 전체가 체계적으로 정리 정립될 수 있었다. '유스티니아 법전 (Corpus Juris Civilis 공민법전)' 이라 불리는 이 법이 로마법 전체의 조직적 체계화의 시초였다.

그렇다면, 고대 법전들이 얼마나 공백들이 많을지는 짐작이 가고도 남는다. 오직 로마제국 중기에 들어가서야 로마법도 하나의 조직적 체계로 정리될 수 있었다면, 고대 사회에서 그런 조직적인 분야별 법은 기대하기 어려운 것이다. 하물며 주전 15 세기의 모세법이랴!

법규들의 적용을 위해서는, 오경의 법규들에 공백들이 있다는 사실들만 문제가 되는 것이 아니다. 규정이 있는 경우에도 문제는 허다하다. 왜냐하면 그 규정을 실행하는 방법이 모호하거나 사법적인 시행과 거리가 먼 방식으로 기술되었기 때문이다. 예컨대, 민수기에서 여러 번 언급되는 표현 "외인이 가까이 하면 죽임을 당할 것이니라" 는 (민 1:51, 3:10, 38, 18:7 등) 은 애매하여 해석이 쉽지 않다. 이 표현은 하나님이 세우지 아니한 일반인이 (an unauthorised person) 성물에 접근할 경우 극형에 처해질 것이라는 의미를 담고 있다. 한역은 "외인이 가까이 오면 죽일 지며" 라 번역하여 사람이 처형하는 것으로 이해했다. 호팔형이니 (Hofal 형 – 히필형 수동태) 만큼 '사람이 처형시키' 는 것으로 이해할 수 있다. 그러나 유대인 주석가들은 성소와 연관하여 처형되는 모든 경우에서처럼, 여기서도 처형자를 하나님으로 이해하곤 했다 (Mish. Sanh. 9:6, Sifre Zuta on Num 18:7, Yeru. Sanh. 48b). 이렇게 법적인 규정이 모호하여 그 해석이 어려운 경우들이 허다하다. 따라서 오경의 법규들은 "해석" 을 통하여 비로소 적용이 가능했다.

이런 점을 염두에 두고 에스라나 그 일행은 오경의 초막절 법규를 어떻게 해석하여 실제 삶에 적용했던가? 를 고찰해 보자.

(1) 에스라 초막절 준수의 역사적 배경

주전 458 년 페르시아의 아닥사스다 (Artaxerxes I, 465–424 BC) 대왕은 제국 내의 다문화, 다종교정책의 일환으로 에스라에게 유대로 돌아가 "너희 하나님의 법" 을 시행할 수 있는 권한을 부여했다 (라 7:12, 14). 에스라의 공적인 직위는 유대인의 전통적인 법에 근거하여 포로생활에서 귀환한 유대인 공동체를 재건하는 "종교 서기관" (religious scribe) 이었다. 에스라는 야웨의 토라를 연구하고 그 법과 규례를 이스라엘에서 시행하고 가르치기로 작정하였다 (라 7:10). 에스라가 예루살렘에 도착한 것은 주전 458 년 8 월 초였다 (라 7:8; Artaxerxes I 세 제 8 년). 7 월 1 일 '로쉬 하솬나' 성회 때 (느 7:17–8:1) 에스라는 레위인 조력자들과 함께 토라를 읽기 시작했다. 저들은 단지 낭독만 한 것이 아니라, "분명하게" 읽어 의미가 바로 전달되도록 했다. 토라를 "분명하게" (explicitly), 곧 그 발음이나 억양을 "분명하게" (**məpōrāš**) 읽어서 의미가 바로 전달되게 했다 (레 24:12, 민 15:34 에서 '메포라쉬' 는 사법적 결정과 연관이 있다; '파라쉬' I, make distinct, declare; 푸알형에서 [Pual stem] 이 말은 "설명되다, 결정되다 (be explained, decided); 이 말에서 "바리새파" [Pharisee, 분리된 자들?] 이란 말이 파생되었다). 이렇게 토라를 낭독하는 일은 두 가지를 동반했다: 본문의 의미를 제시하는 일과 그것을 적용하는 일.

족장들, 제사장들과 레위인들이 율법을 말씀을 밝히 알고자 에스라에게 모여왔다 (느 8:13). 저들은 초막절을 준수하는 방식을 알기 원했다는 것이 드러난다. 왜냐하면, 저들이 토라를 읽는 동안 "야웨께서 모세를 통해 명하신 그 토라에, '7 월 절기동안 초막들에 이스라엘인들이 거해야 한다' 는 점이 기록된 것을 발견했다" 고 언급되었기 때문이다 (14 절). 토라를 이해한 이후에 곧장 사람들을 지방과 예루살렘 전역에 보내어 산들로 올라가서 나무들의 가지들을 모아 초막들을 기록된 대로 짓도록 했다 (15 절). 명을 받은 이들은 각기 자기 집 지붕에나, 혹은 마당에나, 혹은 성전 마당에, 혹은 수문 (水門) 광장과 에브라임 문 광장 등에 초막들을 지었다 (16 절).

(2) 초막절 법규 , 이의 해석과 적용

에스라가 초막절 법규를 해석하고 적용시킨 내용은 오경의 초막절 법규들에 구체적인 언급이 없다. 바로 이런 점 때문에 학자들 사이에는 에스라가 과연 오경의 어떤 법을 적용했으며, 어떻게 해석하고 적용했는지에 대하여 논란이 있다. 논란이 되는 문제들은 몇 가지로 생각해 볼 수 있다.

a. 어떤 법규인가?

"7 월 절기 동안에 초막들에 거해야 한다" (느 8:14) 는 언급은 레 23:42 을 지시할 것이다. 여기까지는 누구도 이의가 없다. 그러나 나뭇가지들을 꺾어 초막을 지으라는 지시는 어느 법규에 근거한 지시인가? 피쉬베인은 (M. Fishbane) 카우프만 (Y. Kaufmann) 이 제시한 견해 (Y. Kaufmann 1960:116), 곧, 신명기법에 근거해서 예루살렘에서 초막 절기는 지키되, 레위기 법전대로 백성들이 자기 처소에서도 초막들을 건축하도록 허용했다는 견해를 이렇게 반박하고 있다 (Michael Fishbane 1989:110). 만약 느 8:14–17 이 레 23:40–42 에 의존했다면,

a) 왜 느 8:14 은 나무종류들을 모으는 시기나 상황에 대하여 더 구체적이지 아니한지 설명하기 어렵다 (레 23:39–40)

b) 레 23:40 은 4 종의 가지들만 언급한다면 느 8:15 은 5 가지를 언급한다

c) 그 나무 가지들은 초막을 건축하는 데 사용했지만, 레 23:40 에서는 가지들은 야웨 앞에서 즐거워하는 의식의 일부에 사용되어야 한다고 규정한다

d) 야웨 앞에서 즐거워하고, 야웨께 경축하라는 명령은 성소가 아닌 곳에서의 경축을 지시한다는 카우프만의 가정은 부정확하다. 이런 지시는 지방 성소들에 순례여행을 가서 하라는 명령임이 분명하다. 출 23:14, 17, 34:23, 신 16:15–16 등지에서도 유사한 표현들이 사용되고 있다. 성소에 순례 가서 경축하는 일은 신명기법에서 새롭게 도입된 것이 아니라 고래로 내려온 종교법에 근거한다. 신명기법은 예루살렘 중앙 성소에 가서 모든 절기를 지키라고 제약함으로 고래의 법을 새롭게 했다.

동시에, 느 8:14–16 은 신 16:13–15 를 반영한다는 카우프만의 주장도, 피쉬베인은 반박하길, 느 8:16 을 신 16:13–15 의 반영으로 보아, 초막들을 오직 예루살렘에만 세워야한다 규정 하에, 에스라 일행이 예루살렘에서만 지붕에나 광장에 초막들을 건설했다고 보기 어렵다. 이렇게 피쉬베인은 오경의 초막절 규정을 혼용해서 적용했다는 카우프만의 견해를 일축한 다음, 느 8:14–17 은 레 23:39–42 의 인용이나 해석학적 시행이 아니며, 신 16:13–15 과 레 23 의 혼용도 아니다. 그럼에도 레위인 교사들은 해석을 하였다. 14 절에 제시된 인용과 (초막에 거하라) 15 절의 선포 (나무 가지들로 초막들을 건축하라) 사이를 비교해 보면, 후자는 "초막들" 이란 명사를 어원적으로 해석하여 나타난 선포임이 드러난다. 초막을 건축하되, 그 방식을 알지 못하자, 레위 교사들은 명사 sukkot 이 (초막들) "(가지들로) '덮다'" 를 (to cover over [with branches]) 의미하는 동사 sakaq 와 연관된다는 사실에서 출발했다. 초막에 거해야 한다는 규정이 가지들로 덮인 초막들에 거해야 한다고 이해하다. 그래서 산에 가서 초막을 짓기 위해 가지들을 가져오라고 명했던 것이다. "거하라" 는 규정에 근거하여 "초막을 지어라" 고 명령한 것이 모두 토라에 기록된 것으로 보도된 점이 특이하다 (14, 15 절). 레위교사들은 자기들의 해석이 성경에 함축된 바를 끌어낸 것에 불과하다고 파악했음이 확실하다. 이렇게 저들은 토라를 현

실에 적용시킬 수 있도록 설명해 주었다 (ibid.).

이렇게 피쉬베인에 의하면, 에스라가 신명기나 레위기에 규정된 초막절 법규들을 자세히 검토해서 적용한 것이 아니라, 다만, 초막절이란 말에서 "초막" 의 어원적 의미를 토대로 법규를 적용했을 뿐이라 한다. 그러나 느 8:13–15 은 레 23:39–42 의 "인용이나 해석적 적용도 아니라" 는 피쉬베인의 말은 근거를 결한다고 본다. 오히려 에스라는 레위기 규정을 자기 나름대로 정밀하게 분석하고 해석하여 당대의 상황에 적용시켰다고 본다. 에스라는 비단 레위기 법규만 아니라 신명기 16:13–15, 31:10–13 도 함께 고려해서 적용시켰음이 분명하다 (세부사항은 다음 항목 참조).

그렇다면, 문제는 신명기가 모압들에서 되어진 시내산 언약의 갱신이라면 (신 29:1; [28:69 Heb]), 신명기 초막절 법규는 출이집트기나 레위기에 언급된 초막절 관계 법규들, 곧 시내산 언약과 어떤 차이가 있는가? 하는 것이다. 간단하게 말하건대, 시내산 언약 조항들인 출 이집트기나 레위기의 법규들은 갱신된 모압 들판의 언약 조항들인 신명기의 법규와 비교할 때, 내용상의 큰 차이는 현저하지 못하다. 차이가 있다면, 가나안 땅에서 안식이 주어지는 때 하나님께서 지정하실 한 장소에서만 제물을 잡아 제사를 드려야 한다는 점이다. 즉, 중앙성소 중심으로 모든 신앙생활이 영위되어야 한다는 조항이 갱신된 모압들 언약의 핵심조항이다 (신 12:17–18, 14:22–23, 15:19 이하, 16:7, 15, 17:8 등 참조). 이를 제한다면, 초막절 법규와 연관하여 볼 때, 신명기에서는 출이집트기나 레위기의 법규들의 정신이 요약적으로 제시되고 있음이 드러난다. 예컨대, 레위기 23:33–44 이 법규의 규정과 법제정의 이유가 제시되었다면, 신 16:13–15 에서는 "네 하나님 야웨께서 네 모든 물산 (物産) 과 네 손을 댄 모든 일에 복 주실 것을 인하여 너는 온전히 즐거워할지니라" 라고 명하여, 가나안 정착생활에서 얻은 모든 축복을 감사하고 즐거워하며 초막절을 준수해야 한다는 초막절의 영적인 의의를 말씀해 준다.

비록 시내산 언약조항들이 신명기에서 갱신된 형태로 제시된다 해도, 법규들의 기본형식은 변동이 없으며, 단지 가나안 진입을 바로 눈앞에 둔 시점에서 출 이집트 제 1 세대가 아닌 2 세대를 향하여 가나안 정착생활 동안 지켜야 할 언약조항들이 제시된다는 점에 비추어 볼 때, 레위기 법규나 신명기 법규를 에스라가 혼용해서 적용함이 전연 이상한 일이 아니었다고 할 수 있다. 그 종합적 적용의 구체적인 예는 레위기에서 나뭇가지들로 지은 초막들에 거해야 한다는 규정을 인출했다면, 신명기에서는 크게 즐거워하면서 매일 매일 하나님의 율법책을 낭독하였다는 점이다. 물론 레위기 규정에도 하나님 앞에서 "즐거워하라" 는 조항이 있긴 하다.

b. 어떤 나무들인가?

피쉬베인이 카우프만의 견해를 반박하여 제기한 이의들은 재 고찰이 필요하다. 레위기의 규정과 에스라 일행의 법규해석과 적용에 간격이 있다는 것은 사실이다. 성경이후의 문헌들을 보면, 초막 절기를 준수하는 것이 문제에 봉착했음을 보여준다.

마카비하 10:6–7 에서는 나무 가지들을 절기용 꽃다발로 (festival bouquet) 손에 들고 흔들면서 즐거워해야 한다고 해석한다 (마카비하 10:5–7 그리고는 전에 이방인들이 성전을 더럽힌 바로 그 날 즉 기슬레월 25 일에 성전을 정화하였다; 초막절과 마찬가지로 이 즐거운 축제는 팔 일 동안 계속되었다; 그들은 얼마 전까지만 해도 초막절을 제대로 지내지 못하고 산과 동굴에서 들짐승처럼 지내던 일을 회상하며, 나뭇잎으로 엮은 화환과 아름다운 나뭇가지와 종려나무 가지를 손에 들고 성전의 정화를 성취케 해주신 주님께 찬미를 드렸다). 희년서 16:30–31 에서는 초막절기 매일 매일 제단주변을 걸으면서 제단 주변에 나무로 만든 정자들 (bowers) 을 두는 관례가 아브라함 때부터 시행되었다고 언급한다. 마카비하 10:6–7 에 기록된 해석이 랍비들의 정통해석으로 전해져 왔지만, 희년서에 전해지는 관례도 성경에 근거를 두고 있음이 분명하며, 그런 관례는 시 118:27 에 반영되고 있는 듯하다. 미쉬나의 '숙카' 에 (M. Sukk. iv. 5) 의하면, 제단을 도는 일은 시 118:25 을 암송하면서 매일 되어졌다. 마지막 날에는 버들가지들을 제단 곁에 첨가하여 세웠다. 희년서 16:31 은 나무 가지들의 사용에 있어서 타협적 자세를 취한다: 나무 가지들과 버들가지들을 사용하여 초막들을 건축하고, 종려 가지들과 과실들은 제단 주변을 덮었다. 이런 활동들은 과일이나 포도수확기 때 과수원이나 포도원의 초막들에 거주하며 즐거워했던 농사 축제와도 연관되었을 것이라 (삿 21:19–22) 이해하는 이들이 많다.

레위기의 규정을 이해하는 방식에서 에스라나 마카비하, 혹은 희년서 등이 서로 시각 차이를 드러낸다. 에스라의 경우를 본다면, 에스라가 지시한 나무 가지들의 종류는 레위기 규정과 완전 일치하지는 아니한다. 레위기 23:40 은 아름다운 실과, 종려가지, 무성한 가지, 시내버들을 초막절 첫날에 취하라; "너희는 너희 하나님 야웨 앞에서 7 일간 즐거워하라"; "그 초막들에 모두 거하라" 고 명한다. 이러한 레위기 규정에 비추어 볼 때, 에스라가 지시한 나무 가지들, 곧 감람나무, 들 감람나무, 화석류나무, 종려나무, 무성한 나무가지들은 (**ʿălê-zayiṯ waʿălê-ʿēṣ šemen waʿălê hăḏas waʿălê ṯəmārîm waʿălê ʿēṣ ʿāḇōṯ**) 둘을 제하면 종류가 다르다. 이렇게 나무종류에 차이가 있으므로, 피쉬베인의 주장대로, 에스라는 레위기 규정을 그다지 고려치 않고 단지 "초막" 이란 말의 어원 ([가지들로] 덮다) 에만 근거하여 초막을 이런 저런 나무 가지들로 지으라고 명한 것인가? 그리고 에스라는 "나뭇가지들로 초막들을 지어라!" 지시한 반면, 레위기 규정에는 단지 "나무 가지들을 취하여 야웨 앞에서 즐거워하라!" 고만 규정하는가? 이는 에스라나 레위교사들이 오경의 초막절 관계 법규 중에서 가장 구체적인 레위기 규정을 제대로 고려치 않고 가볍게 생각했다는 말밖에 되지 않는다.

에스라의 초막절 법규실행과 레위기 규정을 비교해 볼 때, 레위기에서 특이한 것은 "아름다운 나무실과" 란 (**pərî ʿēṣ hāḏār**) 표현이다. 한역이나 NIV, RSV 등이 모두 "아름다운 나무 과일" 로 (fruit of goodly trees) 번역한다. NRSV, REB, NJB 등도 모두 "과실" 로 번역한다. 다만, KJV 은 "아름다운 나무들의 가지들" (the boughs of goodly trees), NAB 은 "장엄한 나무들의 잎사귀들" (foliage from majestic trees)이라 번역해 준다. 여하간 대개의 번역본들은 "페리" 를 "과실" 로 이해하고 번역하고 있음이 분명하다.

"페리" 란 말은 통상적으로 "열매" 를 의미한다. 그런데 주목할 사항은 왕하 19:30, 사 14:29, 37:31, 겔 17:9, 호 9:16, 아모스 2:9 등에서 "뿌리" 를 의미하는 "쇼레쉬" 란 말과 병행되어 나타난다는 점이다. 그런 경우에 "페리" 는 "열매" 란 의미가 아니라, "가지" (branch, bough) 란 의미가 더 문맥상 부합된다 (H. L. Ginsberg 1963:72–76; KB^3 1967:911 는 긴스버그의 연구에 근거해서 "후손, 후세" 란 [Nachwuchs, Nachkommenschaft] 정의를 제시된 성구들의 의미로 첨가시켰다). 우리는 여기서 한 걸음 더 나아가, 레위기 23:40 절에서 히브리어 본문이 나무 종류들을 언급하면서 기이하게도 접속사 "바브" 를 마지막 3 종류 사이에서만 사용하고 첫 종류는 생략했다는 점을 주목해 보아야 한다. 즉, 아름다운 실과, 종려가지와 무성한 가지와 시내버들의 식이다 (접속사 "와" 를 두 번 사용했다). 이것은 무심코 지날 일이 아니다. 성경학자 에스라는 이 점을 눈여겨보았을 터이다. 처음 제시된 종류는 총칭어로 (generic term) 먼저 제시한 다음, "그 구체적인 종류들은 이런 것들이 해당될 것이라" 고 총칭어 다음에 나열했다고 이해할 수 있다 (C. F. Keil and F. Delitzsch 1983:448). 이렇게 본다면, 처음 제시된 나무종류는 통상적인 번역 "아름다운 나무의 실과" 란 의미보다는 "아름다운 나무들의 가지들" (총칭어 복수형) 이란 의미로 취함이 타당할 것이다. 에스라는 이 총칭어가 포함하는 나무종류들은 비단 레 23:40 에 제시된 3 종만 해당되지 아니하고, 자신이 가져오라고 지시한 감람나무, 들 감람나무, 화석류나무 등도 포함된다고 이해했음이 분명하다. 과연 "아름다운 나무" 는 성경에서 어떤 것들을 지칭하는가?

라쉬는 "하다르"란 말이 그 나무에 연년이 머무는 것이라 분석하여 "에트록" 나무라 이해했다. 그는 동사 "두르"의 (to dwell) 분사형에 정관사가 붙은 말로 이해했다. "에트록" 나무란 아람어의 음역으로 "감귤류" 를 (citron) 의미한다 (Marcus Jastrow 1980:134). 라쉬의 이러한 변칙 해석 (드라쉬 the non-plain, exposition) 보다는 평이한 해석이 (프솨트 the plain, literality) 필요하다. "좋은 나무" 란 ("에츠 하다르" the goodly tree) 관상수를 (觀賞식물 ornamental plant) 지시한다. 히브리어 "하달" 은 "장식, 광휘, 영광, 존귀" 란 의미이기 때문이다. 관상식물은 (觀賞植物) 열매를 따거나 하는 목적보다는 정원에 심어서 보고 즐기는 관목들로 비단 감귤류 뿐 아니라 화석 나무류 (myrtles 桃金孃), 감람나무, 종려나무 같은 것들도 포함된다고 할 수 있다. 레위기에 언급되지 아니했으나 에스라가 가져오라 명했던 나뭇가지들인 화석류 나무나 감람나무는 관상식물에 속한다. 이 두 나무의 면면을 잠시 살펴본다.

"화석류 나무" 로 번역되는 "하다스" 는 (Myrtus communis, L.) 느 8:15 외에 사 41:19, 55:13 등에서 하나님께서 장차 이루실 자연계의 회복과 연관하여 가시나무, 질려 등을 대신하여 나타날 약속의 나무들로 나타난다. 이 나무는 상록수로 크기는 대개 3 피트 내지 4 피트에 (0.9 내지 1.2 미터) 이른다. 그러나 습지에서는 가끔 크기가 8 피트 (2.4 미터) 까지 자라기도 한다. 그 꽃들은 하얗고 약 1 인치 (2.5 센티) 정도 되며, 아주 아름답고 세세한 구조를 갖는다. 그 열매들은 처음에는 하얗지만, 나중에는 푸르스름한 검은 색으로 변하며, 그 맛은 달콤하고 – 떨떠름하다. 그 잎사귀들은 짙은 녹색으로 손바닥에 문지르면 향기를 풍긴다 (G. E. Post 1898:3, 465; Fauna and Flora 1980:149–50).

"감람나무" 는 (Olea europaea, Elaeagnus angustifolia) 어떤가? 이 나무는 팔레스틴의 대표적인 식물로 성경에서 자주 등장하며, 신 8:8 에 의하면, 가나안 정복 이전에도 이미 가나안 땅에 감람나무가 있었다. 나무는 24 미터까지 자랄 수도 있다. 그 잎은 상록수로 타원형이다. 노아 홍수 시에 비둘기가 바로 이 잎사귀를 물고 돌아왔었다. 감람나무는 아주 천천히 자라며 수명이 아주 길다. 그 꽃들은 5 월에 나타나며 종같이 생겨 노란 색으로 감미로운 향기를 낸다. 열매는 9 월까지는 녹색을 유지하다 익으면 검게 변하며 그 31 퍼센트가 기름으로 이루어졌다. 30 년이 되어야 열매를 내기 시작하여, 일단 열매가 열리면 다량의 열매를 낸다 (시 52:8). 그 열매 맛은 필자의 입맛에는 맞지가 아니하였다. 암모니아 냄새 같은 맛이었다. 들 감람나무는 (Olea europaea oleaster) 팔레스틴이 원산지이며, 재배하는 감람나무의 원형이 아닌가 여겨진다.

요컨대, 느 8 장에서만 나타나는 나무들은 (감람나무, 들 감람나무, 화석류 나무들) 레 23:40 에 언급된 총칭어 "관상식물" 에 포함되는 것들이기에, 에스라 일행이 오경에는 명기되지 아니했지만, 암시된 바를 인출하여 초막절을 준수하였다고 할 수 있다. 오경에 암시된 바를 적용가능 하도록 명기시키는 해석을 에스라는 가했던 것이다.

c. 나뭇가지들로 무엇을? (초막을 짓는가? 손에 들고 흔들며 즐거워하는가?)

나무 종류들에 있어서 실질상의 차이가 없다는 우리의 이해가 타당하다면, 이제 "나무 가지들을 취하라, 그리고 야웨 앞에서 즐거워하라!" 는 규정을 유대교의 전통적 이해방식대로 (마카비하 10:6–7 에 반영) 볼 것인가? 아니면 에스라가 이해한 방식대로 이해해야 할 것인가? 아니면 둘 다 근거가 있는 해석인가?

'초막절'이 갖는 의미가 무엇인지는 "초막"이 출 이집트 당시 어떤 기능을 했는지 고려함으로 시작되어야 하겠다. "초막" (booths; "숙카") 란 말은 성경에서 31 번 나타난다 (창 33:17, 레 23:34, 42, 42, 43, 신 16:13, 16, 31:10, 삼하 11:11, 22:12, 왕상 20:12, 16, 사 1:8, 4:6, 암 9:11, 욘 4:5, 슥 14:16, 18, 19, 시 18:12, 31:21, 욥 27:18, 36:29, 38:40, 에 3:4, 느 8:14, 15, 16, 17, 17, 대하 8:13). 야곱은 한 곳에 이르러 자기 가축들을 위하여 "초막들" 을 (숙곳) 지었다. 그래서 그곳 이름을 "숙곳 (Succoth)" 이라 불렀다 (창 33:17). 이는 들판에서 군사들이 임시로 거처하는 막사구실을 하기도 했다 (삼하 11:11, 왕상 20:12, 16). 혹은 포도원에서 망대노릇을 하기도 했고 (사 1:8), 뜨거운 햇볕에서 그늘을 제공하는 피난처 노릇도 하였다 (욥 27:18, 요 4:5, 사 4:6, 시 31:21, 27:5). 폭풍 중에 임시로 피난처가 되는 야웨의 보호하심도 "초막" 이라 불렀다 (시 18:12, 삼하 22:12, 욥 36:29). 욥 38:40 에서는 사자들이 거하는 은신처 숲을 지시하기도 하였다. 출 12:37 에서는 "이스라엘 자손이 라암셋에서 발행하여 숙곳에 이르렀다" 고 했다. "숙곳" 이란 지명에 방향표시 "헤" 가 첨가되고 있다. 이러한 용례가 창 33:17 에서 처럼 그런 지명이 생기게 된 내력을 의미하는지 (etiological) 확실치 않다.

출 이집트 당시에 이 "초막들" 이 어떤 기능을 했던가? 상징적으로 이해하는 이들에 의하면, 하나님께서 구름

기둥으로 저들을 덮어, 마치 "초막들" 에 거하는 듯 보호했다는 표상이 레 23 장의 초막절 제정의 동기로 작용했다 (민 10:34). 이렇게 보는 이들은, 오경에는 여정동안에 구름이 일곱 번 언급되었으며, 이렇게 일곱 번 언급된 이유는 이스라엘을 동행했던 일곱 개의 다른 구름들을 암시하기 위함이라 한다 (Rashi). 구름 네 개는 이스라엘 진의 사방에서 둘러싸며 보호했고, 하나는 위에서, 하나는 발이 뜨거운 땅에 닿지 않도록 쿠션으로 발아래를 보호했으며, 나머지 하나는 저들 앞서 행하면서 산지는 낮추고, 깊게 패인 곳은 돋우어 평평케 하는 기능을 했다 한다. 구름 7 개는 본문을 넘어서는 내용이겠으나, 이사야 선지자가 광야 시대의 구름기둥을 암시하며 하나님께서 구속받은 남은 자를 뙤약볕에서 보호하기 위해 보내실 (구름) "초막" 을 언급한다는 것은 의미심장하다 (사 4:6). 다른 견해에 의하면, 문자적으로 이스라엘은 "장막들" (tents) 에 거했는데 (민 16:26, 27 [오헬], 신 1:27 등), 광야에서의 이러한 "장막생활"이 레 23 의 초막절 제정의 동기로 작용했다. 여기서 '장막"이란 유목민들이 사용하는 이동식 처소나 (창 4:20, 25:27, 대하 14:14), 병사들이 전쟁터에서 거하는 막사 (삼상 17:54) 를 가리키기도 한다.

만약 상징적으로 이해한다면, 하나님의 보호와 임재를 감사하고 기뻐하는 편에 초점이 맞추어 질 것이다. 이 경우에는 나뭇가지들로 초막을 지어 그 안에서 거하기보다는 나뭇가지들을 취하여 (흔들면서?) 기뻐하고 감사하는 자세를 취할 것이다. 반면, 문자적으로 취한다면, 정착생활과 대조되는 장막생활의 불편함과 고통을 상기시킨다는 측면에서 지붕을 나뭇가지들로 덮은 임시초막을 짓고 그 안에서 생활하면서 하나님의 인도와 보호하심을 감사하게 될 것이다. 그러나 동시에 가능한 추론은 광야여정 기간의 "초막" 을 상징적으로 이해한다 해도, 지붕을 나뭇가지들로 덮어 만든 임시 초막을 짓고 그곳에 거하면서 하나님의 보호하심을 상기하고 감사하며 기뻐할 수도 있을 것이라는 것이다.

나뭇가지들을 꺾어 그것들로 초막을 짓게 한 에스라가 어떤 법적 근거로 그리했는지 생각해 보자. 두 가지 추론이 가능하다. 우선 레위기 23:33–44 의 본문을 고찰해야 하겠다. 레 23:33–44 은 하나의 문학적 단위 (a literary unit) 을 구성한다. "미완료 바브 연속법" 으로 (Imperfect- Vav- Consecutive) 제시되는 "바예답베르" 가 33 절과 44 절에 각기 위치하여, 야웨께서 모세에게 명한 바를 모세가 이스라엘 백성에게 말씀함으로 준수하였다는 것을 제시해 준다. 이는 33 절에서 44 절까지 사고상의 한 단위가 됨을 보여준다 – 이 단위 안에서 37 절과 38 절은 삽입문장들로, 잠시 사고를 멈추고, 지금까지 제시한 절기들의 성격을 요약적으로 제시해 준다. 이 단위 안에서 "초막들" 이란 단어는 네 번, 34 절과 42 [bis], 43 절에서 나타난다. 34 절에서는 "초막들의 절기" 란 표현에서 나타난다면, 42 절에서는 "'그 초막들' 에서 너희들은 7 일간 거하라" 는 명령에서, 43 절에서는 "초막에 거하라" 고 규정한 이유를 제시하는 데 사용되고 있다. 즉, 초막들에 거해야 할 이유는 광야 여정동안 야웨께서 이스라엘 자손들로 "'그 초막들' 에 거하도록 했었다" 는 사실을 "너희들이 알도록 하기 위함이다."

그렇다면, 42 절의 "그 초막들에" 란 (bassukot [정관사를 주목; in the booths) 표현에서 "초막들" 은 어떤 초막들을 지시하는가? 앞서 암시한 대로, 두 가지 추론이 가능하다. 한 가지 견해는 비록 나뭇가지들을 취하여 "'초막들' 을 지어라" 는 지시는 없지만, "취하라 . . . 즐거워하라 . . . 그리고 절기를 지키라 . . . 너희는 그 초막들에 거할지니라" 는 일련의 명령법 동사들의 문맥에서 볼 때, "그 초막들 안에서" (거하라) 란 표현은 결국 "언급된 가지들로 너희가 만든 그 초막들 안에" (거하라) 는 말과 같다고 보는 것이다.

나른 한 가지 개연성 있는 추론은 "초막" 이란 명사의 동사형 sakaq 이 (엮어 – 을 만든다, weave) 의미에 근거해서 "초막에 거하라" 는 말씀에 근거하여 "초막을 지어라" 고 에스라가 지시했다는 것이다. 우리는 이 두 가지 추론이 모두 가능하다고 본다. 어느 편을 취하든 에스라가 레위기 법규를 자기 식으로 해석하고 적용했다는 사실에는 차이가 없다. 중요한 것은 에스라가 본문에 암시된 바를 자기 나름대로 해석, 적용시켰다는 점이다. 즉, 본문에 암시되지 아니한 바를 자기 임의로 도출해 내지는 아니했다.

d. 어디서? (예루살렘에서만, 아니면 지방에서도)

느 8:13–15 에 근거해서 본다면, 신명기 법규대로 예루살렘에서만 초막들을 지었는지, 아니면 지방에서도 초막들을 지었는지 확실하게 말하기 어렵다. 왜냐하면 "모든 성읍과 예루살렘에 공포하여 이르기를 너희는 산에 가서" 나뭇가지들을 꺾어 초막을 지으라고 명했고, 백성들은 나가서 나무 가지를 취하여 혹은 지붕들 위에, 혹은 뜰 안에, 혹은 성전 뜰에, 혹은 수문 광장, 에브라임 광장에 초막을 지었다고 말씀하지만, 이런 말씀에 근거해서 백성들이 예루살렘에서만 초막을 지었는지 아니면 지방에서도 그리했는지 알기 어렵기 때문이다. 가능한 것은 에스라가 신명기 규정대로 예루살렘에 백성들을 모아 거기서만 초막들을 짓고 거하게 했을 수 있다는 것이다. 그러나 그 반대도 추론 불가능하지 않다. 다만 분명한 것은 율법을 낭독하는 일은 신 31:10–13 을 근거로 했다는 점일 것이다 (다음을 참조).

e. 절기 내내 토라를 낭독한 법적 근거는? (신 31:10, 혹은 회당의 관례)

느 8:18 은 법규대로 매일 토라에서 읽고, 백성들은 7 일간 절기를 지키고 8 일째에 성회로 모였다 했다. 초막절기에 매일 토라를 읽는 습관은 이 기간에 매일 드리도록 규정된 제물의식과 병행된다. 민 29:1–38 에는 초막절 제사들이 규정되어 있다 (에 3:4 도 참조). 민 28:1–8 의 매일 제사들은 에 3:3 하에 언급되어 있다. 민 28:11–15, 28:16–31 에 제시된 월삭, 절기, 자원제들은 각기 에스라 3:5 에 언급되어있다. 절기에 매일 토라를 낭독하는 일은 그 당시 임시로 실시된 변혁이 아니라면 신 31:10–13 에 근거한 해석에 따랐을 것이다. 매 7 년에 닥치는 초막 절기에 토라를 낭독하도록 되어있다. 신 31:10 에서 토라를 "절기 날에" 로 읽지 않고 "절기동안" 으로 확대하여 해석했을 것이다. 즉, 첫날만 아니라 절기 내내.

토라를 절기 주간 내내 읽는 관례는 주전 458 년에 새롭게 시작된 변혁은 아니겠으나, 그 기원은 추방이후 예배생활의 관례에서 기인했는지도 모른다. 이런 문제는 결국 회당의 기원문제와 연결된다. 느 8 장에 묘사된 것들 가운데서 추방이후의 예배생활을 암시해 주는 것들이 눈에 띈다. 1) 회집, 2) 무리들 앞에 토라를 읽는다 (5 장); 3) 토라를 읽기 전에 송축의 노래와 회중이 화답하며 "예배를 위해 무릎을 꿇다" (genuflection); 4) 토라를 읽고 훈련된 레위교사가 해석한다 (8 절). 에스라의 집회는 즉석적인 것 같으나 이렇게 추방 후에 형성된 관례를 따랐지 않나 하는 생각을 갖게 해 준다. 느 8:8 에서 레위인들이 발전된 해석 절차들을 가지고 나타난다는 점도 그런 관례들이 추방이후에 발전되어왔다는 생각을 부추긴다. 토라를 교포들에게 설명하고 가르치는 일은 해외교포들의 경배에서 중요한 사항이었을 것이다. 특히 법적인 규정들을 평가하고, 설명해주는 일은 레위인들이 해석에 관심을 기울이도록 만들어 주었을 것이다. 이렇게 추방이후에는 전해진 토라와 그 적용 사이에 해석이 가교역할을 톡톡히 해주어야 했다.

f. 에스라 일행은 어찌하여 대 속죄일은 지나쳤을까?

혹은 저들은 어찌하여 초막절에 바쳐야 할 희생제사 (레 23:36, 민 29) 는 바치지 아니했을까? 아니면, 어찌하여 느 8 장은 그러한 제사를 일언반구도 언급지 않는 것일까? 비평가들은 이른바 제사문서의 발전과정에서 에스라 당대에는 대 속죄일 법규가 아직 형성되지 못했을 것이라고 주장함으로 이 문제를 해결하고자 한다. 그런 주장은 성경이 제시하는 증거를 자기들의 이론으로 대적하는 행위이다. 바른 해답은 윌리암손이 제시한 방향에서 찾아져야 할 것 같다 (H. G. M. Williamson 1985:293–296). 본문의 강조점은 토라의 낭독과 적용에 있다. 그렇다면, 대 속죄일과 같이 성전 내에서 성직자 중심으로, 평신도들은 제외되는 그런 행사는 본문의 강조점과 별 연관이 없다. 따라서 본문의 저자는 자기가 강조하고자 하는 요지에서 벗어나는 사항에 대하여는 침묵하고 있다.

(3) 이같이 행함이 없었더라 (느 8:17): 느헤미야 기자의 판단

오경에 규정된 초막절은 이스라엘 역사에서 어떻게 시행되었던가? 솔로몬은 성전 낙성식을 초막절 직전 7 일간 지키고, 초막 절기에는 7 일 동안 절기를 지키고 제 8 일에 성회를 열었다 (대하 7:8–10). 이는 왕상 8:65–66 에서 "7 일 7 일 합 14 일을 우리 하나님 야웨 앞에서 절기로 지켰는데 . . . 제 8 일에 솔로몬이 백성을 돌려보냈다" 고 언급한다.

솔로몬 왕은 "그 후 낭실 앞에 쌓은 야웨의 단 위에서, 매일 바치도록 모세법이 규정한대로, 안식일과 월삭과 정한 절기, 곧 일 년의 세 절기 무교절과 77 절과 초막절에 야웨께 번제를 드렸다" (대하 8:13). 이는 솔로몬 시대에 모세의 규정대로 행했다는 언급일 것이다. 저들의 절기 준수는 제사중심으로 되어졌을 것이라는 암시가 드려진 제물들에 대한 언급에서 드러난다 (대하 8:12–13; 왕상 8:64–65 참조). 초막절기 8 일간에는 황소 71 마리, 수양 15 마리, 어린 암양 7 마리, 염소 8 마리 등, 도합 101 마리 제물을 바쳤다 (민 29:12–39). 여기에 더하여 상번제, 소제, 전제가 기본으로 드려졌다.

히스기야왕은 "야웨의 율법에 기록된 대로 번제 곧 조석 번제들과 안식일들과 초하루들과 절기들의 번제에 쓰도록" 자기 재산 중에서 얼마를 할당하였다 (대하 31:3). 초막절이란 언급은 없지만, "절기들" (moedim) 이란 말에 함축되었을 것이다. 따라서 히스기야 시대에도 초막절이 준수되었다. 그러나 어떤 방식으로 지켜졌는지는 추론하기 어렵다.

호 12:9 에서는 초막절에 대한 암시가 나타난다. 그것은 "네가 이집트 땅에서 나옴으로부터 나는 네 하나님 야웨니라 내가 너로 다시 장막에 거하게 하기를 명절 일에 하던 것 같게 하리라" 는 말씀이다. 이는 처벌의 선고이긴 하지만, 징계를 통해 남은 자가 구원받는다는 선지자들의 일반적인 메세지와 조화되며, 따라서 징계 후에 축복이란 긍정적인 측면도 담고 있다.

추방이후 시대에는 포로생활에서 귀환한 유대인들이 예루살렘에 모여 제단을 세워 그곳에서 규정대로 제사를 드렸으며, 이때에 "기록된 규례대로 초막절을 지켜 번제를 매일 정수대로 날마다 드렸다" (에 3:4). 마지막으로, 슥 14:16–18 에는 "비" 가 초막절기 준수의 축복으로 제시되고 있다. 팔레스틴을 기준으로 할 때, 4 월 중순에서 10 월 중순 사이에는 비가 거의 내리지 아니하고, 10 월 하순이나 11 월초에 "이른 비" 가 내린다. 12 월과 1 월에는 비가 드물게 내리다가 다시 3 월에 "늦은 비" 로 불리는 비가 내린다. 초막절은 9–10 월 어간에 해당되는 유대 성력 7 월 (에타님 혹은 티쉬리 월) 에 준수되므로 "이른 비" 가 내리는 시기에서 바로 1 달 간격밖에 없다. 그래서 성경 이후시대의 관례에 의하면, 초막 절기에는 "물을 길어 붓는 의식" 이 있었다. 이는 요 7:37 이하에서도 묘사되고 있는 관례이다. 초막절이 출 23:16, 34:22 등에서 "수장절" 로 불리듯, 출 이집트 때의 광야생활을 상기시키는 역사적 의의 외에도 추수와 연관된 의의도 있었으므로, 후대 유대인들이 초막절에 스가랴의 메시지에 (슥 14:16–18) 근거하여 초막절에 제사장이 금으로 된 물주전자를 들고 실로암 연못에 내려가 물을 길어 수문을 (Water Gate) 통과해 돌아와 제단에 부으므로 신년에 풍성한 비를 기원한 관례를 이해하기 어렵지 않다. 스가랴의 예언에 의하면, 초막절이야말로 온 세상이 다 함께 준수해야 할 명절이었다. 요세푸스는 초막절기야말로 유대인들 중에서 "가장 거룩하고 가장 성대한 명절" 이라고 지적했다 (Antiquities of the Jews, 3:10,4).

이렇게 초막절기가 역사적으로 시행되어 온 실제들을 고려한다면, "이같이 행함이 없었더라" 는 (lo' . . 'asu) 말씀은, 에스라가 요구한 그런 엄격한 방식으로 이제까지 지켜진 적이 없었다는 의미로 이해할 수 있을 것이다. 초막 절기를 지켰으되 초막에 거하는 그런 준수는 없었다고 이해할 수 있을까? 동일 표현이 나타나는 느 5:15 에서도 (이같이 행치 아니하고) 이런 이해는 뒷받침된다. 이런 구절들에서 "이같이 행하다 (행하지 않다)" 란 말은 앞에서 제시된 방식과 같이 혹은 달리 행하다란 의미인 것이다. 따라서 에스라의 유월절 준수 방식과 이전의 솔로몬 시대나 히스기야 시대에 준수된 초막절 관례는 형식상 약간의 차이를 지녔다는 의미로 이해될 수 있을 것이다. 그렇다면, 이는 에스라가 오경의 초막절 규정들을 이전 방식과는 달리 특이하게 해석했다는 의미일 수 있다.

(4) 미드라쉬 해석법은 구약성경 내에서 활용되고 있었다

구약에서 "미드라쉬" 란 말은 두 번 역대기하 13:22, 24:27 에서 나타난다. 이는 "찾다" 를 의미하는 동사 (다라쉬) 의 아람어적 페알 부정사형에 (Peal Inf.) 해당된다. 그 의미는 단순하게 "책" 이란 의미인 듯 보인다 (잇도의 책, 열왕기서 등). 물론 후대 유대 랍비문헌들에서 "미드라쉬" 란 말은 성경해석 방식과 그 방식으로 얻어진 주석 (책) 을 지시한다. 비단 랍비 문헌 중 성경 강해집인 "미드라쉬" 만 아니라 쿰란 공동체가 성경을 해석한 "페쉐르" 도 (pheser) '미드라쉬' 문학 장르에 속한다고 할 수 있다. 쿰란 문헌들에서 "미드라쉬" 란 말은 "설명, 율법의 연구와 해석, 혹은 연구와 해석" 등의 의미로 나타난다 (4QFlor 1:14, CD 20:6, 1QS 8:15, 1QS 6:24, 8:26 등). 여기에 어떤 이들은 70 인역이나 탈굼역 등도 " 미드라쉬"에 해당된다고 하고, 심지어, 필로의 모세의 생애, 요세푸스의 고대기 등도 역시 이에 해당된다고 한다.

그렇다면, "미드라쉬" 를 어떻게 정의할 수 있을까? 르네 블록 (Renée Bloch) 은 미드라쉬를 다음과 같이 정의하였다:

그것은 성경을 은혜롭게 설명하는 문학의 한 장르로, 미드라쉬에서는 확대 해석된 부분이 실제적이긴 해도, 언제나 (그것이 의존한 성경본문에) 종속적이며, 신앙적 의도를 지닌다 (Renée Bloch 1957:5, 1263-81; Addison G. Wright 1986; Roger Le Déaut 1971).

쉽게 말해 '미드라쉬' 는 성경 강해이며 이는 현재의 필요에 부응하기 위해 본문에 암시된 바를 명료하게 드러내어 주는 해석이다. 이를 유대 랍비식으로 구분한다면, 실제생활을 규정하는 법규해석의 "할라카 미드라쉬" 와 법이 아닌 여타 은혜로운 이야기를 다루는 "학가다 미드라쉬" 로 구분될 것이다.

로베르나 (A. Robert) 젤리그만 (I. Seeligman) 등이 구약성경 내에서 이미 미드라쉬 해석법이 발견된다고 지적한 이후 구약성경 내의 성경의 재해석에 대하여 많은 관심들이 야기되었다 (A. Robert 1934:42-68, 172-204, 374-384; I. Seeligman 1953:150-81; F. F. Bruce 1972; B. Childs 1971; M. Gertner 1962; G. Porton 1981; T. Willi 1972). 예컨대, 역대기서가 창세기에서 열왕기서에 이르는 이스라엘 역사를 자기 시대인들에게 "재해석" 하여 제시하고 있다는 것은 널리 알려진 일이다. 역대기 기자가 자기의 대본을 (Vorlage) 해석하는 방식이 바로 미드라쉬 해석법과 흡사하다. 역대기 기자는 대표적인 예이지만, 선지자들 역시 오경의 법들을 근거로 메시지를 전할 때 역시 나름대로 미드라쉬적 해석을 가했다고 할 수 있다. 이렇게 구약성경 내에는 이미 미드라쉬적 해석법을 활용되었고, 그러한 구약의 전통이 구약성경 이후의 유대인 '미쉬나' 로 집대성되고, 더 나아가 '미쉬나' 에 대한 주석인 '게마라' 까지 합한 '탈무드' 이 집대성되었다고 할 것이다. 이렇게 본다면, 신약성경이 구약을 해석하는 방식이 예수님 당시에 성행하던 유대인 랍비들의 해석법을 따른 것이란 사고는 수정되어야 한다. 왜냐하면 주후 1 세기에 팔레스틴에서 활동하던 유대인 랍비들이 비로소 미드라쉬적 해석법을 창안한 듯 오해가 있기 때문이다. 물론 거슬러 올라가 에스라를 필두로 한 대회당의 서기관들의 전통에 근거한다고 하지만, 에스라 정도가 아니라 에스라 이전의 선지자들이 미드라쉬적 해석법을 활용하고 있었다는 사실을 간과해서는 아니 된다. 그렇다면 신약기자들이 성경을 해석하는 방식이나 구약이 다른 구약을 재해석하는 방식을 우리는 새롭게 우리의 해석방식으로 주목할 필요가 있을 것이다.

그러한 해석법은 사실 종교개혁자들이 "성경은 성경으로써 해석된다" 는 (Scriptura Scripturam interpretatur) 해석법을 강조한 것과 일치 한다 (물론 종교개혁자들의 그러한 슬로간은 "교회가 성경의 해석자" 란 로마교에 대한 답변으로 나왔다는 점에서, 뉘앙스는 다르다). 오늘날 언어학 특히 "담화 (談話) 분석법" (Discourse Analysis) 같은 연구를 통해서 새롭게 취득되어진 통찰력들은 사실 신약기자들이나 구약 성경 기자들이 오래 전에 활용해온 해석법을 재확인시켜 주는 일을 하고 있다고 말할 수 있을 정도이다. 물론 현대적인 "본문"의 (Text) 조직 이론들이 고대에 알려졌을 리 없지만, 단어들 혹은 개념들 간의 "결속, 일관성의 끈" (Cohesion, Coherence) 등이 본문의 제 요소들을 긴밀하게 잡아맨다는 본문조직의 통일성에 대한 이해는 유대인 랍비들의 전통에서 해석하는 이들에게는 그다지 새로운 시각이 아닐 것이다.

(5) 신약성도들에게 오경의 법규 (초막절 규정) 는 어떤 의미를 지니는가 ?

오경에 제시된 법들은 신정국 (神政國) 이스라엘에 주어진 것이었다. 그 법률들은 언약관계를 규정하는 언약조항들에 해당하였다. 신명기는 언약서의 좋은 예에 해당된다. 신 4–11 장이 원리적 측면에서의 언약관계를 제시한다면, 신 12–26 장은 원리가 실제 적용되는 구체적인 상황들을 다룬 언약조항들 곧 법률들에 해당된다. 다시 말하자면, 신 4–11 장이 헌법적이라면, 신 12–26 장은 법률적 성격을 지닌다. 우리는 신 4–11 장의 원리적 언약조항은 시대가 변하고 상황이 바뀌어도 영속적 효력을 지닌다고 본다. 반면, 그 구체적인 법률조항들은 시대와 상황에 따라 가변적이 된다. 신약시대교회와 구약시대 신정국 이스라엘을 비교한다면, 시대적, 정치적, 사회적 차이가 심대하다는 것이 분명하다. 신정국 이스라엘의 의식법 (cultic laws), 형사법 (criminal laws), 민사법 (civil laws) 등이 (이런 구분은 좋은 것은 아니나, 편의상 한 것이다) 신약시대의 교회생활을 규정할 수 없으리란 점은 누가 보아도 분명하다. 그렇다면, 영속적인 효력을 지닌다고 여겨지는 언약의 원리적 측면은 도덕법이라 불러야 하는가? 예컨대, 10 계명은 도덕법이니 만큼 영속적인가? 도덕법 (ethical laws) 이란 명칭은 성경적으로나 유대인들의 사고에서 이질적이라 여겨진다. 십계명의 1–4 계명이 대신 (對神) 계명이라면 종교법이겠고, 5–10 계명이 대인 (對人) 계명이긴 해도, 그 성격은 모두 신앙적이니만큼 역시 종교법인 것이다. 그렇다면 '도덕법' 이란 명칭은 합당치 못하다.

그렇다면 어떻게 이해할 것인가? 구약의 법규들은 하나같이 하나님과의 언약관계를 설정하는 조항들이므로 종교법의 성격을 지니고 있다. 모든 것은 하나님의 법인 때문이다. 그러므로 의식법, 형사법의 범주들에 들지 않는 원리적인 조항들은 "언약원리" 로 (principles of the covenant) 지칭하면 좋겠다. 비단 신 4–11 장에 언급된 원리들만 여기에 포함되지 않고 더 나아가 오늘날에는 적용이 불가능해진 의식 (儀式), 민사, 형사법이라 할지라도 그것이 구현하고자 한 법정신은 원리에 해당된다고 본다. 마태복음의 산상수훈에서 주님께서 제시하고자 하셨던 것도 이런 원리적인 측면이 아니었는가 여겨진다. 주님은 이를 하나님 사랑과 이웃 사랑이란 두 개의 큰 원리로 제시해 주셨고, 사도 바울은 사랑의 법으로 요약 제시하였다.

이렇게 본다면, 신약성도들에게 오경의 법규들은 경시해야 할 대상들이 아니요, 오히려 진근히 하여 그 정신을 오늘의 삶에서 구현하고자 하는 노력이 필요할 것이다. 오늘날의 교회에서 구약법규와 연관하여 가장 중요한 것들로는 안식일 법규와 십일조 법규일 것이다. 안식일은 원리 조항에 들어있다 (십계명). 따라서 이는 영속적임이 분명하다. 그 적용은 물론 신정국 이스라엘의 정황과 달리 실시되어야 할 것이다. 십일조의 경우는 약간 문제를 내포하게 된다. 그럼에도 십일조가 했던 기능은 제사장, 레위인들의 생활을 보장하는 것이었고, 구제하는 목적이 있었다면, 그러한 구약적 상황은 신약 교회에서 역동적인 방식으로 대응적응 (dynamic equivalent) 될 수도 있을 것이다.

초막절기로 범위를 좁혀, 지금 20 세기를 사는 성도들과는 어떤 연관이 있는가? 구 언약은 그리스도 예수께서 다 이루시고 새 언약으로 갱신되었다. 구 언약 체제에서 주어진 초막절기의 외형적 의식은 더 이상 우리를 구속하지 못한다. 그렇다면 그 정신은 우리에게 법적인 구속력을 갖는다. 그러므로 그 정신은 무엇인가?

귀환한 자들에게 초막 절기는 새롭게 다가왔을 것이다. 이국땅에서 포로생활을 겪고 돌아온 저들이었기에 이전의 출 이집트 시에 조상들이 겪었던 그 광야생활이 남의 일이 아니라, 바로 나의 사건으로 뼈에 사무치도록 마음에 다가왔을 것이다. 우리 성도들은 어떤가? 우리 역시 포로생활에서 귀환한 자들이다. 죄악의 포로, 질병의 포로, 저주의 포로생활에서 우리는 풀려나 하나님의 은혜의 나라에 돌아왔다. 나라적으로 말해도, 한국은 가난과 억압의 포로생활에서 해방을 받고 이제 이만큼 풍요하고 자유롭게 신앙생활을 영위하고 있다. 모두가 감사의 제목이다. 개인적으로나 국가적으로 우리 한국성도들은 하나님의 구속 (출이집트) 과 추수의 열매 (축복) 를 풍성히 누리고 있다. 그렇다면, 초막절기의 정신을 추수 감사 절기에 재현할 필요가 있을 터이다. 그 구체적인 방식은 교회마다 사정이 다를 터이지만, 과거의 광야 생활 시에 주셨던 하나님의 보호 (초막) 와 은혜, 그리고 현재 우리에게 누리도록 주신 풍성한 추수를 (축복) 연극으로 재현하거나 설교로 제시하거나 노래로 표현하거나, 가능한 방식들은 다양할 것이다. 에스라가 자기 방식대로 본문을 이해하고 자기 상황에 적절하게 적용시켰던 모델이나, 아니면 후대 유대인들이 물을 길어 제단에 부어 광야시대에 베푸신 반석의 생수를 상기시키고 신년도의 풍성한 비를 기원했던 모델 등은 우리 신약성도들이 구약의 초막절 정신을 오늘에 구현하는 데 한 모델로 작용할 수 있을 것이다. 영적으로 말해, 초막절은 구속 (유월절), 구속의 목적 (오순절의 언약서 수여), 구속받은 자들의 감사생활 (초막절) 등으로 연결되는 모든 구약절기의 절정이었다. 죄에서 벗어나 하나님의 백성으로 그분의 축복가운데 사는 자들마다 초막절의 의의를 과소평가하기 어렵다.

유대인들은 네 개의 나뭇가지들 (탈굼역 아람어 단어들에 근거하여 "룰라브" [lulav, 종려나무], "에트록" [etrog, 감귤나무], "아라봇" [aravot, 버들나무], "하닷심" [hadassim, 화석류나무]) 각자에 상징적인 의미를 부여하였다. 미드라쉬에 의하면, "에트록" (citron) 은 심장과 유사하고, "룰라브" (palm branch) 는 등뼈 (spine), "하닷심" (myrtle leaves) 은 눈들 (eyes) 을 닮았고, "아라봇" (willow branches) 은 입술들을 닮았다고 했다. 이 네 개를 손에 함께 쥐고 흔듦은 우리의 모든 기능들이 혼연일체가 되어 하나님을 섬겨야 함을 상징한다고 했다. 혹은 다른 상징적인 이해도 유포되곤 했다. 이런 풍유적 이해는 본문에 근거를 결하지만, 나름대로 본문을 생활과 연관시켰다는 점은 우리로 생각게 하는 그 무엇이 없지 않아 있다.

피쉬베인의 (M. Fishbane) "고대 이스라엘의 성경 해석" 이란 책은 "구약 본문과 그것을 해석한 후대 성경기자의 해석 간에 '불연속성'" 에 강조점을 둔다. 비평가들은 항상 성경 각 부분들 간의 모순성, 부조화를 부각시킨다. 이런 부정적인 요소를 제한다면, 인용된 피쉬베인의 책은 구약성경 내에서 발견되는 "성경에 의한 성경 해석들" 의 경우들이 여하한지를 여실히 보여주기에 부족함이 없다. 브리바드 챠일즈로 (B. Childs) 대표되는 이른바 정경 해석법 (Canonical Criticism) 도 결국 피쉬베인이 제시한 것과 같은 유형의 많은 성경 내 해석들에 주목한 결과이다. 정경해석법은 성경이 형성된 역사를 "성경해석의 역사" 로 이해하고, 성경해석은 성경 형성사 곧 성경 해석사에 근거하여 이루어 져야 한다고 주장한다. 그런 사고는 복음주의자들도 귀를 기울여야 할 긍정적인 측면도 지니고 있다. 단지 우리는 비평가들과 달리, 성경 계시의 통일성에서 출발한다. 우리의 성경해석은 성경 각 부분들 간의 불연속성이 아니라, 연속성, 통일성을 전제로 하고 전개된다. 하나님의 영감으로 주어진 모든 성경의 각 부분들은 서로 간에 유기적 관련을 맺고 있기 때문이다. 한 부분은 다른 부분에서 더 명료하게 제시되고 혹은 해석되어 있다. 이 점을 잘 고려한다면 우리의 성경해석은 좀 더 확고한 지반 위에 서게 되어 본문을 주신 "하나님의 심정" 에서 크게 멀어지지 아니할 것이다.

3–3. 느헤미야

1) 명칭

"느헤미야" 는 "야웨께서 위로 하신다" 는 의미이다.

느헤미야서는 히브리어 정경집에서 에스라서와 한 책이었던 것 같다. 바빌로니아 탈무드 바바 바트라 15 에,

요세푸스 "압비온을 논박함" 1.8, 사데의 멜리토 (Melito of Sardis; Eusebius, Hist. Eccl., IV.26) 등에서 한 책으로 언급된다. 그리고 맛소라 사본에서 에스라 10 장과 느헤미야 1 장 사이에 공간 여백이 없다. 맛소라 사본에서 총 절수에 대한 계산은 에스라서에는 없고 느헤미야서 말미에만 있다.

어쩌면 역대기서와 에스라 – 느헤미야서는 역대기 1 (역대기 상하), 역대기 2 (에스라 – 느헤미야) 된 책이었을지 모른다. 이 점은 대하 36:22–23 과 라 1:1–2 의 유사성으로 지지받는다. 차일즈는 이에 연관하여 이렇게 말한다:

에스라서 서론에서 역대기의 마지막 구절들이 반복되는 것은 에스라 이야기를 이스라엘 역사의 연속으로 해석하는 것이다. 저자는 신학적으로 의미심장한 몇 가지 사건들에만 관심을 집중한다. 1–6 장은 고레스 치하의 해방에서 성전 재건을 다루고, 7–10 장은 에스라가 귀환하여 첫 개혁을 시도하는 모습을 다룬다. 느 1–6 장은 성벽 재건을 기술하고, 7–13 장은 공동체 생활을 새롭게 구성하는 일을 다룬다. 더구나 이 사건들을 제시하는 특별한 서술 구조는 저자의 시각을 드러내 준다. 라 1–6, 7–10 과 느 1–6 장은 에스라와 느헤미야의 결합된 활동이 제시되는 느 7–13 장에서 절정에 이르는 예비적 활동을 제시한다. 마찬가지로, 느 13:4 이하 부분은 자체로 독립적 의의를 갖지 않고 앞부분에 종속된다 (B. Childs 1979:632–33).

에스라 – 느헤미야가 한 권의 책이었다는 점은 이 두 책이 1448 년에 출간된 히브리어 정경에서야 두 책으로 구분되었다는 점에서도 드러난다. 1525 년 봄버그 판에서도 분리된다 (R. K. Harrison 1969:1135).

에스라, 느헤미야서는 헬라어 번역에서 에스드라와 니미아로 (Esdras, Neemias) 지칭된다. 70 인역도 에스라 – 느헤미야를 에스드라 B 혹은 2 에스드라라 칭함으로 한 권으로 간주했다. 에스라 묵시를 에스드라 A 라 칭했다. 묵시 문헌인 2 에스드라는 주후 1 세기 저작으로 에스라와 무관하다. 묵시 문헌인 1 에스드라는 주전 2 세기 저작으로 대하 35:1– 에스라 까지와, 느 7:73–8:12 를 부록으로 첨가했다. 1 에스드라서는 역대기서, 에스라, 느헤미야와 비교 분석하는데 좀 유용할지 몰라도, 에스라서에 비해 역사적으로나 신학적으로 열등하다 (예, 1 에스드라 5:70–73).

오리겐 시대에 70 인역은 에스라, 느헤미야서를 분리시킨다. 라틴 벌게잇은 에스라, 느헤미야를 1 에스라, 2 에스라로 분리시킨다. 이는 라 2 장 = 느 7 장의 중복 목록 때문이다.

에스라서 저자는 바빌로니아 탈무드에서 역대기서와 에스라 – 느헤미야서의 저자로 언급하고 (바바 바트라 15a), 느헤미야가 완성시켰다고 한다. 라 7:27–9:15 부분에서 1 인칭으로 사건이 기술된다. 느헤미야서는 대개 느헤미야 자신의 기록인 듯 보인다. 대개는 1 인칭으로 제시되기 때문이다 (1:1–7:5, 12:31–13:31). 에스라는 자신의 작품을 하나의 책으로 편집하고 (에스라, 느 7 장), 거기에 느헤미야의 개인 메모를 더한 것 같다. 아니면 역대기 기자가 에스라, 느헤미야서를 한 권으로 묶었는지 모른다.

2) 저자와 저작 연대

대략 주전 433–400 년 경.

A. 에스라: 에스라는 대략 주전 458 년에 예루살렘에 도착

1. 라 7:1–8 에서

이 일 후 바사 왕 아닥사스다가 위에 있을 때에 에스라라 하는 자가 있으니라 저는 스라야의 아들이요 아사랴의 손자요 힐기야의 증손이요 2 살룸의 현손이요 사독의 오대손이요 아히둡의 육대손이요 3 아마랴의 칠대손이요 아사랴의 팔대손이요 므라욧의 구대손이요 4 스라히야의 십대손이요 웃시엘의 십 일대손이요 북기의 십 이대손이요 5 아비수아의 십 삼대손이요 비느하스의 십 사대손이요 엘르아살의 십 오대손이요 대제사장 아론의 십 륙대손이라 6 이 에스라가 바벨론에서 올라왔으니 저는 이스라엘 하나님 여호와께서 주신 바 모세의 율법에 익숙한 학사로서 그 하나님 여호와의 도우심을 입으므로 왕에게 구하는 것은 다 받는 자더니 7 아닥사스다 왕 칠년에 이스라엘 자손과 제사장들과 레위 사람들 과 노래하는 자들과 문지기들과 느디님 사람들 중에 몇 사람이 예루살렘으로 올라올 때에 8 이 에스라가 올라왔으니 왕의 칠년 오월이라

어떤 이들은 이 왕이 아닥사스다 1 세가 (롱기마누스 464–423 년) 아닐까? 혹은 아닥사스다 2 세가 (므네몬, 404–359 년) 아닐까 생각하기도 한다. 이 왕은 롱기마누스로 보인다. 그래서 그의 통치 7 년은 주전 458/457 년이다.

1) 느 8:2 는 에스라가 느헤미야의 동시대인이라 증거한다.
2) 엘레판틴 파피루스는 [대략 400 B.C.] 요하난을 (엘리아십의 손자, 느 3:1, 20) 언급한다
B. 느헤미야 I: 느헤미야의 1 차 예루살렘 도착은 주전 445 년이다.
1. 느 1:1, 2:1 은 아닥사스다 20 년 되던 해에 예루살렘에 갔다 온 사람의 보고를 들었다고 한다.
2. 느헤미야의 1 차 예루살렘 도착은 에스라가 도착한 지 12–13 년 후의 일이다.
C. 느헤미야 II: 느헤미야의 2 차 예루살렘 도착은 대략 433–420 년 어간에 일어났다.
1. 느 13:6–7 은
6 그 때에는 내가 예루살렘에 있지 아니 하였었느니라 바벨론 왕 아닥사스다 삼십 이년에 내가 왕에게 나아갔다가 며칠 후에 왕에게 말미를 청하고 7 예루살렘에 이르러서야 엘리아십이 도비야를 위하여 하나님의 전뜰에 방을 갖춘 악한 일을 안지라
라고 한다.
2. 느헤미야는 아닥사스다 32 년에 예루살렘을 떠났다.
3. 느헤미야는 아닥사스다 32 년에 예루살렘에 다시 돌아왔을 수도 있다 (확실치 않다)
D. 결론 : 에스라, 느헤미야서는 각기 에스라와 느헤미야의 생애 동안 기록되었지만, 느헤미야가 주전 433 년에 예루살렘에 2 차로 돌아간 이후에 함께 결합되어 정경에 편입된 듯 보인다.

3) 느헤미야 연대기

예루살렘 함락, 성전 파괴 (586 년 6 월 18 일, 왕하 24 장)
주전 539 년 10 월 29 일 바벨론이 메대 – 페르시아에 함락 당함
고레스 1 년, 해방령 선포하여 538 년 1 차 귀환
1) 스룹바벨 538 B.C. 1 차 귀환 (라 1, 2 장)
536 B.C. 성전 재건 시작, 번제단, 토대 완공
520 년까지 공사 중단 (라 4:1–5, 24)
520 년 학개, 스가랴의 예언활동과 함께 재개 (라 5:1, 2)
516 년 2 월 18 일, 성전 완공 봉헌 (라 5–6 장)
2) 에스라 458 B.C. 2 차 귀환 (라 7–8 장)
약 1,722 인과 (전체 8, 9000?) 458 년 3 월 중순 출발,
458 년 7 월 중순 예루살렘 도착
혼합 결혼 제거 개혁 (라 9–10 장)
3) 느헤미야 445 B.C..3 차 귀환 (느 1, 2 장)
446 B.C. 12 월, 느헤미야 보고 들음
445 B.C. 4 월, 4 개월 기도 후에, 왕에게 보고함
9 월 초, 52 일 만에 성벽 재건 완성 (느 3–6 장)
? 에스라의 부흥회, 개혁 (느 7:73b–10 장)
느헤미야의 개혁 (느 13 장)

4) 귀환 공동체 (유다) 의 성격

바인버그는 (Weinberg) 추방 후 귀환자들이 세운 유다 공동체는 제사장 중심의 시민 – 성전 공동체라

(Buerger–Tempel–Gemeinde) 정의했다 (Joel Weinberg 1992; P. Dion 1991:282–87; Philip R. Davies ed. 1991). 귀환자들은 새로운 지리적, 사회적 환경에 적응하기 위해, 자신들의 공동체 정체성을 주장함으로 불화한 상황에서 안정을 추구하고자 했다. 저들은 자신들을 "남은 자" 라 칭했다. 그리고 그 땅의 백성 앞에서 권위를 주장하기 위해 족보를 만들어 그 땅의 소유와 야웨의 선택을 족보와 연계시켰다.

이 가족들이 예루살렘 성벽 재건에 협력한 자들이다. 이런 가족들은 안 / 밖 (in/ out), 정 / 부정의 신학적 범주들을 부과함으로 공동체의 주도적 지배 이데올로기를 통해 합법적 거주민임을 주장했다. 예컨대 느 3 장의 성벽 재건 참여자 명단에 든 자와 (in) 들지 못한 자로 (out) 구분된다.

유다는 그 당시 "예후드" 란 칭호로 불렸는데 페르시아의 '예후드' (유다) 총독이 지도했다 (Nahman Avigad 1976). 총독들의 기능이 상실되어 성전 중심의 시민 공동체로 전락했다는 증거는 없다. 그렇게 되기 위해서는 페르시아 제국에서 그런 정체성의 변화를 인정해야 했다. 그런 공동체라면 대 제사장이 최고 실권자로서 행세하며, 적어도 두 가지에 충실해야 했다. 하나는 페르시아의 주권에 절대 순응해야 하는 것이고, 다른 하나는 야웨 하나님께 절대 순응하는 것이었다. 이 둘을 어느 하나를 희생시키지 않고 다 견지하기란 불가능했다고 보인다. 바인버그는 페르시아 제국의 총독 체제와 대제사장 중심의 신앙 공동체가 결국 대제사장 지도하의 정치 – 신앙 공동체로 변했다고 한다.

그러나 느헤미야가 페르시아 총독으로서 '예후드' 의 신앙 문제까지 지도했다는 점을 보면, 대제사장 중심의 정치 신앙 공동체가 아니라, 페르시아 제국의 총독 체제가 건재했음이 입증된다. 페르시아 제국이 임명한 총독 체제와 성전 중심의 신앙 공동체는 하나로 통합되어 바인버그가 주장하듯 그런 자치 정치 – 신앙 공동체가 (신정제) 된 것이 아니었다.

페르시아가 지배하는 주 (州) 들은 페르시아 정부의 정치 – 전략적 사항들로 지배되었을 것이 확실하다. 지방 주 (州) 가 제국의 의도에 벗어나서는 존속 자체가 불가능 했다. 그럼에도 지방 주의 총독들은 그 지방 신앙 사고를 북돋우면서 페르시아 제국에 충성하도록 백성을 유도했을 것이다. 그것은 에스라, 느헤미야서가 제시하는 모습이기도 하고, 고레스 원통형 비문에 기록된 바에 의해서도 확인된다.

5) 느헤미야 내용 분해

(1) 성벽 재건 (1–6)

1. 느헤미야 기도 (1); 2. 느헤미야 기도 응답 (2:1–8);
3. 느헤미야, 일을 준비 (2:9–20); 4. 느헤미야, 일을 위임 (3);
5. 느헤미야, 대적자에 대한 반응 (4); 6. 느헤미야, 내적 문제 처리 (5:1–13);
7. 느헤미야, 총독으로서 섬김 (5:14–19);
8. 느헤미야, 대적자들에 대한 대답 (6:1–14);
9. 느헤미야, 프로젝트의 완성 (6:15–19)

(2) 백성의 회복 (7–13)

1. 성읍의 안전 (7:1–3); 2. 귀환자들의 수 (7:4–73a);
3. 에스라의 사역 (7:73b–10:39); 4. 유다 거민들 (11:1–12:26);
5. 성벽 준공 (12:27–47); 6. 느헤미야의 개혁 (13)

6) 저작 목적

A. 유대인의 신정제가 과거의 영적, 물리적 토대 위에 재건된 것을 알리고자

B. 회복된 공동체에 언약 갱신이 있었다는 것을 알리고자 (느 8–10)
C. 성벽 재건과 준공을 통한 하나님의 신실하심을 논증하고자 (습 3:19–20; 학 2:1–9)
D. 추방 전 공동체와 추방에서 귀환한 공동체 사이의 역사적, 신학적 연속성을 – 성전 재건, 제사장이나 성전 섬기는 자들, 모세법의 준수 등을 통해 – 강조하고자
E. 회복된 공동체의 신앙, 종교, 경제, 사회생활이 하나님의 백성답다는 것을 선포하기 위해 (느 9:32–37)
F. 야웨를 경배하는 일과 예루살렘 공동체가 모든 이방 영향에서 벗어나 야웨의 법에 온전히 순종하여 순수성을 회복했다는 점을 제시하기 위해
G. 에스라와 느헤미야를 통해 이룩된 이스라엘의 회복이 메시야 시대에 완전 회복될 것을 대망하면서

7) 느헤미야서는 무엇을 가르치는가?

첫째로, 문제에 이렇게 대처하라

느헤미야가 봉착했던 문제를 내 자신이 목회 현장에서 혹은 사회 현장에서 당면하는 문제로 고려해 본다.
(1) 고국이 황폐하여 백성이 고난을 당한다는 소식 (1:2–3) → 슬퍼하고 기도하다 (1:4). 성벽을 재건하고 성문을 달아서 저들이 외적을 방비하여 평안한 삶을 살도록 하리라 결심 (2:17–18). 자신의 안일을 멀리하고 고난당하는 성도들과 함께 고난 받기로 작정하다. 다른 성도의 곤궁함을 보고서 모른 체하거나 무관심한 자는 악인이다. 특히 교회나 나라가 어려움에 처했을 때 성도는 구원사 불구경 하듯 관망해서는 안 된다.
(2) 거짓으로 자기와 일군들을 기소할 때 (2:19) → 하나님께서 반드시 우리의 하는 일을 형통하리라 확신하다 (2:20). 자신이 하는 일이 진정 주님의 영광을 위함이라 확신이 있을 때 형통할 수 있다.
(3) 일군들을 조롱할 때 (4:1–3) → 기도하고 더욱 분발하여 일을 감당 (4:6). 타인의 비판에 너무 신경 쓸 이유가 없다.
(4) 일군들을 공격하고자 할 때 (4:7–8) → 기도하고 파수꾼을 배치 (4:9). 기도하고 실제 문제에 실제적으로 대처해야 한다. 목표를 설정했으면 끝까지 인내하며 반드시 달성하도록 해야 한다. 끈기와 인내가 필요하다.
(5) 육체적으로 피로하고 살해 위협을 당할 때 (4:10–12) → 가족별로 무장하고 자기 위치에 배치하고 (4:13, 16–18), 백성을 격려하다 (4:14, 20). 무력에는 무력으로 대처했다 (천안함 사건에 적절한 대처). 미친개는 몽둥이로 후려쳐야 한다. 성도라고 연약한 모습만 보일 수 없다.
(6) 가난한 자들의 경제적 어려움과 가진 자들의 탐욕 (5:1–5) → 분노하고 (5:6), 가난한 자에게 이자를 취하는 압제자들을 책망하며 (5:7), 그 받은 이자를 되돌려 주게 하다 (5:7b–11). 성도들이 가난한 성도에게 돈 놀이 해서는 안 된다.
(7) 자신을 암살하고자 할 때 (혹은 위협할 때, 6:1–2) → 저들과 대화를 거절 (6:3). 겁을 주면서 만나자 하지만, 나는 내 할 일이 바쁘니 갈 수가 없노라. 악인들이 암살하려 하는데 무모하게 나갈 이유가 없다. 그달리야는 무모하게 행동하다 피살당했다. 느헤미야가 비겁하다고 할 이유가 없다.
(8) 중상 모략할 때 (6:5–7) → 무혐의를 보이고 (6:8) 기도하다 (6:9). 타인들이 근거없이 중상 모략할 때 너무 마음이 아프지만, 기도하고 있으면 저절로 혐의가 풀린다.

(9) 믿지 못할 사람이라 비난할 때 (6:13) → 대화를 거절하고 (6:11–13) 기도하다 (6:14). 거짓 선지자들이 뇌물을 받고 느헤미야를 비방하는 예언을 할 때, 기도하였다.
(10) 이방인 도비야가 성전에 방을 얻어 들어올 때 (13:4–7) → 도비야의 물건을 집어 던짐 (13:8). 불신자가 어떻게 성전 안에 친척 관계를 이용해서 방을 얻고 활보 하게 해서는 안 된다. 교회에 와서 장사하려는 성도도 있다. 하나님을 이용하려 하지 말라. 미국에서 목회 할 때 보니, 교회에서 성도들끼리 계모임을 하는데, 은행 이자가 낮고 세금도 많아서 자기들끼리 그렇게 한다고 했다. 예배 후 아래층 보일러 실 창고에 들어가니, 주일에 곗돈을 계산하고 있다가 질겁하는 모습을 본 적도 있다.
(11) 성전 십일조와 예물 태만할 때 (13:10) → 책망하고 (13:11a) 레위인들에게 그런 일을 감당하도록 배치 (13:11b), 기도하다 (13:14). 오늘날 교회에서 회개를 설교하지 않는 경향이 있다. 목회자 스스로 영적으로 도덕적으로 아무 흠이 없어야 하고 영권이 (靈權) 있어야 한다.
(12) 안식일에 일을 할 때 (13:15–16) → 책망하고 (13:17–18) 문지기를 두며 (13:19) 기도하다 (13:22). 오늘날은 주일과 다른 평일을 다 같이 전부 주님께 드려야 한다고 하면서 주일에 예사로 세상일을 하도록 방치하는 경향으로 흘러가는데, 주일에는 여행이나 사업장 문을 여는 일을 삼가야 한다. 자기가 주인이면 자기 부리는 사람들도 쉬게 해야 한다. 어떤 갈비집 주인은 자기만 예배 나가고, 밑의 사람들에게는 식당을 열게 했다. 한 주일에 수백만 원을 버는데 문을 닫을 수가 없다고 하면서. 그 돈을 벌어서 다 주님께 드린다 해도, 그런 자세는 안 된다.
(13) 불신앙인인 이방인과 혼합 결혼에 대하여 (13:23–24) → 책망하고 (13:25–27) 제사장이라도 그리했으면 제하고 (13:28), 기도하다 (13:29). 오늘날 이방인들과의 국제결혼은 한국에서 다반사이다. 농촌 총각들은 동남아나 중국에서 신부감을 구하는 것이다. 그런데 동남아 나라들은 불교국들이 많고 모슬렘 국이 많아서 문제이다. 국제결혼을 해도 신앙을 살펴야 한다. 그렇게 따지면 결국 못할 형편이 되겠지만, 믿는 성도는 신앙을 우선으로 보아야 한다. 국제결혼을 성경이 무조건 금하는 것이 아니라, 신앙적인 문제 때문에 금한 것이다.

둘째로, 하나님의 백성의 지도자

신학생은 지도자 훈련을 받고 있다. 모두가 하나님 나라의 장교 후보생들이다. 말씀 교육을 통해, 경건 훈련을 통해 지도자 훈련을 받고 있는 중이다. 평신도 지도자로서, 목회자로서, 사모로서, 선교사로 자신이 지도자가 될 비전을 가지고 있다. 신학생은 모두가 소명을 받고 신학교에 온 줄 믿는다. 그렇지만 어떤 사람은 소명을 갖지 못한 경우도 있다. 지도자가 되고자 하면 지도자 상이 필요하다. 김정일은 히틀러를 흠모해서 "나의 투쟁" 을 읽고 베개처럼 베고 잔다는 말이 있다. 어떤 지도자가 나의 모델인가?

느헤미야는 주전 444 년경에 활동했던 사람이다. 그 당시 페르시아 제국이 중근동을 지배하던 시대로 이스라엘은 페르시아 제국의 속국이었다. 페르시아 이전에 중근동을 지배하던 바벨론 제국은 망하고, 페르시아 제국이 들어서면서 포로로 잡혀온 이스라엘 사람들이 고국으로 귀환하여 성전 재건을 마치고, 어려운 상황에서 신앙생활을 하는 형편에 있었다. 그런데 느헤미야는 하가랴의 아들이다 (느 1:1). 그의 형제는 '하나니' 라 불린다. 어떤 이들은 그가 제사장 가문이라 하고 어떤 이는 그가 유다 왕족 가문이라고도 한다. 아무튼 그는 "사로잡힘을 면하고 남은 자가 그 도에서 큰 환난을 만나고 능욕을 받으며 예루살렘성은 훼파되고 성문들은 소화되었다" 는 (느 1:3) 소식을 듣고 크게 슬퍼하였다.
그는 하나님의 율법에 아주 열성이었다. 이런 점들을 미루어 보건대 그의 젊은 시절은 경건한 부모들에게 양육을 받았던 것 같다. 그는 유다의 역사와 법을 알았던 것이다. 그 후 그는 페르시아 궁중에서 왕의 "잔 나르는 자" 가 되었다. 이런 직책은 아주 고관이며 (Herodotus, iii. 34), 정직과 성실 그리고 실력을 인정받았다는 의미이다. 그는 아닥사스다 (Artaxerxes I) 왕을 섬겼다. 그는 흔히 롱기마누스라 (Longimanus) 불리며, 주전 464–424 어간에 다스렸다. '잔 맡은 관원' 은 왕의 술을 맛보는 책임을 지녔다. 독이 (毒) 들었는지를 감식(鑑識)하는 것이다. 그는 왕비가 왕과 함께 있는 가운데서도 왕에게 접근할 수 있는 그런 특별한 지위에 있었다 (느 2:6). 그런 지위와 특권을 가지려면 왕과 아주 친밀한 관계를 갖지 않으면 안 된다. 그는 페르시아 왕의 신임을 크게 받았던 인물로, 결국 자신의 요청으로 유다의 총독으로 임명을 받는다. 그는 자원하여 어려움에 처한 고국을 돕고자 페르시아 왕에게 간청하여, 고국으로 귀환하여 예루살렘 성벽을 재건하는 일을 감당하였다.

그가 예루살렘의 총독으로 임명된 데는 자기 형제 하나니와 다른 유다인들이 예루살렘을 방문하고 돌아와서 느헤미야에게 그곳 사정을 보고했고 이에 느헤미야가 고국의 현실을 슬퍼하며 기도하며 재건을 결심했고 왕에게 그런 지위를 청했기 때문이었다.

느헤미야는 고국의 환난 소식을 듣고 크게 슬퍼하며 금식하며 하나님께 기도하였다. 다음 해 1월에 (주전 444년) 그는 왕 앞에 나아가 사정을 고했다. 왕은 그에게 "강 저편" 주의 총독에 보내는 서신을 주었다. 그리고 산림청장 '아삽' 에게 명하여 삼림 벌목의 허가장도 주었다. 왕의 신임장과 권세를 받아서 느헤미야는 예루살렘으로 가서 성벽 재건의 작업을 개시하는 것이다.

느헤미야서에서 느헤미야가 어떤 인물인지를 살펴본다.

(1) 사심이 없이 하나님 나라 위해 희생하는 지도자

자신의 안일과 영달을 위해서 그곳에 있는 것이 아니다. 그는 교회의 황폐에 가슴 아파하고 교회 재건을 위해 자기의 편안하고 좋은 자리를 박차고 환난에 처한 고국으로 나아갔다.

5:14에 의하면, 유다 땅 총독으로 세움을 받은 때 곧 아닥사스다 왕 이십년부터 삼십 이년까지 십 이년 동안은 그와 그의 형제가 총독의 녹을 (祿 월급으로 주는 곡식) 먹지 아니하였다. 이전 총독들은 백성들을 착취하여, 양식과 포도주와 또 은 사십 세겔을 취하였고 그의 종자들도 백성을 압제하였으나 느헤미야는 하나님을 경외하므로 이같이 행치 아니하고 도리어 예루살렘 성 역사에 힘을 다하며, 땅을 사지 아니하였고 그의 모든 부하들도 (從者) 모여서 역사를 하였으며 또 느헤미야의 식사 상에는 유다 사람들과 백성의 유지들 150인이 함께 하였고, 그 외에도 사면 이방인 중에서 그들에게 나아온 자들도 있었다. 매일 느헤미야와 그와 함께 식사하는 이들을 위하여 소 하나와 살진 양 여섯을 준비하며 닭도 많이 준비하고 열흘에 한 번 씩은 각종 포도주를 갖추었지만, 느헤미야는 총독의 녹을 요구하지 아니하였다. 그것은 백성의 부역이 중했기 때문이었다. 이렇게 자기 민족, 자기의 양떼를 사랑하는 자가 참 지도자가 아니겠는가?

(2) 기도하는 지도자

느헤미야는 조국 교회의 황폐한 모습을 보고 받고 무엇보다 하늘의 하나님 앞에서 금식하며 기도하였다. 그는 영적으로 순전한 사람이었다. 궁중에 산다고 하여 그곳에서 안일하게 그곳의 풍조와 사치에 물들지 아니하였다. 그는 왕 앞에 나아가 이야기를 하기 전에도 하늘의 하나님께 묵도를 (에트팔렐, 내가 기도하다) 를 드렸다 (2:4).

1. 조국의 폐허를 듣고 수일 울고 금식 기도했다.

2. 문제가 생길 때마다 하나님께 기도하는 모습으로 나타난다:

우리 하나님이여 들으시옵소서 우리가 업신여김을 당하나이다 원컨대 저희의 욕하는 것으로 자기의 머리에 돌리사 노략거리가 되어 이방에 사로잡히게 하시고 5 주의 앞에서 그 악을 덮어 두지 마옵시며 그 죄를 도말하지 마옵소서 저희가 건축하는 자 앞에서 주의 노를 격동하였음이니이다 (4:4)

내 하나님이여 내가 이 백성을 위하여 행한 모든 일을 생각하시고 내게 은혜를 베푸시옵소서 (5:19)

– 원수들이 방해 할 때는

"이제 내 손을 힘 있게 하옵소서!" (6:9)
– 예언자가 이방인에게 뇌물을 받고 거짓으로 예언할 때는
내 하나님이여 도비야와 산발랏과 여선지 노아댜와 그 남은 선지자들 무릇 나를 두렵게 하고자 한 자의 소위를 기억하옵소서! (6:14)
라고 기도하다.
내 하나님이여 이 일을 인하여 나를 기억하옵소서 내 하나님의 전과 그 모든 직무를 위하여 나의 행한 선한 일을 도말하지 마옵소서 (13:14)
내가 또 레위 사람들을 명하여 몸을 정결케 하고 와서 성문을 지켜서 안식일로 거룩하게 하라 하였느니라 나의 하나님이여 나를 위하여 이 일도 기억하옵시고 주의 큰 은혜대로 나를 아끼시옵소서 (13:22)
대제사장 엘리아십의 손자 요야다의 아들 하나가 호론 사람 산발랏의 사위가 되었으므로 내가 쫓아내어 나를 떠나게 하였느니라 29 내 하나님이여 저희가 제사장의 직분을 더럽히고 제사장의 직분과 레위 사람에 대한 언약을 어기었사오니 저희를 기억하옵소서 30 내가 이와 같이 저희로 이방 사람을 떠나게 하여 깨끗하게 하고 또 제사장과 레위 사람의 반열을 세워 각각 그 일을 맡게 하고 31 또 정한 기한에 나무와 처음 익은 것을 드리게 하였사오니 내 하나님이여 나를 기억하사 복을 주옵소서 (13:28–31)

(3) 목적 달성을 위해 인내하는 지도자

사마리아 총독 산발랏의 음모와 방해, 예루살렘에 거주하던 자들의 반대와 방해를 끝까지 이겨내었다.
4:1 산발랏이 우리가 성을 건축한다 함을 듣고 크게 분노하여 유다 사람을 비웃으며
2 자기 형제들과 사마리아 군대 앞에서 말하여 가로되 이 미약한 유다 사람들의 하는 일이 무엇인가, 스스로 견고케 하려는가, 제사를 드리려는가, 하루에 필역하려는가, 소화된 돌을 흙 무더기에서 다시 일으키려는가 하고 3 암몬 사람 도비야는 곁에 섰다가 가로되 저들의 건축하는 성벽은 여우가 올라가도 곧 무너지리라 하더라 (느 4 장)
이때에 그는 낙심치 않고 하나님께 기도하여 아뢰고 더욱 열심히 일하였다.
4:7 산발랏과 도비야와 아라비아 사람들과 암몬 사람들과 아스돗 사람들이 예루살렘 성이 중수되어 그 퇴락한 곳이 수보되어 간다 함을 듣고 심히 분하여 8 다 함께 꾀하기를 예루살렘으로 가서 쳐서 요란하게 하자
그 때도 느헤미야는 하나님께 기도하며 저희를 인하여 파숫군을 두어 주야로 방비하게 했다. 원수들이 두렵게 하였으므로, 느헤미야의 부하들의 절반은 공사하고 절반은 갑옷을 입고 창과 방패와 활을 가졌고 민장은 유다 온 족속의 뒤에 있었으며 성을 건축하는 자와 담부하는 자는 다 각각 한 손으로 일을 하며 한 손에는 병기를 잡았는데 건축하는 자는 각각 칼을 차고 건축하며 나팔 부는 자는 느헤미야 곁에 섰다. 무리의 절반은 동틀 때부터 별이 나기까지 창을 잡았다. 사람마다 자기 종자와 함께 예루살렘 안에서 자고, 파수하며 낮에는 공사를 하였다. 그의 형제들이나 종자들이나 느헤미야를 좇아 파수하는 사람들이나 다 그 옷을 벗지 아니하였으며 물을 길으러 갈 때에도 기계를 잡았다.

(4) 동역자 에스라와 함께 믿음 공동체를 개혁한 지도자

1. 백성 중에 원성이 나는 문제를 해결했다 (5 장).
가난한 자들이 먹을 것이 없어 자기들의 부동산을 잡히고 곡식을 빌려서 먹고 세금도 바쳤다. 가난한 자들은 이런 식으로 가진 자들의 종으로 전락한 셈이다. 느헤미야는 사정을 파악하고 이자를 취하지 못하도록 명했다.
2. 그는 정직한 관리들을 임명했다.
3. 초막절에 에스라는 하나님의 율법을 공적으로 낭독했다. 말씀을 강해 했다 (8:8, 9). 말씀을 듣고 백성들이 은혜를 받고 울었다.

4. 초막절을 준수하도록 했다 (8:15 이하).
5. 이방인들과의 결혼을 청산하도록 조처하다 (9–10 장에서 에스라와 함께 ?).
6. 안식일을 지키게 했다 (13:15 이하).
7. 성전을 위해 헌금을 바치도록 하다.
8. 예루살렘 도성의 안전과 번영을 위해서, 성 밖 거주자 중 10 명 중 한 명은 성 안에 거하도록 하다. 이러한 개혁에 에스라 같은 성경학자가 있어서 도왔다. 에스라는 느헤미야보다 먼저 아닥사스다 7 년에 예루살렘에 왔었다.
9. 엘리아십의 아들 요야다의 아들들 중의 하나를 쫓아내다.

그는 사마리아 총독 산발랏의 사위가 되었기 때문이다. 이 요야다는 요하난의 부친으로 (12:22), 요하난은 아람어 파피루스에 의하면, 주전 407 년에 대 제사장이었다. 요세푸스에 의하면 (고대기, XI, viii.1) 요하난은 바고히가 아닥사스다 군대의 장군일 때 대 제사장이었다.

캠프벨은 (Donald K. Campbell) 느헤미야에게서 21 개의 지도자 자질들을 지적했다 (Donald K. Campbell 1982:23):

1. 달성 가능한 합리적 목표설정
2. 사명감
3. 적극적 참여를 자원
4. 목표 달성을 위해 우선순위들 재정립
5. 하나님의 시기를 인내로 기다림
6. 상관에게 존경심을 최대로 표시
7. 중요한 순간마다 기도
8. 재치와 순발력으로 자기 간청을 아룀
9. 미리 필요를 생각하고 철저히 준비
10. 정당한 경로를 통함
11. (3 일을) 쉬고, 기도하고 계획하는 여유를 가짐
12. 먼저 상황을 철저히 파악
13. 문제 규모를 확실하게 파악한 후에 타인에게 알림
14. 백성과 자신을 동일시
15. 백성들 앞에 달성 가능한 합리적 목표 제시
16. 하나님께서 함께 하심을 확신시킴
17. 장애물에 당면할 때 자신감을 드러냄
18. 장애물을 만날 때, 하나님에 대한 신뢰감을 드러냄
19. 대적들과 다투지 아니함
20. 방해공작에 좌절하지 아니함
21. 자기 지위와 권세를 대담하게 활용함

4. 묵시 (환상) 문학

묵시문학과 종말론

(최종태 2003:30 장)

다니엘서는 "묵시 문학" (默示文學) 이라 불린다. 성경에서 "묵시 문학" 장르에 속하는 책들로는 구약의 「다니엘서」 와 신약의 「요한 계시록」 이 있고, 기타 이사야 24–27 장 ; 에스겔 38–39 장 ; 스가랴 9–14 장 ; 마가복

음 13 장 등도 "묵시 문학" 장르에 속한다. 그러면 "묵시 문학" 이란 무엇인가? "묵시 문학" 이란 시나 산문, 혹은 역사와 같은 글의 한 형식 (쟝르) 이다.

성경의 마지막 책인 「요한 계시록」 의 첫말이 "아포칼룝스" 이다. 이 말은 감추인 것을 밝히 "드러냄" 을 의미한다. 감추어졌던 것들을 드러내는 수단들은 환상이나 꿈이었다.

"묵시 문학" 이란 말은 ""묵시 (록)" 과 (아포칼룝스; Apocalypse) "묵시 작품" 에서 (아포칼립틱; Apocalyptic [literature]) 보듯, "환상"을 주요 재료로 하여 현상계의 (現象界) 배후에서 일어나는 영계의 (靈界) 사건들을 묘사하는 글의 형식을 (장르) 지시한다. 내용상으로 묵시 문학은 장래에 일어날 일들 혹은 말세 (末世) 에 일어날 사건들을 다룬다고 흔히 이해하는데, 계시록의 경우는 초림에서 재림까지 교회사 전반에 걸쳐 일어나는 일들을 반복적으로 (recapitulation) 묘사한다. 여기서 말세 (末世) 의 일들을 체계적으로 제시하는 가르침을 흔히 "종말론" 이라 부른다. "종말" 이란 말은 "마지막," "끝" 과 같은 의미의 말이지만 여기에 "론" (論) 자가 하나 붙으니 어렵게 들릴지도 모른다. 말세 (末世) 는 구약적 견지에서 구약시대가 마감되고나서, 인류 마지막 시대가 펼쳐지는 구 언약의 성취시대인 신약시대 전체를 가리킨다.

보통 "묵시 (默示) 문학" 이라 부르는 바를 "환상 문학" 이라 생각할 수 있다. '환상' 을 매개로 주어진 계시를 다루는 문학 장르이기 때문이다. "환상"이란 "꿈"과 무엇이 다른가? 직접 체험을 해 보지 않으면 알기 어렵다. 환상은 비몽사몽 (非夢似夢) 간에 일어나는데, 자리에 누워 잠을 잘 때가 아니라 기도 중에 잠시 황홀경에 빠질 때에 눈앞에 현실 같은 장면들이 나타나는 것이다. 입신 (入神) 체험은 영혼이 육체를 이탈하여 영계로 들어가서 여러 현상들을 체험하는 일인데, 이때 육체는 죽은 듯 식어지며 사람들이 놀라 육체를 만질 때에 육체를 이탈한 영혼이 올라가지 못하고 무겁게 느껴진다. 입신 상태에서 환상들을 보는 예는 요한 계시록 4–22 장의 묘사에서 나타난다. 오늘날도 이런 현상들이 일어나지만, 어떤 교회나 교단은 극력 부인하거나 반대한다. 특별 계시인 성경이 마감된 마당에 그런 것들은 필요 없다고 하고, 교회를 혼란시킨다고 한다. 잠언 한 구절이 이런 논란에 딱 들어맞는다: "소가 없으면 구유는 깨끗하려니와 소의 힘으로 얻는 것이 많으니라" (잠 14:4). 환상이고 입신이고 방언이고 은사가 없으면 말씀 중심으로 교회는 잠잠하고 혼란도 없고 질서가 목사 중심으로 딱 잡힐 것이다. 그러나 은사들이 많으면 여러 잡음이 없지 않아 있을 수 있다. 그렇지만 잠언의 말씀대로, 그런 영적인 은사들은 문제에 비길 수 없는 위대한 일들을 창출해 낸다. 그런데 교회에 문제를 일으키는 이들, 곧 환상 받았다, 계시 받았다 하면서 성도들에게 점쟁이 노릇을 하듯 예언해 주며 교회를 소란케 하는 자들은 어리석은 자들이다. 그런 사람들 때문에 환상이나 은사가 도매금으로 욕을 먹고 반대에 직면하게 된다. 은사나 환상을 받았으면 더 겸손해야 하고, 세우신 교회 질서에 순종하고 말씀을 더욱 많이 묵상하여 최종 권위인 말씀에서 벗어나지 않도록 조심조심해야 하는 것이 올바른 자세이다. 환상이나 은사들은 우리 성도의 감정을 흥분시키기 때문에 자칫 기록된 말씀보다 주관적인 체험이나 감정을 앞세울 위험이 항상 있다.

일제 시대에 전국을 떠들썩하게 했던 그 이용도 목사도 순전한 마음에 기도로 성령님에 사로잡혀 살았으되, 자신에게 예수님이 친림하셨다고 떠벌린 원산의 감리교회의 유명화라는 여자의 말소리에서 예수님의 음성을 들었다고 착각하여 그 앞에 엎디어 "주여!" 라고 한데서 이단 시비에 걸렸다 (민경배 1981:394). 주관적 체험을 말씀보다 앞세우다 이단 시비에 걸리고 결국 이단 정죄를 피하지 못하고 그는 죽어가야 했다. 최근에 감리교에서 이단을 해제했다고 하는데, 변종호의 노력으로 출간된 이용도 목사 전집에 (변종호 1986) 나타난 그의 삶은 너무나 헌신적이었고 아름다운 것이었다.

여러 환상들과 꿈의 사람 다니엘도 하루에 세 번씩 기도하며 자기를 부인하며 정상적인 생활을 영위하였다. 그는 공직도 감당하고 영적 생활도 아름답게 감당하였다. 그가 가진 은사 때문에 그는 높은 자리에 올랐고, 그 자리에서 후대 믿음 공동체를 위해 여러 환상 예언들을 받아 전해주는 계시 전달자가 되었으며, 바벨론이나 페르시아 제국이 유대인들을 선대하도록 일조했을 것이다.

4-1. 다니엘

1) 명칭

책명 "다니엘" 은 본서의 주인공 다니엘에게서 유래한다. 다니엘이란 이름은 "하나님은 심판하신다" 혹은 "하나님은 재판장이시다" 란 의미이다. 혹은 "하나님은 강하시다" 로 풀이할 수도 있다. 이런 이름은 유가릿어에서 "단 + 일루" 나, 악카드어에서 유사하게 Danilu 라는 이름으로 나타난다.

2) 저자와 저작 연대

다니엘은 주전 605 년 바벨론에 포로로 잡혀가서, 주전 539 년 이후 페르시아 시대까지 이방 나라의 고위 공직자로 섬겼다. 그가 궁중에서 경험한바 사건들이 1-6 장에서, 그가 기도하며 받은 환상 계시들이 7-12 장에 묘사되고 있다. 따라서 본서를 다니엘의 기록으로 본다면, 적어도 주전 500 년 이전의 책이라 할 수 있다.

시대적 배경

주전 605 년 다니엘이 바벨론에 포로로 잡혀가다.
주전 586 년 예루살렘이 바벨론 느부갓네살 왕에게 (주전 605-562) 함락되다
주전 539 년 바벨론 마지막 왕 나보니더스 (556-539 년) 이 페르시아 고레스에게 망하다
주전 323 년 알렉산더 대제가 죽다
주전 323-200 년 어간 이집트가 톨레미 왕조가 팔레스틴 지역 지배
주전 200-63 년 시리아의 셀류쿠스 왕조가 팔레스틴 지배
주전 167 년 안티오쿠스 4 세가 예루살렘 제단에 돼지 제사 명하다. 안식일, 할례 금지
마카비 제사장 가문이 반란을 일으킴 (유다, 요나단, 시몬)
주전 164 년에 성전 회복 (수전절, 하누카)

3) 다니엘서의 내용 분해 구성

A 1:1-2:3a 서론 : 다니엘의 경건과 신실함을 증거함 (히브리어)
B 2:4-7:28 하나님의 우주적 왕권 : 열방 나라들과 메시야 (아람어)
[이 부분은 구조적으로 교차 대구법적으로 구성되었다 ; D. W. Gooding 1981:68]
　2:4b-49 A 사대 세계 제국과 메시야에 관한 예언
　3:1-30 B 우상숭배를 거절한 신실한 증인들과 구원
　4:1-37 C 교만한 통치자를 징계하시는 우주의 왕
　5:1-31 C' 교만한 통치자와 나라를 제하시는 우주의 왕
　6:1-28 B' 기도에 생명을 건 증인과 구원
　7:1-28 A' 사대 세계 제국과 메시야 도래 예언
C 8:1-12:13 하나님의 우주적 왕권 : 열방나라들과 성도, 메시야 (히브리어)
　8:1-27 A 수양과 수염소의 환상 - Antiochus IV
　9:1-27 B 메시야의 도래 예언
　10:1-11:45 A' 큰 전쟁에 관한 환상 1
　12:1-13 A" 큰 전쟁에 관한 환상 2

다니엘이 히브리어 (A), 아람어 (B), 히브리어 (A) 식으로 배치되어 (ABA) 있는 구조에 대하여 고돈은 지적하길 (C. H.

Gordon 1965:83–84).
함무라비 법전은 아주 포괄적인 문학 양태를 가지고 있다. 서론과 후기는 시어체로 병행법이 주를 이루고 고어체라면, 중간의 법규 부분은 산문체로 되어 있다. 그래서 전체 구조는 ABA 의 구조를 보이는데, 이는 성경을 포함한 동양 문헌들에 중대한 연관을 갖는다... 다니엘서도 유사하게 히브리어로 시작하여 아람어가 중간 부분에 끼이고, 히브리어로 끝이 난다. 이런 구조는 의도적인 ABA 구조를 이루고자 하는 시도의 일환일지 모르므로 섣불리 전체의 통일성을 훼손하고자 해서는 안 된다.

4) 다니엘서의 다각도 조병 :

(1) 역사 내러티브 (1:1–6:28) 와 환상 (묵시) 문학 (7:1–12:13)
(2) 아람어 (2:4b–7:28) 부분과 히브리어 부분 (1:1–2:3a, 8:1–12:13)
(3) 환상 문학의 역사적 무대
단 7:1–28 환상 – 바벨론 왕 벨사살 원년 ⇒ 단 5 장의 사건
단 8:1–27 환상 – 바벨론 왕 벨사살 제 3 년 ⇒ 단 5 장의 사건
단 9:1–27 환상 – 페르시아 아하수에로의 아들 다리오 왕 원년 ⇒ 단 6 장의 사건
(단 11:1 – 이 때 미가엘이 가브리엘을 도움)
단 10:1–12:13 환상 – 페르시아 왕 고레스 삼년 ⇒ 단 6 장의 사건 (?)
4) * 메시야와 안티오쿠스 4 세에 대한 기술
* 단 2 장의 꿈에 나타난 뜨인 돌
* 단 7 장의 환상에 나타난 인자 같은 이
단 8:9–14 – 수 염소의 큰 뿔에서 난 네 뿔 중 한 뿔에서 난 작은 뿔
단 8:23–25 – 작은 뿔의 교만과 멸망
* 단 9 장의 70 이레 예언에서 초림
단 11:21–45 – 천사의 상세한 묘사
단 12:1–13 – 천사의 설명

5) 다니엘서의 통일성

스피노자는 (Spinoza) 1–7 장과 8–12 장의 두 문서의 결합이라 생각하고, 후자는 다니엘의 작품이지만, 전자는 누구의 저작인지 알지 못한다고 판단하다 (1674:189). 아이삭 뉴튼은 (Sir Isaac Newton, 1642–1727) 다니엘서가 여러 번에 걸쳐 기록된 문서들의 집합이라 생각하다 (1732:10). 마지막 여섯 장들 (7–12 장) 은 다니엘 자신이 여러 번에 걸쳐 기록한 예언들이라면, 첫 여섯 장은 (1–6 장) 다른 저자들의 기록한 역사 문헌들의 집합이라" 했다. 그리고 1, 5, 6 장은 그의 사후에 기록되었다고 했다. 베톨트는 (Leonhard Bertholdt) 1806 년의 다니엘 주석에서 (Leonhard Bertholdt 1806) 9 개의 다른 문서들이 다니엘서를 구성하고 있다고 주장했다. 이런 식의 문서설은 구약 성경 어디에나 주장되고 있는 바이다.
요사이는 대개 1–6 장이 7–12 장의 기사들보다 오래된 문헌이라는 정도의 의견 일치가 있다. 원래 어떤 문서들이 독자적으로 존재하다가 나중에 하나로 결합되었건 간에, 중요한 것은 현재 우리가 지닌 다니엘서가 한 저자의 작품으로 하나님의 영감하에 기록되었다는 점이다. 즉 우리의 초점은 현재 우리가 지닌 본문 자체이다. 현재 본문에서 우리는 메시지를 들을 수가 있어야 한다. 전제는 우리와 다르다 할지라도 정경비평이 중시하는 바도 이런 점이다.
우리가 보기에, 적어도 주제면에서 말하건대, 다니엘서 저자가 하나의 통일적 구조물로 다니엘서를 저작했다고 확신할 수 있다. 우선, 하나님의 절대 주권이란 사고 측면에서 다니엘서는 처음부터 끝까지 일관성을 유지

하고 있다. 역사가 하나님의 섭리 하에서 완전히 주장된다는 사고가 분명하게 드러나고 있다. 하나님의 주권 하에서 움직이기에, 그분은 미래사를 미리 알려 주실 수도 있는 것이다. 그분은 이스라엘을 징계하시기 위해 바벨론의 느부갓네살에게 여호야김과 성전의 기명을 넘겨주시기도 하고, 느부갓네살을 폐하기도 하시며, 다시 세우기도 하신다. 열방 나라들을 일으키시고 또 멸하기도 하신다. 이런 하나님의 절대 주권 사고는 1–6 장에서만 아니라, 그분의 섭리 하에서 환상으로 미래사가 주어지는 단 7–12 장에서도 동일하게 강조되고 있다.
그분이 역사를 주장하시는 권세는 그분에 대한 피조물 인생의 절대 신앙을 요청한다. 그분의 손에서 만물이 결정되고 움직이기 때문이다. 그분에 대한 절대 신앙은 그분의 말씀에 대한 절대 순종으로 나타나야 하는데, 그런 모습이 다니엘에게서, 그의 친구들에게서 나타난다. 우상을 거절하고 풀무 불에 던져지고 (3 장), 기도를 금지하는 법에 조금도 굴하지 아니하고 자기의 신앙 정조를 지키기도 하며 (6 장), 절대 권세를 지녔던 왕앞에서 조언도 아끼지 아니하며 (4 장) 책망도 무서워 아니한다 (5 장). 그리고 그분의 뜻을 알고자 금식하며 기도하며 (9, 10 장) 미래사를 하나님께로부터 환상을 통해 받기도 한다 (7, 8, 9, 10–12 장).
유사한 사고이지만, 약간 다른 측면에서 다니엘서에 면면히 흐르는 주제를 지적하자면 그것은 환상과 꿈이다. 다니엘이 뜻을 정하며 자기를 더럽히지 않기로 했을 때 하나님은 그에게 초 자연적인 은사를 주셨다. 꿈과 환상을 해석하는 은사이다. 이 꿈과 환상은 민 12 장에서 보듯, 선지자들에게 하나님께서 자신의 뜻을 계시하시는 수단이다. 꿈과 환상이 다니엘서 전체에서 강조되고 나타나고 있다. 즉 1 장의 사고가 12 장까지 전체를 관통하고 있다. 이것을 무시하고, 1–6 장과 7–12 장을 분할시키려 한다면 이는 다니엘서의 사고를 전체로 파악하지 못했다는 증거일 뿐이다.

6) 다니엘서가 선지서가 (prophets) 아니라 성문서에 (聖文書 hagiographa) 속한 이유는 ?

그런데 다니엘서는 선지서가 아니라 성문서에 (Writings, Hagiographa) 속한다. 왜 그러한가? 그것은 다니엘이 엄밀한 의미에서 언약 사신, 곧 선지자가 아니었기 때문이다. 선지자란 언약의 사신이므로 언약 백성 이스라엘에 파송된 하나님의 전권대사였다. 그러나 다니엘은 비록 계시를 받았다 해도 언약 백성을 향하여 언약에 근거한 심판 메시지를 선포한 것은 아니었다. 그는 어디까지나 정치가요 종말의 때에 일어날 일들에 대한 계시를 받은 자에 불과했다. 계시를 받은 것은 광의적 의미에서 선지자일 뿐, 협의적, 고전적 의미의 선지자 자격에 충분한 조건은 못된다.

7) 다니엘서를 해석하는 여러 기본 접근법들

(1) 역사 비평학파 혹은 과거파

비평 학자들은 다니엘서 7–12 장의 예언들은 안티오쿠스 4 세 (주전 215–164 년) 기간에 일어난 유대인 핍박과 환란을 통해 다 이루어졌다고 본다. 보다 정확하게 말하자면, 성경을 불신하는 비평가들은 단 7–12 장의 예언들은 주로 마카비 시대에 일어난 일들을 목도한 자가 마치 예언인 양 꾸며낸 "거짓 예언들 (vaticinia ex eventu)" 이라 생각한다. 이교도 신 플라톤 철학자 폴피리가 이런 생각의 원조격이다.
혹 비평가들 중에서 단 7–12 장의 예언성을 인정하는 학자들도 있는데, 그들은 설혹 가짜 예언이 아니라 해도, 안티오쿠스 4 세 치하의 사건들로 다니엘의 예언 핵심은 이루어졌다고 가정한다. 이들은 단 2, 7 장의 네 제국을 바벨론, 메대, 페르시아, 헬라 등으로 본다. 즉 헬라 시대에 특히 셀루커스 왕조의 안티오쿠스 4 세 치하에서 다니엘의 예언은 다 성취되었다고 본다.

(2) 세대주의 (Dispensationalism)

세대주의는 구약 예언의 초자연적 성격을 믿지만, 구약 예언을 철저하게 문자적으로, 유대인 중심으로 해석한다. 이스라엘과 교회를 완전히 분리시켜 구약에는 교회에 관한 예언이 일체 없다고 보기 때문이다. "세대주의" 란 칭호는 (dispensationalism) 성경을 해석하는 신학 체계를 지시하는데, 이 용어는 하나님께서 인류를 다루실 때, '시대' 마다 (dispensation) 달리 다루신다고 하는데서 취한 말이다. 세대주의 성경 해석의 고전인 스코필드 성경에서 (Scofield Bible), 인류의 전체 시대는 일곱 세대로 나눈다: 무죄(無罪)(에덴) 시대, 양심 시대, 인간 정부 시대 (노아 홍수 이래), 약속 (아브라함), 율법 (모세), 교회 (은혜), 천년왕국 시대. "세대" 란 인간이 하나님의 뜻의 어떠한 구체적 계시에 대해 그들의 순종을 시험받는 일정한 시기라고 정의된다.

세대주의 신학 체계에서 구약의 모든 예언은 하나님께서 언약의 백성 이스라엘 민족에게 주신 것으로 그 성취도 당연히 유대인들에게서 이루어져야 하는데, 지금까지 성취되지 아니한 부분들은 모두 가정된 천년 왕국 시대에 문자적으로 이루어지리라 가정한다.

세대주의의 종말론에서 그리스도의 재림은 두 단계에 걸쳐 일어나는데, 첫 단계는 휴거(携擧 rapture)이다. 역사적 전천년설과는 달리 이 견해에 따르면 그리스도의 재림 전에 시대적 징조들이 없이 급작스럽게 재림이 온다. 휴거 때 그리스도는 완전히 땅에 내려오시지 않고 공중에 오신다. 이 때 구약성도들을 제외한 모든 참 성도들의 부활이 일어난다. 그때까지 생존해 있는 성도들은 즉각 변화되어 영화스럽게 된다. 이렇게 변화되고 부활한 성도들은 휴거되어 공중으로 들려 올라가 주님을 만나게 된다.

이들은 하늘에서 7 년 동안 어린 양의 혼인잔치에 참예한다. 이 7 년은 다니엘의 70 이레의 마지막 이레의 성취이다 (단 9:24–27). 교회가 하늘에 머무는 7 년 동안 땅에서는 대환난기가 찾아온다. 적그리스도가 살벌한 통치를 시작하고 재앙이 땅의 거민들에게 임한다. 그러나 동시에 왕국의 복음이 전파되어 이스라엘의 남은 자들이(계 7:3–8 의 인 맞은 이스라엘의 144000 명) 회개하여 예수 그리스도에게로 돌아온다. 이를 계기로 많은 이방인들이 구원에 이르게 된다.

그러나 땅의 왕들과 짐승들의 군대와 거짓 선지자들이 함께 모여 하나님의 백성들을 대적하여 아마겟돈 전쟁을 벌인다. 7 년 기간이 끝날 때, 그리스도는 교회와 더불어 영광중에 재림하신다. 이것이 재림의 두 번째 단계인 귀환이다. 이때 그리스도는 땅에 내려와 원수들을 멸하시고 아마겟돈 전쟁을 종결시킨다. 그리고 이스라엘은 회개하여 그리스도께 돌아오고 세계 각처에서 팔레스틴으로 모일 것이다. 마귀는 결박되어 무저갱 속에 던져져서 1 천년 동안 갇힌다. 또한 이제 끝난 7 년 환난기 동안 죽은 성도들이 일으킴을 받고 (계 20:4), 동시에 구약의 성도들도 부활한다. 이들은 모두 천상의 교회에 합류한다.

그리고 나서 살아있는 이방인들에 대한 심판과 (마 25:31–46) 이스라엘에 대한 심판이 (겔 20:33–38) 이루어진다. 이 심판에서 통과한 유대인과 이방인들은 천년 통치에 들어가 축복을 누리게 된다. 이제 그리스도의 천년 통치가 시작된다. 이 천년 통치는 구약시대의 이스라엘에게 주었던 영광스러운 왕국의 예언약속이 성취되는 시대로, 100 세에 죽는 자는 젊어서 죽는 자로 간주될 정도로 긴 수명을 누리고, 산에서는 꿀이 떨어지고 성전 문지방에서 물이 나와 사해로(死海) 흘러 들어가면 그곳에 고기가 팔짝 거리며 번성하는 민물로 변한다. 이 시기는 놀라운 번영과 평화와 축복의 시대이지만, 유대인 중심으로 이방인들은 모두 그들에게 굴복하고, 그들의 발 앞에 엎드리게 된다. 이방인들은 모든 좋은 것을 다 유대인들에게 가져다 바친다. 한편 하늘에서는 부활한 성도들이 천상의 예루살렘에서 그리스도와 함께 통치에 참여한다.

천년기가 끝날 무렵, 사단이 매임에서 놓여난 후 성도의 왕국을 공격한다. 그러나 이 최후적 반란은 그리스도에 의해 완전히 진압되고, 사단은 불 못에 던져진다. 천년기가 끝날 때 천년기 동안 죽은 모든 신자들은 부활하게 되고, 모든 믿지 않고 죽었던 자들도 부활하여 대 백(白) 보좌 앞에서 최후 심판을 받게 될 것이다. 이것이 두 번째 사망이다. 이제 최종적으로 하나님께서 새 하늘과 새 땅을 창조하실 것이며 어떤 죽음이나 불완전함도 없는 완전한 하나님 나라가 이루어질 것이다.

한국교회 안에 이 세대주의 전천년설이 널리 유포되었는데, 세대주의자에 의하면, 계시록 4 장은 교회의 휴거를 예언하며, 계 6–10 장은 대환난 전반기 3 년 반을, 계 11–19 장은 대환난 후반기 3 년 반을 예언한다고 한다 (조용기 1990:98–100). 이상근은 4–18 장이 7 년 대환란을 묘사한다고 하고, 7 인은 제 1 환난, 7 나팔은 제 2 환난, 7 대접은 제 3 환난이라고 했다 (이상근 1975). 대환난 후반기 마지막에 아마겟돈 전쟁이 일어나고, 그리스도가 지상에 강림하여 천 년간 사단을 무저갱에 가두고 천년왕국을 건설한다. 천년 후에 사단이 잠시 놓였다가 백 보좌 심판이 있으며, 신천신지가 건설된다는 것이다 (계 20–22 장). 이런 해석에 의하면, 주님 재림 전 시기를 사는 신약 성도들에게 계시록은 아무런 의미가 없고, 이방인 성도들에게는 더더구나 전연 의미가 없는 책이 되고 만다.

세대주의 신학은 유럽 공동체 통합을 로마 제국의 부활로 보면서 다니엘이 예언하고 계시록이 말하는 열 발가락 시대, 열 뿔 시대가 다가오고 있다고 한다. 1991 년 1 월의 걸프전이 아마겟돈 전쟁인 중동전쟁의 서곡이라고 하고, 마지막 전쟁은 소련이 이스라엘을 선제공격함으로써 시작되며, 이스라엘이 승전하여 시온산에 솔로몬 성전을 재건하며 통일 유럽과 평화조약을 맺게 되는데, 이것이 7 년 대환난의 분위기를 조성한다는 것이다 (조용기 1991:18).

(3) 개혁신학 (종교개혁 전통)

다니엘서의 예언들은 그리스도의 초림과 재림 사이에 모두 성취될 사건들을 묘사한다. 단 2, 7 장의 네 제국은 바벨론, 페르시아 / 메대, 헬라, 로마로 본다. 단 9:24-27 은 예수 그리스도의 초림으로 완전 성취되었다. 단 2, 7 장의 뜨인 돌이나 인자 환상도 초림으로 성취되었고, 성취 도중에 있으며 그 최종 성취는 재림 때에 일어날 것이다.
구약 예언들은 예수 그리스도께서 오셔서 성취하셨고, 교회를 통해서 성취 도중에 있으며 재림 때에 완전 성취된다. 마 13 장의 천국 비유가 다니엘서 예언 해석에도 중요하다. 그것은 다름이 아니라, "하나님 나라" 의 미약한 시작과 그 발전적, 확장 침투적 성격에 대한 비유를 바로 알면 다니엘서 예언도 바로 해석되기 때문이다. 예컨대, 뜨인 돌이 신상을 (神像) 치고 온 세상에 가득하게 된 것은 (단 2:35) 점진적인 진전에 의한 것이다. 그리스도께서 십자가에서 마귀의 머리통을 박살내시고 (골 2:14, 15) 그의 복음이 로마 제국 시대에 선포되면서 세상 나라들의 토대가 되는 마귀의 세력을 쳐서 세상 풍속과 문화를 (엡 2:1-3) 하나님 나라의 것으로 바꾸는 것이다. 그 모습이 단 2 장의 예언 내용이고, 7 장 예언 내용이다.
단 8-12 장의 예언들은 주로 헬라 시대의 안티오쿠스 4 세 치하에 있었던 유대인 박해에 초점을 맞추는데, 이렇게 그 시대의 역사가 초점이 되는 것은 그런 야웨 신앙에 대한 조직적인 핍박과 박해 정책은 전대미문의 것으로 야웨 신앙의 뿌리까지 흔들리던 최고 난도의 시련기였기 때문이다. 그런 시련의 시기를 통과해야 할 참 성도들에게 흑암 중의 등대로 다니엘의 예언은 주어졌던 것이다. 그래서 그 시대에 대한 예언은 다른 고전 선지자들의 예언들과 달리 역사적으로 세세하다.

8) 6 세기 저작설과 마카비 시대 저작설 [주전 165 년]

다니엘서가 주전 6 세기에 살았던 다니엘의 저작이 아니라, 주전 2 세기에 살았던 어떤 사람이 주전 6 세기에 살았던 양 위조한 (僞造) 작품이라면 문제가 무엇일까? 문제를 딱 집어 말하라면, 그것은 다니엘서 7-12 장의 "예언성" 이 사라지고 만다는 것이다. 마치 예언인 양 꾸며 놓은 예언 소위 "사건에 근거한 예언들" (vaticinia ex eventu) 혹은 "경건한 사기" 에 해당된다. 비평가들은 좋은 목적으로 '사기' 를 쳤다고 한다. 좋은 목적이란 박해 당하는 성도들을 예언의 이름으로 격려하고 끝까지 신앙을 사수(死守)하라고 권고하는 것이라 한다. 그렇지만 우리 신앙 양심상, 좋은 목적을 위해 사기를 (詐欺) 허용할 수 없고, 더더구나 성경은 그런 것을 허용할리 없다. "악은 그 모양이라도 버려야 한다" (살전 5:22). 그런데도 성경 자체가 기만적 작품이라면 어떻게 그 성경 내용을 신뢰할 것인가?
주후 약 3 세기경에 (주후 304 년경 죽다) 살았다는 신플라톤주의 철학자 폴피리 (Porphyry) 는 시실리를 방문하고, "기독인들을 논박함" (Against the Christians) 이란 제하에 15 권 분량의 책을 집필했는데, 그 12 권 째 책의 상당 분량을 할애하여 다니엘서가 사건들을 목도 (目睹) 하고 예언인 양 꾸며진 예언이며 따라서 가짜라는 주장을 펼치고 있다. 그의 이런 주장은 초자연적 예언은 가능치 않다는 철학적 전제에서 출발한다. 폴피리의 책은 유실되었으나 제롬의 「다니엘서 주석」 에 인용되어 전해진다. 다니엘서에 그렇게 상세하고 생생하게 마카비 시대의 일들이 기록된 것을 보면 (특히 단 11 장의 안티오쿠스 4 세의 모습), 누군가 그 시대를 살았던 사람이 사건들을 목도하고서 마치 그 사건들이 일어나기 수 세기 전에 살았던 양 꾸며서 예언을 만들었다는 주장이다. 제롬에 의하면, 폴피리는 "다니엘이란 이름을 빌어 다니엘서를 기록한 사람은 저들의 소망을 살리려는 목적 하에 거짓말을 했다" 고 주장했단다 (제롬 1958). 즉 안티오쿠스 4 세의 멍에를 벗어 버리고자 투쟁하던 유대인들에게 소망을 주고 꿈을 주기 위한 목적으로 기록했다는 것이다. 철학자 폴피리에게 있어서 그처럼 자세한 미래 예언은 애당초 가능치 않다는 전제는 절대적인 것이다.
폴피리의 이러한 부정적 전제는 1806 년 베톨트가 (Leonhard Bertholdt) 저술한 "다니엘서" 주석에서 전형적으로 나타났다. 비평적 성경 이해는 비단 다니엘서만 아니라, 성경 전체에서 초자연적인 예언적 요소를 전부 부정한다. 예컨대, 모세가 신 32 장에서 이스라엘의 장래를 노래하면서 추방까지 예고한다면, 그것은 주전 15 세기의 인물이 발한 예언이 아니라, 추방 이후에 어떤 사람이 모세라는 이름을 빌어 발한 거짓 예언일 뿐이다. 이런 식으로 성경의 초자연적 예언은 기각당한다. 삼하 7 장에 기록된 다윗에게 주신 하나님의 약속 또한 이런 비평적 입장에 의하면, 추방 이후의 어떤 저자가 (소위 신명기 역사가) 이전 다윗 왕을 흠모한 나머지 다윗 왕조가 영원히 왕 노릇해야 한다는 사상을 나단의 입에 집어넣어서 꾸며낸 모조 (模造) 예언이라 한다. 이사야 후반부에서 나타나나는 바벨론 추방에 때한 예언이나 그 이후의 회복에 대한 예언들은 이런 비평적 입장에서는 예언이 아니라, 예언을 가장한 가짜 예언일 뿐이다.
이제 폴피리는 불신앙의 대명사가 아니라, 비평 신학자들의 학문적 조상으로 자리 잡고 있다. 그 덕분에 다니엘서는 마카비 시대에 예언인 양 조작된 위경의 (僞經 pseudepigrapha) 하나로 전락하고 말았다. 이런 식으로 성경을 대하는 근저에는 앞에서 언급했듯이 역사 – 비평법의 3 대 원리가 자리 잡고 있다. 그것은 데카르트가 "나는 생각한다 그러므로 존재한다" 를 (cogito ergo sum) 외치며 철학적 사유 방법에서의 인본주의 방법론을 제창한 것을 본 떠, 방법론적인 회의 (methodological doubt), 유추의 원리 (principle of analogy), 상관관계의 원리 (principle of correlation, cause and effect) 등이다. 이런 전제를 깔고 성경을 접근하는 자들 사이에서, 다니엘서의 마카비 시대 저작설은 "신조" 가 되어 버렸다.

그렇지만 우리가 몇 가지를 고려한다면, 그런 다니엘서 저작 연대 주장은 신앙과 양립될 수 없는 접근법이란 것이 확실해 진다. 어떤 이들은 "신앙과 신학의 분리" 혹은 "경건과 학문의 분리" 라는 이상한 구호를 외친다. 정신분열증 환자가 아니라면 그것은 하나님의 절대 주권에 대한 도전장이다. 우선, 다니엘서에 나타난 하나님의 절대 주권을 고려한다면, 다니엘서가 사건을 목도한 자가 마치 예언인 양 가장한다는 주장을 도저히 받아들이기 어렵다. 다니엘서는 가짜의 책이 되어 버리기 때문이다. 절대 주권의 하나님께서 그런 가짜 예언을 허락하실 수 없다. 둘째로, 다니엘서가 성령님의 감동으로 기록되었다고 고백한다면, 가짜 예언설은 용납될 수 없다. 그리고 셋째로, 예수님께서 다니엘서를 예언으로 취하셨음에도 다니엘서를 가짜 예언으로 말한다면, 예수님의 판단도 잘못되었다고 말함과 같다 (마 24:15–16, 막 13:14, 눅 21:20)(Bruce K. Waltke 1976).

비평가들의 다니엘서가 주전 2 세기의 저작이라 확신하는 데는 다음과 같은 몇 가지 이유가 있다. 이것과 연관하여, 드라이버는 (S. R. Driver) 아주 유명한 말을 한 바 있다:

페르시아어들은 다니엘서가 페르시아 제국의 성립 이후에 기록되었음을 전제하고, 헬라어들은 알렉산더 대제의 팔레스틴 정복 이후에 기록되어야 함을 요청하고, 히브리어들은 이를 지지하고, 아람어 본문은 이 연대설을 허용한다 (1892:508).

그러나 이런 주장은 쿰란 아람어 문헌들의 발굴과 함께 이제 그다지 설득력을 얻지 못하고 있다. 그렇다면 무슨 이유에서 마카비설, 곧 가짜 예언설을 주장하는가?

(1) 다니엘서가 선지서가 아니라, 성문서에 속한다는 현실

다니엘은 정치가였지, 고전적 의미의 언약 사신으로서의 선지자가 아니었다. 그의 메시지 가운데 환상을 통해 받은 미래사는 있을지언정, 언약 백성을 치는 메시지는 없다.

(2) 주전 180 년경의 집회서에서 다니엘에 대한 언급이 없다는 가정

외경에 (apocrypha) 속하는 '집회서' 는 영어로 Ecclesiasticus (이클리지애스티커스) 로 전도서를 의미하는 Ecclesiastes (이클리지애스티스) 와 유사한 철자로 불린다. 집회서의 저작 연대는 그 책의 서문과 (序文) 벤 시라가 찬양하는 이스라엘의 조상들의 목록으로 암시된다. 집회서가 출판된 것은 언제쯤인가? 히브리어 집회서는 안티오쿠스 4세 통치 원년인 주전 175 년 이전에 기록 내지 출판된 것으로 보인다 (Alexander A. Dilella 1987:10). 헬라어 번역본은 아마 유에르게테스의 사후 곧 주전 117 년 이후로 추정된다 (Alexander A. Dilella 1987:8 이하). 중요한 것은 헬라어 역본이 아니라 히브리어 원본의 출간 시기이다. 왜냐하면 우리는 다니엘서가 집회서에서 암시되는 것과 연관하여 다니엘서의 기록 연대를 추정하려고 하기 때문이다.

구약의 종말론과 메시야 도래를 학수고대 (鶴首苦待) 하면서 예언서를 연구했던 '집회서' 의 저자 "벤 시라" 가 다니엘이 예언한 바에 관심을 갖지 않고 다니엘서를 읽지 않았다면 (다니엘서가 있었음에도) 그것은 참으로 이상한 일일 것이다. 만약 비평가들의 말대로, '벤 시라' 당대에 (주전 180 년) 다니엘서가 아직 기록되지 않고 마카비 시대에 (주전 160 년 어간) 기록되었다면, 벤 시라의 다니엘서에 대한 침묵은 이해할만 하지만 말이다.

집회서 서문 (序文) 에서는 히브리어 성경이 "율법, 선지서, 성문서" 로 이미 삼분된 것도 언급된다. 그런데 앞서 언급한 대로 벤 시라가 '집회서' 를 기록한 연대는 적어도 주전 175 년 이전이었다고 추정할 수 있다.

전체가 51 장으로 된 집회서에서 44 장부터 주께서 축복하신 탁월한 조상들, 곧 백성을 통치하며 말씀을 가르치고 선포한 위대한 조상들, 그 이름이 만대에 빛나는 조상들을 칭송하고 있다. 그 이름들은 44:16 부터 나타나는데 열거해 보면, 44:16 (에녹), 17-19 (노아), 20-23 (아브라함), 24-25 (이삭), 26-27 (야곱), 45:1-27 (모세), 6-22 (아론, 레위 지파), 45:23-26 (비느하스), 46:1-6 (여호수아), 7-10 (갈렙), 11-15 (사사들), 16-23 (사무엘), 47:1 (나단), 2-11 (다윗), 12-22 (솔로몬), 23-25 (로호보암), 29-31 (여로보암 I 죄악), 48:1-11 (엘리야), 12-16 (엘리사), 17-22 (히스기야), 23-25 (이사야), 49:1-7 (요시야), 8 (예레미야), 10-12 (에스겔), 13 (스룹바벨), 14 (대 제사장 여호수아 Jesus the son of Josedec, 학 1:1, 14 등), 15 (느헤미야), 16 (에녹), 17 (요셉), 19 (셋, 셈, 아담), 50:1-24 (대 제사장 시므온 II 세, 주전 219-196 년 대 제사장 ; 요하난의 아들), 50:29 (예루살렘 출신 시라의 아들 예수는 이 책에 지혜와 교훈을 기록했다). 이처럼 집회서에는 '다니엘' 에 대한 언급이 없고, '에스라' 에 대한 언급도 없다. 그렇다고, '에스라' 가 벤 - 시라에게 알려지지 않았다는 아닐 것이다.

그런데 이미 1950 년에 토레이는 (C. C. Torrey) 한 논문에서 (C. C. Torrey 1950:597), '게니자' 에서 발견된 벤 시라의 히브리어 사본 B 에서 한 구절은 분명 다니엘서의 히브리어에 의존한다고 지적했다 (Douglas E. Fox 1987).

"게니자" 란 히브리어로 "은닉처" 란 말로 오래 사용하여 낡은 성경 사본들이나 오래된 성물들을 보관하는 장소를 의미하는데, 주로 회당의 다락이나 지하실이 이에 해당된다. 중세기에는 대부분의 회당에 "게니자" 가 있었다. 1896 년 쉐히터는 (Solomon Schechter) 카이로의 오랜 에스라 회당에서 한 게니자를 조사했다. 그곳에서만 대략 9 만개의 사본들이 발견되었는데, 그 이후로 성경학자들은 "게니자" 하면 으레 이 "카이로 게니자" 를 지칭하게 되었다. 여러 문서들 중에서 이제까지 헬라어 사본으로만 알려졌던 벤 시라서의 (집회서) 히브리어 원본 파편이 발견된 것이다.

다시 토레이의 주장으로 돌아가서, 토레이는 히브리어 집회서 36:10 이 단 8:19, 11:27, 35 에 의존한다고 했다. 단 8 장에서 천사 가브리엘이 그가 받은 환상의 의미를 설명해 주도록 보냄을 받았다. 천사는 다니엘에게 먼저 "인자야, 그 환상은 종말의 때에 관한 것" 이라고 (레모에드 케츠) 알려 준다. 단 11:27 에서 여기 사용된 두 단어가 약간 순서를 달리하여 나타나고 있다 : "종말이 정해진 때에 오리라" (키 오드 케츠 람모에드). 유사하게 단 11:35 에서도 사용되고 있다 : "종말의 때까지, 곧 그 종말은 정해진 때에 올 것이기 때문이다." 이 세 구절들에서 "종말" 과 "정해진 때" 란 단어들은 공히 나타나고 있다. 그런데 이 두 단어의 조합은 오직 다니엘서에서만 나타난다.

집회서 36:8 (헬라어역에서 10 절에 해당 ; 세갈의 [Segal] 히브리어 역본에서는 33:8 에 해당) 은 종말론적 전쟁 기도를 제시하는데, 벤 시라는 기록하길 "종말을 단축하시고, 정해진 때를 오게 하소서" 라 한다.

집회서 3:30 과 단 4:24 (의로써 당신의 죄를 깨시고), 집회서 36:17 과 단 9:17 도 (당신의 종의 기도를 들으소서) 연관된다. 자, 이렇게 부인할 수 없는 증거들, 곧 벤 시라의 집회서와 다니엘서 사이의 연관성에 관한 증거들이 나타났을 때, 비평가들은 다니엘서의 마카비설을 철회할 것인가? 그렇지 않다. 비평가들은 이런 증거들 앞에서도 말하기를 다니엘서나 벤 시라서는 서로 유사한 시대에 나타났으므로 공통의 표현과 사고를 갖는다는 것이 당연하다 (Th. Noeldeke 1900).

그런데 앞서 지적한 두 단어는 쿰란 문헌에서도 자주 나타난다. 그래서 야딘은 (Yigael Yadin) 전쟁문서 (IQM) 를 연구하고 말하길, 문체나 종말론적, 묵시적 용어에서 "케츠" 나 "모에드" 같은 용어에서 보듯, "다니엘서의 굉장한 영향" 을 받았다고 했다 (Y. Yadin 1962:14; "케츠" 와 "모에드" 에 관하여는 258, 344 참조 ; J. van der Ploeg 1959:59 나 G. Vermes 1975:122 등도 전쟁문서가 다니엘서에 의존함을 지적했다).

다니엘서에 대한 암시는 제 1 에녹서 (1 Enoch) 69:26-71:17, 90:9-13a, 20-27, 시빌 신탁 (Sibylline Oracles) 3:388-400, 요셉의 유언서 (Testament of Joseph) 19:6-12, 전쟁 두루마리 (war scroll, 1QM) 17:6-8 등에서 하나님의 불이 흐르는 보좌, 거룩한 자들, 인자 같은 이, 열 뿔 등과 같은 주제들이 자주 등장한다는 점

에서도 고려해 볼 수 있다. 물론 신약에서 우리 주님의 감람산 강화에 (講話) 다니엘서는 언급되고 있다: 마 24:29–31; 막 13:26–27; 눅 21:25–28 참조.

(3) 주전 6 세기에 살았던 역사적 인물들이나 사건들에 대하여 부정확하게 기록한다는 가정

① 벨사살과 나보니더스

– 단 5:11 에서 벨사살이 느부갓네살의 아들로 언급됨

아람어 "아브" 는 히브리어와 단어가 동일하며 "부친" 이란 의미 외에 "조상" 이란 의미로도 사용된다 (단 2:23, 에스라 4:15, 5:12 참조). 그리고 느부갓네살의 딸 니토크리스가 (Nitocris) 주전 585 년 경에, 나보니더스에게 (Nabonidus) 시집을 갔다. 그래서 나보니더스의 아들 벨사살이 느부갓네살의 직계 후손은 아니라 해도, 외가 (外家) 편으로 선조에 해당된다. 그렇다면, 느부갓네살을 벨사살의 조상이라 지칭하는 일은 이상한 일이 아니다.

– 단 5:1–30 에서 벨사살이 "왕" 으로 언급됨

벨사살은 페르시아 왕 고레스에게 종말을 맞기 전에 사실 부친 나보니더스를 대리하는 섭정이었다. 부친 나보니더스가 아라비아 데마에 거처하는 동안 그 아들 벨사살이 바벨론 제국을 통치했다면, 비록 섭정이라 해도 "왕" 이란 호칭이 이상하지 않을 것이다. 벨사살은 단 5:7, 16 에서 꿈을 해석하는 자는 나라의 "셋째 통치자" 로 삼겠다고 공언한 바 있다. 벨사살은 분명 자신을 제 2 인자로 간주했음이 분명하다.

② 다리오와 고레스

바벨론 함락이 고레스 II 세 페르시아 왕이 아니라, 메대인 다리오에 의해 이루어졌다는 단 5:31, 6:28 등의 언급이 부정확하다. 페르시아 기록은 페르시아가 바벨론을 함락한 이후 최초 총독은 구바루라 (Gubaru) 언급하고, 여기 메대인 다리오는 9:1 에서 왕으로 세움 받았다고 (하믈락 알 말쿳 카쉬딤 was made king over the kingdom of Chaldeans) 한다. 누군가 더 높은 권세자에 의해서 그리 되었다. 그리고 단 5:31 에서도 다리오는 왕권을 받았다고 한다 (카벨 말쿠타 received kingdom). 이는 이 메대인이 고레스에 의해 세움 받았다는 것을 말해준다. 정복자는 어떤 더 높은 권세자로부터 왕권을 받는 것이 아니라, 그냥 스스로 취하는 것이다. 그렇다면, 메대인 다리오가 고레스 2 세에 의해 바벨론 총독으로 세움을 입었다는 말이 될 것이다. 당분간 고레스 대왕은 더 시급한 문제 해결을 위해 바벨론 통치를 자신의 신임하는 참모 메대인 다리오에게 위탁했을 가능성이 있다. 그 시급한 문제란 그의 북방 국경 지역을 호시탐탐 (虎視耽耽) 노리던 스키티아인들을 (Scythians) 막아야 했던 일이다. 다니엘서에서는 9:1 에서 다리오 통치 1 년만 기록할 뿐, 다른 언급은 없다. 단 10:1 에서는 페르시아 왕 고레스 제 3 년이라 하여, 메대인 다리오의 통치가 잠정적인 것이었음을 보여준다. 그러니까 메대인 다리오는 바벨론 왕으로 갈대아 왕조를 대신하여 1 년이나 2 년 임시로 통치하다가 고레스가 모든 왕권을 접수했다고 볼 것이다. 올브라잇 같은 학자도 다니엘서에 등장하는 메대인 다리오가 페르시아 고레스의 참모로 바벨론을 점령한 구바루일 (혹은 고브리아스) 것으로 추정한다.

고브리아스가 (Gubaru 혹은 Gobryas) 다리어스란 (Darius) 이름으로 왕의 호칭을 실제로 취했을 개연성이 크다. 그 다리오란 칭호는 아마 고 이란 왕의 호칭일지 모른다. 반면 고레스 대제는 유럽 원정으로 바벨론 함락시에 거기 없었을 것이다. 벨사살의 정체가 쐐기 글자 토판의 발견으로 해결되었다면, 메대인 다리오의 실제성도 조만간 입증될 것이 기대된다. 우리는 바벨론 유대인 저자가 신 바벨론 역사의 주요 사항들을 잘 알고 있었다고 안전하게 기대할 수 있을 것이다 (William F. Albright 1921:11, n. 2).

이에 반하여 비평가들은 바벨론의 갈대아 왕조를 타도한 사람은 페르시아 고레스 왕이 아니라, 메대 사람 다리오라고 다니엘이 기록함은 그가 주전 2 세기 살았던 사람으로서 수 백 년 전에 일어난 사건을 제대로 알지 못하고 혼동했기 때문이라 한다. 비평가들에 의하면, 다니엘서의 저자는 페르시아인이 아

니라 메대인이 바벨론을 타도했다고 생각했고, 바벨론을 타도한 것으로 묘사된 메대인의 왕 다리오는 사실 페르시아의 왕 다리오 1세 (주전 522–485 년 통치)를 혼동한 까닭이라 한다. 다리오 1세가 가짜 스메르디스 (Smerdis) 를 살해하고 페르시아 왕위에 오른 것은 약관 22 세 때의 일이었다. 그런데도 다니엘은 그가 바벨론을 타도하고 왕이 된 시기의 나이가 62 세라고 오해하였다 한다 (단 5:31).

③ 갈대아인들이란 용어가 술사란 (術士) 의미로 등장하나, 주전 6 세기에 그런 용례가 없었다는 가정

갈대아 술사 (카쉬딤) 란 말은 단 2:2, 4, 5, 10, 4:7, 5:7, 11 등에서 나타나고 있다. 단 5:30 에서는 벨사살을 갈대아인 왕 (말카 카쉬다야) 로 부르고 있다. 즉, 동일한 단어를 두 가지 용례로 사용하고 있다. "카쉬딤" 이란 말이 1) 갈대아 술사들 (직능) 2) 갈대아 사람 (종족) 을 가리키는 것이다.

그런데 비평가들에 의하면, 1) 의 용례는 갈대아 왕조가 망한 후, 페르시아 왕조에서 "갈대아 술사" 란 말을 사용하면서 생겨났으리라 한다. 그러므로 다니엘서에서 묘사되었듯이, 바벨론 궁정에서 "갈대아 술사" 란 말을 사용했을 리 만무하다는 것이다. 즉 다니엘서는 시대착오적 기록을 하고 있으며, 따라서 다니엘서는 후대 (주전 2 세기) 저작임이 분명하다고 한다.

한편 직능을 지시하는 "카쉬딤" 이란 말은 다니엘서에서 박수 (하르툼밈), 술객 (아솨핌), 점장이 (메캇쉐핌) 등과 같은 기능을 담당하는 자들로 언급되고 있다.

고대 바벨론 궁정에는 왕을 위해 신탁을 받아주고, 꿈이나 징조를 해석하는 일을 감당하는 전문가들이 있었다.

이제 "카쉬딤" 이란 말이 종족을 지시하는 용례를 고려해 보자. 갈대아 (Chaldea) 라 번역되는 이 말은 원래 페르시아만 어귀의 땅을 지시한다. 지금의 쿠웨이트 지역이다. 그 지역은 앗시리아 앗수르바니팔 2 세 (884–859 주전) 이전에는 "바다 (에 연한) 땅" (sea-land, mat Tamtim) 이라 불렸으나, 앗시리아 살만에셀 3 세가 그곳에 거주하던 갈대아 족속을 습격하여 바다 어귀 곧 페르시아 만에 이른 것이다. 살만에셀은 그 곳 이름을 "갈두의 바다" (Sea of Kaldu) 라 불렀다. 주전 625 년에 갈대아인으로 앗시리아 속주 바벨론 총독이었던 나보폴라살이 그곳 주민의 지지 하에 왕이 되어 갈대아 왕조를 개창하게 되었다. 느부갓네살 2 세 (605–562 년 주전) 의 명성 때문에, 이제 갈대아 왕조는 바벨론 왕조와 동일시되었다. 갈대아 왕조는 페르시아 고레스 2 세의 침공으로 주전 539 년에 바벨론이 함락됨으로 망한다.

왕하 25 장, 사 13:19, 23:13 등에서 갈대아인들 (카쉬딤, 카스다인, 카스다에) 이란 말은 이 갈대아 족속을 지시하다가 다니엘서에서는 앞에서 언급한대로 단 5:30 에서 종족적 의미로도 나타나지만, "갈대아 술사" 들을 지시하는 전문 용어로도 나타난다.

세속 문헌을 보면, 자신이 갈대아 술사 출신이었던 베로수스는 (Berosus) 종족의 의미로만 "칼다이" 란 (70 인역에서 헬라어 번역) 말을 사용하나, 헤로도터스 (Herodotus, 주전 484–425?), 디오도루스 (Diodorus 주전 1 세기), 스트라보 (Strabo 주전 64– 주후 24 년), 그리고 후대 작가들은 오로지 "(갈대아) 술사" (제사장 계급) 란 의미로 사용한다. 여기서 우리는 한 가지 추정할 수 있다. 갈대아 왕조를 통해 갈대아인의 정치적 영향력이 확대될 때, 앗시리아의 영향으로 자신들의 언어나 갈대아 어로 기록된 문헌들이 점차 망각되어 가는 현실을 보고 갈대아 왕조에서는 자신들의 문화 전통을 지키고자 전통적 언어나 그 언어로 기록된 문헌을 연구케 하는 학자들을 키웠으리라. 그 학자들이 바로 "갈대아인" 혹은 "갈대아 술사" 라 불리게 된 것이다. "갈대아 술사" 란 번역은 "갈대아인" 이란 번역보다 그런 점술적인 측면에 더 강조를 두고 있다.

모든 갈대아 전문 학자들이 제사장이나 점술사는 아니었을 것이다. 왜냐하면 스트라보는 (16.1, § 6) 헬라인 셀루커스를 (Seleucus) "갈대아인" (Chaldean) 이라 부르고 있기 때문이다. 즉 갈대아 종족 출신의 제사장 계급이란 말이 아니라, 단지 갈대아 전통 문헌과 언어에 능한 자란 의미로 사용하고 있다. 경건한 다니엘이 성경이 정죄하는 (출 22:17, 신 18:15 이하, 사 47:9 등) 그런 점술을 행했을 리 없지 않은가? 단 5:11 에서는 다니엘이 갈대

아 학자들의 장이었다고 말한다. 한글역을 보면 "박수와 술객과 갈대아 술사와 점장이의 어른" 을 삼았다 한다. 여기 언급된 기능인들은 점술도 행했지만, 학문적 능력을 지닌 학자들, 제사장들도 포함되었을 것이다. 다니엘이 이방인의 궁전에서 이스라엘의 왕궁에서처럼 여호와 유일신 신앙을 요구할 수는 없었으니 느부갓네살 왕이 자기를 이방 점술이나 제사, 전통 학문을 담당하는 계층의 장으로 세웠다고 거절할 이유는 없었을 것이다.

1900 년대 초반 프린스톤의 교수였던 윌슨은 (Wilson) 약간 다른 각도에서 "카쉬딤" 의 용례를 설명한 바 있다. 그에 의하면, "갈대아 사람" 이란 의미와 "갈대아 술사" 혹은 "갈대아 학자" 란 의미를 지시하는 말이 모두 "카쉬딤"이지만, 이 둘은 사실 동음이의어 (同音異議語) 일 뿐, 같은 단어가 아니라고 한다. 그러니까, "건축대가" 를 수메르어로 GAL.DU 라 불렀는데, 나중에 발음이 변하여 Kas.du 가 되었다. 윌슨에 의하면, 원래 종족을 지시하던, Kasdu 혹은 복수형 Kasdim 가 후에 Kaldu, Kaldim 이 되었다. 그 즈음에는 Kasdim 이 Kaldu 의 복수형인 Kasdim 의 동음이의어가 되었다. 바벨론어의 발전에서 마지막 단계인 느부갓네살 왕 시대에는 자신들의 전통을 살리려는 노력의 일환으로 복고화 (archaizing) 정책을 추진했는데, 이로 인하여 Kaldu 가 Kasdu 가 되고 동음이의어는 계속 사용되었다.

④ 페르시아 왕을 네 명이라 지적한다 (단 11:2-3)

역사적으로 11 명인 페르시아 왕들을 (주전 539-334 년) 단 11:2 에서는 네 왕으로 언급한다고 한다. 이런 주장을 답하기 전에, 우선 역사적으로 고레스 2 세 정복자 다음의 세 명의 왕이 누구인지 보자. 역사적으로 보면, 지금 고려중인 예언은 단 10:1 에 의하면, 고레스 왕 제 3 년에 주어진 것이었기에, 고레스 다음의 세 왕은 고레스의 아들로 왕위에 오른 캄비세스, 주전 522 년에 잠시 통치했던 가짜 스메르디스 (Pseudo-Smerdis), 이 사람을 타도한 다리오 1 세 등이다. 다리오 1 세는 (Darius I Hystaspes) 주전 522-486 년 어간에 통치했다. 그런데 넷째 등장하는 왕은 그들 모두 보다 훨씬 부요하다. 이 왕이 세륵세스로 (Xerxes, 히브리어로 아하수에로, 에스더의 남편) 주전 486-464 년 어간에 통치했다. 헤로도터스 역사 3:96, 6:27-29 등은 세륵세스에 대한 다니엘의 예언이 완전함을 말해 준다. 세륵세스는 엄청난 군대를 정비하고 무장시키기 위해 자기의 부를 쏟아 부었다. 그리스를 정복하기 위해서였다.

그런데 다니엘이 페르시아 제국이 오직 네 명의 왕으로 끝났다고 말하는 것인가? 다니엘이 초점으로 맞추는 사실은 페르시아 제국에서 왕이 네 명 통치하리라는 말이 아니라, 세륵세스가 페르시아와 그리스 역사에서 갖는 중요성에 초점을 맞추고 있다. 왜냐하면 다니엘의 초점은 곧 그리스의 알렉산더 대제와 그 후계자들, 그리고 안티오쿠스 4 세로 나아가기 때문이다. 이 점을 주목해 보아야 한다. 다니엘 예언의 초점은 페르시아도 헬라도 아니고, 이스라엘이다. 이스라엘에 연관되는 사항에로 나아가기 위하여 페르시아, 그리스 등을 잠시 언급할 뿐이다.

(4) 주전 2 세기 역사에 대하여는 놀라우리만치 정확하다 (단 11 장)

이 요소가 다니엘서 예언을 사건을 목도한 자가 "사건에 근거하여 (예언인 양 말한) 예언들" 로 (vaticinia ex eventu) 보는 중요한 이유이다. 그렇지만, 안티오쿠스 4 세의 종말에 대한 기록은 역사적 사실과 부합하지 아니한다. 왜냐하면 단 11:45 에서는 이스라엘 땅에 진을 치고 종말을 맞는 것으로 되어 있으나, 역사적 기록에 의하면, 안티오쿠스 4 세는 팔레스틴에서 수 천 킬로 떨어진 엘리마 (Elymais) 신전을 약탈하려다 미수에 그치고 페르시아의 타바에서 (Tabae) 종말을 맞았기 때문이다 (마카비상 6 장).

그리고 만약 비평가들이 생각하듯, 다니엘서가 마카비 시대 사람이 자신이 목도한 안티오쿠스 에피파네스의 박해와 만행을 초점으로 맞추면서 당대 시대상을 묘사하면서, 마치 주전 6 세기 바벨론 궁정에서 살았던 다니엘의 예언으로 위조 (僞造) 했다면, 참으로 이해할 수 없는 일이 한 두 가지가 아니다. 우선 그런 위조 (僞造)

작이 정경의 일부로 편입될 만큼 유대인들이 어리숙했던가? 하는 것이고, 또 자기가 목도한 시대상 특히 주전 168–165년 어간에 일어나 안티오쿠스 4세의 박해에 초점을 맞춘다면, 왜 마카비 용사들의 활약으로 셀루쿠스 군을 몰아내고 독립을 쟁취한 일에 대하여는 겨우 단 11:34에서 "도움을 조금 얻을 것이나" 정도로 처리하고 있는가? 즉 경건한 자들이 쇠패할 때에 "도움을 조금 얻"는다면 이상하다. 왜냐하면 마카비 가문의 활약으로 헬라 셀루쿠스 군을 완전히 몰아내고 독립을 찾았기 때문이다. 연전연승(連戰連勝)의 활약상과 완전한 격퇴는 아예 암시도 않고 있다.

그러니까 다니엘서의 예언은 역사적 사건들을 사실대로 미리 보여 주는 목적이 아니다. 그 목적은 어디까지나 하나님의 교회를 대적하는 세상 나라들의 움직임을 묘사하여, 종말의 때에 교회를 준비케 하려는 것이다. 살아계신 하나님을 섬기는 신앙을 뿌리 뽑고 세속 신앙으로 대체하려는 안티오쿠스 4세의 행위는 종말의 시대에, 모든 신들 위에 자신을 높이고 교회를 대적할 적그리스도의 행실을 예시해 주는 것이다. 그러나 안티오쿠스가 급작스레 종말을 맞았듯이 결국 교회가 승리하리라는 암시도 주고 있다.

(5) 언어학적인 논증

① 헬라어 단어가 등장하는 것은 후기 저작임을 말해준다(단 3:5 등에서). 헬라의 언어나 문헌들이 알렉산더 대제의 정복 이후에 비로소 동양에 퍼졌다는 생각은 잘못이다. 그 이전에도 헬라어 단어들이 동양에 침투했다는 증거가 주전 5세기 저작으로 추정되는 근년에 발견된 아람어 문헌에서 입증되었기 때문이다.

② 아람어 부분의 아람어가 후기 아람어이다

쿰란 동굴에서 발굴된 아람어 문서 Genesis Apocryphon이나 욥기서는 철자면에서 다니엘의 아람어 부분보다 후대성을 보여준다. 동시에 에스라의 아람어 부분이 다니엘서 아람어 보다 더 오랜 것이다. 철자 외에 어순(語順)이나 문법 등에서 다니엘서의 아람어, 에스라서의 아람어는 제국 아람어 곧 페르시아 제국에서 공용어로 사용된 아람어 형태를 보인다. 따라서 철자가 약간 후대의 것일지라도 그것은 성경 철자가 현대화되었다는 점을 전제한다면 다니엘서의 기록 연대는 사용된 아람어로 추정할 때, 주전 6세기 기록을 부인하기 어렵다. 즉 언어학적 논증은 다니엘서의 후대성을 결정적으로 증거해 줄 수 없다 (Jongtae Choi 1994).

(6) 묵시문학은 주전 2세기 어간에 양산되었다; 신학적으로 천사론 등 후기 신학사상

여기에 대하여 벤함은 (G. J. Wenham) 지적하길, "다니엘은 순수한 묵시 문헌이 아니다. 그리고 묵시적 문체는 일부 다니엘의 고유한 것일 것이다. 또한 다른 구약 일부(사 25–27장, 슥 9등)가 묵시적 특징들을 지녔다 해도 주전 2세기 어간의 것은 아니지 않는가?" (R. J. M. Gurney, J. E. Goldingay and G. J. Wenham 1977) 그리고 비평가 한손 역시 유사한 논조로 지난 세기 비평가들의 주장들에 (R. H. Charles, H. H. Rowley, D. S. Russell) 거스려 지적하길, "유다 묵시문헌에서 발견되는 종말론이나 이원론을 주전 3세기나 2세기의 페르시아 영향에서 찾고자 하는 것이 어리석다는 사실은 다음 사실로 입증되니, 곧 묵시사상의 본질적 요소들이 주전 6세기 예언들(사 66장)에서 모두 나타나고 있다는 사실로 입증된다" (P. D. Hanson 1971:54; idem. 1975; J. G. Baldwin 1978:46; R. J. Bauekham 1978:10–23).

비평가들의 주장들이 근거가 있다면 논박해야 하겠지만, 예언의 초자연성을 믿지 못하는 마음에서 나오는 불 신앙적 논조는 어찌할 도리가 없다. 참으로 아이로니 한 것은, 폴피리 같은 불신자의 불신앙적인 주장이 이제는 유대인만 아니라 (E. Bickerman 1967:128–129), 자칭 기독인이라 하는 비평 학자들에 의해서 (A. Lacocque 1978:7; P. M. Casey 1976:30–31) 받아들여지고 있다는 현실이다.

이런 비평가들의 지적은 이미 유능한 복음주의 학자들이 논박한 바 있다 (Gleason L. Archer, Jr.

1979; Bruce K. Waltke 1976:319–329). 언어학적인 논증 (최종태 1994), 역사적 논증, 신학적 논증 등을 통해 다니엘서의 주전 6 세기 저작설을 변증할 수 있다.

9) 다니엘은 무엇을 가르치는가?

첫째로, 70 이레 예언 (단 9:24–27)

이 70 이레 예언은 세대주의 신학에서 주님의 재림과 연관시켜, 소위 7 년 대 환난이니, 유럽 공동체 지도자로 드러날 적그리스도와의 언약, 그 언약의 파기, 아마겟돈 전쟁 등과 연계하여 이해되는데, 그런 이해는 본문에 근거가 없다. 본문은 구약의 모든 "예언과 이상" 이 성취되는 그리스도의 십자가 사건과 제사와 예물이 폐해지는 주후 70 년의 예루살렘 성 파멸에서 완전 성취되었기 때문이다. 따라서 소위 "7 년 대 환난" 이란 사고는 성경적 근거가 없는 허구에 불가하다.

24 네 백성과 네 거룩한 성을 위하여 칠십 이레로 기한을 정하였나니
허물이 마치며 죄가 끝나며 죄악이 영속되며
영원한 의가 드러나며 이상과 예언이 응하며
또 지극히 거룩한 자가 기름부음을 받으리라
25 그러므로 너는 깨달아 알지니라 예루살렘을 중건하라는 영이 날 때부터
기름부음을 받은 자 곧 왕이 일어나기까지 일곱 이레와 육십 이 이레가 지날 것이요
그 때 곤란한 동안에 성이 중건되어 거리와 해자가 이룰 것이며
26 육십 이 이레 후에 기름부음을 받은 자가 끊어져 없어질 것이며
장차 한 왕의 백성이 와서 그 성읍과 성소를 훼파하려니와
그의 종말은 홍수에 엄몰됨 같을 것이며 또 끝까지 전쟁이 있으리니 황폐할 것이 작정되었느니라
27 그가 장차 많은 사람으로 더불어 한 이레 동안의 언약을 굳게 정하겠고
그가 그 이레의 절반에 제사와 예물을 금지할 것이며
또 잔포하여 미운 물건이 날개를 의지하여 설 것이며
또 이미 정한 종말까지 진노가 황폐케 하는 자에게 쏟아지리라 하였느니라

24 절의 이해

70 이레가 작정되었다 (šāḇūʿîm šiḇʿîm neḥtaḵ)

– 사용된 표현은 통상적인 70 주간의 날들을 (490 일) 지시하지 아니하고, 단 9:2 의 추방 70 년에 상응하는 490 년을 지시하는지 모른다. 7 은 신적 성취의 숫자로, 창조의 7 일이나, 안식일, 안식년, 희년 (7x7=49 년 후 제 50 년째) 등이 이런 성취와 회복의 의미를 지니고 있다 (M. H. Pope 1996). 490 년은 10 개의 희년, 즉 최고의 희년을 상징적으로 의미했을 것이다. 그렇다면, 70 년 동안의 추방생활과 대응되는 영원한 속죄가 희년의 개념으로 여기 제시된 듯 보인다. 즉, 70 년이 이스라엘의 죗값이었다. 이스라엘은 70 년 만에 본토로 귀환한다. 그럼에도 완전속죄를 위해서는 70 주간을 (490 년 완전 희년) 더 기다려야 한다! 우리가 490 년이라 했지만, 7 이란 숫자가 갖는 상징성에 비추어 70 주간은 70 (7x10) x 7 로서 가장 중요한 신적인 완전을 지시한다고 볼 수 있다. 즉, 정확하게 어떤 수치로 계산될 수 있는 기간을 지시한다기보다, 이 기간은 하나님의 최고로 중요한 사역이 이루어지는 기간이다 (무천년설도 [Amillenialism] 사실 천년왕국이 없다는 것이 아니다. 천년이란 수치가 갖는 상징성을 강조하고 [10x10x10 완전수의 3 배수], 메시야 통치의 전체 기간을 지시한다고 본다; 정확하게 999 년에 1 년을 더한 1 천년이 아니라, 그 기간이 얼마인지 알 수 없으나 하나님의 정하신 기간이다; 이 기간은 계 20:4–6 의 문맥에 비추어 볼 때, 교회시대로 [신약시대] 이해된다; 묵시문학인 계시록의 경우 숫자들은 상징적으로 사용되고 있다). 동반되는 말씀은 인류의 속죄사역이 이 기간에 이루어진다는

것을 말해준다.

너의 백성과 네 거룩한 성을 위하여 – 이는 다니엘이 기도하는 추방당한 이스라엘과 파괴된 예루살렘 성의 회복을 위해 70 주간이 작정되었다는 것이다. 다니엘은 예레미야 선지자의 (렘 25 장) 70 년 바벨론 포로 예언을 근거로, 70 년 포로 생활이 끝날 시점과 예루살렘 성의 재건을 위해 기도했었다 (단 9:4–19). 하나님은 추방에서의 회복과 예루살렘 성의 재건의 시기를 말씀하신다. 그런데 그분의 응답은 다니엘의 기도가 의도한 바를 훨씬 능가하는 내용이다. 그 응답은 다음과 같이 놀라운 하나님의 축복 여섯 가지가 나타나는 70 이레에 관한 것이기 때문이다. 이 여섯 가지 축복들은 한 마디로 구약의 모든 예언들과 이상들이 근본적으로 성취되는 일이 70 주간 만에 일어나리라는 것이다.

다니엘이 단 9 장에 언급된 기도를 드린 시점은 단 9:1 에 의하면, 메대 족속 아하수에로의 아들 다리오가 갈대아 나라 왕으로 세움을 입던 원년이었다. 메대인 다리오가 누구인지에 대하여는 여러 가지 견해들이 있지만, 구티움의 총독 가우바루와가 (Gaubaruwa) 가장 적절할 듯 보인다. 그는 바벨론을 함락시킨 대가로 고레스 왕에 의해 바벨론 왕으로 세움을 입을 때, "다리오" 라는 이름을 받았을 것이다 (다리오는 세 명의 페르시아왕 이름이다; 다리오 1 세 [주전 522–486 년], 다리오 2 세 [주전 423–404 년; Nothus 라고도 함], 다리오 3 세 [주전 336–330 년, Codomannus]). 그는 즉위 후 8 개월 후에 사망하였다 (John C. Whitcomb, Jr. 1974; William H. Shea 1982; *ANET* 306–307).

바벨론 제국을 메대 – 페르시아 연합군이 타도한 일은 역사적인 사건이었다. 이로 인하여 바벨론의 느부갓네살에 의해서 추방당한 이스라엘이 귀환할 수 있는 여건이 형성되는 상황이었다. 예레미야 선지자는 바벨론의 멸망만 아니라, 이스라엘이 70 년 추방 생활할 것도 예언 한 바 있다 (렘 25:11–12). 이런 역사적 사건과 예레미야의 예언에 고무 받은 다니엘은 추방기간의 끝이 임박했다는 확신으로 금식 기도에 무릎을 꿇었다. 그는 죄를 먼저 고백하고 (단 9:3–14 절), 다음으로 하나님께서 황폐화된 성소에 얼굴빛을 비추어 주시라는 간구를 드렸다 (15–19 절).

다니엘의 기도는 모세가 이미 예고한 이스라엘의 배교와 추방 (신 28:15–68), 그리고 회개할 때 다시 회복시키리라 (신 30) 는 바에 근거하고 있다 (단 9:13). 다니엘의 기도에 하나님은 응하셔서 가브리엘을 보내시었다. 이미 다니엘은 7–8 장에 기록된 대로, 열방의 흥망성쇠에 대한 하나님의 비전을 받은 바 있었으나, 이제 9 장의 기도는 자기 백성을 위한 하나님의 뜻을 알고자 하는 것이었다. 다니엘은 요컨대, 주전 539 년에 단 9 장의 기도를 드리는데, 그에 대한 응답이 다음에 설명할 여섯 가지 축복이 70 주간 내에 성취되리라는 것이었다.

(1) 허물이 마치며 (ləkallēʾ happešaʿ) – 이스라엘이 죄 값으로 야기된 바벨론 추방생활을 마치는 모습을 (사 40:2) 상기시켜 준다. 그러나 단순히 추방생활의 끝을 말한 다기 어렵다. 왜냐하면 "허물을 끝내다" 라는 말은 보다 근본적인 인간죄악을 제거하는 의미를 담고 있기 때문이다. 어떤 이는 "허물" 이란 말에 정관사가 붙어있는 점에 근거하여, 이 말은 사용된 다른 모든 형태의 죄를 총칭적으로 지시한다고 지적하였다.

(2) 죄가 끝나며 (ləhāṯēm ḥaṭṭāʾṯ) – 여기서도 앞에서의 표현처럼 "죄를 끝내다" 란 의미이다.

(3) 죄악이 영속되며 (ləḵappēr ʿāwōn) – 여기 "속하다" 란 말은 히브리어 명사 "코페르" 와 (대속, 속전 ransom) 연관시켜 보면, 대체물을 드림으로 "해방시키다" 란 (ransom) 의미이다. 만약 고려중인 표현의 주어가 하나님이시라면, "죄를 용서하다" 란 의미가 된다 (시 78:38). 여기서 가브리엘은 죄가 속전을 통해 대속된다고 함으로 구약의 제사들이 예표한 바가 앞으로 온전히 성취되리라는 것을 암시할 것이다.

(4) 영원한 의가 드러나며 (ləhāḇîʾ ṣeḏeq ʿōlāmîm) – 이제까지 세 가지는 소극적인 측면이었다면, 이제 열거될 세 가지는 적극적인 사항들이다. 한역처럼 자동사적이 아니라 (사 56:1 "나의 구원이 가까이 왔고, 나의 의가 나타날 것이라") 사역적이다 (누군가 이런 상태를 야기한다). "영원한 의를 가져온다" 는 것은 앞서 언급한대

로, 잠정적이고 그림자적인 구약의 제사에 의한 속죄의 실체가 임하여 (히 10:1) 영원히 죄를 제거하고 의를 가져온다는 의미이다. 이는 은혜로 되어질 일이며, 의를 받은 자는 영생에 들어간다는 사실이 신약에서 분명해진다 (롬 5:21). 이렇게 놀라운 사고를 포함한 이 표현도 신구약 (헬라어 표현 포함) 에서 여기서만 나타난다.

(5) 이상과 예언이 응하며 (laḥtōm ḥāzôn wənābîʾ) – 예언은 곧 "예언자" 를 번역한 말이므로 예언자와 이상이 "봉인된다"는 (한역, "응하다") 것은 발해진 예언이 성취되므로 이제 더 이상 활동이 없어진다는 의미일 수 있다. 신약시대에 더 이상 구약시대와 같은 그런 이상과 예언활동은 없다. 그렇다면 성령 충만으로 성도들이 받는 이상과 꿈은 무엇인가? (욜 2:28, 행 2:17) 요엘 선지자가 예언한 바는 지금 신약 교회들에서 이루어지고 있다. 성령 충만한 자는 어떤 의미에서 모두가 선지자이다 (민 11:29). 저들에게는 이상과 꿈이 주어지고, 각양 성령님의 은사들이 주어지기 때문이다.

(6) 지극히 거룩한 자가 기름부음을 받으며 (wəlimšōaḥ qōdeš qodāšîm) – 기름부음 받는다는 것은 성령님으로 충만케 하고, 성별 시킨다는 상징적 행위로, 제사장 (출 30:30, 레 16:32, 민 35:25), 왕 (삼하 5:17), 선지자 (왕상 19:16) 등에게 행해졌고, 성막과 그 안에 있는 모든 것에도 되어졌다 (출 29:36, 30:26–28, 40:9–15, 레 8:10–12). 그런데 "지극히 거룩한 자" 는 "지성소" (출 26:33, 34 등), 번제단 (출 29:37), 향단 (출 30:10), 언약궤 (출 30:26), 회막과 그 모든 기구 (상, 물두멍, 받침 ; 출 30:26–29) 에도 적용되었다. 이로 보건대, 기름부으심은 비단 사람만 아니라 물건에도 되어졌다.

비평가들은 대개 지극히 거룩한 처소의 기름부음을 단 8:13–14 에 언급된 바와 연관시키고, 마카비 시대의 성전봉헌으로 이해한다 (John E. Goldingay 1989:260). 유대인 주석가들은 대개 메시야 시대에 세워질 제 3 성전의 지성소를 지시한다고 본다 (Hersh Goldwurm 1979:261). 유대인 주석가들은 제 2 성전은 기름부음을 받지 아니했고 (Tosefta Sotah 13:2), 다섯 가지를 갖지 못했다 한다. 그 중 하나님의 임재를 의미하는 "쉐키나" 가 없었다 한다. 우리는 유대인들이 생각하는 제 3 성전이 바로 예수 그리스도 자신과 (요 2:21, 행 10:38) 부차적으로 그에게 연합된 그의 몸된 교회를 (고후 1:21, 요일 2:20, 27, 고전 3:16, 고후 6:16) 의미한다고 본다. 유대인 주석가들이 단 9:24–27 을 제 2 성전의 파멸과 연관시켜 이해한 것은 타당하며, 제 3 성전의 기름부음을 고려한 것도 이해할 만하다. 그럼에도 저들은 오신 '메시야' 를 알지 못함으로 본문의 바른 해석을 놓치게 되었다. 저들은 이렇게 구원사의 흐름에서 탈락되고 만 것이다.

세대주의자들은 여기서도 그리스도의 초림과 그의 교회와 상관없이 재림 시에 건축될 제 3 성전이나 (겔 41–46) 재림시의 그리스도의 왕적 기름부음을 의미한다고 이해한다 (J. Dwight Pentecost 1985:1362). 그런데 겔 40–48 장에 묘사된 '성전' 이 상징적 의미의 성전이라는 (신약의 신령한 성전) 점은 성전 문지방에서 흘러나온 물을 통해 웅변적으로 입증되고 있다 (겔 47:1–12). 그리스도는 초림 시에 이미 기름부음을 받으시고 메시야 왕으로 현재 통치하신다 (행 2:36, 계 20:4–6). 이제 24 절에 약속된 축복을 종합적으로 고려하자면, 다니엘은 자신의 기도에서 죄를 범하다 (하타 ; 5, 8, 11, 15, 16, 20), 그릇되이 행하다 (아바 5 절 ; 명사형 "아온"), 악을 행하다 (라솨아 5, 15 절), 반역하다 (마라드 ; 9 절), 떠나다 (수르 11 절), 불신실하다 (마알, 7 절) 등의 단어들을 사용하여 이스라엘의 범죄행위를 자백한 바 있다. 그런데 하나님은 이제 이런 죄악들은 온전히, 영원히 대속되어지리라 약속하신다. 이 약속이 이루어지는 70 주간의 역사는 그리스도의 십자가, 부활, 승천, 보좌에 앉으심 등의 일련의 구속 사건으로 완전 성취되었다.

가브리엘 예언의 조점은 여나 선지자들이 신포했던 예언과 같이 장차 올 메시야의 사역에 맞추어졌다고 이해할 수 있다. 왜냐하면 모든 구약 예언의 초점은 오실 메시야와 그가 가져올 구원이었기 때문이다. 세대주의자들은 이 예언이 "교회" 가 아니라 "이스라엘과 예루살렘" 에 관한 것이라 한다. 그래서 이 예언은 예수님 재림 직전에 회개하고 돌이킬 유대인들에게 해당된다고 한다. 즉, 초림 시에 이루어지지 않고, 재림 시에 이 예언이 유대인들에게 이루어진다. 특히 마지막 1 주간은 재림시의 7 년으로 저들이 말하는 소위 "7 년 대 환란" 은 여기에 오로지 근거한다. 그렇다면 이 예언은 예수님의 초림과는 상관이 없다는 말이다. 그런 해석을 위해서 저들은 아주 이상한 조처를 취하는데, 그것이 70 주간의 마지막 한 주간과 그 이전의 69 주간 사이에 신약 시대 전체를 넣어, 구약 예언과 무관한 "괄호시대"라 불리는 교회시대를 가정하고, 전자와 후자 사이를 분리시킨다. 70 주간이란 기간이 구약 예언의 완전 성취를 위해 작정되었다면, 그것은 하나의 단위로 연속성을 가져야 한다. 69 주간들 + 신약시대 (괄호시대) + 1 주간 = 70 주간이란 이상한 등식은 주님의 초림 시에 유대인들이 그를 왕으로 영접지 아니하여 임시방편으로 교회를 세우시고, 구약 예언에 없는 이 교회 시대가 69 주간과 마지막 1 주간 사이에 들어가야 한다고 가정함으로 나타났다. 신적 구원 계획을 이런 식으로 이해한다면, 교회는 임시방편에 불과하고, 구약 예언에도 없었고, 하나님은 그냥 무계획적으로, 그때 상황에 따라 편의상 인류의 구원을 처리하신 분이 되고 만다.

25–27 절의 세세한 주석적 연구는 이미 필자의 이전 연구에서 제시되었으므로 (최종태 2003:566–603) 여기서 반복할 이유가 없을 것이다. 요약한다면, 70 이레 예언은 그리스도의 초림과 주후 70 년에 일어난 예루살렘 멸망 사건으로 완전 성취되었다.

단 9:24–27 의 간략 주석 (번역은 일부 사역 私譯).

24 네 백성과 네 거룩한 성을 위하여 칠십 이레로 기한을 정하였나니 – 70 이레라는 수치는 완전수 7 에 다른 완전수 10 이 곱해진 것이며, 이 70 에 다시 완전 수 7 이 곱해지는 것이므로, 하나님의 계획 가운데 최고의 일들이 성취되는 기간이란 상징적 의미로 취해야 한다. 문자적으로 정확한 기간을 가리킬 수 없다. 네 백성과 네 거룩한 성은 이스라엘과 예루살렘을 가리킨다. 다니엘은 자기 민족과 예루살렘의 해방을 염두에 두고 기도했는데 하나님은 바벨론 포로생활에서의 귀환과 성의 재건 정도가 아니라, 이스라엘과 전 인류를 근본적인 포로 생활인 죄악에서의 포로생활에서 해방시키시고, 구약의 모든 약속들의 완전한 성취를 이룰 그리스도의 십자가 사건에 초점을 맞추신다

허물이 마치며 죄가 끝나며 죄악이 영속되며 영원한 의가 드러나며 이상과 예언이 응하며 또 지극히 거룩한 자가 기름부음을 받으리라 – 그리스도의 강림과 메시야로서의 기름부음 받으심, 십자가 사건으로 구약 모든 예언과 이상이 성취되기 시작하다

25 그러므로 너는 깨달아 알지니라 예루살렘을 재건하라는 말씀이 날 때부터 – 예루살렘을 재건하라는 말씀이 발해진 때는 렘 29:10 에 언급된 예루살렘을 회복시키라는 말씀이 발해진 때 곧 예레미야 시대이다

기름부음을 받은 자 곧 왕이 일어나기까지 일곱 이레가 지속될 것이요 (맛소라 독법 따름; NRSV) – 예레미야 시대로부터 일곱 이레 후에 기름부음 받는 왕은 고레스 대왕이다

육십 이 이레 동안 곤란한 때에 거리와 해자가 재건되리라 – 이 곤란한 때는 유대인들이 식민 통치를 받았던 페르시아 시대, 헬라 시대를 가리킨다. 이 시기에 바벨론에 의해 파괴당한 예루살렘 성이 재건되었다 (느헤미야).

26 육십 이 이레 후에 기름부음을 받은 자가 끊어져 없어질 것이며 – 이 기름 부음 받은 자의 끊어짐은 그리스도의 십자가 처형을 가리킨다. 그리스도의 십자가 사건은 69 이레 후에 일어난다

장차 한 왕의 군대가 와서 그 성읍과 성소를 훼파하려니와 그의 (성과 성전) 종말은 홍수에 엄몰됨 같을 것이며 전쟁의 끝까지 파멸이 작정되었느니라 – 주후 70 년 로마 디도 장군의 군대가 예루살렘 성과 성전을 파괴하리라는 예언이다. 예루살렘 성과 성전의 파멸은 작정된 것이고 전쟁 끝까지 성의 멸망은 작정되었다

27 그가 장차 많은 사람을 위해 한 이레 동안에 언약을 확정하리라 – 그리스도는 십자가 죽으심을 통해 경건한 자들의 무리를 위해 새 언약을 확정하셨다. 그리스도의 공생애 기간이 마지막 이레 기간에 해당될 것이다. 물론 주후 70 년 예루살렘 성과 성전 파멸 사건도 이 마지막 이레 기간에 포함된다.

그가 그 이레의 절반에 제사와 예물을 끝장 낼 것이며 – 그리스도는 십자가 사건을 통해 마지막 이레 기간에 (곧 주후 30 년대 어간에) 구약의 모든 제사와 (제바흐) 소제를 (민하) 완성하시고 폐하셨다
또 황폐케 하는 가증한 것이 (성전의) 날개에 (건물 중심의 양편으로 뻗은 부분) 서되 – 황폐케 하는 (파멸시키는) 로마군의 깃발, 곧 쥬피터 신을 상징하는 독수리 문장 (紋章) 깃발이 예루살렘 성전 날개에 펄럭일 것이다
작정된 완전 파멸이 황폐케 되는 것 (성과 성전) 위에 쏟아지기까지 그리하리라 – 예루살렘 성과 성전의 파멸은 하나님의 작정하신 바였다
이제 우리는 이 예언의 말씀을 주님께서 언급한 마 24:15 이하 (막 13:14 이하, 눅 21:20 이하) 말씀을 고찰할 필요가 있다.
그러므로 너희가 선지자 다니엘의 말한바 멸망의 가증한 것이 거룩한 곳에 선 것을 보거든 (읽는 자는 깨달을진저) 16 그 때에 유대에 있는 자들은 산으로 도망할지어다 17 지붕 위에 있는 자는 집안에 있는 물건을 가질러 내려가지 말며 18 밭에 있는 자는 겉옷을 가질러 뒤로 돌이키지 말찌어다 19 그 날에는 아이 밴 자들과 젖먹이는 자들에게 화가 있으리로다 20 너희의 도망하는 일이 겨울에나 안식일에 되지 않도록 기도하라 (마 24:15 이하)
이 마태 말씀의 병행인 누가복음에서는 "선지자 다니엘의 말한 바 멸망의 가증한 것이 거룩한 곳에 선 것을 보거든" 대신에 "예루살렘이 군대들에게 에워싸이는 것을 보거든 그 멸망이 가까운 줄을 알라" 고 한다 (눅 21:20). 그러나 두 복음서 모두 "그 때에 유대에 있는 자들은 산으로 도망하라" 고 명한다. 따라서 둘을 함께 고려한다면, 이 예수님의 예언은 디도 장군의 로마 군대가 예루살렘을 에워싸고 멸망의 가증한 것이 거룩한 곳에 (성전) 서게 될 때 일어날 사건 곧 주후 70 년에 일어난 예루살렘 멸망 사건에 대한 것임이 분명해진다.
중요한 것은 주님께서 단 9:27b 의 말씀이 주후 70 년의 예루살렘 성과 성전 파멸 사건에서 성취되리라고 보셨다는 점이다. 또 한 가지 첨가할 것은 소위 공관복음 묵시록이 주후 70 년의 예루살렘 멸망 사건만 묘사하는 것이 아니라, 신약 시대 전반에 걸쳐 일어날 기독인들에 대한 핍박과 그들의 환난 특히 재림 직전에 나타날 큰 환난들을 예루살렘의 멸망 사건과 연관시켜 유대적, 예루살렘적 관점에서 기술하고 있다는 사실이다 (H. Ridderbos 1962:493 이하; 후크마 2002:217). 이는 구약 선지자들이 자기 당대의 관습과 지리, 역사 등의 견지에서 그리스도를 통해 나타날 구원의 축복을 묘사했다는 사실과 유사하다 (해석의 원리들에서 "겉옷과 알맹이의 원리" 참조).

요약과 결론

단 9 장은 다니엘의 기도와 그에 대한 응답이다. 하나님의 응답은 다니엘이 기대한 것 정도로 끝나지 아니하고, 온전한 구속, 영원한 의가 드러날 때까지를 예언하신다. 따라서 다니엘의 기도에 딱 들어맞는 응답을 주셨다고 만 생각하지 말아야 한다. 하나님은 주권적으로 역사 하시고, 다니엘의 생각이 미치지 못하는 원대한 계획을 계시해 주셨다. 온전한 구속은 육신적인 이스라엘과 (유대인) 그들의 지상 예루살렘을 중심으로 일어날 일이 아니다. 오히려 저들의 배교행위는 그 도성과 성소에 대한 파멸만 야기할 것이다. 이는 새 언약체결을 암시한다. 따라서 우리는 단 9:24–27 에서 신약 교회의 영광스러운 모습을 예기할 수 있다. 이것이 하나님께서 다니엘에게 주시고자 한 진정한 계시의 본질, 곧 참 예루살렘과 성소의 회복이다. 요컨대, 7 년 대 환란, 적그리스도와의 언약 등과 같은 사고는 문자적 천년왕국 등과 마찬가지로 성경적 근거가 없는 통속 신학이다. 우리는 성경 예언에 근거하여 연대 계산을 하는 일은 삼가야 한다. 특히 묵시문학의 경우에는 더욱 그러하다. 숫자의 상징성 때문이다.

이제 세대주의 신학과 우리의 입장을 선명하게 보여줄 도표를 제시한다.

[세대주의 해석]

마지막 1 이레 7 년

69 이레 신약시대 (구약 예언에 없음) 전반 3 ½ 년 후반 3 ½

● ——————— ● – – – – – – 괄호시대 – – – – – ● ——————— || ——————— ● – 천년왕국 – ● – 영원시대

주전 444 년 아닥사스다 칙령 / 주후 33 년 십자가 구속 / 공중재림 교회휴거 / 대환란 / 지상재림 아마겟돈 전쟁 / 곡과 마곡 전쟁

[필자의 해석 : 그리스도 초림성취]

7 이레 62 이레 마지막 1 이레 주후 70 년 신약시대

● ——————— ● ————————— ● ——————— † ——————— ● —— 메시야 시대 – ● – 영원시대

예레미야의 70 년 추방예언 / 고레스원년 주전 539 년 / 느헤미야 재건 / 예수님 / 제사폐지 / 멸망의 가증한 것 로마군에 의한 예루살렘 멸망 / 재림 부활, 심판

[역사 – 비평 학파]

7 이레 (49 년) 62 이레 (434 년) 마지막 1 이레 (7 년)

● ——————— ● ————————— ● ————————————————— ●

주전 587 / 주전 539 / 주전 170 대제사장 오니아스 III 세 피살 / 주전 164 유다 마카비의 성전 재봉헌

둘째, '뜨인 돌' 이 '로마 제국' 을 치다

느부갓네살의 꿈과 연관하여 제기되는 중요한 문제는 그 마지막 제국인 로마의 성격에 관한 것이다. 단 7 장에 제시된 다니엘의 꿈은 단 2 장의 느부갓네살의 꿈과 사실 동일 실체를 지시하는 것이다. 같은 내용을 이방 왕과 성도가 각기 다른 각도에서 바라 본 것이라 할 수 있다. 보다 정확하게 말하자면, 하나님은 이방 왕에게는 세상 네 제국을 좀 영광스러운 방식으로 나타나게 하셨고, 같은 네 제국을 성도 다니엘에게는 약육강식의 야수들로 보여 주셨다.

두 꿈에서 넷째 제국이 로마 제국인데, 그 제국은 뜨인 돌로 침을 받아 파멸당하거나 (단 2:34), 그 제국 시대에 인자 같은 이가 오셔서 권세, 영광, 왕권을 (나라) 받고 세상 모든 백성, 나라, 각 방언하는 자들에게 높임을 받는다 (단 7:14). 이 넷째 제국 로마는 역사적으로 동서 로마제국으로 분할되었다가 (395 년) 동로마 제국이 먼저 (476 년), 서로마 제국이 나중 (1453 년) 망하였다.

그렇다면 뜨인 돌이 쳐서 로마제국이 파멸당하는 것은 1453 년이라 할 것인가? 앞에서도 언급했지만, 하나님이 주신 꿈은 영적으로 해석해야 한다. 다시 말해, 로마 제국이 1453 년에 망했으니, 그 뜨인 돌이 넷째 제국을 쳐서 파한 것은 1453 년의 일을 가리킨다고 말하지 말아야 한다. 뜨인 돌인 그리스도의 복음이 로마 시대에 처음 전파되기 시작하여, 로마 제국의 근본을 아니 세상 나라들의 근본을 쳐서 파하기 시작한 셈이다. 꿈에서 뜨인 돌이 그 신상을 쳐서 단 번에 파쇄시켰다고 현실적으로 주님의 재림 시에 세상 나라들을 일시에 파멸시키리라고 해석한다면 꿈의 영적 성격을 무시하는 처사이다. 네 제국들이 연대기적 순서가 아니라 일시에 무

너진 양 제시된 점을 염두에 두어야 하기 때문이다. 로마제국 시대에 복음이 전파되기 시작함으로 세상 나라들의 근본은 그 때부터 파괴당하기 시작한 것이다. 좀 더 적극적으로 말한다면, 로마 제국 시대에 그리스도께서 십자가에 못 박히시고 부활하심으로, 세상 나라들의 근본인 사단의 머리통이 박살이 났었다 (골 2:14–15). 이미 세상 나라들은 뿌리가 뽑힌 것과도 같다. 뿌리가 뽑힌 나무는 며칠간 더 살아 있는 양 보이겠지만, 결국 시들고 말라비틀어진다. 세상 나라들은 겉보기에는 여전히 활력이 넘치고 오래오래 지속될 것 같으나, 이미 뿌리가 뽑힌 나무와도 같다. 그것들의 토대인 사단이 치명타를 입었기 때문이다. 계시록의 용어로 진술하자면, 사단은 쇠사슬에 묶여 무저갱에 감금된 상태이다. 더 이상 만국을 근본적으로 자기 임의로 주장할 수가 없다. 복음은 십자가에서 벌써 전략적 승리를 얻었고 지금 지속되는 인류 역사는 이미 십자가 사건 때 종말의 때로 진입하여 종말의 종말에 근접하는 지점에서 달리고 있다.

산에서 뜨인 돌이 느부갓네살 왕이 꿈에 보았던 그 입상(立像)의 다리 부분을 쳐서 그 전체를 박살낸 사건은 재림이 아니라, 로마 제국 시대에 일어난 그리스도의 십자가와 부활 사건, 그 이후의 오순절 성령강림과 복음전파에서 그 성취를 찾아야 한다면, 이런 이해는 단 2 장과 사실상 동일한 내용을 반복해서 제시하는 단 7 장의 환상으로 분명하게 확증된다. 왜냐하면 단 2 장의 "뜨인 돌"은 단 7 장에서 구름타고 오는 "인자 같은 이" 곧 "그에게 권세와 영광과 왕권이 주어지고" (wəlēh yəhîḇ šolṭān wîqār ûmalḵû) 모든 백성과 나라들과 각 방언하는 자가 반드시 섬겨야 하는 이 (wəḵōl ʿaməmayyāʾ ʾūmayyāʾ wəliššānayyāʾ lēh yip̄ləḥûn), 그의 권세가 사라지지 않는 영원한 권세이며 (šolṭānēh šolṭān ʿālam dî-lāʾ yeʿdēh), 그의 나라가 결코 멸망되지 아니할 바로 그분 "인자 같은 이" 에 상응하기 때문이다.

이 인자 같은 이에게 주어진 이런 영원한 권세와 영광과 왕권 / 통치권은 부활하신 주님께서 자기에게 주어졌다고 선포한 바로 그 "하늘과 땅의 모든 권세" 를 가리키며 (마 28:18), 애니메이션 같은 모습으로는 계 5:7 에서 죽임 당한 어린 양이 보좌에 앉으신 이의 오른 손에서 취하신 그 일곱 인으로 봉해진 "책" 으로 상징되었다. 십자가에서 인류의 죄를 담당하신 그리스도는 부활하여 천지의 모든 권세와 통치권을 받으셨다. 그의 복음이 전파되는 곳곳마다 이제 세상 나라들은 질그릇이 철장으로 깨뜨려 지듯 (계 2:27, 시 2:9) 박살이 난다.

이미 시작된 세상 종말의 도래

단 7 장의 넷째 짐승의 최후와 인자 같은 이의 도래 사이의 연관성은 약간 모호하지만, 확실한 것은 그 인자 같은 이에게 세상 모든 권세와 영광과 통치권이 주어졌다는 것이다. 이는 재림이 아니라, 초림 때에 성취된 바였다 (마 28:18, 계 5:6–7). 그리스도는 자신을 단 7 장의 "인자 같은 이" 와 동일시하셨다 (마 26:64 와 병행구절들). 로마 제국 시대에 주님이 지상에 강림하셨고, 십자가와 부활 사건이 모두 일어났다는 사실 때문에 단 2, 7 장에서 넷째 제국 시대를 "종말의 때" 로 곧 뜨인 돌이 세상 나라들을 쳐서 파하는 때로 제시한 것이다.

그리스도의 초림과 십자가와 부활 사건을 통해 세상은 종말에 진입하였다. 하나님의 나라는 (왕권) 지상에 임했고 지금 그리스도는 만왕의 왕으로 통치하시고 우리는 그와 연합하여 왕 같은 제사장으로 왕 노릇 한다 (계 20:4–6, 엡 2:5–6).

단 2, 7 장을 통해 다니엘서가 제시하는 종말론을 연대기적인 관점에서 고찰할 때, 넷째 로마 제국이 재림 전에 나타날 유럽 공동체라느니 아니면 신약 시대 전체를 로마 제국 시대로 보아야 한다느니 라고 말들 하는데, 십자가와 부활, 승전과 보좌에 왕으로 즉위하심 등의 종말론적 구속 사건을 통한 종말의 역사 진입을 인정한다면 그런 연대기적 계산의 수고는 할 필요가 없다. 세상 나라들은 이미 십자가 사건과 부활 승천 그분의 왕으로의 즉위를 통해 끝장났다. 현실적으로 그렇게 보이지 않더라도 영적으로는 그렇다.

그렇다면, 어떤 의미에서 그리스도의 복음이 로마 제국과 그 이전 세상 나라들을 쳐서 박살낸다고 말할 수 있겠는가? 그것은 우선 골 2:14-15의 말씀대로, 십자가에서 그리스도께서 죄악의 기소장을 도말하심으로 세상 임금인 (요 12:31, 16:11) 사단의 권세를 무장해제하심으로 되어졌다. 십자가 사건은 사단의 결박과 무저갱에 가두는 일을 가져왔던 것이고 (계 20:1-2), 세상 임금 사단의 축출을 야기시켰다 (요 16:11, 계 12:10).
다음으로, 엡 2:1-3, 요일 2:15-17의 말씀대로, 이 세상 나라들의 근본 토대는 공중 권세 잡은 자인데, 이 놈이 십자가로 박살남으로 겉보기에는 멀쩡한 것 같아도, 세상 나라들은 그 근본이 와해되어 버린 것과 같다. 단 2장의 꿈에 나타난 그 입상은 네 제국이 하나의 형체임을 보여주었고, 다리 곧 발을 (넷째 제국인 로마) 뜨인 돌이 침으로 그 입상 전체가 박살이 났었다. 이는 로마 제국 시대에 복음이 사단이 십자가 사건으로 치명타를 입고, 복음 전파를 통해 세상 나라를 상징하고 대표하는 로마 제국을 강타한 것을 의미한다. 동시에 로마 제국을 때렸지만, 그 이전에 존재했던 바벨론, 메대-바사, 헬라까지 박살난 양 보인 것은 로마 제국 이전에 존재했던 그 세상 나라들의 문화나 영적 유산이 로마제국에 그대로 흡수되었고, 로마 제국이 복음으로 강타 당할 때, 이전 세상 나라들의 모든 영적 유산이나 문화까지 박살났기 때문이었다.

천년왕국의 실상

이런 이해와 함께 천년 왕국 사고를 약간 언급해 보자. 계 20:4-6에서만 언급되는 사고인데, 계시록은 묵시문헌으로 환상을 통한 영적 세계와 영적 진리를 보여준다. 묵시 문학에서는 상징주의(symbolism)가 핵심이다. 그리스도는 일곱 눈과 일곱 뿔을 가진 죽임을 당했던 흔적을 가진 어린 양의 모양으로 요한에게 보였다 (계 5:6). 아무도 이것을 문자적으로 해석하여 예수님은 현재 천국에 네 발과 7뿔과 7눈을 가지시고, 털이 복슬복슬 덮인 어린 양의 모습으로 계시다고 생각지 않을 것이다. 지상에 오실 때는 인간의 모습, 천국에 계실 때는 어린 양의 모습으로 계신다고 주장할 것인가? 계 5장의 어린 양의 모습이 7뿔로 상징된 완전한 권세, 7눈으로 상징된 전지하심을 가지신 분, 그리고 일찍 죽임을 당하셨던 분으로 제시된다면, 그것은 현재 그분이 어떤 권세와 (마 28:18) 어떤 신적 지혜로 일하시는지를 전하려는 애니메이션일 뿐이다.
마찬가지로 계 20:4-6의 환상도 동일하게 상징적인 메시지를 전달하는 애니메이션이다. 첫째 부활에 참여한 자들이 하나님과 그리스도의 제사장이 되어 1천 년간 왕 노릇 하리라는 사고는 중생(重生)한 자들이 영적 왕권을 받아 하나님의 정하신 완전한 기간 동안 통치하리라는 메시지를 전한다. 그 시대가 지금 우리가 사는 종말의 시대, 신약 시대, 메시야 시대이다. 왜냐하면 그리스도께서 부활 승천하여 왕으로 즉위하신 때로부터 그분의 통치권은 행사되기 시작했고 (마 28:18, 행 2:36, 빌 2:9-12, 히 1:3, 8:1, 12:2), 그분을 믿어 그와 연합한 자들은 그와 함께 죽은 자리에서 살리심과 일으킴을 받고 그와 함께 하늘 (보좌에) 앉힘을 입었기 때문이다 (엡 2:5-6). 지금 우리는 왕 같은 제사장으로 세움을 입었고 (벧전 2:9) 따라서 지금 여기서 우리는 왕 노릇 해야 한다. 이런 실현된 종말론을 무시하고, 주님 재림 이후에 천년 왕국이 지상에 문자적으로 세워질 것을 고대하는 일은 십자가와 부활 승천 사건의 종말론적 의의를 무시하는 일이며, 그리스도를 통해 모든 구약의 약속들이 성취되는 현 시대의 종말론적 성취와 완성을 부인하는 자세이다. 거꾸로 뒤집으면 그리스도의 십자가와 부활 사건의 의의를 깍아 내리는 일이며, 그분의 복음의 가치를 크게 희석시키는 일이다. 그분이 구약에 예고된 대로 언약의 사자, 여인의 씨, 아브라함의 씨, 다윗의 씨로 오셨다면, 구약의 약속들이 그분이 세우신 교회를 통해 다 이루어져야 한다. 왜 이 놀라운 약속 성취의 시대를 마다하고, 또 다른 구약 약속의 성취 시대를 기다리려 하는가? 왜 그분의 교회의 존재를 그렇게 깍아 내리고자 하는가? 교회가 만물을 충만케 하시는 자의 충만임을 알지 못하는가? 교회가 모든 구약 약속의 수혜자임을 알지 못하는가? 지금이 은혜 받을만한 때요, 구원의 날임을 알지 못하는가? 다른 종말의 때를 기다리지 말고, 말세를 만난 우리는 깨어 기도하며, 이 마지막 기회를 놓치지 말고 온 세상에 이 종말의 복음을 전해서 영혼들을 하늘 창고에 빨리 챙겨 넣어야 한다.

넷째, 단 11 장 예언의 상세함과 그 성취

다니엘서 11 장은 마케도냐인들이 이집트와 시리아에 세웠던 톨레미 왕조와 셀루커스 왕조 사이의 남북 전쟁을 세세하게 묘사해 준다. 불신 철학자 폴피리에서 시작하여 비평가들이 다니엘서가 주전 164 년에 기록되었다고 주장하는 여러 이유들이 있지만, 톨레미와 셀루커스 사이에 벌어진 전쟁 사건들에 대한 세세한 역사 기술도 그 중요한 이유 중의 하나였다.

구약 성도들이 그 믿음의 시련에서 가장 극난(極難)한 시기를 보내야 했던 때가 바로 셀루커스 왕조의 안티오쿠스 4 세 시대였다. 요셉 이후, 이집트에서의 남아(男兒) 학살 사건들, 사사시대의 여러 이방나라들의 손에서의 압제, 앗시리아 디글랏빌레셀이나 산헤립의 침공, 바벨론 추방 등도 믿음의 시련기였지만, 안티오쿠스 4 세 시대에 비길 바가 아니다. 안티오쿠스 4 세의 핍박이 다른 시대의 압제와 달랐던 것은 그가 정치적 이유에서 사람을 학살하고 잔인하게 굴었던 것이 아니라, 구약 신앙 자체를 아예 뿌리 채 뽑아버리고자 시도했다는 점이다. 안식일이나 율법, 할례, 제사 금지는 이전의 어떤 압제자도 시도하지 않았던 전대미문의 혹독한 신앙 시련이었다.

그런 이유에서 하나님은 그 캄캄한 동굴을 통과해야 할 성도들을 위해 다니엘을 통해서 아주 세세하게 그 시대에 일어날 일들을 미리 알려 주심으로, 그 시대인들이 자기들이 통과하는 그 극단의 시련이 우발적이거나 운명의 장난에 의한 것이 아니라, 하나님의 섭리 가운데서 일어나는 일임을 확신하고 생명을 바쳐 자기 믿음을 보존할 수 있도록 하신 것이다.

그렇지만, 구약에 다니엘서와 같은 그런 세세한 미래 역사 예언은 다시없다! 그러므로 다니엘의 예언은 모두 사건을 목도한 자가 예언인 양 꾸며 만든 거짓 예언이다! 라는 것이 비평가들의 주장이다.

안티오쿠스 4 세의 종말에 관한 예언

그런데 단 11 장의 역사 기술이 예언이란 확신을 견지할 때, 해석상의 난제에 부딪힌다. 단 11 장의 내용을 일별하자면, 4 절에서 알렉산더 대제가 죽고 마케도냐 제국이 분열되고 그 나라가 그의 후손이 아니라 그의 장군들에게로 돌아갈 것이 예고된다. 단 11:5–20 에서는 마케도냐 제국 안에 세워진 이집트의 톨레미 왕조와 (남방 왕) 시리아 지방과 페르시아 지방을 점했던 셀루커스 왕조 (북방 왕) 사이의 전쟁이 묘사되고, 단 11:21–45 에서는 셀루커스 왕조의 안티오쿠스 4 세가 묘사된다. 이 안토오쿠스야 말로 신약에서 예고하는 적그리스도의 표상으로 안성맞춤인데 (마 24:15, 막 13:14), 그것은 그가 유대인들의 신앙을 송두리째 뽑아 버리고자 잔인한 핍박을 저들에게 가했기 때문이었다.

단 11 장 말미에 묘사되는 북방 왕의 정체가 안티오쿠스 4 세라면, 그의 종말에 대한 예언이 역사적 사실과 부합되지 아니한다는 점이 해석상의 풀리지 아니하는 난제(難題)이다. 만약 예언이 아니라고 믿거나, 어떤 무명 저자가 자기 생각대로 기록한 문헌이라면 (불신 비평가들처럼) 그 북방 왕의 종말이 역사적 사실과 일치하지 않는다고 걱정할 필요도 없을 것이다. 그 저자가 잘못 기술했거나 그의 생각이 틀렸다고 간주해 버리면 되기 때문이다. 그러나 단 11 장이 하나님의 영감으로 된 예언이라면 왜 그 북방 왕의 종말이 역사와 부합되지 아니한가? 심각한 문제가 아닐 수 없다.

다니엘서의 예언성을 믿는 복음주의 학자들은 그 난제를 해결하기 위해 몇 가지 방안을 찾았는데,

1) 그 북방 왕은 안티오쿠스 4 세가 모형적으로 예시한 장차 나타날 적그리스도이다;

2) 그 북방 왕은 안티오쿠스 4 세가 아니라 다른 역사적 인물이다

첫째 해결책은 세대주의 신학이 취하지만, 영 같은 개혁 신학자도 취하는 방안이다. 우리는 둘째 해결책도 하나의 옵션으로 남겨 두지만, 문맥상 그 북방 왕은 안티오쿠스 4 세를 가리키는 것처럼 보인다.

그 북방 왕의 최후에 대하여 단 11:44, 45 은 이렇게 기술한다.

44 그러나 동북에서부터 소문이 이르러 그로 번민케 하므로 그가 분노하여 나가서 많은 무리를 다 도륙하며 진멸코자 할
것이요 45 그가 장막 궁전을 바다와 영화롭고 거룩한 산 사이에 베풀 것이나 그의 끝이 이르리니 도와줄 자가 없으리라

(wəyiṭṭaᶜ ᵓohŏleʸ ᵓappaḏnô bên yammîm ləhar-ṣəḇî-qōḏeš ûḇāᵓ ᶜaḏ-qiṣṣô wəᵓên ᶜôzēr lô)

타키투스의 "역사" 5 권 8 장에서 이 예언의 성취를 찾을 수 있을 것이다:

유대의 대부분은 흩어진 마을들로 덮여있지만 몇몇 성읍들도 있으며 예루살렘은 유대인들의 수도인데, 그 안에 있는 성전은 엄청난 부를 소지하고 있었다. 첫째 성벽은 성읍을 둘러싸고, 둘째 성벽은 궁궐을, 가장 안쪽 성벽은 성전을 둘러쌌다. . . 동방이 앗시리아, 메대, 페르시아 지배하에 있었을 때에 유대인들이 가장 비열한 신민들로 정평이 나 있었다. 마케도냐 사람들이 지배할 때, 안티오쿠스는 유대인의 미신을 제거하고 헬라 문명을 도입하고자 시도했다. 그러나 파르티아인들과의 전쟁 때문에, 이 사악한 백성을 개선하는 일이 방해를 받았다. 정확하게 그런 시도를 하려는 때에, 아르사케스가 (Arsaces) 반역을 했던 것이다.

안티오쿠스 4 세가 유대교 박멸을 위해 총력을 경주하려던 때에 동방의 파르티아가 안티오쿠스를 반역했다는 지적이다. 이는 단 11:44 "동북에서 소문이 이르러 그로 번민케" 했다는 진술과 일치한다. 여기서 동(東)은 파르티아를 지시하고, 북(北)은 아르메니아에 해당될 것이다. 둘 다 셀루커스 왕조를 배반하고 독립했기 때문이다. 타키투스의 "아르사케스" 는 수많은 아르사케스 중에 누구일까? 주전 250 년경 셀루커스 왕조에 반란하여 파르티아에 아르사케스 왕조를 (파르티아 왕국, 주전 247–주후 224년) 세운 아르사케스 1세에서 (주전 250–211 년) 시작하여 적어도 30 명 이상의 후손이 그 이름으로 불리기 때문이다.

북쪽 지방인 아르메니아는 오론티드 (Orontid) 왕조 시대에 120 개의 소국들이 난립하여 마치 중국 주(周)나라 왕조 치하의 춘추전국 시대를 방불하였다. 셀루커스 왕조의 안티오쿠스 대제가 (Antiochus III) 아르메니아를 놓고 오론티드 왕조와 격돌할 때, 안티오쿠스는 아르탁시아스를 (Artaxias I, 주전 190–160 년) 대 아르메니아 (Greater Armenia) 총독으로 (strategos 장군 총독) 지명했는데, 190 년 로마가 안티오쿠스 3 세를 마그네시아 전투에서 패퇴시키면서 아르탁시아스 총독은 로마의 동의하에 소 아르메니아 총독과 함께 안티오쿠스를 배반하고 독립 왕조를 수립했다 (Strabo, Geography 11.14.15). 주전 165 년 경 안티오쿠스 4 세가 아르메니아를 침공하여 아르탁시아스는 포로가 되었다.

타키투스가 언급한 파르티아의 왕 "아르사케스" 가 누구인지에 관하여 여러 추정들이 있어 왔는데, 아르사케스 1 세, 아르사케스 4 세 (Arsaces IV Priapatius 주전 191–76 년), 아르사케스 6 세 (Arsaces VI Mithridates, 주전 171–138 년) 등이 그 후보이다. 안티오쿠스 4 세 시대에 해당되는 아르사케스는 바로 이 마지막 미트리다테스라 불리는 자일 것이다 (Franz Altheim 1948:36; G. Le Rider 1965:312–23). 이 아르사케스는 주전 167 년 오늘날의 아프카니스탄 북서부에 위치한 헤랏을 (Herat) 점령한 바 있고 메대와 메소포타미아 지역까지 정복하여 파르티아 제국의 영토를 크게 확장시켰다. 안티오쿠스 4 세는 대군을 몰고 바로 이 파르티아 왕 미트리다테스를 치고자 나섰지만 뜻대로 되지 아니했고, 결국 페르시아 타바에서 극심한 고통 가운데 죽고 말았다.

이렇게 역사의 안티오쿠스 4 세는 단 11:45 이 예고하듯, 영화롭고 거룩한 산과 바다 사이 곧 유대 땅에서 최후를 맞은 것이 아니었다. 그래서 비평가들은 다니엘서 저자가 39 절까지는 역사적 사실들을 목도한 후에 예언인 양 기록했다면, 40 절 이후에는 자신이 경험하지 못한 것을 예언으로 발했으나 적중하지 못했다고 본다. 따라서 다니엘서 저자는 비평가들에 의하면, 주전 167 년 키슬레브 월 (Kislev 성력으로 9 월) 15 일에 일어난 성전 더럽힘을 목도했으나 주전 164 년 키슬레브 25 일에 일어난 성전 재 봉헌이나 주전 163 년 봄에 일어난 안티오쿠스 4 세의 죽음은 목도하지 못했기 때문에, 다니엘서 기록 연대의 하한선은 (*terminus ad quem*) 주전 165 년이라 한다 (P. Schaefer 1977:540).

세대주의 학자들이나 영을 포함한 어떤 복음주의 주석가들은 이런 난점 때문인지, 40 절 이후는 재림 직전에 나타날 적그리스도에 대한 예언이라 본다. 우리는 단 11:36–45 부분 전체가 역사적 안티오쿠스 4 세에 대한 예언이라 본다. 그렇다면 예언이 역사적 사건과 서로 부합되지 않는다는 이 난제는 어떻게 해결할 것인가? 비평가들처럼 다니엘서를 가짜 예언으로 보고 그의 예언이 빗나갔다고 한다면, 다니엘서를 영감된 예언서로 취한 (마 24:15) 우리 예수님의 신성을 부인하는 말일 것이고, 세대주의 학자들처럼 40 절 이하를 재림 직전에 나타날 적그리스도에 대한 예언이라 본다면, 본문의 난제를 적당히 은근슬쩍 얼버무리는 일이 될 것이다.

우리의 이해를 제시하면 이렇다. 단 11:36–45 부분에서 다니엘서 저자는 안티오쿠스 4 세가 유대 땅에

서 죽으리라고 암시함으로, 이전에 구약 역사를 통해 빈번하게 일어났던 열방의 교회 (이스라엘) 침공과 하나님의 개입에 의한 저들의 즉각적인 패배의 (예컨대, 주전 701 년 산헤립의 예루살렘 포위와 패배) 방식으로 원수의 종말을 묘사하고 있음이 분명하다.

주전 167 년경 안티오쿠스는 대군을 이끌고 파르티아 원정을 떠나면서 리시아스 장군에게 7 세된 아들을 (후에 Antiochus V Eupator 164–161 년) 돌보며 섭정하도록 권세를 위임했다. 요세푸스에 의하면, 리시아스에게 안티오쿠스는 유다를 정복하고, 그 거민들을 노예로 삼고, 예루살렘을 완전히 파괴하고 전체 민족을 박멸하라는 명령을 내리고 떠났다 (고대기, XII, vii,2). 리시아스는 톨레미 (도리메네스의 아들), 니카노르, 고르기아스 등의 장군들을 보내 유다를 치게 하는데, 주전 166 년 니카노르와 고르기아스 휘하 부대들이 엠마오 근처에서 유다 마카비 군대에게 패배당하고 말았다. 이에 주전 165 년에 리시아스 자신이 친히 예루살렘 남쪽의 벧 수르로 (Beth-zur) 진격했지만, 패배당하고 안디옥으로 퇴각하지 않을 수 없었다 (마카비상 3:4–36, 4:26–35). 주전 164 년 안티오쿠스 4 세가 죽은 후에 리시아스는 어린 왕 안티오쿠스 5 세와 유대를 침공하여 (163 년) 벳 수르를 포위한다. 이에 셀루커스 군대가 주둔하던 아크라를 포위 공격하던 마카비 군대가 포위를 풀고 벳 수르로 진격하여 접전하나 벳 – 스가랴 근방에서 마카비 군대가 패배하고 벳 수르는 리시아스의 수중에 떨어졌다. 그 당시 유대인들이 아크라 요새를 제한 예루살렘을 장악하고 있었으므로, 셀루커스 군대가 예루살렘을 포위 공격하는데, 안티오쿠스 4 세가 임종 시에 자기 아들의 보호자로 지명한 빌립을 제거하기 위해 리시아스가 예루살렘 포위를 풀고 퇴각하지 아니했더라면 예루살렘까지도 셀루커스 군대에게 넘어갔을 것이다 (마카비상 6:47–48, 마카비하 13:1–17; "고대기" xii. 9, §§ 3–5). 리시아스는 빌립을 치기 위해 유대인들과 평화 조약을 맺고 저들의 이전 특권을 회복시켜 주고 퇴각했다. 그러나 리시아스는 자신의 병사들의 배반으로 로마에서 귀국한 안티오쿠스 5 세의 사촌 데메트리우스 1 세에게 넘겨져서 죽임을 당하고 말았다 (주전 162 년).

안티오쿠스 4 세의 종말기는 그 자신의 파르티아 원정과 그의 권세를 위임받은 리시아스의 유다 원정으로 특징지어진다. 안티오쿠스 자신은 페르시아 지방에서 죽었지만, 그의 분신인 리시아스는 유대를 공략하는 와중에 본국의 사정으로 퇴각하여 자신의 경쟁자와 싸우다가 죽임을 당했다. 그런데 마카비하 9 장에서 우리는 파르티아를 침공했던 안티오쿠스가 어떤 상황에 처했는지를 듣게 된다.

이 무렵, 안티오쿠스 왕은 극도의 혼란에 빠져서 페르시아 지방으로부터 철수할 수밖에 없었다. 그는 페르세폴리스로 들어가 그 곳 신전의 물건을 약탈하고 그 도시를 점령하려고 하였던 것이다. 그러나 그 곳 주민들이 들고일어나 무장을 하고 방어전을 벌였으므로 안티오쿠스 왕은 그 주민 때문에 패주를 당하고 수치스럽게도 후퇴할 수밖에 없었다. 그는 엑바타나에 도착했을 때에 니가노르와 디모테오의 군대가 패전했다는 소식을 듣고 화가 치밀어 올라 자기를 패주시킨 사람들에게서 당한 피해에 대한 앙갚음을 유다인들에게 해야겠다고 결심하였다. 그래서 그는 목적지에 다다를 때까지 쉬지 말고 병거를 몰고 가라고 마부들에게 명령하였다. 그러나 하늘의 심판은 그를 따라다니고 있었다. 그는 잔뜩 거만해져서, "예루살렘에 들어가기만 하면 그 곳을 유다인들의 공동묘지로 만들겠다" 고 말하였던 것이다. 그러나 모든 것을 통찰하시는 이스라엘의 주 하느님께서는 보이지는 않지만 치명적인 타격을 그에게 가하셨다. 안티오쿠스는 그 말을 끝내기가 무섭게 내장이 뒤틀리고 격심한 복통이 일어나서 어찌할 도리가 없었다. 이것은 그가 이상한 형벌을 주어서 많은 사람들에게 복통을 일으키게 한 것에 대한 당연한 대가였다. 그래도 그는 조금도 오만한 생각을 버리지 않고 유다인들에게 불같이 화를 내고 폭언을 퍼부으면서 그들에게 행군을 독촉하였다. 그러다가 그는 질주하는 병거에서 떨어지고 말았다. 그는 너무나도 심하게 떨어졌기 때문에 제자리에 붙어 있는 뼈가 하나도 없었다 ([공동번역] 마카비하 9:1–7).

그는 기가 꺽여 시시각각으로 더해져 가는 고통에 자신이 하나님이 처벌을 받고 있다는 것을 직감하고 "하나님께 복종하는 것이 옳은 일이다. 죽어야 할 인간이 하늘과 동등하다고 생각하는 것은 당치 않는 일이다" 라고 말했단다. 그리고는 모조리 살육하고 공동묘지를 만들겠다던 그 예루살렘에 자유를 주겠다고 하고 유대인들은 아테네 시민들과 동등한 시민권을 주겠다고 선언했다. 성전은 가장 좋은 것으로 장식하고 자기가 약탈했던 성전 기명은 여러 갑절로 갚고, 제사에 필요한 소용은 자기 수입에서 지출 하겠다고도 서약했다. 그러나 그는 극도의 고통 속에서 페르시아 타바란 곳에서 죽었다.

마카비하 9 장의 역사성을 믿는다면, 안티오쿠스 4 세는 하나님을 대적하다가 죽어갔다. 그 자신이 직접 유대 땅으로 진군하여 유대인들을 살육하고 거기서 최후를 맞은 것은 아니지만, 그는 권세를 리시아스에게 위임해서 그로 하여금 유대를 치게 했고, 파르티아 원정에서 돌이켜 유대를 정벌할 의도로 걸음을 재촉하다 비극적인 종말을 맞았다.

이런 정황들은 역사적으로 안티오쿠스 4 세의 종말이 유대 땅에서 일어나리라는 단 11:45 의 진술과 정확하게 부합하지는 않지만, 이 진술을 좀 더 광의적으로 넓게 생각한다면, 결국 안티오쿠스 4 세는 유대 땅을 공략하다가 그 때문에 죽었다고 할 수 있다. 그의 최후 사망지가 성경 예언과 문자적으로 일치 하지는 않으나, 그는 분명 유대 땅을 향하여 가는 도중 죽음을 맞았던 것은 사실이다. 따라서 단 11:45 의 예언은 앞서 언급한대로, 열방의 교회 공격과 하나님의 개입에 의한 즉각적인 열방의 패배라는 반복된 패튼으로 (산헤립의 침공과 패배 [왕하 19 장], 곡과 마곡 [겔 38, 39 장], 요엘 3 장, 슥 14 장 등 참조) 원수의 멸망을 묘사했다고 할 수 있다.

이런 원수의 종말 예언은 안티오쿠스 4 세의 죽음으로 끝나지 않고 오고 오는 세대에 특히 신약 시대 전반에 걸쳐 교회를 대적하는 원수들의 공격과 하나님의 개입에 의한 급작스런 패망의 공식을 예시해 주는 것이다. 그런 의미에서 우리는 단 11:36–45 에서 마지막 때에 활동할 적그리스도의 모습을 추정할 수 있을 것이다. 즉 이 부분의 묘사는 1 차적으로 역사적으로 안티오쿠스 4 세에게서 성취되었고, 궁극적으로는 재림 직전에 나타날 불법의 사람, 멸망의 아들에게서 성취될 것이다. 안티오쿠스 4 세는 그러므로 불법의 사람의 악행과 교만이 어떠할지를 예시해 주는 그림자라 할 수 있다. (이하에서 우리는 신약이 단 11:36–45 를 암시하는 바를 고려해야 한다)

불법의 사람 (살후 2:3–4)

3…먼저 배도하는 일이 있고 저 불법의 사람 곧 멸망의 아들이 나타나기 전에는 이르지 아니하리니 (ὅτι ἐὰν μὴ ἔλθῃ ἡ ἀποστασία πρῶτον καὶ ἀποκαλυφθῇ ὁ ἄνθρωπος τῆς ἀνομίας, ὁ υἱὸς τῆς ἀπωλείας) 4 저는 대적하는 자라 모든 하나님이라 불리는 것과 숭배 대상 위에 자신을 높여, 하나님 성전에 앉아 자기를 하나님이라 선포하느니라 (드러내느니라)(사역 私譯)

데살로니가 교인들은 주의 날 곧 재림이 임박했다고 착각하고 일을 중단하고 나태한 생활을 하였다 (살후 3:11). 곧 주님이 오시고 세상은 멸망할 터인데, 일해서 무엇하나?는 식의 잘못된 사고가 저들을 지배하였기 때문이다. 그래서 사도 바울은 그들의 잘못을 교정하고자 그리스도의 재림 이전에 일어나야 할 일들이 있음을 저들에게 가르치고 있다.

이 부분을 이해할 때도 우리는 재림 직전에만 이런 일이 일어나리라고 기대해서는 안 될 것이다. 왜냐하면 "배도 (背道)" 나 자신을 신적인 존재로 높이는 일은 교회사적으로 신약 시대 전반에 걸쳐 일어나고 있기 때문이다. 살후 2:7 에서 사도는 불법의 비밀이 이미 활동하기 시작했다고 이미 자기 당대에 언급된 예고들이 실현되기 시작한 것을 말씀하고 있지 아니한가? 오늘날 하나님의 말씀을 역사 – 비평적으로 해석하면서 말씀을 완전히 파괴해 버리는 신신학이 배도 (背道) 행위가 아니고 무엇인가? 배도하는 일과 불법의 사람이 나타나는 일은 서로 연관성을 지니는 듯 보인다. 불법의 사람의 출현으로 배도는 정점에 달할지 모른다.

이 불법의 사람은 하나님과 교회를 대적하는 자이고, 자신을 모든 신들과 숭배 대상 위에 높이고 성전에 앉아 자기를 하나님이라 칭하리라 했다. 이런 '불법의 사람' 의 모습은 단 11:36 을 반영했다고 보인다:

이 왕이 자기 뜻대로 행하며 스스로 높여 모든 신보다 크다 하며
비상한 말로 신들의 신을 대적하며 형통하기를 분노하심이 쉴 때까지 하리니
이는 그 작정된 일이 반드시 이룰 것임이니라

영은 이 다니엘서의 말씀은 안티오쿠스 4 세가 아니라 전적으로 적그리스도에게 해당된다고 주장한다 (E. J. Young 1953:246–248). 이 부분의 말씀이 안티오쿠스 4 세에게 적용 될 수 없다는 사실 때문일 것이다. 그렇지만, 이 문맥에서 분명 1 차적 지시는 안티오쿠스 4 세에 관한 것이다. 단 11:36 의 첫 부분은 바브 – 접속법 완료상으로 (wəʿāśāh) "그가 행할 것이다" 로 안티오쿠스 4 세르 묘사하는 앞부분과 중단 없이 연결되고 있기 때문이다.

"스스로 높여 모든 신보다 크다 하며" 는 (wəyiṯrômēm wəyiṯgaddēl ʿal-kol-ʾēl) 그 왕이 자신을 높이고, 모든 신들을 대적하여 허풍을 떤다는 (brag against every god; KB[3]) 것이다. 한역처럼 "모든 신보다 크다 하며" 로 번역할 수도 있겠지만 (NRSV, NJB "모든 신들보다 크다고 간주하다"), 바로 다음에 나오는 말씀에 비추어 (비상한 말로 신들의 신을 대적하며) 신성 모독적 말을 가리킨다고 이해한다. KB[3] 는 여기 사용된 "이트가델" 동사를 (힛트파엘 형) "허풍 떨다" 혹은 "과장하다" 로 정의했는데, 사 10:15 에서도 유사한 의미로 사용되었다 (도끼가 그것을 휘두르는 자를 대하여 자랑할 수 있겠는가 ?). 겔 38:33 에서는 그 동사가 하나님의 동작을 묘사하는데, 하나님께서 열국들 목전에서 자신의 위대함을 드러내시고, 자신의 거룩함을 나타내시며, 자신을 드러내시리라 말씀하신다. 이런 일들은 하나님께서 열국의 목전에서 큰 일들을 이루심으로 가능한데, 그런 큰일들도 해석을 통해 세상에 알려질 때 그 참된 의미가 드러날 수 있다. 곧 말씀 선포를 통해 하나님은 자신의 위대하심과 거룩함을 나타내신다. 즉 말씀 선포를 통해 하나님은 열국의 목전에서 자신의 위대하심과 거룩하심을 나타내실 수 있다.

따라서 단 11:36 을 자세히 살핀다면, 이 말씀은 모든 신들을 부정하고 자신만 모든 신들 위에 높이고 신격화시킨다는 의미로 취할 수 없다. 즉 역사적으로 안티오쿠스 4 세에게도 적용될 수 있는 말씀이다. 그렇지만 궁극적으로 재림 직전에 나타날 불법의 사람, 적그리스도에게서 완전 성취될 것은 예상된다.

5. 다섯 두루마리 (Megilloth)

후기 유대교에서 룻기, 아가, 애가, 전도, 에스더 등을 "다섯 두루마리" (Five Scrolls [Megilloth]) 곧 "다섯 권의 작은 책들" 이라 부른다. 이 다섯 권을 한 단위로 취급하는 일은 성경 자체 내에서나, 탈무드나 미드라쉬에서도 나타나지 않는다. 가장 오래 전에 성문서를 함께 배열한 탈무드나 맛소라 전통에서, 이 다섯 권들의 배치 순서는 최초 유대인들의 구약 성경들에서 (제 5 판까지) 배열한 순서와 다르다. 탈무드 시대에는 에스더만 "므길라" 라 (두루마리) 불렸는데, 그 의미가 "작은 두루마리" 란 (곧 작은 책) 의미였기 때문에, 탈무드 시대 이후의 예배 의식에서 고려중인 다섯 책들이 사용되면서, 다른 네 권에도 "므길라" 란 이름이 붙여지고, 결국 이 다섯 권이 복수형으로 "하메쉬 므길롯" 이라 (다섯 두루마리들 = 다섯 작은 책들) 지칭되게 되었다. 결국 이 다섯 두루마리란 명칭은 이 작은 책들이 절기 예배와 연관되면서 편의상 생겨난 명칭이다.

유대교 예배 의식에서 이 다섯 권의 책이 어떻게 사용되었는지 보면, 처음에는 오경과 선지서에서 발췌한 구절들인 "하프타롯" 만 ([선지서들의] 부분들) 사용되었으나 나중에는 이 다섯 두루마리 책들도 공적으로 낭송되었다. 이런 이유에서 오경의 "미드라쉬 랍바" 만 아니라, 다섯 두루마리의 미드라쉬 랍바도 점차 수집되었다.

아가서는 ("쉬르 하쉬림" 노래들 중의 노래 → 최고의 노래) '유월절' 의 안식일에 낭독한다. 혹은 유월절 마지막 가정 예배시에 낭독한다. 어떤 유대인 공동체는 안식일 시작 때, 매주 공적으로 낭독한다.

룻기서는 오순절 아침에 토라를 (오경) 읽기 전에 읽는다. **애가는** (에카, 키놋) 성력 5월인 "아브 월 9일"에 (티샤 브아브 ; 2011 년의 '아브' 월은 8 월 1–30 일) 읽는다. **전도서는** (코헬렛) 초막절의 안식일에 낭독한다. **에스더서는** 부림절 저녁에 한 번, 다음 날 아침에 한 번 이렇게 두 번 낭독한다.

성력 아브 월 (5 월) 9 일은 유대인들이 역사적으로 여러 재앙들이 자기 민족에게 덮친 날로 금식하며 애가서를 공예배시 낭송하며 기념하는 날이다. 이 날은 성경에 규정된 기념일은 아니지만, 유대교에서 민족적 기념일로 삼은 것이다. 유대인들은
1) 금송아지 우상숭배 사건으로 모세가 십계명 두 돌비를 깨뜨린 날 (출 32:19),
2) 가나안에 파송된 12 정탐꾼이 돌아와 부정적 보고를 함으로, 백성으로 하나님을 대적하게 하여, 하나님의 진노로 백성이 40 년 광야 방랑 생활을 하게 했던 날,
3) 주전 586 년 솔로몬 성전이 파괴된 날 (바벨론 군이 5 월 7 일 성전에 침입, 9 일까지 먹고 마시고 분탕질하고, 9 일 저녁 성전에 불을 놓았다. 성전은 9 일 저녁 내내, 10 일까지 종일 불에 탔다고 한다 (렘 52:12, 13).
4) 로마 군이 주후 70 년 (성력) 5 월 9 일 제 2 성전을 파괴하기 시작하여 10 일까지 파괴했다. 백 25 만 명 이상이 성중에 갇혔고, 상번제는 제물 부족으로 탐무스 월 (10 월) 17 일에 그쳤고 21 일 후에 로마군이 성전 경내 끝 부분에 이르렀

다. 디도 장군은 성전 파괴를 원치 않았고, 유대인들에게 항복하길 권고했으나 거절하니, 디도 장군의 명령에도 불구하고, 로마 병사들이 횃불을 성전에 던져 불사르고 말았다.
5) 주후 71년 5월 9일 로마군이 예루살렘을 로마인이 거주하는 식민도시로 만들기 위해 소금을 뿌렸다.
6) 주후 132년 시몬 바-코크바의 군대가 로마군에 반란을 일으키고 5월 9일 로마군에 의해 파멸 당했다. 로마 역사가 디오 카씨우스는 (Dio Dassius) 약 58만의 유대 병사가 칼에 죽임을 당했다고 한다. 화재와 기근으로 죽은 사람은 계산하지 아니한 것이다. 로마의 군마들은 전쟁터에서 뱃대끈까지 올라오는 피 강물을 간신히 헤치고 다녔다.
7) 영국의 에드워드 1세가 1290년, 5월 9일 (양력 7월 18일) 유대인을 영국에서 추방하였다. 약 400년 이후인 1657년 올리버 크롬웰이 유대인에게 거주의 자유를 허락했다.
8) 스페인의 페르디난트와 이사벨라가 1492년 8월 2일 (아브 월 9일) 약 8십만의 유대인을 스페인에서 추방했다.
9) 1914년 아브 월 9일, 세계 1차 대전이 발발하고, 러시아가 유대인들 핍박을 대대적으로 시작했고, 이에 유대인들이 다수 팔레스틴으로 도피했다. 오늘날 유대인들은 아브 월 9일에 금식하며, 통곡의 벽에서 기도하며 애도를 표한다.

5–1. 아가서

지혜문헌 참조.

5–2. 룻기

1) 명칭

룻기는 본서의 주인공 모압 여인으로 모압으로 이주한 히브리인과 결혼한 "룻" 의 이름에서 유래한다. 그 의미는 "원기회복" (refreshment)(J. J. Stamm 1967:325, 326), 혹은 (여성) "동반자," "우정" 이라 (르우트 / 레에) 한다. 룻과 에스더는 성경에서 유일하게 여성 주인공 이름으로 된 책이다.

2) 저자와 저작 연대

룻은 남편이 죽자 시어머니 나오미와 유다 베들레헴으로 간다. 거기서 보아스와 결혼하여 다윗 왕의 증조모가 된다. 그녀는 마태복음에 기록된 그리스도의 계보에 언급된다 (마 1:5). 유대인들은 이 책을 오순절 절기에 낭독한다. 오순절은 시내산에서 율법을 주신 날을 기념하는 절기인데, 첫 열매를 비치는 칠칠절의 다른 이름이기도 하다 (출 23:16). 룻의 약혼이 바로 보리 추수기에 있었다고 보는 것이다 (룻 3:2, 1:22).
유대인들은 룻기를 사무엘이 저작했다고 생각한다. 그렇다면 다윗이 이스라엘의 왕으로 기름 부음 받았을 때 기록되었을지 모른다. 사무엘이 룻기를 기록한 목적은 아마도 다윗이 왕위에 합법적인 권리를 가진다는 것을 정당화하기 위함일 것이다 (룻과 보아스를 통해).
그런데 대부분의 복음주의 학자들은 룻기서가 다윗이나 솔로몬 시대에 저작되었으리라 간주한다. 룻 4:18–21에서 솔로몬은 언급이 없으므로, 룻기가 다윗 시대에 저술되었다고 추정할 수도 있을 것이다.
한편 저작 연대를 추방 이후 정도로 늦게 잡는 이들은 룻기서에 아람어풍이 나타난다고 지적한다. 그러나 아래 분석에서 보듯, 후기보다는 초기 고어 (古語) 체 흔적이거나 지역 방언 흔적으로 봄이 훨씬 타당해 보인다.

(1) 아람어 풍

a. 단어

우선 단어 면에서 1:4에서 "아내를 취하다" (wayyiśʾû lāhem nāšîm), 1:13에서 "네가 기다리겠느냐?" (təśabbērnāʰ) 4:7에서 "확정하다" 와 (ləqayyēm) "벗다" (šālap̄), 1:13에서 "그들을 위하여" 와 (lāhēn; 두 번 나타남) "너희가 스스로를 자제하다" (tēʿāgēnāʰ) 등을 아람어라 지적한다.
1:4에서 "아내를 취하다" 는 "라카흐" 동사 대신 "나샤" 를 사용했다. 삿 21:23에서도 그렇게 나타나는데, 지역의 방언을 암시할지 모른다.

1:13 에서 두 번 "그들을 위하여" 란 (for them) 표현이 (lāhēn) 나오는데, 이는 단 2:6, 9, 4:24 등에서 아람어로 "그러므로" 란 의미의 어형과 동일하다. 그래서 NASB 는 "그러므로" 라 번역했다 (Bauer–L. *Heb.* 256). 그러나 KB^3 는 이 말 다음에 위치한 동사와 (**təśabbērnāʰ**; 기다리다) 연계시켜 "그들을 기다리다" 란 (wait for them) 의미의 어형으로 (라헴) 고칠 것을 제안한다.

70 인역, 시리아어역, 탈굼역, 구 라틴어역, 벌게잇 등은 모두 "그들을 위하여" 라 읽고 있다. 루돌프는, 시리아어역 (아람어 방언), 탈굼 (팔레스틴 아람어), 70 인역 등은 이 시점에서 익숙한 아람어가 나타났다면 거부감 없이 받아들였으리라 했다 (Wilhelm Rudolph 1962:23–72). 즉 저들은 아람어로 보지 않고 히브리어 표현으로 보았다는 것이다. 우리도 루돌프의 의견에 동의한다. 여기서 아람어가 등장할 이유가 없다.

1:13 에서 "기다리다" 는 (**təśabbērnāʰ**) 사 38:18, 시 104:27, 119:166, 145:15, 더 9:1 등에서 나타나는데, 아람어라고 지적하기도 하나 (M. Wagner 1966:292–293), 설득력이 부족하다. 사 38:10–20, 시 104:27 는 추방 후 저작일 수 없다. 아람어에서는 "사바르 (סבר)
" 의 첫 자음이 "사멕" 이지만 (ס), 여기서는 "신" 이다 (שׂ). 후대에 두 치찰음 "사멕" 과 "신" 사이의 경계가 철폐되었지만, 그 전에 아람어에서 차용된 단어라면 (제국 아람어) "신" 이 아니라 "사멕" 으로 표기되었을 것이다. 따라서 여기 "사바르" 는 후대 아람어 차용어가 아니며, 훨씬 고대의 히브리어 고어체임이 분명하다.

1:13 에서 "스스로를 자제하다" 로 번역되는 말은 (**tēʿāgēnāʰ**) KB^3 가 "아간" 의 니팔형, 재혼 (再婚) 에 돌입하는 것에 방해받다, 스스로를 방해받게 하다, 곧 스스로 자제하다 란 의미라고 정의한다. 그렇지만, 어근이 "아간" 이라면, 아간 니팔형 2 인칭 여성 복수형은 2 인칭 여성 복수형 어미 –nah 외에 어간 n 이 표시되어야 하나, 현재 어형에서 없다. 만약 **עוג** 혹은 **עיג** 가 어근이라면, 접미어 –nah 앞에 어근 자음 y 가 표시되어야 하나, 현재 어형에서 없다. 이런 점을 고려해 볼 때, 현재 어형을 무리하게 후대 아람어 어근 "아간" 과 연계시키려 해서는 안 된다. 의미는 70 인역이나 기타 고대 역본들을 참조할 때, "자제" 하다란 의미로 취할 수는 있을 것이다.

b. 성 (性) 의 문법 형태 혼란

1:8 에서 "너희와 함께" (**ʿimmāḵem**). "너희" 는 남성인데, 선행사는 여성이다. 이런 경우가 룻기서에서 7 번이나 나타난다: 1:8 에서 "너희들이 [남성] 행했다" (**ʿăśîṯem**), 1:9 과 11 에서 "너희들에게" [남성] (**lāḵem**), 1:13 에서 "너희들 [남성] 보다" (**mikkem**), 1:19b 에서와 4:11 에서 "그들 [남성] 둘" (**šətêhem**) 등. 문법서에서 보통 설명하기는 남성 접미어가 후대에는 여성형을 대체했다고 한다 (GKC §§ 135o, 144a; Joueon § 149b).

그러나 마이어는 (J. Myers) 이런 언어적 특징은 "비교적 초기의 방언상의 특질" 이라 한다 (Jacob M. Myers 1955). 이 이곱 경우들은 보면, 룻기에서 선행사는 두 여인들이다: 룻과 오르바, 나오미와 룻, 라헬과 레아 등. 창 31:9 (라헬과 레아; 31:5–6 에서 여성형 접미어), 삼상 6:7, 10 (7 번 방금 새끼 낳은 두 암소들), 출 1:21 (히브리 두 산파), 삿 19:24 (처녀 딸과 레위인 첩에 대한 세 번의 언급), 창 19:9 (8 절의 두 딸들), 창 18:20 (두 성읍들의 죄), 삿 16:13 (두 문지방들) 등과 비교해 보면, 초기 히브리어에서 –m 으로 끝나는 여성 쌍수 접미어가 있었음이 분명하다. 아마 모음이 남성과 여성을 구분했을지 모른다. 수 세기를 전해지면서 그런 구분이 잊혀지고 표준 남성, 여성 접미어로 고착되었다. 그런데 몇 군데서 고대 관례가 남아 있다. 룻기서에서 다른 문법 사항은 아주 정확하게 지켜지므로, 표준 문법에 어긋나는 이런 용례는 우리가 알지 못하는 어떤 문법적 파격을 암시함이 분명하다 (Edward E. Campbell, Jr. 1975:65).

c. 예외적 용례

1:12 "오늘 밤에 남편을 두어서 아들들을 생산한다 하자" (**gam hāyîṯî hallaylāʰ ləʾîš wəḡam yālaḏtî ḇānîm**) 에서 두 번 사용된 불변사 "감 (גַּם)" 은 보통 "도" "또한" 을 (also) 의미하는데 여기서는 "– 일지라도"

라는 (even if) 양보 조건절을 이끄는 접속사 구실을 하고 있다. 조건절에 사용된 동사는 모두 "완료상" 이다. 이런 용례는 시 119:23 에서 나타난다. "부패한 사람들이 앉아 내게 관해 험담을 한다 할지라도." 유사한 "감" 의 용례는 그 외에도 왕하 8:1, 사 26:12, 겔 24:5, 렘 13:26, 말 2:2 등에서 나타난다. 이런 "감" 의 예외적 용례는 아마도 초기 방언의 흔적일지 모른다.

d. 패러고직 "눈"

2:8 (**tiḏbāqîn**; 너는 [여성] 가까이 붙으라), 2:21 (**tiḏbāqîn**), 3:4 (**taʿăśîn**), 3:18 (**tēḏʿîn**) 등에서 여성 2 인칭 단수 미완료상에서 나타나고 있다. 삼상 1:14, 렘 31:22, 사 45:10 에서도 나타난다. 룻 2:9 에서 두 번 나타난다 (**yiqṣōrûn; yišʾăḇûn**).

이 동사 마지막에 붙는 첨가적 "눈" 은 아람어의 경우, 후대형의 표시인데, 히브리어에서는 기이하게도 그 반대가 사실이다.

e. 비정상적인 동사 어형 (語形)

2:8 에서 "다른 곳으로 가다" 란 동사는 (**ṯaʿăḇûrî**) 그 어형이 기이하다. "타아베리" 가 정상인데, 중간에 장모음 "우" 가 삽입되었다. 출 18:26 (**yišpûṭû**), 잠 14:3 에서도 (**tišmûrēm**) 유사한 경우가 나타난다. 이런 기이한 어형은 고어체의 흔적이거나 방언 흔적일지 모른다.

f. 고어체 "i" (hiriq yod) 2 인칭 여성 단수 동사 접미어

3:3에서 "너는 내려가리라"는 (**wəyāradṯî**; 내가 내려가다) 케레 독법에서 수정되었다 (**wəyāradṯ**). 3:4에서 "너는 누우리라" 는 (**wəšāḵāḇtî**) 케렉 독법에서 수정되었다 (**wəšāḵāḇt**).

4, 5, 6 에 언급된 9 번의 예외적 어형들은 모두 방언 흔적이거나 고어체 흔적으로 볼 수 있다.

g. 동서 (同壻), 전능자

1:15 에서 "너의 동서" 는 (your sister-in-law) "누이" 란 (오월동주 [吳越同舟] 의 동포 여성 fellow-woman in the face of prevailing conditions and custom) 의미로 나타나고 있다. "예바마" 란 말은 신 25:5–10, 38:8 에서도 나타나는데, 신 25:7, 9 에서 남편이 죽은 과부를 그녀 남편의 형제와 연관하여 지칭하는 말로 나타난다 →그 형제의 과부.

1:20–21 에서는 "전능자" 란 신명이 (**šadday**) 나타난다. 1:13 에서는 "몹시" 란 부사가 나타나는데, 다훗은 이 부사를 (**məʾōḏ**) "강한 자" 란 의미의 신명으로 이해하고자 한다 (*Psalms III*, xl). 그러나 그런 추정은 사적인 추정은 그렇다 해도, 성경 번역에 있어서 통제 불능의 혼란을 초래할 수도 있다.

h. 모압 고지대

"모압 '고지대'"란 (**biśḏê môʾāḇ**) 의미의 말이 1:1, 2, 6, 22 에서 예외적 어형으로 (모압의 들판들), 1:6, 2:6, 4:3 에서 통상적 어형으로 (**biśḏēʰ môʾāḇ**; 모압의 들판) 나타난다. "사데" 란 히브리어는 "평지" 를 의미하나, 베들레헴 주변 평지들을 지시할 때는 항상 통상적 어형이 나타난다. KB^3 는 (sadeh, #2) 이 두 어형의 구분을 무시하고 어떤 백성의 영지, 목초지 등으로 정의했다. 어쩌면, 복수형은 모압 "고지대" 를 베들레헴 평지와 구분하는 의도적 어형일 것이다. 아니면 "고지대" 를 의미하는 고어체 흔적인지 모른다.

(2) 에스라와 느헤미야 시대의 정황 ?

라 9–10 장, 느 13:23–29 에서 이방 여인들과 이혼하고 믿음 공동체의 순혈성과 정조를 회복하려는 개혁이 시도된다. 바로 이런 때에 비평가들은 소위 제 2 이사야의 (사 40–66 장) 세계적 선교 사상이 퍼졌다고 가정한다. 이들에 의하면, 룻기서는 세계 동포애를 주장하는 이들이 에스라, 느헤미야의 국수주의적 편협성을 고발하는 작품이라 한다. 국수주의자들에게 다윗의 고조모가 바로 모압 여인인 것을 기억하라고 외친다는 것이다.

이런 식의 가정은 룻기서가 추방 이후 작품이라는 전제를 할 때 가능하다. 그러나 그렇게 추정할 근거는 없어 보인다. 룻기서는 어떤 면으로나 순수한 "헤세드"의 (언약 사랑) 사랑을 드러낼 뿐, 논쟁적인 목소리는 찾을 수가 없다.

(3) 주전 7 세기 신명기 법규의 이행 ?

어떤 비평가들은 룻기서에 묘사되는 이삭줍기, 여성의 상속권, 수혼제 (levirate), 친족 구속 등과 신명기서에 규정된 법규들은 서로 상관관계를 갖는다고 본다. 즉 신명기가 주전 7 세기 요시야 시대의 산물이라 전제하고, 룻기서는 그 신명기 법규의 이행을 보이므로, 주전 7 세기 이후의 작품이라고 추정하는 것이다. 두 가지 가정 모두 그릇되었다. 신명기는 모세의 저작이고, 룻기서는 언어적 측면에서 후대의 흔적을 보이지 않는다.

(4) 룻 4:7 의 진술

루돌프는 4:7 의 진술, 곧 옛적 이스라엘 중에 모든 것을 무르거나 교환하는 일을 확정하기 위하여 사람이 그 신을 벗어 그 이웃에게 주더니 이것이 이스라엘의 증명하는 전례가 된지라 라는 말씀은 후대 첨가가 아니라 종종 비교되는 삼상 9:9 과 달리 문맥에 본질적인 일부를 구성한다고 했다. 4:7 의 설명적 진술은 룻기서에 기록된 관례적 행동이 이후 시대에 중단되어 후대 독자들이 이해하지 못했기 때문에 후대인이 첨가했을 수도 있다. 마치 괄호 안에 넣고 각주처럼. 그러나 본문의 일부로 봄이 적절할 것이다. 그것은 본문을 전달하는데 유대인들이 그렇게 허술하게 관리했다고 보이지 않기 때문이다. 이 진술은 룻기서의 역사적 정황인 사사시대에 되어졌던 관례가 이 책이 기록된 솔로몬 시대에는 잊혀진 과거사가 되었다는 것을 암시해 줄 것이다. 4:18–22 의 족보에서 베레스, 헤스론, 람, 아미나답, 나손, 살몬, 보아스, 오벳, 이새, 다윗으로 이어지면서 종결된 것으로 보아, 다윗 시대나 솔로몬 시대에 룻기서가 기록된 것으로 보이기 때문이다.

3) 내용 분해

(1) 서론 (1:1–5)

a. 비극적인 여행 (1:1–2);
b. 기막힌 사별 (死別) 들 (1:3–5)

(2) 믿음으로 가정을 얻고자 하다 (1:6–22)

a. 놀라운 선택 (1:6–18);
b. 쓰디쓴 귀향 (1:19–22)

(3) 섭리의 인도를 구하다 (2)

a. 섭리로 (2:1–3);
b. 마땅한 환대 (2:4–17);
c. 기쁨의 표현 (2:18–23)

(4) 구속 (救贖) 하는 결혼을 추구하다 (3)

a. 구속의 계획 (3:1–5);
b. 구속의 주장 (3:6–9);
c. 구속의 보증 (3:10–15);
d. 구속의 예상 (3:16–18)

(5) 구속의 보상을 받다 (4:1–13)

a. 구속의 거절 (4:1–8);
b. 구속의 완성 (4:9–12);
c. 구속의 보상 (4:13)

(6) 결론 (4:14–21)

a. 기쁨으로 채워지다 (4:14–17);
b. 놀라운 족보 (4:18–21)

4) 저작 목적

다음과 같은 여러 가지 의견들이 제시되어 왔다.

(1) 히브리인들의 위대한 왕 다윗의 족보를 제공하기 위함이다. 사무엘서에는 다윗의 가계도가 없기 때문이다.

(2) 에스라, 느헤미야 시대에 팽배했던 엄격한 국수주의를 상쇄시키기 위해 기록된 반–분리주의 정책 선전물이다. 이방인과의 결혼을 허용해야 한다고 주장한다.

(3) 자식이 없는 과부(寡婦)를 위한 인도주의적 호소문이다. 그런 과부는 친족이 반드시 거두어 결혼해야 한다.

(4) 하나님의 전능하신 섭리를 제시하기 위함이다.

(5) 인종 차별을 철폐하자는 주장이다.

(6) 어떤 숨은 동기가 없고, 단지 이런 사건이 있었다고 기술할 뿐이다. 룻기의 역사적 배경은 사사시대인데, 그 시대의 혼란상과 대조되는 너무나 아름다운 한 폭의 그림과 같은 내러티브이다.

이제 우리가 보는 관점을 제시하고자 한다. 룻기서는 이방인이 기이한 하나님의 섭리로 믿음 공동체에 가입하는 믿음의 도전을 보여 주는면에서 그 구원사적 의의를 갖는다. 이방인들의 파멸을 선고하는 나훔이나(니느웨) 오바댜(에돔) 같은 선지서는 하나님을 떠난 이방인들의 비참한 말로를 보이는데 비해, 룻기서는 이방인이 이스라엘에 결혼을 통해 가입함으로 하나님의 구원에 참여하는 사건을 보여줌으로 둘은 서로 대비된다. 그 구원사적 의의를 갖는 점과 대조된다. 한편 요나서는 이방인도 하나님의 메시지를 듣고 회개할 수 있다는 가능성을 보이는데, 그렇지만 그 회개가 진정한 구원으로 연결되는 것인지는 많은 의문을 갖게 한다.

사람들은 룻기서 말미에 나타나는 다윗 왕의 족보에 초점을 맞추어, 이방 여인 룻이 다윗의 조상이 되고, 다윗의 후손으로 오시는 예수 그리스도의 족보에도 (마 1:5) 그녀의 이름이 언급되는 등, 이방 여인의 메시야 조상됨을 강조하고자 노력한다. 그녀 이전에 가나안 여인 기생 라합이나, 라합 이전의 가나안 여인 다말 등도 역시 메시야 족보에 언급되는데, 이 이방 여인들이 메시야 족보에 메시야의 조상으로 올라가는 것이 큰 영광이겠지만, 그런 이방 여인들의 메시야 족보 기재는 사실상 이방인들의 구원이 저들의 결단력 있는 행동과 하나님의 기이한 섭리의 조화로 시대마다 이루어졌다는 점을 제시하는 것에 비하면 부차적인 요소일 뿐이다.

2006년 교회 보고서에 가장 영향력 있는 목사로 뽑힌 목사, 긍정적 삶을 강조하는 조엘 오스틴 목사는 래리 킹(Larry King) CNN 생방송 프로그램에 출연하여 킹이 "당신이 유대인이나 무슬림이라면 당신은 그리스도를 전혀 영접지 않을 것이다?" 라고 하자, 오스틴은 "저, 나는 누가 하늘에 가고 누가 가지 아니할지 말하는 일에 아주 조심스럽다. 나는 잘 모른다. . ." 라고 얼버무리고, 킹이 "만약 당신이 믿는다면, 당신은 그리스도를 믿어야 하지요? 그들은 틀렸지요? 그렇지 않습니까?" 라고 질문하자, "저, 나는 내가 믿으니 그들이 그른 것인지는 잘 알지 못한다. 나는 여기 성경이 가르치는 바가 있다고 믿고, 이것이 내가 믿는 바이다. 그러나 나는 오직 재판장이신 하나님만이 사람의 마음을 아신다고 생각한다. . . 나는 성경이 가르치는 바를 알며, 나는 예수님과 관계를 갖고자 한다" 라고 적당히 넘어가고 말았다. 오스틴은 신학교에 간적도 없고 그냥 그 섬기는 교회에서 목사 안수를 받았다.

그 생방송이 나간 후에 오스틴을 비난하는 말들이 많이 나돈다. 저 사람은 기독교의 핵심 메시지의 하나도 전하지 아니했다라고. 예수 그리스도를 믿지 않으면 정죄를 받고 지옥에 간다, 믿어야 천국에 간다. 믿고 죄 용서 받는 것이 천국에 가는 조건이다! 라고 왜 말을 아니 하고 적당히 넘어갔느냐? 는 비난이다. 또 다른 사람들은 그래도 오스틴은 미국 최대 교회 목사지만, 아직 해가드 (Ted Haggard), 반스 (Paul Barnes), 폴크 (D. Earl Paulk), 스왜거트 (Jimmy Swaggert), 짐 베커 (Jim Bakker), 도드 (William Dodd) 같은 성적 스캔들은 없지 않았느냐? 고 좀 감싸고자 하기도 한다.
한국판 오스틴 사건도 있는데, 어떤 대형 교회 목사가 동국대 불교 대학원 불교 경영자 최고위 과정에 초청받아 특강을 하고, "기존 기독교교단에서는 그리스도 외에 구원을 받을 수 없다고 규정하고 있는데?" 라고 묻자 "불교, 기독교 모두 나름대로의 구원의 메시지가 있다. 타종교의 구원에 대해 비판할 수 있는 권리는 누구에게도 없다. 불교가 말하는 구원도 존중하고 인정해야 하고 불교 역시 기독교의 구원을 인정해야 한다" 라고 했단다 (불교신문 2004 년 5 월 18 일).
그 목사는 "불교의 가르침과 기독교의 가르침 중 똑같은 것이 매우 많다" 며 "일부 목회자들이 기독교에만 구원이 있다고 말하는 것은 유아독존적인 생각" 이라고 잘라 말했다. 이어 "불교는 불교만의 구원의 메시지가 있고 기독교는 기독교만의 구원의 메시지가 있다" 며 "종교라는 공통분모 위에서 차이를 인정하고 그 바탕 위에서 대화를 해야 한다" 고 주장했다. 그는 "불교와 기독교는 똑같다. 부처님의 자비와 예수님의 사랑이 같다는 것이다" 고 말해 참석한 승려들로부터 박수를 받기도 했다. 예수님이나 사도 바울은 이런 접근에 대해 뭐라고 판단할까? 그 목사에게 "다른 이로서는 구원을 얻을 수 없나니 천하 인간에 구원 얻을 만한 다른 이름을 주신 일이 없음이라" 는 (행 4:12) 성경 구절은 뭉개 버려도 좋다는 뜻인가?

룻기서는 이방인들에게 구원의 길을 희미하게나마 전하는데 구원사적 의의가 있다. 나오미의 하나님을 이방 여인 룻도 믿는 것이다 (룻 1:16). 보아스는 룻에게 축복하길 "이스라엘의 하나님 여호와께서 그 날개 아래 보호를 받으러 온 네게 온전한 상주시기를 원하노라" 고 하였다 (룻 2:12). 룻은 시어머니를 따라 나섬으로 구원선에 올라탄 것이다. 반면 그의 동서 (同壻) 오르바는 구원선에 올라탔다가 다시 하차하고 멸망의 길로 돌아간 비운의 여인이 되었다. 마치 예수님께 나아와 생명의 길을 물었으나, 많은 재산 때문에 슬픈 기색으로 돌아가 버린 그 부자 청년과 같이 (막 10:22).

5) 룻기의 문예술 (Poetics in Ruth)

성경에는 여러 문학 장르들이 있다. 시나 법규, 예언, 환상 (묵시) 문학, 잠언, 비유, 역사 등. 그 중에서도 가장 많은 분량을 차지하는 것이 역사 내러티브이다. 룻기도 이 장르에 속하는데, 내러티브는 등장인물들과 줄거리가 있는 이야기를 가리킨다. 그냥 허구적 이야기가 아니라 역사 이야기이며, 문학 작품이다. 문학 작품이란 무슨 의미인지 라이켄의 (Leland Ryken) 말을 들어 보자:

문학 작품이란 (literature) 덕이 무엇인지 강론하는 것이 아니라 덕스러운 인물이 행동하는 것을 제시한다. 문학 작품은 등장인물들과 행동들과 개념들을 사전식으로 설명하지 않고, 행동하는 인물들을 그려낸다. 문학 작품은 경험을 표현할 뿐 아니라, 그것을 해석한다. 저자는 자기 자료를 분명한 견지들에 따라 선택하고 틀을 만들어 제시하는 것이다. 인간의 경험은 명시적으로나 암시적으로 하나의 세계관을 표현하는 방식으로 묘사된다. 끝으로, 문학 작품은 경험에 대한 해석적 묘사 이지만, 예술적 형태로 그것을 제시해 준다. 다시 말해, 하나의 문학 작품의 내용은 소설, 연극, 소설, 시, 등등의 형태로 제시된다. 그렇다면 문학 작품이란 예술적 형태로 경험을 해석적으로 제시하는 것이라고 정의해 볼 수 있다 (Leland Ryken 1974:13).

성경에서 룻기처럼 상대적으로 짧은 역사 내러티브로 구성된 책으로는 요나서, 에스더서 등이 있다. 외경에는 토빗서와 유딧서가 있다. 토빗서에는 마술적인 병 고침, 귀신들, 천사들 등이 등장한다. 유딧서에서는 전설적인 미모와 경건을 지닌 유딧이란 여성이 조국을 위해 잔 다르크 같이 놀라운 업적을 이룬다. 요나서에는 비평가들이 역사적 사건으로 믿으려 아니하는 큰 물고기 배속에서 사흘간 갇혀 있다가 살아남은 요나와 사흘 길이 걸리는 거대한 성 니느웨 성읍과 그 거민들이 전체로 회개하되 가축까지 회개하는 아주 엄청난 일들이 묘사된다. 에스더서에는 에스더란 여성이 대장금이나 동이처럼 하층 계급의 여자가 일약 페르시아 대 제국의 왕비로 승귀하고, 유대인 전멸이라는 숨 막히는 음모와 이를 깨뜨리는 스릴 만점의 반전의 역사가 있다.
성경에서 그 문학적 탁월성으로 손꼽히는 내러티브는 요셉 기사일 것이다 (창 37, 39–48, 50 장). 요셉 기사에는 앞서 언급한 다른 책들에 등장하는 그런 놀라운 기적이나 신빙성이 없어 보이는 그런 이야기는 없다. 물론 사람 보기 나름이겠지만, 꿈과 7 년 풍년, 7 년 흉년 같은 일들은 그렇게 비상하게 예상 밖의 사건들은 아니기 때문이다. 룻기서는 요셉 내러티브 이상으로 평범한 일상생활의 사건을 그린다.
이제 아들 벌린의 인도를 따라 (Adele Berlin 1983:84 이하), 룻기서의 문예적 측면을 몇 가지만 살펴보기로 한다.

(1) 인물 묘사

등장인물을 보면 나오미가 주인공인데 룻도 나오미와 연관하여 등장하는 까닭에 나오미에게 있어서는 조연이다. 나오미는 남편이 이민 가서 죽었고, 그 두 아들도 그리했다 (1:2, 3, 5). 이제 남는 인물들은 나오미와 두 며느리 룻과 오르바 뿐이다. 보아스는 엘리멜렉의 친족인데 (2:1), 룻과 보아스 사이에 얻은 아들도 나오미의 손자인 양 제시된다 (4:17). 모든 것은 나오미의 견지에서 조명되고 있다. 그녀의 남편 사별과 자녀 사별, 베들레헴으로의 귀향, 그녀의 고통과 가난, 그녀가 손자를 통해 회복되는 기쁨 등.
그러나 나오미가 느끼는 관점과 흥미의 관점은 다르다. 독자의 관심은 나오미 보다 룻에게 더욱 향한다. 룻은 모든 장면에서 등장하는데, 예외가 있다면 보아스가 무명의 고엘과 이야기할 때이다. 그 때도 저들의 대화 주제는 룻이었다. 따라서 독자는 룻기 전체를 통해 룻을 의식하게 된다. 나오미가 룻과 보아스 사이에 만남에서 대리적으로 참여하는 것은 룻의 말들을 통해서이다. 이처럼 룻기서 이야기는 나오미의 관점에서 파악되지만, 나오미의 통찰은 룻을 통해 촉진되고, 나오미의 성취도 룻을 통해서 나타난다.
룻기서의 등장인물들 가운데 주 등장인물들과 (full-fledged characters) 조연 (助演) 들이 (agents) 나타나는데, 전자는 나오미, 룻, 보아스처럼 저들의 행동이나 말, 다른 사람과의 관계, 그리고 내레이터의 진술 등을 통해 그들의 성격이 깊이, 다면적으로 충분히 드러나는 등장인물이다. 반면 조연은 주연 배우들과의 관계에서 배경이나 조연으로 등장한다. 주요 조연들 중에는 오르바와 무명의 고엘이 있다. 저들은 각기 룻과 보아스와 대비되어 이 후자들을 부각시켜준다. 동일한 선택을 놓고 각기 다른 길을 택함으로 두 무리는 대조되는 것이다. 아르바나 무명의 '고엘' 이 부정적으로 묘사된 적은 없지만, 독자들은 대비를 통해 그들의 약간 부정적으로 생각하게 된다.
오르바의 경우를 보면, 처음에 그녀나 룻은 시어머니 나오미를 떠나 자기 고향으로 가기를 거절하였다. 그러나 시간이 흐르고 오르바는 결국 나오미를 떠나고 룻은 끝까지 시어머니를 떠나지 않고 평생에 함께 할 것을 맹세하는데, 룻의 이런 행동은 오르바의 행동과 대비되어 더욱 선명하게 독자들의 마음에 각인된다. 오르바나 룻은 처음에 똑 같은 모압 여인들로 나오미의 며느리들로서 차이가 없어 보였다. 둘 다 무자하였고, 둘 다 자기 시 어머니에게 효성을 보였다. 그러나 점차 그 둘은 차이를 보이고 대비되게 된다.
무명의 고엘 (구속자) 역시 오르바처럼 보아스의 조연으로 출연한다. 그런데 이 고엘은 오르바와 달리 이름이 없다. 그러므로 오르바보다 더욱 미약하게 보인다. 보아스는 나오미의 구속자가 되고 싶었지만, 자기보다 더 가까운 근족에게 기회를 주어야 했다. 나중 그 무명의 고엘은 나오미의 구속자가 될 의사가 없음을 분명히 하는데, 그의 극중 역할은 보아스의 행동을 더욱 부각시키는 면도 있지만, 그것보다는 사건에 스릴을 더하고 긴장감을 높이는 효과를 담당한다. 이런 서스펜스는 (불확실한 상태로의 문제 미해결 지속) 두 시점에서 일어난다. 한 번은 더 가까운 구속자가 있다는 선언이 (3:12) 나올 때, 그리고 또 한 번은 보아스가 그 친족에게 네가 구속자가 되고 싶으면 그리하라고 기회가 주어질 때, "그리하겠다" 고 대답할 때이다 (4:4). 보아스는 자기보다 더 가까운 친족이 있다는 사실을 숨기지 아니하고 룻에게 알리는데, 그리하여 자기가 룻과 결혼하고 싶지만, 그 무명의 고엘에게 먼저 기회를 줌으로 자신의 기회를 상실할 위험을 감수하는 행동을 통해 보아스의 정직성과 성실성이 무언 중에 드러난다. 보아스가 자기 친족의 관심사에 적극적인 인물로 드러나는 것은 자기 친족에게 구속자로서의 의무를 감당하기 때문이 아니라, 만약 법이나 관습이 규정한다면 자기가 원하는 기회나 특권을 기꺼이 포기할 자기 부인과 정직성을 행동으로 드러내었기 때문이다. 무명의 고엘이 법적 필요성이 아닌 이유들로 구속자 되기를 거절할 때 보아스가 자기 사적인 욕망보다 법적 요구를 앞세우는 행동은 한층 선명하게 부각된다.

보아스의 가정 집사(執事)는 또 다른 조연이다. 그는 보아스가 들판에 나타날 때 그의 도착을 보다 생생하게 만드는 역할을 감당한다. 말하자면 한 조각의 모방을 제공하는 배경의 일부이다. 그렇지만 그도 두 주연을 부각시키는 역할을 감당한다. 보아스와 룻은 그 집사를 통해 더욱 부각된다. 보아스와 그 집사 사이의 대화에서 보아스는 아주 세심하게 고찰하는 모습을 보인다. 룻기서에 기록된 바 전부는 그가 새 이삭줍는 사람에 관하여 묻는 것밖에 제공하지 않기 때문이다. 집사의 대답을 통해서 룻은 아주 근면하게 일하는 여인으로 보아스에게 각인된다. 이런 장면은 곧 뒤 따르는 룻과 보아스 사이의 첫 만남의 길을 닦는다.

룻기서에는 세 그룹의 다른 사람들이 있다. 베들레헴의 여인들, 추수꾼들, 성문에서의 증인들 등이 그들이다. 이들을 나오미, 룻, 보아스 등과 연결시켜 이해함이 좋을 듯 하다는 유혹도 있지만, 그것은 룻기를 너무 자기 식으로 해석하는 일이 될 것이다. 베들레헴 여인들과 나오미 사이에는 세 무리의 사람들 중에서 가장 강력한 유대감을 느끼게 한다. 저들은 나오미의 처한 상황의 거울이 되는데, 저들이 나오미가 귀향하여 처음 그녀와 만날 때, 나오미가 자신의 괴로움 때문에 저들에게 "마라" 란 이름으로 불러달라고 부탁할 때와 (1:20), 나오미의 행복한 순간에 저들이 나오미의 손자 이름을 축복할 때 (4:14) 그리한다.

이들만 아니라 다른 살마들도 모두 저들이 나타나는 장면들에서 자연스런 배경을 이룬다. 그리함으로 이야기 진전에 관심과 실제성을 더해준다. 그러므로 저들은 조연들이라기보다 배경의 일부로 기능한다.

이름 없는 인물들이 등장했다면, 이름은 있지만, 실제로 행동다운 행동은 없는 인물들도 나타난다. 그들은 나오미의 남편 엘리멜렉과 두 아들 말론과 기룐이다. 이들은 이야기의 배경을 진술하는 장면에서 소개되지만, 이야기가 진행되기도 전에 죽어 사라진다. 저들의 이름이 다시 나중에 나타날 때는 (2:1, 4:3, 9, 10) 그냥 그 상황에 필요한 정보 때문이지 어떤 등장인물로서의 언급은 아니다. 이야기 끝에 언급되는 룻이 낳은 아들 오벳도 마찬가지이다. 이들보다 더 멀리 희미하게 나타나는 인물들이 다말, 베레스, 라헬, 레아, 다윗으로 정점에 이르는 족보이다.

(2) 이름 부르기 (Naming)

나오미는 내레이터나 등장인물들이 그녀 이름을 부를 때 (베들레헴 여인들, 보아스의 집사, 보아스가 무명의 고엘에게) 나타난다. 그런데 오르바나 룻과 연관하여 내레이터나 등장인물이 나오미를 언급할 때는 이름이 아니라 시어머니로 지칭된다. 이 경우들에서 내레이터나 등장인물은 일시적으로 룻의 견지에서 말을 한다. 흥미로운 것은 룻은 다른 이들에게 말할 때 나오미를 결코 언급지 않는다는 점이다. 그리고 나오미에게 말할 때 어머니라 하거나 이름을 부르거나 일체 명칭을 사용하지 않는다. 보아스는 나오미에게 직접 얘기한 적이 없다. 나오미와 보아스가 같이 등장하는 장면도 없다. 나오미는 서론에서 (1:2) 엘리멜렉의 아내로 소개되고, 4:9 에서 나오미를 엘리멜렉의 아내로 소개할 수도 있는 상황이지만, 그렇게 하지 않고 다음 절에서 룻을 말론의 아내로 부를 뿐이다. 1:5 에서 내레이터는 나오미를 지칭하여 "그 여인" 혹은 "아내"라 부른다 (하잇솨). 아마 "한 여인이 홀로 선다" 는 감정적 효과를 위해 그리 지칭하는 듯 보인다. 그 여인은 자기 두 자녀와 자기 남편이 없이 홀로 남는다. 그녀는 대개 모든 지위를 상실하지만, 우리의 이야기에서 나오미는 시어머니가 된다. 이 명칭만이 적절한 관계를 표시한다. 다른 면에서 나오미는 그냥 그녀 이름으로만 알려지는 독립적 존재인 것이다. 나오미가 지칭되는 방식은 그녀가 주연으로서 이야기의 중심임을 확인해 주고, 이 이야기에서 시어머니와 며느리 사이의 관계의 중요성을 부각시킨다.
나오미와 연관하여 별로 그녀 이름이 언급되지 아니한 것과 대조적으로, 룻의 이름은 내레이터나 등장인물들, 룻 자신이 자주 사용한다. 룻의 법적 관계를 드러내는 칭호인 말론의 아내란 명칭은 4:10 에서만 나타나고 이야기에서 별로 중요성도 없다. 그것보다 더 중요한 구속 절차 장면에서 룻은 "죽은 자의 아내" 로 불린다 (4:5). 그녀의 다른 사람들과의 관계에서 최고 중요한 지위는 며느리이다. 그럼에도 이는 내레이터가 사용하는 명칭이다. 나오미는 그녀를 "내 딸" 이라 부르고, 보아스도 그리한다. 이 둘 사이의 긴장감을 베들레헴 여인들이 포착하여, 일순간에 그것을 풀어 버리는 것은 4:15 에서 저들이 "너를 사랑하는 네 며느리는 일곱 아들들보다 너에게 낫다" 라고 말할 때이다. 룻은 나오미에게 나오미의 일곱 아들보다 더 월등한 존재였다. 아들들은 후손을 이어주지 못했지만 룻은 그 기능을 감당했고, 아들들은 나오미를 부양하지 못했지만, 룻은 감당했다.
룻과 연관하여 "딸" 과 "며느리" 라는 가족 용어들이 광범하게 사용되었지만, 내레이터는 그녀가 여전히 모압 여인이었다는 점을 상기시킨다. 룻은 항상 이런 라벨을 달고 다닌다. 베들레헴 여인들이나 보아스의 집사 (2:6), 보아스도 (4:4, 10) 모압 여인이란 말을 룻을 확인하는 객관적 표지로 사용한다. 그러나 룻과 나오미 사이에 일어나는 사적 대화 동안에 내레이터가 그 확인 표지를 생략할 때 (2:2, 21) 이방인됨과 가족성 사이의 이야기에서의 긴장감을 더해준다.
룻기서는 정체성의 문제를 가지고 씨름하는 듯 보인다. 다윗 족보에서 이 점은 확실히 드러나고 있다. 한편으로 다윗의 모친 방면으로 이야기에서 이방인 조상이 등장하지만, 정작 족보에서는 그런 점은 아예 무시하고 유다에서 다윗으로 곧장 남성들만으로 연결되는 듯한 인상을 주고 있다. 다윗의 왕권을 합법화시키기 위한 전통의 일부일 수도 있지만, 한 역사적 순간에만 정체성의 문제를 국한시키는 일은 그 보다 광범한 의의를 상실하게 할 것이다. 정체성의 문제는 성경에서 이스라엘과 이방인들과의 관계 사이의 지속되는 긴장의 일부이다.
나오미와 내레이터는 룻의 정체성을 상수 (常數) 로 간주하지만, 룻의 정체성에 대한 가장 흥미로운 통찰은 보아스와 룻이 사용하는 이름 부르기들에서 그것이 전환하는 방식을 통해 나타나고 있다. 더 낮은 것에서 더 높은 것으로의 진전이 있지만, 그것들은 다른 계층들이다. 룻은 보아스에게 말할 때 자신을 세 가지 용어로 지칭한다 : 이방인 (2:10), 여종 (2:13 쉬프하 ; 한역은 "시녀"), 시녀 (3:9, 아마). 이런 칭호들은 아무 관계도 없는 이방인에서, 점차 섬김 혹은 의존의 상태로 진전되는 상태를 드러낸다. 사송이나 쥬옹은 (J. M. Sasson 1979:53, 81; P. Joueon 1953:57) '쉬프하' 가 '아마' 보다 더 낮은 신분이라고 둘을 구분한다. 룻은 보아스에게 특별한 대접을 받은 후에 말하길, 자기는 여종처럼 (쉬프하) 대우를 받는다고 하면서, 그런 처우를 받을 자격도 없다고 자신을 낮춘다. 후에 룻이 보아스에게 밤중에 왔을 때는 자신을 "시녀" 라 (아마) 부른다. 이는 고위층 부인이 자신을 낮추어 부르는 말일 것이다 (삼상 25:41 에서 "내 주의 '여종' 은 [아마] 내 주의 사환들의 발 씻길 '종' [쉬프하] 이니이다!" ; 아비가일은 '아마' [시녀] 이지만, 자신을 더욱 낮추어 다윗의 "여종" 이라 [쉬프하] 칭한다).
룻을 부르는 보아스의 칭호도 점진적으로 상승한다. 종과 주인의 관계에서 가족의 관계로 이동하는 것이다. 보아스가 룻을 처음 보았을 때, "소녀" 라 (나아라, 2:5) 불렀지만 (중립어), 그녀의 정체를 확인하고는 "내 딸" 이라 칭한다 (2:8). 그녀의 주인이 아니라, 가족 관계에서 부에 해당되는 것으로 자신을 소개하는 셈이다. 마지막으로, 밤의 장면에서는 보아스가 룻을 "현숙한 여인" 이라 (3:11 ʾēšeṯ ḥayil) 칭한다. 이 칭호는 내레이터가 보아스를 부를 때, "유력한 자" 라 (ʾîš gibbôr ḥayil, 2:1) 칭한 것에 상응한다. 이런 칭호를 사용하여 보아스는 룻의 신분을 자신의 것으로까지 상승시켰다. 룻은 이제 "유력한 자" 인 자신에 동등한, 따라서 결혼해도 손색이 없는 여인으로 간주한 셈이다. 이리하여 룻은 천한 이방인 무관계성에서 가족의 일원으로 높여지고, 이방인과 가족이라는 긴장감은 해속된다.
이런 사정은 모압들에서 돌아온 자라는 표현에서도 나타난다. 룻 1:22, 2:6 에서 룻에게, 4:3 에서 나오미에게 적용되고 있는데, 두 귀환자들의 신분은 그리하여 동등하게 취급된 것이다. 이에서 더 나아가, 이야기 말미에서 룻은 모압 여인 / 이방인 / 소녀에서 "네 집에 들어가는 아내" 로 (4:11) 신분이 상승되었다. 성읍 사람들이 이렇게 부름으로, 내레이터가 사용한 칭호들이나 룻이나 보아스가 사용한 칭호들의 장애를 넘어서, 룻은 보아스의 아내로 승귀한다.

보아스는 2:1 에서 친족으로, 유력한 자로, 보아스란 이름으로 소개되었다. 내레이터는 보아스를 통상적으로 그의 이름으로 부르지만, 때로 "그 사람" 이라 부르기도 한다 (3:8, 16 나오미도 3:18 에서 그리한다). 보아스의 정체성은 룻과 나오미가 나누는 대화에서 드러나는데, 룻은 "제가 오늘 함께 일한 그 사람의 이름은 보아스입니다" 라고 말하자, 나오미는 "그 사람은 우리의 친족이니라 (카로브); 그는 우리의 구속자들 중의 (miggōʾălēnû) 하나이다" 라고 답한다 (2:19–20). 3:12 에서 보아스는 "실로, 나는 구속자이고 (고엘), 보다 더 가까운 (카로브) 구속자가 있다" 라고 나오미의 언급과 순서를 거꾸로 하여 두 말을 사용하고 있다.

나오미는 보아스를 자신들의 가까운 친족 구속자로 말하지만, 결코 보아스가 가장 가까운 친족이라거나 유일한 친족이라고 하지 아니한다. 나오미가 룻에게 타작 마당을 방문하라고 할 때, "보아스는 우리의 친족이 (mōḏaʿtānû) 아니냐?" 라고 했다 (3:2). 여기 "친족" 이란 말은 내레이터가 처음 사용했던 말과 동일한 이상한 형태이다. 나중 보아스에게 "당신은 구속자이기 (고엘) 때문입니다" 라고 하는 것은 나오미가 아니라 룻이었다. 룻과 나오미의 용어가 이렇게 다른 것은 무엇을 의미하는가? 나오미는 자기 며느리에게 보아스를 대할 준비를 하라고 지시할 때, 보아스의 '고엘' 기능에 관하여 한 마디도 룻에게 언급하지 않았다. 룻은 나오미가 지시하지 아니한 "그울라" 의 ('되물림' repurchase) 주제를 발의했다. 이로 인하여 룻은 보아스가 여러 구속자들 중의 하나에 불과하다는 사실을 눈치 채지 못하고 행동한 셈이다. 이리하여 룻은 보아스가 가장 가까운 친족인 줄 오해했고, 나오미가 낭만적 사랑을 탐색하도록 보냈다면, 룻은 그 사명이 '고엘' 을 취하는 것인 줄로 알고 행동했다. (만약 나오미가 보아스에게 구속자가 되어 주시라고 부탁할 의도였다면, 한 밤중에 그를 그렇게 놀라게 하는 것이 전연 적절치 못할 것이다). 보아스는 룻의 실수를 깨닫고, 신사답게 행동하여 룻이 남편감을 찾는 일보다 시어머니의 '고엘' 을 염려하는 것을 우선시한다고 칭찬한다. 보아스의 대답은 그 상황의 어색함을 날려 버리기 위함이었다. 룻의 체면을 살려 주고자 한 것이다. 룻은 보아스에게 아주 순수하게 다가서면서 나오미의 지시를 준행하고 있다고 생각했지만, 보아스는 룻이 의도적으로 영웅적으로 나오미의 관심사를 자신의 것보다 우선시하는 양 반응을 보여준 것이다. 그러나 '고엘' 로서의 자신의 위치에 관하여 보아스는 여러 부사들과 불변사들과 " 구속하다"란 말과 (가알) 연관된 많은 반복들을 통하여 자신의 당혹스러움을 희석시키고자 시도하고 있다 (3:12–13).

룻이 나오미의 지시를 오해했다는 다른 암시는 지시를 주는 것과 지시들을 이행하는 방식 사이의 사소한 차이에서 드러난다. 나오미는 룻에게 "타작마당으로 내려가라 – 그가 먹고 마시기를 마칠 때까지 그 사람에게 네 존재를 알게 하지 말라; 그가 누울 때에 – 너는 그가 어디 눕는지를 알 것이니라 – 너는 가서 그의 다리들을 덮은 것을 제하고 누우라" 고 했다. 지시한 대로 다 하겠다는 룻의 약속에는 아이로니한 면이 있다 (3:5). 내레이터는 "그녀가 타작마당으로 내려가서 자기 시어머니가 명령한 대로 다 행했다" 고 진술한다 (3:6). 여기서 내레이터는 룻의 견지에서 진술하고 있다. 룻은 자기로서는 시어머니의 지시들을 다 따르고 있다고 생각하고 있었다. 그러나 바로 이 시점에서 지시에 없는 말이 등장한다: 그녀는 은밀하게 (ḇallāṭ; 가만히) 가서 그의 두 다리의 덮개를 제하고 누웠다. 그녀는 보아스가 자기를 눈치 채지 못하도록 조용하고 조심하였다. 나중 보아스는 한 밤중에 놀라 깨어, 여인의 존재를 의식하게 된다. 나오미가 마음에 두었던 것은 이런 상황이 아니었다. 그녀는 룻에게 보아스가 먹고 자리에 누운 즉시로, 잠이 들기 전에 접근하길 바랐다. 즉 보아스의 마음이 즐거울 때, 그가 룻의 방문을 아주 기뻐할 그 때에 접근하라고 했던 것이다. 그러나 룻은 너무 오래 기다렸다.

룻은 자기의 사명이 낭만적 사랑이란 점을 깨닫지 못하고, 거기에 은밀하게 법적 문제 해결을 위해 파견된 양 오해했던 것이다. 아마도 그녀가 모압 이방 여인이기에 그런 "그울라" 의 ('되물림' repurchase) 제도에 무지해서 그랬는지 모른다. 룻은 자기가 나오미의 지시를 이행한다고 생각했지만, 전혀 그렇지 아니했다.

6) 룻기서의 신학

사사시대는 무질서했고, 혼란스러웠다는 통상적인 생각과 달리, 그 시절엔 인정이 있었고, 모세법에 충실하게 살려는 언약 백성들의 단정한 삶이 있었다는 점이 룻기서를 통해 드러난다. 사사기에서 17–21 장은 부록처럼 사사들의 시대 사건들 종결 후에 배치되었지만, 사실 여호수아 사후, 사사들이 등장하기 전의 혼란기 시대에 일어난 사건들을 다룬다. 따라서 사사들이 통치할 때는 삿 17–21 장에 묘사된 것과 같은 무질서한 사회가 아니었으리라고 추정할 수 있다.

룻기서에는 기근 시에 언약 백성을 기억하시고 (1:6), 여인에게 잉태케 하시는 (4:13) 야웨께서 은밀한 중에, 신실하게 자기 위치를 지키는 자들을 축복하고 계신다. 사람들은 야웨께서 만사를 주장하심을 인정하고 (1:13, 21), 야웨의 이름으로 축복하고 말한다 (1:8, 9, 17, 2:4, 12, 20, 3:10, 12, 4:11, 12, 4:14). 그럼에도 룻기서에서 하나님은 은밀한 중에, 섭리하시고 자신을 전면에 드러내시지 않는다.

내레이터가 룻기서에서 하나님을 드러내는 가장 특징적인 요소는 하나님께서 행하시는 방식과 백성이 이야기 중에 행동하는 방식의 상응을 제시함으로써이다. 축복과 불평까지도 모두 하나님께서 행하신 일의 결과와 연관시켜 나타난다. 삶의 모든 국면에서 사람들은 하나님의 섭리와 역사를 인정하고 움직인다. 하나님의 주권하에서 자신들이 움직인다고 믿고 행동한다는 점을 내레이터는 분명하게 제시한다. 보아스는 룻이 하나님의 날개 아래서 피난처를 찾고자 왔다고 치하하는데, 실제로는 보아스의 날개 아래서 룻은 자기 필요를 채우고, 자신이 봉양하던 시어머니의 필요도 채워진다 (1:12, 3:9). 이렇게 사람들이 그분의 주권을 인정하고 행동할 때, 하나님은 섭리로써 그들의 믿음에 상응하여 역사하심으로, 역사가 믿음의 사람들의 믿음대로 진전된다는 것을 확인해 주신다고 저자는 독자들에게 가르쳐 준다.

나오미는 두 며느리에게 "여호와께서 너희로 각각 남편의 집에서 평안함을 얻게 하시기를 원하노라!" 고 축복한다 (1:9). 그런데 정작 룻의 안식처를 위해 움직이는 것은 나오미 자신이다: "내 딸아 내가 너를 위하여 안식할 곳을 구하여 너로 복되게 하여야 하지 않겠느냐?" (3:1). 나오미는 두 며느리에게 "너희는 각각 어미의 집으로 돌아가라 너희가 죽은 자와 나를 '선대' 한 것같이 여호와께서 너희를 '선대' 하시기를 원하노라" 고 축복했을 때 (1:8), 두 며느리가 자기에게 인애를 행했다고 인정했고, 야웨께서 그에 대한 보상으로 저들에게 인애를 베푸시기를 기도했다. 실제로 룻은 나오미에게 인애를 끊임없이 행하였다: "내 딸아 여호와께서 네게 복주시기를 원하노라 네가 빈부를 물론하고 연소한 자를 좇지 아니하였으니 너의 베푼 '인애' 가 처음보다 나중이 더 하도다" (3:10). 나오미는 보아스도 자신이나 죽은 남편에게 인애를 베풀었다고 인정하고 그를 축복한다: "여호와의 복이 그에게 있기를 원하노라 그가 생존한 자와 사망한 자에게 은혜 베풀기를 그치지 아니 하도다" (2:20). 이런 축복대로 보아스는 룻의 남편이 되어 나오미 가족의 구속자가 되어 더 큰 인애를 행하고, 다윗의 조상을 낳는 복을 받는다.

"헤세드" 란 말이 "인애(仁愛)" 로 번역되었는데, 이 말은 언약 백성이 서로 간에 믿음 공동체의 일원으로서 마땅히 다른 일원에 대하여 가져야 할 책임성 있는 자세, 정직과 신실, 격려와 축복, 붙들어 주고 끌어주고, 도와주고 그리하여 함께 하나님 앞에 나아가 교제하며 축복을 받는 상호 관계의 책무와 자세를 표현해 준다 (창 21:23, 수 2:12, 삿 1:24, 8:35, 삼상 15:6, 20:8, 삼하 8:3, 9:1, 7, 10:2, 룻 1:8 등). 물론 언약 백성에 하나님께서 나타내시는 불변 사랑과 긍휼도 지시한다 (시 33:5, 103:17, 삼하 9:3, 시 52:10, 21:8 등). 언약 백성이 하나님을 향해 충성되고 신실하게 섬길 때도 '헤세드' 를 행했다고 할 것이다 (느 13:14, 대하 32:32 [히스기야], 35:26 [요시야]).

이제 끝으로, 보아스의 본 부인에 대하여는 아무런 암시도 받을 수 없지만, 보아스는 분명 본처가 있었을 터이다. 그런데도 보아스는 룻을 아내로 맞았다. 이는 긁어 부스럼이겠지만, 일부다처제는 구약에서 용인되고 있었다는 것이 맞는 말일 것이다. 오늘날의 견지에서 이런 상황은 대단히 불만족스럽지만, 창조 시에 그런 관례가 시작된 것은 아님이 분명하다. 창조 시에는 아담과 하와를 만드시고 둘을 결혼시키셨기 때문이다. 그러므로 비록 모세법 하에서 일부다처제가 용인되었다 하더라도 그것은 완악한 심령들에 대한 허용적 용인이었지 그것을 우리 도덕적 삶의 기준으로 세우신 것은 아니었다. 노예제 역시 마찬가지로 말할 수 있다.

5–3. 애가

1) 명칭

히브리어 책명은 "에카" 인데 (어찌하여 !) 첫 단어를 딴 것이다. 70 인역은 "트레노이 히에레미우" 라 (예레미야의 애가들) 칭했다.

2) 저자와 저작 연대

애가서의 저자는 전통적으로 예레미야로 보았다. 그 증거들은 다음과 같다 :

70 인역은 표제에서 "예레미야의 애가" 라 했고, 라틴어역도 이를 따랐다. 70 인역은 여기에 더하여 "이스라엘이 포로로 사로잡히고, 예루살렘이 폐허가 된 후에, 예레미야가 앉아 울며 예루살렘에 대하여 이 애가로 애도하여 말했다" 고 1 절에 첨가하고 있다. 벌게잇은 Id est Lamentationes Jeremiae Prophetae 란 (그것은 선지자 예레미야의 애가들이다) 표제를 붙였다. 이런 이해들 때문에, 70 인역과 벌게잇은 애가서를 예레미야 다음에 배치한다.

유대교 전통에서 (요나단의 탈굼, 탈무드 바바 바트라 15a) 예레미야가 애가서를 기록했다고 했다. 초대교회 교부들인 오리겐, 제롬 등도 예레미야가 애가서의 저자라 간주했다.

대하 35:25 에 의하면, 예레미야는 "요시야 왕의 죽음을 애도하여 애가를 지었다" 고 (**wayəqônēn yirməyāhû ʿal-yōʾšiyyāhû**) 하고, "그것들은 애가 중에 기록되었더라" 라고 (**wəhinnām kəṯûḇîm ʿal-haqqînôṯ**) 한다. 아마 이 진술에 근거하여 70 인역이 예레미야를 애가서의 저자로 간주했을지도 모른다. 그런데 대하 35:25 에서 말하는 예레미야 선지자가 요시야 왕의 죽음을 애도하여 지은 "그 애가"가 여기 "애가서"에 담긴 애가들과 성격이 다르다.

그리고 애 4:20 에서 "우리의 콧김 곧 여호와의 기름 부으신 자가 저희 함정에 빠졌음이여 우리가 저를 가리키며 전에 이르기를 우리가 저의 그늘 아래서 열국 중에 살겠다 하던 자로다" 할 때, 여호와의 "기름 부으신 자가" "요시야" 와 동일시되기 어렵다. 오히려 유다의 멸망 때의 왕 시드기야일 것이다.

이런 구절들은 애가가 예레미야의 저작임을 증거해 주지 못한다. 다른 증거들이 훨씬 더 신빙성이 있다. 그 증거들은 애가서의 저자는 예루살렘 멸망을 직접 목도한 사람인 듯 하다 (애 1:13–15, 2:5, 9b, 4:10 등). 크라우스는 저작 연대에 대하여, "애가서 전체는 기술된 사건들에 아주 근접하여, 우리는 도처에서 마치 피괴되는 현장에 서서 현장을 중계하는 듯한 인상을 받는다" 하였다 (Iain W. Provan 1990:133).

또한 예레미야서와 애가서 사이에는 아주 분명한 단어나 표현상의 연결고리들이 많다.

애 1:15 (처녀 유다를 술틀에 밟다)/ 렘 8:21 (딸 내 백성이 상하다); 애 1:16a (이를 인하여 내가 우니 내 눈에 눈물이 물 같이 흐름이여)/ 렘 9:1, 18b, 13:17b, 32:11 (어찌하면 내 머리는 물이 되고 내 눈은 눈물 근원이 될꼬); 애 2:22 (주께서 내 두려운 일을 사방에서 부르시기)/ 렘 6:25, 20:10 (사방에 두려움이 있음이니라); 애 3:64-66 (64 여호와여 주께서 저의 손으로 행한 대로 보응하사 그 마음을 강팍하게 하시고 저주를 더하시며 진노로 저희를 군축하사 여호와의 천하에서 멸하시리이다)/ 렘 11:20 (그들에게 대한 주의 보수를 내가 보리이다); 애 1:2/ 렘 30:14; 애 1:8-9b/ 렘 13:22, 26; 애 2:11, 3:48, 4:10/ 렘 6:14, 8:11, 21; 애 2:14, 4:13/ 렘 2:8, 5:31; 애 2:20, 4:10/ 렘 19:9; 애 3:14/ 렘 20:7; 애 3:15, 19/ 렘 9:15, 23:15; 애 3:47/ 렘 48:43; 애 3:52/ 렘 16:16b; 애 4:21b/ 렘 25:25, 49:12; 애 5:16/ 렘 13:18b; do 1:5, 8, 14, 18, 3:42, 4:6, 22, 5:7, 16/ 렘 14:7, 16:10-12, 17:1-3; 애 2:14, 4:13-15/ 렘 2:7, 8, 5:31, 14:13, 23:11-40; 애 1:2, 19, 4:17/ 렘 2:18, 3:36, 30:14, 37:5-10 등.

그렇지만 이런 증거들에도 불구하고, 오늘날 예레미야 저작권은 논란의 대상이 되었다.
한편, 애가서는 메소포타미아에서 도시 파멸을 탄식하는 노래와 유사한 문학 장르에 속할 것이다. 특히 우르의 파괴를 탄식하는 노래가 가장 오래된 그런 노래로 알려졌다 (*ANET*, 611 에서 Lamentation over the Destruction of Sumer and Ur; *ANET*, 455 에서 Lamentation over the Destruction of Ur 참조).

3) 내용과 형식

애가서는 구 언약의 파기로 인한 유다 왕국의 파멸을 애도하며 탄식하는 알파벳 시이다. 애 2:2 에서 "노하사 처녀 유다의 견고한 성을 헐어 땅에 엎으시고 나라와 방백으로 욕되게 하셨도다!" 라고 예루살렘의 폐허를 노래한다. 이는 느부갓네살에 의한 예루살렘 파괴를 암시한다 (왕하 25:9). 원수들은 그 도성에 들어왔다 (애 4:2, 왕하 24:11). 백성들이 사로잡혀 간다 (애 1:3, 왕하 24:14). 성소는 약탈되고 있다 (애 1:10, 왕하 24:13). 그러나 애가서에는 바벨론이 한 번도 언급되지 아니했다. 이는 아마도 심판이 하나님의 것임을 가리키기 위한 의도적 처사로 볼 수 있다.

이스라엘의 언약 파기는 하나님의 무서운 심판과 파멸을 가져왔다. 하나님께서 언약 백성 이스라엘을 치시는 4 대 방편은 기근, 전쟁, 역병, 야수 등인데, 이런 징계에도 순종치 않을 때, 그들을 그 땅에서 뽑아 열방에 흩으시는 것이 마지막 수단이었다. 유다 왕국의 파멸은 바로 그들을 가나안 약속의 땅에서 뽑아 열방에 흩으시는 작업이었다.

하나님은 예레미야 선지자에게 멸망 직전에 이렇게 선포케 하셨다:
3 그들에게 이르기를 이스라엘의 하나님 여호와께서 이같이 말씀하시되 이 언약의 말을 좇지 않는 자는 저주를 받을 것이니라 4 이 언약은 내가 너희 열조를 쇠 풀무 이집트 땅에서 이끌어 내던 날에 그들에게 명한 것이라 곧 내가 이르기를 너희는 나의 목소리를 청종하고 나의 모든 명령을 좇아 행하라 그리하면 너희는 내 백성이 되겠고 나는 너희 하나님이 되리라 5 내가 또 너희 열조에게 한 맹세 곧 그들에게 젖과 꿀이 흐르는 땅을 주리라 한 언약을 이루리라 한 것인데 오늘날이 그것을 증거하느니라 하라 하시기로 내가 대답하여 가로되 아멘 여호와여 하였노라 6 여호와께서 내게 이르시되 너는 이 모든 말로 유다 성읍들과 예루살렘 거리에서 선포하여 이르기를 너희는 이 언약의 말을 듣고 준행하라 7 내가 너희 열조를 이집트 땅에서 인도하여 낸 날부터 오늘까지 간절히 경계하며 부지런히 경계하기를 너희는 내 목소리를 청종하라 하였으나 8 그들이 청종치 아니하며 귀를 기울이지도 아니하고 각각 그 악한 마음의 강퍅한 대로 행하였으므로 내가 그들에게 행하라 명하였어도 그들이 행치 아니한 이 언약의 모든 말로 그들에게 응하게 하였느니라 하라 (렘 11:3-8)

이스라엘의 파멸은 언약의 처벌규정이 성취된 것에 다름 아니다. 다음 도표를 보면 분명해 진다.

신28	애 가
49-52: 언어가 통하지 않는이방인이 너를 쳐서 네 성벽을 파괴하리라	2:8 여호와께서 처녀 시온의 성을 헐기로 결심하시고 줄을 띠고 훼파 함에서 손을 거두지 아니하사 성과 곽으로 통곡하게 하셨으매 저희가 함께 쇠하였도다 9 성문이 땅에 묻히며 빗장이 꺾여 훼파되고 왕과 방백들이 율법 없는 열방 가운데 있으며
53-57: 남녀가 자기 자녀를 먹는 문제로 싸우리라	2:20 여호와여 감찰하소서 뉘게 이같이 행하셨는지요 여인들이 어찌 자기 열매 곧 손에 받든 아이를 먹으오며 제사장들과 선지자들이 어찌 주의 성소에서 살륙을 당하오리이까
60-62: 질병과 재앙	3:4 나의 살과 가죽을 쇠하게 하시며 나의 뼈를 꺾으셨고
63-65: 열방에 흩어짐	1:3 유다는 환난과 많은 수고로 인하여 사로잡혀 갔도다 저가 열방에 거하여 평강을 얻지 못함이여 그 모든 핍박하는 자가 저를 쫓아 협착한 곳에 미쳤도다
66-68: 영혼의 좌절과 침체	3:17-20 주께서 내 심령으로 평강을 멀리 떠나게 하시니 내가 복을 잊어버렸음이여 18 스스로 이르기를 나의 힘과 여호와께 대한 내 소망이 끊어져다 하였도다

1장에서 선지자는 예루살렘이 여러 재앙들로 인하여 과부처럼 홀로 울며 앉은 양 제시한다. 2장에서 이런 재앙들은 이스라엘의 죄와 하나님의 행하신 일로 기술한다. 3장에서는 하나님의 백성의 소망을 이야기한다. 징계는 저들에게 유익을 가져 올 것이다. 좋은 날이 마침내 밝아 오리라. 4장은 도성과 성전에 임한 폐허와 파멸을 탄식한다. 그것은 결국 백성의 죄악의 결과였다. 5장은 회개할 때 시온의 수치가 제거되고, 백성이 회복되길 간구한다.

첫 네 장들은 모두 알파벳 시들이다 (acrostics; 시 25, 34, 37, 119). 즉, 각 절이 히브리어 알파벳 순서로 시작된다. 1, 2, 4장은 각기 히브리어 알파벳 수자인 22절로 구성되었다. 3장은 3절씩 알파벳 하나에 대응하도록 하여 모두 66절이다 (1-3절이 알렙, 4-6절이 벳, 7-9절이 김멜 식으로). 5장은 알파벳 시가 아니며 22절로 구성되었다.

4) 내용 분해

(1) 첫째 애가 : 죄로 예루살렘이 파멸당했도다 (1)

a. 예레미야의 예루살렘의 폐허를 애통 (1:1-11)
b. 예루살렘이 긍휼을 호소 (1:12-22)

(2) 둘째 애가 : 죄 때문에 하나님이 심판하심 (2)

a. 하나님의 진노 (2:1-10);
b. 예레미야의 비탄 (2:11-19);
c. 예루살렘의 간청 (2:20-22)

(3) 셋째 애가 : 예레미야의 반응 (3)

a. 예레미야의 고난 (3:1-18);
b. 예레미야의 소망 (3:19-40);
c. 예레미야의 기도 (3:41-66)

(4) 넷째 애가 : 주의 진노 (4)

a. 포위 전과 후 (4:1-11);
b. 포위의 원인 (4:12-20);

c. 변호하소서 (4:21–22)
(5) 다섯째 애가 : 남은 자의 반응 (5)
a. 남은 자가 기억해달라고 기도 (5:1–18)
b. 남은 자가 회복을 간구 (5:19–22)

5) 애가서는 무엇을 가르치는가 ?

애가서는 주전 586 년에 일어났던 예루살렘 함락과 성전 파괴로 야기된 영적, 신학적 충격과 정신적 충격, 신체적 고난과 고통을 회개의 영으로 노래한다. 이 비탄의 시는 선지자들이 그렇게 회개를 외칠 때 귀를 막았던 백성들의 회한과 잘못에 대한 자책감을 한데 모아 예레미야 선지자가 대신 표현하였다고 할까?

시인은 예루살렘의 함락과 파멸은 하나님의 진노의 결과이며, 이는 자기 백성의 죄악에 대한 형벌이라고 노래한다. 백성은 사로잡혀 갔고, 성읍은 폐허가 되었다. 회개하며, 하나님의 긍휼과 회복을 기도한다.

1:18 여호와는 의로우시도다 내가 여호와의 명령을 거역하였도다
너희 모든 백성들아 내 말을 듣고 내 근심을 볼지어다 나의 처녀와 소년들이 사로잡혀 갔도다
2:1 슬프다 주께서 어찌 그리 진노하사 처녀 시온을 구름으로 덮으셨는고
이스라엘의 아름다운 것을 하늘에서 땅에 던지셨음이여 진노하신 날에 그 발등상을 기억지 아니하셨도다
7 여호와께서 또 자기 제단을 버리시며 자기 성소를 미워하시며
궁장을 원수의 손에 붙이셨으매 저희가 여호와의 전에서 훤화하기를 절기 날과 같이 하였도다
17 여호와께서 이미 정하신 일을 행하시고 옛날에 명하신 말씀을 다 이루셨음이여
긍휼히 여기지 아니하시고 훼파하사 원수로 너를 인하여 즐거워하게 하며
너의 대적의 뿔로 높이 들리게 하셨도다
3:22 여호와의 자비와 긍휼이 무궁하시므로 우리가 진멸되지 아니함이니이다
31 이는 주께서 영원토록 버리지 않으실 것임이며
32 저가 비록 근심케 하시나 그 풍부한 자비대로 긍휼히 여기실 것임이니라
38 화, 복이 지극히 높으신 자의 입으로 나오지 아니하느냐
50 여호와께서 하늘에서 살피시고 돌아보시기를 기다리는도다
4:22 처녀 시온아 네 죄악의 형벌이 다하였으니
주께서 다시는 너로 사로잡혀 가지 않게 하시리로다
5:18 시온산이 황무하여 여우가 거기서 노나이다
20 주께서 어찌하여 우리를 영원히 잊으시오며 우리를 이같이 오래 버리시나이까

애가서의 탄식시들은 수메르 성읍들의 멸망을 탄식하는 비탄시들에서 유사한 문학 유형을 찾을 수 있다고도 하는데 (*ANET*, 611), 유사성이란 피상적인 것으로 보인다.

비극은 언제나 발발할 수 있다. 우리가 영적으로 깨어있지 않다면 전쟁과 재앙은 수시라도 우리를 덮칠 것이다. 노아의 홍수, 소돔과 고모라 성의 파멸, 가나안 족속의 진멸, 이스라엘의 파멸과 추방, 6.25 전쟁 등은 모두 인간 죄악에 대한 하나님의 심판 역사이다. 애가서는 오늘을 사는 성도들에게 자기들이 사는 나라의 파멸을 막기 위해 기도할 것을 간절으로 요청하고 있다 (딤전 2:1–2, 렘 29:7).

5–4. 에스더

1) 명칭

"에스더서" 는 본서의 주인공 "에스더" 라는 이름에서 유래한다. "에스더" 란 (에스테르) 이름은 "별" 을 의미하는 페르시아어이다 (stareh). 히브리어 이름은 "하닷사" 이다 (더 2:7; 신부 新婦, 이쉬타르 여신의 별칭). 그

런데 하웁트는 이방신 "앗수르" 의 여성형 "이쉬타르" 로 읽고 "관대한 여신" (Benigna) 이란 의미라고 주장한다 (Paul Haupt 1907, 1908).

2) 저자와 저작 연대

에스더서는 아하수에로 왕이 죽은 지 얼마 후에 기록되었다 (1:1). 그 시기는 아하수에로가 세륵세스 (Xerxes 주전 485–465 년) 라면 주전 465 년 이후가 될 것이다. 어떤 이들은 9:20, 32 에 근거하여 모르드개가 에스더서의 저자라고 간주한다.

이상하게도 에스더서에는 "아하수에로"란 페르시아 왕의 이름이 29 번, "왕"이란 말이 193 번 나타나지만, "하나님" 에 대한 언급은 전혀 없다. 다만 사흘간의 금식과 (4:16), 섭리에 대한 암시 (4:14) 정도가 구약 유대인의 신앙과 연관되는 사항들이다. 이런 특징은 아마도 에스더서의 많은 부분이 왕의 실록에 (6:1, 10:2) 기재되었기 때문일지 모른다.

그런데 맛소라 본문보다 107 절이 더 많은 헬라어 번역본은 하나님의 이름을 언급한다. 그런데 헬라어 번역본은 맛소라 본문과 사건 기록의 순서가 다르다 : 9:2–12:6, 1:1–3:13, 13:1–7, 3:14–4:17, 13:8–15:16, 5:1–8:12, 16:1–24, 8:13–10:3, 10:4–11:1 등이다. 그리고 11:1 에서 에스더서의 저작 연대는 주전 114 년으로 언급되는데 이는 아마도 헬라어 역본이 번역된 시기를 가리킬 것이다.

3) 에스더서의 역사성

비평가들은 에스더서를 역사가 아닌 허구의 (虛構) 역사 소설로 본다. 또 어떤 이들은 일부는 역사적으로 신빙성이 있지만, 그 역사적 진실은 상상적 허구로 색칠되었다고 본다. 앵커 성경 주석 시리즈의 "에스더서" 를 담당한 모어는 (Carey A. Moore) 주장하길, 가정된 변개될 수 없는 페르시아 법과 (1:19) 9:16 에 언급된 아달월 13 일에 유대인들이 7 만 5 천인을 도륙했다는 기록 외에, 에스더서에서 개연성이 없거나 믿기 어려운 사건은 아무 것도 없다고 했다 (Carey A. Moore 1971:xxxv). 그렇다면, 모어의 견지에서 두 가지는 역사성이 없다는 말이 된다.

(1) 더 1:3 과 2:16 에 언급된 사건들 사이의 4 년 공백

아하수에로 왕은 대개 세륵세스 (주전 486–465 년) 왕으로 보는데, 어떤 이들은 그가 아닥사스다 2 세 (주전 404–359 년) 라고 이해한다. 세륵세스가 맞다면, 1:3 과 2:16 사이에는 이해할 수 없는 즉위 3 년과 즉위 7 년 사이의 공백이 제대로 설명될 수 있다.

1:3 위에 있은 지 삼년에 그 모든 방백과 신복을 위하여 잔치를 베푸니

2:16 아하수에로 왕의 칠년 시월 곧 데벳 월에 에스더가 이끌려 왕궁에 들어가서 왕의 앞에 나아가니

주전 483 년 세륵세스 3 년에 헬라 침공을 계획하기 위해 자기 고관 참모들을 소집하였다. 아마 이것이 더 1:3 에 언급된 그 대 연회일지 모른다. 더 2:16 에 의하면, 에스더가 왕비가 된 것은 세륵세스 7 년이다 (주전 479 년). 이때는 세륵세스가 헬라를 침공하였다가 살라미스 해전에서 패배를 목격하고 귀국하여 하렘에서 위안을 얻고자 했는지 모른다 (헤로도투스 9.108).

(2) 세륵세스의 왕비

헤로도투스는 (7.114, 9.108, 109, 112) 통치 7 년과 12 년 사이에 세륵세스의 왕비가 페르시아인 오타네스의 (Otanes) 딸 아메스트리스라고 (Amestris) 적고 있다. 이 왕비는 세륵세스의 정부 (情婦 paramour) 알타인타의 (Artaynta) 모친을 손발을 잔인하게 잘라 버렸다고 하며 (9.112), 14 명의 귀족 청년들을 산채로 생매장하여 지하 신에게 감사제로 드렸다고 한다 (7.113). 그런데 스칼리거는 (Joseph Scaliger 1540–1609) 이런 잔인한 아메스트리스가 다름 아닌 에스더이리라 간주했다. ISBE 에 "에스더서" 를 기고한 우르쿠하르트 (John Urquhart) 역시 스칼리거의 입장을 지지하고, 무자비한 음모가 난무하는 세계에서 에스더가 헤로도투스의 섬뜩한 기사의 근거가 되었을 조처들을 취하지 않을 수 없게 되었을 것이라 추정한다.

페르시아인들은 자기들의 역사에 대한 기록을 남기지 않았고 오직 헬라 사람들이 페르시아 역사를 남겼으므로, 헤로도투스의 역사가 사실을 다 기록했다고 보기 어려운 면도 있다. 그 중요한 예가 단 5 장에 기록된 바벨론의 "벨사살" 왕의 경우인데, 헤로도투스는 바벨론의 마지막 왕이 래비네토스라 (Labynetos) 하고, 그 부친의 이름도 동일하다고 했다. 또한 아들 레비네토스의 모친은 아주 고압적인 통치자였던 왕비 니토크리스였다고 한다. 비평가들은 단 5 장에 언급된 벨사살이 역사적 인물이 아니라고 다니엘서의 역사성을 부인해 왔다. 그러나 나보니더스의 원통 비문 (Cylinder of Nabonidus) 이 발견되어 성경의 역사성이 확정되었다:

바벨론의 왕 나보니더스 나에 관하여 말하자면, 나를 당신의 크신 신성을 대적하는 죄에서 구원하시고 장수를 선물로 내게 허락하시고, 내 자손인 장자 벨사살에 관하여 말하자면, 당신의 신성을 경외하는 마음을 그의 마음에 주입하시고 그로 예배에 실수하지 않게 하시며, 그로 풍성함의 생활에 만족케 하옵소서!

헤로도투스가 언급지 않는다고 성경의 신빙성이 훼손 될 수는 없다. 세륵세스에게 왕비가 한명 이상이었을 가능성은 없겠는가?

(3) 헤로도투스에 의하면 (3.84) 페르시아 왕은 일곱 귀족 가족들 중에서만 왕비를 뽑을 수 있었다. 그러나 에스더서에서는 이런 제약이 없어 보인다. 세륵세스는 자기가 원하는 여인을 왕비로 세울 수가 있었기 때문이다.

(4) 비평가들은 2:5–6 에서 결정적인 역사적 오류를 범한다고 지적해 왔다.

5 도성 수산에 한 유다인이 있으니 이름은 모르드개라 저는 베냐민 자손이니 기스의 증손이요 시므이의 소자요 야일의 아들이라 6 전에 바벨론 왕 느부갓네살이 예루살렘에서 유다 왕 여고냐와 백성을 사로잡아 갈 때에 모르드개도 함께 사로잡혔더라

이 기록을 근거로 비평가들은 모르드개는 주전 597 년에 포로가 되었다고 생각했다. 그렇다면, 주전 483 년이면 모르드개는 120 세가 넘게 된다. 그러나 여기서 6 절에서 주어를 '모르드개' 가 아니라 모르드개의 증조부 '기스' 로 이해하면 문제가 없다.

(5) 하만은 자기에게 절하지 않은 한 사람 때문에 그 사람의 동족 유대인전부를 살해하고자 했을까? 그리고 그런 계획을 왕이 허용했을 것인가?

이런 의구심을 가진 사람들은 역사를 통해 한 두 사람의 자존심이나 상처 입은 사람의 분노 때문에 대학살이나 전쟁이 촉발된 예가 많다는 사실을 알지 못하는 것 같다. 페르시아 왕들이나 고대 왕들은 자기가 총애하는 신하들의 사주에 쉽게 흔들렸다는 점도 알지 못하는 것 같다. 하만은 유대인들을 매국노라 매도했다 (3:8). 하만은 아주 미신적인 인물이어서 제비를 뽑아 좋은 길일을 (吉日) 택해 유대인들을 학살하고자 했다 (3:7).

25 미터나 되는 높은 장대 교수대는 (7:9) 교만으로 꽉찬 권력자의 터무니없는 과시욕을 드러낸다. 3:9 에는 은 일만 달란트를 하만이 왕에게 바치겠다고 하는데, 이 금액은 아주 엄청난 금액이다. 이는 약 333 톤에 해당되기 때문이다. 1 온스에 5 달러로 계산해도 이는 5 백 60 만 달러에 해당된다. 헤로도투스에 의하면, 그 당시 20 개 주 (州) 에서 페르시아 중앙 정부에 바치던 세금들 중에서, 가장 많이 바친 앗시리아 – 바빌로니아 주에서는 1 년에 1 천 달란트를 바쳤다. 이는 은 33 톤에 해당된다. 모든 주에서 바친 세금은 1 만 3 천 달란트였

다 (다리오 정부 기준). 요컨대, 하만은 전국 각주에서 유대인들을 학살하기 위해 군대를 동원하는데 필요한 금액을 20 개 주에서 일 년에 바치는 세금액수 정도로 계산했다는 말이 된다.
또 다른 흥미로운 비교는 세륵세스가 헬라와 전쟁할 때, 리디아의 피디우스가 (Pythius) 제공한 군비이다 (헤로도투스, 역사, 27–29 장, 38–39 장). 주전 480 년에 세륵세스 1 세가 헬라를 침공하러 가는 길에 세계에서 둘째가는 (첫째는 세륵세스) 부자 피디우스를 만나는데, 피디우스가 세륵세스를 접대하고 그에게 전쟁에 필요한 군자금으로 전 재산 은 16400 달란트를 세륵세스에게 마음대로 쓸 것을 제안한다. 세륵세스는 정중하게 이를 거절하고, 대신 피디우스의 환대에 감사하여 금 7 천 다릭을 주어, 그의 재산이 4 백만에 이른다 (29 장). 또 다른 비교를 하자면, 헬라의 전성기에 전체 재정은 은 9 천 달란트에 달했다. 이는 페르시아 기준으로 하면 은 10440 달란트에 해당된다.
이렇게 은 1 만 달란트는 거액에 해당되지만, 하만이 자기 재산으로 이를 바친다는 의미가 아니라, 유대인들의 재산을 탈취하여 그만큼의 액수를 왕의 국고에 바치겠다는 것이다. 그러자 왕은 하만이 그것을 가져도 좋다고 한다 (3:11). 하만이나 세륵세스나 모두의 생각은 유대인들을 도륙하고 그들의 재산을 탈취하여 상당량의 액수를 국고에 넣기만 하면, 왕은 하만의 하는 일에 눈을 감아 주겠다는 것이다.

(6) 메대 바사의 법은 일단 공포되면, 다시 개정하거나 폐기할 수 없다는 규정은 (더 1:19, 8:8, 단 6:8, 12, 15) 세속 역사에서 언급이 없다. 그래서 어떤 이들은 더 1:19 에서 lo ya'avor 를 "범법할 수 없는" 으로 (not be transgressed) 이해하고자 하기도 한다.
더 8:5–9 에 기록된 사항을 살펴본다면, 에스더 왕비는 세륵세스에게 "조서를 내리사 아각 사람 함므다다의 아들 하만이 왕의 각 도에 있는 유다인을 멸하려고 꾀하고 쓴 조서를 취소하소서 !" 라고 (8:5) 간구하는데, 왕은 이에 대하여 "너희는 왕의 명의로 유다인에게 조서를 뜻대로 쓰고 왕의 반지로 인을 칠지어다 왕의 이름을 쓰고 왕의 반지로 인친 조서는 누구든지 취소할 수 없음이니라" 했다 (8:8). 그리고 왕은 시완 월 곧 3 월 23 일 서기관들을 소집하고 새로 유대인을 위해 쓰게 하고, 그 조서에 왕의 도장을 찍고 역졸들에게 주어, 준마로 제국 전역에 이 조서를 전하게 했다. 헤로도투스에 의하면, 페르시아 제국 전역에 메시지가 전달되려면 3 개월이 걸린다고 했다.
하만의 조서는 3:12 에 의하면, 정월 13 일에 기록되어 전국에 보내졌었다. 그러므로 둘째 조서보다 70 일 앞서 전국에 보내진 것이다.
하만의 조서는 십이월 곧 아달월 십삼일 하루 동안에 모든 유다인을 노소나 어린 아이나 부녀를 무론하고 죽이고 도륙하고 진멸하고 또 그 재산을 탈취하라는 내용을 담았다 (더 3:13). 12 월 13 일 하루에 유대인을 살육하라는 조서는 1 월 13 일에 반포되었으므로, 12 월 13 일까지는 11 개월이나 남아 있었다. 그래서 그 조서가 신속하게 전달되었는지 아니면 느긋하게 하만이 그 조서가 제국에 전달되도록 했는지 알 수가 없다. 3 월 23 일의 둘째 조서 반포 시점에서도 여전히 약 9 개월의 여유가 있었다. 따라서 하만의 조사가 시행되기 전에 얼마든지 둘째 조서가 제국 전역에 도달할 수 있었다.
이런 점을 고려해서 어떤 이들은 더 8:8 의 조서가 취소될 수 없다는 말은 법 자체가 폐기되거나 개정되기 불가능하다는 의미라기보다, 일단 왕의 조서가 공포되면 제국 전역에 반포되고 전달되는 시간이 상당 기간 필요하므로, 그것을 다시 무효로 돌릴 현실적 방안이 없다는 의미로 취하기도 한다.
그런데 문제는 같은 사항은 단 6:8, 12, 15 등에서도 언급한다는 것이다. 즉, 다니엘이 하루 세 번 기도하는 습관과 연관하여 페르시아 왕이 악한 신하들의 선동으로 도장을 찍어 선포한 기도 금지법도 바사 – 메대의 불변의 법 관례 때문에 폐기가 불가하다고 나타나고 있다.

롸잇은 (J. S. Wright 1970) 이 문제와 연관하여 역사가 디오도루스 시쿨루스의 (Diodorus Siculus, 주전 90-30년) 다리오 3 세에 관한 언급을 지적했다 (xvii30). 즉, 왕의 권위로 명령된 것은 취소가 불가능했다고 한다.

(7) 헤로도투스는 페르시아 제국은 20 개의 주로 (satrapies) 구분되었다고 하는데 반해, 에스더서에서 아하수에로 왕은 127 도를 (메디나) 다스렸다고 한다 (더 1:1). "메디나" 란 말이 주 (州) 의 하부 단위를 지칭한다고 이해한다면 문제가 없어질 것이다. 라 2:1 에서 유다는 5 번째 주인 '시리아'에 속한 "메디나"로 언급된다. 동시에 고려해야 할 사항은 페르시아 주들의 수자는 항상 고정된 것이 아니었다는 점이다. "베히스툰" 반석에 새겨진 비문에서 제국은 21 개 주라 하고, 나중에 동일 비문에서 23 개, 더 나중에는 29 개라고 언급되고 있다.

(8) 더 9:16-17 에서 하루 동안 유대인이 대적 7 만 5 천명을 살육했다고 한다. 어떻게 하루 동안 그런 일이 일어날 수 있으며, 페르시아 당국이 그런 살육 행위를 방조했을까? 라고 한다.

(9) "모르드개" 란 이름은 페르시아 시대의 이름으로 발견된 적이 없다.
그런데 페르시아 시대의 한 쐐기문자로 된 문서에 (보르시파에서 발굴) 세륵세스 1 세 치하에서 수사의 페르시아 궁중에서 일종의 재무관으로 일한 "마르두카" 란 (Marduka) 인물이 언급되고 있다 (B. T. Dahlberg 1962).

4) 에스더의 정경성

에스더서의 정경성이 논란이 된 것은 예루살렘 '므길라' 70d 에 분명하게 서술되고 있다. 에스더서의 주제인 "부림절" 의 날들을 지키는 일은 1) 모세법이 완결되었다는 점과 (레위 27:34), 2) 다른 어떤 선지자도 모세 이후로 새로운 절기를 도입할 수 없다는 근본 원리와 상충된다는 사실 때문이었다. 그런데도 모르드개와 에스더가 나타나서 "새로운 절기" 를 도입하고자 한다. 이미 완결된 모세법에 어떤 절기가 첨가될 수 있는가? 전승에 의하면, 모르드개와 에스더가 '부림절' 을 지키라는 서신을 유대인들에게 보낼 때 (더 9:20 이하, 29 이하), 그 서신이 팔레스틴에 도착하자 문제가 야기되었고, 85 인의 장로들이 (그중 30 인 이상이 선지자들) 모여 정경의 세 부분들 모두에서 필요한 정당한 이유를 발견하는데 성공했다고 한다. "모르드개의 날" 은 (아달 14 일) 마카비하가 기록되었을 때 (마카비하 15:36) 벌써 지켜지고 있었다
에스더서가 '부림절' 에 낭독되었지만, 그 절기가 아주 대중적이고 세속적 성격을 지녔으므로, 에스더서가 즉시로 거룩한 성경의 일부로 간주되지는 아니했다. 그러다가 결국 정경의 일부로 편입되었다. 주후 3 세기에 요하난은 말하길, 메시야 시대가 되면 선지서들과 성문서들은 폐기될 것이나, 다섯 권의 율법은 폐해지지 않을 것이다 라고 했다. 이에 대하여 시므온 벤 라키쉬는 달리 말하길 에스더서와 전통적 법의 규칙들도 (할라카) 폐해지지 않으리라 했다. 흥미로운 일은 바 캅파라와 (Bar Kappara) 요슈아 벤 레비를 포함한 허다한 랍비들은 에스더서가 시내산에서 모세에게 말씀하신 것이라 했다. 에스더서가 모르드개 시대가 아니라 모세 시대에 주어졌다면, 에스더서가 담고 있는 부림절은 모세법에 불법으로 첨가된 것이란 오명을 벗을 수 있게 된다.
로마 황제 마르쿠스 아우렐리우스 치하에 사데의 (Sardis) 감독 멜리토가 팔레스틴에서 얻은 구약 책 목록에서 에스더서는 언급이 없다는 사실에 많은 관심이 쏠렸고, 그 사실에 근거하여 멜리토의 목록은 에스더서를 영감된 성경으로 인정하지 아니했다고 추정한다. 그러나 만약 멜리토가 그런 정보를 기독인 유대인들에게서 받았다면, 에스더서를 유대교 사람들이 어떻게 간주 했을지에 대하여는 아무 것도 증거해 줄 수가 없다. 기독인 유대인들은 바 코크바 전쟁을 통해 불신 유대인들과 완전히 결별했었다.
유대교와 결별한 기독교 유대인들에게 부림절과 같은 국수주의적 명절은 지키기 어려웠을 것이고, 따

라서 에스더서는 무가치한 책으로 전락했을 것이다. 미쉬나와 토셉타에 의하면, 멜리토 시대에 팔레스틴의 유대교는 에스더서를 정경의 일부로 인정하고 있었다.

5) 내용 분해

1. 아하수에로 왕이 자기 아내 바스디를 폐비(廢妃) 시킴 (1:1–22)
2. 모르드개의 사촌 에스더가 바스디 대신 왕후가 됨 (2:1–18)
3. 모르드개가 왕을 암살하려는 음모를 에스더에게 고함 (2:19–23)
4. 모르드개가 왕의 총신(寵臣) 하만에게 절하기를 거절함으로 유대인 전체 학살 계획이 수립됨 (3:1–15)
5. 모르드개가 에스더에게 왕에게 간청하라 요청 (4:1–17)
6. 에스더가 왕과 하만을 연회에 초대 (5:1–14)
7. 왕이 하만에게 모르드개를 영화롭게 하라고 명령 (6:1–14)
8. 두 번째 연회에서 에스더가 하만을 고발 (7:1–10)
9. 학살 칙령은 취소 불가하므로, 왕이 유대인들이 스스로 방어하도록 명하는 칙령 발표 (8:1–17)
10. 유대인이 방어 칙령을 근거로 원수들을 살해 (9:1–19)
11. 부림절을 제정, 구원을 기념함 (9:20–32)
12. 모르드개가 권세의 자리에 오르다 (10:1–3)

6) 에스더는 무엇을 가르치는가?

에스더서는 유대인들이 민족 진멸의 위기에서 해방된 날을 기념하는 부림절의 기원을 노래하는 서사시이다. 하지만 거기에는 하나님에 대한 언급이 일체 없다. 이방 페르시아 왕 아하수에로 (Xerxes 주전 486–465 통치) 치하 때, 페르시아에서 일어난 유대인 대 참살의 비극은 유대인 모르드개 때문에 일어날 뻔하였고, 그가 기른 수양(收養) 딸 에스더의 결단으로 막을 수 있었다.

왕은 신하들의 제안과 자신의 즉흥적인 생각에 따라 움직인다. 전제(專制) 군주의 전형적인 모습이다. 그에게는 여러 측근들이 있고 하만 같이 자신의 명예 때문에 어떤 민족을 진멸하고자 하는 악인도 그들 중에 있다. 다윗은 "그 이웃을 그윽이 허는 자를 내가 멸할 것이요 눈이 높고 마음이 교만한 자를 내가 용납지 아니 하리로다" 라고 했다 (시 101:5). 그러나 아하수에로에게는 그런 통찰력이나 결단이 있었는지 모른다. 그는 모든 것을 자신의 감정과 기분을 따라 움직이는 육신의 사람이다.

우리 기독인들이 볼 때, 에스더서는 순전히 유대인들의 국수주의적 사고만 담긴 것처럼 보인다. 에스더서가 과연 기독교인들에게 어떤 구원사적 의의를 가질 수 있을까? 유대인들이 전멸 당하게 된 원인이 모르드개란 개인의 뻣뻣함에 있었지 그의 믿음 때문이라 보기 어렵다. 페르시아의 권세자 하만 앞에서 굽혀야 할 때 굽히지 아니하고 하만을 높이려는 왕명을 거역한 행동에서 어떤 영적 의미를 찾기는 어렵다. 다니엘이나 요셉은 모두 이방 땅에서 총리까지 했기 때문에, 모르드개는 그런 조상에게서 이방 땅에서 살기 위해 믿음의 원리를 제한 나머지 부수적인 문제들에서 유동성 있게 적응하는 지혜를 배워야 했었다.

구지 에스더서에서 우리가 구원사적 의의를 찾고자 한다면, 그것은 모르드개나 에스더의 용기 있는 행동 자체에 있는 것이 아니다. 모르드개 한 사람이 잘못해서 (믿음 때문에 그런 행동을 했다고 보지 않는다면) 그 한 사람의 행동 때문에 하만이 유대인 전체를 전멸시키고자 한 행동은 반인륜적 범죄 행위로 규탄 받아야 마땅하다. 여하간 그런 범죄 행위는 에스더의 결단으로 방지되었지만, 대신 유대인이 75,800 명이라는 엄청난 이방인들을 아달 월 13, 14 일 양일간 도륙했다면, 그것 역시 칭찬 받을 일이 전혀 못된다. 한두 명 죽이는 것도 적절치 아니하거든 하물며 수만 명이랴!

또한 모르드개가 부림절을 지키도록 페르시아 전역의 유대인들에게 글을 보내어 명하는 일도 기독인들이 보기에 어떤 영적 의의를 찾기가 어렵다.

더 9:21 한 규례를 세워 해마다 아달월 십사 일과 십오 일을 지키라 22 이 달 이 날에 유다인이 대적에게서 벗어나서 평안함을 얻어 슬픔이 변하여 기쁨이 되고 애통이 변하여 길한 날이 되었으니 이 두 날을 지켜 잔치를 베풀고 즐기며 서로 예물을 주며 가난한 자를 구제하라

유대인들이 자기들끼리 살아난 것을 기념하여 잔치를 벌이고 즐기며 서로 예물을 주고받으며 자기들 중의 가난한 자를 구제하는 일이 어떤 영적 의미를 갖는 것인가? 어떤 선교적 메시지는커녕 반 – 유대인적 사고만 들게 만들 뿐이다.

에스더서에서 우리가 구원사적 의의를 찾고자 하면, 전멸당할 위기에 처한 유대 민족을 살리고자 죽으면 죽으리라고 결단하고 용기 있게 행동하는 에스더를 통해 왕의 마음이 움직여, 유대인이 "보존" 되는 사실, 여기에 분명 "하나님의 섭리" 가 개입했다는 느낌 등에서 찾아야 할 것이다. 왜냐하면, 저들의 위기가 발발하고 해소된 시점은 주전 474 년 경인데, 그 때는 주전 538 년 1 차 귀환 이후이고, 주전 457 년에 일어난 에스라 주도하의 2 차 귀환 16 년 전이다. 주전 445 년에는 느헤미야의 3 차 귀환도 있게 된다. 이런 귀환 사건들과 함께 에스더서의 부림절 사건을 조망한다면, 유대인의 생존과 보존은 이 "남은 자들" 의 고국 귀환을 위함이었다. 이 귀환자들의 마음을 하나님께서 움직이셔서 (라 1:5) 저들은 예루살렘으로 올라갔고 믿음 공동체에 합류했던 것이다. 이런 귀환 역사가 없었다면, 에스더서가 기록하는 그 유대인들만의 역사는 아무런 구원사적 의미도 없고 저들의 국수주의적 역사 한 토막으로 전락하고 말았을 것이다.

포로생활에서 귀환하지 아니하고 이방 땅에 남은 유대인들도 자기들의 믿음을 지켰는지는 모른다. 그랬을 가능성도 크다. 그렇다고 해도, 성경에 기록되지 아니한 저들의 생활이 믿음 공동체의 생활이었다고 하기도 어렵다. 나중 우리는 사도행전에서 오순절 성령 강림으로 해외 유대 교민들이 대거 복음을 듣고 개종하는 사건을 듣는데, 그 때, 메대, 엘람, 메소포타미아 출신 교민들도 참석하여 은혜를 입었다 (행 2:9). 예수님 당시 그의 설교를 통해 12 사도를 중심으로 세워진 새 이스라엘 믿음 공동체인 교회에 가입한 유대인들과 함께, 해외 유대 교민들이 교회에 들어온 일은 예루살렘 핍박을 통해 사방으로 흩어진 유대 기독인들의 전도로 해외 유대인 교민들과 (행 8:4, 11:19) 이방인들까지 (행 11:20) 교회에 가입하면서, 온 세상을 포괄하는 새로운 구원사가 동텄음을 알리는 신호였다.

5–5. 전도서

지혜문헌 참조.

[부 록]

[오경의 제 법규들의 목록표]

법규 내용	신명기	출애굽기	민수기/레위기	後代 適用
십계명	5:6–21	20:2–17		
안식일	5:14b	23:12 (34:21)		
제사장소	12:1–28	20:24*	레17:1–9*	
가나안風금지	12:29–32	23:24, 34:12, 15f.	민 33:52	
피 금지	12:16, 23, 15:23	창 9:4	레 17:10–14, 19:26a (3:17,7:26f.)	
우상숭배유혹	13			
哀悼 凶하게	14:1f.		레19:28	
淨不淨 동물	14:3–20		레11:2–22, 20:25	
凶死 음식	14:21a	22:31	레17:15, 11:40	
母乳에 염소	14:21b	23:19b, 34:26b		
십일조	14:22–29		레27:30–33, 민18:21–32	
안식년	15:1–11	23:10f.*	레25:1–7*	
同族 노예	15:12–18	21:2–11*	레25:39–46*	
소,양의 長子	15:19–23 (12:6, 17f., 14:23)	22:30, 13:11–12, 34:19	민18:17f. (출13:1f. 레27:26, 민3:13, 8:17)	
년3차 순례	16:1–17	23:14–17, 34:18, 20b, 22–25	레23*, 민28–29*	
재판관 임명	16:18			
공정한 재판	16:19f.	23:1–3, 6–8	레19:15	
상像 건축금지	16:21f.		레26:1a	
欠없는 제물	17:1(15:21)		레22:17–24	
우상숭배禁止	17:2–7	22:20		
상고심上告審	17:8–13			
왕에 관한 법	17:14–20			
레위지파權利	18:1–8		레7:32–34*, 민18:8–20*	
선지자 法	18:9–22			
몰렉숭배禁止	18:10a (12:31)		레18:21, 20:2–5	
여러 점술	18:10b–11	22:18 무당만	레19:26b, 31, 20:6, 27	

법규 내용	신명기	출애굽기	민수기/레위기	후대 적용
도피성	19:1–13	21:12–14*	민35, 레24:17, 21	
지계(地界)표	19:14			
증거법	19:15–21	23:1	레19:16b	
軍服務, 戰爭	20 (24:5)			
殺人 贖罪	21:1–9			
여성포로대우	21:10–14			
長子 상속권	21:15–17			
불효자식	21:18–21	21:15, 17	레 20:9	
악인의 몸	21:22f..			
짐승 死體	22:1–4	23:4f.		
異性服 금지	22:5			
새의 둥지	22:6f.			
battlement	22:8			
混 交配금지	22:9–11		레 19:19	
옷의 술	22:12		민 15:37–41	
처녀 비방	22:13–21			
간통	22:22–27		레 18:8, 20:10	
유혹 통간	22:28f.	22:16f.		
근친상간	22:30		레 18:89, 20:11	
공동체 영입	23:1–8			
진에서 정결	23:9–14		민5:1–4*	
도피 노예	23:15f.			
신전 창기	23:17f.			
고리대금高利貸金	23:19–21,24:10–18	22:24–5	레25:35–37	
서원	23:21–23		민30:2	
이웃 수확물	23:24f.			
이혼	24:1–4			
맹세	24:6,10–13	22:26f.		
유괴 誘拐	24:7	21:16		
문둥병	24:8f.		레13–14	
노예 사랑	24:14f.		레19:13	
범죄인 가족	24:16			

客 고아 과부	24:17f.	22:21-24,23:9	레19:33f.	
이삭	24:19f.		레19:9f.,23:22	
불알 상해	25:1-3			
牛口에 자갈	25:4			
수혼제嫂婚制	25:5-10			
여인이 음낭잡을 때	25:11f.			
공정한 추	25:13-16		레19:35f.	
아말렉 족속	25:17-19	17:14		
첫 열매 감사	26:1-11	22:29a,23:19a, 34:26a	민18:12f. 참조	
三年십일조	26:12-15			
	27:15(7:25)	20:4,23, 34:17	레19:4, 26:1a	
	27:16(21:18-21)	21:17	레20:9	
	27:17(19:14)			
	27:18		레19:14	
	27:19(24:17)		레19:33f.	
	27:20(22:30)		레18:8, 20:11	
	27:21	22:19	레18:23, 20:15	
	27:22		레20:17, 18:9	
	27:23		레18:17, 20:14	
	27:24	21:12	레 24:17	
	27:25 (16:19b)	23:8		
축복과 저주	28	23:20-33	레 26:3-45	
이마에 성구法	6:8, 11:18	13:9, 16		
다른 神들	6:14, 11:16	23:13, 34:14		
자녀 교훈	6:20f.	13:14		
가나안족과 조약금지	7:2-4, 16	23:32f., 34:12, 15f.	민 33:55	
가나안족 제단 파괴	7:5, 12:3	23:24, 34:13	민 33:52	
이스라엘	7:6, 14:2, 21, 26:19, 28:9	19:6, 22:30	레 11:44-45. 19:2, 20:7, 26, 민 15:40	
客을 사랑	10:19	22:19, 23:9	레 19:34	
장막절	16:13, 15		레 23:34, 39, 41-43	
두 세 증인	17:6, 19:15		민 35:30	
동해(同害)보복법	19:21	21:23-25	레 24:19f.	
토라 읽기	31:10-13			느8:14,15,18
이방여인 결혼금지	7:1-3			느9:1-2
유월절 고기 요리	16:7	12:9		대35:12-13
첫 요제			레 23:9-14	수 5:10-12

이집트	이스라엘	메소포타미아	동양
1왕조 3100-2890 2왕조 2890-2686 3왕조 2686-2613 4왕조 2613-2495 5왕조 2494-2341 고왕국 6왕조 2341-2181	창조, 원시시대		
제1중간기 7왕조 2181-2173 9왕조 2160-2130 10왕조 2130-2040 11왕조 2133-1991 중왕국	족장시대 아브라함 2166-1991 이삭 2066-1886 야곱 2006-1859 요셉 1915-1805 요셉 이집트로 1898 야곱 이집트로 1876	우르 제3왕조 Ur-Nammu 2113-2096 Shulgi 2095-2048 Amar-Su'en 2047-2039 Shu-Sin 2038-2030 Ibbi-Sin 2029-2006	고조선 2333-108BC 夏 21-16세기 商16세기-1066년
12왕조 1991-1786 Ammenemes2 1929-1895 Sesostris2 1897-1878 Sesostris3 1878-1843 Ammenemes3 1842-1749 중왕국		고 바벨론 Sumuabum 1894-1881 Sumulael 1880-1845 Sabium 1844-1831 Apil-Sin 1830-1813 Sin-Muballit 1812-1793 Hammurabi 1792-1750 Samsu-iluna 1749-1712 Abi-Eshuh 1711-1684 Ammiditana 1683-1647 Ammisaduqa 1646-1626 Samsuditana 1625-1595	
2중간기 13왕조 1786-1633 14왕조 1786-1603 *15왕조1674-1567 *16왕조 1684-1567 17왕조 1650-1570 *는 힉소스 왕조	이집트 체류 1876-1446		
신왕국 ; 18왕조 Amosis 1570-1546 Amenophis1 1546-1526 Thutmose1 1525-1512 Thutmose2 1512-1504 Hatshepsut 1504-1482 Thutmose3 1504-1425 Amenophis2 1450-1425 Thutmose4 1425-1417 Amenophis3 1417-1379 Amenophis4/Akhenaton 1379-1362	출 이집트 1446 광야 1446-1406 정복전 1406-1398 사사시대 Othniel1367-1227 Ehud 1309-1229	힛타이트 제국 Suppiluliumas1 1380-1346 Muwatallis 1315-1296 Urhi-Teshub 1296-1289 Hattusilis3 1289-1265 Tudhaliyas4 1265-1235 Arnuwandas3/4 1235-1215	
19왕조; 신왕국 Ramese1 1320-1318 Seti1 1318-1304 Rameses2 1304-1237 Merneptah 1236-1223	Shamgar 1250-1240 Deborah 1209-1169 Gideon 1162-1122 Tola 1119-1096 Jair 1119-1096 Jephthah 1078-1072		
20왕조; 신왕국 Sethnakhte 1200-1198 Rameses3 1198-1166 Rameses4 1166-1160 . . . Rameses11 1113-1085	Ibzan 1078-1071 Elon 1078-1068 Abdon 1078-1070 Samson 1075-1055 Othniel1367-1227 Ehud 1309-1229 Shamgar 1250-1240 Deborah 1209-1169 Gideon 1162-1122 Tola 1119-1096 Jair 1119-1096 Jephthah 1078-1072 Ibzan 1078-1071 Elon 1078-1068 Abdon 1078-1070 Samson 1075-1055		西周1066-771

21왕조 Smendes 1085–1061 Psusennes1 1061–1015 Nephereheres 1015–1011 Psusennes2 959–945	통일왕국 Saul 1050–1011 Ishbosheth 1011–1009 David 1011–971 Solomon 971–931		
22왕조 Sheshonk1 945–924 Osorkon1 924–888 Takelot1 888–865 Osorkon2 865–836 Sheshonk2 846 Takelot2 835–811 Sheshonk3 811–772 Pemay 772–766 Sheshonk4 766–730 23왕조/ 리비아 817–730 24왕조 730–715	분열왕국 Rehoboam 930–913 Abijah 913–910 Asa 910–869 Jehoshapha 872–869 Jehoram 853–841 Ahaziah 841 Athaliah 841–835 Joah 835–796 Amaziah 796–767 Uzziah 791–740 Jotham 750–731 Ahaz 731–715	신 앗시리아 Adad-nirari2 911–891. . Assurnasirpal2 883–859 Shalmaneser3 858–824 Tiglath-Pileser3 744–727 Shalmaneser5 726–722 Sargon2 721–705 Sennacherib 704–681 Esarhaddon 680–669 Assurbanipal 668–627. . Assur-uballit2 611–609?	東周770–256
Shabaka 715–701 Taharka 689–664 마지막 왕–656	Hezekiah 715–686 Manasseh 696–642 Amon 642–640 Josiah 640–609		
Psammetik1 664–609 Necho2 609–594 Psammetik2 594–588 Apries/ Hophra 588–568 Amasis 568–526 Psammetik3 526–525	Jehoahaz 609 유다 Jehoiakim 609–597 Jehoiachin 597 Zedekiah 597–587 멸망 587–586 70년 포로 (–539)	갈대아 (신 바벨론) Nabopolassar 625–605 Nebuchadnezzar2 604–562 Evil-Merodach 561–560 Nriglissar 559–556 Labashi-Marduk 556 Nabonidus 555–539 Belshazzar 550–539	春秋770–476BC
	귀환 538 성전재건 (537) 학개, 스가랴 (520) 성전재건 완성 (516) 에스라 귀환 448 느헤미야 귀환 445 2차 느헤미야 귀환 443	페르시아 Cyrus2 539–530 Cambyses2 529–522 Bardiya 522 Nebuchadnezzar3 522 Nebuchadnezzar4 521 Darius1 521–486 Xerxes1 485–465 Artzxerxes1 465–424 Darius2 423–405. . Darius3 335–331	戰國 475–221 秦 221–206BC 漢202BC–220AD 西漢221BC–23AD 東漢25AD–200AD
톨레미 323–30 BC		Seleucus 312–64BC	
	하스모니아 왕조 142–40BC		

*굵은 글자는 칸 중간에 있지만, 전체 왕조나 왕국을 지시함; 예컨대, 중왕국

참 고 문 헌

구약 개론 신학 참고문헌

(본문에 인용된 문헌들)

강사문, 강성열, 최인기, 허성군. 『구약성서개론』 서울: 한국장로교출판사, 2000.

고펠트, 레온하르트. 「모형론: 신약의 구약해석」 최종태 역. 서울: 새순출판사, 1987.

교회연합 신문. "교계 일부 가정사역자들 '불건전': 「하나 되는 기쁨의 저자는 누구인가?」" 2009년 4월 16일자 제1면.

구덕관. 「구약 개론」 상/하. (서울: 대한 기독교 출판사, 1984.

김성. "발굴과 성서," 「성서마당」32호 (1998년 8월), 8–11.

김양선. 「韓國 基督敎 解放 十年史」 大韓 예수敎 長老總會 敎育部, 1956.

김영진 외15. 「한국인을 위한 구약성서 개론」 서울: 대한 기독교 서회, 2004.

김윤국. 「구약 성경 입문」 서울: 기독교 문서, 1967.

김의원. 「구약역사」 (개혁주의신학총서 10) 서울: 개혁주의신행협회, 1995.

김정우. 「구약 통전」 상.하. 서울: 이레 서원, 2002.

김정준. 김찬국, 박대선 공저, 「구약성서 개론」 서울: 대한 기독교 서회, 1960.

김중은. "최근의 성서 고고학 기록물 발굴에 관하여," 「성서마당」 32호, 12–17.

김중은. "21세기 한국 장로교회의 진로와 신학노선에 대한 인식과 전망 – 장로회신학대학교에서의 경험을 중심으로." 2005년 6월 17일 (명성 수양관, 장신대 신대원 1학년 연합수련회 특강).

김지찬. 「구약개론」 서울: 대한 예수교 장로회 총회, 1998.

김창선. 「쿰란문서와 유대교」 서울: 한국성서학연구소, 2007.

나이트, 더글라스 등 편집. 「히브리 성서와 현대의 해석자들」 서울: 크리스찬 다이제스트, 1996.

노세영, 박종수, 「고대근동의 역사와 종교」 서울: 대한기독교 서회, 2000.

노우호. 「쉽게 이해되는 신구약 중간사」 도서출판 하나, 2000.

니버 (Niebuhr), R.「맑스, 엥겔스의 종교론」 김승국 옮김. 서울: 아침, 1991.

동경대 중국철학 연구실. 「중국 사상사」 조경란 옮김. 서울: 동녘, 1992.

드 보 (R. de Vaux) 『구약 시대의 사회 풍속』, 이양구 역. 서울: 솔로몬, 1994.

드 보 (R. de Vaux) 『구약 시대의 종교 풍속』, 이양구 역. 서울: 나단, 1993.

마르틴 노트. 『전승사적 연구들』원진희 역. 서울: 한우리, 2004.

맥코운, D. B.「마르크스주의 종교 이론」 박정해, 강돈구 옮김. 1991.

문희석. 「성서와 고고학」 서울: 보이스사, 1984).

문희석. 「구약 성서 지침」 서울: 대한 기독교 서회, 1975.

민경배. 「한국 기독교 교회사」 서울: 대한 기독교 출판사, 1981.

박준서. "성서고고학이란 무엇인가?" 「성서마당」 32호, 4–7.

박준서. 「구약개론」 서울: 기독교 방송, 1983.

변종호. 「이용도 목사 전집 1–10」 인천: 숭의 교회 초석출판사, 1986.

불트만, R. 「신약성서 신학」 허혁 역. 서울: 성광문화사, 1981.

브라잇, 존. 「이스라엘 역사」 서울: 크리스챤, 1995.

세일하머, 존 H. 「"서술"로서의 모세오경 상, 하. 서울: 새순출판사, 1994.

슐츠 외5.「성서개론」서울: 기독교 문서 선교회, 1995.
신학사전 편집위원회.「신학사전」서울: 한국개혁주의 신행협회, 1978.
아처. G. L.「성경 난제백과사전」황영철역. 서울: 생명의 말씀사, 1994.
안영복.「구약역사개요」서울: 기독교문서선교회, 1994.
안영복.「구약요람」서울: 성광출판사, 1980.
영, E. J.「구약 총론」서울: 개혁주의 신행협회, 1993.
예레미야스, 요아킴.「신약신학: 예수님의 선포」서울: 크리스챤 다이제스트, 2009.
유해무.「개혁 교의학: 송영으로서의 신학」서울: 크리스챤 다이제스트, 1997.
이상근.「요한계시록」서울: 총회 교육부, 1975.
이종윤.「신구약 성경 개설」서울: 충현 출판사, 1982.
이학재.「구약 성경에서 배운다」서울: 이레 서원, 2001.
이한수.「갈라디아서」서울: 횃불, 1997.
임형택.「실사구시의 한국학」서울: 창작과 비평사, 2000.
장동민. "1930–1950년대 한국장로교회에서의 소위 '자유주의' 해석의 문제—송창근 • 김재준의 신학을 중심으로."『한국기독교와 역사』6. 한국 기독교 역사연구소, 1997. pp. 194~202.
전경연, 지동식, 김용수 공저,「구약 성서 개론」서울: 대한 기독교 서회, 1960.
전종근.「성경으로 조명한 신구약 중간사」도서출판 대경, 1983.
정규남.「구약개론」(개혁주의 신학 총서) 서울: 개혁주의 신행 협회, 1985.
정중호.「이스라엘 역사」서울: 대한기독교서회, 1994.
조용기. "지금이 말세인가?"「다가온 종말」서울: 국민일보사, 1991.
조용기.「요한계시록 강해」서울: 서울서적, 1990.
차일즈, B. S.「정경 개론」김갑동 역. 서울: 대한 기독교 출판사, 1995.
천사무엘.「사해사본과 쿰란공동체」서울: 대한기독교서회, 2004.
최종진.「구약성서개론」서울: 소망사, 1988.
최종태. "구약을 어떻게 가르칠 것인가?"「성경과 신학」22 (서울: 횃불, 1997), 146–163.
최종태. "창조 그리고 혼돈과의 전쟁."「하나님 나라를 위한 성경 신학: 황창기 박사 정년퇴임 기념 논문집」349–386. 류호준 편집. 서울: 선학사, 2007.
최종태.「시편 상. 중. 하」3권. 서울: 횃불, 2006.
최종태.「예언자에게 물어라」서울: 기독교 문서선교회, 2003.
코흐. K.『예언자들 I, II, III』서울: 크리스챤 다이제스트, 1999.
클라인, 멜리딧 G.「구약에 나타난 성령의 형상」서울: 도서출판 줄과 추, 1999.
티드볼.「신약 성서 사회학 입문」서울: 한국 신학 연구소, 1993.
파이퍼, 찰즈 F.「신구약 중간사」서울: 한국 기독교 교육연구원, 1988.
푀르스트, W.「신구약 중간사: 포로시대부터 그리스도까지」컨콜디아사, 1994.
한명기. "병자호란 다시 읽기: 포로들의 고통과 슬픔 1, 2, 3."「서울신문」2008.12.3, 17일자.
한명기.「정묘 · 병자호란과 동아시아」서울: 푸른 역사, 2009.
홍창표.「성경고고학」(서울: 개혁주의신행협회, 1994).
Abegg, Jr., M., P. Flint and E. Ulrich. ***The Dead Sea Scrolls Bible.*** HarperCollins Publishing, 2002.

Abingdon Bible Map Transparencies. Abingdon. 칼러판 오버헤드 프로젝트용 투명용지 지도들.

Abraham Arnold, ***Judaism: Myth, Legend, History and Custom from the Religious to the Secular.*** Robert Davies Press, 1995.

Abramov, Sheneur Zalman. ***Perpetual Dilemma: Jewish Religion in the Jewish State.*** Associated Univ Press, 1976.

Africanus, Junilius. ***De partibus divinae legis,*** MPL 68 (파리), 15–42.

Agellius, Antonio. ***A Commentary on the Psalms and Canticles***. Rome, 1606.

Aharoni, Y. ***The Archaeology of the Land of Israel***, Trans. A. F. Rainey. Philadelphia: Westminster, 1982.

Aharoni, Yohanan, Michael Avi-Yonah, Anson F. Rainey, and Zeev Safrai, eds. ***The Carta Bible Atlas.*** Macmillan, 2002. Aharoni, Yohanan, Michael Avi-Yonah.「아가페 성서지도」(번역 미숙)

Ahlström, Gösta W. ***The History of Ancient Palestine from the Palaeolithic Period to Alexander's Conquest***. Sheffield: Sheffield Academic Press, 1993.

Albright, W. F. ***From the Stone Age to Christianity.*** Baltimore: Johns Hopkins University Press, 1946.

Albright, William F. "The Chronology of the Divided Monarchy of Israel." ***BASOR*** 100 (1945), 16–22.

Albright, William F. "The Date and Personality of the Chronicler." ***JBL*** 40 (1921), 104–119.

Aling, C. F. "The Historicity of the Joseph Story," ***Bible and Spade*** 9 (1996), 17–28.

Alon, Gedaliah. ***The Jews in Their Land in the Talmudic Age.*** Cambridge, MA, Harvard University Press, 1989.

Alt, A. ***Der Gott der Väter: Ein Beitrag zur Vorgeschichte der israelitischen Religion***. Stuttgart: Kohlhammer, 1929. (Beiträge zur Wissenschaft vom Alten und Neuen Testament 48 = Folge 3, H. 12).

Alt, A. ***Die Welt des Orients,*** Band III, Heft 1–2. 1964.

Alt. A. ***Die Landnahme der Israeliten in Palaestina***. Leipzig, 1925.

Alter, Robert and Frank Kermode eds. ***The Literary Guide to the Bible.*** Harvard University Press, 1987.

Alter, Robert. "A Literary Approach to the Bible." ***Commenatry*** 60 (1975), 70–77.

Alter, Robert. ***The Art of Biblical Narrative.*** New York: Basic Books, 1983.

Alter, Robert. ***The Art of Biblical Poetry.*** Basic Books, 1985.

Alter, Robert. ***The David Story: A Translation With Commentary of 1 and 2 Samuel.*** W. W. Norton & Company, 2000.

Alter, Robert. ***The World of Biblical Literature.*** Basic Books, 1992.

Althann, Robert. "Jeremiah (Prophet)." in ***The Anchor Bible Dictionary.*** New York: Doubleday, 1992.

Altheim, Franz. ***Weltgeschichte Asiens im griechischen Zeitalter***. 2 Bände. Halle: Niemeyer, 1947–1948.

Ambrose. ***Commentarius in Canticum Canticorum.*** in ***PL*** 15, 1851–1962.

Amit, Yairah. ***Reading Biblical Narratives: Literary Criticism and the Hebrew Bible.*** Fortress, 2001.

Amon, G. "Die Abfassungszeit des Buches Joel." Dissertation. Wuerzburg, 1942.

Andersen, Francis I. and David Noel Freedman. ***Amos.*** New York: Doubleday, 1989.

Anderson, B. W. "Exodus Typology in Second Isaiah." in B. W. Anderson and W. Harrelson, eds. ***Israel's Prophetic Heritage: Essays in Honor of James Muilenburg.*** 177–95. New York: Harper, 1962.

Anderson, B. W.「구약성서 이해」강성열. 노항규 공역. 크리스챤 다이제스트, 1994.

Anderson, B. W. ***Understanding the Old Testament,*** Englewood Cliffs (3판) 1975, = ***The Living World of the Old Testamnt,*** London, 1978; 3판.

Anderson, G. W. "Isaiah 24–27 Reconsidered." ***SVT*** 9 (1963), 118–26.

Archer, Gleason L. "Ecclesiastes." in the ***Zondervan's Pictorial Bible Dictionary.*** eds. J. D. Douglas, Merrill C. Tenney. 2:184–187. Grand Rapids: Zondervan Publishing House, 1975.

Archer, Gleason L. "Modern rationalism and the Book of Daniel." *BSac* 136 (1979), 129–147.

Archer, Gleason L. 「구약총론」 김정우 역. 서울: 기독교 문서 선교회, 1985.

Archer, Gleason L. 「성경 난제 백과」 황영철 역. 서울: 생명의 말씀사, 1990.

Archer, Gleason L. *A Survey of Old Testament Introduction.* Chicago: Moody, 1985.

Archer, Gleason L. *Encyclopedia of Bible Difficulties.* Grand Rapids: Zondervan, 1982.

Astruc, Jean. *Conjectures sur les mémoires originauz don't il paroit que Moyse s'est servi pour composer le livre de la Génèse. Avec des remarques qui appuient ou qui éclaircissent ces conjectures* (Conjectures on the original documents that Moses appears to have used in composing the Book of Genesis. With remarks that support or throw light upon these conjectures). 1753.

Auerbach, Charles. "The Talmud – a gateway to the Common Law." *Western Reserve Law Review* 3 (1951), 5–49.

Auerbach, Erich. *Mimesis: The Representation of Reality in Western Literature.* Tr. Willard R. Trask. Princeton: Princeton UP, 1953.

Augé, Ramir. *Profetes Menors.* La Bíblia versío dels textos originals i comentari pels monjos de Montserrat 16. Barcelona: Monestir de Monserrat, 1957.

Aune, David E. with Eric Stewart. "From the Idealized Past to the Imaginary Future: Eschatological Restoration in Jewish Apocalyptic Literature." 147–178.

Avemarie, F. *Tora und Leben: Untersuchungen zur Heilsbedeutung der Tora in der frühen rabbinischen Literatur.* TSAJ 55; Tübingen: Mohr–Siebeck, 1996.

Avigad, Nahman. *Bullae and Seals from a Post-Exilic Judean Archive.* Qedem 4. Jerusalem: Hebrew University Press, 1976.

Avi–Yonah, Michael. *The Jews under Roman and Byzantine Rule: A Political History of Palestine from the Bar Kokhba War to the Arab conquest.* Schocken Books, 1984.

Baldwin, Joyce G. *Daniel.* TOTC. Downers Grove: Inter–Varsity Press, 1978.

Baldwin, Joyce G. *Haggai, Zechariah, Malachi.* Leicester: IVP, 1972.

Baltzer, K. *Das Bundesformular.* Neukirchen: Neukirchener Verlag, 1960.

Bar–Efrat, Shimon. *Narrative Art in the Bible,* Bible and Literature Series 17. Sheffield: Sheffield Academic Press, 1989.

Barnes, William Hamilton. *Studies in the Chronology of the Divided Monarchy of Israel*, Harvard Semitic Monograph 48. Atlanta: Scholars, 1991.

Barthélemy, Dominique. "A Reexamination of the Textual Problems in 2 Sam 11:2–3 Kings 2:11 in the Light of Certain Criticism of Les Devancters d'Aquila." in *1972 Proceedings for the International Organization for Septuagint and Cognate Studies.* ed. Robert A. Kraft. N.p.: Society of Biblical Literature, 1972a. pp. 16–89.

Barthélemy, Dominique. "Another Criterion for the Kaige Recension," *Biblica* 48 (1967), 443–45.

Barthélemy, Dominique. "Prise de position sur les autres communications du colloque de Los Angeles." in *Etudes d'Histoire du Texte de L'Ancien Testament.* 255–88. Goetingen: Vandenhoeck und Ruprecht. 1978.

Barthélemy, Dominique. "Redécouverte d'un chainon manquant de l'histoire de la Septante." *Revue Biblique* 60 (1953), 18–29.

Barthélemy, Dominique. *Les Devanciers d'Aquila.* Leiden: E. J. Brill, 1963.

Barton, John. *Holy Writings, Sacred Text. The Canon in Early Christianity.* Westminster John Knox, 1997.

Bauckham, Richard. "Restoration of Israel in Luke–Acts." in *Restoration: Old Testament, Jewish and Christian Perspectives.* ed. James M. Scott. 470이하. Leiden: Brill, 2001.

Bauekham, R. J. "The Rise of Apocalyptic." *Themelios* 3/2 (1978), 10–23.

Baumgartner, W. "Eine alttestamentliche Forschungsgeschichte," *ThR* 25 (1959), 94–110.

Bavinck, Herman. *Reformed Dogmatics.* 영역본. Grand Rapids: Baker Academics, 2003); 1권 Prolegomena, 2권 God and Creation, 3권 Sin and Salvation in Christ, 4권 Holy Spirit, Church, and New Creation.

Beckwith, R. ***The Old Testament Canon of the New Testament Church.*** Grand Rapids: Eerdmans, 1985.

Begg, C. T. "The Literary Criticism of Deut 4, 1–40." ***Ephemerides Theologicae Lovanienses*** 56 (1980), 10–55.

Begg, C. T. "The Significance of Numeruswechsel in Deuteronomy: The 'Pre–history' of the Question." ***Ephemerides Theologicae Lovanienses*** 55 (1979), 116–24.

Beitzel, Barry J. ***Biblica the Bible Atlas: A Social and Historical Journey Through the Lands of the Bible.*** Global Book Publishing, 2006.

Bendavid. Abba. ed. ***Parallels in the Bible.*** Jerusalem: Carta: 1972.

Ben–Dov, Meir. ***In the Shadow of the Temple: The Discovery of Ancient Jerusalem.*** Jerusalem, Keter, 1985.

Benfey, Theodor. ***Griechisches Wurzellexikon.*** 2 vols. Berlin: G. Reimer, 1839–1842.

Ben–Tor, Amnon ed. ***The Archaology of Ancient Israel,*** trans. R. Greenberg. Yale, 1992.

Bentzen, A. ***Introduction to the Old Testament,*** 2 vols. Copenhagen, 1959; 5판.

Bentzen, Aage. ***King and Messiah.*** London: Lutterworth Press, 1955.

Bergant, Dianne. "The Wisdom Books." ***The Catholic Study Bible.*** 231–232. Oxford: Oxford University Press, 1990.

Bergey, R. "The Song of Moses (Deuteronomy 32.1–43) and Isaianic Prophecies: A Case of Early Intertextuality?" ***JSOT*** 28.1 (2003), 33–54.

Berkof, Louis. ***Systematic Theology.*** Grand Rapids: Eerdmans, 1981.

Berlin, Adele. ***Poetics and Interpretation of Biblical Narrative.*** Sheffield: Almond Press, 1983.

Bernard of Clairvaux. ***Sermones in Canticum, PL*** 183, 799–1198.

Bertholdt, Leonhard. ***Daniel aus dem Hebraeisch-Aramaeischen, neu uebersetzt und erklart, mit einer vollstaendigen Einleitung und einigen historischen und exegegetischen Excursen.*** 2권. Erlangen: Johann Jakob Palm, 1806.

Bevan, Edwyn R. ***The House of Ptolemy.*** 1927.

Bevan, Edwyn R. ***The House of Seleucus***, 2 vols. 1902.

Bewer, J. ***The Literature of the Old Testament In its Historical Development.*** New York, 1922.

Beyerlin, W. ed. ***Near Eastern Religious Texts Relating to the Old Testament.*** Philadelphia: Westminster, 1978.

Bič, M. ***Das Buch Joel.*** Berlin: Evangelische Verlagsanstalt, 1960.

Bic, M. ***Das Buch Sacharja.*** Berlin: Evangelische Verlagsanstalt, 1962.

Bickerman, E. ***Four Strange Books of the Bible.*** New York: Schocken, 1967.

Bietak, M. "Der Friedhof in einem Palastgarten aus der Zeit des spten Mittleren Riches und andere Forschungsergebnisse aus dem stlichen Nildelta (Tell el–Daba 1984–1987)," ***Agypten und Levante*** 2 (1991), 47–109.

Bietak, M. "Egypt and Canaan During the Middle Bronze Age," ***Bulletin of the American Schools of Oriental Research*** 281 (1991), 27–72.

Bietak, M. ***Avaris and Piramesse: Archaeological Exploration in the Eastern Nile Delta.*** London: The British Academy, 1986.

Bietak, M. ***Avaris: The Capital of the Hyksos.*** London: British Museum Press, 1996.

Bimson, J. and J. Kane. ***New Bible Atlas.*** Leicester: IVP, 1985.

Bimson, John. ***(When) Did it Happen?: New Contexts for Old Testament History.*** Trinity College, Bristol: Grove Books Limited, 2003.

Bimson, John. ***Redating the Exodus and Conquest.*** Sheffield, England: The Almond Press, 1981.

Blaiklock, E. M. & R. K. Harrison. ***New International Dictionary Of Biblical Archaeology.*** Grand Rapids: Zondervan, 1983.

Bleek, F. ***Einleitung in das Alte Testament.*** 1836.

Blenkinsopp, Joseph. "review of Whybray, The Making of the Pentateuch." in *CBQ* 51 (1989), 138–39.

Blenkinsopp, Joseph. ***Prophecy and Canon: Contribution to the Study of Jewish Origins.*** Notre Dame: University of Nortre Dame Press, 1977.

Bloch, Renée. "Midrash." ***Supplement au Dictionnaire de la Bible*** (1957), V,1263–1281.

Block, Daniel I., Bryan H. Cribb and Gregory S. Smith eds. ***Israel: Ancient Kingdom or Late Invention?*** B & H Academic, 2008.

Bodine, Walter R., ed. *Discourse Analysis of Biblical Literature: What It Is and What it Offers.* Atlanta: Scholars Press, 1995.

Bodine, Walter Ray. ***The Greek Text of Judges: Recensional Developments.*** Cambridge, MA: Harvard University Press, 1980.

Boisacq, E. ***Dictionnaire etymologique de la langue Grecque.***[2] Paris: C. Winter, 1923.

Bouche–Leclercqu, A. ***Histoire des Lagides***, 4 vols. 1903.

Bouche–Leclercqu, A. ***Histoire des Seleucides.*** 1913.

Braun, Roddy L. "Solomon, the Chosen Temple Builder: The significance of 1 Chronicles 22, 28, and 29 for the Theology of Chronicles." ***JBL*** 95 (1976), 581–590.

Bretschneider, K. G. ***Systematische Entwicklung aller in der Dogmatik vorkommenden Begriffe.*** 3rd ed. Leipzig, 1925.

Briant, Pierre. ***From Cyrus to Alexander: A History of the Persian Empire.*** Winona Lake: Eisenbrauns, 2002.

Briggs, C. A. ***Messianic Prophecy.*** New York: Scribner's, 1889.

Bright, J.「이스라엘 역사」제3 증보판. 서울: 크리스천 다이제스트, 1993.

Bright, J. ***A History of Israel.*** 3rd ed. Philadelphia: Westminster, 1981.

Bright, J. ***Jeremiah.*** AB 21; Garden City, NY: Doubleday, 1965.

Bright, John. ***Early Israel in Recent History Writing: A Study in Method.*** London: SCM Press, 1956.

Brisco, Thomas V. ***Holman Bible Atlas.*** Broadman & Holman, 1998. 한역「두란노 성서지도」

Brooke, A. E. and N. McLean, ***The Old Testament in Greek.*** Cambridge: Cambridge University Press, 1906–1940.

Brotzman, E. ***Old Testament Textual Textual Criticism: A Practical Introduction.*** Grand Rapids: Baker, 1994.

Brown, J. W. ***The Rise of Biblical Criticism in America, 1800-1870.*** Middletown, Conn. 1964.

Brown, R. E. ***The Birth of the Messiah: A Commentary on the Infancy Narrative in Matthew and Luke.*** Garden City, NY.: Doubleday: 1977.

Bruce, F. F. "The Earliest Old Testament Interpretation." ***Oudtestamentische Studiën*** 17 (1972), 37–52.

Bruce, F. F.「구약사: 이스라엘의 역사」서울: 예수교문서선교회, 1981.

Bruce, F. F. ***Commentary on the Book of the Acts.*** NICNT. Grand Rapids: Eerdmans, 1954.

Bruce, F. F. ***Israel and the Nations from the Exodus to the Fall of the Second Temple.*** The Paternoster Press, 1963.

Bruce, F. F. ***The Canon of Scripture.*** Downers Grove, IL: InterVarsity Press, 1988.

Brueggemann, Walter. "The Kerygma of the Priestly Writers." ZAW 84 (1972), 397–414.

Brueggemann, Walter. ***The Land: Place as Gift, Promise and Challenge in Biblical Faith.*** Philadelphia: Westminster, 1977.

Brugsch–Bey, Heinrich Karl. ***A History of Egypt under the Pharaohs***, 2 vols. London: John Murray, 1881.

Brunet, A. M. "Le Chroniste et ses sources." ***Revue Biblique*** 60 (1953), 481–508.

Buber, M. and F. Rosenzweig. ***Die Schrift und ihre Verdeutschung.*** Berlin, 1939.

Budde, K. ***Geschichte der althebrdischen Literatur.*** Leipzig, 1909; 2판

Budge, E. A. ***Egypt and Her Asiatic Empire.*** New York: n. p., 1902.

Buhl, Frants. *Kanon und Text des Alten Testamentes.* Leipzig: Akademische Buchhandlung, 1891.

Bullock, C. Hassell. *An Introduction to the Old Testament Poetic Books.* Chicago, IL: Moody, 1988.

Bullock, C. Hassell. *An Introduction to the Old Testament Prophetic Books.* Chicago, IL: Moody, 1986.

Burkitt, F. C. *The Book of Rules of Tyconius.* Cambridge: The University Press, 1894.

Burrows, M. "The. Literary Character of the Book of Jonah." in *Translating and Understanding the OT.* Essays in Honor of H. G. May. ed. H. T. Frank and W. L. Reed. 95-97. Nashville: Abingdon, 1970.

Burrows, M. *The Dead Sea Scrolls.* New York: Viking Press, 1955.

Butler T. C. "A Forgotten Passage from a Forgotten Era (1 Chr. XVI 8-36)." *VT* 28 (1978), 142-150.

Buxtorf, J. *Tiberias, sive commentarius masorethicus triplex.* Basel, 1685.

Buxtorf, Johannes. *Lexicon Hebraicum et Chaldaicum cum brevi Lexico Rabbinico Philosophico*. 1607.

Buxtorf, Johannes. *Manuale Hebraicum et Chaldaicum*. 1602.

Buxtorf, Johannes. *Tiberias, sive Commentarius Masoreticus*. 1620. (1665년 그의 아들 J. Buxtorf가 개정 보충).

Calstadt, *De canonicis scripturis libellus.* 1520.

Campbell, Donald K. *Nehemiah: Man in Charge.* Wheaton, IL.: Victor Books, 1982.

Campbell, Jr. Edward E. *Ruth.* AB. Garden City, NY.: Doubleday & Company, Inc., 1975.

Cappel, Louis. *Arcanum punctuationis revelatum* (드러난 모음부호의 비밀). Leiden, 1624.

Cappel, Louis. *Critica Sacra.* Paris, 1650.

Cappellus, L. *Arcanum punctationis revelatum; sive de punctorum vocalium et accentuum apud Hebraeos Vera et germana antiquitate* libri II. Leiden, 1624.

Cappellus, L. *Critica Sacra, sive de variis qnae in secris Veteris Testamenti libris occurrunt lectionibus libri sex.* Paris 1650.

Carbajosa, Ignacio. "11QPs[a] and the Hebrew Vorlage of the Peshitta Psalter." *Aramaic Studies* 2/1 (2004), 3-24.

Carpenter, J. E. *The Bible in the Nineteenth Century.* 1903.

Carpzov, J. G. *Introductio ad libros canonicos bibliorum Vetens Testanzenti omnes.* Leipzig 1721.

Carpzov, J. G. *Introductio ad libros canonicos Vetus Testamentum.* Lipsiae, 1721.

Carroll, John T. *Response to the End of History: Eschatology and Situation in Luke-Acts.* Atlanta: Scholars Press, 1988.

Carson, D. A., P. T. O"Brien and M. A. Seifrid, eds. *Justification and Variegated Nomism. Volume 1: The Complexities of Second Temple Judaism.* Grand Rapids: Baker, 2001.

Carson, D. A., P. T. O"Brien and M. A. Seifrid, eds. *Justification and Variegated Nomism. Volume 2: The Paradoxes of Paul.* Grand Rapids: Baker, 2004.

Casey, P. M. "Porphyry and the Origin of the Book of Daniel." *JTS* 27 (1976), 30-31.

Caspari, C. P. *Der Prophet Obadjah ausgelegt.* 1842.

Cassin, E. "Nouvelles donn6es sur les relations familiales A Nuzi." *Revue d'Assyrilogie et d'Archeologie orientale* (=RA) 57 (1963), 113-119.

Cassiodorus, Flavius Magnus Aurelius. *De iwtitutione divinarum,* J.-P. Migne, Patrologia, Series Latina 70. Paris.

Cassuto, U. "Hosea and the Pentateuch." in *Biblical and Oriental Studies.* 1967.

Cassuto, U. 「반 문서설」배제민 역. ◆

Cassuto, U. *The Documentary Hypothesis and the Composition of the Pentateuch.* Jerusalem 1959; 3판.

Castel, Francois. 「이스라엘과 유다 역사」.

Castel, Francois. *The History of Israel and Judah.* San Francisco: Harper and Row, 1985.

Castellio, Sebastian. *Notae in Canticum Canticorum in Biblia latina.* Geneva, 1547.

Cavaignac, E. *Revue hittite et asiatique* (=RHA, Paris) 10 (1933), 65–76.

Charles, R. H. *A critical and exegetical commentary on the Revelation of St. John.* Edinburgh: T. & T. Clark, 1920.

Charles, R. H. *The Book of Enoch.* London: SPCK, 1917.

Charlesworth, James H. ed. *The Old Testament Pseudepigrapha. Vol. 1: Apocalyptic Literature and Testaments.* Garden City, NY: Doubleday & Co., Inc., 1983.

Charlesworth, James H. ed. *The Old Testament Pseudepigrapha. Vol. 2: Expansions of the "Old Testament" and Legends, Wisdom and Philosophical Literature, Prayers, Psalms, and Odes, Fragments of Lost Judeo-Hellenistic Works.* Garden City, NY: Doubleday & Co., Inc., 1983.

Chavalas, Mark W. and K. Lawson Younger, Jr. eds. *Mesopotamia and the Bible. Comparative Explorations.* Eerdmans, 2002.

Chavalas, Mark W. and K. Lawson Younger, Jr., eds. *Mesopotamia and the Bible: Comparative Explorations.* Grand Rapids: Baker, 2002.

Chavalas, Mark W. ed. *The Ancient Near East: Historical Sources in Translation.* Oxford: Blackwell, 2005.

Cheung, Alex T. M. "The Priest As The Redeemed Man: A Biblical–Theological Study Of The Priesthood." *JETS* 29 (1986), 265–75.

Cheyne, T. K. *The Founders of Old Testament Criticism.* London: Methuen, 1893.

Childs, B. *Introduction to the Old Testament Scripture.* Philadelphia: Fortress Press, 1979.

Childs, B. S. 'Sensus Literalis: An Ancient and Modem Problem,' *Beitraege zur alttestamentlichen Theologie, FS W. Zimmerli.* Goettingen, 1976.☆

Childs, B. S. "Midrash and the Old Testament." in *Understanding the Sacred Text. Essays in honor of Morton J. Enslin.* ed. J. Reumann. Valley Forge, Pa.: Judson Press, 1972.

Childs, B. S. "Psalm Titles and Midrashic Exegesis." *JSS* 16 (1971), 137–50.

Childs, B. S. "The Canonical Shape of the Prophetic Literature." *Interpretation* 32 (1978), 46–55.

Childs, B. S. 「구약정경 개론」 김갑동 역. 서울: 대한기독교출판사, 1987.

Childs, B. S. *Exodus.* London: SCM, 1974.

Childs, B. S. *Introduction to the Old Testament As Scripture.* Philadelphia: Fortress, 1989.

Choi, Jongtae. "Creation of Man: Its Significance for OT Theology." *ACTS Theological Journal* 8 (1999), 136–163.

Choi, Jongtae. "The Aramaic of Daniel: Its Date, Place of Composition and Linguistic Comparison with Extra-Biblical Texts." Ph. D. dissertation. Deerfield, IL.: Trinity Evangelical Divinity School, 1994.

Choi, Jongtae. "Law and Prophets in the Light of the ACTS Synopsis." *Acts Theological Journal* 7 (1998), 119–142, 특히 121–129.

Cleave, Richard. *The Holy Land: A Unique Perspective. Photography and Satellite Cartography.* Lion, 1993.

Clements, R. E. "Isaiah 14:22–27: A Central Passage Reconsidered." in J. Vermeylen ed. *The Book of Isaiah-Le Livre d'Isaie.* 253–62. Leuven: Peeters, 1989.

Clements, R. E. "The Messianic Hope in the Old Testament." in *JSOT* 43 (1989), 3–19.

Clements, R. E. "The Purpose of the Book of Jonah." *VT Supp.* 28 (1975), 16–28.

Clements, R. E. 「고대 이스라엘의 세계」 황성일 역. 서울: 은성, 1996.

Clements, R. E. 「구약성서 해석사: 벨하우젠 이후 100년」 문동학, 강성열 공역. 서울: 나눔사 1988.

Clements, R. E. *A Century of Old Testament Study.* London and Plliladelphia 1976.

Clements, R. E. *One Hundred Years of Old Testament Interpretation.* Philadelphia: Westminster, 1976.
Clements, R. E. *The World of Ancient Israel. Sociological, Anthropological and Political Perspectives.* Cambridge: Cambridge University Press, 1989.
Clines, David J. A. *The Theme of the Pentateuch.* Sheffield: JSOT Press, 1989.
Cocceius, J. *Summa doctrina de foedere et testamento Dei.* Lugduni Batavorum [Leiden]: Elseviriorum, 1648.
Cogan, M. and H. Tadmor. *II Kings.* A New Translation. Garden City, NY.: Doubleday, 1988.
Coggins, Richard J. "The Problem of Isaiah 24–27." *Expositiory Times* 90 (1978–79), 328–32.
Collins, John J. 'Varieties of Judaisms in the Hellenistic and Roman Periods', *The Journal of Religion* 77/4 (1997), 605–611.
Conrad, Edgar W. *Reading Isaiah.* Minneapolis: Fortress Press, 1991.
Cook, S. A. *Cambridge Ancient History.* 3rd ed. Cambridge: CUP, 1970/75.
Cooke, G. A. *A Critical and Exegetical Commentary on the Book of Ezekiel.* ICC. Edinburgh: T & T Clark, 1936.
Cornely R. et A. Merk. *Introductionis in S. Scripturae libros compendium.* Paris, 1940; 12판.
Cornill, C. H. *Einleitung in das Alte Testament.* 1891; ET. London and New York 1907.
Craigie, Peter C. *Psalms 1-50.* WBC. Waco: Word, 1983.
Craigie, Peter C. *The OT: Its Background, Growth, and Content.* Nashville: Abingdon, 1986.
Credner, Karl August. *Der Prophet Joel.* Halle: Verlag der Buchhandlung des Waisenhauses, 1831.
Crenshaw, J. L. 『구약 지혜문학의 이해』 강성열 역. 한국장로교출판사, 1993.
Crenshaw, J. L. *Old Testament Story and Faith: A Literary and Theological Introduction.* Peabody: Hendrickson Publishers Inc., 1992.
Cross, Frank Moore and Shemaryahu Talmon eds. *Qumran and the History of the Biblical Text.* Cambridge: Harvard University Press, 1978.
Cross, Frank Moore. "The Council of Yahweh in Second Isaiah." *JNES* 12 (1953), 274–77.
Cross, Frank Moore. "The Contribution of the Qumran Discoveries to the Study of the Biblical Text." *Israel Exploration Journal* 16 (1966), 81–5.
Cross, Frank Moore. "The Evolution of the Theory of Local Texts." in *Qumran and the History of the Biblical Text.* 306–20. Cambridge, MA: Harvard University Press, 1975.
Cross, Frank Moore. "The History of the Biblical Text in Light of the Discoveries in the Judean Desert." *HTR* 57 (1964), 281–99.
Cross, Frank Moore. *Canaanite Myth and Hebrew Epic.* Cambridge: Harvard University Press, 1980.
Cross, Jr., F. M. *The Ancient Library of Qumran & Modern Biblical Studies,* Rev. ed. Grand Rapids, MI: Baker Book House, 1961.
Dahlberg, B. T. "Mordecai." *The Interpreter's Dictionary of the Bible.* 3:437. Nashville: Abingdon, 1962.
Dahood, Mitchell. "Canaanite–Phoenician Influence in Qoheleth." *Biblica* 33 (1952), 201–202.
Dahood, Mitchell. *Psalms III,* AB 16–17A. Garden City: Doubleday, 1965–1970.
Danby, Herbert. *The Mishnah.* Oxford: Oxford University Press, 1992.
Daniels, D. "Is There a 'Prophetic Lawsuit' Genre?" *ZAW* 99 (1987), 339–60.
Das, A. A. *Paul, the Law, and the Covenant.* Peabody: Hendrickson, 2001.
Daube, D. "Direct and Indirect Causation in Biblical Law." *VT* 11 (1961), 246–269.
Daube, D. *The New Testament and Rabbinic Judaism.* London: The Athlone Press, 1956.
Davidson, A. B. "The Theology of Isaiah." *The Expository Times* 5 (1894), 296–297.

Davidson, R. and A. R. C. Leaney, *Biblical Criticism, The Pelican Guide to Modern Theology*, vol. 3. Harmondsworth, 1970.
Davies, Graham. "The Destiny of the Nations in the Book of Isaiah." in J. Vermeylen ed. *The Book of Isaiah.* pp. 93–120. Leuven: Peeters, 1989.
Davies, Philip R. ed. *Second Temple Studies 1: Persian Period.* JSOTSup 117. Sheffield: JSOT Press, 1991.
Davies, Philip R. *In Search of 'Ancient Israel'*. Sheffield: JSOT Press, 1992.
Davies, W. D. *The Gospel and the Land: Early Christianity and Jewish Territorial Doctrine*. Berkeley: University of California Press, 1974.
Davis, G. I. "The Destiny of the Nations in the Book of Isaiah." in J. Vermeylen ed. *The Book of Isaiah.* Leuven: Peeters, 1989.
de Boer, P. A. H. "An Inquiry into the Meaning of the Term massah." *Oudtestamentische Studiën* 5 (1948), 197–214.
de Vaux, R. "Le roi d'Israel, vassal de Yahve." *Melanges E. Tisserant* I (1964), 119–133.
de Wette, W. M. L. *Dissertatio critica exegetica qua Deuteronomium a prioribus Pentateuchi libris diversum, alius cujusdam recentioris actoris opus esse monstratur.* Halle, 1805.
de Wette. *A Critical and Historical Introduction to the Canonical Scriptures of the Old Testament.* tr Theodore Parker Boston: Charles C. Little and James Brown, 1850.
de Wette. *Lehrbuch der historisch kritischen Einleitung in die kanonischen und apokryphischen Bücher des Alten Testaments.* Berlin: bey G. Reimer, 1817.
Deissler, Alfons. 『구약성서 입문: 설교와 교리 교수의 현대화를 위하여』 박상래 외 5인 옮김. 경북 왜관: 분도출판사, 1967.
Delitzsch, F. "History of the Exposition of the Psalms." *The Psalms*. vol. 1. pp. 47–63. Edinburgh: T. & T. Clark, 1871.
Delitzsch, F. "Ueber Begriff und Methode der sogenannten biblischen und insbesondere alttestamentlichen Einleitung," *Zeitsclzrift für Protestantismus und Kirche.* 133–90. Erlangen, 1854.
DeRoche, M. "Yahweh's Rib against Israel: A Reassessment of the So-called 'Prophetic Lawsuit' in the Pre-exilic Prophets." *JBL* 102 (1983), 563–74.
deSilva, David A. *Introducing the Apocrypha.* Grand Rapids, MI: Baker Academic, 2002.
Dever, William G. *What Did the Biblical Writers Know and When Did They Know It? What Archaeology Can Tell Us about the Reality of Ancient Israel*. Grand Rapids: Eerdmans, 2001.
Diestel, L. *Geschichte des Alten Testamentes in des christlichen Kirche.* Jena: Mauke's Verlag, 1869.
Diestel, Ludwig von. *Geschichte des alten Testanents in der christlichen Kirche.* Jena, 1868.
Dillard, R. B. and T. Longman, 『최신구약개론』, 박철현 옮김. 서울: 크리스챤 다이제스트, 1997.
Dillman, C. F. August. Numeri, *Deuteronomium und Josua, with a dissertation on the origin of the Hexateuch.* 1886.
Dion, P. 'The Civic-and-Temple Community of Persian Period Judaea: Neglected Insights from Eastern Europe.' *JNES* 50 (1991), 281–87.
Dobschuetz, E. 'The Abandonment of the Canonical Idea,' *American Journal of Theology* 19 (1915), 416–429.
Dockery, David. *Biblical Interpretation Then and Now: Contemporary Hermeneutics in the Light of the Early Church.* Grand Rapids, Michigan: Baker Book House, 1992.
Dodd, C. H. *The Apostolic Preaching and Its Development.* Grand Rapids: Baker, 1980.
Dodd, C. H. *The Interpretation of the Fourth Gospel.* Cambridge: Cambridge University Press, 1955.
Donner, H. 'Das Problem des Alten Testaments in der christlichen Kirche. Ueberlegungen zu Begriff und Geschichte der alttestamentlichen Einleitung,' *Beitraege zur Theorie des neuzeitlichen Christentums, FS 1V. Trillhaas.* 37이하.

Berlin 1968.

Donner, Herbert. ***Geschichte des Volkes Israel und seiner Nachbarn in Grundzuegen*** 1/2 (Das Alte Testament Deutsch[= ATD] Erggaenzungsreihe Band 4/1, 2. Goettingen: Vandenhoeck & Ruprecht, 1984/85.

Dorff, Elliot N. ***A Living Tree: The Roots and Growth of Jewish Law.*** Albany, State University of New York Press, 1988.

Drioton, E. "Le Livre des Proverbes et la sagesse d'Amenemope." in ***Sacra Pagina: Miscellanea biblica congressus internationalis Catholici de re biblica*** l. ed. J. Coppens, A. Descamps, and E. Massux. Bibliotheca ephemeridum theologicae Lovanienes. 12:229-41. Gembloux: J. Duculot, 1959.

Driver, G. R. "Sacred Numbers and Round Figures." in ***Promise and Fulfillment: Essays Presented to Professor S. H. Hooke in Clebration of His Ninetieth Birthday.*** ed. F. F. Bruce. pp. 62-90. Edinburgh: T. & T. Clark, 1963.

Driver, G. R. "Two Misunderstood Passages of the Old Testament." ***JTS*** 6 (1955), 82-84.

Driver, S. R. ***Introduction to the Literatrrre of the Old Testament.*** Edinburgh 1891; 1913; 9판.

Driver, S. R. ***Isaiah: his Life and Times.*** New York: Anson D. F. Randolph & Company, n.d.

Driver, S. R. ***Notes on the Hebrew Text and Topography of the Books of Samuel.*** 2d ed. Oxford: Clarendon Press, 1913.

Driver, S. R. ***The Minor Prophets: Nahum, Habakkuk, Zephanaih, Haggai, Zechariah, Malachi.*** Century Bible. Edinburgh: TC & EC Jack, 1906.

Dubovsky, Peter. "Assyrian downfall through Isaiah"s eyes (2 Kings 15-23): the historiography of representation." ***Biblica*** 89 (2008), 1-16.

Dugmore, C. W. ed. ***The Interpretation of the Bible.*** London: SPCK, 1944.

Duhm, B. ***Das Buch Jeremia.*** Tuebingen and Leipzig, 1901.

Duhm. B. ***Das Buch Jesaja.*** Göttingen: Vandenhoeck & Ruprecht, 1892.

Dunn, J. D. G. *Jesus, Paul and the Law.* Louisville: Westminster, 1990.

Dunn, J. D. G. "New Perspective on Paul." *Bulletin of the John Rylands University Library of Manchester* 65 (1983), 95-122.

Dunn. James D. G. ***Romans 1-8.*** Waco, Tex: Word Books, 1988a.

Dunn. James D. G. ***Romans 9-16.*** Waco, Tex: Word Books, 1988b.

Dupin, Louis Ellies. ***Dissertatio praeliminaris de auctoribrcs librorurn scripturae in Nova Ribliotheca, artctorun ecclesiasticorum.*** Paris. 1688.

Dyer, Charles H. "Biblical Meaning of 'Fulfillment.'" in ***Issues in Dispensationalism.*** eds. Wesley R. Willis and John R. Master. 51-74. Chicago: Moody, 1994.

Dyer, Charles H. "Jeremiah." in ***The Bible knowledge commentary.*** eds. J. F. Walvoord, R. B. Zuck, et al. Wheaton, IL: Victor Books, 1983-1985.

E. F. C. Rosenmueller, E. F. C. ***Annotations on Some of the Messianic Psalms.*** Edinburgh: Thomas Clark, 1841

Eaton, Michael A. ***Ecclesiastes: An Introduction & Commentary.*** Tyndale Old Testament Commentaries. ed. by D. J. Wiseman. Downers Grove: Inter-Varsity Press, 1983.

Eichhorn, J. G. ***Einleitung in das Alte Testament.*** 초판 3 vols. Leipzig, 1780-1783; 4판 5 vols. Goettingen, 1824.

Eichhorn, J. G. ***Einleitung in das Neue Testament.*** 1804-1812.

Eichrodt, W. ***Theology of the Old Testament.*** London: SCM Press, 1967.

Eissfeldt, O. ***The Old Testament: An Introduction.*** tr. P. R. Ackroyd. New York: Harper and Row, 1965.

Eissfeldt, Otto. ***The Old Testament. An Introduction*** ET; Oxford and New York 1965.

Ellis, E. Earle. ***Paul's Use of the Old Testament.*** Edinburgh: Oliver & Boyd, 1957.

Ellis, Peter F. ***The Yahwist. The Bible's First Theologian.*** London: Chapman, 1969.

Engnell, Ivan. *Gamla Testamentet: en tradition-shistorisk inledning*, I. Stockholm, 1945.
Epstein, Isidore ed. *The Babylonian Talmud.* 35 vols. London: Soncino, 1935–52.
Erbt, Wilhelm. *Die Hebraeer: Kanaan im Zeitalter der hebraeischer Wanderung und hebraeischer Staatengrundungen.* Leipzig: Hinrichs 1906.
Erman, A. "Eine ägyptische Quelle der Salomos'.' *Sitzungsberichte der Preussischen Akademie der Wissenschaft, Philologisch-Historische Klasse* 15 (1924), 86–93.
Ewald, H. G. A. *Das Hohe Lied Salomos, uebersetzt mit Einleitung, Anmerkungen und linem Anhang ueber den Prediger.* 1826.
Ewald, H. G. A. *Die Composition der Genesis kritisch untersucht.* 1823.
Ewert, David. *From Ancient Tablets to Modern Translations; A General Introduction to the Bible.* Grand Rapids, MI: Zondervan Pub. House, 1983.
Falk, Z. W. *Hebrew Law in Biblical Times.* Jerusalem: Wahrmann, 1964.
Fauna and Flora of the Bible, Helps For Translators. New York: United Bible Societies, 1980.
Feinberg, Paul D. "An Exegetical and Theological Study of Daniel 9:24–27" in *Tradition and Testament: Essays in Honor of Charles Lee Feinberg.* ed. John S. Feinberg and Paul D. Feinberg. pp. 212–15. Chicago: Moody, 1981.
Feldman, Louis H. *Jews and Gentiles in the Ancient World.* Princeton, NJ, Princeton University Press, 1993.
Fichtner, J. "Jahves Plan in der Botschaft des Jesaja." *ZAW* 63 (1951), 16–33.
Field, Frederic. *Origenis Hexaplorum quae Supersunt sive Veterum Interpretum Graecorum in Totum Vetus Testamentum Fragmenta*, 2 vols. Hildesheim: Georg Olms, 1964.
Finegan, Jack. *Handbook of Biblical Chronology.* Peabody, Mass: Hendrickson, 1998.
Finegan, Jack. *Myth & Mystery: An Introduction to the Pagan Religions of the Biblical World.* Grand Rapids, MI: Baker Book House, 1989.
Finkelstein, Israel and Amihai Mazar, Brian B. Schmidt. *The Quest for the Historical Israel: Debating Archeology and the History of Early Israel.* Atlanta: Society of Biblical Literature, 2007.
Finkelstin, Louis ed. *The Jews - Their Religion and Culture.* NYC, Shocken Books, 1971.
Fisch, Harold. *Poetry with a Purpose: Biblical Poetics and Interpretation.* Indiana University Press, 1988.
Fischer, S. "Qohelet and 'Heretic' Harpers' Songs." *JSOT* 26 (2002), 105–121.
Fischer, S. *Die Aufforderung zur Lebensfreude im Buch Kohelet und seine Rezeption der ägyptischen Harfnerlieder.* WAS, 2. Frankfurt: Peter Lang, 1999.
Fishbane, Michael A. *Biblical Interpretation in Ancient Israel.* Oxford: Clarendon Press, 1989.
Fitzmyer, J. A. *The Aramaic Inscriptions of Sefire.* Rome, 1967.
Fitzmyer, Joseph A. *Romans.* AB 33. New York: Doubleday, 1993.
Fitzmyer, Joseph A. *The Aramaic Inscriptions of Sefre.* Rome: Pontifical Biblical Institute, 1967.
Flesher, Paul V. M. *Targum Studies.* Vol. 2: *Targum and Peshitta.* Atlanta: Scholars Press, 1998.
Flint, P. W. *The Dead Sea Psalms Scrolls and the Book of Psalms*. STDJ 17. Leiden: Brill, 1997.
Fohrer, G.「이스라엘 역사」방석종 역. 서울: 성광문화사, 1986.
Fohrer, G.『구약성서 개론 (상, 하)』방석종 역 (서울: 성광문화사, 1985) ☆
Fohrer, G. *Geschichte Israels von den Anfaengen bis zur Gegenwart.* UTB 708. Heielberg: Quelle & Meyer, 1979.
Fohrer, G. *Introrduction to the Old Testament.* ET; Nashville, 1968.
Fokkelman, J. P. *Reading Biblical Narrative: An Introductory Guide.* Westminster John Knox, 1999.

Fokkelman, J. P. *Reading Biblical Poetry. An Introductory Guide*. Westminster John Knox, 2001.

Fox, Douglas E. "Ben Sira on OT Canon Again: The Date of Daniel." *WTJ* 49/2 (1987), 335–350.

Fox, M. V. *The Song of Songs and the Ancient Egyptian Love Songs*. Madison: The University of Wisconsin Press, 1985.

Freedman, D. N. and D. F. Graf. 『전환기의 팔레스틴: 고대 이스라엘의 출현』. 이순태 옮김. 한국신학연구소, 1995.

Freedman, David Noel and Francis I. Andersen. *Hosea*. AB 24. Garden City, NY: Doubleday, 1980.

Freedman, Harry and Maurice Simon. *Midrash Rabbah*. 10 vols. London: Soncino, 1961.

Frei, Hans. *The Eclipse of Biblical Narrative. A Study in Eighteenth and Nineteenth Century Hermeneutics*. New Haven, 1974.

Friedman, Mordechai A. "Israel's Response in Hosea 2:17b: 'You Are My Husband.'" *JBL* 99/2 (1980), 199–204.

Friedrich, J. "Staatsvertrage des Hatti Reiches in hethitischer Sprache." *MVAeG* 31 (1926), 조약 no. 3 §7–8 (pp. 112–115), §21–22 (pp. 134–137).

Fruchtenb aum, Arnold G. "Israel and the Church." *Issues in Dispensationalism*. John R. Master and Wesley R. Willis. pp. 113–132. Chicago: Moody, 1994.

Garbini, G. *History and Ideology in Ancient Israel*. New York: Crossroad, 1988.

Gardiner, A. *Egypt of the Pharaohs*. London: Oxford University Press, 1961.

Gathercole, S. J. *Where is Boasting? Early Jewish Soteriology and Paul's Response in Romans 1-5*. Grand Rapids: Eerdmans, 2002.

Gauthier, A. *Dictionnaire des noms gographiques contenus dans les textes hiroglyphiques*, Volume 1. Cairo: L'Institute Franais d'Archologie Orientale, 1925.

Geddes, Alexander. *Critical Remarks on the Hebrew Scriptures*. London, 1800.

Geiger, Abraham. *Ein Beitrag zur Geschichte der Bibelexegese und der jued. Literatur*. Leipzig: Leopold schnauss, 1855.

Geiger, Abraham. *Judaism and Its History*. New York: The Bloch Publishing Co., 1865.

Geisler, N. L. 「구약성서개론」윤영탁 역. 서울: 엠마오, 1988.

Geisler, N. L. *A Popular Survey of the Old Testament*. Grand Rapids: Baker, 1977.

Genneweg, Antonius H. J. 「이스라엘 역사. 고대로부터 바 코흐바 (132 A.D.)까지」 서울: 한국 신학 연구소, 1975.

Genneweg, Antonius H. J. *Geschichte Israells bis Bar Kochba*. Theologische Wissenschaft 2. Berlin: Verlag W. Kohlhammer, 1972, 1982[4].

Gertner, M. "Terms of Scriptural Interpretation: A Study in Hebrew Semantics." *Bulletin of the School of Oriental and African Studies* 25 (1962), 1–27.

Gibson, John C. L. *Textbook of Syrian Semitic Inscriptions II. Aramaic Inscriptions, Including Inscriptions in the Dialect of Zenjirli*. Oxford: Clarendon, 1975.

Giesebrecht, F. *Das Buch Jeremia*. HKAT III.2. Göttingen, 1897, 1907.[2]

Ginsberg, H. L. "'Roots Below and Fruit Above,' and Related Matters." in *Hebrew and Semitic Studies*. pp. 72–76. Oxford: Clarendon, 1963.

Ginsburg, C. D. *Introduction to the Masoretico-critical edition of the Hebrew Bible*. London: Trinity Bible Society, 1897.

Glenn, Donald R. and Jack S. Deere. "Song of Songs." in *The Bible Knowledge Commentary*.

Glover, W. B. *Evangelical Nonconformists and Higher Criticism in the Nineteenth Century*. 1954.

Goettsberger, J. *Einleitung in das Alte Testament*. Freiburg, 1928.

Goldingay, John E. *Daniel*. Dallas: Word, 1989.

Goldwurm, Hersh. *Daniel*. New York: Mesorah, 1979.

Gooding, D. W. "The Literary Structure of the Book of Daniel and Its Implications." *TynB* 32 (1981), 43–79.

Gordon, C. H. ***The Ancient Near East.*** 3d ed.; New York: Norton, 1965.

Gottwald, N. K.『히브리 성서: 사회–문화적 연구 (I–II)』. 김상기 역. 서울: 한국 신학연구소, 1987.

Gottwald, N. K. ***A Light to the Nations.*** New York, 1959.

Gottwald, N. K. ***The Hebrew Bible: A Socio-Literary Introduction.*** Philadelphia: Fortress, 1985.

Gottwald, Norman K. ***The Tribes of Yahweh: A Sociology of the Religion of Liberated israel, 1250-1050 B.C.E.*** Maryknoll, NY: Orbis Books, 1979.

Graetz, H. ***Kohelet oder der Salomonische Prediger.*** Leipzig: Winter, 1871.

Graf, K. H. ***Der Prophet Jeremia.*** Leipzig, 1862.

Graf, K. H. ***Die sogenannte Grundschrift des Pentateuchs***. 1866.

Graham, Matt Patrick. ***The Utilization of 1 and 2 Chronicles in the Reconstruction of Israelite History in the Nineteenth Century.*** SBL Dissertation Series 116. Atlanta, Georgia: Scholars Press, 1990.

Grant, R. M. ***The Bible in the Church: A Short History of Interpretation.*** New York: MacMillan, 1948.

Gray, E. M. ***Old Testament Criticism.*** London, 1923.

Gray, G. B. 'Bible, Old Testament Criticism,' ***The Encyclopaedia Britannica,*** vol. 3, (1910–11; 11판), 857–65.

Gray, John. ***I & II Kings.*** London: SCM Press, 1977.

Grayzel, Solomon. ***A History of the Jews.*** New York, New American Library, 1968.

Green, W. H. ***General Introduction to the Old Testament. The Canon.*** New York, 1905.

Greenslade, S. L. et al. eds. ***The Cambridge History of the Bible.*** 3 vols. Cambridge and New York, 1963–70.

Greenspoon, Leonard J. ***Textual Studies in the Book of Joshua.*** Chico, CA: Scholars Press, 1983.

Gressman, H. ***Der Messias.*** Göttingen: Vandenhoeck & Ruprecht, 1929.

Gressmann, H. "Die literarische Analyse Deuterojesajus." ***ZAW*** 34 (1914), 254–97.

Gressmann, H. ***Moses und seine Zeit. Ein Kommentar zu den Mose-Sagen***. Goettingen: Vandenhoeck und Ruprecht, 1913.

Grindel, John A. "Another Characteristic of the kaige Recension: nsh/nikos." ***CBQ*** 31 (1969), 499–513.

Grotius, Hugo. ***Annotationes in Novum Testamentum,*** 1641–50.

Grotius, Hugo. ***Annotationes in Vetus Testamentum***. Amsterdam, 1644.

Grotius, Hugo. ***De veritate religionis Christianae***. Paris, 1627.

Gruen, Erich S. ***Diaspora-Jews Amongst Greeks and Romans.*** Cambridge, MA, Harvard University Press, 2002.

Gruenwald, I. ***Apocalyptic and Merkavah Mysticism***. Leiden: Brill, 1980.

Gunkel, H. 'Die Grundprohleme der israelitischen Literaturgeschichte,' ***Reden und Aufsaetze.*** pp. 29–38. Goettingen, 1913.

Gunkel, H. 'Fundamental Problems of Israel Literary History,' ***What Remains of the Old Testament.*** pp. 57–68. New York and London 1928.

Gunkel, H. ***Die Genesis uebersetzt und erklaert.*** Handcommcntar zum Alten Testament. Erste Abtheilung, erster Band. Goettingen: Vandenhoeck and Ruprecht, 1910.

Gunkel, H. ***Die israelitische Literatur.*** Leipzig, 1925.

Gunkel, H. ***Die Schriften des Alten Testaments.*** Goettingen: Vandenhoeck & Ruprecht, 1923.

Gunkel, H. ***Genesis.*** Goettingen: Vandenhoeck, 1901. 일부 영역 ***The Legends of Genesis***. Translated by W. H. Carruth. Chicago: Open Court, 1901.

Gunkel, H. ***Schoepfung und Chaos in Urzeit und Endzeit.*** Göttingen: Vandenhoeck &. Ruprecht, 1895.

Gunn, David M. and Danna Nolan Fewell. ***Narrative in the Hebrew Bible.*** The Oxford Bible Series. Oxford University

Press, 1993.

Gurney, O. R. ***The Hittites***. Penguin, 1990.

Gurney, R. J. M., J. E. Goldingay and G. J. Wenham. "Approaching Daniel: Three Studies." ***Themelios*** 2/2 (1977), 55.

Hadrian, ***Isagoge ad Sacras Scripturas***. MPG 98. 1273–1312.

Haevernick, H. A. C. ***A General Historico-Critical Introduction to the Pentateuch and to the Old Testament***. Edinburgh, 1850.

Haevernick, H. A. C. ***Handbuch der historische-kritischen Einleitung in das Alte Testament***. 3 Teil. Erlangen 1839–56.

Hagner, D. A. ""Paul and Judaism: Testing the New Perspective,"" in P. Stuhlmacher, ***Revisiting Paul"s Doctrine of Justification: A Challenge to the New Perspective***. pp. 75–105. Downers Grove: InterVarsity, 2001.

Hahn, H. F. ***The OT in Modern Research***. London: S. C. M. Press, 1956.

Hallo, W. W. "From Qarqar to Carchemish: Assyria and Israel in the Light of New Discoveries." ***BA*** 23 (1960), 34–61.

Hallo, W. W. "The Aramean Empire and its Relations with Israel." ***BA*** 25 (1962), 98–120.

Hallo, W. W. and W. K. Simpson. ***The Ancient Near East: A History***. Harcourt Brace Jovanovich, 1971.

Hallo, William W. and K. Lawson Younger, Jr. eds. ***The Context of Scripture***, Volume 1. Canonical Compositions from the Biblical World. Brill, 1997; Volume 2. Monumental Inscriptions from the Biblical World. Brill, 2000; Volume 3. Archival Documents from the Biblical World. Brill, 2002.

Hamborg, G. R. "Reasons for Judgment in the Oracles against the nations of the prophet Isaiah." ***VT*** 31 (1981), 145–159.

Hamlin, E. John. "Deutero–Isaiah's Reinterpretation of the Exodus in the Babylonian Twilight." ***Proceedings: Eastern Great Lakes and Midwest Biblical Societies*** 11 (1991), 75–80.

Hansen, David G. "Moses and Hatshepsut," ***Bible and Spade*** 16 (2003), 14–20.

Hanson, P. D. "Jewish Apocalyptic against Its Near Eastern Environment." ***RB*** 78 (1971), 54.

Hanson, P. D. ***The Dawn of Apocalyptic***. Philadelphia: Fortress, 1975.

Haran, M. "The Rise and Decline of the Empire of Jeroboam ben Joash." ***VT*** 17 (1967), 267–68.

Harrison, R. K. 『구약서론 (상, 중, 하)』 류호준, 박철현 옮김. 크리스챤 다이제스트, 1993(상); 1994(중); 1996(하)

Harrison, R. K. ***Introduction to the Old Testament***. Grand Rapids 1969.

Harrison, R. K. ***Introduction to the Old Testament***. Grand Rapids: Eerdmans, 1969.

Harrison, R. K. ***Old Testament Times: A Social, Political, and Cultural Context***. Baker Book House, 2005.

Harvey, J. "Le 'Rib–Pattern,' requisitoire prophetique sur la rupture de l'alliance." ***Bib*** 43 (1962), 176–92.

Haupt, Paul. "Critical Notes on Esther," in ***Old Testament and Semitic Studies In Memory Of W. Rainey Harper***. eds. R. F. Harper et al. 2:118. Chicago: University of Chicago Press, 1908.

Haupt, Paul. "The Name Istar." ***JAOS*** 28 (1907), 112–119.

Hayes, J. H. and J. M. Miller, eds. ***Israelite and Judean History***. Philadelphia: Westminster, 1977.

Hayes, John and Paul K. Hooker eds. 「이스라엘과 유다 역사: 신 연대기」 정중호 역. 서울: 대한기독교서회, 1991.

Hayes, John and Paul K. Hooker eds. ***A New Chronology for the Kings of Israel and Judah and Its Implications for Biblical History and Literature***. Atlanta: John Knox Press, 1988.

Hayes, John H. 『구약학 입문』 이영근 옮김. 서울: 크리스챤 다이제스트, 1994.

Heidegger, J. H. ***Enchiridion biblicum***. Zurich, 1681.

Helyer, Larry R. "Luke and the Restoration of Israel." ***JETS*** 36 (1993), 328.

Hendriksen, William. ***More Than Conquerors: An Interpretation of the Book of Revelation***. Grand Rapids, MI: Baker, 1940.

Hengstenberg, E. W. ***Beitraege zur Einleitung ins Alte Testament***. 3 Bande. Berlin, 1831–39.

Hengstenberg, E. W. *Christologie des Alten Testaments.* 영역본. 1835–1839.

Hengstenberg, E. W. *Die Authentie des Pentateuchs.* 3 vols. 1836–39.

Hengstenberg, E. W. *Die Buecher Mosis und Aegypten.* 1841.

Hengstenberg, E. W. *Dissertations on the Genuineness of the Pentateuch.* Vol. 1. Trans. J. E. Ryland. Edinburgh: T & T Clark, 1857.

Henry, Carl F. H. *Revelation and the Bible.* Grand Rapids: Baker, 1958.

Herder, J. G. von. *The Spirit of Hebrew Poetry.* 2 vols. ET. Burlington, Vt. 1833.

Herrmann, Siegfried. 「이스라엘 역사」 서울: 나단, 1989.

Herrmann, Siegfried. *Geschichte Israels in alttestamentlichen Zeit.* Muenchen: Chr. Kaiser Verlag, 1974; 1980^{2}.

Hess, Richard S., Gerald A. Klingbeil, and Paul J. Ray Jr. eds. *Critical Issues in Early Israelite History*. Bulletin for Biblical Research Supplement 3. Eisenbrauns, 2008.

Hesse, F. "Die Erforschung der Geschichte Israels als theologische Aufgabe." *Kerygma und Dogma* iv (1958), 1–19.

Higgenbotham, Carolyn. "Hyksos." in *The New Interpreter's Dictionary of the Bible*, ed. Katharine D. Sakenfeld. 2:921–22. Nashville: Abingdon, 2007.

Hill, Andrew E. and John H. Walton. *A Survey of the Old Testament* (Grand Rapids: Zondervan, 2000.

Hill, Andrew E. and John H. Walton.『구약개론』 유선명, 정종성 공역. 서울: 은성, 1994.

Hinson, D. F. 「구약성서 39권」 이후정 역. 서울: 컨콜디아사, 1983.

Hinson, D. F. *Old Testament Introduction* 2. London: SPCK, 1974.

Hinson, D. F. *Old Testament Introduction I. History of Israel.* TEF Study Guide 7. London: SPCK, 1973.

Hippolytus. *Fragmenta in Canticum Canticorum.* in J. Migne ed. *Patrologia graeca* 23.

Hirsch, Samson Raphael. *Horeb: A Philosophy of Jewish Laws and Observances.* London, Soncino Press, 1975.

Hobbes, Thomas. *Leviathan* or *The Matter, Forme and Power of a Common Wealth Ecclesiasticall and Civil.* 1651.

Hodges, Zane C. "A Dispensational Understanding of Acts 2." in *Issues in Dispensationalism,* eds. pp. 168–169. Wesley R. Willis & John R. Master. Chicago: Moody, 1994.

Hoepfl, H. *Introductionis in sacros utriusque testamenti libros compendium,* 3 vols. Rome 1921.

Hoerth, Alfred, Gerald Mattingly, and Edwin Yamauchi eds. *Peoples of the Old Testament World.* Grand Rapids: Baker, 1994. Wiseman's *Peoples of Old Testament Times*의 개정판.

Hoerth, Alfred. *Archaeology and the Old Testament.* Grand Rapids: Baker, 1998.

Hoffmeier, James, K. and Alan Millard, eds. *The Future of Biblical Archaeology: Reassessing Methodologies and Assumptions*. Grand Rapids: Eerdmans, 2004.

Hofius, Otfried. "Das Evangelium und Israel." in *Paulusstudien.* pp. 175–202. Tuebingen: Mohr–Siebeck, 1989.

Holm, A. *Griechische Geschichte*, 4 vols. 1894.

Holmes, Robert and James Parsons. *Vetus Testamentum Graecum cum Variis Lectionibus.* 5 vols. Oxford: Clarendon Press, 1798–1827.

Horn, Siegfried H. "The Chronology of King Hezekiah's Reign." *Andrews University Seminary Studies* 2 (1964), 48–49.

Horne, T. H. *An Introduction to the Critical Study and Knowledge of the Holy Scriptures,* 3 vols. London, 1818.

Hornig, G. *Die Anfänge der historisch-kritischen Theologie. Johann Salomo Semlers Schriftverständnis und seine Stellung zu Luther.* Göttingen: Vandenhoeck & Ruprecht, 1961.

Howard, Jr., David M. *An Introduction to the Old Testament Historical Books.* Chicago, IL: Moody, 1993.

Huffmon, H. "The Covenant Lawsuit in the Prophets." *JBL* 78 (1959), 285–95.

Hupfeld, H. *Die Quellen der Genesis von neuem untersucht*. Berlin, 1853.

Hupfeld, H. *Ueber Begriff und Methode der sogeenannten biblischen Einleitung.* Marburg, 1844.

Hyatt, J. P. *Exodus.* London: Oliphants, 1971.

Ilgen, K. D. *Die Urkunden des Jerusalemischen Templarchivs in ihrer Urgestalt als Beytrag zur Berichtigung der Geschichte der Religion und Politik, i. Die Urkunden des ersten Buches von Mose*. Halle, 1798.

Illyricus, Matthias Placius. *Clavis Scripturae Sacrae.* Basel, 1567.

Jacobi, J. F. *Das durch eine leichte und ungekuenstelte Erklaerung von seinen Vorwuerfen gerettete Hoe Lied, Celle.*1772.

Jahn, Johann. *Einleitung in die goettlichen Buecher des Alten Bundes,* 4 vols. Vienna 1802; 2판.

Janzen, J. G. *Studies in the Text of Jeremiah.* Harvard Semitic Monographs 6. Cambridge: Harvard University Press, 1973.

Japhet, S. *I & II Chronicles.* A Commentary. London: SCM Press, 1993.

Jastrow, Marcus. *Dictionary of the Targumim, Talmud Babli, Yerushalmi and Midrashic Litearature.* New York: The Judaica Press, 1980.

Jellicoe, Sidney. *The Septuagint and Modern Study.* Oxford: Clarendon Press, 1968.

Jenkins, A. K. "The Development of the Isaiah Tradition in Isa. 13–23." in J. Vermeylen ed. *The Book of Isaiah.* pp. 237–251. Leuven: Peeters, 1989.

Jensen, Joseph. "Yahweh's Plan in Isaiah and in the Rest of the Old Testament." *CBQ* 48 (1986), 443–54.

Jepsen, A. "Kleine Beitraege zum Zwoelfprophetenbuch I." *ZAW* 56 (1938), 85–96.

Jepsen, A. and R. Hanhart. *Untersuchunggen zur israelitisch-juedischen Chronolgie.* Berlin: Walter de Gruyter, 1964.

Jerome's Commentary on Daniel. tr. Gleason L. Archer, Jr. Grand Rapids: Baker, 1958.

Jobes, Karen H. and Moises Silva. *Invitation to the Septuagint.* Grand Rapids: Baker, 2000.

Johnson, Elliott E. "Prophetic Fulfillment: The Already and Not Yet." *Issues in Dispensationalism.* pp. 183–202.

Jones, D. R. *Haggai, Zechariah, and Malachi.* London: SCM, 1964.

Joueon, P. *Ruth.* Rome: Pontifical Biblical Institute, 1953.

Jouon, Paul–T. Muraoka. *A Grammar of Biblical Hebrew.* Roma: Editrice Pontificio Istituto Biblico, 1991.

Kaiser, Otto. *Introduction to the Old Testament,* ET. Oxford and Minneapolis, 1975.

Kaiser, Otto.『구약성서 개론』 이경숙 옮김. 왜관: 분도출판사, 1995.

Kaiser, W. C. *Toward an Old Testament Theology*. Grand Rapids: Zondervan, 1978.

Kaiser, Walter C. *Ecclesiastes: Total Life.* Chicago: Moody, 1979.

Kaiser, Walter C.『새롭게 본 구약』, 김의원 옮김. 서울: 엠마오, 1989.

Kaiser, Walter. C. *The Messiah in the Old Testament.* Grand Rapids: Zondervan Publishing House, 1995.

Kapelrud, A. S. *Joel Studies.* Uppsala: Almqvust och Wiksell, 1948.

Karlstadt (Andreas Rudolf Bodenstein), *De canonicis scripturis libellus,* 1520; reprinted in K. A. Credner, *Zur Geschichte des Kanons,* (Halle 1847). 291이하.

Kaufmann, Y. *The Religion of Israel.* Chicago: University of Chicago Press, 1960.

Kayatz, C. *Studien zu Proverbien 1-9.* WMANT 22. Neukirchen–Vluyn: Neukirchener Verlag, 1966.

Keil, C. F. and F. Delitzsch. *The Pentateuch.* tr. James Martin. Grand Rapids, MI.: Eerdmans, 1983.

Keil, C. F. *Biblischer Commentar über den Propheten Jeremia und die Kagelieder*. 1880.

Keil, C. F. *Manual of Historico-Critical Introduction to the Canonical Scriptures of the Old Testament*, 2 vols. ET Edinburgh, 1892.

Keimer, Ludwig. "The Wisdom of Amen-em-ope and the Proverbs of Solomon." *American Journal of Semitic Languages and Literature* 43 (1926), 8–9.

Keiser, Thomas A. "The song of moses a basis for Isaiah's prophecy." *VT* 55/4 (2005), 486–500.

Kelly, Page H. Daniel S. Mynatt and Timothy Crawford. *The Masorah of the Biblica Hebraica Stuttgartensia*. Grand Rapids: Eerdmans, 1998.

Kemp, Barry J. *Ancient Egypt: Anatomy of a Civilization.* 2nd edition. Routledge, 1991.

Kim, Kyung-Rae. "Studies in the Relationship Between the Samaritan Pentateuch and the Septuagint." Hebrew University Ph. D. Dissertation.

Kim, S. *Paul and the New Perspective: Second Thoughts on the Origins of Paul"s Gospel.* Grand Rapids: Eerdmans, 2002.

King, Philip J. and Lawrence E. Stager. *Life in Biblical Israel. Library of Ancient Israel.* Westminster John Knox, 2001.

Kissane, E. J. *The Book of Isaiah.* Dublin: Browne and Nolan. 1943.

Kitchen, K. A. "Proverbs and Wisdom Books of the Ancient Near East: The Factual History of a Literary Form'.' *TynBul* 28 (1977), 69–114.

Kitchen, K. A. *Ancient Orient and Old Testament.* Downers Grove, IL.: IVP, 1967.

Kitchen, K. A. *On the Reliability of the Old Testament.* Grand Rapids: Eerdmans, 2003.

Kitchen, K. A. *Ramesside Inscriptions Translated and Annotated: Notes and Comments*, Volume 1. Oxford: Blackwell, 1993.

Kitchen, K. A. *The Third Intermediate Period in Egypt (1100-650 B.C)*. Warminster: Aris & Phillips, 1973.

Kitchen, Kenneth A. *On the Reliability of the Old Testament*. Grand Rapids: Eerdmans, 2003.

Klatt, Mr. *Hermann Gunkel, Zu seiner Theologie der Religiongeschichte und zur Entstehung der formgeschichtlichen Methode,* Forschungen zur Religion und Literature des Alten und Neuen Testaments 100. Goettingen, 1969.

Klein, M. G.『성경의 권위의 구조』, 김의원 역. 서울: 크리스챤 다이제스트, 1994.

Klein, Ralph W. *Textual Criticism and the Old Testament: From Septuagint to Qumran.* Philadelphia: Fortress Press, 1974.

Kleinig, John W. "On Eagles' Wing: An Exegetical Study of Exodus 19:2–8," *Lutheran Theological Journal* 21 (1987), 18–27.

Kline, M. "The Ha-Bi-Ru, Kin or Foe of Israel? – II." *WTJ* 20 (1957), 54–61.

Kline, M. G. "The Covenant of the Seventith Week." in *The Law and the Prophets: Old Testament Studies Prepared in Honor of Oswald Thompson Allis.* ed. John Skilton. pp. 463–64. Philadelphia: Presbyterian & Reformed, 1974.

Knight, D. A. *Rediscovering the Traditions of Israel,* SBL Diss. Series 9. Missoula, 1975.

Knight, Douglas A. and Gene M. Tucker, eds. *The Hebrew Bible and Its Modern Interpreters*. Minneapolis, MN: Abingdon, 1985.

Koch, K. *The Growth of the Biblical Tradition. The Form-Critical Method,* ET. New York and London, 1969.

Koehler, Ludwig. *Old Testament Theology.* trans. A. S. Todd. Philadelphia: Westminster Press, 1957.

Koester, H. 'New Testament Introduction. A Critique of a Discipline,' *Christianity, Judaism, and other Greco-Roman Cults, Studies for Morton Smith,* Part I. pp. 11–20. Leiden 1975.

Köhler U. and W. Baumgartner. *Hebraisches und aramaisches Lexikon zum Alten Testament.* Leiden: E. J. Brill, 1967.

Korosec, V. "Einige Juristische Bemerkungen zur Sahurunuva-Urkunde." *Muenchener Beitrage zur Papyrusforschung und antiken Rechtsgeschichte* 35 (1945), 221, n.5.

Kraeling, E. G. *The Old Testament since the Reformation.* London, 1955.

Kramer, Samuel Noah. *History Begins at Sumer: Thirty-Nine "Firsts" in Recorded History.* New York: Doubleday and Co., 1959.

Kraus, H. J. *Geschichte der historisch-kritischen Erforschung des Alten Testaments von der Reformation bis zur Gegenwart.*

Neukirchen-Vluyn 1969; 2판.

Kraus, H. J. *Geschichte der historisch-kritischen Erforschung des AT's von der Reformation bis zur Gegenwart.* 1956.

Kuemmel, W. G. *The New Testament: The History of the Investigation of its Problems,* ET. Nashville, 1972.

Kuenen, A. *De Godsdienst tot den ondergang van den Joodschen staat*. 1869-1870. 영역 *The Religion of Israel.* 1874-1875.

Kuenen, A. *De profeten en de profetie onder Israel.* 1875. 영역 *Prophets and Prophecy in Israel,* 1877.

Kuenen, A. *Historisch-Kritisch Onderzoek naar het onstaand en de verzameling van de Boeken des Ouden Verbonds.* 3 vols. 1861-1865; 2nd ed., 1885-1893; German by T Weber and CT Müller, 1885-1894.

Kuenen, A. *Historisch-kritisch Onderzoek naar het ontstaan en de verzameling van de boeken des Ouden Verbads.* 3 vols. Leiden 1861-65; 독역 1886-94; 일부 영역 1865.

Kuhl, C. 'Bibelwissenschaft des AT,' *RGG* I. 1227이하; 3판.

Kuhn, K. G. "hagios." *TDNT.* I: 98.

Kurht, Amelie. *The Ancient Near East: 3000-330 BC*. 2 vols. Routledge, 1997.

Kutal, B. *Liber Prophetae Joelis, Commentarli in. Prophetas Minores* 2. Olmutz, 1932.

Kutscher, E. Y. *A history of the Hebrew language*. Ed. Raphael Kutscher. Jerusalem: Magnes Press, Hebrew University, 1982.

Kuula, K. *The Law, The Covenant and God"s Plan. Volume 1. Paul"s Polemical Treatment of the Law in Galatians.* Helsinki: Finnish Exegetical Society, 1999.

Kyle, M. G. *The Deciding Voice of the Monuments in Biblical Criticism.* Oberlin, Ohio and London 1912.

La Peyrere, Isaac. *Prae-Adamitae* (Men Before Adam). 1655.

Lacheman, E. R. *Excavations at Nuzi VIII: Family Law Documents.* HSS XIX (1962), 74.

Lacocque, A. *The Book of Daniel.* Atlanta: John Knox, 1978.

Laetsch, Theodore. *Bible Commentary: The Minor Prophets.* St. Louis: Concordia, 1970.

Lamarche, P. *Zacharie ix-xiv: Structure, Literaire, et Messianisme.* Paris: J. Gabalda, 1961.

Lancaster, Lewis R. "Buddhist Books and Texts." in *Encyclopedia of Religion.* ed. Lindsay Jones. 2nd ed. pp. 1251이하. Farmington Hills, MI: Thomson Gale, 2005.

Landes, G. M. "Jonah, Book of." in *The Interpreter's Dictionary of the Bible.* Supplementary Volume. p. 490. Nashville, TN: Abingdon, 1976.

Laroche, E. "Un point d'histoire: Ulmi-Tessub," *Revue hittite et asianique* 48 (1948), 40-48.

Laroche, E. *Catalogue des textes hittites*. Paris, 1971.

LaSor, W. S., D. A. Hubbard, and F. W. Bush, 『구약개관(상, 하)』 박철현 옮김. 크리스챤 다이제스트, 1994.

Le Clerc (Clericus), Jean. *Ars Critica.* Amsterdam, 1696.

Le Clericus, Johannes. *Sentimens de quelques thologiens de Hollande sur l'histoire critique du Vieux Testament composée par le P. Richard Simon*. 1685.

Le Déaut, Roger. "Apropos a Definition of Midrash." *Interpretation* XXV (1971), 259-82.

Lemche, Niels Peter. *The Israelites in history and tradition.* Louisville, KY.: John Knox, 1998.

Lemke, Werner E. "The Synoptic Problem in the Chronicler's History." *HTR* 58 (1965), 349-363.

Lemke, Werner E. "Synoptic Studies in the Chronicler's History." Ph. D. diss. Harvard University, 1963.

Levy, Thomas E. ed. *The Archaeology of Society in the Holy Land.* Facts on File, 1995.

Lewy, H. *Die semitischen Framdwoerter im Griechischen.* 1895.

Lichtheim, M. "The Songs of the Harpers." *JNES* 4 (1945), 178이하.

Lindblom, Johannes. *Prophecy in Ancient Israel.* Philadelphia: Muhlenberg, 1962.

Liverani, Mario. *Israel's History and the History of Israel*. Trans. C. Peri and P. R. Davies. Equinox, 2005.

Livingston, G. Herbert.「모세오경의 문화적 배경」김의원 역. 서울: 기독교 문서선교회, 1990.

Livingston, G. Herbert. *The Pentateuch in Its Cultural Environment.* Grand Rapids: Baker, 1987.

Lods, A. *Histoire de la litterature hebraique et juive depuis les origines jusqua 'a la ruine de l'etat juif* (135 *apres J.-C.*), Paris, 1950.

Loewenstamm, Samuel E. *The Evolution of the Exodus Tradition.* tr. Baruch J. Schwartz. Jerusalem: Magnes press, 1992.

Long, V. Philips, David W. Baker, and Gordon J. Wenham, eds. *Windows into Old Testament History: Evidence, Argument, and the Crisis of "Biblical Israel."* Grand Rapids: Eerdmans, 2002.

Long, V. Philips. *Israel's Past in Present Research: Essays on Ancient Israelite Historiography*. SBTS 7. Eisenbrauns, 1999.

Long, V. Philips. *The Art of Biblical History*. Foundations of Contemporary Interpretation vol. 5. Grand Rapids: Zondervan, 1994.

Lubac, Henri de. *Exegese Medievale,* 4 vols. Paris, 1959–64.

Lucensis, Santes Pagninus. *Isagogae ad sacra litteras liber unicus.* Lyons, 1536.

Lusseau–Collomb. *Manuel d'Etudes Biblique* I. Paris, 1936.

Luther, Martin. 'Prefaces to the Books of the Bible,' *Luther's Works,* vol. 35. pp. 227이하. Philadelphia, 1960

Mahaffy, J. P. *The Empire of the Ptolemies.* 1895.

Mansoor, M. *The Dead Sea Scrolls,* 2nd ed. Grand Rapids, MI: Baker Book House, 1983.

Marcel, Pierre Ch. "Our Lord's Use of Scripture," in *Revelation and the Bible.* ed. Carl F. H. Henry. pp. 121–134. Grand Rapids: Baker, 1958.

Margalioth, Rachel. *The Indivisible Isaiah.* New York: Yeshiva University, 1964.

Margolis, Max L. *The Hebrew Scriptures in the Making.* Philadelphia 1922.

Martin, John A. "Luke," the *Bible Knowledge Commentary.* Wheaton, IL.: Victor Books, 1983–85.

Martin, John A. "Part 2: The Literary Quality of 1 and 2 Samuel." *Bibliotheca Sacra* 141/562 (1984), 84–131.

Martin, John A. "Studies in 1 and 2 Samuel Part 3: The Text of Samuel." *BSac* 141 (1984), 209–220.

Mathews, Victor H. *A Brief History of Ancient Israel.* Louisville: Westminster John Knox, 2002.

Mazar, Amihai. *Archaeology of the Land of the Bible: 10,000-586 B.C.E.* New York: Doubleday, 1992.

McConville, J. G. "Restoration in Deuteronomy and the Deuteronomic Literature." in James M. Scott ed. *Restoration: Old Testament, Jewish, and Christian Conceptions*. Journal for the Study of Judaism Supplement Series 72. pp. 11–40. Leiden: Brill, 2001.

McConville, J. Gordon. "Priests and Levites in Ezekiel: A Crux in the Interpretation of Israel's History." *Tyndale Bulletin* 34 (1983), 3–31.

McFall, Leslie. "A Translation Guide to the Chronological Data in Kings and Chronicles." *Bibliotheca Sacra* 148 (1991), 3–45.

McGlinchey, James M. *The Teaching of Amenemope and the Book of Proverbs.* Washington, DC: The Catholic University of America, 1939.

McGovern, Patrick E. "The Foreign Relations of the 'Hyksos': A Neutron Activation Study of Middle Bronze Age Pottery from the Eastern Mediterranean." *BAR* International Series. Oxford, England: Archaeopress, 2000.

McGrath, Alister E. *The Future of Christianity.* Oxford: Blackwell, 2002.

Meek, Theophile J. "Babylonian Parallels to the Song of Songs." *JBL* 43 (1924), 245–252.

Meek, Theophile J. "The Song of Songs and the Fertility Cult." in *A Symposium on the Song of Songs.* ed. W. H. Schoff

(1924), 48–79.

Meek, Theophile J. "The Song of Songs: Introduction and Exegesis." in *IB*, V (1956), 98–148.

Meek, Theophile J. "Canticles and the Tammuz Cult." *AJSL* 39 (1922–23), 1–14.

Meier, John P. "Jesus, the Twelve, and the Restoration of Israel." in ed. James M. Scott. pp. 365–404. *Restoration: Old Testament, Jewish, and Christian Conceptions.*

Mendenhall, G. E. "Ancient Oriental and Biblical Law." *BA* 17 (1954), 26–48.

Mendenhall, G. E. "The Hebrew Conquest of Palestine." *BA* 25 (1962), 66–87.

Mendenhall, G. E. *Law and Covenant in Israel and the Ancient Near East.* Pittsburgh: Presbyterian Board of Colportage, 1955.

Merrill, E.『구약의 역사적 개요』최명덕 역. 크리스챤 다이제스트, 1995.

Merrill, Eugene. *Kingdom of Priests: A History of Old Testament Israel*. Grand Rapids: Baker, 1987.

Merx, E. O. A. *Die Prophetie des Joel und ihre Ausleger von den aeltesten Zeiten bis zu den Reformatoren.* Halle, 1879.

Metzger, Bruce M. *An Introduction to the Apocrypha.* New York: Oxford Univ. Press, 1957.

Meyer, E. *Ursprung und Anfaenge des Christentums*, 2 vols. 1921.

Meyer, Gottlob Wilhelm. *Geschichte der Schrifterklärung: seit der Wiederherstellung Wissenschaften*. Bd. 1–4. Goettingen: Johann Friedrich Roewer, 1802–1805.

Meyer, Rudolf. *Hebraeische Grammatik.* Berlin: Walter de Gruyter, 1966.

Meyers, Carol L. "Cherub." *Harper's Bible dictionary.* San Francisco: Harper & Row. 1985.

Meyers, Carol L. "Cherubim," *The Anchor Bible Dictionary*. ed. David Noel Freedman. I:190. Garden City, NY.: Doubleday, 1992.

Meyers, Eric M. ed. *The Oxford Encyclopedia of Archaeology in the Near East,* Five vols. Oxford University, 1997.

Michaelis, J. D. *Einleitung in die goettlichen Schriften des Alten Bundes.* Hamburg, 1787.

Mieroop, Marc Van de. *A History of the Ancient Near East: ca. 3000-323 BC.* Blackwell, 2004.

Miles, J. A. "Jonah as Parody." *Jewish Quarterly Review* 65 (1974–5), 168–181.

Milikowsky, Chaim. "Trajectories of Return, Restoration and Redemption in Rabbinic Judaism." *Restoration: Old Testament, Jewish, and Christian Conceptions*. ed. Jim Scott. pp. 265–280.

Millar, W. *Isaiah 24-27 and the Origin of Apocalyptic.* Missoula: Scholars, 1976.

Millard, Alan R., James K. Hoffmeier, and David W. Baker, eds. *Faith, Tradition, and History: Old Testament Historiography in Its Near Eastern Context*. Eisenbrauns, 1994.

Miller, J. Maxwell and John H. Hayes.「고대 이스라엘 역사」박문재 역. 서울: 크리스챤 다이제스트, 1996.

Miller, J. Maxwell and John H. Hayes. *A History of Ancient Israel and Judah.* Second edition. Westminster John Knox, 2006.

Miller, J. Maxwell. "Israelite History." in Douglas A. Knight et al. eds. *The Hebrew Bible and Its Modern Interpreters*. pp. 1–30. Philadelpha: Fortress, 1985.

Milligan, William. *The Ascension and the Heavenly Priesthood of Our Lord.* London: Macmillan and Co. 1892.

Min, Y. J. "The Minuses and Pluses of the LXX Translation of Jeremiah compared with the Masoretic Text. Their Classification and possible Origins." dissertation; Hebrew University, Jerusalem, 1977.

Mitchell, Hinckley G. *Haggai, Zechariah, Malachi And Jonah.* ICC. New York: Charles Scribner's Sons, 1912.

Moore, Carey A. *Esther.* AB 7B. Garden City, NY.: Doubeday, 1971.

Moore, George Foot. *Judaism in the First Centuries of the Christian Era, the Age of the Tannaim.* Cambridge: Harvard University Press, 1927.

Moran, W. L. "A Kingdom of Priests." in John L. McKenzie, SJ ed. *The Bible in Current Catholic Thought.* pp. 7–20. New York: Herder & Herder, 1962b.

Moran, W. L. "K. Baltzer, Das Bundesformular." *Biblica* 43 (1962a), 103.

Morris, S. L. *The Drama of Christianity.* Grand Rapids: Baker Book House. 1928.

Mosis, R. *Untersuchungen zur Theologie des chronistischen Geschichtswerkes.* Freiburger theologische Studien 23. Freiburg: Herder, 1973.

Mosis, Rudolf. "Ex 19,5b.6a: Syntaktischer Aufbau und lexikalische Semantik," *Biblische Zeitschrift* 22 (1978), 1–25.

Motyer, J. Alec. *The Prophecy of Isaiah: An Introduction & Commentary.* Downers Grove, IL: Intervarsity, 1993.

Movers, F. C. *De utriusque recensionis vaticinorum Ieremias ... indole et origine commentatio critica.* Hamburg, 1837.

Mowinckel, S. "Psalm Criticism between 1900 and 1935." (Ugarit and Psalm exegesis). *VT* 5. (1955), 13–33.

Mowinckel, S. *He That Cometh: The Messiah Concept in the Old Testament and Later Judaism.* Translated by G. W. Anderson. Oxford: Basil Blackwell, 1956.

Mowinckel, S. *The Psalms in Israel's Worship.* tr. by D. R. Ap–Thomas. Oxford: B. H. Blackwell, 1963.

Myers, J. M. "Some Considerations Bearing on the Date of Joel." *ZAW* 74 (1962), 177–95.

Myers, Jacob M. *1 Chronicles.* AB. Garden City, N.Y.: Doubleday & Company, Inc., 1965.

Myers, Jacob M. *The Linguistic and Literary Form of the Book of Ruth.* Leiden: Brill, 1955.

Nelson, Harold H. "The Eygptian Temple," in David Noel Freedman and G. Ernest Wright eds. *The Biblical Archeologist Reader.* pp. 147–57. Garden City, NY: Doubleday, 1961.

Newton, Isaac. *Observations upon the Prophecies of Dan. and the Apocalypse of St. John.* 1732.

Niccacci, Alviero. *The Syntax of the Verb in Classical Hebrew Prose.* tr. by W. G. E. Watson Sheffield: JSOT Press, 1990.

Nickelsburg, George W. E. *1 Enoch: A Commentary on the Book of 1 Enoch Chapters 1–36; 81–108,* Hermeneia. Minneapolis, Minn: Fortress Press, 2001.

Niehaus, J. "The Deuteronomic Style: an Examination of the Deuteronomic Style in the Light of Ancient Near Eastern Literature." Unpublished. Liverpool, 1985.

Niese, B. *Geschichte der griechischen und makedonischen Staaten,* 3 vols. 1893–1903

Nissinen, Martti, with contributions by C. L. Seow and Robert K. Ritner. *Prophets and Prophecy in the Ancient Near East. Society of Biblical Literature Writing from the Ancient World.* Society of Biblical Literature, 2003.

Noeldeke, Th. "Bemerkungen zum hebraeischen Ben Sira." *ZAW* 20 (1900), 87.

Nolland, J. *Luke 18:35-24:53.* WBC 35B. Dallas: Word, 1993.

Noth, M. 「이스라엘 역사」 박문재 역. 서울: 크리스챤 다이제스트, 1996.

Noth, M. *A History of Pentateuchal Traditions,* tr. Bernhard W. Anderson. Englewood Cliffs, N.J.: Prentice–Hall, 1972.

Noth, M. *Die israelitischen Personennamen.* BWANT 3/10. Hildesheim, 1966.

Noth, M. *Exodus.* OTL. London: SCM Press, 1962.

Noth, M. *The Chronicler's History.* tr. H. G. M. Williamson. Sheffield: JSOT Press, 1987.

Noth, M. *The Deuteronomistic History.* Sheffield: JSOT Press, 1981.

Noth, M. *The History of Israel.* revised ed. New York: Harper, 1960.

Noth, M. *Ueberlieferungsgeschichtliche Studien: Die sammelnden und bearbeiten Geschichtswerke im Alten Testament.* tr. E. W. Nicholson. Tuebingen: Max Niemeyer–Verlag, 1957.

O'Connell, Kevin G. *The Theodotionic Revision of the Book of Exodus.* Cambridge, MA: Harvard University Press, 1972b.

Oates, Joan. *Babylon.* New York: Thames and Hudson, 1986.

Oded, B. "The Historical Background of the Syro-Ephraimite War Reconsidered." *CBQ* 34 (1972), 153-65.

Oesterley, W. O. E. "The 'Teaching of Amenemope' and the Old Testament." *ZAW* 45 (1927), 9-24.

Oesterley, W. O. E. *The Evolution of the Messianic Idea. A Study in Comparative Religion.* London: Pitman, 1908.

Oppenheim, A. Leon. *Ancient Mesopotamia.* University of Chicago, 1977.

Origen. *Duae homiliae in cantica interprete Hieronyma.* in J. Migne ed. *Patrologia graeca* 13, 37-58, in *Patrologia latina* 23, 1175-1196.

Orlinsky, H. M. "The Columnar Order of the Hexapla." *Jewish Quarterly Review* n.s. 27 (1936-1937), 137-49.

Pao, David W. *Acts and the Isaianic New Exodus.* Grand Rapids: Baker, 2000.

Parker, R. A. "King Py, a Historical Problem." *ZAES* 93 (1966), 111-114.

Parvish, Samuel. *Inquiry into the Jewish and Christian Revelations.* London, 1739.

Payne, J. B. "The Goal of Daniel's Seventy Weeks: Interpretation by Context" *Presbyterian* 4 (1978), 35-37.

Pecirkova, J. "Assurbanipal and the Downfall of the Empire." *ArOr* 64 (1996), 157-162.

Pentecost, J. Dwight. "Daniel." in *The Bible Knowledge Commentary.* eds. J. F. Walvoord, and Roy B. Zuck. Wheaton, Illinois: Scripture Press Publications, Inc, 1985.

Perlitt, L. *Vatke und Wellhausen,* BZAW 94, 1965.

Pfeiffer, R. H. *Introduction to the Old Testament.* New York 1941.

Pfeiffer, R. H. *Introduction to the Old Testament.* New York: Harper and Brothers, 1941.

Philip Brown II, A. "The Chronological Relation of Ezra and Nehemiah." *Bibliotheca Sacra* 162 (Apr-Jun 2005), 68-84.

Pierce, Ronald W. "Literary Connectors and a Haggai/ Zechariah/ Malachi Corpus." *JETS* 27/3 (1984), 277-89.

Polzin, Robert. *Moses and the Deuteronomist: A Literary Study of the Deuteronomic History* (Seabury, 1980).

Pope, M. H. "Seven," in *The Interpreter's Dictionary of the Bible.* 4:294-95. Nashville: Abingdon, 1996.

Pope, Marvin. *Job: The Anchor Bible.* New York: Doubleday, 1965.

Porton, G. "Defining Midrash." in *The Study of Ancient Judaism I: Mishnah, Midrash, Siddur*, ed. J. Neusner. New York: 1981.

Post, G. E. "Myrtle." in *A Dictionary of the Bible*, ed. James Hastings. 3:465. Edinburgh: T. & T. Clark, 1898.

Prellwitz, W. *Etymologisches Woerterbuch der griechischen Sprache*[2]. 1905.

Pritchard, J. B. ed. *Ancient Near Eastern Texts Relating to the Old Testament*. 3rd. ed. Princeton University Press, 1969.

Pritchard, J. B. ed. *Harper's Atlas of the Bible.* Harper and Row, 1987.

Procksch, Otto. *Das nordhebräische Sagenbuch: Die Elohimquelle.* Leipzig: J. C. Hinrichs'sche Buchhandlung, 1906.

Provan, Iain W. "Reading Texts Against an Historical Background: The Case of Lamentations." *SJOT* 1/ (1990), 133.

Provan, Iain., V. Philips Long, and Tremper Longman III. *A Biblical History of Israel*. Westminster John Knox, 2003.

Publishers, 1998.

Pusey, E. W. *The Minor Prophets with a Commentary.* London: Smith, 1883.

Rabin, C. "Discourse Analysis and the Dating of Deuteronomy." in J. A. Emerton and S. C. Reif, *Interpreting the Hebrew Bible: Essays in honour of E. I. J. Rosenthal.* Cambridge: UP, 1982.

Rainey, Anson F. and R. Steven Notley. *The Sacred Bridge. Carta's Atlas of the Biblical World.* Carta, 2006. 축소판은 *Carta's New Century Handbook and Atlas of the Bible.* Carta, 2007.

Rainey, Anson F. and R. Steven Notley. *The Sacred Bridge. Carta's Atlas of the Biblical World.*. Carta, 2006.

Ramsey, G. "Speech-forms in Hebrew Law and Prophetic Oracles." *JBL* 96 (1977), 45-58.
Rasmussen, C. G. *Zondervan NIV Atlas of the Bible.* Grand Rapids: Zondervan, 1989.
Ravens, David. *Luke and the Restoration of Israel.* Sheffield: Academic Press, 1995.
Redford, D. B. "Hyksos: History," in D. N. Freedman, editor, *The Anchor Bible Dictionary.* 3:341-344. New York: Doubleday, 1992.
Reider, Joseph. *An Index to Aquila, rev. Nigel Turner, Supplements to Vetus Testamentum.* vol. 12 Leiden: E. J. Brill, 1966.
Rendsburg, G. A. "A New Look at Pentateuchal HW." *Biblica* 63 (1982), 351-369.
Rendsburg, G. A. "Reading David in Genesis: How We Know the Torah Was Written in the Tenth Century BCE." *BR* 17:1 (Feb. 2001), 20-33, 46-47.
Rendsburg, G. A. "Late Biblical Hebrew and the Date of 'P'." *JANES* 12 (1980), 65-80.
Rendsburg, G. A. *The Redaction of Genesis.* Winona Lake, IN.: Eisenbrauns, 1986.
Rendtorff, R. *Das ueberlieferungsgeschichtliche Problem des Pentateuchs.* Berlin: de Gruyter, 1977.
Rendtorff, Rolf. 'Literarkritik und Traditiongeshichte,' *EvTh* 27 (1967), 138-53
Rendtorff, Rolf. *Das Alte Testament. Eine Einfuehrung.* Neukirchen-Vluyn: Neukirchener Verlag, 1992.
Rendtorff, Rolf. *The Old Testament. An Introduction*, tr. John Bowden (Philadelphia: Fortress Press, 1986.
Reuss, Edouard Guillaume Eugène. *Geschichte der heiligen Schriften Alten Testaments*. Braunschweig: C. A. Schwetschke und Sohn, 1890.
Richardson, A. 'The Rise of Modern Biblical Scholarship and the Recent Discussion of the Authority of the Bible,' *The Cambridge History of the Bible* 3. (Cambridge 1963), 294-338.
Ridderbos, H. *Paul: An Outlie of His Theology.* London: SPCK, 1979.
Ridderbos, H. *The Coming of the Kingdom*. Tr. by H. de Jongste. Philadelphia: The Presbyterian and Reformed Publishing Company, 1962.
Rider, G. Le. *Suse sous les Séleucides et les Parthes. Les trouvailles monétaires et l''histoire de la ville.* Paris, 1965.
Riehm, E. *Die Gesetzgebung Moses im Lande Moab*. 1854.
Ringgren, Helmer. *Religions of the Ancient Near East*, Translated by John Sturdy. Philadelphia: Westminster, 1973.
Rivetus, A. *Isagoge, seu intorductio generalis, ad scripturam sacram veteris et novi testamenti.* Leiden, 1627.
Robert, A. "Les attaches littéeraires bibliques de Prov. I-IX." *Revue biblique* 42 (1934), 42-68, 172-204, 374-84.
Robert, A. and A. Feuillet, *Introduction to the Old Testament,* ET of 2nd ed. New York, 1968.
Roberts, Francis. *Clavis Bibliorum. The Key of the Bible.* London 1648.
Robinson, George L. *The Prophecies of Zechariah.* Chicago, 1896.
Rogers, Jack B. and Donald K. McKim. *The Authority and Interpretation of the Bible: A Historical Approach.* San Francisco : Harper & Row, Publishers, 1979.
Rogerson, J. *The Atlas of the Bible.* Facts on File, 1985.
Rohl, D. M. *Pharaohs and Kings: A Biblical Quest.* New York: Crown, 1995.
Römer, Thomas. *The So-Called Deuteronomistic History: A Sociological, Historical and Literary Introduction.* T & T Clark, 2005.
Rosenmueller, Ernst Friedrich Karl. *hist. interpret*. V, 280-454.
Rost, L. *Einleitung in das Alte Testament von D. Dr. Ernst Sellin.* Heidelberg, 1950; 8판.
Rothschild, Fritz A. *Jewish Perspectives on Christianity: Leo Baeck, Martin Buber, Franz Rosenzweig, Will Herberg, and Abraham J. Heschel.* New York: Crossroad, 1990.

Rowley, H. H. 「구약 성서 성장사」 문희석, 채위 공역 (서울: 대한기독교출판사, 1976)☆

Rowley, H. H. *The Aramaic of the Old Testament.* London: Oxford University Press, 1929.

Rowley, H. H. *The Biblical Doctrine of Election.* London: Lutterworth, 1950.

Rowley, H. H. *The Growth of the Old Testament.* London: Hutchinson University Library, 1961.

Rowley, H. H. *The Servant of the Lord and Other Essays of the Old Testament.* London: Lutterworth, 1952.

Rudolph, Wilhelm. *Chronikbücher*, Handbuch zum Alten Testament 21. Tuebingen: J. C. B. Mohr, 1955.

Rudolph, Wilhelm. *Das Buch Ruth, Das Hohe Lied, Die Klagelieder.* Kommentar zum Alten Testament. XVII.1–3, 2d ed. Guetersloh: Hohn, 1962.

Rudolph, Wilhelm. *Jeremiah.* HAT 12; Tuebingen: Mohr, 1947, 1968.[3]

Ryken, Leland and Tremper Longman III eds. *A Complete Literary Guide to the Bible.* Grand Rapids: Zondervan, 1993.

Ryken, Leland. *The Literature of the Bible.* Grand Rapids: Zondervan Publishing House, 1974.

Ryle, H. E. *The Canon of the Old Testament.* London and New York: Macmillan, 1892.

Sadler, M. F. *The Revelation of St. John the Divine.* 1894.

Saggs, H. W. F. *Babylonians.* Norman, OK: University of Oklahoma, 1995.

Sailhamer, John H. *The Meaning of the Pentateuch: Revelation, Composition and Interpretation.* Downers Grove, IL: Intervarsity Press, 2009.

Sailhamer, John H. *The Pentateuch As Narrative: A Biblical-Theological Commentary.* Grand Rapids: Zondervan, 1995.

Sandmel, S. *The Hebrew Scriptures. An Introduction to their Literature and Religious Ideas.* New York, 1963.

Sasson, J. M. *A New Translation with Philological Commentary and a Formalist-Folklorist Intrepretation.* Baltimore: Johns Hopkins, 1979.

Sawyer, J. F. A. *From Moses to Patmos. New Perspectives in Old Testament Study.* London: SPCK, 1977.

Sayce, A. H. *The 'Higher Criticism' and the Verdict of the Monuments.* London and New York 1894; 2판.

Schaefer, P. "Hellenistic and Maccabean Periods." in *Israelite and Judaean History.* ed. J. H. Hayes and J. M. Miller; Philadelphia: Westminster, 1977.

Schiffman, Lawrence H. "The Concept of Restoration in the Dead Sea Scrolls." in Jim Scott ed. *Restoration*. pp. 203–222.

Schimdt, Konrad and Odil H. Steck. "Restoration Expectations in the Prophetic Tradition of the Old Testament." in Jim Scott ed. *Restoration*. pp. 41–82.

Schleiermacher, F. *Brief Outline on the Study of Theology.* ET. Richmond, Va. 1966.

Schmidt, W. H. *Old Testament Introduction.* Louisville, KY: Westminster John Knox, 1999.

Schmidt, Werner H. 『구약성서 입문 I–III』 차준희, 채홍식 옮김. 서울: 대한기독교서회, 2000 (I); 2001 (II–III).

Schmidt, Werner H. *Old Testament Introduction* (New York: de Gryuter, 1999.

Schmitt, A. *Stammt der sogenannte Θ-text bei Daniel wirklich von Theodotion? NAG 1/8. Phil-.-hist. Klasse.* 1966.

Scholder, K. *Urspruennge und Probleme der Bibelkritik im* 17. *Jahrhundert.* Munich, 1966.

Scholem, G. Jewish *Gnosticism, Merkabah Mysticism, and Talmudic Tradition.* New York: Jewish Theological Seminary of America, 1960.

Scholem, G. *Major Trends in Jewish Mysticism.* New York: Schocken Books, 1946.

Scholz, A. *Der Masorethische Text und die LXX-Übersetzung des Buches Jeremias.* Regensburg, 1875.

Schroeckh, Johann Mattheus. *Christliche Kirchengeschichte* XXV, 391이하.

Schuerer, Emil. *A History of the Jewish People in the Time of Jesus Christ*, 5 vols. Edinburgh: T. & T. Clark, 1885–1891.

Schultz, H. *Old Testament Theology*, 2 vols., tr. 4th ed. J. A. Paterson. Edinburgh: T. & T. Clark, 1892.

Schwantes, Siegfried J. *A Short History of the Ancient Near East.* Grand Rapids, MI: Baker Book House, 1965.

Scott, James M. "And then all Israel will be saved (Rom 11:26)." in *Restoration.* 489–528.

Scott, James M. ed. *Exile: Old Testament, Jewish, and Christian Conceptions.* JSJSup 56. Leiden: Brill, 1997.

Scott, James M. ed. *Restoration: Old Testament, Jewish and Christian Perspectives.* Leiden: Brill, 2001.

Seeligman, I. "Voraussetzungen der Midraschexeges." *VTSupplements* 1 (1953), 150–81.

Seifrid, M. A. *Justification By Faith: The Origin and Development of A Central Pauline Theme.* NovTSup 68; Leiden: Brill, 1992.

Sellin, E. *Introduction to the Old Testament.* ET; London and New York, 1923.

Sellin, Ernst and Georg Fohrer. *Introduction to the Old Testament.* tr. David E. Green. Nashville: Abingdon, 1978.

Semler, J. *Abhandlung von freier Untersuchung des Canons*, 4 vols. Halle, 1771–76.

Semler, J. S. *Abhandlung von freier Untersuchung des Canon*. 4 vol. Halle: Hemmerde, 1771–1775.

Senensis, Sixtus. *Bibliotheca sancta.* Venice, 1566.

Shanks, Hershel ed. *Ancient Israel. From Abraham to the Roman Destruction of the Temple*. Revised edition. Biblical Archaeology Society, 1999.

Shea, W. H. "Leaving Egypt," *Archaeology and Biblical Research* 3 (1990), 99–111.

Shea, William H. "Darius the Mede: An Update." *Andrews University Seminary Studies* 20. Autumn (1982), 229–47.

Shea, William H. "Amenhotep II as Pharaoh of the Exodus," *Bible and Spade* 16 (2003), 41–51.

Shenkel, J. D. *Chronology and Recensional Development in the Greek Text of Kings.* Cambridge, MA: Harvard University Press, 1968.

Shoekel, L. Alonso. "Hermeneutical Problems of a Literary Study of the Bible." *VTS* 28 (1975), 1–15.

Simon, R. *Histoire critique du vieux testament.* Rotterdam, 1685.

Simon, Rich. *histoire critique du Vieux T.* (Roterod. 1685), 371–385. 유대인들의 주석과 문법서들

Simon, Richard. *Histoire critique du Vieux Testament.* Paris, 1678.

Skarsaune, Oskar and Reidar Hvalvik eds. *Jewish Believers In Jesus: The Early Centuries.* Peabody, Mass.: Hendrickson, 2007.

Skehan, Patrick W. and Alexander A. DiLella. *The Wisdom of Ben Sira: A New Translation with Notes.* AB Vol. 39. New York: Doubleday, 1987.

Skinner, John. *Genesis.* ICC. Edinburgh: T. & T. Clark, 1934.

Skjoldal, Neil O. "The Function of Isaiah 24–27." *JETS* 36 (1993), 163–72.

Smalley, Beryl. *The Study of the Bible in the Middle Age*, 1952.

Smend, R. *Die Entstehung des Alten Testament.* Stuttgart, 1978.

Smith, G. A. *Book of the Twelve Prophets*. 2 vols. repr. Grand Rapids: Baker, 1943.

Smith, George Adam. *The Historical Geography of the Holy Land*, 25th ed. 1894년 초판; Hodder & Stoughton, 1936; Harper & Row, 1966.

Smith, W. Robertson. *The Old Testament in the Jewish Church.* Edinburgh and New York 1892; 2판.

Soden, Wolfram Von. *The Ancient Orient: An Introduction to the Study of the Ancient Near East*, Tr. D. G. Schley. Grand Rapids: Eerdmans, 1993.

Soderlund, S. *The Greek Text of Jeremiah: A Revised Hypothesis*. JSOTS 47. Sheffield: JSOT, 1985.

Soggin, J. A. *Introduction to the Old Testament.* ET. Philadelphia: Westminster Press, 1976.

Soggin, J. Alberto. *A History of Ancient Israel: From Beginnings to the Bar Kochba Revolt, A. D. 135.* Philadelphia: Westminster, 1985.

Sommer, F. and A. Falkenstein, *Die hethitisch-akkadische Bilingue des Hattusili I (Labarna II).* Abhandlungen der Bayerischen Akademie der Wissenschaften, Phil.–hist. Abt. N.F. 16. 1938.

Spalinger, A. J. "The Military Background of the Campaign of Piye (Piankhy)." *Studien zur Altaegyptischen Kultur* 7 (1979), 273-301.

Sparks, Kenton L. *Ancient Texts for the Study of the Hebrew Bible: A Guide to the Background Literature.* Hendrickson, 2005.

Speiser, E. A. "A Significant New Will from Nuzi." *JCS* 17 (1963), 65–71.

Spinoza, B. *Tractatus theologico-politicus*. Amsterdam: Jan Rieuwertsz, 1670.

Spinoza, Baruch de. *Tractatus Theologico-Politicus.* Hamburg 1670; ET. London, 1887.

Spohn, M. G. L. *Ieremias vates e versione Iudaeorum Alexandrinorum*. Lipsiae, 1824.

Stade. B. *Geschichte des Volkes Israel.* 2 vols. Berlin: Grote, 1888.

Stamm, J. J. "Hebraische Frauennamen." in *Hebräische Wortforschung: Festschrift zum 80. Geburtstag von Walter Baumgartner.* VTSup 16. pp. 325, 326. Leiden: Brill, 1967.

Stern, Ephraim. *Archaeology of the Land of the Bible. Volume II. The Assyrian, Babylonian, and Persian Periods (732-332 B.C.E.).* New York: Doubleday, 2001.

Stern, Ephraim. *The New Encyclopedia of Archaeological Excavations in the Holy Land.* Simon and Schuster, 1995.

Sternberg, Meir. "Time and Space in Biblical (Hi)story Telling: The Grand Chronology." in *The Book and the Text The Bible and Literary Theory*, ed. Regina Schwartz. Cambridge: Basil Blackwell, Inc., 1990.

Sternberg, Meir. *The Poetics of Biblical Narrative: Ideological Literature and the Drama of Reading.* Bloomington: Indiana University Press, 1985.

Steuernagel, C. *Lehrbuch der Einleitung in das Alte Testament.* Tuebingen, 1912.

Stone, Michael. *Scriptures, Sects and Visions; A Profile of Judaism from Ezra to the Jewish Revolts.* Philadelphia: Fortress Press, 1980.

Strack, H. and Paul Billerbeck. *Kommentar zum Neuen Testament aus Talmud und Midrasch.* 6 vols; München, Beck, 1922–61.

Strack, H. L. and G. Stemberger. *Introduction to the Talmud and Midrash.* Edinburgh: T. & T. Clark, 1991.

Strack, H. L. and Paul Billerbeck. *Kommentar zum Neuen Testament Aus Talmud und Midrasch*. 6 vols. München: C. H. Beck'sche Verlagsbuchhandlung, 1922–1928.

Streane, A. W. *The Double Text of Jeremiah*. Cambridge 1896.

Stuart, D. K. "The OT Prophets' Self–Understanding of Their Prophecy.' *Themelios* 6 (1980), 9–14.

Stulman. L. *The Other Text of Jeremiah: A Reconstruction of the Hebrew Text… Translation.* New York: University Press of America, 1985.

Stummer, F. *Die Bedeutung Richard Simons fuer die Pentateuchkritik.* Muenster, 1912.

Sumner, W. G. *Folkways.* New York: Ginn, 1906.

Surburg, Raymond F. 「신구약 중간사」 서울: 기독교문서선교회, 1984.

Surburg, Raymond F. *Introduction to the Intertestamental Period.* St. Louis: Concordia Pub. House, 1975.

Sweeney. M A. "Textual Citations in Isaiah 24–27: Toward an Understanding of the Redactional Function of Chapters 24–27 in the Book of Isaiah." *JBL* 107 (1988), 39–52.

Sweeney, M. A. *Isaiah 1-4 and the Post-Exilic Understanding of the Isaianic Tradition.* BZAW 171. Berlin: de Gruyter, 1988.

Swete, H. B. *An Introduction to the Old Testament in Greek.* rev. R. R. Ottley. reprinted. New York: KTAV Publishing House, 1968.

Tadmor, H. *The Inscriptions of Tiglath-pileser III King of Assyria.* Critical Edition, with Introduction, Translations and Commentary. Jerusalem: Israel Academy of Sciences and Humanities, 1994.

Talmon, S. "Ezra and Nehemiah." In *The Interpreter's Dictionary of the Bible: Supplement Volume,* ed. K. Crim. Nashville: Abingdon, 1976.

Talmon, Shemaryahu. "'Exile' and 'Restoration' in the Conceptual World of Ancient Judaism." in Jim Scott ed. *Restoration.* 107–146.

Tappy, R. E. *The Archaeology of Israelite Samaria.* HSS 50. Atlanta, GA. 1992.

Tcherikover, Victor. *Hellenistic Civilization and the Jews.* NYC: Athenaeum, 1999.

The Fifty-Third Chapter of Isaiah according to The Jewish Interpreters. II. Translations by S. R. Driver & AD. Neubauer. Oxford: James Parker and Co., 1877.

Thiele, E. R. 「히브리왕들의 연대기」 한정건 역. 서울: 기독교 문서 선교회, 1990.

Thiele, E. R. *A Chronology of the Hebrew Kings.* 2nd ed. Grand Rapids: Zondervan, 1983.

Thiele, Edwin. *The Mysterious Numbers of the Hebrew Kings.* 3rd ed. Grand Rapids: Zondervan, 1983.

Thomas D. Ice, "Dispensational Hermeneutics," *Issues in Dispensationalism.* pp. 29–50.

Thompson, Thomas L. *Early History of the Israelite People: From the Written & Archaeological Sources.* Leiden, E. J. Brill, 1992.

Throntveit, Mark A. *When Kings Speak: Royal Speech and Royal Prayer in Chronicles.* Atlanta, Georgia: Scholars Press, 1987.

Torrey, C. C. "The Hebrew of the Geniza Sirah." *The Alexander Marx Jubilee Volume.* ed. Saul Liebermann. New York: Jewish Theological Seminary of America, 1950.

Tov, Emanuel. "The Composition of 1 Samuel 16–18 in the Light of the Septuagint Version." in Jeffrey H. Tigay ed. *Empirical Models for Biblical Criticism.* Philadelphia: University of Pennsylvania Press, 1985. pp. 97–130.

Tov, Emanuel. "The Literary History of the Book of Jeremiah in the Light of Its Textual History." in *Empirical Models.* pp. 211–238.

Tov, Emanuel. "Transliterations of Hebrew Words in the Greek Versions of the Old Testament: A Further Characteristic of the kaige–Th. Revision?" *Textus* 8 (1973), 78–92.

Tov, Emmanuel. *Textual Criticism of the Hebrew Bible.* 2nd edition. Philadelphia: Fortress, 2001.

Tov, Emmanuel. *The Text-Critical Use of the Septuagint in Biblical Research,* Jerusalem Biblical Studies volume 8. Simor, 1997.

Trible, Phyllis. "Depatriarchalizing in Biblical Interpretation." *Journal of the American Academy of Religion* 41 (1973), 30–48.

Troeltsch, E. "Ueber historische und dogmatische Methode in der Theologie." *Gesammelte Schriften* 2. pp. 729–53. Tuebingen: Mohr, 1913.

Tromp, Johannes. "The Davidic Messiah in Jewish Eschatology of the First Century BCE." in Jim Scott ed. *Restoration.* pp. 179–202.

Tuch, F. *Kommentar über die Genesis.* 1838.

Tyler, E. B. *Primitive Culture.* Vol. I. New York: Brentano's, 1871.

Ulrich, Eugene Charles. *Qumran Text Tradition and Testament: Essays in Honor of Charles Lee Feinberg.* eds. John S. Feinberg and Paul D. Feinberg. Chicago: Moody, 1981.

Ulrich, Eugene Charles. *The Qumran Text of Samuel and Josephus.* Missoula, MT: Scholars Press, 1978.

Unger, M. F. 「구약개론」 김진홍 역. 서울: 세종문화사, 1973.

Unger, M. F. 「구약개론」 엄성옥 역. 서울: 은성, 1988.

Unger, M. F. *Introductory Guide to the Old Testament.* Grand Rapids: Zondervan, 1977.

Unger, M. *Unger's Commentary on the Old Testament.* Chicago: Moody, 1981.

Unger, Merrill F. *Archaeology and the Old Testament.* Grand Rapids: Zondervan, 1954.

van der Horst, Pieter W. "Only then will all Israel be saved': A Short Note on the Meaning of kai hutos in Romans 11:26." *JBL* 119 (2000), 521–39.

van der Ploeg, J. *Le rouleau de la guerre.* Leiden: Brill, 1959.

van Hoonacker, A. *Les Douze petits Prophetes.* Paris, 1908.

van Rooy, H. F. "The Nations in Isaiah: A Synchronic Survey." in W. C. van Wyk, ed. *Studies in Isaiah.* pp. 213–29. Pretoria: NHW Press, 1981.

van Selms, A. "Telescoped discussion as a literary device in Jeremiah," *VT* 26 (1976), 99–112.

Vater, J. S. *Commentar über den Pentateuch. T. 1-2. Mit Einleitungen zu den einzelnen Abschnitten, der eingeschalteten Übersetzung von Dr. A. Geddes's merkwürdigeren critischen und exegetischen Anmerkungen, und einer Abhandlung über Moses und die Verfasser des Pentateuchs.* Halle: Waisenhaus, 1802.

Vermes, G. *The Dead Sea Scrolls in English.* New York: Pelican, 1975.

Vitringa, Campegius. *Observationes Sacrae.* 1689.

Vittmann, G. "Zur Lesung des Koenigsnamens xxx." *OR* 43 (1974), 12–16.

Volz, P. *Der Prophet Jeremia.* 1922.

von Beckerath, J. "Zu den Namen des kuschitischen Koenigs Pi`anchy." *MDAIK* 24 (1969), 58–62.

von Herder, J. G. *Salomon's Lieder der Liebe, die aeltesten und schoensten aus den Morgenlande.* Leipzig, 1778.

von Orelli, C. *Die alttestamentliche Weissagung von der Vollendung des Gottesreiches, in ihrer geschichtlichen Entwicklung dargestellt.* 1905.

von Rad, G. "Das formgeschichtliche Problem des Hexateuch." *Beitraege zur Wissenschaft vom Alten und Neuen Testament* 26. Stuttgart: W. Kohlhammer, 1938.

von Rad, G. *Genesis, A Commentary.* tr. J. H. Marks. Philadelphia: Westminster, 1972.

von Rad, G. *Old Testament Theology.* 2 vols. trans. D. M. G. Stalker. New York: Harper and Row, 1962.

von Rad, G. *Studies in Deuteronomy.* London: SCM, 1948.

von Rad, G. *The Book of Deuteronomy.* Philadelphia: The Westminster Press, 1966.

von Rad, G. *The Problem of the Hexateuch and Other Essays.* tr. E. Trueman Dicken. Edinburgh and London: Oliver and Boyd, 1966.

von Rad, Gerhard. *Das Geschichtsbild des chronistischen Werkes.* BWANT 4/3. Stuttgart: Kohlhammer, 1930.

von Tischendorf, G. F. C. *Vetus Testamentum Graece iuxta LXX Interpretes.* 2 vols. Leipzig, 1850.

Vos, H. *Beginnings in the Old Testament.* Chicago: Moody Press, 1975.

Vriezen, Th. *An Outline of Old Testament Theology.* Newton, MA: Charles T. Bradford Co., 1970.

Wagner, M. *Die lexikalischen und grammatikalischen Aramaismen im alttestamentlichen Hebraisch.* Berlin: Alfred Toepelmann, 1966.

Wainwright, Arthur W. "Luke and the Restoration of the Kingdom to Israel." *ExpTime* 89 (1977), 77.

Walter, M. *Officina biblica.* 1636; Wittenberg 1703; 3판.

Waltke, Bruce K. "The Book of Proverbs and Ancient Wisdom Literature." *BSac* 136 (1979), 235.

Waltke, Bruce K. "The Date of the Book of Daniel." *BSac* 133 (1976), 319–329.

Waltke, Bruce K. and M. O'Connor. *An Introduction to Biblical Hebrew Syntax.* Winona Lake, Indiana: Eisenbrauns, 1990.

Walton, John H. *Zondervan Illustrated Bible Backgrounds Commentary: Old Testament,* 5 vols. Grand Rapids: Zondervan, 2009.

Warfield, B. B. "The Real Problem of Inspiration." in *The Inspiration and Authority.* p. 173. Philipsburg, NJ.: Presbyterian and Reformed Publishing Company, 1948.

Warfield, B. B. "The Millennium and the Apocalypse." *Princeton Theological Review* (1904), 599–617. = *Biblical Doctrines* (Grand Rapids, MI: Baker Book House, 1981), 643–664.

Watson, W. G. E. and N. Wyatt, *Handbook of Ugaritic Studies*. Leiden: Brill, 1999.

Watts, J. D. W. *Isaiah 1-33*. Dallas: Word, 1985.

Watts, Rikki. *Isaiah's New Exodus in Mark*. WUNT 2.88. Tübingen: Mohr–Siebeck, 1997.

Weinberg, Joel. *The Citizen-Temple Community*. tr. D. L. Smith–Christopher. JSOTSup 151. Sheffield: Sheffield Academic Press, 1992.

Weinfeld, M. "berit." in *Theological Dictionary of the Old Testament*. 1: 253–79. Grand Rapids: Eerdmans, 1975.

Weinfeld, M. "The Covenant of Grant in Old Testament and Ancient Near East." *JAOS* 90 (1970), 184–203.

Weinfeld, M. "The Worship of Molech and the Queen of Heaven and Its Background." *Ugarit-Forschungen* 4 (1972), 133–54.

Weinfeld, M. "Book of Deuteronomy." in *The Anchor Bible Dictionary*. ed. D. N. Freedman. New York: Doubleday, 1996.

Weinfeld, M. *Deuteronomy and the Deuteronomic School*. Oxford: OUP, 1972.

Weingreen, J. and G. Vermes et al., 'Interpretation, History of,' *IDB Suppl.* 436이하.

Weis, R. D. "A Definition of the Genre massa in the Hebre Bible." Ph. D. diss.: Claremont, 1986.

Weiser, A. *The Old Testament: Its Formation and Development*. trans. DM Barton. New York: 1961.

Weitzman, M. P. *The Syriac Version of the Old Testament: An Introduction*. University of Cambridge Oriental Publications 56. Cambridge: Cambridge University Press, 1999.

Wellhausen, J. *Die Composition des Hexateuchs und der historischen Bücher des Alten Testaments*. Berlin, 1876, 1963[3].

Wellhausen, J. *Einleitung in das Alte Testament von Friedrich Bleek*. Berlin, 1878; 4판

Wellhausen, J. *Prolegomena to the History of Israel*. New York: Meridian Books, 1957.

Welten, P. *Geschichte und Geschichtsdarstellung in den Chronikbüchern*. Wissenschaftliche Monographien zum Alten und Neuen Testament 42. Neukirchen: Neukirchener Verlag, 1977.

Wenham, Gordon. "The Date of Deuteronomy: Linch–pin of Old Testament Criticism, Part Two." *Themelios* 11/1 (1985), 15–18.

Wente, E. F. "Egyptian 'Make Merry' Songs Reconsidered." *JNES* 21 (1962): 118–128.

Wente, Edward F. and Charles C. Van Siclen III. "A Chronology of the New Kingdom." in *Studies in Honor of George Hughes*, ed. Janet H. Johnson, and Edward F. Wente, Studies in Ancient Oriental Civilization 39. pp. 217–61. Chicago: The Oriental Institute of the University of Chicago, 1977.

Westerholm, S. *Perspectives Old and New on Paul: The ""Lutheran"" Paul and His Critics*. Grand Rapids: Eerdmans, 2004.

Wette, W. M. L. de. *Lehrbuch der historisch-kritischen Einleitung in die kanonischen und apokryphischen Buecher des Alten Testamentes*. Berlin 1817; 1852 [7판]; ET. Boston, Mass. 1843.

Whitcomb, Jr., John C. *Darius the Mede*. Nutley, N.J.: Presbyterian & Reformed Publishing Co., 1974.

Whybray, N. *The Making of the Pentateuch: A Methodological Study*. Sheffield: JSOT Press, 1987.

Wilcox, Max. "The Promise of th 'Seed' in the New Testament and the Targumim." *JSNT* 5 (1979), 2–20.

Wildberger, H. "Jesajas Verständnis der Geschichte." *SVT* 9 (1962), 83–117.

Willi, Thomas. *Die Chronik als Auslegung: Untersuchungen zur literarischen Gestaltung der historischen Überlieferung Israels*. Göttingen: Vandenhoeck & Ruprecht, 1972.

Williamson, H. G. M. *1 and 2 Chronicles*. New Century Bible Commentary. Grand Rapids: Eerdmans, 1982.

Williamson, H. G. M. ***Ezra, Nehemiah.*** Word Biblical Commentary 16. Waco, Texas: Word, 1985.

Willis, Geoffrey Grimshaw. ***Saint Augustine and the Donatist Controversy.*** Cambridge: University Press, 1950.

Willis, Wesley R. & John R. Master. ***Issues in Dispensationalism.*** Chicago: Moody, 1994.

Wilson, Andrew. ***The Nations in Deutero-Isaiah: A Study on Composition and Structure.*** Lewiston: The Edwin Mellen Press, 1986.

Wilson, G. H. ***The Editing.*** SBL Dissertation Series 76. Chicago: Scholars Press, 1985.

Wilson, Gerald H. "King, Messiah, and the Reign of God: Revisiting the Royal Psalms and the Shape of the Psalter." in eds. Peter W. Flint and Patrick D. Miller, Jr. ***The Book of Psalms: Composition and Reception.*** VTS 99. pp. 391–406. Leiden: Brill, 2005.

Wilson, Gerald H. "The Shape of the Book of Psalms." ***Interpretations*** 46 (1992), 129–42.

Wilson, Gerald H. "The Use of Royal Psalms at the 'Seams' of the Hebrew Psalter." ***JSOT*** 35 (1986), 85–94.

Wilson, Gerald H. "Psalter: A Consideration of Editorial Linkage in the Book of Psalms." in J. C. McCann ed. ***The Shape and Shaping of the Psalter.*** JSOTSS 159. pp. 72–82. Sheffield: JSOT Press, 1993.

Wilson, R. D. ***A Scientific Investigation of the Old Testament.*** Philadelphia, 1926.

Wilson, Stephen G. ***Gentiles and the Gentile Mission in Luke-Acts.*** Cambridge: Cambridge University Press, 1973.

Wink, W. ***The Bible in Human Transformation. Toward a New Paradigm for Biblical Study.*** Philadelphia: Fortress, 1973.

Wiseman, D. J. ***1 and 2 Kings: An Introduction and Commentary.*** Leicester, England: Inter-Varsity, 1993.

Wiseman, D. J. and Edwin M. Yamauchi. ***Archaeology and the Bible: An Introductory Study.*** London: Pickering and Inglis, 1980.

Wiseman, D. J. and P. J. Wiseman. ***Ancient Records and the Structure of Genesis: A Case for Literary Unity.*** Nashville TN: Thomas Nelson, 1985.

Wiseman, D. J. ***Nebuchadrezzar and Babylon.*** New York: Oxford University Press, 1985.

Wiseman, D. J. ***Peoples of Old Testament Times.*** London: Oxford University Press, 1973.

Wiseman, D. J. ***The Alalakh Tablets.*** London: British Institute of Archaeology at Ankara, 1953.

Wiseman, Donald J. and A. R. Millard eds. ***Essays on the Patriarchal Narratives.*** Leicester: IVP, 1980..

Wolf, Herbert. ***An Introduction to the Old Testament Pentateuch.*** Chicago, IL: Moody Press, 1991.

Wolff, H. W. "Das Kerygma des deuteronomistischen Geschichtswerkes." ***ZAW*** 73 (1961), 171–186.

Wolff, H. W. "The Elohistic Fragments in the Pentateuch." ***Interpretation*** 26 (1972), 158–173.

Wolff, H. W. "The Kerygma of the Yahwist." ***Interpretation*** 20 (1966), 131–58.

Wolff, H. W. ***Bibel - Das Alte Testament.*** Stuttgart/Berlin: Kreuz Verlag, 1970.

Wolff, H. W. ***Hosea. A Commentary on the Book of the Prophet Hosea.*** Hermeneia; Philadelphia: Fortress, 1974.

Wolff, H. W. ***Joel and Amos.*** Hermeneia; Philadelphia, PA: Fortress Press, 1977.

Wolff. H. W.「구약성서이해. 구약문서들과 그 연구방법의 안내」이양구 역. 서울: 대한기독교출판사, 1977.

Wood, Bryant G. "The Sons of Jacob: New Evidence for the Presence of the Israelites in Egypt" ***Bible and Spade*** 10 (1977), 53–65.

Wood, Bryant G. "Pharaoh Merenptah Meets Israel," ***Bible and Spade*** 18 (2005), 65–82.

Wood, Leon James.「이스라엘의 역사」김의원 역. 서울: 기독교 문서선교회, 1985.

Wood, Leon James. ***A Survey of Israel's History***, rev. by David O'Brien. Grand Rapids: Zondervan, 1986.

Wood, Leon. ***A Commentary on Daniel.*** Grand Rapids: Zondervan, 1973.

Woodbridge, John D. "German Responses to the Biblical Critic Richard Siomn: from Leibniz to J. S. Semler." in ***Historische Kritik und biblischer Kanon in der deutschen Aufklärung***, eds. H. G. Reventlow et al. pp. 65–87. Wiesbaden: Otto

Harrassowitz, 1988.

Woodbridge, John. *Biblical Authority: A Critique of the Rogers/McKim Proposal.* Grand Rapids: Zondervan, 1982.

Workman, G. C. The *Text of Jeremiah: A Critical Investigation of the Greek and Hebrew, with the Variations in the LXX 'Retranslated' into the Original and Explained.* Edinburgh: T. & T. Clark, 1889.

Wright, Addison G. "The Literary Genre Midrash." *CBQ* 28 (1966), 105–38, 417–57.

Wright, C. J. H. *God's People in God's Land: Family, Land, and Property in the Old Testament.* Grand Rapids: Eerdmans, 1990.

Wright, J. S. "The Historicity of the Book of Esther." *New Perspective on the Old Testament.* ed. J. B. Payne. pp. 37–47. Waco: Word, 1970.

Wuerthwein, E. "Der Ursprung der prophetischen Gerichtsrede." *ZTK* 49 (1952), 1–16.

Würthwein, Ernst. 「성서 본문비평 입문」 방석종 역. 서울: 대한 기독교출판사, 1987.

Würthwein, Ernst. *The Text of the Old Testament,* 2nd edition. Grand Rapids: Eerdmans, 1995.

Wyatt, N. *Religious Texts from Ugarit: The Words of Ilimilku and His Colleagues.* Sheffield, 1998.

Yadin, Y. *The Scroll of the War of the Sons of Light Against the Sons of Darkness.* Oxford: University Press, 1962.

Yamauchi, E. M. *Persia and the Bible.* Grand Rapids, Mich., 1990.

Yamauchi, E. M. *The Stones and the Scriptures*. Philadelphia: J. B. Lippincott Company, 1972.

Yeivin, Israel. *Introduction to the Tiberian Masorah.* n.l.: Scholars Press, 1980.

Young, E. J. 『구약총론』 오병세, 홍반식 공역. 서울: 한국 개혁주의 신행협회, 1972.

Young, E. J. *An Introduction to the Old Testament.* Grand Rapids: Eerdmans, 1949.

Young, E. J. *The Prophecy of Daniel.* Grand Rapids: Eerdmans, 1953.

Zenger, Erich. "The Composition and Theology of the Fifth Book of Psalms, Psalms 107–145." *JSOT* 80 (1998), 77–102.

Zorell, Franciscus ed. *Lexicon hebraicum et aramaicum Veteris Testamenti*. Rome: Pontifical biblical nstitute press, 1984.

찾 아 보 기

찾아보기

번호 (1~9)

ㄱ

ㄹ

ㅁ

ㅇ

ㅈ

ㅊ

ㅋ

ㅌ

ㅍ

ㅎ

구약개론신학

2011년 02월 17일 초판발행
2023년 03월 10일 발행
지 은 이 · 최종태
발 행 인 · 김수곤
발 행 처 · 선교횃불
등 록 일 · 1999 년 9 월 21 일 제 54 호
등록주소 · 서울시 송파구 삼전동 103 번지
전　　화 · 02-2203-2739
팩　　스 · 02-2203-2738
이 메 일 · service@ccm2u.com
홈페이지 · www.ccm2u.com